HERMANN WOPFNER

BERGBAUERNBUCH

2. BAND

SCHLERN-SCHRIFTEN 297

TIROLER WIRTSCHAFTSSTUDIEN 48. FOLGE

Hermann Wopfner

BERGBAUERNBUCH

Von Arbeit und Leben des Tiroler Bergbauern

2. BAND

Bäuerliche Kultur und Gemeinwesen

IV. – VI. Hauptstück

Aus dem Nachlaß herausgegeben und bearbeitet
von
Nikolaus Grass
unter redaktioneller Mitarbeit von Dietrich Thaler

UNIVERSITÄTSVERLAG WAGNER · INNSBRUCK 1995

Die Schlern-Schriften wurden 1923 von Raimund v. Klebelsberg begründet und nach dessen Tod bis Band 289 von Franz Huter betreut, ihm folgten in der Leitung der Reihe Marjan Cescutti und Josef Riedmann.

Die Tiroler Wirtschaftsstudien erscheinen als Schriftenreihe der Jubiläumsstiftung der Kammer der gewerblichen Wirtschaft für Tirol unter der Leitung von Adolf Leidlmair.

Die Drucklegung wurde von folgenden Stellen unterstützt:
Jubiläumsstiftung der Kammer der gewerblichen Wirtschaft für Tirol, Innsbruck
Kulturabteilung der Tiroler Landesregierung, Innsbruck
Stadt Innsbruck
Universitätsbund, Innsbruck

Die Deutsche Bibliothek – CIP-Einheitsaufnahme

Wopfner, Hermann:
Bergbauernbuch : von Arbeit und Leben des Tiroler Bergbauern / Hermann Wopfner. Hrsg. von Nikolaus Grass. – Innsbruck : Wagner.
ISBN 3-7030-0278-6

Bd. 2. Bäuerliche Kultur und Gemeinwesen. – Hauptstück 4/6. – 1995
(Schlern-Schriften ; 297) (Tiroler Wirtschaftsstudien ; Folge 48)
ISBN 3-7030-0276-X
NE: 1. GT; 2. GT

ISBN 3-7030-0278-6 Gesamtwerk

ISBN 3-7030-0276-X Band 2

Herstellung: Druckhaus Grasl, A-2540 Bad Vöslau

Vorwort

Die Arbeit am „Bergbauernbuch" stand beim Innsbrucker Historiker Professor Dr. Hermann Wopfner (1876–1963) jahrzehntelang im Mittelpunkt seines Schaffens. Es sollte in elf Hauptstücken (Lieferungen) erscheinen. Um 1960 fügte Wopfner noch eine 12. (in der vorliegenden Ausgabe die 4.) Lieferung ein, sodaß das Werk auf 12 Hauptstücke anwuchs. Die ersten drei Hauptstücke erschienen 1951, 1954 und 1960 und umfassen 731 Seiten. Verschiedene Umstände verzögerten eine weitere Drucklegung.

Dank der Initiative von Professor DDr. Herwig van Staa (Forschungsinstitut für Alpenländische Land- und Forstwirtschaft der Universität Innsbruck) wurde nach langer Unterbrechung die Arbeit an der Herausgabe des Bergbauernbuches wiederaufgenommen. Als Ergebnis wird Band 2 vorgelegt, der die Hauptstücke IV, V und VI umfaßt. Zugleich erscheinen die drei ersten, längst vergriffenen Hauptstücke in unverändertem Neudruck, vermehrt durch eine vorangestellte Würdigung Hermann Wopfners und seines Werkes.

Das an den Beginn des zweiten Bandes gestellte IV. Hauptstück wurde erst um 1960 ausgearbeitet und nachträglich eingeschoben. Es ist besonders umfangreich und wurde nach Wopfners Wunsch vom Herausgeber ergänzt und erweitert. Auch das V. Hauptstück „Von der Gemain und der Gemeinde" wurde ergänzt, während das um 1948 verfaßte VI. Hauptstück über das diffizile Thema „Vom Siechtum des Bergbauerntums" ganz in der ursprünglichen Fassung erhalten blieb. Ausführlich wird über die Entstehung und Bearbeitung des zweiten Bandes in den dem Neudruck des ersten Bandes vorangestellten Ausführungen „Hermann Wopfner und das Bergbauernbuch", bes. S. XX–XXV, berichtet. Damit sind zwei Drittel des Bergbauernbuches veröffentlicht.

Die Hauptstücke VII–XII sollen als dritter Band das Werk zum Abschluß bringen.

Für die Aufnahme des Werkes in die angesehenen Reihen der „Schlern-Schriften" und der „Tiroler Wirtschaftsstudien" und wertvolle Ratschläge sei den Herausgebern, Univ.-Prof. Dr. Josef Riedmann und Dr. Marjan Cescutti sowie Univ.-Prof. Dr. Adolf Leidlmair, herzlich gedankt.

em. ord. Univ.-Prof. DDDr. Dr. h. c. mult. Nikolaus Grass

Inhaltsübersicht des zweiten Bandes

IV. Hauptstück
Volkstum und Kultur

I. Teil: Entstehung und Wesen des Tiroler Volkstums

II. Teil: Von der eigenwüchsigen Kultur des Tiroler Bauernstandes

V. Hauptstück
Von der „Gemain“ und der Gemeinde

VI. Hauptstück
Vom Siechtum des Bergbauerntums

IV. Hauptstück

Volkstum und Kultur

I. Teil
Entstehung und Wesen des Tiroler Volkstums

Wie auf dem Gebiet der Wirtschaft, so bestand auch in kultureller Hinsicht beim Tiroler Bergbauerntum ein schöpferisches Eigenleben. Dieses gibt es – wenn auch in gemindertem Ausmaß – noch heute. Eine Voraussetzung, nicht bloß für wirtschaftliche Selbständigkeit, sondern auch für selbständige geistige Entwicklung war die persönliche Freiheit des Tiroler Bauern, welche bereits im 1. Bd. dieses Werkes (S. 445 ff.) darzustellen versucht wurde. Eine andere Voraussetzung für eigene geistige Entwicklung bildet die Umwelt, in welcher der Bergbauer lebt. Ihr Einfluß wird im folgenden Abschnitt „Bauer und Berg" dargestellt. Die Abschnitte 2–5 (I. Teil) zeigen die Entstehung des Tiroler Volkstums als weitere Ursache seiner Eigenart. Die Abschnitte 1–4 (II. Teil) befassen sich mit der bodenständigen Verwurzelung des bäuerlichen Volkstums auf verschiedenen Gebieten des kulturellen Lebens und mit ihren Vorbedingungen.

1. Bauer und Berg

Stark ist die Einwirkung der Umwelt auf das Wesen des Bergbauern[1], groß der Einfluß, den die Gebirgslandschaft auf Gemüt und Phantasie ihrer Bewohner ausübt. „Alle Bergvölker der Erde sind in Volkssitte, -kunst und -glauben von einer reicheren, bunteren, bewegteren Phantasie, verglichen mit den Ebenenbewohnern" (Hellpach, Geopsyche, 6. Aufl. 1950, S. 192). Einsamkeit und Abgeschlossenheit förderten beim Bergbauern Innerlichkeit und religiöses Fühlen und Denken. Abhängigkeit von Naturgewalten, die menschlicher Einwirkung entrückt sind, lehrten ihn den Glauben an eine über der Natur stehende göttliche Macht. Ist der Bauer im allgemeinen religiöser als der Stadtmensch, so gilt dies in besonders hohem Maß vom Bergbauern. Reichere Entfaltung des religiösen Lebens, von Sitte und Brauch, von bildnerischer Volkskunst, Volksschauspiel, Volkssagen kennzeichnen in besonderem Maße die Art der Tiroler Bergbauern.

Die Einwirkung des Gebirges auf seine Bewohner ist freilich nicht in allen Teilen der Gebirgslandschaft gleich stark. Die Bauern, die, wie der Tiroler sagt, „am Land", d. h. auf der breiten Sohle der Haupttäler siedeln, stehen nicht gleicherma-

[1] Wertvolle Ausführungen über den Einfluß der Hochgebirgsnatur auf den Schweizer Bergbauern bringt Hermann Weilenmann, Pax Helvetica (Erlenbach-Zürich 1951), besonders S. 251 ff. – Über den Einfluß der Umwelt auf die Körperbeschaffenheit des Bergbauern s. im 1. Bd., S. 346 f.

ßen unter dem Einfluß des Hochgebirges wie die Bergbauern droben auf den steilen Hängen oder wie die „Tölderer", die Bergbauern drinnen in den abgelegenen Hochtälern.[2] Diese Bergbauern im engeren Sinn weisen in ihrer Wirtschaft wie in ihrem körperlichen und seelischen Wesen besondere Eigenart auf. Die Vereinzelung der Siedlung macht sich hier besonders geltend. Abgeschlossenheit vom Verkehr hat den Bergbauern zu weitgehender wirtschaftlicher Selbstversorgung gezwungen. Aus der Selbstversorgung des Bergbauern erwuchs sein starkes Selbstgefühl und seine Liebe zu Freiheit und Unabhängigkeit. Auf seinem Einödhof, fern von helfenden Nachbarn, ist der Bergbauer vor allem auf die eigene Kraft und die seiner Hausgenossen angewiesen. Im harten Kampf, den er und die Seinen droben am Berg um ihr Dasein führen müssen, wachsen Wille und Kraft und das Selbstbewußtsein wird gestärkt. Weil der Bergbauer zumeist auf die eigene Kraft und die eigenen Fähigkeiten angewiesen ist, will er sich seine Handlungsfreiheit nicht von außen her beschränken lassen. In seiner Einsamkeit ist der Bergbauer selbständiger, freier und innerlicher geworden. Heiße und starke Freiheitsliebe machte das Bergbauerntum zum zähen, ausdauernden Kämpfer für Freiheit und Selbstbestimmung und zum Gegner jedes absolutistischen Regimentes und jeder bürokratischen Vielregiererei.

Hoch sind die Anforderungen, welche die Arbeit am Berghof an den Bauern und seine Helfer stellt. Das Hofland liegt ganz oder doch zu einem Teil am steilen Hang; Bearbeitung des Bodens und Einbringung der Ernte verlangen erhöhten Arbeitsaufwand. Die auf dem Einödhof notwendige wirtschaftliche Selbstversorgung hat Geschicklichkeit und technische Gewandtheit des Bauern zur notwendigen Voraussetzung, aber auch Verzicht auf manche Lebensansprüche, die in verkehrsreicher Gegend befriedigt werden könnten.

Im Gebirge tritt oft auf engem Raum große Verschiedenheit von Geländeform und Bodenbeschaffenheit zutage. Aus der ebenen Talsohle steigen zu beiden Seiten die Berghänge empor, von denen nicht selten der eine andere Neigungsverhältnisse und Gesteinszusammensetzung aufweist als der andere; im nordtirolischen Unterinntal z. B. liegt der rechtsseitige Talhang im Urgestein und zeigt sanfteres Gefälle als der steil abfallende, im Kalk gelegene Hang auf der linken Talseite.

Solche Verschiedenheit wirkt sich öfters in Siedlung, Wirtschaft und Verkehr aus. Die Kalkschotter der Sonnseite bilden schlechteren Kulturboden, sie bleiben weithin dem Waldwuchs überlassen, während im Urgebirge, zumal im Bereich der kristallinen Schiefer, sich weithin Wiese und Weide, in höheren Lagen Almen ausdehnen.

Verschieden gestalten sich demnach Wirtschaft und Siedlung auf dem sonn- und dem schattseitigen Hang desselben Tales. Öfters ist der schattseitige Talhang später besiedelt worden als der sonnseitige. Auch bei ähnlicher Bodenbeschaffenheit beider Talhänge erscheint der schattseitige Hang mehr als Wiesen- und Weideland

---

[2] S. 1. Bd., S. 102.

verwendet als der sonnseitige, während letzterer in größerem Ausmaß dem Ackerbau dient.

Einige Beispiele mögen dies erläutern. Vergleichen wir zu diesem Zweck die Gerichtsbezirke Steinach und Telfs, welche beide in der Bezirkshauptmannschaft Innsbruck im mittleren Nordtirol gelegen sind. Der Bezirk Steinach liegt zum größeren Teil im Bereich der kristallinen Schiefer der Zentralalpen; die Hänge in diesem Gestein weisen verhältnismäßig sanftere Neigung auf; durch die Verwitterung entsteht hier ein für den Graswuchs geeigneter Boden, der viel schöne Wiesen und ausgedehnte Almen trägt.

Der Bezirk Telfs erstreckt sich zu einem großen Teil über das Kalkgebirge (nördliche Kalkalpen), dessen Steilhänge für Besiedlung ungünstig sind; der schlecht verwitternde, wasserdurchlässige Kalk ist nur in begrenztem Ausmaß als Kulturboden verwertbar und bleibt weithin dem Waldwuchs überlassen. Im Bezirk Steinach nimmt die Fläche der Wiesen, Heim- und Almweiden 48 % der gesamten Bodenfläche ein, im Gerichtsbezirk Telfs dienen nur 18 % der Fläche der Grasnutzung; hingegen sind hier 46 % des Bodens mit Wald bedeckt, während im Bezirk Steinach der Wald viel weiter zurückgedrängt wurde und nur mehr 26 % mit Wald bedeckt sind. Noch schärfer tritt der Gegensatz hervor, wenn wir kleinere Gebiete vergleichen, die ausschließlich im Bereich der Schiefer oder des Kalkes liegen: in den Nachbargemeinden Schmirn und Vals (Gericht Steinach), deren Böden von Glimmerschiefern und Gneisen gebildet werden, entfallen auf Wiesen und Weiden 49 % der Gesamtfläche, auf den Wald nur 18 %, während 30 % des Bodens unproduktiv sind. In den benachbarten Gemeinden Scharnitz und Leutasch (Gericht Telfs), die zur Gänze in den Kalkalpen liegen, beträgt der Anteil der Wiesen und Weiden nur 6,5 % der Bodenfläche, der des Waldes aber 44 %, während 48 % unproduktiv sind. Wo ausgedehnte Wiesen- und Weideflächen zu Gebote stehen, wie in Schmirn und Vals, bildet die Viehzucht den Haupterwerbszweig der bäuerlichen Bevölkerung, während dort, wo viel Wald vorhanden ist, die Holzarbeit im bäuerlichen Erwerbsleben eine bedeutendere Rolle spielt.

Verschiedenheit des landwirtschaftlichen Betriebes auf dem sonnseitigen Hang des Tales und auf jenem der Schattenseite begegnet z. B. im Vinschgau im Bezirk von Schlanders zwischen der am schattseitigen Hang gelegenen Gemeinde Nörderberg und der hoch droben am sonnseitigen Hang liegenden Gemeinde Vorberg. Wird in Nörderberg vor allem Wiesenbau und Viehzucht betrieben, so stand am Vorberg noch zu Beginn des 20. Jahrhunderts der Getreidebau im Vordergrund; Getreide von trefflicher Beschaffenheit wurde hier weit über den Eigenbedarf hinaus gewonnen; heute freilich sind viele der Höfe am Vorberg zu Zugütern geworden.[3]

---

[3] Einzelheiten bei Hermann Holzmann, Vinschgauer Berghöfe, im Südtiroler Reimmichlkalender, Bozen 1965, S. 149–206.

Einen Unterschied in Wesen und Sitte der Siedler auf Sonn- und Schattseite stellt Beda Weber im Lienzer Talkessel fest. Weber, ein guter Kenner tirolischen Volkstums und seiner Mannigfaltigkeit, ist gebürtiger Lienzer und will die erwähnte Verschiedenheit mit einer völkischen Verschiedenheit der Bewohner in Zusammenhang bringen, mit Deutschen auf der Sonnseite und Slawen auf der Schattseite. Wenn sich auch die Germanisierung der „Wenden", wie Weber betont, schon vor langer Zeit vollzogen hat, stellt er doch in seiner aus den 30er Jahren des vorigen Jahrhunderts stammenden Tirolischen Landesbeschreibung eine Verschiedenheit in der „Formation der Gesichtszüge" und der Sitte fest: „Die Bewohner des Sonnberges sind laut und stürmisch, mehr zum Verbrauchen als zum Haushalt geneigt. Der Schattenseitler dagegen ist stiller, wortarmer und freut sich lieber in seinen Sack, als daß er auf Gassen und Straßen rumort. Sparsam bis zur Knauserei, nüchtern, bedächtig, nimmt er selten an stürmischen Unterhaltungen Anteil." (730, II, S. 170 ff.) Ob diese Unterschiede wirklich auf Niederlassung von Deutschen und Slawen zurückgehen und nicht etwa auf Niederlassung von deutschen Ansiedlern zu verschiedenen Zeiten und von verschiedener Herkunft, mag dahingestellt bleiben.

Schon auf der Nutzfläche eines einzigen Berghofs von mittlerer Größe können betreffs Gestalt und Beschaffenheit des Bodens große Unterschiede gegeben sein; der Hof kann Liegenschaften auf beiden Seiten des Tales umfassen, Äcker und Wiesen auf der Sonnseite, Bergmähder auf der Schattenseite; Tiefe und Beschaffenheit des fruchtbaren Bodens auf dem Hofgelände können recht verschieden sein; das gleiche gilt vom Untergrund des genutzten Bodens; an der einen Stelle liegt unter einer dünnen Schicht fruchtbaren Bodens Fels, an der anderen durchlässiger Boden. All das muß der Hofbesitzer bei der Wirtschaftsführung beachten. Der Bauer in ebenem Lande kann die Wirtschaftsführung seines Nachbarn nachahmen, am Berg aber ist oft kein Gut gleich dem anderen; wer hier seinen Berghof zweckmäßig bewirtschaften will, muß die Erfahrungen seiner Vorfahren verwerten und selbst die Augen offenhalten. Der Hof erzieht seinen Bauern einerseits zu einer die Überlieferung beachtenden, konservativen Wirtschaftsführung, andererseits zu scharfer Beobachtung all der verschiedenen Umstände, welche für eine zweckmäßige und gedeihliche Bewirtschaftung gerade seines Hofes nötig sind.

Nicht wenige der am Berghof nötigen Arbeiten verlangen aber auch Mut, Kraft und Entschlossenheit, denken wir z. B. an die gefahrvollen Arbeiten beim Mähen auf den Bergwiesen, beim Holzfällen auf felsendurchsetztem Steilhang oder an die Mühen und Gefahren beim Herabschaffen von Heu und Holz aus den Bergwiesen und Bergwäldern in der Winterszeit. Der harte Kampf, in welchem der Lebensunterhalt vom Bergbauern errungen werden muß, erzieht ihn zu jener Arbeitsamkeit, die fremden Beobachtern immer wieder aufgefallen ist. Der Bergbauer in seiner Einsamkeit mußte bedacht sein, sich, die Seinen und sein Eigen zu schützen; Raubtiere wie menschliche Räuber gefährdeten in älterer Zeit Personen und Besitz. Von Mut und Kraft des Bergbauern wurde bereits (1. Bd., S. 97 ff.) gesprochen. In den Gefahren seines Alltagslebens wuchs der Bergbauer zum mutigen, mit den Waffen vertrauten Verteidiger seiner Heimat, ihrer und seiner persönlichen Freiheit heran. Als solcher tritt er uns in der Geschichte Tirols vor Augen.

In hartem Daseinskampf verknüpft sich das Leben des Bergbauern mit dem

Gut, auf dem er sich abmüht, mit dem „Hoamatl“, wie er es kosend nennt. Was man sich hart erkämpfen muß, das umfängt man auch mit besonderer Liebe. So fällt denn auch die Trennung von seinem Hoamatl dem Bergbauern schwer, umso schwerer, je länger seine Vorfahren auf diesem Gut ansässig waren, je mehr alte Familienerinnerungen am Gut haften. Aber auch mit der Umwelt, in der er lebt, mit der Heimat im weiteren Sinn, fühlt er sich eng verbunden. Das Einmalige, das Besondere, das jeder Gebirgslandschaft eigen ist, prägt sich seinem Herzen ein und läßt jene starke Heimatliebe entstehen, die beim Menschen des Gebirges stärker ist als bei Bewohnern der Ebene.

Das starke Heimweh, das wie andere Bergbewohner so auch den Tiroler befällt, wenn er die Heimat verlassen hat, ist eine vielbemerkte Auswirkung der Heimatliebe. Im Heimweh tritt – wenn auch gewiß nicht ausschließlich – das Empfinden für die Schönheit der Bergheimat ins Bewußtsein; die starke Heimatliebe hat Tiroler Bauern, welche die Kargheit ihres Grundbesitzes zu zeitweiser Abwanderung in die Fremde zwang, wieder in die Heimat zurückgezogen (vgl. 1. Bd., S. 384ff.).

Früher war die Liebe zur Heimat, soweit es sich dabei um die engere Heimat, den Heimatort und das Heimatgut handelte, stark genug, Geschwister und andere Verwandte des bäuerlichen Besitzers am Heimatgut und Heimatort festzuhalten (s. 1. Bd., S. 160f.). Heute ist so starke Liebe zu Heimat und Familie selten geworden. Ein Schimmer dieser Heimatliebe zeigt sich aber doch noch darin, daß sich so mancher Sprößling einer Bauernfamilie bemüht, ein Stück des Familiengutes oder ein Grundstück am Heimatort zu erwerben, um sich darauf ein Eigenheim zu bauen, selbst wenn er dann täglich einen weiten Weg von diesem Heim zu seinem Arbeitsplatz auf sich nehmen muß.

Den ungewöhnlichen Mühen und Gefahren gegenüber, welche das Bergbauernleben begleiten und bedrohen, vermögen schwache, untüchtige Menschen auf die Dauer nicht standzuhalten; eine Auslese vollzieht sich; die Schwachen und Untüchtigen müssen von ihren Gütern weichen. Andererseits rücken Bergbauern dank ihrer Tüchtigkeit, Arbeitsamkeit und größeren Bedürfnislosigkeit in freiwerdende Güter von Talbauern nach. Bauern, die ihrem Familiennamen nach von einem Berghof stammen, erscheinen als Besitzer bäuerlicher Güter herunten im Haupttal (s. 1. Bd., S. 287f.). Droben am verkehrsarmen Berg hat man länger und in höherem Ausmaß an der wirtschaftlichen Selbstversorgung des einzelnen Hofes festgehalten als drunten im Tal; in Krisenzeiten vermochten sich die Selbstversorger besser zu behaupten als die in die Verkehrswirtschaft verstrickten Talbauern, welche von der alten Selbstversorgung abgegangen waren.

Den übermächtigen Naturgewalten des Hochgebirges war der einzelne Siedler samt seinen Hausgenossen nicht immer gewachsen; er bedurfte des Beistandes seiner gleichermaßen bedrohten Nachbarn. Gemeinsam mußten Schutzbauten zur Abwehr des Hochwassers errichtet werden; in den niederschlagsarmen inneralpinen Landschaften war viel Gemeinschaftsarbeit zum Bau von Bewässerungsanlagen erforderlich. Der bergbäuerliche Betrieb war von Anfang an vor allem auf Viehzucht und Milchwirtschaft eingestellt und mit ausgedehnter Weidewirtschaft verbunden. Für die Nutzung der ausgedehnten Weideflächen, vor allem der von den Siedlungen oft weit entfernten Almen, empfahl sich gemeinsame Hut des Viehes und Bestellung von Hirten durch die Gemeinschaft. Auch die Errichtung der nötigen Zufahrtswege zu den Almen, der Bau von Unterkünften für die Almhirten und von Räumen für die Milchverarbeitung wurden Gemeinschaftssache. Die weite Entfernung der Bergmähder und die Schwierigkeit der Zugänge zu ihnen sowie die Holzbringung aus den Bergwäldern machten den Bau von Heu- und Holzwegen durch Gemeinschaftsarbeit nötig. Durch Gemeinschaftsbeschluß mußte die Abholzung bestimmter Wälder verboten werden, mußten Wälder „in Bann gelegt" werden, deren Erhaltung als Lawinenschutz nötig war.

All das hat in den einzelnen, von Naturgrenzen umschlossenen Hochgebirgslandschaften zur Bildung von Gemeinschaften niederer und höherer Ordnung beigetragen. Hat der Berg durch die Siedlungen in Einzelhöfen zur Sonderung der Bergbauern geführt, so nötigte er andererseits doch wieder zum Zusammenschluß in Gemeinschaften gleichberechtigter Genossen, ja die Gemeinschaft erlangte im Bergland für den einzelnen größere Bedeutung als in Ländern der Ebene.[4] Man ist am Berg stärker verbunden – auf Gedeih und Verderb. Jeder muß in gleicher Weise bereit sein, zum Wohl der Gemeinschaft mitzuarbeiten. Aus gleichen Pflichten entsteht aber andererseits der Anspruch auf gleiches Recht innerhalb der Gemeinschaft. Mit einem starken Gemeinschaftsgefühl verbinden sich der Wille zur Unabhängigkeit und scharfe Gegnerschaft gegen alle von außen her kommenden Versuche, die Selbstregierung der Gemeinschaft zu beschränken.

GRENZEN UND EINHEITEN. Ein Hochgebirgsland wie Tirol setzt sich aus einer Reihe solcher Landschaften zusammen, welche, von Naturgrenzen umschlossen, als natürliche geographische Einheiten einheitliche Lebensräume, sogenannte Kulturlandschaften, bilden. Als Naturgrenzen wirken naturgegebene Hindernisse des Verkehrs und der landwirtschaftlichen Nutzung. Solche Hindernisse sind schwer überschreitbare Bergketten, schluchtartige Talengen, Talstufen, ausgedehnte Flächen unfruchtbaren groben Schotters, die den Zusammenhang des nutzbaren Bodens unterbrechen, ausgedehnte Wälder, schwer überschreitbare Gewässer wie breite Flüsse und reißende Bäche, ausgedehnte Seen und Sümpfe. Unter diesen von Naturgrenzen umschlossenen Räumen oder Landschaften sind wieder mehrere durch Naturgrenzen zu Einheiten höherer Ordnung zusammengefaßt.

Große Täler des Landes wie Inn- und Etschtal zerfallen in mehrere Talschaften, die durch Naturgrenzen voneinander unterschieden sind und in Form und Beschaffenheit ihres Geländes, in Klima, Volkseigenart und Volkskultur Besonderheit aufweisen; denken wir etwa an das obere, mittlere und untere Inntal, an den Ober-

[4] So zeigt die Geschichte der Schweizer Eidgenossenschaft, „daß die Hochgebirgsverhältnisse die Entstehung von Landgemeinden mit einer besonders freiheitlichen Stellung begünstigten." So Rolf Sprandel, Das Eisengewerbe im Mittelalter, Stuttgart 1968, S. 73.

vinschgau, den Untervinschgau, das Burggrafenamt und das untere deutsche Etschland. Bei manchen Tälern wirkt die Teilung durch eine Naturgrenze so stark, daß sie vom Volk gar nicht mehr als Einheit erfaßt und benannt wird. Das Tal der Tauferer Ache z. B. wird durch den nördlich der Ortschaft Sand quer durch das Tal streichenden Gneisriegel, den der Talbach in enger Schlucht durchrauscht, in zwei Teile zerlegt, das Tauferer Tal und das Ahrntal; eine einheitliche Benennung für das ganze Tal gebraucht die Bevölkerung nicht.[5]

Die bäuerlichen Bewohner des äußeren und des inneren Talteiles unterscheiden sich durch Wirtschaft und kulturelle Besonderheit. Aber nicht nur große Täler weisen eine solche Scheidung in Räume verschiedenartigen Kulturlebens auf, auch kleinere Täler werden durch Naturgrenzen in solche Talschaften kultureller Eigenart aufgeteilt. Nebentäler, wie etwa Alpbach (Unterinntal) oder Schnals (Vinschgau), um nur zwei Beispiele anzuführen, weisen ausgesprochene Besonderheit auf gegenüber den Haupttälern, in welche sie münden. Die bäuerlichen Bewohner der Talschaften wurden hier zu einer Lebensgemeinschaft zusammengeschlossen, welche als Wirtschafts- und Kulturgemeinde sowohl das wirtschaftliche wie das geistige Leben umfaßte. Schon in vorchristlicher Zeit einte gemeinsamer Kult die Bewohner solcher Talschaften; so zogen die heidnischen Bewohner des Nonsberges in feierlicher Prozession mit dem Bild einer rätischen Saatengottheit an einem bestimmten Tag durch die Fluren zum gemeinsamen Heiligtum in der Nähe des heutigen Cles. In christlicher Zeit bildete die Wirtschaftsgemeinde zugleich die Pfarre. Gleichheit in Brauch und Sitte entstand in solchem geschlossenen Siedlungsraum, mit ihm deckt sich vielfach auch der Heiratskreis; die Bewohner einer größeren Talschaft waren mehr oder weniger miteinander verwandt und zeigten auch in ihrer seelischen Haltung und körperlichen Erscheinung manch gleichartigen Zug; mundartliche Besonderheiten gegenüber Nachbarlandschaften machen sich bemerkbar. Besonderheiten letzterer Art weisen z. B. die Talschaften auf, die nach der Besetzung Tirols durch die Bayern Gaugrafschaften wurden; die alten Gaugrenzen sind heute noch Grenzen mundartlicher Besonderheiten.

Benachbarte Raumeinheiten wurden durch Naturgrenzen zu Einheiten höherer Ordnung zusammengefaßt. Diese Lebensräume niederer und höherer Ordnung stellen sich heute als Bezirke der Gemeinden, der Pfarreien, der Gerichte sowie der politischen Verwaltung dar, worüber noch in anderem Zusammenhang (V. Hauptstück) zu sprechen sein wird.

Die Gliederung der Alpen in natürlich abgegrenzte Landschaften hat dazu geführt, daß sich Volks- und Sprachgebiete scharf scheiden und sich gemischtsprachige Grenzgürtel zwischen solchen seltener finden als in Ländern der Ebene. In Tirol scheidet eine ausgesprochene Naturgrenze deutsches und italienisches Sprachgebiet. Über sie schrieb der Italiener Cesare Battisti (Il Trentino, Trento 1898, S. 8):

[5] Vgl. Josef Innerhofer, Taufers – Ahrn – Prettau. Die Geschichte eines Tales, Bozen 1982.

„La catena, che dal Cividale alla Marmolata – i giganteschi piloni del Trentino – divide le due regioni, ha verso i paesi tedeschi una sola apertura – quella della valle atesina.“ (Die Gebirgskette, welche von der Zufallspitze bis zur Marmolata – den beiden riesenhaften Eckpfeilern des Trentino – die beiden Landschaften (nämlich das deutsche und das italienische Sprachgebiet) scheidet, hat gegen die deutschen Länder hin eine einzige Öffnung – jene, welche das Etschtal darstellt).

Ganz ähnlich äußerte sich der Italiener Antonio Gazzoletti (La questione del Trentino, Milano 1860, S. 38); er wendet sich gegen jene Italiener, welche sich bereits damals mit der Angliederung der von Italienern bewohnten Landschaften Tirols an Italien nicht zufrieden geben wollten, sondern darüber hinaus auch die Annexion Deutschsüdtirols bis zum Brenner anstrebten. In deutscher Übersetzung lautet die Äußerung Gazzolettis:

„Aber da es eine Tatsache ist, daß die deutsche Bevölkerung diesseits des Brenners bis zu den Grenzen des Trentino herunterreicht, dergestalt, daß Brixen und Meran und selbst Bozen zu den deutschen Städten gezählt werden, und da es eine traurige Empfehlung wäre für den, der das Seine zurückfordert, nach dem zu trachten, was dem andern gehört, so halte man nur an dem Grundsatz fest, daß die Grenze Deutschlands unterhalb der erwähnten Gebiete und Städte angezeigt ist, und zwar längs jener kleineren Alpenkette, welche im Westen beginnend an der Ortlerspitze im Osten bis zur Marmolata reicht und Deutschtirol deutlich von den Tälern des Sulz- und Nonsberges, vom Cembra-, Fleims- und Fassatal, den letzten trientinischen Landstrichen gegen Norden trennt.“[6]

Gazzoletti nennt diese Grenze „già de natura egregiamente predisposto“ (schon von der Natur vortrefflich vorgezeichnet). Das einzige Tor, welches sich in dieser Grenzmauer zwischen Deutschsüdtirol und Welschtirol öffnet, die „sola apertura“, wie Battisti sie nennt, ist die Talenge von Salurn. An dieser vom Etschtal gebildeten Bresche dieser Mauer hat auch im Lauf der Zeiten die Sprachgrenze geschwankt. Im 15./16. Jahrhundert war das deutsche Element am linken Etschufer südwärts vorherrschend bis hinab gegen Lavis, in der Folgezeit trat hier eine Italianisierung ein, während das Etschtal nordwärts Salurn bis heute seinen deutschen Charakter behauptete.[7]

Ein Gebirgskamm, welcher benachbarte Täler scheidet, bildet eine Naturgrenze zwischen ihnen; sie wird aber dort als Verkehrshindernis unwirksam, wo ein leicht überschreitbarer Übergang, ein Paß oder Joch in ihn eingetieft ist. Öfters kommt es vor, daß zumal aus dem innersten Teil des einen Tales ein solcher Übergang, in Tirol „Joch“ genannt, hinüberleitet in das Innere eines Nachbartales. Ist der Übergang für das Weidevieh gangbar, so greift dann häufig die Almweide vom diesseitigen Hang auf den jenseitigen über und erstreckt sich soweit in den Talboden hinab, bis ein größeres Hindernis, etwa eine schwer überschreitbare Steilstufe, eine unwirtliche oder dicht bewaldete Fläche, der weiteren Ausdehnung der Weide eine Schranke setzt. Zu solchem Übergreifen des Weidebetriebes von einem Tal ins andere konnte es nur kommen, wenn das jenseitige Tal in seinen inneren Teilen noch

---

[6] Tirol wie ganz Österreich gehörten damals (1860) noch zum Deutschen Bund.

[7] Vgl. Stolz, Ausbreitung des Deutschtums in Südtirol, 2. Bd., München 1928.

unbesiedelt und die Weide jenseits des Überganges noch ungenützt war. Im folgenden wird dies noch an einzelnen Beispielen veranschaulicht. Die Grenzen der wirtschaftlichen Nutzung sind in der Folge zu Gemeindegrenzen geworden, das Gemeindegebiet griff über Pässe und Jöcher hinweg ins jenseitige Tal hinüber; den Gemeindegrenzen folgten die Grenzen der Pfarren, der Gerichte und jene der politischen Bezirke.[8]

Große, tief eingeschnittene Furchen durchziehen das Gebirge, sie weisen aber kein einheitliches Gefälle auf und entwässern sich daher von einem Scheitelpunkt aus nach verschiedenen Seiten. Eine solche Furche ist auf dem Boden Alttirols die Brennerfurche, welche die Alpen in der Nord-Südrichtung überquert; ihr Scheitelpunkt ist der Brenner (1367 m), von welchem der Eisack nach Süden, die Sill nach Norden abfließt. Eine zweite Furche quert westlich vom Brenner den Alpenhauptkamm; ihr Scheitel ist der Reschenpaß (1510 m), von welchem die Etsch gegen Süden und der Stillebach nach Norden fließt. Eine dritte große Furche auf tirolischem Boden zieht vom Westen gegen Osten, ihr Scheitel wird von der Talwasserscheide des Toblacher Feldes (1210 m) gebildet, von welcher die Drau gegen Osten, die Rienz gegen Westen ihr Wasser führt. Der unbefangene Sinn des Volkes hat seit alters diese Furchen als das, was sie sind, als natürliche geographische Einheiten erkannt und dementsprechend als Einheiten benannt, nämlich das obere Eisack- und Silltal als Wipptal, das Etschtal von der Stufe der Töll zusammen mit dem Tal des Stillebaches bei Nauders bis zur Steilstufe gegen das Inntal bei Finstermünz als Vinschgau[9], das Rienztal von der Rienzschlucht ober Brixen mit dem obersten Drautal bis zur Drauenge ober Lienz zusammen als Pustertal. Daß die Scheitelpunkte dieser Furchen Wasserscheiden zwischen Adriatischem und Schwarzem Meer bilden, vermochte sie nicht zu einer Naturgrenze zu machen, soweit wir unter Naturgrenze oder natürlicher Grenze ein natürliches Hindernis des Verkehrs verstehen. Brenner, Reschenpaß und Toblacher Feld haben den Verkehr zwischen den Gebieten zu ihren beiden Seiten gefördert, sie bildeten im Verlauf der Geschichte auch nie auf längere Zeit eine Volks- oder Staatsgrenze oder eine Scheidung verschiedenartiger Kulturgebiete.

Für die enge völkische, wirtschaftliche, kulturelle und politische Verbindung der Landschaften nördlich und südlich vom Alpenhauptkamm, mit anderen Worten: für die tirolische Landeseinheit, sind Brenner, Reschenpaß und die anderen noch anzuführenden Übergänge über den Alpenhauptkamm von entscheidender Bedeutung geworden. Wie hier das Land Tirol als Paßstaat entstand, so ist es auch im westlichen und östlichen Teil der Alpen zur Bildung ähnlicher, die Landschaften zu beiden Seiten wichtiger Pässe zusammenfassender Paßstaaten gekommen: im Westen in der Schweiz und Savoyen, im Osten in den österreichischen Ländern Salzburg und Steiermark. Es blieb einer nationalistisch befangenen italienischen

---

[8] Vgl. unten V. Hauptstück (Gemeinde).

[9] Vgl. darüber Klaus Fischer, Agrargeographie des westlichen Südtirol. Der Vinschgau und seine Nebentäler, Wien 1974.

Wissenschaft vorbehalten, die „Brennergrenze“ als „natürliche“ Grenze Italiens zu erkennen.

Außer den zwei tiefen Einsenkungen des Brenners und des Reschenpasses sind in den Alpenhauptkamm im Bereich Tirols noch mehrere höher gelegene Übergänge eingeschnitten. Diese Übergänge haben seit alters einen starken Verkehr zwischen den Tälern, welche vom Norden und Süden her zu ihnen emporziehen, vermittelt und den Zusammenschluß Nord- und Südtirols zu völkischer, kultureller und politischer Einheit gefördert. Ostwärts vom Reschen-Scheideck ging alter Verkehr über das Weißseejoch (2970 m) vom Tal Langtaufers nordwärts ins Kaunertal. In früherer Zeit wurde dieser Übergang viel benützt, weil er die kürzeste Verbindung des oberen Vinschgaus mit Imst und dem Weg zum Fernpaß darstellte. Größere Bedeutung kam den Übergängen zu, welche aus dem Vinschgau über das Schnalstal ins Ötztal führen (Hochjoch 2875 m, Niederjoch 3019 m); sie dienten schon in vordeutscher Zeit der romanisierten Urbevölkerung des Vinschgaues, um ihr Vieh auf die jenseits des Kammes der Ötztaler Alpen gelegenen Almweiden im Quellgebiet des Ötztales, im Ventertal, zu treiben. Das Ötztal war damals in seiner ganzen Länge – abgesehen von seinem Ausgang, der Gegend um Sautens – noch unbesiedelt. Die romanischen Almhirten haben verschiedene Örtlichkeiten des Ventertales in ihrer Sprache benannt, wie heute noch eine Reihe vordeutscher Örtlichkeitsnamen bezeugt.[10] Nachdem der Untervinschgau und sein Nebental, das Schnalstal, deutsch geworden waren, haben sich Schnalser Bauern auf den tiefer gelegenen Almweiden im Ventertal niedergelassen und ihren dortigen Höfen deutsche Namen gegeben. Entsprechend der alten wirtschaftlichen Verbindung des Ventertales mit dem Süden behielten diese Siedler ihre Zugehörigkeit zur Talgemeinde Schnals, ihre kirchliche Zugehörigkeit zur Urpfarre Tschars und zum Gericht Kastelbell im Vinschgau. Als im Jahre 1810, zur Zeit der Zugehörigkeit Tirols zu Bayern, die Regierung die Gemeinde Vent aus dem Verband mit dem Gericht Kastelbell loslöste und dem Gericht Silz im Inntal zuteilte, baten die Bauern von Vent, sie beim Gericht Kastelbell zu belassen. Sie begründeten ihre Bitte unter anderem damit, es „wäre der Weg für sie nach Silz weiter und kostspieliger als nach Kastelbell und diese hiesigen Vorfälle (vor Gericht zu erledigenden Angelegenheiten) der so kleinen Gemeinde sind bisher auch zu Sommerzeit vom löblichen Gerichte Kastelbell leicht geschlichtet und abgefertigt worden, ohne jemaligen Schaden“[11]. Die Almen im Rofen- und Niedertal ober Vent gehören heute noch Bauern im Tal Schnals, die ihre Schafe hierher auftreiben, wenn auch der Gewaltfriede von St. Germain die Schnalser und ihr Tal der italienischen Fremdherrschaft unterworfen und die alten Zusammenhänge zerrissen hat. In älterer Zeit wurden nicht nur Schafe, sondern auch Rinder über die beiden Übergänge getrieben, so z. B. im Jahre

[10] Vgl. Karl-Heinz Werner, Die Almwirtschaft des Schnalstales unter Einbeziehung der Herdenwanderungen ins innerste Ötztal (Veröff. der Universität Innsbruck, 20. Bd.), Innsbruck 1969.

[11] Nach einem Bericht des Richters von Kastelbell vom 8. Juli 1810 benötigte man 13 Gehstunden von Kastelbell nach Vent, aber 18 Gehstunden von Vent nach Silz (Stolz 657, Vent-Rofen, S. 86).

1563 von 18 Höfen im Schnalstal außer 1077 Schafen 177 Rinder; die kleinere, aber gebirgstüchtige Rinderrasse der älteren Zeit (wie etwa die Tuxer und die graue Oberinntaler Rasse) erleichterte hier wie anderwärts den Viehtrieb über schwieriger gangbare Höhen.

Noch heute besteht in Obergurgl der Brauch, daß die Bauern mit ihren sommerlichen Dienstboten, den „Sommermahdern" und den „Sommerdiernen" zu Beginn des Herbstes, am Sonntag vor St. Michaelstag, ein Abschiedsfest, den „Mahdersonntag" feiern, zu welchem auch Leute aus Südtirol kommen. Noch 1957 erschienen bei dieser Feier unter anderem aus Passeier die Musikkapelle von Moos und Leute von Riffian und Vernuer.

Während die Übergänge über Hoch- und Niederjoch in der Hauptsache nur dem benachbarten Talgebiete dienten, kommt dem weiter östlich gelegenen Timmelsjoch (2509 m), welches aus dem inneren Passeier ins Gurgl- und Ötztal führt, allgemeinere Verkehrsbedeutung zu. Auch hier sprechen vordeutsche Ortsnamen dies- und jenseits des Joches für einen alten Viehtrieb aus dem Passeier auf die Almweiden von Gurgl. Bis zum Bau der Brennerbahn ging ein nicht unbedeutender Warenverkehr über dieses Joch in beide Richtungen. Fast der ganze Überschuß der Rinderzucht des Ötztales innerhalb von Umhausen ging über Timmels nach Südtirol[12]; auch Vieh aus dem Inntal kam auf diesem Weg nach Südtirol. Die Ötztaler Viehtreiber pflegten nach glücklicher Überschreitung des Joches ein Opfer in den Opferstock der Mühllochkapelle bei Rabenstein (Passeier) zu legen. Schmalz und Flachs aus dem Ötztal gingen nach Passeier und in den Vinschgau. In die Gegenrichtung wurden Schweine aus Passeier, Wein und Branntwein sowie Getreide aus Südtirol in den nördlichen Landesteil gebracht. Die Jahrmärkte zu St. Leonhard in Passeier wurden auch von den Ötztalern fleißig besucht. Im Ötztal wußten die Alten noch zu erzählen, wie ihnen im großen Hungerjahr 1816 Getreide aus Passeier hinübergebracht wurde.

Die lebhaften Verkehrsbeziehungen zwischen den Tälern nördlich und südlich des Alpenhauptkammes haben im Bereich der Ötztaler Alpen wie anderwärts zu zahlreichen ehelichen Verbindungen zwischen der bäuerlichen Bevölkerung im Süden und im Norden geführt. Sippennamen des Etschlandes, besonders des Passeiertals wie Gufler, Gstrein, Kneußl kehren im Ötztal wieder, umgekehrt Ötztaler Namen wie Ennemoser auf Passeirer Seite. In Vent gab es um 1810 drei Bauern, die den Namen Tappeiner führten; ihre Sippe stammte vom Berghof Tappein im Vinschgau. Die Gstrein um Sölden, Zwieselstein, Rofen stammen letztlich von einer Etschländer Sippe ab, die früh um Nals, Andrian und auch Riffian vorkommt (Finsterwalder).

Die Brennerfurche stellt eine tiefe Einsenkung des Alpenhauptkamms dar; die Höhen ost- und westwärts des Passes sind wesentlich niedriger als der Gebirgs-

12 Vgl. Karl Finsterwalder, Tiroler Ortsnamenkunde. Ges. Aufsätze (Schlern-Schriften 285–287), Innsbruck 1990 ff., bes. 2. Bd., S. 819 ff. und S. 929 ff.

kamm, der im Osten und Westen ihre Fortsetzung bildet. Die Schichtenlinien (Isohypsen) von 2500 Metern stehen im Brennergebiet 10 Kilometer, die nächsten Dreitausender 18 km auseinander. Diese bedeutende Einbuchtung des Gebirgskammes um den Paß ist dem Verkehr zwischen den beiden Abdachungen des Kammes günstig gewesen. Der Gebirgskamm tritt im Bereich dieser Einsenkung zumeist nicht über den Bereich der Almweide hinaus. Vier gut gangbare Übergänge (Jöcher) überqueren in einer Höhenlage von 2100 bis 2200 m den Kamm. Auch in anderen Teilen ist der Kamm leicht überschreitbar und ermöglicht eine zusammenhängende Weide zwischen seiner nördlichen und südlichen Abdachung. Auch hier ergaben sich daraus ähnliche Beziehungen zwischen den Bewohnern des Pflerschtales im Süden und dem Obernbergtal im Norden, wie wir sie bereits im westlichen Teil des Alpenkammes kennenlernten; auch hier weist die Wiederkehr derselben Sippennamen in den nördlichen und südlichen Talschaften auf die lebhaften Beziehungen zwischen deren Bewohnern hin.

Ostwärts vom Brenner ermöglicht das Pfitscherjoch (2248 m) eine kürzere Verbindung des unteren Inntales und des Zillertales mit Südtirol, als sie der Brennerweg darstellt. Eine Kirche des hl. Jakob, des Patrons der Pilger und Wanderer, erinnert in Innerpfitsch an einen einstigen starken Verkehr über das Pfitscherjoch. Noch 1838 konnte Beda Weber in seinem „Handbuch für Reisende" („Das Land Tirol", II. Band, S. 26) von einem „lebhaften Handelsverkehre besonders mit Vieh" schreiben, der sich dieses Überganges bediente. Weber bemißt die Entfernung von Sterzing über Pfitsch nach Finkenberg im Zillertal mit 12 Gehstunden. Den Warenverkehr vermittelten die „Kraxentrager", eine Feierabendordnung aus Pfitsch erwähnt sie. Die schönen Almweiden jenseits des Pfitscher Joches im Zamsertal gehören seit alters zur Gemeinde Pfitsch; durch die Grenzziehung von 1919 sind auch hier natürliche Zusammenhänge zerrissen worden.

In den anschließenden östlichen Teil des Alpenhauptkammes sind Hörndljoch (2555 m), Hundskehl (2561 m), Heiliggeistjöchl (2658 m), Krimmler Tauern (2634 m) und Birnluck'n (2671 m) eingetieft; sie vermittelten einen regen Verkehr zwischen dem Ahrntal im Süden und Zillertal und Pinzgau im Norden. Im Ahrntal erinnert je eine Kirche des hl. Jakob und des hl. Valentin, der beiden Wandererpatrone, an starken alten Verkehr. In der Weiheurkunde für das Heiliggeistkirchlein vom Jahre 1455 verlieh Kardinal Nikolaus von Cues allen jenen, die am „Berg", d. h. an den Jochwegen, tot aufgefunde Wanderer christlich begraben, Ablaß.[13] Nordtiroler gingen noch im 19. Jahrhundert über die genannten Hochpässe, um im Ahrntal Getreide zu kaufen. Wanderhändler aus dem Zillertal übertrugen die protestantische Bewegung aus ihrem Heimattal ins Ahrntal. Heiraten zwischen Leuten aus dem Zillertal und dem Ahrntal waren häufig. Auch hier haben Bauern aus dem Süden, dem Ahrntal, ihr Vieh über die Jöcher herübergetrieben auf die Almen im Norden, im Zillergrund und im Sondergrund, die noch heute in ihrem Besitz sind.

---

[13] Cusanus-Gedächtnisschrift, hrsg. v. Nikolaus Grass, Innsbruck 1970, S. 161 f.

In älterer Zeit war der Almbesitz der Ahrntaler auf der Zillertaler Seite noch bedeutender; die Verarmung der Prettauer im innersten Ahrntal, wie sie aus dem Rückgang des Prettauer Kupferbergbaues erwuchs, hatte den Verkauf eines Teiles ihres Almbesitzes zur Folge.[14]

Wiederum zeigt sich, wie der Verkehr über die verbindenden Übergänge eine kulturelle Angleichung zwischen den Bewohnern der verbundenen Talschaften bewirkt hat. Der Volkscharakter der Ahrntaler weist starke Verwandtschaft mit jenem der Zillertaler auf. Die Mundart der Ahrntaler gehört zwar zur Pustertaler Großmundart, hat aber auch Gemeinsamkeiten mit der des Zillertals. Der Zusammenhang mit dem Zillertal umfaßt auch die Tracht, wenigstens jene der Männer. Gleich den Zillertalern weisen auch die Ahrntaler stärker hervortretende sexuelle Sinnlichkeit auf. Mit den Zillertalern teilen sie auch die Sangesfreude.

Die primitive Verkehrstechnik älterer Zeit machte es möglich, daß Höhenwege mit größerem Erfolg mit den Talwegen in Wettbewerb treten konnten als heute. Auch auf den Hauptstraßen in den Tälern war in älterer Zeit zumindest auf einzelnen Teilstrecken der Wagenverkehr erschwert, und es wurden die Waren mit Saumtieren befördert. Über die Brennerstraße berichtet ein Fachmann des Straßenbaues um 1808, sie sei gleich den übrigen Straßen des Landes in früheren Jahrhunderten so eng und dabei so steil gewesen, daß sie nur mit einspännigen Wagen befahren werden konnte, oder Frachten von Saumtieren über sie befördert wurden. Wenn der Übergang über ein hohes Joch eine bedeutende Abkürzung gegenüber einem Talweg bedeutete, konnte er sehr wohl einen Teil des Verkehrs von den Talwegen ablenken und an sich ziehen. Erst seit dem Bau der Bahnen, die große Lasten auf weiten Strecken verhältnismäßig billig zu befördern vermochten, hat ein Großteil der höherliegenden Pässe und Jöcher an Verkehrsbedeutung in stärkerem Maß verloren.

Der Bau neuer und die Verbesserung der bestehenden Verkehrswege, vor allem der Umsturz der Verkehrstechnik durch Eisenbahn und Kraftwagen, haben die abschließende Wirkung der Naturgrenzen gemindert, haben alte Zusammenhänge gelockert, neue geschaffen; neue natürliche Lebensräume kamen zur Ausbildung, die unter Umständen auch eine gewisse Gleichmäßigkeit ihrer Bewohner aufweisen. War z. B. früher ein Tal durch natürliche Verkehrshindernisse in gesonderte Talschaften aufgeteilt, so sind nach dem Bau einer das ganze Tal entlang der Talfurche durchziehenden fahrbaren Straße die einzelnen Talteile oder Talschaften einander durch den steigenden Verkehr nähergebracht worden; das Tal wurde zu einer ver-

[14] Wie stark der Auftrieb von Südtiroler Vieh auf Nordtiroler Almen noch heute ist, zeigt der Umstand, daß in der Provinz Bozen 11 Kontrollstellen für den Übertrieb des Almviehes bestehen: Am Reschenpaß, in Kurzras (Schnals) für das Hochjoch, in Vernagg (Schnals) für das Niederjoch, in Neuratteis für das Gurgler Eisjoch, in Schönau für das Timmelsjoch, beim Brenner-Wolf für die Almen der Brenner Gegend, in St. Jakob in Pfitsch für das Pfitscher Joch, in St. Peter im Ahrntal für den Tauernpaß, die Hundskehle und Nebenjöcher, in Rain für das Klammjoch, in Antholz für den Stallersattel, in Arnbach und Winnebach für den Übertrieb auf Almen in Osttirol.

kehrsgeographischen Einheit, was in weiterer Folge zwischen seinen Bewohnern eine Angleichung in Wirtschaft und Kultur bewirkte. Waren bisher einzelne Talteile durch Übergänge über den wasserscheidenden Gebirgskamm mit einem Nachbartal in engerer und regerer Verbindung gestanden als mit benachbarten Teilen des eigenen Tales, so ist es nach Ausbau des Talweges dazu gekommen, daß die alte Verbindung mit dem Nachbartal weniger benützt wurde und die Beziehungen zu ihm hinter den Verkehr im eigenen Tal zurücktraten.

Solche Änderungen im Verkehrswesen haben sich im Laufe der Zeit auf die Abgrenzung der Kulturlandschaften ausgewirkt. Diese Veränderung in der Abgrenzung natürlicher Lebensräume ist noch im Fluß. Ganz allgemein haben in den letzten hundert Jahren Steigerung des Verkehrs, Änderung der Verkehrstechnik, Zuwanderungen und Niederlassung nichtbäuerlicher Bevölkerung im alten bäuerlichen Siedlungsraum zur Abschleifung der Besonderheiten der einzelnen Talschaften geführt; trotzdem hat sich so manches von alter Sonderart erhalten.

Ein Hochgebirgsland wie Tirol weist – anders wie Länder der Ebene – oft auf engem Raum nebeneinander mehrere Kulturlandschaften auf, die, von natürlichen Grenzen umschlossen, kulturelle Besonderheit zeigen. Gerade die Mannigfaltigkeit solcher Kulturlandschaften macht eine Fußwanderung durch das Land für einen aufmerksamen Wanderer besonders anregend. Selbst Täler von mittlerer Größe schließen nicht selten mehrere, verschieden geartete Kulturlandschaften in sich. Als Beispiel hierfür möge eine kurze Beschreibung des Tales Paznaun im westlichen Nordtirol dienen.

Das Tal Paznaun, ein Nebental des Oberinntales[15], weist in seinem vorderen, mittleren und innersten Teil bei einer Gesamtlänge von rund 40 km drei verschieden geartete Kulturlandschaften auf. Der Verkehr durch das Tal war vor dem Ausbau der Talstraße (Ende des 19. Jhs.) sehr beschwerlich. Zumal im vorderen und längsten Teil des Tales war der Weg durch zahlreiche Lawinengänge und Murbrüche gefährdet; hier zählte man um das Jahr 1840 auf einer Länge von nicht ganz 6 Gehstunden nicht weniger als 37 Marterln.[16] Der vordere Talteil mit den Gemeinden See (Höhenlage der Kirche 1058 m, 89 Häuser, 345 Einwohner im Jahre 1923) und Kappl (1258 m, 319 Häuser, 1501 Einwohner) zeigt sich als ein enges Hochtal, das fast nur Hangsiedlungen zuläßt; Dörfer fehlen dementsprechend, die beiden Gemeinden setzen sich zusammen aus Einzelhöfen und – zum größten Teil – aus Weilern mit 2 bis 11 Häusern (s. 1. Bd., Abb. 44 u. 45). Die Weiler sind aus der Teilung von Einzelhöfen hervorgegangen. Die Grenze gegen den mittleren Talteil bildet der Totenmännle-Bach, der vom linksseitigen Hang zur Trisanna, dem Talbach, herabbraust.

In seinem mittleren Teil weitet sich das Tal einigermaßen; auf dem Schuttkegel, welchen der Fimberbach auf dem Talboden angeschüttet hat, liegt die Dorfsiedlung Ischgl (1377 m, 50 Häuser, 207 Einwohner, Abb. 1); taleinwärts folgt noch eine zweite, am Talboden gelegene Dorfsiedlung, Mathon (30 Häuser, 123 Einwohner). Das ganze mittlere Tal bildet das Gebiet der Gemeinde Ischgl (175 Häuser, 662 Einwohner), welche außer den beiden Dörfern noch mehrere

---

[15] G. Juen, in Tiroler Bauernkalender 1962, S. 299 ff.; – E. Cimarolli, Ischgl. Vom Bergbauerndorf zum internationalen Wintersportort, Ischgl 1989; – Hans Böhm, Das Paznauntal (Forsch. z. dt. Landeskunde 190), Bonn 1970.

[16] Religiöse Erinnerungszeichen an tödliche Unfälle.

Weiler und Einzelhöfe in sich schließt, die sich am Talboden oder an den untersten Teilen des Hanges ausbreiten.

Im innersten Tal weitet sich der Talboden zu einer kleinen Ebene, die von fast waldlosen Hängen umschlossen ist; die ganze Gegend hat almmäßiges Aussehen. Hier liegt die Gemeinde Galtür (s. 1. Bd., Abb. 19), bestehend aus der dorfartigen Weilersiedlung Galtür (1580 m, 11 Häuser und Kirche, 45 Einwohner) und einer Anzahl von kleineren Weilern und Einzelhöfen. Die ganze Gemeinde zählte 1923 81 Häuser und 322 Einwohner; die Siedlungen liegen fast durchwegs am Talboden.

Das mittlere und innere Paznaun besaß von alters her über die Hochpässe der Gebirgskette auf der rechten Talseite eine zur Sommerszeit gut gangbare Verbindung mit dem Engadin, dessen Siedlungen älter sind als jene des Paznaun. Da nun das innere und mittlere Paznaun vom Engadin her leichter zu erreichen war als von jenen alten Siedlungen, die am Ausgang des Paznaun im Stanzertal und Oberinntal lagen, sind die Almweiden in dem noch unbesiedelten mittleren und inneren Paznaun vom Engadin her benützt worden und in weiterer Folge, so wie ähnliches auch anderwärts beobachtet werden kann, die tiefer gelegenen Teile dieser Almen vom Engadin her besiedelt worden.[17]

Solche Siedlungen sind bereits für das 12. Jahrhundert nachweisbar. Der alten wirtschaftlichen Zugehörigkeit dieser Niederlassungen entsprach auch ihre gerichtliche und kirchliche Zugehörigkeit. Ischgl im mittleren und Galtür im innersten Paznaun unterstanden dem Unterrichter in Sent (Sins) und mit dem ganzen Unterengadin dem Gericht Naudersberg; kirchlich gehörte Ischgl zur Pfarre Sent, Galtür zur Pfarre Ardez (Steinsberg) im Unterengadin. Entsprechend ihrer pfarrlichen Zugehörigkeit bildeten Ischgl und Galtür einen Bestandteil des Bistums Chur. Romanen aus dem Engadin sind auch noch in späterer Zeit ins mittlere Paznaun zugewandert. Im 17. Jahrhundert sind katholisch gebliebene Romanen aus dem Engadin nach Ischgl gezogen, so drei Brüder aus der Familie Mathoy; Nachkommen dieser Einwanderer leben noch heute in Ischgl, während der Stamm der Familie noch bis heute im engadinischen Sent fortbesteht.[18] Entsprechend der Herkunft der ältesten Siedler sind die Namen der Weiler im mittleren Tal ganz überwiegend romanisch.

Auch im innersten Tal müssen sich in ältester Zeit Romanen niedergelassen haben; der Name Galtür (von romanisch Cultura = angebautes Land) spricht dafür, daß einzelne Romanen hier Akkerbau trieben. Entscheidend wurde aber für die Besiedlung des innersten Tales die um 1320 erfolgte Niederlassung von Alemannen, die aus dem obersten Wallis stammten, der Walliser oder Walser. Diese haben im 13. und 14. Jahrhundert eine Reihe von Hochtälern in den westlichen Alpen besiedelt. In Paznaun ist eine Zuwanderung von Walsern auch nach Ischgl und Mathon erfolgt. August Kübler (346, S. 2) erwähnt, daß er noch zu Ausgang des 19. Jahrhunderts in Galtür eine nunmehr ausgestorbene Walser Mundart gehört habe.

Die Namen der Höfe und Weiler im vorderen Tal sind fast ausnahmslos deutsch; die Zugehörigkeit des vorderen Tales zu den Gerichten Landeck und Laudeck-Ried und zu den alten Pfarren Stanz, Zams und Serfaus spricht für eine Herkunft der Siedler aus den alten Siedlungen im Stanzer- und Oberinntal. Die Besiedlung des vorderen Paznaun muß zu einer Zeit erfolgt sein, in welcher das Stanzer- und das Oberinntal bereits deutsch geworden waren. Im 13. Jahrhundert tritt das vordere Paznaun bereits als besiedeltes Gebiet in einem Steuerverzeichnis von 1275 vor Augen. Die Romanen des inneren Tales haben seit langem die deutsche Sprache angenommen. Im

---

17 Stolz, Schwaighöfe S. 38, 121f., 151 u. 178f.

Martin Bundi, Zur Besiedlungs- und Wirtschaftsgeschichte Graubündens im Mittelalter, Chur 1982, S. 147, 462, 479f., 668.

18 Mitteilung des Lehrers Mathoy in Ischgl.

ganzen Tal wird die Mundart des Oberinntales gesprochen. In der ersten Hälfte des 19. Jahrhunderts wären nach Beda Weber (730, III, S. 308) Unterschiede in der Mundart der einzelnen Talteile vernehmbar gewesen.

Das Bild der Kulturlandschaft ist, wie sich aus den bisherigen Darlegungen ergibt, in den drei Talteilen, was Formen und Lage der Siedlungen betrifft, verschieden. Die Zurückdrängung des Waldes zwecks Gewinnung von Äckern, Wiesen und Weiden ist im innersten Tal am weitesten fortgeschritten (wobei die Ackerfläche aufgrund der Höhenlage sehr gering war). Hier wie anderwärts in ihren Siedlungen haben die Walser im Interesse der einseitig von ihnen betriebenen Viehzucht den Wald weitgehend vernichtet. Im Gemeindegebiet von Galtür sind nur schwache Reste des Waldes erhalten geblieben; wo der Wald nicht schon vom Menschen zerstört wurde, haben Lawinen den geschwächten Waldgürtel durchbrochen. Heute müssen die Bewohner von Galtür ihren Holzbedarf aus Wäldern in tiefer gelegenen Teilen des vorderen Tales decken.

Die Ausdehnung des angebauten Landes ist im vorderen Talteil am größten. Hier gedeihen – bis auf den Mais – noch dieselben Feldfrüchte wie im Inntal in der Gegend um Landeck. Immerhin vermochte auch in der Gemeinde Kappl bereits in der ersten Hälfte des 19. Jahrhunderts nur ein kleiner Teil der Bauern seinen Bedarf an Getreide durch Eigenbau zu decken. Im mittleren Tal wurde um diese Zeit außer Erdäpfeln und Gerste nur noch Sommerroggen angebaut, doch verfügte auch hier fast jeder Bauer über etwas Ackerland, wie der Kataster von 1697 feststellt. Im innersten Tal, in Galtür, verschwindet das Ackerland fast gänzlich; schon in der ersten Hälfte des 19. Jahrhunderts wurden hier nur mehr auf einigen sonnigen Hängen etwas Gerste und Erdäpfel angebaut; bei der Gerste wurde oft nur das Saatgut geerntet.

Im Hausbau zeigen vorderes und mittleres Paznaun Verwandtschaft mit dem Oberinntal, Wohn- und Wirtschaftsgebäude sind getrennt; auch wenn sie aneinandergerückt sind, bleiben sie doch konstruktiv selbständig. Eine starke Eigenart zeigt demgegenüber das innerste Tal. Hier ist die herrschende Form des älteren Hausbaues ein Einbau, der Wohn- und Wirtschaftsgebäude unter einem Dach vereinigt; das Haus ist bis auf den Küchenraum ganz aus Holz gebaut. In Ischgl fallen einige stattliche Häuser auf; sie standen einst im Besitz von Ischglern, die als Handelsleute wohlhabend geworden waren.

Eine besondere Stelle im Wirtschafts- und Kulturleben des Tales nimmt Ischgl als Sitz eines namhaften Fernhandels ein.[19] Die Hochpässe, welche Paznaun mit dem Engadin und Prätigau verbinden, dienten bereits im späteren Mittelalter nicht nur dem Übertrieb von Almvieh, sondern auch einem Handelsverkehr Ischgls mit dem Süden. Die primitive Verkehrstechnik der älteren Zeit machte es – wie bereits erwähnt – möglich, daß auch Wege über Hochpässe mit Wegen in tieferen Lagen in Wettbewerb treten konnten. Der Weg durch das Fimbertal zum Fimberjoch (2612 m) wird noch um 1800 als „gemeine Landstraße“ bezeichnet. Auf diesem Wege wie auf den Pfaden, die aus dem Gemeindegebiet von Galtür über das Jamtal und Vermunttal ins Engadin und den Prätigau führten, wurden die Waren nicht nur mit Saumtieren, sondern auch mit einspännigen Wagen befördert. Der Handelsverkehr auf diesen Wegen ist bereits für das 15. Jahrhundert nachweisbar. Kaiser Maximilian I. erteilte am 8. August 1505 der Gemeinde Ischgl das Recht, von jedem beladenen Saumroß einen „Vierer“ als „Weglohn“ einzuheben; dafür wurde die Gemeinde zur Einhaltung der Wege verpflichtet. Auf diesen Wegen wurde aus Tirol Vieh, Salz, Kupfer und Eisen ausgeführt und aus dem Süden Wein, Branntwein, Getreide, Reis und Seide eingeführt.[20] Noch zu Beginn des 19. Jahrhunderts kamen lange Reihen von Saumtieren, beladen

[19] Nik. Meyer, Die Handelsherren aus Ischgl, Tir. Heimatblätter 1936, S. 79f., Rich. Schober, Chronik von Ischgl, Innsbruck 1982.

[20] Stolz, Geschichte des Zollwesens und Handels (Schlern-Schriften 108. Bd.), Innsbruck 1953, S. 133 u. 157.

mit Veltliner Wein, nach Ischgl. Ischgler Kaufleute trieben lebhaften Handel auf verschiedenen Märkten in Tirol, in anderen österreichischen Ländern wie auch in Bayern und anderwärts. Mit Beiträgen dieser wohlhabenden Händler wurde um die Mitte des 18. Jahrhunderts die Pfarrkirche in Ischgl neu erbaut und mit prächtigen Paramenten ausgestattet. Verbesserter Bau der Talstraßen und Änderung der Verkehrstechnik brachten hier wie anderwärts den Saumverkehr über die Hochpässe zum Stillstand. Der Vorstoß der Gletscher dürfte schon früher den Verkehr über das Jamtal und Vermunt zum Stillstand gebracht haben.

Im Raum eines einzigen Hochtales treten uns drei verschiedenartige Kulturlandschaften vor Augen, welche sich nach Herkunft ihrer Bewohner, nach der Gestaltung von Wirtschaft und Siedlung sowie der hieraus sich ergebenden Formung der Landschaft voneinander unterscheiden. Die kulturelle Mannigfaltigkeit des Tales tritt unter anderm zutage in seiner Zugehörigkeit zu drei Gerichten und zwei Bistümern (vgl. auch Abb. 2, 3).

Im 19. Jahrhundert kamen die ersten Bergsteiger ins Paznauntal. Der anfänglich nur spärliche Fremdenverkehr war zunächst auf Berg- und Schitouristen beschränkt. Durch den in den Sechzigerjahren des 20. Jahrhunderts einsetzenden Bau von Seilschwebebahnen wurden riesige Schigebiete erschlossen. Dies führte zu einer geradezu stürmischen Entwicklung im Fremdenverkehr, zu einem Ausbau der Fremdenbeherbergungsbetriebe und zu einem wirtschaftlichen Aufschwung des Paznauntales überhaupt.

UMFORMUNG DER LANDSCHAFT. Ein Bergland erleichtert seinen Bewohnern die Verteidigung gegen Feinde. Das wehrhafte Bauerntum Tirols hat in verschiedenen Kriegen bewiesen, wie gut es dank seiner Vertrautheit mit dem Gelände Berge und Talengen zur Verteidigung zu benützen verstand. Wiederholt ist das Land Tirol mit einer Festung verglichen worden. Landesbeschreibungen aus der Zeit um 1600 heben hervor, daß Tirol durch seine Berge wie mit Ringmauern und Basteien nach außen gesichert sei.[21] Das Gebirge bot auch einer Urbevölkerung die Möglichkeit, sich in abgeschlossenen Landschaften neben jüngeren Zuwanderern zu behaupten. So haben in den abgeschlossenen Dolomitentälern Reste der romanisierten Urbevölkerung ihre völkische Sonderart bis heute gewahrt.

Hat der Berg den Bauern geformt, so hat der Bauer auch seinerseits dem Berg ein anderes Aussehen gegeben. Der Bauer hat die „Naturlandschaft“ durch seine Arbeit umgestaltet und sie zur „Kulturlandschaft“ gemacht.[22] Vor allem hat die bäuerliche Arbeit die Pflanzendecke, welche Berghang und Talboden überzog, verändert. Rodungen für Siedlungen und Kulturland lichteten an vielen Stellen die ausgedehnte Walddecke und unterbrachen ihren Zusammenhang durch Gras- und Ackerflächen. Durch Almwirtschaft und Bergmähder wurden die Höhengrenzen des Waldes herabgerückt. Durch bäuerliche Rodungsarbeit entstanden die Lärchmähder (s. 1. Bd., S. 108, ebd. Abb. 26), welche dem Landschaftsbild namentlich in vielen Hochtälern ein eigenartiges Gepräge geben. Der Laubwald, vor allem die Bestände an Eichen und Buchen, erfuhren im Lauf der Zeit wegen des höheren Wertes von Eichen- und Buchenholz stärkere Minderung als der Nadelwald. An sonnigen Steilhängen ist die Ackerfläche gelegentlich terrassiert worden, sodaß

---

[21] Stolz, Geschichte des Landes Tirol I, Innsbruck 1955, S. 389.
[22] Vgl. 1. Bd., S. 50ff.

sie im Landschaftsbild gleich einer Riesentreppe hervortritt, deren Stufenabsätze zuweilen von Buschwerk bestanden sind (s. Abb. 5). Im Bereich des Weinbaues sind solche Terrassierungen für die Anlage von Weinbergen vorgenommen worden.[23] Große Änderungen vollzogen sich auf der Talsohle der Haupttäler durch bäuerliche Arbeit. Die ersten Ansiedler fanden hier weite, aus Laubholz bestehende Auen, ausgedehnte Schotterflächen und Moose (Sümpfe). Die in älterer Zeit ausschließlich durch Bauern errichteten „Archen“ (Dämme) zwangen den Fluß in ein unveränderliches Bett; am Talboden entstanden Wiesen und in weiterer Folge Äcker, in Südtirol – zumal im mittleren Etschtal – in jüngster Zeit ausgedehnte Obsthaine, die bei der Obstblüte ein herrliches Bild bieten. Viele Dörfer Süd- wie Nordtirols sind von Obstangern umschlossen, darüber hinaus sind in den letzten Jahrzehnten in Süd- wie in Nordtirol weite Wiesenflächen mit Obstbäumen bepflanzt worden.

In hohem Maß ist das Bild der Kulturlandschaft durch die Formen der ländlichen Siedlungen und des Wohnbaues beeinflußt worden. Neben den von den deutschen Bauern angelegten weiträumigen Dörfern befinden sich in jenen Landesteilen, in welchen sich die romanisierte Urbevölkerung länger behauptete, Dörfer und Weiler in geschlossener Bauart, bei der Haus eng an Haus rückt[24] (s. 1. Bd., S. 57f. und Abb. 21 ebd.). Die vielen Einzelhöfe, wie sie sich zumal über die Berghänge ausbreiten, geben dem Bild der Hochgebirgslandschaft ein besonderes Gepräge (vgl. 1. Bd., Abb. 33 u. 34).

Große Verschiedenheit besteht zwischen den Hausformen der einzelnen Landschaften, während innerhalb ein- und derselben Landschaft eine bestimmte Form vorherrscht. Die einzelnen alten Formen des Bauernhauses sind in Anpassung an bäuerliche Wohn- und Wirtschaftsbedürfnisse sowie an den von der Natur dargebotenen Baustoff allmählich erwachsen und fügten sich so in das Bild der Berglandschaft harmonisch ein.

Anders als die italienischen Bauern des südlichsten Tirol haben die deutschen Bauern Tirols das Bild ihrer Landschaft geformt; in dieser Verschiedenheit spiegelt sich die Ungleichheit der wirtschaftlichen und sozialen Lebensformen deutschen und italienischen Bauerntums wider.[25] Die Kulturlandschaft Nordtirols wie jene des deutschen Südtirol läßt deutlich ihre Zugehörigkeit zu jener großen Kulturlandschaft erkennen, welche die deutsche Schweiz, Süddeutschland und Österreich umfaßt. Welschtirol hingegen trägt weitgehend die Züge der Kulturlandschaft Italiens.

---

[23] Matthias Ladurner-Parthanes, Vom Perglwerk zur Torggl, Bozen 1972.

[24] Abweichende Ansichten vertreten W. Lutz, Gröden (Tiroler Wirtschaftsstudien 21. Bd.), Innsbruck 1966, S. 84ff. und Hugo Penz, Das Wipptal (Tiroler Wirtschaftsstudien 27. Bd.), Innsbruck 1972, S. 94ff.

[25] Ausführlich behandelt diese Verschiedenheit des italienischen und des deutschen Landschaftsbildes die wertvolle Arbeit von F. Dörrenhaus: Südtirol und das Bild Italiens. Ders., Wo der Norden dem Süden begegnet, Innsbruck 1959. Ders., Deutsche und Italiener in Südtirol, in: Erdkunde, Archiv für wissenschaftl. Geographie, Bd. VII/3, Bonn 1953, S. 185–216. Norbert Krebs, Die Ostalpen, 2 Bde., 3. Aufl., Darmstadt 1961.

Der deutsche Bauer hat seinen Wald anders behandelt als der italienische. In Welschtirol erfuhr der Hochwald weitgehende Vernichtung, an seine Stelle ist armseliger Niederwald getreten. Während im deutschen Südtirol in der Umgebung von Bozen auf den Hochflächen des Tschöggel- und Reggelberges der Wald mit seinen Kiefern, Fichten und Lärchen sich noch einmal in seiner ganzen Weite und Geschlossenheit dehnt, setzt weiter südwärts, wenn man die Sprachgrenze bei Salurn überschritten hat, auch schon der Niederwald ein. Während im deutschen Teil Tirols zu Beginn unseres Jahrhunderts mehr als 95 % des Waldes Hochwald waren, hatten in Welschtirol zu dieser Zeit nur 52 % des Waldbestandes Hochwaldcharakter.

Das Flurbild Italiens ist weithin gekennzeichnet durch die „coltura mista", jene Mischkultur, bei welcher Weizen, Weinrebe und Ölbaum auf ein und demselben Flurteil nebeneinander stehen. In Welschtirol stehen wenigstens Rebe und Getreide in Mischkultur beisammen. Im deutschen Südtirol ist diese Kulturform eine Ausnahme; hier treten im Landschaftsbild die Weingärten gesondert hervor, und es dehnen sich weithin einheitliche Acker- und Wiesenflächen.

Auch durch die Art der Einhegungen unterscheidet sich das Flurbild im deutschen und italienischen Landesteil. Während in letzterem die aus Bruchsteinen aufgeführten Mauern die einzelnen Flurteile abgrenzen, sind im deutschen Landesteil die Holzzäune in ihren verschiedenen Formen die Regel.

Die Verschiedenheit deutscher und italienischer Volkskultur tritt vor allem in Formen von Siedlung und Haus zutage. Das geschlossene Dorf Welschtirols mit seinen nach städtischer Art eng zusammengebauten Häusern entspricht der seit alters stärkeren Verstädterung des italienischen Bauern; sein gesellschaftliches Leben weist städtische Züge auf. Gegenüber der geschlossenen Dorfsiedlung tritt die Siedlung in Einzelhöfen und Weilern in Welschtirol bedeutend zurück (s. 1. Bd., S. 89). Gleich dem Stadthaus weist das italienische Bauernhaus häufig mehrere Stockwerke auf, muß es doch in vielen Fällen mehreren Familien Unterkunft bieten. Der italienische Kleinbauer ist nicht in der Lage, viel auf sein Haus zu verwenden, dessen Eigentum er zudem mit anderen teilen muß. Der deutsche Tiroler Bauer ist dank seines größeren Grundbesitzes und seines Besitzrechtes befähigt, sein Haus, das er zumeist allein besitzt, wohnlicher zu gestalten. Wer das Ansehen seiner Familie wahren will, hält auf ein gepflegtes Haus und versieht es mit mannigfacher Zier. Wie der deutsche Bauer gegenüber dem Städter seine bäuerliche Art wahrt, so hält auch das Haus an bäuerlicher Art fest.

Die Besonderheit der Kulturlandschaft des deutschen Südtirol und ihr Gegensatz zum Bild Welschtirols kann nicht erst in jüngerer Zeit entstanden sein; der Ausbau der Besiedlung Südtirols durch deutsche Bauern hat bereits im Mittelalter jenes Bild im wesentlichen geschaffen, das sich heute darbietet. Wäre das Land, wie italienische Nationalisten behaupten, erst in den letzten zwei Jahrhunderten germanisiert worden, hätte ein solcher Gegensatz zur italienischen Kulturlandschaft niemals entstehen können.

Das Bild der Landschaft wird unter anderem auch durch die Kultbauten, die im deutschen Tirol besonders zahlreich sind, beeinflußt. Die vielen Kirchtürme mit den spitzen gotischen Helmen treten da besonders hervor, daneben begegnen im deutschen Tirol wie in anderen österreichischen Alpenländern die Türme mit Barockhelmen.[26] In Welschtirol hingegen weisen viele Kirchen und Türme die Formen der Renaissance auf, die in Süd- wie Nordtirol bei Kultbauten selten sind. In Nord- wie in Südtirol beleben das Landschaftsbild die auf vielen Höhen errichteten Wallfahrtskirchen und die Kirchen der Kalvarienberge sowie die unzähligen kleinen Kapellen, welche bei den Einzelhöfen und Weilern oder allein an den Wegen stehen. Alle diese Kultbauten, zumal die älteren, sind in ihrer Art durch den Geschmack ihrer bäuerlichen Erbauer bestimmt.

2. Urbevölkerung und Romanisierung

Die Sonderart des Tiroler Volkes ist mitbestimmt durch die Vermischung mit der Urbevölkerung[27], welche die Germanen bei ihrer Niederlassung in den tirolischen Landschaften antrafen. Über die Volkszugehörigkeit der ersten Bewohner Tirols wissen wir nichts Bestimmtes.

Während sich in Mitteleuropa in der Steinzeit neben anderen Menschenrassen die Gruppe der indogermanischen Völker ausbildete, scheinen die damals bewohnbaren Alpenräume von anderen Rassen besiedelt gewesen zu sein, so von der sogenannten alpinen Rasse, die mit osteuropäischen Gruppen in anthropologischen Zusammenhang gebracht wird; im Westteil der Alpen finden sich deutliche Spuren anthropologischer und sprachlicher Art von Ligurern; diese dürften von ihrem Kerngebiet am ligurischen Meerbusen in den Seealpen in den Schweizer Kanton Tessin eingewandert sein. Der antike Schriftsteller Poseidonios († um 50 v. Chr.) schildert die Ligurer der Seealpen als kleine, magere und bewegliche Menschen, die, zumeist in natürlichen Höhlen wohnend, ein kärgliches Leben führen.

Kennzeichnend für die Sprache der Ligurer wurde das Suffix asca. Da dieses auch in Namen Westtirols auftrat, z. B. im Talnamen Leutasch, urk. Liutaske, schloß man daraus, daß Ligurer in Tirol gesessen seien. Dieses Suffix ist aber auch noch in romanischer Zeit lebendig gewesen, z. B. im Talnamen Nenzingast am Arlberg bei Langen, im Bergnamen Ziwundaschg bei Pfunds, im Familiennamen

---

[26] Wenn diese zwiebelförmigen Helme mit Holzschindeln bedeckt sind, pflegte man in der Brixner Diözese die Schindeldächer mit roter Farbe zu streichen, im Salzburger Diözesangebiet hingegen mit grüner. Diese Gepflogenheit kann man besonders gut im Zillertal beobachten, da der Zillerfluß seit mehr als einem Jahrtausend die Grenze zwischen dem Brixner (jetzt Innsbrucker) und dem Salzburger Diözesanbereich bildet.

[27] Dieser und die unmittelbar folgenden Abschnitte wurden 1974 von Prof. Dr. Karl Finsterwalder gründlich überarbeitet und zuletzt noch 1993 von Prof. Dr. Hermann Ölberg (Innsbruck) auf den neuesten Forschungsstand gebracht, wofür beiden Herren für ihre wertvolle Mitarbeit der beste Dank ausgesprochen sei.

Munggenast[28] (Bez. Landeck), sodaß man aus dem Vorkommen von asca nicht auf Ligurer in Tirol schließen darf.

Bloß auf eine nicht ganz klare Stelle bei dem griechischen Geographen Strabo († um 20 n. Chr.) gestützt, derzufolge die Stämme der Breonen und Genaunen bereits Illyrier seien, nahmen Friedrich Stolz 1892 (s. Lit.) und bis vor kurzem auch viele spätere Forscher an, die Bewohner Tirols und Mitteleuropas in der Bronzezeit (12.–4. Jahrhundert v. Chr.) seien Illyrier gewesen; aber nach allen sonstigen antiken Nachrichten waren die Illyrier nur ein kleines Volk an der Adriaküste und im anschließenden Binnenland. Sie haben ungefähr das Gebiet von Albanien, aber auch dieses nicht ganz, eingenommen. Bei kritischerer sprachlicher Forschungsmethode kann man der These der Illyriersiedlung in Tirol nicht mehr folgen. Außer jener Stelle bei Strabo war sie durch den übertriebenen Wert, den man dem römischen Provinznamen Illyricum beilegte, entstanden; auch, daß man gewisse archäologische Fundschichten der Bronzezeit, wie die Lausitzer Kultur, diesen Illyriern zuschrieb, blieb nicht unbestritten und wird heute nicht mehr angenommen.

Aus der Gesamtlage des indogermanischen Volkstums in Mitteleuropa zur Bronzezeit (von 1800 v. Chr. ab) dürfen wir schließen, daß damals indogermanische Stämme hier wohnten, wenngleich eine 1951 bei Steinberg aufgefundene Felsinschrift vielleicht sehr viel enthält, was die indogermanische Sprachwissenschaft nicht zu deuten vermag; sie repräsentiert aber kaum die Sprache der Eingeborenen in Tirol.

Nach der Eroberung des Alpenraumes durch die Römer 15 v. Chr. werden uns verschiedene Stämme als Bewohner des eroberten Gebiets genannt: so im Gebiete des heutigen Deutschtirol die Venosten (Vinschgau), die Anauni (Nonsberg), Isarci (Eisacktal), Saevates, Laianci (Pustertal), Breonen, Genaunen (Wipptal und Inntal), Focunaten (Unterinntal ?), die Vindeliker reichen von Tirol aus bis zur Donau (danach der römische Provinznamen Vindelizien! – für den Westteil des nördlichen Rätien).[29]

Im letzten Jahrtausend vor Christus, und zwar um 400 vor Chr. (Beginn der La Tène-Zeit), müssen die Kelten auf ihrem großen Eroberungszug auch in unseren Alpenraum eingedrungen sein.

Die neuere Forschung von Leonhard Franz und Kurt Willvonseder kann (wie besonders aus der unten zitierten Zusammenschau von H. Ölberg hervorgeht) nicht mehr die herkömmliche Meinung von einem vollständig keltenfreien Zentraltirol aufrechterhalten, wenngleich für Nordtirol das Fundmaterial zusammen mit

---

[28] Zu Ziwundaschg vgl. K. Finsterwalder, Tiroler Namenkunde, Auflage 1978, S. 147, A. 38; die 3. Aufl. erschien 1990 unter dem Titel: Tiroler Familiennamen, Schlern-Schriften 284. Bd., S. 147, Anm. 38. Zu Munggenast vgl. K. Finsterwalder, Familiennamen, S. 409.

[29] Peter Haider, Antike und frühestes Mittelalter, in: Josef Fontana (Hrsg.), Geschichte des Landes Tirol, 1. Bd., 2. Aufl., Bozen 1990, S. 133–290. Zu den rätischen Inschriften vgl. Stefan Schumacher, Die rätischen Inschriften (Innsbrucker Beiträge zur Kulturwissenschaft, Sonderheft 79), Innsbruck 1992.

Ortsnamen nur ein punktweises Auftreten von keltischer Siedlung neben den überwiegend nichtkeltischen Breonen und anderen Nichtkelten ersehen läßt. Im Pustertal treten keltische Namenreste und Funde dagegen stärker hervor.

Die Archäologie, die Wissenschaft von den vorgeschichtlichen Bodenfunden und den prähistorischen Bewohnern, hat uns zwar eine ganz fein gegliederte Kenntnis der aufeinanderfolgenden Kulturen unseres Raumes erschlossen, aber die Geschichtsforschung hat bei den antiken Geographen und Historikern keinen zusammenfassenden, historisch bezeugten Namen für die obengenannten Einzelstämme der Bronze- und Eisenzeit vor der Zeit der Kelteneroberungen (400 v. Chr.) nachweisen können, wie man bis vor kurzem glaubte, einen solchen mit dem Namen „Illyrier" zu besitzen. Wir kennen wohl den Volksnamen Räter auf dem Boden Tirols, der Ostschweiz und Oberbayerns zur Römerzeit, diesen Namen hatten aber ursprünglich nur Stämme am Südrand der Alpen zwischen Como und Trient geführt; erst von den Römern wurde der Name auch nach Norden auf Alpenstämme ausgedehnt und zum Provinznamen Rätien erhoben, ganz so wie die Römer die riesige Provinz Illyrien „Illyricum" nach dem Namen der Illyrier, eines kleinen Volkes, schufen, das nur einen verschwindend kleinen Teil dieser Provinz bewohnte.

Auf der Flucht vor dem Keltensturm, wahrscheinlich um 400 v. Chr., waren auch Etrusker aus der oberitalienischen Tiefebene in die Alpen gekommen; nach der Art der Funde wird es eher eine Schicht von ehemals begüterten oder höhergestellten Einzelpersonen aus diesem Volk (auch Priester), nicht ein breiterer Siedlerblock gewesen sein. Jene gehobene Schicht hat hier kaum den Boden bebaut und eigene Siedlungen begründet, weshalb alte etruskische Ortsnamen kaum festzustellen sind. Nach der Einrichtung der Provinz Rätien durch die Römer wurden die Bewohner dieser Provinz ohne Berücksichtigung ihrer Volkszugehörigkeit als Räter bezeichnet. Im wissenschaftlichen Sprachgebrauch der Gegenwart versteht man unter „Räter" unpräzise auch die ehemaligen Bewohner des mittleren Alpenraumes.

Die Urbewohner Tirols waren ein Volk von Hirten und Bauern und mehr auf Viehzucht als auf Ackerbau eingestellt. Sie verstanden sich bereits auf verschiedene Handwerke wie Weberei, Töpferei und das Schmieden von Arbeitsgeräten, Waffen und Schmuck. Sie bauten Häuser, deren Steinmauern mit Lehm gedichtet waren; Mauerbau mit Kalk setzte vereinzelt bereits in vorrömischer Zeit ein. Holzhäuser wurden aus unbehauenen Rundhölzern aufgeführt; Wohnhäuser in solch urtümlicher Bauweise sind auch im Mittelalter noch errichtet worden und haben sich in abgelegenen Landschaften erhalten, so in dem heute nur noch während des Sommers bewohnten Ober-Pfafflar (s. 1. Bd., Abb. 97). Die Fugen zwischen den einzelnen Rundhölzern wurden bei diesen Häusern mit einer Mischung von Lehm, Spelzen (Kleie) und Kuhmist verschmiert. Heustädel werden in dieser Bauweise – aber ohne Fugendichtung – noch heute von Bauern ohne Mitwirkung von Zimmerleuten hergestellt. Noch in vorrömischer Zeit entstanden auch mehrräumige Häuser, und vereinzelt begann man, über dem Erdgeschoß ein zweites Geschoß zu errichten. Es gab auch bereits Häuser mit einem Wohnraum, der mit Bodenbrettern ausgestattet war und eine Herdstelle aufwies.[30]

Einzelne der Urbewohner Tirols waren bereits seit dem 5. vorchristlichen Jahrhundert der Schrift kundig; sie bedienten sich eines nichtrömischen Alphabets, das mit dem etruskischen verwandt ist.[31] Im selben Jahrhundert setzt in Tirol die Eisenverarbeitung ein. Außer Waffen wurden verschiedene Geräte aus geschmiedetem Eisen angefertigt, so Küchengeräte wie Feuerböcke (s. 1. Bd., S. 684) und Bratspieße, sodann Ackergeräte wie Hauen, darunter auch jene langen, schmäleren Hauen, die unseren Berghauen von heute ähneln, weiters Pflugscharen statt des alten Hakenpflugs, welcher die Erde nur aufzureißen, nicht aber zu wenden vermochte, ferner Sensen und Sicheln. Man schmiedete auch bereits jene „Praxen" und „Runggeln", wie sie heute noch zum Abhacken von Ästen und zum Aushacken („schwent'n") von Stauden dienen. Auch Steigeisen und Hufbeschuhungen, die an die Füße der Tiere gebunden wurden, verstand man anzufertigen.[32] Nach den Funden bei vorgeschichtlichen Siedlungen gab es damals auch schon Schlüssel zum Zurückschieben hölzerner Türriegel.

Der Verkehr mit dem kulturell fortgeschrittenen römischen Italien wird schon vor der Eroberung der Alpen durch die Römer manches römische Kulturgut in die Berge gebracht haben. Jedoch haben nicht erst die Römer den Bergvölkern Kultur gebracht. Die Bodenfunde beweisen, daß die Bewohner unserer Bergtäler ein selbständiges Kulturleben führten. Von den wohl parteiisch urteilenden römischen Schriftstellern werden die Bewohner unserer Berge als wild und grausam bezeichnet. Jedenfalls wird aus den antiken Zeugnissen über den Kampf der Römer mit den Bergvölkern der heutigen Ostschweiz und Alttirols ersichtlich, daß diese von starker Heimat- und Freiheitsliebe erfüllt waren.

Die vorgeschichtliche Forschung weist nach, daß nördlich und südlich des Brenners bereits in vorgeschichtlicher Zeit ein einheitliches Kulturleben bestand; der Brenner bildet somit schon seit fast 2500 Jahren, seit der sogenannten Fritzens-Sanzeno-Kultur, keine Völker- und Kulturscheide, sondern vielmehr eine Völkerklammer.[33]

In der Zeit um 25 v. Chr. wurde der südlichste Teil Tirols, das Gebiet um Trient und das heutige Etschtal aufwärts bis zur Töll sowie das Eisacktal aufwärts bis in die Enge südlich von Klausen, durch die Römer erobert und der Region Venetien angegliedert. In den Jahren 16 und 15 v. Chr. wurden die übrigen Landschaften Alttirols der römischen Herrschaft unterworfen; zusammen mit der heutigen Ostschweiz

---

30 Frdl. Hinweis Prof. Dr. Leitner, Universität Innsbruck.

31 Vgl. Schumacher, Rätische Inschriften.

32 Die halbmondförmigen Hufeisen kamen erst seit dem 9./10. Jh. n. Chr. auf.

33 Alfons Kasseroler, Die urgeschichtliche Niederlassung auf dem „Himmelreich" in Volders, Schlern-Schriften 166., Innsbruck 1957, S. 8 u. ö.: – Andreas Lippert, Reclams Archäologieführer Österreich und Südtirol, Stuttgart 1985, Art. Volders („Wattner Himmelreich"), S. 495 ff. – Walter Leitner, Urzeit, in: Fontana (Hrsg.), Geschichte des Landes Tirol, 1. Bd., 2. Aufl., Bozen 1990, bes. S. 94–116.

(Graubünden), Vorarlberg und dem Alpenvorland bis zur Donau bildete dieses Gebiet die römische Provinz Rätien, mit Ausnahme des Pustertales, welches ostwärts von der Talenge bei der Mühlbacher Klause der Provinz Noricum angegliedert wurde.

Die mehrhundertjährige Dauer der Römerherrschaft bewirkte eine Romanisierung der Urbevölkerung, jedoch nur bis zu einem gewissen Grade; die Sprache der Römer und manches von römischer Kultur fand Eingang in den Alpenlandschaften. Das bezeugt wohl das Vorhandensein der ladinischen Dialekte in den Alpentälern und die in den deutsch gewordenen Gebieten erhaltenen romanischen oder ladinischen Flurnamen.

Römisches Wesen wurde aber hier in den Bergen viel langsamer und unvollständiger angenommen als in anderen Provinzen. Die einheimische Sprache erhielt sich wohl noch lange neben dem Latein.

Dieses im Volk gesprochene Latein war das Vulgärlatein.[34] Es ist immerhin auffallend, daß eine Menge von (hier nicht aufzuführenden) Ausdrücken der bäuerlichen Arbeit und Wirtschaft aus diesem Vulgärlatein geschöpft sind, so Schotten „Quark"-exoctum, vgl. dazu E. Schneider, Romanische Entlehnungen in den Mundarten Tirols (Romanica Oenipontana II), Innsbruck 1953. Begriffe der Alpennatur und Dinge aus dem Bauernleben behielten freilich ihren Namen aus der alten heimischen Volkssprache bei.

Das Ladinische von heute enthält eine Menge solcher vorrömischer „Alpenwörter", welche die Räter auch nach Übernahme des Lateins gebrauchten, so etwa krap (Fels), muc, muf für verschiedene Nadelgewächse, barantl – Legföhre, róa – „Muhr".

Einzelnes aus der Sprache der romanisierten Urbewohner ist sogar in die deutschen Mundarten Tirols übergegangen. Solche Wörter, teils aus keltischem, teils aus vorkeltischem/rätischem Sprachstoff sind: penne f. – „Wagenkorb", Brente f. (brenta) – „Kufe, Bottich", carrüya – „Wagenprotzen" kelt. carruca – dt. Greie f. (s. Abb. 4), Musen f. macina – „Steinhaufen", Pleise f. engad. bleza aus blesje – „Grashang", auch viele Pflanzennamen, „parlöisten" für verschiedene Wildpflanzen, Pfroslen Mz. im Oberinntal für rosa canina – „Hundrose", Tschuppen Mz. für niedrige Nadelgewächse[35], oder der in den Alpen weitverbreitete Baumname („der Zirm") „Zirm" für die Zirbelkiefer. Vorromanischer Herkunft ist auch die heute in den deutschen Mundarten Tirols und der Schweiz gebräuchliche Bezeichnung „Ziger" (Quark bzw. der daraus hergestellte kleine Käse), die uns im Ladinischen als „tsigra" oder „tsiger" begegnet. Das gleiche mag auch für die im mittleren und westlichen Tirol gebräuchliche Bezeichnung Köse f. Mz. Kösen für jenes Gerüst zum

---

[34] Vgl. Bergbauernbuch, 1. Bd., S. 54.

[35] Das Wort „zunter" für Legföhre wird, obwohl es auch in vielen romanischen Dialekten des mittleren Alpenraumes lebt, als Entlehnung aus dem Deutschen, und zwar aus dem Bayerischen betrachtet. Joh. Hubschmid, Sprachschichten der Ostalpenländer, Zs. f. romanische Philologie, Bd. 66, 1950, S. 84.

Trocknen von Feldfrüchten gelten, welches im östlichen Tirol „Harpf'n" genannt wird.[36]

Die Frage, ob es während der Römerherrschaft zu einer Umgestaltung der Urbevölkerung durch Zuwanderung von außen gekommen ist, kann wohl nur in einem ganz speziellen Sinne bejaht werden. Da das Bauerntum der Apenninenhalbinsel in der römischen Kaiserzeit im vollen Niedergang begriffen war, wird es kaum Kolonisten für die Besiedelung der Alpentäler haben abgeben können.

Für die Grenzlandschaften des Römerreiches, so etwa in den Landschaften an der Donau, nahm man schon bisher an, daß sich durch die Ansiedlung gedienter Soldaten, sog. Veteranen, auf Ländereien dieser Gegenden die Bevölkerungsstruktur geändert hat, und daß so allmählich ein Sprachenwechsel, ein Übergang der bodenständigen Bewohner zu einem Vulgärlatein – das freilich mit einheimischen Wörtern durchsetzt war – vor sich ging.

Was Rätien betrifft, so schreiben viele Forscher dem Kriegsdienst der rätischen Jugend im römischen Heer eine romanisierende Wirkung zu. Daß diese Jugend nach der Eroberung Rätiens weggeführt wurde und zwangsweise im römischen Heer diente, teilen damalige römische Schriftsteller mit, aber auch spätere wie Arrian (3. Jh. n. Chr.) berichten von ausschließlich rätischen Truppenteilen. Daß solche junge Leute, denen die Größe und Überlegenheit Roms vor Augen geführt wurde, die lateinische Sprache annahmen, ist wahrscheinlich. Als Veteranen zurückgekehrt, könnten sie mit Landgütern in Rätien abgefunden worden sein. Die typischen hier zur Römerzeit entstandenen Landgüternamen auf „-anum, -anos" enthalten den Namen des Besitzers, so Appianum, das heutige Eppan, den Personennamen Appius, Abudianos urk. Abazanes – Absam den Namen Abudios. Vielfach scheinen Nichtrömer als Namengeber solcher Güter auf, bei Abazanes – Absam und Vattanes – Wattens handelt es sich um Leute mit den keltischen Namen Abudios und Vattus, ein keltischer Boutios erscheint in Bautianum – Bauzano – Bozen. Das können rätische Heimkehrer aus dem Kriegsdienst gewesen sein. Ebenso nichtrömisch sind die Personennamen, die in Scennanum – Schenna, Bugnana und Clanzan, zwei urkundlich bei Bozen genannten Ortschaften, stecken. Es ist aber auch nachgewiesen, daß Nichtrömer, Kelten, die in römischem Kriegsdienst standen, nicht mehr keltische Namen wie ihre Väter, sondern echt römische Namen angenommen haben (bei Stähelin, s. Lit.). Daher können sich auch unter römischen Personennamen, wie jenem Appius in Eppan, Priscius in Prissian, Aurelius wie in Orilan-Erl einheimische Räter verbergen, die die römische Sprache angenommen hatten. Von solchen römerzeitlich gegründeten Orten kann die Verbreitung romanischer Sprache ausgegangen sein, wenngleich dort seither nicht ein ununterbrochenes Fortdauern des Romanentums bis zur Landnahme der Bayern festzustellen ist. In Terlan erinnern z. B. keinerlei romanische Flurnamen mehr an vordeutsche Besiedlung.

---

[36] Die sprachliche Herkunft von Köse ist nach Andrea Schorta, Dicziunari rumantsch grischun Folge 3, 1966, Sp. 593 nicht klar.

Die örtliche Verteilung dieser „-anum“ Namen zeigt, daß sie – abgesehen vom äußeren Passeier, Riffian – nicht in die Seitentäler hineinreichen. Man muß annehmen, daß sich diese Romanisierung vor allem in den Haupttälern ausgewirkt hat und erst von diesen aus in die Seitentäler hineingegangen ist.

Die besondere Häufung von „-anum“ Namen im Bozner Becken kann mit einer planmäßigen Neubesiedelung des Raumes zwischen Bozen, Überetsch und Meran, wo viele Wallburgen an Abwehrkämpfe der alten Räter erinnern mögen, durch die Römer zusammenhängen. Die neuen Herren des Landes mögen absichtlich in dieser Schlüsselstellung Südtirols einen ganzen Block römischer Siedler zwischen die ihnen gefährlich erscheinenden rätischen Stämme der Venosten im Vinschgau und der Isarken im Eisacktal hineingesetzt haben, um sie niederzuhalten und durch einen solchen Keil an einem kriegerischen Zusammenwirken zu hindern.

Als ein in Nordtirol romanisierend wirkender Faktor müssen auch der dort in der späteren Kaiserzeit errichtete inneralpine Limes und die Verpflichtung der Bewohner zum Milizdienst an dieser Befestigungslinie hoch veranschlagt werden.

Außer bewußter Ansiedlungspolitik kann auch die wirtschaftliche Übermacht Roms, die Verbindung mit römischen gewerblichen Unternehmungen, wenigstens in verkehrsnahen Talabschnitten eine sprachliche Romanisierung von außen her begünstigt haben.

Manche Täler Tirols, wie das Ötztal, das innere Pitztal, die Wildschönau, das ganze besiedelte Alpbachtal, das Leutaschtal, größtenteils der ehemalige Bezirk Telfs, der Bezirk Silz (Gericht Petersberg) und größtenteils das Sarntal sind von romanischen Namensspuren fast völlig frei. Auch die vielen romanischen Namen in den übrigen Teilen Tirols, die die heutigen Höfe in Hochlagen (Schwaighöfe) tragen, beweisen keine ehemalige romanische Dauersiedlung, wie Tarneller und Stolz bewiesen haben; sie sind eine bloße Erinnerung an eine ganz oberflächliche ehemalige Weidenutzung durch Romanen. Die Rodungsarbeit wurde hier erst in der deutschen Zeit geleistet.

Nach dem Untergang des weströmischen Reiches kam die Provinz Rätien unter die Herrschaft der Germanen, die Italien in ihre Gewalt gebracht hatten. Die Ostgoten haben dann zu Beginn ihres Krieges mit den Byzantinern (537–539) den westlichen Teil der Provinz Rätien, so das heutige Vorarlberg, Graubünden und den Vinschgau an die Franken abgetreten. Der Kern dieses Gebietes mit Chur als kirchlichem und politischem Mittelpunkt, die „Raetia Curiensis“, von den Deutschen „Churwalha“, Churwalchen genannt, behauptete unter seinen Regenten, den Praesides aus dem Geschlecht der Viktoriden, auch unter fränkischer Oberhoheit bis zu Karl dem Großen eine gewisse Selbständigkeit. Damals herrschte hier selbst noch römische Gesetzgebung[37], hier konnte sich romanisches Wesen lange Zeit, ja,

[37] Die „Lex romana Curiensis“ hat als sehr spätes Produkt des röm. Vulgärrechtes zu gelten. Elisabeth Meyer-Marthaler, Römisches Recht in Rätien im frühen und hohen Mittelalter, Zürich 1968.

in den romanisch sprechenden Talschaften Graubündens, in denen heute noch das „Ladin" bzw. „Romauntsch" gesprochen wird, bis in die Gegenwart erhalten.

3. Ausbreitung der Germanen in Tirol – Deutschwerdung Tirols

In Nordtirol breiteten sich zwischen 565 und 590 die Baiwaren (Bajuwaren) oder Baiern aus (vgl. 1. Bd., S. 59ff.). Noch im 6. Jahrhundert wurde auch ein Teil Südtirols dem bayerischen Herzogtum eingegliedert.[38]

Über die historischen Triebkräfte dieser Ausbreitung vergleiche das folgende, bei der Slawengeschichte Ausgeführte.

Obwohl von den Baiwaren keine Vertreibung oder Vernichtung der Vorbevölkerung vorgenommen wurde, scheinen einige Landschaften Tirols (s. unten) schon im Frühmittelalter überwiegend baiwarische Bevölkerung bekommen zu haben. Man muß hier das Fehlen von Romanen den vorausgehenden stürmischeren Abschnitten der Völkerwanderung zuschreiben, die baiwarische Besitznahme vollzog sich in friedlicher Form, wie die vielen Bezeugungen vom Fortleben des Romanentums und sogar von romanischen Grundbesitzern beweisen. Trotzdem ist am Ende des 12. Jahrhunderts in Tirol bis ins Etschland hinab und bis in seine entlegensten Seitentäler hinein die deutsche Sprache auch beim Bauernvolk die herrschende geworden. Ausdrücklich werden im mittleren Inntal, so in Absam bei Hall und im oberinntalischen Oberhofen bei Telfs noch im 12. Jahrhundert „Latini", also Romanen, als ansässig erwähnt. Nur ein Randgürtel Ladiniens östlich des Eisacktales und ein Übergangsgebiet zum Romauntsch des Engadins im Obervinschgau hat erst später im 13. Jahrhundert, wie aus dem Sprachprozeß der Eindeutschung der romanischen ai mit dt. oa, ô mit oa zu schließen ist, diesen Stand erreicht.[39] Diesen später eingedeutschten Gebieten gehören sicher auch Kals und Kartitsch in Osttirol und das Stanzertal an. Überhaupt hat sich in Westtirol das romanische Volkstum, anscheinend dank der Verbindung mit dem romanischen Churwalchen, länger erhalten.

Eine starke Klammer stellte im Obervinschgau der Besitz des Churer Bischofs an Land und Eigenleuten dar; noch im späten Mittelalter sind die Lehensherrschaft

[38] Vgl. Kurt Reindel, Das Zeitalter der Agilolfinger (bis 788), in: Spindler's Handbuch der Bayer. Geschichte 1. Bd., 2. Aufl., München 1981 sowie Philipp Dollinger, Der bayerische Bauernstand vom 9. bis zum 13. Jahrhundert, hrsg. von Franz Irsigler, München 1982.

[39] Nachweise hierfür erbringt O. Stolz, Ausbreitung des Deutschtums in Südtirol, 4 Bde. 1927–1934. Eine Zusammenfassung der hier in vier Bänden gebotenen Nachweise und Ausführungen gibt Stolz in seiner Geschichte des Landes Tirol I. (Innsbruck 1955), S. 320ff.

Einen detaillierten Nachweis mit Karte führt für ganz Südtirol K. Finsterwalder in: Die hochmittelalterliche deutsche Siedlung in Südtirol im Spiegel der deutschen Umformung der Örtlichkeitsnamen, in: TH. 26. Bd. (1962), S. 77–112, an. Neudruck bei Finsterwalder, Tiroler Ortsnamenkunde, hrsg. von Ölberg und N. Grass, 3. Bd. (1995), S. 929ff.

der Churer Bischöfe über die Schlösser Schrofenstein (bei Landeck) und Wiesberg (Paznaun) und die dazugehörigen Gebiete bezeugt.[40]

Nach der um 1570 verfaßten Beschreibung Rätiens (Raetiae descriptio) des Engadiner Romanen Ulrich Campell war die romanische Sprache im oberinntalischen Pfunds erst „vor kurzem" verklungen. Dies widerspricht aber einer Erklärung der Gemeinde Pfunds aus dem Jahre 1516, daß man hier die „welsche" (= romanische) Sprache nicht verstehe. Campells Angabe mag aber immerhin darin begründet sein, daß vielleicht noch zu Ausgang des 15. Jahrhunderts eine romanische Minderheit in Pfunds bestand. Sicher ist, daß im Gericht Nauders, welches neben dem obersten Vinschgau und dem untern Engadin auch das oberinntalische Pfunds umfaßte, das Romanische noch im 16. Jahrhundert Gerichtssprache war. Im obersten Vinschgau gab es noch im 17. Jahrhundert eine erhebliche Minderheit von Romanen, während im unteren Vinschgau die deutsche Sprache bereits im 13./14. Jahrhundert die Vorherrschaft erlangt hatte.

Die Deutschsprechenden müssen im Obervinschgau, wenn auch in der Minderheit, doch einen sehr beachtlichen Volksteil schon im 14. Jahrhundert gebildet haben. Denn in einem von Ort zu Ort aufgenommenen Verzeichnis der österreichischen Eigenleute im Unterengadin und Vinschgau, das bald nach der Erwerbung Tirols durch das Haus Österreich (1363) entstand, stellen unter den Untertanen jene mit sicher deutschen Namen (unübersetzbaren deutschen Namen) regelmäßig die Mehrheit, ja ein Mehrfaches der romanisch Benannten; unter den Gotteshausleuten von Chur trägt (nach Verzeichnissen von 1560) eine starke Minderheit rein deutsche Namen.

Jenes romanische Idiom, das im Gebiet von Trient gesprochen wurde, unterschied sich aber noch an der Wende vom 13. zum 14. Jahrhundert stark vom Italienischen der benachbarten Landschaften Italiens, z. T. wegen seiner ladinischen Unterschichtung, z. T. wegen der deutschen Bestandteile; Dante, der Schöpfer der italienischen Literatursprache, hat es daher in seiner Schrift „De vulgari eloquentia" (1, Cap. 15) nicht als „vere latinum", worunter er das Italienisch seiner Heimat verstand, bezeichnet, und er nannte es ein „turpissimum vulgare", „eine abscheuliche Volkssprache".

Ungeklärt ist die Frage, ob für die Entstehung des Deutschtums in Tirol außer Baiern und Alemannen zwei andere germanische Volksstämme, nämlich Heruler und Langobarden, in Betracht kommen. Besonders inwieweit die Heruler als ostgermanische Völker länger bestehende Niederlassungen in Südtirol geschaffen haben, entzieht sich unserer Kenntnis. Denkbar wäre es, daß Ostgoten nach dem Zusammenbruch ihres Reiches in Italien in den zum Ostgotenreich gehörigen Landschaften des südlichen Tirol Zuflucht suchten. Zugleich mit der Eroberung Oberitaliens durch die Langobarden war 568 auch das Gebiet um Trient als Her-

[40] Gertrud Sandberger, Bistum Chur in Südtirol, in: Zeitschr. für bayer. Landesgesch. 40. Bd. (1977), S. 705–828.

zogtum dem Langobardenreich angegliedert worden. Das Herzogtum Trient reichte im Etschtal am rechten Ufer der Etsch nordwärts bis in die Gegend von Meran, am linken Ufer bis gegen das zum bayerischen Herzogtum gehörige Bozen.[41] Auch im Herzogtum Trient wie in anderen Teilen des Langobardenreiches kam es zur Ansiedlung langobardischer Krieger, der Arimannen, („Heermannen") im heutigen Deutschsüdtirol, z. B. in Montan und Auer. Denkmäler ihrer künstlerischen Kultur haben die Langobarden auf tirolischem Boden in verhältnismäßig reichem Ausmaß hinterlassen. Die Langobarden Südtirols haben ihre germanische Sprache nicht lange, nur bis gegen 1000 n. Chr. bewahrt. Sie nahmen die Sprache der von ihnen unterworfenen, aber an Zahl weit überlegenen Romanen an. Die enge Verbindung mit den Romanen Oberitaliens und der kulturelle Mittelpunkt, wie ihn die Stadt Trient (und Verona) darstellte, hatten dem Romanentum in jenem Gebiet einen festen Rückhalt gegeben und führten zum Erlöschen des langobardischen bzw. deutschen Volkselementes, das im Hochmittelalter unter Führung der Grundherrschaften, besonders der Bischöfe von Trient, an der Sprachgrenze in Salurn und auch im Haupttal der Etsch und im Valsugana dem Romanentum gefährlich wurde und dadurch zu dem Volksgefüge Welschtirols wesentliche Zuschüsse lieferte. Seit Beginn der Neuzeit erlitt das deutsche Volkselement in den Gebieten südlich von Salurn immer stärkere Einbußen und lebt in wenigen Sprachinseln nur noch kümmerlich fort. Außerdem haben sich zahlreiche Germanismen in den Trentiner Mundarten erhalten.

Im heutigen Bezirk Osttirol ist es in der Zeit nach 600 zur Niederlassung von Slawen gekommen. Unter Botmäßigkeit und Führung des asiatischen Turkvolkes der Awaren sind Slawen zu Ausgang des 6. Jahrhunderts drautalaufwärts vorgedrungen und sind zwischen 590 und 610 sowohl im Gailtal (Kärnten) wie im Becken von Lienz auf die Baiwaren gestoßen, die das Pustertal bereits in Besitz genommen hatten.

Nach neueren Ansichten erfolgte die Ausbreitung der Baiern in den Alpen im letzten Drittel des 6. Jahrhunderts; ihr Abschwenken von der Heerstraße nach Italien ostwärts ins Pustertal, wo sie auf Slawen und Awaren stoßen mußten, wäre nicht ganz aus eigenem Entschluß erfolgt, sondern es war in den weltpolitischen Plänen der Frankenherrscher, von denen die Baiwaren abhängig waren, vorgesehen. Nachdem Mitteleuropa nach der Völkerwanderung bereits zur Ruhe gekommen war, drohte seiner Kulturentwicklung eine neue Gefahr aus dem Osten von seiten jener aufgewühlten heidnischen Völker. Dagegen sollte nach dem Konzept der Franken die Ausdehnung des Baiernstammes im Donauraum und in den Alpen einen schützenden Wall errichten; dadurch sollte jenes Machtvakuum ausgefüllt werden.

[41] Dazu vgl. die bezeichnende Episode, daß bei der Überführung des Leichnams des hl. Korbinian von Kains bei Meran nach Bayern dem Leichenzug das Passieren des von den Langobarden gehaltenen Ortes Maja – Mais – nicht gestattet wurde. Kämpfe um Punkte im Etschtal zwischen Baiern und Langobarden fanden noch im 8. Jahrhundert statt.

Dieses Ziel wurde durch den vollen Einsatz der baiwarischen Kriegsmacht trotz der Niederlage Herzog Garibalds bei Agunt nächst Lienz 610 n. Chr. erreicht, wenn auch der Vorstoß der Baiern auf eine westlicher gelegene Verteidigungslinie, wie ursprünglich geplant war, zum Stehen kam. Die Grenzlinie gegen die Slawen bildete auf Jahrhunderte hinaus der der Drau zufließende Justeinbach bei Anras, der in der Gründungsurkunde des Klosters Innichen im Jahre 769 als „rivulus Anarasi" erwähnt und vom Baiernherzog Tassilo als „terminus Sclavorum" – Slawengrenze – bezeichnet wird.

In jenem hochbedeutsamen Schriftstück wird als Zweck der Gründung von Innichen die friedliche Gewinnung des Slawenvolkes für das Christentum genannt.

Die romanisierte Urbevölkerung des oberen Drautales hatte in den vorausgegangenen Kämpfen wohl schwere Einbußen erlitten, immerhin konnte sich in der Folge das Romanentum, zumal in den Nebentälern der Drau, bis herauf ins 13. Jahrhundert, nach besonderen sprachlichen Anzeichen bis ins 14. Jahrhundert hinein (in Kals)[42] behaupten. Slawische Niederlassungen bezeugen Ortsnamen und die urkundliche Erwähnung slawischer Bauerngüter („mansi slavisci"), deren zwanzig in einer Urkunde der Zeit zwischen 1022 und 1039 aus der Gegend von Lienz erwähnt sind (AT. I, Nr. 71). Mit der einstigen Ausbreitung der Slawen mag es wohl zusammenhängen, wenn gerade im osttirolischen Gericht Matrei jene Hausgemeinschaft (Hauskommunion) noch in der ersten Hälfte des 19. Jhs. bestand[43], die sich bei den Südslawen als „Zadruga" bis in die jüngste Zeit erhalten hat.

An die einstige Verbreitung der Slawen erinnert auch jene eigenartige Haferspeise, die im osttirolischen Kals genossen wird, die Geilitze (s. 1. Bd., S. 655); sie ist eine typisch slawische Speise, die unter anderm auch bei den Russen auf den Tisch kam. Mit der einstigen Ausbreitung der Slawen hängt vielleicht auch die Ausbreitung der Doppelharpfen (s. Abb. 6) zusammen, welche aus den slowenischen Ostalpenlandschaften drautalaufwärts nach Kärnten und Osttirol vorgedrungen und in letzterem noch im Westen der Toblacher Wasserscheide in der Gegend von Welsberg zu finden sind.[44]

Auch in den Landschaften des heutigen Osttirol sind Romanen wie Slawen in der deutschen Bevölkerung baiwarischen Stammes aufgegangen; nach dem

---

[42] Aus den romanischen Flurnamen des Drautales läßt sich deutlich ablesen, daß dort das Romanentum früher erloschen ist als in Kals: bei Anras Namen wie Kobreil aus caprile – „Ziegenstall" und Gefein aus cavinum – „Hohlform, Mulde" – beide mit K-, G-; in Kals dagegen ist dieser Anlaut durch späte romanische Lautentwicklung noch weiter zu Tscha- gewandelt worden, weil dort noch länger romanisch gesprochen wurde, daher dort mehrere Namen Tschamp aus campus – „Feld", andere Tscha- in Flurnamen Tscharidäi, Tschampeditze (Mitteil. Finsterwalder).

[43] S. 1. Bd., S. 136 f.

[44] Über diese Gerüste zum Trocknen der Feldfrüchte berichtet ausführlich A. Melik, Kozolec na Slovenskem, Laibach 1931 (mit zusammenfassender Inhaltsangabe in französischer Sprache). Vgl. auch Wopfner 786, S. 243 f.

14. Jahrhundert fehlt jeder Hinweis vom Fortbestand einer nichtdeutschen Bevölkerung in diesen Landschaften.

Entscheidend war für die weitere Gestaltung des tirolischen Volkstums die in der Hauptsache friedliche Ausbreitung[45] der Germanen neben den altansässigen Romanen, den Walchen oder Welschen, wie die Deutschen sie nannten. Zu einer Aussiedlung (Vertreibung) oder Abwanderung der sozialen Oberschicht des Romanentums, wie sie in Noricum nach dem Tode des hl. Severin vor sich ging, ist es in unseren Alpenlandschaften nicht gekommen. Die Herrschaft der Baiern brachte auch keine Verknechtung des romanischen Bauerntums. Begüterte romanische Grundbesitzer oder Grundherren und freie romanische Bauern gab es im Bereich des alten Rätien auch noch unter baierischer und fränkischer Herrschaft. Die Romanen behielten auch ihr römisches Vulgärrecht (s. unten im Abschn. „Bauer und Recht").

Mit der längeren Erhaltung des Romanentums und andererseits mit der Zuwanderung aus dem baiwarisch-schwäbischen Übergangsgebiet im Alpenvorland in der Zeit des Siedlungsausbaues (s. unten) hängt wohl jene besondere Oberinntaler Art zusammen, die sich vom Unterinntaler, aber auch vom Innsbrucker Gebiet unterscheidet. Die Verschiedenheit zwischen dem Osten und Westen des Landes ist, wenigstens was Nordtirol betrifft, stärker als jene zwischen den tirolischen Landschaften nördlich und südlich des Alpenhauptkammes.

Ob noch vor den Baiwaren Alemannen ins Oberinntal eingedrungen sind, ist nicht sicher.[46]

Ludwig von Hörmann glaubte an eine Stammesverwandtschaft der Oberinntaler mit den Alemannen; für eine solche sprachen unter anderem „der körperliche und geistige Typus der Bevölkerung, vom bayerischen abweichende Sagengestalten und mythologische Namen, Sitten und Bräuche, Rechtsverhältnisse, Alpenwirtschaft" (ZAV. 1901, S. 121). Im Ötztal, dem Nebental des Oberinntales, besteht heute noch die Volksüberlieferung, daß es von Schwaben besiedelt worden sei.[47] Das alles können wir heute noch nicht als Beweise für eine alemannische Besiedlung im Frühmittelalter gelten lassen. Imst wird im 8. Jahrhundert ausdrücklich zum Herzogtum Bayern gerechnet. Die deutschen Mundarten im Oberinntal weisen

---

[45] Vgl. 1. Bd., S. 59f. Einen wichtigen Beweis für das friedliche Nebeneinander von Romanen und Germanen bringt unter anderem auch die Sprachforschung. Vgl. Gamillscheg 140, S. 306. Über den friedlichen Charakter der deutschen Durchdringung Tirols vgl. auch A. Leidlmair, Bevölkerung und Wirtschaft in Südtirol. Tiroler Wirtschaftsstudien, hrsg. von F. Huter, Bd. 6, Innsbruck 1958, S. 26.

[46] Vgl. Handbuch der Bayer. Geschichte, hrsg. von Max Spindler, 1. Bd., 2. Aufl., München 1981. H. Beck: Artikel Bajuwaren (Philologisches), in: Reallexikon d. German. Altertumskunde, 1. Bd., 5. Liefg. (1973), S. 601–606. – St. Hamann: Art. Bajuwaren (Historisches) ebd., S. 606–610. – H. Roth: Art. Bajuwaren (Archäologisches), ebd., S. 610–627.

[47] Auch Gustav Sauser, Die Ötztaler (Innsbruck 1938), S. 454, stellt bei seiner Untersuchung der Rassentypenmischung im Ötztal eine stärkere Einmischung aus dem alemannischen Gebiet fest. Vgl. auch G. Sauser, Die Ötztaler, eine anthropologische Tiroler Talschaft, in: Ötztaler Buch (Schlern-Schriften 229. Bd.), Innsbruck 1963, S. 65ff.

zwar manche Gemeinsamkeit mit dem Schwäbischen auf, solche beginnen indes schon bei der alten Landesgrenze, bei Jenbach sowie außerhalb der Alpen westlich der Isar und nehmen allmählich nach Westen zu. Sie können auf eine älteste alemannische Unterschicht in einem westlichen Teilgebiet des Baiernherzogtums zurückgehen. Und andererseits bewahren ja doch die Mundarten im Oberinntal bis zum Arlberg die kennzeichnenden Merkmale der baiwarischen Großmundart. Die wohl auffallendste Eigenheit der Oberinntaler Mundart zusammen gesehen ist die mundartliche Lautung -al, -ar in Fald, Galt, Harz, Karsch'n für Feld, Geld, Herz, Kersch'n (Kirschen)[48], aber sie ist etwas ganz und gar nicht schwäbisches, sondern eine nur in diesem Raum und im Land zwischen Isar und Lech ausgebildete Besonderheit; die Bewohner dieser Gegenden haben sie entwickelt, um den Gegensatz zu den vielen „ä" des Schwäbischen zu betonen.

Historisch erweisbar sind ganz besondere Verbindungen Tirols mit dem schwäbischen Volkstum nicht im Frühmittelalter oder gar zur Völkerwanderungszeit, sondern im Hochmittelalter. Westtirol war durch den alten Verkehrsweg über den Reschen- und Fernpaß, vom Volk bezeichnenderweise „Schwabenstraße" genannt, mit dem alemannischen Gebiet im Alpenvorland und dem Lechisarland verbunden; Adelsgeschlechter und Stifter aus diesen Räumen waren in Westtirol begütert. Sie werden auf ihrem Ödland im Gebirge ihre Eigenleute zur Urbarmachung angesetzt haben, was zur Genüge den schwäbisch-alemannischen Einschlag in den Westtiroler Mundarten erklärt. Eine durch die aufeinanderfolgenden Siedlungswellen in diesem Gebiet entstandene dreifache Schichtung hat Kranzmayer im Ötztaler Buch wahrscheinlich gemacht:

- eine alte baiwarische Schicht (Völkerwanderungszeit),
- eine Schicht, die Leute z. T. aus Schwaben, z. T. aus dem Lechisarland hierherbrachte (Hochmittelalter),
- wieder eine bairisch-tirolische Welle (die mit dem Aufstieg der Grafen von Tirol vom 13. Jahrhundert an einsetzte).

Eindeutig schwäbisch der Wurzel nach erweist sich die Mundart und Volksart nordwärts vom Fernpaß, im Außerfern und im Lechtal von (einschließlich) Weißenbach abwärts.

In einzelnen Hochtälern Tirols dürften sich ebenso wie im benachbarten Vorarlberg am Ende des 13. Jahrhunderts die alemannischen Walser (aus dem Wallis stammend) niedergelassen haben, wenn auch urkundlich bisher nur ihre Ansiedlung in Galtür (Paznaun) erwiesen wurde[49] und Walser im Samnaun und Sellrain im 15. Jahrhundert (Praxmar) wahrscheinlich sind, doch gehört dieser Vorgang in die Zeit spätmittelalterlicher, grundherrlich geleiteter Kolonisation.

---

[48] „Harz, Karsch'n" nur bis westlich von Imst, von Zams ab „Hearz, Kearsch'n".

[49] Über Walser am Tannberg (bei Lech am Arlberg) s. Finsterwalder ZAV 1956, S. 20; Walser in Praxmar nachzuweisen – Finsterwalder, Familiennamen, S. 394 unten unter „Walser".

4. Kulturaustausch

Das jahrhundertelange friedliche Zusammenleben von Rätoromanen und Germanen in Tirol ermöglichte einen regen romanisch-deutschen Kulturaustausch. Bereitschaft und Willen zur Aufnahme fremder Kultur sagte bereits der griechische Geograph Strabo († um 20 n. Chr.) den Germanen nach (Geographica, 4. Buch, S. 195). Eine bedeutende kulturelle Überlegenheit war den Alpenromanen gegenüber den Germanen – abgesehen vom Christentum der Romanen – nicht gegeben. Immerhin hat die lange Dauer der Römerherrschaft die Urbevölkerung unserer Landschaften mit manchen Kulturgütern des Südens bekanntgemacht, welche den germanischen Zuwanderern fremd waren. Im rätoromanischen Churwalchen hatte sich römische Kultur und ihre christliche Fortsetzung im Romanentum der Victoridenzeit dank der Ausstrahlung des Bistums Chur und des Stiftes Disentis am Oberrhein über die Landschaft auszubreiten und festzusetzen vermocht, im östlichen Teil des alpinen Rätien waren diese Kulturträger die germanisch-christlichen Mächte im Merowingerreich, im baierischen Herzogtum und im Universalreich Karls des Großen.

Die Germanen, welche in die Alpenlandschaften eingezogen waren, erkannten sehr wohl, daß ihnen die ansässigen Romanen in manchen Dingen überlegen waren: „Isti Romani ingeniosi sunt“ (die Romanen sind erfindungsreich), heißt es in einer Überarbeitung einer älteren Lebensbeschreibung des hl. Gallus, welche zwei alemannische Klosterbrüder von Reichenau zu Verfassern hat. Weniger ernsthaftes Urteil als vielmehr scherzhafte Spottsucht eines Bajuwaren spricht aus der Randbemerkung eines bairischen Schreibers in ältesten bairischen Glossen (8. Jahrhundert): „Stulti sunt Romani, sapienti (!) sunt Paioarii, tole sint Walhâ, spâhe sint Peigira“ (tollpatschig sind die Walchen, schlau sind die Bayern). Solche Spottreden über Nachbarn sind auch später sehr gebräuchlich.

Die Romanen Tirols waren gleich den bayerischen Bauern; dies erleichterte das Neben- und Miteinanderleben in viel höherem Maße, als wenn sich etwa ein Volk von Nomaden ein Bauernvolk untertan macht. Die zugewanderten Germanen waren Ackerbauern, während die Alpenromanen in erster Linie Viehzucht und Milchwirtschaft trieben. In der Bewirtschaftung ihrer Äcker standen die Germanen sicherlich nicht hinter den Romanen zurück; außer den auch bei letzteren verbreiteten Getreidearten bauten die Germanen noch Roggen und Hafer an. Der germanische Pflug war ein Pflug, an dessen Sohle eine Schar befestigt war, die den Boden nicht nur aufriß, wie der Haken des Hakenpfluges, sondern auch umwandte. Dieser germanische Pflug stand dem Räderpflug, wie er bei den Rätern am Südrand der Alpen etwa im ersten nachchristlichen Jahrhundert aufgekommen war, keineswegs nach. Übrigens kam auch bei den Germanen der Räderpflug schon früh in Gebrauch. Wenn von den Ladinern, den Nachkommen der romanisierten Urbevölkerung, die althochdeutschen Bezeichnungen „Pflug“ und „brachen“ (brahhon) übernommen wurden, so spricht dies dafür, daß sie bei den Deutschen weiter entwickelte Formen des Pfluges und eine bessere Bearbeitung der Äcker kennenlernten.

In der Viehzucht dürften die Germanen vielleicht eine Bereicherung durch die Einführung einer größeren Rinderrasse gebracht haben, während das einheimische Vieh der Räter einer kleineren, aber sehr leistungsfähigen Rasse angehörte. Hierüber wird noch im Abschnitt über Viehzucht ausführlicher zu berichten sein. Lehrmeister der Germanen waren die Alpenromanen in der Milchwirtschaft und in der Almwirtschaft. Käse, wie die Germanen ihn bereiteten, war nur eine Art Quark, während der rätische Käse schon in der Römerzeit ein Ausfuhrartikel war. Das Wort Käse, eine Entlehnung aus dem Lateinischen (caseus), ist allen germanischen Sprachzweigen gemeinsam und wurde noch vor der Eindeutschung Tirols entlehnt. Die Almwirtschaft lernten Alemannen und Bajuwaren erst bei den rätischen Bergbauern kennen. Die Rätoromanen hatten bereits in vorrömischer Zeit Almwirtschaft betrieben. Viele Almnamen gehen auf vorrömische Zeit zurück. Eine Reihe von Ausdrücken der Almwirtschaft, wie sie heute bei den deutschen Tirolern gebräuchlich sind, stammen aus der vorromanischen und romanischen Sprache, so Senn, Thaie (Almhütte), Ziger (Quarkmasse), im Westen Rätoromanen und Alemannen gemeinsame Ausdrücke; der Begriff Kaser (Sennhütte) wird im Osten, Süden und Zentrum Tirols verwendet; vordeutsch sind auch die Bezeichnungen für verschiedene Almkräuter wie Speik (spica), Marbl (marubium), Madaun.

Bei den Romanen lernten die Germanen erst den Weinbau kennen; dementsprechend übernahmen sie eine Unmenge mit dem Weinbau zusammenhängender Ausdrücke aus dem Latein bzw. aus dem Romanischen, und zwar hier andere Wörter als etwa die im Rheinland dafür gebrauchten Lehnwörter, so Torggel für Kelter (torcula), Preil m. Torggelbaum (prelum), Pataun m. „Gerüst im Weinberg" vom rom. pontone, eigentlich „Brücke", Maneil „Gerte um die Reben zu stützen", manile m., stelaun m. „Querstange", stilone zu stilu, Gonzal „großes Gefäß", congiale zu congius „Gefäß" m., Yhrn f. Weinmaß urna u. a.[50]

Auch die Bewässerungsanlagen lernten die deutschen Zuwanderer erst bei den Romanen kennen; so nannten die deutschen Tiroler den Bewässerungsgraben Waal nach dem romanischen awál (aquâle); Wassersammelstellen, kleine Wassergruben oder Teiche wurden im Deutschen als „Kantschetten", „Tschetten" nach dem lateinischen conceptus (aquarum) genannt; das Wort pitse f., im selben Sinn im Ob. Inntal gebraucht, geht schon auf ahd. puzzi, aus lat. puteus, zurück.

Unbekannt war den Germanen der feinere Gartenbau; während für die Getreidearten die Germanen ihre eigenen Ausdrücke besaßen, wurden für die Küchengewächse des Gartens die Bezeichnungen – allerdings zu verschiedenen Zeitabschnitten – aus dem Lateinischen, dem Vulgärlatein, später dem Klosterlatein, entlehnt. Auch im Obstbau waren die Romanen Lehrmeister der Germanen. Mit Aus-

[50] m. bedeutet männlichen, f. bed. weiblichen Geschlechts. Vgl. Jos. Schatz, Wörterbuch der tirolischen Mundarten, zum Druck vorbereitet v. K. Finsterwalder, Schlern-Schriften, 119/20. Bd., 1955/56, Neuauflage 1993.

nahme des Apfels und der Nuß sind die deutschen Benennungen der Obstsorten alle aus dem Lateinischen übernommen worden.

Die Räter verfügten bereits in vorrömischer Zeit über eine namhafte Wohnkultur; der Ofen diente in einigen Landschaften bereits zur Heizung der Wohnräume. Zur Zeit der Römerherrschaft lernte die Urbevölkerung Tirols auch den fortgeschrittenen römischen Mauer- und Wohnbau kennen. Der Mauerbau mit Kalk war den Bewohnern Tirols zwar schon vor der Zeit der Römerherrschaft bekannt, er dürfte sich aber allgemeiner wohl erst in dieser Zeit durchgesetzt haben.

Neben dem Mauerbau hat aber im alten Rätien auch die Holzbautechnik eine sehr beachtenswerte Technik erreicht. Als um die Mitte des 6. Jahrhunderts der römische Kleriker und Dichter Venantius Fortunatus durch Tirol zog, fand er hier bereits eine verhältnismäßig hohe Wohnkultur; er rühmt den kunstreichen Holzbau der Häuser:

„Schützend verwahren vor Wetter und Wind uns getäfelte Stuben, nirgends klaffenden Spalt duldet des Zimmermanns Hand …

Luftig umziehen den Bau ins Gevierte die stattlichen Lauben, reich von des Meisters Hand spielend und künstlich geschnitzt." (Freie Übers. a. d. Latein.)

Die germanischen Zuwanderer, namentlich solche ostgermanischer Herkunft, verfügten ebenfalls über eine ausgebildete Technik des Holzbaues. Aus diesem Zusammenwirken der rätoromanischen Bauweise und der germanischen Hausformen mögen die mannigfachen Formen des Tiroler Bauernhauses entstanden sein. Es wies außer dem Herdraum, der Küche, wohl schon im Hochmittelalter einen eigenen Wohnraum, die Stube (s. Abb. 24–26), auf. Das italianisierte Welschtirol, das Gebiet um Trient, kennt das Stubenhaus in älterer Zeit noch nicht und unterscheidet sich im Hausbau scharf vom deutschen Tirol. Dieser Unterschied fiel schon vor mehr als dreihundert Jahren dem hier schon öfter genannten Guarinoni auf; er hebt mit lustigen Worten den Vorzug des in den Stuben der Deutschen errichteten Ofens gegenüber der bei den Italienern üblichen Kaminheizung hervor; der Ofen sei „ein gewaltiger Tröster der angefochtenen, betrübten und von der Kälte beleydigten Menschen". Wenn auch die Italiener, meint Guarinoni, „der Teutschen Stuben verlachen, jedoch wann sie einmal hinein kommen, so kann sie niemand vom Ofen noch aus der Stuben bringen" (187, S. 483).

Auch in Tirol muß spätestens seit der bajuwarischen Einwanderung jenes halb unterirdische Gelaß errichtet worden sein, das im Althochdeutschen als „Tung" (= Dünger) nach seiner Bedekkung bezeichnet wurde. Es bestand aus einer Grube, die in ihrem untersten Teil als Vorratsraum diente und durch ein Gebälk vom obern Teil geschieden war, der als Werkstatt, namentlich für die Weberei, und im Winter wohl auch als Wohnraum diente. Dieser obere Teil ragte über den Boden empor und trug ein Dach, das auf der Wetterseite und gegen Norden bis zum Boden herabreichte und zum Schutz gegen die Kälte mit Dünger bedeckt wurde. Bauten dieser Art haben sich in verschiedenen Ländern bis in spätere Zeit erhalten. Im Dorf Götzens bei Innsbruck führt der östliche Ortsteil nach solchen Bauwerken den Namen Tung; ein Ruprecht am Tung wird zu Götzens 1540 genannt. Aus „Am Tung" entstand der heute noch verbreitete Familienname Abenthung (Finsterwalder, in: Schlern-Schriften 81. Bd., 1951, S. 37 und 134).

Grubenhütten der erwähnten Art beschreibt Tacitus im 16. Kapitel seiner „Germania" und Plinius in seiner „historia naturalis" (19, I.); sie waren wohl nicht ständig bewohnt, sondern standen neben den eigentlichen Wohnbauten; sie wurden übrigens nicht nur bei den Germanen errichtet, sondern sind auch bei Kelten und Slawen nachweisbar.

Als sich Bajuwaren und Alemannen in Tirol niederließen, dürften sie in einzelnen Wohnbauten der rätischen Urbewohner bereits die heizbare Stube angetroffen haben, die sie in der Folge auch in ihrem Hausbau übernahmen. Mit der Übernahme der Stube wurde der „Tung" als winterlicher Arbeits- und Wohnraum überflüssig. Zur Zeit, als der Ortsteil von Götzens „Tung" genannt wurde, muß die als Tung bezeichnete Grubenhütte bereits zu etwas Ungewöhnlichem geworden sein, anders wäre nicht zu verstehen, daß man dem Ortsteil diesen Namen gegeben hätte.

Die politische und wirtschaftliche Organisation des Landes, wie sie uns im Mittelalter in den Gemeinden Tirols entgegentritt, ist offenbar durch die bereits vorhandene alte vordeutsche Wirtschaftsverfassung beeinflußt worden. Das Vorherrschen der Weidewirtschaft bei den Alpenromanen hat zu einer Einteilung des Landes in Weidebezirke geführt, welche von den Gemeinschaften der Grundbesitzer, von den Gemeinden, genutzt wurden. Die eingewanderten Germanen haben diese ihren eigenen Mark- und Dorfgenossenschaften verwandten Gebilde übernommen und zugleich auch deren Benennungen, wie sie von der Urbevölkerung gebraucht wurden; so etwa die Bezeichnungen Malgrei, Mulgrey für Gemeindefraktion, Rigel (von lateinischem regula = „Grenzlatte, Grenzlinie und umgrenzter Bezirk"), Technei (decania = „Zehnerschaft", „Zechend") für Gemeindeteil oder Gemeinde. Wiederholt wird der Ausdruck „Comaun" oder „Comun" in Tirol als Bezeichnung von Nachbarschaft oder Gemeinde gebraucht; er kommt von dem mittellateinischen commune = communitas (= „Gemeinde").[51]

Auf eine Einwirkung der rätoromanischen Gemeindeverfassung auf die deutsche weist auch der von den Deutschen übernommene Ausdruck „Saltner" (mittellateinisch „saltuarius") hin, der in Weistümern von Südtiroler Gemeinden, aber auch in solchen des Oberinntales begegnet; er bezeichnet den von der Gemeinde bestellten Flur-, Wald- und Almhüter.

Um den Einfluß festzustellen, den das Romanentum auf Sitten und Brauch, ja auf das ganze Kulturleben des deutschgewordenen Tirol ausübte, bedarf es noch weiterer Forschungen. Aber schon bisher konnte beobachtet werden, daß Siedlung und Hausbau im Westen Tirols, im obersten tirolischen Inntal (s. Abb. 7) wie im Vinschgau, starke Anlehnung an romanische Art zeigt, wie sie im heute noch romanischen Engadin besteht. Die Dörfer und Weiler dieser Landschaften zeigen ein auffallend enges, stadtartiges Zusammenrücken der Häuser (vgl. 1. Bd., Abb. 20, 21, 49). Beim Haus selbst kehren hier im Westen Tirols jene Formen wieder, wie wir sie im Engadin antreffen. Die eigenartigen Brunnentröge, die sogenannten „g'schaffleten Brunnen" (s. Abb. 8), welche die Form eines großen Holzschaffes auf-

[51] Ausführliche Nachweise bei N. Grass, Comaun Kastelruth, Zeitschr. der Savigny-Stiftung f. Rechtsgesch., Germ. Abt., 71. Bd. (1954), S. 356 f. Neudruck bei Grass, Alm und Wein, Hildesheim 1990, S. 179–192. Vgl. ebd. S. 204 ff. sowie auch TW. IV, Glossar unter „comaun".

weisen und vor allem im obersten tirolischen Inntal (in Fiss und Ladis) sowie im obersten Vinschgau (dazu gehört auch Nauders) begegnen, finden sich auch im romanischen Engadin. Das Pflügen mit zwei Pflügen, nämlich mit einem Sechpflug und einem Scharpflug, wie es heute noch im Engadin vorkommt, muß einst auch im tirolischen Nauders geübt worden sein, wie Benennung und Art des hier verwendeten Pfluges erkennen läßt (s. unten VIII. Lieferung).

Die wechselseitige Durchdringung romanischen und germanischen Volkstums, wie sie sich aus dem langen Nebeneinander im Westen Tirols ergab, hat hier auch den Volkscharakter stark beeinflußt. Weitgehende Verschiedenheit bäuerlichen Wesens zeigt sich in Nordtirol zwischen Unterinntal und Oberinntal, in Südtirol zwischen mittlerem Etschtal (Burggrafenamt) und Vinschgau. Im Volk selbst ist man sich dieser Verschiedenheit auch vollauf bewußt geworden. Der Unterinntaler wirft dem Oberinntaler Falschheit und Verschlagenheit vor, der Oberinntaler dem Unterinntaler Leichtsinn und Beschränktheit. Der ernste und ruhige Oberinntaler, der kluge, regsame „Vinschger“ (Vinschgauer) – sie sind tatsächlich anders geartet als der gemütliche, leichtlebigere Unterinntaler oder der gleichmütige und bedächtige Burggräfler. Das Talent des bayerischen Stammes für schauspielerische Darstellung ist beim Unterinntaler besonders ausgeprägt; Sinn für Musik und Sangesfreudigkeit finden sich im Unterinntal in höherem Maß als im Oberinntal und Vinschgau. Die sexuelle Sittlichkeit ist beim Oberinntaler und Vinschgauer eine strengere als beim Unterinntaler. Beim Oberinntaler trat im Laufe der Geschichte ein starker Freiheitssinn zutage, dessen Ziel das „salt regiere“ (selbst regieren) ist. Oberinntaler und Vinschgauer gehören zu den mit geistigen Fähigkeiten am reichsten ausgestatteten Tirolern; auffallend groß ist die Zahl der Künstler, die aus den westlichen Landschaften Tirols, namentlich aus dem Oberinntal, hervorgegangen sind. Wie weit an dieser Verschiedenheit im Osten und Westen Tirols neben dem romanischen Einschlag auch der schwäbisch-alemannische beteiligt ist, läßt sich zur Zeit kaum entscheiden.

Der völkische Stammbaum der deutschen Tiroler von heute zeigt wesentliche Verschiedenheit von jenem der Deutschen in den östlichen Alpenländern und im Donauraum. Wenn dort die älteste Urbevölkerung nach 400 v. Chr. von Kelten überschichtet wurde, so ist dies in solchem Ausmaß im zentralen Tirol nicht eingetreten. Wenn auch gegen die frühere Ansicht vom vollständigen Fehlen keltischer Fundgegenstände und Sprachreste in Ortsnamen im größten Teil Tirols heute entdecktes keltisches Fundmaterial und unleugbar keltisch gebildete Ortsnamen sowie keltische Personennamen, die in römerzeitlichen Praediennamen auf -anum stekken, eine neue Forschungslage geschaffen haben.

In der einstigen Römerprovinz Noricum, welche einen großen Teil des heute österreichischen Donaulandes und die östlichen österreichischen Alpenländer umfaßte, haben die Stürme der Völkerwanderung, die Vorstöße der Awaren und die Einwanderung der von den Awaren vorgeschobenen Slawen auf gewaltsame Weise das ansässige Romanentum weitgehend verdrängt, während im Schutz der Alpen und ihrer einem Eroberer schwer zugänglichen Täler die Vorbevölkerung allen Stürmen zu trotzen vermochte. Viel hundertfach erhaltene Reste dieser Volksschicht bezeugen das. Nur in der Gegend des alten Juvavums (Salzburg) und an einzelnen Punkten Oberösterreichs (Lauriacum – Lorch) hatte sich die romanisierte Bevölkerung ähnlich bis zum Ende der Völkerwanderungszeit und der Landnahme der Baiwaren zu halten vermocht. Dagegen fanden diese im östlichen Voralpengebiet Ober- und Niederösterreichs nur verödetes Land oder eine dünne slawisch-awarische Schicht vor, was eine ganz andere volksmäßige Zusammensetzung mit sich brachte.

In Tirol kommt eine slawische Unterschicht nur für den heutigen Bezirk Osttirol östlich des Anraser Bachs in Frage (s. oben, S. 36 f.). Während in Tirol die vielen vordeutschen Orts- und Flurnamen ein längeres friedliches Nebeneinander von Deutschen und Romanen bezeugen, ist die Zahl der vordeutschen Ortsnamen und besonders der Flurnamen in den östlichen Alpenländern wie im Donauraum ungleich geringer.

Der auf so grundverschiedene Weise entstandenen Eigenart des tirolischen Volkes gegenüber dem sonstigen österreichischen Volkscharakter war man sich in Tirol seit alters bewußt. Gerade das Tiroler Bauerntum hat in seiner politischen Haltung – wie das im Abschnitt „Bauer und Politik" noch dargestellt wird – bei der Verteidigung der „Landesfreiheiten", der Sonderstellung und Selbstregierung Tirols immer wieder auf die Besonderheit des Landes und seines Volkstums hingewiesen.

5. Ladiner

Bis heute erhalten hat sich in Tirol die romanisierte Urbevölkerung und ihre Sprache in den Dolomitentälern Fassa, Gröden, Enneberg, Abteital, Buchenstein und Ampezzo. Auch die echte bodenständige Nonsberger Mundart weist die Grundzüge der alten ladinischen Volkssprache auf; bis zum Südrand der Alpen gibt es halbladinische Dialekte. Die Alpenromanen Graubündens wie Tirols haben ihre Sprache selber als Romauntsch bzw. als Ladin bezeichnet. Die ladinische Sprache, so wie sie in den angeführten tirolischen Landschaften von rund 30.000 Bewohnern gesprochen wird, bildet das mittlere von drei ladinischen Sprachgebieten; die beiden anderen Räume werden von den Romanen Graubündens (rund 50.000) und jenen Friauls (Oberitalien, ca. 500.000) eingenommen. Dieses Alpenromanische ist nicht – wie von einigen italienischen Sprachforschern, C. Salvioni, C. Battisti, behauptet wird – eine italienische Mundart, sondern – wie österreichische, deutsche und deutsch-schweizerische Forscher, aber auch italienische[52], französische und englische Sprachforscher feststellten – ein selbständiger Zweig der romanischen Sprachenfamilie. Das Alpenromanische gehört zur sogenannten Westromania und steht dem Französischen, besonders dem Altfranzösischen, näher als dem Italienischen.

[52] So der große Forscher Isaia Graziadio Ascoli; von den jüngeren italienischen Romanisten Clemente Merlo und Giulio Bertoni. Carlo Battisti bemüht sich in verschiedenen Aufsätzen deren Ansichten zu entkräften.

Nach Gamillscheg (140, S. 271) ist das Alpenromanische „der älteste Rest der vulgärlateinischen Umgangssprache in den römischen Provinzen Rätien und Noricum.“ Die natürlichen Verkehrsbeziehungen im Zug der Täler Enneberg, Gröden und Fassa stellten seit alters eine gute Verbindung mit dem nachweisbar schon seit dem 11. Jahrhundert völlig deutsch gewordenen Pustertal und den deutschen Zentren im Eisacktal dar. Die jungen Bauernsöhne aus Enneberg traten seit alters häufig in den Dienst von Pustertaler Bauern, um die deutsche Sprache zu erlernen, Heiraten über diese Sprachgrenze hinweg sind häufig. Auch Fassa, Buchenstein und Ampezzo waren durch gut gangbare Übergänge mit den deutschen Landschaften Tirols verbunden. Die Zugehörigkeit der Täler Fassa und Gröden (beide bis 1818), ferner von Enneberg und Buchenstein zum Bistum Brixen, die seit deren Besiedelung bestand, hatte in vielen kulturellen Dingen eine Orientierung der Ladiner nach dem deutschen Volksteil hin zur Folge. So ist beispielsweise in früheren Zeiten beim Gottesdienst sogar deutscher Volksgesang in Kirchen der Ladiner üblich gewesen; insbesondere wurden auch deutsche Weihnachtslieder gesungen.

Die sprachlichen Verhältnisse im ehemaligen Welschtirol lagen ganz anders als jene von Ladinien. Noch um 1600 stellt Wolkenstein (754, S. 65) in seiner Landesbeschreibung fest, daß die Leute im südlichsten Tirol eine „wälsche Sprach“ reden, die aber so „grob und korrupt“[53] sei, daß sie von den „rechten Wälschen“, den Italienern, nicht verstanden werde. In den Städten Welschtirols wurde aber bereits damals nach Wolkenstein ein gutes Italienisch gesprochen. In den dortigen Städten gab es bereits im Mittelalter engere Beziehungen zu dem angrenzenden Italien und eine Zuwanderung von dort; von den Welschtiroler Städten ging in den letzten Jahrhunderten die Italianisierung des ladinisch sprechenden offenen Landes aus.

Die kulturelle Gemeinschaft der Tiroler Ladiner mit ihren deutschen Tiroler Nachbarn kommt unter anderem in zahlreichen deutschen Lehnwörtern und Lehnübersetzungen in der Sprache der Ladiner zum Ausdruck. In der äußeren Erscheinung unterscheiden sich die Ladiner von den Deutschtirolern häufig durch kleineren Wuchs und dunkleren Typus. In den Siedlungen der Ladiner begegnet öfters das enge, stadtartige Zusammenrücken der Häuser in den Weilern und Dörfern. Es fehlt aber auch nicht an Weilern mit aufgelockerter Bauweise und Einzelhöfen nach deutscher Art. Im Hausbau kehren bei den Ladinern dieselben Formen wieder wie in den benachbarten deutschen Landschaften. Gelegentlich wird auch die Bezeichnung einzelner Hausräume von den Deutschen übernommen; so bezeichnen die Enneberger Ladiner den Schlafraum der Eheleute als „Stoangade“, die Buchensteiner als „Stangort“, die Grödner als „Stanghèdun“ oder „Standègun“ nach dem „Stoangadn“ der Deutschen.[54] Anerbenrecht und „geschlossener Hof“, welche

[53] Korrupt = verfälscht, vermischt mit fremdem Sprachstoff.

[54] Bei den Deutschen Tirols bezeichnet Stoangadn oder „Staingadem“ auch einen Vorratsraum mit Steinboden oder einen gemauerten Raum. Vgl. J. Schatz, Wörterbuch der Tiroler Mundarten, Schlern-Schriften 120. Bd. (1956), S. 594.

dem italienischen Recht fremd, in Deutschtirol aber weit verbreitet sind, finden sich auch bei den Ladinern Ennebergs (s. 1. Bd., S. 176). Die Ackergeräte der Ladiner Tirols sind von deutscher Art[55], stellt Richard Braungart, ein Fachmann auf dem Gebiet geschichtlicher Gerätekunde, fest (63, I., S. 214). Von dieser Feststellung nimmt er jedoch die Enneberger aus. Bei meinen verschiedentlichen Wanderungen durch Enneberg konnte ich eine besondere Art von Ackergeräten nicht beobachten. Vom Pflügen mit zwei Pflügen, wie es bei den Westladinern des Engadin noch vor etwa 70 Jahren üblich war, konnte ich bei den Ladinern Alttirols keine Spur wahrnehmen. Von einer Übereinstimmung in Ernährung und volkstümlichen Gerichten wurde bereits (1. Bd., S. 662f.) gesprochen. Von den Romanen in Ampezzo stellt schon Wolkenstein in seiner um 1600 entstandenen Landesbeschreibung von Südtirol (754, S. 145) fest, daß sie in Brauch und Sitte den Deutschen nahestehen. Während für die Italiener im geistlichen Fürstentum Trient die vom römischen Recht beeinflußten Statuten von Trient galten, war für die Ladiner das deutsche Recht der Tiroler Landesordnungen in Geltung. Der reiche Sagenschatz der Ladiner läßt die Eigenart eines Gefühlslebens erkennen, das von jenem der Italiener verschieden ist.

Die Ladiner Tirols fühlten sich nicht als Italiener, sondern als Tiroler. Johann Alton, selbst Ladiner, schreibt 1888 in der Zeitschrift des Deutschen und Österr. Alpenvereins (6, S. 362) über die Ladiner von Enneberg, Gröden und Buchenstein: „Italienisches Wesen kennen diese nicht, und das mag auch der Grund sein, warum Enneberger, Grödner und Buchensteiner wenig Zuneigung zum Italiener haben." Als den Ennebergern 1810 nach dem unglücklichen Ausgang der Tiroler Erhebung die Vereinigung mit dem von Napoleon gegründeten Königreich Italien drohte, wandte sich der von ihnen gewählte Gerichtsausschuß an den König von Bayern mit der Bitte, er möge sich dafür einsetzen, daß sie gleich wie das benachbarte Pustertal mit dem bayerischen Teil Tirols vereinigt blieben. In diesem Gesuch der Enneberger wird darauf verwiesen, daß auch die Ladiner Ennebergs, die hier als „Badiotten" (nach der ladinischen Gemeinde Abtei, ladin. Badia) bezeichnet werden, der deutschen Sprache mächtig seien. Das Ladinische der „Badiotten" wird im Gesuch als eine Sprache bezeichnet, „die, wie allgemein bekannt ist, der Italiener ebensowenig versteht wie die Kundigen dieser (der ladinischen) Sprache die Italiener." (Stolz 640, IV, S. 256). Auch die Ampezzaner Ladiner wandten sich ähnlich wie ihre ladinischen Nachbarn im Westen gegen die ihnen ebenfalls drohende Angliederung an das Königreich Italien.

Ebenso betonten in der Folgezeit die Ladiner Tirols die Eigenart und Selbständigkeit ihres Volkstums. Als es sich in der Zeit um 1900 darum handelte, ob in den Schulen der Talschaft Fassa der deutsche Unterricht eingeführt werden solle, findet sich in einer Eingabe, welche Vertreter der Talschaft an den Tiroler Landesschulrat richteten, die Äußerung: „Wir wollen keineswegs Deutsche und noch viel weniger

55 Vgl. auch oben S. 39f.

Italiener werden, sondern Fassaner, was wir sind, bleiben." (Stolz 640, IV, S. 259). Im Oktober 1918, am Ende des Ersten Weltkrieges und angesichts der drohenden Annexion Südtirols durch Italien, betonten die ladinischen Gemeinden von Fassa, Gröden, Enneberg und Buchenstein in einem Aufruf an die Gemeinden des deutschen Tirol: „Wir (Ladiner) sind keine Italiener, wollten von jeher nicht zu ihnen gezählt werden und wollen auch in Zukunft keine Italiener sein ... Tiroler sind wir und Tiroler wollen wir bleiben!" (Stolz 640, IV, S. 262). Gemeinsam mit den Gemeinden des deutschen Tirol haben dann die ladinischen Gemeinden in einer Eingabe an den Präsidenten Wilson im Februar 1919 gegen die drohende Annexion Südtirols durch Italien protestiert.

Bei der ersten Volkszählung, welche die italienische Regierung 1921 in Südtirol durchführte, bekannten sich die Gemeinden der Talschaften Fassa, Gröden, Enneberg und Buchenstein (mit Ausnahme von Colle, S. Lucia), ferner Moëna und Ziano im oberen Fleimstal zur ladinischen Sprache. Colle di S. Lucia und Ampezzo bekannten sich damals zur italienischen Umgangssprache. Daß sich aber die altansässige Bevölkerung von Ampezzo als zugehörig zum ladinischen Volkstum fühlt, bezeugt die Denkschrift der „Zent Ladina Dolomites", die um 1950 in Bozen erschien. Sie wendet sich gegen die von Battisti behauptete Italianität der Ladiner im allgemeinen und der Ampezzaner im besonderen und fordert, daß den Ampezzanern zugestanden werde, selbst in einer Volksabstimmung (Referendum) darüber zu entscheiden, ob sie ihre Zugehörigkeit zum italienischen Cadore oder die Angliederung an die Provinz Bozen (Deutschsüdtirol) und damit die Wiederherstellung der alten Verbindung mit ihren ladinischen Brüdern in Südtirol wünschen. Besondere Beachtung verdient die Feststellung der Denkschrift (S. 3) „che non basta la sola parlata a formare un popolo, ma vi concorrono molti altri elementi" (daß nicht die Sprache allein für die Bildung einer Volkseinheit genügt, sondern daß dabei noch viele andere Elemente mitentscheiden).

Die westlichen Alpenromanen der Schweiz haben als Bürger eines freien Landes die Anerkennung als eine eigene, vierte Nation erreicht; auch sie haben sich seit alters nicht als Italiener gefühlt.

II. Teil

Von der eigenwüchsigen Kultur des Tiroler Bauernstandes

1. Die Verwurzelung des Tiroler Bauernvolkes im Heimatboden (Kulturelle Selbstversorgung)

Die bäuerliche Selbstversorgung beschränkte sich von alters her nicht auf den Kreis der Sachgüter; mehr als heute erstreckte sie sich auch auf geistige Güter. Das geistige Wesen und das Denken des bäuerlichen Volkes weist Züge auf, wie sie sich der Mensch im Zustand der Jugend ganz allgemein aneignet. Der Mensch der älteren bäuerlichen Kultur denkt und spricht in Bildern und Gleichnissen, er ist der Abstraktion abgeneigt, personifiziert das Leben der ihn umgebenden Natur, sieht das Seelenlose als beseelt an, gibt den Vorgängen in der Natur eine auf den Menschen gerichtete Deutung.

Wie im allgemeinen das Gemüt einen starken Einfluß auf das bäuerliche Denken nimmt, so besonders auch auf die Auffassung der Bauern von den Dingen seiner Umwelt, von den Pflanzen und der unbelebten Natur. Das äußert sich unter anderem auch in der Sprache. Die „kosende" Verkleinerungssilbe le oder lin wird nicht nur beim Sprechen über die dem Bauern ans Herz gewachsenen Kinder, die „Kinderlen" oder „Kinderlin", dem Hauptwort angehängt; auch über Tiere, ja selbst über leblose Dinge, die viel gebraucht werden, wird in gleicher Weise gesprochen. So spricht der Defregger Bauer z. B. „nicht nur von „Rinderlin", „Goaßlin", „Facklin" (Schweinen), „Schaflin", „Kalblin", „Küehlin" usw., sondern auch vom „Unbroater- und Ruachergabile" (Gabeln zum Heuausbreiten und zum Hinaufreichen der Garben auf die Harfe), „Tragitle", „Tröigl" (Trog) usw. Alles ist ihm ans Herz gewachsen, weil er sich mit allen gelegentlich beschäftigt. Er ist mit dem Boden und seiner Bearbeitung förmlich verwachsen" (Paßler 479, S. 21), was unter anderem in der bereits (1. Bd., S. 461) erwähnten Verdinglichung der bäuerlichen Rechte, ihrer Verknüpfung mit Grund und Boden zum Ausdruck kommt. Daß der Bergbauer, dem Mehl und Brot so oft knapp wurden, vom „lieben Traid" (Getreide) und vom „lieben" Brot spricht, ist ebensowenig verwunderlich wie die Tatsache, daß er auch das Vieh mit dem Beiwort „lieb" versieht.

Die Scheidung zwischen Mensch und Tier war im älteren bäuerlichen Denken, wie es uns im bäuerlichen Recht der Weistümer vor Augen tritt, weniger scharf als heute, ja man war geradezu geneigt, dem Tier ein gewisses Maß von Persönlichkeit zuzugestehen. Während wir uns heute scheuen, „das Vieh gleich uns essen oder gar sterben zu lassen, wenden die älteren Weistümer wenigstens den letzteren Ausdruck unbedenklich an" (Arens 19, S. 129). Ein gemütsbestimmtes Verhältnis zu den Haustieren spricht aus Bestimmungen der Weistümer, so etwa aus dem Gebot, daß das Vieh nicht „geverlich mißhandelt" werde oder daß man den Schaden, den es anrichtet, nicht an ihm rächen solle. In der Volkssage wird Tierquälerei mit dem Untergang eines Dorfes bestraft. Besonders stark war das gesamte Kulturleben von religiöser Seite her beeinflußt. Gottesglaube und Christentum bestimmten weitgehend die Gestaltung des Lebens. Der Bauer und ganz besonders der Bergbauer ist sehr religiös; die Abhängigkeit von Naturgewalten, die menschlicher Einwirkung entrückt sind, lehrte ihn, sich an den über der Natur stehenden und ihr gebietenden Herrgott zu wenden. Einsamkeit und Abgeschlossenheit führten zu einem reichen religiösen Innenleben und förderten die Gedanken an Überweltliches. Auch heute noch fehlt es gerade unter den Bergbauern nicht an Menschen von tiefer und selbständiger Auffassung des Religiösen. Beobachtungen in dieser Hinsicht führten schon vor mehr als 350 Jahren einen im Tiroler Volk lebenden und mit ihm vertrauten Mann, den Haller Arzt Dr. Guarinoni, zur Auffassung, daß die Bauern zumeist „größere Erkenntnis Gottes haben als viele große Herren und Bürgersleut" (187, Guarinoni, Greuel, S. 255).

Arbeit und Erholung, Werktag und Festtag, häusliches und öffentliches Leben, Denken und Handeln wurden zur Religion in Beziehung gebracht. Darstellungen religiösen Inhaltes, wie sie sich in den Innenräumen des Bauernhauses und an seiner Außenseite befinden, Kapellen, Wegkreuze, Bildsäulen, Marterlen, führten immer wieder in die religiöse Gedankenwelt hinein. Hausgerät und Arbeitsgerät wurden mit religiösen Grußbildern ausgestattet.

Gemeinsames Gebet leitete wichtige Arbeiten ein; mit einem kräftigen „in Gott's Namen" begannen z. B. die Heu- und Holzzieher, die zu den Hochmähdern und Bergwäldern emporgestiegen waren, die Abfahrt in die Tiefe. Alter Tiroler Gruß war „Grüß Gott" beim Zusammentreffen und „Bfiat (behüt) Gott" beim Abschied. Besonderen Wert legte man auf kirchliche Weihen und Segnungen in der Wirtschaft, so auf Stall- und Viehsegnungen, Almsegen, Kräuterweihe usw. Streng gehalten wurde nicht bloß die Feier der kirchlich gebotenen Feiertage, sondern auch jene der nur durch Brauch und Sitte vorgeschriebenen sogenannten Bauernfeiertage und Feierabende. Das Volksgericht, wie es so oft in der Volkssage zutage tritt, verurteilt aufs schärfste die Übertreter des Feiertagsgebotes; sie können nach dem Tode nicht zur Ruhe kommen.

Wie das häusliche Leben, so war auch das Leben in der Gemeinschaft von christlichem Geist erfüllt. Die Gemeinde war schon in vorchristlicher Zeit ein Verband, der seine Angehörigen zu gemeinschaftlichen Kulthandlungen zusammenschloß. Die Eigenschaft eines Kultverbandes hat die Gemeinde in christlicher Zeit in noch höherem Maße erlangt (vgl. die Ausführungen über die Gemeinde als Kultgemeinschaft im V. Hauptstück). Besonderer Eifer wurde der Zier der Kirchen zugewandt, viel hielt man auf Schönheit des Gottesdienstes. Ein starker Aufschwung des religiös-sittlichen Lebens vollzog sich in Tirol in der Zeit der katholischen Reform und des Barocks.

Der Tiroler Bauernstand erfreut sich seit Jahrhunderten der Freiheit, war sich auch dieses Vorzuges bewußt und fühlte sich den anderen Ständen gegenüber ebenbürtig. Der Freiheit kommt aber im kulturellen Leben ausschlaggebende Bedeutung zu; wo altfreies Bauerntum besteht, blüht auch eine hohe bäuerliche Kultur. Das zeigt sich wie bei den freien Tiroler Bauern ebenso auch bei den freien Bauern Vorarlbergs, der Urschweiz, Westfalens, Frieslands usw. Über die Auswirkung der Freiheit auf das Leben des Tiroler Bauern wurde bereits im Abschnitt 3 (1. Bd., S. 513ff.) berichtet.

Wie andere Gebirgsvölker, hängt auch das Tiroler Bergbauerntum zäh an altem Brauch und alter Sitte. Innere Festigung und Charaktertüchtigkeit erwuchsen daraus. Der Tiroler Bauer war konservativ in seinen politischen Anschauungen, mit zäher Kraft hielt er am alten Recht, an der alten Landesverfassung und den Landesfreiheiten fest. Der Landesfürst, welcher das alte Landesrecht wahrte, durfte mit der Treue des Tiroler Volkes rechnen. Konservativ war das Bauerntum auch in seiner kulturellen und wirtschaftlichen Betätigung. Freilich hat die Hochschätzung alter Überlieferung nicht selten auch zu einer Ablehnung des Neuen geführt, bloß deswegen, weil es neu war. Hat die Abgeschlossenheit vom Verkehr, wie sie am Berg und im Hochtal gegeben war, das Eindringen des Neuen erschwert, so begegnet andererseits in jenen Landschaften, aus denen alljährlich viele ihrer Bewohner zeitweise in der Fremde erwerbstätig waren, größere Aufgeschlossenheit gegenüber Neuerungen, deren Vorteile man in der Fremde kennengelernt hatte. Die starke Heimatliebe alttirolischen Bauerntums wurde bereits in den früheren Ausführungen wiederholt hervorgehoben.

Das Familiengefühl war in älterer Zeit stärker als heute. Alles bodenständige Bauerntum – und so auch das Tirols – hat ein starkes Empfinden für die Bande des Blutes. Außer dem engeren Familienverband ist beim Tiroler Bauern auch der weitere Familienverband der durch Blutsverwandtschaft Verbundenen lebendig geblieben. Starke Bodenständigkeit der Familien bewirkte, daß viele der zur selben Sippe gehörigen Familien lange Zeit in derselben Gemeinde oder zumindest in derselben Talschaft seßhaft blieben. Die Grabinschriften der Dorffriedhöfe wiesen noch vor etwa 70 Jahren nur wenige Familiennamen auf, diese aber kehren häufig wieder; es gab also nur wenige Sippen in einer Gemeinde, das Gefühl der Zusammengehörigkeit konnte bei den einzelnen Sippenmitgliedern dank des Beisammenwohnens auf engem Raum lebendig bleiben.

Auch andere Umstände waren zur Erhaltung eines Sippengefühles günstig. Beim Gräberbesuch um Allerheiligen finden sich heute noch engere und weitere Verwandte ein, nicht wenige kommen aus weiter Ferne; das Gefühl innerer Verbundenheit erhält seine Bestärkung beim Grab der gemeinsamen Toten. „Wer da kein Grab sein Eigen nennt, der spürt es wie sonst nie im Jahr, daß er ein Zugewanderter und kein Einheimischer ist und besäße er auch den größten Hof in der Gemeinde" (Mang, Volksbrauch, S. 56).

Große Sorgfalt wurde auf den Schmuck, besonders den Blumenschmuck der Grabstätte verwendet. Ein würdiges Familiengrab gehörte zur Wahrung des Familienansehens.

Dem Gedächtnis an einen weiteren Kreis der Vorfahren diente unter anderem das „Bitten" bei Begräbnis- und Jahrtagsgottesdiensten; da wurde zum Gebet nicht nur für den Verstorbenen, sondern auch für die mit Namen angeführten Verwandten weiterer Ordnung aufgefordert.

In manchen Gegenden, z. B. im Lechtal, war es üblich, den Seelengottesdienst mit der Verlesung des sogenannten Bittzettels einzuleiten, auf dem die schon dahingeschiedenen Eltern, Geschwister, Großeltern und Urgroßeltern des Verstorbenen verzeichnet waren. Zusammenkünfte der Mitglieder einer Großfamilie, wie sie bei festlichen Gelegenheiten üblich waren, trugen dazu bei, das Sippengefühl lebendig zu erhalten. Bei Hochzeiten wie bei Begräbnissen kam die Verwandtschaft im weitesten Sinn zusammen. In manchen Landschaften, z. B. in der Umgebung von Bruneck, versammelten sich noch vor kurzem die Mitglieder einer Sippe an bestimmten Sonntagen zu einem Festmahl. Im Iseltal und seinen Nebentälern (Osttirol) hat sich die Sippe als Wirtschafts- und Besitzgemeinschaft bis herauf ins 19. Jahrhundert erhalten (s. 1. Bd., S. 136f.). Im Mittelalter waren solche Hausgemeinschaften in ganz Tirol verbreitet; ihre Nachwirkung äußert sich auch später noch in der Form, daß Verwandte des jeweiligen Hofbesitzers gegen ein Entgelt, das weit hinter dem ortsüblichen Lohn zurückbleibt, auf dem Hof arbeiten. Solche Verwandte werden nicht den familienfremden Arbeitskräften gleichgestellt, sondern nehmen eine höhere soziale Stellung ein. Sie lassen sich auf ein solches Arbeitsverhältnis ein, weil sie den Hof als Familiengut betrachten, auf dessen guter Bewirtschaftung das Ansehen ihrer Familie beruht.

Die Familienüberlieferung wurde mannigfach gepflegt. Schriftliche Quellen der Familiengeschichte waren die alten Hausbriefe, welche zumal über den Besitz der Familie berichteten. Sie wurden früher sorgfältig aufbewahrt, enthielten sie doch die wichtigsten Besitztitel, vor allem die Baurechtsverleihungen (Erbpachturkunden), die Kauf- und Tauschbriefe, Verlassenschaftsabhandlungen mit den zugehörigen Inventaren und andere Urkunden, welche sich auf den Besitz bezogen. Daß sich der Bauer schon in älterer Zeit für diese Grundlage der Besitz- und Familiengeschichte interessierte und sie zu lesen verstand, zeigt der dem 16. Jahrhundert angehörige Bericht über einen Bauern aus Tösens (Oberinntal), der zum Zeitvertreib Urkunden las (s. unten V. Hauptstück, Abschnitt „Gemeinde und Schule"). In jüngerer Zeit minderte sich mit der Abnahme des Familiengefühls auch das Interesse an der Familiengeschichte und ihrer schriftlichen Zeugnisse.

Freilich trug auch die verminderte Bedeutung der Besitzurkunden in der Zeit nach der Grundentlastung von 1848 dazu bei. Die Baurechtsbriefe hatten ja durch die Grundentlastung für den Bauern, der nun Eigentümer geworden war, an unmittelbarem Wert verloren; man konnte auch ältere Urkunden nicht mehr lesen, während früher gelegentlich sogar in der Schule ältere Lehrer, wie mir von Bauern mitgeteilt wurde, die Kinder Urkunden lesen ließen.

Seit alters war die Familienüberlieferung durch die Erzählfreudigkeit gepflegt worden; in den langen Winterabenden saßen Hausbewohner und Nachbarn gemütlich in der warmen Stube beisammen, die Alten erzählten mancherlei von den Vorfahren; was der eine nicht wußte, brachte der andere vor.

Das Bauernhaus als Wohnsitz alter, bodenständiger Familien enthält eine Fülle von Denkmälern der Familiengeschichte; bauliche Veränderungen, die am Haus in dieser oder jener Zeit vorgenommen wurden, erinnern an einzelne Vorfahren, welche die Änderungen vornahmen. Ähnliches gilt von der Hauseinrichtung und der Hauszier. Anders als die städtische Familie in ihrer Mietwohnung hatte die bodenständige Bauernfamilie ein „Vaterhaus", ein Familienheim. Selbst wenn das alte Haus einem Neubau weichen mußte, hat man doch etwas vom alten Haus ins neue übernommen, mindestens den Firstbalken mit seiner Jahreszahl und seinen Segenszeichen.

Die Pflege der Familienüberlieferung bildete einen Teil jenes schon früher erwähnten adeligen Wesens alter bäuerlicher Familien und begründet ebenso wie bei adeligen oder alten stadtbürgerlichen Familien ihre konservative Lebenshaltung.[1] Diese ist nicht aus stumpfer Ablehnung des Neuen erwachsen, sondern aus dem Gefühl innerer Verbundenheit mit den Vorfahren und aus Achtung vor ihnen. „Die Alten sind auch keine Narren gewesen", diesen Spruch kann man oft von Bauern hören als Begründung für das Festhalten am Alten.

Die hausväterliche Gewalt war stärker als heute, das Familienleben in den Familien ein patriarchalisches. Das einzelne Familienmitglied mußte sich gewissen Einschränkungen seiner individuellen Freiheit unterwerfen, seine Einzelinteressen gegenüber den Rücksichten auf die Familie zurücktreten lassen.

Dies galt besonders mit Rücksicht auf das Familiengut und den Hof und kam unter anderem in der Gestaltung des tirolischen Anerbenrechtes zum Ausdruck (s. 1. Bd., S. 159 ff.). Auf dem Hof beruhte nicht zum geringsten Teil das Ansehen der Familie; er soll in gutem Stand und in der Familie bleiben. Der jeweilige Hofinhaber fühlte sich verpflichtet, den Hof mindestens in dem Stand zu erhalten, wie er ihn übernommen hatte: „Die Toten, die halten si (sich) a in nächster Näh auf, gehn bei der Nacht um den Hof umma (herum) und schaun nach, ob alls gut bewirtschaftet wird", äußerten sich Bauern im Tal Tiers und im Eggental.[2] So sehr tritt der Mensch hinter den Hof zurück, daß der Hofname in der bäuerlichen Gemeinde den Familiennamen verdrängt (s. 1. Bd., III/2). Hof und Familie sind das Bleibende; der ihn jeweils innehat, ist nur das Vorübergehende.

Die bäuerliche Kultur war der Ehelosigkeit feindlich (s. 1. Bd., II/3). Tacitus

---

[1] Für die ursprünglich bäuerliche, dann stadtbürgerlich gewordene, jedoch durch landwirtschaftlichen Besitz mit dem Bauernstand eng verbundene Familie Fuchs hat dies Marie Grass-Cornet, Aus der Geschichte der Nordtiroler Bürgerkultur (1350–1944), Innsbruck 1970, herausgestellt.

[2] Nach R. Wolfram, Heim u. Hausbau im Volksbrauch, Das Wüstenroter Eigenheim, Jg. 1952, Heft 1–2, S. 16.

sagt in seiner germanischen Volkskunde (cap. 19) von den Frauen der Germanen, daß sie „gleichsam nicht den Mann, sondern die Ehe lieben". Was der Römer hier von den Frauen sagt, galt in der alten Bauernkultur auch für die Männer und ihre Einstellung zur Ehe.

In der Ehe hatte nach dem Recht der tirolischen Weistümer die Frau das mindere Recht, der Mann das Übergewicht: „Ain Frow (Frau), die mus tun, was ain Mann wil", heißt es im Recht des Münstertales von 1427 (TW. III, S. 352, Z. 17). Die Unterordnung der Frau wurde als von Gott gewollte Ordnung interpretiert. Das bedeutete aber keineswegs, daß die Frau die untergeordnete Dienerin des Mannes sein mußte. Ihr Rat mußte in Familiensachen gehört werden, und bei Verheiratung der Kinder spielte die Befragung der Mutter ebenfalls eine Rolle.

Viel mehr als in städtischen Verhältnissen war – und ist heute noch – die bäuerliche Ehegattin Gefährtin der Arbeit und der Gefahren des Mannes; bereits Tacitus (Germania cap. 18) bezeichnet die Gattin des germanischen Bauern als solche Gefährtin. Die ganze bäuerliche Wirtschaft zerfiel in zwei Arbeitsgebiete; die Arbeiten auf den Feldern, Wiesen, Weideflächen und im Walde waren Sache des Mannes, die Sorge für die Ordnung im Hause, die Pflege der Kinder und der Kranken, die Zubereitung der Nahrung, die Bereitstellung der nötigen Vorräte für Nahrung und Kleidung, die Arbeit im Garten und endlich die Fürsorge für Arme oblagen der Frau. Keiner der Ehegatten sollte in die Geschäfte des anderen Teiles hineinreden. Wohl aber war die Bäuerin in einem oft kaum mehr tragbaren Ausmaß Mitarbeiterin im Arbeitsgebiet des Mannes.

Viele Kinder waren dem Bergbauern erwünscht. Wie das heute noch der Fall ist, so vollzog sich auch von alters her die Erziehung der Kinder mehr durch das Beispiel der Erwachsenen als durch viel Belehrung. Die Kinder wuchsen weniger durch besondere Anhaltung als durch Nachahmung der Erwachsenen und der älteren Kinder in die Arbeit hinein. Sie spielten weniger als Stadtkinder, trieben aber auch weniger Schabernack. Für die heiratsfähig gewordenen Kinder war die Freiheit der Eheschließung beschränkt; die Kinder, welche in Ehesachen dem Vater nicht gehorchten, wurden mit Enterbung bedroht. Besondere Mißstände im Verhältnis zwischen Eltern und Kindern erwuchsen im Zusammenhang mit der Gutsübergabe (s. 1. Bd., S. 316 ff.).

Weit mehr als heute war das Leben in Haus und Familie wie auch vor der Öffentlichkeit durch die Sitte bestimmt. Die Sitte, wie sie in guten alten Bauernfamilien galt, forderte Ruhe und gelassenes Wesen für den Verkehr im Haus und außerhalb desselben. Wie in adeligen Familien des Mittelalters galt das „Maßhalten" in Rede und Benehmen als verpflichtende Sitte. Auch heute noch kann man in guten bäuerlichen Familien solches Maßhalten beobachten; Grobheit und Derbheit wurden verurteilt. Die Sitte gab dem täglichen Leben bestimmte, oft ins einzelne gehende Formen, so regelte sie unter anderem Sitzordnung und Benehmen bei den gemeinsamen Mahlzeiten; das Tischgebet wurde nicht unterlassen, wenn man auch noch so hungrig an den Tisch trat und die Essenszeit bei dringender Arbeit knapp bemessen war. Die Sitte schrieb bestimmte Höflichkeitsformen bei Begegnungen vor.

Die Sitte regelte auch das Verhältnis zwischen dem bäuerlichen Arbeitgeber und seinen im Haus lebenden, aber familienfremden Arbeitskräften; sie ersetzte gewissermaßen die Sozialgesetze von heute. Daß das Verhältnis zwischen Bauern und Dienstboten durch die Rechtssitte geregelt ist, kommt in der seit alters und heute noch gebräuchlichen Bezeichnung dieser Dienstleute als Ehehalten oder Ehalten zum Ausdruck. Ehe (mittelhochdeutsch ee, e, althochdeutsch ewa) bedeutet altherkömmliche Rechtssitte oder Gewohnheitsrecht; die „Ehalten" sind demnach Leute, die ein durch alte Rechtssitte geregeltes Vertragsverhältnis beobachten (= halten). Die Ehalten waren, mehr als dies heute der Fall ist, mit den Angehörigen der bäuerlichen Familie zu einer Familiengemeinschaft verbunden. Ein Verhältnis des Vertrauens und der Offenheit herrschte zwischen Arbeitgeber und Arbeitnehmer. Der Bauer fühlte sich als christlicher Hausvater zur Fürsorge für das leibliche und seelische Wohl der Ehalten verpflichtet. Religiöse Übungen wurden gemeinsam verrichtet; gemeinsam wurde am Abend der Rosenkranz gebetet; im Pustertal gingen Bauer und Bäuerin an einem Tag der Fastenzeit mit den Ehalten zur Beichte; die Bauern der Umgebung von Bruneck gingen nach der Beichte mit ihrem Gesinde nachmittags in die Stadt, wo alle Kirchen besucht wurden und hernach im Wirtshaus eingekehrt und das Gesinde freigehalten wurde. Gemeinsam wurden die Feste gefeiert, und an den Festmählern durfte den bäuerlichen Arbeitshelfern nichts abgekargt werden.

Gleiche Arbeit und gleiche Lebenshaltung, so auch ein gemeinsamer Tisch, einte den Bauern und seine Arbeitsgehilfen. Für die Freizeit stand Knechten und Mägden gleich wie den Familienmitgliedern die Stube als Aufenthaltsort offen. Kranke Dienstboten wurden der Sitte gemäß wie Kinder des Bauern behandelt. Ebenso oblag dem bäuerlichen Arbeitgeber die Fürsorge für die in langem Dienst arbeitsunfähig gewordenen Ehalten. Ein Verstoß gegen solche Sitte minderte fühlbar das Ansehen des Bauern in der Gemeinde. Die Aufnahme familienfremder Arbeitskräfte in die Familiengemeinschaft fand ihren äußerlichen Ausdruck, wenn Knecht und Magd Bauern und Bäuerin als „Vater" und „Mutter" ansprachen. Allerdings unterstanden nach dem älteren Recht die Ehalten auch gleich den Hauskindern der hausväterlichen Gewalt.

Die Sitte sicherte dem Landarbeiter die Arbeitsruhe; so war es Sitte, daß die Bauernknechte an den sogenannten Bauernfeiertagen, den zwar kirchlich nicht gebotenen, aber nach alter Sitte gehaltenen Feiertagen, nicht zur Arbeit verpflichtet waren. Auch die Arbeitsruhe an den Feierabenden, den Vorabenden vor hohen Festen, war eine Sitte, deren Nichtbeachtung allgemein verurteilt wurde; dies kommt deutlich in den vielen Sagen zum Ausdruck, nach welchen die Arbeit zu solchen Zeiten schwere Strafe findet.

Gute Dienstboten setzten aber ihrerseits den Stolz darein, das Gedeihen des Hofes zu fördern und diesen zu bearbeiten, als wäre er ihr Eigen. Ein guter Knecht freute sich mit dem Bauern über den Erfolg der gemeinsamen Arbeit. Mit ihm fürchtete er den Schaden des Unwetters und teilte die Sorge um krankes Vieh.

Der alte Kaltenhauswirt in Kiens (Pustertal) konnte nie genug erzählen von dieser Verbundenheit von Bauern und Ehalten: „Da gab es keinen Knecht, der einmal aufgehört hätte, ehe die Arbeit zu Ende war und wäre es auch tief Nacht geworden ... Dazu hätte sich jeder geschämt, daß darüber eine Klage aufgekommen wäre. Selbst an den alten Bauernfeiertagen trat jeder klaglos die Arbeit an, wenn Heuzeit oder Kornschnitt war“. Einen ungemein treuen und verläßlichen Großknecht hatte der Sonnenwirt in Bruneck. Aber dafür verlangte dieser auch „seinen Teil Achtung und abends mußte der Sonnenwirt immer mit ihm ein Krügel Bier trinken und ihm gute Nacht sagen“ (Tschurtschenthaler 700, Bauernleben im Pustertal, S. 96f.).

Das ganze Verhältnis zwischen Bauern und Ehalten war weit mehr durch Sitte und Gemüt bestimmt und weniger berechnend als heute.

Die christliche Sitte schuf eine gewisse Lebensordnung und erzwang, was der einzelne aus sich heraus, aus frommem Tugendstreben nicht immer geleistet hätte. Die Sitte wirkte sozial nicht nur im Verhältnis des bäuerlichen Arbeitgebers gegen seine Arbeitnehmer, sondern auch in der Form unbezahlter Arbeitshilfe für Nachbarn oder anderer sogenannter Bittarbeit bei dringendem Arbeitsbedarf, wie etwa beim Hausbau oder bei der am Berg so schwierigen und oft auch gefährlichen Arbeit des Holz- und Heuführens. Hierher gehört auch die sittliche Verpflichtung zur Unterstützung von Gemeindegenossen, die durch Brand, Hochwasser oder andere Elementarereignisse geschädigt worden waren.

Der Bergbauer neigt zur Sparsamkeit, aber auch den sparsamsten verpflichtete die christliche Sitte zu G a b e n a n d i e A r m e n . Gewisse Zeiten, wie Quatember und Allerheiligen, waren und sind heute noch beliebte Spendezeiten. Da wird den Verstorbenen zuliebe mehr geschenkt. So dankte denn auch der Mesner in manchen Kirchen bei der Kirchensammlung am Quatembersonntag nicht mit einem einfachen „Vergelt's Gott“, sondern mit einem „Vergelt's Gott für die armen Seelen“. Öfters waren mit der Stiftung von Quatembermessen Armenspenden verbunden. Aufgrund einer solchen Quatemberstiftung wurden zu Stilfs im Vinschgau jährlich zwei Mutt Korn (ca. 84 Liter) an die Armen verteilt. Große Schalensteine wurden bei den Kirchentüren aufgestellt, in welche Lebensmittel, Wolle und dergleichen für die Armen gelegt wurden. Zu Weihnachten wurden Arme zum „heiligen Mahl“ geladen, oft – zur Erinnerung an die Hl. Familie – eine ganze Familie. Allgemein verbreitet war die Sitte, bei Begräbnissen und Jahrtagen die Armen mit Brot und Geld zu beschenken. Wenn in St. Lorenzen bei Totengottesdiensten die „Große“ läutete, so wurde unter die Ortsarmen ein Sack Salz verteilt.

Das „Vergelt's Gott“, mit welchem sich der Arme für eine Spende bedankte, wurde hoch gewertet. „Viel Vergelt's Gott machen (= erwerben) heißt, das nächste Jahr viel Krapfen bachen“, sagt ein alter Spruch.

In der Notzeit nach dem ersten Weltkrieg kam ein Armer aus einer Inntalgemeinde öfters auf einen Berghof und bat um Milch. Die Bäuerin gab ihm Magermilch, für welche er sich mit einem „Vergelt's Gott" bedankte. Einmal kam nun der Bauer gerade hinzu, als der Arme sich mit „Vergelt's Gott" bedankte. Hernach gebot der Bauer seiner Bäuerin, daß sie dem Armen in Hinkunft Vollmilch schenke, ein „Vergelt's Gott" verdiene mehr als bloß Magermilch. In solchem Geist bestimmte das Weistum von St. Valentin auf der Haide (1489), daß Schwache und Arme im Hospital drei Tage beherbergt und verpflegt werden sollen, „haben dann solhe Leut Gelt, so sollten si essen und trinken bezaln, hätten si aber nit Gelt, so soltz der vergelten, der alle Ding bezalt" (TW. II, S. 354, Z. 1 ff.). Im Recht der Weistümer erscheinen die Armen gelegentlich bei Pfändungen und im Immobiliarverkehr begünstigt.

Wie die Religion das ganze bäuerliche Leben und Denken erfüllte, so hat sie auch sein Brauchtum durchdrungen. Die religiösen Vorstellungen, die den Bräuchen zugrunde liegen, stammen zum Teil noch aus vorchristlicher Zeit. Beginn und Ende des ländlichen Wirtschaftsjahres, die Zeiten von Anbau und Ernte, die Zeiten der winterlichen und sommerlichen Sonnenwende spielen, wie in der bäuerlichen Wirtschaft, so auch im Brauchtum eine große Rolle. In Tirol, einem Hochgebirgsland mit überwiegender Bedeutung der Viehzucht, schloß sich eine Fülle von Bräuchen den Zeiten an, da das Gras auf den Wiesen wieder zu sprießen beginnt und die Weide auf den Almen einsetzt und endet. Manche Bräuche verbanden sich mit besonderen Arbeiten, wie der Gewinnung des Flachses, mit der schweren Arbeit des Heuziehens im Winter und der Holzarbeit in den Wäldern. Wichtige Abschnitte im Leben des einzelnen, vor allem Geburt, Hochzeit und Tod, sind mit mannigfaltigen Bräuchen umsponnen. Besonders wiesen die Feste des Kirchenjahres ein reiches und schönes Brauchtum auf. Weil das Volk auch auf dem Gebiet der Religion der Abstraktion abgeneigt war und den Inhalt der Feste gewissermaßen miterleben wollte, suchte es die Ereignisse des Kirchenjahres in irgendeiner Form zu veranschaulichen (vgl. Abschnitt „Feier der Feste", S. 77 ff.).

Die großen Kirchenfeste wurden durch die eifrige Mitwirkung des Volkes und die von ihm ausgebildeten Volksbräuche und die volkskünstlerische Darstellung zu wahren Volksfesten. Die verschiedenen Bräuche in ihrer reichen und mannigfaltigen Ausgestaltung umschlossen gleich einem bunten Kranze das ganze Jahr, gaben ihm einen gewissen Rhythmus, dem bäuerlichen Leben aber Erhebung über den Alltag, tieferen Sinn und Reiz.

Die Aufklärung des späteren 18. Jahrhunderts hat in ihrer volksfremden Gesinnung in täppischer Aufdringlichkeit dem Volk die Freude an diesen Dingen zu nehmen bemüht, ohne ihm für die Freuden, die sie ihm nahm, einen entsprechenden Ersatz zu geben. Die Regierung der Aufklärungszeit hielt es für angebracht, dem Volk zu empfehlen, an Stelle der Volksschauspiele lieber die Christenlehre zu besuchen. Die Christenlehre in allen Ehren! Sie bildet aber denn doch keinen entsprechenden Ersatz für die Freude, die das Volk an den geistlichen Spielen hatte; ebenso unverständlich wäre es, einen Hungrigen als Ersatz für die ersehnten Knödel auf einen Band schöner Literatur zu verweisen.

VOLKSKUNST, WOHNKULTUR, UNTERHALTUNG. Durch die Kirche wurden dem bäuerlichen Volk auch Beziehungen zur hohen Kunst vermittelt; sie trat ihm nahe in seiner Dorfkirche; für deren künstlerischen Schmuck zeigte sich im Tiroler Volk seit alters besonderer Eifer und hohes Verständnis. Man wird kaum irgendwo so viele schöne Landkirchen finden, die so reichen, von hervorragenden Künstlern geschaffenen Schmuck aufweisen wie in Tirol. Zumal gilt dies für die Zeit des Barocks, der die meisten unserer Landkirchen ihrer Innenausstattung nach angehören. Die lebensfrohe Kunst des Barocks hat den Bauern besonders angesprochen, sie stellte ihm, vor allem in ihren Deckengemälden, ein froh bewegtes himmlisches Leben vor Augen, an dem er einst nach vielen Beschwernissen seines irdischen Daseins Anteil zu erlangen hoffte. Aber auch außerhalb der Kirche, in Haus und Hof, auf Feldern und Wiesen, an Weg und Steg, im Tal und auf den Höhen erstand eine Fülle von Denkmälern einer bewegten religiösen Volkskunst.

Die Freude an barocker Kunst steckt noch heute im Bauern und findet in der Volkskunst ihren Ausdruck; nicht zu Unrecht wurde gesagt, daß der Bauer Tirols in seinem Verhältnis zur Kunst im Barock steckengeblieben sei. Das galt wenigstens noch vor zwei Menschenaltern auch für die bäuerliche Einstellung gegenüber der Kirchenmusik. Barocken Geist atmete noch die Kirchenmusik eines Johann Baptist Gänsbacher (1778–1844), die im vorigen Jahrhundert in den Festmessen der Landkirchen immer wieder zur Freude des andächtigen Volkes erklang.

Wenn bei Menschen von moralischer Gesundheit nach Ansicht des englischen Sozialreformers Ruskin absolute Kunstlosigkeit unmöglich ist, so gilt dies in besonderem Maße vom altfreien Tiroler Bauerntum, das ausgesprochene künstlerische Veranlagung aufweist. Dies äußert sich in den vielen Werken bäuerlicher Volkskunst; schöpferische Betätigung auf diesem Gebiet war beim bäuerlichen Volk Tirols allgemein. Uralte Überlieferungen sowie Einwirkungen, die von der hohen Kunst ausgingen, haben im Verein mit den natürlichen Anlagen das volkskünstlerische Schaffen bestimmt. Die Anregungen, welche von außen her wirksam wurden, hat der Tiroler entsprechend seiner starken Eigenart selbständig verarbeitet; was da an Kulturgut übernommen wurde, wurde im Sinn dieser Eigenart entsprechend umgestaltet. Formen künstlerischen Schaffens, die einmal übernommen worden waren, sind lange beibehalten worden; das gilt unter anderem auch für die Stilformen der hohen Kunst, soweit sie in die Volkskunst Eingang fanden. So konnten gotische Formen bis über die Mitte des 17. Jahrhunderts hinaus in der Volkskunst weiterblühen.

Für die Volkskunst ist zähes Festhalten an alter Überlieferung kennzeichnend. Der bereits (im 1. Bd., S. 363) erwähnte Hans Muessackh, Bauer und Weber zu Ried, hat im Jahre 1585 in seinem Webbuch „vill kunstreicher Leisten (= Borten), die ainem Weber zue seinem Handwerk künstlich und meisterlich zu prauchen sind", für seinen Sohn aufgezeichnet. In ähnlicher Weise ist in unzähligen anderen Fällen die Kunstfertigkeit des Vaters auf Söhne und Enkel überliefert worden.

Bei den Werken der Volkskunst können wir unterscheiden zwischen solchen, die vom volkstümlichen Handwerk geschaffen wurden und Werken der allgemeinen bäuerlichen Kunstfertigkeit. Beruf und Lebensführung fördern beim Bergbauern in besonderem Maße die Naturbeobachtung. Burschen, die etwa als Hirten den Tag in der Einsamkeit der Höhen verbrachten, hatten reichlich Gelegenheit, ihren Blick zu schärfen für die lebende wie für die leblose Natur, die sie umgab; der Trieb, das Gesehene nachzubilden, wurde geweckt. Die langen Winternächte boten Gelegenheit zu spielerischem Kunstschaffen. Das weiche, leicht zu bearbeitende Holz der Zirbelkiefer zumal erleichterte dem bäuerlichen Bildschnitzer die Nachbildung von Menschen- und Tiergestalten. Geräte des täglichen Gebrauches wurden mit Schnitzwerk, figuralem wie ornamentalem, geschmückt. Solcher bäuerlicher Kunstfertigkeit verdankte die mannigfache Zier der Joche, Kumpfe (Holzgefäße zur Verwahrung des Wetzsteines beim Mähen), Sensenscheiden, Melkstühle, Schellen- und Wiegenbogen, Kästchen zur Verwahrung des Salzes, „Blumenstalen“ (Blumenbretter) usw. ihre Entstehung. Auch auf dem Gebiet der Malerei betätigte sich die häusliche Kunstfertigkeit; Truhen, Kästen, Arbeitsgeräte, Schlitten wurden bunt bemalt.

Glorie in Ginerart. Zu derselben Krippe gehören auch die auf S. 59 abgebildeten Hirten. Federzeichnung von Marie Grass-Cornet.

Künstlerische Veranlagung und Freude an künstlerischem Schaffen haben sich bei unseren Bauern seit dem 17. Jahrhundert in besonderem Ausmaß an der Weihnachtskrippe bemerkbar gemacht. In so manchem Tiroler Dorf arbeitete noch vor wenigen Jahren fast jeder Hausvater mit seinen Buben am Aufbau eines Krippenberges und an der Schaffung der Krippenfiguren. „Kein anderer religiöser Gedanke und überhaupt kein anderer Ideenkreis hat unserem Volke so reiche künstlerische Anregung gebracht wie das Weihnachtswunder. So viele Saiten bringt es im Volksgemüt zum Klingen und drängt zu vielgestaltiger Darstellung in Bild und Lied und Spiel. Die Weihnachtskrippe mit ihrem Landschaftshintergrund und ihren Figu-

Musizierende Hirten von Johann Giner d. Ä. Federzeichnung von Marie Grass-Cornet.

ren weist zur Naturbeobachtung, zum Malen und Schnitzeln" (Mang, Unsere Weihnacht, S. 96). In natürlicher Unbefangenheit werden Darstellungen aus dem bäuerlichen Alltagsleben in das Krippenbild verwoben. Die gute Beobachtungsgabe des bergbäuerlichen Menschen spiegelt sich unter anderem in der Darstellung der Hirten und ihrer Herdentiere wider; Szenen aus dem bäuerlichen Leben werden – oft mit echt bäuerlichem Humor – dem Krippenschauer vor Augen geführt. Als ich vor Jahren in einem Bauernhaus einen Krippenbesuch machte, erzählte mir die Bäuerin, daß ihr Mann um die Weihnachtszeit mit seinen Gedanken immer bei der Krippe sei und sich ständig mit Verschönerung und weiterer Ausschmückung befasse, trotz der Arbeit, welche jeder Tag in der Wirtschaft bringe. Solche Bauern sind gewiß keine Materialisten und stehen bei aller Einfachheit ihrer Schulbildung kulturell hoch.

Auf musikalischem Gebiet dokumentierte sich die Weihnachts- und Krippenfreudigkeit in den zahlreichen volkstümlichen Krippenliedern, von denen nicht wenige den Geist inniger Frömmigkeit in schöner und ergreifender Form zum Ausdruck bringen.

Älteste Krippen gemahnen in einzelnen Teilen ihrer Darstellungen an Szenen, wie sie sich in den geistlichen Spielen, den Passions- und Heiligenspielen des Mittelalters und der Neuzeit, finden.

Freies Bauerntum weist bei einigermaßen entsprechender Größe des Grundbesitzes eine höhere Wohnkultur auf als unfreies; freilich darf man nicht moderne Wohnhygiene einseitig zum Maßstab der Wohnkultur machen. Der freie Tiroler Bauer hatte ein festes Recht an seinem Gut und so auch an seinem Haus, ein Recht, das ihm und seinen Nachkommen den dauernden Besitz gewährleistete. Anders als in Ländern bäuerlicher Untertänigkeit und Unfreiheit mit ihren schlechten Besitzrechten konnte beim Tiroler Bauern die Lust erwachsen, auch bei bescheidenen Mitteln etwas für die Zier des Hauses aufzuwenden. Nach dem Zustand und Ansehen von Haus und Gut bemaß sich nicht zum wenigsten das Ansehen einer Familie. Aufgrund jahrhundertelanger Erfahrungen ist das Haus des Tiroler Bauern erstanden und den bäuerlichen Wohn- und Wirtschaftszwecken angepaßt worden; die Zweckmäßigkeit kommt in seiner äußeren Erscheinung deutlich zum Ausdruck. Es ahmt nicht sinnlos nach, sondern gestaltet das, was aus einem anderen Kulturkreis, etwa dem städtischen, entnommen wurde, verständnisvoll und selbständig um und paßt es bäuerlichen Verhältnissen an. Es ist wie ein lebender Organismus, der nicht unverändert bleibt, sondern – wenn auch langsam – doch ständig Umgestaltung erfährt. Der Betrachter freut sich zu sehen, wie das Zweckmäßige oft auch in gefälliger Form verwirklicht wurde. Beschaffenheit des Bauplatzes, verfügbarer Baustoff, Rücksicht auf die Wirtschaftsführung, Stammes- und Volkseigenart haben die Form des Hauses beeinflußt und es in verschiedenen Landschaften verschieden gestaltet. So ist das Tiroler Bauernhaus zu einem Spiegelbild guter alter Bauernkultur geworden.

In dem armseligen Wohnhaus des italienischen Kolonen oder Zeitpächters in Welschtirol und dem stattlichen deutschtirolischen Bauernhaus kommt ein wesentlicher Unterschied deutsch- und welschtirolischer Volkskultur zum Ausdruck. Die starke künstlerische Veranlagung des italienischen Volkes wirkte sich angesichts der üblen sozialen und wirtschaftlichen Lage des italienischen Bauern nicht auf die Ausgestaltung des Wohnsitzes aus. Der Haller Arzt Guarinoni, der im 17. Jahrhundert Gelegenheit hatte, den bäuerlichen Wohnbau verschiedener Länder, so Italiens und Böhmens, kennenzulernen, rühmt die Vorzüge des Tiroler Bauernhauses mit folgenden Worten: „Solche, sowol die abgesundert als in Dörfern zusamben erbaute Paurenhöfe sein in ganzen Tyrol durch und durch sehr ansehnlich und absonderlich gerüchtet und vast alle, wo nicht ganz, jedoch halben Tails ansechentlich gemauert, die Zimber mehr bürgerlich als bäurisch, also das vil Dörfer tyrolischen Lands manichen Stätten und Märkten fürgezogen werden mögen“. Von der Hochebene südöstlich von Innsbruck sagt Guarinoni, ihre Fluren seien durchsetzt mit „Paurenheuser und Höfen, welche sambtlich nit anderst als sovil Adelssiz mit ihren aignen Namen unterschiden sein“ (angeführt nach Stolz 667, S. 339 f.).

Reiche Gelegenheit zur Betätigung fand die Volkskunst in den Innenräumen des Bauernhauses.

Die Vertäfelung des Hauptwohnraumes, der Stube, war bereits im Mittelalter üblich und wurde in vielen Bauernstuben künstlerisch gestaltet. An der Einfassung von Fenstern und Türen, an den Eckpfosten, den Kranzbalken (den obersten, die Deckbalken tragenden Wandhölzern), an den Balken der Decke und den Unterzügen oder Trambalken, in der Mitte und an den Ecken der Decke, an dem eingebauten Wand- und Waschkasten betätigte sich die Volkskunst. Das Kreuz im Herrgottswinkel, dem kultischen Mittelpunkt der Stube zwischen den beiden Fensterwänden, ist zuweilen aus der kunstfertigen Hand eines Hausgenossen hervorgegangen. Zu beiden Seiten des Kreuzes hingen Heiligenbilder des Dorfmalers oder Hinterglasbilder, so genannt, weil sie nach Vorlagen auf der Hinter- oder Unterseite des Glases aufgemalt wurden (s. 1. Bd., S. 362). Im Herrgottswinkel stand auch der Stubentisch, an dem die Mahlzeiten eingenommen wurden. Die Bänke und die später aufgekommenen Stühle waren einfach gestaltet; in jeder Stube befand sich der runde, niedere „Schusterstuhl", der schon in Hausinventaren des 17. Jahrhunderts genannt wird. Mehr als an den Möbeln der Stube betätigte sich die Volkskunst an den Möbeln der Schlafräume, an deren Betten, Truhen und Kästen.

Der hohen bäuerlichen Hauskultur entsprechend, gab es unter anderem bereits im Bauernhaus des 16. Jahrhunderts Tischtücher, die mit färbigen Randleisten geziert waren. Das bereits (S. 57) erwähnte Webereibuch von 1585 läßt erkennen, daß auch am Land Absatz für Tischtücher mit schönen Randleisten gegeben war. Ein Inventar vom Jahre 1632, das die Einrichtung eines Bauernhauses im Stanzertal beschreibt, führt zwei Tischtücher mit blauen, acht mit roten Leisten und fünf „Tischfazennet" (Mundtücher, Servietten) an. Die Bäuerin Margareth Weißkopf im selben Tal verfügte laut Inventar von 1618 über nicht weniger als 70 „Leilacher" (Bettleintücher).

Der Zinngießer lieferte dem Bauernhaus Zinngeräte, Kannen, Becher usw., sogar Silberbecher und silberbeschlagene Löffel werden im Bauernhaus des 17. Jahrhunderts genannt.

Die bäuerlichen Metallhandwerker schufen für das Bauernhaus schöne Fensterkörbe, Türbänder, -schlösser und -klopfer und gaben auch dem Küchengerät schöne Gestalt und Zier; so den Kesselketten („Halen"), Dreifüßen, den Stielen der Kellen und Schöpfer („Gatzen"), den Spießen usw. Uralte Formen zeigten die Feuerböcke oder -hunde, auf welche die Holzscheite des Herdfeuers aufgelegt wurden. Die Schmiede fertigten für die bäuerlichen Grabstätten schöne Eisenkreuze an. Prächtige geschmiedete Schilder zierten die Wirtshäuser. Einfache, aber schön geformte Krüge, tönerne Teller und Krapfenschüsseln mit großen, bunten Tulpen und Rosen, dem heimischen Töpfergewerbe entstammend, zierten den bäuerlichen Tisch. Wie bei den Arbeitsgeräten, so trat auch bei den Hausgeräten immer wieder das Streben hervor, auch die Gegenstände des täglichen Gebrauches zu zieren und schön zu gestalten.

Maurer und Zimmerleute aus dem Dorf waren die Baumeister, die aus alter Überlieferung heraus die Formen des bäuerlichen Stein- oder Holzhauses gestalteten und weiterbildeten. Bäuerliche Maler, Bildhauer und Bildschnitzer schufen die Zier für Häuser, Kapellen und Kirchen, führten die Bildstöcke und Kreuze aus, mit welchen frommer Sinn Wege und Fluren der Heimat bedachte. Diese bäuerlichen Künstler schufen aus dem Volk und für das Volk, aus der Heimat und für sie; ihre Kunst war volksnahe Kunst und Heimatkunst. Ist der Ausdruck dieser Kunst auch zuweilen unbeholfen: was ihr in der Form fehlt, ersetzt sie durch Echtheit der Empfindung und Tiefe des Gemütes. Die Frömmigkeit, die aus den religiösen Werken dieses Kunstschaffens spricht, ist eine echte; ihre Schöpfungen gleichen in dieser Hinsicht den Werken der religiösen Kunst des Mittelalters. Adolf Pichler verlieh in einer seiner dichterischen Erzählungen den Gedanken Ausdruck, die ihm in einer Dorfkirche kamen, als er sich in die Betrachtung eines Marienbildes, die Schöpfung eines bescheidenen bäuerlichen Künstlers, vertiefte:

„Kühl war die Halle; durch das Fenster glitt
Ein schräger Strahl und traf am Hochaltar
Das Bild der hochgebenedeiten Jungfrau,
Als schwebt' ein zweites Mal der heil'ge Geist
Zu ihr herein. Nicht war es Kunstvollendung,
Was meinen Blick von neuem immer spannte
Und gleich den Sternen einer hehren Nacht
Fast mit Gefühl der Andacht mich erfüllte.
Es war ein Hauch aus dem Gemüt des Volkes,
So warm, so innig; ja es war der Hauch,
Wie er zuvor aus den Gemälden mich
Uralter Meister zu Florenz berührte."

(Gesammelte Werke 14. Neue Marksteine, S. 51, vom Jahre 1873)

In stärkerem Ausmaß und besser als heute wurde im Bauernleben älterer Zeit das Unterhaltungsbedürfnis befriedigt und dies sowohl innerhalb der Familie als auch im Kreis weiterer Gemeinschaften, vor allem der Dorfgemeinschaft. Der kraftvollen bäuerlichen Jugend wurde selbst schwere Arbeit gelegentlich zum Wettspiel; der eine versuchte, den andern an Geschicklichkeit, Mut und Ausdauer zu übertreffen. Bei der Darstellung bergbäuerlicher Arbeit im dritten Band des vorliegenden Werkes soll davon erzählt werden.

Das Leben im Haus bot mehr an Gemütlichkeit als heute. Das reiche Brauchtum verschönte in einzelnen Jahresabschnitten das Leben. Die mannigfaltigen, schönen Weihnachtsbräuche, das Schemenlaufen und andere Belustigungen der Fasnachtszeit, Frühlings- und Osterbräuche, Scheibenwerfen und Johannes- oder Sonnwendfeuer usw. brachten gerade der Jugend im Lauf des Jahres viel Freude im Haus und in der Gemeinschaft. Aber auch außerhalb der festlichen Zeiten bot die Arbeitsruhe am Abend für Alt und Jung Gelegenheit zu fröhlicher Geselligkeit.

An heiteren Sommerabenden saß fast vor jedem Haus im Dorf auf der langen

Hausbank eine Gruppe von Leuten; vorerst waren es meist Männer, der Hausvater und einzelne Nachbarn, die sich mit einem höflichen „Mit Verlaub" zu ihm gesetzt hatten. Da wurden dann die Tagesarbeit, die Ernte und die Wetteraussichten sowie Wirtschaftspläne besprochen. War der Abend weiter vorgeschritten, konnte sich auch die vielgeplagte Bäuerin zu den Männern setzen; mit ihr kamen auch die Töchter und Dirnen (Mägde) zur Hausgesellschaft herab, zum sogenannten Heimgarten („Hoangert", „Huangart"). Die Mädchen waren aber der Magnet, der die Burschen anzog, von denen manche weiter her aus Nachbargemeinden kamen. In Gesprächspausen sang die Jugend Volkslieder, und es wurde gejodelt, daß es weithin in die stille Nacht hinaus klang. Hatte einer der Burschen eine Zither oder eine Zieh- oder Mundharmonika mitgebracht, so begann er in der Stube drinnen einen Tanz aufzuspielen; er lockte damit das junge Volk zum Tanz herein. Wenn im Herbst die Nächte länger und die Luft kühler geworden waren, zog sich der ganze Heimgarten ins Haus zurück; da sammelte sich die Gesellschaft in der Küche, wo das Feuer des offenen Herdes flackerte. Man saß auf Bänken beim Herd und auf der großen Hühnersteige, welche auf dem rückwärtigen Teil der Herdoberfläche stand, dort wo diese an die Küchenwand stieß. Im Winter suchte man die Stube auf, in welcher der Ofen ausgiebige Wärme verbreitete. Der Beleuchtung diente der „Kemm" (s. 1. Bd., S. 603 ff.), in welchem, auf den Feuerhund („Kemmethintle", Oberinntal) gelehnt, Kranewitt-(Wacholder-)späne brannten und angenehmen Geruch verbreiteten.

In beliebten Häusern war oft die ganze Stube voll von Leuten. Die Hausfrau mit ihren Töchtern und Dirnen benützte die Zeit zunächst zum Spinnen, andere Frauen und Mädchen kamen aus der Nachbarschaft und brachten ihre Spinnrädchen mit („Spinnstubn"). Auf manchen Almen gab es die sogenannten Almkirchtage, die von weither besucht wurden. Die alten Männer der Gesellschaft wußten mancherlei zu erzählen von alten Zeiten, von Kriegstaten, an denen sie als wehrhafte Tiroler Bauern teilgenommen hatten, von Familienereignissen und Geschehnissen in Gemeinde und Land. Da unsere Tiroler Bauern seit alters durch ihre Abgeordneten an der Verwaltung ihres Gerichtsbezirkes sowie am Landtag und an der Landesregierung durch den Landesausschuß teilnahmen, wurden auch Fragen der höheren Politik besprochen. Nicht wenige von den anwesenden Männern waren wiederholt auf längere Zeit im Ausland gewesen (s. 1. Bd., S. 384 ff.) und wußten so manches von dem, was sie da erfahren hatten, und von ausländischen Zuständen zu berichten. Natürlich gab es gerade bei den Bergbauern auch von manchem Abenteuer und von vielen Gefahren zu erzählen, die man am Berg als Hirt, Holzfäller oder beim winterlichen Heu- und Holzziehen erlebt hatte. Da in verschiedenen Gemeinden auch noch in späterer Zeit das alte bäuerliche Jagdrecht bestand, rückten auch die Jäger mit ihrem zu allen Zeiten gebräuchlichen Latein an. Besonders gerne wurden immer wieder die alten Sagen gehört, welche geschichtliche Darstellungen ersetzten; auch in ihnen schimmerte das alte Freiheitsbewußtsein durch, so etwa in den Sagen vom Herzog Friedl mit der leeren Tasche, wie er sich in der Not an seine getreuen Bauern gewandt und im Bund mit den Bauern die Adelsburgen gebrochen hatte. Oft erzählt wurden Sagen von Geistern und Hexen und von den Strafen, welche alle Arten von Untreue erfuhren, die von den Frevlern zu Lebzeiten nicht gesühnt worden waren. Bei all dem konnte sich in glänzender Weise jenes Erzählertalent bewähren, das viele aus unserem Bergbauernvolk in so hohem Maße besaßen und auch heute noch besitzen. Früher gab es auch Geschichtenerzähler, die von Dorf zu Dorf wanderten und oft durch ihre Erzählkunst einen hohen Ruf im Volk gewonnen hatten. Wenn erst einmal im Heimgarten die Richtigen beisammen waren und Kathrein (St. Katharinentag = 25. November) Tanz und (Spinn-) Räder noch nicht eingestellt hatte, wurde am Schluß des Heimgartens wohl auch lustig getanzt. Zur Sommerszeit gab es auf den Almen und auf den Bergmähdern eine Art von Bergheimgart, dessen Teilnehmer oft nach der schweren Arbeit noch einen weiten Weg zum Versammlungsplatz zurücklegen mußten; auch da wurde erzählt, gesungen und getanzt.

Außer dem Heimgarten wurde dem Tanz auch in größeren Gemeinschaften gehuldigt. Fast in jeder größeren Gemeinde gab es schon im Mittelalter Tanzhäuser oder Spieltennen, in oder vor denen getanzt wurde.

Im sommerlichen wie im winterlichen Heimgarten wurde – weit mehr als heute – der Volksgesang gepflegt, und zwar sowohl als Einzel- wie als Chorgesang. An Sonn- und Feiertagen zogen zur guten Jahreszeit öfters sangesfrohe junge Leute, namentlich Mädchen, auf Anhöhen ober die Höfe hinauf, wo auf schönen Aussichtspunkten die jungen Stimmen weit hinaus klangen und weithin vernommen wurden.

Auch an dem, was man heute Sport nennen würde, fehlte es von alters her am Lande nicht. Burschen und unverheiratete Jungmänner maßen ihre Kräfte in mannigfachen W e t t k ä m p f e n und -spielen. Dort, wo an bestimmten Tagen ein großer Zusammenlauf des Volkes üblich war, so auf Märkten, Kirchweihfesten und andern Festen der Gemeinschaft, kam es zu Kampfspielen und Wettkämpfen, wie dem Rangkeln, Hosenlupfen oder Hosenrecken, letzteres dem schweizerischen „Schwingen“ vergleichbar. Alle diese Ringkämpfe waren durch alte Satzungen geregelt, das „Schelmen“, d. h. das Übertreten dieser Kampfregeln galt als unehrenhaft; unter den Kampfrichtern, welche auf die Einhaltung der Regeln zu achten hatten, befanden sich die angesehensten Gemeindemitglieder. Diese Kampfspiele, vergleichbar den ritterlichen Turnieren des Mittelalters, sind beim freien Tiroler Bauernvolk uralt; bezeugt sind sie aber erst seit dem 15. Jahrhundert, vor allem im Zusammenhang mit den Kirchtagsfeierlichkeiten, an die sich bisweilen Wettkämpfe der männlichen Jugend anschlossen. Von Herzog Sigmund dem Münzreichen († 1496), dem gymnastische Übungen jeglicher Art nicht nur für ritterliche Spiele, sondern auch „für den im Lande gefeierten Roblerkampf bewunderungswürdige Kraft und Gewandtheit verliehen“ hatten, wird berichtet: „Noch in späteren Jahren konnte sich der heitere Fürst das Vergnügen nicht versagen, die Herausforderung zu solchen Kämpfen selbst mit den vom Volke bewunderten Raufhelden manchmal anzunehmen und sie zum Ergötzen seiner Begleitung mit überwältigender Kraft zu Boden zu strecken. Wie die Griechen Homers an ihren Helden und Königen nervige Fäuste nicht weniger bewunderten als findige Geistesgewandtheit, so achteten die Tiroler an Sigmund den kräftigen Arm nicht geringer als seine gemütlichen und geistigen Eigenschaften."[3]

Aus Matrei in Osttirol wird seit der Mitte des 16. Jahrhunderts wiederholt vom „Raufen" beim Tanzhaus berichtet, das ja auch anderen spielerischen Veranstaltungen der Gemeinschaft diente. Einzelne Örtlichkeiten waren seit alters als Schauplätze solcher Wettkämpfe berühmt, so die Jochberger Waldkapelle, die Hohe Salve, die Zetten in Tux, das St. Jakobkirchlein in Lafenn ober Mölten, die große Wiese beim Hof Kuppelwies in Ulten.

Stärker verbreitet waren auch die verschiedenen Kegel- und Kugelspiele. Das gewöhnliche, noch heute viel geübte Kegelspiel ist schon für den Anfang des 16. Jahrhunderts bezeugt; die weit verbreiteten alten Sagen vom goldenen Kegelspiel, das auf einzelnen schwer zugänglichen Berggipfeln zu finden sei, sprechen wohl für höheres Alter des Spieles. Ein anderes verbreitetes Kegelspiel, vor allem der Jugend, ist das „Watschelen", identisch mit dem italienischen „Giocar alle boccie". Das Eisschießen, das heute in Tirol geringere Verbreitung aufweist, wird in der Chronik des „Zwelfbotenhospitals" bei Klausen aus dem Jahr 1426 bereits als altes Spiel bezeichnet. Von alters her ist im westlichen Tirol das „Klobnen" betrieben worden, bei welchem Kugeln mit einem Kolben geschlagen und geschleudert wurden; es war ein Geländespiel gleich dem schweizerischen „Hornussen" und ist verwandt mit dem modernen Tennis, Golf und Hockey.

Das Fahren mit kleinen („Rodeln") oder mit größeren Schlitten diente nicht nur dem winterlichen Verkehr, sondern wurde auch von der Jugend sportmäßig betrieben.

Entsprechend der alten Wehrhaftigkeit des Tiroler Bauern hat das Schützenwesen schon im Mittelalter Eingang gefunden; Schießstand und Schützenverbände, gegliedert nach Gemeinden und Talschaften, sind schon seit dem 16. Jahrhundert errichtet worden. Der Wettkampf um die Schützenehre machte Zusammenkünfte der Schützen zu Volksfesten, an denen weite Kreise der bäuerlichen Gemeinschaft teilnahmen.

Besonders ausgeprägt war seit alters die bergbäuerliche Freude an der Jagd. Wo das bäuerliche Jagdrecht nicht mehr bestand, wurde viel „gewildert"; solche dem Recht widersprechende Jägerei minderte keineswegs das Ansehen des Wilderers im Kreis seiner Gemeindegenossen.[4]

---

[3] Nikolaus Grass, Cusanus und das Volkstum der Berge, Innsbruck 1972, S. 59 unter Hinweis auf Albert Jäger, Die Fehde der Brüder Vigilius und Bernhard Gradner gegen den Herzog Sigmund von Tirol, Denkschriften der phil. hist. Klasse der kaiserl. Akad. der Wissenschaften zu Wien, 9. Bd., Wien 1858. Über bewaffnete Teilnahme an Kirchtagen vgl. Grass, „Königreiche" und „Abteien" der Jugend. Zum Knaben- und Burschenschaftsbrauchtum in Frankreich, in der Schweiz, in Deutschland und Österreich vgl. in der Festschrift Louis Carlen, Zürich 1989, S. 411 ff.

[4] Vgl. hiezu die Ausführungen über Jagd und Bauer im V. Hauptstück.

Wer unsere bäuerliche Volkskultur ihrem Wesen nach als ein wertvolles Gut erachtet, ihre Erhaltung und organische Weiterbildung wünscht, darf ihre religiöse Grundlage nicht übersehen und wird deren Wahrung wünschen.

Vom religiösen Denken her ist auch unser bäuerliches Brauchtum mannigfach bereichert worden. Reiches, aus dem Volksgeist und alter Überlieferung erwachsenes Brauchtum gab dem Leben des Bauern tieferen Sinn und Reiz sowie einen gewissen Rhythmus, wie er im Zusammenhang mit den Festen des Kirchenjahres entstand. Mancher Brauch geht noch in vorchristliche Zeit zurück und hat später eine Anpassung an christliche Anschauungen erfahren.

Es ist eine bodenständige, alte und völkische Kultur der Heimat, die am Land erwachsen war und auch im 20. Jahrhundert – freilich durchsetzt von städtischer Einwirkung – fortlebte. Das Bauerntum älterer Zeit war auch in seinen kulturellen Belangen selbstgenügsamer; sein Kulturleben war bodenständiger, artgemäßer und unabhängiger von wesens- und volksfremdem Einfluß. Bäuerliche Selbstversorgung blieb auch auf diesem Gebiet in größerem Ausmaß als Gegengewicht gegen das Eindringen von z. T. minderwertigem Gut der städtischen Zivilisation von Vorteil. Der Bauer sollte sich dessen bewußt sein, daß nicht nur für die bäuerliche Tracht, sondern auch auf geistigem Gebiet das „Selbstgewoben, Selbstgemacht" eine gewisse Geltung beanspruchen darf.

Wenn gegen die Verstädterung unserer alten bäuerlichen Volkskultur Stellung genommen wird, richtet sich das vor allem gegen die Ausbreitung jener städtischen Allerweltszivilisation, die zumal von den Großstädten ausgeht. Hingegen soll der Wert jener städtischen Kultur, die auf dem Boden der Heimat erwachsen ist oder fremdes Kulturgut selbständig verarbeitet hat, in keiner Weise herabgesetzt werden. Aber jedem das Seine! Der Bauer soll seine alte bodenständige Kultur hoch halten und zeitgemäß weiterbilden und ebenso der Städter die seine. Der Bauer soll nicht städtisches Wesen annehmen und der Städter soll nicht den Bauern spielen, wenn er einige Zeit am Land zubringt.

Doch soll dadurch nicht eine Scheidewand zwischen bäuerlicher Kultur und der Kultur der Stadt errichtet werden. Eine solche Trennung bestand weder in der Vergangenheit, noch soll sie in der Zukunft erstehen. Beide Kulturgebiete können sich wechselseitig befruchten. Es würde aber dem Wesen der Kultur als einer organischen Bildung widersprechen, wenn eine äußerliche Übernahme standesfremden Kulturgutes stattfände, ohne daß es organisch verarbeitet worden wäre. Wenn ein Bauer in eine Gemeinde, in der noch die alte, bodenständige Bauweise herrscht, einen Wohnbau von städtischer Art hineinstellt, ist das gewiß kulturwidrig. Wenn aber beispielsweise in vergangenen Zeiten bei vielen unserer gemauerten, volkstümlichen Bauernhäuser der Erker des Stadthauses übernommen und organisch dem bäuerlichen Hausbau angepaßt wurde, so hat damit das Bild des bäuerlichen Hauses nur gewonnen. Gewiß kann und soll der Bauer wertvolles Kulturgut anderer Volksschichten übernehmen; er soll aber das, was seinem Wesen entspricht, selbständig auswählen und es so umgestalten, daß es sich seiner eigenen Kultur organisch einfügt. Schule und Kirche können durch ihre erzieherische Tätigkeit viel tun, um den Sinn für gute heimatliche Überlieferung zu bestärken und eine organische Weiterbildung der Heimatkultur zu fördern.

2. Tiroler Bergbauer und Religion

INDIVIDUELLER GLAUBE UND VOLKSRELIGION. Für die Religiosität eines Volkes maßgebend ist einerseits der Glaube des einzelnen, der individuelle Glaube, andererseits der Volksglaube, d. h. der Glaube, „soweit er durch Gemeinschaft und Tradition bestimmt ist.“[5] Der bäuerliche Volksglaube wird in mannigfacher Weise sichtbar, so in den Andachtsformen der Gemeinschaft, in den Darstellungen der religiösen Volkskunst, im Volksrecht der Weistümer, in Brauch und Sitte, in Legenden, Sagen, Märchen und Sprüchen.

Unter den Tiroler Bergbauern gab und gibt es nicht wenige Persönlichkeiten, die sich eine tiefe, selbständige Erfassung der religiösen Wahrheiten errungen haben. Feststellungen über die individuelle Religiosität sind freilich schwieriger zu gewinnen als jene über den Gemeinschafts- oder Volksglauben.

Der Bergbauer hält – anders als viele Stadtmenschen – mit Äußerungen über sein geistiges und ganz besonders über sein religiöses Innenleben zurück. Man muß mit einem bergbäuerlichen Menschen schon sehr vertraut sein, wenn man von ihm etwas über sein religiöses Innenleben erfahren will. Am ehesten schließt sich der Tiroler Bergbauer gegenüber geistlichen Personen, zumal Ordensleuten, auf. Im Glauben des einzelnen erscheint gelegentlich das Verhältnis zu Gott als ein recht materialistisches Gegenseitigkeitsverhältnis: „Wenn Du in Deinem Haus den großen Gott tust ehren, so wird er dir durchaus dein Geld und Gut vermehren“, fand ich in der Stube eines Nordtiroler Bergbauern auf dem Getäfel eingeschrieben. Neben religiösem Materialismus bestand aber schon seit alters eine tiefe, aus religiöser Individualität erwachsene Gläubigkeit. Die feierliche, gewaltige Natur des Hochgebirges, Einsamkeit und Abgeschlossenheit bergbäuerlichen Lebens, zumal die Einsamkeit des Hirtenlebens, das viele Bergbauern wenigstens während einiger Zeit ihres Lebens führen, begünstigen bei manchem von ihnen ein besinnliches Wesen und Nachdenken über religiöse Fragen und führen zu einem reicheren religiösen Innenleben. Hyppolitus Guarinoni, als Arzt und Bergwanderer vertraut mit tirolischem Bergbauerntum, schrieb vor mehr als dreieinhalb Jahrhunderten (187, S. 255): „Ich sag dir, daß die mehrern Bauern und Weiber umb viel grösser Erkanntnuß Gottes haben, als vil grosse Herren und Burgersleut.“

Die Art, wie sich das bäuerliche Gemeinschaftsgebet vollzieht, wie z. B. der abendliche Rosenkranz von den ermüdeten Bauern gebetet wird, könnte oft den Eindruck eines äußerlichen Lippengebetes erwecken; gleichwohl tritt eine individuelle und tiefe Erfassung gebräuchlicher Gebetsformen in den Gedanken zutage, mit welchen z. B. eine Osttiroler Bergbäuerin den Rosen-

---

[5] R. Weiß, Volkskunde der Schweiz, S. 299.

kranz begleitete.[6] Eine innige, persönliche Frömmigkeit spricht unter anderem auch aus dem 1854 verfaßten Schreiben einer Ötztaler Bäuerin an ihren Sohn, der in der Stadt als Student lebte. Sie mahnt ihn, am Glauben festzuhalten und hält ihm das Beispiel seines frommen Großvaters vor Augen: „Siehstes (sieh!), wie i und mai Nata (Vater) hain (sind) 's löstemal mitnonder ge Koltenbrunnen (Marienwallfahrt im Kaunertal) gongen, ist ar zeruckewarts a der Häha no steahn blieben und hot noch amol inhengschauget ge Koltenbrunnen und hot gsöt (gesagt): O main, inser liabe Frau, itzt sieh i der wöl numma, bin i wöl 'slöstemal beider (bei Dir) gewösen; itzt muast öfter Du zuamer (zu mir) kemmen und muast mi mit in'n Himmel loßen (lassen); o main, inser liabe Frau, verloß mi nit in der lösten Starbstund, verloß maine Kinder nit, daß se ooch amol ze Dir kemmen und mier olle bainander in Himmel hain (sein). Ofter (nachher) hot ar nochamol umgschauget und hot gereart (geweint), ist wol schon 87 Johr olt gewösn." (F. Gwercher, Das Ötztal [1886], S. 51).

Innige Gottverbundenheit und Gottergebenheit, starkes Gottvertrauen der Bergbauern tritt unter anderem bei schweren Unglücksfällen zutage. So schreibt der Ötztaler J. A. Schöpf:[7] „Als mein Großvater in Östen (Nachbarschaft von Umhausen im Ötztal) Haus und Feldung nebst der gesamten Fahrnis binnen einer Stunde durch Vermurung verloren hatte und sein Weib mit acht kleinen Kindern trostlos jammerte, sprach der Mann des felsenfesten Glaubens: Seid nur stille, der Himmel ist uns noch nicht vermurt."

Andreas Hofer, in dem typisches Tiroler Bergbauerntum verkörpert erscheint, schreibt am 20. Februar, wenige Stunden vor seiner Hinrichtung an seinen Freund: „Der göttliche Willen ist es gwößn, daß ich hab mießen hier in Mandua mein Zeitliches mit dem Ebigen verwöxlen, aber Gott seie Dankh und seine gödlich Gnad, mir ist es so leicht forgekhomm, das (als) wan ich zu waß anderen ausgefiert wurde. Gott wirth mir auch die Gnad verleihen, wiß (bis) in lösten Augenplickh, auf das ich khommen khon, alwo sich mein Sehl, mit alle Außerwölte sich ebig ehrfreien mag, albo ich auch fir alle bitten werde bei Gott ... Ade mein schnede Welt, so leicht khompt mir das Sterben vor, daß mir nit die Augen naß werden! Geschriebn um 5 Urr in der Frue, und um 9 Urr reißs ich mit der Hilfe aller Heilig zu Gott."[8]

Starke Religiosität des Bauern. Dem Bauern legt seine berufliche Arbeit religiöses Denken besonders nahe. Weit mehr als den Angehörigen anderer wirtschaftlicher Berufe tritt ihm bei seiner Berufsarbeit die Abhängigkeit von höherer Gewalt vor Augen. Hinter den Naturgewalten, welche den Erfolg seiner Arbeit bedingen, den einen Gott als obersten Lenker zu sehen, hat den Bauern das Christentum gelehrt, in erhöhtem Maß tritt solche Erkenntnis dem Bergbauern vor Augen. Die Gebirgsumwelt bringt nicht nur gesteigerte Gefahr für den Arbeitserfolg, sondern auch für das Leben des Arbeitenden. Über die mannigfache Gefährdung des bergbäuerlichen Lebens wurde bereits (im 1. Bd., S. 243) berichtet.[9] Erfahrene Bergbauern sind sich dessen bewußt, „daß dort oben in den Bergen nur der dauernd zufrieden leben kann, der sich zu beschränken weiß, der vom Leben wenig fordert, gläubig ist und auf Gott vertraut", schreibt Oswin Moro in seiner

---

[6] Sie hat diese Gedanken einer ihr bekannten Ordensfrau mitgeteilt. Vgl. E. Angerle, in: OT. Hbler. 1926, S. 141 ff.

[7] 574, S. 2.

[8] Paulin, Andreas Hofer (483), S. 177. Vgl. auch a. a. O., S. 94, 131, 134.

[9] Ausführungen über die besonderen Gefahren und Schwierigkeiten des bergbäuerlichen Lebens bringt der 3. Band, VII. Hauptstück des Bergbauernbuches.

vortrefflichen, auf inniger Vertrautheit mit Kärntner Bergbauern aufgebauten Schilderung: St. Oswald ob Kleinkirchheim.[10]

Bereits vor dreieinhalb Jahrhunderten hat unser Guarinoni den starken Gottesglauben der Bergbauern – freilich auf seine Art – mit der bergbäuerlichen Umwelt in Zusammenhang gebracht: „Das Bürg näher bey Gott und dem Himmel ... Derhalben (sind) nicht unbillich die Inwohner der Bergen weit seliger als die auff ebnen Ländern und an Seel und Leib glücklicher, inmassen sie das Bürg stets vor Augen (haben), das ihnen – nicht anderst als ein Uhrzeiger die ober Mittagziffer – zu Gott unserm und ihrem Schöpfer zeiget“ (187, S. 453).

Von einer besonders starken Religiosität des Tiroler Volkes wissen junge Jesuitenmissionäre zu berichten, welche 1724 durch Tirol reisten:

„Diejenigen aus uns, die über Innsbruck und Mayland nach Genuam gezogen seynd, haben beobachtet, daß die Inwohner von Tyrol nicht allein an Redlichkeit und mancherlei Wissenschaften, sondern auch an Gottseligkeit und christlicher Kinderzucht andere Völker, welche sie auf einer so langen Reise gefunden haben, merklich übertreffen: Inmassen die Hauptstraßen, über welche man aus Teutsch- nach Wälschland gehet, mit Kirchen, Capellen, gemauerten Bildergestellen (Bildstöcken), aufgerichteten Crucifixen, Creutzen und Bild-Säulen dergestalt häufig geziert ist, daß ein Fremdling nicht anderst, als reiste er in einer Kirchen, zur Andacht gewaltiglich bewogen wird. Die kleine Kinder haben uns unter Wegs die ihnen vorgetragene Glaubenfragen dergestalt hurtig beantwortet, daß uns gereuet hat nicht ettliche geistliche Geschenke, um sie zu fernerer Lehrnsamkeit aufzumuntern, mitgenommen zu haben. Jedermann lobte die Missionarios unserer Gesellschaft, welche daselbst kurz vorhero ihrem Gebrauch nach das ohne dem gottesforchtige Volk mit Göttlicher Liebe noch mehr entzündet“ haben (angeführt nach A. Dörrer, in: Tir. Hbler. Jg. 1949, S. 150).

Eine Beschreibung Tirols aus der Zeit um 1770 (angeführt bei Stolz 633, S. 28) betont: „Seit mehreren hundert Jahren blühet im ganzen Lande der wahre römisch-katholische Glaube und vorzüglich in dem deutschen Tyrol ist das Volk der Andacht und seinen alten Gewohnheiten sehr ergeben.“

Auch ein Ausländer, der Engländer Beaumont, hebt in seinem 1786 erschienenen Reisewerk die besondere Religiosität der Tiroler hervor (Stolz 633, S. 28). Der schon wiederholt genannte Rohrer hält als Anhänger der josefinischen Aufklärung manches in der tirolischen Volksreligion für „Aberglauben“, spricht aber in seiner 1796 erschienenen Tiroler Volkskunde in anerkennender Weise über die Tiefe religiösen Fühlens im Tiroler Volk: „Dieses lebhafte Religionsgefühl der deutschen Tiroler, ihre im Angesichte der ganzen Welt ungeheuchelte Frömmigkeit, ihre ausharrende Geduld in Unglücksfällen um Christi willen, der gute Wille, der bey jeder auch noch so abergläubigen Handlung herfür blickt, dringen dem empfänglichen Herzen Achtung für ihre Person ab, zur Zeit, wo sich der Kopf zur Persiflage über ihre groben Verstandes-Irrthümer gestimmt fühlt.“ (531, S. 103).

Die Religion stand im Mittelpunkt des bäuerlichen Lebens und durchdrang es; bei einem Großteil unseres Tiroler Bauerntums ist das auch noch heute der Fall, die Religion ist die Seele des bäuerlichen Kulturlebens. Arbeit und Erholung, Werktag und Festtag, häusliches und öffentliches Leben, Denken und Handeln werden zur Religion in Beziehung gebracht. Gemeinsames Gebet leitet wichtige Arbeiten ein

---

[10] Archiv f. vaterländische Geschichte und Topographie 34. Bd. 1951, S. 88.

und schließt sie ab; gemeinsam wird vor Beginn der Mahlzeiten und nach deren Beendigung gebetet. Mit einem kräftigen „In Gott's Namen“ setzt im Winter die gefährliche Abfahrt ein, mit welcher Heu und Holz von den Bergmähdern und Bergwäldern zu Tal geführt wird. Die Religion hat auch, wie noch dargetan werden soll, in weitem Ausmaß das bäuerliche Brauchtum der Arbeits- wie der Festtage und die Auffassung der Bauern vom Recht wie sein politisches Denken durchdrungen.

Aus der starken Gläubigkeit des Volkes erwuchs eine scharfe Verurteilung des Unglaubens; in den bäuerlichen Weistümern, in denen bäuerliche Geistigkeit zum Ausdruck kommt, wird gelegentlich scharf gegen den Unglauben Stellung genommen. So heißt es in einer Ordnung des Gerichtes Heunfels, welche zu Anfang des 16. Jahrhunderts von der Gerichtsgemeinde festgesetzt wurde: „Wer den christlichen Glauben verleugnet“, soll gleich einem Elternmörder oder einem Verräter seines Herren Leib und Gut verlieren (TW. IV, S. 565, Z. 7). Jemanden „fräflich aus der Christenhait schelten“, d. h., ihn als Unchristen zu bezeichnen, galt als schwere Beleidigung und wurde nach den Weistümern der Gemeinden Weer und Kolsaß mit der hohen Buße von 52 Pfund Bernern bestraft (16. Jh., TW. I, S. 173, Z. 20 u. S. 185, Z. 4).

Wie altes Recht als gutes Recht heilig gehalten wurde, so war es auch mit dem von den Vorfahren überlieferten Glauben der Fall. Wer auf den Glauben seiner Vorfahren nichts hält, setzt sich mit der Gemeinschaft, in der er lebt, in Widerspruch, er wird aber auch als Verächter dessen, was die Vorfahren heilig hielten, verurteilt. Anders war das Verhalten gegen einen Fremden anderen Glaubens. So stellt der oben erwähnte Engländer Beaumont zwar die strenge Gläubigkeit der Tiroler fest, fügt aber hinzu: „Doch sind die meisten von ihnen keine unduldsamen Frömmler, denn sie scheinen ohne Unterschied und ohne Rücksicht auf die verschiedenen Religionsmeinungen alle Fremden, welche sie besuchen, zu schätzen“ (Stolz 633, S. 28). Sehr richtig stellt der Engländer fest, daß der Tiroler kein Frömmler ist. Frömmlertum widerspricht ganz allgemein bäuerlicher Art; Übertreibung des Religiösen erregt Spott, „es sei denn, daß dieses Tun aus der Tiefe kommt, dann aber wird es scheu geehrt“ (Braumann, Vom ewigen Bauerntum, Wien 1947, S. 108).

Im autonomen Recht der bäuerlichen Weistümer wird, entsprechend ihrem Wesen, als Recht der bäuerlichen Gemeinschaften mehr das Äußere volksfrommer Betätigung geregelt, so in den Geboten der Sonn- und Feiertagsruhe, der Haltung der Feierabende, des Verhaltens am Friedhof, der Einhaltung gemachter Gemeinschaftsgelöbnisse usw. Gotteslästerungen und Fluchen werden verboten. Daß man aber auch die Notwendigkeit i n n e r e r Frömmigkeit nicht verkannte, tritt gelegentlich in Bestimmungen der Weistümer zutage; so gebietet ein Weistum von Tannheim aus dem Jahre 1607 (TW. II, S. 109, Z. 21), „alle Sonntag und heilige gebotne Feiertagen nit allain mit eisserlichen Werken, sonder mit gueten cristenlichen, alten loblichen catolischen Satzungen und Gebreuchen zu heiligen, …“. Das Dorfbuch von Taufers im Vinschgau (1713) betont die Notwendigkeit andächtigen Gebetes; bei dem verlobten Bittgang zur Dreifaltigkeitskirche in Lichtenberg soll man „die allerheiligste Dreifaltigkeit mit großer Andacht inprinstig bitten, forderist umb Verzeichung unserer Sünden …" (TW. III, S. 128, Z. 15). Bäuerliche Weistümer des 15. und 16. Jahrhunderts betonen, daß für menschliches Handeln, das nach weltlichem Recht nicht strafbar ist, gleichwohl vor dem Gericht Gottes gebüßt werden muß. So stellen Weistümer dieser Zeit fest, daß ein in Notwehr verübter Totschlag, der nach weltlichem Recht nicht strafbar ist, unter Umständen sündhaft sein kann.

GOTT. Starker Gottesglaube und Gottvertrauen zeichnen die bäuerliche Volksreligion aus. Diese Gesinnung äußert Andreas Hofer in den Aufrufen und Ansprachen, die von ihm 1809 ausgingen, immer wieder: „I nit, ös aa nit, der da droben!" rief er der ihm in Innsbruck nach der dritten Bergiselschlacht begeistert zujubelnden Volksmenge zu (Hirn 229, S. 629).

In Gott sieht der gläubige Bauer den Leiter allen Geschehens, die vergeltende Gerechtigkeit, aber auch den milden Himmelsvater, den Spender irdischen Segens, zumal auch den Herrn über das Wetter; er ist, wie das Dorfbuch von Riffian (bei Meran) aus dem Jahre 1589 sich ausdrückt, „der allmechtig gietig Gott", welcher „uns vor Gefärlichkaiten als Missratung der Fricht, Wassergüss und andere Strafen ganz vätterlichen auch gnedig verhüeten und bewaren welle" (TW. IV, S. 73, Z. 2ff.). Die Früchte des Feldes wurden und werden auch heute als „liebe Gottesgaben" bezeichnet, so besonders Korn und Wein. In einem Bergland wie Tirol, wo Milch und Butter in der Ernährung eine ganz besondere Rolle spielen, werden auch diese als Gottesgaben bezeichnet. Mißbrauch solcher Gottesgaben unterliegt besonderem göttlichem Strafgericht. So wurde nach einer Sage aus Pfitsch ein Senner, der Milch zum Reinigen von Geschirr verwandte, zur Strafe in ein kopfloses Männlein verwandelt, das neunhundert Jahre nach Erlösung schmachten mußte (Zingerle 817, S. 231). In außergewöhnlichen Schadenfällen sah man „Gottsgewalt"; sie erschienen wie auch Kriegsnot weit einseitiger als Strafen für begangene Frevel, als dies kirchlicher Lehre entspricht, welche das Unglück ja auch als Prüfung der Gerechten erklärt. Ein alter Bauer, der von verschiedenen Unglücksfällen heimgesucht wurde, sagte mir z. B.: „Was muß ich doch angestellt haben, daß mir das alles geschieht!"

Als Eigenschaften Gottes treten im älteren Volksglauben besonders „Kraft, Macht, Weisheit, Stärke und Gnade" hervor. Daß Christus neben Gottvater im Bewußtsein und Gefühl des bäuerlichen Volkes mehr zurücktrete, wie Max Rumpf in seiner „Religiösen Volkskunde"[11] behauptet, trifft meines Erachtens weder für den mittelalterlichen noch den neuzeitlichen Volksglauben zu. Für die lebhafte Verehrung Christi, seines Erlösungswerkes, seines Leidens und seiner Liebe legen die vielen Kreuze in den „Herrgottswinkeln" der Bauernstuben und im Freien (s. unten, S. 86f.), die vielen Kreuzkirchen, die Kirchen zum heiligen Blut, zu „unserm Herrn im Elend", die „Kalvarienberge", die Kreuzwegstationen, ebenso

[11] Bd. 2 seines wertvollen Werkes „Das gemeine Volk", Stuttgart 1933, S. 29.

viele Weihnachts- und Osterbräuche, die Passionsspiele usw. Zeugnis ab. Verbreitet war von alters her im Volk das Schwören „bey dem Leichnam, der Marter, dem Leiden, dem Blut, Wunden oder andern Gliedern, Zaichen und Waffen, des heyligen Leibs, Leydens und Creutzes Christi Jesu“, was im II. Titel des 7. Buches der Tiroler Landesordnung von 1573 bei Strafe verboten wurde. Auch das bäuerliche Volksrecht der Weistümer nimmt gegen solches Schwören Stellung; man betrachtete es als Gotteslästerung.

Die Verehrung der Erlöserliebe zu den Menschen fand bei den deutschen Mystikern bereits im Mittelalter Eingang in der Form der Herz-Jesu-Verehrung. Die Anfänge einer volkstümlichen Herz-Jesu-Verehrung reichen in Tirol bereits in den Ausgang des Mittelalters zurück, wie ein Bild (mit der Jahreszahl 1464) in der Filialkirche zu Mellaun bei Brixen erkennen läßt. Stärkere Verbreitung unter dem bäuerlichen Volk fand die Herz-Jesu-Verehrung erst im 16. Jahrhundert durch Petrus Canisius und später durch die Tätigkeit der Volksmissionäre des 18. Jahrhunderts. Wie schon in früheren Jahrhunderten der Tiroler Landtag als Vertreter des Tiroler Volkes in Zeiten der Kriegsnot – so z. B. 1703 – Gelöbnisse machte, um die göttliche Hilfe zu erlangen, so war dies auch in der argen Kriegsnot von 1796 der Fall; der Ausschuß der Tiroler Landstände, der zu Bozen tagende „Kongreß“, beschloß einstimmig, daß das Fest des heiligsten Herzens Jesu im ganzen Lande in Hinkunft mit einem feierlichen Hochamt begangen werden solle. Der Beschluß des Kongresses wurde wohl von Anfang an als „Bund“ Tirols mit dem Herzen Jesu aufgefaßt, wenn er auch erst später als solcher ausdrücklich bezeichnet wurde. Für den Beschluß hatten auch Abgeordnete aus dem Bauernstand gestimmt. Im Mai 1809 erneuerte Andreas Hofer als „Oberkommandant“ von Tirol dieses Gelöbnis im Namen des Landes.

MARIENVEREHRUNG. Bäuerliche Volksreligiosität tritt besonders in der Form der Marienverehrung zutage. Maria, der Mutter des Gottmenschen, wird besondere Verehrung entgegengebracht als der milden Fürbitterin vor der strengen göttlichen Gerechtigkeit. In einem Passeirer Märchen findet diese hohe Wertschätzung einen besonderen – allerdings märchenhaft übertriebenen – Ausdruck: Der Teufel setzt einem Bauern so zu, daß er der Heiligen Dreifaltigkeit abschwört, vermag ihn aber nicht dazu zu bringen, auch der Heiligen Jungfrau Maria abzuschwören. Die Innigkeit der Marienverehrung trat uns bereits in dem oben (S. 68) wiedergegebenen Gebet des Ötztaler Bauern vor Augen. Bezeichnungen wie „unsere liebe Frau“, „Jungfrau Maria“ und „Mutter Gottes“ begegnen uns in den bäuerlichen Weistümern. 15 Marienfeste werden vom bäuerlichen Volk gefeiert; an erster Stelle steht der „höche[12] unser Frauentag der Himmelfahrt“, wie er seit alters, so im Weistum von Kuens 1534 (TW. IV, S. 65) bezeichnet wurde und wie er noch heute im bäuerlichen Volk genannt wird. Das Rosenkranzgebet ist in Tirol bereits in der Zeit um 1400 nachweisbar. Es wird gemeinsam nach alter Sitte bei Wallfahrten, Prozessio-

[12] Zu lesen als „der hoache“ („hohe“), ö für o-e, oa geschrieben (Prof. Finsterwalder).

nen, Leichenbegängnissen und kirchlichen Andachten gebetet und vereint die Angehörigen der bäuerlichen Familie und die „Eehaltn" am Abend zu gemeinsamer Andacht im „Herrgottswinkl".

In der Zeit der katholischen Restauration und besonders durch die Einführung ständiger Volksmissionen seit dem 18. Jahrhundert hat die Marienverehrung einen neuen Aufschwung genommen. So verbreitete sich damals der Brauch des Rosenkranzgebetes in den Familien, vermehrte sich die Zahl der Rosenkranzbruderschaften: der Samstag ist auch heute noch der Gottesmutter geweiht; an diesem Tag brennt in vielen Bauernhäusern vor dem Marienbild ein Lämpchen mit rotem Glas. Der Mai ist Marienmonat, die Maiandacht wird besonders eifrig in der Kirche wie in den Wohnstuben der Häuser vor eigens errichteten „Maialtären" gehalten. Groß ist die Zahl der Marienkirchen sowie der Kapellen und Bildstöcke mit Marienbildern; allein in Südtirol sind 115 Kirchen Marienkirchen, davon 55 Pfarrkirchen. Von den 117 vorzüglich von Bauern besuchten Wallfahrtskirchen des deutschen und ladinischen Tirol sind 58 Marienkirchen[13], zu denen sowohl Einzelpersonen wie bäuerliche Gemeinschaften wallfahrten. Von den Gnadenbildern, welche in Kirchen und Kapellen hängen, kehren wohl am häufigsten die Kopien des Cranach'schen Mariahilfbildes wieder, dessen Original sich am Hochaltar der Innsbrukker St. Jakobs-Pfarrkirche (des heutigen Domes) befindet. Während sich die Verbreitung dieses Mariahilfbildes meines Wissens auf das von Deutschen bewohnte Tirol beschränkt, begegnet das Gnadenbild „Unsere liebe Frau vom guten Rat", dessen Original in Genazzano (Sabinerberge, Mittelitalien) steht, auch in verschiedenen Kirchen Deutschtirols. Das in vielen Kirchen bereits im Mittelalter verbreitete Schutzmantelbild (Maria, den Schutzmantel über Hilfeflehende breitend) begegnet auch in Tirol, so in einem Votivbild von 1418 in der Pfarrkirche von Wilten: unter dem Schutzmantel stehen hier Herzog Friedrich mit der leeren Tasche und sein Freund Hans von Mülinen. Das Gnadenbild „Maria im Ährenkleide", das im bayerisch-österreichischen Raum stärker verbreitet ist, finden wir auch in Tirol; noch in der Gegenwart ziehen viele Wallfahrer aus dem Pustertal und Ahrntal zur „Ährenkleid-Muttergottes" oder „Kornmutter" in der Gruftkapelle der Pfarrkirche von Ehrenburg.

Auf das reiche, mit der Marienverehrung verbundene Brauchtum kann hier nicht eingegangen werden. Es sei nur noch erwähnt, daß anläßlich des Tiroler Gedenkjahres an den Aufstand von 1809 im Jahr 1959 der Maria-Himmelfahrts-Tag (der 15. August) als immerwährender Landesfeiertag eingeführt und die Kapelle „Unsere Liebe Frau von Tirol" am Bergisel errichtet wurde.

HEILIGENVEREHRUNG. Wie in der Marienverehrung hat auch in der Verehrung der Heiligen der Volksglaube gestaltend gewirkt. Im allgemeinen herrscht auch im Volksglauben die kirchliche Lehre, daß der Heilige nicht aus eigener Machtvollkommenheit wirkt, sondern als Gottesfreund ein mächtiger Fürbitter ist. Die

[13] Nach A. Gaisböck, in: TH. Jg. 1956, S. 25f.

vielen vom Volk verehrten Heiligenbilder mit der Unterschrift „Bitt für uns" stellen den Heiligen als Fürbitter bei Gott klar vor Augen. Wohl aber tritt im Volksglauben der Heilige oft als persönlicher Helfer auf, der als solcher aus der Kraft Gottes wirkt. So wurde mir im Hochtal Pfunders (Südtirol) erzählt: Mehrere Bauern stiegen an einem Wintertag zur Heubringung zu einer Bergwiese empor. Da hörten sie den Ruf einer Weiberstimme: „Schieb an, schieb an"; eine andere Weiberstimme entgegnete: „I derschieb's nit, der alte Klaus mit sein Puggl steht für." Hexen waren es, die nach dieser Erzählung Schnee zu einer Lawine zusammenschieben wollten; der heilige Nikolaus, der Patron gegen Lawinengefahr, hatte sich mit dem Rücken vor den zusammengeschobenen Schnee gestellt, so daß die Hexen die Lawine nicht anzuschieben vermochten.[14]

Aber trotz des Glaubens an ein unmittelbares Eingreifen der Heiligen „behauptete in der Volksfrömmigkeit das Mysterium des Herrn den Primat.[15] In der Art, wie im Volk das Leben und Leiden Christi in volkstümlichen Andachten gefeiert, in geistlichen Spielen, in den zahllosen Kreuzen, den Ölbergen und Kalvarienbergen usw. dargestellt wird, besonders aber in der Verehrung des Altarsakramentes, tritt deutlich dieser Vorrang an den Tag. Manches in der Verehrung der Heiligen ist aus heidnischem Kult übernommen worden; heidnische Feste wurden in christliche umgewandelt.

Auch im wirtschaftlichen Leben des Volkes spielen die Heiligen eine große Rolle; nicht wenige Heilige sind es, deren Tag als „Lostag" gilt, d. h. als Tag, nach dem das Wetter vorhergesagt oder der Beginn einzelner Abschnitte des Wirtschaftslebens bestimmt wird. So heißt es z. B. in einem Spruch:

Am St. Vinzenztag Sonnenschein
Wächst viel Wein.
Veitstag (15. Juni) bricht an,
Wo man auf die Alm fahren kann.[16]

Auch heute noch bestimmen viele Bauern einen Tag nicht nach dem Kalender, sondern nach dem Tag eines Heiligen. Ein wichtiger Tag war z. B. der St. Martinstag; in der Zeit der Grundherrschaft waren um Martini (11. November) verschiedene Zinse fällig, so unter anderm Zinsgänse. Märkte werden nach dem Heiligen benannt, an dessen Tag sie gehalten werden, so der Martinimarkt oder der Thomasmarkt (21. Dezember). Mancher Heiligentag bedeutet den Beginn wichtiger Arbeiten, so der Gertrudtag (17. März) in Südtirol den Beginn verschiedener Frühlingsarbeiten, andererseits die Beendigung jener häuslichen Arbeiten, die, wie etwa das Spinnen, bei Licht vorgenommen werden. Der Tag der hl. Agatha (5. oder 17. Februar) ist vielfach „Schlenggeltag", d. h. Tag des Dienstbotenwechsels.

---

14 Ähnlich berichtet dies auch H. Mang, Unsere Weihnacht (1927), S. 14.

15 Georg Schreiber, Deutsche Bauernfrömmigkeit in volkskundlicher Sicht (1937), S. 68.

16 Zahlreiche Lostage und Wetterregeln werden angeführt bei H. Matscher, Burggräfler in Glaube und Sage, S. 199ff.; ders., Heilige im Südtiroler Volksleben, S. 5ff.

Einige Heilige werden in bestimmten Anliegen als Patrone angerufen[17]; öfters gilt auch ein und derselbe Heilige als Patron in verschiedenen Anliegen. Der hl. Laurentius, der als Zeichen seines Martyriums einen Rost trägt, wird z. B. in Anliegen angerufen, die mit dem Feuer zusammenhängen, und zwar nicht nur gegen Brandschaden, sondern auch bei Krankheiten, die als „Brand" bezeichnet werden. In den Anliegen des bäuerlichen Wirtschaftslebens, so z. B. um gedeihliche Witterung, wendet man sich an die Wetterherren und Wetterfrauen, so in manchen Gegenden an St. Paulus, St. Oswald, St. Magdalena, bei den Bergbauern um Mühlbach etwa noch an die Heiligen drei Jungfrauen von Meransen. Die Leute von Mühlwald (beim Tauferer Tal, Pustertal) unternehmen in trockenen Jahren einen Bittgang zur hl. Anna in Ahornach und nehmen – wie erzählt wird – schon die Regenschirme mit, „weil sie dort den Regen immer leicht erbeten".[18] Als Patrone der Armen werden seit alters der hl. Laurentius und der hl. Nikolaus verehrt. Am Nikolaustag werden heute noch Brotspenden an die Armen ausgeteilt, so die „Nigelen" (besser „Migelen") im westlichen Pustertal.[19]

Die Heiligenverehrung findet unter anderm ihren Ausdruck in den vielen Heiligen-Patrozinien der Kirchen. Nach dem Marienpatrozinium dürfte das Nikolauspatrozinium wohl das häufigste sein: 3 Pfarrkirchen, 80 Filialkirchen und wichtigere Kapellen sind im deutschen Tirol dem hl. Nikolaus geweiht. Außer als Armenpatron wird er als Schützer der Kinder, der Reisenden und der Gefangenen verehrt. Als Helfer in Wassergefahr wurden ihm Kirchen geweiht in Orten, die von Wasser bedroht sind. Von den Bergbauern wird er besonders verehrt als Schützer vor Lawinen (s. oben S. 74).

Bei der großen Bedeutung der Viehhaltung in der bergbäuerlichen Wirtschaft werden die Viehpatrone, so besonders der hl. Leonhard und der hl. Martin, verehrt. Dem hl. Martin sind allein in Südtirol 36 Kirchen und Kapellen geweiht. Es kann hier auf all die Patrone, die in den mannigfaltigen Anliegen angerufen werden, und auf das mit der Verehrung der Heiligen verknüpfte Brauchtum nicht eingegangen werden; ausführlich handelt darüber Hans Matscher in seiner aus enger Vertrautheit mit dem Volk erwachsenen Schrift „Heilige im Südtiroler Volksleben" (Brixen 1961).

Im Laufe der Zeit traten Änderungen in den Heiligenpatronaten ein; so ist z. B. die Verehrung des hl. Nikolaus als Patron gegen Hochwasser seit dem 17. Jahrhun-

---

17 Im Hinblick darauf scherzhaft von einer „Spezialisierung der himmlischen Verwaltung" und einer „Abgrenzung der himmlischen Kompetenzen" zu sprechen, wie es Arens in seinem wertvollen Buche (19, S. 106) tut, entspricht meines Erachtens nicht der allgemeinen Volksauffassung. Die Worte des Bauern, die Arens nach einer Angabe Pichlers (494, Bd. 8, S. 52) als Beweis für seine Auffassung anführt, drücken, wenn sie wirklich gesprochen wurden, nicht die allgemeine Volksmeinung aus.

18 H. Mang, Heimatliche Kirchfahrten, 2. Aufl., Brixen 1941, S. 44.

19 Das Wort migai (Unterinntal), anderwärts migele, bedeutet kleine Brote, wie sie an Kirchfesten ausgeteilt werden, so in Radfeld, und kommt nicht von „Nikolaus", Schatz, Wörterbuch der Tiroler Mundarten, S. 426, sondern von „Mugl" = rundliches Brot. Schatz ebd. S. 436 (Hinweis Prof. Finsterwalder).

dert zurückgetreten gegenüber jener des hl. Johannes Nepomuk, dessen Standbild auf vielen Brücken steht; St. Leonhard wurde früher besonders als Helfer der Gefangenen und Kranken angerufen, später als Viehpatron. Verschiedentlich trat in den Kirchen ein Wechsel des Patroziniums ein; so waren in der Pfarrkirche von Kirchberg ursprünglich St. Michael und St. Ulrich Kirchenpatrone, seit dem 17. Jahrhundert ist nur mehr St. Ulrich Kirchenpatron.[20]

Die Feste einzelner Heiliger, so besonders jene der Kirchenpatrone (Ortskirchtage) wurden und werden von der bäuerlichen Bevölkerung zum Teil auch heute noch als Festtage gehalten, auch wenn sie nicht zu den kirchlich gebotenen Feiertagen gehören.

Aus der Häufigkeit einzelner Taufnamen kann man keinen sicheren Schluß auf eine größere Verehrung der betreffenden Heiligen ziehen. Da es von alters her keine kirchliche Vorschrift gab, Heiligennamen als Taufnamen zu wählen, wurden im Mittelalter Namen romanischer oder germanischer Herkunft verwendet, ohne Rücksicht darauf, ob sie Namen von Heiligen waren oder nicht. Im späteren Mittelalter wird die Verwendung von Heiligennamen allgemein üblich. Nach einer Steuerliste von 1497 (Mayer 414, Heft 2, S. 196 ff.) kommt in den Gemeinden Brixen im Thale, Hopfgarten und Kirchberg bei den Männern der Name Hans am häufigsten vor, bei den Frauen Margarete. Trotz der starken Marienverehrung wird der Name Maria erst im 16. Jahrhundert häufiger als Taufname verwendet. Der Name Josef, der in Tirol am Lande lange Zeit sehr verbreitet war, wurde erst im 18. Jh. zum häufigsten Taufnamen, nachdem St. Josef Landespatron geworden war. Seit dem 17. Jahrhundert wurde die neu erstarkte Marienverehrung Anlaß, daß der Name Marie („Måidl")[21] zum verbreitetsten Frauennamen wurde. Öfters wurden und werden heute noch die Namen der Eltern, der Taufpaten, nicht selten auch jene der Patrone von Seelsorgs- oder Wallfahrtskirchen als Taufnamen gewählt; so erklärt sich das Auftreten seltener Namen wie z. B. Chrysanth, Romedius, Ingenuin (Jenewein) in Landschaften, wo der betreffende Heilige Kirchenpatron ist.

In der Heiligenverehrung, vor allem jener aus älterer Zeit, ist manches vom Kult heidnischer Gottheiten aufgegangen. So trägt z. B. der hl. Oswald, der als Wetterpatron verehrt wird, auf seinen Bildern in einer Hand oder auf der Schulter einen Raben, was auf Beziehungen zu Wodan, dem Herrn der Winde und Schützer der Feldfrüchte, hinweist. „Der Volksglaube blieb der Born, aus dem immer wieder heidnische Vorstellungen sich mit christlichen Heiligen verbanden, durch das ganze Mittelalter hindurch" (Fink 115, S. 11).

---

[20] G. Kapfhammer, Brauchtum in den Alpenländern, München 1977, S. 148 ff., ders., St. Leonhard zu Ehren, Rosenheim o. J. Über die Wahl bestimmter Heiliger zu Patronen für Kirchen, die in der Wildnis bei Neusiedlungen errichtet wurden, vgl. im 1. Bd., S. 101.

[21] Diese vertraulich gebrauchte Form des Namens ist nicht aus „Maria" entstanden, sondern aus maget = „Maid", da man unter „Maid, Jungfrau" in erster Linie die reine Magd Maria verstand (Prof. Finsterwalder). – Vgl. auch Achim Masser, Tradition und Wandel. Studien zur Rufnamengebung in Südtirol, Beiträge zur Namenforschung Beiheft N. F. 34, Heidelberg 1992, 176 S.

Feier der Feste. Die großen Kirchenfeste, so Weihnachten, Ostern, Fronleichnam und andere, zumal auch das Fest des Kirchenpatrons, wurden durch eifrige Mitwirkung des Volkes, durch Volksbrauch und volkskünstlerische Darstellungen, zu wahren Volksfesten. Die Kirche kam dem Begehren des Volkes nach Anschaulichkeit entgegen. Bereits im Mittelalter hatte die Liturgie an den Hochfesten des Jahres den Festinhalt darzustellen versucht. Darüber hinaus wurde in der Kirche der Inhalt des festtäglichen Evangeliums in schauspielerischen Darstellungen durch Kleriker vor Augen geführt. Diese Aufführungen nahmen immer größeren Umfang an und brachten zum Teil Szenen, an denen Laien teilnahmen. Einzelne der Szenen waren von einer Art, daß sie mit der Heiligkeit des Ortes nicht mehr gut vereinbar waren. Wie im griechischen Schauspiel der Ernst der Handlung durch Einschaltung eines Satyrspieles gemildert wird, so wurde auch bei diesen religiösen Schauspielen dem Bedürfnis der Hörer und Zuseher nach einer gewissen Entspannung durch Einschaltung heiterer Szenen Rechnung getragen. Die Darstellungen wurden nunmehr aus der Kirche hinaus auf den Friedhof, auf einen freien Platz oder zu den „Spieltennen" verlegt. Auch mit den feierlichen Umgängen (Prozessionen), wie sie zu festlichen Zeiten üblich waren, wurden Darstellungen der Glaubensgeheimnisse, biblische Szenen, Darstellungen aus dem Leben der Heiligen, namentlich der Kirchenpatrone, in einer Art von lebenden Bildern verbunden. Aus den kirchlichen, ursprünglich mit dem Gottesdienst verbundenen Darstellungen waren noch im Mittelalter in den Städten und auf dem Lande die Spiele vom Leiden unseres Herren (Passionsspiele), Auferstehungsspiele, Antlaß-(Fronleichnams)spiele und die figurierten Prozessionen hervorgegangen, in welchen sich Bürger und Bauern betätigten.

Eine Besonderheit der traditionsreichen Thaurer Palmprozession sind die sogenannten „Eselen", geschnitzte Darstellungen Christi auf dem Palmesel, die, auf Prozessionsstangen befestigt, bei der Prozession auf den Kalvarienberg mitgetragen werden.
Federzeichnung von Marie Grass-Cornet.

Solche geistliche Schauspiele wurden im 17. und 18. Jahrhundert in fast jeder größeren Gemeinde von bäuerlichen Spielern aufgeführt. Guarinoni (188) berichtet von einem solchen Heiligenspiel, das von den Bauern des Dorfes Amras bei

Innsbruck um die Mitte des 17. Jahrhunderts aufgeführt wurde. In diesem Spiel wurden Leben und Marter eines damals verehrten seliggesprochenen Kindes „fürtrefflich, lebhaft und ebenso anmuthig fürgebracht und dargestellt, daß die Zuseher, deren etlich tausend sambt ein großen Adel von Innsbruck beiwesend, die Zacher (Zähren) nit verheben" mochten. Bei einem Spiel, das in Lans (s. Innsbruck) 1676 stattfand, war sogar die Schwester Kaiser Leopolds I., Königin Eleonora Maria, unter den Zuschauern. Hierüber wird noch unten bei Erwähnung des Volksschauspieles einiges gesagt werden.

Der Veranschaulichung des Festinhaltes dienten ferner die Aufstellung von Weihnachts- und Fastenkrippen sowie des heiligen Grabes in den Kirchen. Die künstlerische Veranlagung des Volkes in Verbindung mit seinem religiösen Sinn führte in den Bauernstuben zur Aufstellung von Krippen, welche von den Bauern selbst hergestellt wurden.

Feiertage, die nicht kirchlich geboten waren, wurden öfters aufgrund eines von der Gemeinde gemachten Gelöbnisses gehalten. Auch die Arbeitsruhe an den Feierabenden wurde zuweilen durch ein Gelöbnis bekräftigt. So hat die Gemeinde Wiesing nach ihrer 1676 aufgezeichneten Dorfordnung „Got dem allmechtigen zu Lob und Ehr, auch schuldigsten Dank globt und versprochen, all Sonn- und Feiertäg Abents umb drei Uhr nach dem Gloggenstraich auf dem Velt von der Arbeit nach zu lassen und den schuldigen Feirabent zu halten" (TW. I, S. 159). Die Nichteinhaltung der Feiertage und Feierabende, besonders der „verlobten", zog in den Volkssagen den Untergang ganzer Ortschaften nach sich.

Bereits im 15. Jahrhundert war die Zahl der Feiertage so groß, daß Kardinal Nikolaus von Kues als Bischof von Brixen ihre Reduzierung erstrebte. Das von ihm erlassene Verbot eines Teiles der Feiertage mußte offenbar wegen des Widerstandes, den es beim Volke fand, von seinem Nachfolger Bischof Georg Golser 1477 wiederholt werden. An die 68 vom Volk gefeierte Festtage wurden zum Teil als kirchlich nicht geboten erklärt, zum Teil wurde ihr Abhalten geradezu verboten. Die Abschaffung wurde einerseits damit begründet, daß durch die erzwungene Arbeitsruhe den Armen der Lebensunterhalt erschwert werde, andererseits wurde die Verminderung der Feiertage damit gerechtfertigt, „daß wohl gar diese Tage eitel mit Saufen, Tanzen, Raufhändeln, aus welchen Totschläge und Verstümmlungen entstehen, sehr oft zugebracht werden". Feiertagsverbote wurden auch später sowohl von der fürstbischöflichen Regierung für den Bereich ihrer weltlichen Herrschaftsgewalt als auch von der tirolischen Landesregierung erlassen. Die Landesordnung von 1473 zählt nur 28 Feiertage im Jahr. Die Verbote fanden beim Landvolk lebhaften Widerstand. Die Volksmeinung verurteilte aufs schärfste die Nicht-Einhaltung der Feiertage und Feierabende, namentlich der auf einem Verlöbnis oder alter Gewohnheit beruhenden. Zu Beginn des 18. Jahrhunderts wird von Unruhen berichtet, welche diese Verbote auslösten.[22]

[22] Sinnacher, Säben-Brixen, IX, S. 179.

Zunächst vermochten sich die Verbote gegenüber dem im Volksbrauch gefestigten Einhalten der Feiertage nicht durchzusetzen. Die Zahl der Sonn- und Feiertage belief sich noch um 1788 auf ein Drittel aller Tage des Jahres. Verschärfte Bemühungen um eine Verminderung der Feiertage setzten seitens der Regierung in den Zeiten der josefinischen Aufklärung sowie unter der bayerischen Herrschaft ein. Das oft kleinliche und brutale Vorgehen mancher Beamter steigerte namentlich in der bayerischen Zeit den Unwillen im Volke. Die Rückkehr der österreichischen Herrschaft brachte übrigens keine wesentliche Änderung der regierenden Stellen in der Feiertagsfrage. Erst nach der Revolution von 1848 erfolgte mit der Beseitigung des Josefinismus in der staatlichen Kirchenpolitik auch ein Ende des Kampfes gegen die „Bauernfeiertage".

Wenn auch eine Verminderung der Überzahl von Feiertagen am Platze war, so darf doch nicht übersehen werden, daß, wie der bayerische Generalkommissär Graf Arco sich seinem König gegenüber geäußert hatte, „der Landmann bei seiner äußerst schweren Arbeit in einem solchen Gebirgslande wie Tirol mehr Ruhetage bedarf als anderswo" (Hirn 227, S. 64).

VOLKSFRÖMMIGKEIT. Aus dem katholischen Glauben erwuchs im Volk eine besondere Verehrung des A l t a r s a k r a m e n t e s; äußerlich sichtbar wird sie in den Formen der Ehrerbietung, welche diesem Sakramente seit alters vom Volke erwiesen wurde. So wurde z. B. auf dem „Tading" (Versammlung der Gerichtsgemeinde) des Land- und Stadtgerichtes Rattenberg (16. Jh.) festgestellt: Falls während der Gerichtsversammlung ein Priester „mit dem hochwürdigen Sacrament fürgieng (vorbeiginge), so mügt ihr, Herr Stat- und Landrichter den Stab aus der Hant legen und dem hochwirdigen Sacrament Ehr erbieten" (TW. I, S. 110). Die gleiche Begrüßung habe der Richter zu erweisen, falls der Herrscher des römisch-deutschen Reiches vorbeizöge. Besonderer Wert wurde unter anderem auf die Spendung des Altarsakramentes an Sterbenskranke gelegt. So ordnet die Gemeinde Kolsaß in ihrem im 16. Jahrhundert entstandenen Weistum an, daß die Landstraße jede Nacht von dem durch die „Rißen" (steile Rinnen) herabgeführten Holz geräumt werden müsse, „das man mit dem hochwirdigsten Guet an dem Perg gehen" könne (TW. I, S. 180).

Die hohe Verehrung, welche die Volksfrömmigkeit dem Altarsakrament zuwendet, tritt noch heute im Fronleichnamsfest in Land und Stadt an den Tag; das Fest wird als wahres Volksfest auch äußerlich mit großem Gepränge gefeiert, Reste der alten figurierten Prozessionen werden noch sichtbar.

Die hohe Wertschätzung des Sakramentes der T a u f e zeigt sich in dem Bemühen der Mütter, anscheinend totgeborenen Kindern die Taufe zu verschaffen. Nach den kirchlichen Vorschriften durften solche Kinder nur getauft werden, wenn sie ein Lebenszeichen von sich gaben. Gewisse Marienwallfahrtskirchen wurden mit Vorliebe aufgesucht, um für die Kinder eine, wenn auch nur kurze Belebung zu erbitten. So wurden und werden heute noch Kinder aus dem Sarntal auf dem weiten Weg über das Penserjoch zur Gnadenkirche nach Trens im Eisacktal getragen, um dort die Taufe zu empfangen. Aus demselben Grunde wurden Kinder zu den Marienkirchen nach Serfaus und Kaltenbrunn gebracht.

Die kirchliche Eheschließung fand in der Diözese Brixen jahrhundertelang vor der Kirchentür, dem Brauttor statt. Schon im späten 13. Jahrhundert hatten Salzburger Provinzialsynoden die Eheschließung „in facie ecclesiae“ – die Trauung vor der Kirchtür – angeordnet. In den seit dem 16. Jahrhundert überlieferten Sippsalbriefen (die z. B. für die Aufnahme in eine Zunft erforderlich waren) wird bestätigt, daß Brautleute durch den Pfarrer „vor der Kirchtür“ zusammengegeben wurden. Nach der Trauung am Brauttor zog die Hochzeitsgesellschaft zur Brautmesse in die Kirche. Von der Haller Pfarrkirche berichtet Dr. Guarinoni († 1654), daß die Ehen in der Säulenhalle vor dem Haupteingang geschlossen wurden. Dieser aus der Normandie stammende malerische Brauttor-Vermählungsritus wurde später in vielen Diözesen durch das (nicht verpflichtende) Rituale Romanum (1614) allmählich verdrängt, während in der Brixner Diözese erst das neue Diözesanmanuale von 1886 die Trauung in der Kirche anordnete. Damit hatte der einst weit verbreitete Brauttor-Vermählungsritus auch im Brixner Kirchengebiet ein Ende gefunden. Seither ist die Altartrauung auch in Tirol ganz allgemein üblich. Der alte Brauttor-Vermählungsritus ist völlig in Vergessenheit geraten. In mancher Kirche erinnert jedoch noch ein Bild der Vermählung Mariens, dargestellt vor dem Eingang des Tempels, an den Brauttorritus.[23]

Mit besonderem Eifer wurde in der Volksfrömmigkeit das Kirchengebot des sonn- und feiertäglichen Messebesuches befolgt. Für viele bergbäuerliche Familien war der Gang zu der oft weit entfernten Kirche mit großen Schwierigkeiten verbunden, namentlich für alte Leute, bei schlechter Witterung sowie in der Winterszeit. Von diesen Schwierigkeiten spricht der (im 1. Bd., S. 100 f.) erwähnte Bericht des Bischofs von Augsburg aus dem Jahre 1377 betreffend die Gemeinde Tannheim. Ein anderes Beispiel für die Schwierigkeiten des Kirchenbesuches in Berggemeinden bietet Colfuschg in Enneberg. Im früheren Mittelalter, als sich weder in der Gemeinde selbst noch in ihrer Umgebung eine Seelsorgskirche befand, zogen die Colfuschger nach alter Überlieferung, wie sie Staffler wiedergibt, „in Karawanen, welche am Sonnabende morgens sich erhoben, nach Säben, Brixen, Klausen oder Layen zum Gottesdienste, von wo sie am Montage Abends zurückkehrten“ (Staffler 611, II/2, S. 305, wohl nach alter Volksüberlieferung).

Auf dem einst höchstgelegenen Bauernhof Tirols, dem bis Ende des vorigen Jahrhunderts dauernd bewohnten Eishof im Pfossental (ca. 2000 m) (vgl. unten S. 89 u. Abb. 9), „hielt man es für selbstverständliche Pflicht, jeden Sonntag nach Karthaus zur Sonntagsmesse zu gehen“. Der einfache Weg zur Kirche betrug vier Stunden, ebensoviel Zeit benötigte man zum Heimweg. „Die Männer trugen immer kurze Hosen aus Leder und weiße Wadenstrümpfe. Oft und oft mußten sie durch frisch gefallenen Schnee waten, und der Schnee hing schließlich als dicke Klümpchen an

[23] Nikolaus Grass, Der normannische Brauttorvermählungsritus in den Bistümern Brixen und Chur, in: Kunst und Kirche in Tirol – Festschrift Karl Wolfsgruber, Bozen 1987, S. 19–36; ausführlicher Grass, Der normannische Brauttor-Vermählungsritus und seine Verbreitung in Mitteleuropa, in: Forsch. zur Rechtsarchäologie und Rechtlichen Volkskunde, hrsg. von Louis Carlen, 5. Bd., Zürich 1983, S. 69–97 und Carlen, Art. Tür im Handwörterbuch zur deutschen Rechtsgesch., 5. Bd., Sp. 389–391.

den Strumpfbändern herab. Doch man ging bei ‚jedem Geierwetter'. Die Frauen trugen einen schweren Rock, dazu dicke Wollstrümpfe und hohe Schuhe. Der Rock wurde voll Schnee und ganz durchnäßt. Er wurde schwer, sehr hinderlich beim Gehen und kalt. Aber niemand klagte oder jammerte deswegen", wie Pfarrer Rudolf Baur zuverlässig berichtete. „Es war die Sonntagspflicht zu erfüllen, auch unter sehr großen Opfern!" Einmal wurden zwei Mädchen vom Eishof, die sich auf dem Weg zum Gottesdienst befanden, hinter der alten Pestkapelle, „beim Lahnloch" von einer Lawine erfaßt und etwa 30 Meter weit bis zum Pfossentaler Bach hinabgerissen. Sie blieben unverletzt, „arbeiteten sich mit eigener Kraft aus dem Schnee heraus, stiegen wieder auf den Kirchsteig hinauf und setzten den Weg zur Kirche in Karthaus fort".[24]

Versäumnis der Sonntagsmesse wurde von der Volksmeinung als Frevel erachtet, der dem Teufel Gewalt über den Säumigen gibt. Unterlassung des Messebesuches oder Spielen während der Sonntagsmesse führte nach der Sage zum Untergang von Ortschaften. In verschiedenen Pfarren, so in Jenesien, Mölten, Karthaus im Schnalstal und Anras, wird erzählt, daß mit dem Zusammenläuten, das den Beginn des Gottesdienstes verkündet, erst begonnen werden durfte, wenn die bäuerliche Familie, welche am entferntesten Hofe wohnt, in der Nähe der Kirche sichtbar wurde. (Vgl. unten S. 89)

Der Frömmigkeit des Volkes entsprach die Wertschätzung und Übung des Gebetes. Tischgebet und Abendrosenkranz werden auch heute noch in manchem Bauernhaus gemeinsam von Familie und Dienstboten verrichtet. Trotz der ermüdenden, schweren Arbeit auf den Bergmähdern wird von den an der Arbeit Beteiligten der abendliche Rosenkranz nicht unterlassen, sondern gemeinsam, wenn auch in gekürzter Form, gebetet. Ich fragte einmal im Hochtal Villgraten eine Bäuerin, wie denn die arbeitsunfähig gewordenen alten Männer, die Zeit ihres Lebens immer hart gearbeitet haben, nunmehr ihre Zeit verbringen. „Sie sitzen in einem Winkel und beten", wurde mir geantwortet. Ähnliches berichtete ein Missionär, der 1736 einen Greis von angeblich 106 Jahren auf einem Berghof in Passeier aufgesucht hatte. „Da ich bei meinem schwachen Alter nichts mehr thun kann", sagte der alte Bauer, „bet ich halt den Tag hindurch den heiligen Rosenkranz" (Hattler 209, S. 102). Wenn auch solcher Gebetseifer nicht allgemein ist, spricht er doch für die Wertschätzung des Gebetes.[25]

Die Gemeinschaft in Not und Sorge drängt bei allen Völkern und zu allen Zeiten zu gemeinsamen Anrufen der himmlischen Mächte. Bittgänge, um den Segen des Himmels auf die Flur herabzurufen, sind schon in heidnischer Zeit auch in Tirol nachweisbar. Der hl. Vigilius, Bischof von Trient, berichtet um 397, daß die heidnischen Bewohner der Täler um Trient im Frühling unter Gesängen mit Fahnen auf die Felder hinausziehen und den Göttern Opfer darbringen. Wie man-

[24] Rudolf Baur, Die Kartause Allerengelberg im Schnalstal (1970), S. 89f. Über den schon anfangs unseres Jahrhunderts als Dauersiedlung aufgegebenen Eishof vgl. Karl Werner, Die Almwirtschaft des Schnalstales unter Einbeziehung der Herdenwanderungen ins innerste Ötztal (Studien zur Rechts-, Wirtschafts- und Kulturgeschichte, hrsg. von Nikolaus Grass, 2. Bd.), Innsbruck 1969, S. 91ff.

[25] Über das Gebet der Gemeinschaften vgl. unter dem V. Hauptstück, Abschnitt: Gemeinde als Kultgemeinschaft.

cher andere Brauch der Heiden ist auch dieser schon seit alters ins Christliche übertragen worden, und auch heute noch sind z. B. um Maria Lichtmeß und am Markustag Bittgänge hinaus auf die Fluren üblich. Bittgänge und Wallfahrten in Notzeiten machen seit alters sowohl Gemeinden wie auch ganze Talschaften, die mit Gerichtsbezirken zusammenfallen. In älterer Zeit wurden oft Bittgänge und Wallfahrten zu weit entfernten Heiligtümern unternommen, so etwa zur Bischofskirche, wobei weite Wege zurückgelegt und hohe Jöcher überschritten werden mußten. Solche weite Wallfahrten finden – wenn auch seltener – noch heute statt. So ziehen die Leute aus Untermoi im vorderen Enneberg jedes fünfte Jahr zu einem der ältesten Heiligtümer Tirols, zur Kreuzkirche nach Säben, dem einstigen Bischofssitz, und sind dabei drei Tage unterwegs. Angesichts der immer näherrückenden Pestseuche hat die Gemeinde Welsberg 1636 einen alljährlichen Bittgang zum Gnadenbild der Muttergottes in Enneberg gelobt. Dieses Gelöbnis ist bis heute alljährlich gehalten worden; in jedem Jahrhundert wurde ein Tafelbild geopfert, das den Zug der Wallfahrer darstellt; bisher wurden vier Bilder in der Kirche von Enneberg aufgehängt.[26] Groß ist auch heute noch im Landvolk der Eifer von Familien und von einzelnen, Wallfahrten in bestimmten Anliegen oder aufgrund von Verlöbnissen zu unternehmen. In Kals wird beispielsweise aus jedem Haus alljährlich zum Heiligtum in Chrysanthen, in Lavant, in Luggau oder – in der Fastenzeit – nach Obermauern gewallfahrtet.

Wallfahrtskirchen und -kapellen wurden in großer Anzahl auf den Höhen wie in den Wäldern errichtet. Vorchristlicher Höhen- und Waldkult blieb auch noch in christlicher Zeit bestehen. Um das heidnische Wesen an diesen Plätzen zu bekämpfen und die Verehrung, die das Volk ihnen zuwandte, dem Christentum nutzbar zu machen, wurden hier Kirchen oder Kapellen errichtet. Manches Kirchlein auf einsamer Höhe mag solcher Absicht seine Entstehung verdanken; das Gefühl größerer Gottesnähe auf den Höhen und in der Einsamkeit der Wälder wird in heidnischer wie in christlicher Zeit auf die Entstehung von Kultstätten Einfluß genommen haben. Von allen Wallfahrtskirchen Tirols liegt meines Wissens das Kirchlein zum Hl. Kreuz in Ritzlar ober Latzfons (2296 m) am höchsten. Am Tag der hl. Magdalena (22. Juli) ist Kirchtag, zu dem zahlreiche Wallfahrer erscheinen, sodaß sie das Kirchlein nicht zu fassen vermag. Nach der Bergpredigt unter freiem Himmel zieht die Menge der Andächtigen in feierlicher Prozession über die blumenreichen Almflächen, auf welche die Berge im weiten Umkreis niederschauen.

Uralter Baumkult und die Verehrung heiliger Quellen klingen noch im Namen mancher Gnadenstätte nach, so am Hohen Larch (Stanzertal), bei Maria Larch (Unterinntal), Maria Waldrast (Wipptal), Heiligwasser (bei Innsbruck) und der Kapelle bei den Heiligen drei Brunnen (in Trafoi, Vinschgau).[27]

Die Sitte, Weihegaben im Heiligtum aufzuhängen, um Abwehr von Übeln zu

---

[26] Ladinien.

[27] „Trafoi" – Tribullium, Trevulio, rätoromanisch buogl „sprudelnder Brunnen" (Finsterwalder).

erbitten oder für erlangte Abwehr zu danken, reicht noch in die Zeit des Heidentums zurück. Im Heiligtum zu Mechel (Nonsberg), das in der Zeit von 500 v. Chr. bis 400 n. Chr. in Verehrung stand, kam unter verschiedenen vorgeschichtlichen Funden auch eine Reihe von Weihegaben an den Tag, so unter anderm aus Blech geschnittene Figuren von Menschen und Tieren sowie stark verkleinerte Nachbildungen von Hausgeräten und Werkzeugen (Eimer, Beile, Messer).

Die Votivbilder, welche in Mittelalter und Neuzeit die Wallfahrer als Dank für die Erhörung ihrer Anliegen an den Kirchenwänden aufhingen und heute noch aufhängen, stellen zumeist in schlichter volkstümlicher Auffassung das Ereignis dar, das zur Stiftung des Weihebildes führte. Leider sind die älteren Bilder in den meisten Wallfahrtskirchen verschwunden; das älteste Votivbild Tirols dürfte die Kirche zu Untermais besitzen; es stammt aus dem Jahre 1400 und stellt eine kniende Frau dar. Plastische Weihegaben sind in manchen Wallfahrtsorten noch in großer Zahl vorhanden. Abgebildet werden Figuren von Menschen oder Tieren, häufig auch nur einzelne Glieder oder Organe des menschlichen Körpers; die Stoffe, aus dem die Weihegaben gefertigt werden, sind Wachs, Holz, Bronze, Edelmetall; in Südtirol finden wir Darstellungen aus geschmiedetem Eisen. Zwei Arten von Weihegaben sollen noch besonders erwähnt werden: das Krötenvotiv und der sogenannte Köstenigel. Über verschiedenartige und eigenartige Votive berichtet meine „Tiroler Volkskunde" (786), S. 167f. Selten sind heute die Tieropfer geworden. In der St. Wendelinkirche zu Grän (bei Tannheim) stellen zwei Fresken an der Brüstung der Empore eine Darstellung von zwei Bittgängen der Gemeinde Nesselwängle aus dem 17. und 18. Jahrhundert dar, die anläßlich starker Viehseuchen abgehalten wurden, und in beiden Fällen mit der Opferung einer Kuh verbunden waren. Zum Dank für die Hilfe in Pestnot ziehen die Leute aus Virgen und Prägraten noch in unserer Zeit nach Lavant und opfern dort einen Widder. Die Opfertiere werden zugunsten der Wallfahrtskirche verkauft. In manchen Wallfahrtsorten lehnen rohe Holzkreuze an den Wänden, welche von Wallfahrern als Bußwerk hinaufgetragen wurden; zum Kirchlein auf der Hohen Salve trugen die Wallfahrer große Holzscheite; am Wege zur Wallfahrt Weißenstein (Eisacktal) liegt kurz vor der Kirche ein Steinhaufen, der von den Pilgern aus mitgetragenen Steinen aufgehäuft wurde.[28]

---

[28] Peter Stürz; Maria Weissenstein als Wallfahrtsmittelpunkt in Südtirol (Europäische Hochschulschriften R 19 Abt. A, Bd. 16), Bern-Frankfurt a. M. 1981. – Eine Parallele aus dem städtischen Bereich: Als man um 1930 daranging, auf der Hungerburg ob Innsbruck eine Kirche zur kleinen hl. Theresia zu errichten, wurde eine Bau-Ziegelaktion eingerichtet: nächst der Pfarrkirche von St. Nikolaus befand sich in einem Haus ein Lager von Ziegeln; dort kauften die Wallfahrer, die zur Theresienkapelle auf die Hungerburg hinaufpilgerten (ca. 1 Gehstunde von St. Nikolaus), je einen Ziegel und trugen diesen zum geplanten Neubau der Theresienkirche hinauf. Besonders Studenten unternahmen in ihren Prüfungsnöten diese „Ziegel-Wallfahrt". Obwohl dieses auch der Seelsorge dienende Gotteshaus also unter Mitwirkung breiter Bevölkerungskreise errichtet wurde, haben dann die nationalsozialistischen Machthaber die Kirche sofort profaniert. Erst 1945 konnte das Gebäude wieder seiner ursprünglichen Bestimmung zurückgegeben werden. Jetzt wird es von einem Karmeliterkloster betreut.

Personen und Habe des Bergbauern sind besonders durch Ereignisse gefährdet, die nicht von ihm abhängen; außer den Krankheiten von Menschen und Tieren sind besonders Hochwetter, Murbrüche, gefahrvolles Arbeitsgelände und gefährliche Wege zu nennen. Zur Abwehr solcher Gefährdung legt der Bergbauer seit alters besonderen Wert auf kirchliche Weihen und Segnungen, zumal auch im Wirtschaftsleben, so auf Haus-, Stall-, Vieh- und Almsegnungen. Am Vorabend von Weihnachten, Neujahr und Dreikönig zieht der Hausvater, gefolgt von den Angehörigen der Hausgemeinschaft, mit der Räucherpfanne durch das ganze Haus. Höchsten Wert legt man auf den sakramentalen Segen, mit welchem der Priester elementaren Unglücksfällen wie Feuersnot, Unwetter, Hochwasser, Murgängen entgegentritt. So trat z. B. der Pfarrer Mersa mit dem Allerheiligsten einer abgehenden Mure entgegen, welche östlich von Pescosta eine Häusergruppe zu verschütten drohte; die Mure kam zum Stillstand (nach einheimischer Überlieferung). Sehr wird darauf gehalten, daß bei jedem einbrechenden Unwetter der Priester in der Kirche den Wettersegen betet. Mannigfaltiger Art sind die Gegenstände, für welche kirchliche Weihen begehrt werden und welche sie empfangen, so Wasser, Salz und Brot, Wein, Feldfrüchte, Kräuter usw.[29]

Zu Buschen gebunden werden die Kräuter am „Hohen-unser-Frauentag“ in die Kirche getragen, wo sie der Priester weiht. Dem Weihbuschen werden gewöhnlich auch noch „Dreiygenkräuter“ beigegeben, das sind Kräuter, die in der Zeit des „Frauendreißigst“ (Zeit von Maria-Himmelfahrt bis Maria-Geburt, 15. August bis 8. September) gesammelt werden; zu diesen gehören namentlich wohlriechende Kräuter wie Minze, Kamille, Saturei, Raute und viele andere.[30]

Man bevorzugt die Weihe durch Franziskaner oder Kapuziner; wie mir mitgeteilt wurde, kommen zu der Niederlassung der Kapuziner im Engadin auch Protestanten, um sich Weihgegenstände zu holen.[31]

Geweihte Kreuze, sogenannte Ulrichskreuze, mit Balken von gleicher Länge wurden in den Äckern vergraben zur Abwehr gegen Ungeziefer; „Zachariaskreuze“ mit zwei Querarmen als Abwehr gegen die Pest wurden am Leibe getragen, Schutzbriefe oder „Breven“ in der Form von neunteiligen Blättern mit Text und Bildern wurden und werden heute noch in viele Betten zur Abwehr von Krankheiten gelegt.[32]

[29] Eine Aufzählung derselben bei A. Franz, Die kirchlichen Benediktionen im Mittelalter, 2 Bde., Freiburg i. Br. 1909/10. – Über spätmittelalterliche Verehrung des Altarsakramentes vgl. Nik. Grass, Cusanus und das Volkstum der Berge, Innsbruck 1972, S. 19 ff., ebd. auch über Almsegnung und Wettersegen, S. 26.

[30] Aufzählung bei H. Matscher, Der Burggräfler in Glaube und Sage, S. 209 ff.

[31] R. Weiss berichtet in seiner wertvollen „Volkskunde der Schweiz“ (738, S. 316): „In manchen Gegenden holen auch die Protestanten beim nächsten Kapuziner Weihgegenstände als Medizin, als Amulett oder als Zaubermittel.“

[32] Darüber berichten H. Mang im „Katholischen Sonntagsblatt“, Brixen 1927, Nr. 29 und H. Hochenegg, Brandzettel und Paterstupp. Religiöse Almfahrbräuche – Reisesegen für das Vieh, in: Tir. Htbl. 59 (1984), S. 57.

Aus der Lebhaftigkeit und Tiefe des religiösen Empfindens erwuchs ein starkes Verlangen nach religiöser Betreuung durch die Seelsorge. Die Zahl der Pfarreien, der Organe der Seelsorge, war in älterer Zeit im Verhältnis zur Ausdehnung Alttirols gering. In den Gebieten alter Siedlung, zumal in den Haupttälern, gab es immerhin schon im Mittelalter eine erhebliche Zahl von Pfarreien. Anders war es in den Nebentälern; so gehörte das ganze Silltal zur Pfarre Matrei, das ganze Ötztal zur Pfarre Silz, das ganze Pitztal innerhalb Wenns zur Pfarre Imst, außerdem reichte die Pfarre Imst über den Fern bis Ehrwald und Biberwier und umfaßte noch die entlegenen Talschaften von Berwang, Namlos, Bschlabs, Boden und Gramais. Im Bereich der Urpfarre Matrei liegen heute drei Pfarreien und zwölf Kuratien. Daß es bei der geringen Zahl der Seelsorgestellen mit der Seelsorge in alter Zeit, denken wir beispielsweise an die Versehgänge zu den Schwerkranken, nicht zum besten stand, ist begreiflich.

Der Zeitaufwand für den Kirchweg war wohl nicht allein durch die Entfernung, sondern auch durch die Schwierigkeit der Wege bestimmt. Zur alten Mutterpfarre des Grödentals, Layen oberhalb Klausen, benötigte man immerhin auch in jüngerer Zeit eine Gehzeit von sechs Stunden. 1515 wurde von der Gemeinde Colfuschg an ihrer eigenen Kirche „ain ewige Mess auf einen Briester" gestiftet, „so alzeit daselbs in aigner person wonen und beleiben ... aigne Selsorg haben und alle pfarrliche Recht ausrichten" sollte (Tinkhauser 684, I, S. 460). Hier wie in vielen andern Fällen brachten die Bauern bedeutende Opfer für die Errichtung von Seelsorgestellen oder für die Bestellung von „Gesellpriestern" (Hilfspriester, Kooperatoren) an der bereits bestehenden Pfarre. Viele solche Stiftungen von Gemeinden oder Einzelpersonen werden von Tinkhauser/Rapp in ihrer Beschreibung der Diözese Brixen (684), Atz und Schatz in jener des deutschen Anteiles der Diözese Trient (20) sowie Matthias Mayer in seinem wertvollen Werk „Der Tiroler Anteil des Erzbistums Salzburg" angeführt.

Die Neugründung von Pfarren oder anderen selbständigen Seelsorgestellen war im Mittelalter verhältnismäßig selten. Wohl aber behalfen sich die Pfarrer damit, eine größere Anzahl von Gesellpriestern zu bestellen; in ausgedehnten Pfarren war die Zahl eine bedeutende; so befanden sich z. B. am Sitz der Pfarre Rodeneck im Jahre 1515 neben dem Pfarrer acht „Gesellpriester". Um ihnen die Abhaltung des sonn- und feiertäglichen Gottesdienstes an den oft weit entfernten Filialkirchen und den Versehgang zu den Kranken zu erleichtern, hielt der Pfarrer sogenannte „Versehpferde", für deren Unterhalt ebenfalls von den Gläubigen Stiftungen, „Versehpferdstiftungen", gemacht wurden. Es gab also damals eine – heute wohl nur noch ausnahmsweise vorhandene – berittene Seelsorge. An die Stelle des „Versehpferdes" ist nunmehr mancherorts ein Kraftfahrzeug getreten. Eine starke Vermehrung der Seelsorgestellen fand in der Zeit der katholischen Erneuerung im 17. und 18. Jahrhundert statt. Viele neue Seelsorgestellen gründete auch Kaiser Josef II. aus den bei den Klosteraufhebungen gewonnenen Mitteln. In den errichteten Pfarrgemeinden hat sich öfters die Erinnerung an die alte Großpfarre in bestimmten kirchlichen Bräuchen erhalten. So kommt es heute noch vor, daß die Insassen der jüngeren Pfarreien an bestimmten Tagen, etwa am Tage des Kirchenpatrons der Urpfarrkirche, prozessionsweise zur Urpfarre ziehen, um dort dem Gottesdienste beizuwohnen.

ÄUSSERE ZEICHEN DES RELIGIÖSEN SINNES. Die starke Religiosität des Bergbauern, seine innige Frömmigkeit wie seine Neigung, dem Übersinnlichen anschaulichen Ausdruck zu geben, führte dazu, daß er das Äußere wie das Innere seines Hauses mit Darstellungen religiösen Inhalts zierte. Zahlreiche Malereien an den Außenwänden der Bauernhäuser stammen aus der Zeit des Barocks. Im Hausinnern war und ist es auch heute noch die Stube, die im „Herrgottswinkel" ein Kreuz und zu seiner Rechten und Linken Heiligenbilder aufweist; aber auch in den Schlafkammern fehlte es nicht an Bildern mit religiösen Darstellungen; auf den bemalten Kästen begegnen gleichfalls Bilder von Heiligen. Heilszeichen wurden häufig auf den Arbeitsgeräten angebracht. In einer Wohnung ohne Darstellungen religiösen Inhaltes fühlte sich der Bauer nicht heimisch. Als Andreas Hofer im Jahre 1809 als Regent in die Innsbrucker Hofburg einzog, ordnete er sogleich an, daß in einem seiner Wohnräume ein Kruzifix und ein Marienbild angebracht würden (Hirn 229, S. 636).

Auch außerhalb des Hauses liebt es der Bauer seit alters, Denkmäler seines religiösen Sinnes aufzurichten und so zu religiösen Gedanken anzuregen. An Weg und Steg, auf Brunnen und Brücken stehen Kreuze und Heiligenbilder (s. Abb. 11); „Himmel am Wegrand" nennt Hans Matscher diese Denkmäler der Volksfrömmigkeit in einer wertvollen Schilderung im St. Kassian-Kalender (Brixen 1961). An Tod und Jenseits mahnen die vielen „Marterlen" mit Darstellungen von Unglücksfällen und Heiligenbilder. Auf den Bergeshöhen sollen Wetterkreuze und Wetterkapellen das Unwetter abwehren. Solche Denkmäler des religiösen Sinnes verdanken teils einzelnen, teils Gemeinschaften ihre Entstehung. So hat z. B. die Gemeinde Marling nach ihrem Dorfbuch aus der zweiten Hälfte des 16. Jahrhunderts (TW. IV, S. 147) die Erhaltung des alten Wetterkreuzes auf dem Vigiljoch angeordnet, zu dem man alljährlich am Fest des hl. Vigilius einen Kreuzgang unternahm.

Kapellen oder Kreuze und Bildstöcke sind an Wegen nicht selten als „Herrgottsrasten" dort errichtet worden, wo eine starke Steigung einsetzt. Manche dieser religiösen Denkmäler erinnern an geschichtliche Ereignisse und wichtige Vorkommnisse oder sind aufgrund eines Gelöbnisses errichtet worden. Auf alten Pestfriedhöfen haben sich die „Pestkapellen" erhalten. Oft stehen Kapellen oder Kreuze an den Grenzen von Gerichten und Gemeinden; so kennzeichnet z. B. das Marchkirchl auf dem fast 2000 m hohen Joch zwischen Brixental und Pinzgau eine uralte Gau- und Gemeindegrenze.

Fremden Reisenden fiel die große Zahl dieser religiösen Denkmäler auf, so auch jenen jungen Jesuiten, welche 1724 durch Tirol reisten (vgl. S. 69). Auch dem Engländer Beaumont fiel auf seiner Tiroler Reise die große Zahl der religiösen Denkmäler auf. „Ihren Religionsbegriffen zufolge stellen sie (die Tiroler) nicht nur in ihren Häusern sondern auch auf den Straßen eine Menge Bilder auf" (Stolz 633, S. 28). Solche und ähnliche Eindrücke, welche Fremde von Tirol mitnahmen, mögen dazu beigetragen haben, daß Tirol als heiliges Land bezeichnet wurde.

KIRCHENBAU. Großer Wert wurde allgemein auf eine stattliche, schöne Seelsorgskirche gelegt. Für ihren Bau brachte der Bauer seit alters große Opfer (vgl. oben S. 85).

Auch kleinere Häusergruppen abseits vom Sitz der Pfarre sowie viele Einzelhöfe wünschten, eine kleine Kirche oder eine Kapelle zu besitzen (s. Abb. 12). So verfügte z. B. die Gemeinde Wattenberg im Wattental, die aus Einzelhöfen und einigen Höfegruppen besteht und 1923 152 Häuser mit 425 Bewohnern aufwies, über 11 Kapellen, in welchen sich die Nachbarn zum Gebet zusammenfanden; die Gemeinde gehört kirchlich zur Pfarre Wattens, die Pfarrkirche liegt tief unten im Inntal im Markt Wattens. Beda Weber (730, III, S. 160) berichtet um 1838 über seine Osttiroler Heimat: „Man hat Beispiele, daß mehrere wohlhabende Besitzer lieber ihres Wohlstandes als eine dürftige Haus- und Hofkapelle entbehren wollten." So gibt es z. B. in der Osttiroler Gemeinde Prägraten (1837 845 Einwohner, 107 Häuser) außer der Pfarrkirche noch 7 Kapellen, die Rotte (Gemeindeteil) Hinterbichl allein (1837 129 Einwohner in 19 Einzelhöfen) verfügt über 2 größere Kapellen. Oft war die Erbauung solcher Kapellen mit großen Schwierigkeiten verbunden; für die 1752 erbaute Kapelle in Bichl (Rotte Hinterbichl) mußte z. B. der Sand stundenweit auf dem Rücken herbeigetragen werden. Manche dieser Filialkirchen und Kapellen besitzen nach Bau und Ausstattung hohen Kunstwert. Der Weiler Tienzens (Gemeinde Steinach-Brenner), welcher 1837 50 Bewohner in 5 Häusern aufwies, besitzt eine bereits 1300 erwähnte schöne Kirche; sie wurde im 15. Jahrhundert umgebaut und um 1730 barockisiert. Nach einer in der Umgebung bestehenden Überlieferung erbauten „die reichen und sparsamen Tienzner Bauern die Kirche aus einer Art Bauernstolz ..." (Holzmann, in: TH. 1954, S. 12).

EHRUNG DES GOTTESHAUSES. Im Volksrecht der Weistümer tritt vor Augen, wie sehr das Bauerntum seine Gotteshäuser in Ehren hielt (vgl. im V. Hauptstück, S. 309 f.). Die Kirche erfreute sich einer besonderen Freiung, sie hat Asylrecht, in ihr Waffen zu tragen war im allgemeinen nicht gestattet; Kirchenräuber („Kirchenprichl") wurden gleich Ketzern und Sodomiten mit dem Feuertode bestraft; sie können, wie die Volkssage berichtet, nach dem Tode nicht zur Ruhe kommen.

KIRCHEN AUSSERHALB DER SIEDLUNGEN. Kirchen und Kapellen wurden nicht nur in und bei den Siedlungen, sondern auch in der Waldeinsamkeit, an Quellen, auf Jöchern und Bergen errichtet, nicht selten an Plätzen, die schon in vorchristlicher Zeit dem Kult gedient hatten. Nicht wenige dieser Heiligtümer werden als Wallfahrtskirchen von zahlreichen Pilgern besucht. Manche Kirchen stehen heute einsam da, weil die Heimstätten, welche sie umgaben, heute verlassen sind. Zahl-

Arzler Kalvarienberg, Innsbruck. Federzeichnung von Marie Grass-Cornet.

reich sind die Kirchen und Kapellen auf den sogenannten Kalvarienbergen; der älteste Kalvarienberg dürfte der 1519 zu Toblach errichtete sein. Den Weg, der zum Kalvarienberg emporführt, begleiten Kapellen oder Bildsäulen mit Darstellungen des Kreuzweges oder der Rosenkranzgeheimnisse.

GLOCKEN. Der Glockenklang seiner Kirche begleitet den Bauern während seines ganzen Lebens; die Glocken läuten seinen Arbeitstag ein und verkünden Ruhezeit und Feierabend; sie rufen ihn zum Gottesdienst und zum Gebet; sie erklingen zu wichtigen Abschnitten seines Lebens, bei Hochzeit und Tod. Das Läuten am frühen Morgen ruft zum Gebet und zur Arbeit; nach der Volkssage vertreibt es die unheimlichen Gestalten der Nacht wie Hexen und Gespenster. Die Mittagsglocke ruft zur Mittagsrast und zum Mittagessen; da letzteres in den einzelnen Gegenden zu verschiedenen Zeiten stattfindet, läutet auch die Glocke je nach Ortsbrauch zu verschiedenen Stunden. Das Zwölfuhrläuten ruft sodann zum „Englischen Gruß"; beim Zwölfuhrläuten sollte auch für besondere Anliegen der Christenheit gebetet werden. So ordnete der Bischof von Brixen 1537 an, daß bei allen Pfarrkirchen um Mittag mit einer Glocke geläutet und um Abwehr der Türkennot gebetet werden solle. Dementsprechend verfügt die Dorfordnung von Tulfes und Rinn von 1547: „Der Mesner soll alle Tag zu Mittag das Pet leiten" (TW. I, S. 225, Z. 32). Vor dem „Zunachten", also in den einzelnen Jahreszeiten zu verschiedener Stunde, erklingt das abendliche Betläuten. Über das Betläuten hinaus arbeiten, außer in dringendster Notwendigkeit, hat immer noch als Schinderei und Geiz gegolten.

An den Samstagen und den Vorabenden von Festtagen läuten die Glocken zum Feierabend. An manchen Orten wird schon im Anschluß an das Zwölfuhrläuten zum Feierabend geläutet, an anderen Orten erst um 1 Uhr, 2 Uhr oder 3 Uhr. Nach der Dorfordnung von Tulfes und Rinn (1547) beginnt der Feierabend im Sommer erst um 4 Uhr. Vor der Messe wird an Werktagen wie an Sonn- und Feiertagen zweimal geläutet. Das „ander leutten" (zweite Läuten) zur Frühmesse erwähnt bereits ein Weistum der Stadt Klausen von 1485 (TW. IV, S. 354, Z. 16). Das zweite Läuten erfolgt mit mehreren Glocken. Weil man ein Zuspätkommen bei der Sonntagsmesse unbedingt vermeiden wollte, wurde vor allem auf das zweite Läuten, bei welchem der Gottesdienst begann, besonderer Wert gelegt. An vielen Orten kann man Erzählungen hören, daß mit dem Zusammenläuten vor der Sonntagsmesse gewartet wurde, bis die entferntesten Hofbewohner zur Kirche kamen.

So mußte man z. B. in Karthaus mit dem Zusammenläuten warten, bis der Eishofer[33] Knecht vom Ausgang des Pfossentales her ein Zeichen gab; eine Viertelstunde später begann der Gottesdienst.

Bei der Hochzeitsfeier von Pfarrkindern geleitet feierliches Glockengeläute das Brautpaar in die Kirche. Die Eheschließung ist am Lande ja keine Privatangelegenheit, sondern berührt die ganze Gemeinde. Den Tod eines Pfarrangehörigen verkündet das Läuten einer kleinen Glocke, des „Zügenglöckleins"; zum Begräbnis wird mit mehreren Glocken „Schiedum" oder „Schiedung" (= Scheidung, Hinscheiden) geläutet. Bei Todesfällen, welche das ganze Land betrauerte, wie beim Tod des Landesfürsten, des Papstes oder des Bischofs, wurde zu bestimmter Stunde mit sämtlichen Glocken geläutet. Als die Leiche der ermordeten Kaiserin Elisabeth 1898 durch Tirol geführt wurde, ertönten der Reihe nach in sämtlichen Gemeinden, welche der Zug durchfuhr, die Glocken; es war ein ergreifender Abschiedsgruß.

Auch zur Abwehr drohender Gefahren erhoben die Glocken ihre ehernen Stimmen. So bestimmt das Landlibell von 1511 (Brandis 61, S. 414): Es sollte auch „der Gloggenstraich aus der Not angeen", wenn „die Not von den Feinden so swerlich und eylend fürfallen" würde, daß das normale Aufgebot nicht mehr ergehen könnte. Im Tiroler Bauernkrieg von 1525 hatten die Glocken die Bauern wiederholt zu den Waffen und zu Beratungen über Beschwerden gerufen, welche dem Landesfürsten vorgebracht werden sollten. Die Landesordnungen von 1532 und 1573 verbieten zwar, den „Gloggenstraich" ohne Vorwissen der Obrigkeit „angehen" zu lassen. In Notzeiten haben aber die freien Bauern Tirols auch ohne obrigkeitliche Genehmigung den Sturmruf der Glocken erschallen lassen, wenn es – wie 1703 und 1809 – galt, für die Freiheit ihres Landes zu kämpfen.

Schauerliches Sturmgeläut ertönt noch heute am Lande bei drohender Gefahr von Feuer, Wasser oder Muren; bei Frostgefahr im Frühling mahnen vor Tagesan-

[33] Seit 1870 nur mehr zeitweise, im Sommer, bewohnt, jetzt auch mit bescheidener Jausenstation verbunden. Vgl. K. H. Werner, Die Almwirtschaft des Schnalstales, unter Einbeziehung der Herdenwanderungen ins innerste Ötztal, Innsbruck 1969, S. 51 und 91 ff.

bruch die Glocken zum „Rauchmachen“; so geben die große Glocke zu Marling und die „Große“ von Eppan das Zeichen zum Anzünden der bereitgestellten „Schweelhaufen“. Oft rief die Glocke zu friedlichem Handeln in der bäuerlichen Gemeinschaft zusammen, wenn es galt, im „Eehafttading“ gemeinsame Angelegenheiten zu beraten oder zu gemeinsamer Arbeit für die Gemeinde auszuziehen.

In den verschiedenen Orten Tirols wie auch Österreichs und Bayerns kannte man das Hußausläuten. Es fand um 8, 9, 10 oder 11 Uhr statt; in Dormitz (Tirol) erst um 4 Uhr nachmittags. In diesem Ort soll es nach Angabe älterer Leute an die Zeit erinnern, da die letzten Heiden aus Dormitz vertrieben wurden. In anderen Orten Tirols wird es „mit der Durchreise des Joh. Huß zum Konstanzer Konzil oder im allgemeinen mit der Abwehr von Ketzerei oder Heidentum in Zusammenhang gebracht“.[34] Wahrscheinlicher ist, daß das Hußausläuten mit Huß gar nichts zu tun hat; Huß im Hußausläuten dürfte eher mit dem einst in der bayerischen Mundart gebräuchlichen „hossen“ (= ausgehen) zusammenhängen; Hossaus oder Hussaus bedeutet hier soviel wie Beendigung des sich außer Hauses Herumtreibens. An verschiedenen Orten wurde mit der Glocke die obrigkeitliche Sperrstunde für die Wirtshaussitzer angekündigt.[35]

Die Glocken sind dem Bauern ein lieber Freund wie ein ernster Mahner geworden; wehmütig gedenkt der Tiroler in der Fremde des heimatlichen Geläutes. Stolz ist der Bauer auf ein schönes Geläute in seiner Heimat. Einzelne Glocken erlangten Berühmtheit auch in weiterem Umkreis. So rühmt bereits Wolkenstein (754, S. 211) das Geläute von St. Pauls in Eppan als das schönste im Land. Nach verschiedenen Volkssagen beruht der schöne Klang einzelner Glocken auf Beimengung von Silber in die Glockspeise. Ein reger Wettbewerb besteht noch heute zwischen verschiedenen Gemeinden, welche von ihnen die schönste Glocke besitze.

Für die Beschaffung eines schönen Geläutes war man seit alters zu großen Opfern bereit und ist es auch heute noch. Das zeigte sich in der jüngsten Vergangenheit, nach dem Ersten und Zweiten Weltkrieg, als man die für Kriegszwecke eingeschmolzenen Glocken durch neue ersetzen mußte. Gelegentlich war wohl auch versucht worden, Glocken, welche abgeliefert werden sollten, zu verbergen; so wurde die große Glocke von Theis durch tatkräftige Mädchen in ein Versteck geschafft.

Die Weihe neuer Glocken, die „Glockentaufe“, war zumal am Land ein wahres Volksfest und ist es auch heute noch. Es ist ein schöner Zug im Volksleben der Tiroler Bauern, daß bei solch festlichen Gelegenheiten auch der Armen gedacht wird. So wurde vom Besitzer des Horndachhofes bei St. Johann in Tirol im Jahre 1773 die neue große Glocke der Pfarrkirche anläßlich ihrer Taufe mit Weizen für die Armen gefüllt. Die Erinnerung an diese Tat lebt heute noch im Volk und bewog den Besit-

[34] Chr. Falkner, in: Tir. Htbl. 1924, Heft 4, S. 13; vgl. R. Sinwel, in: Tir. Htbl., Jg. 1924, Heft 6, S. III.

[35] Über „hossen“ und „Hossaus“ oder „Hussaus“ vgl. J. A. Schmeller, Bayerisches Wörterbuch I, Sp. 1181 u. 1182; R. Sinwel a. a. O., S. III. Grass, Ostern in Tirol, Innsbruck 1957, S. 7.

zer dieses Hofes im Jahre 1923, als die im Weltkrieg eingeschmolzene Glocke durch eine neue ersetzt wurde, diese wiederum mit Weizen für die Armen zu füllen.

Nach der kirchlichen Lehre wird die Glocke durch ihre Weihe zum Sakramentale, das laut den Weihegebeten Schutz gegen Gewitter und Dämonen bringen und andächtige Stimmung bei den Gläubigen erwecken soll.

Das Volk liebt es, die Glocken zu personifizieren; zahlreiche Sagen beschäftigen sich mit diesen Glockenpersönlichkeiten. Neben dem Namen eines Heiligen, den sie bei der Weihe erhalten, werden sie mit einem Übernamen bedacht, der mit einer Glockensage zusammenhängt. So wurde eine Glocke in Alpbach „die Heidin" genannt, weil sie noch aus der Heidenzeit stammen soll (Weber 730, I, S. 547). Eine Glocke in Lana heißt die „Mooskuh", weil sie von einer Kuh mit ihren Hörnern aus dem Moos gegraben worden sein soll.

Besondere Kraft kommt den Glocken nach dem Volksglauben bei der Abwehr von Unwettern, Blitzschlag, Hochwasser, Muren und dergleichen zu.

Als Individualitäten haben die Glocken der Sage nach ihren eigenen Willen; sie bringen ihn zum Ausdruck, z. B. wenn man sie von dem Kirchturm, für den sie von Anfang an bestimmt waren, wegführen will. So weiß die Volksüberlieferung zu berichten, daß die Rodenecker mit den Natzern einmal einen Tausch ihrer Wetterglocken vornehmen wollten. „Die Rodenegger brachten die ihre bis zur Brücke, aber nicht weiter, auch nicht, als sie sogar zwölf Pferde einspannten. Die Glocke brummte:

„Mâidl hoaß i,
alle Wetter woaß i,
alle Wetter vertreib i,
auf dem Rodenegger Berg bleib i."
(Mang, in: St. Kassian-Kalender 1942, S. 46)

Die Glocken haben aber auch ein ausgesprochenes Rechtsgefühl. Für die Kirche von St. Verena am Ritten war eine Glocke gestiftet worden mit der Bestimmung, daß sie nicht für Verstorbene geläutet werde; nach altem Volksglauben sollen die Glocken ihre Kraft zur Wetterabwehr verlieren, wenn sie für Tote geläutet werden. Gleichwohl wurde sie geläutet, als Papst Pius IX. starb. Seitdem hat sie keine Kraft mehr gegen das Hochwetter.

Wie die Tiroler Bauern aufgrund ihrer alten Landesfreiheiten Demokraten waren, so waren es auch ihre Glocken. In Mals wurde nach einer – wohl etwas schwankartigen – Volksüberlieferung eine Glocke dreimal im Ort selbst gegossen. Dabei ging es so zu: Beim ersten Guß hatte man der Glocke die Bestimmung gegeben, daß sie nur für Geistliche und Adelige geläutet werde; „da schlug die Glocke überhaupt nicht an. Das zweitemal bestimmte man sie für die reichen und angesehenen Bürger, da gab sie nur einen abscheulichen Ton von sich. Das drittemal gelobten die Malser, sie für jeden Menschen, ob arm oder reich, zu läuten, jetzt erklang die Glocke mit einem wunderbar reinen Ton!" (Matscher, in: St. Kassian-Kalender 1955, S. 41).

Die Sage von den versunkenen Glocken kehrt auch in Tirol wieder. So erzählt man in Campill, daß die alte Kirche, welche weiter talaus lag, von einer Mure verschüttet wurde. Die Leute in Petscheid hörten aber immer noch aus der Tiefe das Feierabendläuten heraufklingen. Sie stellten dann die Feldarbeit ein. Einmal taten sie es aber nicht; daraufhin war das Läuten nie mehr zu hören (Mitteilung, die mir H. Pfarrer Canins 1925 machte).

Auch in Tirol begegnet der weit verbreitete Volksglaube, daß die Glocken, die vom Gründonnerstag bis zur Auferstehungsfeier schweigen, nach Rom zum Papst geflogen sind, dort neu geweiht werden, um dann nach ihrer Rückkehr die Auferstehung des Herrn zu verkünden.

Nicht all die Wirkungen, welche die Glocken zumal auf den bergbäuerlichen Menschen in seiner Einsamkeit ausüben, können mit Worten geschildert werden. Wer einmal in der Christnacht droben auf einem stillen Einödhof das mitternächtliche Glockengeläute vernommen hat, das aus der Tiefe heraufklingt, kann etwas von solcher Wirkung ahnen.

DÄMONEN, TEUFEL, HEXEN. Das Volk suchte seit alters in seinem Streben nach Anschaulichkeit die Kräfte, welche gewaltige Naturereignisse hervorrufen, zu personifizieren. So führte man insbesonders schadenbringende Naturereignisse auf übelwollende Dämonen zurück. Bei den verschiedensten Völkern begegnet man dem Glauben, daß Verstorbene als Dämonen fortleben, dem Glauben an Vegetationsdämonen, welche das Gedeihen der Pflanzen beeinflussen, an Krankheitsdämonen, welche Krankheiten hervorrufen. Verschiedene dämonische Gestalten begegnen uns auch im tirolischen Volksglauben, so z. B. die „Pütze“, die „wilden Männer“, die „wilden“ oder „saligen Freilein“, die „Perchten“, die „Wichteln“. In den vielleicht noch vor die romanische Stilepoche zurückgehenden Wandmalereien im Kirchlein St. Jakob in Kastellaz bei Tramin sind Dämonen in der Gestalt von Tiermenschen (Zwitterwesen aus Tier- und Menschenformen) dargestellt.[36] Heute ist der Glaube an solche dämonische Wesen wohl erloschen.

In den Volksglauben vom Teufel ist manches aus altem, vorchristlichem Dämonenglauben übergegangen. Nach der heidnischen Dämonenvorstellung ist der Dämon trotz aller Macht und großen Wissens doch geistig beschränkt, ja geradezu dumm, sodaß er vom Menschen überlistet werden kann; nach der kirchlich-christlichen Lehre wird aber der Teufel in keiner Hinsicht als dumm dargestellt. Gleichwohl hat in christlicher Zeit im Volksglauben unter der Einwirkung des vorchristlichen Dämonenglaubens die Ansicht vom dummen Teufel Eingang gefunden, wie sie in Sagen und Märchen vor Augen tritt.

Der Glaube an schädliche Dämonen von der Art der Hexen war bereits dem germanischen Heidentum vertraut. Neu sind an der Hexenvorstellung christlicher Zeit der Hexenpakt mit dem Teufel und die Hexenversammlungen unter Vorsitz

---

[36] Abbildungen bei F. Teßmann, in: Der Schlern 1957 nach S. 372 und J. Weingartner, Kunstdenkmäler Südtirols, 7. Aufl., 2. Bd., Bozen 1991, S. 323.

des Teufels. Die früheste Nachricht über einen Hexen- bzw. Zaubereiprozeß in Tirol stammt aus dem Jahre 1296. Damals stellte der Landrichter von Neumarkt – Enn die Ausgaben für die Verbrennung von zwei Hexen in Rechnung. Für das folgende 14. und 15. Jahrhundert sind weitere vier Hexenprozesse bzw. Hinrichtungen von Hexen belegt. Besonderes Aufsehen erregte dabei der Prozeß in Innsbruck im Jahre 1485/86.[37] Die Führung dieses Prozesses übernahm Heinrich Institoris (latinisierte Genitivform für den deutschen Schreibnamen Kramer), ein süddeutscher Dominikaner, der vom Papst zum Richter über „ketzerische Schlechtigkeit", worin auch Zauberei und Hexerei inbegriffen waren, eingesetzt worden war. Den Akten über den Innsbrucker Hexenprozeß ist eine – wahrscheinlich von Institoris selbst verfaßte – Anweisung beigegeben, wie bei Führung eines solchen Prozesses vorzugehen sei. In dieser Anweisung werden als Hauptverbrechen der Hexen angeführt: „Die Hervorbringung von Hagelschlägen, das Verwirren des menschlichen Verstandes bis zum völligen Wahnsinn, die Erregung von Haß oder Liebe in unwiderstehlichem Grade, Verhinderung der Fruchtbarkeit von Menschen und Tieren, sowie die völlige Tötung" (Ammann, in: FZ 34, S. 7). Es werden also jene Verbrechen angeführt, wie sie früher und später die Volksmeinung den Hexen zur Last legte. Vergehen dieser Art und anderes, wie Verkehr mit dem Teufel, Teilnahme an Hexenversammlungen, wurden in den Hexenprozessen den Angeklagten vorgehalten; die Folter sorgte dafür, daß entsprechende Geständnisse gemacht wurden. Institoris ist der Verfasser des „malleus maleficarum" oder „Hexenhammers", der erstmals 1487 im Druck erschien und fast durch drei Jahrhunderte als Grundlage für die Führung der Hexenprozesse diente.

Sehr bemerkenswert ist, daß Teufelsspuk und Hexenwahn zur Zeit dieses tirolischen Hexenprozesses noch entschlossenen Widerspruch in weiteren Kreisen des Landes erfuhren. Zwar war der schwache, von Günstlingen beherrschte Landesfürst, Herzog Sigismund, abergläubischen Vorstellungen einigermaßen zugänglich. Einige Leute seiner Umgebung versuchten seine Beschränktheit für ihre Ränke auszunützen, um sich Gegner vom Hals zu schaffen.

Der Haller Landtag von 1487 unterzog diese Vorgänge am Hof des Landesfürsten einer freimütigen Kritik. Neben anderen Beschwerden wurde auch folgendes vorgebracht: „Es hat auch ain Lantschaft verstanden, wie gar mit grosser Betriegerei die Ehegenannten (die Günstlinge des Fürsten) und die Spiessin (ein ränkesüchtiges Weib am Hofe) mit sein fürstl. Gnaden umbgegangen sein. Dann (= denn) sy haben Leith … in Maur vermaurt, auch in die Oefen gestossen und in seiner Gnaden Gegenwürtigkait, als ob ain gepannter Teiffl darünen war, gefragt umb des und jennen Sachen, da der vermeintlich Teuffl nach derselben Persohnen-Leith Unterrichtung geret und Anzaigen auf etwo vill Persohnen gethon haben, die darnach gefangen, gemartert und

[37] Vgl. Josef Riedmann, Mittelalter, in: Fontana (Hrsg), Geschichte des Landes Tirol, Bozen² 1990, S. 581. Josef Gelmi, Kirchengeschichte Tirols, Innsbruck 1986, S. 113ff. Veronika Schoißwohl, Die Hexenprozesse gegen drei Hexenmeister in Südtirol im 17. Jahrhundert, Wiss. Diss., Innsbruck 1971, S. 10ff.

ungnedigclich gehalten worden sein; das doch merklich wider Gott und seiner Fürstl. Gnaden Seelseeligkait und wider den Glauben ist“ (Brandis 61, S. 298).

Der Inquisitor kam nun den Ränkeschmieden am Hof sehr gelegen; sie mochten hoffen, in ihm ein geeignetes Werkzeug für ihre Absichten zu gewinnen; der Ausgang des Prozesses entsprach aber solchen Erwartungen keineswegs. Die Führung des Prozesses durch Institoris war von der Art, daß sie bald den Unwillen des Bischofs von Brixen, Georg Golser, hervorrief. Golser war ein maßvoller, verständiger Mann, der dem Hexenspuk, wie er im Prozeß zutage trat, kritisch gegenüberstand. Er forderte den Inquisitor auf, das Land zu verlassen, er möge „nicht andern lästig sein“. Der bischöflichen Mahnung mußte Institoris schließlich Folge leisten. Der Bischof gab, indem er den Inquisitor aus dem Lande schaffte, „das Signal gegen die Hexenprozesse, nur schade, daß dasselbe erst nach dreihundert Jahren allgemein beobachtet wurde“.[38]

Der gründliche Kenner des Verbrechens der Zauberei, der frühere Grazer Rechtslehrer Fritz Byloff, kommt zum Ergebnis, daß „es Tiroler Theologen, an der Spitze der urtirolische, auch in der erfrischenden Kraft seiner Sprache durchaus bodenständige Brixner Bischof G e o r g G o l s e r gewesen (sind), die 1486 den inquisitor hereticae pravitatis ..., Heinrich Institoris, daran hinderten, in Innsbruck einen von ihm begonnenen großen Zaubereiprozeß zu Ende zu führen, und dadurch zahlreiche Frauen retteten“.[39]

Professor Friedrich Merzbacher († 1982 in Würzburg), ein führender Erforscher der Geschichte der Hexenprozesse, „zählt es zu den Ruhmestaten des bajuwarischen Stammes, daß es kein Geringerer als der Brixner Bischof Georg Golser gewesen ist, der ehedem energisch dem Wirken und den Bestrebungen des berüchtigten Inquisitor ... Heinrich Institoris einen Riegel vorschob“.[40] Denn: „indem schließlich Golser den fanatischen Inquisitor seines Hochstifts verwies und damit dessen Wirken in seinem Sprengel ein Ende bereitete, gab er das erste mutige Beispiel aktiven Kampfes gegen den Hexenwahn“.[41]

Der Tiroler Landtag von 1487, in welchem auch der Bauernstand als vierter Stand vertreten war, hat nicht nur damals den Teufelsspuk am Hof des Landesfürsten als Betrug verurteilt, er hat sich auch in der Folge gegenüber dem Hexenwahn vernünftiger erwiesen, als es dem allgemeinen Zeitgeist entsprach. In den unter Mit-

---

[38] F. A. Sinnacher, Beyträge zur Gesch. der bischöfl. Kirche Säben u. Brixen VI, S. 634. Vgl. auch A. Sparber, Die Brixner Fürstbischöfe im Mittelalter, Bozen 1968, S. 163 f., Riedmann, Mittelalter (Gesch. Tirols, 1. Bd., 2. Aufl.) S. 496.

[39] Byloff, Hexenglaube und Hexenverfolgung in den österr. Alpenländern (Quellen zur deutschen Volkskunde 6. Bd.), Berlin 1934, S. 20. Golser war zwar ein gebürtiger Salzburger, stammte aus Werfen, hatte in Wien (1438) studiert, jedoch schon 1445 ein Kanonikat in Brixen erhalten, war also zur Zeit des Innsbrucker Hexenprozesses schon 40 Jahre Domherr von Brixen, also schon längst Tiroler geworden! Von 1471–1488 war Golser Fürstbischof von Brixen. Leo Santifaller, Das Brixner Domkapitel im Mittelalter (Schlern-Schriften Bd. 7), Innsbruck 1924/25, S. 320–322.

[40] So Merzbacher im Nachwort zur Neuausgabe von Sigmund Riezler, Geschichte der Hexenprozesse in Bayern, Stuttgart 1896, Neuausgabe Aalen 1968, S. 356.

[41] Merzbacher, Art. Georg Golser, in: Neue Deutsche Biographie, 6. Bd. (1964), S. 210.

wirkung der Landstände entstandenen Landesgesetzen von 1499, 1526 und 1532 finden sich keine Bestimmungen betreffend Zauberei und Hexenwesen.[42] Erst die Polizeiordnung von 1573, die als Anhang zur Landesordnung dieses Jahres erschien, wendet sich auf Blatt 6 gegen „Zauberey und aberglaubige Warsagerey" und bedroht sie mit der gleichen Strafe wie Gotteslästerung; für erst- und zweitmalige Verübung wurden Geldstrafen verhängt; erst bei Wiederholung der Straftat kommt es zu Strafen an Leib und Gut. Anders als die Tiroler Landesordnungen verfügt die „peinliche Halsgerichtsordnung Kaiser Karls V.", die „Carolina" vom Jahre 1532, daß Zauberer und Hexen verbrannt werden sollen. Trotz der eindeutigen Stellungnahmen der Landstände gegen den Hexenwahn und des völligen Fehlens von dergleichen Bestimmungen in den Landesgesetzen läßt sich bereits für die ersten Jahrzehnte des 16. Jahrhunderts ein starkes Ansteigen von Hexenprozessen feststellen. In den Jahren 1501–1505 wurden vor dem weltlichen Gericht in Trient ca. 20 Frauen aus Cavalese (Fleimstal, Welschtirol) zum Tode verurteilt und verbrannt. Zwischen 1506 und 1510 fand ein Prozeß gegen 9 Frauen aus Völs/Bozen statt. In der zweiten Hälfte des Jahrhunderts und im folgenden 16. Jahrhundert fanden weitere große Hexenprozesse gegen Beschuldigte aus dem Fassatal (1573), am Nonsberg (1614/15) und wiederum gegen Angeklagte aus dem Fassatal (1627–1631 und neuerlich 1643–1645) statt, um nur einige zu nennen. Neben diesen großen Hexenprozessen sind eine Fülle weiterer gegen Einzelpersonen bzw. kleinere Gruppen belegt. Die bekanntesten davon sind der gegen die aus dem Sarntal stammende Barbara Pachlerin (1540) und jener gegen den sogenannten „Lauterfresser" (1645 in Rodenegg).

In den durch die Folter erpreßten Geständnissen werden Delikte wie „Wettermachen, Verzehrung von Kindern und Vieh", Hostienschändung, Buhlschaft und Bund mit dem Teufel und allgemeine Zauberei unter Verwendung von Hilfsmitteln öfters genannt.[43]

Nicht übersehen darf in diesem Zusammenhang jedoch werden, daß es neben dem allgemein verbreiteten Hexenwahn in dieser Zeit auch einzelne Männer gab, die gezielt gegen dieses Unrecht eintraten. Zu diesen gehörten die Jesuiten Adam Tanner, der 1572 zu Innsbruck geboren wurde, Paul Laymann, 1574 zu Arzl geboren, und Friedrich von Spee († 1635). Im 18. Jahrhundert bekämpften die Tiroler Girolamo Tartarotti (1702–1761) und Don Ferdinand von Sterzinger, geboren 1721 bei Brixlegg, den Hexenwahn.[44]

Daß der Glaube an Hexen heute ganz verschwunden ist, möchte ich fast bezwei-

[42] Auch in den Weistümern ist kaum eine Spur von Hexenglauben zu finden, wie der Rechtshistoriker Hans Fehr, Die Rechtsstellung der Frau und Kinder in den Weistümern, Jena 1912, S. 51, feststellt.

[43] Vgl. Schoißwohl, a. a. O., S. 54 ff. und Anhang mit Auflistung sämtlicher Hexenprozesse in Tirol bis 1650.

[44] Vgl. Nikolaus Grass, Zur Stellung Tirols in der Rechtsgeschichte, in: Festschr. Baltl (Forsch. z. Rechts- u. Kulturgesch. XI), Innsbruck 1978, S. 260 ff.

feln. In den 30er Jahren erzählte mir noch eine Frau bäuerlicher Herkunft ganz ernsthaft von einer Hexe, welche eine Kuh verhexte, sodaß sie keine Milch gab.

TOD UND TOTENGLAUBE. Mehr als dem Stadtmenschen tritt dem Bauern in der ihn umgebenden Natur das Werden und Vergehen vor Augen. Ganz besonders aber wird der Bergbauer durch die mannigfachen Lebensgefahren, denen er bei seiner Arbeit ausgesetzt ist, an den Tod gemahnt. An ihn erinnern ihn auch die Denkmäler an den Wegen, auf denen er geht; da sind es zunächst die vielen „Marterlen", die von den zahlreichen Unglücksfällen berichten, die das Leben von Bergbauern gefordert haben. An den Wegen, die von Berghöfen herab zu Kirche und Friedhof führen, stehen in verschiedenen Landschaften die „Totenrasten"; sie führen ihren Namen, weil hier die Sargträger Rast halten.[45]

Eigenartige und urtümliche Mahnungen an Sterben und Tod stellen die sogenannten Totenbretter dar. Es sind dies Bretter, auf welche die Toten vor ihrer Bestattung gelegt wurden. Diese Bretter wurden zur Erinnerung an den Toten auf einem ihm gehörigen, am Weg gelegenen Heustadel aufgestellt oder (so z. B. in St. Felix im deutschen Nonsberg und in Lermoos) als Stege über nasse Wegstellen oder kleine Wasserläufe gelegt. In einzelnen Landschaften tragen die Bretter den Namen des Verstorbenen.

Der Gedanke an den Tod weckt bei manchen Angehörigen des Bergvolkes einen Hang zur Mystik; mit ihm hängt auch das „zweite Gesicht" zusammen, dessen Auftreten in manchen einsamen Gebirgstälern Westtirols und Vorarlbergs festgestellt wurde. Das zweite Gesicht „gewährt entweder einen Blick in die Zukunft oder zeigt Dinge, die in weiter Entfernung vom Sehenden sich zutragen". „Die Leute, welchen das doppelte (zweite) Gesicht verhängt ist, sind durchaus nüchtern und brav, von Überspannung keine Spur, sie rühmen sich der Sache auch gar nicht und haben es nicht gern, wenn man sie darauf bringt", schreibt Adolf Pichler (Ges. Werke VII, S. 103 f.) von den Ötztalern. Dieses Ahnungsvermögen wird in manchen Gegenden als „Anmelden" oder „Fürweilung" bezeichnet. Auch in den Sagen ist häufig von Zeichen, die den Tod verkünden, und von Vorahnungen die Rede.

Mit dem Nachsinnen über Tod und Jenseits verbindet sich in besonderer Weise der Gedanke an die „Armen Seelen". Der Glaube an einen Reinigungsort, an welchem die Seelen der Verstorbenen für ihre Sünden büßen müssen, begegnet bereits in vorchristlicher Zeit bei verschiedenen Völkern, so auch bei den Römern. Auch die Germanen kannten ein Totenreich und den Gedanken einer Seelenläuterung nach dem Tod. Im Volksglauben von den „Armen Seelen", wie er heute noch im bäuerlichen Volk lebendig ist, begegnen manche Züge, welche die kirchliche Lehre nicht kennt; sie treten in Sage und Volksbrauch in mannigfacher Weise zutage. So war es noch vor kurzem an manchen Orten üblich, am Vorabend von Allerseelen Speisen auf dem Stubentisch stehenzulassen, damit sich die Armen Seelen damit stärken. Manche Seelen leiden nach der Volkssage nicht in den Flammen des Fegefeuers, sondern müssen „kalte Pein" droben im Gletschereis erdulden.

---

[45] Josef Weingartner, Tiroler Bildstöcke, Wien 1949. Über „Totenraststeine" auf der westlichen Balkanhalbinsel vgl. M. Gavazzi, im Schweiz. Archiv f. Volkskunde 1961, S. 17 ff.

Zahlreich sind heute noch die Erzählungen von Seelen, die für nicht gebüßte Vergehen „umgehen" müssen. Nach den Volkssagen erscheinen die Armen Seelen oft in Gestalt von Tieren, die meist unter der Erde oder verborgen leben, so als Kröten, Mäuse, Maulwürfe, Schlangen, Grillen. Wie bei anderen Feiern wird auch am Allerseelentag in besonderer Weise der Armen gedacht, und Lebensmittel, besonders Brot, Mehl, Salz und Schmalz werden gespendet.

Wie sehr sich der Sinn des Volkes mit den Armen Seelen befaßt, lassen auch die vielen Armen-Seelenbilder erkennen, wie sie auf Marterlen und Totenrasten sowie in den Totenkapellen der Friedhöfe zu sehen sind. Auf diesen Bildern sind die Armen Seelen als Menschen dargestellt, die aus einem Flammenmeer die Hände zum Beschauer emporstrecken: „Bittet für uns, wir bitten für euch", steht öfters unter solchen Bildern geschrieben. Das Vertrauen, welches das gläubige Volk zur Fürbitte der Armen Seelen hegt, spricht sich z. B. in einem Bild aus, das in der Totenkapelle des Friedhofes von Wiesing (Unterinntal) hängt. Auf dem Bild, das der zweiten Hälfte des 17. Jahrhunderts angehört, ist ein Ritter dargestellt, der am Friedhof vor der Totenkapelle kniet und betet, während seine Feinde, die ihn verfolgen, nahen. Aus den Gräbern erheben sich aber in schreckhafter Gestalt die Armen Seelen und jagen die Feinde in die Flucht. Eine Schrift, die am Bild zur Erläuterung angebracht ist, erzählt, der Ritter habe immer, wenn er einen Friedhof betrat, für die Armen Seelen gebetet. Die Inschrift wendet sich am Schluß an den Leser: „Also last Gott das Guete nit unbelohnt. Bette du auch für sie!"[46]

TOTENEHRUNG. Ein Todesfall berührt nicht nur die Familie des Toten, sondern die ganze bäuerliche Gemeinde. Nach altem bäuerlichem Recht genießt das Haus, in welchem ein Toter liegt, einen besonderen Rechtsschutz; das dem 14. Jahrhundert angehörige Weistum des Gerichtes Villanders bestimmt, daß ein solches Haus gleich einer Kirche „recht Freiung" haben soll (TW. IV, S. 257, Z. 36). Zur Bestattung des Verstorbenen erschienen außer den Verwandten auch die Nachbarn. Auch heute noch ist es üblich, daß die Nachbarn am Abend in das Sterbehaus kommen und an der Bahre des Toten beten; an manchen Orten halten die Nachbarn während der Nacht Totenwacht und empfangen von den Angehörigen des Toten eine einfache Zehrung. Zur Bestattung und zum Totenamt findet sich die Verwandtschaft in weitem Umkreis sowie die Nachbarschaft ein. An das Totenamt schloß sich in früherer Zeit eine Spende von Korn oder Brot an die Armen, die beim Amt erschienen waren, an. Totentrunk und Totenzehrung (Totenmahl), zum Teil mit bestimmten Gerichten, sind heute noch üblich.

FRIEDHOF. Die Erinnerung an die Toten der eigenen Familie und der Gemeinde wird durch die Lage des Friedhofes lebendiger erhalten als in den Städten. In unseren Landgemeinden umschließt der Friedhof regelmäßig die Kirche. Anders als in der Stadt bleiben die Toten am Land auch räumlich den Lebenden näher. Beim Kirchenbesuch werden häufig die Gräber der Angehörigen aufgesucht, und es wird ein kurzes Gebet verrichtet und Weihwasser gesprengt. Jede Familie, die etwas auf sich

---

[46] Ganz ähnliche Darstellung am Beinhaus im Friedhof von Westerndorf am Wasen bei Rosenheim, Bayern, ebenfalls ca. aus dem 17. Jahrhundert. Inschrift: „Allhie haben die Armen Sellen aus Not – Ihren Fürpitter errett' vom Tot" (Mitteil. Finsterwalder).

hält, legt Wert auf ein schönes Familiengrab. In früherer Zeit gaben die bunt bemalten Holzkreuze und die bemalten Bretter der Grabeinfassungen (die „Zargen") dem Friedhof ein freundlicheres Aussehen als die kalten Marmorblöcke von heute. Für das ladinische Buchenstein sind Holzkreuze bereits für das 16. Jahrhundert bezeugt (s. Wolkenstein 754, S. 154). Das oben (S. 97) erwähnte Bild aus dem 17. Jahrhundert zeigt einen Tiroler Friedhof, auf dem nur bemalte Holzkreuze und geschmiedete Eisenkreuze stehen. Vereinzelt kam es vor, daß bäuerliche Familien, die ein Wappen führten, dieses auf dem in die Friedhofs- oder Kirchenmauer eingefügten Grabstein anbrachten.

In der Sorgfalt, die auf Pflege des Grabes und auf seinen Schmuck verwendet wird, zeigen sich merkliche Unterschiede zwischen den einzelnen Ortschaften und Landschaften. Wo die Wohnstätten als Einzelhöfe entfernt von der Kirche verstreut sind, ist die Gräberpflege schwieriger als in Dorfsiedlungen. Allgemein läßt sich feststellen, daß im deutschen Teil Alttirols die Friedhöfe sorgfältiger gepflegt werden als im italienischen; die Ladiner Tirols zeigen auch in dieser Hinsicht ihre Kultur- und Wesensverwandtschaft mit den Deutschen.

Im Frühling, Sommer und Herbst ist der Friedhof am Land ein blumenreicher Garten; auch der Arme, der nicht viel Geld für ein Grabmal aufwenden kann, versucht, die Gräber seiner Toten wenigstens mit Blumen zu zieren. Bei der Auswahl der Blumen waren früher zum Teil Vorstellungen maßgebend, wie sie sich aus dem Volksglauben ergaben. Man wählte Pflanzen, welchen die Kraft zur Abwehr böser Geister zugeschrieben wurde. Dazu gehören die alten Berufs- oder Beschreikräuter wie Bertram (Achillea ptarmica flore pleno), Ysop, Singrün, Seifenkraut, Teufelsklaue (Phyteuma) und andere. Da man den aromatischen Kräutern besondere Wirksamkeit gegen Dämonen zuschrieb, wurden Rosmarin, Wermut, Minze, Lavendel, Samtnelken angepflanzt. In den letzten Jahrzehnten hat der Blumenschmuck der Gräber stärkere Wandlungen erfahren; die Blumen entstammen dem bäuerlichen Hausgarten und den Blumenstöcken, welche zur Zier vor die Fenster gestellt werden. Immerhin erscheinen auch heute noch manche von den Blumen älterer Wahl auf den Gräbern; es werden unter anderem Pflanzen bevorzugt, welche der Trauer, der Liebe, den Gedanken an Ewigkeit, der Unsterblichkeit und Auferstehung symbolischen Ausdruck verleihen sollen. Als Sinnbilder der Trauer kommen in Betracht Pflanzen mit hängenden Zweigen wie die Trauerweide, die Hängeesche, der Bocksdorn (Lycium halimifolium); auch das „tränende Herz" dürfte als Ausdruck der Trauer auf die Gräber gepflanzt worden sein. Der Liebe zu den Toten soll die „brennende Lieb" (Lychnis chalcedonica) Ausdruck verleihen. Als Sinnbilder der Ewigkeit dienen Pflanzen mit immergrünen Blättern, wie Eibe, Wacholder, Lebensbaum (Thuje), Buchs, Efeu, Singrün, sodann wegen ihrer ausdauernden Blütenstände die sogenannten Ewigkeitsblümchen oder Immortellen, so Strohblume (Helichrysum bracteatum), das Katzenpfötchen, der Amaranth u. a. Wegen ihrer ringförmigen Früchte könnte die Ringelblume auf den Friedhof gekommen sein; der Ring ist ein altes Symbol der Ewigkeit. Auf die Gräber von Jugendlichen und Unverheirateten wird das alte Sinnbild der Reinheit, die Lilie, gepflanzt. Außer diesen Gewächsen wurden aber in großer Zahl und in ständigem Wechsel eine Reihe von Blumen nur der Zier wegen auf die Gräber gepflanzt.

Viele Friedhöfe besitzen Totenkapelle[47], in denen sich häufig volkskundlich oder kulturgeschichtlich beachtenswerte Darstellungen, die sich auf Sünde, Tod, Gericht oder auf das Leiden der Armen Seelen beziehen (vgl. oben S. 97), befinden. Werke der Plastik und der Malerei, die sich früher in der Kirche befanden, wandern im Lauf der Zeit in die Totenkapelle. So ist da und dort die hl. Kummernuß, eine Volksheilige, dargestellt als gekreuzigte Frau, in die Totenkapelle gekommen. Solche Darstellungen fanden hier besondere Verehrung, sodaß die Totenkapelle zu einer Art von Wallfahrtsstätte wurde, das Bild zum Gnadenbild. Dementsprechend begegnen wir auch hier mannigfachen Weihegaben (Votiven). In der Regel ist die Totenkapelle eine Andachtsstätte, in welcher der Armen Seelen gedacht und ihre Fürbitte angerufen wird. Oft dient die Totenkapelle als Beinhaus (Karner), ja zuweilen ist eine große Menge von Schädeln und Knochen, die im Laufe der Zeit auf dem Friedhof ausgegraben wurden, hier angehäuft worden. Im Unterinntal beobachten wir gelegentlich bemalte Schädel; auf die Schädel wurden Blumen, ein Kranz und der Name oder wenigstens dessen Anfangsbuchstaben gemalt. Dieser Brauch bestand hier allgemein bis ins 19., vereinzelt bis ins 20. Jahrhundert.

Nach altem Volksglauben soll auf dem Friedhof zu nächtlicher Zeit stets ein Licht brennen, um böse Geister zu verscheuchen. Zu diesem Zweck wurden auf den Friedhöfen die Totenleuchten oder Lichtsäulen angebracht, in welchen ein Licht entzündet wurde. Einer urtümlichen Art der Friedhofsbeleuchtung dienten seit alters die Lichtersteine, flache, dicke Steinplatten mit mehreren muldenförmigen Vertiefungen; diese goß man mit Schmalz, Unschlitt oder Wachs aus und steckte Dochte in die Masse. Häufig lagen die Lichtersteine in einer Nische der Friedhofsmauer oder der Außenmauer der Totenkapelle. Heute erinnern nur noch die leeren Nischen an den alten Brauch.

Häufig begegnet man auf den Grabmälern Inschriften dichterischer Form; vieles ist Kunstdichtung, nicht selten nehmen die Dichtungen auch volkstümliche Form an. Der Tote wird angesprochen oder spricht zu uns, oder es werden allgemeine Gedanken über Tod und Wiedersehen sowie Angaben über das Leben des Verstorbenen vorgebracht. Eine Mutter z. B. ließ auf dem Friedhof in Pillersee auf die Brettereinfassung des Grabes ihres Kindes schreiben:

„Ich hatte ein lediges Kind,
Die auf der Welt verachtet sind.
Nun kommst Du in das Himmelreich,
Dann bist Du allen Engeln gleich.“[48]

[47] Die Bezeichnung „Karner“ (Beinhaus) für solche Kapellen ist in Tirol nicht volkstümlich.
[48] Vgl. Tir. Htbl. 1957, S. 64.

Die Ruhe der Toten darf nicht durch ungeziemendes Benehmen am Friedhof gestört werden. Die „Ordnung", welche von den Gemeinden Tulfes und Rinn 1547 vorgenommen wurde, wendet sich z. B. gegen jene, welche „auf dem Freithof unnutz Geschwatz treiben" (TW. I, S. 226, Z. 9). An Verstößen gegen solche Friedhofsordnungen fehlte es andererseits nicht; so wurde gelegentlich der Friedhof dank seines Graswuchses als Viehweide genutzt, wie eine bischöfliche Visitation 1614 in Mauern (Osttirol) feststellte (Ostt. Hbler. 1926, S. 55). Noch um die Mitte des 19. Jahrhunderts klagte eine Matreier Bäuerin, die das Grab ihrer Mutter schmükken wollte: „iatz isch da Mösna kemm und hat gsagg: werd nit gitun und nicht nois ungfangg; der Freithof g'hert mein zin Mahn und in Hörbischt zin Roßwoadn." (Angerle, in: Ostt. Hbler. I, 1924, Nr. 15, S. 2.)

3. Bauer und Recht

Volksfreiheit ist verbunden mit wesentlichem Einfluß des Volkes auf die Gestaltung seines Rechtes und bewirkt einen unmittelbareren Bezug der Menschen zum Rechtsleben. Dies war auch beim freien Tiroler Bauernvolk der Fall.

RECHTSVERBÄNDE. Die verschiedenen gesellschaftlichen Verbände innerhalb des Volkes hatten ihr eigenes Recht. Unter diesen Verbänden war der älteste die Großfamilie oder Sippe, der Verband von Menschen gleicher Abstammung. Er war in ältester Zeit „der lebendigste und vielseitigste Organismus im Volk" (Arens 19, S. 163); sein Recht regelte die Beziehungen der einzelnen Familienmitglieder zum Familienoberhaupt und die Ansprüche auf das Familiengut. Hierüber wurde bereits im 1. Bd., S. 159f. berichtet. Hier sei nur darauf verwiesen, daß das eigene Recht der Großfamilie noch im 15. Jahrhundert öffentlich anerkannt wurde. Nach dem Weistum des Münstertales von 1427 gab es damals noch innerhalb der Großfamilien eine Rechtssprechung, welche vom öffentlichen Gericht anerkannt werden mußte. Ihr eigenes Recht hatten Gemeinde, Gericht und Land.

Zur Zeit, als die deutschen Stämme noch eine politische Einheit bildeten, hatten auch die Stämme der Bajuwaren und Alemannen, die den Hauptanteil an der deutschen Bevölkerung Tirols stellten, ihr eigenes Stammesrecht. Südlich von Bozen ist mehrfach die Anwendung langobardischen Rechtes bezeugt. Die Aufzeichnungen über Güterschenkungen an das Hochstift Brixen, die für das 8. bis 12. Jahrhundert erhalten sind (die sog. Brixner Traditionsbücher), beweisen „die Herrschaft des bayerischen Rechtes im Eisack- und Etschgebiet bis unter Bozen in zahlreichen Einzelbeispielen" (Stolz, Ausbreitung I, S. 53). Nur ganz vereinzelt sind auch Bekenntnisse zum römischen Recht überliefert. Es galt damals das sog. Personalitätsprinzip, d. h., jeder lebte zeitlebens nach seinem angeborenen Stammesrecht, zu dem man sich auch vor Gericht bekannte.

Mit der Ausbildung der Grafschaft Tirol war an die Stelle des Personalitätsprinzipes das Territorialitätsprinzip getreten: das Recht fragte nun nicht mehr nach der

Abstammung, sondern nach der Zugehörigkeit zum Lande. Die im Territorium, im Lande vorfallenden Tatbestände und Rechtsgeschäfte wurden jetzt vor allem nach dem Landrecht beurteilt, dessen Aufzeichnung Meinhard II. schon um 1281/82 veranlaßt hatte (vgl. unten S. 107).

Die alten Stammesrechte aber waren inzwischen schon längst außer Gebrauch gekommen.

Neben dem Landrecht entstanden nun zahlreiche lokale Rechte, die entweder für einzelne Orte oder für größere Bereiche wie Gerichte oder ganze Talschaften galten und dann in den folgenden Jahrhunderten ihre größte Verbreitung und Bedeutung erlangten (wie in den folgenden Abschnitten näher ausgeführt wird).

RECHTSÖFFNUNG. Die Feststellung des geltenden Rechtes in Gemeinde und Gericht erfolgte in der Versammlung der Gemeinde- und Gerichtsgenossen. Zu dieser Versammlung, dem eehaft Tading (= rechtmäßige Versammlung; Ee = Recht, Tading, Tageding = Versammlung), mußte jeder in Gemeinde und Gericht ansässige Mann erscheinen. Sie trat zumeist zweimal im Jahr unter dem Vorsitz des Richters an bestimmten Dingstätten oder Schrannen zusammen. Auf diesen Versammlungen kam es unter anderem auch zur Feststellung des geltenden Rechtes. Der Richter befragte die ältesten und rechtskundigsten Männer, was aufgrund ihrer Erfahrung als geltendes Recht anzusehen sei. Auf hohes Alter solcher Zeugen alten Rechtes wurde besonderer Wert gelegt. So beurkundet z. B. der Landrichter von Steinach 1411 altes Gemeinderecht von Trins und schildert dabei die Art seiner Feststellung:

> „Da fragt ich obgenanter Richter, waz darumb Recht wer, wie daz vorher chomen wer? Da pracht daz Recht, ich solt dreizehen oder fünfzehen Mannen, den eltisten und pesten, so ichs an dem Rechten gehaben möcht, hin dannan gepieten, die solten darumb sagen, wie daz mit alten Rechten und Gewonhaiten herchomen wer. Also sprach ich zu wol fünfzehen erbern Mannen, iedem besunder auf sein Aid, daz er saget, waz im darumb chunt und gewissen wer" (TW. I, S. 293, Z. 1).

Hundertjährige erscheinen unter den Zeugen, welche im 14. Jahrhundert und zu Beginn des 16. Jahrhunderts das alte Recht der Gemeinden Naturns und Schenna feststellen.

Solches Feststellen des geltenden Rechtes bezeichnete man als „öffnen" oder „weisen" (= ausweisen oder darlegen), das Festgestellte als „Öffnung", auch als „eehaft Recht" oder „Eehaft" kurzweg; in anderen deutschen Ländern als „Wistuom" (Weistum). In der wissenschaftlichen Literatur ist der Ausdruck Weistum zur Bezeichnung solchen gewiesenen Rechtes allgemein üblich geworden.

Diese Rechtsöffnungen oder Weisungen enthalten Gewohnheitsrecht, wie es im ursprünglichen Rechtsempfinden des Volkes, in seinem Gedächtnis und seiner Überlieferung lebendig war. Die Aufzeichnung der Öffnungen oder Weistümer ist in Tirol seit dem 13. Jahrhundert nachweislich und wurde fortgesetzt bis zu Beginn des 19. Jahrhunderts. Sie setzte in den einzelnen Gemeinden und Gerichten in verschiedener Zeit ein. In einer vom Landrichter von Freundsberg (Schwaz) ausgestellten Urkunde vom Jahre 1523 wird festgestellt, es sei noch zwanzig Jahre vorher in der Gemeinde Weerberg „kain geschribne Öffnung gewösen, sonder die alten Nachpern haben geöffnet". Kurze Zeit nachher wurde das geöffnete Recht in einem „Öffnungspuechl" niedergeschrieben (TW. I, S. 177, Z. 1–28).

Das im Tading geöffnete Recht war Recht der bäuerlichen Gemeinde- oder Gerichtsgenossen. Dieses Genossenschaftsrecht regelte die Verfassung der Gemeinden und Gerichte, es traf Bestimmungen zivilrechtlicher und strafrechtlicher Natur; außer der Öffnung von Gerichts- und Gemeindeordnungen wurde auch für einzelne Rechtsfälle, welche das Gericht beschäftigten, das geltende Recht festgestellt; seiner Herkunft nach war das geöffnete Recht Gewohnheitsrecht.

ALTES RECHT. Der Mensch des Mittelalters, der Bauer aber auch noch in jüngerer Zeit, betrachtete nur altes Recht als gutes Recht. Recht kann nach dieser Ansicht nicht neu geschaffen oder gesetzt werden, sondern muß gefunden werden, d. h. aus dem Rechtsempfinden sowie aus alter mündlicher oder schriftlicher Überlieferung festgestellt werden. So wird 1624 für die Gemeinde Kauns eine Dorfordnung „aus der vorigen uralten Dorfordnung, so man altershalben nit mer allerdings lösen oder versteen können, auch alten brieflichen Gerechtigkaiten gezogen und mit zeitigem Rath und wolbedachtem Muet von neuem fürgenomen, gemacht und durch die Laudeggisch [Gerichts-] Oberkait confirmiert und bestetigt ...". (TW. II, S. 304, Z. 2–6).

Für die Geltung des Rechtes genügt es aber nicht, daß es alt ist, es muß auch gut sein; eine „böse" Gewohnheit kann kein Recht erzeugen. Die Unfreiheit z. B. besteht nach den oben angeführten Rechtsbüchern seit alter Zeit, sie ist aber gleichwohl eine „unrechte Gewohnheit" (s. oben 1. Bd., III/2). Das gute Recht geht auf Gott zurück und lebt im Gewissen und im sittlichen Empfinden der Gemeinschaft. Neben diesem aus dem sittlichen Empfinden geschöpften Recht glaubte man, das Recht auch in alten Überlieferungen finden zu können. „Neues" Recht widerspricht demzufolge dem Begriff des „guten" Rechtes. So bestimmt denn auch das Weistum des Landgerichtes Sterzing aus der Zeit um 1400, daß „niemand kain Neuung [Neuerung] beschehe" (TW. IV, S. 435, Z. 11). Ähnliches bestimmt auch die Ordnung von Schenna (vgl. V. Hauptstück, S. 264).

Das gute alte Recht galt grundsätzlich als etwas Unveränderliches. Die Münstertaler waren zwar mit einer Bestimmung des bestehenden Erbrechtes nicht einverstanden, „aber es ist von Alter herkummen, daß wir nunzemal nit veränderen mügent" (TW. III, S. 352, Z. 39 f.). Die Obrigkeit findet nur Anerkennung, wenn sie das Volk beim guten alten Recht beläßt. Der Landesfürst selbst muß, bevor ihm die Erbhuldigung geleistet wird, das alte Recht des Landes, die „Landesfreiheiten", bestätigen.

RECHTSÄNDERUNG. Nun war freilich auch in alter Zeit das Recht nicht etwas Unveränderliches, sondern mußte sich Änderungen der Lebensverhältnisse anpassen, Änderungen, die freilich seit alters sich langsamer vollzogen als dies heute der

Fall ist. Vor einer Erstarrung wurde das Recht des Mittelalters geschützt durch das Rechtsgefühl derer, welche das geltende Recht öffneten. Weil dieses Recht Gewohnheitsrecht war, sanken veraltende Rechte in Vergessenheit, ohne daß man sich der Änderung im Rechtsgefühl bewußt wurde. Wenn sich also tatsächlich das Recht verjüngte, galt es doch im Rechtsempfinden als altes Recht. Freilich, als man begann, das Recht aufzuschreiben, konnte sich die Rechtsverjüngung nicht mehr durch solches Vergessen des alten Rechtes vollziehen. Das zeigt z. B. die vorhin angeführte Stelle aus dem Münstertaler Recht. Daß aber Änderungen am geschriebenen Recht notwendig werden können, erkannte auch die bäuerliche Rechtsweisung. Im Münstertaler Recht wird die Änderung des alten Rechtes zwar abgelehnt, die Möglichkeit künftiger Änderung aber in Aussicht gestellt. Man konnte eine Änderung damit rechtfertigen, daß durch sie gutes altes Recht, das bisher verdunkelt war, wieder in Kraft trete.

SELBSTHILFE, FEHDE, WIDERSTANDSRECHT. Das Recht ist nach der Ansicht des christlichen Mittelalters ein Stück der göttlichen Weltordnung. Deswegen ist jeder Rechtsgenosse nicht bloß berechtigt, sondern sogar verpflichtet, für Wiederherstellung verletzten Rechtes gegen jedermann, auch gegen die rechtsverletzende Obrigkeit, einzutreten. Wer sich sein Recht widerstandslos nehmen läßt, verzichtet nicht bloß auf sein Recht, sondern auch auf seine Ehre. Rache als Rächung begangenen Unrechtes, als Kampf um die Wiederherstellung des Rechtes und damit der göttlichen Ordnung, war mit der christlichen Sittlichkeit vereinbar, welche rein triebhafte Rache verbot. Die Ansicht, daß der Kampf um das Recht eine sittliche Pflicht sei, lebte im freien Tiroler Bauerntum noch über das Mittelalter hinaus fort und begründete sein Festhalten an der Selbsthilfe.

Reichsoberhaupt wie Landesfürstentum suchten allenthalben, die Selbsthilfe durch Landfriedensgesetze einzudämmen. In Tirol begegnet im Hochstift Brixen bereits 1229 ein Landfriedensgebot des bischöflichen Landesherrn. Die verschiedenen Landfriedensgebote vermochten sich aber nur allmählich durchzusetzen, da die öffentliche Gewalt, die Staatsgewalt, zunächst noch in erster Linie den Schutz gegen äußere Feinde als Hauptaufgabe betrachtete, während der Schutz des inneren Friedens noch vielfach autonomen Verbänden wie der Sippe, der Nachbarschaft oder Gemeinde überlassen blieb.

Als Form der Selbsthilfe war im Mittelalter die Fehde weit verbreitet. Ein Fehderecht stand nur den Wehrfähigen zu. Der Bauer, der in vielen Ländern im Verlauf des Mittelalters die Wehrfähigkeit verloren hatte, besaß im allgemeinen kein Fehderecht. Der freie Bauer Tirols war wehrfähig geblieben und beanspruchte das Recht zur Fehde. Wie die ritterliche Fehde an bestimmte Formen gebunden war, vor allem ihr Beginn angekündigt werden mußte, so war dies auch bei der bäuerlichen Fehde der Fall. Man mußte dem Gegner „absagen", ihm den Frieden aufkündigen. Der freie, wehrhafte Tiroler Bauer verachtete den, welchem es an Wehrhaftigkeit und Mut fehlte. Ritterlicher Ehrbegriff begegnet auch beim freien Tiroler Bauern. Er besaß ein starkes Rechtsgefühl, welches ihm Rechtsverweigerung als besonders unerträglich erscheinen ließ. Absagen oder Fehden treten auch im bäuerlichen Leben in Tirol auf. In den aufgeregten Zeiten, die dem Bauernkrieg von 1525 vorangingen, nimmt die Zahl der bäuerlichen Absagen und Absager besonders stark zu. „Absager sein gar wolfail gewesen die Zeit", schreibt Georg Kirchmair als Zeitgenosse in seinen „Denkwürdigkeiten 1519–1553". Am Bauernlandtag zu Innsbruck wird als Ursache vieler Absagen angegeben, daß Ärmere oft wegen der hohen Prozeßkosten ihr Recht nicht zu erlangen vermögen.

Die Landesordnung von 1532 befaßt sich eingehend in den Titeln 62–67 des VIII. Buches mit dem Verbrechen der Absage. Aber auch sie erkennt dem Absager das Recht zu, zu seiner Verteidigung den Nachweis zu führen, daß er „von der hohen ordenlichen Obrigkait rechtlos gelassen wäre" (VIII. Buch, Tit. 67).

Ein weitgehendes Recht zur Selbsthilfe stand dem Tiroler Bauern zur Verteidigung des Rechtes an seinem Gute zu. Das Recht des Gerichtes Villanders bestimmt noch im 14. Jahrhundert: Wenn ein Baumann durch rechtswidrige Machenschaften („unterdingen") um den Besitz seines Baurechtes gebracht wird und der Richter ihm nicht wieder zu seinem Besitz verhilft, so mag der Geschädigte vor das Haus des Schädigers ziehen und „mit seinen Freunten [= Sippengenossen] vor dem Haus warten; wa ain Mensch heraus wil, das mugen si töten und wider in das Feur werfen, und schullen darumb dem Gericht noch niemant nicht pessern" (= büßen) (TW. IV, S. 252, Z. 35).

Die Ordnung des benachbarten Gerichtes Latzfons und Verdings trifft für den gleichen Fall der Rechtsverweigerung in der zweiten Hälfte des 15. Jahrhunderts eine ähnliche Bestimmung: Der Geschädigte zieht mit seinen „Freunden" vor das Haus des Schädigers, ruft aber zuerst die Hausgenossen des Schädigers heraus, zündet dann erst das Haus an; will der Schädiger aus dem brennenden Haus entfliehen, „so sollen si in wider hinein stechen und lassen verprinnen, und soll dann [der Geschädigte] dem Gericht und gen den Freunten [des Verbrannten] und gen allermenigclich darumb ledig und los sein" (TW. IV, S. 360, Z. 12).

Nachklänge alten Selbsthilferechtes erscheinen noch in jüngeren Rechtsordnungen, welche eine Selbsthilfe gegen verbrecherische Bedrohung vorsehen.

Groß war die Unsicherheit im Gebiet entlegener Einödhöfe, die oft von herumstreifendem Gesindel heimgesucht wurden. Demgegenüber öffnen die Leute von Brandenberg, einer Gemeinde von Einzelhöfen, noch im 15. Jahrhundert als ihr altes Recht, daß sie Fremde, die nach Brandenberg kommen und ihnen unheimlich erscheinen („da uns ab grausnat"), gefangennehmen dürfen; widersetzt sich ein Verdächtiger, „schlügen si in ze Tod, dez sullen si gen der Herschaft unentgolten sein, dann gen Got allain" (TW. I, S. 137, Z. 3 ff.). Ähnliche Bestimmungen befinden sich im Landrecht des Zillertales und im Weistum des Landgerichtes Rattenberg, welche beide dem 16. Jahrhundert angehören. Daß die Selbsthilfe noch im 15. und 16. Jahrhundert vielfach geübt wurde, zeigen verschiedene Verbote aus dieser Zeit.

Der Obrigkeit gegenüber, welche Recht verletzte, gab es ein Widerstandsrecht. Der Tiroler Landtag machte davon Gebrauch, als König Friedrich widerrechtlich die vormundschaftliche Regierung über Tirol, die er an Stelle Herzog Siegmunds führte, verlängern wollte. Bauern- und Bürgerstand betrieben den Zusammentritt des Meraner Landtages; auf ihm wurde mit allem Nachdruck die Entlassung des jungen Landesfürsten aus der Vormundschaft gefordert. Weder dem König noch dem jungen Landesfürsten sollten vor Aufhebung der Vormundschaft Regierungshandlungen hinsichtlich Tirols zustehen; bis auf weiteres übernahm der Landtag die Regierung. Als Herzog Siegmund gegen Ende seiner Regierung unter dem Einfluß schlechter Räte das Recht zu kränken schien, setzten die Landtage zu Hall und Meran 1487 eine Regierung aus Leuten ihres Vertrauens ein.

Die neuzeitliche Staatsgewalt, wie sie sich seit Ausgang des 15. Jahrhunderts in den deutschen Ländern ausbildete, betrachtete die Aufrechterhaltung der öffentlichen Ordnung und den Schutz des Rechtes als eine dem Staate allein zustehende Aufgabe. Von diesem Standpunkt aus bekämpfte sie jegliche private Selbsthilfe. Im 17. Jahrhundert gelangte sie in diesem Bemühen zu vollem Erfolg. Selbsthilfe in der Form der Fehde und Absagen verschwanden nunmehr. Im Denken und Fühlen des Volkes mag der Gedanke der Selbsthilfe und des Widerstandsrechtes noch lange lebendig geblieben sein.

BÄUERLICHES RECHT UND HERRSCHAFTSRECHT. Zur Zeit, da die Aufzeichnung der Weistümer allgemein wurde, war bereits ein großer Teil der Tiroler Bauern frei. Die Rechte der Grundherrschaften waren zumeist auf rein vermögensrechtliche Verpflichtungen der Bauleute oder Zinsbauern beschränkt, ohne deren persönliche Freiheit zu berühren. Eine Dorfherrschaft, die einem der Grundherren eine obrigkeitliche Stellung in der Gemeinde gab und die bäuerliche Bevölkerung zu seinen Untertanen mit geminderter Freiheit machte, ist in Tirol – anders als in den östlichen Ländern Österreichs – nur ausnahmsweise zur Ausbildung gelangt. Nur in den wenigen Hofmarken, in welchen Grund und Boden zu einer einzigen Grundherrschaft gehörten, kam ein der Untertänigkeit ähnliches Verhältnis zur Ausbildung, aber auch hier ist es in der Neuzeit verschwunden.

In Form und Sprache zeigt sich das Recht der bäuerlichen Weistümer als Volksrecht. Die Weistümer sprechen so, wie der Bauer zu sprechen pflegt. Ihre Darstellungsweise vermeidet Abstraktionen und zeigt jene Anschaulichkeit, die uns auch heute noch in bäuerlicher Redeweise erfreut. Der Anschaulichkeit und Gemeinverständlichkeit diente die Breite der Darstellung, die Freude am Schildern einzelner Vorgänge. Echt tirolisch volkstümlich sind auch der Humor und die Freude an Seltsamem, wie sie in den Weistümern zutage treten. So wird dem Richter nach einem um 1592 niedergeschriebenem Weistum, wenn er zum Herbsttading nach Mils (bei Hall) kommt, von der Gemeinde ein Mahl bezahlt, „wann er Richter hat ain ainaugeten Knecht, auch ain ainaugetes Pferd und ain ainaugeten reverender [mit Respekt zu sagen] Hunt“ (TW. I, S. 196, Z. 7). Uralte sagenhafte Vorstellungen von der Bedeutung der Einäugigkeit mögen beim Festhalten an dieser Bestimmung hereingespielt haben. Lustig ist die Art, wie nach dem Weistum von Schenna (1513, TW. IV, S. 762) der Saltner, der seine Wächterpflicht als Hüter des Weingartens vernachlässigt, bestraft wird. Die Leute, welche Nachschau halten und die Wächterhütte leer finden, sollen dem Saltner das Bettzeug wegnehmen und verkaufen, den Kaufpreis können sie dann vertrinken. Mit Humor wird auch Vorkehrung gegen den Schaden getroffen, der von dem scharrenden Hühnervolk zu gewärtigen ist. Im Weistum von Schwaz von 1474 (TW. V, S. 105, Z. 9) wird bestimmt:

„Item ain yeder seldner [Kleinhäusler] sol haben ain han und trey hennen und die yederman an [ohne] schaden hallten. Ob aber die schaden tätten unnd sein nachtpar nit leidn möchte, so haben die hennen nit weiter gerechtigkait, dann daz die frau steet auf dem fürst unnd würft ain scheebling-hanndtschuech[49] arschling über den koph aus, als verr der hanndtschuech fäldt, als verr haben der han unnd die hennen gerechtigkait, unnd nicht weitter." Diese Vorschrift wurde auch in das aus dem Anfang des 17. Jh.s stammende Schwazer Weistum übernommen (TW. III, S. 367, Z. 36). Ähnliche Bestimmungen enthalten auch die noch dem 15. Jh. angehörenden Weistümer von Buch und Stans (TW. I, S. 164, Z. 12 und S. 167, Z. 7).

In der jüngeren Zeit – etwa seit Mitte des 16. Jahrhunderts – wird mit der Zunahme behördlichen Einflusses auf die Abfassung der Weistümer auch deren Sprache gelegentlich dem Amtsstil angepaßt. War sie früher einfach, gelegentlich wohl auch derb, so wird sie jetzt langatmiger und zimperlicher. Man scheut sich, natürliche Dinge beim rechten Namen zu nennen; nicht bloß der Misthaufen, sogar die Kuh oder der Hund dürfen nicht mehr kurzweg aufgeführt werden, sondern man muß für ihre Erwähnung mit einem vorangestellten „salva venia" (bitte zu verzeihen), „salvo honore" (unbeschadet des Respekts) oder „reverendo" (mit Respekt zu sagen) sich entschuldigen.

Selbstbewußt öffnen die freien Bauern Tirols ihr altes Recht, es mit den Worten einleitend: „Das seind unsere alten Recht" (TW. II, S. 217, Z. 36, 2. Hälfte des 14. Jh.). (Vgl. auch unten V., S. 268).

Mit Nachdruck betonen die freien Bauern ihr Recht, dessen sie sich als freie Leute erfreuen. So verkünden z. B. die Bauern im Gericht Laudeck wie jene der Gemeinden Fließ und Zams im 14. Jahrhundert ihr Recht auf freien Zug. Im ersten Punkt der Ehehaft von Zams heißt es:

„Des ersten tünt si irer gnedigen Herschaft von Tirol ze wissen iere alten Recht und Gewonhait, die si ie und ie gehabt habend von derselben irer Herschaft, und auch hinz auf disen heutigen Tag von Alter herbracht habent, das alle die, die da frei Leut sind, mugent aus der Herschaft ziehen, wenne si wellent oder wo si hin wellent, das si daran ir Herschaft oder wer an ierer Stat ist, noch khain Richter, noch ieman ander ierren oder engen sol weder an Leib, noch an Guet, und wenne ir ainer hin ziehen wil, gert sein derselb, so sol in die Herschaft, oder wer an ierer Stat ist, aus dem Lant belaiten, in und sein Hab ..." (TW. II, S. 209, Z. 10)

Unfreie Leute waren im Verkauf ihrer wirtschaftlichen Erzeugnisse behindert. Im Gegensatz hierzu stellen die freien Bauern der Gemeinden Fließ und Zams in ihren Weistümern fest: „Item mer ist ze merkchen, das iederman sein Hab verkaufen und hingeben mag, wan er wil, es sei Koren, Wein, Eisen, Salz oder Smalz oder Chäs

[49] Handschuh aus Leder, wie er bei grober Arbeit verwendet wird.

oder was ein Man vail hat, das im das niemand schetzen sol, und das wir kainen Aufsatz darauf wellen haben, und das sind unsren alten Recht und davon sein wir frei Leute, das wir mit unser Habe tun mugen, was wir wellen" (TW. II, S. 211, Z. 35 und II, S. 217, Z. 33; beide 2. Hälfte des 14. Jahrhunderts).

Ganz anders klingt es aus den Herrschaftsrechten der Hofmarken. Hier hat sich zwar auch – wenigstens zum Teil – die Feststellung der Herrschaftsrechte in Form einer Öffnung durch die pflichtigen Bauern vollzogen, in andern Fällen setzt die Herrschaft einseitig das Recht fest. Da werden dann die einzelnen Satzungen eingeleitet mit den Worten wie: „man öffnet euch", „mein Herr verbeut euch".

VOLKSTÜMLICHKEIT DES RECHTES. Das in den Gemeinden und Landgerichten der freien Bauern geöffnete Recht war altes Gewohnheitsrecht, beruhte auf Sitte und Herkommen. Das Verhältnis des Volkes zu diesem von Volksgenossen gewiesenen alten Recht war ein viel innigeres als zu dem in jüngerer Zeit stärker sich durchsetzenden Amtsrecht. Wie im mittelalterlichen Wirtschaftsleben, so weisen auch im Recht Familie, Ortsgemeinde und Gerichtsgemeinde ein ausgeprägtes Eigenleben auf.

Die Rechtsöffnungen oder Weistümer stellen überwiegend ein autonomes Recht der Gemeinden und Gerichte dar, also kleinerer Verbände innerhalb des Landesganzen. Das „Landrecht der Grafschaft Tirol", von welchem in den Urkunden seit dem 14. Jahrhundert gesprochen wird, kann sowohl Gewohnheitsrecht sein, von dem man annahm, daß es im ganzen Lande gelte, als auch vom Landesfürsten im Einvernehmen mit den Landständen gesetztes Recht. Die Bezeichnung „Landrecht" wird auch für das Recht einzelner Landgerichte oder einzelner Landschaften gebraucht, so, wenn von einem Landrecht der Hofmark Pillersee oder einem Landrecht des Zillertales gesprochen wird. „Land" wird hier der Gerichtsbezirk genannt.

LANDESGESETZLICHE REGELUNG EINZELNER RECHTSFRAGEN. Neben dem Gewohnheitsrecht gab es Landesgesetze, die von den Landesfürsten erlassen wurden. Solches gesetztes Landesrecht begegnet bereits im 13. Jahrhundert. Schon um 1281/82 hatte Herzog Meinhard II. die „iura Montana", das Recht im Land im Gebirge, aufzeichnen lassen. Dieses in deutscher Sprache verfaßte Landrecht Meinhards II. bezweckte „gepesserunge und gemeinen nutz aller leute gemeinlich". Diese Rechtsaufzeichnung war erlassen worden „mit ehrsamer und weiser leute und weiser dienstmannen rat über all unser lant".

Berufungen auf das „Landrecht der Grafschaft Tirol" sind schon seit dem 14. Jh. sehr häufig. Nordtiroler wie Südtiroler Weistümer des 15. Jahrhunderts bezeichnen Meinhard II., diesen tatkräftigen Territorialfürsten, als den Schöpfer des Landrechtes.

So weiß die Aufzeichnung des Villanderer Rechtes (Gericht Villanders im unteren Eisacktal) über die Entstehung des Landrechtes folgendes zu erzählen: „Des ersten, da Herzog Meinhart [1258–1295] das Lant zwang ... da was er Herr über alles Lant, da satzt er sein Rät nider, Ritter und Knecht, die erfunden Landsrecht, wie er das Lant vestent, und erfunden (ermittelten), das die vier Gericht: Vilanders und der Riten, Särntein und Melten, ain Aid solten sein und solten aneinander geholfen sein, als ir Gesetz gegeneinander stent" usw. (TW. IV, S. 248, Z. 1 ff.).

Als 1293 für die Grafschaft Bozen eine neue Gerichtsordnung vereinbart wurde, waren bei der Versammlung der Insassen nicht nur „nobiles, magnates et ministeriales" (also Edle, Grundherren und ritterliche Dienstmannen), sondern auch „burgenses et cultores et alii homines et personae", also Bürger, Bauern und andere Leute anwesend. Ebenso war die von Meinhard II. 1290 erlassene Gemeindeordnung von Condino in Judikarien unter Mitwirkung von Bürgermeister und Dorfältesten jener Gegend zustande gekommen.

So erfolgte in Tirol die Landesgesetzgebung schon früh unter Mitwirkung des Volkes. Der Bauernstand, noch bis herauf an die Schwelle unseres Jahrhunderts die Hauptmasse des Tiroler Volkes, war am Tiroler Landtag als gleichberechtigter Stand neben den drei anderen Ständen, Geistlichkeit, Adel und Stadtbürgertum, vertreten.

In Tirol ergingen die Landesgesetze zwar unter dem Namen des Landesfürsten, aber ihre Abfassung wurde wesentlich durch das im Landtag vertretene Volk mitbestimmt. Die älteren Landesgesetze oder Landesordnungen regelten zunächst nach Bedarf nur einzelne Gegenstände des Rechtes. Die Vertretung des Bauernstandes am Landtag wirkte sich in der Gesetzgebung zum Vorteil des Bauernstandes aus. Unter bäuerlicher Mitwirkung entstand die bereits erwähnte Landesordnung von 1404, welche das bäuerliche Besitzrecht in einer für den Bauern so vorteilhaften Weise regelte.

Dem autonomen, korporativen Recht und so auch jenem der bäuerlichen Weistümer trat in der Neuzeit die Ausbildung der landesfürstlichen Gewalt zur absoluten Staatsgewalt feindselig gegenüber. Nach zwei Seiten versuchte sich die Staatsgewalt der deutschen Landesfürsten durchzusetzen, nach oben gegen die Gewalt des Reiches, nach unten gegen die autonomen Gewalten im Land. Die Staatsgewalt des früheren Mittelalters besaß nur einen beschränkten Kreis von Aufgaben und konnte daher viel von dem, was später als Teil staatlicher Regierungstätigkeit betrachtet wurde, den autonomen Gewalten überlassen. Das öffentliche Recht hatte sich noch nicht klar und deutlich vom Privatrecht abgesondert und war noch nicht zu jener dominierenden Stellung gelangt, die ihm im modernen Staat zukommt.

Die Gestaltung des kulturellen und wirtschaftlichen Lebens im späteren Mittelalter, das Einsetzen des Frühkapitalismus, die Ausweitung und Intensivierung des Verkehrs, der gerade im alten Paßland Tirol eine besondere Rolle spielte, legten eine vielseitigere staatliche Regierungstätigkeit und deren Vereinheitlichung nahe. Die zunehmende Intensität des Verkehrs forderte zumal, daß an Stelle partikularer Verschiedenheit des Rechtes eine territoriale Rechtseinheit trete.

Im älteren Staat überwogen die autonomen Rechte der Korporationen und gesellschaftlichen Schichtungen die Rechte des Staates, man könnte sagen, die Gesellschaft war stärker als der Staat. Demgegenüber bedurfte das Bestreben nach Verstärkung und Vereinheitlichung der Staatsgewalt einer Zusammenfassung der staatlichen Regierungstätigkeit in der Form einer Zentralisierung der Verwaltung, mit welcher Beamtenherrschaft (bürokratisches Regiment) regelmäßig verknüpft ist. Das rechtskundige Beamtentum verfocht im Interesse einer Stärkung der im Landesfürstentum repräsentierten Staatsgewalt den Grundsatz, daß alles Recht von staatlicher Verleihung herzuleiten sei und dementsprechend vom Staate auch wieder aufgehoben werden könne.

REZEPTION DES RÖMISCHEN RECHTES. Dem Landesfürstentum der deutschen Länder schien sich in der Übernahme (Rezeption) des römischen Rechtes die Möglichkeit einer einheitlichen Gestaltung des Rechtes zu bieten. Das römische Recht, um das es sich dabei handelte, war nicht das römische Recht, wie es Kaiser Justinian in seinem Gesetzbuch gestaltet hatte, sondern jene Umformung, die es durch die erklärende Tätigkeit der um 1200 von Irnerius in Bologna begründeten Glossatorenschule erhalten hatte. Das deutsche Recht in der Mannigfaltigkeit seiner Gestalt wäre an sich gewiß nicht zu einer zeitgemäßen Weiterbildung und Vereinheitlichung unfähig gewesen, ist doch in verschiedenen deutschen Stadtrechten ein zeitgemäßes deutsches Verkehrsrecht geschaffen worden. Auch unsere tirolischen Landesordnungen des 16. Jahrhunderts, über die noch zu sprechen sein wird, legen deutlich genug an den Tag, daß eine zeitgemäße Weiterbildung älteren deutschen Volksrechtes sehr wohl möglich war.

Es gereichte der Weiterbildung des deutschen Rechtes zum Nachteil, daß es ihm an einer wissenschaftlichen Behandlung ähnlich jener des römischen Rechtes gebrach. Der Rechtsunterricht an den deutschen Universitäten und so auch jener an der 1365 gegründeten Universität Wien beschränkte sich zunächst auf das Kirchenrecht und später auf das römische Recht. Ein Teil der oben erwähnten deutschen Rechtsbücher des 13. und 14. Jahrhunderts versuchte, gemeindeutsches Recht darzustellen. Diese Rechtsbücher waren aber nur private Arbeiten; zu einer gemeindeutschen Rechtszusammenfassung, welche dem Bedarf nach einem einheitlichen Rechte entsprochen hätte, ist es infolge der Schwäche der Reichsgewalt nicht gekommen. Das deutsche Recht in seinen verschiedenen örtlichen Fassungen wäre sehr wohl einer Weiterbildung und Vereinheitlichung fähig gewesen, wie bereits die Rechtsbücher zeigen. Nikolaus von Cues hat dies mit seinem überragenden Geist erkannt und in seiner Reichsreformschrift „Concordantia catholica" (1433) entsprechende Vorschläge gemacht, denen leider eine Verwirklichung versagt blieb.

Das „Heilige Römische Reich Deutscher Nation" war nach Ansicht des Mittelalters der Nachfolger des alten Römerreiches. Aus dieser Ansicht heraus erwuchs das, was man die theoretische Rezeption des römischen Rechtes bezeichnet, nämlich die Ansicht, daß dem römischen Rechte auch in Deutschland Geltung zuzuerkennen sei. Die humanistische Geistesrichtung, welche zu Ausgang des Mittelalters das geistige Leben Mittel- und Westeuropas beherrschte, hat mit der Überschätzung der geistigen Werte des Altertums auch eine Überschätzung des römischen Rechtes in den geistig führenden Schichten der deutschen Nation bewirkt.

Maximilian I. hat als „römisch deutscher Kaiser" dem von ihm geschaffenen Reichskammergericht, dem obersten Gerichtshof des Reiches, die Weisung gegeben, zu richten „nach des Reiches gemeinen Rechten", zu denen vor allem das römische Recht gezählt wurde. Nach den Rechten der einzelnen Länder sollte das Reichsgericht nur urteilen, wenn der Nachweis ihrer Geltung in dem betreffenden Land erbracht würde.

Die Vorzüge des römischen Rechtes bestanden in seiner scharfen, klaren Begriffsbildung und seiner logisch durchgebildeten Systematik. Das römische Recht stand aber mit germanisch-deutscher Rechtsanschauung und deutschem Rechtsgefühl vielfach im Widerspruch. Das deutsche Recht war Volksrecht, es hatte sich aus dem sittlichen Empfinden des Volkes, unabhängig von obrigkeitlichem Willen, als Gewohnheitsrecht gebildet. Das Recht, das die gelehrte Juristenzunft vertrat, war volksfremdes römisches Recht, das auf obrigkeitlicher Satzung beruhte. Die Juristen gefielen sich darin, alles Recht auf staatliche Anordnung zurückzuführen und Einrichtungen des deutschen Rechtes im Geist des römischen Rechtes umzuformen.

Kampf gegen die Rechtsgelehrten und um das alte Recht. Die deutschen und so auch die Tiroler Landesfürsten begannen seit der zweiten Hälfte des 15. Jahrhunderts, Rechtsgelehrte, die an den Universitäten herangebildet waren, die sog. „doctores", als Beamte und Richter an leitenden Stellen zu verwenden. Durch die „doctores" wurde die „praktische Rezeption", d. h. die Anwendung des römischen Rechtes, in Regierung und Rechtsprechung durchgeführt. Bereits im Dienst Herzog Siegmunds von Tirol (1439–1490) standen zehn Rechtsgelehrte.

Die Rechtsgelehrten erschienen den Landesfürsten als geeignete Werkzeuge für die Durchführung jener Neuordnungen, welche Staats- und Fürstengewalt verstärkten und das autonome Recht zurückdrängten. Für solche Innenpolitik waren die Doktoren leichter zu haben als jene landesfürstlichen Räte, die dem Landesadel entstammten. Die Doktoren in den landesfürstlichen Regierungskollegien waren öfters landfremde Leute und bürgerlicher Herkunft, waren örtlichen Einflüssen und Verbindungen weniger zugänglich und für die Durchsetzung landesfürstlicher Machtpolitik geeigneter als Beamte aus bodenständigen Landesfamilien.

Das römische Recht, mit dem die Rechtsgelehrten vertraut waren, bot unter Umständen eine gute Handhabe, um altes Landesrecht beiseite zu schieben. Das sollte sich gerade beim Regierungsantritt des Nachfolgers Maximilians I., seines Enkels Ferdinand, zeigen. Der tirolische Landesfürst mußte bei Regierungsantritt die alten Landesfreiheiten bestätigen. Ferdinand wollte sich dazu nur unter Vorbehalt seiner landesfürstlichen Rechte verstehen. Das oberste Regierungskollegium, der Hofrat, riet aber dem Fürsten, von diesem Vorbehalt, der bei den Landständen begreiflicherweise Verdacht erregen mußte, abzusehen; nach dem Sinn des „gemeinen" (= römischen) Rechtes verstehe sich solcher Vorbehalt von selbst.

Trotz Verwendung der Rechtsgelehrten in der Regierung kam es in Tirol nicht zu einer so weitgehenden Aufnahme des römischen Rechtes wie in anderen deutschen Ländern. Die folgenden Ausführungen über die tirolischen Landesgesetze oder Landesordnungen werden dies dartun. Römisches Recht galt in der Römerzeit in dem zu Italien gehörigen Gebiet um Trient. Hier, in dem von Italienern bewohnten Teil Alttirols, hat das römische Recht in subsidiärer Geltung neben den einheimischen Statuten, so besonders den Statuten von Trient, bis herauf zum Jahre 1815 Geltung behalten. Im deutschen Südtirol wie in Nordtirol herrschte deutsches Recht. Ein grundherrlicher Beamter der Bozner Gegend erklärte im Jahre 1242: „Ich kenne kein geschriebenes (= römisches) Recht, wir handeln vielmehr nur nach unserer Gewohnheit."

Unter dem „geschriebenen Recht" ist das römische Recht gemeint; dieser Aussage ist jedoch zu entnehmen, daß hier auch die aus dem 8. Jahrhundert stammende Lex Baiuvariorum, das alte Stammesrecht der Baiern, völlig außer Gebrauch gekommen war. Doch ist sein Inhalt weitgehend als Gewohnheitsrecht in Geltung geblieben (Voltelini, FZ 33. Bd., S. 179; Stolz, Rechtsgesch. des Bauernstandes, S. 14, A. 10).

Das Recht, das in den Taidingen des deutschen Tirol geöffnet wurde, ist durchaus deutsches Recht und Volksrecht.

Im Vinschgau und in einzelnen anderen Landschaften Westtirols, in welchen sich lange Zeit eine engere Verbindung mit dem romanischen Churrätien erhielt, läßt sich in Urkunden des 9. bis 12. Jahrhunderts die Anwendung einzelner Sätze des churrätischen Rechtes, der Lex Romana Curiensis, nachweisen. Dieses wahrscheinlich noch im 8. Jahrhundert entstandene Gesetz enthält neben germanischen Rechtssätzen in ausgedehntem Maße römisches Recht, wie es bei den romanischen Bauern Churrätiens in Geltung stand. Im späteren Mittelalter sind diese Spuren römischen Vulgärrechtes auch im westlichen Tirol verschwunden.

Seit den Zeiten Maximilians I. kehren im bäuerlichen Volk und im Tiroler Landtag die Klagen über Mißachtung des heimischen Rechtes und die Besetzung von Regierungsstellen mit Rechtsgelehrten oder „doctores" immer wieder. Der Unwille war aber nicht durch ein bedeutsameres Eindringen fremden römischen Rechtes in die Rechtsprechung und Gesetzgebung verursacht; der tiefere Grund all dieser Klagen lag in jener Umbildung von Staats- und Regierungsgewalt, in jener Ausbildung eines neuen Amtsrechtes, wie sie zu Ausgang des Mittelalters in Tirol wie auch in anderen deutschen Ländern an den Tag traten. „Kampf um das alte Recht" wurde zum Schlagwort der Widerstandsbewegung.

Die Bauernaufstände, die seit der zweiten Hälfte des 15. Jahrhunderts in verschiedenen deutschen Ländern aufflammten, hatten den Kampf um das alte Recht auf ihre Fahnen geschrieben. Die deutschen und slowenischen Bauern Kärntens und Krains, die sich 1515 erhoben hatten, bezeichneten die Wiederherstellung des alten Rechtes („stara pravda" der Slowenen) oder des „heiligen Rechtes" (Kärnten) als Ziel ihres Kampfes.

Das alte Recht, wie es in den bäuerlichen Köpfen lebte, entsprach freilich nicht einem klar vorgestellten Rechtszustand der Vergangenheit. Dieser hat in der Vorstellung des Bauern eine gewisse Verklärung erfahren; das alte Recht, wie es im bäuerlichen Denken erschien, verhielt sich gelegentlich zum geschichtlichen Recht wie die Sage zur Geschichte. In Tirol tritt der Kampf der Bauern um ihr altes Recht mit voller Gewalt in der bäuerlichen Erhebung vom Jahre 1525 an den Tag. Der Kampf ging letzten Endes um die alten autonomen Rechte der Gemeinden und Gerichte, welche durch das neue Amtsrecht beschränkt wurden. Unmittelbar in das bäuerliche Wirtschaftsleben griff die Einschränkung der bäuerlichen Allmendrechte, der Rechte an der „Gemain" ein, worüber noch im folgenden V. Hauptstück berichtet werden soll.

Der Kampf des Volkes gegen ein mißliebiges Regierungssystem richtet sich jeweils weniger gegen Grundsätze als gegen Personen, die als Träger des Systems erscheinen. So sah auch das Tiroler Bauernvolk in den „doctores", in den an der Regierung sitzenden Rechtsgelehrten, die Schuldtragenden an den mißliebigen Neuerungen. Ein Pasquill aus der Zeit um 1525 schmäht die fremden Ratgeber des Landesfürsten:

> „Darumb vil doctorische Recht auferstanden,
> Ist ganz unleidlich Österreichischen Landen,
> Auch wider unser Freiheit ganz." (Archiv 17, II, S. 95)

In dem am Meraner Bauernlandtag aufgestellten Reformprogramm (Artikel 12) wird gefordert, es soll „dieselb Regierung oder Regiment zu Ynnsprugg mit verstendigen erlichen Lantleutn, so der Landspreuch Wissen tragen, als vom Adl, Stettn und Gerichtn und nicht von aussern oder geistlichen Leutn noch Doctores besetzt werden" (AT. III, S. 38, Z. 15).

Viele der Rechtsgelehrten waren Ausländer. Ihnen traute das Volk keine Kenntnis des einheimischen Rechtes zu. Bei ihrer Begünstigung seitens der Fürsten hatte die Eignung für die Durchführung von Neuerungen auf dem Gebiet des Staatsrechtes eine Rolle gespielt. Der Bauer aber war besonders geneigt, solche Fremde als Verächter des alten heimischen Rechtes und als Förderer eines volksfeindlichen Amtsrechtes zu betrachten. Abneigung gegen volksfremdes Beamtentum hatte schon im ausgehenden 13. Jahrhundert die Bauern der Schweizer Urkantone zum Kampf gegen die habsburgischen Vögte geführt.

Das Mißtrauen gegen die Rechtsgelehrten beschränkte sich nicht ausschließlich auf die breiten Volkskreise. Auch ein Mann wie der gelehrte Elsässer Humanist Jakob Wimpfeling (1450–1528) verurteilt mit scharfen Worten den Einfluß der Juristen: „Mächtiger noch als im Gericht sind sie im Rate der Fürsten, wo sie schon viel länger im Geheimen wirken und alles umkehren und verwirren, was durch die Weisheit der Vorfahren geordnet worden und zu Recht bestand." Das heimische Recht galt vielen Rechtsgelehrten als „roh und bäuerisch". Schon um 1460 äußerte sich – allerdings außerhalb Tirols – ein Jurist über die bäuerliche Rechtssprechung voll Verachtung: „Kein Mißbrauch scheint mir größer zu sein als der, daß Menschen, welche den Acker bebauen, in diesem Land (d. h. im Land, wo er sich aufhielt) Recht sprechen." Diese Geringschätzung des alten Volksrechtes durch die „doctores" konnte dem Volk nicht lange verborgen bleiben und war wohl eine der Hauptursachen für seine Feindschaft gegen die Juristen.

Das Bauerntum Tirols hatte dank seiner Vertretung am Landtag genug politische Schulung erhalten, um nicht ein blinder Anhänger des Alten zu sein. So hatte es auch volles Verständnis für die Notwendigkeit einer innerstaatlichen Neugestaltung. Die politischen Forderungen des bäuerlichen Reformprogrammes, wie sie in den Meraner und Innsbrucker Artikeln von 1525 formuliert wurden, zielten auf eine geradlinige Weiterbildung des mittelalterlichen Staates mit seiner Duldsamkeit gegenüber dem autonomen Recht von Gemeinden und Genossenschaften. Die alten Landesfreiheiten sollten gewahrt werden, andererseits verschloß man sich aber keineswegs einer gründlichen Neuordnung des Staates. Die Meraner Artikel verlangen, „damit aber ainer dem andern im Rechtn gleich sei ... ain Recht und Gericht fürzunemen", ferner, daß „in der ganzen Grafschaft Tirol im Rechtn ain Brauch gehaltn werde", endlich, daß in Hinkunft „durch das ganz Lant ain Wag, Mas aufgericht" werde (AT. III, S. 38, Art. 11 u. 13; S. 40, Art. 18). Der Zeit vorauseilend, fordern die Bauern hier einheitliches Recht, einheitliches Gerichtsverfahren und gleiches Maß und Gewicht im ganzen Land. Die in Artikel 14 ausgesprochene Forderung nach Wahl der Richter wäre der Autonomie der Gerichtsbezirke und der Wahrung autonomen Rechtes der Gerichtsgemeinden zustatten gekommen. Nicht gegen den Landesfürsten war die bäuerliche Bewegung gerichtet. Die alte Kampfgemeinschaft zwischen den Bauern und dem „Herzog Friedl mit der leeren Tasche" (s. unten S. 135) war nicht vergessen. Wohl aber wollte man die landfremden Berater aus der Regierung entfernt wissen: „Si thunt den frummen Fürsten verfüren, Domit sie mögen jubiliren", heißt es in dem vorhin erwähnten Pasquill.

Mit ihren Reformforderungen auf dem Meraner und Innsbrucker Landtag arbeiteten die Bauern auf ein Staatswesen, ähnlich jenem hin, welches die Bauern der Schweizer Urkantone und Graubündens sich in ihren Kantonen geschaffen hatten.[50] Wie in Graubünden die Ablösung der feudalen gerichtsherrlichen Rechte durch die bäuerliche Gerichtsgemeinde erfolgt war, so versuchten noch im Jahre 1703 die vier Gerichte des obersten tirolischen Inntales als Lohn für ihren heldenmütigen Kampf gegen die Feinde Österreichs und Tirols Einfluß auf die Besetzung der führenden Beamtenstellen in der Gerichtsverfassung zu erlangen; Pfleger und

[50] Doch darf ein entscheidender Unterschied nicht übersehen werden: In den Ostalpen war die Bildung der Länder, das Werden der Territorialstaatlichkeit, ein Werk der Landesfürsten; in den Westalpen gehen die historisch-politischen Individualitäten, die Länder oder Orte, gerade aus dem Kampf gegen die dynastische Territorialbildung der Häuser Habsburg und Savoyen hervor. So auch in Graubünden, wo unter dem Einfluß der kommunalen Bewegung eine Beseitigung feudaler Herrschaftsrechte und selbständige Handhabung aller Hoheitsrechte angestrebt wird. Vgl. Harold Steinacker, Staatswerdung und politische Willensbildung im Alpenraum und Tirols Mittelstellung zwischen westlichen und östlichen Alpenländern, in: Schlern-Schriften 52. Bd. (1947), S. 271–316, bes. 284f., Neudruck in Libelli 152. Bd., Wiss. Buchges. Darmstadt 1967, bes. S. 14. N. Grass.

Richter sollten aufgrund eines von der Gerichtsgemeinde erstatteten Dreiervorschlages vom Landesfürsten ernannt werden.

UMFASSENDE LANDESGESETZE. Der zunehmende Verkehr und die Notwendigkeit gleichmäßiger Handhabung der öffentlichen Gewalt im ganzen Land führten Landesfürsten wie Landstände zu gemeinsamem Bemühen um die Schaffung eines einheitlichen, das ganze Land umfassenden Landesgesetzes. Das autonome Recht der einzelnen Landschaften und Genossenschaften bedurfte eines Überbaues in Gestalt einer solchen umfassenden „Landesordnung". In diesem Sinne trat auch der Tiroler Landtag seit Ausgang des 15. Jahrhunderts wiederholt für eine einheitliche Rechtsordnung ein. An die Stelle der älteren Landesordnungen, welche nur einzelne Gegenstände des Rechtes geregelt hatten, sollte nunmehr eine allgemeine, umfassendere Landesordnung treten. Bereits im ersten Jahrzehnt seiner Regierung in Tirol gab Maximilian I. nach Rat und Bitte der Landschaft dem Land ein Kriminalgesetzbuch, die sogenannte „Maximilianische Halsgerichtsordnung" vom Jahre 1499, das älteste Strafgesetzbuch auf deutschem Boden. Mit dem Erlaß des Gesetzes war eine Wiederveröffentlichung älterer Landesgesetze über das gerichtliche Verfahren in bürgerlichen Sachen und über die Handhabung der Sicherheits- und Gewerbepolizei verbunden. Diese Landesordnung wurde am 26. Dezember 1499 publiziert und im Jahre 1500 und nochmals 1506 in Druck gelegt.

Wie weit die Tiroler Landstände an der Redaktion des Gesetzes teilhatten, läßt sich nicht genauer feststellen. Jedenfalls entsprach das Gesetz in seiner abschließenden Fassung nicht dem, was die Stände wollten, sodaß der Kaiser die Landesordnung dem Landtag zu Bozen im Jahre 1500 neuerlich zur Begutachtung vorlegte. Es gelang Maximilian, wenigstens äußerlich den ständischen Widerstand zu überwinden. Zu einer bedeutsameren Aufnahme römischen Rechtes in die Landesordnung ist es nicht gekommen. Der Abneigung des Volkes gegen das Gesetz von 1499 verliehen die Vertreter der Oberinntaler Gerichte auf einer Versammlung zu Imst um 1500 Ausdruck mit dem Begehren, „die Sachen bei dem altn Geprauch beleibn zu lassen". Da von den Volksvertretern selbst am Landtag der Erlaß einer Landesordnung betrieben worden war, kann nicht starres Festhalten am Alten Ursache der Ablehnung gewesen sein. Man darf eher annehmen, daß der einseitige Einfluß der Regierung auf die Abfassung des Gesetzes den Widerspruch hervorrief. Die Nachbarschaft zu Graubünden machte die Oberinntaler besonders feinfühlig für den Gegensatz von Amtsrecht und Volksrecht.

Da sich die Landesordnung von 1499 in der Hauptsache auf eine Ordnung des Strafrechtes beschränkt hatte, wurde auf den Landtagen der Folgezeit neuerdings und wiederholt eine umfassendere Landesordnung gefordert. Ihre Vorbereitung erfolgte gemeinsam durch Regierung und einen vom Landtag gewählten Ausschuß. Da die Bauern als gleichberechtigter Stand am Landtag vertreten waren, konnte sich auch der bäuerliche Standpunkt bei der Vorbereitung des Gesetzes geltend machen.

Zur Zeit des Bauernkrieges von 1525 trat die Ausarbeitung der Landesordnung in ein neues Stadium. Der Aufstand der Bauern war nicht zum wenigsten ein Kampf für das alte, autonome Recht gegen das vordringende neue, von Landesfürsten und Regierung vertretene Amtsrecht.

Die beiden Landtage, die im Mai und Juni 1525 zu Meran und Innsbruck[51] zusammentraten, standen ganz unter dem Eindruck der bäuerlichen Erhebung. In deren Sinn wurde in Meran ein Reformprogramm in 63 Artikeln abgefaßt, das am Innsbrucker Landtag durch weitere 33 Artikel ergänzt wurde. Der Innsbrucker Landtag wählte sodann einen Ausschuß aus Mitgliedern der drei Stände, der im Sinn der Meraner und Innsbrucker Artikel einen Entwurf der neuen Landesordnung ausarbeiten sollte.

Die Forderungen, die in den 96 Artikeln vorgebracht worden waren, zielten auf eine weitausgreifende Umgestaltung der kirchlichen wie der staatlichen Verfassung sowie des Privatrechtes. Die Bauern betrachteten aber ihre Forderungen als Wiederherstellung guten alten Rechtes; auch in der Erfüllung ihrer religiösen und kirchenpolitischen Forderungen sahen sie die Wiederherstellung des alten, reinen Christentums. In Geistlichkeit und Laientum habe sich „lange Zeit her vil böser Mispreuch erhebt, dadurch das Wort Gots verhindert, die Lieb Cristi und des Nagstn Guettat zu beweisen vergessen, allain alle Sachen auf Aigennutzigkait und nicht auf gmainen Nutz gewendt“ worden seien (AT. III, S. 35, Z. 3). Die radikale Umgestaltung der Landesverfassung wurde gleichfalls als Wiederherstellung der alten Ordnung angesehen. Als der Landesregent Ferdinand I. den Einwand erhob, durch die aufgestellten Forderungen würden seine Hoheitsrechte verletzt, wurde ihm am Innsbrucker Landtag erwidert, es sei nicht die Absicht der Landstände, die alte Ordnung aufzuheben, diese solle nur „widerumb verneut und in ain gleichen Verstand bracht werden“ (Wopfner 756, S. 122).

In erregter Verhandlung zwischen dem Landesfürsten und den drei Ständen wurden am Innsbrucker Landtag die Grundzüge der neuen Landesordnung festgelegt. Die endgültige Fassung der Landesordnung wurde in gemeinsamer Arbeit von Landesausschuß und Regierung besorgt. Mit landesfürstlicher Entschließung vom 1. Mai 1526 wurde sie als gültiges Gesetz verkündet. In ihr wird ausdrücklich auf das Recht des Landtages zur Teilnahme an der Gesetzgebung hingewiesen; der Landesfürst behält sich nämlich künftige Änderungen des Gesetzes vor, betont aber, daß sie „mit Vorwissen der Landschaft“ geschehen müssen. Am 10. Mai erhielt der Augsburger Buchdrucker Ottmar das kaiserliche Privileg zur Drucklegung.

Die Landesordnung bedeutete einen großen Erfolg der Bauern; sie kann mit Recht als Bauernlandesordnung bezeichnet werden. Vor allem fand das grundherrlich-bäuerliche Verhältnis eine die Bauern sehr begünstigende Regelung. Die Aufhebung und Beschneidung grundherrlicher Rechte werden wiederholt

[51] Über diese Landtage vergleiche die Abschnitte „Meraner Artikel“ und „Innsbrucker Bauernlandtag“.

damit begründet, daß sie der Billigkeit oder dem Landesrecht widersprechen. Die Landesordnung ist zwar kein vollständiges, alle Zweige der Gesetzgebung umfassendes Gesetzbuch, regelt aber immerhin einen wichtigen Teil des Rechtslebens. Nicht wenige ihrer Bestimmungen entsprechen den in den Meraner und Innsbrucker Artikeln aufgestellten Forderungen; andere Bestimmungen sind aus älteren Gesetzen zum Teil wörtlich übernommen worden, so besonders aus der Landesordnung von 1404 und dem Strafgesetz von 1499. Auch Gesinde-, Polizei- und Finanzrecht wurden geregelt. Familien- und Erbrecht wurden im Sinn alten Gewohnheitsrechtes festgelegt. In der Einleitung zu der in der Landesordnung geregelten Gerichtsordnung wird noch besonders hervorgehoben, daß alle ihre Satzungen auf Gebrauch und Herkommen beruhen.

Freilich, eine vollständige Erfüllung aller bäuerlichen Forderungen, wie sie zu Meran und Innsbruck vorgebracht worden waren, brachte die Landesordnung nicht. Sie stellt ihrem Wesen nach noch einen Kompromiß dar, in welchem von beiden Teilen, der Regierung und den Bauern, Nachgiebigkeit gezeigt werden mußte.[52]

Die Landesordnung zerfällt in zwei Bücher. Das erste Buch befaßt sich in sieben Teilen mit der Organisation des Gerichtswesens, dem gerichtlichen Verfahren, dem Erbrecht, der Ordnung von Handel und Gewerbe[53], dem grundherrlich-bäuerlichen Verhältnis mit den Rechten an der „Gemain“ (Allmende) sowie mit dem Jagd- und Fischereirecht. Das zweite Buch regelt in starker Anlehnung an die Maximilianische Halsgerichtsordnung das Strafrecht. Öffentliches Recht und besonders Verfassungsrecht spielen bei weitem nicht die Rolle wie in den Meraner Artikeln.

Die Niederwerfung des Bauernaufstandes in Süddeutschland hatte auch auf Tirol ihre Rückwirkung, obwohl es hier im deutschen Teile des Landes nicht zu jener gewalttätigen Unterdrückung der bäuerlichen Bewegung gekommen ist wie anderwärts. Immerhin ließ sich auch in Tirol die „Bauernlandesordnung“ nicht unverändert aufrecht halten. Auf dem Innsbrucker Landtag von 1529 wurde ein Ausschuß eingesetzt, der gemeinsam mit einigen Regierungsmitgliedern „das 1526-jährige Landlibell zu reformiren“ hatte. Jeder der vier[54] Stände entsandte je zwei Mitglieder in diesen Ausschuß; vom Bauernstand gehörten ihm Leonhard Mayer aus Taufers (Taufertal) und Hans Mag aus Igls (bei Innsbruck) an.

1531 war der Entwurf für die neue Landesordnung fertiggestellt, und im November wurde er vom Landtag angenommen. Erzherzog Ferdinand hatte anfangs auch gegen diese Landesordnung Bedenken; auf Drängen des Landtages

---

[52] Über das Verhältnis der Landesordnung zu den Meraner und Innsbrucker Artikeln vgl. Abschnitt „Landesordnung“, S. 171 ff.

[53] Tirol hatte „in seiner Bauernlandesordnung [auch] eine für die damalige Zeit vortreffliche Gewerbeordnung erhalten“, wie der Staatsrechtslehrer Max Kulisch, System des österr. Gewerberechtes, 2. Aufl. 1. Bd., Innsbruck 1912, S. 62 feststellt. Über einige gewerberechtl. Vorschriften der Tiroler Landesordnungen vgl. N. Grass – H. Holzmann, Gesch. des Tiroler Metzgerhandwerks, Innsbruck 1982, S. 93–103.

[54] Der geistliche Stand hatte bereits zum Novemberlandtag 1525 wieder seine Vertreter entsenden können. Vgl. FZ. 38 (1894), S. 11.

bestätigte er sie am 6. April 1532. Aber auch jetzt bedurfte es noch dringlicher Vorstellungen seitens seiner Regierungsmänner, um ihn von einem Widerruf der Genehmigung abzubringen. Mochte dem Landesfürsten auch die neue Landesordnung noch als zu revolutionär erscheinen, so war man im Volk, besonders im bäuerlichen, ebenfalls mit ihr unzufrieden, weil sie verschiedene Zugeständnisse der Bauernlandesordnung nicht mehr enthielt. Die neue Landesordnung wurde, wie die Behörden berichteten, vielfach mißachtet. Mandate, welche ihre Durchführung anordneten, wurden herabgerissen.

In der Einleitung zur neuen Landesordnung begründet Ferdinand die Beseitigung der Landesordnung von 1526 damit, daß diese in manchen Teilen des Landes nicht angenommen worden sei und daß viele ihrer Bestimmungen zu Mißverständnissen geführt hätten. In der neuen Landesordnung ist eine Reihe von Bestimmungen, welche die Landesordnung von 1526 zugunsten der Bauern in Beschneidung grundherrlicher Rechte getroffen hatte, verschwunden. Gleichwohl stellt auch diese Landesordnung ein für den Bauernstand wertvolles Gesetz dar. Nach wie vor blieb das grundherrlich-bäuerliche Verhältnis den Landesgesetzen und den Landgerichten unterstellt, und es war grundherrlicher Willkür entzogen; von einer Reaktion, wie sie sich in anderen Ländern nach dem Bauernkrieg sehr zum Nachteil der Bauern bemerkbar machte, war in Tirol keine Rede. In den Bestimmungen über Personen- und Erbrecht weist die Landesordnung von 1532 eine starke Erweiterung auf; es handelt sich hier vorwiegend um Festlegung alten bäuerlichen Gewohnheitsrechtes.

Das „fremde“ oder „gemeine“ (= allgemeine) Recht, worunter das römische und das kanonische Recht verstanden wurden, gegen welche sich die Tiroler Landstände mit allem Nachdruck wandten, haben nur in wenigen Punkten, die von geringer Bedeutung sind, Eingang gefunden. Während sich etwa das bayerische Landrecht von 1518 stark an das römische Recht hält, beruht die Tiroler Landesordnung von 1532 ebenso wie jene von 1526 auf deutschrechtlicher Grundlage. Der bäuerliche Einfluß auf die Abfassung der Landesordnung von 1526 hat diesem Gesetz sein volkstümliches Gepräge gegeben, er hat in dieser Hinsicht bestimmend auf die jüngeren Landesordnungen eingewirkt, die ebenfalls in deutscher Sprache und in volkstümlicher, gemeinverständlicher Form abgefaßt sind. Wenn das tirolische Landesgesetz auch in der Zeit nach der bäuerlichen Revolution Volksrecht geblieben ist, so war dies vor allem dem Einfluß des Landtages auf die Gesetzgebung zu danken. Im Tiroler Landtag kam – anders als in den meisten andern Ländern – die breite Masse des Volkes zu Wort.

Die Landesordnung von 1532 wurde in der Zeit von 1532 bis 1570 viermal in Druck gelegt. Sie muß starke Verbreitung in weiteren Kreisen und auch unter der Bauernschaft gefunden haben. Die erste Ausgabe der Landesordnung von 1532 erschien im Großquart-Format; für die zweite Ausgabe erhielt ein Mitglied der Tiroler Landesregierung, Dr. Frankfurter, die Ermächtigung, sie in kleinerem Format erscheinen zu lassen, „auf daß sie dester füglicher über Land zu gebrauchen sein möchte“ (Rapp, Statutenwesen II, S. 65, Anm.).

Die „neu reformierte" Landesordnung, welche nach Beratungen zwischen Regierung und Landtag 1573 von Erzherzog Ferdinand II. erlassen wurde, bringt gegenüber der Landesordnung von 1532 eine Vermehrung um 44 Titel und um eine Reihe von zumeist erläuternden Zusätzen, die keine wesentliche Veränderung der bäuerlichen Rechtsverhältnisse beinhalten. Neu ist die der Landesordnung beigegebene „Polizeiordnung für die Grafschaft Tirol". Sie stellt im Wesen eine Sittenordnung dar, welche sich gegen verschiedene sittliche Mißstände wendet.[55] Mit ihr verbunden ergeht auch eine Reihe von Bestimmungen gewerbepolizeilichen Inhaltes. Im Jahre 1603 wurden Landes- und Polizeiordnung neuerlich und unverändert in Druck gelegt, was wiederum für stärkeres Interesse weiter bäuerlicher Kreise an der Gesetzgebung spricht. Exemplare der Tiroler Landesordnung von 1573 waren, wie der Oberlandesgerichtspräsident Alois Frh. v. Mages (Justizverwaltung in Tirol und Vorarlberg, Innsbruck 1887, S. 14f.) berichtet, einstmals „wie eine Legende fast in jeder Familie verwahrt".[56] War schon in der Landesordnung von 1532 der Einfluß des römischen Rechtes gering, so erscheint er in der Landesordnung von 1573 noch stärker zurückgedrängt.

An den Tiroler Landesordnungen des 16. Jahrhunderts ist nun zweierlei rühmend hervorzuheben:

1. Während in anderen Territorien des Reiches das altüberkommene einheimische, in Land- und Stadtrechten aufgezeichnete Recht unter dem Einfluß der Rezeption der fremden Rechte „reformiert" und durch mehrfach in stark römischrechtlichem Sinne geprägte Land- oder Stadtrechtsreformationen ersetzt wurde – so in Bayern das Baierische Landrechtsbuch Kaiser Ludwigs des Bayern von 1346, die sog. „Buchsage"[57], durch die stark romanistisch ausgerichtete Bayerische Landrechtsreformation von 1518 – wahrten die drei Tiroler Landesordnungen von 1526, 1532 und 1573 ihren stark deutschrechtlichen Charakter.
2. Auch in Österreich ob und unter der Enns (Ober- und Niederösterreich) wur-

[55] Als der Landesfürst Erzherzog Ferdinand II. als Strafe gegen das Wildern schwere körperliche Verstümmelungen verlangte, hat die Regierung davon abgeraten, weil dies „allzu tirannisch" und in Tirol auch früher nicht üblich gewesen sei. Stolz, Gesch. Tirols 1. Bd., S. 535.

[56] Ein Exemplar der Landesordnung von 1573, das in meinem Besitz ist, gehörte nach einer auf der Innenseite des Einbandes gemachten Eintragung aus dem 18. Jh. dem Bauern Johann Ungericht in Dorf Tirol. (Nach Prof. Wopfners Tod im Jahre 1963 kam der Großteil seiner Bibliothek an das Landesarchiv Innsbruck. N. Grass.)

[57] Die älteste bekannte Handschrift der Buchsage befindet sich im Benediktinerstift St. Georgenberg zu Fiecht bei Schwaz. Diese Oberbayerische Landesordnung galt in den unterinntalischen Gerichten Kitzbühel, Kufstein und Rattenberg wohl bis ins beginnende 19. Jahrhundert, während sie im Stammland Bayern selbst durch die Bayerische Landrechtsreformation von 1518 ersetzt wurde. Vgl. H. Lieberich, Kaiser Ludwig der Baier als Gesetzgeber, in: Zeitschr. für Rechtsgesch. Germ. Abt., 76. Bd. (1959), S. 173–245, bes. S. 232ff. sowie TW. V Bd., S. 16. Über die Beliebtheit der Buchsage im Nordtiroler Unterland berichtet Beda Weber, Das Land Tirol, 1. Bd. (1838) N. Grass.

den im 16. und 17. Jahrhundert verschiedene Entwürfe von Landesordnungen ausgearbeitet, denen jedoch die kaiserliche Sanktion versagt blieb.[58] In den innerösterreichischen Ländern (Steiermark, Kärnten und Krain) kam es, abgesehen vom Entwurf einer steirischen Erbrechtsordnung in sieben Artikeln, nicht einmal zu Entwürfen einer Landesordnung. „Einzig in Tirol blieb die Kodifikationsarbeit auf privatrechtlichem Gebiet nicht im Entwurfsstadium stecken“[59], sondern die Landesordnungen des 16. Jahrhunderts erhielten die landesfürstliche Sanktion und damit Gesetzeskraft.

So kann Tirol dank seiner Landesordnungen des 16. Jahrhunderts den Ruhm in Anspruch nehmen, „das einzige österreichische Land gewesen [zu sein], das während der Neuzeit eine Rechtsvereinheitlichung zustandegebracht hat.“[60]

Die tirolische Landesordnung von 1573 blieb in Kraft bis herauf in die Zeiten Maria Theresias und Josefs II., ja bis zur Einführung des Allgemeinen Bürgerlichen Gesetzbuches von 1811, das in Tirol erst 1815 Geltung erhielt. In Rechtssachen des grundherrlich-bäuerlichen Verhältnisses, für welche das Bürgerliche Gesetzbuch keine Bestimmungen enthielt, blieb die Landesordnung bis herauf zum Jahre 1848 in Kraft.

Subsidiäre Geltung des Römischen Rechtes. Die Lückenhaftigkeit des Landesgesetzes öffnete dem römischen Recht eine Hintertüre, durch welche es trotz allen Widerstandes von Volk und Landtag Einfluß auf das Rechtsleben zu gewinnen vermochte. Ein Ausbau der Landesordnung wäre nötig gewesen, um das Eindringen fremden Rechtes zu verhindern. Im 17. Jahrhundert bemühte sich der Landtag immer wieder um eine Reform der Landesordnung. Zur Zeit der Regierung der Erzherzogin Claudia (1632–1646) ging – wohl von einer Unterbehörde – die Anregung aus, die Landesordnung durch eine Zusammenfassung des ungeschriebenen Gewohnheitsrechtes zu erweitern. Aber weder auf der Seite der Stände noch auf Regierungsseite schwang man sich zu tatkräftigen Anstrengungen auf. Das Anwachsen des Absolutismus und Zentralismus, der Verlust eines eigenen Landesfürsten (die tirolische Regentenlinie der Habsburger erlosch 1665) und vor allem der mit dem Absolutismus verbundene gesamtösterreichische Zentralismus stellten eine Reform des Landesgesetzes in Frage und bereiteten den Weg für die Schaffung einer allgemeinen, ganz Österreich umfassenden Gesetzgebung. In der Zeit von 1780–

---

58 Vgl. Gunter Wesener, Zur Bedeutung der österr. Landesordnungsentwürfe des 16. und 17. Jahrhunderts für die Neuere Privatrechtsgeschichte, in: Festschrift Nikolaus Grass, 1. Bd., Innsbruck 1974, S. 613–631.

59 G. Wesenberg – G. Wesener, Neuere deutsche Privatrechtsgeschichte, 3. Aufl. (1976), S. 99; – Wesener, Einflüsse und Geltung des römisch-gemeinen Rechts in den altösterr. Ländern in der Neuzeit (16. bis 18. Jh.), Wien 1989, S. 28ff.

60 So urteilt der Berner Rechtshistoriker Pio Caroni, Einflüsse des Deutschen Rechts Graubündens südlich der Alpen, Köln 1970, S. 9, Anm. 26 unter Hinweis auf G. Wesener, Geschichte des Erbrechtes in Österreich, Graz 1967, S. 17; – Nikolaus Grass, Stellung Tirols in der Rechtsgesch., in: Festschrift H. Baltl (1978), S. 255.

1811 erschienen allgemeine, alle österreichischen Länder umfassende Gesetzbücher für das Strafrecht und das Zivilrecht wie für das gerichtliche Verfahren.

In der Zeit vor Erscheinen dieser allgemeinen Gesetze hielten sich mangels entsprechender Bestimmungen des Landesgesetzes die gelehrten Richter, vor allem jene bei der Landesregierung (als dem obersten Gerichtshof), an die Bestimmungen des römischen Rechtes. Nun war freilich sowohl nach der Landesordnung von 1526 wie jener von 1532 die subsidiäre Anwendung des römischen Rechtes ausgeschlossen. Nach den Bestimmungen beider genannten Landesordnungen sollten Richter und Geschworene in Strafsachen, wenn die Landesordnung keine Norm gab, nach ihrem besten Verstand und Gewissen urteilen, in besonders schwierigen Fällen andere Stadt- und Landgerichte um ein Gutachten angehen (Lo. 1526 II. Buch, 1. Teil, Tit. 54–55; Lo. 1532, VIII. Buch, Tit. 71). Der Innsbrucker Landtag von 1567 betonte gelegentlich der Erbhuldigung, welche dem Erzherzog Ferdinand II. geleistet wurde, mit Nachdruck, „daß die gemeinen Rechte (römisches und kanonisches Recht) in Tirol durchaus nicht angenommen werden, sondern in Sachen, worüber die Landesordnung keine Bestimmung enthalte, auf die Gewohnheit zu sehen, und wo auch diese keinen Bescheid gebe, sich an Schiedsrichter zu wenden sei“ (Rapp, Statutenwesen II., S. 97). Gleichwohl hat sich aber unter dem Einfluß der Rechtsgelehrten, die in den Gerichten, vor allem in der Regierung zu Innsbruck, dem obersten Gerichtshof, saßen, die subsidiäre Geltung des römischen Rechtes mehr und mehr durchgesetzt und schließlich wurde sie im Jahre 1619 ausdrücklich durch den Landesfürsten sanktioniert.

Immerhin hat dank der Festlegung tirolischen Volksrechtes in den Landesordnungen und in den bäuerlichen Weistümern der Gemeinden und Gerichte der deutsche Bauer Tirols sein altes Recht gerade in wichtigsten Beziehungen, wie dem Recht an seinem Grundbesitz, zu wahren vermocht. Das alte bäuerliche Recht der Weistümer lebte in Gemeinde und Gericht fort bis herauf an den Beginn des 19. Jahrhunderts.

RECHTSPRECHUNG. Für die Geltung heimischen Rechtes war die Beschaffenheit des Gerichtswesens von größter Bedeutung. Länger als anderwärts hat sich bei den freien Bauern Tirols der Einfluß des Volkes auf das Recht und auf die Rechtsprechung erhalten. Die Rechtsprechung war nach deutschem Recht nicht Sache des Richters, sondern der Geschworenen. Deren Rechtsprechung baute sich auf Kenntnis der Rechtsgewohnheiten und des im Gerichts- oder Gemeindeweistum aufgeschriebenen Rechtes auf. Die Landesordnung von 1532 bestimmt im II. Buch, Titel 1, daß in jedem Landgericht durch die Gerichtsherrschaft „zwelf erber verstendig angesessen Mann zu geschwornen Rechtsprechern (die dem Rechten gewarten) erkiesst“ werden sollen.

Der Richter wurde in älterer Zeit in zahlreichen Gerichten durch die Gerichtsgemeinde gewählt. Auf den Landtagen zu Meran und Innsbruck im Jahre 1525 forderten Bauern und Bürger, daß jede Stadt und jedes Landgericht das Recht haben sollten, ihren Richter zu wählen und abzusetzen. In den weiteren Verhandlungen am Innsbrucker Landtag wurde aber diese Forderung nicht aufrecht erhalten. Dort aber, wo seit alters die Richter von der Gerichtsgemeinde gewählt worden waren, erhielt sich dieses Recht zum Teil bis herauf in die Zeiten der großen Reformen unter Maria Theresia und Josef II. Diese bäuerlichen Richter waren nach Beda Weber (730, Bd. 3, S. 24), welcher der Zeit ihrer Amtstätigkeit noch nahe stand[61], „oft sehr geschickte Leute mit ungemeinem Scharfsinne, im Gerichtsverfahren, in der tirolischen Landesordnung, in den örtlichen Rechten und Gewohnheiten erstaunlich gut bewandert".

VOLK UND RECHT. Die alte, volkstümliche Ordnung von Recht und Gericht brachte eine lebhafte Teilnahme des Volkes an Recht und Rechtsprechung mit sich. Bauern sprachen als Geschworene das Recht. Zur Zeit, da Wolkenstein seine Landeskunde Südtirols schrieb (um 1600), galt die Rechtsprechung durch bäuerliche Geschworene noch allgemein. Die Kenntnis der in Gemeinde und Gericht geltenden Rechtsordnungen war allgemein unter den bäuerlichen Gemeinde- und Gerichtsinsassen verbreitet. In den Taidingen der Gemeinden und Gerichte „öffneten", wie bereits erwähnt, die Geschworenen oder andere Rechtskundige das überlieferte Recht der Gemeinden und Gerichte. Diese Rechtsordnungen wurden auf den Taidingen regelmäßig verlesen, das Recht wurde auf diese Weise allen Versammlungsteilnehmern bekannt und durch die wiederholte Verlesung dem Gedächtnis eingeprägt. Das lebhafte Interesse, das gerade von bäuerlicher Seite für die Schaffung einer Landesordnung, eines allgemeinen Landesgesetzes gezeigt wurde, spricht dafür, daß die Rechtskenntnis auch in bäuerlichen Kreisen verbreitet war.

VERFALL DER ALTEN RECHTSORDNUNG. Der Umschwung, der sich im wirtschaftlichen und kulturellen Leben seit Ausgang des Mittelalters vollzog, stand der Aufrechterhaltung der alten, örtlich gebundenen Rechtsordnung entgegen. Die Staatsgewalt strebte nach Vereinheitlichung und inhaltlicher Ausweitung des Rechtes. Als geeignete Werkzeuge hierfür erschienen die „studierten Juristen", die häufig sogar an ausländischen, besonders auch an italienischen Universitäten ausgebildeten Juristen, die nur im römischen und kanonischen Rechte geschult waren und dann in der Praxis vor allem das römische Recht zur Anwendung bringen wollten. Vom einheimischen Recht, das in der frühen Neuzeit auch an deutschen Universitäten leider nicht gelehrt[62] wurde, hatten diese Rechtsgelehrten entweder keine Ahnung oder sie sahen nur mit Geringschätzung auf dieses herab.

Diese fremdrechtlich ausgebildeten Juristen wurden in das oberste Regierungskollegium berufen, welches auch oberster Gerichtshof war. Bald aber wurden

---

[61] Geb. 1798 zu Lienz, Osttirol, gest. 1858 zu Frankfurt a. M.

[62] An der 1669 errichteten Innsbrucker Universität wurde die (Deutsche) Reichsgeschichte (vornehmlich Verfassungsgeschichte) des römisch-deutschen Reiches erst seit 1733 gelehrt; an den Universitäten Wien und Prag wurden sogar erst 20 Jahre später Lehrkanzeln für (Deutsche) Reichsgeschichte errichtet. Festschrift Nikolaus Grass, 2. Bd. (1975), S. 477 f.

Rechtsgelehrte auch als Richter in den unteren Gerichten verwendet. Als solche versuchten sie, entgegen der älteren Gerichtsordnung, auf die Urteilsfindung Einfluß zu nehmen. Bereits am Bozner Landtag von 1508 wird von den Vertretern des Bauern- und Bürgerstandes darüber Beschwerde geführt und verlangt, daß „kain Pfleger, Richter oder Anwald am Rechten sitzende die Urtailer [d. h. die Geschworenen] geverlich underweisen oder selbs Urtail fellen" solle (Rapp, Statutenwesen II, S. 25).

SCHIEDSGERICHTSBARKEIT. Die zunehmende Verstaatlichung von Recht und Gericht trat unter anderem auch dem alten und verbreiteten volkstümlichen Schiedsgerichtsverfahren entgegen. Nicht nur bürgerliche (zivilrechtliche) Streitsachen waren zwischen den Parteien ohne Beiziehung des Gerichtes ausgetragen worden, sondern auch Strafsachen. Besonders waren es Totschlagshandlungen, die zwischen der Sippe des Erschlagenen und dem Totschläger ohne Mitwirkung des ordentlichen Gerichtes ausgetragen wurden. Das Streben nach Einschränkung des alten Volksrechtes durch die Staatsgewalt hatte zu Ausgang des Mittelalters steigendes Mißtrauen gegen die ordentliche Gerichtsbarkeit hervorgerufen und die Neigung zu schiedsgerichtlicher Austragung verstärkt. Die außergerichtliche Erledigung von Rechtssachen nahm zu. Besonders eindrucksvoll trat das Mißtrauen gegen die gerichtliche Rechtsprechung in der Zunahme des Absagertums an den Tag. Der Standpunkt der neueren Staatsgewalt, daß Verbrechen von Amts wegen zu verfolgen seien, war mit dem alten schiedsgerichtlichen Verfahren und der alten Sippengerichtsbarkeit nicht mehr vereinbar, soweit es sich um Strafsachen handelte. Austragung von Strafsachen außerhalb des ordentlichen Gerichtes wurde nunmehr als „Winkltading" bestraft (Ordnung des Landgerichtes Rattenberg 1549, TW. I, S. 106, Z. 18 ff.).

Ein großes Gebrechen des älteren Gerichtswesens bestand darin, daß die Gerichtsbarkeit als Einnahmequelle behandelt wurde. Sie wurde vom Landesfürsten an Adelige für gewährte Darlehen verpfändet oder als Lehen verliehen. Die Gerichtsbarkeit in bürgerlichen Sachen berechtigte zur Einhebung mannigfacher Gebühren; das hatte zur Folge, daß die Rechtsstreitigkeiten zwecks erhöhter Einnahmen zum Schaden der Parteien in die Länge gezogen wurden. Die Gerichtsbarkeit in Strafsachen warf keine Einnahmen ab und verursachte oft recht erhebliche Kosten; sie wurde daher von ihren Inhabern vernachlässigt.

Im bäuerlichen Volk sind die Mängel des Gerichtswesens wohl erkannt worden. Der 14. Artikel des Meraner Reformprogrammes vom Jahre 1525 sprach sich gegen die Verpfändung der Gerichte aus, alle Gerichte sollten landesfürstlich sein, also verstaatlicht werden; Justiz und Finanz sollten getrennt, die Rechtsprechung keine Quelle richterlichen Einkommens sein. Die Verwaltung sollte in den einzelnen Gerichtsbezirken von der Rechtsprechung vollständig getrennt werden. Artikel 15 wandte sich gegen das schädliche Gebührenwesen: „Item, das dieselben Richter in allen Penen [= Strafgeldern] und Fäl [= Rechtsfällen] ... kain Interesse oder Genies [= Genuß] haben sollen, sonder alles fürstl. Durchlaucht zusteen und verraitn und sich allain ierer Besoldung beniegen ... damit wirt verhuet die unpillichen Penen und der Aigennutz" (AT. III, S. 38 f., Art. 14 und 15). Die Landesordnung von 1526 hat im Sinn dieses Artikels die Besoldung des Richters geregelt; auch die Landesordnung von 1532 bestimmt übereinstimmend mit jener von 1526, „daß die Richter kain Tail in Peen [von lat. poenae = Strafen] und Buossen haben söllen" (Buch 7, Tit. 17).

Absolutismus und Zentralismus haben vom 16. Jahrhundert an in steigendem Maße den Anteil des Volkes an der Gestaltung von Recht und Rechtsprechung zurückgedrängt, die notwendige Neuordnung in ihrem Sinn ohne Mitwirkung des Volkes durchgeführt und der Staatsgewalt beherrschenden Einfluß auf Recht und Gericht verschafft. Der rechtsgelehrte Richter mit Beamtencharakter verdrängte den vom Volk gewählten Richter und die Geschworenen. Aber auch noch in der Zeit der Hochblüte des Absolutismus hielt freies Tiroler Bauerntum an seiner alten Forderung nach volkstümlicher Rechtsordnung fest. Das tritt gerade in den oben erwähnten Bestrebungen der Oberinntaler Gerichte an den Tag, sich maßgebenden Einfluß auf die Besetzung des Richteramtes zu sichern.

Durchgreifende Reformen setzten erst unter Maria Theresia und Josef II. ein. Diese Reformen zielten zunächst auf die Verstaatlichung des Gerichtswesens, machten aber die Rechtsprechung in steigendem Maße zur Sache des rechtsgelehrten Richters; der Einfluß des Volkes auf die Rechtsprechung, wie er beim Geschworenengericht gegeben war, wurde zurückgedrängt und schließlich beseitigt. Die Neuordnung erfolgte in volksfremdem Sinn und mit Zuhilfenahme volksfremden Rechtes; sie bedeutete einen Bruch mit dem alten Gerichtswesen und stellte keine organische Weiterbildung der alten volkstümlichen Rechtsordnung dar. Rechtskenntnis wurde mehr und mehr Sache einiger weniger, die sich berufsmäßig als Beamte oder Rechtsanwälte mit dem Recht befaßten. Mit dem Verschwinden der Volksbeteiligung am Recht und an der Rechtsprechung verlor sich auch das Volksinteresse daran, wie es in älterer Zeit bestanden hatte.

Erst durch die Revolution von 1848 wurde zunächst für Pressedelikte ein Geschworenengericht wieder eingeführt; durch Artikel 11 des österreichischen Staatsgrundgesetzes von 1867 wurde sodann die Entscheidung über die Schuldfrage bei schweren Verbrechen und bei allen politischen Verbrechen und Vergehen einem Geschworenengericht überwiesen und eine entsprechende Neuordnung des Gerichtswesens eingeleitet.

4. Bauer und Politik

SELBSTVERWALTUNG. Mit der Freiheit der Tiroler Bauern stehen deren politischen Rechte, nämlich das Recht zur Selbstregierung in Orts- und Gerichtsgemeinde sowie das Recht zur Mitregierung im Land in engem Zusammenhang. Diese Rechte wiederum erleichterten die Wahrung der bäuerlichen Freiheit.

Über die Selbstverwaltung der bäuerlichen Gemeinde soll im folgenden

V. Hauptstück berichtet werden. Das Gericht umfaßte in späterer Zeit in der Regel eine Mehrzahl von Gemeinden. Es war nicht nur ein Bezirk der Rechtspflege, sondern auch ein Gebietsverband, der mit einem gewissen Maß an Selbstregierung ausgestattet war. Organ der Selbstregierung war die Gerichtsversammlung, das „Tading", und der von der Versammlung gewählte Gerichtsausschuß. Im Mittelalter umfaßte die Selbstregierung auch ein Recht der Gesetzgebung, das in den Gerichtsordnungen zutage tritt. Diese beziehen sich auf Rechtsverhältnisse, die man nach heutigem Rechtsbegriff sowohl dem öffentlichen als dem privaten Recht zuordnen würde. In der Neuzeit wurde die Selbstregierung meist auf Verwaltungsaufgaben beschränkt. Der Gerichtsausschuß hatte unter dem Vorsitz des Pflegers oder Richters den gemeinsamen Wald- und Weidebesitz, die Erhaltung der Verkehrswege und Wasserbauten, die Einquartierung von durchziehenden Truppen, die Umlegung der Steuern, die Aufstellung der eigenen Wehrmannschaften, die Armenversorgung und andere Bedürfnisse zu verwalten bzw. dafür Sorge zu tragen. Auch Angelegenheiten des religiösen Kultus wurden hier behandelt.

LANDTAG. An der Landesregierung hatte der Bauernstand durch seine Vertretung am Landtag Anteil. Die Landstandschaft des Tiroler Bauern reicht bereits in jene Zeit zurück, da Tirol aus einer Anzahl von Grafschaften zur politischen Einheit zusammengewachsen war.[63] Am Tiroler Landtag nahm die Bauernschaft als vierter Stand neben Geistlichkeit, Adel und Bürgern teil.

Schon vor der Ausbildung der Tiroler Landeseinheit haben in den einzelnen Grafschaften des Inn- und Etschtales, aus deren Zusammenfassung Tirol entstanden ist, die Bauern auf den Grafschaftstadingen an der Regierung teilgenommen. Im Land Tirol haben dann die Landesfürsten Vertreter der vier Stände zur Bewilligung von Steuern und zur Beratung über Landesgesetze einberufen.[64] Die Rechte

[63] Es ist das besondere Verdienst von Otto Stolz († 1957), den Nachweis erbracht zu haben, daß der Bauernstand Tirols bereits seit dem Bestand der tirolischen Landeseinheit die Landstandschaft besaß. In zahlreichen Arbeiten, vor allem in der umfassenden, auf den Urkunden aufgebauten Untersuchung „Die Landstandschaft der Bauern in Tirol" (Schrifttumsverz. 652), hat Stolz diesen Nachweis erbracht.

[64] Werner Köfler, Land-Landschaft-Landtag. Geschichte der Tiroler Landtage von den Anfängen bis 1808, Innsbruck 1985. – Richard Schober, Geschichte des Tiroler Landtages im 19. und 20. Jahrhundert, Innsbruck 1984. – Jos. Riedmann, Das Mittelalter, in: Fontana, Geschichte des Landes Tirol 1. Bd., 2. Aufl., Bozen 1990, S. 471 ff. – Riedmann, Geschichte Tirols, 2. Aufl., Wien 1988. – Ernst Bruckmüller, Täler und Gerichte, in: Herrschaftsstruktur und Ständebildung 3. Bd., Wien 1973, bes. S. 179–196. – P. Blickle, Landschaften im Alten Reich, München 1973, S. 46, 54, 159–264. – Kürzere Darstellung bei Stolz, Rechtsgesch. des Bauernstandes S. 334 ff. und bei Nikolaus Grass, Aus der Geschichte der Landstände Tirols, in: Études présentées à la commission internationale pour l'histoire des assemblées d'états XXIV, Löwen-Paris 1961, S. 297–324. Neudruck in Nikolaus Grass, Ausgewählte Abhandlungen, zum 80. Geburtstag hrsg. von L. Carlen und H. C. Faußner, Olms Verlag, Hildesheim 1993. Ein Spezialkapitel greifen heraus Ferd. Kogler und Franz Grass, Der Kampf der Stände Tirols um die Glaubenseinheit des Landes, ebd. S. 325–345.

der Tiroler Landesvertretung, der „Tiroler Landschaft" (s. Abb. 14), wurden bereits 1342 in einem großen Freiheitsbrief beurkundet, den der Tiroler Landesfürst Ludwig aus dem Hause der Wittelsbacher (1342–1361) ausgestellt hat. Diese Verfassungsurkunde wurde wegen ihrer hohen Bedeutung in zwei Stücken ausgefertigt, das eine für die Gotteshäuser (Klöster) und den Adel, das andere für Städte und Dörfer, also für Bürger und Bauern. Die beiden Stücke enthalten gleichlautende Bestimmungen über die Landesverfassung, wie sie im Wesen seit der Regierungszeit Meinhards II. (1258–1295) bestanden hatte. Der Tiroler Landschaft stand nach der Urkunde von 1342 das Recht der Steuerbewilligung sowie der Teilnahme an der Gesetzgebung zu; letztere vollzog sich in Form einer Mitberatung an den Gesetzen und einer Zustimmung zu den vom Landesfürsten erlassenen Gesetzen.[65]

Eine Teilnahme der Bauern an der Vertretung des Landes und seiner Stände war der Verfassung der meisten Länder unbekannt; in den zu Österreich gehörigen deutschen Ländern kannten nur noch Vorarlberg und die österreichischen Vorlande eine Landstandschaft der Bauern.[66]

Noch vor wenigen Jahrzehnten hielt man die Landstandschaft der Bauern in Tirol und Vorarlberg sowie die bäuerliche Landschaft des Fürststiftes Kempten als „im wesentlichen die einzigen Beispiele für ständische Repräsentation der Bauern, die für den süddeutschen Raum allgemein bekannt waren. Begreiflicherweise müßte man daher zur Ansicht kommen, eine Repräsentation der Bauern auf Landesebene sei eine seltene Ausnahme".[67] Dies trifft nicht zu. Vielmehr haben die neuesten Forschungen über bäuerliche Landstandschaft gezeigt, daß „der Bauernstand im Süden des alten Reiches seit dem 15. Jahrhundert fast überall eine höchst aktive politische Tätigkeit entfaltet" hat, „die sich institutionell in zwei Formen kristallisierte: die Landstandschaft der Bauern (genauer gesagt, der Gerichte, Ämter und Vogteien) in größeren Territorien und die sogenannten Landschaften,

---

[65] Gegen eine Überschätzung der Freiheitsbriefe vom 28. Jänner 1342 vgl. Sebastian Hölzl, Die Freiheitsbriefe der Wittelsbacher für Tirol (1342), in: TH. 46/47. Bd. (1982/83), S. 5–37 u. Riedmann bei Fontana (Hrsg.), Gesch. Tirols 1. Bd., 2. Aufl., S. 448 sowie Riedmann, Geschichtsschreibung in Tirol in der 1. Hälfte des 20. Jh.s, in: TH. 57. Bd. (1993) S. 291–304, bes. S. 297 f.

[66] Benedikt Bilgeri, Vorarlberger Demokratie vor 1861, im Sammelbd.: „Landstände und Landtag in Vorarlberg", Bregenz 1961; N. Sapper, Die Schwäbisch-Österreichischen Landstände und Landtage im 16. Jh., 1965. Im Erzstift Salzburg, das bis zur Säkularisation von 1803 ein selbständiges geistliches Reichsfürstentum war, bestand eine Landstandschaft der Bauern in einem rund einhundertjährigen Zeitraum; zwischen 1460 bis 1560 haben die Landgerichte an den Landtagen teilgenommen. Vgl. Herbert Klein, Die Bauernschaft auf den Salzburger Landtagen, in: Mitteil. d. Ges. f. Salzburger Landeskunde 88/89, 1949, und Peter Blickle, Ständische Repräsentation und genossenschaftliche Verbände der Bauern im Erzstift Salzburg, in: Ztschr. f. bayer. Landesgesch. 32. Bd. (1969); ders., Bäuerliche Landschaft und Landstandschaft, bei Günther Franz, Geschichte des deutschen Bauernstandes vom frühen Mittelalter bis zum 19. Jahrh. (Deutsche Agrargeschichte, hrsg. v. G. Franz, 4. Bd.) Stuttgart 1970, S. 153 ff. N. Grass.

[67] Diese Auffassung vertrat auch noch Hermann Wopfner im 1. Bd. des Bergbauernbuches, S. 463 f. sowie (insbes.) im nachgelassenen Manuskript dieser Lieferung, an dem er wohl noch bis in seine letzten Lebensmonate hinein arbeitete. N. Grass.

die bäuerlichen Genossenschaften im territorialen Rahmen je einer Herrschaft (Territorialgenossenschaften)".[68]

Nach der Tiroler Landesverfassung gab es einen „offenen Landtag", auf welchem alle Vertreter der vier Stände erschienen, außerdem einen großen und einen kleinen Ausschuß, dessen Mitglieder vom Landtag gewählt wurden. Auf dem offenen Landtag waren der geistliche Stand („Prälatenstand") durch die beiden Bischöfe von Trient und Brixen, die Abgeordneten der beiden Domkapitel und die Vorstände der immatrikulierten[69] Klöster vertreten; der Adel durch die männlichen volljährigen Angehörigen der immatrikulierten Adelsgeschlechter, der Bürgerstand durch die Bürgermeister oder Ratsmitglieder der immatrikulierten Städte und Märkte, der Bauernstand durch die in den einzelnen immatrikulierten Gerichten gewählten „Boten" oder „Prokuratoren". In der Regel entsandten die einzelnen Gerichte je zwei bis drei Abgeordnete, am Landtag von 1790 (s. unten S. 209 f.) entsandten einzelne Gerichte bis zu sieben Abgeordnete, sodaß an diesem Landtag zeitweise über 500 Abgeordnete anwesend waren.

In der Regel wurde der offene Landtag vom Landesfürsten einberufen, und zwar fallweise dann, wenn Ereignisse eintraten, die seine Mitwirkung an Regierungsgeschäften notwendig machten oder empfehlenswert erscheinen ließen. Grundsätzlich notwendig war nach der Verfassung die Mitwirkung des Landtages beim Erlaß neuer Gesetze oder für die Bewilligung von Steuern. Die Einberufung erfolgte jeweils auch in Fällen allgemeiner Landesnot oder für die Erbhuldigung beim Regierungsantritt des Fürsten. In einigen wenigen Ausnahmefällen trat der Landtag selbständig zusammen, so 1443 der Landtag zu Meran zu einer Zeit, da der Landesfürst unmündig war und sich außer Landes befand. Dem absolutistischen Regierungssystem, welches die Regierungsgewalt ausschließlich dem Fürsten vorbehalten und alle Mitwirkung des Volkes an der Regierung ausschließen wollte, war der offene Landtag nicht willkommen, und daher wurde er möglichst selten – im 18. Jahrhundert nur mehr viermal – einberufen.

Die Bezeichnung „Landtag" tritt in den Quellen erst seit etwa 1440 auf, vorher galt „Landschaft" als Bezeichnung für die Vertretung des Landes Tirol; sie wird urkundlich erstmals 1363 gebraucht. In dieser Bezeichnung „Landschaft" oder

---

[68] So Peter Blickle in seinem Beitrag über „Bäuerliche Landschaft und Landstandschaft" zum Werk von Günther Franz, Gesch. des Bauernstandes (1970) S. 151–166, Zitat S. 151. Vgl. auch Werner Köfler, Land-Landschaft-Landtag, Geschichte der Tiroler Landtage von den Anfängen bis 1808, Innsbruck 1985, bes. S. 27–34. E. Bruckmüller – H. Stradal – M. Mitterauer, Täler und Gerichte, Die Prälaten. Ständebildung und Ländertypen (Herrschaftsstruktur und Ständebildung 3. Teil), Wien 1973. N. Grass.

[69] „Matrikel" oder „Landtafel" wurde das Verzeichnis der zur Teilnahme am Landtag berechtigten Personen, Adelsfamilien und Körperschaften genannt. Vgl. Stolz 652, II, S. 124 ff. sowie Helmut Stradal, Der Prälatenstand, in: Herrschaftsstruktur und Ständebildung, hrsg. von E. Bruckmüller u. a. 3. Bd., Wien 1973, S. 33–114. Über die Adelsmatrik vgl. R. Granichstaedten, Nordtiroler Familien (Schlern-Schriften Bd. 131), Innsbruck 1954, S. 242 ff. und Jürgen Bücking, Frühabsolutismus und Kirchenreform in Tirol (1565–1665). Ein Beitrag zum Ringen zwischen „Staat" und „Kirche" in der frühen Neuzeit (Veröff. d. Inst. f. Europ. Gesch. 66. Bd.), Wiesbaden 1972, S. 115 ff. N. Grass.

„gemeine Landschaft“ findet die tirolische Auffassung ihren Ausdruck, daß der Landtag das ganze Land, nicht bloß einzelne Stände vertrete. Für die Vertretung der Bauern im Landtag kam die Bezeichnung die „Gerichter“ (= Vertreter der Gerichte) auf.

Der Landtag wählte – nachweisbar seit dem 15. Jahrhundert – einen „großen und kleinen Ausschuß“; ersterer bestand aus 20 bis 44 Mitgliedern, je 5 bis 11 aus jedem Stand, der kleine Ausschuß aus 12 bis 24 Mitgliedern, je 3 bis 6 aus jedem Stand.[70] Die Ausschüsse wurden zur Beratung mehr oder minder wichtiger Angelegenheiten vom Landesfürsten einberufen. Im 18. Jahrhundert, als der Landtag nur mehr selten zusammentrat, wurde meist nur der kleine Ausschuß berufen. Da der Landtag so selten tagte, mußte sich der Ausschuß nötigenfalls durch Kooptation ergänzen. Bei den Tagungen des offenen Landtages hatte zunächst der kleine Ausschuß eine Vorberatung der Verhandlungsgegenstände vorzunehmen und setzte dann gemeinsam mit dem großen Ausschuß die Beratung fort. Das Ergebnis der Beratung wurde dem offenen Landtag vorgelegt, der es dann genehmigte oder daran Abänderungen vornahm.

Die vier Stände waren am Landtag gleichberechtigt, das fand darin seinen Ausdruck, daß in die beiden Ausschüsse jeder Stand die gleiche Zahl von Vertretern entsandte. Bei Verhandlungen zwischen Regierung und Landesvertretung im Jahre 1769 sprach sich letztere darüber in dem Sinn aus, die tirolische Verfassung wäre von jener anderer Länder ganz verschieden, da in Tirol die Bauern wie die Bürger, der Adel und die Geistlichkeit einen eigenen Stand ausmachten und keiner von diesen Ständen über den andern ein besonderes Vorrecht habe. „Alle Stände genossen das gleiche Stimmrecht und immer gab nach einem Prälaten und Mitglied des Adels ein Bürger oder Bauer seine Stimme, wie dies auch jetzt noch bei unserem Landtage zu geschehen pflegt“, berichtet Albert Jäger in seiner 1848 erschienenen Schrift: „Die alte ständische Verfassung Tirols.“

Die Wahl der Abgeordneten des Bauernstandes in den einzelnen Gerichten war eine indirekte; auf der Gerichtsversammlung, dem „Tading“, wurden die Geschworenen oder der Gerichtsausschuß gewählt; dieser wählte die Abgeordneten für den Landtag. Die wenigen grundherrlichen Gerichtsbezirke, die „Hofmarken“, deren Insassen zum Teil noch im 15. Jahrhundert der vollen Freiheit entbehrten, waren am Landtag nicht vertreten; als Vertreter dieser Bezirke galten die Hofmarkherrschaften. Eine Ausnahme bildeten die beiden großen Hofmarken Axams und Enneberg, welche am Landtag durch ihre gewählten Abgeordneten vertreten waren.

Urwähler waren in den einzelnen Gerichten die bäuerlichen Besitzer, ohne Rücksicht auf die Größe ihres Besitzes. Sölleute, Tagwerker und Arbeiter besaßen kein Wahlrecht. Gewählt wurden außer Bauern auch Männer nicht-bäuerlichen Standes, die, wie etwa ein Landrichter, durch ihr Amt und ihren Wohnsitz im

[70] Die Größe der Ausschüsse variierte im Laufe der Jahrhunderte. Im 17. Jahrhundert wurde die Zahl der Mitglieder der beiden Ausschüsse mit 24 und 44 fixiert. Vgl. Werner Köfler, Land-Landschaft-Landtag, Innsbruck 1985, S. 514–518.

Gericht mit dem Bauerntum in engerer Gemeinschaft lebten und sich allgemeinen Vertrauens und Ansehens erfreuten.

Eine besondere Rolle spielten im politischen Leben des Bauerntums die Wirte, welche neben ihrem Gewerbe regelmäßig auch Landwirtschaft betrieben und häufig ein größeres Bauerngut besaßen. Wirte an verkehrsreichen Straßen kamen mit Menschen verschiedenen Standes und verschiedener Herkunft in Berührung und erwarben im Verkehr mit Fremden und Einheimischen größere Welt- und Menschenkenntnis. Bereits im Bauernkrieg von 1525 traten Wirte, wie etwa Hans Järl, genannt Venus, hervor. Im Jahre 1703 tat sich z. B. der Landecker Postwirt Linser bei der Vorbereitung des Aufstandes hervor; der Sandwirt zu St. Leonhard, Andreas Hofer, wurde durch das Volksvertrauen Führer im Heldenkampf von 1809, neben ihm spielten bei der Vorbereitung der Erhebung und in ihrem Verlauf noch andere Wirte eine bedeutende Rolle. Auch noch in jüngerer Zeit erlangten verschiedene Wirte als bäuerliche Abgeordnete größeren Einfluß im politischen Leben.[71]

Wenn auch die Stände am Landtag grundsätzlich als gleichberechtigt galten, mußte doch dem Bauernstand und seiner Stellungnahme besondere Bedeutung zukommen; er stellte das Tiroler Volk dar, das ja in seiner überwältigenden Mehrheit noch zu Beginn des 19. Jahrhunderts ein Bauernvolk war. Der Bauernstand bildete bis herauf ins 19. Jahrhundert den Hauptsteuerträger; nach der alten Wehrverfassung Tirols und ihrer allgemeinen Wehrpflicht stellte der Bauernstand die Hauptmasse der Landesverteidiger.

Die Abgeordneten des Bauernstandes und neben ihm auch jene des Bürgertums konnten mit größerem Nachdruck und weniger Bedenklichkeiten der Regierung entgegentreten als die Vertreter der oberen Stände. Kennzeichnend ist in dieser Hinsicht eine von der Tiroler Landesregierung, dem Geheimen Rat, gemachte Äußerung in einem Bericht, der angesichts des bevorstehenden Landtages von 1720 an den Wiener Hof gesandt wurde. Hier heißt es, daß nach der bisherigen Erfahrung Prälaten, Ritter und Adelige leichter zur Zustimmung zu Regierungsforderungen zu bewegen seien als die Vertreter der Städte und Gerichte.[72]

Es wird dem Bauern gelegentlich vorgeworfen, daß er so wenig Verständnis für das politische Leben besitze, oder daß er in seinem politischen Denken nicht über den engen Kreis der heimatlichen Gemeinde hinauszublicken vermöge. Die Schuld daran trägt nicht der Bauer, sondern die Staatsverfassung, wie sie sich in der Vergangenheit entwickelt hatte. Der Bauer war durch die Verfassung der meisten deutschen Länder von der Teilnahme am politischen Leben ausgeschlossen. Wo aber der Bauer teilhatte an der ständischen Vertretung und damit an der Regierung seines Landes, fehlte es keineswegs an bäuerlichem Interesse am Staat. Das zeigt sich bei

---

[71] Vgl. Hans Kramer, Rund um die Erhebung Tirols im Jahre 1809 (An der Etsch und im Gebirge, 18. Heft), Brixen 1958, S. 103f. Franz Huter, Der Anteil der nichtbäuerlichen Stände an der Erhebung von 1809, in: TH. 23. Bd. ff., 1959ff.; Marie Grass-Cornet †, Aus der Geschichte der Nordtiroler Bürgerkultur, Innsbruck 1970, S. 140f.

[72] Vgl. auch den Bericht über den Landtag von 1597 (unten S. 179).

den Bauern Tirols wie bei jenen der Urschweiz oder den Bauern von Dithmarschen sowie in den skandinavischen Ländern.[73]

Da der Tiroler Bauer nicht nur am öffentlichen Leben in seiner Gemeinde, sondern durch seine erwählten Vertrauensleute auch an der Entscheidung wichtiger Angelegenheiten seines Gerichtsbezirkes und des ganzen Landes teilnahm, erwarb er sich schon früh Verständnis für politische Fragen und Interesse hierfür; es konnten sich bestimmte Grundsätze und Überlieferungen für eine Politik in bäuerlichem Sinn bilden. Tirols Bauerntum erhielt eine politische Schulung, welche es ihm ermöglichte, in aufwühlenden Zeiten, wenn starke Kräfte auf Um- und Neugestaltung drängten, den bäuerlichen Standpunkt selbständig zur Geltung zu bringen und beim Versagen der normalen Regierung für die Aufrechterhaltung der Ordnung zu sorgen.

LANDESFREIHEITEN. Den Inbegriff der freiheitlichen Verfassung sah der Tiroler Bauer seit alters in den „Landesfreiheiten". Darunter verstand man einerseits jene Privilegien, in welchen die Verfassung festgelegt war, andererseits aber auch jenen Teil der Landesverfassung, der gewohnheitsrechtlich, ohne urkundliche Festlegung, auf altem Herkommen beruhte. Zu den Landesfreiheiten gehörten unter anderem der große Freiheitsbrief von 1342, die Landesordnungen von 1404 und 1406 und das sogenannte „eilfjährige Landlibell", in welchem aufgrund der Landtagsbeschlüsse von 1511 eine Wehr- und Steuerordnung getroffen und Abhilfe bei verschiedenen Beschwerden angeordnet wurde. Die Landesfreiheiten wurden seit 1415 jeweils beim Regierungsantritt vom Landesfürsten bestätigt. Die Bestätigung bezog sich nicht nur auf die urkundlich festgelegten Landesrechte, sondern, wie es in den Bestätigungsurkunden heißt, auch auf „alt Herkommen, guet und löblich Gewonhaiten, wie ... sie auch bisher gebraucht und heerbracht haben" (Brandis 61, S. 320 vom Jahr 1490, gleichlautend S. 532 vom Jahre 1520). Seit der Mitte des 15. Jahrhunderts setzen die Sammlungen von Abschriften der urkundlich überlieferten „Landesfreiheiten der fürstlichen Grafschaft Tirol" ein.

Allgemein im Lande, besonders auch seitens der Bauernschaft, war man sich des Wertes der freiheitlichen Landesverfassung wohl bewußt. Die Bauern hatten dank ihrer alten Landstandschaft Verständnis für verfassungspolitische Fragen. Die hohe Bedeutung, welche die Tiroler ihren Landesfreiheiten beimaßen, zeigte sich unter anderem am Bozner Landtag von 1508, auf welchem beschlossen wurde, „alle Freihaiten und Privilegien dies Lands, alte und neue, offentlich abhörn und die all zusamen verfassen, auch durch die Kaiserliche Majestät bevestigen [= bestätigen] und alsdann in fünf Libell [= Hefte] schreiben zu lassen und jedem Stand ains zu geben, auch das funfte auf [Schloß] Tyrol zu verordnen" (Rapp, Statutenwesen II, S. 26). Um die allgemeine Verbreitung der Landesfreiheiten zu fördern, wurde am Innsbrucker Landtag von 1523 an die Regierung die Forderung nach Drucklegung der

---

[73] Die schwedischen Bauern hatten im 15. Jh. Vertretung am Landtag errungen. J. Andersson, Schwedische Geschichte von den Anfängen bis zur Gegenwart, München 1950, S. 136f.

Landesfreiheiten gerichtet. Im gleichen Jahr stellten die Bauern des Gerichtes Sonnenburg an erster Stelle ihrer Beschwerdeartikel die Forderung, daß ihnen Abschriften der Landesfreiheiten gegeben werden sollten. Die politische Aufgeschlossenheit des Bauerntums und das daraus erwachsene Streben nach Kenntnis der Landesverfassung führte dazu, daß am revolutionären Bauernlandtag zu Meran im Jahre 1525 der 33. Artikel des großen bäuerlichen Reformprogramms forderte, daß die „Landesfreiheiten" jeder Stadt und jedem Gericht in beglaubigten Abschriften über ihren Wunsch zugestellt würden. Diesem verbreiteten Interesse an den Landesfreiheiten entsprechend war eine große Zahl von Abschriften der Landesfreiheiten im Lande und so auch bei Bauern verbreitet.

In Tirol betrachtete man seit alters die Landesfreiheiten als Vertragsrecht, das aus Verträgen zwischen Landesfürsten und Volk entstanden war und nicht einseitig von einem der beiden Vertragsschließenden geändert werden konnte. Jede Verletzung der Landesfreiheiten wurde vom Bauernstand als Verletzung guten, alten Rechtes besonders schwer empfunden.

Der Tiroler Bauer, namentlich der Bergbauer mit seinem stark ausgeprägten Sinn für Unabhängigkeit, vertrat auch im öffentlichen Leben den Gedanken der Selbständigkeit; er verlangte Selbstregierungsrecht für seine Gemeinde und sein Heimatland. Er war ein Gegner von Absolutismus und Zentralismus. Das freie Eigenleben seines Landes schien ihm durch einen eigenen Landesfürsten am besten gewährleistet. In diesem Sinn sprach sich der Tiroler Landtag wiederholt für eine Absonderung des Landes von den übrigen österreichischen Ländern und einen eigenen Landesfürsten aus dem österreichischen Herrscherhaus aus.

In Regierungskreisen konnte man den Freiheitssinn der Tiroler wohl nicht übersehen. In einem Gutachten, das die Innsbrucker Regierung 1556 dem damaligen Landesfürsten, Kaiser Ferdinand I., vorlegte, wird ausgeführt, die Tiroler hätten seit der Zeit, da Herzog Friedrich ihnen wichtige Freiheiten verlieh, „immer nach mehr Freiheit gerungen" (Sartori 551, S. 98). Zweieinhalb Jahrhunderte später schreibt ein fremder Beobachter, Peter Philipp Wolf, in seinem 1807 in München erschienenen Werk „Geschichte, Statistik und Geographie von Tirol" (S. 160): „Der Tiroler ist stolz auf seine Grundverfassung und besonders auf seine Landesfreiheiten." Wolf hebt als besonderen Vorzug Tirols hervor, daß es wesentliche Teile seiner freien Verfassung zu wahren vermochte, während andere Länder im 17. und 18. Jahrhundert ihre alten Freiheiten verloren.

Die Freiheit der Tiroler Bauern und ihre politischen Rechte lösten bei den Bauern der Nachbargebiete das Bestreben aus, ähnliche Rechte zu erlangen. Der revolutionäre Bund, den die Bauern Kärntens und der Steiermark 1477 geschlossen hatten, forderte ähnliche Freiheiten, wie sie die Tiroler Bauern besaßen. Die Bauern Oberösterreichs verlangten 1626 in einem Flugblatt eine Vertretung der Bauern im Landtag „wie in Tyrol der Brauch". Im benachbarten Allgäu, und zwar im Stiftfürstentum Kempten, erreichten die Bauern nach langem Streit mit ihrer Regierung 1732 das Recht, als „Landschaft" über Höhe und Verwendung der Steuer mitzubestimmen. Ein Führer bei jener Bewegung der Kemptner Bauern war Thomas Trinkwalder, „ein freigeborner Tiroler" aus der im Oberinntal verbreiteten Sippe der Trenkwalder. Noch im Jahre 1848, zu Beginn der Revolution, sprach sich der oberösterreichische Landtag alter Form unter Hinweis auf die alte Landstandschaft der Tiroler Bauern für die Aufnahme bäuerlicher Vertreter in den Landtag aus.

SCHWEIZ UND TIROL. Mannigfaltige Anregung erfuhr der bodenständige Freiheitssinn der Tiroler Bauern durch die Freiheitsbewegung in der Urschweiz und in dem Tirol benachbarten Bündner Land. Vom 15. Jahrhundert bis herauf ins 19. Jahrhundert wurde in Tirol in kritischen Zeiten, wenn stärkere Gegensätze zwischen Regierung und Volk fühlbar wurden, der Ruf laut: „Wir wollen Schweizer werden." Im Oberinntal und Vinschgau, deren bäuerliche Bewohner in mannigfachen wirtschaftlichen und kulturellen Beziehungen zu Graubünden standen, war dies in besonderem Maß der Fall. Über den vorübergehenden Anschluß einzelner westtirolischer Landschaften an die Appenzeller (1406) wird noch berichtet.

In den unruhigen Zeiten nach dem Tode Kaiser Maximilians I. erhielt die Innsbrucker Regierung Nachricht, daß die Bauern an der Etsch „in etwas Handlung und Praktiken" mit den Schweizern stehen und daß diese darauf eingehen. Im Jahre 1556 empfiehlt die Innsbrucker Regierung dem Landesfürsten Zurückhaltung in Steuerforderungen, denn die Tiroler schauen nach Ansicht der Regierung von jeher gern auf ihre Nachbarn, die Schweizer, und der Vergleich mit der Freiheit der Eidgenossen könnte die Tiroler dazu bringen, von Österreich abzufallen und sich an die Bünde anzuschließen (Sartori 551, S. 98). Revolutionäre Bewegungen wie jene Gaismairs oder des Bartlme Dosser zu Beginn der 60er Jahre des 16. Jahrhunderts suchten immer wieder Rückhalt an der Schweiz.[74] Auch in der Folgezeit blieb, wie die späteren Ausführungen zeigen werden, der Gedanke eines Anschlusses an die Schweiz lebendig.

LANDESGEFÜHL. Die Vertretung der breiten Volksmasse, des Bauerntums, am Landtag hat wesentlich zur Ausbildung jenes starken Landesgefühls beigetragen, das für den Tiroler im allgemeinen und für den Tiroler Bauern im besonderen so kennzeichnend ist. In seinem Landtag kam dem Tiroler Bauern die starke Verbundenheit und die Erlebnisgemeinschaft mit Land und Landsleuten so recht zum Bewußtsein. Bereits 1335, also noch im ersten Jahrhundert des Bestandes der tirolischen Landeseinheit, waren Landesgefühl und Wille zur Landeseinheit so erstarkt, daß der Bauernstand gemeinsam mit Adel und Bürgertum den von auswärtigen Mächten gemachten Versuch einer Zerreißung der tirolischen Landeseinheit nachdrücklichst bekämpfte. Nach dem Tode des letzten Tiroler Landesfürsten aus dem Haus der Görzer Grafen hatten Habsburger und Wittelsbacher Ansprüche auf Tirol erhoben, Nordtirol sollte unter die Herrschaft der Wittelsbacher, Südtirol unter jene der

[74] Josef Macek, Der Tiroler Bauernkrieg und Michael Gaismair, Berlin 1965. Hans Benedikter, Rebell im Land Tirol – Michael Gaismair, Wien 1970. Fridolin Dörrer (Hrsg.), Die Bauernkriege und Michael Gaismair (Veröff. des Tir. Landesarchivs 2), Innsbruck 1982. N. Grass.

Habsburger kommen. Demgegenüber schloß die Tiroler Landschaft, d. h., die Vertreter von Adel, Bürgern und Bauern, mit dem Landesfürsten einen Vertrag, in welchem sie sich, wie es in der Urkunde von 1336 heißt, „pari voto, liberaque et spontanea voluntate" (einmütig und aus freiem und eigenem Willen) eidlich verpflichtete, die Selbständigkeit und Freiheit des Landes zu verteidigen. Der Widerstand der Tiroler vereitelte auch tatsächlich den Teilungsplan.

Auch in der Folgezeit machte, wie noch gezeigt werden soll, ihr starkes Landesgefühl die Tiroler Bauern immer wieder zu Vorkämpfern für die Freiheit und Selbständigkeit ihres Heimatlandes sowie für das Selbstbestimmungsrecht des Tiroler Volkes. Nach der Vereinigung Tirols mit Österreich waren es gerade die Tiroler Bauern, welche mit allem Nachdruck für die Sonderstellung Tirols und gegen einen österreichischen Zentralismus eintraten.

In den älteren bäuerlichen Weistümern findet dieses Landesgefühl seinen Ausdruck im Bewußtsein, ein gemeinsames Recht zu besitzen, das als „Landsrecht" der ganzen Grafschaft Tirol bezeichnet wird. Der Genossenschaftsgedanke, der im Tiroler Bauern so stark verwurzelt ist, wurde auch auf das Verhältnis zum Heimatland übertragen, sodaß der tirolische Landesverband gewissermaßen als Genossenschaft der Tiroler Landsleute betrachtet wird.

Aus der gefühlsbetonten Einstellung heraus, welche der Tiroler Bauer zu seinem Heimatland besitzt, spricht er von Tirol als seinem „Landl". Politisch wirkt sich dieses starke Landesgefühl im Anspruch auf Freiheit, Selbständigkeit und Selbstbestimmung aus.

BAUER UND LANDESFÜRST. In den ältesten tirolischen Weistümern aus dem 14. Jahrhundert wird bereits der Bekräftigung oder Bestätigung des in ihnen enthaltenen bäuerlichen Gewohnheitsrechtes durch die ersten tirolischen Landesfürsten gedacht. So leiten die Bauern von Wenns ihre Rechtsöffnung mit den Worten ein: „... so thuen wir auch zu wissen alle unsere Recht, als wir die von Alter her haben bracht, von Herzog Mainhart und von König Heinrich ... und von allen Herrn, die seider (= seither) gewesen seind zu Tyrol, die uns alle biß auf disen heutigen Tag dabei ghalten haben" (TW. II, S. 177).

Es müssen demnach von den ersten Zeiten der tirolischen Landeseinheit angefangen gute Beziehungen zwischen dem freien Bauerntum und dem Landesfürsten bestanden haben.[75] Die Bauern sahen im Landesfürsten den Schutzherrn ihrer alten Rechte gegen grund- und gerichtsherrliche Anmaßungen, die Landesfürsten aber legten ihrerseits Wert darauf, gute und unmittelbare Beziehungen zur Bauernschaft zu pflegen. Bereits oben (1. Bd., S. 534 ff.) wurde von jener Innenpolitik der Tiroler Landesfürsten gesprochen, welche auf Herstellung eines direkten und allgemeinen Untertanenverbandes und auf Ausschaltung grundherrlicher und feudaler Zwischeninstanzen zwischen Bauern und Landesfürsten zielte. Dieses landesfürstli-

[75] Vgl. Hermann Wiesflecker, Meinhard der Zweite (Schlern-Schriften 124), S. 166 ff. u. ö.; ders., Das Landrecht Meinhards II. von Tirol, in: Tiroler Wirtschaftsstudien 26. F. (1969), S. 455–466. N. Grass.

che Bemühen kam den Bauern zustatten, die sich vom Landesfürsten Schutz erhoffen durften gegen die Willkür ihrer Grund- und Gerichtsherren. Besondere Umstände waren es sodann, welche nach dem Erwerb der Landesherrschaft durch das Haus Habsburg den Landesfürsten dieses Hauses eine bauernfreundliche Innenpolitik nahelegten.

Nach dem Tod des letzten Tiroler Landesfürsten aus dem Haus der Wittelsbacher hatte dessen Mutter Margareta aus dem Hause der alten Tiroler Landesfürsten die Regierung übernommen. Sie erwies sich aber bald als zu schwach für diese Aufgabe; ein Kollegium von neun Adeligen schickte sich an, die Herrschaft zu übernehmen; eine Adelsoligarchie drohte dem Lande.

Margareta hatte bereits 1359 für den Fall ihres kinderlosen Ablebens die Habsburger als Erben eingesetzt. Im Wissen um die Schwierigkeiten, in welche sie bei der Führung der Regierung geraten war, entschloß sie sich noch zu Lebzeiten, die Regierung an Herzog Rudolf zu übergeben. In einer Urkunde vom 26. Jänner 1363 übergibt die Landesfürstin dem Herzog Rudolf die Grafschaft Tirol und beruft sich dabei auf ein Einvernehmen mit den Landständen (Vorbehalt der Rechte, Jäger II/1, 137). Mit der Urkunde vom 11. September 1363 bestätigt die „Landschaft gemeinlich, edel und unedel, arm und reich, die zur Herrschaft Tirol gehören" (Stolz 652, I, S. 729) den Übergang der Landesherrschaft an die Habsburger.[76]

Für Herzog Rudolf war es von großer Bedeutung, angesichts der Unverläßlichkeit des Adels die breite Masse des Volkes – also vor allem das Bauerntum – für seine Herrschaft zu gewinnen. Den Bauern war ein kräftiges Landesfürstentum willkommener als eine Adelsherrschaft. Zwischen den adeligen Grundherren und den Bauern bestanden mannigfache Gegensätze; Bauern und Landesfürsten verband aber das gemeinsame Interesse, den Adel nicht zu mächtig werden zu lassen.

Wenn das Tiroler Volk und besonders das Bauerntum die Herrschaft der Habsburger jener der Wittelsbacher verzog, so hatte das seinen besonderen Grund. Bei einer Verbindung Tirols mit dem benachbarten Bayern war zu befürchten, daß Tirol zu einem unselbständigen Teil dieses Herzogtums herabsinken und in ihm aufgehen werde. Von Österreich war eine solche Gefährdung der Landesfreiheit weniger zu befürchten. Die Hauptmasse des habsburgischen Länderbesitzes hatte damals mit Tirol keine gemeinsame Grenze und war von ihm durch das geistliche Fürstentum Salzburg und das görzische Gebiet im Pustertal getrennt. Diese geographische Sonderstellung Tirols und ihre politische Bedeutung für die Wahrung tirolischer Selbständigkeit ist wenigstens gefühlsmäßig bereits damals den Anhängern der tirolischen Landesfreiheit zum Bewußtsein gekommen.

Tirol war von Ländern umschlossen, deren Regenten entweder wie die Wittelsbacher in Bayern den Habsburgern feindlich gegenüberstanden oder doch mit den Habsburgern um den Besitz Tirols oder von Teilen des Landes rivalisierten. Bei der

[76] F. Huter, Rudolf der Stifter und die Tiroler Städte (Tiroler Wirtschaftsstudien 25), Innsbruck 1971. N. Grass.

isolierten Lage konnte das Land von den Habsburgern militärisch nur dann behauptet werden, wenn die wehrhafte Bevölkerung des Landes auf ihrer Seite stand. Auf den tirolischen Adel konnten sich die Habsburger damals nicht verlassen. Unter den gegebenen Umständen war es notwendig, daß sich der habsburgische Landesfürst auf das wehrhafte Bauernvolk stützte und dieses für seine Herrschaft gewann.

In dem Kampf, der sich zwischen Habsburgern und Wittelsbachern um den Besitz Tirols entspann, zeigte sich, welche Bedeutung den guten Beziehungen zwischen Landesfürsten und Volk in Tirol zukam. Den Bayern war es im Jahre 1368 gelungen, in raschem Vorstoß nach Tirol bis gegen Sterzing vorzudringen. Der Bischof von Brixen, welcher Kanzler der Herzoge von Österreich war, bot in diesem Kampf gegen Bayern nicht bloß den Adel, sondern auch den bäuerlichen Landsturm auf. Dieser zeigte bereits damals besonderes Geschick in der Anlage von Schanzen und Verhauen und kämpfte mit solchem Erfolg, daß die Bayern das Land räumen mußten. Auch in Nordtirol traten Landstürmer des Oberinntales den bayerischen Streitkräften mit Erfolg entgegen. Dieser Beweis bäuerlicher Wehrkraft mußte neben der politischen Bedeutung, welche den Bauern Tirols dank ihrer Landstandschaft zukam, das neue Landesfürstentum auf einen Weg bauernfreundlicher Politik weisen.

Die Erfahrungen, welche die Habsburger im Kampf mit dem Bauerntum der Schweizer Urkantone gemacht hatten, zeigten, welch gefährlicher Gegner ein wehrfähiges Bauerntum gerade in einem Bergland sein konnte. Solche Erfahrungen mögen das ihre dazu beigetragen haben, den habsburgischen Landesfürsten Tirols den Wert guter Beziehungen zum Bauernstand vor Augen zu führen und einer bauernfreundlichen Gesetzgebung, wie sie uns in der Landesordnung von 1404 vor Augen tritt (s. 1. Bd., S. 465 f.), bereits in den ersten Zeiten der habsburgischen Landesherrschaft den Antrieb zu geben.

Zudem waren die Siege der Schweizer Bauern über die Ritterheere geeignet, auch in Tirol das bäuerliche Selbstbewußtsein zu kräftigen. Der erfolgreiche Kampf, den die Appenzeller Bauern 1401 gegen den Abt von St. Gallen, ihren Landesherrn, begonnen hatten und das Ausgreifen der Appenzeller Freiheitsbewegung nach Vorarlberg blieben auch in Tirol nicht ohne Rückwirkung. 1406 fielen die Appenzeller in Tirol ein und drangen bis gegen Imst vor. Einzelne Westtiroler Landschaften schlossen sich ihnen an, „denn die Bauern wollten alle gern Appenzeller sein“, heißt es in der Klingenberger Chronik aus jener Zeit.

Hatte Herzog Friedrich 1406 an der Seite des Adels gegen die Appenzeller gekämpft, welche die habsburgische Herrschaft in den Vorlanden bedrohten, so brachten die Ereignisse der folgenden Jahre ein auch für die Zukunft bedeutungsvolles Zusammengehen der Tiroler Bauern mit ihrem Herzog Friedl gegen den Adel. Die Notlage, in welche der Herzog durch seinen Konflikt mit dem Konstanzer Konzil und Kaiser Sigismund geraten war, weckte bei einem Teil des tirolischen Adels neuerlich Selbständigkeitsgelüste. Die engen Verkehrsbeziehungen zwischen

Tirol und dem schwäbischen Südwestdeutschland machten Adel wie Bauern Tirols mit den dortigen politischen Zuständen bekannt. Eine ähnliche Unabhängigkeit zu erlangen wie der reichsunmittelbare Adel Südwestdeutschlands erschien auch einzelnen großen adeligen Grundherren Tirols als erstrebenswertes Ziel. Mancher von ihnen wäre gerne so ein kleiner Landesherr geworden wie der reichsunmittelbare schwäbische Adelige. Unschwer vermochte der politisch aufgeschlossene Tiroler Bauer zu erkennen, daß ein unabhängiger adeliger Grundherr der Freiheit des Bauern gefährlicher sei als ein großer Herr wie der Landesfürst mit seinem weiteren Blick und seiner Politik größeren Zuges. Kleinere Herren, die unmittelbar auf dem Nacken sitzen, sind schwerer zu ertragen als ein Herr über ein ganzes großes Land.

In dem sich entspinnenden Kampf Herzog Friedrichs um die Behauptung der Landesherrschaft fand er einen treuen Bundesgenossen im Bauernstand Tirols. In diesem Kampf stand zeitweise der Bruder Friedrichs, Herzog Ernst, auf der Seite seiner Gegner; die Bauern aber hielten Friedrich die Treue. Herzog Ernst kennzeichnet selbst seinen Kampf in Tirol als einen Krieg „wider die Bauernschaft der Grafschaft Tirol an der Etsch und im Inntal".

Als Friedrich nach einem Vergleich mit seinem Bruder die Landesherrschaft wieder in vollem Umfang erlangt hatte, dauerte der Kampf mit dem unbotmäßigen Adel fort. Bauern und Bürger Tirols stellten sich in diesem Streit auf die Seite des Landesfürsten; ihre Hilfeleistung war entscheidend für den Sieg der landesfürstlichen Gewalt über die Selbständigkeitsbestrebungen des Adels. Dank ihrer Landstandschaft waren die Bauern in der Lage, auch am Landtag die landesfürstliche Politik zu stützen; der Landesfürst lernte damals die bäuerliche Landstandschaft als wertvolles Gegengewicht gegen adelige Machtgelüste kennen und schätzen.

Die Volkssage vom Herzog Friedl mit der leeren Tasche, der in höchster Not auf dem Rofenhof (s. Abb. 10) bei Bergbauern Zuflucht sucht und findet[77], hat diesem Kampf ein schönes, aus echtem Volksgefühl erwachsenes Denkmal gesetzt. Aber nicht bloß in der Volkssage, sogar in der amtlichen Überlieferung erscheint Herzog Friedrich als der Bauernfreund. In dem bereits oben (S. 130) erwähnten Regierungsbericht von 1556 wird behauptet, der Herzog habe nicht bloß die Leibeigenschaft aufgehoben, sondern den Bauern auch die Landstandschaft verliehen, womit natürlich das Alter der Landstandschaft zu gering angesetzt wird.

Die gefühlsbetonte Treue des Tiroler Bauern zu seinem Landesfürsten, die in der späteren Geschichte Tirols wiederholt aufleuchtet, ist wesentlich aus den Überlieferungen jener Kampfeszeit erwachsen. Dieses Treueverhältnis bedeutete nicht eine unterwürfige Hingabe an einen Herrn, es war keine Hundetreue, sondern eine Treue auf Gegenseitigkeit. Der bäuerlichen Treue sollte von seiten des Landesfürsten Beachtung der Rechte und Freiheiten von Land und Volk entsprechen: „Treue

---

77 Einer ähnlichen Überlieferung begegnet man in Inzing (Oberinntal) über einen solchen Aufenthalt des Herzogs im Weiler Dobleten. Hinweis Prof. Finsterwalder.

um Treue", wie Kaiser Franz Josef I. bei der Landesjubelfeier am Bergisel im Jahre 1909 das Verhältnis des Tiroler Volkes zu seinem Landesfürsten kennzeichnete.

Der Anteil an der Regierung seines Landes, den der Tiroler Bauer durch seine Landstandschaft erlangt hatte, befähigte ihn, zu wichtigen Fragen der Landespolitik selbständig Stellung zu nehmen. Das hatte sich schon während der Regierung Herzog Friedrichs gezeigt und offenbarte sich neuerdings nach seinem Tode. Der Neffe Friedrichs, Herzog Friedrich von Österreich, der spätere Kaiser, hatte die Vormundschaft über Siegmund, den Sohn seines Onkels, übernommen und wollte sie benützen, um Tirol in seine Gewalt zu bringen. Die Tiroler aber sahen in der ungebührlichen Verlängerung der Vormundschaft eine Gefährdung der Freiheit und Selbständigkeit ihres Landes. Bauern und Bürger übernahmen die Führung in jener tatkräftigen Bewegung, welche König Friedrich schließlich zwang, die Herrschaft über Tirol Siegmund zu überlassen.

Zur Zeit der Regierung Siegmunds (1439–1490) und seines Nachfolgers, des Kaisers Maximilian I. (1490–1519) setzten als Vorläufer des großen deutschen Bauernkrieges von 1525 in Oberdeutschland wie in Innerösterreich und Salzburg Aufstände der Bauern ein. In Tirol ist in dieser Zeit von ähnlichen Bauernunruhen nichts wahrzunehmen. Wohl aber ist für die Bauernschaft Tirols und ihre Geisteshaltung der Streit zwischen dem Tiroler Landesfürsten und dem Kardinal Nikolaus von Cues, dem Bischof von Brixen, von Bedeutung geworden. Dieser Streit (1457–1464) griff vom kirchlichen Gebiet auf das politische über; es kam so weit, daß über den Landesfürsten und seine Helfer der Kirchenbann verhängt wurde und die Nachbarn Tirols zum Krieg gegen den Landesfürsten aufgefordert wurden. Der Streit zwischen Bischof und Landesfürsten wurde zu einem Kampf zwischen Papst und Landesfürsten. Der Großteil der tirolischen Geistlichkeit stand auf seiten des Landesfürsten und ebenso – trotz seiner religiösen Gesinnung – der Großteil des bäuerlichen Volkes. Im Dienste Herzog Siegmunds verfaßte der Publizist Gregor Heimburg bissige, von Spott erfüllte Pamphlete gegen den Papst und sein Vorgehen, die auch im Volk bekannt wurden.

Es kann hier auf diesen Streit und auf die Mißgriffe, die von beiden streitenden Parteien begangen wurden, nicht näher eingegangen werden.[78] Er wurde hier lediglich angeführt, weil sich auch dabei die enge Verbindung, die in Tirol zwischen dem bäuerlichen Volk und dem Landesfürsten bestand, dokumentiert.

---

[78] Über diesen Streit berichtet u. a. die wertvolle Arbeit von A. Sparber, Nikolaus von Cues. Veröff. M. F. Bd. 26/29, S. 346f., Anm. 1 findet sich hier ein Verzeichnis des älteren Schrifttums über diesen Streit. Sparber, Aus der Wirksamkeit des Kardinals Nikolaus von Kues als Fürstbischof von Brixen, im Sammelband: „Nicolo Cusano agli inizi del mondo moderno (Facoltà di magistero dell'Università di Padova XII), Florenz – Brixen 1970, S. 523–535.
Andreas Posch, Nikolaus von Cusa, Bischof von Brixen, im Kampf um Kirchenreform und Landeshoheit in seinem Bistum, in: Cusanus-Gedächtnisschrift, Innsbruck 1970, S. 227–250. Wilhelm Baum, Nikolaus Cusanus in Tirol, Bozen 1983.

TIROL IN DER BAUERNKRIEGSZEIT. Der Cusanus-Streit brachte eine Erschütterung der kirchlichen Autorität im Tiroler Volk und war geeignet, revolutionären Ansichten, wie sie in der bereits erwähnten „Reformation des Kaisers Siegmund" ausgesprochen waren, den Boden zu bereiten.

In dieser „Reformation" wird ganz im Geist des Hussitismus den Geistlichen jedes Recht auf weltliche Herrschaft und so auch den Bischöfen die reichsfürstliche Gewalt abgesprochen. Die „Reformation" erschien bereits 1476 zu Augsburg im Druck; bis zum Jahre 1497 erschienen hier noch drei weitere Ausgaben, andere 1520 bis 1522. Mit Augsburg stand Tirol seit alters in regster Verkehrsbeziehung, sodaß kaum bezweifelt werden kann, daß die Gedanken dieser radikalen Reformschrift auch in Tirol Verbreitung fanden. Hier hatte ja Nikolaus von Cues als Bischof von Brixen in seinem Streit mit dem Tiroler Landesfürsten alte, durch die geschichtliche Entwicklung längst überholte Herrschaftsrechte über große Teile der Grafschaft Tirol wieder zur Geltung zu bringen versucht und dadurch dem Kampf über die Landesebene hinausreichende politische Bedeutung gegeben.

Gedanken der „Reformation" haben noch zur Zeit des Bauernkrieges die kirchenpolitischen Forderungen der Tiroler Bauern beeinflußt. Vielleicht hat der Widerspruch der „Reformation" gegen die weltlichen Herrschaftsrechte der Bischöfe auf die öffentliche Meinung in Tirol schon in den 60er Jahren des 15. Jahrhunderts eingewirkt. Herzog Siegmund hatte 1463 nach einem Aufstand, der im Hochstift Trient gegen den Bischof Georg Hacke ausgebrochen war, die weltliche Regierung in Trient übernommen. Der 1465 nach dem Tod Hackes gewählte Bischof Johann Hinderbach ersuchte Herzog Siegmund um Rückgabe der Herrschaftsrechte; seine Gesandten traten auf dem Bozner Landtag von 1468 mit diesem Ansuchen an den Herzog heran, riefen aber damit scharfen Widerspruch gerade bei den Abgeordneten des Bauern- und Bürgerstandes hervor. Als einen der Gründe ihres Widerspruches gaben sie an, daß der Bischof den Herzog nicht als Landesfürsten anerkennen und nicht zugeben wolle, daß das Bistum Trient in der Grafschaft Tirol inbegriffen sei. Die bäuerlichen und bürgerlichen Landboten betrachteten sich nicht bloß als Vertreter ihrer Stände und ihrer Standesinteressen; hier wie in anderen Fällen fühlten sie sich als Vertreter des ganzen Landes.

In Salzburg, Innerösterreich, in einzelnen schweizerischen und schwäbischen Gebieten kam es schon in der zweiten Hälfte des 15. Jahrhunderts zu Bauernaufständen. Manche der Beschwerdepunkte, welche die Bauern hier vorbrachten, waren auch für die Tiroler Bauern aktuell. Auch in Tirol haben Staat und Amtsrechte die bäuerliche Selbstherrschaft eingeschränkt; das Recht der bäuerlichen Gemeinde an Wald und Weide wurde aufgrund des vom Landesfürsten beanspruchten Obereigentums an allem nicht in Sondereigentum stehenden Land (des Allmendregales) eingeschränkt; auch die Tiroler hatten über Verletzung des Herkommens, des alten Rechtes durch die Regierung zu klagen. Kriege und schlechte Finanzwirtschaft der Landesfürsten hatten zur Erhöhung der Steuerlast geführt. Die Anfänge kapitalistischer Wirtschaft, wie sie u. a. in den Handelsgesellschaften sichtbar wurden, haben auch hier viel Unwillen im Volk hervorgerufen.

Wenn es in Tirol in der Zeit vor dem Tode Kaiser Maximilians I. nicht zu bäuerlichen Aufstandsbewegungen gekommen ist, so wird man eine der Ursachen hierfür wohl in der Landstandschaft der Tiroler Bauern zu suchen haben. Diese ermöglichte es, bäuerliche Beschwerden in verfassungsmäßiger Form vorzubringen. Am Landtag konnte der Bauer die Gesetzgebung beeinflussen. Solcher Einfluß hatte unter anderem zu einer günstigen Regelung des herrschenden bäuerlichen Besitzrechtes, des Erbbaurechtes, geführt. Besitzstreitigkeiten unterstanden nicht einem Gericht des Grundherrn, sondern dem vom Grundherrn unabhängigen landesfürstlichen Landgericht.

Nahmen in anderen Ländern die Bauern gegenüber dem Landesfürstentum eine ablehnende Haltung ein und wollten sie nur den Kaiser als ihren obersten Herrn anerkennen, so ist in Tirol von solcher Ablehnung der landesherrlichen Gewalt keine Rede. Man sah vielmehr im Landesfürsten den Vertreter der Selbständigkeit und Freiheit des Landes. Bei all ihrer Anhänglichkeit an den Landesfürsten dachten aber die Tiroler doch keineswegs daran, auf ihre Freiheiten und Rechte zu verzichten und den Landesfürsten schrankenlos walten zu lassen. Das zeigt sich gerade in den Vorgängen während der letzten Regierungsjahre Herzog Siegmunds. Der Landtag und mit ihm auch das Bauerntum scheuten sich nicht, der landesfürstlichen Mißwirtschaft mit allem Nachdruck entgegenzutreten.

Der Haller Landtag von 1487 setzte sich u. a. für die Wahrung der Redefreiheit ein. Die Landschaft beschwerte sich über eine landesfürstliche Verordnung, welche bei schweren Ungnaden verbietet, über das Regiment des Erzherzogs oder über jene, welche das Regiment führen oder zu seiner Umgebung gehören, ein Wort zu reden. Ein solches Verbot sei auf Erden noch nicht erhört worden: müßten doch Gott der Allmächtige, Papst, Kaiser, Fürsten und Herren Gutes und Böses von sich reden lassen. Die Landschaft meinte aber, daß nicht der Erzherzog, sondern seine schlechten Berater Schuld an diesem Verbot trügen (Jäger, Landstände (283), II/2, S. 331).

Es kam damals so weit, daß der Meraner Landtag des Jahres 1487 eine Landesregierung aus 24 von der Landschaft gewählten Räten einsetzte. Ohne Zustimmung dieses Regierungskollegiums durfte Siegmund keine Regierungshandlungen vornehmen. Er vermochte sich jedoch nicht in diese neue Ordnung hineinzufinden. Am Innsbrucker Landtag von 1490 brachte er vor die Landschaft lebhafte Klagen, auf welche die Landesregierung mit größtem Freimut erwiderte. Der Herzog hatte sich unter anderem vor dem versammelten Landtag beklagt, die Landesregierung versorge seine außerehelichen Kinder allzu kärglich. Darauf erwiderte der Sprecher der Regierung ganz unbefangen und offen, von den ledigen Kindern, deren Seine fürstl. Gnaden bei 40 habe, seien mehrere mit 1000 Gulden versorgt worden, was doch ein großes Geld ausmache. Eine Reihe von Kindern habe die Landschaft auf ihre Kosten ausgestattet, aber die Ausgestatteten hätten das ihnen gereichte Geld aufgebraucht und seien dann neuerdings der Landschaft zur Last gefallen. Hatte sich der Landesfürst beschwert, daß die Landesregierung ihn in seinem freien Verkehr beschränke, so blieb die Landesregierung auch auf diese Klage die Antwort nicht schuldig. Sie meinte, was die Beschränkung des herzoglichen Verkehres angehe, so sei sie deswegen verfügt worden, weil der Fürst Leute empfange, die ihn gegen die Regierung aufhetzen. Demgegenüber glaubte der Herzog anführen zu können, er sei ein löblicher Fürst, lasse gute und böse Leute zu sich kommen; aber Gott der Herr habe ihn mit so viel Vernunft begabt, daß er das Gute vom Bösen zu unterscheiden und wohl zu beurteilen wüßte, was ihm nützlich oder schädlich sei. Hierauf entgegnete der Sprecher der Regierung mehr sachgemäß als höflich, auf Siegmunds Behauptung wolle die Regierung nicht weiter eingehen, denn es sei männiglich bekannt, wie Seine Gnaden von dem bösen Regiment (einer früheren landesfürstlichen Regierung) sich habe verführen und gegen das jetzige Regiment und die Räte verhetzen lassen.

Der Landtag konnte sich eine solche freimütige Kritik an dem Gehaben des Landesfürsten erlauben, weil er eine wirkliche Volksvertretung darstellte, die breite Masse des Volkes hinter sich wußte und nicht bloß wie die ständischen Vertretungen anderer Länder einen Kreis von Privilegierten vertrat. Ungeachtet seiner Fehler und Mißgriffe war Herzog Siegmund im Volke beliebt.

ANFÄNGE DES ABSOLUTISMUS. Die Machtstellung, welche der Tiroler Landtag unter Siegmund erlangt hatte, ließ sich unter Maximilian I. nicht behaupten. Bereits in seiner Regierungszeit setzten jene Bestrebungen ein, welche in den folgenden Jahrhunderten auf die Minderung der Landtagsrechte und auf den Ausbau eines fürstlichen Absolutismus zielten. Eine bedeutende Stärkung der Fürstengewalt wurde durch die Verwaltungsorganisation Maximilians I. eingeleitet.[79] Die Errichtung bleibender, fest organisierter, aus landesfürstlichen Beamten bestehender Regierungskollegien festigte die Macht des Landesfürsten. Die Beamten unterstanden nur dem Fürsten.

Der Staat des Mittelalters hatte sich im Wesen auf Rechtsschutz und Schutz gegen äußere Feinde beschränkt und für diese Aufgaben eine Finanzverwaltung in bescheidenem Umfang ausgebildet. Der neuzeitliche Staat begann nach dem Vorbild der fortschrittlichen städtischen Verwaltung seinen Tätigkeitsbereich zu erweitern und eine Reihe von Geschäften an sich zu ziehen, die früher der Gemeinde oder privater Betätigung überlassen waren. Diese Neuordnung hatte eine starke Vermehrung der Beamtenstellen zur Folge. „Schreiber, Jäger, Falkner und Hunde haben dieser Zeit die pesten Vorstände (Förderer) und Hilferzeigung gehebt (gehabt)“, schreibt Kirchmair (Denkwürdigkeiten, Schrifttumsverz. 126, I. Abt. Band 1, S. 442) über die Regierungsjahre Maximilians I.

Immer schwieriger wurde es unter diesen Umständen für den Landtag, der nur zeitweise tagte, auf die Regierung Einfluß zu nehmen, die mit ihrem Beamtenkörper die Regierungsgewalt ständig handhabte. Die vom Landtag gewählten Ausschüsse nahmen nur fallweise an der Regierung teil, ihre Tätigkeit blieb zudem auf bestimmte Angelegenheiten beschränkt.

Diese Stärkung der Macht des Landesfürsten und der Rückgang des landständischen Einflusses vollzogen sich nun freilich nicht in gerader Linie. Abgesehen von der Persönlichkeit des jeweiligen Fürsten waren es vor allem finanzielle Schwierigkeiten und Mißgriffe der fürstlichen Politik, welche zeitweise dem Landtag wieder

---

[79] Über Maximilian und die Bauern vgl. Wiesflecker, Kaiser Maximilian I., 5. Bd. (1986), S. 71–77 u. ö.

zu größerem Einfluß verhalfen. Die überaus schlimme Lage seiner Finanzen zwang Maximilian in seinen späteren Regierungsjahren, der Tiroler Landschaft bedeutende Zugeständnisse zu machen, um ihren finanziellen Beistand zu gewinnen. Er mußte Vertrauensmänner der Landschaft in die Regierung aufnehmen.

Auf dem großen Innsbrucker Landtag des Jahres 1511 wurden von der Landschaft eine Reihe von Forderungen vorgebracht und in 42 Artikeln wichtige Vereinbarungen zwischen der Landschaft und dem Landesfürsten getroffen, welche den Inhalt des in der Folge viel berufenen „eilfjährigen Landlibells" bilden. 30 Artikel regeln die tirolische Landesverteidigungsordnung. Artikel 24 erneuert das wichtige alte Landesrecht, daß der Landesfürst ohne Wissen und Willen der Landschaft keinen das Land berührenden Krieg anfangen oder durch Streitkräfte des Landes führen dürfe.

Der Zug zur Ausbildung der absoluten Fürstengewalt tritt aber immerhin bereits zu Zeiten Maximilians deutlich zutage, wenn dessen Regierung dem Landtag im Jahr 1517 erklärte, er sei verpflichtet, die von ihr geforderte Steuer zu bewilligen. Mit dieser Erklärung bestritt sie ein Grundrecht des Landtages. Sie vermochte freilich damals noch nicht mit dieser ihrer Auffassung durchzudringen; der Landtag lehnte sie mit aller Entschiedenheit ab. Bei der üblen Lage der landesfürstlichen Finanzen war die Regierung auf die Hilfe des Landtages angewiesen, und sie durfte auf ihrem Standpunkt, der eine Verletzung der Landesfreiheiten, also einen Verfassungsbruch bedeutete, nicht beharren.

Trotz mancher Gegensätze, wie sie sich zwischen Volksvertretung und Fürsten in Tirol ergeben hatten, war auch Maximilian I. im Volk beliebt. Der von Hofkreisen unabhängige Klosterrichter Kirchmair spricht hier wie in anderen Fällen die Volksmeinung aus, wenn er über den „teuern Kaiser" nach dessen Tod urteilt: „Wiewohl er ein Mentsch, kein Gott, und nit vollkommen gewest, ist ihme doch ... sein Adl, Herkommen, Tugend, Gemuet und eigen erworben Lob als einem Mentschen genug" (Denkwürdigkeiten, S. 421).

Nach dem Tode des Kaisers († 12. 1. 1519) griff die allgemeine Erregung des süddeutschen Bauernstandes aus dem schwäbischen Südwestdeutschland auch auf Tirol über. Kirchmair berichtet als Zeitgenosse über die Stimmung unter den Tiroler Bauern: „Der Gerichtsleute [der Bauern] Meinung war, das Regiment [die vom Kaiser eingesetzte Landesregierung] habe kein Gewalt mehr, dazu seien die Herren vom Regiment mit dem Kaiser übl umgangen, der Landsfürst hätte nichts im Land. Man habe ihnen am Landtag viel zugesagt, aber nichts gehalten" (a. a. O., 1/I, S. 445). Die allgemeine Aufregung und Unruhe im Lande kennzeichnet Kirchmair folgendermaßen: „Niemand war mit dem andern in Frieden. Die Edelleute trauten den Bauern nicht, die Bauern Pfaffen und Handwerkern nicht. Es war ganz kein Ordnung. Die Gerichtsleute schlossen sich allenthalben zusammen und machten Bündnis" (a. a. O., 1/I, S. 446). Aber selbst in dieser Zeit allgemeiner Unordnung offenbarte sich, wie tief der Gedanke verfassungsmäßiger Volksregierung im bäuerlichen Bewußtsein Wurzel geschlagen hatte. Die Bauern bemühten sich damals und besonders im Jahre 1525 auf Tagungen in einzelnen Landesteilen, ihre Beschwerden zu formulieren, sie gingen sogar dazu über, selbständig Landtage einzuberufen.

In der Zeit um 1519 hatte das Regiment zu Innsbruck seine liebe Not, die Bauern von solchem selbständigen Vorgehen abzuhalten. Auch damals wurde im Westen von einem Anschluß an das benachbarte Bündner Land gesprochen.

Der Tiroler Landtag beanspruchte es als altes Recht, im Falle, daß die landesfürstliche Gewalt versage oder dem neuen Landesfürsten die Erbhuldigung noch nicht geleistet sei, die Regierungsgewalt an sich zu nehmen. Nach dem Tod Kaiser Maximilians I. ersuchte der Landtag, der zu Innsbruck im Februar 1519 zusammengetreten war, das noch vom Kaiser eingesetzte Regiment, die Regierung weiterzuführen, die Regierungsgewalt also als Beauftragter des Landtages zu handhaben.

Um der Landesvertretung auch für die Zeit, da der Landtag nicht versammelt war, einen Einfluß auf die Regierung zu sichern, wählte der Landtag jeweils einen Ausschuß, in welchen jeder der vier Stände die gleiche Zahl von Vertretern entsandte. Dieser Ausschuß hatte die Gegenstände, welche der nächste Landtag beraten sollte, vorzubereiten und für die Durchführung der Landtagsbeschlüsse Sorge zu tragen. In schwierigen Zeiten wurde der Ausschuß von der Landesregierung zur Bewältigung der Schwierigkeiten herangezogen.

Gerade in so bewegten Zeiten, wie sie nach dem Tode des Kaisers eintraten, offenbarte sich der hohe Wert der demokratischen Landesverfassung. Diese bot der Regierung die Möglichkeit, in verfassungsmäßigen Formen das Einvernehmen mit dem Volk zu pflegen und sich über seine Beschwerden zu unterrichten.

In diesen Jahren, die dem Bauernkrieg von 1525 vorangingen und vor allem in diesem Jahre selbst, tritt das politische Denken der Bauern deutlicher an den Tag. In zahlreichen Beschwerden und Kundgebungen der Bauern hat es einen schriftlichen Niederschlag gefunden. So ist es wohl gerechtfertigt, hier die Vorgänge dieser Jahre eingehender zu behandeln.

Unter den eigentlichen Volksvertretern, den Abgeordneten des Bauern- und Bürgerstandes, hatten die gemäßigten Elemente, hatte die „Ehrbarkeit" die Mehrheit. Die Regierung legte in Notzeiten, zumal wenn ihre Autorität erschüttert war, großen Wert darauf, im Einvernehmen mit dem Landtag oder wenigstens mit dem von ihm gewählten Ausschuß vorzugehen.

Unmittelbar nach dem Tod des Kaisers hatte das Regiment zu Innsbruck den vom letzten Landtag gewählten Ausschuß zur Mitarbeit an der Regierung einberufen. Freilich gelang es trotz der Mitarbeit des Ausschusses nicht, eine dauernde Beruhigung des Volkes herbeizuführen. Auch die Landtage, die 1519 und 1520 zusammentraten, vermochten dieses Ziel nicht zu erreichen. Immerhin wurde die Autorität der Regierung durch das Zusammengehen mit der Landesvertretung gestärkt, und der Radikalismus wurde dadurch gehemmt, daß der Landtag sich mit Nachdruck gegen alle Gewalttaten und revolutionären Umtriebe aussprach.

Das Selbstbewußtsein der freien Tiroler Bauern führte in jener Zeit dazu, daß sie sich auf den Landtagen von 1519 und 1520 mehr als sonst als die eigentlichen

Vertreter des Volkes fühlten. Die Bauern haben sich, berichtet das Innsbrucker Regiment 1520, „in gehaltnen Landtägen von den andern Stenden mit irem Unterreden und Ratslagen (Ratschlägen) gesundert, sich auch understanden, die von Stetten (Städten) auch in ir Besamblung und Pundtnus zu bringen" (Hirn, Landtage, S. 28, Anm. 7).

In einer Beschwerde der Bauern der Gerichte Thaur und Rettenberg aus dem Jahre 1525 (AT III, § 12, S. 76) wird solche Vereinbarung gemeinsamen Vorgehens der beiden unteren Stände als altes Herkommen bezeichnet und gegen ihr Verbot Stellung genommen.

Der Kaiser hatte seine Enkel Karl und Ferdinand zu Erben seiner Länder eingesetzt. Beide waren im Ausland aufgewachsen, Karl in den Niederlanden, Ferdinand in Spanien. Die österreichischen Erbländer hatten sie bisher nicht betreten und sich mit deren Interessen nicht vertraut gemacht. Durch Verträge zwischen den beiden Brüdern kam Tirol mit den andern österreichischen Ländern an Ferdinand. Die Übergabe Tirols sollte jedoch vorderhand geheim bleiben und Ferdinand hier nur als Statthalter seines Bruders gelten.

Als Ferdinand im Jahre 1521 zum ersten Mal die österreichischen Erbländer betrat, stand er im 19. Lebensjahr. Nach Tirol kam er auf längere Zeit erst im März 1523. Der deutschen Sprache war er beim Betreten seiner Erblande nicht mächtig, über die Verhältnisse Tirols war er nicht unterrichtet. Bei seiner Jugend und Unerfahrenheit konnten einzelne seiner Berater leicht großen Einfluß auf die Regierung erlangen. Unter diesen stand zunächst der Spanier Gabriel Salamanca an erster Stelle. Dieser hatte sich bereits in Spanien in der Umgebung Ferdinands befunden. Die Vertrauensstellung dieses Landfremden im Rate des Landesfürsten erweckte in Tirol den Unwillen des Volkes in umso höherem Maße, als er mit den tirolischen Verhältnissen nicht vertraut war und wohl nicht zu Unrecht als Urheber der selbstherrlichen, den Einfluß der Stände einschränkenden Maßnahmen Ferdinands angesehen wurde.[80]

Die Tiroler Bauern waren sich der Bedeutung ihrer verfassungsmäßigen Freiheiten und Rechte wohl bewußt und schätzten sie als ein von den Vorfahren herkommendes, wertvolles Gut. Jede Verletzung dieser Rechte wurde tief empfunden und weckte den Widerstand gegen die Regierung, welche die Verfassung mißachtete. So wandte sich denn auch der Unwille des Volkes in besonderem Maße gegen Salamanca. Kirchmair, der als Richter im Volk und mit ihm lebte, verlieh der damaligen Volksstimmung Ausdruck mit den Worten: „Ich mag das wol für ein Wunder schreiben, das im Land der Grafschaft Tirol nie erhört ist, daß ein Graf zu Tirol, selbst spanisch und durch Spanisch [d. h. spanische Leute] mit Verachtung der

---

[80] Vgl. insbes. Albert E. J. Hollaender, Gabriel Salamanca, Graf von Ortenburg und die tirolische Empörung von 1525, im Ausstellungskatalog „Innerösterreich" 1564–1619 (Joannea III) Graz o. J. (1967), S. 9–37.

Jürgen Bücking, Frühabsolutismus und Kirchenreform in Tirol (1565–1665), Wiesbaden 1972, S. 6ff.; Günther Franz, in: Huter-Festschrift zum 80. Geburtstag.

Deutschen und ohne Verstand der Sprachen und Sitten, soll so gewaltig wider all Freiheit regieren und walsche, tyrannische Regierungen einführen. O Tirol, o Etschland, Wipptal, Inntal! Ihr mögt euch nun nicht mehr eurer Väter berühmen. Die Alten haben gebaut einem Fürsten zu Ehren und Aufnehmen an Gericht, Gebräuch [Rechtsgewohnheiten] und Freiheit, dabei sich haben die Untertanen mögen behelfen ... Wohin ist doch Mut und Blut von uns verschwunden, daß wir unangesehen aller Freiheit nun sollen eigen, arm, geschoren, ja geschnittene Schafe werden und dennoch von einer fremden Nation ... O Salamanca! dein gleich lebt nit. Du hast, das [so viel, wie] kain Herr von Österreich hie noch nie begeren torft [durfte, konnte], du regierst den Fursten und die Untertanen und niemant fragt dich, wie und warumb? Aber mer Schmach ist der Lantschaft, dan dier Er" (Kirchmair, Denkwürdigkeiten, S. 478).

Die Erregung im Volke machte sich auch in Flugschriften Luft. Eine derselben gibt sich als Schreiben eines „armen Bäuerleins der Grafschaft Tirol" an den Landesfürsten. Dieser wird aufgefordert, er möge den Salamanca „gar bald mit gutem Fueg abstellen und weg thun, anderst er [Salamanca] und sein Anhang werden in Kurz dermaßen aus dem Regiment entsetzt, dadurch Euer Durchlaucht Verlust an Land und an Leuten leiden und sehen mußten" (Arch. T. II., S. 95). Es entsprach aber der politischen Überlieferung wie dem Fühlen des bäuerlichen Volkes, daß sich auch in dieser Zeit der Spannung und trotz der erkannten Mängel in der Person des Landesfürsten der Volkswiderstand nicht gegen die Person des Fürsten, sondern gegen seine Ratgeber wandte. „Ob zwar manigerlai Geschrei und Beschwarnus gehört wurden", schreibt Kirchmair (S. 461), „dannocht verschont menigklich des [den] jungen Fürsten angesehen [in Anbetracht] sein Jugent." In einem Pasquill, das in jener Zeit entstand, wird die Schuld an den Mißständen Ferdinands Beratern gegeben (s. oben S. 113).

Der junge Landesfürst war, als er vor den 1523 nach Innsbruck berufenen Landtag trat, vor eine schwierige Aufgabe gestellt. Die Finanzen des Landes waren während der Regierung Maximilians I. völlig in Unordnung geraten. Die Unruhe unter den Bauern und Bergarbeitern forderte soziale und wirtschaftliche Reformen. Die Landesgesetzgebung bedurfte dringend einer Ergänzung, eine neue Polizeiordnung wurde allgemein gefordert, wobei nach dem damaligen Sprachgebrauch Polizei nicht bloß im Sinne von Sicherheitspolizei, sondern vor allem als Sitten- und Wirtschaftspolizei verstanden wurde.

Volk wie Stände und Regiment hatten die Einberufung des Landtages gewünscht. Den selbstherrlichen Ansichten Ferdinands entsprach die häufige Einberufung von Landtagen keineswegs. Der soeben erzielte Erfolg über die niederösterreichischen Landstände hatte sein fürstliches Selbstgefühl gestärkt. Schließlich mußte er aber doch dem Drängen der Landesregierung nachgeben und den Landtag einberufen. Beeindruckt durch den landesfürstlichen Sieg über die selbstherrlichen Bestrebungen der niederösterreichischen Stände zeigte der Landtag großes Entgegenkommen gegenüber den Steuerforderungen; immerhin zwang er aber den

Landesfürsten in anderen Punkten zur Nachgiebigkeit. Freilich, den erstrebten Einfluß auf die Zusammensetzung des Regierungskollegiums vermochte der Landtag nicht zu erreichen.

Für das Volk bedeutete der Verlauf des Landtages eine Enttäuschung; die erhofften sozialen und wirtschaftlichen Reformen wurden nicht beschlossen. Kirchmair spricht wohl auch hier die Volksmeinung aus, wenn er urteilt: „Kain Landtag ist in hundert Jarn gebesen, darin man so wol Ursach gehebt hett, guets auszurichten; aber hientgegen ist in hundert Jarn in kainem Landtag weniger nye ausgericht worden" (Denkwürdigkeiten, S. 460). Die Verhinderung der Reformen war jedenfalls mitverursacht durch die Abneigung Ferdinands und Salamancas gegen die Mitregierungsansprüche des Landtages.

Im Volk erwartete man aber gleichwohl, daß es den eigentlichen Volksvertretern am Landtag, nämlich den bäuerlichen und bürgerlichen Volksboten, gelingen werde, die Volkswünsche durchzusetzen. Kirchmair formuliert diese Hoffnungen mit den Worten: „Die edl Gemain in Stetten und Gerichten werden uns des gewaltigen spaniguischen Gerichts und Gewalts vor seyn" (Denkwürdigkeiten, S. 461). Den Vertretern von Adel und Geistlichkeit traute man geringere Widerstandskraft zu. Prälaten- und Adelsstand waren einer Beeinflussung durch den Hof mehr ausgesetzt als die unabhängigeren Vertreter von Städten und Gerichten. Im bäuerlichen Volk bestand ein alter Gegensatz gegen die beiden oberen Stände als Inhaber grundherrlicher Rechte. So erklärte es sich, daß man im Volk seine Hoffnungen vor allem auf die Vertretung durch die bäuerlichen und bürgerlichen Volksvertreter setzte.

Aber auch der nächste Landtag, der im März 1525 zusammentrat, erfüllte nicht die Erwartungen und brachte nicht die nötigen Reformen.

Ferdinands Zurückhaltung bei der Bestätigung der Landesverfassung, der „Landesfreiheiten", goß noch mehr Öl ins Feuer. Ein Teil der Bauern verweigerte die Zahlung der Steuer: sie wollten erst zahlen, wenn sichergestellt war, daß sie „wider ir guet alt Herkomen nit beschwart solten werden" (Kirchmair, Denkwürdigkeiten, S. 464).

BAUERNKRIEG. Vor allem wurde die Beunruhigung im Volk durch die immer weiter um sich greifende religiöse Bewegung gesteigert. Bald nach dem Auftreten Luthers in Wittenberg traten Prediger seiner Lehren auch in Tirol auf. Sie fanden hier großen Anhang. Auch bei dem so stark religiös gesinnten bäuerlichen Volk hatte der von Luther und seinen Anhängern verkündete Grundsatz einer Rückkehr zur reinen, alten christlichen Lehre tiefen Eindruck gemacht. Auf dem Generallandtag der österreichischen Erblande zu Augsburg erklärten die Vertreter der österreichischen Länder, der gemeine Mann befürchte allenthalben, daß ihm das Wort Gottes nicht nach wahrem Text des Evangeliums gepredigt werde; diese Befürchtung habe da und dort wesentlich zur Entstehung des Aufruhres beigetragen. Die Meinung, das alte Kirchentum stehe im Widerspruch zur wahren christlichen Lehre, mußte bei dem konservativen Bauerntum große innere Beunruhigung hervorrufen.[81] Nachdem die kirchliche Autorität schon im Kusanusstreit erschüttert worden war, fand bei der offenkundigen Verderbnis im geistlichen Stand die oppositionelle kirchliche Bewegung unschwer Anhang. Mit der aus religiösen Gründen erwachsenen Gegnerschaft gegen Geistlichkeit und Kirche verbanden sich Gegner, welche sich gegen geistliche Grundherren und politische Herrschaftsrechte geistlicher Personen richteten.

Die Anfänge kapitalistischer Wirtschaft, wie sie in den großen Handelsgesellschaften und in Preissteigerungen zutage traten, wie der einsetzende fürstliche Absolutismus trugen das ihre bei, die Erregung im Volk zu steigern.[82]

In der ersten Hälfte des Mai 1525 schlug nun das bisher glimmende Feuer der Volkserregung in hellen Flammen empor. Am 9. Mai kam es in Brixen zum offenen Aufstand. Eine große Menge von Bauern aus der Umgebung der Stadt versammelte sich, befreite den Absager Peter Paßler, der zur Hinrichtung geführt wurde, und plünderte sodann die Häuser von Geistlichen und Adeligen in Brixen.[83] Nachdem das Feuer des Aufruhres im Mittelpunkt des Landes, in Brixen, ausgebrochen war, griff die Flamme rasch auf das ganze Land über. Allenthalben kam es zur Besetzung und Plünderung von Schlössern, Klöstern und Pfarrhäusern. Im allgemeinen nahm der Aufstand in Tirol einen, man könnte fast sagen gesetzlichen Verlauf. Von Greueltaten wird verhältnismäßig wenig berichtet, sodaß selbst ein konservativer und allem Umsturz abgeneigter Mann wie Kirchmair in seinen Denkwürdigkeiten feststellen konnte: „Doch muess ich ains sagen und ist ain Wunder, daz bey ainem so graussamen Auflauf dannocht nit vil Mentschen umbkomen sein in disem Land.“ (S. 475)

Die meisten deutschen Landesfürstentümer und ebenso auch die schweizerischen Stadtstaaten (Kantone unter Stadtherrschaft) boten den Bauern keine verfassungsmäßige Möglichkeit zu Auseinandersetzungen mit der Landesherrschaft. In Tirol aber und ebenso in einzelnen deutschen Gebieten, wie etwa dem Rheingau, besaß der Bauernstand verfassungsmäßigen Einfluß auf die Landesregierung und Landesgesetzgebung. In Tirol, in Graubünden und im Rheingau haben denn auch nach kurzer Dauer des Aufstandes die Bauern den Weg der Verfassung eingeschlagen. Die Rheingauer Bauern haben ihre Forderungen in den Rheingauer Artikeln vom 23. April 1525, die Graubündner in den Ilanzer Artikeln vom 25. Juni 1526 zusammengefaßt. Das Tiroler Bauernvolk bemühte sich, durch ein umfassendes Landesgesetz, eine „Landesordnung“, Abhilfe für seine Beschwerden zu schaffen.

---

[81] Vgl. unten die Ausführungen über das religiöse Denken des Bauern S. 153f.

[82] In der neueren Literatur steht man dem Begriff „Frühkapitalismus“ kritisch gegenüber, vgl. Franz Mathis, Die deutsche Wirtschaft im 16. Jahrhundert, Enz. deutscher Gesch. 11, München 1992.

[83] Absage war die Aufkündigung des Friedens gegenüber dem Prozeßgegner und die Voraussetzung für rechtmäßige Fehde. Vgl. Wopfner, Lage Tirols S. 174 und N. Grass, Cusanus und das Fehdewesen, in: Arbeitsleben und Rechtsordnung – Festschrift Gerhard Schnorr, Wien 1988, S. 771–804.

In Nordtirol konnten die bestehenden Behörden nach Abflauen des Aufstandes weiter amtieren, in Südtirol allerdings traten zu Brixen, Bozen und Meran Ausschüsse von Bürgern und Bauern an ihre Stelle; die Wahl dieser Ausschüsse fand auf Versammlungen statt, an welchen neben den Bauern auch die Städte teilnahmen. Politische Schulung und Klugheit bewog die Bauernschaft, die Städte in ihre Bewegung hineinzuziehen. Bereits auf früheren Landtagen hatten sich die bäuerlichen Abgeordneten bemüht, ein gemeinsames Vorgehen mit den Vertretern der Städte anzubahnen. Seitens der Bauern dachte man dabei wohl auch daran, auf solche Weise eine Rückendeckung gegen eine zu erwartende Reaktion zu erlangen. Die Städte kamen diesen bäuerlichen Bemühungen in der Hoffnung, dadurch Einfluß auf die Bewegung zu erlangen, entgegen.

Nicht bloß das besitzlose und besitzarme Landvolk, wie Sölleute, Tagwerker und Dienstleute, der „Pofel"[84], sondern auch die „Ehrbarkeit"[85], die besitzende Bauernschaft, nahm an der Bewegung teil. Aber gerade in dieser Oberschicht des Landvolkes kam man bald zur Erkenntnis, daß bei längerer Dauer des Aufstandes die radikalen Elemente die Oberhand gewinnen würden und es zu einem Kampf der Besitzlosen gegen die Besitzenden kommen könnte. Es war zu befürchten, daß Besitzlose in Stadt und Land gemeinsame Sache machen würden. Bei der großen Versammlung von Land- und Stadtvolk, die am 13. Mai 1525 in Bozen stattfand, rief einer der Teilnehmer vom Land den städtischen Handwerksgesellen zu: „Ir Schuester- und Schnaydergesellen, ir werdt auch bey uns steen, dann wir muessen miteinander sein" (Wopfner 770, S. 182). Die gemäßigten Elemente der Aufstandsbewegung waren immerhin stark genug, die neu eingesetzten Obrigkeiten zu strengen Verboten weiterer Plünderungen zu bewegen.

Erzherzog Ferdinands Politik zeigte in diesen aufgeregten Zeiten trotz seiner Jugend und mangelnden Vertrautheit mit den Verhältnissen von Land und Volk Mut und war nicht ungeschickt. An eine gewaltsame Unterdrückung des Aufstandes war nicht zu denken; es fehlten die militärischen Machtmittel. Sein Vertrauter Salamanca war nach Beginn des Aufstandes am 14. Mai abgereist, was bei der Stimmung, die im Volk gegen ihn herrschte, für den Fürsten ein Vorteil war. Wohl oder übel mußte sich Ferdinand nun dazu verstehen, sich jener Mittel zu bedienen, welche die demokratische Landesverfassung bot, um sich auf friedlichem Wege mit dem Volk zu verständigen. Verhandlungen zwischen Regierung und Landtag über

---

[84] von lat. „populus" = Volk.
Die von Wopfner gebrachte Ableitung dieses Wortes von lat. „populus" ist nicht gesichert, da das Wort Pöbel, an das Wopfner wohl dachte, noch zu Luthers Zeit hier im Süden des deutschen Sprachgebietes nicht verstanden wurde und auch von „Pofel" wesentlich abweicht. Wahrscheinlich hat sich das Mundartwort Pofl für „drittes Heu" mit dem Wort Bofel, das in dem jüdischen Talmud „minderwertige Ware" bedeutet, vermischt. Vgl. F. Kluge, Etymolog. Wörterbuch der deutschen Sprache unter „Pöbel"; Elmar Schneider, Roman. Entlehnungen in den Mundarten Tirols, Romanica Oenipontana II, Innsbruck 1963, S. (154) (Prof. Finsterwalder).

[85] In Tirol bedeutete „Ehrbarkeit" die Bauernschaft, die in Gerichts- und Gemeindeversammlung stimmberechtigt war und ihre Vertreter in den Landtag entsandte.

die Beschwerden des Volkes und die Mitwirkung von Delegationen des Landtages, den sogenannten Ausschüssen, kamen zur Erledigung der Beschwerden vor allem in Betracht. Ferdinand zeigte dabei Geschick und politische Klugheit. Für die Ziele der revolutionären Bewegung brachte er sicherlich wenig Verständnis auf, aber er wußte doch schroffen Widerspruch zu vermeiden, ohne seine Würde zu verlieren. War doch überhaupt sein Wesen mehr auf Vermittlung als auf Gewalt eingestellt. Es kam ihm in seiner schwierigen Lage das Vertrauen sehr zustatten, welches das Tiroler Bauernvolk aufgrund alter Überlieferung seinem Fürsten entgegenbrachte.

Die Tiroler Bauern waren der Meinung, zum Vorteil ihres Fürsten, wenn nicht gar im Einverständnis mit ihm zu handeln, wenn sie die vom Landesfürsten verpfändeten Schlösser besetzten. Die aufständischen Bauern um Bozen erklärten: „Sy wern nicht der Maynung, aynicherlay Ungepurliches wider furstlich Durchlaucht als iren Hern und Landsfürsten fürzunemen", sie wollten vielmehr „furter iren Kopf nit sanft legen, bis fürstlicher Durchlaucht ir Schlosser und anders, so versetzt und verphendt, frey und ledig überantwurt und zu Handen gestelt worden" (nach Zeugenaussagen verzeichnet, Bozner Gerichtsbücher 1526, „Kuntschaften", III. Teil). Im Volk ging die Rede um, die Geistlichkeit habe sich geweigert, dem Landesfürsten zur Abhilfe seiner Geldnot ein Drittel ihres Einkommens für ein Jahr zu überlassen[86]; der Adel habe diese Weigerung gebilligt; um die beiden oberen Stände für ihren Eigennutz zu strafen, habe der Fürst den Bauern gestattet, die Geistlichen zu plündern und alle jene Schlösser zu besetzen, die seit den Zeiten Herzog Sigmunds aus landesfürstlichem Besitz in jenen des Adels gekommen wären.

Freilich gab es unter den Bauern auch Radikale, welche ihre Treue zum Fürsten von seiner Bereitschaft abhängig machten, auf die bäuerlichen Forderungen einzugehen. So äußerte sich der Bauer Leonhard Puchler (Püheler) aus Neustift bei Brixen: „Wir wellen ain freies Land machen und will der Fürst unser Fürst sein und will [er] unser Mengl wenden [unseren Beschwerden abhelfen], so well wir in zu ainem Fürsten haben, will er nit, ei, so gee er hin" (Zeugenaussage Gailers gegen Puchler vom 30. April 1527, Arch. T. L., Abt. Miscellanea 105).

Klug wußte Ferdinand den Gegensatz auszunützen, der zwischen Radikalen und Gemäßigten, zwischen „Pofel" und „Ehrbarkeit" bestand. Es gelang ihm, die letztere zu Erklärungen entschiedener Ablehnung weiterer Gewalttaten zu bringen. Zustatten kam dabei dem Fürsten wie dem Volk, daß es nach der tirolischen Verfassung möglich war, wichtige Angelegenheiten in offener Aussprache zwischen Fürsten und Volksvertretern zu behandeln. Anders als die aufständischen Bauern im südlichen Deutschland beschritt die Bauernschaft Tirols nach kurzer Dauer des Aufstandes den Weg der Verfassung, um ihre Forderungen durchzusetzen.

86 Papst Hadrian VI. hatte Ferdinand 1523 ein Drittel sämtlicher Einkünfte der Welt- und Ordensgeistlichkeit Tirols zur Beschaffung von Geldmitteln für den Türkenkrieg verliehen. Die Geistlichkeit hatte dagegen Widerstand geleistet. Vgl. F. Hirn, Gesch. der Tiroler Landtage 1518–1525, Freiburg i. Br. 1906, S. 59 u. 67.

Freilich, an die Berufung eines allgemeinen Landtages war zunächst nicht zu denken. Den Bauern durfte eine gemeinsame Tagung mit Adel und Geistlichkeit nicht zugemutet werden. Wohl aber kam es zu Tagungen bäuerlicher und bürgerlicher Vertreter in einzelnen Landesteilen. Solche Versammlungen werden in den Akten jener Zeit gleich den oben erwähnten, auf den Landtagen gewählten Delegationen als „Ausschüsse" bezeichnet. Da sie nur einzelne Landesteile und nur einen Teil der Stände vertraten, kann man sie als Teillandtage bezeichnen. Auf ihnen hatte der Bauernstand, von dem ja die ganze Bewegung ausgegangen war und der mehr als neun Zehntel des Tiroler Volkes in sich schloß, die Führung.

Die Teillandtage von 1525 traten zum Teil ohne Berufung durch den Landesfürsten zusammen. Dieser sah sich aber angesichts der Wichtigkeit, welche diese Tagungen für die Wiederherstellung von Ruhe und Ordnung besaßen, veranlaßt, auch zu den illegalen Tagungen Vertreter, Kommissare, zu entsenden.[87] Diese waren angewiesen, auf eine Trennung, eine „Sundrung", zwischen „Ehrbarkeit" und „Pofel" hinzuarbeiten.

In Brixen, dem Mittel- und Ausgangspunkt des Aufstandes, trat in der Zeit um den 18. Mai der erste dieser Teillandtage zusammen, auf welchem Vertreter des Bauern- und Bürgerstandes aus der Gegend um Brixen, dem Pustertal und Etschtal erschienen. Die vom Erzherzog gesandten Kommissare versicherten die Gnade des Fürsten und versprachen Abhilfe der Beschwerden und Einberufung eines allgemeinen Landtages auf den 15. Juni; bis dahin sollten keine weiteren Feindseligkeiten gegen Adel und Geistlichkeit vorgenommen werden. Die Versammlung erklärte daraufhin, Gut und Blut für den Fürsten einsetzen zu wollen. In den geforderten Waffenstillstand willigte sie jedoch nur unter der Bedingung ein, daß auch gegen Bürger und Bauern niemand feindselig vorgehe. Die von den Aufständischen besetzten Klöster, Schlösser und Häuser sollten vorläufig nicht ihren Eigentümern zurückgegeben werden, sondern bis zum Schluß des künftigen Landtages von Kriegsknechten besetzt gehalten werden. Jedes Gericht sollte dazu einen bis drei Knechte stellen, die aus dem Erlös der von den Aufständischen gemachten Beute vier Gulden Monatssold erhalten sollten. Die Versammelten einigten sich ferner dahin, in allem, was ehrbar und billig sei, gemeinsam vorzugehen; auf den Ruf der Sturmglocken sollten die Gerichte einander mit ihrem Aufgebot zu Hilfe eilen, um das Recht handzuhaben, Übeltäter zu bestrafen und jedermann von „unrechtem Eingriff" abzuhalten.

Vertreter der Städte und Gerichte des ruhigeren Nordtirol sowie des Wipptales südlich und nördlich vom Brenner tagten über Aufforderung des Erzherzogs vom 23. bis 28. Mai in Innsbruck. Erstmalig erschienen neben den Vertretern des Bür-

[87] Diese eigenmächtigen, ohne Einberufung durch den Landesfürsten zusammengetretenen Versammlungen wären im rechtshistorischen Sinn besser als „Konvente" oder „Landeskonvente" zu bezeichnen, im Gegensatz zu den Landtagen, für deren rechtliches Zustandekommen die Einberufung durch den Landesfürsten erforderlich war. Durch die Entsendung landesfürstlicher Kommissare zu diesen eigenmächtig zusammengetretenen „Teillandtagen" erhielten diese indirekt eine gewisse Anerkennung seitens des Landesherren. (N. Grass)

ger- und Bauernstandes auch Vertreter des Arbeiterstandes, allerdings nur der damals sehr zahlreichen Bergarbeiter. Auf dieser Tagung stellte der Erzherzog im Sinn seiner früher gekennzeichneten Politik den Abgeordneten vor Augen, daß alle Freunde der Ordnung in der gegenwärtigen, gefahrvollen Zeit ihm beistehen müßten, weiteren Aufstand zu verhüten, denn von diesem sei nichts anderes zu erwarten als Zerrüttung, Verderbung und Verödung des Landes, wobei unter „Verödung" die Einstellung des für die tirolische Wirtschaft so wichtigen Durchzugsverkehres verstanden wurde. Bei Fortdauer der Unruhen würde kein „Ehrbarer" oder „Vermöglicher" vor dem unruhigen „Pofel" sicher sein. Die Abgeordneten sollten lauter und klar anzeigen, wie nach ihrer Meinung die Ruhe wieder herzustellen sei. Die Versammlung sprach daraufhin ihr Mißfallen an den Gewalttaten aus, gab aber zu verstehen, daß die „Ursachen solcher Empörung auf uns alle erwachsen"; unter „uns alle" waren offenbar auch Regierung und Landesfürst inbegriffen. In weiteren Ausführungen wurden von den Abgeordneten zunächst entsprechend der starken religiösen Erregtheit jener Zeit Ursachen religiöser Natur genannt.

Obwohl Ferdinand als christlicher Fürst und Beschirmer des Evangeliums angesehen werde, so befürchte der gemeine Mann doch, es werde ihm das Wort Gottes nicht klar und nach dem wahren Text gepredigt. Eine andere Ursache der Empörung sei der Eigennutz der Geistlichkeit, eine dritte Ursache der Widerwille des Volkes gegen die Verwendung von Geistlichen in weltlichen Regierungsangelegenheiten; eine weitere Ursache der Haß gegen den Schatzmeister Salamanca. Das Volk sei auch beunruhigt durch das Gerücht, der Landesfürst gedenke auf Salamancas Rat die Tiroler mit Kriegsvolk zu überziehen. Nicht zum wenigsten sei die Empörung daraus erwachsen, daß es sich die Regierung mit der Abhilfe der auf den Landtagen wiederholt vorgebrachten Beschwerden gar zu leicht gemacht habe. Andererseits gaben aber die Abgeordneten die Erklärung ab, daß im Fall weiterer Aufstände Bauern und Bürger mit Leib und Gut für ihren Fürsten eintreten und im Notfall den „Pofel" mit Gewalt niederhalten wollten.

Die Erwiderung Ferdinands ging nur in ziemlich allgemein gehaltenen Sätzen auf die vorgebrachten Forderungen ein. Das Evangelium solle gepredigt werden „wie der wahre Text vermag". Was die Beschwerden gegen Geistlichkeit und Salamanca angehe, so wolle er sich als Fürst so verhalten, daß sich die Abgeordneten „billiger Weise nicht beklagen sollen". Bedeutungsvoller war die Zusage, kein Kriegsvolk ins Land bringen zu wollen. Die nicht erledigten Beschwerden sollten auf dem künftigen Landtag behandelt werden und dieser auf das Drängen der Versammlung bereits auf den 12. Juni einberufen werden.

Der Innsbrucker Teillandtag diente in Nordtirol zu weiterer Beruhigung. Auf Versammlungen einzelner Gerichte, so der Gerichte Thaur und Rettenberg, des Gerichtes Sonnenburg und des Gerichtes Ehrwald, die noch im Verlaufe des Mai stattfanden, wurden zwar verschiedene Beschwerden vorgebracht, andererseits aber unzweideutige Ergebenheitserklärungen gegenüber dem Erzherzog als dem „natürlichen Landesfürsten" abgegeben.

Vertreter der Gerichte des Pustertales von Vintl im Westen bis Welsberg im Osten traten am 6. Juni an einem nicht genannten Ort zu einem Teillandtag zusammen. Ob dieser vom Landesfürsten berufen war, ist nicht bekannt, jedenfalls sandte dieser einen Kommissar in der Person des Pustertaler Adeligen Kaspar Künigl zur Tagung. Auf ihr wurden teils Beschwerden von allgemeiner Bedeutung, teils sogenannte „Partikularbeschwerden" einzelner Gerichte vorgebracht.

MERANER ARTIKEL. Der revolutionäre Ausschuß, der zu Meran, der alten Hauptstadt Tirols, in den ersten Tagen des Aufstandes eingesetzt worden war, faßte den Entschluß, Vertreter der Städte und Gerichte ganz Tirols selbständig, d. h. ohne Zustimmung des Landesfürsten, zu einem Landtag nach Meran zu berufen. Da am bevorstehenden Innsbrucker Landtag die Bauernschaft ihre Beschwerden und Reformwünsche vorbringen wollte, hielt es der Meraner Ausschuß für nötig, das Reformprogramm, welches in Innsbruck dem Landesfürsten vorgelegt werden sollte, in Meran einer gründlichen Vorberatung zu unterziehen. Dort konnte man es, unabhängig und unbeeinflußt von der Innsbrucker Regierung, beraten und entwerfen. Nach dieser Vorarbeit in Meran konnte die Bauernschaft im Innsbrucker Landtag mit einer einheitlichen Willenserklärung vor die Regierung treten und etwaigen Versuchen, Uneinigkeit in die Reihen der Bauern zu tragen, wirksamer begegnen.

Diese Handlungsweise des Meraner Ausschusses, in welchem die Bauern die Führung hatten, läßt wiederum eine gewisse politische Reife erkennen, wie sie das Tiroler Bauerntum aus seiner langen Mitarbeit am politischen Leben seines Landes gewonnen hatte. Den Bauernaufständen im südlichen und mittleren Deutschland gereichte es zum Verderben, daß sie einer einheitlichen politischen Führung und Zielsetzung entbehrten; die Bauern der einzelnen Landschaften gingen zumeist getrennt vor, „einzig in der eigenen Gefahr besannen sich die Aufständischen auf ihre Brüder und suchten bei ihnen Hilfe" (Franz 129, S. 468). Da war es dann meist zu spät, um wirksame Hilfe zu erlangen.

Der Meraner Ausschuß sandte am 25. Mai an die Städte und Gerichte ganz Tirols einschließlich des Trientner Gebietes ein Schreiben, in welchem er und die von ihm Vertretenen sich solidarisch mit den Bauern und Bürgern ganz Tirols erklärten. Sollte von außen her oder innerhalb Tirols etwas vorfallen, „das euch und uns allen zu Nachteil kommen möchte", so möge dies sofort dem Meraner Ausschuß durch eigene Boten berichtet werden. „Wir wollen sodann", heißt es in dem Rundschreiben, „unser Leib und Gut zu euch setzen und treulichen retten helfen und euch keineswegs verlassen … gleichermaßen tun wir uns solches gegen euch versehen" (Arch. T. L., Cod. 1874).

Diese Mahnung zu Eintracht und engem Zusammenschluß lag damals besonders nahe. Hatten doch in dem Tirol benachbarten Oberschwaben, sodann in Württemberg, im Elsaß und in Thüringen im April und Mai die fürstlichen Heere die aufständischen Bauern vernichtend geschlagen. Bei der engen Verbindung

Tirols mit dem südlichen Deutschland wird die Kunde von diesen Niederlagen und der furchtbaren grausamen Reaktion der Fürsten rasch genug nach Tirol gedrungen sein.

Wie mit der Brixner Tagung, so mußte sich der Erzherzog auch mit dem selbständigen Zusammentreten des Meraner Landtages abfinden. Wenigstens das eine versuchte er aber zu erreichen, daß die Gerichte und Städte des Inn-, Wipp- und Pustertales nicht durch eigene Abgeordnete vertreten waren. Nicht verhindern konnte er aber, daß das Inn- und das Wipptal das wenigstens durch Verordnete des Innsbrucker Teillandtages vertreten waren; dieser sandte je zwei Vertreter der Bauern, der Bürger und der Bergarbeiter nach Meran. Ferdinand mußte sich sogar über Ersuchen des Innsbrucker Teillandtages bereit erklären, auch seinerseits zwei Kommissare nach Meran zu entsenden.

Auch gegenüber der Meraner Tagung befolgte Ferdinand die Politik, den Gegensatz zwischen Gemäßigten und Radikalen auszunützen. Er wies seine beiden Kommissare wie die Gesandten des Innsbrucker Teillandtages an, der Meraner Versammlung vor Augen zu halten, daß die jüngsten „Empörungen ungezweifelt aus Verführung des gemeinen, unvermuglichen Manns und Pofls" hervorgegangen seien. Wenn es so weiter gehe und den Gewalttaten nicht entgegengetreten werde, müsse allgemeines Verderben die Folge sein (Arch. T. L., Cod. 1874, Instruktion für die Kommissäre, Fol. 69).

Gelang es dem Erzherzog auch zu verhindern, daß sämtliche Gerichte und Städte in Meran vertreten waren, so erschienen immerhin Vertreter der Städte und Gerichte des Vinschgaues, des mittleren Etschtales und des Eisacktales sowie Welschtirols. Im letzteren Landesteil hatte Ferdinand an eine Reihe von Gerichten vergeblich Abmahnungsschreiben ausgehen lassen. Auch Abgeordnete der Stadt Trient erschienen zu Meran. Unter diesen Umständen und zumal, da Nordtirol und das Wipptal durch die Gesandten des Innsbrucker Teillandtages vertreten waren, mochte sich die Meraner Versammlung immerhin als Landtag des Stadt- und Landvolkes von ganz Tirol betrachten; auch der Arbeiterstand war wenigstens durch zwei Abgeordnete der Nordtiroler Bergarbeiterschaft vertreten.

Die Meraner Artikel bezeichnen sich dementsprechend als „Beschwarung gmainer Landschaft der Grafschaft Tirol, so auf kunftigem Landtag zu Ynnsprugg zu begern und anzupringen ist 1525". Bereits in den Zeiten, da Herzog Friedrich gemeinsam mit den Tiroler Bauern gegen den Adel kämpfte, wurde in Urkunden der Jahre 1420 und 1426 die Bezeichnung „Landschaft" ausschließlich auf die Vertreter des Bürger- und Bauernstandes oder gar nur des Bauernstandes bezogen.

Über den Verlauf der Meraner Tagung, welche vom 30. Mai bis zum 8. Juni währte, liegen keine Berichte vor, wohl aber die Ergebnisse der Beratung in den 64 Meraner Artikeln (hrsg. AT. III, S. 35 ff.). Daß die Bauern, welche auf dem Meraner Tag den Ton angaben, den Adel von der Teilnahme ausschlossen, lag nahe. Viele der Beschwerden wandten sich ja zumal gegen einzelne grundherrliche Rechte des Adels; bei der Zusammenstellung und Abfassung dieser Beschwerden mochte eine

Teilnahme des Adels unerwünscht sein. Die Ausschließung des geistlichen Standes ergab sich aus der grundsätzlichen Ablehnung jeder Art von Teilnahme der Geistlichkeit am politischen Leben.

Die Meraner Artikel sollten – das war der Hauptzweck der Meraner Tagung – den Beratungen über die neue Landesordnung am kommenden Innsbrucker Landtag zugrundegelegt werden und nach ihrer Annahme durch Landtag und Landesfürsten zu dem schon längst vom Volk geforderten umfassenden Landesgesetz, der „Landesordnung", verarbeitet werden. Die Abfassung der Landesordnung dachte man sich – entsprechend der überlieferten Gepflogenheit – als Aufgabe der Regierung und eines vom Landtag gewählten Ausschusses.

Die Meraner Artikel bringen nicht bloß, wie sie eingangs sagen, Beschwerden vor, sondern auch positive Forderungen und Grundsätze, welche für die Abfassung der Landesordnung bestimmend sein sollten; sie stellen in der Tat ein bäuerliches Forderungsprogramm dar, welches in der Landesordnung durchgeführt werden sollte. Auf den Tadingen, den Versammlungen ihrer Gemeinden und Gerichte, übten die Bauern schon lange eine Art autonomer Gesetzgebung aus, sie verfaßten Gemeinde- und Gerichtsordnungen; auf den Landtagen waren sie ebenfalls in die Lage gekommen, sich an der Vorbereitung von Gesetzen zu beteiligen, sodaß ihnen die Aufgabe, die sie sich am Meraner Landtag stellten, keine unüberwindlichen Schwierigkeiten bereitete.

In der Einleitung zu den Meraner Artikeln kennzeichnen ihre Verfasser kurz die leitenden Grundsätze. Entsprechend der ausgesprochenen Religiosität des Bergbauerntums und im Zusammenhang mit der gerade damals besonders starken religiösen Erregung tritt der religiöse Grundgedanke stark hervor. Predigt des Evangeliums nach dem unverfälschten Text und Nächstenliebe werden als Leitmotive aufgestellt. Das „göttliche Recht", wie es von verschiedenen süddeutschen Bauernschaften ihren Forderungen zugrundegelegt wird, hat auf die Meraner Artikel keinen Einfluß erlangt. Nach dem göttlichen Recht sollte das bisherige Recht nur so weit fortbestehen, als es aus der heiligen Schrift begründet werden könne. Auch nach Ansicht der Tiroler Bauern geht alles gute Recht letzten Endes auf Gott zurück, und das Recht darf niemals im Widerspruch zum christlichen Sittengesetz stehen; sie gehen aber nicht so weit wie die schwäbischen Bauern im letzten ihrer zwölf Artikel, die Geltung allen Rechtes von seiner Begründung aus der heiligen Schrift abhängig zu machen.

Dem alten guten Einvernehmen zwischen Bauern und Landesfürsten entsprach die in der Einleitung zu den Meraner Artikeln abgegebene Erklärung, den Nutzen des Fürsten fördern zu wollen. Auch Kirchmair muß trotz entschiedener Verurteilung des Aufstandes und Ablehnung der Meraner Artikel zugeben, daß der Meraner Landtag wenigstens dem Scheine nach das Ziel verfolgte, des Landesfürsten „Nutz zu fördern" (Kirchmair, Denkwürdigkeiten, S. 472).

Ganz aus dem Geist der bäuerlichen Gemeindegenossenschaft ist der in der Einleitung ausgesprochene Grundsatz erwachsen, den gemeinen Nutzen zu fördern und den Eigennutz zu bekämpfen. Der einzelne Bauer war in seiner Wirtschaft wesentlich auf die Nutzung der „Gemain" (Allmende) angewiesen. Diese Nutzung beschränkte sich in älterer Zeit nicht bloß auf den Gemeinwald und die Gemeinweide, es gab in größerem Ausmaß auch Gemeinwiesen und Gemeinäcker. Die Bedeutung der Gemeinnutzungen ist in manchen tirolischen Gemeinden für die Wirtschaft des einzelnen Bauern so groß, daß der, welcher sich ungerechten Vorteil an der Gemein zum Schaden der übrigen Genossen verschafft, strengerer Verurteilung unterliegt als der Schädiger privaten Grundes. Es entsprach bäuerlicher Denkweise, dem Grundsatz: „Gemeinnutz geht vor Eigennutz" allgemeine Geltung zuzusprechen.

Gleich den Teillandtagen zu Brixen und Innsbruck verurteilt auch der Meraner Landtag Gewalttaten; die vorangegangenen „Aufruhren und Empörungen" werden in der Einleitung zu den Artikeln als „grausame Straf" göttlicher Gerechtigkeit für all die Mißstände im geistlichen und weltlichen Stand bezeichnet. Trotz mancher radikaler Forderungen, welche sich gegen bestehende Rechtsverhältnisse richten, glaubt die Meraner Versammlung doch, das gute, alte Recht zu fördern; bestehende Rechte, deren Beseitigung sie fordert, werden unter dem Gesichtspunkt bekämpft, daß sie Neuerungen seien und dem alten Recht widersprächen (P. 34). Hochachtung vor dem Recht, wie man sie anderwärts in den Forderungen der aufständischen Bauern jener Zeit nicht findet, tritt zutage, wenn Artikel 42 (41 der jüngeren Fassung) strenge Bestrafung jener Bauern fordert, welche sich Rechtsverletzungen gegen ihren Grundherren zu Schulden kommen lassen. Weil man die Abstellung grundherrlicher Rechtsverletzungen fordert, verlangt man auch vom Baumann strenge Beachtung der grundherrlichen Rechte. Ein lebhaftes bäuerliches Rechtsgefühl bekundet auch Artikel 17, welcher Beschränkung der Freistätten oder Asyle fordert, weil sie die Verfolgung der Verbrecher erschweren. Im selben Artikel wird auch strengeres Rechtsverfahren gegen die Totschläger gefordert.

Auf dem Gebiet der kirchlichen Verfassung werden radikale Forderungen gestellt. Ihre bäuerlichen Verfasser glauben, mit diesen ihren Forderungen das alte, reine Christentum wiederherzustellen und nicht Neuerungen vorzunehmen. Aus den Forderungen spricht die bereits erwähnte Sorge um die Wahrung der Rechtgläubigkeit. Es tritt aber keine Feindseligkeit gegen das bestehende Kirchentum und seinen Kult an den Tag; von einer Abschaffung der Messe oder einzelner Sakramente, der Bilderverehrung und anderen ähnlichen Forderungen auf dem Gebiet des katholischen Kultes ist keine Rede. Man sprach sich auch zu Meran nicht grundsätzlich gegen das Ordenswesen aus, wohl aber für die Beschränkung der Zahl der Ordensleute und die Aufhebung der Frauenklöster. Die Einschränkung wird gefordert, „damit nit soviel feiret [feierndes, nicht arbeitendes] Volk gezügelt [aufgezogen, genährt] werde"; nach alter bäuerlicher Ansicht galt nur körperliche Arbeit als Arbeit im eigentlichen Sinn. Einen Umsturz der bestehenden Kirchenverfassung enthielt Artikel 2 in der Forderung nach Abschaffung der Bistümer. Artikel 8 fordert für die Pfarrgemeinde das Recht zur Wahl und Absetzung ihres Pfarrers und Beschränkung seines Einkommens auf das Notwendige[88]; alle geistlichen Amtshandlungen sollten unentgeltlich vorgenommen werden (Artikel 9).

Die aufständischen Bauern anderer Länder stellten aus eigenem Antrieb zumeist keine klar umrissenen Forderungen politischer Umgestaltung auf. Eine Ausnahme bilden hierbei die ostschweizerischen drei Bünde (Graubünden), das südwestdeutsche Markgräfler Land und der mitteldeutsche Rheingau.

Um die richtige Erkenntnis der alten Landesfreiheiten allen zu ermöglichen, fordert der 33. Artikel des Meraner Reformprogrammes, wie bereits (S. 130) erwähnt wurde, daß allen Städten und Gerichten Abschriften der Landesfreiheiten gegeben werden.

Die politischen Forderungen der Meraner Artikel zielen nicht auf einen Umsturz der bestehenden Landesverfassung; sie wollen auf dem Boden der bestehenden Verfassung bleiben, diese aber zeitgemäß weiterbilden. Die Autonomie von Gemeinde- und Gerichtsverband, welche zum Wesen der alten Verfassung gehört, soll gefestigt und ausgebaut werden. In diesem Sinn fordert Artikel 14 die schon bisher in verschiedenen Gerichten übliche Wahl des Richters durch die Gerichtsversammlung für alle Gerichte. Da dem Richter auch Aufgaben der politischen Verwaltung übertragen waren, bedeutete dies eine Sicherung der autonomen Verwaltung in den einzelnen Gerichtsbezirken.

Eine wichtige Änderung der bestehenden Verfassung wurde durch Artikel 49 angestrebt, nach welchem alle Landtage nur auf „wider hinter dich bringen ausgeschriben und gehalten werden“ sollten. Das besagte, daß die am Landtag gefaßten Beschlüsse erst den wahlberechtigten Gerichtsversammlungen zur Annahme oder Ablehnung vorgelegt werden sollten. Bisher hatten die Abgeordneten die volle Vertretungsbefugnis für die Gerichtsgemeinde, von der sie entsandt worden waren, besessen. Nunmehr wäre aber jeder Landtagsbeschluß vor seiner Durchführung einer Art von Plebiszit, einer Abstimmung in den einzelnen Gerichtsgemeinden, unterworfen worden. Aus dieser Forderung von Artikel 49 spricht ein gewisses Mißtrauen der Bauern gegen den Landtag, das wohl aus dem unbefriedigenden Ergebnis der Landtagsverhandlungen gerade der letzten Jahre erwachsen sein mag (vgl. die oben S. 144 angeführte Äußerung Kirchmairs).

Der Zeit voraus eilt der Meraner Landtag mit der Forderung einer umfassenden, allgemeinen Staatshoheit. Nach dem ersten der Meraner Artikel sollten alle feudalen und sonstigen Zwischeninstanzen, vor allem jene patrimonialen und grundherrlichen Stellen, die Hoheitsgewalt zu eigenem Recht beanspruchten, beseitigt werden.

Wie sich der Freiheitskampf der Schweizer Urkantone gegen die Grundherrschaft nur insoweit wandte, als sie auch Gerichtsherrschaft beanspruchte, so bekämpften auch die Tiroler Bauern in ihren Meraner Artikeln die Grundherrschaft nicht grundsätzlich, sondern nur soweit sie gerichtsherrliche Rechte beanspruchte

[88] Vgl. dazu Franz Grass, Pfarrei und Gemeinde, S. 48 f.

und sich als politische Zwischeninstanz zwischen Landesherrschaft und Bauerntum einschieben wollte.

Dem Bauern, der Abstraktionen abhold ist und Anschaulichkeit liebt, erschien der Staat in der Person des Landesfürsten verkörpert. Aus dem alten Vertrauensverhältnis heraus, das zwischen dem Tiroler Bauern und seinem Landesfürsten bestand, wird im ersten Artikel gefordert, „daß die ganz Grafschaft Tirol mit all ihren Bistumben, Klöstern, Schlössern, Stedtn und Gerichtn Fürstl. Durchl. als unserm gnedigistn Herrn und Landsfürstn und sonst niemand andern zugehörig, underthenig und gehorsam sein“ soll.

Die Finanznöte der Tiroler Landesfürsten, zumal Herzog Siegmunds und Kaiser Maximilians I., hatten zur Verpfändung landesfürstlicher Hoheitsrechte in großem Ausmaß geführt: „Besonders ist offenbar, daß in diesem Land alles, daz Gelt getragen hat [alle Einnahmequellen] versetzt gewest ist“, schreibt Kirchmair (S. 443). Durch diese Verpfändungen finanziell nutzbarer Hoheitsrechte hatten die landesfürstlichen Einnahmequellen starke Einbußen erfahren, der Ausfall mußte durch Steuerforderungen ersetzt werden. Im Interesse der Steuerzahler wie des Landesfürsten und einer allgemeinen Staatshoheit forderte daher der erste Meraner Artikel, daß alle verpfändeten Hoheitsrechte an Schlössern, Städten und Gerichten wieder dem Landesfürsten zurückzustellen seien. Soweit das bisherige Einkommen der Pfandgläubiger aus den verpfändeten Gütern und Rechten die Höhe der Pfandsumme erreicht habe, sollten die Pfänder ohne weiteres an den Landesfürsten übergehen. Wo aber durch den Ertrag der Pfänder die Pfandsumme noch nicht abgetragen worden war, wurde der Landesfürst verpflichtet, den Rest ratenweise zu bezahlen; zu einer Verzinsung war er nicht verpflichtet. Wo der Pfandinhaber bereits aus dem verpfändeten Gut mehr eingenommen hatte, als die Pfandsumme betrug, war der bisherige Pfandinhaber verpflichtet, den Mehrertrag dem Landesfürsten zu übergeben.

Der Landtag betrachtete im Sinn des alten kirchlichen (kanonischen) Zinsverbotes die Verzinsung eines Darlehens als Wucher, die Einnahmen aus den verpfändeten Gütern als Rückzahlungsraten.[89] Wenn der Landtag hier den Landesfürsten auf Kosten der bisherigen Pfandgläubiger bereicherte, so wollte er andererseits doch auch dem Steuerzahler einen Vorteil verschaffen. Der Landesfürst sollte in Hinkunft keine Steuerforderungen mehr stellen. Auch mit einer gewissen Einschränkung seiner bisherigen finanziellen Hoheitsrechte sollte sich der Landesfürst im Zusammenhang mit diesen ihm von der Landschaft verschafften Vorteilen abfinden. Er sollte sich nämlich verpflichten, in Hinkunft ohne Genehmigung der Landschaft keine Verpfändungen oder Vergabungen von Hoheitsrechten vorzunehmen.

Aus dem Streben nach einer allgemeinen, sich über das ganze Land erstreckenden Staatshoheit ergab sich auch die Forderung nach Beseitigung der reichsfürst-

[89] Kardinal Nikolaus Cusanus hatte im Brixner Bistum denn auch streng die Beachtung des kanonischen Zinsverbotes befohlen. Vgl. die Cusanus-Gedächtnisschrift, hrsg. von Nik. Grass, Innsbruck 1970, S. 148–151.

lichen Stellung der Bischöfe von Trient und Brixen, wie sie Artikel 1 erhebt. Das Tiroler Volk betrachtete seit alters die fürstbischöflichen Gebiete als Teile des Landes Tirol (s. oben S. 137). Zudem erschien vielen weltliches Herrschaftsrecht unvereinbar mit einem Kirchenamt. Am Tiroler Landtag waren die bischöflichen Gebiete nur durch die beiden Bischöfe und die Domkapitel vertreten gewesen; am Meraner Landtag nahmen sie erstmals durch Abgeordnete ihrer Städte und Gerichte teil.

Dem Eintreten des Meraner Tages für allgemeine Staatshoheit entsprachen Forderungen eines Staatsbürgertums einheitlichen und gleichen Rechtes: „Jeder, ob geistlich oder weltlich, edl oder unedl, hohes oder niedern Stands", sollte nach dem gleichen Recht gerichtet werden. Alle sollten aber, je nach ihrem Vermögensstand, gleichmäßig zu den öffentlichen Lasten herangezogen werden.

Entsprechend dem ausgeprägten Landesgefühl und dem überlieferten wehrhaften Sinn der Tiroler Bauern wollte man in Meran auch für die Landesverteidigung vorsorgen. Artikel 14 fordert die Instandhaltung der wehrhaften Orte, der Schlösser und namentlich der Grenzfestungen. Zur Ausrüstung des Volksaufgebotes, des Landsturms, sollen Schießwaffen, Pulver, Hieb- und Stichwaffen sowie Vorräte an Proviant an verschiedenen Orten des Landes hinterlegt werden.[90]

Der Tiroler Bauer besaß seit alters Einfluß auf die Gestaltung von Recht und Rechtsprechung; diesen Einfluß zu wahren, diente die bereits erwähnte Forderung nach Wahl der Richter durch die Gerichtsversammlung. Bäuerlicher Geisteshaltung entspricht die Forderung, daß der Richter Besitz im Gerichtsbezirk haben soll; dadurch soll eine engere Verbindung des Richters mit dem Gerichtsvolk und seinen Interessen gewährleistet werden (Artikel 14). Um eine objektive Rechtssprechung zu sichern, fordert Artikel 15 ein festes Gehalt für den Richter; an den Strafgeldern soll er keinen Anteil haben.

Rechtsprechung und Finanzen sollen getrennt werden. Die landesfürstlichen Amtleute, welche mit der Verwaltung der landesfürstlichen Einnahmen betraut sind, sollen mit der Rechtsprechung nichts zu tun haben (Artikel 14). Diese Forderung entsprach einem Grundsatz, der in den obersten Stellen der Landesregierung bereits Geltung besaß; hier waren schon durch Reformen Siegmunds und Maximilians I. Rechtsprechung und Finanzverwaltung getrennt worden. Um die Anwendung des heimischen Volksrechtes auch bei der obersten Gerichtsbehörde zu sichern, soll diese mit tirolischen Landsleuten aus dem Adels-, Bürger- und Bauernstand besetzt werden, welche „der Landsbreuch Wissen tragen" (Artikel 12).

Mit Berufung auf das Gebot der Nächstenliebe wird in Artikel 10 eine Forderung nach öffentlicher Armenfürsorge erhoben, wie sie in anderen bäuerlichen Reformprogrammen jener Zeit nicht begegnet; es soll in jeder Stadt und in jedem Gericht ein „Spital" errichtet werden, in welchem nicht nur arbeitsunfähige Krüp-

---

[90] Vgl. Stolz, Wehrverfassung und Schützenwesen in Tirol. Aus dem Nachlaß hrsg. von Franz Huter, Innsbruck 1960.

pel untergebracht, sondern auch ehrliche Hausarme Unterstützung erhalten sollen. Dadurch sollte dem Bettlerunwesen begegnet werden. Allerdings trugen die sparsamen Bauern Sorge, dies immerhin kostspielige Werk der Nächstenliebe nicht selbst bezahlen zu müssen; die Kosten sollten vielmehr aus „dem Überfluß der reichen Pfarren und Pfründen" bestritten werden.

Obwohl der Leibeigenschaft in Tirol bereits seit dem Ausgang des 15. Jahrhunderts keine Bedeutung mehr zukam, fordert Artikel 56 die Aufhebung derselben. Eine besondere Anregung hierzu mögen wohl die zwölf Artikel der oberschwäbischen Bauern gegeben haben, die in Tirol jedenfalls bald nach ihrer Abfassung bekannt wurden. In den Meraner Artikeln wird aber die Abschaffung der Leibeigenschaft nicht wie in den zwölf Artikeln unter Hinweis auf das „göttliche Recht" gefordert, sondern man verurteilte sie hier als eine zwar alte, aber böse, dem göttlichen Sittengesetz widersprechende Gewohnheit (vgl. 1. Bd., III/2).

W i r t s c h a f t s p o l i t i s c h wenden sich die Meraner Artikel gegen den Frühkapitalismus, sie fordern Abschaffung der Handelsgesellschaften (Artikel 22). Im Sinn gewerblicher Freiheit verlangen sie die Abschaffung aller Zünfte, damit in Hinkunft „jeder seins Gefallens mög arbeiten" (Artikel 28). In Tirol sind eben schon frühzeitig gewerbliche Betriebe außerhalb der Städte am Land entstanden, und Bauern waren im Nebenberuf Handwerker (s. 1. Bd., S. 356ff.). Die Städte hingegen traten unter zünftlerischem Einfluß dem Gewerbebetrieb am Land entgegen und wollten ihn zum mindesten im Umkreis der Städte ausschließlich den Zunftmeistern der Stadt vorbehalten wissen. Daß gleichwohl am Meraner Tag die Forderung nach Aufhebung der Zünfte beschlossen wurde, läßt erkennen, daß sich die Abgeordneten der Städte zu weitgehender Nachgiebigkeit gegen das tonangebende Bauerntum verstehen mußten.

Wie die Forderung nach Gewerbefreiheit ihrer Zeit vorauseilte, so auch jene von Artikel 18 nach Einführung gleichen Maßes und Gewichtes im ganzen Land. Diese Forderung war wohl nicht allein aus dem Streben nach Erleichterung des wirtschaftlichen Verkehrs entstanden, sondern entsprach auch rein bäuerlichem Interesse, und zwar insofern, als die gleichen Einheitswerte bei Maßen und Gewichten die von bäuerlicher Seite viel beklagte grundherrliche Willkür bei der Bemessung der Naturalabgaben erschweren sollte.

Zahlreich sind die Artikel, welche sich mit der Regelung des grundherrlich-bäuerlichen Verhältnisses befassen. Gleich ihren Standesgenossen in Süddeutschland verlangen auch die Tiroler Bauern keine Beseitigung der Grundherrschaft; deren Rechte werden anerkannt, allerdings nur so weit, als sie nach Ansicht der Bauern auf altem Recht und Herkommen beruhen und nicht gegen die Billigkeit verstoßen. Das verbreitete bäuerliche Besitzrecht, das Erbbaurecht, war in Tirol bereits 1404 durch ein Landesgesetz, an dessen Schaffung die Bauern beteiligt waren, geregelt worden. So konnte in bäuerlichen Kreisen die Meinung entstehen, daß nur diese Form der Landleihe dem Landsbrauch und Landsrecht entspreche und Geltung habe. Von dieser Auffassung ausgehend, wendet sich Artikel 37 gegen alle Leihe-

oder Pachtverhältnisse, welche vom Landesbrauch abweichen, so besonders gegen Pacht, der auf die Lebenszeit des Pächters oder auf einige Jahre beschränkt ist. Kaiser Maximilian I. hatte als Tiroler Landesfürst die Umwandlung der landesfürstlichen Freistiftgüter in Erbbaurechte angeordnet (s. 1. Bd., S. 475). So mochten wohl die Bauern in der Meinung bestärkt werden, daß Zeitpachtrechte im allgemeinen der Billigkeit widersprechen. Verlangt wird in den Meraner Artikeln auch die Beseitigung einer Reihe von Abgaben, wie etwa der Abgaben, welche der Grundherr bei Besitzänderungen fordert; ihre Einhebung wird als jüngere Einführung bezeichnet, die dem alten Recht widerspreche.

Mit der bäuerlichen Verschuldung, die immerhin bereits ein nicht unbeträchtliches Ausmaß erreicht hatte (s. 1. Bd., III/3), befaßt sich Artikel 43. Der bäuerliche Bedarf an langfristigem Kredit wurde damals in der Form des Rentenkaufes befriedigt. Um sich das nötige Kapital zu verschaffen, verkaufte der Bauer einen Geld- oder Naturalzins („Afterzins", Rente) aus seinem Gut. Der Zinskäufer konnte die Rückzahlung seines Kapitals nicht verlangen, anderseits konnte aber auch der Zinsschuldner ohne Zustimmung des Zinskäufers den Zins nicht durch Rückzahlung des Kapitals ablösen. Im Sinn des alten kirchlichen Zinsverbotes fordert nun Artikel 40, daß die bisher vom Schuldner entrichteten Zinse als Abzahlungsraten anzusehen seien, sodaß in vielen Fällen, in welchen sich die Zinszahlung bereits über eine größere Anzahl von Jahren erstreckte, das Kapital zurückgezahlt war. In einer Reihe von Fällen wäre der Gläubiger sogar zu Rückzahlungen verpflichtet gewesen, wenn nämlich die Summe der Zinsen den Kapitalbetrag überstiegen hätte.

Die landesfürstliche Wirtschaftspolitik hatte seit dem 15. Jahrhundert in steigendem Maße das landesfürstliche Allmendregal, d. h. den landesfürstlichen Anspruch auf Obereigentum an der Allmende geltend gemacht (s. unten V. Hauptstück). Der große Holzbedarf der Haller Saline sowie der Berg- und Hüttenwerke, welche zu den wichtigsten Einnahmequellen des Landesfürsten gehörten, hatte die Forstbehörden zu bedeutenden Einschränkungen der bäuerlichen Holznutzung an den gemeinen Wäldern veranlaßt. Demgegenüber beschränkte sich Artikel 45 in maßvoller Weise auf die Forderung, daß die Deckung des bäuerlichen Holzbedarfes gewahrt bliebe. Die Wälder sollen „allenthalben im Lant einem jeden zu seiner Notturft Prenn- und Zimmerholz frei" sein. Das Zugeständnis, daß auch nicht-bäuerliche Holzverbraucher die Gemeindewälder für ihren Eigenbedarf nutzen dürfen, läßt immerhin einen gewissen Einfluß des nichtbäuerlichen Volksteiles auf die Abfassung der Meraner Artikel erkennen. Das gleiche darf man wohl auch betreffs der im 19. Artikel ausgesprochenen Forderung nach allgemeiner Befugnis zu jagen und zu fischen annehmen.

Eine Anzahl von Artikeln gibt Anregungen und Weisungen für die Neugestaltung der Polizeiordnung, trifft zumal auch sittenpolizeiliche Bestimmungen und verlangt Bestrafung nicht bloß von Verfehlungen gegen weltliche Gesetze, sondern auch von Übertretungen göttlicher Sittengebote: Ehebruch, Gotteslästerung, Zutrinken sollen durch die weltliche Obrigkeit bestraft werden; es sei nicht „ain minders Menschengebot höher zu achten oder straffen dann die Übertrettung der Gebot Gotts“ (Artikel 24). Uneheliches Beisammenleben wird verboten, andererseits aber das Erbrecht unehelicher Kinder festgesetzt, falls eheliche Kinder fehlen. Sind solche da, so muß doch für die Erziehung der unehelichen Kinder bis zu ihrer Volljährigkeit aus dem elterlichen Nachlaß gesorgt werden (Artikel 52). Im Sinn des alten Familienrechtes spricht sich Artikel 61 für eine Festigung der elterlichen Gewalt aus.

Maßhalten ist ein Kennzeichen guten Bauerntums. Trotz der aufgeregten Zeit zeigen die Meraner Artikel das Bemühen, Maß zu halten. Ihre bäuerlichen Verfasser wollen auf dem Boden des guten alten Rechtes bleiben. Einzelne Forderungen, so besonders jene auf dem Gebiet der Kirchenverfassung, bedeuten eine weitreichende Umgestaltung des Bestehenden. Aber auch hier glaubten die Verfasser der Artikel nur das gute Alte, das reine Christentum wiederherzustellen.

Der ganze Reformentwurf macht nicht den Eindruck, als ob er unter dem maßgebenden Einfluß eines einzelnen, überragenden Führers entstanden sei; er erscheint vielmehr als W e r k e i n e r G e m e i n s c h a f t, einer Genossenschaft von Bauern des ganzen Landes. Die Meraner Artikel entbehren einer systematischen Gliederung; die einzelnen Anregungen und Forderungen folgen einander oft mehr nach äußerem Zusammenhang, nach dem Gesetz der Assoziation und nicht aufgrund eines logisch-systematischen Zusammenhanges. Ähnliches läßt sich ja auch bei den auf bäuerlichen Versammlungen beschlossenen Ordnungen der Gemeinden und Gerichte, bei den sogenannten Rechtsöffnungen und Weistümern, beobachten.

In den letzten Jahren vor dem Bauernkrieg und im Jahre 1525 haben die Bauern einzelner Landesteile, einzelner Gemeinden und Gerichte ihre Beschwerden dem Landesfürsten schriftlich vorgelegt, die zum Teil ähnlichen Inhalt aufweisen wie die Meraner Artikel. Entsprechend der alten Anteilnahme der Bauern am politischen Leben befassen sich auch diese Beschwerden nicht nur mit den besonderen Anliegen ihrer Verfasser, sondern auch mit Fragen, die das ganze Land angehen. Besonders enge Beziehungen zu den Meraner Artikeln weisen die Beschwerden der „Bauerschaft an der Etsch“ (15. Mai 1525) auf. Es darf wohl angenommen werden, daß auf der Meraner Tagung die von den Vertretern der Gerichtsgemeinden vorgebrachten Beschwerdeartikel und Vorschläge zu einem einheitlichen Reformprogramm, eben den Meraner Artikeln, zusammengeschlossen und vereinheitlicht wurden. In solcher Weise haben ein Jahr später – im Juni 1526 – die drei ostschweizerischen Bünde (Graubünden) die Begehren der einzelnen Gerichtsgemeinden auf dem Bundestag zu Ilanz zu den Ilanzer Artikeln zusammengefaßt, welche gleich den Meraner Artikeln kirchen-, staats- und grundherrlich-bäuerliche Verhältnisse regelten.

Der altfreie Bauer im allgemeinen und der Tiroler Bauer im besonderen liebt es, bäuerliche Angelegenheiten im Kreis seiner Genossen zu entscheiden; er zieht gemeinsame Vereinbarung der Entscheidung durch einen einzelnen, auch wenn er an sich vertrauenswürdig erscheint, vor; der Bauer ist mehr für das Genossenschaftsprinzip als für das Führerprinzip. Wir können dies im Verlauf der Tiroler

Geschichte verschiedentlich beobachten. Selbst bei kriegerischen Unternehmungen des wehrhaften Tiroler Bauerntums tritt der Führer stark hinter die Gemeinschaft zurück: „Wir haben keinen Führer", erwiderten die Oberinntaler Bauern, die 1809 bei Pontlatz kämpften, dem bayerischen Obersten, der mit ihrem Führer unterhandeln wollte.

Im Bauernkrieg von 1525 ist Michael Gaismair nach Kirchmairs Zeugnis (a. a. O., S. 472) von den aufständischen Bauern um Brixen zu einem „Obristn" erwählt worden. Erzherzog Ferdinand bezeichnet ihn in einem Schreiben (13. Nov. 1525)[91] an den Rat von Zürich als jenen, der im vergangenen Bauernaufstand „der gröst und maist Ursacher ainer gewest ist". Gaismair floh nach dem Ende des Aufstandes im Herbst 1525 nach Graubünden und versuchte, von dort aus in Tirol einen neuerlichen Aufstand zu erregen. Zu diesem Zweck ließ er eine von ihm verfaßte „Landsordnung" als Flugschrift nach Tirol ergehen, deren Durchführung eine völlige Umwälzung der bestehenden Ordnung zur Folge gehabt hätte. Diese Landsordnung offenbart sich als das Werk eines erbitterten Fanatikers, der aber auch, vom Gebot christlicher Nächstenliebe ausgehend, weitausgreifende sozialpolitische Forderungen stellt. Der Geist der Gaismair'schen Landsordnung ist in vieler Hinsicht wesentlich verschieden von jenem des Meraner Reformprogrammes und gemahnt in mancher Hinsicht an die Utopia des Thomas Morus. Die in der Gaismair'schen Landsordnung vorgesehene Änderung des religiösen Kultes, die Einführung einer republikanischen Verfassung, die Beseitigung der Grundherrschaft, die Vernichtung städtischen Wesens, die Verstaatlichung von Handel und Gewerbe, all das steht in schärfstem Widerspruch zu den weit maßvolleren, an das Bestehende anknüpfenden Reformvorschlägen der Meraner Artikel.

Nun könnte man allerdings annehmen, Gaismair sei zur Zeit des Meraner Tages noch nicht so radikal gewesen, wie er sich in seiner Landsordnung offenbart. Aber die Wurzeln jenes Radikalismus müssen doch schon in frühere Zeit zurückreichen. Das wird vor allem für Gaismairs religiöses Denken anzunehmen sein. Punkt 3 seiner Landsordnung verpflichtet seine Anhänger, eine „christenliche Satzung" aufzurichten, „die allein in allen Dingen aus dem heiligen Wort Gottes gegründt ist". Von einem „göttlichen Recht" in solch umfassendem Sinn ist in den Meraner Artikeln keine Rede, sie berufen sich auf altes Recht und Herkommen. Gaismairs Landsordnung bestimmt in Punkt 6, es „sollen alle Pilder, Pildstock, die Capellen, so nit Pfarr Kirchen sein und die Meß im ganzen Land abgethan werden, dann es ain Grewll vor Gott ist und ganz uncristlich ist". Von solcher Feindseligkeit gegen den katholischen Kult ist in den Meraner Artikeln nichts zu spüren. Gaismair fordert im fünften Punkt seiner Landsordnung, daß „kein Underschaid der Menschen", sondern „ain ganze Glaichait im Lant" sei. Durch sozialen Radikalismus mag Gaismair wohl zu Beginn des Aufstandes die Besitzlosen und Anhänger einer gründlichen Umwälzung für sich gewonnen haben; zu Meran aber, wo die „Ehrbarkeit", das besitzende

[91] Hrsg. v. K. Schadelbauer, in: TH. NF. Bd. III (1930), S. 90.

Bauerntum, tonangebend war, fand solche Gleichmacherei keinen fruchtbaren Boden. Am ehesten könnte man einen Einfluß Gaismair'scher Gedanken auf gewisse Forderungen sozialer Fürsorge annehmen. Gaismair trifft in seiner Landsordnung ausführliche Bestimmungen der Fürsorge für kranke und alte Menschen wie für arme Kinder. Die Begründung von Versorgungshäusern („Spitälern") wird, wie in seiner Landsordnung, auch in den Meraner Artikeln gefordert. Sie kann aber in letzteren aus dem Geist praktischen Christentums der Bauern ebenso erwachsen sein wie aufgrund von Anregungen Gaismairs.

Gaismair ist nicht bäuerlicher Herkunft, sondern entstammt einer Familie, die sich im Bergbauwesen betätigte und recht vermögend war. Gaismair selbst stand zeitweise als Beamter im Dienst des Landeshauptmanns, dann des Bischofs von Brixen, zuletzt war er Zöllner zu Klausen. Nach bäuerlichem Begriff war er ein „hearischer" Mensch und gehörte zu den Herrenleuten. Wenn ihn die Brixner Bauern gleichwohl an die Spitze des revolutionären Ausschusses stellten, der an die Stelle der bisherigen bischöflichen Behörde trat, so mag dafür neben seiner revolutionären Gesinnung auch die Verwendungsfähigkeit zu Regierungsgeschäften, wie man sie ihm als einem Beamten zutraute, ausschlaggebend gewesen sein. Daß man ihm als einem nicht-bäuerlichen Menschen zu Meran auf die Gestaltung des bäuerlichen Reformprogrammes entscheidenden Einfluß zugestanden hat, ist unwahrscheinlich. Zu sehr widersprach sein Denken, das auf radikalen Umsturz zielte, dem bäuerlichen Denken, dem Denken des bodenständigen Bauerntums, der „Ehrbarkeit". Wohl aber mochten seine Gedanken bei den Besitzlosen in Stadt und Land zündend wirken.

Gaismairs Versuch, die Bauern Tirols mit Hilfe dieser seiner Landsordnung zu neuerlicher Erhebung aufzustacheln, mißlang gänzlich. Nachdem er mit seinem Anhang im Sommer 1526 am Salzburger Aufstand teilgenommen hatte, zog er nach dem Zusammenbruch des Aufstandes über die Tauern ins tirolische Pustertal. Es gelang ihm aber nicht, die Bauern für eine neuerliche Erhebung zu gewinnen, die Tiroler Regierung konnte sogar mit dem von ihr aufgebotenen Landsturm der Pustertaler Bauern Gaismair und seine Scharen aus dem Land treiben.

Auch die von verschiedenen Gruppen der aufständischen Bauern Süddeutschlands aufgestellten Forderungen und Artikel haben auf die Meraner Artikel keinen wesentlichen Einfluß ausgeübt. Wohl aber mögen gewisse Forderungen, wie sie die „Reformation des Kaisers Siegmund" schon mehr als zwei Menschenalter vor dem Bauernkrieg aufgestellt hatte, in Tirol im Laufe der Zeit in weiteren Kreisen bekanntgeworden sein und die öffentliche Meinung noch zur Zeit des Bauernkrieges stark beeinflußt haben; bereits in der von hussitischem Geist erfüllten „Reformation" werden nicht nur die Abschaffung der weltlichen Regierungsgewalt geistlicher Personen und die Aufhebung der Klöster gefordert, sondern auch Ablösung der Zinse und Gülten, die Aufhebung der Zünfte und die Einschränkung der Handelsgesellschaften. In einer der Protestschriften, welche die Geistlichkeit dem Erzherzog zur Zeit des Innsbrucker Landtages übergab, wird denn auch der in den kirchenpolitischen Forderungen der Bauern herrschende Geist folgendermaßen gekennzeichnet: „Es lauft überall Johannes Huss und Wicklef mit" (756, S. 119).

In der Hauptsache sind die Meraner Artikel eine selbständige Schöpfung Tiroler Bauerngeistes, wenn sie auch immerhin durch die allgemeinen geistigen Strömungen jener Zeit beeinflußt worden sind. Einflüsse letzterer Art treten besonders in den religiösen Forderungen der Artikel zutage.

INNSBRUCKER BAUERNLANDTAG. Der Erzherzog hatte zunächst den Landtag auf einen späteren Termin einberufen. Auf Drängen des Innsbrucker Teillandtages wurde der Termin auf den 12. Juni vorverlegt. Hierzu konnte sich Ferdinand umso leichter entschließen, als dadurch die Tagung des illegalen Meraner Landtages verkürzt wurde. Im Einberufungsschreiben wird neuerlich der „Ehrbarkeit" die Gefahr vor Augen gehalten, die ihr aus der Fortdauer des Aufstandes, der letzten Endes alle Besitzenden gefährde, drohe. Sodann wurde im Ausschreiben Abhilfe bei den verschiedenen Mißständen, über welche in früheren Landtagen geklagt worden war, versprochen. Die Einberufung erging, entsprechend der Landesverfassung, an alle vier Stände.

Bei der Machtstellung, welche das Bauerntum im vorangegangenen Aufstand erlangt hatte, war zu erwarten, daß der Landtag ein „Bauernlandtag" sein werde, d. h. daß das Bauerntum auf seinen Verlauf entscheidenden Einfluß nehmen werde und vor allem bäuerliche Angelegenheiten behandelt würden. Die Bauern erwarteten, daß der Landtag in all den Beschwerden Abhilfe bringen werde, die sie auf früheren Landtagen und zumal in der letzten Zeit auf den Versammlungen der Gerichtsgemeinden, auf den Teillandtagen und zuletzt am Meraner Tag vorgebracht hatten. Die Artikel, auf die sich Bauern und Bürger in Meran geeinigt hatten, sollten der am Landtag zu beschließenden neuen Landesordnung zugrundegelegt werden.

Eine Beratung über die Landesordnung war allerdings im landesfürstlichen Ausschreiben zum Landtag nicht vorgesehen. Dem Landesfürsten mochte der gegenwärtige Zeitpunkt für die Schaffung eines neuen, umfassenden Landesgesetzes nicht geeignet erscheinen. Er mußte sich freilich im Verlauf des Landtages damit abfinden, daß dieser die Vorbereitung der neuen Landesordnung als Hauptaufgabe betrachtete.

Die Bedeutung, welche die Bauernschaft dem Landtag beimaß, fand in der großen Zahl der bäuerlichen Abgeordneten, die auf dem Landtag erschienen, ihren Ausdruck. Nach dem Bericht des venezianischen Gesandten waren 200 Vertreter des Bauernstandes zum Landtag gekommen. Die Anzahl der Abgeordneten, welche die einzelnen Gerichtsgemeinden in den Landtag zu senden hatten, war nicht geregelt; noch im Jahre 1790 erschienen auf dem großen Landtag aus einzelnen Gerichten bis zu sieben Abgeordnete. Die Abstimmung erfolgte dann nach Gerichten und nicht nach Köpfen. Am Junilandtag von 1525 nahm – wenigstens zeitweise – auch das Haupt der radikalen Brixner, Michael Gaismair, teil. Zum ersten Mal in der

Geschichte des Tiroler Landtages erschienen auf diesem Landtag auch Vertreter der Städte und Gerichte der Hochstifte Brixen und Trient. Der Adelsstand war in zwei Parteien gespalten, in eine der unbedingten Anhänger des Landesfürsten und in eine andere, welche für ein Zusammengehen mit den beiden unteren Ständen war.

Um den Landtag ganz in Abhängigkeit vom Volk zu halten, waren die Abgeordneten der Städte und Gerichte nur mit unzulänglichen Vollmachten versehen. Alle Beschlüsse erlangten erst Geltung, wenn sie nachträglich auf den Gemeindeversammlungen der Städte und Gerichte genehmigt wurden.

Schon Kaiser Maximilian I. hatte dem Besitz Tirols ob seiner Lage zwischen Deutschland und Italien besondere Bedeutung beigemessen; sein Enkel Ferdinand bezeichnete auf einem Landtag von 1529 Tirol als „das Herz des Hauses Österreich". Dementsprechend wurde den Vorgängen, wie sie sich in Tirol abspielten, so auch dem Innsbrucker Junilandtag, besondere Bedeutung sowohl von den Habsburgern als auch von auswärtigen Mächten beigemessen. Kaiser Karl V. schickte einen Niederländer, den Herrn von Breda, als seinen Gesandten nach Innsbruck; auch der spanische Vizekönig von Neapel tat desgleichen. Aber auch die an Tirol grenzenden Mächte schickten Gesandte als Beobachter nach Innsbruck, so die Herzoge von Bayern, der schwäbische Bund, die drei ostschweizerischen Bünde, die Republik Venedig, der Markgraf von Mantua, der Herzog von Mailand. Auch die Stände Ober- und Niederösterreichs schickten Gesandte. Einzelne dieser Gesandten griffen im Verlauf der Tagung in die Verhandlungen ein und suchten, – so die Gesandten Bayerns und des schwäbischen Bundes – zwischen Landesfürsten und Landtag zu vermitteln.

Zum Landtag erschienen Vertreter aller vier Stände entsprechend der Einberufung. Die Stimmung im Lande war zur Zeit, da der Landtag zusammentrat, noch immer sehr erregt. Immerhin kam es während der Landtagstagung im deutschen Tirol nur noch vereinzelt zu Unruhen. In Welschtirol hingegen flammte neuerlich der Aufstand auf, und die Aufständischen versuchten – allerdings vergeblich –, auch die benachbarten deutschen Gebiete zum Anschluß zu bewegen.

Der Landtag wurde am 12. Juni mit einem feierlichen Hochamt eingeleitet. Das Festhalten an dieser kirchlichen Form läßt erkennen, daß der Widerstand gegen den katholischen Kult bei der Mehrheit der Landtagsteilnehmer noch nicht Platz gegriffen hatte. Der Erzherzog selbst trat am Nachmittag mit einer Ansprache – man würde heute sagen, mit einer Thronrede – vor den Landtag. Wiederum wandte er sich besonders an die „Ehrbarkeit" und versuchte, ihr die Gefahren vor Augen zu führen, die sich aus einer Fortsetzung des Aufstandes ergeben würden. Er wies darauf hin, daß die Unruhen den für das Land so wichtigen Durchzugshandel sowie den so ertragreichen Bergbau zum Erliegen brächten. Zum Trost der „Ehrbarkeit" und zum Schrecken des „Pofels" möge daher die Landschaft beschließen, wie neuerliche Empörung zu bekämpfen sei.

Von vornherein stand fest, daß der Landtag ganz unter bäuerlichem Einfluß stehen würde. Andererseits hatte sich aber die allgemeine politische Lage für den Bauernstand insofern verschlechtert, als der Niedergang der bäuerlichen Bewegung in Süddeutschland zur Zeit des Landtagsbeginnes bereits offenkundig war. Der Erzherzog war schon Ende Mai von der Niederlage der Oberelsässer Bauern und am 14. Juni von der Unterwerfung der fränkischen Bauern unterrichtet. Die Bauern am Innsbrucker Landtag wollten zunächst nicht an die Niederlage ihrer Standesgenossen glauben; der Erzherzog sah sich veranlaßt, auf eigene Kosten einige Bauern nach Süddeutschland zu schicken, damit sie sich von der bäuerlichen Niederlage überzeugen konnten.

Die Lage des Erzherzogs war aber auch nach dem Zusammenbruch des süddeutschen Bauernaufstandes noch nicht von Gefahren frei. Vor allem entbehrte Ferdinand jeglicher militärischer Machtmittel, um neuerlichen Aufständen wirksam begegnen zu können. Die Fortdauer des Bauernaufstandes im benachbarten Salzburg ließ immer noch ein Zusammengehen von Tirolern und Salzburgern befürchten. Unter den Vertretern des Bauernstandes am Landtag hatten zwar die Gemäßigten die Mehrheit, es fehlte aber nicht an Anhängern einer radikalen Richtung; zu diesen gehörten vor allem Abgeordnete aus Brixen, wo Gaismair auch noch zur Zeit des Landtages „gewaltiglich" regierte, wie Kirchmair (S. 473) schreibt.

Am Tag nach der Landtagseröffnung verlas der Gesandte des Kaisers seine „Instruktion" (d. h. die ihm vom Kaiser erteilten Weisungen), in welcher ausdrücklich erklärt wurde, daß eine Rechtskränkung des geistlichen oder adeligen Standes die kaiserliche Ungnade zur Folge haben würde. Nach der überlieferten Geschäftsordnung hätte der Landtag am Beginn seiner Tätigkeit einen Arbeitsausschuß wählen sollen, welcher die zu behandelnden Gegenstände einer Vorberatung zu unterziehen hatte. Die Abgeordneten des geistlichen Standes wie ein Teil der Adelsvertreter wollten dementsprechend an die Wahl des Ausschusses schreiten. Die Abgeordneten des Bauern- und Bürgerstandes beharrten aber darauf, vorerst nur unter sich die von ihnen vorzubringenden Beschwerden und Vorschläge zu beraten. Sie nahmen also trotz der vom kaiserlichen Gesandten vorgebrachten Mahnung gegen eine Teilnahme der beiden andern Stände an der Beratung Stellung. Geistlichkeit und Adel verließen daraufhin die Versammlung, in welcher nunmehr durch den Bürgermeister von Meran die Meraner Artikel verlesen wurden. Diese sollten ja der auf dem Landtag zu beratenden Landesordnung zugrundegelegt werden.

Nach der Verlesung der Meraner Artikel berieten Bauern und Bürger über drei dringende Angelegenheiten, einmal über die Zulassung des geistlichen Standes zum Landtag, sodann über das Zusammengehen mit dem Adel und endlich über die der Bergarbeiterschaft zu gewährende Teilnahme am Landtag. Die Ansichten gingen anfangs auseinander, schließlich einigte sich die Mehrheit darauf, daß der geistliche Stand vom Landtag auszuschließen sei; weiters erklärte man sich bereit, mit dem Adel in Verbindung zu treten und den Bergknappen zu gestatten, Vertreter in den Landtag abzuordnen, welche jedoch erst zur zweiten Hälfte der Session zugelassen werden sollten. Am folgenden Tag (14. Juni) nahm dann auch der Adel wieder an der Sitzung teil. Der geistliche Stand vermochte trotz seiner dem

Erzherzog übergebenen Proteste seinen Ausschluß nicht ungeschehen zu machen. Obwohl er der Landesverfassung widersprach und ganz und gar der Einstellung des Erzherzogs entgegen war, durfte es dieser doch nicht wagen, nachdrücklich für die Zulassung des geistlichen Standes einzutreten. Der geistliche Stand blieb während der ganzen Dauer des Landtages ausgeschlossen. Aber auch der Einigung mit dem Adel traten zunächst neue Schwierigkeiten entgegen. Der Adel war für eine Beratung der Landesbeschwerden in einem vom Landtag zu wählenden Ausschuß, Bürger und Bauern sprachen sich aber für die Beratung im Plenum aus. Da man sich in dieser Frage der Geschäftsordnung nicht zu einigen vermochte, berieten Bauern und Bürger unter sich; sie einigten sich auf die Annahme der Meraner Artikel, welche dann um 33 Artikel, die „Innsbrucker Artikel", vermehrt wurden. Diese bringen im Wesen nur Ergänzungen der Meraner Artikel.

Die in den Artikeln vorgebrachten Beschwerden und Forderungen bedeuteten nach der bestehenden Verfassung nur Vorschläge für ein zu schaffendes Gesetz; es stand dem Landesfürsten frei, sie anzunehmen oder abzulehnen. Unter dem Druck der noch fortwirkenden Aufstandsbewegung war der Landesfürst aber umso mehr zu einem Entgegenkommen genötigt, als er ja auch seinerseits auf den guten Willen des Landtages angewiesen war, von welchem er Bewilligungen zu wirksamer Bekämpfung eines künftigen Aufstandes erwartete.

Daß das Verlangen nach Ruhe und Ordnung nicht nur auf seiten der Regierung bestand, sondern auch in weiten Kreisen der Untertanen, besonders aber in der stadtbürgerlichen Oberschicht zugenommen hatte, lassen die zwei ersten Artikel des Innsbrucker Zusatzes erkennen. Diese fordern nämlich, daß alle Bürger neuerlich dem Landesfürsten Treue und Gehorsam schwören sollen, „Eidweigerer" verlieren ihr Bürgerrecht und haben die Stadt zu verlassen. Der zunehmende Einfluß der Städtevertreter tritt äußerlich auch darin zutage, daß die Meraner Artikel durch den Bürgermeister von Meran und die Schlußfassung der Meraner und Innsbrucker Artikel durch den Bürgermeister von Innsbruck am Landtag verlesen wurden.

Selbst in diesen kritischen Tagen fand das alte, gemütsbetonte Verhältnis des Tiroler Bauernvolkes zum Landesfürsten seinen Ausdruck. In einem der zu Innsbruck beschlossenen Artikel (dem 71. der ganzen Reihe) wird gegen Jagdunfug Stellung genommen; adelige Jäger ritten bei der Beiz (Jagd mit abgerichteten Raubvögeln, besonders Falken) über die Äcker, auch wenn das Korn noch nicht geschnitten war. Der Artikel verbot solche Flurschädigung; nur „der fürstl. Durchlaucht und derselben Gemachl" (Gemahlin) sollte das Reiten durch die Felder auch fernerhin gestattet sein.

Eine dauernde Fernhaltung des Adels von den Landtagsberatungen würde wohl zur Folge gehabt haben, daß sich auch der Teil des Adels, der in Opposition zur Regierung stand, nunmehr rückhaltlos auf die Seite der Regierung gestellt haben würde. Die Bauern besaßen genug politische Klugheit, um zu erkennen, daß es für sie in verschiedenen Angelegenheiten von Vorteil war, gemeinsam mit dem Adel vorzugehen und ihn nicht ganz auf die Seite der Regierung zu drängen. Nachdem sich Bauern und Bürger über die Meraner und Innsbrucker Artikel geeinigt hatten, ließen sie von weiterem Widerstand gegen die Teilnahme des Adels ab, ja, sie einigten sich sogar mit ihm über ein Schiedsgericht, das in jenen Fällen, in welchen sich die drei Stände über einen Beschluß nicht einigen könnten, entscheiden sollte; der Landesfürst und die Gesandten des schwäbischen Bundes sollten Schiedsrichter sein. Der Adel nahm in der Folge wieder seinen Sitz im Landtag ein.

Die größten Schwierigkeiten ergaben sich im weiteren Verlauf des Landtages bei der Behandlung der kirchlichen Fragen. Der Erzherzog konnte entsprechend seiner katholischen Einstellung wie aus politischen Gründen, zumal wegen der Haltung seines kaiserlichen Bruders, die weitgehenden kirchlichen Forderungen der Bauern nicht bewilligen. Er lehnte die dauernde Säkularisierung der beiden geistlichen Fürstentümer Trient und Brixen ab.

Ferdinand suchte Mangel an Vollmacht zu so weitgehenden Zugeständnissen vorzuschützen, er sei nur „Gubernator", Statthalter seines Bruders. Nun hatte aber Ferdinand in einem Ausschreiben zum Landtag, welches vom 13. Mai datiert war, bekanntgegeben, daß er aufgrund eines Vertrages mit seinem Bruder nunmehr die Grafschaft Tirol als ihr rechtmäßiger Landesfürst innehabe. Nach Ausbruch des Aufstandes in der Umgebung von Innsbruck hatte er dieses Schreiben nicht mehr herausgegeben; der Erzherzog wollte offenbar gegenüber den Forderungen der Aufständischen Mangel an Vollmachten vorschützen können. Den Bauern war aber anscheinend der wahre Sachverhalt bekannt geworden. Die Ausflüchte des Erzherzogs erweckten daher Mißtrauen gegen seinen guten Willen, die Forderungen zu erfüllen (s. unten). Einer der radikalen Brixner Abgeordneten sprach sich darüber ganz offen vor dem Landtag aus: „Der Fürst hat uns verlogen Brief hinein [nach Brixen] geschickt" (Wopfner 756, S. 107, Anm. 4).

Die Bauern hatten alle ihre Hoffnungen darauf gesetzt, auf diesem Landtag eine gründliche Abhilfe für ihre Beschwerden zu erlangen. Nun zeigte sich aber, daß sich der Erzherzog nicht bloß ihren kirchlichen Forderungen, sondern auch ihrem Verlangen nach Erledigung ihrer sozialen und wirtschaftlichen Beschwerden widersetzte. Namentlich in Kreisen der Radikalen erregte dies großen Unwillen. Wiederholt hatte es den Anschein, daß der Landtag ergebnislos auseinandergehen werde. Bereits begann an einzelnen Orten die Flamme des Aufruhrs wieder emporzuschlagen. Auf einer Bauernversammlung zu Absam sprach man schon davon, daß „sich die Handlungen dieses Landtags noch zu kainem friedlichen Ausgleich schicken wollten" (Wopfner 756, S. 108). Ein vorzeitiges Ende des Landtages hätte aber schlimmste Folgen gehabt. „Alsbald man hie ohne End abschied, so giengen die Glocken ob und unter Ynnsprugg bis hinein in das Wälschland an, würde niemand sicher", schrieben die bayerischen Gesandten zu Innsbruck am 3. Juli an ihre Herzoge (Wopfner 756, S. 107 f.). Einige der führenden bäuerlichen Abgeordneten verließen tatsächlich den Landtag; die Gemahlin des Erzherzogs mußte sich herbeilassen, sie zur Rückkehr zu bewegen.

Wenn es auch gelang, das Auseinandergehen des Landtages zu verhindern, so folgte dieser Krise doch bald eine andere. Der Erzherzog faßte den Entschluß, sich dem Druck des Landtages zu entziehen und Tirol zu verlassen. Er wollte aufgrund früherer Beredungen zwischen den Allgäuer Bauern und dem schwäbischen Bund auf einer Tagung zu Kaufbeuren vermitteln. In Tirol wollte man aber den Erzherzog nicht ziehen lassen; man fürchtete, daß er sich im Ausland um Truppenhilfe umsehen werde, um mit Gewalt weiteren Widerstand zu brechen. Einen neuen Auftrieb empfing die Opposition am Landtag, als die Nachricht vom Sieg bekannt wurde, den die Salzburger Bauern bei Schladming am 3. Juli über den Adel der Steiermark und Kärntens erfochten hatten.

In Brixen fand an der Rienzbrücke am 7. Juli bereits wieder eine große Versammlung statt, zu welcher Leute aus den Städten Brixen und Klausen und aus einer Reihe von Gerichten der Umgebung gekommen waren. Es wurde hier beratschlagt, ob man Ferdinand Gehorsam leisten solle oder nicht; in Welschtirol nahmen die Unruhen wieder sehr bedenklichen Charakter an.

Zum Glück für den Erzherzog kamen zu dieser Zeit die Nachrichten von der Unterdrückung der bäuerlichen Erhebung im Allgäu durch den schwäbischen Bund. Mit den Allgäuern waren ja die Tiroler seit Beginn des Aufstandes in enger Verbindung gestanden. Die Bedrängnis der Allgäuer mahnte die Tiroler, einzulenken und in ihren Forderungen Maß zu halten. Allmählich gewannen die Gemäßigten unter den bäuerlichen Abgeordneten immer mehr die Oberhand; ihnen genügte es, wenn wenigstens den dringendsten Beschwerden abgeholfen wurde. Die Radikalen verloren mehr und mehr an Einfluß.

Sie waren übrigens schon zu Beginn des Landtages in üblem Ansehen gestanden. Bereits am 19. Juni wird in einem Schreiben an den Brixner Bischof berichtet: „Die Brichsner sicht man zu Ynnsprugk an wie Juden und man schreit *fast* [sehr][92] wider si“ (Wopfner 756, S. 113, Anm. 1). Einem bäuerlichen Abgeordneten aus der Umgebung von Brixen, der Schmähreden über den Erzherzog führte, hielt ein anderer Abgeordneter der Brixner Bauern vor Augen: „Lieber Freund, wir sein *sunst* [ohnedies] im Geschrai, lasst uns geschickt sein, man sicht wol *als* [ebenso] übl auf uns als auf die Wölf“ (756, S. 113, Anm. 1).

Der Landtag gab denn auch den an der Rienzbrücke Versammelten sein Mißfallen über ihr Verhalten zu erkennen. Immerhin mußte sich auch der Erzherzog im weiteren Verlauf des Landtages zu bedeutenden Zugeständnissen herbeilassen. Er gab seine Zustimmung zu einer – allerdings nur vorübergehenden – Säkularisierung des Hochstiftes Brixen; der Landtag seinerseits beharrte nicht auf der Säkularisierung von Trient. Auch in Sachen der geistlichen Gerichtsbarkeit und der Pfarrerwahl machte der Erzherzog Zugeständnisse. Großes Entgegenkommen zeigte der Landesfürst gegenüber den bäuerlichen Forderungen auf sozialem und wirtschaftlichem Gebiet. Keine Erfüllung fanden die Forderungen der Meraner Artikel, soweit sie auf Schaffung einer einheitlichen Staatshoheit zielten. Das Ausmaß der landes-

---

[92] Die Wörter, die mit starker Betonung gesprochen werden müssen, sind *kursiv* gesetzt.

fürstlichen Zugeständnisse tritt in der Landesordnung von 1526 zutage, über deren Inhalt weiter unten berichtet wird.

Eine wichtige Frage, welche den Landtag beschäftigte, war die Erlassung einer allgemeinen Amnestie für alle jene, welche sich an der Aufstandsbewegung beteiligt hatten. Gleich zu Beginn des Landtages hatten Bürger- und Bauernstand um deren Erlaß ersucht. Der Erzherzog wollte aber die Amnestie erst erteilen, wenn die während des Aufstandes eingegangenen Vereinigungen und Bündnisse aufgelöst, die widerrechtlich besetzten Schlösser und Güter zurückgegeben und die revolutionären Behörden wieder durch die ordentlichen Obrigkeiten ersetzt seien. Da es dem Erzherzog an ausreichenden militärischen Machtmitteln fehlte, um weiteren Aufständen zu begegnen, verlangte er vom Landtag bestimmte Zusagen über die Art der Hilfeleistung bei neuerlicher Empörung. Nur wenn der Landtag ausreichende Zusagen in dieser Hinsicht mache, wollte sich der Erzherzog herbeilassen, die Amnestie zu bewilligen.

Erst gegen Ende des Landtages einigten sich Fürst und Landtag über eine „Ordnung zu Verhütung künftiger Empörung". In dieser wurde eingehend das Volksaufgebot geregelt, welches fallweise zur Niederwerfung künftiger Aufstände ergehen sollte. Alle Untertanen sollten neuerdings den Treueeid leisten. Wer sich in Hinkunft an einem Aufstand beteiligte, verlor Leben und Gut. Der Erzherzog gewährte seinerseits die verlangte Amnestie. Sie sollte aber nur jenen zuteil werden, welche obigen Bedingungen entsprachen und bei Bekämpfung neuerlichen Aufruhres Beistand leisteten.

Der Erzherzog zeigte in den schwierigen und gefährlichen Lagen, die sich verschiedentlich auf diesem Landtag ergaben, Mut und Klugheit; er wußte auch trotz seiner Jugend, eine würdige Haltung in allen Schwierigkeiten zu wahren.[93]

Die Bauern ihrerseits gebrauchten die Machtstellung, welche sie am Landtag innehatten, mit Mäßigung. Sie hatten in den Meraner und Innsbrucker Artikeln weitgehende Forderungen gestellt. Manche der bäuerlichen Abgeordneten mögen wohl gedacht haben, daß man in der Politik nach ähnlichen Grundsätzen vorgehen müsse wie beim Viehhandel: viel fordern, um einiges zu erhalten. Sie fanden sich damit ab, daß der Landesfürst viele ihrer Forderungen ablehnte; was aber die Regelung des grundherrlich-bäuerlichen Verhältnisses anbelangt, das ja für den Bauern von entscheidender Bedeutung war, hatte der Fürst mehrere der wichtigsten in den Meraner Artikeln aufgestellten Forderungen zugestanden. Rechtzeitig erkannte die Mehrheit der bäuerlichen Abgeordneten den Niedergang der bäuerlichen Bewegung im Reich; man zog daraus seine Folgerungen auch in der Hinsicht, daß man von einem Zusammengehen mit den Allgäuer und Salzburger Bauern absah.

Bei aller Ergebenheit gegen ihren Fürsten hatten sich die Tiroler Bauern gelegentlich nicht mit einer offenen Kritik an seinem Vorgehen zurückgehalten. Hatte

---

93 Der venezianische Gesandte hebt in seinem Bericht vom 30. Juni dies hervor: „usando [il principe] etiam alli bisogni parole convenienti a uno principe" (Wopfner 756, Innsbrucker Landtag 1525, FZ 44 [1900], S. 109, Anm. 1).

Ferdinand unter Hinweis auf seine Stellung als Gubernator Mangel an genügenden Vollmachten vorgeschützt, so frommte ihm das wenig. Am Landtag wurde ihm vorgehalten, ihnen, den Tirolern, sei angezeigt worden, daß der Kaiser seinem Bruder die Grafschaft Tirol „zu regieren gänzlich zuegestellt habe". Überdies habe Ferdinand auch als Gubernator „in treffenlichen, ansechlichen und mehreren des Lands Sachen und Obligen gehandlt", sodaß es ihm demnach an Vollmachten nicht zu fehlen scheine (Wopfner 756, S. 109).

Gelegentlich spielten Fürst und Landtag wohl auch Komödie. Ferdinand wollte, um sich dem Druck des Landtages zu entziehen, außer Landes gehen. Der Landtag wollte dies verhindern und machte dem Fürsten besorgte Vorstellungen, er möchte sich doch jetzt in diesen gefahrvollen Zeiten nicht durch eine Reise hinaus ins Reich Gefahren aussetzen; zum wenigsten solle er doch seine Gattin hier im Lande in Sicherheit belassen. Ferdinand betonte aber neuerdings die Notwendigkeit seiner Reise. Gemäß dem Wunsch der Landschaft habe er mit seiner Gemahlin wegen ihres Zurückbleibens in Tirol „gehandelt"; da aber die Fürstin zu ihm „sonder frundliche Lieb und genaigten Willen tregt" und sich zu einer Trennung nicht entschließen könne, habe er keine Zusage zu erlangen vermocht.

Der Landtag endete am 21. Juli. Am Schluß hatte er noch einen bedeutenden Erfolg zu verzeichnen. Dem vom Landtag gewählten Ausschuß wurde seitens des Landesfürsten eine bedeutsame M i t w i r k u n g a n d e r R e g i e r u n g zugestanden. Der Ausschuß schied sich in einen großen und kleinen Ausschuß; ersterem gehörten je zehn Abgeordnete aus jedem der drei Stände an, letzterem je vier, welche zugleich Mitglieder des großen Ausschusses waren. Großer oder kleiner Ausschuß sollten gemeinsam mit dem Hofrat, der obersten Regierungsbehörde, bei der Entscheidung wichtiger Angelegenheiten mitwirken und sich mit der Durchführung der am Landtag vereinbarten Abmachungen befassen. Damit war vor allem die Redaktion der neuen Landesordnung gemeint, deren Grundzüge am Landtag festgelegt worden waren und wozu die Meraner und Innsbrucker Artikel das Material geliefert hatten. Gemeinsam mit dem Hofrat sollten die Ausschüsse auch die sogenannten „P a r t i k u l a r b e s c h w e r d e n", nämlich die Beschwerden einzelner Gerichte, Gemeinden, beruflicher Verbände sowie auch einzelner Personen, erledigen. Ein Entgegenkommen gegenüber dem Landtag bedeutete es auch, daß sich der Erzherzog bereit erklärte, das tirolische Element im Regierungskollegium durch Zuziehung zweier Tiroler Landsleute zu verstärken. Nach Schluß des Landtages verließ Ferdinand mit seiner Gemahlin Tirol.

Gleich zu Beginn der Empörung hatte die Regierung in verschiedene Gerichte Kommissare entsandt, welche die Untertanen aufforderten, ihre Beschwerden einem zu Innsbruck tagenden Ausschuß des letzten Landtages vorzulegen. Dementsprechend war eine Reihe von Beschwerden bereits vor dem Zusammentritt des großen Junilandtages eingereicht worden. Auf diesem hatte der Erzherzog neuerdings die Zusage zur Erledigung solcher „Partikularbeschwerden" gegeben. Noch während der Tagung des Landtages, besonders aber nach Schluß desselben, wurde eine große Zahl von Beschwerden vorgelegt. Die Kommissare, welche mit den Gerichts- und Gemeindeversammlungen über die Annahme des Landtagsabschiedes zu verhandeln hatten (s. unten), nahmen auch die Beschwerden entgegen, die auf diesen Versammlungen vorgebracht wurden. Die Beratung über die eingereichten Beschwerden zog sich bis in den März des Jahres 1526 hinaus. Die Erledigung erfolgte, soweit ersichtlich wird, in entgegenkommender Form, aber mit Zurückhaltung im Sachlichen. Die Beantwortung der Beschwerden dürfte wahrscheinlich noch in der ersten Hälfte des Jahres 1526 an die Beschwerdesteller hinausgegeben worden sein.

Da die Beschlüsse des Landtages entsprechend der neuen Ordnung den einzelnen Städten und Gerichten zur Genehmigung vorgelegt werden mußten, gingen Kommissare der Regierung und des Landtages hinaus, um auf den Versammlungen der Landgerichts- und Stadtgemeinden die Annahme der Landtagsbeschlüsse, des „Landtagsabschiedes", durchzusetzen. Im nordtirolischen Gericht Steinach sowie in einigen Gerichten Südtirols ging die Annahme nicht glatt vonstatten. Im italienischen Süden Tirols dauerte der Bauernaufstand fort, die Lage der italienischen Bauern war ja auch eine weit schlechtere als jene der Bauern im deutschen Teil Tirols. Die Innsbrucker Regierung war zunächst gegen den Aufstand machtlos. Das Aufgebot des Landsturmes hatte keinen Erfolg. Erst durch Anwerbung von Soldtruppen gelang es, den Aufstand niederzuwerfen. Grausame Strafen wurden über die Aufständischen verhängt.

Im deutschen Teil Tirols kam es nach dem Schluß des Landtages zu keinen größeren Unruhen mehr. Bis zum Schluß des Jahres 1525 war in allen Gerichten Deutschtirols der Landtagsabschied angenommen. Am Bozner Landtag, der im Oktober zusammentrat, herrschten wieder normale Verhältnisse, der geistliche Stand nahm an ihm, wie es der alten Landesverfassung entsprach, wieder teil.

In Tirol war es am Innsbrucker Landtag zu einem friedlichen Ausgleich zwischen den Bauern und ihrem Fürsten gekommen. In Süddeutschland war der Bauernaufstand gewaltsam mit den militärischen Machtmitteln der Fürsten niedergeworfen worden. Grausamer als die Bauern bei ihrem Aufstand vorgegangen waren, war das fürstliche Strafgericht. In den Kämpfen gegen die Bauern waren Tausende hingemordet worden, groß war die Zahl der Hingerichteten nach dem Ende des Aufstandes. „Fast alle Chroniken sprechen von hunderttausend Bauern, die während des Aufruhrs ihr Leben verloren hätten" (Franz 129, S. 461). Die Fürsten strebten einerseits die Vernichtung der Autonomie der Landgemeinden, andererseits die Stärkung von Macht und Geschlossenheit des landesfürstlichen Staates an.

Die demokratische Landesverfassung, die die Vertretung der Bauern am Landtag vorsah, hatte sich neuerdings als geeignetes Instrument erwiesen, die entstandenen Gegensätze auf verfassungsmäßigem Weg friedlich auszutragen. In mehr als zweihundertjähriger verfassungsmäßiger Teilnahme an der Regierung ihres Landes hatte sich bei den Tiroler Bauern eine brauchbare Überlieferung politischen Han-

1. Ischgl, Paznaun

2. Langesthei, Paznaun (1929)

3. Dengenvolk (und Oberbichl), Paznaun

4. Nikolaus Obrist, Felthurns, mit „Greie“ (1922)

5. Ackerterrassen in Natters bei Innsbruck

6. Doppelharpfe bei Matrei in Osttirol (1924)

7. Dorfgasse in Fiss

8. „Gschaffelter Brunnen“, Nauders (1933)

9. Eishof, Pfossental, 1994

10. Rofenhöfe, Ötztal, um 1900

11. Obernberg, Wipptal

12. St. Peter bei Tanas, Vinschgau

13. Titelbild der sogenannten Bauernlandesordnung von 1526

Nächste Seite:
15. Gerichtsgebäude in Wenns

14. Versammlung der Tiroler Landschaft im frühen 17. Jahrhundert (aus dem „Tiroler Adler“ von Matthias Burglechner, 4. Bd., fol. 110)

delns bilden können. Politisch kluges Maßhalten der Bauern und alte gefühlsmäßige Verbundenheit mit ihrem Landesfürsten ließ sie zu einem unter den gegebenen Verhältnissen immerhin vorteilhaften Ausgleich gelangen. Auch der Landesfürst hatte in seiner bisherigen kurzen Regierungszeit gelernt, die Landesverfassung zu friedlichen Vereinbarungen mit dem Volke zu benützen. Die außenpolitischen Schwierigkeiten, welche sich damals für das Haus Habsburg aus dem Gegensatz zu Frankreich und aus der Rivalität mit Bayern ergaben, trugen das ihre dazu bei, dem Erzherzog einen friedlichen Ausgleich mit dem Tiroler Volk zu empfehlen.

Bereits Kirchmair, der jene Zeit und ihre Gefahren miterlebt hat, fiel der große Unterschied zwischen dem Ende des Bauernkrieges in Tirol und seinem Abschluß in Süddeutschland auf. Er schreibt in seinen Denkwürdigkeiten: „In Schwaben und am Rhein wurden über die 100.000 wegen dieses Aufruhres erschlagen", in Tirol aber sei „die Straf und das Würgen ... nit so grob" wie anderwärts vor sich gegangen (S. 474f.). Gegen Leute, welche nach Annahme der Empörungsordnung durch die einzelnen Gerichtsgemeinden gegen die Ordnung verstießen, wurde allerdings mit Strenge vorgegangen. In der Umgebung von Brixen, im Burggrafenamt und im Vinschgau kam es zu Hinrichtungen, Landesverweisungen und Verhängung schwerer Geldstrafen. In Nordtirol und im Pustertal kam es nach Kirchmair zu keinen Strafaktionen (Denkwürdigkeiten, S. 475).

LANDESORDNUNG. Das wichtigste Ergebnis des „Bauernlandtages" war die neue Landesordnung (vgl. Abb. 13). Sie hat zwar bei weitem nicht alle in den Meraner und Innsbrucker Artikeln aufgestellten Forderungen erfüllt, immerhin aber eine Reihe für den Bauernstand besonders wertvolle Zugeständnisse gebracht. Nach dem Schluß des Landtages waren Regierung und Landesausschuß darangegangen, die Meraner und Innsbrucker Artikel, soweit sie der Landesfürst genehmigt hatte, und andere am Landtag getroffene Vereinbarungen zu einem Landesgesetz zu verarbeiten. Auf dem von allen österreichischen Ländern beschickten Generallandtag zu Augsburg (Dezember 1525 bis Jänner 1526), zu welchem die Vertreter Tirols am Bozner Oktoberlandtag gewählt worden waren, wurden Beschwerden und Vorschläge in 52 Artikeln zusammengefaßt und dem Landesfürsten vorgelegt. Die Entscheidung des Landesfürsten über diese Artikel ist nicht bekannt.[94] Es dürfte aber manches aus ihrem Inhalt und ihrer Formulierung auf die Schlußfassung der Tiroler Landesordnung Einfluß genommen haben. Ende April war die Landesordnung fertiggestellt, am 1. Mai erhielt sie Gesetzeskraft.[95]

Keine Erfüllung fand in der Landesordnung eine Reihe weitgehender staats- und verfassungsrechtlicher Forderungen der Meraner und Innsbrucker Artikel. Das gilt namentlich für jene, welche auf eine Neugestaltung des Staates zielten, so für die Forderungen nach einer allgemeinen umfassenden Staatshoheit, nach Aufhebung der Verpfändung von Hoheitsrechten, für das Verbot der Verpfän-

[94] Über die Augsburger Artikel vgl. Mich. Mayr, in: FZ 38, S. 71 ff.

[95] Über die Veröffentlichung des Gesetzes vgl. oben S. 115.

dung solcher Rechte. Auch von jener Bestimmung des 49. Meraner Artikels, daß alle Landtagsbeschlüsse zu ihrer Gültigkeit der Zustimmung der Stadt- oder Gerichtsgemeinde bedürfen, war keine Rede mehr, ebenso von den Forderungen nach allgemeiner Rechtsgleichheit und Beseitigung der Vorrechte von Adel und Geistlichkeit (11. Meraner Artikel). Die Gerichtsverfassung betreffend, wurde der Forderung nach allgemeiner Wahl der Richter durch die Gerichtsgemeinde (14. Meraner Artikel) nicht entsprochen; wohl aber verfügt die Landesordnung im Sinn des 15. Meraner Artikels, daß der Richter an den Strafgeldern keinen Anteil erhalte, sondern einen bestimmten Gehalt beziehen solle.

Weitgehende Zugeständnisse im Sinn der bäuerlichen Forderungen bringen die Bestimmungen des VI. und VII. Teiles des ersten Buches der Landesordnung; sie gewähren Befreiung von verschiedenen grundherrlichen Lasten, welche seitens der Bauern als besonders drückend empfunden wurden. Ganz aufgehoben wurde die Verpflichtung zur Abgabe des „Besthauptes" oder Todfalles an den Grundherren. Es handelt sich hier um die Abgabe des besten Stückes Vieh aus dem Besitz des Verpflichteten.[96] Ebenfalls wurde entsprechend der Meraner Artikel 38 und 44 ohne Entschädigung des Grundherrn die Verpflichtung zur Entrichtung der Wisplzinse (Zinse, die gelegentlich verdoppelt wurden) und des kleinen Zehent (Abgabe von Jungtieren und Hackfrüchten) aufgehoben. Hatte der 8. Meraner Artikel kurzweg die Aufhebung der „Weisaten" (Abgabe von Geflügel, Kitzen, Lämmern und Schweinefleisch) verlangt, so verfügt die Landesordnung Ablösung dieser Abgaben durch einen billig bemessenen Geldzins. Bei Verkauf von Baurechtsgütern durch den Bauern waren von einem Teil der Grundherren bedeutende Abgaben gefordert worden, wobei Käufer und Verkäufer je die Hälfte der Abgabe zu entrichten hatten. Der 34. Meraner Artikel fordert die Aufhebung dieser als „Auf- und Abzug" bezeichneten Besitzänderungsgebühr, weil sie der Billigkeit und dem Herkommen widerspreche.[97] Die Landesordnung hebt die Abgabe zwar nicht auf, beschränkt ihre Entrichtung aber immerhin auf jene Fälle, bei denen es sich um einen 50 Gulden überschreitenden Kaufschilling handelt. Sie wurde in diesen Fällen ohne Rücksicht auf die Höhe des Kaufpreises auf ein Pfund Pfeffer festgesetzt und sollte nur vom Käufer entrichtet werden. Der im 26. Meraner Artikel ausgesprochenen Forderung nach Aufhebung der „Robatn" (Frondienste) wird ebenfalls nur zum Teil entsprochen; nach der Landesordnung sind jene Frondienste auch fernerhin zu leisten, welche nach Ausweis der Urkunden wenigstens seit 50 Jahren bestehen. Vollauf entsprochen wird in der Landesordnung der Forderung des 41. Meraner Artikels, daß über Verlangen des Baumannes eine gerichtliche Kommission zusammenzutreten und die Belastung des Baurechtsgutes zu untersuchen hat; sie hat dann festzustellen, ob und in welchem Ausmaß ein Zinsnachlaß vom Grundherrn zu gewähren ist.

---

[96] Vgl. im 1. Bd., S. 491 f.
[97] Vgl. im 1. Bd., S. 490.

Von grundlegender Bedeutung war es, daß die Landesordnung im 6. Teil des I. Buches das bäuerliche Besitzrecht grundherrlicher Willkür entzog und gleich der Landesordnung von 1404 dem Landrecht und damit der Gerichtsbarkeit des Landgerichtes unterstellte. Entsprechend dem 37. Meraner Artikel und teilweise in wörtlicher Übereinstimmung mit ihm wird angeordnet, daß alle Zinsgüter nur nach Landrecht und nicht nach grundherrlichem Sonderrecht verliehen werden sollen.

Alle diese den Bauern gewährten Begünstigungen sollten für die Bauleute, welche der landesfürstlichen Grundherrschaft unterstehen, nicht gelten. Diese Ausnahme konnte seitens der Bauern umso leichter akzeptiert werden, als die Lage der Zinsleute auf den landesfürstlichen Gütern im allgemeinen eine günstige war und für sie das Landrecht maßgebend war.

Im 7. Teil des ersten Buches der Landesordnung befinden sich Bestimmungen über das Jagd- und Fischereirecht sowie über die Nutzung der Allmende oder „Gemain". Hatte der 19. Meraner Artikel gänzliche Freigabe von Jagd und Fischerei gefordert, so wird dieses Verlangen nur in beschränktem Maß erfüllt. Das Jagdrecht wird nur den Steuerzahlenden zugesprochen, die Jagd auf Rot- und Schwarzwild sowie auf Wildgeflügel („Federspiel") ist von dieser Bewilligung ausgenommen. Fischen wird nur für den Eigenbedarf und in Beschränkung auf Flüsse und natürliche Seen gestattet. Der Forderung des 16. Meraner Artikels, daß keine Verleihung von Gemeindegrundstücken ohne Vorwissen der Gemeinde erfolgen soll, wird in der Landesordnung entsprochen.

Ausgedehnte Berücksichtigung fand das weite Gebiet der Marktpolizei und des Wirtschaftsverkehrs. Hatte der 20. Meraner Artikel den „Fürkauf" (Vorkauf), d. h. das Aufkaufen von Waren außerhalb des Marktverkehrs als Ursache der vielbeklagten Preissteigerung bezeichnet und sein Verbot verlangt, so entspricht die Landesordnung weitgehend dieser Forderung. Im vierten Teil der Landesordnung wird im Sinn des 18. Meraner Artikels einheitliches Maß und Gewicht im ganzen Land eingeführt. Auch in der Beschränkung der Zünfte zeigt die Landesordnung Entgegenkommen gegenüber der im 28. Meraner Artikel aufgestellten Forderung.

Im Anschluß an die zwei Bücher der Landesordnung wurde die „Ordnung zu Verhütung künftiger Empörung" erlassen und gedruckt. Sie schließt sich im Wesen an die „Empörungsordnung" an, welche bereits am Innsbrucker Landtag verfaßt und beschlossen worden war.

Einigen Drucken der Landesordnung ist handschriftlich eine „Ordnung des geistlichen Standes" beigegeben. Sie enthält die vom Erzherzog am Landtag betreffs der kirchlichen Neuordnung gemachten Zugeständnisse. Sie dürfte vielleicht nie kundgemacht worden sein; jedenfalls wurde sie bereits formell aufgrund des Speyrer Reichstagsabschiedes (1526) außer Kraft gesetzt.

Unter der Einwirkung des Bauernaufstandes hatten sich die Grundherren zu bedeutenden Zugeständnissen an die Bauern herablassen müssen. Als der revolutionäre Druck aufhörte und in den Nachbarländern eine gewaltige Reaktion gegen die Bauern einsetzte, vermochten auch die Tiroler Bauern das, was sie erreicht hatten, nicht mehr vollauf zu behaupten. Immerhin war der Tiroler Bauer dank seiner Landesverfassung und seiner „Landesfreiheiten" in der Lage zu verhindern, daß die Wiederherstellung der alten Ordnung in einer ihm abträglichen Weise erfolgte. Über die sich unter bäuerlicher Mitarbeit vollziehende Abfassung des neuen Landesgesetzes, der Landesordnung von 1532, wurde bereits oben (S. 116f.) berichtet. Die Aufhebung der Landesordnung von 1526 erfolgte, wie die neue Landesordnung im 30. Titel des IX. Buches verkündet, mit Vorwissen der „Landschaft", also der Volksvertretung.

Die Landesordnung von 1532 bedeutet keineswegs, wie das in den Darstellungen bei Rapp (Statutenwesen II, S. 87) und Egger (Geschichte Tirols II, S. 138f.) behauptet wird, eine völlige Aufhebung der den Bauern in der Landesordnung von 1526 gemachten Zugeständnisse. Von weitgehender Bedeutung war es, daß auch die neue Landesordnung gleich der „Bauernlandesordnung" das bäuerliche Besitzrecht dem Landrecht und der Gerichtsbarkeit des Landgerichtes und nicht einer grundherrlichen Gerichtsbarkeit unterstellte; für die Sicherung des bäuerlichen Rechtes war es auch bedeutsam, daß die urkundliche Ausfertigung des Leihevertrages allgemein vorgeschrieben wurde: „Die Verleihung soll nach dem Landsrechten beschehen und mit Brief und Sigeln verfortigt werden", bestimmt auch die neue Landesordnung im 15. Titel des V. Buches. Wie hoch in Kreisen der Bauernschaft die Unterstellung des Grundleiherechtes unter das Landsrecht bewertet wurde, ergibt sich aus den Verhandlungen am Innsbrucker Landtag. Daß geistliche Grundherren für ihre bäuerlichen Hintersassen nicht das Landrecht, sondern ein Sonderrecht – „ihres Gotteshaus Recht" – gelten lassen wollten, war damals als eine wesentliche Ursache des Aufruhrs bezeichnet worden. Anders als in Ländern bäuerlicher Unfreiheit und Untertänigkeit blieb die direkte Verbindung des freien Tiroler Bauern – ohne Einschaltung einer grundherrlichen Zwischeninstanz – erhalten.

Das grundherrliche Vorkaufsrecht bei Veräußerung des Baurechtes durch den Baumann blieb zwar bestehen, falls aber der Grundherr sein Baurecht nicht selbst behielt, sondern veräußerte, stand den Verwandten des Baumanns ein Vorkaufsrecht zu (V. Buch, Tit. 5). Die Ermäßigung der Besitzänderungsgebühren („Auf- und Abzug") wird zwar nicht in dem Umfang aufrechterhalten, wie sie in der Landesordnung von 1526 verfügt wurde, doch wird immerhin eine bedeutende Erleichterung der Abgabe festgesetzt. Auch nach der neuen Landesordnung haben Verwandte des bisherigen Baumannes beim Erwerb des Baurechtes keine Besitzänderungsgebühr zu entrichten (V/6). Die von der Bauernlandesordnung verfügte Ablösung der „Weisaten" durch einen Geldzins wird auch in der neuen Landesordnung vorgesehen. Betreffs Weisaten und einiger anderer besonders mißliebiger Abgaben mahnt der Landesfürst als Gesetzgeber „die Grunt- und Zinßherren, daß sy ire Zinßleut in dem allem gnädiklich halten, wol maynen und treulich bevolhen haben wöllen" (V/21). Die Verpflichtung zur Entrichtung des „kleinen Zehent", die in der Bauernlandesordnung aufgehoben worden war, wird zwar in der neuen Landesordnung aufrechterhalten, es wird aber gütliche Vereinbarung zwischen Berechtigten und Verpflichteten unter Mithilfe der Gerichtsobrigkeit empfohlen. Wo Berechtigte und Verpflichtete in der Zeit nach 1525 über die Entrichtung des Zehents Vereinbarungen getroffen haben, behalten diese Rechtskraft (V/22). Betreffs der „Robatn" (Frondienste) verfügt die Landesordnung von 1532 zugunsten der Bauern, daß ihre Leistung nur dann gefordert werden kann, wenn der Fordernde sein Recht urkundlich oder durch 40jährige „Gewere" (unangefochtenen Besitz) erweisen kann (V/28). Die Bauernlandesordnung hatte 50jährige „Gewere" gefordert. Gleich der Landesordnung von 1526 bestimmt auch jene von 1532 (V/13), die allgemeine Ablösbarkeit der sogenannten „Afterzinse" (s. oben S. 158). Ebenso wiederholt kehrt auch in der Landesordnung von 1532 die Bestimmung wieder, daß Verleihungen von Grundstücken auf der „Gemain" (Allmende) nur mit Vorwissen der Gemeinde stattfinden sollen (IV/4).

Auch der Landesfürst hatte ein Interesse, daß manche der gegen die Grundherren gerichteten Bestimmungen der Bauernlandesordnung Geltung behielten. Eine Beschränkung der grundherrlichen Machtbefugnisse und die allgemeine Geltung des Landrechtes war für die Durchsetzung einer allgemeinen fürstlichen Landeshoheit von größter Bedeutung.

Hat in anderen deutschen Ländern die auf den Bauernkrieg folgende Reaktion zu Beschränkung der Autonomie in den Landgemeinden und oft auch zu Minderung der persönlichen Freiheit der Bauern geführt, so hat der Tiroler Bauer seine persönliche Freiheit und seine soziale und politische Gleichberechtigung mit den übrigen Ständen sowie sein Recht zur Selbstregierung in seiner Gemeinde und zur Mitregierung im Lande zu wahren vermocht.

Etwas vom Geist des Jahres 1525 lebte auch noch in den folgenden Jahrhunderten fort. Die Erinnerungen an die damals errungenen politischen und wirtschaftlichen Erfolge sind sicherlich nicht so bald verblaßt. Steuerdruck, Forderung übermäßiger Zinse, Mißernten und Hungersnöte, Truppendurchzüge, welche die Bauern, die an den Heerstraßen siedelten, schwer belasteten, Verletzungen der Verfassung durch die Regierung, vermeintliche oder wirkliche Begünstigung anderer Stände auf Kosten des Bauernstandes gaben zu verschiedenen Zeiten zu Klagen Anlaß und erregten Gedanken gewaltsamer Selbsthilfe. In einer dieser Krisenzeiten, um die Mitte des 16. Jahrhunderts, versuchte ein abgedankter Landsknecht, Bartlmä Dosser aus dem Hochtal Lüsen (bei Brixen), einen Aufstand der Bauern hervorzurufen. Dosser fand auch einigen Anhang in bäuerlichen Kreisen, zu einem offenen Aufruhr ist es jedoch nicht gekommen. Der Plan kam der Regierung bereits 1561 zur Kenntnis, sein Urheber wurde 1562 zu Innsbruck hingerichtet. Dossers Bewegung zielte in einem unbäuerlichen Radikalismus auf eine gänzliche Umwälzung der bestehenden Ordnung. Dosser war vor seinem Eintritt in den Kriegsdienst nicht Bauer, sondern Müller gewesen. Da den Tiroler Bauern seit alters die Freiheit der Schweizer, vor allem der Graubündner, der unmittelbaren Nachbarn Tirols, als erstrebenswertes Ziel erschien, stellte Dosser den Bauern vor Augen, daß in Tirol eine ähnliche „Ordnung" gemacht werden solle, wie sie in der Schweiz und zumal im Engadin bestehe; die Schweizer, besonders die Engadiner, würden den Tirolern zu Hilfe kommen. Im Kreis seiner Anhänger ging die Rede um, der Schweizer Stier werde auf der Haller Innbrücke, also mitten in Tirol, „liejen" (brüllen).

In bäuerlichen Kreisen Tirols wurde in erregten Zeiten gerne vom „Herrn erschlagen" gesprochen. Man traute den Bauern auch zu, daß sie sich unter Umständen mit Gewalt ihrer Beschwerden zu entledigen suchen würden. So schreibt Kardinal Andreas von Österreich, der Sohn Erzherzog Ferdinands II., in einem Bericht über den Landtag von 1597 (s. unten S. 177), daß die Furcht vor einem Bauernaufstand die Abgeordneten des Prälatenstandes bewogen habe, mit den Bauern gegen die hohe kaiserliche Steuerforderung zu stimmen. Hundert Jahre später, 1699, kam es tatsächlich zu einem – allerdings nicht tiefer greifenden – Bauernaufstand, dessen unmittelbare Ursachen die übermäßige Wildhegung, die Zwangsrekrutierung von Bauernburschen und das Verbot der Tabakpflanzung bildeten. Mannigfacher Art waren die tiefer liegenden Ursachen des Aufruhres. Die Bauern waren mit der Landesregierung unzufrieden. Die Zahl der Beamten war stark erhöht worden, ihre Leistungen aber befriedigten wenig. Den auf den Landtagen vorgebrachten Beschwerden wurde nicht abgeholfen. Die Bauern klagten über Begünstigung der oberen Stände bei den öffentlichen Lasten. Während die Bauern durch Einquartierungen und andere Leistungen für die durchziehenden Truppen arg belastet wurden, erfreuten sich Geistlichkeit und Adel verschiedener Begünstigungen.

Geklagt wurde seitens des Bauernstandes auch über einseitigen Einfluß der oberen Stände auf die Regierung, der im Mißverhältnis zu den Leistungen für das gemeine Wesen stand. Auch die mangelhafte Fürsorge für die Landesverteidigung erregte Unwillen. Elementarereignisse wie Überschwemmungen, Mißernten, Erdbeben und auch die häufig wiederkehrenden Seuchen trugen das ihre dazu bei, die herrschende Unzufriedenheit zu steigern.

FÜRSTLICHER ABSOLUTISMUS VON DER MITTE DES 16. BIS ZUR MITTE DES 18. JAHRHUNDERTS. Das Jahr 1525 ließ die Ziele der bäuerlichen Politik deutlich hervortreten; die bäuerlichen Beschwerdeartikel der einzelnen Landschaften, die Beschlüsse der Teillandtage sowie des Meraner und Innsbrucker Landtages gewähren einen Einblick in die politischen Ziele des Tiroler Bauerntums. Auch in der Folgezeit haben sich die Bauern an den Verhandlungen auf den Landtagen beteiligt. Aber die politischen Bestrebungen der Bauern, soweit sie selbständigen Charakter tragen, werden in der Zeit nach 1525 nicht mehr so deutlich erkennbar. Die Geschichte der Tiroler Landtage des späteren 16., des 17. und 18. Jahrhunderts ist auch noch zu wenig erforscht, um uns genaueren Einblick zu gestatten, wie weit die Bauern auch in dieser Zeit am Landtag Bauernpolitik betrieben.

Der Einfluß der Landtage auf die Regierung des Landes verringerte sich in diesem Zeitabschnitt. Der fürstliche Absolutismus, wie er sich in Frankreich und Spanien ausgebildet hatte, war seit dem 16. Jahrhundert auch in Tirol im Vormarsch. Er zielte unter anderem auf eine Stärkung der fürstlichen Macht und die Zurückdrängung der ständischen Mitregierung. Über die Anfänge des Absolutismus wurde bereits oben (S. 139 ff.) berichtet. Die bestehende Verfassung wurde nicht formell aufgehoben, aber der Einfluß des Landtages auf die Landesregierung mehr und mehr abgeschwächt.

Für die Mitwirkung des Landtages an der Regierung bildete sein Steuerbewilligungsrecht eine der wichtigsten Grundlagen. Bereits oben (S. 140) wurde auf den lebhaften Widerstand hingewiesen, den die Landschaft gegen einen Anschlag der Regierung auf das Steuerbewilligungsrecht des Landtages leistete.

Daß auch noch in späterer Zeit die Landschaft mit allem Nachdruck ihr Recht der freien Steuerbewilligung verfocht, zeigt anschaulich ein Bericht über den Landtag des Jahres 1597. Kaiser Rudolf II. hatte damals vom Landtag eine hohe Steuer gefordert. Als der Landtag nur einen Teil der Forderung bewilligte, drohte der Kaiser mit der Nichtbestätigung der Landesfreiheiten. Es gelang ihm aber nicht, die Landschaft einzuschüchtern. Diese erklärte prompt, sie werde keinen Pfennig bewilligen vor Bestätigung der Landesfreiheiten. Als die Regierung dem Landtag mitteilte, der Kaiser habe den strikten Befehl erteilt, den Landtag nicht früher auseinandergehen zu lassen, bevor nicht seinem Begehren entsprochen werde, antworteten die Stände mit unhöfischer Deutlichkeit: „Es liegt nicht an dem, was man begehrt oder haben will, sondern was die treue Landschaft unvergriffen ihrer Steuerfreiheit leisten könne.“ Da man sich nicht einigen konnte, ging der Landtag auseinander, ohne die Steuer in der vom Kaiser geforderten Höhe zu bewilligen. Kardinal Andreas von Österreich, welchen der Kaiser als seinen Vertreter zum Landtag bestellt hatte, hebt in seinem Bericht die maßgebende Stellung der Bauern am Landtag hervor; ihr Widerspruch habe vor allem zur Ablehnung der Steuer geführt. Der Kaiser, der nicht nachgeben wollte, befahl nunmehr, mit dem Landeshauptmann und dem kleinen Ausschuß wegen Bewilligung des ganzen von ihm geforderten Steuerbetrages zu unterhandeln. Der Landeshauptmann erklärte jedoch, eine Steuerbewilligung durch den Ausschuß allein sei verfassungswidrig: „es sei mit den Ausschüssen in Tirol nicht so beschaffen wie etwa in Niederösterreich.“ Er bat schließlich den Kaiser, den Landtag regelrecht zu schließen, andernfalls wäre die Landschaft nicht gebunden, die Steuer auch nur in der von ihr bewilligten Höhe zu entrichten. Schließlich mußte der Kaiser nachgeben, den Landtag schließen und sich mit der bewilligten Steuer begnügen.[98]

Zu einer formellen Aufhebung des Steuerbewilligungsrechtes der Landschaft entschloß sich der fürstliche Absolutismus zwar nicht, aber er wußte es in seiner politischen Bedeutung zu mindern. Während in älterer Zeit der Landesfürst nur in Fällen außerordentlichen Geldbedarfes an den Landtag mit seinen Steuerforderun-

---

[98] Nach der Darstellung der Landtagsverhandlungen bei v. Sartori 551 (Landschaftl. Steuerwesen), S. 162 ff.

gen herantrat, verlor in der Zeit des Absolutismus die Steuer den Charakter einer außerordentlichen Leistung; sie wurde zu einer ständigen, in gleicher Höhe regelmäßig zu leistenden Abgabe, die vom Landtag nicht mehr verweigert werden konnte. Zu dieser sogenannten „ordinari“ Landsteuer kam aber dann die vom Landtag zu bewilligende „extraordinari“ (außerordentliche) Landsteuer von wechselndem und immer sehr bedeutendem Ausmaß hinzu. Außerdem begann die Regierung selbständig, d. h. ohne Bewilligung des Landtages, eine indirekte Steuer, das „Ungeld“ („Umgeld“) vom Verbrauch von Wein und Bier einzuheben. Der lebhafte Protest, welcher seitens des Landtages erhoben wurde, hatte nur vorübergehenden Erfolg.

Der Umstand, daß der Landtag Tirols eine Volksvertretung und nicht bloß eine Vertretung einzelner Stände darstellte, verschaffte ihm auch außerhalb Tirols größeres Ansehen als den Ständevertretungen anderer Länder. Über dieses Ansehen äußert sich Kaiser Rudolf II. in einem Schreiben aus dem Jahre 1597, daß „auf die Tiroler Stände die andern Fürstentümer und Lande Österreichs zu sehen pflegen und ihnen gewöhnlich nachfolgen“ (Stolz 631, S. 49).

Vor allem aber mußte sich die landesfürstliche Regierung dessen bewußt sein, daß hinter dem Tiroler Landtag das Tiroler Bauernvolk stand, welches der Hauptsteuerträger und – dank seiner Wehrhaftigkeit – entscheidend für die Behauptung des Landes gegen äußere Feinde war. Tirol, das nur durch das Drautal mit der Hauptmasse der österreichischen Länder zusammenhing, war ohne Mitwirkung seines wehrhaften Bauerntums gegen einen äußeren Feind kaum zu halten.

Weil der Tiroler Landtag im bäuerlichen und bürgerlichen Volk einen starken Rückhalt besaß, war auch sein Widerstand gegen absolutistische Vorstöße weit lebhafter als jener anderer Länder. Gerade in bäuerlichen Kreisen hielt man darauf, daß sich die Abgeordneten am Landtag kein Blatt vor den Mund nehmen. Im Jahre 1525 war in einer Versammlung der Gerichte Thaur und Rettenberg verlangt worden, „daß ain armer Gerichtsmann sein Notturft, darumb er gesandt ist [in den Landtag], auch gnuegsamlich fürbringen mag“ (AT. III, S. 76, Z. 12).

Die Abgeordneten mußten lebhafte Fühlung mit ihren Wählern pflegen und in deren Sinn handeln: Am Landtag von 1563 war das vom Landesfürsten begehrte, aber im Volk sehr mißliebige Ungeld – wenn auch mit der Beschränkung auf fünf Jahre – bewilligt worden. Die Abgeordneten, welche dafür gestimmt hatten, wurden nach der Heimkehr in ihren Bezirken, wie es in einem gleichzeitigen Bericht heißt, „übel gehalten“ (Hirn 228, I, S. 608).

Abgeordnete des Prälaten- und Adelsstandes erwiesen sich Einflüssen des Landesfürsten und seiner Regierung zugänglicher als die bäuerlichen und bürgerlichen Abgeordneten. Nach der bisherigen Erfahrung, so berichtet im Jahre 1720 der geheime Rat in Innsbruck an den kaiserlichen Hof in Wien, sind Prälaten und Adel leichter zu bewegen, Regierungsvorschlägen zuzustimmen, als die Abgeordneten der Städte und Gerichte.

Bei aller Treue zum Landesfürsten scheute der Landtag auch jetzt nicht davor zurück, gelegentlich offene Kritik an der fürstlichen Regierungsführung zu üben.

Auf dem Landtag von 1597, der von Kaiser Rudolf II. berufen worden war und zu welchem er den Sohn Ferdinands II., den Kardinal Andreas, als seinen Vertreter sandte, verliehen die Abgeordneten ihrem Unmut über die schlechte Wirtschaft des Landesfürsten offenen Ausdruck. Sie hätten, äußerten sie sich, „mit nicht geringen Schmerzen diesem leidigen, verthunlichen Wesen gleich mit offenen Augen zusehen müssen, treuherzige Warnungen und Bitten hätten nie statt haben wollen; ob fürstl. Durchlaucht des Landes und der Leute Gefahr, Noth und Anliegen nicht habe anhören wollen, oder ob ihm diese seine Räthe nicht dringend genug vorgebracht, könne die Landschaft nicht wissen; aber soviel sei unverborgen, daß diejenigen, die es treuherzig gemeint und gern wol gehaust hätten, wenig Gehör und Gunst gefunden und stark verfolgt worden“ (Egger 96, II, S. 264).

In geschichtlichen Darstellungen hat man die Ausbreitung des fürstlichen Absolutismus damit zu erklären versucht, daß Landtag und Landstände sich unfähig erwiesen hätten, zeitgerecht für die Vornahme nötiger Reformen einzutreten; ihr Festhalten am Alten und an alten Rechten habe es dem Landesfürsten und seiner Regierung nahegelegt, sich über die Verfassung hinwegzusetzen und selbständig vorzugehen. Nun kann aber für die Zeit vor Maria Theresia kaum behauptet werden, daß sich die Regierung ihrerseits mit der Durchführung zeitgemäßer Reformen angestrengt habe; auch was die Verwaltung anbelangt, war die Tätigkeit der Regierung jener der Landschaft nicht überlegen. Ließ die von der Landschaft gehandhabte Steuerverwaltung viel zu wünschen übrig, so war die Finanzverwaltung der Regierung keine bessere. Fürsten wie Erzherzog Ferdinand II. und Erzherzog Ferdinand Karl trieben übergroßen Aufwand, der beim Mangel einer Trennung von Staatshaushalt und fürstlichem Haushalt für die Finanzgebarung unheilvoll werden mußte.

Auf seiten des Landtages fehlte es übrigens nicht an Bemühungen um zeitgemäße Reformen. Die Übervölkerung einzelner Landesteile erheischte Maßnahmen zur Vermehrung des produktiven Bodens durch Austrocknung der Etschmöser (der Sümpfe im Bozner Unterland), Beschaffung zusätzlichen Verdienstes für Kleinbauern, Arbeitsbeschaffung für die zahlreichen Arbeitslosen, Förderung des für Tirol so wichtigen Durchzugshandels. Entsprechende Ansuchen und Anregungen wurden auf den Landtagen und den Tagungen der Ausschüsse wiederholt an die Regierung gerichtet, hatten aber wenig Erfolg. Auch an Anregungen zu zeitgemäßer Weiterbildung des Landesrechtes, der Landesordnungen, fehlte es nicht, wie bereits im Abschnitt über Bauer und Recht dargestellt wurde.

Zu tatkräftigem E i n g r e i f e n i n d i e R e g i e r u n g bot die Landesverfassung wenig Möglichkeiten. Es fehlten dem Landtag zu solchem Eingreifen die verfassungsmäßige Grundlage und die Verfügung über den Verwaltungsapparat. Die Regierung war nur dem Fürsten verantwortlich, das Beamtentum unterstand einseitig dem Fürsten.

Der Landtag versäumte es, sich entsprechenden Einfluß zu verschaffen. Die immer wiederkehrenden finanziellen Schwierigkeiten der landesfürstlichen Regierung zwangen den Fürsten, sich um Hilfe an die Stände zu wenden. Der Landtag wäre öfters in der Lage gewesen, seine Hilfeleistung an fürstliche Zugeständnisse auf verfassungspolitischem Gebiet zu knüpfen. So trug sich der Landesfürst in den Jahren 1567 und 1590 mit dem Plan, der Landschaft die Bezahlung der Beamtenschaft zu übertragen, um dem finanziellen Zusammenbruch zu entgehen; bisher waren die Beamten aus den Einkünften der landesfürstlichen Kammer bezahlt worden. Hätte die Landschaft, die ja doch in irgendeiner Form dem Landesfürsten in seinen Schwierigkeiten Hilfe leisten mußte, sich entschließen können, dies finanzielle Opfer zu bringen, so wäre ohne Zweifel der Einfluß des Landtages auf die Regierungsführung entscheidend vermehrt worden. Nach dem Grundsatz: Wer zahlt, schafft an, wäre das Beamtentum und somit der Regierungsapparat in Abhängigkeit des Landtages geraten. Die Landschaft war aber nicht wendig und weitblickend genug, eine solche Gelegenheit auszunützen.

Da der Landesausschuß nur fallweise über besondere Berufung zusammentrat, wurden vor allem für Zwecke der landschaftlichen Steuerverwaltung auf dem Landtag von 1720 die beiden „Aktivitäten" zu Innsbruck und Bozen errichtet, welchen je ein Vertreter der vier Stände angehörte; sie hatten für die Erledigung der laufenden Geschäfte in ständiger Tagung zu sorgen. Außerdem diente den Zwecken landschaftlicher Verwaltungstätigkeit ein Beamtenapparat, an dessen Spitze im 18. Jahrhundert ein rechtskundiger „Syndicus" stand, dessen man unter anderem auch bedurfte, um den Juristen der Regierung bei Streitfällen zwischen Regierung und Landschaft wirksam begegnen zu können.

Gelegentlich, in Zeiten besonderen Notstandes der landesfürstlichen Finanzen, erreichte die Landschaft das Zugeständnis, daß einzelne ihrer Vertrauensleute in die führenden landesfürstlichen Regierungskollegien, in „Regierung" und „Kammer" aufgenommen wurden. Das wurde z. B. von Maximilian I., als er zur Befreiung aus größten finanziellen Schwierigkeiten der Hilfe des Landtages bedurfte, zugestanden (s. oben S. 140). Derartige Zugeständnisse blieben aber vereinzelt und zeitlich beschränkt.

Die Beamten der Regierungskollegien fühlten sich vor allem als fürstliche Beauftragte. Immerhin war bei jenem Teil der Beamten, welcher dem einheimischen Adel entnommen wurde, eine Verbundenheit mit den Interessen ihrer adeligen Standesgenossen und der gesamten Landschaft gegeben. Weit mehr als dieser Teil der Beamtenschaft waren die häufig landfremden, rechtsgelehrten Beamten, die „doctores", gefügige Werkzeuge des landesfürstlichen Absolutismus (s. oben S. 112 f.). Gegen sie kehren sich die immer wieder auf den Landtagen gestellten Forderungen, daß die Regierung des Landes durch Landsleute, d. h. durch Einheimische, besorgt werde, welche das Landesrecht und das alte Herkommen kennen. Bereits Kirchmair (Denkwürdigkeiten, I. Abt., Bd. 1, S. 461) hat dieser namentlich auch im Bauernvolk herrschenden Meinung Ausdruck verliehen mit den Worten: „Die Landsfreiheiten sprechen, das ain Fürst dises Land mit Landleutn und nit mit Fremden sol regiern." Einen durchgreifenden Erfolg hatten die Beschwerden der Landschaft nicht.

Dem Landtag fehlte es an der nötigen Entschlossenheit zur Behauptung seiner Rechte und Durchsetzung seiner Forderungen, vor allem aber an einem klaren, einheitlichen Programm und einer einheitlichen Führung. Zur Aufstellung eines umfassenden Reformprogrammes, wie es 1525 zu Meran geschaffen worden war, ist es in der Folgezeit nicht mehr gekommen. Sonderinteressen einzelner Stände und Landschaften überwogen und behinderten ein einheitliches Vorgehen.

Im deutschen Südtirol wünschten die Weinbauern eine Verhinderung der Einfuhr des billigeren Weines aus italienischen Landschaften[99], die Nordtiroler dagegen traten für die freie Einfuhr der italienischen Weine ein. Die Pustertaler verlangten Gesetze zur Abwehr übermäßiger Schlägerungen, wie sie von Holzhändlern für die Holzausfuhr nach dem italienischen Süden getätigt wurden; den Bauern des Unterinntals wieder erschienen die bestehenden Waldordnungen zu streng. Einzelne getreidearme Bezirke waren für obrigkeitliche Regelung der Getreidepreise, der Vinschgau, die tirolische Kornkammer, war gegen die Einschränkung des freien Handels.

Uneinigkeit bestand auch zwischen den Vertretern des Bauern- und Bürgerstandes auf der einen Seite und den Vertretern von Adel und Prälaten auf der anderen Seite in Fragen der Besteuerung. Gegner des Adels spotteten, der Adelige könne sich mit Recht als Do – minus (als einen, der weniger gebe) bezeichnen. Zwar waren in Tirol Adel und Prälaten – anders als in den östlichen Ländern Österreichs – zumindest teilweise der Steuerpflicht unterworfen, indem sie die auferlegten Steuern nicht auf die abhängigen Bauern überwälzen konnten: die Einnahmen, welche geistliche und adelige Grundherren aus ihren zinspflichtigen Gütern bezogen, die „Gülten", waren der Steuerpflicht unterworfen. Eine Begünstigung von Prälaten und Adel in der Steuerpflicht bestand aber darin, daß sie für die von ihnen bewohnten Häuser sowie für die von ihnen selbst bewirtschafteten Güter keine Steuer zu entrichten hatten. Die Uneinigkeit zwischen den Ständen und innerhalb der einzelnen Stände in der Steuerfrage erschwerte die Abwehr der absolutistischen Vorstöße, die seitens der Regierung erfolgten.

In der Zeit von 1406 bis 1490 und von 1564 bis 1665 hatte Tirol – abgesehen von wenigen Jahren – seine eigenen Landesfürsten. Nach dem Tod von Erzherzog Sigmund Franz 1665 wurde Tirol dem gleichen Herrscher aus dem Haus Habsburg unterstellt wie die übrigen österreichischen Länder. Für die Selbständigkeit des Landes, für die gerade von den Bauern so hoch gehaltene Landesfreiheit, bedeutete diese Vereinigung, die mehr als eine bloße Personalunion war, eine schwere Gefahr. Diese trat freilich erst dann voll in Erscheinung, als sich mit dem landesfürstlichen Absolutismus auch der allen absolutistischen Regierungsformen anhaftende Zentralismus durchzusetzen begann. Absolutismus wie Zentralismus zeigen sich in vollem Umfang erst in der Zeit Maria Theresias und Josefs II.

---

[99] Vgl. Nikolaus Grass, Fragmente zur Geschichte der Tiroler Weinkultur, in: Tiroler Wirtschaftsstudien 17. Bd. (1963), S. 137–168, Wiederabdruck bei Grass, Alm und Wein (Ausgew. Aufsätze), Olms, Hildesheim 1990, S. 383–415.

Kaiser Leopold I. (1665–1705), der nach dem Tod des letzten Tiroler Landesfürsten Sigmund Franz die Regierung Tirols antrat, hatte für eine Sonderstellung des Landes immerhin mehr Verständnis als seine österreichischen Minister. Seine Regierung wollte eine neue, für ganz Österreich geltende Stempelsteuer auch in Tirol einführen und hielt es nicht für nötig, den Tiroler Landtag, dem das Steuerbewilligungsrecht zustand, um Bewilligung dieser Abgabe anzugehen. Der Landtag aber lehnte die einseitige Anordnung durch die Wiener Regierung ab, weil sie gegen das Landesrecht verstieß. Der Kaiser stellte sich in diesem Streit auf die Seite der Tiroler und schrieb eigenhändig auf das Referat, das ihm die Regierung vorlegte: „daß es mit Tirol gegen die anderen Länder einen Unterschied habe", d. h. Tirol sei nicht gleich den anderen Ländern zu behandeln (Wopfner 789, S. 44 f.).

Die oberste Tiroler Landesbehörde, der Geheimrat, behielt auch unter Leopold I. die Machtvollkommenheit, die sie bisher innegehabt hatte; als Ersatz für den eigenen Landesfürsten empfing das Land vom Kaiser einen „Gubernator" in der Person des kaiserlichen Schwagers, des Herzogs Karl von Lothringen, der mit weitgehenden Vollmachten ausgestattet wurde.

TIROLER BAUERNSTURM IM JAHRE 1703. Die Vorgänge von 1703 müssen hier etwas ausführlicher besprochen werden, weil in dieser Zeit großer Kriegsnot das Tiroler Bauerntum entscheidenden Einfluß auf die Geschehnisse genommen hat. Das Jahr 1703 war das dritte Jahr jenes Weltkrieges, den man den spanischen Erbfolgekrieg (1701–1714) nennt. Österreich kämpfte damals im Bund mit England, Holland und einem Teil der deutschen Fürsten gegen Frankreich, auf dessen Seite unter anderem der Kurfürst von Bayern stand. Die Lage Österreichs war in diesem Jahre besonders gefahrvoll. Es war einem französischen Heer gelungen, sich in Süddeutschland mit den Truppen des bayerischen Kurfürsten zu vereinigen. Der französische König Ludwig XIV. plante nunmehr die Vereinigung dieses Heeres mit jenem französischen Heer, das in Italien gegen Österreich kämpfte. Französische und bayerische Truppen sollten zunächst Tirol besetzen und sodann weiter nach Italien vordringen. Die österreichischen Truppen wären, wenn dieser Plan gelungen wäre, in eine sehr schwierige Lage gekommen.

In Tirol selbst war zu dieser Zeit das Einvernehmen zwischen der vom Kaiser eingesetzten Landesbehörde und der Landesvertretung oder Landschaft nicht das beste. Dem fürstlichen Absolutismus widersprach eine Mitwirkung des Volkes an der Regierung, wie sie die tirolische Landesverfassung vorsah; man befürchtete von einer solchen Mitregierung eine Beeinträchtigung der Regierungsgeschäfte. Die Ereignisse des Jahres 1703 erbrachten aber den Beweis, daß das Tiroler Bauernvolk, das seit alters Anspruch erhob, an der Regierung seines Landes mitzuwirken, besser für die Abwehr des Feindes und die Freiheit des Landes zu sorgen verstand als die Regierung.

Tirol hatte bereits vor 1703 große Opfer für den Krieg bringen müssen, namentlich die Verpflegung der durchziehenden Truppen belastete die Gemeinden an den Straßen schwer. Die aufgelaufenen Durchzugskosten betrugen über eine Million Gulden, eine für die damalige Zeit ungeheure Summe. Der Kaiser hatte die völlige Bezahlung dieser Kosten versprochen, die Finanzbehörden schoben aber die Zahlung hinaus.

Wiederholt hatte das Tiroler Volk bewiesen, daß es sein Land zu verteidigen verstand. Aber die Regierung in Innsbruck mißtraute dem Volk und seiner Fähigkeit zur Landesverteidigung. Auch die vom Kaiser bestellte militärische Leitung der Landesverteidigung zeigte sich ihrer Aufgabe nicht gewachsen. Das Aufgebot des Tiroler Landsturmes war zwar von Wien aus angeordnet worden, der in Tirol kommandierende General zögerte aber mit der Durchführung. Im Tiroler Volk machte sich unter diesen Umständen starker Unwille über das Versagen der leitenden Behörden geltend.

Bis zum letzten Augenblick hatten Regierung und Militärkommando in Innsbruck nicht glauben wollen, daß der Feind gegen Tirol vorgehen werde. Umso furchtbarer waren nun Enttäuschung und Schrecken, als der Kurfürst von Bayern mit einem vorzüglich ausgerüsteten Heer von Bayern und einigen französischen Abteilungen – rund 10.000 Mann – am 17. Juni vor Kufstein, der Grenzfeste gegen Bayern, erschien. Diese Festung und die zweite Inntalfestung Rattenberg fielen in wenigen Tagen in die Hände des Feindes.[100] Am 26. Juni traf der Kurfürst mit seinem Heer bereits in Innsbruck ein. Statt sich weiter landeinwärts zurückzuziehen, unterhandelte die Landesregierung mit dem Kurfürsten über ihre Unterwerfung. Ein Teil der Beamten trat in den Dienst der Bayern, andere legten ihre Stellen nieder. Von Wien her blieb das Land ohne Hilfe.

Im bäuerlichen Volk Tirols machten der so leicht errungene Erfolg des Feindes und das Versagen der eigenen Regierung einen furchtbaren Eindruck. Man war empört über die Unfähigkeit der Regierung, glaubte sich verraten und schritt zu Gewalttaten. Zwei Beamte, der Pfleger des Gerichtes Stein am Ritten, Georg Plankenstein, und der Oberstwachmeister der Landmiliz im Burggrafenamt, Vigil von Hohenhauser, wurden von den aufgebrachten Bauern, welche sie des Verrates bezichtigten, erschlagen. Im Unterinntal plünderten Bauern die Wagen, mit denen Beamte und Adelige ihre Habe vor dem anrückenden Feind in Sicherheit bringen wollten. Die Bauern dachten wohl, daß die Herren mehr auf die Sicherung des Landes als auf die ihrer Habe hätten bedacht sein sollen. Schließlich drohten die Bauern, die Herren der Regierung zu erschlagen. Der Ruf: „Herrn erschlagen und selbst regieren“ erscholl bei den Tiroler Bauern jeweils, wenn die Regierung versagte oder schweres Verschulden vorzuliegen schien.

---

100 Aus dem wiederholten Versagen des österreichischen Militärs in Tirol im Jahre 1703 darf kein negatives Urteil über das österreichische Heer in jener Zeit hergeleitet werden; hat doch gerade damals das Heer Österreichs unter der Führung des Prinzen Eugen auf verschiedenen Kriegsschauplätzen glänzende Taten verrichtet. Das Versagen in Tirol geht zum Teil darauf zurück, daß die österreichischen Offiziere wie überhaupt die Offiziere jener Zeit nicht auf eine Zusammenarbeit mit einem Volksheer vorbereitet waren. Sie mißtrauten dem Volksheer, wie dieses auch ihnen mißtraute.

Die Bayern und Franzosen setzten bereits am 27. Juni ihren Vormarsch südwärts über den Brenner bis Sterzing fort. Der österreichische General Gschwind, der mit einer schwachen Abteilung österreichischer Truppen nach Brixen abgezogen war, hatte nicht einmal die Brücken zerstören lassen, um das Nachrücken des Feindes zu hemmen.

Bei dem Versagen der Wiener Zentralregierung und der Innsbrucker Regierungsstellen gereichte eines dem Land Tirol wie ganz Österreich zum Heil: das Tiroler Volk hatte noch nicht verlernt, sich selbst zu regieren und selbst für das Landeswohl Sorge zu tragen, obwohl Fürsten und Bürokraten sich seit mehr als einem Jahrhundert Mühe gegeben hatten, die Freiheiten des Landes zu beschränken, das Volk zu bevormunden und tunlichst von der Teilnahme an der Regierung fernzuhalten. Das Volk nahm nun selbst seine Sache in die Hand und siehe, trotz der üblen Lage, in die das Land geraten war, nahm die Sache gleich eine Wendung zum Besseren. Regierungsbeamte und kommandierender General hatten alles Vertrauen beim Volk verloren; die Folge war gewesen, daß sich das bäuerliche Volk unlenksam und störrisch, ja sogar gewalttätig gegenüber der unfähigen Regierung gezeigt hatte. Im Augenblick der höchsten Gefahr besann es sich aber auf seine alte Freiheit und seinen alten Waffenruhm. Unter der Leitung des Landeshauptmannes trat in Brixen selbständig eine Notregierung zusammen. Der Kaiser war einsichtig genug, sie als Landesregierung, als sogenanntes „Interimsdirektorium“ anzuerkennen; er unterstellte ihr sogar die österreichischen Besitzungen in Süddeutschland, die sogenannten Vorlande.

Schon vor der Bildung der Notregierung war unter Führung des Landeshauptmannes ein Ausschuß zur Landesverteidigung in Bozen zusammengetreten. Ein zweiter Ausschuß, bestehend aus Vertretern des Adels, des Bürger- und des Bauernstandes hatte sich in Meran gebildet. Beide Ausschüsse trugen Sorge, das Volk entsprechend der Tiroler Wehrverfassung zum Kampf gegen den Feind aufzubieten. Das Aufgebot fand bereitwilligen Gehorsam. Vor diesem Volksheer, dem sich auch einige Abteilungen österreichischen Militärs anschlossen, mußten sich die Bayern und Franzosen, die bereits bis Sterzing vorgedrungen waren, auf den Brenner zurückziehen. In den hier einsetzenden Kämpfen zeigten sich die Tiroler Scharfschützen dem Feind überlegen.

Während so der Kampf um die Befreiung der Heimat am Brenner erfolgreich einsetzte, geschahen große Dinge im Oberinntal. Hier zeigten sich die Tüchtigkeit und der hohe Mut des Volkes, vor allem der Tiroler Bauern, im hellsten Glanze; es zeigte sich, was dieses Volk zu leisten vermochte, wenn es von Männern der Heimat geführt wurde, die unter ihm lebten und durch ihre bisherige Tätigkeit das Vertrauen des Volkes gewonnen hatten, das Volk kannten und mit ihm umzugehen wußten.

Der Kurfürst hatte eine kleine, aber auserlesene Truppenmacht ins Oberinntal geschickt; sie sollte über den Reschenpaß nach Südtirol vordringen und dort die Verbindung mit den französischen Truppen, die von Oberitalien her kamen, voll-

„Die wegen eines gefährlichen Einfalls in das Tyrol aufgebottene und zur Defension bereitwillige Scharff-Schytzen", Flugblatt 1703 (Kupferstich, Tiroler Landesmuseum)

ziehen. Am 28. Juni trafen Bayern und Franzosen in Landeck ein und erregten durch ihren Übermut den Grimm der Einheimischen. Johann Linser, der Postwirt zu Landeck, hatte schon nach Einlangen der üblen Nachrichten aus dem Unterinntal mit dem Pflegsverwalter des Landeck benachbarten Gerichtes Laudeck-Ried sowie mit den Vertretern verschiedener Oberinntaler Gemeinden die Erhebung des Volkes vorbereitet.

Österreichisches Militär, das sich auf dem Rückzug aus den nördlichen Grenzfestungen Ehrenberg und Scharnitz befand, wurde ersucht, an der Seite der Tiroler zu kämpfen. Seine Befehlshaber ließen sich aber durch keine Vorstellung dazu bringen, dem erhaltenen Befehl, sich nach rückwärts zu konzentrieren, ungehorsam zu sein.

So mußte also das Tiroler Volk erkennen, daß es den Kampf allein und aus eigener Kraft wie auf eigene Verantwortung zu führen habe. Am Fest der Apostel Petrus und Paulus (29. Juni) versammelten sich in demselben Postgasthaus des Linser, in dem die feindlichen Offiziere und Soldaten zechten und praßten, die Vertreter der Gemeinden des oberen Inntales. Unter den Augen der Feinde, aber ohne daß diesen etwas bekanntgeworden wäre, wurden die Pläne zu ihrer Vernichtung beraten. Auch Geistliche nahmen an der Beratung teil. Der redegewandte Kurat von Perfuchs tat das Seine, ängstliche Bedenken zu überwinden. Hier einigte man sich, wie der Kampf zu führen sei. Das Aufgebot der Gerichte hatte sich bei der Talenge von Pontlatz auf den Höhen zu beiden Seiten der Innbrücke zu sammeln; wenn der Feind von Landeck abgezogen wäre, sollte sich hinter ihm das Gericht Landeck erheben und ihm den Rückzug sperren; Steinlawinen waren auf der Höhe ober der Straße vorzubereiten. Kein Schuß dürfe fallen, kein Landesverteidiger sich zeigen, bevor der Feind nicht in die Enge vor der Brücke eingetreten sei.

Nachdem das Aufgebot aus den oberen Gerichten am Sammelplatz eingetroffen war, trat der Pfleger von Laudeck-Ried, Martin Sterzinger, vor die Versammelten. Sterzinger kannte das Volk, in dessen Mitte er wirkte, und das Volk kannte ihn als einen ehrenwerten Mann; das Volk achtete ihn und er achtete das Volk. So fanden seine einfachen Worte leicht Eingang bei dem geraden, freiheitlichen Sinn der Menschen. Er erinnerte sie an die alte tirolische Kriegstüchtigkeit und Freiheit, stellte ihnen die Bedeutung des Unternehmens für die ganze Landesbefreiung vor Augen und gemahnte sie an den Übermut, den der Feind an den Tag gelegt hatte. Er schloß seine Rede: „Ich schwöre Euch, bis auf den letzten Blutstropfen an Eurer Spitze zu stehen, schwört auch Ihr, für Kaiser und Vaterland mir treu zu folgen." Alles leistete begeistert den Schwur.

Am 30. Juni besetzten die aufgebotenen Bauern die Höhen um die Brücke von Pontlatz. Diese selbst wurde abgebrochen. Obwohl viele Leute in Landeck vom Plan wußten, fand sich niemand, der dem Feind etwas ausgeplaudert hätte. Am 1. Juli setzte dieser den Vormarsch inntalaufwärts fort, unbegreiflicherweise alle Aufklärung vernachlässigend. Ohne irgendwie behelligt zu werden, kam er bis in die Nähe der Pontlatzbrücke. Einer der Offiziere war vorausgeritten und entdeckte nun zu seinem Schrecken, was hier vorbereitet worden war. Als er sich umwenden wollte, blitzte bereits das verabredete Zeichen der Tiroler auf; ein entsetzliches Verderben brach nun auf den Feind herein. Hinter jedem Baum, hinter jedem Stein blitzte das tödliche Feuer der tirolischen Gewehre auf. Jetzt lösten sich mit furchtbarem Krachen die Steinlawinen, donnernd und polternd stürzten die Felsbrocken herab und zerschmetterten die Reihen des Feindes. Sterzinger selbst schildert in einem Brief den Jammer dieses Kampfes, in dem wieder einmal Deutsche gegen Deutsche kämpften. „Es war ein Elend, die Straße mit toten Soldaten und Pferden bedeckt zu sehen." Dem Feinde blieb nichts anderes übrig als der Rückzug; aber auch zu diesem war es bereits zu spät. Hinter seinem Rücken hatte sich plangemäß der Landsturm von Landeck erhoben, die Brücke, die damals am Südausgang des Ortes Landeck über den Inn führte, besetzt und so dem fliehenden Feinde den Rückweg inntalabwärts gesperrt. Nicht ein Mann der ganzen feindlichen Truppe vermochte zu entrinnen und dem Kurfürsten von der Niederlage Nachricht zu bringen.

Der Kampf am Brenner und der Sieg an der Pontlatzbrücke hoben im ganzen Lande Mut und Selbstvertrauen. Nun lag klar zu Tage, was das Volk aus eigener Kraft zuwege brachte. Ohne Aufforderung der österreichischen Regierung hatten Südtiroler und Westtiroler zu den Waffen gegriffen und – ohne wesentliche Unterstützung des österreichischen Militärs, zum Teil von ihm mehr gehindert als gefördert – den Kampf siegreich durchgeführt. Südtiroler und Westtiroler traten jetzt miteinander zum Zweck gemeinsamen Vorgehens in engere Verbindung.

Die Kämpfe am Brenner hatten sich mittlerweile für Bayern und Franzosen immer verlustreicher gestaltet; ihre Lage wurde durch die Ausbreitung des Aufstandes über immer weitere Landesteile sehr gefährlich. Die Bauern der östlichen Gerichte des Oberinntales hatten sich unter dem Eindruck des Pontlatzer Sieges der Erhebung angeschlossen, und nun griffen auch die Unterinntaler zu den Waffen. Vertreter des Unterinntales begaben sich zur Tiroler Landesregierung nach Brixen. Dort wurde ein Plan erarbeitet, wie unter Mithilfe des Unterinntales die gänzliche Befreiung des Landes zu erreichen wäre. Am Brenner sollten die Tiroler mit aller Macht die Bayern angreifen, sodaß der Kurfürst veranlaßt werde, selbst mit dem größten Teil seiner Truppen gegen den Brenner zu ziehen. Dann sollten sich Oberinntaler und Unterinntaler hinter seinem Rücken erheben und ihm den Rückzug abschneiden. Im Sinne dieser Abmachungen eröffneten die Tiroler am 17. Juli einen heftigen Angriff auf die bayerischen Stellungen am Brenner; die Bayern wurden von der Höhe des Brenners hinab ins Silltal gedrängt und verloren mehr als 700 Mann. Es war ein schwerer Schlag für den Kurfürsten; vor allem aber erreichten die Tiroler das, was sie mit diesem Angriff bezweckt hatten: Der Kurfürst entschloß sich nunmehr, in eigener Person mit dem größten Teil seiner in Innsbruck versammelten Macht gegen den Brenner hinaufzuziehen.

Als nun dies geschehen war, erhoben sich fast mit einem Schlag die Unterinntaler. Glühend vor Kampfeslust zogen sie gegen die Bergfestung Rattenberg, die von kriegsgeübten Abteilungen besetzt und mit zahlreichem Geschütz versehen war. Kühner Mut, technische Geschicklichkeit und Vertrautheit mit dem Gelände gaben den bäuerlichen Angreifern trotz ihrer mangelhaften Ausrüstung eine unerwartete Überlegenheit. Ein Tag genügte, die starke Festung in die Hand der Bauern zu bringen; am selben Tag (21. Juli) wurden die Bayern von den Unterinntaler Bauern unter Mitwirkung der Haller Bevölkerung auch aus der Stadt Hall vertrieben. Angesichts des allgemeinen Aufstandes gestaltete sich die Lage für den Kurfürsten und seine Truppen so ungünstig, daß sie den Rückzug aus Tirol antreten mußten (27. Juli).

Die Tiroler, die aus eigener Kraft einen kriegsgeübten Feind aus dem Lande gejagt hatten, erregten durch ihre Taten das größte Aufsehen. Alles staunte, daß einfache Bauern ohne militärische Führung solche Siege über Berufssoldaten davongetragen hatten. Das ganze Kriegswesen der damaligen Zeit beruhte ja auf den lange dienenden Berufssoldaten. Daß sich ein Volk aus eigenem Antrieb wehrhaft gegen einen Feind erheben und ihn besiegen konnte, das war in jener Zeit etwas Unerhörtes. Österreich war von den Tiroler Bauern aus schwerster Gefahr errettet worden.

Auch außerhalb Tirols herrschte im Volke Freude über diesen Sieg; hob er doch das Selbstgefühl der Bevölkerung gegen das absolutistische Regierungssystem und die Bevormundung durch seine Bürokratie. Das trat – man möchte fast sagen – in rührender Weise zutage, als Tiroler Abgeordnete in Wien erschienen, um dem Kaiser verschiedene Wünsche vorzubringen: „Der Einzug dieser zwei Bauern in Wien glich einem förmlichen Triumphzuge; wo sie erschienen, folgte ihnen das Volk mit lautem Jubel nach“ (Jäger, Tirol 1703, S. 343).

Einige Zeit nach dem Einbruch der bayerisch-französischen Truppen in Nordtirol waren französische Truppen in den Süden Tirols eingedrungen, um sich mit ihnen zu vereinigen. Österreichisches Militär und das Aufgebot des Volkes trat ihnen hier entgegen. Bauern und Städter des italienischen Landesteiles stellten sich bei der Verteidigung des Landes an die Seite ihrer deutschen Landsleute. Die kräftige Abwehr, die sich den Franzosen entgegenstellte, und der Abzug des Kurfürsten aus Nordtirol zwangen sie zum Rückzug nach Italien. Für ihren Mißerfolg rächten sie sich durch unmenschliche Verwüstung des Gebietes, das sie durchzogen.

Die alte freiheitliche Landesverfassung hatte die Bildung selbständigen politischen Wollens beim Bauernstand ermöglicht. Der bäuerliche Volkswille lehnte aber jede Verfügung über sein Heimatland ab, die nicht auf einem Übereinkommen mit der Landschaft, d. h. mit der Landesvertretung aufgebaut war. Der einbrechende Feind wurde, wie man sich am Innsbrucker Landtag von 1704 ausdrückte, als „Zerstörer unserer Landesfreiheiten“ (Jäger, a. a. O., S. 426) betrachtet. Die Tiroler Wehrverfassung, die auf ein Volksheer, in erster Linie auf das Aufgebot des wehrhaften Landvolkes, aufbaute, ermöglichte es, Gewalt mit Gewalt abzuwehren. Obwohl von Österreich im Stich gelassen, hatte das Volk Tirols, vor allem sein Bauerntum, den Angriff auf seine Freiheit und Selbstbestimmung abzuwehren vermocht.

Der frühere erzherzogliche Leibmedicus und spätere Innsbrucker Regierungsarzt, Dr. med. Paul v. Weinhart d. J. (1623–1710), verlieh damals seinem patriotischen Hochgefühl über die Befreiung Tirols 1703 in einer eigenen Denkschrift Ausdruck, der er den barocken Titel „Schuz des Allerhöchsten yber die gefürstete Grafschafft Tyrol" gab. Darin hebt der bauernfreundliche Arzt und Grundherr auch die politische Sonderstellung des Tiroler Bauernstandes und seine Landstandschaft hervor. Die beabsichtigte Drucklegung kam – vielleicht wegen des hohen Alters des Verfassers – leider nicht mehr zustande.[101]

Der große militärische Erfolg, der vor allem dem bäuerlichen Volksheer zu danken war, steigerte das Selbstgefühl der Bauern, andererseits minderte das Versagen der alten Regierung die Achtung vor ihr. Die schweren Kriegslasten und ihre ungerechte Verteilung trugen das Ihre dazu bei, den Oppositionsgeist zu verstärken. Die öffentliche Ordnung geriet ins Schwanken, in manchen Gegenden war die Stimmung derart erregt, daß ein Aufruhr befürchtet wurde.

Wie zu Zeiten des Bauernkrieges von 1525 trug auch in diesen aufgeregten Zeiten die Gewöhnung des Tiroler Bauernvolkes an verfassungsmäßige Formen politischen Handelns dazu bei, der Unzufriedenheit in legalen Formen Ausdruck zu verleihen. Wie im Jahre 1525 traten auch jetzt wieder Vertreter der einzelnen Gerichte und Landesviertel ohne Berufung seitens der Regierung zu Teillandtagen zusammen. Eine größere Versammlung, ähnlich dem Innsbrucker Teillandtag von 1525, tagte im September 1703 zu Pettnau im Oberinntal. Auf ihm trafen sich die Vertreter der Viertel Ober- und Unterinntal. Daß die Tagung unter dem Vorsitz des Abtes von Stams stattfand, läßt erkennen, daß man auch in Kreisen, welche revolutionärem Treiben gewiß fernstanden, den Zusammentritt solcher Versammlungen für angezeigt hielt. Wenig später als die Pettnauer Versammlung trat eine Art Landtag in Sterzing zusammen, zu welchem der größte Teil des deutschen Tirol seine Vertreter entsandte. Zu Sterzing wie zu Pettnau wurden Beschwerdeartikel zusammengestellt, die dann durch eigene Abordnungen dem Kaiser vorgelegt werden sollten.

Die Beschwerden betrafen zum Teil die Notstände einzelner Landschaften, Notstände, wie sie der Krieg erzeugt hatte; zum Teil wurden auch Wünsche politischer Natur vorgebracht. So verlangte die Sterzinger Tagung Minderung der Beamtenzahl, Besetzung der Ämter mit Einheimischen, Überlassung des Ungeldes auf Getränke an die Landschaft, gerechtere Verteilung der Steuer- und Einquartierungslasten, Bestätigung und Erweiterung der Landesfreiheiten. Andere Forderungen bezogen sich auf die Verbesserung des Landesverteidigungswesens.

Kennzeichnend für die von der bäuerlichen Politik verfolgten Ziele sind die von dem politisch besonders aufgeschlossenen Bauerntum Westtirols, zumal den Gerichten des obersten Inntales, vorgebrachten Wünsche. Den großen militärischen Erfolg, den ihr entschlossener Mut errungen hatte, wollten die Bauern für

[101] Manuskript im Tir. Landesarchiv Codex 434. Franz Grass, Familiengeschichtliches Symposion, Innsbruck 1968, S. 36ff.

den Ausbau bäuerlicher Volksherrschaft und Selbstregierung ausnützen. Wie im benachbarten schweizerischen Graubünden einst die Ablösung der feudalen gerichtsherrlichen Rechte durch die bäuerlichen Gerichtsgemeinden erfolgt war, so suchten jetzt Oberinntaler Gerichtsgemeinden Einfluß auf die Besetzung der führenden Ämter der Bezirksverwaltungen zu erlangen; Pfleger und Richter sollten aufgrund eines von der Gerichtsgemeinde verfaßten Dreiervorschlages vom Landesfürsten ernannt werden.

Um weiterem Anwachsen der Unzufriedenheit und Erregung im Volk vorzubeugen, hatte der Landeshauptmann, der Linie überlieferter Tiroler Politik folgend, zur Beruhigung der Volksstimmung dem Kaiser die Einberufung eines Landtages vorgeschlagen. „Hier könnte, so glaubte man, das Land seine Klagen und Beschwerden vorbringen und die Mittel zur Abhülfe alles Elendes, so wie zur fernern Sicherstellung der allgemeinen Landeswohlfahrt berathen“ (Jäger, a. a. O., S. 416). Nach anfänglichen Bedenken ging der Kaiser schließlich doch auf die Anregung des Landeshauptmannes ein und berief den Landtag auf den 26. Februar 1704 nach Innsbruck. Auf kluge Weise wollte er die öffentliche Meinung in Tirol beeinflussen: Wohlgesinnte Männer, die das Volksvertrauen genossen, sollten im Volk aufklärend und beruhigend wirken.

Die auf dem Landtag vorgebrachten Beschwerden und Wünsche sind zumeist ähnlichen Inhalts, wie sie schon zu Sterzing laut geworden waren. Gegen den einsetzenden Zentralismus richtet sich die Bitte um Ernennung eines kaiserlichen Gubernators. Der in früheren Jahren zum Gubernator Tirols ernannte Herzog Karl von Lothringen war 1690 gestorben. In Tirol legte man großen Wert auf die Ernennung eines Nachfolgers; der Gubernator sollte einen Ersatz für den eigenen Landesfürsten bilden. Die Erfüllung dieses Wunsches erfolgte erst nach dem Tode Kaiser Leopolds. Der zum Gubernator ernannte Karl Philipp von Pfalz-Neuburg hielt am 11. September 1707 seinen feierlichen Einzug in Innsbruck.

Die Taten der Tiroler hatten deutlich genug gezeigt, daß der Anfangserfolg des Kurfürsten nicht möglich gewesen wäre, wenn eine Regierung das Land geleitet hätte, zu der das Volk Vertrauen gehabt und die auch ihrerseits dem Volk vertraut hätte. Tirol glaubte mit Recht erwarten zu dürfen, daß man die alte Landesfreiheit und den Rest von Selbstregierung, den das Land aus alter Zeit gewahrt hatte, ehrlich anerkennen werde. Solche Erwartungen wurden aber nicht erfüllt.

Auf all die von einzelnen Landesteilen und vom ganzen Land vorgebrachten Beschwerden und Klagen antwortete der Kaiser in sehr entgegenkommender Form, er spendete der Treue und Hingabe der Tiroler wärmstes Lob. Er zeigte aufrichtiges Bemühen, den Tirolern entgegenzukommen und war ihnen sicherlich wohlgesinnt. Aber der Kaiser war doch zu sehr in den Anschauungen der Herrscher jener Zeit befangen und von Bürokraten und Hochadel zu sehr beeinflußt, als daß die Wünsche und Bestrebungen eines freiheitsliebenden Volkes ihm nicht verdächtig erschienen wären. So vermochte er denn auch allen jenen Wünschen und Bestrebungen kein Verständnis entgegenzubringen, welche auf Selbstregierung des bäuerlichen Volkes zielten. Sehr abfällig äußerte er sich über die Forderungen der Oberinntaler und des Viertels Pustertal: „Allmälich“, so ließ er über die Beschwerden des Gerichtes Hörtenberg (Oberinntal) vernehmen, „tritt hervor, wohin die allseitigen Forderungen dieser Leute abzielen, nämlich auf den Erwerb eines Teiles der landesfürstlichen Gerechtsame und der Regalien“ (Jäger, a. a. O., S. 403).

Zu den vorhin erwähnten Forderungen der vier Gerichte im obersten tirolischen Inntal bemerkte der Kaiser in einem Schreiben an die Landesregierung, „daß die Forderungen des Oberinntaler Viertels beinahe an die Unmöglichkeit gränzen. Indessen wollen wir uns, in Anbetracht ihrer bewiesenen Tapferkeit, und, weil wir die Leute vielleicht wieder brauchen dürften, obgleich wir die bösen Folgen des Beispiels voraussehen, dennoch weit herauslassen, und in ihr Begehren willigen“ (Jäger, S. 404).

Die Zusammenarbeit zwischen Tiroler Volksheer und österreichischem Militär war in Nordtirol wenig glücklich gewesen. Hatte sich schon die militärische Vorbereitung der Landesverteidigung als mangelhaft erwiesen, so ließ auch das Eingreifen des Militärs viel zu wünschen übrig. Kein Wunder, daß schließlich die Meinung im Volk Fuß faßte, daß kein Unternehmen glücke, bei welchem das Militär die Führung übernehme. Nach dem Abzug des Kurfürsten aus Tirol blieb die Festung Kufstein noch im Besitz des Feindes. Bei der Belagerung dieser Festung erregte die Unfähigkeit der militärischen Führung neuerdings den Unwillen des Volkes. Die Gerichte des Unterinntales sandten eine Botschaft an den Kaiser und ließen ihm mitteilen, daß sie nur unter der Bedingung sich noch fernerhin zur Grenzwache und gegen den Feind brauchen ließen, wenn sie unter keinem General mehr stünden, sondern ihr Vaterland selbst nach ihrem eigenen Ermessen beschützen dürften.

Unschwer kann man sich vorstellen, welchen Eindruck die vorhin angeführte bäuerliche Kritik an der militärischen Führung auf Hofleute und Minister in Wien machen mußte. Da sah man es ja, wie unbotmäßig und grob das Tiroler Bauernvolk war.

Je weniger die Tiroler mit der militärischen Führung und den Wiener Regierungsstellen zufrieden waren, umso mehr schätzte man in Tirol die Tüchtigkeit, mit welcher die Notregierung zu Brixen, das sogenannte Interims-Direktorium, die Geschäfte geführt hatte. Die Bürokraten in Wien und Innsbruck wollten freilich nicht einsehen, daß gerade durch die Tüchtigkeit der Notregierung der Anspruch Tirols auf Selbstregierung eine treffliche Rechtfertigung erhalten hatte. Im Gegenteil, nach der Vertreibung des Feindes machte sich der bürokratische Klüngel wieder wichtig und versuchte die weitere Tätigkeit der Notregierung tunlichst zu behindern. Unter solchen Umständen bat schließlich die Notregierung selbst den Kaiser, sie möglichst bald des Amtes zu entheben. Freilich konnte sie nicht verschweigen, wie sehr sich der Volkshaß gegen das wieder aufgerichtete bürokratische Regiment in Innsbruck wende.

Nichts vermochte den Anspruch der Tiroler auf Selbstregierung klarer zu erweisen als ihr Verhalten in der Notzeit von 1703. Andererseits hatten gerade die Ereignisse von 1703 deutlich gezeigt, wie schwer das Land von Wien aus zu regieren war. So leicht das Volk zu leiten war, wenn Männer, die sich sein Vertrauen erworben hatten, an die Spitze traten, so übel waren die Ergebnisse, wenn Leute führen wollten, die mit tirolischer Art nicht vertraut waren. Die Vorgänge, die sich 1703 in Tirol abgespielt hatten, waren eine deutliche Anklage gegen Absolutismus und Zentralismus.

Die Fürsten und ihre Berater waren in der damaligen Zeit gewöhnt, im Staatsbürger nur den Untertanen zu sehen, der willig hinzunehmen habe, was die überlegene Weisheit der Regierungsstellen anordnet. Nun hatte aber 1703 diese Weisheit in Tirol offenkundig versagt. Das Volk war durch die Ungeschicklichkeit und den Unverstand der militärischen und der zivilen Leitung in größte Bedrängnis gebracht worden; es hatte schließlich selbst nach dem Rechten sehen müssen und einen außerordentlichen, für die Regierung beschämenden Erfolg errungen. Die Herren der Regierung hatten für die auf Selbstregierung zielenden Wünsche der Tiroler wenig Verständnis, ja sie mochten ihnen sogar verdächtig erscheinen; konnten sie doch dazu führen, daß, wie in vergangenen Zeiten, auch jetzt wieder die österreichischen Bauern die Freiheit der Tiroler Bauern auch für sich verlangen würden.

Statt den Tirolern in Anerkennung ihrer Taten zur Rettung Österreichs die Lasten zu erleichtern, beuteten österreichische Generäle das Land rücksichtslos aus. Der ohnehin schon bestehende Gegensatz zwischen den Tirolern und den Vertretern der Militärgewalt wurde noch verschärft. Das Verhältnis zwischen Tirol und Österreich verschlechterte sich schließlich so, daß manche Tiroler von Österreich nichts mehr wissen wollten. Im Oberinntal, im Etschland und im vorarlbergischen Montafon dachte man in einzelnen Kreisen des Volkes bereits daran, sich an die „drei Bünde" (Graubünden) anzuschließen und mit ihnen gemeinsam einen Freistaat zu bilden.

Wenn auch solche Gedanken und Bestrebungen bei der Mehrheit des Tiroler Volkes nicht Anklang fanden, so gab doch der immer stärker zutage tretende Absolutismus Anlaß zu ständigen Reibereien zwischen Landschaft und Regierung.

Äußerlich fand das absolutistische Regierungssystem in seltenerer Einberufung des Landtages seinen Ausdruck. Unter Leopold I. war der Landtag noch achtmal einberufen worden, unter Kaiser Josef I. trat kein Landtag zusammen, es kam nicht einmal zur Einberufung eines Erbhuldigungslandtages, auf welchem bisher nach altem Herkommen der Fürst die Landesfreiheiten bestätigt und die Leistung der Erbhuldigung stattgefunden hatte. Unter Kaiser Karl VI. fand nochmals ein Erbhuldigungslandtag statt, und 1720 wurde ein zweiter Landtag einberufen. Immer mehr setzte sich aber bei der österreichischen Regierung die Übung durch, nur mehr mit dem Landesausschuß zu verhandeln und den Landtag beiseite zu schieben.

Immerhin haben auch die vom Landtag gewählten Ausschüsse den Kampf um die Landesfreiheiten weitergeführt, vor allem wollten sie sich und der Landschaft den freien, direkten Verkehr mit ihrem Landesfürsten nicht unterbinden lassen, auch wenn dieser nicht mehr im Lande residierte. Als der Ausschuß im Jahre 1723 zwei Vertrauensmänner nach Wien sandte, um beim Kaiser Beschwerde gegen Steuerforderungen zu erheben, wollte die Wiener Regierung solchen Rekurs an den Kaiser verbieten. Der Widerspruch der Tiroler war aber so kräftig, daß das Verbot zurückgenommen wurde.

PRAGMATISCHE SANKTION. Die Tiroler haben die Gefahr, welche ihrem Lande aus dem Verlust eines eigenen Landesfürsten erwuchs, wohl erkannt. Das zeigte sich deutlich, als Kaiser Karl VI. sein Erbfolgegesetz, die „Pragmatische Sanktion", erließ. Da der Kaiser keine Söhne, sondern nur zwei Töchter hatte, wollte er der älteren, Maria Theresia, die Nachfolge sichern. In diesem Erbfolgegesetz wurde bestimmt, es sollten alle österreichischen Länder als ein ungeteiltes Ganzes beisammenbleiben und beim Fehlen männlicher Erben an die älteste Tochter übergehen. In früheren Zeiten war es, wenn der Herrscher mehrere Söhne hatte, wiederholt zu Länderteilungen gekommen. Als Folge solcher Erbteilungen hatte Tirol durch Jahrhunderte seine eigenen Landesfürsten aus dem Haus Habsburg gehabt, was dem Selbständigkeitsstreben der Tiroler durchaus entsprochen hatte. Durch die Pragmatische Sanktion wurden solche Teilungen für alle Zukunft ausgeschlossen.[102]

Im Jahre 1720 wurde nun vom Kaiser der Tiroler Landtag berufen, um dem Erbfolgegesetz seine Zustimmung zu geben. In anderen österreichischen Ländern war zu dieser Zeit das Erbfolgegesetz bereits angenommen; der Landtag Böhmens hatte sogar erklärt, daß der Kaiser diese „Disposition" „aus purem Überfluß" den Ständen habe eröffnen lassen. Auch die Landtage von Nieder- und Oberösterreich hatten das Erbfolgegesetz bereits angenommen. Vom Tiroler Landtag erwartete man nicht ähnliche Gefügigkeit, wie sie die anderen Länder gezeigt hatten. Man hoffte aber, daß die vorausgegangene Annahme des Gesetzes in anderen Ländern auf Tirol einen gewissen Druck ausüben werde.

Dem Tiroler Landtag blieb unter den gegebenen Umständen nichts anderes übrig, als sich mit dem Gesetz einverstanden zu erklären. Bei der Beratung über seine Annahme wurde aber dem Bedauern Ausdruck gegeben, daß nach diesem Gesetz Tirol in Zukunft keinen eigenen Landesfürsten mehr erlangen könne. Bei der Vorberatung des Gesetzes im großen Ausschuß sprachen sich alle Mitglieder für die Annahme aus; es wurde aber der Vorbehalt gemacht, daß die Landesfreiheiten durch die Annahme der Erbfolgeordnung keine Änderung erfahren dürfen. Im vollen Landtag wurde gleicherweise betont, daß durch „die von ihnen, den Ständen, hiermit ... treugehorsamist angenombene Primogenitur- und Successionsordnung" keineswegs die „hergebrachten Privilegien, Rechten, Satzungen und Gewohnheiten" beeinträchtigt werden dürften und daß „weder das Landt in genere noch ainicher Standt od[er] Unterthann in particulari" an seinen hergebrachten Rechten und Freiheiten wider das alte Herkommen beschwert werden dürfen (G. Turba, Die pragmatische Sanktion, Wien 1913, S. 124). Das Land Tirol war unter den öster-

[102] N. Grass, Die Pragmatische Sanktion und Tirol, in: Der Donauraum 9. Jg. (1964), S. 15ff.

reichischen Ländern das einzige, das die Annahme der Erbfolgeordnung an Bedingungen knüpfte.

Wenn der Landtag die Versicherung abgab, er wolle unablässig Gott bitten, den Kaiser bald mit zahlreicher männlicher Nachkommenschaft zu segnen, damit das Land Tirol mit der beständigen Gegenwart eines österreichischen Landesfürsten beglückt werden könnte, so kamen wenigstens der Wunsch und die Hoffnung zum Ausdruck, doch wieder einen eigenen Landesfürsten zu erhalten. Mancher der bäuerlichen Abgeordneten aus dem westtirolischen Hofteilungsgebiet mochte wohl denken: Wenn der Kaiser erst einmal mehrere Söhne bekommt, so wird er dem Begehren der jüngeren Söhne auf Reichsteilung gerade so wenig widerstehen können wie der bäuerliche Hofbesitzer dem Verlangen seiner Söhne auf Teilung des Hofes.

Der Landtag begnügte sich nicht damit, das Gesetz nur unter Vorbehalt der Landesfreiheiten anzunehmen, sondern erklärte darüber hinaus, daß es nunmehr nötig sei, besondere Bestimmungen zum Schutz der Landesrechte zu schaffen. Die Zeitverhältnisse waren nun freilich nicht dazu angetan, bei der österreichischen Regierung ausreichende Sicherungen für eine Sonderstellung Tirols und für Sonderrechte durchzusetzen. Deutlich aber zeigen diese Verhandlungen am Landtag, daß das Tirol von damals weit davon entfernt war, in einem völligen und bedingungslosen Aufgehen in Österreich sein oberstes Ziel zu sehen; der Wille zur Landesfreiheit, zur Selbständigkeit und Selbstregierung war damals ebenso wie in der Zeit vorher lebendig und blieb es auch in der Folgezeit.

Aufgeklärter Absolutismus und Zentralismus in der Zeit nach 1740. Die ersten drei Kaiser, welche Tirol nach dem Verlust eines eigenen Landesfürstentums regierten, hatten Verständnis für die Besonderheit des Landes gezeigt. Sie kamen dem Wunsch der Tiroler nach einem eigenen Landesfürsten formell entgegen, indem sie fürstliche Persönlichkeiten als Stellvertreter des Landesfürsten nach Innsbruck sandten, die dort eine fürstliche Hofhaltung entfalteten. Als solche „Gubernatoren" regierten unter Kaiser Leopold I. sein berühmter Schwager, der Herzog Karl von Lothringen, und unter Josef I. und Karl VI. Karl Philipp von Pfalz-Neuburg in Innsbruck. Die Bestellung eigener fürstlicher Gubernatoren durch die österreichischen Herrscher bedeutete immerhin eine gewisse Anerkennung des von der tirolischen Landschaft erhobenen Anspruches einer Sonderstellung Tirols unter den habsburgischen Ländern.

Den ganzen Druck des gerade den Tiroler Bauern so widerwärtigen absolutistischen Regierungssystems bekam das Land erst seit der Regierungszeit Maria Theresias und Josefs II. zu fühlen. Hatte der Absolutismus der vorangegangenen Zeit nach Verstärkung der Staatsgewalt und der Macht des Herrschers gestrebt, so steckte sich der aufgeklärte Absolutismus nunmehr höhere Ziele: er trachtete nach Förderung des Gemeinwohles, nach Hebung des Wohlstandes der Untertanen, nach Förderung aller nützlichen Kräfte. Diese Wohlfahrtspolitik sollte aber ausschließliche Sache des Herrschers und seiner Regierung sein. Dem Volk wurde kein Mitbestimmungsrecht zugestanden. Edle Vertreter dieses Regierungssystems wie Kaiser Josef II. vertraten den Grundsatz: Alles für das Volk, nichts durch das Volk. In der Durchführung ihrer Grundsätze gingen die aufgeklärten Fürsten rücksichtslos, ja geradezu despotisch vor.

Die reine Verstandesmäßigkeit der Aufklärung führte dazu, alte Rechte und Überlieferungen tunlichst beiseite zu schieben und nach den Grundsätzen, die man als die vernünftigen betrachtete, die Regierung zu führen. Ein solches System mußte mit dem Denken und Fühlen des altfreien Tiroler Bauernvolkes, das so viel auf altes Recht und Herkommen, auf alten Brauch und Sitte hielt, in unversöhnlichen Widerspruch geraten.

Maria Theresia, 1740 an die Regierung gelangt, hat die Ideen der Aufklärung nicht bewußt zu den ihren gemacht. Wenn sie gleichwohl vielfach nach Grundsätzen der Aufklärung regierte, so war dies dem Einfluß hervorragender Männer zuzuschreiben, die sie in führende Stellungen berufen hatte und denen sie vertraute. Die Kaiserin, die, anders als Josef II., keine staatsrechtliche Bildung erfahren hatte, war weniger als dieser von Theorien beherrscht; ihre hohe Einsicht und ihr richtiges Empfinden für das unmittelbar Nötige machten ihre Regierung erfolgreicher als jene ihres Sohnes. Die tiefe Religiosität der Kaiserin wirkte sich unter anderem auch in ihren erfolgreichen Bemühungen zugunsten der bedrückten Bauern aus. Sie wolle nicht wegen einiger ungarischer Magnaten zur Hölle fahren, äußerte sie sich, als man sie von Maßnahmen gegen ungarische Gutsherren abbringen wollte.

Auch Kaiser Josef II. war von aufrichtigem Streben erfüllt, seine Untertanen zu beglücken und hatte eine hohe Auffassung von seinen Herrscherpflichten. Aber es fehlte ihm die richtige Einschätzung der Schwierigkeiten, die sich seinen Reformen entgegensetzten. Was er als richtig zu erkennen glaubte, suchte er rücksichtslos durchzuführen. Er war dermaßen von der Richtigkeit seiner Anschauungen überzeugt, daß ihm – anders als seiner Mutter – jedes Verständnis für alte Überlieferungen fehlte. Viele seiner Neuerungen waren überstürzt und schlossen eine organische und daher auch dauerhafte Um- und Weiterbildung des Bestehenden aus.

Der aufgeklärte Absolutismus versuchte die alten Landesverfassungen, soweit sie seine Macht einschränkten, zu beseitigen. Hatte noch auf dem tirolischen Erbhuldigungslandtag von 1711 Kaiser Karl VI. die Landesfreiheiten bestätigt, so kam es sowohl unter Maria Theresia wie unter Josef II. nicht mehr zu einer solchen Anerkennung der bestehenden Verfassung durch den Landesfürsten, während andererseits auch die Erbhuldigung unterblieb. Die Regenten Österreichs hatten aus den Ereignissen von 1703 nicht den Schluß gezogen, daß das Volk Tirols ein Recht auf Mitregierung beanspruchen dürfe und daß es zweckmäßig wäre, wenn Regierung und Volk im Einvernehmen und gegenseitigen Vertrauen zusammenarbeiteten. Eher dachte man in Regierungskreisen daran, das, was die Tiroler an Rechten zur Selbstregierung besaßen, tunlichst einzuschränken.

Mit dem Absolutismus geht regelmäßig der Zentralismus Hand in Hand. Das

Streben, vom Sitz des Herrschers aus alle im Staatsverband stehenden Länder in unorganischer und starrer Gleichmäßigkeit zu regieren, ohne auf ihre Verschiedenheit entsprechend Bedacht zu nehmen, kennzeichnet auch das Wesen des absolutistischen Zentralismus im 18. Jahrhundert. In Staaten, deren Länder keine allzu starke Besonderheit aufweisen, wie dies etwa in Preußen im 18. Jahrhundert der Fall war, ließ sich eine solche Gleichmacherei leichter durchsetzen als im alten Österreich, dessen Länder in nationaler wie in kultureller Hinsicht größte Mannigfaltigkeit zeigten. Auf besondere Schwierigkeiten mußten Zentralismus und Absolutismus in Tirol stoßen, insbesondere bei den Bauern dieses Landes: Tirol – und ebenso Vorarlberg – nahmen unter den österreichischen Ländern eine Sonderstellung ein. Über die Eigenart von Tiroler Land und Volk muß hier in Kürze das Nötige gesagt werden, um die politische Stellung gerade des Tiroler Bauerntums gegen Zentralismus und Absolutismus verständlich zu machen.

Von der geographischen Sonderstellung Tirols ist bereits oben (S. 133f. u. S. 163) gesprochen worden. Die wichtigsten Verkehrsbeziehungen des Landes wiesen nicht nach Osten, nach Österreich; Tirol war ein Land alten Durchzugsverkehres zwischen dem südlichen Deutschland und Italien, der über Brenner und Reschen-Scheideck ging. Der Ostverkehr nach Österreich durch das Pustertal stand an Bedeutung weit hinter dem Nord-Süd-Verkehr zurück. Der überwiegenden Bedeutung des letzteren entsprechend, wiesen Wirtschaft und Kultur Tirols viel engere Verbindung mit Süddeutschland auf als mit Österreich.

An diesem Verkehr waren auch die Bauern Tirols in mannigfacher Weise interessiert. Direkte Einnahmen aus dem Straßenverkehr ergaben sich für eine größere Anzahl von Bauern, die mit ihrem Fuhrwerk an der Beförderung der durchgeführten Waren beteiligt waren. Eigene Organisationen bestanden für diese Warenbeförderung, die sogenannten Rodgenossenschaften, deren Mitglieder in bestimmter Reihenfolge („Rod") die Beförderung zu besorgen hatten. Andere Bauern zogen als Träger von Waren (Kraxentrager) Gewinn aus dem Verkehr (s. 1. Bd., S. 383). Durch die Lieferung von Lebensmitteln für die zahlreichen Gasthäuser an den Verkehrswegen verdienten viele Bauern. Noch bis in die letzten Jahre vor dem Einsetzen des Eisenbahnverkehrs betrieben viele Berghöfe in der Nachbarschaft der Verkehrswege ausgedehnten Anbau von Hafer, wie er für die Rosse der durchziehenden Fuhrleute benötigt wurde.

Die wirtschaftlichen Beziehungen zu Süddeutschland waren für Tirol bis herauf ins 19. Jahrhundert wichtiger als jene zu Österreich. Aus Bayern bezog Tirol einen Großteil des Getreides, das im Land selbst nicht in ausreichender Menge vorhanden war. Der Tiroler Wein war in Österreich, das selbst Weinland war, nicht absetzbar, sondern ging in erster Linie nach Süddeutschland. Den Bozner Markt besuchten vor allem Kaufleute aus Süddeutschland und Italien; für den österreichischen Handel hatte er nur geringe Bedeutung. Das südliche Ziel des tirolischen Durchzugsverkehrs war Venedig, während die Zollpolitik der österreichischen Regierung verständlicherweise vor allem die Förderung des österreichischen Hafens Triest, des alten Konkurrenten von Venedig, erstrebte. Immerhin hat die österreichische Wirtschaftspolitik die Besonderheit der tirolischen Wirtschaftsinteressen nicht verkannt. Tirol bildete noch unter Maria Theresia ein eigenes, vom übrigen Österreich gesondertes Zollgebiet. Josef II. – sonst ein einseitiger Zentralist – zeigte für die besonderen Interessen des Tiroler Handels Verständnis und versuchte den wichtigsten Tiroler Handelsplatz, Bozen, tunlichst zu fördern.

Engere Wirtschaftsbeziehungen zwischen Tirol und Süddeutschland ergaben sich auch aus dem tirolischen Wanderverkehr. Seit dem 16. Jahrhundert wanderten viele Männer, ja sogar Kinder aus tirolischen Übervölkerungsgebieten nach Süddeutschland, um dort dem Verdienst nachzugehen (s. 1. Bd., S. 384 ff.). Ähnliche Zeitwanderungen aus Tirol in österreichische Länder kamen nicht vor.

Tirol gehörte seit alters gleich den anderen deutschen und böhmischen Erbländern des Hauses Habsburg zum Heiligen Römischen Reich Deutscher Nation. Seine Landesfürsten Maximilian I. und Ferdinand I. trugen die Kaiserkrone dieses Reiches und ebenso seine Landesfürsten in der Zeit von 1665–1806. Dieser Umstand und die regen, aus dem Verkehr erwachsenen kulturellen Beziehungen zum südlichen Deutschland hatten zur Folge, daß man in Tirol seit alters großen Wert auf die Zugehörigkeit zum Heiligen Römischen Reiche legte. So erklärte der Tiroler Landtag 1712, Tirol sei „das Herz des teutschen Reiches und seine einzige Brücke nach Italien“ (Stolz 633, in: TH. 1923, S. 16). Wie sehr beim Bauerntum Tirols auf diese Zugehörigkeit auch noch zu der Zeit Wert gelegt wurde, da das alte Deutschland nur noch im „Deutschen Bund“ fortbestand, zeigen bäuerliche Äußerungen aus dem Jahre 1848. Noch zu Ausgang des 19. Jahrhunderts wurde in der Südtiroler Gemeinde Kastelruth im öffentlichen Kirchengebet „für das ganze römische Reich“ (d. h. für das alte „Römische Reich Deutscher Nation“) gebetet (Der Schlern, Jg. 1931, S. 441).

Die Sonderart Tirols innerhalb Österreichs ist aber nicht nur aus seiner geographischen Lage und den sich aus ihr ergebenden wirtschaftlichen und kulturellen Beziehungen zu erklären, sondern hängt auch mit der Entstehung des tirolischen Volkstums und der Besonderheit der alten Landesverfassung zusammen. Das Volkstum des deutschen Nord- und Südtirol ist aus einer Mischung von dem Volksstamm nach bayerischen, zum Teil auch schwäbischen Volkselementen mit einer Urbevölkerung hervorgegangen, welche in den Jahrhunderten der Römerherrschaft nur langsam und unvollkommen romanisiert worden war. Die slawische Zuwanderung im frühen Mittelalter ist von geringer Bedeutung und hat sich nur in einigen Tälern des heutigen Bezirkes Osttirol bis ins Hochmittelalter zu behaupten vermocht. Die romanisierte Urbevölkerung und die seit dem 6. Jahrhundert eingewanderten Deutschen lebten jahrhundertelang friedlich nebeneinander; die Germanisierung der Romanen vollzog sich im Wesen in friedlicher Weise (s. 1. Bd., S. 59 ff.).

In den östlichen österreichischen Alpenländern – mit Ausnahme von Salzburg – war zur Zeit der deutschen Einwanderung nur wenig von der romanisierten Urbevölkerung vorhanden. In der Steiermark, in Kärnten, zum Teil auch in Nieder- und Oberösterreich hatten sich Slawen niedergelassen. Das Deutschtum dieser Länder ist zum Teil auf der slawischen Unterschicht erwachsen, während die romanisierte Urbevölkerung – anders als in Tirol – mit ihren schwachen Überresten die Art des Volkstums dieser Gebiete nicht zu beeinflussen vermochte. Die großen Unterschiede im Verfassungsleben und in der sozialen Stellung der Bauern, wie sie im Mittelalter und in der Neuzeit zwischen Tirol und den östlichen österreichischen Erbländern bestanden, wurden bereits in den bisherigen Ausführungen betont.

Der unter Maria Theresia einsetzende Zentralismus war insofern berechtigt, als die vorherige lose Zusammenfassung der österreichischen Länder eine wirksame gesamtösterreichische Außen- und Innenpolitik überaus erschwerte. Die machtvolle und erfolgreiche Politik des großen Gegners der Kaiserin, Friedrichs II. von Preußen, beruhte nicht zum wenigsten auf der planmäßigen Zusammenfassung aller Kräfte seines Staates.

Es war aber ein Irrtum, wenn Josef II. glaubte, den preußischen Zentralismus in Österreich mit seinen national und kulturell so verschieden gestalteten Ländern ohne weiteres nachahmen zu können. Seine Mutter war bei der notwendigen Neugestaltung Österreichs vorsichtiger und geschickter vorgegangen.

Absolutismus und Zentralismus fanden dort weniger Widerstand im Volk, wo die Selbstregierung der Länder schlecht geführt wurde. In den österreichischen Ländern – mit Ausnahme von Tirol, Vorarlberg und den österreichischen Vorlanden – hatten in den Landtagen die adeligen Grundherren die Führung; der Bürgerstand hatte nur geringen Einfluß, der Bauernstand war überhaupt nicht vertreten. Der Adel führte ein selbstsüchtiges Regiment, das namentlich den Bauern zum Nachteil gereichte. Wären die Landtage so etwas wie eine Volksvertretung gewesen, würden sie sich der bedrückten Bauern angenommen haben. Aber nicht auf den Landtagen, sondern beim Landesfürsten fanden die Bauern dieser Länder Hilfe. Maria Theresia und Josef II. erließen Gesetze zugunsten der Bauern; Kaiser Josef II. hob die Leibeigenschaft auf. Das Volk hatte also Hilfe bei der absoluten Regierungsgewalt des Fürsten gefunden und nicht bei den Landtagen. Begreiflicherweise regte sich das Volk dieser Länder nicht im geringsten auf, wenn der Fürst Macht und Einfluß der privilegierten Stände und der einseitig von ihnen beherrschten Landtage beschränkte.

Anders war die Sachlage in Tirol. Hier war die Leibeigenschaft schon lange vor dem 18. Jahrhundert verschwunden.

Das Verhältnis zwischen dem Fürsten einerseits und Land und Volk andererseits war nach tirolischer Auffassung durch die Landesfreiheiten geregelt. Diese waren weder unter Maria Theresia noch unter Josef II. bestätigt worden. Um den Widerstand der Landschaft gegen das absolutistische Regiment zu schwächen, wurden in der Zeit von 1740 bis 1790 weder Landtag noch großer Ausschuß berufen; in Kreisen der Regierung mochte man hoffen, den kleinen Ausschuß, den sogenannten Kongreß, leichter unter Druck setzen zu können. Aber auch dieser vertrat mit zäher Beharrlichkeit den tirolischen Standpunkt. Zunächst oblag ihm die Stellungnahme zu den landesfürstlichen Steuerforderungen. Er trat meist jährlich, gelegentlich auch mehrmals im Jahre zusammen. In ihm standen sich elf Vertreter der Prälaten und des Adels, fünf Vertretern der Städte und sechs Vertretern der Bauern gegenüber; es bestand also Stimmengleichheit der oberen und der unteren Stände. Der Kongreß betonte wiederholt, daß er in wichtigen Angelegenheiten wie etwa außerordentlichen Steuerforderungen der Regierung nicht zuständig sei und verlangte in solchen Fällen die Einberufung des vollen oder „offenen" Landtages. Die Regierung war aber nicht bereit, solchem Ansinnen zu entsprechen.[103]

Nach tirolischer Ansicht war das Land nur durch die Person des Herrschers, also nur durch Personalunion, mit Österreich verbunden. Diesen Standpunkt der Sonderstellung ihres Landes, welchen die Tiroler Landschaft immer wieder nachdrücklich betonte, suchte die Wiener Regierung durch den Hinweis zu bekämpfen, daß andere Länder ebenso privilegiert seien wie Tirol. Damit wollte sie Zentralismus und verfassungsrechtliche Gleichstellung aller österreichischen Länder rechtfertigen. Aber gerade diese Ansicht von der verfassungsrechtlichen Gleichstellung Tirols mit den anderen Ländern der Habsburger Monarchie wollten die Tiroler nicht gelten lassen. Vergeblich versuchte die Regierung, den tirolischen Standpunkt durch Hinweis auf die Pragmatische Sanktion zu bekämpfen: Auf dieses Argument konnte von der Tiroler Landesregierung mit dem Hinweis auf die seinerzeitigen Vorbehalte der Landschaft erwidert werden (s. oben S. 193).

N a c h A n s i c h t d e s H o f e s und der Regierung beruhte die Landesverfassung auf Privilegien, welche der Herrscher gegeben habe und die er wieder zu ändern berechtigt sei. In diesem Sinn hatte der landfremde Hofkommissar Graf Gottfried von Heister 1771 bei Verhandlungen mit dem landschaftlichen Kongreß erklärt, der Kaiserin stehe das Recht zu einer Einschränkung der Landesfreiheiten zu. Die Tiroler Landschaft betrachtete aber die grundlegenden Landesfreiheiten als Vertragsrecht. Das Land, so wurde immer wieder betont, ist im Jahre 1363 durch einen Vertrag zwischen dem Haus Habsburg und der Tiroler Landschaft an Österreich gekommen. In diesem Vertrag wurde der Landschaft die Wahrung der alten Landesfreiheiten zugesagt. Ein Vertrag aber, so betonte die Landschaft mit Recht, kann nicht einseitig von einem der Vertragschließenden geändert werden. Dieser Meinung ist noch bis in die 70er Jahre des 19. Jahrhunderts am Tiroler Landtag zumal von den konservativen Bauernvertretern Ausdruck verliehen worden (vgl. Wopfner 789, S. 173).

Maria Theresia wie Josef II. nahmen aufgrund ihrer absoluten Herrschergewalt das Recht in Anspruch, neue Gesetze und Rechtsordnungen zu erlassen, ohne die Zustimmung der Landstände einzuholen. Ihre Gesetzgebung brachte eine zeitgemäße Weiterbildung des bestehenden Rechtes und eine Beseitigung vieler bestehender Mißstände. Von den Landständen der meisten österreichischen Länder mit

---

[103] Ausführliche abweichende Darstellung bei Köfler, Land, Landschaft, Landtag S. 239 ff. Vgl. auch Georg Mühlberger, Absolutismus und Freiheitskämpfe, in: Fontana, Gesch. des Landes Tirol 2. Bd. (1986), S. 367 ff.

ihrer einseitigen Vertretung privilegierter Stände war ein Eingehen auf zeitgemäße Reformen nicht zu erwarten. In den wenigen österreichischen Ländern, in denen die Landtage eine Art von Volksvertretung darstellten, hätte allerdings eine Zusammenarbeit von Regierung und Landtag Nützliches auch in dieser Hinsicht schaffen können. Der Tiroler Landtag hatte in seiner Mitarbeit an den Tiroler Landesordnungen seine Fähigkeit, gesetzgeberische Arbeit zu leisten, erwiesen.

Die Tiroler Landesvertretung betrachtete es als altes Recht, daß Änderungen des bestehenden Landesrechtes nur mit ihrer Zustimmung vorgenommen werden dürften. Mit aller Zähigkeit hielt in der theresianischen Zeit die Landschaft an ihrem grundlegenden Recht fest, daß Steuern nur mit ihrer Bewilligung eingehoben und ohne solche auch keine neuen Zölle und indirekten Steuern verlangt werden dürften.

Ebenso wandte sich 1781 der Berichterstatter am Kongreß mit dessen Zustimmung gegen das von Kaiser Josef II. erlassene Toleranzpatent mit der Begründung, daß die Tiroler Landesordnung sich „allein auf die katholische Religion gründet", die Landesordnung aber „ohne Einwilligung der Landstände durchaus unabänderlich" sei.[104]

Wenn die Regierung behauptete, die Sonderstellung Tirols habe nach Verlust seiner eigenen Landesfürsten und nach der Vereinigung mit den anderen österreichischen Ländern aufgehört, so berief sich die Landschaft darauf, daß der Tiroler Landtag bei Annahme der Pragmatischen Sanktion, welche die untrennbare Einheit der österreichischen Länder festlegte, sich den Fortbestand der Landesfreiheiten ausdrücklich vorbehalten habe.

Bei so weitgehender Verschiedenheit der Ansichten von Regierung und Landesvertretung war das ständige Wiederaufflammen von Konflikten unvermeidlich. Bereits 1743 kam es beim Versuch der Regierung, eine Vermögenssteuer ohne Genehmigung der Landschaft zu erheben, zu grundsätzlichen Auseinandersetzungen über die Landesverfassung. Da die Landschaft im Vorgehen der Regierung einen sehr bedrohlichen Vorstoß gegen die Verfassung sah, beauftragte sie ihren führenden rechtskundigen Beamten, den Syndicus Dr. Johann Kaspar Egger von Marienfried, einen standfesten Vertreter tirolischer Landesfreiheit, „freimütig und patriotisch" in einer Denkschrift dagegen Stellung zu nehmen. In dieser Schrift, welche dem geheimen Rat zu Innsbruck, der obersten Landesbehörde, übergeben wurde, führte Egger aus, Tirol besitze seine besonderen Freiheiten, durch welche es sich in seiner Verfassung von anderen österreichischen Erbländern unterscheide. Die Herrscherin müsse über das Land Tirol und seine Verfassung falsch unterrichtet worden sein, sonst wäre es nicht zu begreifen, daß sie dem

[104] Vgl. hierzu Ferd. Kogler, Vorlesungen über die ideellen und historischen Grundlagen des österreichischen Staates, Innsbruck 1936, S. 75f. sowie Ferdinand Kogler und Franz Grass, Der Kampf der Stände Tirols um die Glaubenseinheit des Landes, in: Etudes presentées à la commission internationale pour l'histoire des assemblées d'états XXIV, Löwen-Paris 1961, S. 325–345. Koglers Erstfassung in: Tir. Htbl. 1938, S. 41–44 und 77–80.

Land seine Freiheiten nehmen und ihm ohne Bewilligung der Landesvertretung eine neue Steuer – „und zwar noch vor erfolgter Huldigung" – aufbürden wolle. Der Geheimrat wird ersucht, dem Hof die Rechtslage darzulegen. Es hätten ja auch schon in früheren Jahren Landesfürsten versucht, ohne Bewilligung der Landschaft eine Vermögenssteuer einzuführen; sie seien aber, nachdem ihnen die Rechtslage dargelegt wurde, von ihrem Vorhaben abgestanden.

Der Geheimrat, dem die Denkschrift übergeben wurde und der damals noch aus Tiroler Landsleuten bestand, billigte sie; von einigen seiner Mitglieder wurde sie als zu scharf empfunden. Später bedauerte er, „diese ganz unartige und respektlose Schrift" nicht zurückgewiesen zu haben.

Am Wiener Hof war man über die groben Tiroler nicht wenig entrüstet. Die Kaiserin forderte die sofortige Entlassung des Verfassers der Denkschrift. Egger wurde daraufhin von der Landschaft vorläufig seines Amtes enthoben. Vom Landeshauptmann wurde die Südtiroler Aktivität einberufen, die eine Entschuldigungsschrift verfaßte, in welcher aber der Standpunkt der Egger'schen Denkschrift keineswegs aufgegeben, sondern nur das Bedauern ausgedrückt wurde, daß das Gutachten die Kaiserin gekränkt habe. Man habe nur die Landesfreiheiten verteidigen, nicht aber die Ehrfurcht gegen die Kaiserin verletzen wollen. Maria Theresia gab sich aber zunächst damit nicht zufrieden, sondern ließ Egger nach Wien kommen und hier verhaften. Nach wiederholten Bitten erreichte die Landschaft die Befreiung Eggers. Wenn es ihr zudem gestattet wurde, Egger wieder in sein Amt einzusetzen, so darf man wohl annehmen, daß der hohe, allem kleinlichen Wesen abholde Sinn der Kaiserin die Haltung der Tiroler einigermaßen zu würdigen verstand; sie verzichtete auch schließlich auf die Einführung der neuen Steuer. Es war also der Landschaft noch einmal gelungen, das alte Landesrecht gegenüber einem Vorstoß des Absolutismus zu behaupten.

Neuerdings wurde Egger seitens der Landschaft mit der Ausarbeitung einer Denkschrift betraut, in welcher die Besonderheit der tirolischen Verfassung begründet wurde. Ganz im Sinn alter tirolischer Überlieferung wandte sich Egger gegen die Behauptung der Wiener Regierung, daß andere Länder ebenso privilegiert seien wie Tirol und Tirol keine Sonderstellung beanspruchen könne. Tirols Verfassung beruhe im Grunde nicht nur auf Privilegien, sondern auf einem Vertrag zwischen Landschaft und Landesfürsten. Durch solchen Vertrag sei Tirol 1363 an das Haus Habsburg gekommen. Der Vertrag sei unter Vorbehalt der Landesfreiheiten abgeschlossen worden. Tirol habe seit alters sein Steuerbewilligungsrecht behauptet. Diesem Recht stehe die Verpflichtung des Landes zur Selbstverteidigung durch das Aufgebot seines wehrhaften Volkes gegenüber. Dieser Verpflichtung sei das Land in verschiedenen Kriegen getreulich nachgekommen.

Im Gefühl der ständigen Bedrohung der Landesfreiheiten durch den Absolutismus ließ die Landschaft 1749 durch ihren damaligen Syndicus Anton von Egger, den Sohn des früher genannten Johann Kaspar, die Landesfreiheiten in 79 Punkten zusammenfassen und ihrer „gnädigsten Landesmutter" überreichen. Im dritten

Punkt wurde unter anderem festgestellt, daß das Recht des Landes nur mit seiner Zustimmung geändert werden dürfe.

Nach dem erwähnten dritten Punkt der Egger'schen Denkschrift bestimmten die Landesfreiheiten, daß das Land nur durch Landsleute regiert werden solle. Das absolutistische Regiment legte aber, wie schon in seinen Anfängen so auch später, Wert darauf, an führende Stellen Landfremde zu setzen, von denen man erwarten durfte, daß sie für den Kampf gegen die Landesrechte besser zu gebrauchen sein würden als Tiroler Landsleute. Damals wie auch später glaubte die österreichische Zentralregierung, daß ein starkes Landesgefühl einem gesamtösterreichischen Patriotismus schädlich sei. Die Beamten und ebenso die Offiziere des Heeres sollten „nur Österreicher" sein. Die Regierung übersah dabei, daß ein aufrechter, wurzelstarker Patriotismus am besten aus einem starken Heimatgefühl erwächst.

In bäuerlichen Kreisen erregte die Vielregiererei, wie sie mit Absolutismus und Zentralismus regelmäßig verbunden ist, besonderen Unwillen. Die Regierung begann, eine Reihe von Geschäften, die bisher von den Ausschüssen der Gerichte und Gemeinden, also im Wege der Selbstregierung besorgt worden waren, in ihre Tätigkeit einzubeziehen und auf bürokratischem Wege zu erledigen. Sie griff damit auch stark in das bäuerliche Kultur- und Wirtschaftsleben ein (s. unten Hauptstück V/3).

Bisher waren die örtlichen Behörden, die Gerichte, denen auch Aufgaben der politischen Verwaltung übertragen waren, vielfach außerhalb der staatlichen Ämterorganisation gestanden; ein Großteil der Gerichte war an Adelige entweder als Lehen verliehen oder als Pfand für ein Darlehen verpfändet worden. Dem Landesfürsten und seiner Regierung war dadurch die unmittelbare Verbindung mit den Bewohnern dieser Bezirke entzogen. Reformfreundlichen Fürsten wie Maria Theresia und Josef II. war so ein Wirken zugunsten der Untertanen unter Umständen sehr erschwert. Maria Theresia ging nun in ihren verschiedenen Ländern daran – in Tirol im Jahre 1754 – K r e i s ä m t e r als Mittelstellen zwischen den Gubernien (Landesregierungen) und den einzelnen örtlichen Behörden, den Gerichten und Gemeinden, zu schaffen. Die Kreisämter sollten für die Vollziehung der von der Regierung erlassenen Anordnungen Sorge tragen und unter anderem auch das Gemeindeleben überwachen.[105]

In Tirol wurde von den Bauern und ihrem starken Willen zur Selbstregierung in Gemeinde und Gericht die bevormundende Tätigkeit der Kreisämter sehr unangenehm und als Eingriff in die Landesfreiheiten empfunden. Es kann hier nicht näher auf die Berechtigung der erhobenen Vorwürfe eingegangen werden. Immerhin mag erwähnt werden, daß auch fortschrittsfreundliche Männer wie Ignaz Freiherr von Hormayr der Kaiserin von der Einführung der Kreisämter in Tirol abrieten.

Die Beamten der staatlichen Ämter waren teilweise Ausländer, vielfach Stadt-

---

[105] Vgl. Fridolin Dörrer, Die Verwaltungs-Kreise in Tirol und Vorarlberg (1754–1860), in: Tiroler Wirtschaftsstudien 26. Bd., Innsbruck 1969, S. 25–68 und Friedr. Walter, Österr. Verfassungs- und Verwaltungsgeschichte von 1500–1955, hrsg. von Adam Wandruszka, Wien 1972, S. 99 f. (Der Wiener Archivar Walter nimmt einen ausgesprochen zentralistischen Standpunkt ein!)

menschen, denen es an Einfühlungsvermögen in bäuerliches Wesen mangelte. Die Verstandesmäßigkeit der Aufklärung, in deren Geist die Beamten handelten, die Abneigung gegen altes Herkommen und alte Überlieferung standen im Widerspruch zum bäuerlichen Wesen, das an Überlieferungen kultureller wie wirtschaftlicher Natur zäh festhielt. Die rücksichtslose, oft auch überstürzte Art, mit welcher Neuerungen durchgeführt und gegensätzliche Meinungen als rückständig und verbohrt bekämpft wurden, war nicht geeignet, das Tiroler Bauerntum für die neuen Ideen zu gewinnen: „Durch Schärfe hat es daher von jeher schwer gehalten, diese im Gebirg zerstreuten Leute zur Erreichung irgend eines Zweckes zu verbinden, milde Behandlung drangen ihnen aber von jeher die größten Aufopferungen ab", schreibt 1796 Rohrer, selbst ein Anhänger der Aufklärung, über die Tiroler Bauern (531, S. 118).

Zu bedeutenderen grundsätzlichen Auseinandersetzungen zwischen der österreichischen Regierung und der Tiroler Landschaft kam es in Fragen des Militärwesens. Die Kaiserin und mehr noch ihr Mitregent Kaiser Josef II. wollten die sogenannte Konskription, d. h. die zwangsweise Aushebung der Mannschaft für das stehende Heer, auch auf Tirol ausdehnen; die Ausgehobenen waren zu langjährigem oder gar lebenslänglichem Militärdienst verpflichtet. Bei den Verhandlungen, welche die Regierung mit dem Kongreß über die Rekrutenbewilligung führte, berief sie sich darauf, daß in anderen Ländern Österreichs bereits die Stellung von Rekruten durchgeführt sei; Tirol könne keine Vorrechte gegenüber den anderen Ländern beanspruchen. Der Kongreß berief sich aber auf das Landlibell von 1511, nach welchem der Tiroler nur zur Landesverteidigung und zu keinem Militärdienst außerhalb des Landes verpflichtet sei. Er konnte sich darauf berufen, daß Tirol der Pflicht zur Landesverteidigung in hervorragendem Maße und in einer für ganz Österreich bedeutsamen Weise nachgekommen sei. Wenn aber die Regierung vom Lande ein Zugeständnis in dieser Sache erlangen wolle, so sei hierfür in keinem Fall der Kongreß, sondern nur der „offene Landtag" zuständig, nur er könne darüber entscheiden, ob von dem bestehenden Grundvertrag zwischen Landesfürsten und dem Land abgegangen werden dürfe. Da Geistlichkeit und Adel, so führte der Kongreß weiter aus, die Musketen selbst nicht tragen könnten, und die Bürgerschaft vom Kriegsdienst meist befreit sei, so fiele die ganze Last auf den vierten Stand, und bei der Gleichberechtigung aller Stände hätten die drei übrigen kein Recht zu solcher Belastung (angeführt nach Egger 96, III, S. 30).

Vergeblich versuchte der Landeshauptmann zwischen Regierung und Kongreß zu vermitteln. Er stellte dem Kongreß vor Augen, eine unbesonnene Weigerung könne den Verlust aller Landesfreiheiten bringen, zumal der Bauernstand möge bedenken, daß eine Weigerung in der Rekrutenfrage ihm die Ungnade der Kaiserin und den Verlust der seinerzeit von Herzog Friedrich verliehenen Privilegien bringen könne, worunter vor allem die bäuerliche Landstandschaft zu verstehen war.[106] Aber

[106] Man hatte damals – und auch noch viel später – die unzutreffende Meinung vertreten, Herzog Friedrich mit der leeren Tasche hätte den Tiroler Bauern die Landstandschaft verliehen. Vgl. oben S. 124 ff.

weder der Kongreß und noch viel weniger der Bauernstand war der Ansicht, daß die landesfürstliche Gewalt berechtigt sei, einseitig Landesrecht und Landesverfassung zu ändern; dementsprechend hielt man mit tirolischer Zähigkeit am Rechtsstandpunkt fest.

Weil die bäuerlichen und bürgerlichen Abgeordneten als die eigentlichen Vertreter des Volkes am unbeugsamsten erschienen, hielt der Hofkommissar Graf Heister eine besondere Konferenz mit diesen, um sie zur Nachgiebigkeit zu bewegen. Sie erklärten aber, auf die Forderungen der Regierung umso weniger eingehen zu können, als ihnen seitens ihrer Wähler ohnehin bereits zu große Nachgiebigkeit gegenüber der Regierung vorgeworfen werde. Die Kaiserin, die in militärischen Dingen nicht durchaus den Standpunkt ihres Sohnes und Mitregenten teilte und sich rücksichtsvoller gegen alte Überlieferungen zeigte, drang nicht auf Durchführung der Zwangsrekrutierung in Tirol. Erst nach ihrem Tode kam es auch hier zur Zwangsrekrutierung.

In Tirol war man auch in der Zeit, da der Absolutismus auf seinem Höhepunkt stand, weit davon entfernt, auf die alte Landesfreiheit und Sonderstellung zu verzichten. Die Überwachung des Volkes und der öffentlichen Meinung durch die Polizei hat freilich den Ausdruck des Mißvergnügens mit den bestehenden Zuständen nicht so leicht an die Öffentlichkeit kommen lassen. Der alte Wille zur Freiheit und Selbstbestimmung war aber zumal im Bauernstand stark genug, um unter Umständen auch vor gewaltsamem Widerstand nicht zurückzuschrecken.

Unzufrieden mit der Regierung war man in bäuerlichen Kreisen zumal wegen der ständigen Steigerung der öffentlichen Lasten und wegen verschiedener mißliebiger Neuerungen auf wirtschaftlichem und kulturellem Gebiet. Die Erregung war im Volk bereits so heftig geworden, daß man auch den Vertretern des Bauernstandes am Kongreß mißtraute. Bei der freiheitsstolzen Bauernschaft des Burggrafenamtes erreichte die Unzufriedenheit ein solches Ausmaß, daß es hier 1761/62 zu einem B a u e r n a u f s t a n d kam. Besondere Umstände waren es, welche hier den Aufruhr auslösten.

Durch Hochwasser war in dieser Zeit schwerer Schaden an vielen Bauerngütern Südtirols entstanden. Zahlreiche Vergantungen von Bauerngütern, die im Widerspruch zum Geist des Anerbenrechtes mit Schulden zugunsten der weichenden Erben überlastet worden waren, vermehrten die Zahl der unzufriedenen Besitzlosen am Land. Diese und einige unruhestiftende junge Burschen spielten beim Aufruhr eine besondere Rolle. Große Mißstände im Währungswesen, zumal die Ausbreitung schlechter Münzen, hatten viele Bauern schwer geschädigt und erbittert.

Weil weder Landesregierung noch Landesvertretung (Kongreß) die bestehenden Mißstände zu beheben vermochten, dachte nunmehr das selbstbewußte Bauerntum des Burggrafenamtes an Selbsthilfe. Wie 1525, im Jahr des großen Bauernkrieges, der Ausschuß der Bauern des Burggrafenamtes selbständig einen Bauernlandtag nach Meran berufen hatte, so wollten auch jetzt wieder die Bauern unter sich das Nötige beraten, um der Not abzuhelfen. Am 15. April 1761 traten Vertrauensleute aus verschiedenen Gemeinden des Burggrafenamtes in Meran zusammen und beschlossen, auf den 12. Mai einen Bauernlandtag aus dem ganzen Land nach Sterzing zu berufen. Wie im Meraner Landtag von 1525 die bäuerlichen Beschwerden in den Meraner Artikeln ihre Formulierung gefunden hatten, so sollte auch jetzt wieder auf der Sterzinger Tagung all das, was die Bauern bedrückte, in einer zusammenfassenden Beschwerdeschrift festgelegt werden. Es entsprach ganz dem alten, überlieferten Vertrauensverhältnis zwischen dem Bauerntum Tirols und seinem Landesfürsten, wenn verlangt wurde, daß die Sterzinger Beschwerdeschrift der Kaiserin durch eine Abordnung vorgelegt werde.[107]

In Wien war man freilich mit dem selbständigen Vorgehen der Burggräfler Bauern nicht einverstanden, die Kaiserin verbot am 2. Mai die Tagung zu Sterzing, forderte aber auf, die Beschwerden auf gesetzlichem Weg vorzubringen. Auf einer am 15. Mai zu Innsbruck zusammengetretenen Konferenz der Vertreter der einzelnen Landesviertel konnten die Beschwerden vorgebracht werden. Es hatte den Anschein, als wäre damit die Ruhe wiederhergestellt. Aber neuerliche Mißgriffe in der Währungsangelegenheit brachten größte Erregung. Im Mittelpunkt der Unruhe, im Burggrafenamt, hat dann ein besonderer Vorfall den Aufruhr im Mai 1762 ausgelöst:

In Meran waren drei Männer wegen Gewalttätigkeit verhaftet worden. Ihre Festnahme wurde aber vom Volk mit der besonders mißliebigen Rekrutenwerbung in Zusammenhang gebracht. Es kam in der Folge zu verschiedenen Tumulten und Gewalttaten in Meran sowie zu Versuchen, allenthalben in Tirol eine Aufstandsbewegung hervorzurufen. Die Unruhen nahmen solches Ausmaß an, daß man seitens der Innsbrucker Regierung den Landeshauptmann Paris Dominicus Grafen von Wolkenstein nach Meran sandte, um die Ruhe wiederherzustellen. Wolkenstein war ein wohlgesinnter und geschickter Mann, der beim Volk in allgemeinem Ansehen stand und mit seinen Tiroler Landsleuten umzugehen wußte. In Meran hatte mittlerweile am 19. Mai eine Versammlung stattgefunden, zu der viele Bauern aus der Umgebung zusammengeströmt waren. Die Versammelten beschlossen, sich militärisch zu organisieren und in drei Abteilungen nach Innsbruck zu marschieren. Zu diesem Zug kam es jedoch nicht, da die ruhigen, Gewalttaten abgeneigten Elemente in den Gemeinden die Oberhand gewannen. Unter deren Einwirkung wurde eine Versammlung auf den 24. Mai anberaumt, auf welcher man sich über eine Beschwerdeschrift einigen sollte, die durch eine Abordnung der Kaiserin zu überreichen wäre. Zum angegebenen Tag traten 200 Vertreter aus verschiedenen Gemeinden des Burggrafenamtes und Vinschgaues in Meran zusammen, zumeist ruhige, besonnene Männer. Auch der Landeshauptmann erschien zu dieser Versammlung

---

[107] Johann Kollmann, Bauernunruhen im Burggrafenamte im Jahre 1762. Tirol b. Meran 1973, Ms. (= Landwirtschaftliches Museum Brunnenburg, Schriften 3); Ms. im TLA Hs. 5788; Helmut Reinalter, Aufklärung, Absolutismus, Reaktion. Die Geschichte Tirols in der zweiten Hälfte des 18. Jh.s, Wien 1974; ders., Zwei Quellendokumente zur Geschichte des Aufruhrs im Burggrafenamt 1762, in: Der Schlern 50. Jg. (1976), S. 104–109.

und hielt den Bauern das Unrecht des Aufruhrs vor Augen. Die Versammelten erklärten einstimmig, keinen Teil daran gehabt zu haben und ihn zu mißbilligen. „Aber die Deputation nach Wien", setzten sie hinzu, „müsse stattfinden, um endlich einmal ihre Klagen vor den allerhöchsten Thron zu bringen". Auf die Erinnerung des Landeshauptmannes: ob sie nicht wüßten, daß niemand ohne Erlaubnis das Hoflager besuchen dürfe, entgegneten sie: „Sie könnten nicht begreifen, warum Untertanen verwehrt sein sollte, ihre Klagen vor den Thron zu bringen" (Jäger, a. a. O., S. 31 f.).

Die Tiroler Bauern waren seit langem geneigt, für Mißgriffe der Regierung nicht ihren Landesfürsten, sondern seine Beamten verantwortlich zu machen, welche ihn nicht genügend unterrichteten. Sie wollten ihn daher durch Vertrauensmänner des Volkes unmittelbar von ihrer Not in Kenntnis setzen und vertrauten auf seinen guten Willen, dem Volke zu helfen.

Da sich der Landeshauptmann mehr und mehr überzeugen konnte, daß der Wunsch nach einer Abordnung zur Kaiserin im Lande allgemein geteilt wurde und die Berechtigung des Wunsches auch selbst einsah, ersuchte er in mehreren Briefen den Obersthofkanzler in Wien, den Grafen Rudolf Chotek, der Kaiserin die Erfüllung dieses Wunsches zu empfehlen. Unter anderem empfahl er, in richtiger Einschätzung der öffentlichen Meinung Tirols, die Landesverfassung insofern wieder in Kraft zu setzen, daß man etwa alle zehn Jahre den offenen Landtag wieder berufe. Dadurch wäre die Möglichkeit gegeben worden, die Volkswünsche in entsprechender Form zu äußern. Ebenso angemessen und klug empfahl er in diesen Briefen, die Neuerungen nicht zu überstürzen und sie in organischen Zusammenhang mit den alten Zuständen zu bringen, würde doch gerade durch die Überfülle der Neuerungen viel Unruhe in das Volk hineingetragen.

Der Landeshauptmann erreichte es, daß sich die Kaiserin zum Empfang der Tiroler Abordnung bereit erklärte. Daraufhin fanden über Anordnung des Landeshauptmannes Versammlungen der Vertreter der einzelnen Landesviertel statt, auf welchen man sich über die Abfassung der vorzubringenden Beschwerden schlüssig wurde. Die Abordnung der Tiroler wurde von der Kaiserin am 3. September 1762 empfangen und mit Auszeichnung behandelt. Die eingehende Antwort auf die Beschwerden erfolgte erst durch eine kaiserliche Entschließung vom 12. November 1762. Zu Eingang des Schriftstückes wurde die erbetene Bestätigung der Landesfreiheiten erteilt, ja sogar – ganz entgegen der bisherigen Haltung der Regierung – das Versprechen gegeben, zur Behandlung einiger der wichtigsten Beschwerdepunkte einen offenen Landtag zu berufen. Den am Aufstand Beteiligten wurde Amnestie erteilt, nur acht Haupträdelsführer sollten von der Begnadigung ausgeschlossen sein. Auch von diesen wurden noch einige in der Folge schonender behandelt, zwei aber wurden hingerichtet, einer des Landes verwiesen.

Dank der klugen Vermittlung des Landeshauptmannes und der Mäßigung, welche die Mehrheit der Bauern an den Tag gelegt hatte, war es gelungen, die Unruhen in der Hauptsache friedlich beizulegen.

Der Meraner Bauernaufstand war zunächst aus wirtschaftlichen Ursachen, aus den Nöten der letzten Jahre, erwachsen; seine tiefere Grundlage ist jedoch – wenigstens zum Teil – in einer allgemeinen, unter den Bauern herrschenden Unzufriedenheit mit der bestehenden innenpolitischen Lage zu suchen. Wenn der Bauer sich auch der Bedeutung der einzelnen Vorstöße des absolutistischen Regierungssystems nicht vollauf bewußt wurde, so lehnte er doch aus seinem Gefühl für Freiheit und Selbstregierung heraus das System ab. Das allgemeine Begehren nach einem offenen Landtag und nach Bestätigung der Landesfreiheiten läßt deutlich erkennen, daß man der Regierung mißtraute. Weil man den Landesfürsten seit 1665 nicht mehr im Lande hatte, wünschte das Tiroler Volk, daß er sich persönlich durch einen Stellvertreter vertreten lasse. Wie weit diesem Wunsch von den österreichischen Herrschern vor Maria Theresia entsprochen worden war, wurde bereits oben (s. S. 194) erwähnt.

Kennzeichnend ist nun, daß auch Landeshauptmann Wolkenstein in seinem Bericht über den Meraner Aufstand, den er am 3. September der Kaiserin übergab, diese Bitte um einen Gubernator vorbrachte. Er wollte hier offenbar einen gerade im bäuerlichen Volk gehegten Wunsch nach einer Sonderstellung Tirols und einem Ersatz für einen eigenen Landesfürsten Ausdruck verleihen. Der Landesgubernator sollte der kaiserlichen Familie angehören:

„... was könnte man sich für wirkliche Würkungen von einem Gouvernement verspröchen, welches durch einen durchläuchtigsten Sprossen der allergnädigsten Landsmutter geführet wurde und was müeste bey dem gesamten Volck für ein Frolocken und Vergnügen entstehen, wann es in seinem anliegenheit eine so nachne und gnädigste Hilf ohne weitheren Umweeg erhalten könnte. Sonderbahr, da Tyrol wegen der besonderen Verfassung und Lage auch eine besondere Regierungsarth allzeit erfordere und die Einrichtungen, welche anderwärths grossen Nuzen verschaffen, hierlandts selten das erwinschte Zihl erreicht haben ...“ (Wolkensteins Relation vom 3. September 1762, zit. nach Berthold Zingerle, Der Gedanke der landständ. Freiheit in den Tiroler Landtagsverhandlungen 1740–1780, Diss. Innsbruck [Maschinschrift] 1935, S. 18.)

Gewiß lehnte das Tiroler Volk das absolutistische Regierungssystem ab, jedoch das alte Vertrauensverhältnis zwischen Fürst und Volk blieb erhalten. Tirol hatte in der Tat Maria Theresia viel zu danken. Ihre Regierung brachte zeitgemäße Verbesserungen der Rechtspflege, der Verwaltung, des Steuerwesens und des Schulwesens. Für den Bauernstand bedeuteten die Jahre ihrer Regierung einen Zeitabschnitt wirtschaftlichen Wohlergehens. Von den Ständen Tirols wurde der Monarchin nach ihrem Tode wiederholt als der „Unvergesslichen großen Kaiserin“ in aufrichtiger Dankbarkeit gedacht.

Ungünstiger als unter Maria Theresia gestaltete sich das Verhältnis zwischen dem Landesfürsten und dem Volk Tirols unter Josef II. Gewiß waren seine vielen Neuerungen auf das Volkswohl ausgerichtet; aber wie schon oben gesagt, erfolgten sie zu überstürzt, zu unvermittelt und ohne wachstumsmäßige Verbindung mit den gegebenen Zuständen. Schwer wurden zumal vom bäuerlichen Volke die vielen Regelungen und Neuerungen auf dem Gebiet des kirchlichen und kulturellen

Lebens empfunden. Hierüber wird noch in anderem Zusammenhang einiges zu sagen sein.

Von den Vorstößen der josefinischen Regierung gegen die Landesverfassung riefen jene gegen die alte Wehrverfassung beim Bauernstand, den sie am meisten berührten, starken Widerspruch hervor. Der Tiroler Bauer hielt zwar viel auf seine Wehrhaftigkeit und übte sich in den Schützenorganisationen fleißig in der Führung der Feuerwaffe, aber militärischem Drill und erzwungenem Militärdienst auf lange Zeit und außer Landes war er durchaus abgeneigt. Schon die Vorbereitung der von Kaiser Josef verfügten Zwangsrekrutierung (1785) löste bei den Jungbauern heftigste Aufregung aus. Rohrer (531, S. 127f.) berichtet darüber als Zeitgenosse unter anderem:

„Vierhundert junge Leute, welche aus dem Gerichte Ehrenberg in fremde Länder zu Handarbeiten wanderten, blieben aus Furcht einer ihnen bevorstehenden Rekrutenaushebung im Auslande zurück, obschon sie wegen der Confiscierung ihres Eigenthums in Gefahr schwebten. ... Im Unterinnthale und Vinschgau begingen die Bauernburschen sogar Diebstähle, weil sie wegen Criminalverbrechen des Militärstandes unfähig zu werden hoffen konnten und weil sie lieber eine zeitliche Zuchthausstrafe, als einen lebenslänglichen Soldatendienst ohne Kapitulation zu erdulden beschlossen."

Rohrer hebt aber auch hervor, wie sehr sich die bäuerlichen Scharfschützen im freiwillig übernommenen Kriegsdienst ausgezeichnet haben. Der Widerstand gegen die Zwangsrekrutierung war in Tirol so heftig, daß Kaiser Josef die Durchführung aufschob. Das absolutistische Regierungssystem führte unter Josef II. zu einem völligen Umsturz der Verfassung. Der Kongreß, der als ein – freilich unzureichender – Ersatz für den Landtag noch fortbestand, wurde zu völliger Bedeutungslosigkeit herabgedrückt. Seine Abgeordneten, vor allem jene des Bürger- und Bauernstandes, versuchten nun, sich mit ihren Beschwerden unmittelbar an den Landesfürsten zu wenden, wie es dem alten, gegenseitigen Treueverhältnis entsprach; sie werden kaum Unrecht gehabt haben, wenn sie annahmen, daß so mancher Mißgriff der Regierung mehr Beamtenwerk war als kaiserliche Willensmeinung.

Der kaiserliche Statthalter in Tirol, der Gouverneur Graf Sauer, selbst ein Landfremder, und die Landfremden der Beamtenschaft sahen ihrerseits in dem Eintreten der Tiroler für ihre Landesfreiheiten ein gesetzwidriges Vorgehen. In diesen Kreisen schlug man die Hände über dem Kopf zusammen und jammerte, die französische Revolution – sie war um diese Zeit bereits im Gang – habe schon nach Tirol übergegriffen und die Tiroler mit ihren Ideen angesteckt. Revolutionäre waren aber nicht die konservativen Tiroler, welche ihre alte Verfassung und die Freiheit ihres Landes wahren wollten; Verfassungsbruch und Revolution machten vielmehr die Wiener Zentralisten und Absolutisten, welche die Rechte des Tiroler Volkes beugen wollten.

Noch bevor es zu entscheidenden Schritten kam, starb Kaiser Josef II. (1790). Die Stimmung unter der Bauernschaft Tirols war zu dieser Zeit derart, daß ein

Aufstand drohte. Obwohl durch das Vorgehen der kaiserlichen Regierung die tirolische Verfassung tatsächlich aufgehoben war, dachten die Tiroler keineswegs daran, auf ihre alten Landesfreiheiten zu verzichten. Ebenso beharrten sie nach wie vor auf der Meinung, daß ihrem Land nach altem Recht eine Sonderstellung unter den Ländern Österreichs zukomme. Ein Engländer, Albanis Beaumont, war zur Zeit Josefs II. nach Tirol gekommen und hat in seinem Reisewerk „Travels through the Rhaetian Alps“ (London 1786) die hier vom Tiroler Volk und seiner politischen Verfassung gewonnenen Eindrücke wiedergegeben. Seine Schilderung der Verfassung beruht offenbar auf Kenntnissen, die er sich im Verkehr mit Tirolern verschafft hat und darf als Ausdruck der im Land herrschenden Meinung vom Wesen der Tiroler Verfassung angesehen werden. Beaumont schreibt da: „Obwohl die Grafschaft Tirol in der allgemeinen Einteilung von Deutschland als in den österreichischen Kreis eingeschlossen gilt, so ist doch zu beachten, daß sie ihre eigenen Gesetze und Gewohnheiten hat, gänzlich verschieden von den übrigen zu diesem Kreis gehörigen Ländern. Alle Staatsangelegenheiten sind dem Landtag übertragen, der in Innsbruck gehalten wird, so oft es nötig ist. Er setzt sich zusammen aus den Abgeordneten der vier Stände, welche die Nation vertreten.“[108]

Der Nachfolger Josefs II., Kaiser Leopold II. (1790–92), erfüllte das Verlangen der Tiroler und berief den ersehnten Landtag (1790). Großer Jubel erfüllte das ganze Land, der Kaiser wurde begeistert als „Wiederhersteller der alten Landesverfassung“ gepriesen. Wie sehr gerade im bäuerlichen Volk die Verfassungsrechte geschätzt wurden, zeigt sich unter anderem darin, daß aus einzelnen Gerichten bis an die sieben Abgeordnete in den Landtag entsandt wurden. Zeitweise stieg die Zahl der Stimmberechtigten bis auf 580 an. Vergeblich hatte Graf Sauer versucht, die Einberufung des Landtages zu verhindern. Nach seiner Meinung war eine solche Volksvertretung der landesfürstlichen Macht schädlich. Der Kaiser hatte aber mehr Verständnis für das Tiroler Volk gezeigt als der landfremde Graf.

An die 2000 Beschwerden wurden auf diesem Landtag vorgebracht. Eine Hauptbeschwerde war die Beseitigung der Landesverfassung durch Josef II.; andere Beschwerden wandten sich gegen die neueingeführte, der tirolischen Verfassung widersprechende zwangsweise Rekrutierung sowie gegen die Anstellung von Nicht-Tirolern als Beamte. Mit aller Schärfe sprach man sich gegen den Absolutismus aus; keine neuen landesfürstlichen Gesetze sollten verkündet werden dürfen, ohne daß die Landesvertretung ihnen zugestimmt hatte. Von einzelnen Rednern am Landtag wurde auf die Selbständigkeit und das Selbstregierungsrecht Tirols besonderer Nachdruck gelegt. Man wandte sich dagegen, daß Tirol seit der Regierung Maria Theresias unter Mißachtung seiner Sonderstellung den anderen österreichischen

108 Angeführt nach Stolz 631, S. 50 f. Wörtliche Wiedergabe des englischen Textes bei N. Grass, Aus der Geschichte der Landstände Tirols, S. 323 f. Wiederabdruck bei N. Grass, Ausgewählte Aufsätze zum 80. Geburtstag, Hildesheim 1993, S. 473 f.

Ländern gleichgehalten werde. Ganz im bäuerlichen Sinn[109] sprach dies Graf Franz Lodron am Landtag mit folgenden Worten aus: „Die Tiroler haben ihren eigenen Souverän, ihre eigenen Rechte, ihre eigene Verfassung, ihr eigenes Land ... Es ist bloß zufällig, daß ihr Fürst auch noch andere Staaten beherrscht, es ist zwar schmeichelhaft für sie, daß sie einen so großen Monarchen, einen Beherrscher so vieler Provinzen zu ihrem Regenten, zu ihrem Beschützer haben; aber sie wollen diese Ehre nicht mit dem Verlust ihrer Fundamentalgesetze bezahlen, worüber ihnen Gott und die Stände Bürgschaft leisten."

Leopold II. bekannte sich zu modern-konstitutionellen Grundsätzen, er vertrat in Briefen an seine Schwester die Ansicht, daß Gesetzgebung und Steuerbewilligungsrecht Sache des Volkes und seiner Abgeordneten sei. Sein Verhalten in der Tiroler Verfassungsfrage bedeutete eine Verurteilung des bisherigen absolutistischen Regierungssystems; zu einer rückhaltlosen Anerkennung der alten tirolischen Landesverfassung hat aber auch er sich nicht verstanden. Immerhin erkannte er das Steuerbewilligungsrecht der Landschaft an, die landschaftlichen Ausschüsse konnten wieder in Tätigkeit treten.

In bäuerlichen Kreisen verkannte man keineswegs die Notwendigkeit einer zeitgemäßen Weiterbildung der Landesverfassung. Man empfand sehr wohl die Ungerechtigkeit, die darin lag, daß in den landschaftlichen Vertretungskörpern jeder Stand die gleiche Zahl von Vertretern entsandte, im Landtag sogar der Adel unter Umständen die Mehrheit besaß, obwohl der Bauer der Hauptsteuerträger war. So standen sich beim Landtag des Jahres 1790 die Stimmenzahlen der beiden „oberen" (Adel und höhere Geistlichkeit) und der beiden „unteren" Stände (Bürger und Bauern) mit ungefähr je 200 Stimmen in gleicher Stärke gegenüber.[110] Es ist nun sehr bezeichnend, daß auch in Tirol selbst dieses Mißverhältnis bereits zu einer Zeit erkannt wurde, als dies einer Beeinflussung durch die moderne konstitutionelle Lehrmeinung allein wohl nicht zugeschrieben werden kann. Auf einer im Jahre 1801 in Nassereith veranstalteten Zusammenkunft von Abgeordneten des Oberinntales forderte der Landrichter Franz Michael Senn von Pfunds eine stärkere Vertretung der beiden unteren Stände am Landtag. Senn entstammte einer alten Oberinntaler Familie und stand durch seine Berufstätigkeit in enger Verbindung mit dem Bauerntum. Er war Viertelsvertreter und hatte als Abgeordneter am Landtag von 1790 teilgenommen. Bauern und Bürger, so schlug Senn vor, sollten am Landtag im

[109] Vgl. die Ausführungen über bäuerliche Forderungen im Jahre 1848 bei Wopfner, Ehre und Freiheit des Tiroler Bauernstandes, 1. Teil (1934), S. 123ff.

[110] Wie relativ günstig in Tirol dieses Stimmenverhältnis war, zeigt ein Blick auf das benachbarte Bayern, wo beispielsweise in der Zeit Herzog Albrechts V. (1550–1579) die Landtafel 88 geistliche Kooperationen (Klöster und Kollegiatkapitel), 554 adelige Landsassengeschlechter, 34 Städte und 90 Märkte verzeichnete, sodaß also die „oberen" Stände theoretisch mit 642 den „unteren" Ständen (unter denen die Bauern nicht vertreten waren) mit 124 Stimmen gegenüberstanden. (Spindler, Handbuch der bayer. Gesch. 2. Bd., München 1966/69, S. 576).

Verhältnis zu ihrer Steuerleistung vertreten sein;[111] dies hätte zu einem Stimmenverhältnis von 18 : 32 zwischen den „oberen“ und „unteren“ Ständen geführt; bei Durchführung dieser Senn'schen Anregung würden die bäuerlichen und bürgerlichen Vertreter die Mehrheit am Landtag und in seinen Ausschüssen erlangt haben. Die folgenden bewegten Jahre mit ihren Umwälzungen machten es unmöglich, diesen Anregungen weiter nachzugehen.

Unter Kaiser Franz, dem Nachfolger Leopolds II., kam es 1794 wieder zu einer formellen Bestätigung der Landesfreiheiten, freilich mit einem bedeutsamen Vorbehalt. Sie wurden nur insofern bestätigt, als sie, wie es in der Bestätigungsurkunde heißt, „wirklich in Übung und der dermaligen allgemeinen Staatsverfassung angemessen seien“. Damit war also die Landesverfassung nur insofern anerkannt, als sie unter Leopold wieder in Kraft getreten war. Der Vorbehalt, die Landesfreiheiten müßten „der damaligen allgemeinen Staatsverfassung angemessen“ sein, bot der Regierung die Handhabe, sich gelegentlich über einzelne Bestimmungen der Landesverfassung hinwegzusetzen.

Kriegsereignisse (1797–1809) und Trennung Tirols. Der Krieg mit Frankreich, welcher bereits 1792 kurz nach dem Tod Leopolds II. einsetzte, lenkte zunächst von den innenpolitischen Fragen ab, die Not der Zeit schloß Landesfürsten und Volk enger zusammen. Kaiser Franz zeigte den Tirolern Entgegenkommen, welches die Landesvertretung auch ihrerseits erwiderte. Der erste der sogenannten Koalitionskriege, den Österreich mit seinen Verbündeten gegen Frankreich führte, hatte im Jahre 1796 eine so ungünstige Wendung genommen, daß die Grenzen Tirols vom Süden her schwer bedroht waren. Nach dem Plan des französischen Kriegsministers Carnot sollte das französische Heer in Italien, das unter General Napoleon die Österreicher besiegt hatte, durch Tirol nach Süddeutschland vordringen. Es war Ähnliches geplant wie 1703; die Eroberung Tirols sollte die Verbindung der französischen Heere in Italien und Süddeutschland ermöglichen. In Tirol selbst wurde man von der Niederlage der Österreicher und der Bedrohung des Landes überrascht. Die Organisation der Landesverteidigung war nicht ohne Mitschuld der Landesvertretung in Verfall geraten; jetzt aber, im Augenblick der vaterländischen Not, war das ganze Tiroler Volk einmütig zur Abwehr entschlossen. In Tirol wollte man nichts wissen von der Art der Freiheit, wie sie die Franzosen durch ihre Revolution gewonnen hatten. Die Tiroler waren stolz auf ihre alte Freiheit und ihre im Volk verwurzelte Verfassung; sie lehnten es ab, sich von den Franzosen, die vor kurzem noch Knechte einer absolutistischen Regierung gewesen waren, eine neumodische Freiheit ins Land bringen zu lassen. Religion, Vaterland und die alte überlieferte Verfassung schienen durch die Franzosen bedroht; in diesem Augenblick gedachte man nicht mehr der Einschränkung der Landesrechte in vergangenen Jah-

[111] Vgl. Hans Kramer, Landrichter Franz Michael Senn von Pfunds. Ein Bauernvertreter Tirols, in: TH. 19. Bd. (1955), S. 135–149 und N. Grass, Aus der Geschichte der Landstände Tirols, a. a. O., S. 317 f.

ren; man sah im Kaiser nur mehr den rechtmäßigen Landesfürsten, dem man durch die 1794 geleistete Erbhuldigung verbunden war. Parteigeist und Sonderbestrebungen traten zurück vor dem einen großen Ziel, die Landesfreiheit und -einheit gegen den äußeren Feind zu wahren.

Durch den starken Verkehr, der Tirol durchzog, waren Nachrichten von der Revolution in Frankreich und ihren Auswirkungen rasch nach Tirol gedrungen. In Kreisen der weltlichen wie der kirchlichen Regierung befürchtete man, daß der revolutionäre Gedanke auch in Tirol Fuß fassen könnte. Aus solchen Befürchtungen heraus hatte der 1791 gewählte Bischof von Brixen, Karl Franz Graf von Lodron, ein Rundschreiben mit verschiedenen Fragen an die Seelsorger seiner Diözese gerichtet, unter anderem auch, ob sich Verachtung der Religion und Neigung zum Aufruhr zeige. Aus den Antworten der Seelsorger ging hervor, daß von einer Einwirkung der Gedanken der französischen Revolution auf die Landbevölkerung nichts zu bemerken war. Als Beispiel eines dieser Antwortschreiben sei hier der Bericht des Kuraten von Leiblfing, einem Dorf an der Oberinntaler Straße, auszugsweise angeführt:

> Der Kurat versichert, daß die Religion und ihre Diener höchste Anerkennung genössen und der Landesfürst wie ein guter Vater geliebt würde. Die Bauern seien jedoch über die vielen Beamten, die sie der Freimaurerei bezichtigten und denen sie daher auf das Heftigste mißtrauten, sehr aufgebracht, doch bestehe nicht die geringste Gefahr, daß daraus eine Revolte entstehen könnte. Der Kurat konnte deshalb auch keinen Anführer in der Gemeinde feststellen. Da seine Kuratie jedoch an einer öffentlichen Landstraße lag und die an dieser gelegenen Wirtshäuser von ausländischen Fuhrleuten und Reisenden aller Stände oft besucht werden, geschah es mitunter, daß wenigstens erzählungsweise die Rede auf die französischen Ideen kam. Doch diese Reden gingen wirkungslos an der Bevölkerung vorüber, wofür der Kurat folgendes Beispiel berichtet:
>
> In einem der Wirtshäuser führte ein Gast wieder einmal solche Freiheitsreden. Der Wirt, der ihm eine Weile zugehört hatte, erteilte diesem eine Antwort folgenden Sinnes: „Wenn mich auch ein Landesfürst etwas strenger behandeln sollte, so diene ich lieber zehnmal unter einem solchen Landesfürsten, als unter dergleichen Spitzbuben, wie sie in der französischen Nationalversammlung zu finden sind“ (nach Haider, in: Tiroler Bauernzeitung, 1947 Febr. 6).

Als 1792 der Krieg gegen Frankreich einsetzte, stand eine ungeeignete Persönlichkeit an der Spitze der Landesregierung, der Gouverneur (kaiserlicher Statthalter) Max Freiherr von Waidmannsdorff. Er war ein landfremder, ängstlicher Mann, der geringes Ansehen beim Volke besaß. Er scheute davor zurück, die Begeisterung des Volkes der Landesverteidigung dienstbar zu machen und das wehrfähige Volk Tirols zu den Waffen zu rufen.

So gingen denn – ähnlich wie 1703 – die Tiroler selbst daran, sich der Feinde zu erwehren. Die beiden „Aktivitäten“ zu Innsbruck und Bozen trafen Vorsorge für die Landesverteidigung. Die schwächliche Haltung des Statthalters und seiner Gubernialräte war wenigstens zu dem einen gut: Sie wagten nicht, dem selbständigen Vorgehen der Landesvertretungen entgegenzutreten.

Der landschaftliche Kongreß trat am 30. Mai 1796 zu Bozen zur Organisation der Landesverteidigung zusammen. Wie beim bäuerlichen Volk in guten und schlechten Tagen die Religion im Mittelpunkt des Lebens stand, so versuchte auch jetzt der Kongreß seiner wichtigen Tagung eine religiöse Weihe zu geben. Um den göttlichen Beistand für die Verteidigung des Vaterlandes zu erflehen, gelobte das Land durch seine Vertreter, alljährlich das Herz-Jesu-Fest feierlich zu begehen. Die Organisation der Landesverteidigung wurde im Sinn der alten Tiroler Wehrverfassung auf der Grundlage der allgemeinen Wehrpflicht durch Aufgebot der waffenfähigen Mannschaft in die Wege geleitet. Die Durchführung der Beschlüsse wurde nicht der Landesregierung, dem Statthalter und seinen Räten überlassen, sie sollte vielmehr den Beauftragten des Kongresses obliegen.

Man möchte nun wohl meinen, der österreichische General, der achtzigjährige Beaulieu, der mit den aus Italien zurückgewichenen österreichischen Truppen bei Trient stand, wäre über die patriotische Begeisterung der Tiroler und die Vermehrung seiner Streitkräfte durch das Volksaufgebot erfreut gewesen. Aber gleich vielen anderen Berufsoffizieren mißtraute er einem Volksheer. Ihm erschien es wohl gar als Anmaßung, daß Leute, die von „Zivilisten" geführt wurden und selbst „Zivilisten" waren, dort Erfolge erringen wollten, wo sie den militärischen Fachleuten versagt geblieben waren. So empfing er denn die Abgeordneten des Kongresses, welche mit ihm über die Landesverteidigung beraten wollten, derart unfreundlich, daß die Tiroler einsahen, mit diesem Menschen sei nichts anzufangen. Wohl aber wandte man sich nun unmittelbar an den Kaiser.

Der Kaiser war verständiger als sein Gesinde, er vernahm den Bericht der Tiroler mit Aufmerksamkeit, versprach, einen geeigneten militärischen Führer nach Tirol zu senden und gab den Tirolern in österreichischer Gemütlichkeit den Rat, sie sollten nur nicht den Kopf verlieren wie ihr Gouverneur Waidmannsdorff; der Kaiser übersah dabei, daß ja seine Regierung das Land mit diesem politischen Führer bedacht hatte. Der Kaiser berief ihn jetzt ab und ersetzte ihn durch einen geeigneteren Beamten, den Grafen Lehrbach. Als Mann von Mut und Tatkraft gewann Lehrbach rasch das Vertrauen der Tiroler; fern von aller kleinlichen Eifersucht gegen die Landesvertretung wirkte er gemeinsam mit ihr für die Verteidigung Tirols. Auch bei diesen Kämpfen zeigte sich wie 1703, daß die wehrhaften Tiroler Ausgezeichnetes leisteten, wenn sie in ihren eigenen landsmannschaftlichen Verbänden und unter einer Leitung kämpften, die ihr Vertrauen zu gewinnen wußte.[112] Österreichische Generäle wie Laudon und Kerpen verstanden sich besser als der im

---

[112] Als 1796 die Landschaft mit großem Eifer alle Kräfte des Volkes mobilisierte, sah sich das darob in peinliche Verlegenheit geratene Gubernium zum Eingeständnis veranlaßt: „Das Landvolk, der Bauer, läßt sich am liebsten durch die Stände führen, die Tirol, seine Verfassung und die Denkungsart der Insassen kennen." Franz Kolb, Das Tiroler Volk in seinem Freiheitskampf 1796–1797, Innsbruck 1957, S. 115. Über den mit dem Geiste echten bodenständigen Tirolertums bestvertrauten Autor dieses bedeutsamen Geschichtswerkes vgl. Hans Kramer, Franz Kolb, ein Tiroler Politiker und Historiker, in: Österreich und Europa, Festgabe für Hugo Hantsch, Wien o. J. (1965), S. 565–579.

Geiste des ancien regime aufgewachsene Franzose Beaulieu auf das Zusammenwirken mit dem Tiroler Volksaufgebot.

Die Stimmung, wie sie in bäuerlichen Kreisen in jener Kriegszeit herrschte, drückt vorzüglich das von Karl Franz Zoller gedichtete und zum Volkslied gewordene „Spingeser Schlachtlied“ (1797) aus, besonders in seinem ersten und letzten Absatz:

„Jez wölln mar gien'n Franzosen z'gögn gien!
Mei, wos hobn si denn bei üns herinnen z'tien?
Es hot sie einar plangt,
Miar hobens nit verlangt,
So kam an jeder Narr,
Fraß üns mit Haut und Haar:
Dös geat do nit, eiawohl,
In Tirol!

Viktoria! Juhe! Der Feind ist g'ribn au!
Er lafft, moan i, schoan bei Loch aus, drau, drau!
Vivat der Kaiser Franz!
Ihm ghearn mar wieder ganz:
Laudon und Kerpen, enk
Bleibts Landl ingedenk:
Und du, Lehrbach, löb fein gsund, gsund,
Steif und rund!“

Wenn auch die Tiroler in den folgenden Kriegsjahren mit großer Tapferkeit und vielen Opfern für Freiheit und Einheit ihres Landes kämpften, führte der unglückliche Ausgang der Kriege Österreichs gegen Napoleon schließlich doch dazu, daß Kaiser Franz im Preßburger Frieden von 1805 Tirol an das mit Napoleon verbündete Bayern abtreten mußte.

Wie man nach dem ersten Weltkrieg in Kreisen bodenständigen Tirolertums, vor allem auch des Bauerntums, daran dachte, zur Rettung der Freiheit und Einheit Tirols das Land zu einem selbständigen Freistaat zu erklären, so hat die Liebe zu Landesfreiheit und Landeseinheit auch in der Zeit um 1805 ähnliche Pläne gezeitigt. Der bereits erwähnte Landrichter Senn machte im Dezember 1805 der Vertretung des Viertels Oberinntal Vorschläge zur Rettung von Landesverfassung und Landeseinheit. Er empfiehlt, dahin zu wirken, daß Tirol „mit Zuschlagung der benachbarten ebenmäßigen Bergländer Salzburg und Vorarlberg entweder als ein selbständiger Freistaat anerkannt oder doch unter gewissen Bedingungen der Eidgenossenschaft einverleibt würde ... Sollte auch das nicht stattfinden und hat es die Vorsehung verhängt, daß das Land an eine neue, anderwärtige Herrschaft abgetreten werden soll, so muß uns allen daran gelegen sein, die Zerteilung zu verhüten und die alte Verfassung in ihrer ursprünglichen Reinheit zu erhalten und nicht anders als unter genügender Verwahrung übergeben zu werden. Denn wie Tirol das Wenige, was es hat und ist, aber doch sein Alles, nur dem System einer glücklichen, dem Nationalcharakter, der natürlichen Beschaffenheit und den übrigen Verhältnissen angemessenen Mischung der gewöhnlichen Hauptregierungsformen zu verdanken hat, so würde es auch künftig nicht lange mehr bestehen, wenn dessen dermaliger Verband durch eine Verteilung aufgelöst werden sollte oder auch das ganze Land sich schlechterdings in eine gezwungene Gleichförmigkeit mit jenem Staat fügen müßte, dem es zuteil würde" (Hirn, Tirols Erhebung 1809, S. 4f., Anm.).

In der Folge hat die „Aktivität" zu Innsbruck, der landschaftliche Ausschuß Nordtirols, an Kaiser Franz die Bitte gerichtet, sich dafür einzusetzen, daß das Land, wenn es das „schreckliche Los" treffen sollte, von Österreich losgerissen zu werden, wenigstens ungeteilt und im Besitz seiner Verfassung bleibe.

Kaiser Franz sprach in seiner Erwiderung auf die Bitte von seinen Bemühungen, daß das Land ungeteilt an Bayern komme und seine Verfassung behalte; der achte Artikel des (Preßburger) Friedensvertrages werde die Stände Tirols darüber beruhigen. In diesem Artikel war aber nur ausgesprochen, daß Tirol, Vorarlberg und die Vorlande mit denselben Rechten und Lasten an ihre neuen Herrscher übergehen sollen, wie sie Österreich innehatte. Ein Vorbehalt zugunsten der tirolischen Verfassung war damit nicht – zumindest nicht eindeutig – ausgesprochen.

Als die Abtretung des Landes an Bayern zur Tatsache geworden war, entsandte der große landschaftliche Ausschuß Tirols eine Abordnung nach München, welche unter anderem die Bitte um Aufrechterhaltung der tirolischen Landesverfassung vorbrachte. König Maximilian I. Josef empfing die Abordnung sehr freundlich und erklärte: „Ich verspreche euch nochmals, liebe, brave Tiroler, kein Jota an eurer Verfassung soll geändert werden" (Egger 96, III, S. 377). Zwei Jahre später (1808) erhielt aber Bayern eine zentralistische Verfassung, welche Altbayern mit allen Ländern und Länderfetzen, die es von der Gnade Napoleons erhalten hatte, zu einem zentralistischen Einheitsstaat zusammenschließen sollte. Diese Verfassung teilte Bayern in 15 Kreise; die von den Tirolern so hoch eingeschätzte Einheit ihres Landes wurde beseitigt, Tirol unter drei Kreise, den Inn-, Eisack- und Etschkreis, aufgeteilt, die nichts miteinander gemein hatten; die alte politische Einheit des Landes verschwand wie auch der Name Tirol. Es konnten aber auch die Bestimmungen der neuen Verfassung in keiner Weise etwa als eine zeitgemäße Weiterbildung der alten Tiroler Verfassung angesehen werden. Diese den Tirolern aufgezwungene Verfassung stand in offenem Widerspruch zu dem ihnen gegebenen Königswort.

Bereits die Vorstöße des österreichischen Absolutismus und Zentralismus hatten, wie früher dargelegt wurde, bei den Bauern Tirols großen Unwillen hervorgerufen. Was aber bereits unter der österreichischen Regierung und unter dem angestammten Landesfürsten so schwer empfunden worden war, das schien ganz unerträglich unter der aufgezwungenen Herrschaft Bayerns. Über die Auswirkung des bayerischen Zentralismus auf Tirol urteilte zu Beginn des Aufstandes von 1809 ein bayerischer Beamter: „Der größte Fehler wurde gemacht ..., weil man alle Schuhe über einen Leisten schlagen wollte" (Hirn 229, S. 198).[113]

Der Tiroler Bauer war stolz auf die Freiheit des Tiroler Landes und des Tiroler Bauernstandes; dies umso mehr, als in den nördlichen und östlichen Nachbarländern Tirols der Bauer auf den Landtagen nicht vertreten und politisch rechtlos war. Die Tiroler Bauern waren sich ihrer Freiheit und ihrer Rechte umso mehr bewußt, als ja viele von ihnen als Wanderarbeiter und Wanderhändler (s. 1. Bd., S. 392 ff. u. S. 400 ff.) die ungünstigere Rechtslage der Bauern in anderen Ländern kennengelernt hatten.

Gelegentlich hat es auch die Landesregierung nicht versäumt, die Tiroler Bauern auf ihre bevorzugte Stellung aufmerksam zu machen. So suchte sie 1732 Bauern aus Virgen von der Absicht, ins Salzburgische auszuwandern, abzubringen, indem sie ihnen vor Augen stellte, „daß in Tirol die Bauern den vierten Stand ausmachen, wohingegen im Salzburger Lande sie zu puren Untertanen würden" und „dieses großen Vorrechtes" (der Landstandschaft) verlustig gingen (Stolz 639, S. 181 f.). Mit Geringschätzung sahen die Tiroler auf ihre bayerischen Standesgenossen, von denen noch ein großer Teil der vollen Freiheit entbehrte; in Bayern waren ja erst 1808 die letzten Reste der Leibeigenschaft beseitigt worden.

Der Tiroler Bauer hatte neben ideellen Gründen auch sehr materielle, die Landesverfassung zu schätzen, sicherte sie doch der Landesvertretung das Recht zur Steuerbewilligung und dem Bauern ein Recht zur Mitsprache bei dieser Bewilligung. Wenn auch die Mehrzahl der Bauern die einzelnen Bestimmungen der Verfassung nicht genau kannte, so kam ihr doch ständig ihr Wert zum Bewußtsein. Griff ja die Verfassung in mannigfacher Beziehung unmittelbar ins bäuerliche Leben ein. Zur Verfassung gehörte unter anderem das Selbstregierungsrecht in den örtlichen Verbänden von Gemeinde und Gericht. In den Gemeinden wurden wichtigste Angelegenheiten des bäuerlichen Wirtschaftslebens entschieden; eine Beschränkung der alten Selbstverwaltung in den Gemeinden bedrohte die bäuerlichen Verfügungsrechte über Gemeindewald und Gemeindeweide, auf deren Nutzung jeder bäuerliche Betrieb angewiesen war.

Bevollmächtigte der einzelnen Gemeinden des Gerichtsbezirkes hatten als „Gerichtsausschuß" über wichtige Verwaltungsangelegenheiten des ganzen Bezirkes zu entscheiden. Als Landtagsabgeordnete hatten verschiedene Bauern an der Landesregierung und der Entscheidung über wichtige Angelegenheiten teilgenommen. Der Landtag spielte im politischen Denken der Tiroler Bauern seit langem eine große Rolle. Vor dem Landtag konnten sie ihre Beschwerden vorbringen. In lebhaf-

---

[113] In der Darstellung des Tiroler Freiheitskampfes von 1809, wie sie die ausgezeichneten Werke von Josef Hirn (229) und Hans v. Voltelini (722) geben, wird bezweifelt, daß der Bauernstand ein lebhaftes Interesse an der alten Sonderverfassung gehabt habe. Unsere früheren Ausführungen und die folgenden dürften aber dartun, wie hoch das Tiroler Bauerntum allzeit die „Landesfreiheiten", eben diese Verfassung, geschätzt hat.

ter Erinnerung stand noch in der Zeit nach 1805 der große Innsbrucker Landtag von 1790, an welchem viele Vertreter des Bauernstandes teilgenommen hatten.

Weil sich das Bauerntum Tirols seiner gehobenen sozialen und politischen Stellung bewußt war und diese mit der Besonderheit der tirolischen Verfassung in Zusammenhang brachte, glaubte es nicht mit Unrecht, daß die weniger begünstigten Bauern benachbarter Länder nach ähnlichen Rechten strebten. Als im August 1809 der Tiroler Bauernführer Josef Speckbacher einen Vorstoß ins Salzburgische unternehmen wollte, richtete er an die Bauern des salzburgischen Pinzgau und Pongau die Aufforderung, die Waffen zu ergreifen und sich den Tirolern im Kampf gegen Bayern anzuschließen, „damit ihr auch Tiroler werdet und die Tiroler Freiheiten mit uns genießen möget“ (Voltelini 722, S. 246). In der Tat haben auch Salzburger Bauern dem Aufruf Folge geleistet.

Besser als die bayerische Regierung erkannte Napoleon, was dem Tiroler die Verfassung bedeutete. Tirol, so äußerte er sich, würde sich auch gegen Österreich erhoben haben, wenn es von Österreich so schlecht regiert worden wäre wie von Bayern. Man müsse Tirol seine Verfassung lassen oder ihm eine Verfassung geben, welche der alten ähnlich sei. Als er im August 1809 die Tiroler für eine freiwillige Unterwerfung gewinnen wollte, stellte er ihnen Freiheiten und eine ihnen zusagende Verfassung in Aussicht.

Die bäuerlichen Abgeordneten, welche im Jänner 1809 nach Wien gekommen waren, um sich mit Erzherzog Johann über die Vorbereitung des Aufstandes zu beraten, legten größtes Gewicht auf die Wiederherstellung der Landesverfassung. Gleich nach der Überschreitung der tirolischen Grenze durch die österreichischen Truppen sollte ein Kongreß in Brixen zusammentreten und die Verfassung wieder in Kraft gesetzt werden. Erzherzog Johann erhob dagegen den Einwand, daß zur Wiederherstellung der Verfassung ein offener Landtag erforderlich sei; dieser könne aber im Kriegsgetümmel wohl nicht zusammentreten. Man einigte sich schließlich auf die Berufung eines landschaftlichen Ausschusses von 24 Abgeordneten. Das Patent, das am 8. April veröffentlicht wurde, ordnet im Sinn dieser Vereinbarungen die Wiederherstellung der alten Verfassung an.

Wie sehr die Verfassungsfrage die Tiroler Erhebung beeinflußt hat, wird aus einzelnen Äußerungen, wie sie zu Beginn des Aufstandes laut wurden, vernehmlich. So erklärte am 10. April Josef Kirchmayr, Schmied im Dorf Oberperfuß, bei einer Besprechung mit einem Gesinnungsgenossen: „Der Verrat unserer Landesfreiheiten und die Schmach, die wir leiden, erlaubt keinen Tag mehr (mit dem Losschlagen) zu warten; das sei die allgemeine Stimmung“ (Hirn, Tirols Erhebung 1809, S. 299).

Die österreichischen Unterhändler legten bei ihren Verhandlungen mit den Tirolern Wert darauf, die Verfassungsfrage zu betonen, nicht deswegen, weil etwa die österreichische Regierung besondere Vorliebe für die Tiroler Verfassung besessen hätte, wohl aber weil sie deren hohe Bewertung seitens der Tiroler kannte und weil sie die Aufhebung der Verfassung durch Bayern als Verletzung des Preßburger Friedensvertrages angesehen wissen wollte. Am Wiener Hof fehlte es nicht an einflußreichen

Persönlichkeiten, welche daran Anstoß nahmen, daß die österreichische Regierung die Tiroler zur Erhebung gegen die bayerische Herrschaft aneiferte. Die Kaiserin Ludovika, die Gemahlin Kaiser Franz' I., richtete damals in einem Brief an ihren Schwager, den Erzherzog Johann, die Frage, mit welchem Recht Österreich „die Tiroler aufmuntert zur Empörung, zur Untreue gegen ihren rechtmäßigen Gebieter" (Hirn 229, S. 262). Der einflußreiche Wiener Hofrat Josef von Hudelist soll sich geäußert haben, der Tiroler Aufstand sei ein böses Spiel, was die Tiroler heute für den Kaiser leisten, könnten sie ein andermal gegen ihn tun.[114] Um nun solchen legitimistischen Bedenken zu begegnen und die Tiroler im Glauben an die Rechtmäßigkeit ihrer Erhebung zu bestärken, legte man in Wien großen Wert auf den Nachweis einer Verletzung des Friedensvertrages durch Bayern. Daß es allerdings mit dieser Sicherung der Tiroler Verfassung im Preßburger Friedensvertrag eine etwas unsichere Sache war, ist bereits erwähnt worden. In der Kundgebung vom 8. April 1809, in welcher Erzherzog Johann als Vertreter von Kaiser Franz die Tiroler zur Erhebung gegen Bayern aufrief, wird ausdrücklich die Aufhebung der Tiroler Verfassung durch Bayern als Bruch des Preßburger Friedensvertrages bezeichnet und als gerechter Grund zur Erhebung gegen Bayern hingestellt.[115] „Die getreuen vier Stände" – heißt es da weiters – „sind in ihrer ganzen, vormaligen, der Erwerbungsurkunde von 1363 gemäßen repräsentativen Form somit ausdrücklich und feierlich wiederhergestellt". Der Aufruf stellte sich also auf den alten Tiroler Standpunkt, daß der Anschluß an Österreich auf einem Vertrag, eben der „Erwerbungsurkunde von 1363" beruhe.

Neben den Ursachen politischer Natur waren es auch wirtschaftliche Schädigungen, welche zur Erhebung gegen die Herrschaft Bayerns beitrugen. Zunächst mußte schon die Loslösung von Österreich und die Einordnung in ein fremdes Wirtschaftsgebiet unvermeidliche Schwierigkeiten bringen. Der wirtschaftliche Verkehr mit Österreich und Italien war nunmehr durch schwere Zölle gesperrt. Ein Beispiel der schweren Schädigung, welche daraus für Tirol entstand, bietet der Niedergang der Strele'schen „Fabrik" in Imst. Im 1. Bd. (S. 368) wurde bereits berichtet, daß zu Ausgang des 18. Jahrhunderts nicht weniger als 8000 Heimarbeiter, zumeist aus kleinbäuerlichen Familien des oberen Inntales und des Vinschgaues, für dieses Unternehmen arbeiten; im Jahre 1809 war dieses zufolge der geänderten Zoll- und Absatzverhältnisse bereits so geschwächt, daß es nur mehr 905 Personen beschäftigte. Viele kleinbäuerliche Familien, deren Angehörige auf zusätzlichen Verdienst durch Heimarbeit angewiesen waren, gerieten dadurch in Not.

Eine weitere schwere Schädigung ergab sich für viele Bauern aus einer Änderung des Währungswesens. Österreich hatte Tirol wie seine anderen Länder während der Kriegsjahre mit entwertetem Papiergeld überschwemmt. Bayern löste seit 1806 das entwertete Papiergeld mit seinem Silbergeld zu entsprechend herabgesetztem Kurs ein. Eine Regelung war zweifelsohne notwendig, aber die Art, wie sie durchgeführt

---

[114] Von dieser Äußerung berichtet Hormayr, ein Gegner Hudelists.

[115] Hans Kramer, in: Erzherzog Johann und Tirol (Schlern-Schriften 201), Innsbruck 1959, S. 31 ff. Über die alte Tiroler Landesverfassung ebd. S. 28 ff., 77 und 88 ff.

wurde, brachte schwere Gefahr für die bäuerlichen Schuldner. Sind nach der Inflation, die wir nach dem ersten Weltkrieg erlebten, vor allem die Gläubiger zu Schaden gekommen, so wurden durch die Deflation von 1806 viele bäuerliche Schuldner ruiniert. Sie mußten nämlich die Kapitalien, die ihnen seit 1797 die Gläubiger in minderwertigem österreichischem Geld geliehen hatten, im Nominalwert mit dem hochwertigen bayerischen Silbergeld zurückzahlen. Da gleichzeitig viele Güter im Preis sanken, waren sie nunmehr überschuldet und fielen der Vergantung anheim.

Hatten bisher die Bauern aus den kirchlichen Stiftungsgeldern seitens der Ortsgeistlichkeit Darlehen zu billigen Bedingungen erlangt (s. 1. Bd., S. 552 ff. die Ausführungen über die bäuerliche Verschuldung), so erfolgte nun nach Unterstellung des kirchlichen Stiftungswesens unter staatliche Verwaltung eine Erhöhung der Zinsen. Eine ähnliche Maßregel Kaiser Josefs II. hatte bereits in der österreichischen Zeit großen Unwillen hervorgerufen; noch stärker war jetzt die Entrüstung, da nunmehr seitens der Staatsverwaltung auch größere Schwierigkeiten bei der Gewährung von Darlehen gemacht wurden.

Bereits zu Zeiten Maria Theresias und Josefs II. waren Versuche, in Tirol die Konskription, d. h. die zwangsweise Aushebung von Rekruten für das Heer einzuführen, von der Landschaft und besonders von den Abgeordneten des Bauernstandes als ein schwerer Verstoß gegen die Verfassung empfunden und mit Erfolg zurückgewiesen worden. Die Einleitung der Konskription in Tirol seitens Bayerns war geradezu das auslösende Moment für die Erhebung in Nordtirol.

Besonderes Ärgernis erregte die bayerische Regierung durch ihre Kirchenpolitik. Die Bayern taten zwar im Wesen nur das gleiche, was schon Kaiser Josef II. getan hatte: Sie hoben Klöster auf, gingen in törichter und kleinlicher Weise gegen das religiöse Volksleben vor und versuchten die Geistlichkeit in enge Abhängigkeit vom Staat zu bringen. Das Tiroler Volk war schon damals gewaltig erregt worden; in der österreichischen Zeit war man aber im Volk geneigt gewesen, die Schuld mehr den landfremden Beamten in Wien und Innsbruck als dem Landesfürsten anzurechnen. Dem bayerischen König wurden solche mildernde Umstände nicht zugebilligt.

Was dem Tiroler Bauern ganz wider den Strich ging, war das brutale Auftreten eines Teiles der bayerischen Beamtenschaft. Der freie, selbstbewußte Tiroler Bauer war es nicht gewöhnt, grobes Benehmen einer Amtsperson ruhig hinzunehmen. Wenn auch die sehr abfällige Schilderung, die Hormayr in einem Bericht vom 15. November 1809 vom bayerischen Beamtentum entwirft, übertrieben sein mag, so meint doch auch der bayerische Graf Taufkirchen, der in der Zeit nach der Niederwerfung des Aufstandes Tirol bereiste, Bayern müsse schnell vieles gut machen; an manchen Orten habe das brutale Benehmen eines Beamten viel zum Ausbruch des Aufstandes beigetragen, „denn Brutalität ist im allgemeinen wohl nirgends übler angebracht als in Tirol" (zit. nach Hirn 229, S. 94 f.).[116]

[116] Eine lebhafte, wohl auf bäuerlicher Überlieferung beruhende Schilderung des Auftretens bayerischer Beamten bei einer Rekrutierung gibt Adolf Pichler in der Erzählung „Der Flüchtling" (Gesammelte Werke, Bd. 4, S. 165).

Unter den verschiedenen Ursachen, welche die Volkserhebung gegen Bayern herbeiführten, stehen Verfassungsbruch und Verletzung des religiösen Volksgefühles obenan.

Einem bayerischen Agenten gegenüber äußerten sich Tiroler, unter anderem auch der wiederholt genannte Senn, der Hof von München würde an den Tirolern ebenso ergebene Untertanen gefunden haben wie Österreich, wenn er mehr Rücksicht genommen hätte auf die politische Freiheit der Tiroler, ihre politischen Überlieferungen und ihre Religion.

Die Verbindung mit Bayern hätte dem Land Tirol manchen Vorteil bringen können. Seit alters stand Tirol durch seine naturbedingten Verkehrswege in regen wirtschaftlichen Beziehungen zu Bayern. Die Einfuhr bayerischen Korns war für Tirol lebenswichtig, weil die inländische Kornerzeugung den Bedarf nicht deckte. Andererseits hätte das wichtigste Ausfuhrerzeugnis Südtirols, der Wein, in Bayern guten Absatz finden können. Unter der gegebenen politischen Zwangslage hätten sich vielleicht die Tiroler im Lauf der Zeit mit der bayerischen Herrschaft abgefunden, wenn die bayerische Regierung auf die Eigenart des Landes, seiner Bewohner und seiner Verfassung mehr Rücksicht genommen hätte. Aber von solcher Rücksichtnahme war das bayerische Regierungssystem jener Zeit weit entfernt. Verständnis für die alte, aus dem deutschen Geist der Selbstregierung erwachsene Verfassung der Tiroler, für die Sonderart von Land und Volk, für religiöses Volksgefühl war im Bayern des Grafen Montgelas, eines franzosenfreundlichen Anhängers von Zentralismus und „Aufklärung“, nicht zu erwarten.

Die Zeit nach dem Tode Kaiser Josefs II. und namentlich die Kriegsjahre seit 1792 hatten bezüglich der Sonderstellung Tirols eine Besserung gebracht; damals hatte der Tiroler Standpunkt wieder mehr Entgegenkommen gefunden.

So erschien nunmehr die Zeit der Zugehörigkeit zu Österreich als die „gute alte Zeit“. Das Gefühl der Zusammengehörigkeit mit den österreichischen Ländern stand bei den Tirolern von 1809 weniger im Vordergrund als vielmehr die Zuneigung zum österreichischen Kaiserhaus, zum „guten“ Kaiser Franz und ganz besonders zu seinem Bruder, dem Erzherzog Johann, der es so vortrefflich verstanden hatte, die Sympathien der Tiroler zu gewinnen.

Auch tauchte in Tirol der Gedanke eines Anschlusses an die Schweiz wieder auf, für den Fall, daß sich eine Wiedervereinigung mit Österreich als unmöglich zeigen sollte. Im Unterinntal ging in der Zeit zwischen 1805 und 1809 im Volk die Rede: „Bei Bayern wollen wir nicht bleiben; entweder müssen wir zur Schweiz oder zu Österreich fallen und hilft uns Österreich nicht, so helfen wir uns selbst“ (Hirn 229, S. 197).

Das starke Streben der Tiroler nach Freiheit und Selbstbestimmung fiel damals auch fremden Beobachtern auf. Die Französin Frau von Staël[117] schrieb 1812, „Tirol erinnere an die Schweiz und solle mit ihr vereinigt werden, das Land habe das

[117] Dix d'annees d'exil 2. P, 6. chap.; Zitat nach Stolz 633, S. 25.

Bedürfnis, eine Nation zu bilden mehr als Anhänglichkeit an Österreich"; das sollte wohl heißen, daß Tirols Wille, seine Selbständigkeit und Eigenart zu wahren, einen Grundzug tirolischen Wesens bildete. Der Scharfblick Napoleons hat diese tirolische Wesensart wohl erkannt und sogar nach der ersten siegreichen Erhebung Tirols im April 1809 den Gedanken eines Anschlusses Tirols an die Schweiz aufgegriffen. Damals äußerte er sich einem Schweizer gegenüber: „Es (das Land Tirol) besitzt den nämlichen Freiheitssinn wie ihr (Schweizer) und würde sich mit eurer Verfassung gut vertragen."

Die Bewegung von 1809 trägt durchaus bäuerliche Wesenszüge, waren doch in der Hauptsache Bauern ihre Träger. Sie war eine Volksbewegung, nicht das Werk eines einzigen überragenden Führers oder einiger weniger leitender Köpfe. Sie trägt, man möchte fast sagen, genossenschaftlichen Charakter. Die Teilnahme an der Bewegung ist eine mehr oder weniger freiwillige.

Der Tiroler Dichter Schönherr kennzeichnet diese Freiwilligkeit in einer Szene seines Schauspiels „Volk in Not" mit den Worten, die er einen der bäuerlichen Bergiselkämpfer sprechen läßt: „Af'n ganzn Bergisl ist koaner, der mueß." Zu führender Stellung gelangten Männer, die allgemeines Vertrauen genossen. Zur Zeit der zweiten Befreiung Tirols erscheint der Wirt Andreas Hofer als unbestrittener Führer, ohne Ernennung durch den Kaiser, aber getragen vom allgemeinen Vertrauen des Volkes, wird er der „Oberkommandant von Tirol".[118] Er hat diese Stellung nicht angestrebt, er hätte sie noch bei den Maikämpfen gerne einem der Offiziere des österreichischen Heeres überlassen. Er selbst kennzeichnet seine Stellung in jener kurzen Ansprache, die er im August 1809 an die ihm zujubelnde Volksmenge in Innsbruck richtete: „Weil ös mi zum Oberkommandanten erwöhlt habt's, so bin i halt do" (Paulin, Andreas Hofer, S. 94).

Bürger, Bauern und Geistliche waren nach der siegreichen Bergiselschlacht im August mit der Bitte an Hofer herangetreten, nicht bloß das militärische Oberkommando zu übernehmen, sondern auch an die Spitze der Landesverwaltung zu treten. Hofer hatte darauf geantwortet: „Wenns Landl grod mi habn will, so solls mi habn; so guat is dermachn kann, aber im Namen des Koasers" (Paulin, S. 96).

„Bei den Tiroler Bauern vermochte sich nur einer aus ihrer Mitte, ein Mann des Volkes wie Andre Hofer es war, Zutrauen, Achtung und Gehorsam zu verschaffen. Selbst ein Sohn des kernigen Passeirerschlages, mitten unter seinen Landsleuten aufgewachsen, kannte er von Natur aus Art und Wesen seiner Tiroler, wußte mit ihnen umzugehen, fühlte und redete wie sie und hing, wie die Besten aus ihnen, an der Heimat, dem Glauben und den Sitten der Väter sowie an dem angestammten Herrscherhaus mit der zähen Treue einfacher Naturen" (Paulin, S. 6). Auch in der führenden Stellung, zu welcher ihn das Vertrauen des Volkes erhoben hatte, blieb er in Wesen und Gehaben der einfache, aber auch selbstsichere freie Tiroler Bauer. In echter Bescheidenheit suchte er sich geeignete Berater, welchen er jene Geschäfte

---

[118] Über Andreas Hofer als Typus des freien Tiroler Bauern vgl. 1. Bd., S. 548–552.

anvertraute, zu deren Führung er sich selbst für ungeeignet erkannte.[119] Als Führer des Volksaufgebotes zeigte er Verständnis für das Wesen und die Mängel eines solchen, guten Blick für das unmittelbar Notwendige und persönlichen Mut.

Hofer benahm sich in seiner führenden Stellung so, wie er sich etwa als Gemeindevorstand oder Dorfmeister in seiner Heimatgemeinde benommen hätte. Ein solcher war kein „Gebieter" in seiner Gemeinde, der widerspruchslosen Gehorsam fordert, er mußte im Einverständnis mit dem Gemeindeausschuß handeln und diesen jeweils von der Richtigkeit seiner Anordnungen überzeugen. So hat Hofer nach der dritten Befreiung des Landes die Regierung gemeinsam mit einem vertrauten Rat, der zumeist aus Bauern bestand, welche ihm von früher her bekannt waren, geführt. Wie der Gemeindevorstand für die Führung der Gemeindegeschäfte keinen Gehalt bezieht, sondern nur Ersatz der Auslagen verlangen kann, die ihm bei der Führung der Gemeindegeschäfte erwachsen, so hat auch Hofer als Haupt der Landesregierung keine festen Bezüge gehabt, sondern nur Verpflegung und Quartier für die Zeit des Aufenthaltes außerhalb seines heimatlichen Wohnsitzes beansprucht. Diese Ansprüche waren für einen Landesregenten sehr bescheidene: Ein Zimmer in der Innsbrucker Hofburg und 45 Kreuzer für die Verpflegung, die er täglich aus einem nahegelegenen Wirtshaus bezog. „Der gesamte Aufwand Hofers und seines Stabes von 12–15 Geheimen Räten und Adjutanten erforderte während der zwei Monate des Bauernregimentes die Summe von 1600 Gulden" (Paulin, S. 97).

In der Einrichtung der Landesregierung suchte Hofer dem lebhaften Verlangen der Bauern nach Wiederherstellung der Verfassung und Mitwirkung des Volkes bei der Regierung Rechnung zu tragen. Freilich, dem besonderen Wunsch nach Einberufung des Landtages konnte in der Kriegszeit nicht entsprochen werden. Wie lebhaft dieser Wunsch war, hat bereits Hormayr erkannt, als er nach der zweiten Befreiung des Landes als Haupt der Zivilverwaltung die sehr unpopulären, aber unvermeidlichen Steuerforderungen dadurch zu versüßen suchte, daß er die Berufung eines Landtages ankündigte. Wenn es auch zu dieser Berufung nicht gekommen ist, hat Hormayr wenigstens zur Erhebung eines Zwangsdarlehens mit einem Ausschuß der vier Landstände zu Bozen verhandelt. Welchen Wert das Tiroler Bauernvolk auf seine verfassungsmäßige Teilnahme an der Regierung legte, offenbarte sich bei der Einsetzung der zivilen Landesregierung, der „General – Landesadministration", wie sie nach der dritten Landesbefreiung mit Zustimmung Hofers gebildet worden war. In dieses Regierungskollegium wurden neben Beamten ständische Vertreter der drei Landeskreise, des Inn-, Eisack- und Etschkreises, berufen. Bei der Einsetzung dieser Landesregierung wurde ausdrücklich betont, daß eine Bestellung dieser Regierungsbeisitzer „durch eine förmliche, gewählte Volksrepräsentation" zur Zeit nicht möglich sei. Mit dem Eintritt ruhiger Zeiten sollten offenbar die ernannten Vertreter durch gewählte ersetzt werden. Angelegenheiten, die nicht einer sofortigen Erledi-

[119] Hans Kramer, Die Grundzüge der Verwaltung Tirols unter dem Intendanten Josef Frh. v. Hormayr und unter Andreas Hofer 1809, in: Veröff. des Verbandes Österr. Geschichtsvereine, 13. Bd., Wien 1960, S. 72–78.

gung bedurften, sollten der Entscheidung durch die gewählten Vertreter vorbehalten bleiben. Ganz im Sinn der alten tirolischen Verfassung, nach welcher auch die Gerichtsbezirke Körper der Selbstverwaltung waren, arbeitete die Regierung Hofers in Verbindung mit den gewählten Gerichtsausschüssen.

Unter den Vertrauten Andreas Hofers fehlte es nicht an Männern, die auch auf die zukünftige Sicherung der Landesfreiheiten und der Volksrechte durch einen zeitgemäßen Ausbau der Verfassung bedacht waren. Zu diesen gehörte der uns schon bekannte Senn (vgl. oben S. 210 f.). Bereits nach der zweiten Befreiung Tirols hatte Senn in einem Schreiben am 8. Juni an Hofer den Wunsch ausgesprochen, mit ihm in Meran die Frage der künftigen Landesverfassung zu besprechen. In diesem Schreiben führt er aus, Tirol habe sich trotz rühmlicher Mitwirkung des österreichischen Militärs doch im wesentlichen aus eigener Kraft befreit. Das Land solle zu Österreich zurückkehren, aber die Rückkehr solle nicht bedingungslos erfolgen, und da sollten diejenigen am meisten mitreden, die sich um die Befreiung am meisten verdient gemacht hätten: die Bauern. Tirol müsse seine Freiheit sichern, denn wenn auch Kaiser Franz guten Willens sei, so müsse man doch bedenken, daß er anders gesinnte Vorgänger gehabt habe und ebenso wieder ähnliche Nachfolger haben könne. Senn dachte dabei wohl vor allem an die Zeiten Kaiser Josefs II. und an den verfassungsfeindlichen österreichischen Zentralismus. Es sollte die Landesverfassung zeitgemäß erneuert und verbessert werden. Daß eine solche Verbesserung unter anderem eine stärkere Vertretung des Bauernstandes in den Vertretungskörpern bringen müsse, hat Senn schon früher betont. Als ehemaliger Vertreter des Viertels Oberinntal wandte er sich gegen Mißstände in der Landesverwaltung und gegen einseitigen Einfluß des Adels. „Sollen wir uns auf ein neues", schreibt er weiters, „an den alten Schlendrian des faulen, vielfach zweckwidrigen Geschäftsgangs im gelben Haus zu Innsbruck (Landhaus, Sitz der landschaftlichen Verwaltung) gewöhnen, mit einem Schwarm landschaftlicher Beamten, nur aus dem immatrikulierten Adel?" Senn empfiehlt die Einsetzung eines eigenen Konstitutionsausschusses, der die einschlägigen Fragen für die Behandlung auf dem Landtag, der zu berufen sei, vorzubereiten habe.

Es ist begreiflich, daß Hofer in der kurzen Zeit seiner Regierung und unter dem Druck der Kriegsgeschehnisse nicht dazu kam, sich mit Senn zu beraten. Man darf aber daraus nicht den Schluß ziehen, daß Hofer kein Verständnis für Verfassungsfragen aufgebracht habe. Hatte er doch zu jenen Männern gehört, welche bei der Vorbereitung der Tiroler Erhebung die Beseitigung der Verfassung durch Bayern als einen der Hauptgründe für die Erhebung gegen Bayern betonten.

Die bayerische Kirchenpolitik hatte besonders in der bäuerlichen Bevölkerung Tirols stärksten Unmut erweckt und sie darin bestärkt, die Erhebung von 1809 als einen Kampf zur Erhaltung der Religion anzusehen. So war denn auch Hofer bemüht, die Folgen der bayerischen Kirchenpolitik zu beseitigen; hier hat er sich dann auch gelegentlich persönlich in einzelne Angelegenheiten eingeschaltet, während er sonst in die zivile Landesregierung nicht eingriff. Deren Seele war der Freiherr Josef von Giovanelli der Jüngere, der ebenso wie sein Vater zu den besonderen Vertrauensleuten Hofers gehörte.

Tirol hatte in seinem Heldenjahr 1809 gezeigt, was ein mutiges Volk, das für seine Freiheit kämpft, vermag; allenthalben erweckte das Beispiel dieses Landes bei den Völkern, die Napoleons Gewaltherrschaft unterdrückte, Begeisterung und Freiheitshoffnung. Von größter Bedeutung war das Vorbild der Tiroler Erhebung für den deutschen Freiheitskampf von 1813. Tirol hatte seine Siege im Wesen aus eigener Kraft errungen. Österreich hatte es ähnlich wie 1703 nicht verstanden, ein inniges Vertrauensverhältnis zwischen seinen Regierungs- und Heerführern einerseits und dem Land und Volk von Tirol andererseits herzustellen. Selbst der Einstellung Erzherzog Karls, des ruhmreichen Siegers von Aspern, widersprach die Zusammenarbeit mit einem Volksheer.

TIROL IN DEN JAHREN NACH 1809. Nach dem Zusammenbruch des tirolischen Freiheitskampfes kamen schwere Jahre über Tirol. Es verlor nicht nur seine Freiheit, sondern auch sein Dasein als eigenes Land. Nordtirol und ein Teil Südtirols blieben bei Bayern, vom Rest Südtirols kam ein Teil zu Illyrien, ein Teil zum Königreich Italien. Von einer Anerkennung der Tiroler Freiheiten war da keine Rede mehr; umsomehr dachte aber das Tiroler Bauernvolk, das sich trotz der Zerreißung des Landes als Einheit fühlte, an seine alte Freiheit. Trotz all der vergeblichen Opfer und Enttäuschungen gaben die Tiroler die Hoffnung auf Befreiung nicht auf. Auch damals – wie in anderen Zeiten politischer Krisen – tauchte in Tirol wieder der Gedanke eines Anschlusses an die Schweiz auf.

Der Untergang des französischen Heeres in Rußland (1812) brachte den Tirolern wie anderen Bedrückten die Hoffnung auf Befreiung. In ganz Europa brach der Kampf gegen den französischen Tyrannen und seine Schleppenträger los. Preußen und Rußland verbündeten sich zum Kampf gegen Napoleon. Kaiser Franz und sein Minister Metternich verfolgten zunächst eine Politik vorsichtiger Zurückhaltung. Ungenügender Rüstungsstand und schlechte Finanzen erschwerten ein sofortiges Eingreifen und eine entschiedene Stellungnahme gegen den kaiserlichen Schwiegersohn Napoleon. Der Gedanke, dem Beispiel Preußens zu folgen und mit Hilfe einer starken Volksbewegung Napoleons Vorherrschaft zu brechen, widersprach ebenso den politischen Grundsätzen des Kaisers Franz wie denen seines Vertrauensmannes Metternich. War doch zu erwarten, daß den zur Erhebung gegen die französische Gewaltherrschaft aufgerufenen Untertanen konstitutionelle Zugeständnisse in der Form von Verfassungen bewilligt werden müßten, welche die Alleinherrschaft des Monarchen beschränkten. Der Kaiser wie Metternich glaubten aber, den Bestand Österreichs und des monarchischen Systems nur durch Aufrechterhaltung des Absolutismus sichern zu können.

Die Teilnahme Österreichs am Kampf gegen Napoleon erwies sich im Verlauf der Ereignisse von 1812/13 als unvermeidlich; die österreichische Politik wollte aber dabei ihre Selbständigkeit wahren und vor allem vermeiden, daß die französische Vorherrschaft durch eine russische abgelöst werde. Nachdem Österreich seine Rüstung einigermaßen durchgeführt und damit eine Grundlage für selbständiges Vorgehen geschaffen hatte, vollzog es den Anschluß an die gegen Napoleon verbündeten Mächte mit der Kriegserklärung vom 11. August 1813.

Die Erhebung der Tiroler im Jahre 1809 hatte die Augen aller Gegner der napoleonischen Gewaltherrschaft auf das kleine Land gelenkt. Ein kleines, wehrhaftes Bauernvolk hatte ohne wesentliche Unterstützung durch Berufssoldaten große Erfolge über kriegsgeübte Truppen errungen. Die Gegner Napoleons erwarteten, daß Tirol sich dem Freiheitskampf anschließen werde. Der Entwurf zu einer allgemeinen Volkserhebung in Deutschland, der 1812 im russischen Heerlager ausgearbeitet worden war, sah einen Volksaufstand in Tirol und Vorarlberg vor.

Eine große Volkserhebung, an deren Spitze sich Tirol stellen sollte, die aber auch Vorarlberg, Salzburg, die innerösterreichischen Länder und Illyrien erfassen sollte, wurde im sogenannten Alpenbund von 1812 vorbereitet. An der Spitze des Bundes stand Erzherzog Johann, von den Tirolern gehörten dem Bunde außer Hormayr und Roschmann auch verschiedene bäuerliche Freiheitskämpfer wie Eisenstecken, Lutz und Ladurner an. Um Ostern 1813 sollte die geplante Erhebung in Tirol einsetzen und sich von hier aus auf die anderen genannten Länder ausbreiten. „Mein Plan geht dahin", schrieb Erzherzog Johann zu Beginn des Jahres 1813 in sein Tagebuch, „zuerst erhebt sich Tirol, dem die alte Verfassung gegeben wird" (Krones, Tirol 1812–16, S. 65). Die Hauptrolle in der Aufstandsbewegung sollte nach Meinung Johanns den Bauern zufallen. Der Alpenbund verfolgte unter anderem das Ziel, das noch schwankende Österreich zum Krieg an der Seite Rußlands und Preußens zu zwingen. Der österreichischen Politik wäre an der Jahreswende 1812/13 eine solche gegen Frankreich und Napoleon gerichtete Volkserhebung sehr ungelegen gekommen. Die Pläne des Alpenbundes sind durch Roschmann der österreichischen Regierung verraten worden. Anfang März 1813 wurden die Häupter des Bundes, darunter Hormayr und zum Schein auch Anton Leopold Roschmann, verhaftet, Erzherzog Johann kam unter Polizeiaufsicht und durfte Tirol bis zum Jahre 1833 nicht mehr betreten. Kaiser Franz wie Metternich verurteilten den Erhebungsplan des Alpenbundes als eine gefährliche Störung ihrer Politik.

Seitdem Österreich dem Gedanken nähertrat, sich den verbündeten Gegnern Napoleons anzuschließen, tauchte – ähnlich wie 1809 – der Plan wieder auf, sich der Mitwirkung des wehrhaften Tiroler Volkes im Kampf gegen die Feinde zu bedienen. Nach der Kriegserklärung Österreichs an Frankreich und seine Verbündeten sollte sich Roschmann nunmehr im Sinn dieses Planes betätigen. Erzherzog Johann wurde zum Oberkommandanten ausersehen, zu welcher Stelle er dank seiner großen Beliebtheit in Tirol besonders geeignet erschien. Der Plan kam jedoch nicht zur Ausführung, weil Metternich daranging, Bayern vom Bündnis mit Napoleon abzuziehen. Immerhin wünschte man eine Mitwirkung der Tiroler im Kampf gegen die Franzosen in den nicht-bayerischen Landesteilen Südtirols. Das österreichische Heer, das unter Feldzeugmeister Hiller in Kärnten stand, sollte zunächst durch die Erhebung in Südtirol in seiner rechten Flanke entlastet werden. Anfängliche Mißerfolge der Österreicher im Kampf gegen die Franzosen hatten zur Folge, daß Hiller nur schwache militärische Abteilungen zum Vorgehen ins tirolische Drautal abordnen konnte. Diese waren unbedingt auf die Mitwirkung der Tiroler angewiesen. In den Aufrufen, welche die Tiroler zum Kampf an der Seite der Österreicher aufforderten, spielt wiederum, wie in ähnlichen österreichischen Aufrufen des Jahres 1809, die tirolische Verfassung eine Rolle. Auch jetzt wurde wieder auf das Unrecht hingewiesen, das die fremden Regierungen durch die Aufhebung der Verfassung begangen hatten. In Hillers Aufruf hieß es: „An Euch, tapfere Tiroler, ergeht mein Ruf zu den Waffen ... Wenn auch bisher gesucht wurde, eure Verfassung zu vernichten, euer Recht zu zerstören, euer Land zu teilen, nie wird der Name Tirols und das Andenken an seine Helden untergehen. Ihr werdet durch neue Beweise den alten Ruhm behaupten und, indem ihr für euer Vaterland, eure alte Verfassung, eure Freiheit und Religion kämpft, der Welt abermals beweisen, was eine Nation vermag, wenn sie für diese Zwecke streitet" (Hirn 227, S. 359 f.). Auch Roschmann, der zum provisorischen Landeskommissar für Tirol ernannt worden war, sandte eine Flugschrift nach Tirol, in welcher auf die Verletzung der Tiroler Verfassung als Ursache für die Erhebung hingewiesen wurde (Jäger, Tirols Rückkehr, S. 49).

Wenn trotz der geringen Zahl der nach Tirol entsandten regulären Truppen in kurzer Zeit die Befreiung Südtirols gelang, so war dies in hohem Maß das Verdienst des tatkräftigen Auftretens und der Tapferkeit der Tiroler Freiheitskämpfer. Da im bayerischen Teil Tirols viele fürchteten, vom befreiten Teil Südtirols getrennt zu bleiben, begannen hier Unruhen und Kundgebungen gegen die Fortdauer der bayerischen Herrschaft um sich zu greifen. Erst als die Nachricht vom siegreichen Einzug der Verbündeten in Paris (31. März 1814) bekannt wurde, kehrte auch im bayerischen Tirol Ruhe ein. Allenthalben äußerte sich in lebhaften Kundgebungen, insbesondere der bäuerlichen Bevölkerung, die Freude über den Sieg der Verbündeten und die Hoffnung, nunmehr wieder mit Österreich vereinigt zu werden. Mit Ungeduld wartete man auf die formelle Beendigung der bayerischen Herrschaft und die Übergabe des Landes an Österreich, wie sie in der Folge durch den Vertrag zwischen dem Kaiser von Österreich und dem König von Bayern festgelegt wurde (3. Juni 1814).

ENTTÄUSCHTE HOFFNUNGEN. In Tirol und insbesondere im bäuerlichen Volk erwartete man nun die Wiederherstellung der alten Verfassung, wie sie nach der – allerdings verklärenden – Volkserinnerung vor 1805 bestanden hatte. Man erhoffte zunächst eine Erleichterung von den schweren Lasten, die das Land unter der Fremdherrschaft hatte tragen müssen und die in den letzten Kriegszeiten mit ihren vielen Truppendurchzügen in unerträglicher Weise noch gesteigert worden waren. Die gute alte Zeit stand nach dem Denken des bäuerlichen Volkes in engstem

Zusammenhang mit der alten Landesverfassung; deren Wiederherstellung wurde als notwendige Voraussetzung für eine bessere Gestaltung der Zukunft betrachtet.

Als wesentlicher Inhalt der Landesverfassung wurden noch immer angesehen: Mitwirkung der Landesvertretung an der Landesregierung, Recht der Bewilligung und Umlegung der Steuern, Freiheit vom Militärdienst außer Landes, aber auch Pflicht zur Landesverteidigung. Seitens der Bauern legte man besonderen Wert auf die verfassungsmäßige Gleichberechtigung des Bauernstandes mit den anderen drei Ständen. Die Tiroler betrachteten als Landesfreiheiten nicht nur das geschriebene Recht, sondern auch die ungeschriebenen Rechtsgewohnheiten, so auch all die Rechte zur Selbstregierung in Gemeinde und Gericht. Es ist begreiflich, daß unter diesen Umständen die Verteidigung der Landesrechte in ihrer Gesamtheit erschwert war. Das, was nach Ansicht der Landschaft die Landesfreiheiten in sich schlossen, und das, was als geschriebenes Recht nachweisbar war, deckten sich nicht immer.

Es wurde schon früher auf das lebhafte Interesse der Bauern an den Landesfreiheiten und ihr selbständiges politisches Wollen hingewiesen. Sie sind wohl im Verlauf der politischen Kämpfe, die mit der landesfürstlichen Regierung geführt wurden, gelegentlich mit Adel und Bürgern zusammengegangen, ohne aber dabei ihre Selbständigkeit aufzugeben. Die Bauern haben als Mitkämpfer neben den Bürgern auch den Adel zu schätzen gewußt und sich seiner wertvollen Mitarbeit bedient. Es fehlte zwar auch in Tirol nicht an Gegensätzen zwischen Bauern und Adel (vgl. die Ausführungen oben S. 135), aber diese Gegensätze waren nicht von der Art, daß sie gelegentliches Zusammengehen ausgeschlossen hätten. Auch anderwärts, wo freies Bauerntum und Adel nebeneinander lebten, kann solches Zusammengehen der beiden Stände beobachtet werden, so in dem Tirol benachbarten Graubünden. Auch hier hatte der Adel keine verfassungsmäßigen Rechte zur Führung der Politik, gleichwohl hat er entscheidenden politischen Einfluß ausgeübt aufgrund freien Einvernehmens mit dem bäuerlichen Volk, das ihm Vertrauen entgegenbrachte. Gemeinsame politische Ziele führten auch in Tirol Bauern und Adel am Landtag und in den landschaftlichen Ausschüssen auf den gleichen Weg. Die größere Vertrautheit der Adeligen mit den Geschäften der Verwaltung und Politik und ihre mannigfaltigen persönlichen Verbindungen mit einflußreichen Personen legten es den Bauern verschiedentlich nahe, sich der Mitarbeit von Adeligen, denen sie Vertrauen schenkten, zu bedienen. Auch wo es sich um die Verteidigung des Vaterlandes handelte, ergab sich ähnliches Zusammengehen; von den bäuerlichen Schützenkompanien wurden Adelige, die mit dem Kriegswesen vertraut waren, öfters zu Offizieren erwählt.

Im Jahre 1703 hatten Bauern und Adelige gemeinsam eine Notregierung gebildet. In der bäuerlichen Erhebung von 1809 hatte zwar der Adel keine führende Rolle gespielt, immerhin haben aber verschiedene Adelige mutig an der Seite der Bauern gekämpft. Das Haus der adeligen Familie Giovanelli in Bozen war ein Sammelpunkt der tirolischen Patrioten gewesen. Josef von Giovanelli und sein gleichnamiger Sohn besaßen das besondere Vertrauen des Bauernführers Andreas

Hofer. Der jüngere Giovanelli wurde von Hofer in seiner Landesregierung zu einer Art von Innenminister bestellt und hat in seiner Amtstätigkeit bewiesen, daß Hofer den rechten Mann an den rechten Platz gestellt hatte. Auch andere Adelige, denen man in bäuerlichen Kreisen vertraute, wurden von Hofer auf führende Stellen der Landesverwaltung berufen.

Als es sich nach Beendigung des bayerisch-französischen Interregnums um die neuerliche Einordnung Tirols in den österreichischen Kaiserstaat handelte, verlangten die Bauern, die 1809 und neuerdings 1813 für Österreich gekämpft hatten, ein entscheidendes Wort mitzusprechen und vor allem die Wiederherstellung der alten Landesverfassung, wie sie in ihren Vorstellungen lebte. Da auch der Adel ein lebhaftes Interesse an der Verfassung hatte, ergab sich ein gemeinsames politisches Ziel für Adel und Bauern. Es war aber nicht so, wie es gelegentlich dargestellt wurde, als ob nur der Adel an der Verfassung interessiert gewesen wäre und die Bauern nur als unselbständiges Werkzeug seiner Politik vorgeschoben hätte.

Josef von Giovanelli der Jüngere, der Vertrauensmann Andreas Hofers, wurde in den Jahren von 1813 bis 1816 durch das berechtigte Vertrauen der Bauern zu ihrem Anwalt in der Verfassungsfrage ausersehen. Die Familie Giovanelli war, wie so manche andere Familie des Bozner Adels, aus dem Kaufmannsstand hervorgegangen. Der junge Giovanelli hatte an den Universitäten Padua, Innsbruck und Wien studiert, auch in späteren Jahren pflegte er Verkehr mit wissenschaftlich und literarisch bedeutenden Männern. Er verfügte über bedeutende geschichtliche wie rechts- und staatswissenschaftliche Kenntnisse.[120] Nicht ganz ohne Einfluß auf sein politisches Denken mögen seine Beziehungen zum schweizerischen Geschäftsträger in Wien[121] geblieben sein, dessen Tochter, die Freiin von Müller-Müllegg, er heimführte. Der junge Giovanelli war nach dem traurigen Ausgang des Jahres 1809 nach Wien gezogen, während sein Vater in Bozen blieb und dort 1812 starb.

In Wien wurde das Haus Giovanelli ein Sammelpunkt der zahlreichen Tiroler Freiheitskämpfer, die dahin geflüchtet waren. Der junge Giovanelli war eine kräftige, behäbige Erscheinung; er hatte vom Vater außer dem scharfen Verstand auch das leutselige Wesen und jene Mischung von Gemütlichkeit und Schalkhaftigkeit geerbt, welche der Tiroler Bauer im Verkehr mit anderen wie mit seinesgleichen so

[120] Im Hause Giovanelli erhielt denn auch der an der vaterländischen Historie interessierte Marienberger Benediktiner Albert Jäger (1801–1891) die entscheidenden Anregungen zur Inangriffnahme seines großen Werkes, der „Geschichte der landständischen Verfassung Tirols“, 2 Bände in 3 Teilen, Innsbruck 1881–1885. Unveränderter Neudruck im Scientia Verlag Aalen/Westfalen 1970. Vgl. Nikolaus Grass, Albert Jäger, in: Jahrbuch des Südtiroler Kulturinstitutes, 2. Bd., Bozen 1962, S. 317–329 sowie in: Tiroler Heimat, 56. Bd. (1992), S. 161–164.

[121] Dies war der bekannte Schweizer Historiker Johannes von Müller (1752–1809), der Verfasser der „Geschichten Schweizerischer Eidgenossenschaft“, 5 Teile, Leipzig 1825–1826, der in diesem verschieden beurteilten Werk „mit klarem Blick gleich das Richtige und damit geschichtlich etwas ganz Zentrales erkannt“ hat, nämlich den Unterschied zwischen Bauern und Hirten und der damit „das Verständnis des mittelalterlichen Geschehens in der Eidgenossenschaft wesentlich erleichtert“ hat, wie Hans Georg Wackernagel, Altes Volkstum der Schweiz (Basel 1956), S. 31 f. zutreffend hervorhebt. Srbik, Geist und Geschichte, 1. Bd., Salzburg 1950, S. 161 ff.

sehr schätzt. Gleich seinem Vater verfügte auch Giovanelli der Jüngere über gute Kenntnis von Land und Leuten. Er verstand es, mit seinen bäuerlichen Landsleuten in ihrer Denk- und Sprachweise zu verkehren[122], und zwar ohne jene innere Überheblichkeit, wie sie sonst leicht den Verkehr von Stadtmenschen und Landleuten nachteilig beeinflußt und unaufrichtig macht. Der Tiroler Bauer liebt es, auch bei Behandlung ernster Dinge den Humor gelegentlich nicht ganz auszuschalten. Noch heute können Amtspersonen, die mit unseren Bauern zu tun haben, beobachten, daß eine kleine Beimischung von Humor und harmlosem Witz die Verhandlungen ungemein erleichtert. In Tirol bestand, wie schon früher dargetan wurde, nicht jener scharfe gesellschaftliche Gegensatz zwischen Bauern und Adel wie in den Ländern bäuerlicher Unfreiheit und Untertänigkeit. So darf es nicht Wunder nehmen, wenn gerade Giovanelli in der Folge der besondere Vertrauensmann der Bauern in ihren politischen Anliegen wurde und der vertraute Berater der verschiedenen bäuerlichen Abordnungen, die aus Tirol nach Wien kamen, um dort die Beschwerden und Wünsche Tirols dem Kaiser und seinen Staatsmännern vorzutragen.

Die Tiroler Bauern bedurften zur Durchsetzung ihrer Verfassungswünsche der Beratung und Mitwirkung von Persönlichkeiten, welche mit den am Sitz der Regierung herrschenden politischen Strömungen und mit der Denkweise und den politischen Zielen der führenden Staatsmänner einigermaßen vertraut waren. Der Tiroler Adel war selbst an der Wiederherstellung der Verfassung stark interessiert; da lag es nahe, daß Bauern und Adel in der Verfassungsfrage gemeinsam vorgingen. Von seiten des Adels war es vor allem der Bozner Adel, der sich um die Wiederherstellung der Verfassung bemühte. Viele der Bozner Adelsfamilien waren aus dem Kaufmannsstand hervorgegangen, manche ihrer Angehörigen waren am Handel der alten Messestadt Bozen beteiligt. Solche Adelige besaßen Geschäftsgewandtheit und Menschenkenntnis; sie waren auch über die herrschenden politischen Strömungen und deren mögliche Folgen unterrichtet. Da diese Adeligen meist auch über Grundbesitz verfügten, standen sie auch in ihrem wirtschaftlichen Denken den Bauern einigermaßen nahe.

Neben Giovanelli traten besonders zwei andere Bozner Adelige, Franz von Plattner und Anton von Grabmayr, in der Verfassungsbewegung hervor; auch sie unterhielten gute Verbindung mit den Bauern und besaßen deren Vertrauen.

Allgemein war der Wunsch in Tirol, daß nach der Rückkehr der österreichischen Herrschaft ein Mann an die Spitze der Landesverwaltung gestellt werde, den das Land und sein Volk kenne und schätze; ein Mann, der gestützt auf das Ver-

[122] Im 17. Jh. hatte sich beispielsweise der landesfürstliche Leibarzt Dr. Paul Weinhart d. J. (1623–1710) wiederholt für Bauern eingesetzt, sodaß Erzherzog Ferdinand Karl seinen Leibmedicus „alzeit der Pauren Advocat gehaißen", welchen Titel dieser „gerne angenommen". Dr. Weinhart besaß als Grundherr zahlreiche landwirtschaftliche Liegenschaften und kam so immer wieder mit Bauern in Berührung. Vgl. Nikolaus Grass, Cusanus und das Volkstum der Berge, Innsbruck 1972, S. 121. Über das Verhältnis zwischen Adel und Bauerntum in Tirol berichtet sehr aufschlußreich Hans Hochenegg, Der Adel im Leben Tirols (Veröff. der Universität Innsbruck, 70. Bd.), Innsbruck 1971, S. 19–30.

trauen des Volkes Wünsche und Rechte von Land und Volk gegenüber der Wiener Regierung mit Klugheit und Festigkeit vertrete. Ein solcher Mann war nach der tirolischen Volksmeinung Erzherzog Johann, der Bruder des Kaisers.

Erzherzog Johann, der Sohn Kaiser Leopolds II., kam in Florenz 1782 zur Welt. Von seinen Erziehern waren es zwei Schweizer, denen er besondere Zuneigung schenkte. Als Sechzehnjähriger lernte er Johann Müllers Schweizer Geschichte kennen und noch im gleichen Jahre den Verfasser selbst. Der junge Prinz begeisterte sich für die Schweizer Bauern und ihren Freiheitskampf, obwohl dieser gegen die Herrschaft seines Hauses gerichtet war. In der Zeit von 1800 bis 1805 hielt sich der Erzherzog wiederholt längere Zeit in Tirol auf. Auf seinen Wanderungen über Berg und Tal lernte er Tirol und sein Volk kennen und lieben; er legte Wert darauf, mit dem Volk zu verkehren. Bei den Tiroler Bauern glaubte er ähnliche Züge zu finden wie bei den Schweizern. Seinem Schweizer Freund Müller gegenüber äußerte sich der junge Prinz begeistert über das Volk von Tirol, seinen Freiheitssinn und seine Verfassung. Damals schon dachte er daran, eine Art von Volkskunde der Bewohner der deutschen Alpenländer zu schreiben.

1805 wurde der junge Prinz mit der Leitung des Landesverteidigungswesens in Tirol betraut. Es gelang ihm, ein einmütiges Zusammengehen von Landesregierung, Militär und Landschaft zu bewirken. Das Tiroler Volk, das ein feines Gefühl für die Zuneigung hatte, die ihm der Erzherzog entgegenbrachte, zeigte Verständnis für die Organisation der Landmiliz und leistete dem Aufgebot zum Landsturm willigen Gehorsam. Der unglückliche Ausgang des Krieges brachte aber die Trennung Tirols von Österreich, Johann mußte bewegten Herzens von seinen „biedern und treuen Tirolern", wie er sie in einem Schreiben vom 26. Oktober 1805 nennt, Abschied nehmen. Er dachte damals wohl nicht daran, daß er das Land erst nach 28 Jahren wiedersehen würde.

Es war dem Prinzen offenbar geworden, welch enger Zusammenhang zwischen Mitwirkung des Volkes an der Regierung und vaterländischer Gesinnung bestand. Anders als sein Bruder, Österreichs berühmter Heerführer Erzherzog Karl, war Johann ein Anhänger der Idee des Volksheeres. Er erkannte, daß ein politisch mündiges Volk bereitwilliger die allgemeine Wehrpflicht auf sich nimmt als ein unfreies Volk und daß die wiederholt erwiesene Kriegstüchtigkeit des tirolischen Volksaufgebotes in engem Zusammenhang steht mit der freiheitlichen Verfassung des Landes. Sehr hoch schätzte der Erzherzog die Bedeutung Tirols für Österreich, besonders seine militärische Bedeutung; Tirol war ihm das Herz der Monarchie. Er wünschte sich, nach erfolgreichem Verlauf der geplanten Tiroler Erhebung als Statthalter des Kaisers nach Tirol gesandt zu werden. Nach dem unglücklichen Ende der Tiroler Erhebung beklagte er es, daß man das Land seitens Österreichs im Stich ließ: „Die Staatskunst habe sich damals an dem Land schwer versündigt" (nach Aufzeichnungen des Erzherzogs, vgl. Krones, Tirol, S. 31 f.).

Das Schicksal Tirols beschäftigte den Erzherzog auch nach 1809 ständig. Als der Feldzug Napoleons gegen Rußland für das französische Heer eine schlimme Wendung nahm und der Stern Napoleons im Niedergang war, erwachte in Erzherzog Johann aufs neue der Wunsch, die Befreiung Tirols selbst in die Hand zu nehmen, welchem Zweck unter anderem der Alpenbund dienen sollte. Über Johanns Verhältnis zum Alpenbund wurde bereits gesprochen. Als den Leitern der österreichischen Politik ähnlich wie 1809 wieder eine Erhebung Tirols militärisch wertvoll erschien, tauchte auch erneut der Plan auf, den Erzherzog mit österreichischen Truppen nach Tirol zu senden. Als jedoch die österreichische Politik sich die Loslösung Bayerns vom Bund mit Frankreich zum Ziele setzte, war eine Erhebung Tirols, soweit sie den bayerischen Landesteil betraf, nicht mehr erwünscht.

Erzherzog Johann stand seinem ganzen Wesen und politischen Denken nach in Widerspruch zu den politischen Grundsätzen und Anschauungen der führenden Männer in Wien. Kaiser Franz wie Metternich glaubten, daß Österreich nicht anders als absolutistisch regiert werden könne; beide wollten von Mitregierung des Volkes und Volkssouveränität nichts wissen. So lehnten sie es auch ab, den Landtagen die Eigenschaft einer Landes- oder Volksvertretung zuzuerkennen, sie sahen in ihnen nur eine Vertretung der Stände der einzelnen Länder, eine Vertretung, die aber auf die Beratung der Regierung beschränkt sein sollte. In Tirol sah man aber letzten Endes im Landtag eine Vertretung des ganzen Landes und Volkes. Der Kaiser wie Metternich wollten den Ständen weder Anteil an der Gesetzgebung noch das Recht der Steuerbewilligung zugestehen. Kaiser Franz war zu einem Abweichen vom absolutistischen Kurs umso weniger geneigt, als er in konstitutionellen Zugeständnissen ein Eingehen auf revolutionäre Ideen zu erkennen glaubte.

Wenn Hudelist einst (s. oben S. 218) die Erhebung der Tiroler beargwöhnte, so mag in der Folge etwas von seinem Argwohn auf seinen kaiserlichen Herrn übergegangen sein und diesem das Verlangen der Tiroler nach ihren Landesfreiheiten, ihrer freiheitlichen Verfassung, als revolutionär erschienen sein.

Die Begeisterung des kaiserlichen Bruders Johann für Volksfreiheit und für Verfassungsformen, die dem Volk ein Mitregierungsrecht gaben, mußten diesen begreiflicherweise in den Augen des Kaisers als wenig geeignet erscheinen lassen, ihn so, wie es Johann sehnlich wünschte, als seinen Statthalter nach Tirol zu senden.

Der Erzherzog konnte im Verkehr mit dem Kaiser selbst feststellen, daß dieser für die Verfassungswünsche der Tiroler wenig übrig hatte. In seinem Tagebuch vom 21. Juli 1814 schreibt der Erzherzog, daß er im Gespräch mit Franz I. feststellen konnte, „daß der Kaiser nicht gestimmt sei", den Tirolern ihre alte Verfassung wiederzugeben. Er zweifle, „ob das Volk noch so gut geblieben, ob es nicht verdorben ... Ich sah nun deutlich die Tendenz des Baldacci, Alles auf eine [sic!] Fuß zu schlagen" (Krones, Tirol, S. 179 f.). Anton Freiherr von Baldacci, damals Armeeminister, gehörte zu den Verfechtern des Zentralismus. Der Kaiser „hält die Tiroler", bemerkt Erzherzog Johann wenige Tage später in seinem Tagebuch, „für in Parteien zerrissen" (Krones, S. 192, Anm. 340).

Die führenden Männer der Wiener Regierung waren wie ihr kaiserlicher Herr Absolutisten und Zentralisten; sie glaubten Tirol keine Sonderstellung einräumen zu dürfen, ihnen waren die Vorkämpfer für die tirolische Verfassung eben nur „Separatisten und Provinzialisten". Manche von ihnen mögen hinter den Verfassungswünschen der Tiroler und ihrem Verlangen nach Mitregierung des Volkes revolutionäre Ideen gesehen haben. Wohl etwas zugespitzt, im Wesen aber richtig, gab der Graf Ugarte, Gubernialrat im Brünner Gubernium, die in diesen Kreisen herrschende Meinung wieder, wenn er gegenüber dem Tiroler Hormayr vom republikanischen Treiben der Tiroler Patriotenpartei, von der Unbotmäßigkeit der Tiroler Bauern und der Notwendigkeit sprach, die obersten Landesämter Tirols mit Ausländern zu besetzen.

Wenn die Tiroler glaubten, ein Recht auf die Wiederherstellung ihrer Verfassung zu haben, so erhob man in Wien dagegen schärfsten Einspruch. Geradezu staatsgefährlich erschien jetzt diesen Staatsmännern die Ansicht der Tiroler, sie seien zum Aufstand gegen Bayern berechtigt gewesen, weil Bayern ihnen die Verfassung genommen hatte. Baldacci sprach wohl die in Wiener Regierungskreisen herrschende Ansicht aus, wenn er sich einer Tiroler Abordnung gegenüber recht unverblümt ausdrückte: „Die alte Verfassung Tirols, als dem Geist der Zeit und den jetzigen Verhältnissen zuwider, könne nicht mehr hergestellt werden" (Jäger, Rückkehr Tirols, S. 162).

Immerhin fehlte es auch in Kreisen der höheren Beamtenschaft nicht an Männern, welche den Wert der tirolischen Verfassung zu würdigen verstanden und für sie eintraten. So haben sich unter anderm zwei Nicht-Tiroler mit Nachdruck für die tirolische Verfassung ausgesprochen. Einer von ihnen ist Robert von Benz, der Kreishauptmann von Imst, der von Erzherzog Rainer zu einem Gutachten aufgefordert worden war. Benz empfahl nachdrücklich die Wiederherstellung der Verfassung. Der andere ist der als Landeskommissar in Tirol weilende Mensi, der sein Gutachten an Baldacci erstattete und darin unter anderm schreibt: „Ein Volk auszumachen, ist der glühende Wunsch der Tiroler." Das erinnert an die erwähnten Worte der Frau von Staël, daß die Tiroler besonderen Wert darauf legen, eine „eigene Nation" zu bilden.

Mensi wie Staël kennzeichnen das bei den Tirolern allzeit festzustellende Streben, die Sonderstellung ihres Landes gegenüber zentralistischer Gleichmacherei zu betonen. Sehr freimütig übt Mensi in seinem Gutachten Kritik am Verhalten der österreichischen Regierung gegen Tirol. Er erinnert daran, daß die Verfassungswünsche der Tiroler „wiederholt durch feierliche Erklärungen von seiten Österreichs aufgemuntert und gerechtfertigt worden sind". Er fährt dann fort: „Es läßt sich nicht wegleugnen, daß in den letzten Jahren ein unglückliches Zusammentreffen von Umständen die Anhänglichkeit der Tiroler (an Österreich) wirklich auf harte Proben stellte; daß das bisherige Unglück der österreichischen Waffen diesem Land fast niemals den Schutz gewähren konnte, der doch ein wesentliches Band zwischen Regierung und Untertan ist; daß manche Zusicherungen, auf welche die Tiroler getraut haben, im Drang der Umstände nicht erfüllt werden konnten; daß endlich erst in der letzten Zeit (1813) das Betragen der kaiserlichen Truppen, die Tirol durchzogen und erschöpften, nicht geeignet war, den Bewohnern die Wohltat einer neuen Ordnung der Dinge begreiflich zu machen." Mensi sprach am Schluß seines Gutachtens die Befürchtung aus, mit jeder Störung in den inneren Verhältnissen dieser Provinz und in den Privilegien seiner Bewohner werde ihre Nationalität (Eigenart) und mit dieser jeder Vorteil verloren gehen, den die Provinz sonst dem österreichischen Staate gewähre. „Tirol wird dann, wenn es auf die Vaterlandsverteidigung ankommt, nicht mehr Tirol sein, und seine Bewohner werden kein Interesse mehr haben, sich als eine selbständige Nation zur Selbstverteidigung zu erheben."

Ein Gutachten, dessen Verfasser nicht genannt ist, tritt für Wiederherstellung der tirolischen Verfassung ein, empfiehlt aber zeitgemäße Änderungen. Ähnlich wie in den früher erwähnten Vorschlägen Senns spricht sich das Gutachten gegen die zu starke Vertretung des Adelsstandes aus, wie sie nach der alten Landesverfassung bestand. Es empfiehlt eine besondere Auszeichnung des Bauernstandes, der im Jahre 1809 beinahe alles getan und den größten Teil des Grundbesitzes inne habe.

In österreichischen Aufrufen des Jahres 1809 war wiederholt erklärt worden, daß die Aufhebung der tirolischen Verfassung durch Bayern ein rechtsgültiger Grund zum Aufstand gegen Bayern sei. Die Tiroler durften daher mit Recht von der Rückkehr zu Österreich die Wiederherstellung ihrer Verfassung, allenfalls mit zeitgemäßen Änderungen, erwarten. Unter anderem dachte man im Volk wohl an eine stärkere Vertretung des Bauernstandes, der ja im Jahre 1809 und bereits in früheren Kriegen zu den kriegerischen Leistungen den Hauptanteil gestellt hatte.

Kaiser Franz verkannte nicht die Notwendigkeit eines gewissen Entgegenkommens hinsichtlich der Verfassungswünsche der Tiroler. Aber das, was er und seine maßgebenden Staatsmänner als zeitgemäß an der alten Verfassung ansahen, war wesentlich verschieden von dem, was die Tiroler als ihre alte Verfassung betrachteten. Kaiser Franz hatte vor allem jene Verfassungszustände vor Augen, wie sie Absolutismus und Zentralismus besonders in den Zeiten Maria Theresias und Josefs II. geschaffen hatten. Gegen die damaligen Vorstöße ihrer Landesfürsten hatten die Tiroler allzeit lebhaften Protest erhoben. Nach der Rückkehr zu Österreich begehrten die Tiroler die Wiederherstellung jener Verfassung, für die sie seit Jahrhunderten im Kampf gegen die Regierung eingetreten waren. Nicht wenige von den Bauern der Zeit um 1814 erinnerten sich noch an den großen Landtag von 1790, manche von ihnen hatten wohl als Abgeordnete an demselben teilgenommen; auf diesem Landtag und in seiner Folge hatte Kaiser Leopold II. bedeutende Zugeständnisse gemacht und durch seine Haltung die alte Landesverfassung wenigstens teilweise als zu Recht bestehend anerkannt.

Kaiser Franz und seine Staatsmänner wollten aber nicht nur an jenen Beschränkungen der Verfassungsrechte, die der österreichische Absolutismus und Zentralismus der älteren Zeit erreicht hatte, festhalten, sondern darüber hinaus jene weiteren Maßnahmen, die die bayerische und französische Zwischenregierung mit ihrem absolutistischen und zentralistischen Regierungssystem zur Zerstörung tirolischer Sonderstellung und tirolischer Verfassung ergriffen hatten, als wertvolle Vorarbeit und

Grundlage benützen, um das Werk der Gleichmachung – der „Uniformierung“ –, das man für notwendig zur Erhaltung Österreichs hielt, auch in Tirol endlich zur Gänze durchzuführen. Man hoffte, dies nunmehr leichter zu erreichen. Es sollte daher die Zivilverwaltung in dem zunächst von Österreich besetzten Südtirol keine wesentlichen Änderungen erfahren.

In Tirol wünschte man allgemein, daß Erzherzog Johann als kaiserlicher Statthalter ins Land kommen werde. Der Erzherzog selbst, der für Land und Volk von Tirol besondere Zuneigung hegte, wünschte lebhaft, an die Spitze der Landesverwaltung zu treten. „Allein nach Tirol wünsche ich nur dann zu kommen“, schrieb er am 27. Jänner in sein Tagebuch, „wenn ich diesem lieben Volk seine Verfassung, Glück, Ruhe und frohe Dinge bringen kann; sonst gebe Gott, daß ich hier (in Ternberg in der Steiermark) bleibe“ (Krones, Tirol, S. 172, Anm. 300).

In Wien war man aber nicht mehr geneigt, den Erzherzog nach Tirol zu senden. Die Beteiligung Johanns am Alpenbund hatte das Mißtrauen des Kaisers geweckt. Außerdem hätte die Bestellung eines Erzherzogs zum kaiserlichen Statthalter doch eine ausgesprochene Sonderstellung Tirols bedeutet, zu welcher man in Wien am allerwenigsten Neigung hatte.

Der für Wien vertrauenswürdige Mann, den man zunächst mit der Zivilverwaltung Tirols und der Neueinrichtung der österreichischen Herrschaft betraute, war Anton Leopold von Roschmann. Er entstammte einer Tiroler Beamtenfamilie und war bereits 1809 als Unterintendant unter Hormayr und später als Generallandeskommissar in Tirol tätig gewesen.[123] Als entschlossener und verwendbarer Mann hatte er sich damals mit Eifer für die Sache des Landes eingesetzt. Aus diesem Grunde war er beim Erzherzog zu Ansehen gelangt. Es fehlte Roschmann aber an Charakter und eigenen Ideen. Als Verräter der Pläne des Alpenbundes hatte er sich oben empfohlen. Als daher die österreichischen Truppen in das illyrische Tirol einrückten, wurde Roschmann ihrem Kommandanten als „Landeskommissär für die Zivilverwaltung der eroberten Gebiete“ beigegeben. Nachdem Kaiser Franz am 26. Juni 1814 aufgrund der Abmachungen mit Bayern feierlich wieder von ganz Tirol Besitz ergriffen hatte, hielt Roschmann, der mit einer Abordnung von Männern seines Vertrauens nach Wien gekommen war, als Landeschef am 16. August 1814 vor dem Kaiser eine Rede, in der er die maßgeblichen Persönlichkeiten in Wien in der Auffassung bestärkte, daß Tirol keinen Anspruch auf eine staatsrechtliche Sonderstellung besitze. Infolgedessen müsse die Gewährung einer Landesverfassung als ein Akt kaiserlicher Gnade und nicht als Wiederherstellung eines angeborenen Rechtes angesehen werden.

Roschmanns Rede kam geradezu einer Verzichtserklärung auf die Landesrechte gleich. Kein Wort über die Verdienste und Opfer, die das Land erbrachte, kein Wort über die Wiederherstellung der alten Landesverfassung. Bald darauf legte

---

123 Hans Hochenegg, Zur Geschichte der Familie Roschmann, in: TH. 36. Jg. (1972), Innsbruck 1973, S. 79–103.

in Bozen eine Versammlung von Bürgern, Bauern und Adeligen Verwahrung gegen das unglückliche Auftreten Roschmanns vor dem Monarchen ein. Am 8. September 1814 kamen zahlreiche Vertreter des Bürger- und Bauernstandes in Trens zusammen, um den Standpunkt Tirols in der Verfassungsfrage zu betonen, während Adel und Geistlichkeit aus Ängstlichkeit ferngeblieben waren. Schließlich fiel Roschmann in Wien in Ungnade. Im April 1815 wurde der im Lande angesehene Ferdinand Graf von Bissingen-Nippenburg zum Gouverneur von Tirol und Vorarlberg ernannt. Am 8. Mai 1815 erhielt eine tirolische Abordnung vom Kaiser die Zusage, daß das Land in Bälde seine alten Rechte zurückerhalten werde.[124]

Doch allen Vorstellungen der Tiroler blieb ein entsprechender Erfolg versagt. In heute kaum verständlicher Engherzigkeit hat die damalige Hofkanzlei unter Metternichs Führung, die die Mitwirkung weiterer Volkskreise an der Regierung zurückdrängen wollte, dem Kaiser zum Erlaß einer neuen Verfassung für das Land Tirol geraten, die mit Patent vom 26. März 1816 kundgemacht wurde. Diese Verfassung stellte wohl die äußeren Formen der alten Verfassung wieder her, verwehrte dem Landtag jedoch die aktiven politischen Rechte. Von der alten Verfassung von 1342 und ihren Grundsätzen war nicht mehr viel übriggeblieben, nur das, was von ihr seit Maria Theresia tatsächlich in Geltung war, nämlich nur das Recht, die vom Landesfürsten geforderten Steuern auf die Bevölkerung aufzuteilen und Bitten und Vorstellungen in Angelegenheiten des Landes an den Landesfürsten und seine Regierung zu richten. Diese neue Verfassung weist das alte Steuerbewilligungsrecht ausdrücklich zurück, und die Mitwirkung der Landstände an der Gesetzgebung wird nicht einmal erwähnt. Dafür blieb es bei der herkömmlichen gleichen Stimmenzahl, nämlich von je 13 für alle vier Stände, bei den Ausschußkongressen, die nun allein abgehalten werden sollten. Gegenüber den Landständen der anderen österreichischen Länder war für Tirol nur der eine Vorzug gewährt, daß auch der Bauernstand an dieser landständischen Verfassung wie bisher direkt beteiligt war und daß diese Beteiligung auch neu verbrieft war, während sie für die meisten übrigen österreichischen Länder ausschließlich dem Herkommen überlassen war.[125]

* * *

[124] Richard Schober, Geschichte des Tiroler Landtages im 19. und 20. Jahrhundert, Innsbruck 1984, S. 15 ff. Josef Fontana, in: Geschichte des Landes Tirol, 2. Bd. (1986), S. 588 ff.

[125] H. Gsteu, Geschichte des Tiroler Landtages von 1816–1848, in: TH. 7. Jg. (1927), S. 77–179 und Wopfner, Ehre und Freiheit, 1. Bd., S. 111 ff. Richard Schober, Geschichte des Tiroler Landtages im 19. und 20. Jahrhundert, Innsbruck 1984, S. 26.

Hier endet Wopfners Manuskript. Krankheit und Tod haben den bejahrten Autor gehindert, diesen Abschnitt, an dem er bis zuletzt arbeitete, zum Abschluß zu bringen.

Diese Lücke soll durch die folgende Kurzdarstellung geschlossen werden, die Hermann Wopfner einige Jahre zuvor publiziert hatte: Tiroler Bauer und Tiroler Landesfreiheit (1. Bd. der Tiroler Heimatschriften), Innsbruck 1947, S. 36–48. Eine ausführlichere Darstellung gibt Wopfner in: Ehre und Freiheit, 1. Bd., S. 111–202.

Der Herausgeber

Kaiser Franz und die Leute seines Vertrauens witterten überall Ideen der französischen Revolution. Daß es sich bei den Verfassungsforderungen der Tiroler um die Wiederherstellung alter, demokratischer Freiheiten, nicht um die Übernahme fremder, revolutionärer Ideen handelte, ist weder ihm noch den meisten seiner Berater zum Bewußtsein gekommen. Man hatte in Wien Angst, die Tiroler könnten eines Tages das, was sie gegen die Verfassungsbrecher in München gemacht hatten, gegen einen Verfassungsbrecher in Wien wiederholen. So glaubte man denn besonders klug zu handeln, wenn man den Tirolern nur den äußeren Anschein, die äußere Form ihrer Verfassung wiedergebe, den wesentlichen Inhalt aber vorenthalte. Die Verfassung, die man den Tirolern 1816 kredenzte, war ein Hohn auf das alte Recht der Tiroler und ist auch als solcher empfunden worden.

Als dann in den Jahren vor 1848 eine starke demokratische Bewegung ganz West- und Mitteleuropa ergriff, haben die Tiroler eine Haltung von bemerkenswerter Selbständigkeit eingenommen. Während die Wiener Märzrevolution des Jahres 1848 nach auswärtigen Mustern Umschau hielt, um nach diesen eine Verfassung für Österreich aufzubauen, gingen die Tiroler an die Wiederherstellung ihrer alten Verfassung und ihren Ausbau durch zeitgemäße Neuerungen.

Die politischen Gedanken, die den Tiroler Bauer damals bewegten, kamen unter anderm in den Forderungen zum Ausdruck, welche auf einer Wahlmännerversammlung der Gerichte Lana, Kaltern und Neumarkt im Juni 1848 aufgestellt wurden. Diese Wahlmänner waren von den Urwählern der drei Gerichte zu dem Zweck gewählt worden, ihrerseits den Abgeordneten für den Landtag zu wählen. In der ersten der aufgestellten Forderungen beschweren sich die Versammelten darüber, daß Tirol in den letzten 33 Jahren wie eine eroberte Provinz behandelt worden sei. „Das Land Tirol hatte", heißt es in dem Programm, „seit uralten Zeiten her eine eigene, selbständige Verfassung ... und jeder Fürst aus dem österreichischen Kaiserhause mußte bei Übernahme der Landesregierung die eigene Verfassung und die Freiheit des Landes Tirol beschwören ... In Ehrfurcht und Anhänglichkeit gegen den Kaiser muß diese selbständige Verfassung mit aller Festigkeit behauptet werden und Tirol muß die inneren Landesangelegenheiten, den inneren Haushalt des Landes selbst verwalten und ordnen ... unabhängig vom Reichstag in Wien." Andere Forderungen bezogen sich auf das Landesverteidigungswesen; im sechsten Punkt wird Verminderung der Beamtenzahl, Vereinfachung des Geschäftsganges bei den Ämtern und – bemerkenswerterweise –

„deutsche und kurze Kanzleisprache und Schrift“ verlangt. Man wollte, daß die Behörden gemeinverständlich schreiben und sprechen und nicht ein bürokratisches Kauderwelsch gebrauchen. Außerdem wird Wiederherstellung der Gemeindeautonomie und Pressefreiheit verlangt; letztere soll allerdings durch ein dem Land und Volk angepaßtes Repressivgesetz beschränkt werden. Die Schulfreundlichkeit der Bauern kommt in der Forderung nach Erstreckung des schulpflichtigen Alters bis zum 14. Lebensjahr sowie im Wunsch nach Ausbau der Feiertagsschule zum Ausdruck.

Nachdem das alte österreichische Regierungssystem im Sturm der Revolution von 1848 zusammengebrochen war, gingen die Tiroler daran, selbständig ihre alte Landesverfassung aufzubauen und auszubauen. Sie waren nicht der Meinung, daß die neue Wiener Regierung oder der österreichische Reichstag ihnen ihre Verfassung zu machen habe. Als freies Volk und im Bewußtsein ihrer alten Landesrechte und Freiheiten fühlten sie sich berechtigt, ihre Landesverfassung selbst aufzurichten und auszubauen. Was die Tiroler Bauern und mit ihnen die konservative Mehrheit des Tiroler Landtages verlangte, war wesentlich verschieden von dem, was der vorwiegend in den Städten beheimatete Liberalismus verlangte. Die Tiroler Konservativen zielten auf eine organische und zeitgemäße Weiterbildung der alten Landesverfassung, die Liberalen aber schwärmten für eine Repräsentativverfassung, wie sie in den westeuropäischen Staaten bestand.

Der Landtag, der nach der erneuerten Verfassung Tirols im Juni 1848 zu Innsbruck zusammentrat, wollte das Tiroler Verfassungsleben so weiterführen, wie es vor 1805 – dem Jahr der Abtretung Tirols an Bayern – bestanden hatte. Er betrachtete die Zeit von 1816–1848 als eine Zeit der Verfassungswidrigkeit. Nach der erneuerten Landesverfassung sollte der Landtag aus 13 Vertretern des geistlichen Grundbesitzes, 12 Vertretern des Adels und 22 der Städte und 35 bäuerlichen Vertretern bestehen. Damit waren die Bauern zur stärksten ständischen Gruppe im Landtag geworden, was sowohl ihrer Bedeutung als auch ihrer Zahl entsprach. War doch Tirol seit alters ein Bauernland, sein Volk ein Bauernvolk.

In Österreich, das – anders als Tirol – einer alten demokratischen Überlieferung entbehrte, vermochte sich das verfassungsmäßige Leben nicht lange zu behaupten. 1851 kehrte man in Wien wieder zum Absolutismus und Zentralismus zurück. Die tirolische Landesverfassung wurde von Wien wieder außer Kraft gesetzt. Der Bruch des Landesrechtes, den sich die österreichische Regierung zu Schulden kommen ließ, erregte in Tirol großen Unwillen. Es fehlte nicht an aufrechten Männern, die ihrer Entrüstung offen Ausdruck verliehen. Der vom letzten Landtag eingesetzte Landesausschuß vermochte immerhin auch in den Jahren des Absolutismus einen gewissen Einfluß auf die Regierungsgeschäfte zu behaupten und der absolutistischen Regierung Widerstand zu leisten. Die konservative Presse sprach trotz mangelnder Pressefreiheit deutlich genug der Regierung ihr Mißfallen aus.

Erst 1860 kehrte man in Österreich wieder zu konstitutionellen Regierungsformen zurück. Die Grundzüge der gesamtösterreichischen Verfassung sowie der Länderverfassungen wurden in einem kaiserlichen Gesetz vom 20. Oktober 1860, dem sogenannten Oktoberdiplom, festgelegt. Die neue Verfassung sah eine Mitwirkung des Volkes bei der Regierung vor. In den einzelnen Ländern sollten Landtage auf ständischer Grundlage zusammentreten; die Landtage sollten dann Vertreter in das Reichsparlament, in den „Reichsrat" nach Wien entsenden. Dem Reichsrat wurden jene Geschäfte zugewiesen, die alle Länder gleichmäßig angingen. Alles was nach der Verfassung nicht ausdrücklich dem Reichsrat zur Entscheidung zugewiesen war, sollte von der Regierung im Verein mit den Landtagen erledigt werden. Damit war dem Zentralismus ein Riegel vorgeschoben. Die Länder wurden als historisch-politische Individualitäten anerkannt. Sie sind das Ursprüngliche, erst aus ihrer Vereinigung erwächst der österreichische Gesamtstaat. Verfassungsmäßig war ausgeschlossen, daß der Reichsrat den Kreis seiner Geschäfte zum Schaden der Länderselbständigkeit erweitere. Die Verfassung brachte, was besonders wichtig war, endlich die verfassungsmäßige Anerkennung der selbständigen Landesrechte. Das politische Schwergewicht ward in die Landtage verlegt. Der Regierung stand es in Zukunft nicht mehr frei, einseitig, d. h. ohne Zustimmung der Landtage, das Landesrecht zu ändern.

Obwohl das Oktoberdiplom als „beständiges und unwiderrufliches Gesetz" erlassen worden war, schlug die österreichische Regierung bereits ein halbes Jahr nach seinem Erscheinen wieder den Weg zum Zentralismus ein (1861). Die hohen Beamten in den Wiener Ministerien, auf deren Mitarbeit ja jede Regierung angewiesen war, fanden am Föderalismus wenig Gefallen; wenn die Länder sich selbst regierten, dann war es ja mit der unbeschränkten Macht der Ministerialherren nichts mehr. Auch das Großkapital liebte den Zentralismus – zwar nicht mehr als sich selbst – aber doch weit mehr als den Föderalismus, der mit seiner Länderselbständigkeit und dem stärkeren Einfluß des bodenständigen Volkes, namentlich des Bauerntums, der Beeinflussung durch das Großkapital weniger zugänglich war als eine Regierung des zentralistischen Systems. Gegen den Föderalismus waren im alten Österreich auch die Ungarn, die eigentlichen Totengräber des alten Österreich, weil sie fürchten mußten, daß die föderalistischen Grundsätze bei folgerichtiger Durchführung der madjarischen Unterdrückung der nicht-ungarischen Bevölkerung ein Ende bereiten müßten. Von den politischen Parteien waren es vor allem jene, die in den großen Städten erwachsen waren, welche dem Zentralismus anhingen. Die Bevölkerung der großen Städte ward ihrem Wesen nach immer mehr ausgeglichen und gleichförmig gemacht; diese Wesensgleichheit der Großstädter macht die große Stadt so recht zum Nährboden zentralistischer Ideen, während das bodenständige Volk am offenen Land und in den kleineren Städten stärker mit dem Boden seiner Heimat verbunden ist und alter, geschichtlich gewordener Besonderheit anhängt.

Der neue zentralistische Kurs geriet bald in Gegensatz zur Mehrheit des Tiroler Landtages, der die ganz überwiegende Mehrzahl der Bauern und viele konservative Städter angehörten. Neuerdings flammte der alte Kampf zwischen der zentralistischen Wiener Regierung und dem Tiroler Landtag auf. Bereits im Jahre 1870 waren die Gegensätze so weit gediehen, daß der konservative Landtagsabgeordnete Anton Freiherr von Dipauli dem Minister Potocki ins Gesicht sagte, das Land Tirol sei im höchsten Grade unzufrieden und sehe ein, daß von Wien nur Unheil kommt, daher das Verlangen nach Selbständigkeit (d. h. Selbstregierung, nicht etwa Trennung von Österreich).

Einen offenbaren Verfassungsbruch mußte der Tiroler Landtag im Vorgehen des Wiener Reichsrates sehen, der entgegen dem Oktoberdiplom die Vornahme direkter Wahl der Reichsratsabgeordneten beschlossen hatte, wodurch das den Landtagen zustehende Recht zur Wahl der Reichsratsabgeordneten verletzt wurde. Der Einfluß der Landtage auf Reichsrat und Zentralregierung wurde dadurch beseitigt. Diesem Verfassungsbruch gegenüber gab die Mehrheit des Tiroler Landtages am 14. März 1874 folgende – gerade in unseren Tagen wieder sehr zu beherzigende – Erklärung ab: „Das Land Tirol ist an das durchlauchtigste Haus Habsburg gekommen unter feierlicher, auf einem gegenseitigen Übereinkommen zwischen dem Landesfürsten und der Vertretung des Landes beruhender Gewährleistung seines besonderen Landesrechtes. Dieses Landesrecht wurde wiederholt anerkannt in zahlreichen Erbhuldigungsakten, in der pragmatischen Sanktion und endlich im Oktoberdiplom, auf Grund dessen dem tirolischen Landtage das Recht der Mitwirkung an den gemeinsamen Angelegenheiten des Reiches zusteht. Dieses Recht, in welchem die politische Individualität des Landes ihren stärksten Ausdruck findet, wurde selbst durch die Verfassungsänderungen vom 26. Februar 1861 und 21. Dezember 1867 nicht angetastet. Durch das Gesetz vom 2. April 1873 jedoch wurde die Behandlung der gemeinsamen Angelegenheiten einer Körperschaft überwiesen, die nicht aus den Delegationen der Landtage der verschiedenen Königreiche und Länder, sondern aus direkt gewählten Vertretern einzelner willkürlich bestimmter Wahlkreise besteht. Hiedurch wurde ohne Mitwirkung des tirolischen Landtages, ja gegen seine wiederholt ausgesprochene Rechtsverwahrung der § 16 der Landesordnung aufgehoben und die Verfassung Tirols in einer ihrer vitalsten Beziehungen gebrochen. Als tirolische Landtagsmitglieder sind wir Wächter der Rechte und Verfassung unseres Vaterlandes, und der damit verbundenen Pflicht getreu, erheben wir die entschiedenste Verwahrung gegen eine so schwere Verletzung dieser Rechte und dieser Verfassung."

Ja, damals haben unsere Landboten (Landtagsabgeordneten) noch etwas vom alten, ehrwürdigen Landesrecht gewußt und die Überzeugung in sich getragen, daß es auch in der Gegenwart gilt und auch jetzt noch seinen Wert für die Freiheit von Land und Volk besitzt.

Nach dem Zusammenbruch des alten Österreich im Jahre 1918 gewann Tirol seine Selbständigkeit zurück.

Die beiden grundlegenden Gesetze, auf welchen die Verbindung Tirols mit dem alten Österreich beruhte, der Beschluß des Bozner Landtages von 1363 und die pragmatische Sanktion von 1720[126], zwei Gesetze, die mit Zustimmung des Tiroler Volkes zustande gekommen waren, hatten ihre Geltung verloren, nachdem der eine der Vertragspartner, der Tiroler Landesfürst, Kaiser Karl, die Regierungsgewalt nicht mehr ausübte. Wie Tirol, so hatten auch die andern österreichischen Länder durch den Zusammenbruch des alten Österreich politische Selbständigkeit und ihr Selbstbestimmungsrecht wiedergewonnen. Das Selbstverständliche und Zeitgemäße wäre es nun gewesen, daß die Länder zu einer Länderkonferenz ihre Delegierten entsandt hätten, die von den einzelnen Landtagen zu wählen gewesen wären. Sache einer solchen Länderkonferenz wäre es gewesen, über die Frage des Zusammenschlusses der Länder zu einem neuen Österreich schlüssig zu werden. Das ist nun leider nicht geschehen. Statt dessen hatten sich die Reichstagsabgeordneten der deutschen Länder des alten Österreich, die 1911 in den Reichsrat gewählt worden waren, am 21. Oktober 1918 als „provisorische Nationalversammlung für Deutschösterreich" konstituiert und die Errichtung eines Staates Deutschösterreich beschlossen. Sie nahmen für sich die Vertretung eines österreichischen Volkes in Anspruch, obwohl der Staat, dem dieses Volk angehören sollte, noch gar nicht bestand. Die ohne Mitwirkung der Länder vollzogene Konstituierung eines neuen Österreich beruhte auf der Voraussetzung, daß die Länder nur unselbständige Verwaltungsbezirke seien ohne Selbstbestimmungsrecht. Diese Voraussetzung war aber falsch und widersprach dem geschichtlichen Recht wie dem tatsächlichen und rechtlichen Bestand der politischen Länderindividualitäten. Die Länder wiesen in der Folge diese Voraussetzung zurück, indem die Mehrzahl von ihnen, ihr Selbstbestimmungsrecht betonend, eigene Anschlußerklärungen abgaben. Damit betonten sie, daß ihnen bei der Konstituierung des neuen Österreich das entscheidende Wort zustehe. Die Nationalversammlung in Wien nahm diese Anschlußerklärungen zur Kenntnis, womit sie sich allerdings mit ihrem eigenmächtigen Konstituierungsbeschluß vom Oktober 1918 in Widerspruch setzte; hatte sie ihn doch gefaßt ohne Rücksicht auf die Länderrechte. Die beiden Länder Tirol und Vorarlberg, in denen dank ihrer alten demokratischen Überlieferung der Wille zur Selbstbestimmung am stärksten fortlebte, sprachen sich unter Vorbehalt ihres Selbstbestimmungsrechtes nur für einen vorläufigen Anschluß aus. Der tirolische Nationalrat oder Landtag beschloß zwar am 25. November 1918 den Anschluß Tirols an die österreichische Republik, bezeichnete aber seine Erklärung ausdrücklich als eine n u r v o r l ä u f i g e. Die endgültige Beschlußfassung ward einem künftigen, frei gewählten Tiroler Landtag zugewiesen. Einer der Redner der Landtagsmehrheit erklärte damals im Landtag: „Wir stehen auf dem Standpunkt, daß nach Aufhebung der pragmatischen Sanktion, durch die wir mit dem alten österreichischen Staat im Zusammenhang standen, das Land Tirol vollkommen frei geworden ist in der Bestimmung seiner staatsrechtlichen Zukunft." Auch in der konstituierenden

[126] Das von Karl VI. am 19. 4. 1713 erlassene Hausgesetz der Habsburger wurde aus Gründen größerer Rechtssicherheit den Ständen der habsburgischen Länder zur Annahme vorgelegt. Der Tiroler Landtag nahm die Vorlage erst im Jahre 1720 an.

Nationalversammlung zu Wien erklärte der tirolische Abgeordnete Professor Stumpf, der spätere Landeshauptmann, daß nur ein frei gewählter Tiroler Landtag berufen sei, souverän über die weitere staatsrechtliche Zukunft des Landes zu entscheiden.

Zu einem derartigen Beschluß ist es aber bisher nicht gekommen. In einer Entschließung vom 8. März 1921 erklärte der verfassunggebende Tiroler Landtag in einem Beschluß, dem drei Viertel seiner Abgeordneten zugestimmt hatten, daß durch das Friedensgebot von St. Germain das Land Tirol mit Verletzung des Selbstbestimmungsrechtes seines Volkes zerrissen und „in den staatsrechtlichen Verband der Republik Österreich gezwungen worden" sei. „Dadurch ist" – fährt die Entschließung fort – „die gewählte Vertretung des Tiroler Volkes um ihr unveräußerliches Recht gebracht worden, selbst und souverän über seine politische Zukunft und über seine staatsrechtliche Stellung zu den Nachbarländern zu entscheiden." Der Landtag war natürlich nicht in der Lage, sich dem Spruch von St. Germain tatsächlich zu widersetzen. Wenigstens eine Rechtsverwahrung hatte er aber vorgenommen und gegen die Vergewaltigung der Landesfreiheit Protest erhoben.

Dem neuen Österreich, wie es durch die Wiener Nationalversammlung konstituiert worden war, mußte eine Verfassung gegeben werden. Dem geschichtlichen Recht der Länder würde es entsprochen haben, daß eine Vertreter-Versammlung der Länder mit der Ausarbeitung der Verfassung betraut werde. Wie vor hundert Jahren die Schweizer Kantone, die unseren österreichischen Ländern entsprechen, auf einer Versammlung der Kantonvertreter, auf der sogenannten Tagsatzung, die Verfassung des schweizerischen Bundesstaates beschlossen haben, so wäre es auch in Österreich Sache einer Länderkonferenz gewesen, sich der Verfassungsarbeit zu unterziehen. Zu einer solchen Konferenz, eines Bundesrates, wenn man sie so nennen will, hätte jedes der österreichischen Länder die gleiche Anzahl von Delegierten, die sein Landtag zu wählen hatte, entsenden müssen, so wie jeder der Schweizer Kantone je zwei Delegierte in seine Vertretung der Kantone, den Ständerat, abordnet. Statt dessen maßte sich der Wiener Nationalrat die verfassungsmäßige Regelung der Beziehungen zwischen dem „Bundesstaat" Österreich und den Bundesländern an, obwohl er nicht aus Delegierten der Landtage, sondern aus Abgeordneten gebildet war, die in direkter Wahl, nach Wahllisten, entsendet wurden. Ein Großteil der städtischen Abgeordneten war aus seiner zentralistischen Einstellung heraus mit diesem Vorgehen einverstanden. Auch diesmal wieder hatte der Einfluß der Ministerialbürokratie, auf deren Unterstützung und Mitarbeit die Abgeordneten so sehr angewiesen waren, im Sinn einer zentralistischen Gestaltung der Verfassung sich ausgewirkt. Das bodenständige Volk, namentlich das Bauerntum, hatte eine föderalistische Verfassung angestrebt, sein Wille war aber nicht zur Geltung gekommen, zum Teil wenigstens deswegen, weil die christlichsoziale Partei, obwohl ein Großteil der Bauern für sie gestimmt hatte, den föderalistischen Gedanken nicht mit dem gehörigen Nachdruck vertreten hatte. Die Verfassung, die damals in Wien fabriziert wurde, nannte sich wohl föderalistisch, war aber tatsächlich zentralistisch. Diese Verfassung von 1920 hat dann 1925 und 1929 noch verschiedene Verschlechterungen im zentralistischen Sinne erfahren.

Gegenüber dem Nationalsozialismus, der in Deutschland 1933 zur Herrschaft gelangt war und in Österreich wie auch in Tirol eine maßlose und gewalttätige Agitation entfaltete, versuchte die österreichische Regierung Dollfuß sich durch eine autoritäre Umgestaltung der bisherigen Verfassung zu wehren. Dollfuß war sicher von den besten Absichten erfüllt, aber sein Vorgehen verletzte das Recht. Die Annahme der neuen Verfassung im Rumpfparlament war eine unwürdige Sache. Dollfuß täuschte sich, wenn er glaubte, den Nationalsozialismus durch das „autoritäre System“ überwinden zu können. Dieses beseitigte die Mitwirkung des Volkes bei der Regierung; die in Aussicht genommene Ständeverfassung sah allerdings eine Mitwirkung des Volkes vor, freilich unter einer undemokratischen Kontrolle durch die „vaterländische Front“. Wie alle undemokratischen Systeme war auch das autoritäre System reichlich gesalbt mit dem Öl des Zentralismus. Als dann 1938 der Nationalsozialismus in Österreich zur Macht gelangte, traten Zentralismus wie Absolutismus und eine einseitige bürokratische Verwaltung mit Verwendung einer Unzahl landfremder Beamten und Parteifunktionäre in der allerschärfsten Form in Erscheinung. War ein solches Regiment für jeden, auch den gemäßigsten Demokraten unannehmbar, so war der kleinlich dumme Haß gegen alles Katholische und der Verrat an Südtirol für jeden, der noch etwas von tirolischer Überlieferung in sich spürte, ein Greuel.

In den vorangegangenen Ausführungen ist der alte, mehrhundertjährige Kampf der Tiroler und namentlich der tirolischen Bauernschaft um Landesrecht und Landesfreiheit zu schildern versucht worden. Wir können freilich nicht das alte Recht seiner Form nach wieder ins Leben rufen, wohl aber müssen wir in seinem Geist für die Freiheit und Selbstregierung unseres Landes eintreten und mit aller Kraft auf eine entsprechende Gestaltung der neuen Verfassung hinarbeiten. Die Tiroler und vor allem das bodenständige Tiroler Bauerntum, in welchem tirolisches Wesen am klarsten zum Ausdruck kommt, waren von jeher demokratisch und föderalistisch gesinnt und sind es auch heute noch. Das war um 1920 auch nicht viel anders; man kann aber den damaligen Vertretern des bodenständigen Tirolertums bei aller Anerkennung ihres guten Willens den Vorwurf nicht ersparen, daß sie in den Jahren um und nach 1920 den tirolischen Standpunkt zu lässig vertreten haben. Statt Föderalismus gab es einen mehr und mehr sich versteifenden Zentralismus, wichtige Landesrechte, auch solche wirtschaftlicher Natur, wurden preisgegeben. Das autoritäre System und gar der Nationalsozialismus, ersteres wie letzterer tirolischem Wesen so ganz fremd und widersprechend, haben dann auch der Demokratie, ohne das Volk zu befragen, einen Tritt gegeben und sie ins Gegenteil verkehrt. Wir Tiroler werden in Zukunft stärker als damals zum Zeug sehen müssen, und besonders werden wir bei dem künftigen Neubau der Verfassung unseren Standpunkt unbeirrbar zur Geltung bringen müssen. Das Verfassungsgebäude, das wir, einmal frei geworden, aufführen wollen, soll auf lange Zeit unser politisches Leben beherbergen, und nicht bloß unser politisches Leben, auch unsere Wirtschaft und unsere bodenständige sittliche und religiöse Kultur werden in ihrem Gedeihen ganz wesentlich von der Beschaffenheit der Verfassung abhängen.

Für den Neubau der Bundesverfassung nach der Wiederherstellung des österreichischen Staatswesens hat Prof. Wopfner die folgenden, von ihm skizzierten Reformvorschläge in seiner Rede über „Tiroler Bauer und Tiroler Landesfreiheit" formuliert. Sie sind für das Staatsdenken dieses politisch sehr interessierten Historikers charakteristisch und werden deshalb hier nochmals veröffentlicht. Der Herausgeber.[127]

Dem Bauernstand und seinen Vertretern kommt bei dieser Verfassungsarbeit eine überragende Bedeutung zu. Wir leben heute alle in einer Zeit starker Erregung und Bewegung. Viel Neues tritt an uns heran. Überaus schwere Aufgaben harren der Erledigung. Die Bevölkerung der großen Städte wie jene, die in Landorten in einem nichtbäuerlichen Beruf tätig ist, zeichnet sich seit alters durch größere Beweglichkeit im politischen Denken aus, sie hängt weniger am Alten, ist weniger von Überlieferungen aus der Vergangenheit beherrscht und daher Neuerungen und politischer Agitation leichter zugänglich und verhält sich ihr gegenüber weniger zurückhaltend und kritisch als das bodenständige Bauerntum. In solchen Zeiten kommt diesem letzteren als dem konservativen Element ganz besondere Bedeutung zu, weil es geeignet ist, einer übersteigerten Neuerungssucht entgegenzuwirken. Auch der Bauer ist nicht für unbedingtes Festhalten am Alten, er will aber einen Fortschritt mit Bedacht. Er läuft nicht den Berg hinauf, wie der des Bergwanderns ungeübte Städter, er kommt aber mit seinem bedächtigeren Schritt doch in besserer Verfassung droben auf der Höhe an als der hastende Stadtmensch. Der Bauer will, daß das Neue wachstumsmäßig (organisch) aus dem Alten herauswachse, er will organische Erneuerung, nicht wurzellose Neuerungen, er will auch nicht Nachahmung landfremder Verfassungsformen, sondern Aufbau des politischen Lebens und seiner Verfassung im Geist alter Überlieferung von Volksherrschaft und Landesfreiheit.

Soll nun darangegangen werden, die Verfassung der Länder und jene des österreichischen Länderbundes neu zu gestalten und die Zuständigkeiten (Kompetenzen) von Land und Bund gegeneinander abzugrenzen, so muß zunächst unbedingt am Grundsatz festgehalten werden, daß eine Ländervertretung die Verfassung zu machen habe, nicht etwa so wie nach dem ersten Weltkrieg der Nationalrat in Wien. Die Länder waren früher da als der Bund, sie sind das Ursprüngliche oder Primäre, sie stellen die geschichtlich gewordenen Individualitäten dar, die über die

[127] Über die Entwicklung des österreichischen Verfassungslebens nach 1945 vgl. Ludwig Adamovich, Handbuch des österreichischen Verfassungsrechts, neu bearb. v. Ludwig K. Adamovich, 6. Aufl., Wien 1971; ders., Österreichisches Verfassungsrecht, 4. neu bearb. Auflage, Wien 1990. Für Tirol vgl. Josef Riedmann, Geschichte des Landes Tirol, 4. Bd., Bozen 1988, S. 1257 ff. – Franz Grass, Landesbewußtsein und Kulturpolitik Tirols in den letzten Jahrzehnten, in: Festschr. Landesrat Dr. Hans Gamper, 1. Bd., Innsbruck 1956, S. 7–101.

Art ihres Zusammenschlusses zu einem österreichischen Bundesstaat zu befinden haben. Wie das alte Österreich durch allmählichen Zusammenschluß der einzelnen Länder entstanden ist, so kann auch die Neubegründung eines österreichischen Bundesstaates nur durch die Vertreter der Länder vollzogen werden. Man zäumt ein Roß nicht am Schwanz auf, und so müssen sich auch zuerst die den Bund bildenden Länder dazu äußern, wie sie sich den Bund und seine Verfassung denken; die Gesamtvertretung des Staatsvolkes in Form eines gesamtösterreichischen Nationalrates ist erst durch die Länderdelegationen zu schaffen; sie kann geradesowenig vorher zu Worte kommen wie ein Kind seine Meinung äußern kann, bevor es zur Welt gekommen ist.

Die Versammlung der Länderdelegierten muß die neue Verfassung ausarbeiten und zumal die Zuständigkeiten der österreichischen Bundesregierung und der gesamtösterreichischen Volksvertretung einerseits, der Bundesländer andrerseits aufs genaueste abgrenzen. Was nicht ausdrücklich als Bundessache oder gemeinsame Angelegenheit erklärt ist, muß den Ländern zur Entscheidung überlassen bleiben. Die Rechte der Länder müssen so bemessen werden, wie es ihrer alten Eigenstaatlichkeit, ihrem Anspruch auf Selbstbestimmung und dem Wesen eines Bundesstaates entspricht. Jenes Ausmaß von Selbstregierung, wie es den Schweizer Kantonen nach ihrer Bundesverfassung zusteht, müssen auch unsere österreichischen Länder auf Grund gleichartiger geschichtlicher und sachlicher Voraussetzungen fordern. Es muß demnach den Ländern ein tatsächliches – nicht bloß ein scheinbares – Gesetzgebungsrecht, Einfluß auf die Gerichtsverfassung, Regelung des Schulwesens, des Agrarrechtes, des Forstrechtes, des Wasserrechtes sowie die Verfügung über die Wasserkräfte zugestanden werden.

Zu der verfassunggebenden Länderkonferenz hat jedes Land die gleiche Zahl von Delegierten – vielleicht zwei oder drei – in seinem Landtag zu wählen; die gleiche Zahl, weil jedes Land, ob klein oder groß, stärker oder schwächer bevölkert, reicher oder ärmer, eine selbständige und gleichberechtigte Individualität darstellt. Der Berufung dieser Delegiertenversammlung muß eine Neuwahl des Landtages vorausgehen, der dann die Delegierten zu wählen hätte. Es würde sich unbedingt empfehlen, daß alle Wähler, die in landwirtschaftlichem Berufe tätig sind, also die bäuerliche Bevölkerung, und andrerseits die nichtbäuerliche Bevölkerung gesondert in die Wahl eintreten. Das Listenwahlrecht, das die Wahl von Vertrauensmännern des Volkes zu Gunsten einer Wahl von Vertrauensmännern der Partei festsetzt, wäre zu Gunsten einer Wahl in Wahlkreisen abzuschaffen. Eine einfache Trennung von städtischen und ländlichen Wahlkreisen wäre unzweckmäßig, weil ja am Lande unter der bäuerlichen Bevölkerung auch viele Wähler leben, die einem nichtbäuerlichen Berufe nachgehen. Es sollte daher eine eigene Wahlkreiseinteilung einerseits für die bäuerliche, andrerseits für die nichtbäuerliche Bevölkerung geschaffen werden. Es war bisher oft genug so, daß bei den Wahlen der Wille des bäuerlichen Volkes nicht klar zum Ausdruck kommen konnte. Das sollte nicht bloß im bäuerlichen Interesse, sondern zum Vorteil des Gesamtvolkes vermieden werden.

Die alte demokratische Überlieferung, die unser Tiroler Bauer besitzt, ist eines der wichtigsten Schutzmittel gegen die in den letzten Jahrzehnten verbreitete politische Charakterlosigkeit, derzufolge dieselben Leute ein paar Jahre sich als begeisterte Demokraten vergnügten, dann Anhänger eines autoritären Regierungssystems wurden und schließlich beim nationalsozialistischen Faschismus landeten. Bis herab in die 80er Jahre des vorigen Jahrhunderts hat die alte konservative Landespartei Tirols im Landtag zu Innsbruck wie im Reichsrat zu Wien sich auf den Standpunkt des tirolischen Landesrechtes und der tirolischen Landesfreiheit gestellt und ihn mit Nachdruck verfochten. Die Konservativen hatten damals die Masse der bäuerlichen Wähler hinter sich. Nach dem Niedergang der konservativen Landespartei sind Landesrecht und Landesfreiheit etwas in Vergessenheit geraten. Heute muß es wieder der Bauernstand sein, der das tirolische Landesrecht vertritt. Er findet da in den Vertretern des Bauernstandes Vorarlbergs wackere Bundesgenossen. Gerade jetzt, wo es sich um die Neugestaltung der Verfassung Österreichs und seiner Bundesländer handelt, kommt dem Verhalten von Landtag und Nationalrat ganz besondere Bedeutung zu. Auf unseren Abgeordneten, aber letzten Endes auf uns allen, die wir irgendwie am politischen Leben teilnehmen, ruht eine große Verantwortung für die Gestaltung der Zukunft unseres Landes und unseres Volkes; wird doch die zu schaffende Verfassung die Rechte der Länder und ihr Verhältnis zum österreichischen Staate als einem Bundesstaate vielleicht auf sehr lange Zeit regeln. Das ist eine Sache, die besonders euch, meine lieben Jungbauern, angeht, handelt es sich doch dabei um eure und eurer Heimat Zukunft. Sache der Jugend ist es in besonderem Maße, die Fahne der tirolischen Landesfreiheit hoch zu halten. Ihr müßt, so weit es in euren Kräften steht, unseren politischen Führern und ihren Bemühungen zur Seite stehen und ihnen Vertrauen entgegenbringen. Nichts ist geeigneter, ehrlichen politischen Führern die Arbeit zu verleiden als ungerechte und unüberlegte Kritik. Sie ist nicht nur unpolitisch, sondern auch unchristlich.

In den jüngst verflossenen Jahren des Nationalsozialismus erlangten die Feinde der Volksfreiheit und Volksherrschaft große Macht. Wie war es aber nur möglich, daß sie solche Macht erlangen konnten? Ich kann nicht all die Gründe aufführen, welche das Aufkommen der freiheitsfeindlichen Bewegung erleichterten. Hier sei nur auf eines hingewiesen. In jeder Zeit erwachsen der Freiheit Feinde, und nicht zuletzt liegen diese Feinde in uns selbst. Freiheit und Volksherrschaft sind nur dann dauernd gesichert, wenn das Volk selbst und seine einzelnen Glieder sich ihrer würdig erweisen. Würdig der Freiheit ist aber nur der, welcher nicht nur sein eigenes Recht auf Freiheit wahrt, sondern auch andern das gleiche Recht zugesteht. Rücksichtsloser Eigennutz, herrscht er nun im privaten oder im öffentlichen Leben, gehört zu den gefährlichsten Feinden der Freiheit. Ohne den Geist der christlichen Brüderlichkeit und dem aus ihm erwachsenen Gemeinsinn kann wahre Volksfreiheit auf die Dauer nicht bestehen.

Dieser Geist der Brüderlichkeit ist unseren tirolischen Vorfahren aus der christkatholischen Religion und ihrer Frömmigkeit erwachsen. Wahre Frömmigkeit ist die Grundlage aller inneren und äußeren Freiheit. Alle wirtschaftliche und politische Freiheit ist nichts wert, wenn man nicht innerlich frei ist. Unser Christentum, wenn wir ihm aufrichtig und folgerichtig anhängen, macht uns innerlich frei. Wer sich eins weiß mit seinem Herrgott, der braucht niemanden zu fürchten und handelt ohne Furcht, so wie es ihm sein Gewissen eingibt, sowohl im privaten wie im öffentlichen Leben; er wird immer sowohl im privaten wie im öffentlichen Leben ein charakterfester Mann sein und bleiben.

V. Hauptstück

Von der „Gemain“ und der Gemeinde[1]

[1] Es soll hier nicht eine Geschichte der Gemeinde gegeben, sondern nur jene Züge des Gemeindelebens hervorgehoben werden, welche für das Leben unseres Bauerntums bedeutsam geworden sind.

1. Die Gemain und ihr Zubehör

Unter „Gemain"[2] wird in den Urkunden – wie heute noch in der Volkssprache – jener Teil des wirtschaftlich nutzbaren Landes verstanden, der seit der Gründung der Siedlung nicht zur Sondernutzung an die einzelnen Siedler aufgeteilt war, sondern der genossenschaftlichen Nutzung durch die Gemeinschaft der Siedler diente.

Die Nutzung am Gemainland wird bereits in einer tirolischen Urkunde des 11. Jahrhunderts als „Gimeineda" bezeichnet. In der Folgezeit ist aus dem althochdeutschen „Gimeineda" die Form „Gemain" oder „Gemeinde" entstanden, womit man sowohl das von einer Gemeinschaft genutzte Land wie auch die Gemeinschaft selbst bezeichnete. Die Bezeichnung „Gemain" ist zumal im Bereich des bayerischen Stammes üblich. Als Beiwort wird „gemain" oder „gemainlich" in Tirol zur Bezeichnung von Liegenschaften gebraucht, die Bestandteile einer Gemain sind; so wird etwa von einer gemainen Wiese, einer gemainen Alm, einem gemainen „Waal" (Wassergraben) gesprochen. Im westlichen Tirol, das an das alemannische Vorarlberg angrenzt, kommt vereinzelt die Bezeichnung „Allgmain" vor, so in einer dem Jahre 1656 angehörigen Dorfordnung von Nasserein im obersten Stanzertal, welche Bestimmungen über Brandrodungen auf der „Allgmain" trifft.

„Allgmain" ist eine ältere Nebenform von „Allmende", jener Bezeichnung des Gemainlandes, wie sie im schwäbisch-alemannischen Gebiet noch heute üblich ist und allgemein in den wissenschaftlichen Sprachgebrauch aufgenommen wurde. Die ursprüngliche Form von „Allgmain" ist wohl in einem althochdeutschen „Alagimainida" zu sehen, was soviel wie „Allgemeinheit" bedeutet.

In lateinischen Urkunden wird „Gemain" durch „communitas" oder „commune" übersetzt, das Beiwort „gemain" durch „communis". Die deutschen Bauern Südtirols haben im Mittelalter die von ihren rätoromanischen (ladinischen) Nachbarn gebrauchte Bezeichnung „commune" zu „Comaun" verdeutscht; so spricht der „Gastelrutterische Seiser Albm Zetl" (15. Jh.) von einer „Comaun" als einer großen Wirtschaftsgemeinschaft, die nach ihrem Hauptort Kastelruth benannt war. Die Gemainnutzung selbst wird in Urkunden Tirols wie Bayerns bereits im 10. und 11. Jahrhundert als „communio" bezeichnet. Das Innsbrucker Stadtrecht von 1239 spricht von einer „pascuarum communio, quod gemeinde dicitur" (von einer gemeinsamen Weidenutzung, welche „Gemeinde" genannt wird). Bereits im

[2] Auf Empfehlung von Prof. Karl Finsterwalder wurden der Begriff „Gemain" – im Sinne der hier gegebenen Definition – sowie die wichtigsten Ableitungen wie z. B. Gemainweide, -nutzung oder gemainer Wald in diesem Hauptstück in der frühneuhochdeutschen Schreibweise mit „ai" wiedergegeben.

11. Jahrhundert erscheint „communio" auch als Bezeichnung des Gemeindegebietes, z. B. wenn eine Urkunde um 1080 von Weinbergen spricht, welche „in communione Pozanensium civium" gelegen sind.

Gemainland wird seit alters auch „Mark" genannt, was ursprünglich soviel wie Grenze und Grenzgebiet bedeutete, dann aber auch kurzweg ein durch Grenzen abgeschlossenes Gebiet bezeichnete und insbesondere für das Gemainland verwendet wurde, allenfalls näher bezeichnet durch das Beiwort „gemain"; man spricht von einer „gemainen Mark", in lateinischen Urkunden von einer „communis marca". In älteren tirolischen Urkunden wird meines Wissens „Mark" nur im Sinn von Grenze oder Grenzzeichen gebraucht.

Was gehörte nun zur Gemain? Zunächst einmal Weideland, Weiden in der Nähe der Siedlung: Heimweiden, sodann Weiden in entfernterem Gelände, nämlich Hochweiden auf Voralmen und Almen. Gemaine Heimweiden und gemaine Weiden auf Voralmen waren in älterer Zeit ungleich ausgedehnter als heute; im Laufe der Zeit ist viel vom alten Weideland zu Wiesen und Äckern geworden; gelegentlich sind auch schlechtere Weiden in den letzten hundert Jahren in Wald umgewandelt worden, weil der Wald größeren Ertrag abwarf als Weide von schlechter Beschaffenheit und der Bedarf an Heimweide mit der Ausdehnung der Sommerstallfütterung abgenommen hatte.

Abgesehen vom Viehauftrieb auf die Gemain stand der Gesamtheit der Gemeindegenossen das Recht zu, ihr Vieh im Frühjahr und Herbst auf die Feldflur zu treiben. Der einzelne Besitzer von Äckern und Wiesen mußte den Viehauftrieb dulden; dieses Recht lastete als eine Dienstbarkeit zugunsten der Gemeinschaft auf seinem Sonderbesitz.

Gemaine Wiesen, d. h. Wiesen, die nicht im Sonderbesitz standen, auf denen vielmehr gemeinsame Heunutzung stattfand, gab es in mittelalterlicher Zeit in großer Zahl; ihre Ausdehnung war in älterer Zeit wohl noch weit größer. Die Nutzung einzelner Grasplätze auf dem Gemeindeland für die Heugewinnung, das sog. Wildheuen, war in älterer Zeit weit üblicher als heute und wurde durch Verfügungen der Gemeinschaft geregelt.[3]

Gemaine Äcker begegnen in geschichtlicher Zeit weit seltener und nur in den südlichen, von Romanen bewohnten Teilen Alttirols. Gemaine Äcker gab es im Nons- und Sulzberg, in Judikarien und im Tesino-Tal. In letzterem besaß noch zu Ende des 18. Jh. jedes Dorf eine Feldmark, welche alle zwanzig Jahre von der Gemeinde eingezogen und neuerdings unter sämtliche „Fuochi" (= Herde oder Feuerstätten, worunter ebenso wie in Deutschtirol die selbständigen Einzelhaushalte verstanden werden) aufgeteilt wurde; jede Familie erhielt auf diese Weise stets ein gleiches Losteil an der gemainen Ackerflur zur Sondernutzung.

Gemain ist sodann der Wald, der nicht nur der Holznutzung der Gemeindegenossen, sondern auch als Weide dient. Die Waldweide war und ist heute noch bei

[3] Über gemaine Wiesen und Wildheuen wird ausführlicher im 3. Bd., X. Hauptstück berichtet.

vielen Berghöfen eine unentbehrliche Voraussetzung für ihre Wirtschaftsführung. Weitere Allmendnutzungen sind das Recht zur Anlage von Rodungen, zur Wassernutzung, zur Benützung von Weg und Steg, zur Jagd und zum Fischfang, endlich zur Gewinnung von Rohstoffen wie Stein, Lehm und Sand.

Bereits in den ältesten Urkunden werden die Nutzungen auf der Gemain als Zubehör der einzelnen landwirtschaftlichen Betriebe angegeben. Es haben sich bei der Abfassung der Urkunden bestimmte Formeln, die sogenannten Zubehör- oder Pertinenzformeln herausgebildet. Gewöhnlich führen diese Formeln an: Weiderechte, Waldrechte, Wasserrechte, Wegerechte, Rodungsrechte. Lateinische Urkunden drücken dies so aus, daß ein Gut übergeben werde „cum pascuis, silvis, aquis aquarumve decursibus, viis et inviis, quesitis et inquirendis“; deutsche Urkunden sprechen von einer Übergabe „mit Holz, Wunn und Waid, Wasser, Wasserrunst, Weg und Steg, Gesucht und Ungesucht“. Sehr häufig werden auch Jagd- und Fischereirechte („venationes et piscationes“, „Gejaid und Vischwaid“, für letztere auch kurzweg „Waid“) als Zubehör angeführt. Unter „Gesucht und Ungesucht“ ist gewonnenes und noch zu gewinnendes Land zu verstehen, d. h. Land, das der einzelne Genosse bereits durch Rodung auf der Allmende gewonnen hat oder das er in Zukunft noch gewinnen wird. Ein derart auf der Gemain gewonnenes Stück Acker oder Wiese wurde als „Einfang“ bezeichnet. Das durch Rodung gewonnene Grundstück wurde mit einem Zaun umschlossen; dadurch wurde sein Ausscheiden aus der Gemain sichtbar gemacht; das Grundstück erschien gewissermaßen als „eingefangen“, und zwar eingefangen aus der freien Gemain. Wassergräben zur Bewässerung von Wiesen und Äckern, sogenannte Bäche, die von den Gemeindeangehörigen für ihre Zwecke genutzt wurden, galten seit alters als „gemain“ (als der Gemeinde gehörig) und wurden, wenn sie von einer Dorfgemeinde genutzt wurden, als „Dorfbäche“ bezeichnet. Als „gemain“ galt auch das Wasser von Quellen, die auf Gemeindeland entsprangen. „Wasser-Waale“ gehörten ebenfalls zur Gemain und werden dementsprechend als „gemaine Waale“ bezeichnet.

„Gemain“ als Beiwort (Adjektiv) wird auch zur Kennzeichnung von Land- und Wasserwegen (Flüssen) gebraucht, ebenso für Bäche, die von den Bewohnern eines Tales genutzt wurden, so die Ruetz im Stubaital oder die Rienz im westlichen Pustertal.

In einem Gebirgsland wie Tirol, in welchem seit alters die Viehzucht im bäuerlichen Wirtschaftsbetrieb im Vordergrund stand, kam der Gemain mit ihren ausgedehnten Heim- und Almweiden in der bäuerlichen Wirtschaftsführung eine besondere Bedeutung zu.

Die große Bedeutung der Gemain für den Bergbauern tritt unter anderem vor Augen, wenn man die Ausdehnung von der Gemain und dem bäuerlichen Sonderbesitz (Privatbesitz) vergleicht. Entsprechende Zahlen stehen uns freilich erst für eine Zeit zur Verfügung, da die Gemain schon eine bedeutende Einschränkung ihres Umfanges erfahren hat. Im Laufe der Zeit ist ja viel von der Gemain in den Privatbesitz der Gemeindegenossen übergegangen; altes Weideland ist unter ihnen aufgeteilt worden, Teile der gemainen Wälder wurden zur Rodung an die Gemeindegenossen übergeben und wurden so Privateigentum; Gemeindewälder wurden unter die Genossen aufgeteilt zu Sondernutzung und Sondereigentum; andererseits hat die landesfürstliche Regierung bedeutende Teile der Gemainwälder an sich gezogen.

Trotz der mannigfaltigen Minderung der Gemain durch Umwandlung in Privat- oder Staatseigentum ist auch heute noch der Umfang und die wirtschaftliche Bedeutung derselben sehr groß. Von den 2482 Almen Nordtirols und des von Deutschen bewohnten Südtirol standen um 1880 507 im Eigentum von Gemeinden und 984 im Besitz von Gemeinschaften (Interessentschaften), welche zumeist auf alten Gemeindebesitz zurückgehen dürften. Ungefähr 60 von 100 Almen dürfen wir demnach als altes Eigentum von Gemeinden oder Gemeindeteilen (Fraktionen) ansehen. Von den Wäldern des zu Österreich gehörigen Teiles von Tirol im Ausmaß von 388.227 Hektar gehören 47 % den Gemeinden und Gemeinschaften, 23 % dem Staat und 30 % Privatpersonen. Gemeinden und Gemeinschaften verfügen also über annähernd die Hälfte der gesamten Waldfläche. In dem von Deutschen bewohnten Südtirol (mit Einschluß des Bezirkes Osttirol) entfielen am Ausgang des 19. Jh.s 41 % der Waldfläche auf den Besitz der Gemeinden.[4]

Die Entstehung der Gemeinde. Für die Nutzung des unverteilten, d. h. nicht in Sondernutzung stehenden Landes, das seit alters als „die Gemain" bezeichnet wurde, war schon bei Begründung der Ansiedlung eine bestimmte Regelung notwendig; wenn nämlich auch in alter Zeit nutzbares Land im Verhältnis zur Bewohnerzahl reichlich zu Gebote stand, so bevorzugte doch jeder Siedler das von seinem Wohnsitz aus leichter erreichbare Land, die bessere Weide und Alm und den näher gelegenen Wald.

Im Gebirge war der Bauer aufgrund der Naturbedingungen vor allem Viehzüchter, er war mehr Hirte als Ackerbauer. Die Viehzucht verlangte in älterer Zeit ausgedehnte Weiden. Wegen der überragenden Bedeutung der Gemainweide unter allen Gemainnutzungen wird gelegentlich in älterer Zeit unter „Gemain" nur die gemaine Weide verstanden. Gemeinsamer Weidebetrieb hat aber eine Regelung durch die Gemeinschaft der Viehbesitzer zur Voraussetzung.

Im Gebirge sind die Almweiden für die Viehhaltung entscheidend. Aber gerade die Almwirtschaft verlangt bei größeren Almen einen bedeutenden Aufwand an Arbeitskräften und für bauliche Anlagen. Zunächst einmal ist für die Hut des Viehes eine größere Zahl von Hirten nötig; für die Hirten müssen Unterkünfte geschaffen werden, für die Sennerei, auch wenn sie in einfachster Form betrieben wird, müssen bauliche Anlagen und Geräte besorgt werden.

---

[4] Eingehender über die Verbreitung von Privat- und Gemeinde-(Körperschafts-)besitz handeln die beiden wertvollen Arbeiten: F. Aubele, Wirtschaftskunde Nord- und Osttirols, in: Tiroler Wirtschaftsstudien, hrsg. v. F. Huter, Bd. 5, Innsbruck 1957, S. 33 u. 42. – A. Leidlmair, Bevölkerung und Wirtschaft in Südtirol, a. a. O., Bd. 6, Innsbruck 1958, S. 127f. u. S. 220f.

Zur Gemain gehörten in älterer Zeit außer den Weideflächen auch Teile des Ackerlandes. Vereinzelt begegnen Gemeindeäcker, wie bereits gesagt wurde, noch in verhältnismäßig später Zeit. Für eine alte Gemeinschaft bei der Urbarmachung von Ackerland sprechen die Ackerbauterrassen[5], wie wir sie in Tirol wie in anderen Alpenlandschaften antreffen. Bei alten, in die vordeutsche Zeit zurückreichenden Siedlungen Tirols sind die Schuttkegel und die steilen Hänge, welche dem Ackerbau dienten, zuweilen gleich einer Riesenstiege abgestuft; die ebenen oder nur sanft geneigten Staffeln dieser Stiege bilden die Ackerbeete (1. Bd., Abb. 9).

Von den in Mittelalter und Neuzeit durch Deutsche wie Romanen errichteten einzelnen Ackerbauterrassen unterscheiden sich die alten von den neueren durch die Art ihrer Anlage: bei den alten Terrassenäckern ist die Ackerfläche weit größer, ebenso die Zahl der Stufen dieser Riesenstiege, während die jüngeren Ackerbauterrassen nur vereinzelt, ohne einheitliche Anlage auftreten. Der Steilabfall der Stufen wird bei den jüngeren Terrassen in der Regel von Trockensteinmauern gebildet[6], während er bei den alten Anlagen zumeist aus Erdaufschüttungen besteht. Im Inntal unterhalb der Zillermündung und in den vielen Hochtälern, die erst von den Deutschen besiedelt wurden, habe ich keine großen Terrassenäcker festzustellen vermocht. Wohl aber finden sie sich häufig in alten, schon in vordeutscher Zeit dichter besiedelten Gebieten, so z. B. im Inntal ober Landeck und im schweizerischen Engadin.

Die Errichtung solcher großer Ackerbauterrassen setzt die Verfügungsgewalt einer Gemeinschaft über das Ackerland und Gemeinschaftsarbeit voraus. Wie in jüngerer Zeit (Mittelalter und Neuzeit) nachweisbar durch gemeinsame Rodung der Gemeindegenossen Ackerland gewonnen wurde, so ist sicherlich schon bei der ersten Anlage von Dorfsiedlungen eine gemeinsame Rodung und Errichtung des Ackerlandes erfolgt, was den Bestand einer Gemeinschaft oder Gemeinde schon für die Zeit der Siedlungsgründung erschließen läßt. Als solche Gemeinschaften kommen bei allen Völkern, die über die unterste Wirtschaftsstufe hinausgelangt sind, Geschlechtsverbände oder engere Familienverbände (Sippen oder Großfamilien) in Betracht.[7] Reste solcher Geschlechtsverbände haben sich im Bezirk Osttirol im Zusammenhang mit einstigen slawischen Siedlungen in den sogenannten „Mithausereien", den Überresten der slawischen „Zadruga", bis herauf in die Neuzeit erhalten. Über diese Gemeinschaften berichtet der Landrichter von Matrei in Osttirol (Windisch-Matrei) 1821: „Die größten Höfe, beinahe ganze Ortschaften, gehörten nur einer oder zwei Familien" (Wopfner 759, S. 289, Anm. 7).

Ackerland ist weit seltener Bestandteil der Gemain geblieben als Wiesenland. Beim Ackerbau zeigen sich früher als beim Wiesenbau Unterschiede in der Intensität der Bewirtschaftung, Unterschiede zwischen sorgfältiger, fleißiger Arbeit und

[5] Vgl. unten, 3. Bd.: Vom Ackerbau in alter und neuer Zeit.

[6] Über jüngere Terrassenäcker und ihre Entstehung vgl. 3. Bd. (Ackerbau).

[7] Vgl. H. Cunow, Allgemeine Wirtschaftsgeschichte II, Berlin 1927, S. 120. – Gierke, Genossenschaftsrecht (Nr. 154), I, S. 60.

träger, nachlässiger Arbeit. Ungleiche Güte der Arbeitskräfte wirkt sich bei Gemainwirtschaft am Acker weit ungünstiger aus als beim Grasland; sie führt zur Auflösung der Gemainwirtschaft am Ackerland, während sich bei der Graswirtschaft der Gemainbetrieb länger zu behaupten vermag.

Die Bewirtschaftung der Wiesen blieb bis herauf ins 18. Jahrhundert zumeist extensiv, am meisten gilt dies für die Bergwiesen (vgl. unten, X und XI). Gemainbesitz an Wiesen erscheint noch in später Zeit, bei den Bergwiesen besteht er vereinzelt noch heute.

Mit der allmählichen Steigerung des Verkehrsbedürfnisses, zumal aber mit dem Ausbau der Wirtschaft, wurde die Errichtung primitiver Verkehrswege nötig. Solcher bedurfte es auch, um den Ertrag von Äckern und Wiesen zu den Wohnsitzen zu befördern, für den Viehtrieb zu entfernteren, schwerer zugänglichen Weideplätzen, Voralmen und Almen, für die Herabschaffung des Heues von den „Heubergen", d. h. den Bergwiesen, deren Nutzung bereits in alte Zeiten zurückgeht. Für die Anlieferung des Holzes aus den Bergwäldern wurde bei allmählicher Steigerung des Holzbedarfes die Errichtung von Holzriesen und Holzwegen nötig. Da das Herabführen von Heu und Holz in vielen Fällen erst im Winter mittels Schlitten bewerkstelligt werden kann, sind für das Offenhalten der verschneiten oder durch Schneewehen zugeschütteten Wege viele Arbeitskräfte und deren organisierte Zusammenfassung nötig.

Auch der Bau und die Einhaltung der weit ausgedehnten Bewässerungsanlagen, die im Westen und Süden Tirols bereits in die vordeutsche Zeit zurückreichen, bedürfen zu ihrer Durchführung wie zur Regelung der Benützung einer umfassenden Arbeitsorganisation. Das gleiche gilt für den Schutz der Siedlungen und des Kulturlandes gegen zerstörende Naturgewalten, vor allem gegen das Hochwasser.[8] Viel und organisierte Arbeit erfordert auch seit alters das „Zäunen".[9] Die Fluren müssen durch Zäune gegen die Schädigung durch Weidevieh geschützt werden, längs der Viehtriebwege ist die Errichtung von Zäunen nötig, um das Vieh von der Schädigung des Kulturlandes, welches der Weg durchquert, abzuhalten. Auf den Almen muß das Vieh durch Zäune am Betreten absturzgefährlicher Stellen gehindert werden; lange Zäune trennen die Almweiden benachbarter Gemeinden.

Tief in die vorgeschichtliche Zeit, ja sogar bis in die jüngere Steinzeit reichen jene zahlreichen Bauwerke zurück, welche als Wallburgen mit ihren mächtigen Wällen und Trockensteinmauern viele unserer Höhen krönen; sie sind besonders zahlreich in Südtirol, fehlen aber auch keineswegs in Nordtirol. Diese Burgen dienten der Bevölkerung einzelner Siedlungen als Zufluchtstätte bei feindlichen Einfäl-

---

[8] Über Wegbau, Bewässerungsanlagen, Schutz gegen Hochwasser, Errichtung von Zäunen vgl. die folgenden Ausführungen dieses Hauptstückes (Gemainnutzungen und Gemeindelasten), ferner die Hauptstücke X und XII.

[9] Eingehendere Ausführungen über Alter und Betrieb der Almwirtschaft folgen im 3. Bd., Abschn. „Von der Almwirtschaft".

len oder umschlossen die ständigen Ansiedlungen. Im Kampf der rätischen Urbevölkerung unseres Landes gegen die Römer spielten diese Burgen eine bedeutende Rolle. Der römische Hofdichter Horaz feierte in einer seiner Oden die Eroberung rätischer Burgen durch Drusus, den Stiefsohn des Kaisers Augustus. Die Errichtung solcher Burgen erforderte schwere Arbeit vieler und einheitliche Leitung. Fliehburgen als Zufluchtstätten einer Siedlergemeinschaft wurden noch in der Zeit der Völkerwanderung, ja noch weit später, im Hochmittelalter, errichtet. Im Jahre 1214 trifft die Gemeinde Tramin Abmachungen über die Errichtung einer Gemeindeburg. Jeder Gemeindegenosse soll das Recht haben, in der Burg einen Keller anzulegen, um dort in Kriegsnot seine wertvolle Habe zu bergen. Die Gemeinde ist es wohl auch in den vorausgegangenen Zeiten gewesen, welche den Bau solcher Fliehburgen auf sich nahm.

Als Gemeinschaft, welche die Nutzung der Gemain regelt und Anlagen zum Vorteil ihrer Angehörigen erstellt, tritt die Landgemeinde urkundlich erst seit dem 12. Jahrhundert deutlich in Erscheinung. Sie wird gebildet von der Gesamtheit der landwirtschaftlich tätigen Ansiedler innerhalb des Gemeindegebietes. In der wissenschaftlichen Literatur ist für die Gemeinde, soweit sie als Wirtschaftgemeinde eine „gemain Mark“ besitzt, die Bezeichnung Markgenossenschaft üblich.

All das, was bisher von den Nutzungen an der Gemain und von den Anlagen im Interesse der Gesamtheit berichtet wurde, spricht dafür, daß die Gemeinde, wenn sie auch erst verhältnismäßig spät urkundlich bezeugt ist, in die vordeutsche Zeit zurückreicht. Daß von den deutschen Bauern Tirols wiederholt die romanische Bezeichnung für „Gemain“ und Gemeinde in der Form von „Commun“ oder „Comaun“ gebraucht wird und daß in einem Fall die Angehörigen einer Urgemeinde als „Comaunsleut“ bezeichnet werden, bekräftigt diese Annahme (TW. IV, Glossarium, S. 879).

Wenn auch die Nutzung einer Allmende wesentlich zur Gemeindebildung beigetragen hat, so wäre doch die Annahme kaum zulässig, daß es ohne Allmende zu keiner Gemeindebildung gekommen wäre. Zwischen Leuten, die benachbart waren, ergaben sich, auch wenn sie nicht durch gemeinsame Nutzungsrechte verbunden waren, eine Reihe von Beziehungen, die zunächst durch Sitte und Brauch geregelt wurden, im Laufe der Zeit jedoch zu Rechten geworden sind und als Nachbarrecht die Nachbarn zu einer Rechtsgemeinschaft zusammengeschlossen haben. Diese wird in Tirol wie anderwärts als „Nachbarschaft“ bezeichnet. Der Ausdruck wird im gleichen Sinn wie Gemeinde gebraucht. Häufig sind diese Nachbarschaften Teilgemeinden innerhalb einer großen Urgemeinde; manche blieben bis heute in Abhängigkeit von der Urgemeinde; es sind dies die sogenannten Fraktionen, wie sie in der Kanzleisprache von heute genannt werden.

Nachbar (althochdeutsch „Nahgiburo“ = Nahebauer, d. h. Bauer, der nahe baut) bezeichnet einen Bauern, der nahe wohnt und wirtschaftet (anbaut). Viele unserer ältesten Siedlungen sind Dörfer oder größere Weiler, in welchen die Häuser eng beisammen stehen; aber nicht bloß die Häuser, sondern auch Äcker und Wiesen in der Flur lagen eng beieinander und durcheinander. Sonderbesitz des einzelnen Bauern an Haus und Hofstatt, an Gartenland, Äckern und Wiesen bestand schon in den Zeiten, über die uns die ältesten Urkunden berichten. Ob dieses Sonderrecht bereits auf die Zeit der ersten Ansiedlung zurückgeht, läßt sich nicht mit Sicherheit feststellen. Die ältere Agrar- und Rechtsgeschichte vertrat vielfach die Ansicht, daß zu Beginn der Ansiedlung Äcker und Wiesen Gemainbesitz waren. Die vorhin erwähnten Gemainäcker und Gemainwiesen könnten allenfalls als Überreste eines solchen alten Agrarkommunismus gedeutet werden; sicher erweisen läßt er sich für Tirol nicht.

Der Besitz der einzelnen Bauern in der Dorfflur bestand – und besteht heute noch – nicht wie bei den Einödhöfen aus einem einzigen, räumlich geschlossenen Grundstück, sondern aus einer Mehrzahl von einzelnen größeren und kleineren Teilstücken (Parzellen), die über die ganze Flur verstreut waren. Die Flur setzt sich zusammen aus einer Reihe größerer Grundkomplexe oder Gewanne, die auf einer Seite oder auf mehreren Seiten von schmalen, begrasten Rainen begrenzt sind. Auf diesen Rainen wird, wenn man pflügt, der Pflug gewendet. Nach diesem Pflugwenden erhielt der Rain und in weiterer Folge der ganze von ihm begrenzte Grundkomplex die Bezeichnung „Gewann" (mittelhochdeutsch „Gewande"). Bei uns in Tirol ist der Ausdruck „Gewann" nicht allgemein gebräuchlich, man verwendet dafür den vieldeutigeren Ausdruck „Feld", wohl auch die Bezeichnung „Gsteas" (Gestöhse), „Riegel" (Südtirol, von lateinisch regula) oder „Riedel" (althochdeutsch „Riet" = Rodung). Jedes Gewann zerfällt in mehrere Parzellen von regelmäßiger, zumeist rechteckiger Form; die Länge dieser Parzellenstreifen übertrifft ihre Breite zumeist um ein Vielfaches; in vielen Fällen ist allerdings durch Verpflügen oder durch das Gelände eine Verbiegung der Langseiten bewirkt worden.

Ursprünglich hatte wohl jeder Bauer in jedem Gewann eine Parzelle, die zu seinem Besitz gehörigen Parzellen lagen im Gemenge mit dem Besitz der übrigen Bauern; man spricht in solchen Fällen von einer „Gemengelage" des bäuerlichen Besitzes. Von den verschiedenen Parzellen, in die ein Gewann zerfällt, gehört in der Regel jede einem anderen Besitzer. Manches spricht dafür, daß bei der ursprünglichen Aufteilung der Flur gleiche Anteile für die einzelnen Bauern geschaffen wurden.

Die freie Gemeinde war ein Verband gleichberechtigter Genossen. Diese Aufteilung der Gewanne entsprach dem im Dorf herrschenden Genossenschaftsgedanken; wie jeder Genosse gleiche Pflichten gegenüber der Genossenschaft hatte, so sollte er auch gleichen Anteil an der Dorfflur erhalten. Da die Dorfflur nach Bodenbeschaffenheit und Geländeform zumal in einem Gebirgsland von mannigfaltiger Beschaffenheit ist, mußte sie, um eine gleichwertige Zuteilung an die einzelnen Dorfgenossen zu ermöglichen, in Stücke von gleichartiger Beschaffenheit aufgeteilt werden; jeder Genosse konnte so in jedem der verschiedenen Gewanne seinen gleichen Anteil an gutem und schlechterem Boden erhalten. In einigen Fällen läßt sich wenigstens bei Vergrößerung der Flur durch Rodung erweisen, daß das neue Gewann zu gleichen Teilen unter die Gemeindegenossen aufgeteilt wurde.[10]

Diese Gemengelage des Besitzes der einzelnen Bauern bildet einen scharfen Gegensatz zur Geschlossenheit des Einödhofes. In Alttirol verfügten um das Jahr 1908 von je 100 bäuerlichen Anwesen 12,5 über einen geschlossenen Besitz, während bei 82,7 % der Höfe ihr Grundbesitz überwiegend in Gemengelage und bei 4,8 % sich nur zum kleineren Teil im Gemenge mit fremdem Besitz befand.

Größere Teile der Flur, die „Riede", wie sie in unseren Flurkarten (Katastralmappen) bezeichnet werden, erhielten einheitliche Orientierungsnamen, die oft hohes Alter aufweisen und in die Zeit der Fluranlage zurückreichen. Diese Namen bieten wertvolle Aufschlüsse für die Geschichte der Siedlung. Die Gemeindeangehörigen haben diese Namen entweder nach der Lage dieser Flurteile gegeben – so wurden in der Gemeinde Natters z. B. Äcker im Ostteil der Flur als Osteräcker bezeichnet –, oder Flurteile wurden nach der Bodenbeschaffenheit benannt, so z. B. die Griesäcker der Natterer Flur, wieder andere erhielten ihre Bezeichnung nach der Art ihrer Entstehung, so findet sich im Westen der Natterer Flur ein Flurstück, das Reit genannt wird; es handelt sich hier um eine Neurodung, einen „Auffank", der vom Forstmeister Kaiser Maximilians der ganzen Gemeinde Natters verliehen und nach seiner Rodung unter den Bauern aufgeteilt wurde (449, S. 6). Ein Teil dieser Flurnamen ist noch vor den vordeutschen Bewohnern geschaffen worden; so etwa der Name „Kaltetauer" für einen Teil der Natterer Flur. „Kaltetauer" stammt von einem rätoromanischen „Cultura" (= angebautes oder neu gerodetes Land), das im deutschen Mund zu „Kultauer" und dann zu „Kaltetauer" wurde.

Der Zugang zu den einzelnen Parzellen wird nur zum Teil durch Wege, meist aber lediglich durch Streifen von Grasland ermöglicht, welche die Gewanne begrenzen. Ein solcher Streifen, der vor den Parzellen des Gewannes lag, wird in den alten Wirtschaftsordnungen tirolischer Gemeinden als „Anewant" oder „Fürhapt" bezeichnet. Er durfte nicht zugleich mit dem Acker, vor dem er lag, gewendet, d. h. umgepflügt werden; beim Pflügen wurde auf dem „Anewant" der Pflug am Ende der Furche gewendet, und der Streifen erhielt nach diesem Wenden den Namen. Die Bezeichnung „Fürhapt" ist nach der Lage des Streifens vor („für") den Parzellen geschaffen worden, er mochte nach dieser seiner Lage gewissermaßen als deren Haupt („Hapt") erscheinen.

[10] In manchen einst von Rätoromanen besiedelten Landschaften Nord- wie Südtirols zerfällt der älteste Teil der Flur in eine Reihe von Feldern annähernd quadratischer Form. Ein solches Flurquadrat wurde von den Romanen als „quadra" bezeichnet; in Flur- und Ortsnamen wie Quader, Quadratsch hat sich diese alte Bezeichnung erhalten. – Karten verschiedener Flurformen bringt unter anderem mein Aufsatz „Geschichtliche Heimatkunde" im Jg. 1926 der TH., S. 39 ff.; Karten römischer Flurformen bringen die Abhandlungen von D. Pekny (Verzeichnis des Schrifttums 488), ferner von H. Bachmann, Über das Flurbild von Erl (Tir. Htbl. Jg. 1948, S. 119 ff.) und andere seiner flurgeschichtlichen Untersuchungen. Weiteres Schrifttum über Flureinteilungen gibt Stolz 667 (Rechtsgesch., S. 27, Anm. 42.).

Über die Benützung dieser Grasstreifen als Zufahrt wird z. B. in einer Wirtschaftsordnung der Gemeinde Schwaz aus dem 17. Jahrhundert bestimmt: „Item wan ainer auf das Feld zu seinem Pau wil fahrn oder nach seinem Traidt, der sol fahrn, als van Alter herkumen ist; wan man den Roggen abschneid, so sollen die Grasweg offen sein unzt auf St. Margreten Tag (13. Juli), acht Tag vor oder nach, auch ungefärlichen, was van Alter herkumen ist, und wo die Anwand an einander stossen, da sol der Weg oder Grasweg über ieden halben gehen" (TW. III, S. 366, Z. 34ff.).

Nicht zu allen Parzellen war aber ein derartiger Zugang möglich. Hätte jeder Besitzer Zeit und Art des Anbaues und der Ernte auf seinen Äckern nach eigenem Belieben ohne Rücksicht auf seinen Flurnachbarn festgesetzt, so hätten sich die größten Schwierigkeiten ergeben. Der eine Besitzer hätte unter Umständen mit seinem Pflug oder Wagen über die Parzelle des Nachbarn den Weg nehmen müssen, und zwar zu einer Zeit, wo dieser durch das Überfahren schwer geschädigt worden wäre. Endlose Streitigkeiten wären die Folge gewesen. Um dies zu vermeiden, haben die Gemeinden seit alters Anordnungen über gleichartige Bewirtschaftung der Grundstücke in der Dorfflur getroffen. Eingehende Vorschriften über die Zeiten, in denen Anbau und Ernte in der Dorfflur durchzuführen seien, finden sich z. B. in der Dorfordnung des alten Dorfes Kauns (Oberinntal) aus dem Jahre 1624. Unter anderem wird hier festgesetzt, daß der Beginn des Anbaues im Frühjahr wie im Herbst durch Gemeindebeschluß angeordnet werden soll. Innerhalb von zehn Tagen nach Fassung dieses Beschlusses waren die Anbauarbeiten durchzuführen. Nach Ablauf dieser Frist durfte keiner mehr einen fremden, bereits angebauten Acker mit seinem Pflug überfahren, auch der „Anewant" durfte nicht mehr als Zufahrtsweg benützt werden.

Im Pustertal nannte man seit alters eine solche von der Gemeinde festgesetzte Betriebsordnung den „rechten Kreis". Laut einer Eintragung im Verfachbuch von Anras (Osttirol) vom 7. Mai 1594 führte ein Bauer zu Bannberg Klage gegen seinen Nachbarn, dieser habe ihn durch Nichteinhaltung des „rechten Kreises" geschädigt. Wenn der Nachbar im „rechten Kreis" die Äcker bewirtschafte, könne er, Kläger, ihm, dem Nachbarn, ohne weiteres den Weg über seinen Acker zugestehen; wenn sich der Nachbar aber an die bestehende Wirtschaftsordnung nicht halte, verweigere der Kläger ihm das Überfahren über seinen Acker. Der Beklagte erwiderte darauf, er wolle seine Äcker wieder in den „rechten Kreis" bringen, der Kläger möge ihm aber für das gegenwärtige Wirtschaftsjahr ausnahmsweise die Überfahrt gestatten (Stolz 646, S. 98).

Da die Flur in der Zeit vor ihrer Bestellung und nach der Ernte der gemainen Weide des bäuerlichen Viehes diente, war eine Regelung des Viehauftriebes nötig. Die Notwendigkeit zu solchen Regelungen bildete ebenfalls eine der Ursachen für die Bildung einer Gemeinde der Grundbesitzer. Jeder Gemeindegenosse mußte die Weide auf seinen Grundstücken in der Flur dulden. Dauer und Umfang des Weiderechtes wurde von der Gemeinde festgesetzt. Für diese Weide mußte jeder Bauer seine Äcker und Wiesen mit Ausnahme der mit Wintergetreide bestellten Grundstücke im Frühjahr bis gegen Georgi (24. April) und im Herbst von Michaeli (29. September) an offen halten.

Diese Bindung der Einzelwirtschaft an die Regelung durch die Gemeinde, dieser „Flurzwang“[11], bedeutete in Zeiten, da Neuerungen im landwirtschaftlichen Betrieb aufkamen, ein großes Hemmnis für einen fortschrittsfreundlichen Landwirt; wenn ihm auch eine Änderung des Betriebssystems noch so sehr empfehlenswert erschien, konnte doch der einzelne gegen den Willen der Mehrheit seiner Gemeindegenossen, die am Alten festhielt, nicht aufkommen. Wir dürfen uns daher nicht wundern, daß in der zweiten Hälfte des 18. Jahrhunderts, als die neuen Lehren über die Verbesserung des landwirtschaftlichen Betriebes immer mehr Anhänger gewannen, die Vertreter des Neuen gegen Flurzwang und Gemainweide Sturm liefen.

In der Folge war denn auch manches, was bisher die Gemeinde geregelt hatte, der Vereinbarung zwischen den Flurnachbarn überlassen. Immerhin blieb in einzelnen Gemeinden der Flurzwang bis heute erhalten. Aber auch dort, wo die Gemeinde nicht mehr in solchem Ausmaß in die Wirtschaftsführung des einzelnen eingriff, blieb doch bis zu einem gewissen Grad der gemainwirtschaftliche Gedanke lebendig, der Gedanke, daß der einzelne sein Sonderinteresse dem Gemainwillen unterordnen müsse. In einer Berggemeinde des Oberinntals hatte sich die Mehrheit der Bauern für die Gemainweide auf der Dorfflur ausgesprochen, einige Besitzer aber erkannten den Beschluß nicht an und schlossen ihre Grundstücke durch Zäune von der Gemainweide aus. Über Nacht wurden aber diese Zäune niedergerissen; wenn auch kein offizieller Gemeindebeschluß vorlag, so hielt man doch den einzelnen Gemeindegenossen für gebunden an den Willen der Mehrheit.

Wechselseitige Hilfeleistung zur Zeit dringender Arbeiten und in Not und Gefahr war alte Nachbarsitte. Gemeinsame Abwehr „gemainer Not“, etwa Feuer- oder Wassernot, ist schon früh von der Sitte zum Gebot des Rechtes geworden, wie die älteren Dorfrechte erkennen lassen. Die Wirtschaftsgemeinde wurde zur Kultgemeinde, die Teilnahme an den Kulthandlungen wurde verpflichtend für alle Nachbarn und Gemeindegenossen. Über die Beziehungen der Gemeinde zu Kult und Gericht folgen weitere Ausführungen (vgl. S. 272 und S. 309 ff.).

In Gemeinden, die aus Einzelhöfen bestehen, wie dies zumal in vielen unserer Hochtäler der Fall ist, bilden die zu den einzelnen Höfen gehörigen Wiesen und Äcker zumeist ein räumlich geschlossenes Ganzes, während Weide, vor allem Almweide, und Wald Gemeindebesitz sind. Der Einfluß der Gemeinde auf die Wirtschaft des einzelnen Gemeindegenossen ist daher geringer als dort, wo Äcker und

[11] In manchen Landschaften, so im Vinschgau, war der Flurzwang unbekannt, hier muß durch Flurwege und Grenzraine ein Zugang zu den einzelnen Flurteilen möglich gewesen sein. Manche Fluren, welche die alte Art der Besitzverteilung und -begrenzung bis heute gewahrt haben, zeigen solche Zugänglichkeit der Parzellen.

Wiesen der Bauern im Gemenge liegen und eine gewisse Regelung der Bewirtschaftung, die sogenannte Flurverfassung, nötig ist.

GEMEINDEFREIHEIT UND GEMEINDERECHT.[12] Wenn auch die Verwaltung und Nutzung der „Gemain" für die Bildung der Gemeinde von größter Bedeutung waren, so ist doch die Gemeinde von Anfang an nicht bloß Wirtschaftsgemeinde, sondern auch politische Gemeinde. Als solche hatte sie „ihren ältesten Kern nicht in wirtschaftlichen Nöten und Aufgaben, sondern in der örtlichen Wahrung des Friedens" (Bosl, Eine Geschichte der deutschen Landgemeinde, in: Zeitschr. für Agrargeschichte und Agrarsoziologie 9. Jg. 1961, S. 109). „In sich selbst war sie eine Friedens- und Rechtsgenossenschaft, welche auf ihren Versammlungen das gemeinsame, keineswegs auf Marksachen beschränkte Recht im Dorfweistum feststellte ... und alle gemeinsamen Angelegenheiten, nicht bloß die wirtschaftlichen Dinge beriet und ordnete" (Gierke, Genossenschaftsrecht, Band I, S. 71). Urgemeinde und Gerichtsbezirk decken sich in Tirol. Die Gemeinden Tirols wurden nach Ausbildung der einheitlichen Landesherrschaft (13. Jh.) auch mit Aufgaben der Steuerverwaltung und der Wehrverfassung betraut. Die Eingliederung der aus eigener Wurzel erwachsenen Gemeinde in die finanzielle und politische Landesverwaltung ist zur Zeit der Entstehung des tirolischen Landesfürstentums bereits als gegeben zu betrachten; im Rahmen dieses Buches ist es jedoch nicht möglich, näher auf diese Fragen einzugehen.

Deutlich tritt die Gemeinde als handlungsfähige Korporation des öffentlichen Rechtes schon zu Beginn des 12. Jahrhunderts hervor. Im heute italianisierten, damals noch rätoladinischen Fleimstal erscheint die Talgemeinde Fleims als Empfängerin von Freiheiten, den sogenannten Gebhardinischen Verträgen; es waren dies Privilegien, welche Bischof Gebhard von Trient der Gemeinde erteilt hatte. Die Gemeinde verpflichtete sich damals ihrerseits zu bestimmten Leistungen an den Bischof. Andere Beispiele einer handlungsfähigen Gemeinde bieten Urkunden des späteren 12. Jahrhunderts aus Deutsch-Südtirol. In einer Urkunde von 1165 wird die Gemeinde („communitas") Keller („Cella"), das spätere Gries bei Bozen, als Besitzerin der Allmende erwähnt. Es heißt da: „Communitas illorum de Cella illud, quod non erat roncatum, tenebat pro communi." (Die Gemeinde der Leute von Keller hielten als Gemain, was noch nicht gerodet war.)

Nach einer Urkunde von 1190 tragen die zwei Gemeinden (communitates) Keller und Bozen vor dem Bischof von Trient einen Streit um die Nutzung einer beiden Gemeinden gehörigen Allmende aus. Jede der beiden Gemeinden wählt je 12 Männer, welche Ausdehnung und Zubehör der Allmende feststellen sollten. Auf Bitte der beiden Gemeinden trifft der Bischof als Schiedsrichter eine Regelung der beiderseitigen Allmendnutzung, welche von beiden Gemeinden angenommen wird. Der Bestand selbständiger, rechtlich handlungsfähiger Gemeinden tritt in der Urkunde deutlich zutage. Man darf wohl annehmen, daß solche Handlungsfähig-

[12] Trotz einer eingehenden Überarbeitung konnten einzelne Überschneidungen zwischen diesem und dem von Prof. Wopfner später eingefügten IV. Hauptstück nicht vermieden werden.

keit und Selbständigkeit der Gemeinde damals bereits altes Herkommen waren. Die beiden Gemeinden, die ältere ländliche Siedlung Keller und die jüngere Stadtgemeinde Bozen, bildeten ursprünglich offenbar eine Großgemeinde, aus der sich mit zunehmender Bedeutung der städtischen Siedlung die Stadtgemeinde als selbständige Gemeinde abgetrennt hatte.

Als Korporation, vertreten durch einen bevollmächtigten Ausschuß, schließt die Gemeinde Tramin als gleichberechtigter Vertragsteilnehmer mit dem Inhaber der Grafenrechte in der Grafschaft Trient, dem Bischof von Trient, 1214 einen Vertrag über den Bau einer Gemeindeburg. Die Gemeinde erbot sich, in der Nähe von Tramin auf ihre Kosten eine Burg zu bauen und gestattete dem Bischof, in dieser Burg eine, wie sie sich ausdrückte, „eines so großen Herzogs und Herren würdige Wohnung" herzustellen. Der Bischof durfte in Kriegszeiten eine Besatzung in die Burg legen, die aber nach Ablauf des Krieges wieder abziehen mußte. Tramin und Umgebung waren damals aufgrund der Orts- und Geschlechternamen bereits überwiegend von Deutschen bewohnt. Die von der Talgemeinde Arco in gemeinsamer Arbeit als Fluchtburg errichtete Burg Arco ging schon im 13. Jahrhundert ins Alleineigentum der Herren von Arco über.[13]

In Tirol besitzt die Gemeinde bereits laut Zeugnissen des 12. bis 14. Jahrhunderts Selbstbestimmung, sie ist frei. Die Wahrung dieser Freiheit ist in Tirol zunächst dadurch begünstigt worden, daß, im Gegensatz zu vielen anderen deutschen Ländern, hier die Grundherrschaft nur ausnahmsweise in die Lage kam, jenen beherrschenden Einfluß auf Gemain und Gemeinde auszuüben. Die Gemeinde war zumal dort von der Grundherrschaft abhängig, wo die Mehrzahl der Bauernstellen in der Gemeinde einer und derselben Grundherrschaft unterstand. Eine derartig „geschlossene" Grundherrschaft vermochte die Nutzung des Gemainlandes sowie die sonstige Verwaltungstätigkeit der Gemeinde von sich abhängig zu machen. In Tirol gab es nur wenige geschlossene Grundherrschaften; im Nordosten des Landes findet man die meisten von ihnen. Sie werden in Tirol wie in Bayern als „Hofmarken" bezeichnet. In den Hofmarken war die Gemeinde weitgehend von der Hofmarkherrschaft abhängig, vor allem auch in der Nutzung der Allmende. In jüngerer, nachmittelalterlicher Zeit haben aber unter Einfluß der allgemein im Lande herrschenden Freiheit der Gemeinden auch die Gemeinden in den Hofmarken ein größeres Maß an Selbständigkeit zu erlangen vermocht.

In der Regel waren innerhalb einer Gemeinde mehrere Grundherrschaften begütert; die meisten Bauern in der Gemeinde saßen auf grundherrlichen Gütern. Die Tatsache, daß eine Mehrzahl von Grundherrschaften in einer Gemeinde begütert war, erschwerte es einer einzelnen, die Verfügung über die Allmende in ähnlicher Weise an sich zu bringen, wie das in den Hofmarken der Fall war. Die Selbständigkeit der Gemeinde in der Verfügung über die Allmende steht aber auch mit der

[13] Waldstein-Wartenberg, Geschichte der Grafen von Arco (Schlern-Schriften 259), Innsbruck 1971, S. 266. N. Grass.

Beschaffenheit des bäuerlichen Besitzrechtes in engem Zusammenhang. Das bäuerliche Gut, wie es den Bauern von der Grundherrschaft verliehen war, umfaßte sowohl das in Sondernutzung stehende Land wie das Recht auf die Allmendnutzung. Mit der Erlangung eines festen, vererblichen und veräußerlichen Besitzrechtes ist der Bauer nicht nur in der Nutzung seiner Äcker und Wiesen, sondern auch in der Nutzung der Gemain weitgehend unabhängig geworden; der Einfluß des Grundherren auf die bäuerliche Wirtschaftsgemeinde trat nach der freien Gestaltung des bäuerlichen Besitzrechtes mehr und mehr zurück. Es ist in Tirol eine ähnliche Zurückdrängung der grundherrlichen Ansprüche an der Allmende zu beobachten wie in der Urschweiz, wo ebenfalls die grundherrlichen und vogteiherrlichen Ansprüche auf ein Obereigentum an der Allmende verschwunden sind.

Für die tirolische Gemeindefreiheit ist es aber vor allem entscheidend geworden, daß es weder zur Bildung von Gutsherrschaften noch zur Bildung von Bann- oder Dorfherrschaften gekommen ist wie in anderen deutschen Ländern. In Tirol fehlt jener Kampf um die Macht in der Gemeinde, wie er dort geführt wurde und meist mit der Beschränkung oder Aufhebung der bäuerlichen Gemeindefreiheit endete. In wirtschaftlicher Hinsicht strebten die Herrschaften nach der Verfügung über die Allmende und nach Einschränkung der bäuerlichen Nutzungsrechte. In Tirol blieben Bauer und Gemain frei von solchen patrimonialen Gewalten; den tirolischen Grundherrschaften gelang es nicht wie den Gutsherrschaften in den östlichen Alpenländern oder jenen im deutschen Nordosten, die bäuerlichen Rechte an der Allmende zu Rechten an fremder – d. h. im Eigentum der Herrschaften befindlichen – Sache herabzudrücken. Dorfvogteien, denen ähnliche Rechte wie den Gutsherrschaften zustanden, gehören in Tirol zu den seltenen Ausnahmen. So bestand in der Gemeinde Lana (bei Meran) die Dorfvogtei der Herren von Brandis, die vermutlich auf überragenden grund- und vogteiherrlichen Besitz dieser Herren zurückging. Seit dem 16. Jahrhundert wurden derartige Vogteiherrschaften mehr und mehr zurückgedrängt, ihre Befugnisse gingen teils an die Gerichte, teils an die Gemeinden über.

Das Wesen der Gemeindefreiheit bildet die Eigengesetzlichkeit (Autonomie). Sie kommt vor allem darin zum Ausdruck, daß der Gemeinde das Recht zusteht, eine Reihe von Angelegenheiten, die vor allem die eigene Gemeinde und ihre Insassen betreffen, selbst zu ordnen und zu diesem Zwecke die nötigen gesetzlichen Bestimmungen zu treffen.

Für das Recht der bäuerlichen Gemeinde galt der in den Statuten des Münstertales (Vinschgau) 1427 ausgesprochene Grundsatz: „Paurschaftrecht stât für sich selber" (TW. III, S. 358, Z. 36); das wollte besagen: die bäuerlichen Gemeindegenossen sind in der Rechtsschöpfung zur Regelung der Gemeindeangelegenheiten selbständig. Andererseits betonen freilich auch die folgenden Ausführungen der erwähnten Statuten die Begrenzung der gemeindlichen Eigengesetzlichkeit durch das Landrecht, d. h. durch das für das ganze Land geltende Recht.

Die Feststellung des Gemeinderechtes erfolgte in der Gemeindeversammlung, die dort, wo die Gemeinde zugleich einen Dingbezirk bildete, mit der Gerichtsversammlung, dem „ehaft Tading" zusammenfiel, durch alte, des Rechtes kundige Männer. Als es sich in der Gemeinde Partschins 1431 um Feststellung der alten Dorfrechte handelte, befragte der Dorfmeister die Ältesten in der Gemeinde, die sodann das Recht, wie sie es in ihrem Gedächtnis trugen, verkündeten. So konnten die rechtlichen Verhältnisse, wie sie ein halbes Jahrhundert zuvor üblich gewesen waren, aufgehellt werden. In Tirol wurde dieser Vorgang der Feststellung des Rechtes als „Öffnen" bezeichnet.

Die bäuerlichen Rechte wurden zu Beginn des Tadings jeweils verkündigt und prägten sich so dem Gedächtnis der versammelten Gemeindegenossen ein. Aus langjähriger und aufmerksamer Teilnahme an den Verhandlungen und den dabei ergehenden Rechtsweisungen erklärt sich jene Rechtskenntnis älterer Bauern, von der bereits gesprochen wurde. In Gerichtsgemeinden, in welchen sich die alte Gerichts- und Gemeindeverfassung besonders lange zu behaupten vermochte, konnte man noch in der ersten Hälfte des 19. Jahrhunderts Bauern mit vorzüglicher Rechtskenntnis antreffen.

Das in der angegebenen Weise festgestellte Recht war in erster Linie Gewohnheitsrecht. Mit der Zeit nahm das für die Regelung der Gemeindeverhältnisse gewiesene Recht an Umfang zu; gleichzeitig hatte die Schriftlichkeit auch im Rechtsverfahren größere Ausdehnung erlangt. Nun begann man, das gewiesene Recht aufzuzeichnen.

Wie man bei der Aufzeichnung des alten, bisher nur mündlich überlieferten Gemeinderechtes vorging, erzählt uns ein Gemeindebrief von Völlan bei Meran aus dem Jahre 1473. Da kamen der Dorfmeister und ein Ausschuß der Gemeinde Völlan zum Richter von Stein unter Lebenberg und baten ihn, drei Zeugen zu verhören, die sie vor Gericht stellten. Diese sollten Zeugnis ablegen vom alten Recht der Gemeinde. Die „dörflichen Rechte" (Gemeinderechte) waren, wie die Gemeindemänner dem Richter meldeten, bisher nicht schriftlich festgelegt worden, und es seien einige Zweifel über das geltende Recht entstanden. Es erschien daher eine schriftliche Festlegung notwendig. Um diese zu bewirken, sollte der Richter die gestellten Zeugen zur Kundschaftleistung (Zeugenaussage) veranlassen. Der Richter sprach den Zeugen zu, die volle Wahrheit auszusagen, wie sie es bei „Gott darumb am jüngsten Tag verantworten wellend" (TW. IV, S. 173, Z. 15f.). Daraufhin öffneten die drei Zeugen das Recht der Gemeinde Völlan, wie es nach der Erinnerung zweier von den Zeugen durch vierzig Jahre und wie es nach dem dritten Zeugen durch 30 Jahre geübt wurde. Nach ihrem Gedenken habe ein alter Mann vom Hofe Gäll seinerzeit das Recht der Gemeinde so geöffnet, wie es bisher gehalten worden war.

Die „Kundschaft" (Aussage) der drei Zeugen wurde vom Gerichtsschreiber in urkundlicher Form niedergeschrieben, vom Richter besiegelt, von der Gemeinde übernommen und als ihr „Gemeindebrief" verwahrt.[14]

---

[14] Über eine ähnliche Aufzeichnung des Rechtes der Gemeinde Brandenberg im Jahre 1434 vgl. TW. I, S. 135ff.

In anderen Fällen nahm die Gemeinde kurzweg – ohne die Mitwirkung des Gerichtes zu beanspruchen – die Aufzeichnungen ihres Rechtes vor. Die Bauern von Kuens ließen 1534 auf einer Gemeindeversammlung ihre „dörflichen Rechte", wie sie solche von alters her von ihren Eltern vernommen hatten, in ein Dorfbuch niederschreiben (TW. IV, S. 62, Z. 1 ff.).

In der Wissenschaft werden solche Aufzeichnungen des Rechtes, wie es durch rechtskundige Männer gewiesen oder geöffnet worden war, als Weistümer bezeichnet nach einem Sprachgebrauch, wie er in manchen deutschen Ländern üblich war; bei uns in Tirol ist die Bezeichnung „Weistum" im Volke nicht üblich; man nannte solche Aufzeichnungen hier „peuerliches Recht", „Eehaft", „Öffnung", „Ordnung", die Sammlung des Gemeinderechtes „Dorfpuech", „Gemainspuech". Im Anschluß an die Art, wie dieses Recht festgestellt wurde, wird es in der Großgemeinde und dem Gericht Stein am Ritten als „Schluß-urtl" bezeichnet. Aufzeichnungen der bäuerlichen Weistümer Tirols liegen seit dem 13. Jahrhundert vor. Die Wiener Akademie der Wissenschaften hat eine Ausgabe dieser Weistümer in sechs Bänden besorgt (Nr. 740 des Schrifttumsverzeichnisses). Eine handschriftliche Sammlung weiterer tirolischer Weistümer liegt im Tiroler Landesarchiv; sie wurde von Josef Egger, Otto Stolz und Josef Schatz besorgt. Die Ausgabe weiterer Weistümer ist in Vorbereitung.

Das, was die bäuerlichen Rechtssprecher als Recht feststellten, war nach ihrem Empfinden das gute, alte Recht. Immer wieder wird in den Weistümern betont: „Das seint unsere alte Recht."

Die jeweils lebende Generation betrachtete das Recht ihrer Zeit als etwas seinem Wesen nach Unveränderliches. Als der Richter von Schenna (Burggrafenamt) seine Geschworenen zur Öffnung der Rechte und Freiheiten des Gerichtes aufgefordert hatte (1500), richtete er zum Schluß an sie die Frage, „ob sie von den verschribenen Artikln, wie die begriffen seind, nicht davon zu sezen noch darzue zu thuen oder zu nemen wissen. Darauf die Geschwornen retten [redeten], sie wüsten mit nichte, von solichen Articuln darzue oder davon nicht zu nemen oder zu sözen, dann gleichwie hierinn beschriben were, also wer es vor etlicher vergangener Zeit auch Sitte und Gewonhait gewest und noch ist unzt auf heutigen Tag" (TW. IV, S. 67, Z. 38 ff.). Viele Bestimmungen der älteren Rechtsweisungen wurden durch Jahrhunderte aus Achtung vor dem alten Recht in unveränderter Form im Tading verlesen. Manche, wie etwa grausame Strafbestimmungen (Abhauen der Hand als Strafe für das Umhauen eines Fruchtbaumes auf der Allmend oder für unbefugte Brandrodung) wurden wiederholt, auch wenn sie tatsächlich nicht mehr durchgeführt wurden.

Wegen dieser grundsätzlichen Unveränderlichkeit des Rechtes hielt man mit einer Neuerung auch dann zurück, wenn das bestehende Recht den gegenwärtigen Bedürfnissen nicht mehr so recht zu entsprechen schien. Die Münstertaler Statuten von 1427 stellen zwar fest, daß man mit dem bestehenden Erbrecht nicht zufrieden sei, „aber es ist von Alter herkummen, daz wir nun zemal nit veränderen mügent" (TW. III, S. 352, Z. 39 f.). Aus solcher konservativen Gesinnung spricht das gesunde Rechtsempfinden, daß man das überkommene Recht bei auftretenden Schwierigkeiten seiner Anwendung nicht sogleich abändern dürfe.

Die Anhänglichkeit an das alte Recht bedeutete nicht ein unbedingtes, starres Festhalten an überlebtem Alten. Trat eine Änderung jener Voraussetzungen ein, die bei Festsetzung des alten Rechtes bestimmend gewesen waren, und war diese Änderung dem bäuerlichen Sinn erkennbar, so scheute man vor einer Modifizierung nicht zurück. Die Gerichtsgemeinde Wangen stellt in einer 1338 erfolgten „Öffnung" ihrer Rechte fest, daß ihre Geschworenen im Einverständnis mit Gerichtsherrschaft und Richter die Rechte, „wo inen die zu schwär oder ze ringe [leicht] wären ... ringern und höchren und pessern mügen" (TW. IV, S. 197, Z. 10). Die vorhin erwähnten Münstertaler Statuten sprechen ihre Meinung über die Unzulänglichkeit des bestehenden Erbrechtes aus und weisen auf das hin, was ihnen „in dem pillich und müglichen teuchtet, won was nun ze mal nit geschechen mag, so geschicht es fileicht ain ander mal" (a. a. O., Z. 41 ff.). Die Gemeinde Eirs erklärt zwar, daß ihr derzeit (1715) geltendes Dorfbuch „für allzeit und ewig anzusehen ist" (TW. III, S. 186, Z. 1), fügt aber gleich den Vorbehalt bei: „außer es werden bei widrigen Umständen am Kassonntag [Sonntag „Invocavit", Faschingssonntag, dem Versammlungstag] von der Gemeinde aus vorstehenden Punkten einige abgeändert."

Das Recht der Weistümer war seiner Entstehung nach eine organische Bildung, war Recht, „das mit uns geboren". Die Weisungen des Rechtes griffen zwar gerne auf ältere Rechtsfindungen zurück, wo aber das ältere Recht nicht mehr ausreichte, erflossen neue Weisungen der Rechtskundigen, und so wurde für eine zeitgemäße Weiterbildung des Rechtes gesorgt. Die „bäuerlichen Recht" von Burgeis vom Jahre 1575 beruhen nach eigener Angabe zum Teil auf Rechtssatzungen, die „von alter herkomen", zum Teil sind sie „anjetzo verneuert und erfunden worden". Das „Gemainpuech" von Planail liegt in einer Fassung von 1781 vor, die eine Neugestaltung des im Jahre 1583 aufgerichteten Dorfbuches darstellt; dieses wiederum ist eine Neugestaltung eines älteren Dorfrechtes.

Mit der Ausschließung des Bauern von der Rechtsweisung und der Ersetzung des Weistumsrechtes durch das Amtsrecht, wie es sich in der Zeit des landesfürstlichen Absolutismus und der Aufklärung immer ausschließlicher durchsetzte, ist das Recht dem Bauern und der Bauer dem Recht entfremdet worden. Das alte Selbstgefühl des freien Tiroler Bauern, wie es gerade auch aus der Eigengesetzlichkeit seiner Gemeinde erwachsen war, wich einem Gefühl der Rechtsunsicherheit. Die Beschränkung der Gemeindeautonomie durch die Regierung, über die noch in anderem Zusammenhang zu sprechen sein wird, machte den Bauern teilnahmsloser gegenüber dem Gemainwesen und minderte das Gefühl wechselseitiger Verbundenheit zwischen den Gemeindegenossen.

Aus der Wertschätzung des Rechtes der Gemeinde erwuchs das Bemühen der Gemeindegenossen um gute Verwahrung der Urkunden, welche dieses Recht bezeugten. Der Gemeindeausschuß von Riffian bestimmte in Artikel 31 seiner

Dorfordnung von 1589, daß die Truhe, „darinnen der Gmain briefliche Gerechtigkaiten sambt dem Dorfpuech ligen", allzeit in der Sakristei der Frauenkirche verbleiben soll; den Schlüssel zur Truhe sowie eine Abschrift des Dorfbuches soll ein jeder Dorfmeister in seinem Haus behalten und nach Ablauf seiner Amtszeit dem Nachfolger übergeben.[15] In den einzelnen Gemeinden entstand durch sorgfältige Verwahrung der Gemeindebriefe und Akten ein bedeutendes Archiv.

Im Zusammenhang mit der Aufhebung der grundherrlichen Rechte (1848) nahm bei den Bauern das Interesse an urkundlichen Zeugnissen allgemein ab; sie vernachlässigten nicht nur die Verwahrung ihrer Hausbriefe, sondern legten auch auf die Verwahrung der Urkunden ihrer Gemeinde weniger Wert; letzteres hauptsächlich deswegen, weil zwischen dem Bauern und dem Recht nicht mehr jene enge Beziehung bestand, wie sie die ältere Gemeindeverfassung mit sich gebracht hatte. Die Bauern waren auch nicht mehr fähig, ihre älteren Urkunden zu lesen. In früherer Zeit, etwa noch in der ersten Hälfte des 19. Jahrhunderts, hatte, wie mir von älteren Leuten berichtet wurde, so mancher Lehrer an einer Landschule gelegentlich mit seinen Schülern Hausbriefe und Gemeindeurkunden gelesen. Eine gewisse Vertrautheit der Lehrer mit den Gemeindeschriften ergab sich daraus, daß die Lehrer oftmals mit der Aufgabe als Gemeindeschreiber betraut wurden. Daß sich auch Bauern auf das Lesen von Urkunden verstanden und es übten, zeigt das unten (S. 321) angeführte Beispiel eines Tösener Bauern. Die alten Gemeindearchive haben leider infolge der Verwahrlosung in der zweiten Hälfte des 19. Jahrhunderts bedauerliche Verluste erlitten; die erhaltenen gebliebenen Reste verzeichnen die „Archivberichte aus Tirol" (18).

Das Amtsrecht, wie es zu Ausgang des Mittelalters in der Form von landesfürstlichen Gesetzen und Ordnungen in zunehmender Ausdehnung auftrat, war vielfach nicht Festlegung alten Rechtes, sondern Rechtsschöpfung seitens der landesfürstlichen Regierung. Es galt bei den Bauern nicht als gutes Recht, sondern als eine willkürliche, dem alten Recht abträgliche Satzung. Gerade in den Zeiten vor dem Bauernkrieg von 1525 und während desselben kehrt ständig die Klage der Bauern über die Unterdrückung des alten Rechtes wieder. Anders war es freilich mit den Landesgesetzen, die unter Mitwirkung des Landtages zustande kamen und daher nicht Amtsrecht waren. Im Landtag waren die Bauern vertreten; ihr Rechtsempfinden vermochte hier immerhin bis zu einem gewissen Grad auf die Gesetzgebung Einfluß zu nehmen.

Im „ehehaft Tading", in welchem der Landrichter den Vorsitz führte, hatten Gerichtsobrigkeit und Landesfürst verschiedene Möglichkeiten, auf die jeweilige Feststellung des Rechtes Einfluß zu nehmen. Im Wesen war es aber doch die Gemeinde des Dingbezirkes, welche durch einzelne ihrer rechtskundigen Genossen das Recht „öffnete". Das Recht war Volksrecht, nicht Amtsrecht. Wenn nun auch die Feststellung des Rechtes regelmäßig die Sache einzelner rechtskundiger Gemein-

[15] TW. IV, S. 77.

degenossen war, so blieb es doch jedem Versammlungsteilnehmer freigestellt, gegebenenfalls seine abweichende Meinung zur Geltung zu bringen. Im Gericht Stein am Ritten richtete der Richter die Aufforderung zur Rechtsöffnung zunächst an die von der Gemeinde erwählten Geschworenen; er konnte aber auch andere Teilnehmer um ihre Ansicht vom geltenden Recht befragen. Die Gerichtsversammlung erstreckte sich im Gericht Stein am Ritten noch im 18. Jahrhundert über zwei Tage, ursprünglich dauerte sie drei Tage. Was an einem der Tage beschlossen und festgestellt worden war, wurde am zweiten Tag verlesen, „damit, wer ein Beßeres darzue zu rathen wisse, ein solches thuen möge" (TW. IV, S. 225, Z. 19).

Das Gemeinderecht war innerhalb seines Geltungsbereiches auch für die Gerichtsherrschaft verpflichtend; das gilt vor allem für das Recht an der Gemain. Die Gerichtsherrschaft steht nicht über, sondern unter dem Gemeinderecht. Nach dem Recht der Großgemeinde Stein am Ritten aus dem Anfang des 16. Jahrhunderts ist das Mähen auf den Gemainmähdern vor dem St. Bartholomäustag (24. August) verboten. Wenn die Gerichtsherrschaft, Pfleger oder Richter, entgegen dieser Bestimmung die Erlaubnis zu vorzeitiger Mahd geben sollte, haben diese 5 Pfund Perner als Buße zu zahlen, und das gemachte Heu fällt an die Gemeinde. In der Gemeindeordnung aus dem 18. Jahrhundert wird das Verbot des vorzeitigen Mähens zwar wiederholt, entsprechend der in jener Zeit sich durchsetzenden Beschränkung der gemeindlichen Selbstherrschaft ist jedoch die Strafbestimmung für die Gerichtsherrschaft und ihre Beauftragten weggelassen worden (TW. IV, S. 218, Artikel 29 und S. 231, Artikel 19).

Die Abfassung der ausführlichen Dorfrechte jüngerer Zeit konnte nicht mehr auf dem alten Weg der Rechtsöffnung im „ehehaft Tading" erfolgen; man begann, einen Ausschuß von rechtskundigen und erfahrenen Gemeindegenossen mit der Abfassung eines Dorfrechtes zu betrauen, das dann der Versammlung vorgelegt wurde. So ist in der Gemeinde Untermais 1683 einem Ausschuß von Gemeindegenossen seitens der Gemeinde die Aufgabe übertragen worden, das alte Dorfbuch „zu pessern oder zu mindren".

Neben dem bäuerlichen Recht enthalten auch die Weistümer Bestimmungen über Rechte, welche dem Landesfürsten oder der Gerichtsherrschaft zustehen. Als Gegengabe für die ihnen zugestandenen Rechte sollen Landesherrschaft und Gerichtsherrschaft die Rechte der Gemeinde schützen. Die Ansprüche der Landes- und Gerichtsherrschaft werden ausdrücklich als Herrschaftsrechte dem autonomen bäuerlichen Recht gegenübergestellt. So unterscheidet das Weistum von Laudeck aus dem 14. Jahrhundert „meines Herrn Recht", d. h. des Landesfürsten Recht, und „unseri Recht", d. h. das Recht der Gemeinschaft.

Mit dem Ausbau der Staatsgewalt und der Beschränkung der Gemeindeautonomie wurde die Bestätigung der Dorfrechte durch die Gerichtsherrschaft oder die landesfürstliche Regierung für ihre Gültigkeit erforderlich, während im Mittelalter die landesfürstliche Bestätigung nur gelegentlich zur Erhöhung des Ansehens der bäuerlichen Rechtsordnungen eingeholt wurde. So bat die Gemeinde Partschins

1407 den Landesfürsten Herzog Friedrich um Bestätigung des von 50 Gemeindeleuten geöffneten Rechtes. Der Landesfürst entsprach dieser Bitte. Als Grundlage für die Geltung des Gemeinderechtes wird von der Gemeinde und vom Landesfürsten die Rechtsöffnung durch die Gemeindemänner anerkannt. In gleicher Weise beurkundet der Richter von Rattenberg 1434 das Recht der Gemeinde Brandenberg gemäß der Öffnung durch Männer der Gemeinde. In beiden Fällen bilden Bestätigung und Beurkundung des Rechtes nicht eine Voraussetzung für seine Geltung, sondern dienen seiner schriftlichen Festlegung in urkundlicher Form.

In der Sprache der Weistümer kommt deutlich zum Ausdruck, daß es sich bei solchen Rechtsweisungen um eine unabhängige Feststellung des Rechtes der Gemeinschaft handelt; dieses wird dem Richter mitgeteilt, aber nicht mit der Bitte um Bestätigung. So beginnt das Weistum von Kematen, das noch dem 14. Jahrhundert angehört: „Herr Richter, wölt ir hörn der Nachpaurn Öffnung hie zu Kematen?" Die einzelnen Punkte des Weistums werden mit den Worten „auch öffnen wür" eingeleitet (TW. I, S. 257 ff.).

Die „Ehehaft" der Gemeinde Wenns aus der zweiten Hälfte des 14. Jahrhunderts setzt mit einer geschichtlichen Darlegung ihrer Entstehung ein: „Herr Richter, seit ihr herkummen und seit gsessen, als ihr unser Öffnung verhören wölt, so thuen wür auch zu wissen alle unsere Recht, als wir die von Alter her haben bracht von unser genedigen Herrschaft, von Herzog Mainhart [1258–1295] und von König Heinrich [† 1335] und von den Grafen von Escheloch und von allen Herrn, die seider [seither] gewesen seind zu Tyrol, die uns alle biß auf disen heutigen Tag dabei ghalten haben, und wir bitten auch, lieber Herr Richter, das ihr uns auch darbei also haltet von unserer gnedigen Herrschaft [Landesherrschaft] wegen" (TW. II, S. 177, Z. 9 ff.). Also um Schutz des geöffneten Rechtes durch den Richter, nicht aber um Bestätigung wird gebeten. Ja die Gemeinde macht sogar in dieser ihrer Ehehaft Ansprüche an die Person des Richters geltend: „So thuen wir auch zu wissen, das ihr [Richter] zwierend im Jahr her sollend kumen auf eelich Täding, und solt des Suntages nach dem Zwölften zu Weichennachten, und des Suntages negst nach des heiligen Bluts Tag zu Pfingsten" (S. 177, Z. 18 ff.).

Die Weistümer sind verschiedenen Inhaltes, je nachdem, ob die Gemeinden, für die sie bestimmt sind, zugleich ein Gericht oder wenigstens einen Dingstatt- oder Schrannenbezirk bilden oder nicht. Weistümer für Gemeinden der ersteren Art enthalten neben den Gemeindesachen auch Bestimmungen über Strafrecht und Gerichtsverfassung; bei Weistümern für Gemeinden der letzteren Art treten solche Bestimmungen zurück; alle Weistümer enthalten Bestimmungen, die sich auf die Gemeindeverfassung und die Allmende beziehen, sowie Vorschriften polizeilichen Inhaltes, wie etwa über das Waffentragen, Preisordnungen, Nachbarrecht, namentlich soweit es sich um nachbarschaftliche Hilfeleistung in Notzeiten, etwa bei Feuer- oder Wassergefahr, handelt. In allen diesen Ordnungen nehmen zumal die Bestimmungen, die sich mit der Gemain befassen, einen breiten Raum ein.

Die Sprache der bäuerlichen Weistümer ist im Mittelalter von der Art, wie ein

Bauer heute noch spricht. Sie ist einfach, klar, anschaulich und vermeidet Abstraktionen. Seit dem 17. Jahrhundert ist mit dem zunehmenden Einfluß der Staatsgewalt und des Amtsrechtes auch die Amtssprache in die bäuerlichen Rechte und Dorfordnungen eingedrungen; ihre Sprache wird „gespreizter", der Gerichtsschreiber läßt sein Licht bei ihrer Abfassung leuchten und versucht, ihnen eine „feinere" Form zu geben. Anstelle der kurz angebundenen, bäuerlichen Redeweise tritt die langatmige, weitläufige Darstellungsweise, wie sie in den Kanzleien beliebt war.

Ganz anders als in den freien Gemeinden ist das Recht der grundherrlich gebundenen Hofmarkgemeinde. Das tritt schon äußerlich in der Form der Rechtsweisungen an den Tag. Während es in den freien Gemeinden die Gemeindegenossen sind, welche das Recht feststellen, heißt es in den grundherrlichen Rechtsordnungen, so z. B. in den Hofmarkrechten des Klosters Frauenchiemsee: „Am ersten, das man euch offent [eröffnet] meiner Fraun und irs Gotshaus Recht." Hier in den Hofmarken ist es die Grundherrschaft, welche ihre Rechte den abhängigen Bauern vorschreibt. Die Feststellung dieses Rechtes mag zum Teil wohl auch durch Befragung der abhängigen Bauern erfolgt sein, aber ihre Aussagen verpflichteten die Grundherrschaft nicht zur Anerkennung des von ihnen gewiesenen Rechtes.

Das Recht der tirolischen Gemeinden zur Selbstregierung war ihnen nicht von einer übergeordneten Gewalt, dem Königtum, den Grafen oder dem Landesfürsten verliehen, es war nicht ein übertragenes („delegiertes") Satzungsrecht, sondern ein aus eigener Wurzel erwachsenes.

Eine ausgebildete Selbstverwaltung der Gemeinde tritt in jenen Landschaften früher zutage, in welchen sich die vordeutsche, rätoromanische Bevölkerung länger behauptet hat; das sind die Landschaften des mittleren und westlichen Tirol. Die überlieferten Rechtsordnungen sprechen hier für eine alte Gemeindefreiheit mit ausgebildeten Befugnissen ähnlich wie im benachbarten Graubünden. In den alten romanischen (ladinischen) Landschaften Südtirols, im heute italianisierten Fleims und Ampezzo, besaßen die Gemeinden eine weitgehende Autonomie, Fleims kann man geradezu als einen bäuerlichen Freistaat unter der Oberherrschaft des Fürstbischofs von Trient bezeichnen. Im tirolischen Osten erscheint in älterer Zeit die bäuerliche Freiheit auch in der Gemeinde stärker durch grundherrliche Gewalten beschränkt. Die östlichen Landschaften sind erst zu Beginn des 16. Jahrhunderts mit Tirol verbunden worden, das Unterinntal 1505, das Drautal nach dem Aussterben der Görzer Grafen (1500). Die Verbindung mit Tirol ist auch in diesen Landschaften der Gemeindefreiheit zustatten gekommen. Die geringere wirtschaftliche Bedeutung der Allmende im tirolischen Nordosten hat zweifelsohne ebenfalls zu einem Zurückbleiben in der Ausgestaltung der Gemeinde geführt.

Den tirolischen Gemeinden stand im Mittelalter eine Reihe von Befugnissen zu, die man heute zur politischen Verwaltung zählt, so namentlich solche polizeilicher Natur, wie Überwachung des Verkehrs, Gesundheitspolizei (Abwehr gegen Einschleppung von Seuchen), Feuerpolizei, Bauordnung.

Zur Handhabung dieser Befugnisse und der Ordnung für die Nutzung der Allmende stand den Vorstehern der Gemeinde eine Strafgewalt zu; außerdem besaß die Gemeinde gewisse gerichtliche Befugnisse; sie beschränken sich allerdings zum Teil bloß auf ein schiedsrichterliches Verfahren; nur im Vinschgau wie in einzelnen Gemeinden des Etschlandes entschied das Gemeindegericht über einzelne Rechts- und Strafsachen, die im Bereich der Gemeinde vorfielen. Diese Gerichtsbarkeit wurde durch den Dorfvorsteher und durch Urteiler, die von der Gemeinde gewählt waren, gehandhabt. Im Vinschgau gehörten Streitigkeiten um Grundbesitz, die zwischen Nachbarn entstanden waren, vor dieses Gericht; das Verfahren wurde als „Anleitung“ bezeichnet.

Grossgemeinde und Teilgemeinden. Die alte Gemeinde umfaßte häufig eine natürliche, von Naturgrenzen umschlossene Landschaft; sie war eine sogenannte Talgemeinde; bei größeren Tälern war es ein Talteil, der von Naturgrenzen umschlossen ist. Das Gebiet solcher alter Großgemeinden stellte eine natürliche, verkehrsgeographische Einheit dar. So bildete etwa das mittlere Tal des Eves (Avisio) eine Einheit, in der sich die alte Großgemeinde Fleims ausbreitete. Große Talteile des oberen tirolischen Inntales, so das Gebiet der Bezirksgerichte Landeck und Laudeck-Ried (vor Jahren aufgehoben), bildeten zusammen mit den Nebentälern eine alte Großgemeinde; größere Täler wie Passeier-, Ulten-, Sarntal u. a. gehörten je einer Urgemeinde an.

Innerhalb mancher dieser Großgemeinden bestanden schon seit Beginn der Siedlung Dörfer, oder es entstanden im Laufe der Zeit aus großen Urhöfen Weiler; sie waren aufgrund des Nachbarverhältnisses zu Teilgemeinden mit einer gewissen Selbständigkeit innerhalb der alten Großgemeinde erwachsen, entbehrten aber zunächst einer eigenen Allmende. Es war aber infolge der wirtschaftlichen Gegebenheiten naheliegend, daß solchen Gemeinden seitens der Großgemeinde Allmendnutzungen, wie etwa die von Heimweide und Wald, in jenem Teil der großgemeindlichen Allmende überlassen wurden, der von ihren Siedlungen aus am besten zugänglich war. Aufgrund langjähriger Nutzung erwuchs daraus ein festes Recht; diese Allmendteile wurden Allmende der Teilgemeinden und schieden aus der Allmende der Großgemeinde aus. In manchen Fällen kam es auf diese Weise zu einer gänzlichen Auflösung der alten Großgemeinde und zur Aufteilung ihrer Allmende an die Teilgemeinden. Die Auflösung der Großgemeinde gab den Teilgemeinden nicht nur volle Selbständigkeit in der Verfügung über die Allmende, sondern auch in der Handhabung anderer Gemeinderechte.

Als Beispiel einer Aufteilung der Allmende auf die Teilgemeinden sei hier die Teilung der Allmendwälder der alten Großgemeinde Weer auf die Teilgemeinden Weer und Weerberg angeführt. Durch Besiedlung der Hochterrasse ober Weer sowie des rechtsseitigen Berghanges im Weertal waren zahlreiche Höfe entstanden, sodaß sich schließlich die Bergsiedlung als eigene Gemeinde Weerberg von der alten Gemeinde Weer absonderte. Aber erst 1538 kam es zur Teilung des bisher beiden Gemeinden noch gemeinsamen Allmendwaldes. Die Teilgemeinde Weer erhielt ein geschlossenes Waldgebiet, die Gemeinde Weerberg mehrere gesonderte Wälder, in denen die einzelnen diesen Waldteilen benachbarten Höfegruppen ihren Holzbedarf decken sollten.

In nicht wenigen Fällen sind durch die Auflösung der Urgemeinde einigermaßen verwickelte Beziehungen zwischen den Teilgemeinden entstanden. Die einzelnen Siedlungen innerhalb der Urgemeinde haben nicht immer volle Selbständigkeit in der Führung der Gemeindegeschäfte erlangt; Kirchliches, Schule, Armenwesen, Besteuerungsrecht und Gemainnutzung sind in solchen Fällen nicht jeder der Teilgemeinden gleichmäßig zugewiesen worden; nur einzelne Zweige der Gemeindeverwaltung wurden ihnen zugestanden, sodaß innerhalb der Urgemeinde eine Reihe von Teilgemeinden (Fraktionen) mit zuweilen recht ungleichen Befugnissen entstand.

Ein Beispiel einer solchen Urgemeinde mit mannigfach gearteten Teilgemeinden stellt Pians am Eingang des Stanzertales dar. „Seine Gemeindeordnung ist bunt und buckelig wie seine Landschaft, sie ist eine alte Tracht, die es einer neuen bequemeren zum Trutz nicht abgelegt hat. Und weshalb sollte es sie ablegen? Ist sie nicht, wenngleich alt und geflickt, nach so manchem Sturm haltbar geblieben?" (Plangg 381/2, Bd. 6, S. 237).

In anderen Fällen haben die Teilgemeinden zwar volle Selbständigkeit gegenüber der Urgemeinde erlangt, diese ist aber im Besitz einzelner Teile der Allmende verblieben und besteht so als Wirtschaftsgemeinde fort. Da solche alte Großgemeinden häufig mit einem Landgericht zusammenfallen, spricht man von einem „Gerichtswald" oder einer „Gerichtsalm" und versteht darunter Teile der alten Allmende, die der Großgemeinde verblieben sind und nunmehr von den in ihr zusammengeschlossenen Teilgemeinden gemeinsam genutzt werden. So besaßen z. B. die Gemeinden des Landgerichtes Kastelbell gemeinschaftlich den sogenannten Kastelbeller Gerichtswald, der sich auf beiden Seiten des Tales erstreckt. Es kommt auch vor, daß zwei oder mehrere Teilgemeinden Teile der Urallmende in gemeinsamer Nutzung behalten. Nach Angaben von 1497 und 1598 nutzten die Gemeinden Völs, Kematen und Wilten das „Michelfeld" (Großfeld) durch gemeinsame Weide; sie bestellten auch gemeinsam einen „Eschehei" (Heger des Esch, d. h. der Flur) und hatten gemeinsam die Verzäunung der Felder zu besorgen. Die Gemeinden gehörten seit alters zur Urpfarre Wilten, die zugleich eine alte Großgemeinde oder Markgenossenschaft bildete. Ein gemeinsames Weiderecht, das den beiden Gemeinden Natters und Wilten am Wiltener Vorberg noch im 17. Jahrhundert zustand, deutet auf einen alten, beide Gemeinden umfassenden Verband hin. Die alte Großgemeinde, die mit einem Gericht zusammenfiel, bildete auch nach der Verselbständigung der Teilgemeinden einen Körper der Selbstverwaltung. Die Teilgemeinden, die innerhalb der Großgemeinde entstanden waren, wurden zu einem Verband zusammengeschlossen; ein Ausschuß, bestehend aus Vertretern der einzelnen Gemeinden, besorgte die Geschäfte der Selbstverwaltung; zu diesem gehörte die Einhaltung der Landstraßen, Bau und Einhaltung der Wasserschutzbauten, der sogenannten Archen, die Einquartierung und Versorgung durchziehender Truppen sowie gegebenenfalls Vorspannleistung für die Beförderung, die Durchführung des Aufgebotes der Wehrpflichtigen im Kriegsfall und die Umlegung der Landessteuer.

Eine wichtige Aufgabe dieser Ausschüsse bestand in der Wahl der Abgeordneten zum Landtag, in welchem sie als „Boten der Gerichte" seit dem 14. Jahrhundert den vierten Stand bildeten neben den anderen drei Ständen: Geistlichen, Adeligen und Bürgern. Nach Vollmachtbriefen, wie sie um die Mitte und in der zweiten Hälfte des 15. Jahrhunderts ausgestellt wurden, erteilte „die ganze Gemeinde des Gerichtes" einem oder zwei Männern aus ihrer Mitte „die volle Gewalt" für alle Bewohner des Gerichtes am Landtag „zu tun und zu handeln", d. h. rechtskräftige Erklärungen abzugeben und Beschlüsse zu fassen (Stolz 652, S. 115 f.).

In einzelnen Fällen erwarben solche Gerichtsgemeinden die Gerichtsbarkeit als Pfandschaft: die Gemeinde wurde auf diese Weise selbst Gerichtsherr in ihrem Gericht. So besaßen die Gemeinden Ischgl und Galtür (Paznaun) seit 1400 die Gerichtsbarkeit in ihrem Bezirk, die Gemeinden der Gerichte Landeck, Laudeck-Ried und Naudersberg erwarben 1706, die Gemeinden des Gerichtes Erenberg 1744 und jene von Passeier 1763 die Gerichtherrschaft als Pfand seitens des Landesfürsten.

Noch heute leben alte Großgemeinden, die sich mit Gerichten decken, als Kultverbände fort; so wenn etwa die Großgemeinde Laudeck-Ried, das sogenannte „obere Gericht", die „Gerichtswallfahrt" nach Kaltenbrunn oder das Gericht Steinach die Wallfahrt zur Kirche von Lueg (an der Nordseite des Brennerpasses) aufgrund eines alten Verlöbnisses unternimmt.

Zuweilen haben die Teilgemeinden einer Urgemeinde ihrerseits weitere Aufspaltungen erfahren. So sind die alten, mit Landgerichten zusammenfallenden beiden Großgemeinden Landeck und Laudeck zunächst in je zwei Gemeinden zerfallen, von denen eine zwei Drittel und die andere ein Drittel des Gerichtes umfaßte. Man sprach im ersten Fall von einer Gemeinde des „Zweidrittelgerichtes" Landeck oder Laudeck. Das „Zweidrittelgericht" Landeck umfaßte das ganze Stanzertal, die linke Seite des Inntales bei Landeck (das heutige Perfuchs) sowie das untere Paznaun mit den heutigen Gemeinden Langesthei; und Kappl, aber ohne die Gemeinde See, welche seit alters zur Gemeinde Serfaus im Inntal – jenseits der Furkl – gehörte. Zum „Zweidrittelgericht" Laudeck gehörten die Ortschaften „am Land", d. h. auf der Talsohle des Inntales, außerdem das Bergdorf Fendels in einer Hangmulde der rechten Inntalseite und die Siedlungen im Kaunertal. Die drei Dörfer auf der linksseitigen Hochterrasse des Inntales, Ladis, Fiss und Serfaus, bildeten das „Bergerdrittel" des Gerichtes Laudeck.

In den Großgemeinden der Zweidrittelgerichte wie der Drittelgerichte bestand eine Reihe alter Dörfer und Einzelhofverbände, die schon vor der Zuweisung von Sonderallmenden aufgrund des Nachbarschaftsverhältnisses eine – wenn auch beschränkte – Selbständigkeit in der Gemeindeverwaltung besaßen. Diesen Teilgemeinden wurden erst im 17. und 18. Jahrhundert Sonderallmenden zugewiesen.

Im Zweidrittelgericht Laudeck gab es in der zweiten Hälfte des 15. Jahrhunderts erst zwei selbständige Gemeinden, an ihrer Spitze stand um 1470 je ein „Dorfvogt“ als Vertreter der beiden Hauptgemeinden Prutz und Kauns. Die übrigen Gemeinden entbehrten damals noch der vollen Selbständigkeit und waren den beiden Hauptgemeinden untergeordnet. Kauns bildete mit Kaunerberg und Faggen ein Gerichtsdrittel, das „Kaunerdrittel“, Prutz mit Ried, Tösens und Fendels das zweite Drittel, das Drittel auf dem „Land“ oder „Landerdrittel“.

Die alte Großgemeinde des Zweidrittelgerichtes bestand aber neben den Drittelsgemeinden noch fort und besaß ihre gesonderte Allmende. Im Laufe des 17. Jahrhunderts erfolgte eine Aufspaltung der Drittelgemeinden; die vorhin erwähnten Teilgemeinden der einzelnen Drittel erlangten ihre volle Selbständigkeit.

Das tirolische Lechtal bildete (nach Stolz 637, V. Teil, S. 591 ff.) noch im 14. Jahrhundert eine einzige „Gemeinde“; noch im 15. und 16. Jahrhundert verfügt diese Großgemeinde über gemeinsamen Besitz an Almen. Im 15. Jahrhundert wurde die Großgemeinde in Drittel geteilt, jedes Drittel wurde in der Folge halbiert, im 17. Jahrhundert ist die Einteilung in Sechstel bereits eingebürgert. Im Verlauf des 16. bis 18. Jahrhunderts begegnet man annähernd einem Dutzend Gemeinden im Gebiet der alten Großgemeinde.

Der Zuweisung von Sonderallmenden an die Teilgemeinden und der Auflösung der Urgemeinden gingen nicht selten lange Streitigkeiten voraus; aus ihnen wird erkennbar, daß die alte Ordnung der Allmendnutzung und Gemeindeverwaltung durch die Urgemeinde unzweckmäßig geworden war, weil sie den geänderten Bedingungen nicht mehr entsprach, wie sie sich aus dem Anwachsen der Teilgemeinden ergeben hatten. Diese wollten die ihnen nahegelegenen Teile der Allmende ausschließlich ihrer eigenen Nutzung vorbehalten und waren dagegen bereit, auf die Nutzung entfernter Teile der zur Großgemeinde gehörigen Allmende zu verzichten. So gab es um 1629 einen heftigen Rechtsstreit zwischen der alten Hauptgemeinde Kauns und der Teilgemeinde Kaunerberg um die Heimweide. Die Hauptgemeinde Kauns versuchte zunächst, an dem ihr formell zustehenden Recht auf die Weide am Kaunerberg festzuhalten, die Kaunerberger aber verlangten das ausschließliche Recht zum Viehauftrieb auf dem ihren Siedlungen nahegelegenen Weidegebiet. Ein vor Gericht abgeschlossener Vergleich führte schließlich zur Anerkennung des Anspruches der Kaunerberger durch die Hauptgemeinde.

Spuren der alten Abhängigkeit der Teilgemeinden von alten Hauptgemeinden haben sich da und dort erhalten. So durften z. B. die Teilgemeinden, die innerhalb der alten Großgemeinden Fleims entstanden waren und Selbständigkeit der Gemeindeverwaltung und Sonderallmenden erlangt hatten, Holz aus den ihnen zugewiesenen Wäldern der alten Großgemeinde nur bis zu einem bestimmten Wertbetrag frei nach auswärts verkaufen. Für Holzverkäufe, die diesen Betrag überstiegen, bedurften sie der Genehmigung seitens der Großgemeinde.

Als die Neugründung von Siedlungen im 13. Jahrhundert in der Hauptsache ihren Abschluß gefunden hatte, war auch in der Neubildung von Gemeinden innerhalb der großen Urgemeinden ein gewisser Abschluß erreicht. Ein Steuerverzeichnis aus dem Jahre 1312, das sich auf das tirolische Inntal bezieht, läßt bereits innerhalb der Urgemeinden eine Reihe kleinerer Gemeinden erkennen. Es fehlt jedoch auch in der Folgezeit nicht ganz an einer Neubildung von Gemeinden, die jetzt freilich nicht mehr durch Neusiedlungen entstanden, sondern aus der Teilung bereits vollauf besiedelter Gemeindegebiete hervorgingen. Da die Gemeinden als Steuergemeinden mit finanziellen Aufgaben und überdies in steigendem Maße mit Aufgaben der politischen Verwaltung betraut wurden, förderte die Landesregierung die Verkleinerung der bestehenden Gemeinden und die Bildung neuer Gemeinden, um so eine bessere und eingehendere Verwaltungstätigkeit, namentlich auf politischem Gebiet, zu ermöglichen. In diesem Sinn begünstigt bereits die Landesordnung von 1532 im ersten Titel des 9. Buches die Bildung von Teilgemeinden, die sie als „Viertel", „Stäbe", „Oblaien", „Malgreien" bezeichnet. Jede dieser Teilgemeinden soll ihren eigenen Vorsteher erhalten, der über die Aufrechterhaltung der öffentlichen Ordnung zu wachen hat.

GEMEINDEGRENZEN. Die Abgrenzung der Urgemeinden und zumeist auch der jüngeren Gemeinden hat sich im Anschluß an die Nutzung von Grund und Boden und an die Verkehrsmöglichkeiten herausgebildet. Natürliche Hindernisse, welche den Verkehr und die Bodennutzung hemmten, haben grenzbildend gewirkt. Solche Hindernisse waren im Gebirge unfruchtbares oder unzugängliches Land, wie etwa ausgedehnte Schuttflächen und Felswände, spaltenreiche Gletscher, Steilstufen, die den ebenen Talboden, allenfalls einen sanft geneigten Hang, unterbrechen oder am Außenrande von Talterrassen (die bei uns als Mittelgebirge bezeichnet werden) auftreten, sodann dichte Wälder, welche keine Weidenutzung zulassen, Flüsse und reißende Bäche, größere Seen und Sümpfe.

Gebirgsketten bilden die Grenzen zwischen Gemeinden, soweit sie ein Hindernis für die Weide des Almviehes darstellten; keineswegs hat aber der wasserscheidende Kamm eines Gebirgszuges allgemein grenzbildend gewirkt. In vielen Fällen, so bei breiten, begrünten Gebirgsrücken, vermag sich die Weide des Viehes unbehindert über die Kammhöhe hinaus von der einen Kammseite auf die andere, jenseitige, fortzusetzen. Wie sich hier ein und dieselbe Alm über beide Kammseiten ausbreitet, so greift auch das Gebiet der Gemeinde, der die Alm zugehört, über die Wasserscheide hinweg. Dort, wo der Gebirgskamm aus jäh abfallenden Felsen und steilen Schutthalden besteht, können tief eingeschnittene Jöcher oder Scharten eine gute, auch für die Weidetiere gangbare Verbindung zwischen beiden Seiten des Gebirgskammes herstellen; die Almweide der einen Gebirgsseite greift auf die andere Seite über und mit ihr auch das Gemeindegebiet.

In beiden Fällen erstreckt sich die Weidenutzung so weit in das jenseitige Tal hinab, bis etwa eine Hang- oder Talstufe mit ihrem Steilabfall Einhalt gebietet; auch dichtere Bewaldung vermag die Fortsetzung der Weide talwärts aufzuhalten. Alm- wie Gemeindegrenzen werden durch diese Hindernisse des Wirtschaftsbetriebes bestimmt und schließen sich an sie an.

So greift beispielsweise die Weidenutzung der Gemeinde Imst heute noch am Hahntennjoch und am Steinjöchl über den Kamm der Lechtaler Alpen, also über die Wasserscheide zwischen Inn und Lech hinüber, in die Nebentäler des oberen Lechtales; jenseits des Hahntennjochs, im Tal von Bschlabs, reicht heute noch die Grenze der Imster Urgemeinde des Gerichtes Imst hinab bis zur Mündungsstufe dieses Tales in das Lechtal. Die Urgemeinde Tschars im Vinschgau und ihr folgend das Gericht Kastelbell griff am Niederjoch (3019 m) über den Kamm der zentralen Alpenkette, der „natürlichen" Grenze Italiens, wie von italienischer Seite immer wieder behauptet wird, in das Ventertal, das Quelltal des Ötztales, hinüber. Das Niederjoch ist zwar vergletschert, aber doch für den Viehtrieb ohne Schwierigkeiten benützbar. Das Vieh hat also anscheinend die Grenze nicht als Verkehrshindernis und Naturgrenze empfunden.

Geschichtliche Voraussetzung für solches Übergreifen über wasserscheidende Gebirgskämme ist, daß sich im jenseitigen Talgebiet keine alte Siedlung befindet, die von ihrer Seite her die Alm schon frühzeitig beansprucht hätte. So greifen gerade aus den schon in der Urzeit besiedelten Teilen des tirolischen Inntales zahlreiche Gemeinden in Nebentäler der Isar und des Lechs über, die jenseits der Gebirgskette liegen, welche das Inntal nach Norden begrenzen. Die Hochtäler im Norden dieser Wasserscheide sind erst zu einer Zeit besiedelt worden, da die Bewohner des Inntales bereits lange Zeit die Almen dies- und jenseits des Gebirgskammes mit ihrem Vieh bestoßen hatten.

In anderen Fällen war die Holznutzung entscheidend für die Grenzbildung. Die Heranbringung des Holzes zu den Siedlungen ist erleichtert, wenn das Holz über einen Hang oder durch einen Talgraben herabgeführt werden kann. Die Siedler benützten daher die oberhalb ihrer Niederlassung gelegenen Wälder, während sie es tunlichst vermieden, ihren Holzbedarf aus Wäldern unterhalb ihres Wohnsitzes zu decken. Die zahlreichen alten Siedlungen auf Hochterrassen, wie sie häufig auf einer Seite, zuweilen auf beiden Seiten ein Tal begleiten, nutzten dementsprechend die Wälder auf der Bergseite der Terrasse; hier konnten sie das Holz vom oberhalb gelegenen Berghang nach unten befördern; die Wälder auf dem Hang, mit welchem die Terrasse gegen das Tal abfällt, dienten den am Talboden gelegenen Siedlungen zur Deckung ihres Holzbedarfes. Die Grenze, welche die Gemeinden auf der Hochfläche von jenen am Tal scheidet, folgt daher weithin dem talseitigen Rand der Hochfläche.

Zwischen benachbarten Gemeinden erstreckte sich häufig ein mehr oder weniger breiter Streifen Landes, der von keiner Seite her genutzt wurde. Häufig waren es Wälder oder Ödland, die sich in großer Ausdehnung als ein „Niemandsland" zwischen den beiden Gemeinden erstreckten; diese wurden also nicht – wie heute – durch eine Grenzlinie, sondern durch einen Grenzgürtel voneinander geschieden. Nur dort, wo etwa die Gemeinden mit ihrer Ackerflur, also mit Kulturland, aneinanderstießen, wurde eine genaue Scheidung durch eine Grenzlinie vollzogen. Mit der Verdichtung der Siedlung und der Zunahme ihrer Bewohnerzahl wurde das Niemandsland zwischen zwei Gemeinden von beiden Seiten her tunlichst in die Nutzung einbezogen; wo es sich um Ödland handelte, das für den landwirtschaftlichen Betrieb unbrauchbar war, kam wenigstens die Nutzung in Form der Jagd in Frage.

Wenn man nun im Grenzgürtel mit der beiderseitigen Nutzung aufeinanderstieß, gab es mannigfachen Streit. So wurde beispielsweise der breite Waldgürtel, der sich im Achental ausbreitete, schon im 11. und 12. Jahrhundert von Norden her von Leuten aus Tegernsee, von Süden her von Leuten aus dem südlichen Achental gerodet. Noch im 12. Jahrhundert stieß man mit den Rodungen von beiden Seiten her aufeinander, und es entstand Streit, der dann durch einen Grenzvertrag und die Festlegung einer Grenzlinie beigelegt wurde.

Die Erinnerungen an solche Grenzstreitigkeiten haben sich in zahlreichen Sagen erhalten. In ihnen kehrt häufig die Erzählung vom „Grenzlauf" wieder, d. h. von einem Wettlauf von Männern der beiden Gemeinden gegeneinander, wobei dann dort, wo sie aufeinander treffen, die Grenze sein soll. In Pieler, einem Weiler, der bis vor kurzem zur Gemeinde Fließ (Oberinntal) gehörte, wurde mir folgende, weit verbreitete Sage erzählt: Die Wenner und Fließer vermochten sich nicht über die Grenze zwischen ihren Gemeinden zu einigen. Um nun die Sache auszutragen, vereinbarte man folgendes: Es sollen sich beim ersten Hahnenschrei eines bestimmten Tages Männer von beiden Gemeinden auf den Weg machen und gegeneinander marschieren. Dort, wo sie zusammentreffen, soll der Markstein gesetzt werden. In Fließ lebte nun eine arglistige Hexe; bald nach Mitternacht vor dem verabredeten Tag machte sie Feuer im Küchenherd. Die Hühnersteige befand sich am inneren, wandseitigen Rand der Herdoberfläche; in alten Küchen kann man solche Unterbringung des Hühnervolkes noch heute beobachten. Der Hahn wurde nun durch das Feuer vorzeitig aus dem Schlaf geweckt, hielt den Morgen für gekommen und begann zu krähen, lange Zeit vor dem gewöhnlichen Hahnenschrei. Die Fließer begaben sich daraufhin sofort auf den Weg, der über das Pielerjoch nach Wenns führte. Die Wenner brachen zur gewöhnlichen Zeit des Hahnenschreies auf und waren nur wenig mehr als eine Stunde gegen den Pieler emporgestiegen, als ihnen bereits die Männer von Fließ begegneten. Die überlisteten Wenner wollten es nicht für wahr haben, daß sich die Fließer zur bedungenen Zeit auf den Weg gemacht hätten. Es kam zu Streit und Totschlag. Noch heute wird die Örtlichkeit, wo man handgreiflich geworden sein soll, „im Streit" genannt. Schließlich mußten sich aber die Wenner doch fügen, daß der Markstein am Ort des Zusammentreffens gesetzt wurde; die Fließer hatten ja die Abmachung dem Wortlaut nach eingehalten.

Ähnliche Sagen kehren auch anderwärts wieder, so in der Tirol benachbarten Schweiz.[16] Nach einer Erzählung römischer Schriftsteller ist bereits im Altertum die Grenze zwischen Karthago und Cyrene durch solchen Grenzlauf bestimmt worden.

[16] Vgl. Fehr, Das Recht in den Sagen der Schweiz, S. 46ff.

Die lineare Grenze, wie sie sich allmählich durchsetzte, schloß sich mit Vorliebe an eine von der Natur oder an eine durch menschliche Tätigkeit vorgezeichnete Linie an. Als solche „natürliche" Grenzlinie kamen ein Wasserlauf, ein Graben oder eine Schlucht, ein Gebirgsgrat, ein talseitiger Hochflächenrand oder der Rand einer Talstufe und dergleichen in Betracht. Folgte die Gemeindegrenze einem größeren Wasserlauf, so wurde zu genauer Festlegung die Mitte des Gewässers als Grenzlinie angegeben. Dadurch sollte künftigen Streitigkeiten aus dem Weg gegangen werden. In einer Beschreibung der Grenze zwischen Almen der Pfaffenhofer und Rietzer wird in anschaulicher Weise die Mitte des Grenzbaches umschrieben: „... da haben die von Rietz die Recht von irer Alben Sewen pis in den Krespach, und wenn ir paider [der Rietzer und der angrenzenden Pfaffenhofer] Hirten in dem selben Pach Wasser schephen, griff dann Phaffenhofer Hirt über halben Tail des Pachs, so müg ir [Rietzer] Hirt Phaffenhofer Hirten mit dem Naph an den Koph slachen. Das sol in und irem Hirten und iren Rechten unschedleich sein" (TW. II, Rietz, 13. Jh., S. 51, Z. 14–18). Grenzlinien im Gelände, die auf menschliche Tätigkeit zurückgehen, sind vor allem Wege oder künstlich angelegte Wassergräben. In Beschreibungen von Gemeinden und Gerichten werden schon in älteren Urkunden Wege als Grenzen angeführt.

Wo aber keine der Natur entlehnte und keine an die Kultur angelehnte Grenzlinie gegeben war, wurde sie durch einzelne Grenzpunkte oder Grenzmarken festgelegt. Von Gegenständen, welche die Natur darbot, wurden mit Vorliebe jene als Grenzpunkte gewählt, welche besonders ins Auge fielen. Als mächtige Grenzsteine erscheinen oft kühne Berggestalten und Felszacken; häufig wurden Bäume von ungewöhnlicher Beschaffenheit, wie etwa ein besonders hochgewachsener Baum, ein alleinstehender oder ein durch unregelmäßigen Wuchs auffallender Baum oder ein Laubbaum im Gebiet vorherrschenden Nadelwaldes als Grenzpunkte gewählt. Auch Quellen in ihrer ursprünglichen Beschaffenheit oder in ihrer Zurichtung als Brunnen dienten als Grenzpunkte.

Wo sich keine geeigneten Naturgegenstände vorfanden, wurden Zeichen – „Marken" – in Steine, Felsen oder Bäume eingehauen; besonders häufig wurde seit ältester Zeit ein Zeichen in Kreuzform verwendet. Nach dem bayerischen Volksrecht des 8. Jahrhunderts wurde ein schief gestelltes Kreuz, ähnlich dem römischen Zahlzeichen X, den Grenzbäumen eingehauen. In Nord- wie in Südtirol wurden seit alters Eisenringe als Grenzzeichen in Felsen eingelassen. Im innern Villnöß wird am östlichen Teil des Rueffenkammes eine Örtlichkeit „beim welschen Ring" genannt, wo sich auch tatsächlich noch vor etwa 20 Jahren ein solcher Eisenring im Felsen fand; es handelt sich hier offenbar um einen alten Grenzpunkt zwischen der Talgemeinde Villnöß und jener des ladinischen („welschen") Enneberg. Auch in einem Fels der Hochmunde bei Telfs im Oberinntal befand sich nach einer Angabe aus dem 17. Jahrhundert ein solcher Eisenring.

Dort, wo die Grenzen mehrerer Bezirke zusammentrafen, wurden ebenso viele Grenzzeichen angebracht als von diesem Punkt Grenzlinien abzweigten. So besagt eine Grenzbeschreibung der Urgemeinde und des Gerichtes Mölten aus dem 16. Jahrhundert: „Item es (das Gericht) stesst gegen Morgend an den Arkenkofl, daran sein gehauen vier Creiz, die schaiden die vier Gericht Sarenthein, Sanct Jenesien, Flas und Melten“ (TW. IV, S. 177, Z. 10 ff.). In der Regel wurden die Grenzen durch eigens gesetzte Marksteine kenntlich gemacht; sowohl behauene wie unbehauene Steine wurden verwendet. Das Dorfbuch von Taufers (im Vinschgau) aus der Mitte des 16. Jahrhunderts erwähnt „durchlöchelte“ Marksteine sowie einen großen Markstein „mit ainem pargundisch Kreuz“ (burgundisches Kreuz, Schrägkreuz oder Andreaskreuz, TW. III, S. 105, Z. 6 u. 15). Zuweilen erschienen römische Meilensteine als Grenzzeichen. Bei Innsbruck in den Amraser Feldern steht noch heute ein Meilenstein ohne Inschrift, der bereits im 13. Jahrhundert das Gebiet der Pfarre Wilten von der Pfarre Ampaß schied. Von einem Grenzzeichen in Form eines Brotlaibes berichtet Staffler um die Mitte des vorigen Jahrhunderts: „Von der Fernhöhe ... erblickt man zur linken Seite in einen freistehenden Felsen die Form eines Brodleibes eingehauen, zum Leib genannt. Nächst daran läuft die Gränze zwischen dem Imster- und Ehrenberger-Bezirke“ (Topographie, 1, S. 273). Die heutige Art der Abgrenzung von Gemeinden unterscheidet Grenzsteine im engeren Sinn und sogenannte Laufer. Grenzsteine werden dort aufgestellt, wo die Grenzlinie ihre Richtung ändert, Laufer werden als Hilfspunkte zur Feststellung der Geraden errichtet, welche zwei in größerer Entfernung voneinander stehende Grenzsteine verbindet.

Außer durch Marksteine wurde die Grenze auch durch Kreuze, Bildstöcke und Kapellen ersichtlich gemacht. Grenzheiligtümer sollten feindselige Gewalten von umhegtem Gebiet fernhalten. Ein viel genanntes Grenzkreuz ist das „Lange Kreuz“ auf der Malser Heide an der alten Grenze der Gerichte Naudersberg und Glurns, das bereits eine Urkunde Kaiser Karls IV. von 1348 erwähnt. Steinkreuze wurden in älterer Zeit verschiedentlich als Grenzzeichen errichtet. So wurden um 1445 zwei Steinkreuze in der Innau zwischen der Gemain Telfs und Rietz als Grenzzeichen gesetzt. Wegen des Kreuzes an der Grenze zwischen den Gemeinden Tisens und Völlan (bei Meran) gab es viel Streit, und zwar wegen der Figur des linken Schächers. Keine der Gemeinden wollte den linken Schächer auf ihrem Boden stehen lassen. Die Burschen der Gemeinde Tisens stellten ihn auf die Völlaner Seite, und die Völlaner stellten ihn wieder zurück auf Tisener Boden. So kam der linke Schächer nicht zur Ruhe, bis endlich 1909 beide Schächer beseitigt wurden. Zäune oder Steinwälle werden an den Gemeindegrenzen errichtet, wenn sie Weideflächen, sei es offene Weide oder Waldweide, zu scheiden haben.

Grenze und Grenzzeichen galten schon in vorchristlicher Zeit als etwas Heiliges; ihre Verletzung unterlag schweren Strafen. Auf beabsichtigte Verletzung der Grenzzeichen setzt das Recht der Weistümer regelmäßig die hohe Buße von 52 Pfund. Wo der Frevler dem Gericht der Menschen entgeht, erreicht ihn doch nach der Volksmeinung das Gericht Gottes. Sie findet ihren Ausdruck in der Volkssage von den Markfrevlern, die nach dem Tod nicht zur Ruhe kommen können.

Die Setzung von Grenzzeichen galt seit alters als eine sakrale Handlung, die feierlich und unter Anwendung eines bestimmten Ritus vorgenommen wurde. Das gilt sowohl für die vorchristliche wie für die christliche Zeit; die Grenze wurde, soweit sie beschreitbar war, in feierlicher Weise von den Gemeindegenossen umgangen. Solche Grenzbegehung bedeutete eine Grenzweihe, es sollte gleichsam ein schützendes Band um die Gemeinde gezogen werden. Sakrale Grenzbegehungen haben sich in manchen Gemeinden bis herauf in die jüngste Zeit behauptet. So zog noch zu Ende des 19. Jahrhunderts die Gemeinde Telfes (Stubai) im Frühling, wenn der Schnee auf den Höhen geschmolzen war, „in Prozession, begleitet von dem Seelsorger mit dem Ciborium hinauf auf das Halsl [ein Grenzjoch nördl. Telfes], von dort an den Abhängen der Saile längs der Gemeindegrenzen hinüber gegen Kreith, dann hinunter in das Tal bis an den Unterberg und zurück in die Kirche" („Stubai", 674, S. 544). Auch der bekannte „Antlaßritt" im Brixental dürfte mit einem solchen sakralen Grenzumgang in ursächlichem Zusammenhang stehen (vgl. M. Mayer 414, Heft 1, S. 199).

Bemerkenswert ist die Art, wie man sich bemühte, die Erinnerung an vorgenommene Grenzfestsetzungen bei der Jugend wachzuhalten. Es wurden zur Grenzbeschau Knaben herbeigezogen, und bei der Einsetzung eines Grenzsteines wurden sie am Ohr gezupft oder gar geohrfeigt, damit sich die Lage der Grenzzeichen ihrem Gedächtnis besser einpräge und sie einst als verläßliche Zeugen bei einem Grenzstreit dienen könnten. Diese Art, dem Gedächtnis nachzuhelfen, geht auf uralte Rechtsbräuche zurück; daß Zeugen von Rechtshandlungen am Ohr gezupft wurden, berichten schon die ältesten bayerischen Urkunden.[17] Als im Jahre 1752 Wälder der Stadt Innsbruck und der Gemeinde Hötting vermarkt wurden, kam es zur Aufnahme eines Protokolls über den Vorgang. Da erfahren wir, „wie die Grenzsteine auf tote Zeugen [Glasscherben, Kohlen, Schiefersteine] zur besseren Wiederauffindung der Stelle gesetzt wurden und man hierbei den dazu geladenen jungen Burschen einen gelinden Backenstreich versetzte und einen halben Taler Belohnung gab, um ihrem Gedächtnis die Gemarkung zum Nutzen der heranwachsenden Generation einzuprägen" (Hörtnagl 253, S. 30). Das Ohrfeigen jugendlicher Zeugen kam in Tirol wie auch sonst im Bereich des bayerischen Stammes noch im 19. Jahrhundert vor.

Die Aufsicht über Sicherung und Erhaltung der Grenzzeichen und Grenzzäune stand der Gemeinde zu, und zwar sowohl betreffs der Außengrenze der Gemeinde als der Abgrenzung der Allmende gegenüber der in Sondernutzung stehenden Gemeindeflur. Zur alljährlichen Begehung der Grenzen mußten seit alters sämtliche Gemeindegenossen erscheinen; in Gemeinden, in welchen ein Ausschuß die Gemeindeangelegenheiten versah, genügte es, wenn dieser die Grenzbegehung vornahm.

Die Einhaltung der Flurzäune war Sache des Grundbesitzers, dem der geschützte Flurteil gehörte; die Gemeinde aber führte die Aufsicht. Die Dorford-

---

17 Über „testes per aures tracti" vgl. Riedmann, Mittelalter, im 1. Bd. der Gesch. des Landes Tirol, 2. Aufl. (1990), S. 308.

nungen geben zuweilen eine ins einzelne gehende Regelung namentlich für die Beschaffenheit der Gatter, der Fall- oder Schlaggatter, welche den Durchgang durch den Zaun ermöglichen. Die Dorfordnung von Thaur, die ins 15. Jahrhundert zurückgeht, regelt genau die Beitragsleistung, welche den einzelnen Grundbesitzern für Errichtung und Einhaltung des Gatters obliegt. Bestimmte Ackerbesitzer haben die eine Gattersäule zu liefern, andere wieder die „vorders Säul, da der Gatter anschlagt", andere wieder die nötigen Bretter.

Das Gemeindegebiet war in älterer Zeit nicht immer ein geschlossenes wie heute. Dies erklärt sich auf folgende Weise: Eine Urgemeinde erstreckte sich etwa von der Siedlung am Talboden über den Berghang hinauf bis in den Bereich des Kahlgebirges. Im Laufe der Zeit entstand nun oberhalb der alten Siedlung eine Reihe von Höfen, die sich schließlich zu einer eigenen Gemeinde zusammenschlossen. So hat z. B. die Urgemeinde Wattens, die mit der Dorfsiedlung Wattens auf einem Schuttkegel im Inntal lag, ihr Gebiet hinauf in ein Nebental, nämlich auf den rechtsseitigen Talhang erweitert, der allmählich von Einzelhöfen besetzt wurde. Hier kam es im Laufe der Zeit zur Bildung einer eigenen Gemeinde Wattenberg, die aus der Urgemeinde Wattens ausschied. Die Gemeinde Wattens und ihre Bauern behielten aber nach wie vor ihre Nutzungen an Wald, Bergwiesen und Almen am Wattenberg, ohne daß es zur Abgrenzung getrennter Gemeindegebiete kam; die beiden Gemeinden durchdrangen sich wechselseitig mit ihrem Besitz. Die Grundstücke, welche die Leute von Wattens seit alters am Berg genutzt hatten, wurden in den Katastern (Steuerbüchern) des 17. und 18. Jahrhunderts zur Gemeinde Wattens gerechnet; erst seit der Mitte des 19. Jahrhunderts erfolgte durchwegs die Abgrenzung geschlossener Gemeindegebiete, und die von den Leuten aus Wattens am Wattenberg genutzten Grundstücke wurden in das Gebiet der Gemeinde Wattenberg einbezogen, das sich nunmehr über den ganzen Berg erstreckte und erst dadurch ein geschlossenes Gemeindegebiet erhielt.

Häufig sind die Grenzlinien, welche die Gemeinde umhegen, nach ihrer ersten Ziehung nicht mehr geändert worden. Die wirtschaftlichen Verkehrsverhältnisse von heute würden oft eine Änderung der Grenzen im Sinn einer Abtrennung einzelner Gemeindeteile und deren Vereinigung mit anderen Gemeinden nahelegen. Die Zugehörigkeit eines Gemeindeteiles jenseits eines Gebirgskammes zu einer diesseitigen Gemeinde bringt sicher für die Gemeindegenossen manche Unbequemlichkeit mit sich, zumal ja auch die Zugehörigkeit zu Kirche und Gericht in der Regel der Gemeindezugehörigkeit entspricht. Es würde für den jenseits des Joches gelegenen Gemeindeteil die Angliederung an eine Gemeinde, die talauswärts im gleichen Tal liegt, manchen Vorteil bieten. In manchen Fällen ist auch in jüngster Zeit eine Abtrennung in diesem Sinn erfolgt. Hintertux, jenseits des Tuxerjoches im Tal Tux gelegen, ist vor einigen Jahren von der Gemeinde Schmirn, diesseits des Joches im Schmirntal, losgelöst worden und mit der Gemeinde Tux verbunden worden. Das Bad Hintertux mit seinem bedeutenden Fremdenverkehr legte eine solche den gegebenen Verkehrsverhältnissen entsprechende Änderung nahe.

Oft liegt ein Teil einer Berggemeinde am Fuß des Berghanges, also drunten am Talboden; Gemeindevorstehung, Schule und Kirche liegen oben am Berg. Eine Zusammenfassung der Siedlungen am Talboden zu einer eigenen Gemeinde oder ihre Vereinigung mit einer am Talboden gelegenen Nachbargemeinde könnte zweckmäßig erscheinen.

Man darf sich aber bei solchen und ähnlichen Änderungen eines uralten bäuerlichen Gemeindeverbandes nicht einseitig von Gründen rationalistischer Zweckmäßigkeit leiten lassen. Die jahrhundertelange Zugehörigkeit zu einer Gemeinde erzeugt Bindungen, deren Lösung oft nicht zu unterschätzende Schwierigkeiten materieller und geistiger Natur erzeugt. Sehr richtig bemerkt Hans Kiene in seinem Aufsatz: „Aui oder Oi" (Hinauf oder Hinab) im Bozner Tagblatt (3./4. Febr. 1945): „Mögen auch manche Momente eine Veränderung dieser Zugehörigkeit [zu einer Gemeinde] vorteilhaft erscheinen lassen und oft nicht unwesentliche Bequemlichkeiten ergeben, die durch Generationen überlieferten und das Lebenstempo mitbestimmenden Gewohnheiten sind dem Bergbauern lieber und teurer. Er will zu den Menschen gehören, zu denen ihn sein Kirchsteig führt, und auf alle Fälle lieber aui ins Dorf als oi in die Stadt. Wenn dabei auch Stunden draufgehen und der Weg steiler und steiniger ist; das ist gleich. Das ist ja immer so gewesen und hat immer sein Gutes gehabt. Aui ist immer besser als oi; denn zum Aui brauchts was, oi aber kommt man von alleine, oft wenn man's gar nicht will und sich dagegen sträubt. Oi ist bald! Aui ist schwer. Und der Bergbauer will und muß es schwer haben, sonst ist er keiner mehr, kein eigener König auf einsamer Höh'. Der Bauer, der von seiner alten Überlieferung losgelöst wird und sich loslösen läßt, ist kein richtiger Bauer und ganz gewiß kein richtiger Bergbauer mehr."

Sehr mannigfaltig sind die Benennungen der Gemeinde und ihrer Teile. Häufig wird die Ur- oder Großgemeinde als „Gemeinschaft" (latein. „communitas" oder „universitas"), die Teilgemeinde als „Gemain" oder „gemaine Nachpaurschaft" bezeichnet.

Das Zusammenfallen mit kirchlichen Gebieten spiegelt sich wider, wenn von der Gemeinde als „Kirchspiel", „Pfarre", „Oblai" oder „Oblat" (von „oblagium" = Abgabe an den Pfarrer), „Kreuztracht" gesprochen wird. Viel verwendet wird die Bezeichnung „Paurschaft", auf einzelne Landschaften beschränkt sind Bezeichnungen wie „Hauptmannschaft" (nur im Unterinntal unterhalb Schwaz und im Zillertal), „Stab" (im mittleren Inntal), „Riegat" (Wipptal), „Zehent" (Stanzertal), „Rotte" (Pustertal). Teilgemeinden innerhalb des Verbandes einer Großgemeinde werden als „Drittel" oder „Viertel", in ehemals oder heute noch ladinischen Landschaften als „Malgrei" (worunter ursprünglich ein Weidebezirk verstanden wurde), „Terz" (Drittel), „Technei" (Zehentschaft) und „Riegel" („Regola") bezeichnet.

HOHEITSRECHT AN DER GEMAIN (ALLMENDREGAL). Die oberste Verfügungsgewalt über alles Land, das nicht in Sondernutzung einzelner Besitzer stand, kam in germanischer Zeit der Volksgemeinschaft zu; in fränkischer Zeit ist sie an den König übergegangen; sie wurde zu einem „ius regale", zu einem Königsrecht oder kurzweg Regal, das unter Umständen auch finanziell nutzbar gemacht werden konnte. Der König verlieh Land auf der Allmende an einzelne Personen oder Verbände, er schied für sich oder andere einzelne Teile der Allmende zur Ausübung bestimmter Nutzungen aus; so wurde häufig in Wäldern dem König oder den von ihm begnadeten Personen die Jagdnutzung vorbehalten; man nannte solche Wälder Forste oder Bannforste, weil unbefugte Ausübung der Jagd mit der hohen Strafe des Königsbannes gebüßt wurde. Bei der Handhabung dieses Regals an der Allmende mußte auf die Rechte der Allmend- oder Markgenossen tunlichst Bedacht genommen werden. Dieses Allmendregal erscheint in der Folge regelmäßig verbunden mit dem Besitz der hohen Gerichtsbarkeit. Es stand daher den vom König eingesetzten Grafen zu; aber auch eine Reihe freier, alter Adelsgeschlechter mit großem Grundbesitz besaß zu eigenem Recht – nicht aufgrund königlicher Verleihung – die Hochgerichtsbarkeit und hatte in diesem Zusammenhang auch Herrschaftsrechte an der Allmende.

Mit dem Aufkommen des Landesfürstentums ging mit dem Erwerb der hohen Gerichtsbarkeit auch das Hoheitsrecht über die Allmende auf den Fürsten über. In Tirol ist ein landesfürstliches Allmendregal seit dem 13. Jahrhundert nachweisbar, es erstreckte sich über das ganze Land. Allerdings behielten die Gerichtsherrschaften noch lange die Handhabung der Allmendhoheit ganz oder teilweise, jedoch stand sie ihnen nur mehr aufgrund landesfürstlicher Verleihung zu.

Etwas anders verhielt es sich mit der Geltendmachung des Forstregals in den grundherrlichen Gerichten, den sogenannten Hofmarken. Hier beanspruchte die Hofmarkherrschaft ein dem landesfürstlichen Forstregal analoges Recht an den nicht in Sondereigen beziehungsweise in Sondernutzung übergegangenen Wäldern. Sie übte hier auch jene Forstaufsicht aus, die anderwärts Sache der Gemeinden und Forstbehörden war. Das Zusammentreffen von Gerichtsherrschaft und Grundherrschaft war die Ursache, daß sich die Hofmarkherren eine stärkere Verfügung auch über die gemainen Wälder zu wahren vermochten als andere Gerichtsherren, die nicht zugleich auch Grundherren waren. Seit dem 16. Jahrhundert wird übrigens auch in manchen Hofmarken das Recht der Hofmarkherrschaft an den gemainen Wäldern durch die landesfürstlichen Hoheitsrechte eingeengt.

Die bäuerlichen Nutznießer der Allmende erkannten in ihren Rechtsordnungen, den früher erwähnten Weistümern, das Recht des Landesfürsten an der Allmende an; sie betrachteten es als ein Herrschaftsrecht, aber als ein Recht, das seinen Inhaber auch verpflichtete, d. h. ihm die Pflicht auferlegte, die bäuerlichen Gemeindegenossen in der Nutzung an der Gemain oder Allmende zu schützen. „Item alle Gemaind der Herrschaft [d. h. Landesherrschaft], damit das Arm und Reich nießen söllen, das sei [sie] der Herrschaft dester baß dienen künent" (TW. II, S. 312, Z. 6f.), wird in der Versammlung der Gerichtsgemeinde, dem „ehlichen

Tading" von Pfunds (Oberinntal) im 14. Jahrhundert[18] festgestellt. Der Sinn dieser bäuerlichen Rechtsweisung läßt sich etwa folgendermaßen umschreiben: Der Landesfürst ist Obereigentümer der Gemain, aber nur zu dem Zweck, um über die rechte Verteilung der Nutzung zu wachen und die bäuerlichen Nutznießer in ihrer Nutzung zu beschützen. Die Nutzung steht Armen und Reichen in gleicher Weise zu, d. h. im Verhältnis zu ihrer Wirtschaft. Die Nutzung soll allgemein sein, d. h. allen Bauern zustehen. Daß man allen Nachbarn ein absolut gleiches Nutzungsrecht zugestehen wollte, war nicht gemeint. Daß auch andere, nichtbäuerliche Einwohner ihrer Gemeinde die gleichen Rechte genießen sollten, daran dachten die Bauern wohl ebenfalls nicht.

15 Geschworene aus den Gemeinden des Gerichtes Nauders wiesen 1436 als Recht, daß „alles Vederspill, Wunn, Waid, Wasser und Wälder, als weit das Gericht ist ... der Herrschaft Tiroll zugehört, doch zu behalten iedem Camaun [Gemeinde] seine Recht, als von alter herkomen ist" (TW. II, S. 316, Z. 4). Landesfürstliche Allmendhoheit und bäuerliches Nutzungsrecht an der Allmend bestehen also auch nach dieser Weisung selbständig nebeneinander. Es tritt hier eine ähnliche Auffassung an den Tag, wie sie im römischen Recht hinsichtlich der „res publicae publico usui destinatae" (Gemaingut, das für den gemainen Gebrauch bestimmt ist) begegnet.

Die vorhin erwähnte Rechtsweisung von Pfunds klingt an eine Bestimmung des weit älteren Gewohnheitsrechtes an, das in nordspanischen Landschaften der Gegend von Barcelona und in der Grafschaft Roussillon in den Pyrenäen Geltung hatte. In der Aufzeichnung dieses Rechtes, welche der Zeit um 1070 angehört, wird bestimmt: „Stratae et viae publicae, aquae currentes et fontes vivi, prata, pascuae, silvae, garrica ... sunt de potestatibus, non ut habeant per alodium vel teneant in dominico, sed sint in omni tempore ad emparamentum cunctorum illorum populorum, sine ullius contrarietatis obstaculo es sine aliquo constituto servicio." Der Sinn dieser Bestimmungen ist also: Straßen und öffentliche Wege, fließende Wasser und Quellen, Wiesen, Weiden und Wälder, mit einem Wort das Gemainland, gehört den Herrschaften[19], aber nicht in dem Sinn, daß diese es als Eigengut oder Bestandteil eines grundherrlichen Besitzes innehaben, sondern daß es der Nutzung durch die Herrschaftsinsassen dienen soll, und zwar, ohne daß diese hierfür zu einer besonderen Gegenleistung verpflichtet wären. In Tirol wie in den Pyrenäenlandschaften wird dem Herren zwar ein Herrschafts- oder Hoheitsrecht zuerkannt, die Rechtsweisung ist jedoch von dem Gedanken beherrscht, daß dieses Hoheitsrecht nur dem Schutz der Gemeindegenossen dienen und die Nutzung des Gemainlandes den Gemeindegenossen zustehen solle. Nach dem Grundsatz der Entgeltlichkeit wird in der Rechtsweisung von Pfunds wie in jener des benachbarten Gerichtes Laudeck, die ebenfalls dem 14. Jahrhundert angehört, als Entgelt für die Nutzung

---

[18] Das Weistum liegt in einer Abschrift von 1586 vor, auf der als Abfassungszeit das Jahr 1303 angegeben ist. Vgl. Stolz 637, S. 715 u. TW. II, S. 307, Anm.

[19] Gemeint sind wohl Gerichtsherrschaften, d. h. Inhaber der hohen Gerichtsbarkeit.

der Allmend durch die Gemeinde und den ihr gewährten Schutz die Steuerzahlung an den Landesfürsten bezeichnet.

Nach germanischem Recht gab es – anders als nach römischem Recht – ein mehrfaches Eigentum an ein und derselben Sache; die verschiedenen Herrschaftsrechte, die an einer Sache nebeneinander bestanden, wurden als Eigentumsrechte angesehen. Nach römischem Recht ist Eigentum ein seinem Inhalt nach unbeschränktes Herrschaftsrecht über eine Sache; es kann nach der Auffassung des römischen Rechtes nur e i n Eigentum an ein und derselben Sache geben. Die bäuerlichen Gemeindegenossen in Tirol wie jene in Katalonien und Roussillon betrachteten sich als Eigentümer ihrer Allmende, gestanden aber auch der Landesherrschaft beziehungsweise dem Inhaber der Gerichtsherrschaft ein Eigentumsrecht an der Allmende aufgrund des den herrschaftlichen Gewalten zustehenden Hoheits- und Schutzrechtes zu. An dieser Auffassung hielt das Volk so lange fest, als durch die Herrschaften sein Nutzungsrecht nicht beeinträchtigt wurde.

In älterer Zeit haben die Inhaber der hohen Gerichtsbarkeit und ihnen nachfolgend die Landesfürsten ihr Recht an der Allmend benützt, um den Landesausbau zu fördern; sie verliehen Teile der Allmende zur Anlage neuer Siedlungen oder zur Gewinnung einzelner Stücke von Kulturland. Solche Verleihungen wurden mit Zustimmung der Gemeinde, der die betreffende Allmende zugehörte, vorgenommen. So verlieh Bischof Altwin von Brixen einem Edlen Perctholt um die Mitte des 11. Jahrhunderts die Nutzung, welche „Gimeineda" genannt wird, in einem angegebenen Gelände; ausdrücklich wird der Zustimmung von Laien und Geistlichen gedacht, die beim Ding, in welchem die Verleihung offenbar stattfand, zugegen waren. Ebenso verlieh zweihundert Jahre später im Jahre 1230 Graf Albert von Tirol als Vogt des Hochstiftes Brixen dem Kloster Neustift die Neurodungen, welche dieses auf der Gemain vorgenommen hatte; es geschah dies aber mit Zustimmung der ganzen Groß- oder Gerichtsgemeinde der sogenannten Grafschaft Raas, in welcher die Rodungen lagen.[20]

E i n s e i t i g e V e r l e i h u n g e n von Allmendland durch die Inhaber der Gerichtsbarkeit oder auch durch mächtige Grundherren begegnen gelegentlich bereits in älterer Zeit, führten aber zu Beschwerden seitens der Gemeinden. Bereits im ersten Band wurde der Beschwerde gedacht, welche die Großgemeinde Imst um 1300 gegen die Herren von Starkenberg vorbrachte, die auf den Almen der Imster Schwaighöfe errichtet hatten. Derartige Klagen kehren in der Folge wieder, so um 1310, 1312, 1325. Die Handhabung des Allmendregals durch den Landesfürsten gab anscheinend erst seit dem 15. Jahrhundert häufiger zu Klagen Anlaß.

Die Verleihung von Allmendland sollte nach Auffassung der Gemeinden nur mit ihrer Zustimmung erfolgen; andererseits sollten jedoch Verleihungen, die einseitig durch die Gemeinde vorgenommen wurden, rechtskräftig sein. Die bereits früher erwähnte Urkunde von 1385 über den Streit der Großgemeinde des Zwei-

---

[20] Über die Untergrafschaft Raas, das spätere Landgericht Rodeneck, vgl. Stolz 637, II, S. 428f.

drittelgerichtes im Stanzertal spricht andererseits von der Allmende der Großgemeinde als von „meines [des beurkundenden Richters] Herren Gemain“, wobei in diesem Fall unter dem „Herren“ der Gerichtsherr Herdegen von Goldenperg verstanden wird, der das Gericht damals als Pfand seitens des Landesfürsten innehatte. Es wird also eine Art von Obereigentum der Gerichtsherrschaft auch hier anerkannt wie in den früher erwähnten, dem 14. Jahrhundert angehörigen Weistümern von Pfunds und Laudeck. Das Verfügungsrecht, das die Gemeinde beansprucht, tritt hingegen zutage in der gerichtlichen Feststellung, die Leute von Kaisers, die sich auf der Allmend der Großgemeinde Laudeck im Tale Kaisers niedergelassen haben und mit denen Streit geführt wird, seien hier aufgrund einer Bewilligung seitens der Gemeinde ansässig geworden.

Wie sich eine Verleihung von Allmendland durch den Landesfürsten vollzog, wenn sie dem überlieferten Recht entsprach, zeigt folgendes Beispiel einer Neubruchsverleihung aus der Mitte des 15. Jahrhunderts. Der verliehene gemaine Grund sollte dem Bau einer Kirche und eines Klosters im Kaunertal dienen und gehörte zur Allmend des bereits oben erwähnten Zweidrittelgerichtes Laudeck. Ein Einsiedler, der Bruder Stöb, der sich um diese Neugründung bemühte, bat Kaiser Friedrich III., der damals die Vormundschaft über den minderjährigen tirolischen Landesfürsten Sigismund führte, um die Verleihung des Grundes. Der Kaiser erklärte sich zur Erfüllung der Bitte bereit, übermittelte aber das Ansuchen des Bruders Stöb an den Bischof von Brixen zur Berichterstattung. Dieser wandte sich an die Großgemeinde und forderte sie auf, zum Ansuchen Stellung zu nehmen. Diesem Ansuchen entsprach die Gemeinde im Jahre 1445. Sie erklärte, daß der vorzunehmende Neubruch niemandem Schaden bringe, die Gemeinde habe ihrerseits dem Ansuchen des Bruders bereits entsprochen und aufgrund einmütigen Beschlusses „ein redlich Ausstecken“ getan, d. h. das gewünschte Grundstück abgegrenzt und dem Bittsteller verliehen. Der rechtmäßige Vorgang bei derartigen Verleihungen gemainen Bodens bestand also im gemeinsamen Vorgehen von Gemeinde und Landesherrschaft, ein einseitiges Vorgehen des Landesfürsten widersprach der Rechtsauffassung der Gemeinde. Von seiten des Landesfürsten wurde schon im Mittelalter ein Recht zu einseitiger Verfügung über die Gemain geltend gemacht; gegenüber dem Widerstand der Gemeindegenossen vermochte sich dieser landesfürstliche Anspruch zunächst nicht vollauf durchzusetzen.

RECHT ZUR GEMAINNUTZUNG. Ursprünglich war jeder Gemeindegenosse, der einen eigenen Haushalt führte (d. h. einen „eigenen Herd“ hatte), zur Nutzung der Gemain berechtigt; das Nutzungsrecht war an die Person gebunden. In einzelnen Gemeinden des tirolischen Südens, so in der Talgemeinde Fleims, hat sich dieses persönliche Nutzungsrecht bis herauf in die jüngste Zeit erhalten. Mit dem Ausbau des Landes und der Zunahme der Volkszahl wurde die Gemainnutzung für den einzelnen Betrieb knapper, und eine gewisse Festlegung der Zahl der Nutzungsrechte wurde notwendig. Es lag nahe, daß die bisherigen Inhaber solcher Nutzungsrechte darauf drangen, diese mit den bestehenden Bauerngütern zu verbinden und neu entstandenen Gütern nur dann eine Nutzung zuzugestehen, wenn sich die Gemeinde, d. h. die Gemeinschaft der Gemeindegenossen, dafür ausgesprochen hatte. Das persönliche Nutzungsrecht wurde dadurch zum Realrecht; es ist mit einer Sache (einem „Reale"), in unserem Fall mit einem bestimmten Bauerngut oder mit einem bestimmten Bauernhaus, allenfalls auch mit dem Platz, auf welchem dieses stand, also mit seiner „Hofstatt", derart verbunden worden, daß mit dem Erwerb des Gutes, Hauses oder Hausplatzes auch das Recht an der Allmende erlangt wurde. Das Genossenrecht wurde also „verdinglicht", das persönliche Recht zu einem Realrecht, die Personalgemeinde zu einer Realgemeinde. In den tirolischen Weistümern erscheint die Nutzung der Gemain regelmäßig als Realrecht. Wenn auf einem Gut zwei Wirtschaften entstehen oder neue Häuser gebaut werden, bleibt das Nutzungsrecht – falls die Gemeinde nicht dem neu entstandenen Betrieb oder Haus ein eigenes Nutzungsrecht zugesteht – bei einem der beiden Güter beziehungsweise beim alten Haus.

Der Umfang des Nutzungsrechtes ist durch die Größe des Gutes und durch seinen Bedarf bestimmt. So wird in der Dorfordnung von Gais (Pustertal) aus dem 16. Jahrhundert die Größe der Holznutzung in Einklang gebracht mit der Gutsgröße: Vollhuben und Dreiviertelhuben haben Anspruch auf jährlich 60 Stämme Fichten-, Föhren- und Lärchenholz, Halbhuben auf 45 Stämme, Söllgüter auf 20 Stämme. Auf die Heim- wie auf die Almweide durfte allgemein nicht mehr Vieh aufgetrieben werden als auf dem Gut gewintert wurde. Nach dem Gemeindebrief von Tisens aus dem Jahre 1364 durfte der Besitzer eines ganzen Hofes gleich viel Vieh auftreiben wie zwei Halbhöfe.

Die Aufnahme neuer Genossen war Sache der Gemeinde. Starke Zurückhaltung bei solcher Aufnahme wird bereits im Mittelalter sichtbar mit Rücksicht auf die starke Zunahme der Volkszahl und die daraus erwachsende stärkere Beanspruchung der Allmende. Noch mehr steigerte sich unter dem Druck der Übervölkerung die Abneigung gegen die Aufnahme Fremder in der Neuzeit. Die Gemeinde Zams im übervölkerten Oberinntal beschließt bereits im 14. Jahrhundert, daß niemand fremden Leuten Wohnung gewähren dürfe; die Ortskinder hätten ja selbst zu wenig „Hörbrig" (Herberge); außerdem würden durch die Zuwanderer in unerträglichem Maß Feldfrüchte gestohlen und führten sich solche Fremde „verdörblich und unfrumb" auf, sie weigerten sich, gemainnützige Arbeit zu leisten. Solche Leute könnten für ihren Ungehorsam und den Schaden, den sie anrichteten, nicht mit Geldstrafen und Pfändung belangt werden, weil sie besitzlos seien. Eine Aufnahme Fremder sollte in Zukunft nur mit Zustimmung der Gemeindevollversammlung (des Tading) stattfinden, damit jeder Vetternwirtschaft, wie sie bei bloßem Ausschußbeschluß vielleicht möglich wäre, zuvorgekommen würde.

In der Neuzeit wurde es üblich, für die Aufnahme ein Einkaufsgeld zu fordern, das unter Umständen von beträchtlicher Höhe war. Der wirtschaftliche Vorteil, den die Aufnahme in die Gemeinde und das damit verbundene Recht zur Allmendnutzung gewährte, rechtfertigte diese Forderung der Gemeinde. In der Gemeinde Münster (Vinschgau) belief sich das Einkaufsgeld 1592 auf 30 Gulden, eine beim damaligen Geldwert sehr hohe Summe. Die benachbarte Gemeinde Taufers forderte nach ihrem Dorfbuch von 1568 10 Gulden. Die Gemeinde Kauns verlangte 1629 von einem „Gerichtsmann", d. h. von einem Bewohner des Gerichtes Laudeck, 10 Gulden 40 Kreuzer; Fremde, worunter alle, die nicht im Gericht ansässig waren, verstanden wurden, hatten 16 Gulden zu bezahlen. In Zams wurde nach einem Gemeindebeschluß von 1728 das Einkaufsgeld gar auf 100 Gulden festgesetzt. Die Forderung eines Einkauf- oder Sitzgeldes wurde in Tirol erst vor Beginn des ersten Weltkrieges abgeschafft.

Um einer Vermehrung der Nutzungsanteile an der Gemain vorzubeugen, trat die Gemeinde in neuerer Zeit (besonders seit dem 17. Jahrhundert) der Errichtung neuer Häuser entgegen. Sie argwöhnte, daß die Besitzer der neuen Häuser über kurz oder lang gleiche Rechte an der Allmende beanspruchen würden wie die Inhaber alter Häuser, mit denen die Allmendnutzung als Realrecht verbunden war. Die Gemeinde Hechenbach im oberen Lechtal hatte noch in ihrer Gemeindeordnung von 1678 der Errichtung neuer Häuser gegenüber eine entgegenkommende Haltung eingenommen. Sie wird schlechte Erfahrungen gemacht haben, sodaß sie bereits 1689 jeden Bau eines neuen Hauses ohne Genehmigung der Gemeinde verbot. Die Besitzer der neuen Häuser hatten durch die von ihnen beanspruchte Gemainnutzung die älteren Nutzungsrechte geschmälert und namentlich durch ihre Holznutzung angeblich die künftige Holzversorgung der Gemeinde gefährdet. Die Gemeinde Nasserein bedrohte um die Mitte des 17. Jahrhunderts die Erbauer neuer Häuser mit Geldstrafen und Abbruch der Häuser.

Die Gemeinde verlangte, daß jeder Gemeindegenosse zu den Lasten der Gemeinde seinen Teil beitrage; sie wehrte sich daher gegen das Eindringen von Leuten, die in dieser Hinsicht nicht viel Gutes erwarten ließen. Weil man ferner fürchtete, daß Inwohner, die über keinen oder nur geringen Grundbesitz verfügten, die Allmende ungebührlich in Anspruch nehmen würden, suchte man nicht nur die Zuwanderung mittelloser Leute zu verhindern, sondern auch Eheschließungen mit besitzlosen Inwohnern einzuschränken. Mit bewegten Worten versucht die Gemeinde Latsch darzutun, daß ohne ein Ehebewilligungsrecht der Gemeinde nicht durchzukommen sei. Sie klagt, wie sie „nit allein mit Überlauf der unehelichen erzeugten Kinder, sondern auch der ehelichen, als Knechten und Mägten, so zur Ehe greifen, aufs höchst beschwert oder überfallen wurde, dadurch auch den hausarmen Leuten, denen das Almosen gebührt, und (!) gegen Gott unverantwortlich entzogen" wird (TW. III (1607), S. 241, Z. 2 ff.).

Die Gemeinden setzten ihren Standpunkt soweit durch, daß die Pfarrer ohne schriftliche Erlaubnis seitens der Gemeinde keine Trauung durchführen durften. Wenn die Gemeinden untüchtigen, arbeitsscheuen Leuten die Eheschließung erschweren wollten, wird man dies verstehen. Man darf aber auch für die damalige Zeit sehr bezweifeln, ob ein Eheschließungsverbot ein geeignetes Mittel war, die

Vermehrung der Besitzlosen in der Gemeinde zu verhindern. Manche Gemeinden mochten wohl die Eheschließung Armer in engherziger Weise durch ein Verbot behindern[21], ihren Zweck, die Vermehrung der Armen und die Zunahme der Armenlasten fernzuhalten, erreichten sie damit in vielen Fällen nicht.

Die an der Eheschließung Gehinderten lebten unehelich beisammen und die Gemeinde mußte dann wohl oder übel die Lasten für die uneheliche Nachkommenschaft, wenn diese erwerbslos war, tragen. Im Gemeindegesetz von 1819 hat die österreichische Regierung den Gemeinden die Ehebewilligung entzogen. Sie war nunmehr ausschließlich Sache der politischen Staatsbehörden.

Die Gemeinde stand der Eheschließung ihrer bäuerlichen Gemeindegenossen freundlich gegenüber. Für das Ansehen in der Gemeinde war jedenfalls die Ehe von Einfluß; man kann wohl sagen, daß erst die Ehe den Mann zum vollberechtigten Gemeindegenossen machte. Die Feier der Eheschließung war nicht nur Sache der Sippe, sondern auch ein Fest der Gemeinschaft oder doch wenigstens der Nachbarschaft.

In Kals ist es bis heute üblich, daß jeder Vorstand eines selbständigen Haushaltes zur Begründung eines neuen Haushaltes in der Gemeinde seinen Beitrag leistet. Nachdem die Brautleute „von der Kanzel herabgeworfen wurden" – d. h. nachdem ihr Entschluß zur Ehe von der Kanzel herab ordnungsgemäß verkündet wurde –, stellt sich der Bräutigam nach Schluß des Gottesdienstes auf den Kirchplatz, jeder Bauer tritt an ihn heran und drückt ihm 3–5 Schillinge in die Hand, die Braut hingegen erhält von jeder Bäuerin einen „Schalkfleck", das ist ein Stück Leinwand zur Anfertigung des „Schalkes" (eines kurzen leinenen Überkleides).

Die Volkssage als Ausdruck des sittlichen Empfindens verurteilt die Ehelosigkeit. Von den Verheirateten wurde freilich in höherem Maße als von Unverehelichten Anstand und Sitte verlangt.

Uneheliches Beisammenwohnen versuchte die Gemeinde in ihrem Bereich tunlichst zu verhindern. Sie verordnete in solchem Fall Ausweisung und verbot, Leute, die „in der Unehr hausen", zu beherbergen. Aus der Hochhaltung des Ehestandes ergab sich andererseits die hohe Bedeutung ehelicher Geburt im Leben der Gemeinschaft. Noch bis in das 18. Jahrhundert hinein galt der Uneheliche selbst in der eigenen Gemeinde gleich einem Fremden.

Ständische Unterschiede zwischen den Gemeindegenossen erlangten im allgemeinen keinen Einfluß auf die Stellung des einzelnen gegenüber der Gemeinde und seinen Rechten und Pflichten ihr gegenüber. Alle Gemeindegenossen wurden grundsätzlich gleich behandelt. Die schon erwähnte Urkunde von 1190 spricht ausdrücklich Rittern, Bürgern und Bauern, Armen und Reichen die gleichen Rechte bei Nutzung der gemainen Wiesen zu; alle diese Gemeindegenossen werden für Brandrodung auf der Allmende mit schwerer Geldstrafe und Verlust der Hand

[21] In lebhaften Farben, aber doch wohl in zutreffender Weise schildert Adolf Pichler in seiner schönen Erzählung „Ein Brautpaar" (Allerlei Geschichten aus Tirol. Gesammelte Werke, 4. Band) den aus solcher Engherzigkeit erwachsenen Notstand.

bedroht. In anderen Urkunden des 13. Jahrhunderts aus der Gegend von Brixen und Bozen erscheinen adelige Grundherren und Bauern als gleichberechtigt an der Gemain. Ein geistlicher Grundherr, der Abt des Klosters Marienberg, wird im Jahre 1292 von der Gemeinde Schleiß zu ihrem Nachbarn – „in vicinum nostrum" –, d. h. zu ihrem Gemeindegenossen aufgenommen. Die Bauern hielten streng an der Gleichberechtigung aller Gemeindegenossen fest. Wo gelegentlich dem Adel besondere Rechte an der Allmende eingeräumt sind, dürften sie auf spezielle privatrechtliche Abmachungen oder auf widerrechtliche Anmaßung (Usurpation) zurückgehen. Auch für den Adeligen war der Umfang seines Nutzungsrechtes an der Gemain durch den wirtschaftlichen Bedarf seines Eigenbetriebes bestimmt; dieser aber ging in der Regel nicht über den Umfang eines größeren Bauerngutes hinaus. Der Strafgewalt der Gemeinde ist auch der Adel unterworfen, wenn er gegen die Gemeindeordnung verstößt. So bestimmt das Weistum von Naturns aus dem 14. Jahrhundert, daß der, welcher sich der Pfändung durch die Gemeinde widersetzt, dies mit 5 Pfund zu büßen hat, „er sei edl oder unedl". Zum Gemainwerk, d. h. zu den vorgeschriebenen Arbeiten zugunsten der Gemeinde, mußte auch der Adel seinen Beitrag leisten. Die Gemainnutzung sollte dem Bedarf der einzelnen nutzungsberechtigten Güter dienen.

Wie steht es nun mit dem Nutzungsanspruch, wenn ein Gut seinem Bestand nach nicht auf die Nutzung der Allmende angewiesen ist, wenn es etwa seinen Bedarf an Heim- und Almweide oder seinen Holzbedarf aus eigener Weide und aus Eigenwald decken kann? In älterer Zeit herrschte in den Weistümern die Auffassung – wenigstens soweit es sich um Waldnutzung handelt – daß der, welcher in seinem Eigenwald den Holzbedarf zu decken vermag, auf Nutzung des Gemeindewaldes keinen Anspruch habe.[22] Dieser Grundsatz entsprach der Billigkeit und dem Gemaingefühl der älteren Zeit; war doch häufig einzelnen entlegenen Höfen zur Zeit ihrer Anlage eigene Weide und eigener Wald zur Deckung ihres Bedarfes zugewiesen worden; sie waren daher zu ihrer Selbstversorgung nicht auf die Nutzung der Gemain angewiesen. Anders lagen die Dinge, wenn etwa die Holznutzung des gemainen Waldes so reichlich war, daß die Gemeindegenossen Holz verkaufen konnten. In diesem Fall war ein Anspruch der Sonderwald besitzenden Höfe auf Teilnahme an der Nutzung des Gemeindewaldes nicht unbillig.

Bei den Waldteilungen, wie sie im 16. Jahrhundert und in der Folgezeit durchgeführt wurden, sind Wälder der Gemeinde zu gesonderter Nutzung an die Gemeindegenossen aufgeteilt worden. In den betreffenden Waldteilungsurkunden kehrt häufig die Bestimmung wieder, daß durch die Waldzuweisung an die einzelnen Güter deren Holz- und Streubedarf sichergestellt werden solle. Der Besitzer solchen Teilwaldes, der das Holz aus seinem Waldteil verkaufte und dann den noch unverteilten Gemeindewald zur Deckung seines Hausbedarfes nutzte, handelte gegen das im Volk lebende Rechtsgefühl. Aus diesem Rechtsgefühl heraus hat noch

---

[22] Vgl. unten XII. Hauptstück, die Ausführungen über Besitzrecht am Walde.

die provisorische Waldordnung vom 24. Dezember 1839 bestimmt, daß die mit bestimmten Waldteilen ausgestatteten Höfe erst dann auf den unverteilten Gemeindewald greifen dürfen, wenn sie ihren Teilwald oder ihren Eigenwald zur Deckung ihres Bedarfes herangezogen haben.

Im Gegensatz zum überlieferten Recht und zu den ausdrücklichen Bestimmungen der noch in Geltung stehenden provisorischen Waldordnung von 1839 hat der Tiroler Landtag im Jahre 1930 einen Zusatzparagraphen zu Artikel 128 der tirolischen Gemeindeordnung beschlossen, nach welchem die Nutzung des ungeteilten Gemeindewaldes grundsätzlich auch jenen zustehen solle, welche über Eigenwälder oder gesonderte Waldnutzungsrechte verfügen. Die Anerkennung des Begriffes vom schrankenlosen Eigentum, wie er hier zum Ausdruck kommt, entsprach wohl der Auffassung des römischen Rechtes, aber nicht dem gesunden bäuerlichen Rechtsempfinden, wie es in vielen tirolischen Gemeinden herrscht.

Oft begegnet in den Weistümern die Forderung, daß die Nutzung der Gemain „Arm und Reich“ gleicherweise zustehen solle. Damit war natürlich nicht eine absolute Gleichheit gemeint, sondern nur eine relative, d. h. eine Nutzung, welche der Größe und dem Bedarf des nutzungsberechtigten Gutes entsprach. Gelegentlich wurde wohl eine Beschränkung des Nutzungsausmaßes nach oben verfügt, wenn etwa in der bereits erwähnten Urkunde von 1190 für die Gemeinden Keller und Bozen die Bestimmung getroffen wird, daß jeder Gemeindegenosse, er sei Ritter, Bürger oder Bauer, zur Mahd auf den gemainen Wiesen nicht mehr als zwei Mäher senden dürfe. Wie das Volk über die Gleichheit von Arm und Reich auf der Gemain dachte, kommt auch hier wieder in der Volkssage zum Ausdruck. Da erzählt eine Sage beispielsweise von einem Hirten, der das Vieh eines armen Gemeindegenossen schlechter behandelte als das der Wohlhabenderen; er muß seine Verfehlung nach dem Tode büßen und kann nicht zur Ruhe kommen.

Neben den vollberechtigten Gemeindegenossen, die auch als „Gemainsleute“ oder „Nachbarn“ bezeichnet werden, gab es Gemeindeinsassen mit *gemindertem Anteil* an der Gemainnutzung, weiters solche, die jedes Nutzungsrechtes entbehrten. Ursprünglich gab es in den Gemeinden wohl nur bäuerliche Insassen mit vollem Nutzungsrecht. Im Lauf der Zeit erwarben aber auch Taglöhner oder Handwerksleute Baustellen, an denen sie Häuser errichteten. Solche Besitzer einer „Selde“, d. h. eines Hauses von schlechterer, nicht bäuerlicher Beschaffenheit, werden als „Selleute“ (Sölleute) bezeichnet; sie verfügten – im Verhältnis zu den bäuerlichen Besitzern – nur über geringen Grundbesitz, also nur über beschränkte Nutzungsrechte an der Gemain. Bei Aufteilung von Gemeindeland erhielten – wenigstens in jüngerer Zeit – auch die Sölleute einen Anteil, freilich einen erheblich kleineren als die bäuerlichen Gemeindegenossen. Als im Jahre 1772 ein Stück der Innau bei Weer zur Urbarmachung an die Gemeindegenossen verteilt wurde, erhielten die bäuerlichen Besitzer je 1000 Klafter, die Sölleute je 250.

Ohne Nutzungsrechte blieben in vielen Gemeinden die „Ingeheusen“, „Hintersassen“ oder „Inwohner“, welche eigenen Grundbesitzes ermangelten; sie waren zumeist Taglöhner, die bei den Bauern arbeiteten. Öfters wird solchen Inwohnern gnadenweise eine Nutzung von Weide und Wald zugestanden; sie wird jedoch jenen entzogen, „welche in der genötigisten Arbeit sich anderer Orten zu arbeiten verfügen" (TW. IV, Moos im Pustertal, 1658, S. 465, Z. 11 f.).

Es kam auch vor, daß Gemeindeinsassen, welche kein Recht an der Gemain hatten, gegen entsprechende Teilnahme am Gemainwerk, d. h. an der Arbeit für die Gemain und gegen Beitragsleistung zu den Hirtenlöhnen, die Erlaubnis zum Auftrieb einer beschränkten Viehzahl auf die gemaine Weide erhielten. Wenn auch die Gemain in erster Linie den Zwecken der einzelnen bäuerlichen Wirtschaften dienen sollte, ist sie doch andererseits auch für Gemeinschaftszwecke und gemeinnützige Zwecke herangezogen worden. In der Vergangenheit wurden Gemeindeauslagen mit Hilfe von Einnahmen aus der Gemain bestritten, so Auslagen für Wasserbauten, Wegebauten, Schulhausbau, Kirchenbau; Gemeindebeamte wurden durch Rechte zu besonderer Allmendnutzung für ihre Mühewaltung entschädigt und dergleichen mehr.

GEMEINDEVERWALTUNG. In den großen Urgemeinden, die mit Gerichtsbezirken oder deren Unterabteilungen zusammenfielen, war die seit alters übliche Versammlung der Gerichtsgemeinde zugleich die Versammlung der Wirtschaftsgemeinde. Sie stellt das wichtigste Glied der Gemeindeverfassung dar und wird in Tirol als „ehehaft Taiding" oder „Taiding" kurzweg bezeichnet. Das „ehehaft Taiding" als Gerichtsversammlung war bereits der germanischen und fränkischen Zeit bekannt. Die Gerichtsversammlung fand alljährlich mehrmals zu „rechter Zeit" und am „rechten Ort", d. h. an der althergebrachten Dingstätte, die im nordöstlichen Tirol „Schranne"[23] genannt wird, statt.

Diese Versammlungen dienten in Tirol nicht nur der Handhabung des Gerichtes, sondern auch der Erledigung von Gemeindeangelegenheiten, besonders auch der Feststellung ihres Rechtes. Zu jeder Dingstätte gehörte ein bestimmter Dingbezirk; jeder, der vor dem Taiding Recht nehmen und geben mußte, war verpflichtet, bei dem Ding zu erscheinen. Die alten Dingbezirke deckten sich, wie gesagt, gewöhnlich mit den alten Großgemeinden. Mit dem Ausbau der Siedlung und der Bildung neuer Gemeinden entstanden auch neue Dingbezirke und Dingstätten. Es hat aber nicht jede der neu gebildeten Gemeinden auch einen eigenen Dingbezirk. Öfters war es der Fall, daß zwei oder mehrere der neu entstandenen Gemeinden in einem einzigen Dingbezirk zusammengefaßt waren. In diesem Fall wurden die Angelegenheiten mehr als einer Gemeinde zunächst auf ein und demselben Taiding behandelt.

Diese Taidinge befaßten sich vor allem mit den wirtschaftlichen Angelegenheiten der Gemeinde, besonders mit der Nutzung der Gemain (Allmende) sowie mit

[23] „Schranne" bedeutet in der bayerischen Mundart unter anderem die Bank, auf welcher Richter und Rechtsprecher sitzen; figürlich: Sitzungsplatz für ein versammeltes Gericht mit seinen Bänken und Schranken (vgl. Schmeller, Bayer. Wörterbuch, Sp. 604; Schatz, Wörterbuch, S. 551 f.).

der Gemeindeverwaltung. Die Versammlung wählte die Vorstehung der Gemeinde und die Gemeindeangestellten. Im Taiding kam es zur Weisung des Rechtes der Gemeinde. Die autonome Rechtsweisung und die freie Wahl der Gemeindeobrigkeit gehörten zu den wichtigsten Bestandteilen der Selbstherrschaft und Freiheit der Gemeinde. Obrigkeitliche Anordnungen wurden den Versammelten verlautbart und öffentliche Anklagen (Rügen) über rechtswidrige Vorgänge im Gemeindewesen mußten hier vorgebracht werden. Aufzeichnungen über das, was auf den Taidingen verhandelt wurde, finden sich gelegentlich in den gerichtlichen Verfachbüchern, die in einem namhaften Teil der deutschtirolischen Gerichte von der Mitte des 16. Jahrhunderts an vorliegen und im Tiroler Landesarchiv in Innsbruck verwahrt werden.

Auf diesen Taidingen wurde in jedem einzelnen Gemeindegenossen das Gefühl der Verbindung mit seiner Gemeinde lebendig; hier nahm er teil an der Führung der Angelegenheiten von Gericht und Gemeinde und erhielt Einblick in ihre Verwaltung. Die Selbstverwaltung der Gemeinde war, wie bereits oben besprochen wurde, stark genug, um die Gemeindeordnung hier im Taiding auf dem Weg der Rechtsweisung weiter auszubauen.

Diese Taidinge haben sich in Tirol vielfach bis herauf in die Mitte des 19. Jahrhunderts erhalten. In der Zeit der bayerischen Herrschaft über Tirol (1805–1814) hatten sich verschiedene Landrichter scharf gegen die Beibehaltung dieser Versammlungen geäußert. Natürlich, dem Geist der damaligen bayerischen Verwaltung, ihrem Zentralismus und Absolutismus widersprach eine derartige, aus einer bodenständigen Volksherrschaft erwachsene Einrichtung durchaus. Die wiederkehrende österreichische Regierung, die aus ihrer konservativen Einstellung heraus immerhin mehr Verständnis für Volksüberlieferung hatte als die bayerische Bürokratie, ließ die Taidinge weiter bestehen, und eine Verordnung des tirolischen Guberniums vom 28. Jänner 1822 empfahl sogar ausdrücklich die fleißige Abhaltung der „ehehaft oder Gemeinde-Thädigungen“. Auch ein so einsichtiger Beamter wie Staffler, der als Landrichter mit der Lokalverwaltung vertraut war, hielt die „Tädigunge“ für nützlich. Sie wurden noch zu seiner Zeit (vor 1848) in Gegenwart der Gerichtsobrigkeit abgehalten, erwiesen sich also noch in dieser Zeit als Nachfolger der alten deutschen Gerichtsversammlung.

Die Neuordnung der politischen Verwaltung nach 1848 sowie die neueren Gemeindegesetze, wie sie damals entstanden, haben diese uralten Gemeindeversammlungen beseitigt. Ihr Verschwinden war begleitet von einer Lockerung des alten Bandes, welches Gemeinde und Gemeindegenossen verbunden hatte. Der Bauer verlor den alten lebendigen Zusammenhang mit Gericht und Gemeinde, mit der Führung ihrer Geschäfte, mit seinem Recht, wie es in den alten Weistümern und Dorfordnungen gegeben war, sowie auch mit der Regelung der Nutzungen an der Gemain.

In manchen Tälern haben sich Überreste des alten „ehehaft Taiding“ bis heute erhalten. Noch heute wird das „Ehetading“ in Passeier abgehalten, dessen freie Bauern sich seit alters durch das Festhalten an guter tirolischer Überlieferung auszeichneten. Das Taiding findet hier am ersten Montag in der Fastenzeit statt, hat aber heute nur mehr Bedeutung für Gläubiger und Schuldner. In den Vormittagsstunden versammelt man sich auf der Waltenbachbrücke zwischen dem Strobl- und Theiswirt, und es herrscht ein Leben wie auf einem Jahrmarkt. Alle Schuldner müssen da vor den Gläubigern erscheinen, ob zahlungsfähig oder nicht, wenn sie nicht vor Gericht belangt werden wollen. Hier wird gezahlt, verglichen oder ein neuer Termin bestimmt. Der Gläubiger rechnet es seinem Schuldner schon hoch an, wenn er sich bloß stellt und damit seinen guten Willen zeigt. Es nimmt sich bei diesen Tagsatzungen manchmal recht eigenartig aus, wenn um einen Mann ein paar andere stehen, die ihn durch Worte, Gebärden und Zupfen an den Kleidern an seine Pflicht erinnern. Und läßt sich nichts „herauszupfen", so verliert der Gläubiger selten die Geduld, und der Schuldner ist gerne bereit, ein „Halbl" (halben Liter Wein) zu zahlen. Auch im Brixental und Zillertal lebte das „ehehaft Tading" noch im späteren 19. Jahrhundert fort.

Nach altem deutschen Recht gab es g e b o t e n e und u n g e b o t e n e D i n g e oder Gerichtsversammlungen. Das ungebotene oder ordentliche Ding, zu dem jeder Freie ohne besondere Ladung erscheinen mußte, fand alljährlich zu bestimmten Zeiten statt; in Tirol wurde das ungebotene ehehaft Taiding ein- bis dreimal im Jahr abgehalten. Wo zwei Versammlungen im Jahr üblich waren, tagte die eine im Frühjahr, die andere im Herbst. Für das Frühjahrstaiding war im Vinschgau der erste Sonntag der kirchlichen Fastenzeit, der „Kaß-Sonntag" (der Sonntag „Invocavit" der Liturgie) als Taidingstag vielfach gebräuchlich. Kassonntag hieß dieser Tag, weil am Samstag vorher ein Käsemarkt abgehalten wurde, auf dem sich jene, die selbst nicht genügend Käse für den Eigenbedarf herstellten, mit dieser Fastenspeise versahen. Für das Herbsttaiding war die Festsetzung weniger einheitlich. Im Gericht Sonnenburg (Umgebung von Innsbruck) versammelte man sich dreimal im Jahr; es gab hier ein „Fasnacht-, Mayen- und Herbsttaiding".

In jüngerer Zeit ist es in verschiedenen Gemeinden Tirols üblich geworden, auch zum ordentlichen Taiding ein A u f g e b o t ergehen zu lassen. So war es üblich, zu den Taidingen des Gerichtes Schlanders, die hier als „Lantsprach" bezeichnet werden, vor den Friedhöfen der drei Dingstätten des Gerichtes, nämlich zu Schlanders, Latsch und Laas, durch den Fronboten des Gerichtes das Aufgebot ergehen zu lassen. Jeder Hausgesessene war unter Strafe zum Erscheinen verpflichtet.

An manchen Orten fanden Gerichts- oder Gemeindeversammlungen bei den sogenannten Spieltennen oder Tanzhäusern (bei den Ladinern „pajun" oder „pajung" genannt) zusammen. Diese Bauwerke, aus Holz gefertigt, meist mit einer offenen Laube versehen, sind bereits im Mittelalter an größeren Orten nachweisbar. Der offene Vorraum diente wohl als Aufenthalt für Richter und Geschworene oder Gemeindevorstand und Gemeindeausschuß.

Die unter freiem Himmel versammelten Teilnehmer, der „Umstand", bildeten einen „Ring“[24], in dessen Mitte sich der Richter und die übrigen Gerichtspersonen befanden. Der Platz für Richter und Gerichtspersonen war mit hölzernen Schranken umhegt. In dem so abgetrennten Raum stand ein Tisch für Urkunden, Beweisstücke und dergleichen, um ihn herum waren die Bänke für Richter und Gerichtspersonen gestellt. Schranken und Zubehör, dann auch der umhegte Raum selbst, werden in den nordöstlichen Landschaften Tirols, die bis 1505 zu Bayern gehörten, als „Schrannen“ bezeichnet.

Wo man sich um einen Gerichtsstein versammelte, diente dieser – meist eine Steinplatte – als Gerichtstisch, allenfalls auch als Sitz für Richter und Beisitzer. Mancherorts waren um den Gerichtstisch Steinbänke für die Gerichtspersonen errichtet. Ein Beispiel hierfür bildet die Gerichtsstätte von Cavalese im Fleimstal. Hier ist noch heute der runde Gerichtstisch zu sehen, um den sich zwei Steinbänke im Halbkreis ordnen, und in einigem Abstand in einem äußeren Kreis noch einmal vier Bänke in Bogenform stehen.

Mit der Verselbständigung der Teilgemeinden innerhalb der alten Großgemeinde und der schärferen Trennung von Gemeinde und Gericht kam es in Gemeinden, die keine Dingstatt aufwiesen, zur Einführung eigener Gemeindeversammlungen, die in ähnlicher Weise wie anderwärts das alte Taiding die oberste Führung der Gemeindeangelegenheiten an sich nahmen. Auch diese Versammlungen werden kurzweg als „Taiding“, ferner als „Dorfrecht“, „gemaine Paurschaft“, „gemaine Nachperschaft“ oder einfach als „Gemain“, auch „große Gemain“, bezeichnet. Die entsprechende Benennung in den ladinischen Gebieten Tirols sowie in jenen deutschen Landschaften, in welchen die Urbevölkerung länger am Rätoromanischen festhielt, ist „Commun“ oder – nach Umformung im deutschen Mund – „Comaun“. Gelegentlich bestanden Gerichtsversammlungen und – selbständig neben ihnen – Gemeindeversammlungen nebeneinander, so im Gericht und in der Gemeinde Tisens. In Gemeinden des Vinschgaues haben sich die Gemeindeversammlungen bis herauf in die Zeit des ersten Weltkrieges erhalten.

Auch diese Dorfrechte traten wie das Taiding ein- bis dreimal im Jahre zu bestimmter Zeit zusammen. Auch sie wurden – zum Teil wenigstens – ungeboten, also ohne vorangegangene Ladung abgehalten. So bestimmt das Dorfbuch von Latsch aus dem Jahre 1607, daß die „Große Gemain“ jährlich am „Kassuntag“ zusammentreten solle; jeder, der Anteil und „Gemain“, d. h. Nutzungsrecht an der Allmende hat, ist ohne vorausgegangene „Zuwissenthuung“ verpflichtet, sich um 12 Uhr Mittag zur Versammlung einzufinden. In dringenden Fällen war es dem

[24] Die Gerichtsurkunde von 1434, in welcher die „Öffnung“ des Rechtes von Brandenberg niedergeschrieben wurde, spricht von der Gerichtsversammlung, in welcher die Beurkundung vorgenommen wurde, kurzweg als vom „Ring“. Der Fronbote ruft „über den Ring“ hinweg die Aufforderung, daß jene, welche gegen die „Öffnung“ und ihre Beurkundung Einspruch erheben wollen, diesen jetzt vorbringen sollen (TW. I, S. 138, Z. 13). Als im Bauernkrieg von 1525 die Tiroler Bauern der einzelnen Gemeinden und Gerichte zur Beratung über ihre Beschwerden zusammentraten, versammelten sie sich ebenfalls in solchen „Ringen“.

Vorsteher der Gemeinde gestattet, eine außerordentliche Versammlung einzuberufen. In Mals wurde nach dem Dorfrecht von 1538 durch Läuten der großen Glocke zur Versammlung aufgeboten. Die arbeitsamen Bauern hatten aber an solchen „gebotenen Dingen“ wenig Freude; ihre Berufung sollte tunlichst vermieden werden; auf ungerechtfertigte Berufung wurde eine Strafe gesetzt.

Alle behausten Gemeindegenossen oder – was auf dasselbe hinauskam – alle, welche nutzungsberechtigt an der Gemain waren, mußten sowohl bei der ordentlichen wie bei der außerordentlichen Gemeindeversammlung erscheinen. Die Weistümer umschreiben das in anschaulicher Weise: zu erscheinen habe „allermenigclichen, wo Rauch aufgeet“ (TW. IV, Stein am Ritten, Anfang 16. Jh., S. 212, Z. 6f.), „menigclichen, der Theil und Gemein hat“ (TW. III, Latsch 1607, S. 239, Z. 43f.), „ein ieder Nachpaur, so päurliche Recht hat“ (TW. III, Mals 1538, S. 25, Z. 13).

Entschuldigt vom Erscheinen beim Taiding ist vor allem jeder, den „Gottsgewalt oder Herrengebot“ behindern. Auch die wichtige und schwierige Arbeit des Pflügens am steilen Bergacker befreit vom Besuch des Taidings; so hoch schätzte man die Ackerarbeit des Bergbauern ein. Das Weistum von Weerberg aus dem 16. Jahrhundert bestimmt: Wenn das „ehhaft Täding“ zu Zeiten einfällt, da man baut, und ein Nachbar dabei dem andern Beistand tut, so mögen ihrer drei bei dem Pflug bleiben. Fällt es aber zu Zeiten ein, da man bracht, so mögen zwei bei dem Pflug bleiben. Auch der Mesner darf daheim bleiben, „damit ein Nachperschaft bei einem Gotshaus versöchen ist“, das gleiche gilt wegen der Wichtigkeit seiner Arbeit für den Müller. Die Strafe für „Nichterscheinen wurde zumeist in Geld festgesetzt, in Mals wurde unentschuldigtes Ausbleiben mit „1 Scheet Kas“ (annähernd 5,60 kg) gebüßt.

Die freiheitsstolzen Tiroler Bauern hielten „ehehaft Taiding“ wie Dorfrecht in Ehren, bildeten diese Versammlungen und ihre Rechtsschöpfungen doch die Grundlage bäuerlicher Selbstregierung. Die Teilnehmer durften als freie Männer mit einem Degen oder einer andern „ziemlichen Seitenwehr“ (an der Seite getragenen Waffe) bewaffnet erscheinen. Gelegentlich – so im Weistum von Kolsaß aus der ersten Hälfte des 16. Jahrhunderts – wird sogar vorgeschrieben, daß zum Taiding jeder „mit seiner pesten Wöhr“ antreten müsse (TW. I, S. 178, Z. 13). Da denkt man wohl an das, was Tacitus (Germania c. 13) von den alten Germanen berichtet: „Zur gemeinsamen Erledigung irgendwelcher Angelegenheiten, öffentlicher oder persönlicher Art, erscheinen sie immer in Waffen.“ Im 18. Jahrhundert wird verboten, in nachlässigem Aufzug zu kommen, etwa ohne Halsband, Hut oder mit der geliebten Tabakpfeife im Mund. Auch in diesen bäuerlichen Parlamenten hatten Unsitten um sich gegriffen; dagegen nahmen die Gemeindeordnungen Stellung. Einen Redner durch Einreden oder Zwischenrufe zu unterbrechen, war verboten. Das Dorfrecht von Schlinig aus dem 16. Jahrhundert bestimmt, daß Gemeindeversammlung wie Gemeindeausschuß alles, was zu erledigen ist, „mit Züchten stille, ân [ohne] Geschrei, auch ân alles Rotten und nicht Partheien machen ausrichten“ (TW. III, S. 85, Z. 18f.). Kein Teilnehmer soll an der freien

Meinungsäußerung gehindert werden. So berichtet das „Gmains-buech" von Langtaufers aus dem Jahr 1588: Mancher möchte gerne in der Versammlung das Wort ergreifen und „sein Mainung seinem Verstand nach gern sagen …, so thuet man ihne spotten und schandlächlen, daß er schamrot wird und nicht mer reden kan; solche Verachter des anderen oder Spotvögel soll man nit gestatten, sondern erst recht ernst halten und abstraffen, iedesmals per Pen 12 Kr. [Kreuzer]" (TW. II, S. 344, Z. 15–19). Wer in der Versammlung einen anderen einen Lügner nennt, unterliegt erheblicher Buße. Die Dorfmeister, welche die Versammlung leiten, sollen aber bei Zurechtweisung ungehörigen Benehmens die Ruhe wahren und nicht erzürnen, wenn sie nicht ebenfalls bestraft werden wollen. Trotz dieser schönen Bestimmungen mag es manchmal doch recht lebhaft in den Versammlungen hergegangen sein. So muß die Gemeindeordnung von Reschen (1798) in ihrem 4. Artikel verfügen: „Hat es bisher die Erfahrung gezeuget, daß es einige Gemeindsleute giebt, welche, wenn eine Gemeindsversammlung gehalten wird, recht fürchterlich schreien und brüllen, steingrob auf die Vorsteher oder diejenigen schimpfen, die irgend einen guten und nützlichen Vorschlag thun" (TW. II, S. 321, Z. 34–37). Alle Erschienenen mußten bis zum Ende der Versammlung anwesend sein; wer früher fortging, machte sich straffällig.

Die Versammlung erledigte die zu behandelnden Gegenstände in der Regel in folgender Form: Zunächst erfolgte die Verlesung des Dorfrechtes, damit den Versammelten ihre Rechte und Pflichten im Gedächtnis blieben. Hierauf erfolgte die Wahl des Dorfvorstehers, des Gemeindeausschusses und der Gemeindebeamten. Einen besonders wichtigen und umfangreichen Gegenstand der Verhandlung bildete sodann all das, was die Allmendnutzung betraf.

In älterer Zeit versuchte man anscheinend tunlichst, Einhelligkeit bei den Abstimmungen zu erreichen. Doch da dies in vielen Fällen nicht möglich war, begnügte man sich für die Gültigkeit eines Beschlusses mit der Zustimmung des „besten und merern" Teiles der Versammlung. In jüngerer Zeit fand dann der Mehrheitsentscheid seine grundsätzliche Anerkennung. So bestimmt die Gemeindeordnung von Reschen (1794): „Weil von keiner Gemeinde zu hoffen ist, daß alle Sinne einstimmig sind, so hat man auf die Einwendungen weniger ganz und gar nicht zu merken, sondern wenn die mehreren übereinkommen, da sind die übrigen für nichts mehr zu achten" (TW. II, S. 322, Artikel 4 g).

Adelige, die in der Gemeinde Besitz hatten, nahmen neben den Bauern an der Gemeindeversammlung teil. „Adl und Gmain" fassen „ainhellig" Beschlüsse in Gemeindesachen.

In verschiedenen Gemeinden, die mit einem Gericht zusammenfielen, waren nicht nur die Gerichtsversammlung, sondern auch die Organe der Gerichtsbarkeit mit der Gemeindeverwaltung betraut. Das war beispielsweise der Fall im Gericht Stein am Ritten, das gleichzeitig eine Großgemeinde bildete. Über die Verwaltung von Gericht und Gemeinde gibt ein Weistum aus dem Anfang des 16. Jahrhunderts Aufschluß, zu dessen Erläuterung ein jüngeres Weistum („Schluß-Urtl") aus dem

18. Jahrhundert dienen kann (TW. IV, S. 210ff.). Der Richter und zwölf Geschworene waren sowohl mit der Handhabung der Gerichtsbarkeit wie mit der Führung der Gemeindegeschäfte betraut. Der Richter war zugleich Gemeindevorstand; als solcher führte er die Oberaufsicht über die Allmende, vor allem über Weide und Wald; er befehligte die Gewerbepolizei, beaufsichtigte die Einhaltung von Weg und Steg usw. Mit dem Stab in der Hand, dem Zeichen seiner Amtsgewalt in Gericht wie Gemeinde, führte er den Vorsitz im Taiding. Nach altem deutschen Recht ist er nicht selbst Urteiler, sondern die Rechtsfindung ist Sache der Geschworenen. In der Gerichts- und Gemeindeversammlung wurde alljährlich nach einem vom bisherigen Richter und von den Geschworenen gemachten Vorschlag der neue Richter und Vorstand gewählt. Der zu wählende mußte mit „Baurecht und Wohnung" innerhalb des Gerichtes versehen sein und sollte – wenn möglich – „Wappenfreiheit" besitzen, um die Gerichtsurkunden mit seinem Siegel beglaubigen zu können. Die Wahl eines Bauern war unter diesen Voraussetzungen naheliegend und ist auch wohl zumeist erfolgt. Wie der Richter zugleich Vorstand der Gemeinde war, so bildeten die Geschworenen gleichzeitig den Gemeindeausschuß.

In den meisten Gemeinden weisen Gericht und Gemeinde gesonderte Organe auf. An der Spitze der Gemeinde steht der von der Gemeindeversammlung gewählte Gemeindevorstand, der bereits im 12. Jahrhundert als Dorfmeister bezeichnet wird. Andere Amtstitel für das Oberhaupt der Gemeinde sind „Vorsteher", „Dorfbürg", „Dorfvogt", „Hauptmann" (im Unterinntal und Pustertal). Ihre Zahl schwankt in den einzelnen Gemeinden zwischen einem und sieben, häufig stehen zwei Dorfmeister an der Spitze einer Gemeinde. Nach einer Urkunde von 1553 wurden in der Gemeinde Kauns („Kauner Drittel") zwei Dorfvögte gewählt. Der eine von ihnen führte die Geschäfte für das gegenwärtige Jahr, der andere im folgenden Jahr. Letzterer, der zu Beginn der Amtszeit des ersteren gewählt wurde, sollte diesem zur Seite stehen und von ihm in die Amtsgeschäfte eingeführt werden. In Latsch standen vier „Dorfbürgen" an der Spitze der Gemeinde, zwei aus dem unteren Dorf, zwei aus dem oberen. Die Amtsdauer ist gewöhnlich auf ein Jahr beschränkt. In der Gemeinde Tartsch im Vinschgau wurden nach dem Dorfbuch von 1716 die beiden Dorfmeister nicht von der Versammlung gewählt, sondern von einem Ausschuß, der aus den bisherigen Dorfmeistern, dem Kirchpropst, dem „gemainen Pieter" (Fronboten) und zwei Vertrauensleuten der Gemeinde bestand (TW. III, S. 34, Z. 8ff.). In der Gemeinde Taufers (Vinschgau) wählten die sieben alten Dorfmeister sieben neue (TW. III, Gemeindeordnung 1568, S. 106, Z. 39).

Die Wähler des Dorfmeisters sollen sich nicht von Parteiinteressen leiten lassen, sondern das Wohl der Gemeinde im Auge behalten und nur auf die Eignung des zu Wählenden achten. Es soll – bestimmt das Weistum von Planail aus dem Jahre 1583 – niemand „zu Lieb noch zu Leid" von der Gemeindeversammlung gewählt werden. Es soll bei der Wahl „nit nach Gunst oder Anhang, item Mult (= Strafe), Gaab, Schankung, Tro, Forcht, Feuntschaft, Freunt-, Gevatter- oder Nachpaurschaft" vorgegangen werden (TW. III, S. 140, Z. 16ff.). Es werden hier so ziemlich alle jene Einflüsse beschrieben, welche Sachlichkeit bei der Wahl verhindern können.

Die Dorfordnungen stellen ziemlich hohe Anforderungen an die Tüchtigkeit des Gemeindeoberhauptes. Nach dem 1607 errichteten Dorfbuch der Gemeinde Latsch sind die Dorfvorsteher, hier „Dorfbürgen" genannt, „schuldig, daß sie des ganzen Dorfes Recht und Gerechtigkeiten, auch alle Gewohnheiten, Breich und Herkommen innenhaben". Sie sollen Nutz und Frommen der Gemeinde fördern, Nachteil und Schaden tunlichst verhüten. Sie haben „guete, zeitliche Fürsehung zu thun auf alle Punkten durchaus, davon das Dorfbuch in einem und andern Meldung thut oder nit thuen möcht, und doch billich hätt einkommen sollen, und ehrwürdige Achtung zu haben, wie dann sie Dorfbürgen in allem ohne das den Gewalt und das ganz Dorf (...) zu regieren haben" (TW. III, S. 239, Z. 21 ff.).

Der Vorsteher hatte es nicht leicht, wenn er all das, was ihm als Amtspflicht nahegelegt wurde, auch tatsächlich beachten wollte. Mit bäuerlicher Vorsicht wird dem Vorsteher auch all das noch zur Pflicht gemacht, was das Dorfbuch vielleicht unterlassen hat, als seine Pflicht anzuführen. Auf eine Schädigung der Gemeinde durch ihren Vorstand ist eine besondere Strafe angesetzt, andererseits gelobt die Gemeinde, ihrem Vorstand gegen jeden einzelnen Widerspenstigen Hilfe und Beistand zu leisten.

Mannigfaltige, zum Teil schwierige Geschäfte oblagen dem Gemeindevorstand. Er hatte für die Aufrechterhaltung der Gemeindeordnung Sorge zu tragen, die Gemeindebeamten und -angestellten zu überwachen, das Strafrecht, soweit es der Gemeinde zustand, zu handhaben, auf die Durchführung der Gemeindearbeiten (Gemainwerk) zu achten, die Gemeinde vor Gericht zu vertreten und am Schluß seines Amtsjahres Rechnung zu legen. Ergaben sich besondere Schwierigkeiten, mußte er eine außerordentliche Gemeindeversammlung einberufen. Viel Arbeit erwuchs aus der bereits seit alters den Gemeinden übertragenen Einhebung der Landessteuer.

Als Zeichen seiner Würde führt der Dorfmeister gleich dem Richter einen Stab; er hält ihn in der Hand, wenn er in der Gemeindeversammlung den Vorsitz führt oder wenn er die der Gemeinde zustehende Gerichtsbarkeit ausübt. Dieser „Dorfstab oder -stecken" diente auch als Botschaftsstab, durch dessen Umsendung die Mitglieder der Gemeinde zu den Versammlungen oder zum Gemainwerk entboten wurden.

Als Entschädigung für seine Mühewaltung bezieht der Gemeindevorstand einen Teil der fälligwerdenden Strafgelder, zuweilen genießt er Vorrechte in der Nutzung der „Gemain" und erfreut sich einer gewissen Steuerfreiheit.

Die Vorteile, welche das Amt bot, waren jedenfalls nicht von der Art, es erstrebenswert zu machen, sonst hätten nicht die Dorfordnungen so häufig Bestimmungen treffen müssen, welche die Übernahme des Amtes zur Pflicht machen. Wer die Übernahme verweigert, wird bestraft, muß aber trotzdem Dorfmeister sein. In manchen Dorfordnungen wird dieses Amt wie eine Gemeindelast betrachtet, die der Reihe nach umgeht, wie etwa die Verpflichtung zur Speisung des Gemeindehirten oder der Gemeindearmen.

Wenn wichtige Entscheidungen nötig wurden, welche der Vorsteher allein nicht treffen wollte oder konnte, brachte er die Sache vor die Gemeindeversammlung. Konnte der Zusammentritt der ordentlichen Gemeindeversammlung nicht abgewartet werden, mußte eine außerordentliche berufen werden. Um aber den Vorsteher bei der Entscheidung dringender und wichtiger Angelegenheiten zu entlasten, wurde ihm ein von der Versammlung ein für allemal erwählter „Ausschuß" beigegeben, um zu beraten und zu beschließen. Dort, wo Gemeinde und Gericht vereinigt waren, bildeten die Gerichtsgeschworenen zugleich den Gemeindeausschuß. In Erinnerung an die frühere Vereinigung beider Gewalten führten auch in Gemeinden mit gesonderter Verwaltung die Mitglieder des Ausschusses die Bezeichnung „Geschworene" oder „Eidschwörer".

Die Zahl der Ausschußmitglieder schwankte zwischen drei und zwölf. Um den Ausschuß mit geeigneten Mitgliedern zu versehen und die Bildung einer festen Überlieferung bei der Führung der Geschäfte zu ermöglichen, war in vielen Dorfordnungen vorgesehen, daß die abtretenden Dorfmeister in den Ausschuß eintreten und ihre Geschäftserfahrung den anderen gewählten Ausschußmitgliedern zur Verfügung stellen sollten. Um die nötige Geschäftskenntnis zu erlangen, sollten die Mitglieder des Ausschusses längere Zeit im Amt bleiben. Die Gemeindeordnung von Obermais (1683) empfiehlt, nicht viel Personenwechsel vorzunehmen; allerdings dürfe man Mitgliedern, die sechs oder mehr Jahre dem Ausschuß angehört haben, den Austritt, wenn sie ihn lebhaft begehren, nicht verweigern. Auch im Ausschuß waren wie in der Gemeindeversammlung adelige Mitglieder neben den bäuerlichen tätig.

Von der Gemeindeversammlung erwählt oder durch Vorstand und Ausschuß bestellt wurden die Gemeindebeamten, so der Gemeindediener („Fronbot", „Umsager", „Umbieter"), dann der Saltner oder Eschehei (Hei=Heger, Esch=Flur, also Flurhüter). Häufig ist der Saltner (von mittellateinischem „saltuarius" = Waldhüter) besonders mit der Hut der gemainen Wälder betraut; in dieser Eigenschaft führt er den Titel „Holzsaltner", „Holzbürge", „Waldbürge", „Waldmeister", „Waldgeschworener". Hüter der Weingärten ist in Deutsch-Südtirol bis heute der Saltner geblieben. Zu den von der Gemeinde erwählten Beamten gehörte sodann der „Wâler", „Wasserer" oder „Wassermann", dem die Hut der Bewässerungsanlagen, der „Wâle", oblag. Für die Verwaltung der Almen wurden „Alm- oder Bergmeister" gewählt. Gemeindeangestellte waren ferner die Hirten, welche das Vieh auf den Heim- oder Almweiden zu betreuen hatten. Für die Verwaltung der kirchlichen Angelegenheiten, soweit sie der Gemeinde zustand, bestellte diese einen Kirchpropst (s. unten: „Gemeinde als Kultgemeinschaft").

Zur Deckung des Bedarfes an gewissen, der bäuerlichen Wirtschaft unentbehrlichen Erzeugnissen des Gewerbes wurden in älterer Zeit ebenfalls Leute bestellt, die man zu den Gemeindebeamten zählen kann. In den ältesten Zeiten hatte sich jeder Bauernhof bemüht, selbst im Bereich seiner eigenen Wirtschaft die ihm nötigen gewerblichen Erzeugnisse herzustellen. Allmählich versuchte sich jedoch der einzelne bäuerliche Betrieb insofern von gewerblicher Arbeit zu entlasten, als er sich für die Durchführung schwierigerer gewerblicher Arbeitsleistungen an hoffremde Arbeitskräfte wandte. Da es an berufsmäßigen Gewerbetreibenden in vielen Landgemeinden fehlte, übertrug die Gemeinde an einzelne ihrer Genossen die Ausübung eines Gewerbes als Amt. Anfänglich mußte wohl ein solches Amt, dessen Übernahme vielen unwillkommen war, der Reihe nach von den Bauern übernommen worden sein, da ja mehr oder weniger jeder von ihnen etwas von gewerblicher Arbeit auf verschiedenen Gebieten verstand. Allerdings sind Gewerbe wie das des Schmiedes, welche besondere Fertigkeit forderten, wohl von Anfang an solche übertragen worden, die hierin bereits eine besondere Geschicklichkeit besaßen und im Hauptberuf Handwerker waren. In Marling gab es laut dem Dorfbuch vom 16. Jahrhundert einen „gmainen Schmidt", der auf dem „Schmidthof" hauste. Auch in verschiedenen Gemeinden des Vinschgaues werden solche gemaine Schmiede erwähnt. In Latsch wird noch 1607 ein „Gemain-Metzger" angestellt. In Tartsch muß das Amt des gemainen Wirtes von den einzelnen Gemeindegenossen noch im 16. Jahrhundert der Reihe nach übernommen werden; der Wirt ist verpflichtet, Vorräte an Wein und Speisen zu halten. In entlegenen Hochtälern wie Schlinig und Schnals gewährte die Gemeinde dem Wirt Beihilfe für die Ausübung seines Amtes. Die Müller erscheinen zwar in den Weistümern nicht mehr als Gemeindebeamte, wohl aber befaßt sich die Gemeinde mit der Regelung des Betriebes in den Mühlen. Der „gemaine Backofen", der in den Weistümern gelegentlich genannt wird, untersteht nicht einem von der Gemeinde bestellten Bäcker; diese Backöfen sind vielmehr von der Gemeinde errichtet worden und werden der Reihe nach von den einzelnen Haushalten, die das Brotbacken selbst besorgen, benützt.

GEMAINNUTZUNG. In den gemainen Wäldern herrschte in älterer Zeit noch weitgehend Nutzungsfreiheit. So lange Holz unschwer in der Nähe der Siedlung und im Überfluß zu beschaffen war, konnte jeder seinen Bedarf an Brenn- und Bauholz decken, ohne daß eine besondere Anweisung erfolgte. Am frühesten setzen – namentlich im holzarmen Süden – Bestimmungen gegen Holzverkauf und gegen Rodung, besonders gegen Brandrodung, ein. Das Weistum von Rietz im Oberinntal, das vielleicht noch dem 13. Jahrhundert angehört, gesteht den Gemeindegenossen noch großzügig eine reichliche Holznutzung zu. Ganz anders klingen die Bestimmungen, welche die wenige Stunden von Rietz entfernte Gemeinde Inzing etwa 300 Jahre später in ihrer „Ordnung des Holzschlagens" trifft. In Rietz steht nach dem alten Weistum selbst für die Bauholzgewinnung den Gemeindegenossen weitgehende Freiheit zu, während die Inzinger Ordnung die Holznutzung genau regelt; niemand darf ohne Bewilligung der Gemeinde und der Forstbehörde Holz schlagen, selbst das „Täxen-schnaiten" (Abschneiden von Ästen für Streugewinnung) ist in einem bestimmten Wald verboten. Im holzreichen Gebiet der Gemeinde Aschau im Lechtal ist zu der Zeit, als in Inzing den Gemeindegenossen jeder Stamm vorgezählt wird, noch eine großzügige Versorgung der Gemeindeangehörigen mit Holz laut der von der Gemeinde getroffenen „Ordnung" möglich.

Mit der zunehmenden Holzknappheit kam es zunächst zu einer Beschränkung der freieren Holznutzung auf bestimmte Teile des gemainen Waldes und zu einer Festlegung der Zahl der Stämme oder Fuhren, die der Nutzungsberechtigte aus dem Wald führen durfte. In anderen Teilen des Gemeindewaldes war eine Nutzung ohne vorher eingeholte Bewilligung seitens der Gemeinde bei Strafe verboten. Solche Wälder waren Bannwälder (Bann = Strafe) in einem weiteren Sinn.[25]

In der Gemeinde Lana war es üblich, ein Stück des Waldes durch die Dorfobrigkeit auszumerken und zur Nutzung freizugeben. In alten Zeiten durfte in dieser Gemeinde, „wie es scheint, jeder Berechtigte einen Knecht schicken und wie viel jeder schlug, das war sein Anteil" (Brandis 60, S. 181). Später erfolgte die Regelung in der Weise, daß jeder Berechtigte eine gleiche Anzahl von Arbeitern zu schicken hatte. Das aufgearbeitete Holz wurde dann unter Aufsicht des Dorfmeisters in so viel Haufen geteilt, als Nutzungsberechtigte zu beteilen waren; jeder Haufen erhielt eine Nummer; die 51 Nutzungsberechtigten erhielten dann durch Verlosung ihren Anteil. Ähnlich war der Vorgang, wenn es sich um das Mähen der Schilfstreu auf Gemeindeland handelte. Zur Gewinnung von Streu wurde 1833 ein Stück der Au auf die 51 Berechtigten aufgeteilt, jeder konnte dann in seinem Anteil während des Sommers, d. h. nach der Frühlingsweide und vor Beginn der Herbstweide, das als Streu verwendete grobe Gras mähen; wegen der Beschränkung dieser Nutzung auf den Sommer hießen die Anteile „Sommerlose".

JAGD UND FISCHEREI. Die Ausübung dieser Rechte bildete in alter Zeit einen Bestandteil der Gemainnutzungen. Wie über die Gemain im ganzen, so stand dem König auch an der Jagd und Fischerei ein Hoheitsrecht (Regal) zu, das im späteren Mittelalter mit der Entstehung des Landesfürstentums an dieses überging. Wenn in den älteren Urkunden vor dem 14. Jahrhundert nichts von bäuerlichen Jagd- und Fischereirechten berichtet wird, so darf daraus kein Schluß auf ihr Nichtbestehen gezogen werden; die Weistümer, wie sie seit dem 14. Jahrhundert häufiger werden, kennen Jagd und Fischerei als alte Zubehöre der Gemainnutzung. Wie das Weistum von Pfunds die Gesamtheit der bäuerlichen Allmendnutzung mit dem landesfürstlichen Regal in Zusammenhang bringt, sie – in Umkehrung des tatsächlichen Entwicklungsganges – gewissermaßen aus ihm herleitet (vgl. TW. II, S. 307 f.), so baut es auch das Jagdrecht im besonderen auf dem landesherrlichen Hoheitsrecht auf:

„Item aller Wildfank der Herrschaft, das Arm und Reich dester baß niessen söllent, ausgenomen rot Wild und der Fasand und rot Federspil und des weißen Federspil soll man schonen, und ob ain arm Man widerfür, das er ainen Nestbaum nider schlug, das wer dem armen Man unschedlich" (TW. II, S. 312, Z. 1–4). Auch die

---

[25] Über Waldnutzung vgl. unten XII. Hauptstück und Kecht 296, S. 80 ff.

dem 14. Jahrhundert angehörigen Weistümer von Zams und Fließ bauen das bäuerliche Jagd- und Fischereirecht auf dem landesfürstlichen Regal auf:

„Item aller Wildvanckh, Wasser und Waide [Fischfang], wie das genannt ist, das ist der Herschaft, das uns das niemand wern sol, das iederman vahen mag, was er bekomen mag, es sei auf dem Wazzer oder auf dem Lande, unverzigen Rotwild, Vederspil und Vasant, da haben wir nicht mit ze schaffen" (TW. II, S. 210, Z. 32–36; Fließ, S. 216, Z. 31–34).

Auch in anderen Gemeinden betonen die Weistümer das bäuerliche Recht, auf der Allmend zu jagen und zu fischen, so in Schlanders, Partschins, Passeier, im Lechtal und Brandenberg. Wegen ihrer Jagdfreiheit wurden die Gerichte Landeck, Laudeck und Pfunds in forstamtlichen Schriften des 17. Jahrhunderts als „Freigerichter" bezeichnet. Noch im 18. Jahrhundert wurden die Fischereirechte der Leute von Landeck, Laudeck, Schlanders, Brandenberg und anderer von amtlicher Seite anerkannt.

Die bäuerlichen Jagd- und Fischereirechte waren allerdings bereits zur Zeit, wo sie in den Weistümern erwähnt werden, bestimmten Beschränkungen unterworfen; so war das Fischereirecht auf das Fischen mit der Angel beschränkt, die Jagd auf Rot- und Schwarzwild war den Bauern verwehrt. Nur in wenigen Gerichten, so im Gericht Laudeck, war den Bauern die Jagd auf Gemsen erlaubt. Verboten war ihnen auch gewisses Federwild, nämlich der Fang von Sperbern, Habichten und Falken, dem sogenannten „Federspiel".

Von nicht-bäuerlichen Weidmännern wird häufig der Vorwurf erhoben, daß die Ausübung der Jagd durch die Bauern zur Vernichtung des Wildstandes und Verödung der Reviere führe. Tatsächlich fehlt es aber nicht an Hinweisen, daß auch dort, wo die Gemeinde das Jagdrecht behauptete, für weidgerechte Ausübung durch die Gemeindegenossen Sorge getragen wurde. Die Zweidrittelgemeinde des Gerichtes Laudeck traf 1571 Bestimmungen zur Regelung der Gemeindejagd, da in der vorausgegangenen Zeit dem Wild allzustark zugesetzt worden war. Es wurden Schonzeiten für die einzelnen Arten des Wildes festgelegt, so unter anderem für Gemsen von Mitte März bis Jakobi (25. Juli). Allen Gemeindegenossen war grundsätzlich die Jagd gestattet, doch mußten sie bei Ausübung ihres Rechtes einen „gebührlichen Pfennig" erlegen. Um die Ausübung des Jagdrechtes zu Erwerbszwecken und damit zu starke Minderung des Wildstandes zu verhindern, wurde von der Gemeinde verboten, Wildfleisch oder -felle aus der Gemeinde auszuführen. Das Fischereirecht, das bereits im 14. Jahrhundert von der alten Großgemeinde beansprucht wurde, steht heute noch jedem Gemeindeangehörigen zu; nur bei Gewässern, welche durch Staatswälder fließen, scheint man von seiten der Forstbehörden dieses Fischereirecht zu bezweifeln.

WASSERNUTZUNG.[26] Die Regelung der Wasserrechte nahmen die Gemeinden in Anspruch; die Dorfordnungen trafen Bestimmungen über die Verwendung des

[26] Über Bewässerungsanlagen vgl. Band 3, Hauptstück X: „Von Heimweide und Wiese".

Wassers zu Brunnenleitungen, Viehtränken, zur Bewässerung, zum Betrieb von Mühlen sowie über Wasserschutzbauten. König und Landesfürst machten ihre Regalitätsansprüche auch gegenüber den Wasserrechten auf der Allmende geltend. Das Recht zur Errichtung von Wassermühlen übertrug Kaiser Friedrich I. 1179 an den Bischof von Brixen, auch der tirolische Landesfürst erscheint bereits zu Beginn des 14. Jahrhunderts im Besitz des Rechtes zur Errichtung von Mühlen.

Die Verfügung über das Wasser für die Anlage von Mahlmühlen, Sägemühlen und Bewässerungsanlagen besaß für die tirolischen Gemeinden seit alters große Bedeutung. Wassermühlen reichen in Tirol ohne Zweifel bereits in die vordeutsche Zeit zurück. Auch die Bajuwaren kannten sie bereits im 8. Jahrhundert. Zahlreiche Bergbauern besaßen Hausmühlen zur Vermahlung des Korns für ihren Hausbedarf. Auch die Verwendung der Wasserkraft zum Betrieb von Sägemühlen ist in Tirol sehr alt; zu Beginn des 14. Jahrhunderts erscheinen Sägemühlen bereits als eine schon länger bestehende Einrichtung. Was das Wasser angeht, ist für die ältere Zeit (vor dem 15. Jahrhundert), ähnlich wie hinsichtlich des Rodungsrechtes auf der Allmende, ein Verfügungsrecht der Gemeinde, soweit es sich nicht um schiff- und flößbare Gewässer handelt, anzunehmen, ein Verfügungsrecht, das neben dem Regal selbständige Geltung beanspruchte. Soweit es sich um Mühlwasser handelte, beschränkte sich die Gemeinde darauf, dessen Gebrauch zu regeln, die Besitzer der Mühlen zu einem entsprechenden Betrieb anzuhalten und ein Entgelt für die Wasserbenützung einzufordern. Zur Errichtung eigener Gemeindemühlen ist es nur selten gekommen.

WASSERSCHUTZBAUTEN. Schon früh sind die Gemeinden darangegangen, zur Abwehr von Wasserschäden Schutzbauten, die sogenannten Archen, zu errichten. Die ersten Angaben hierüber entstammen dem 13. und 14. Jahrhundert. In jüngerer Zeit ist Bau und Einhaltung der Archen zum Teil Sache der Gerichtsgemeinde, die hier wie in anderen Beziehungen Pflichten der alten Großgemeinde übernommen hat. Zum Archenbau auf der Talsohle, soweit er dem Schutz der Landstraßen diente, mußten auch die Berggemeinden ihren Beitrag leisten, selbst wenn ihre Bewohner keine Güter am Talboden besaßen, die gegen das Wasser geschützt werden mußten.

Im Volderwald bei Hall war das mit seinen Grundstücken bis zum Inn reichende Gut beim Aschbacher mit schwerem „Archengepeu“ belastet.[27]

FÜRSORGE FÜR VERKEHRSANLAGEN. Da Weg und Steg zur Gemain gehörten, wurden auch sie in die Gemeindeverwaltung einbezogen. Bei den Wegarten unterschied man „Landstraßen“ und „Wege“; erstere dienten dem Fernverkehr, letztere dem Verkehr innerhalb des Gemeindegebietes und zu den Nachbargemeinden. Als Wirtschaftswege vermittelten die Wege den Zugang zur Dorfflur, zu den Bergwiesen und den Almen und dienten – zum Teil in der Form der sogenannten

[27] Tir. Landesarchiv, Steuerbeschreibung 1627 (Kat. 27).

Riesen (Steilrinnen) – der Holzbeförderung aus den Wäldern. Die Wege, welche insbesonders dem Viehtrieb dienten, vor allem dem Auftrieb des Viehes auf die Heimweiden, werden häufig mit einem dem rätoromanischen Sprachschatz[28] entlehnten Ausdruck als „Troie", „Troien", „Truje", „Trein" bezeichnet. Auch die Bezeichnung „Gasse" wird für solche Wege des Viehtriebes gebraucht.

Die Einhaltung der Landstraßen war – wenigstens in jüngerer Zeit – Sache der Gerichtsgemeinde. Die Einhaltung der Wege oblag den einzelnen Gemeinden oder einem Verband von Gemeinden, der aus der Teilung einer Großgemeinde entstanden war. So sorgte die Großgemeinde des Zweidrittelgerichtes Laudeck für den Weg, der durch das Kaunertal zu den Almen des Zweidrittelgerichtes führte. Das Weistum des Zweidrittelgerichtes, das der 2. Hälfte des 14. Jahrhunderts zugehört, bestimmt: „So scheint auch unseri Recht, daß ain offner Weg sol gen durch Kaunerthal. Der soll also prait sein zu baiden Seiten, als ain Wispam[29] lang ist." (TW. II, S. 293, Z. 32f.).

Im Jahre 1440 wird die Offenhaltung dieses Weges im angegebenen Ausmaß neuerdings angeordnet: er soll offen sein, „als er ausgemarchet und gemarchstainet ist". Die Bestimmung besagt nicht, daß der Weg überall diese Breite haben muß, sondern legt nur das Wegerecht fest; es sollte verhindert werden, daß die Anrainer nach oft beliebter Weise den Weg allmählich verengten (Lorenz 376, S. 101).

Einzelnen Gemeinden, denen die Obsorge für bestimmte Teile einer „Landstraße" übertragen war, wurde die Einhebung eines „Weglohnes" (eines Zoll- oder Mautgeldes) gestattet. So verleiht der Graf von Werdenberg als Herr des Gerichtes Sonnenberg (Vorarlberg) 1454 der Gemeinde Klösterle an der Arlbergstraße „von des großen Brestens [Schadens] wegen, der durch den Schnee am Arleberg verursacht wird", einen Weglohn im Ausmaß von 2 Kreuzern von einem Reiter und 1 Kreuzer von einem Saumroß. Dafür sollten die Leute von Klosters den „Arleberg ufbrechen", d. h. die Straße ausschaufeln, „umb das jederman da gewandlen" mag. Der Weglohn darf jedesmal eingehoben werden, wenn der „Berg ufgebrochen" wird (Urkunde im Gemeindearchiv Klösterle).

Zur Durchführung der Wegarbeiten werden häufig die Gemeindegenossen aufgeboten, seltener bestellt die Gemeinde eigene Wegmacher. Zu bestimmten Arbeiten sind zuweilen einzelne Höfe verpflichtet. So hatte nach der dem 17. Jahrhundert zugehörigen Dorfordnung von Staben und Tabland der Platzhof in Tabland einen Ochsen als Vorspann zu stellen, wenn die Gemeinde einen Ensbaum von der Säge zur Brücke führte. Dafür genoß er das Recht, zwei Paar Ochsen unentgeltlich auf die Gemeindeweide treiben zu dürfen. Einer der Gemeindeleute von Prad hatte nach der Dorfordnung ein Stück Gemeindefeld mit der Verpflichtung erhalten, die Schönegger Brücke zu erhalten.

In jenen Gemeinden, in welchen nach dem bestehenden Verkehrsrecht (nach

---

28 ladin.: troi, tru.

29 Baum, welcher der Länge nach über das auf den Heuwagen geladene Heufuder gelegt und festgebunden wird.

den sogenannten Rodordnungen) die durchziehenden Kaufleute und Fuhrleute ihre Waren niederlegen und umladen mußten, sind eigene „Ballhäuser" für das Ein- und Umlegen der Waren errichtet worden. So errichtete die Zweidrittelgemeinde des Gerichtes Laudeck in Prutz ein Ballhaus, für dessen Benützung eine Abgabe an die Gemeinde entrichtet werden mußte.

FINANZGEBARUNG. Die Barauslagen der Gemeinden waren bis herauf ins 19. Jahrhundert gering. Geld brauchte die Gemeinde in der Hauptsache nur für die Bezahlung von Löhnen, soweit nicht eine Entlohnung in Naturalleistungen stattfand. Gemeindesteuern gehören unter diesen Umständen im allgemeinen erst einer späteren Zeit an. Gut verwaltete Gemeinden konnten sich gelegentlich eine Vergrößerung des Gemeindegutes durch Bauten und Erwerbung liegender Güter leisten. So war die Gemeinde Tramin, wie bereits erwähnt, in der Lage, um 1214 eine Burg auf ihrem Gebiet zu bauen, in welcher im Kriegsfall die kostbarere Habe der Gemeindegenossen untergebracht werden konnte. Die Gemeinde Partschins kaufte 1489 ein Viertel einer Alm. Eine andere Gemeinde des Vinschgaues, Tarsch, besaß um 1490 einen großen Hof, den ihr die Landesherrschaft zu Baurecht überlassen hatte.

GEMAINWERK. Seit alters bedurfte die Gemeinde zur Durchführung ihrer Aufgaben erheblicher Arbeitsleistungen der Gemeindegenossen, also des Gemainwerkes. Dieses ist namentlich für Arbeiten auf der Gemain oder Allmende stark beansprucht worden. Das Dorfbuch von Morter im Vinschgau (1576) nennt von solchen Arbeiten die an den Walen, die an der Etsch, die auf der Alm und die an den Wegen. Almweide wie auch Heimweide bedurften ständig wiederkehrender Pflege durch das „Raumen und Schwenden", d. h. die Beseitigung von Schutt und Steinen, mit denen Wasser und Lawinen die Weide überdeckten sowie die Freihaltung von aufwachsendem Gestrüpp und jungen Bäumen.

Grundsätzlich war zum Gemainwerk jeder verpflichtet, der zur Nutzung der Gemain berechtigt war. Es kam dann nicht darauf an, ob er auch tatsächlich von seinem Nutzungsrecht Gebrauch machte; wer etwa ein Almrecht besaß, aber es nicht beanspruchte, war gleichwohl zur Arbeitsleistung für die Alm verpflichtet. Jeder Haushaltsvorstand sollte selbst kommen, allenfalls mit Arbeitskräften seines Hofes. Tatsächlich wurden aber zumeist nur Knechte zur Arbeit entsandt. Dabei trat dann immer wieder der Fall ein, daß die im Haus entbehrlichsten und schwächsten Arbeitskräfte zur Gemeindearbeit erschienen. Die Gemeindeordnungen mußten immer wieder dagegen Stellung nehmen und versuchten, ein Maß für die Leistungsfähigkeit der entsandten Arbeitskräfte aufzustellen. Die Verpflichtung zur Arbeit haftete an den einzelnen Höfen, nicht an Personen. Gemainarbeit mußte angesagt werden, der Fronbote oder Bieter mußte den Hofinhaber persönlich aufbieten. In manchen Gemeinden rief außerdem ein Glockenzeichen die Verpflichteten zum Arbeitsantritt. Die Zahl der Arbeitskräfte, welche der einzelne Hof zu stellen hatte, war abhängig von seiner Größe.

Da der Gemainsinn – namentlich bei fortschreitendem Individualismus – nicht stark genug war, die Hofinhaber zu gewissenhafter Teilnahme am Gemainwerk zu veranlassen, kehren die Strafbestimmungen gegen die Nachlässigen in den Gemeindeordnungen immer wieder. Wer seine Pflicht gegen die Gemeinde nicht erfüllt, soll von aller Gemainnutzung ausgeschlossen sein, bestimmt die Dorfordnung von Moos aus dem 18. Jahrhundert. Die Dorfordnung von Schluderns (17. Jahrhundert) legt dem, welcher seine Pflicht nicht erfüllt, zunächst die Entrichtung von einer Yhre Wein (annähernd 80 l) als Strafe auf; die Entrichtung der Strafe enthebt aber nicht von der Nachholung der versäumten Leistung. Wenn er aber die Leistung verweigert, so wird von der ganzen Gemeinschaft ein Pfahl vor seine Haustür geschlagen. Der Pfahl hinderte das Öffnen der Türe und deutete damit an, daß die Hausbewohner vom Verkehr mit den Gemeindegenossen ab- und ausgeschlossen sein sollen.

GEMEINDE UND INDIVIDUUM. Mannigfach sind die Eingriffe der Gemeinde in das Privatleben des einzelnen Gemeindegenossen. Zunächst einmal war es der Betrieb der Einzelwirtschaft, welcher in wesentlicher Hinsicht von der Gemeinde beeinflußt wurde. Wo Streulage des Besitzes der einzelnen Bauern innerhalb der Dorfflur bestand, war ein einheitlicher Wirtschaftsplan nötig. Die Gemeinde mußte Vorsorge treffen, daß die Bewirtschaftung der einzelnen Grundstücke einheitlich nach bestimmten Grundsätzen durchgeführt werde. Über diesen sogenannten Flurzwang, wie ihn die Gemeinde ausübte, wird noch bei der Darstellung des Acker- und Wiesenbaues zu sprechen sein. Auch sonst ist der einzelne in seiner Wirtschaftsführung von der Gemeinde abhängig. Er muß sein Vieh vor den Gemeindehirten treiben, er muß zugleich mit den übrigen Gemeindegenossen sein Vieh auf die Alm schicken. Auch wer dem Gemeindehirten sein Vieh nicht anvertrauen will, muß gleichwohl zu seinem Unterhalt beitragen. Das einzelne Mitglied der Gemeinde war ferner bei eintretendem Bedarf an die Benützung der von der Gemeinde bestellten Banngewerbe gewiesen, so besonders auch hinsichtlich der Bannmühlen.

Zahlreiche Polizeiverordnungen unterstellten das Gebaren des einzelnen der Aufsicht seitens der Gemeinde. In den eng gebauten Dörfern Westtirols bedrohte jeder Brand, der in einem der Häuser ausbrach, das ganze Dorf. Bereits im 16. Jahrhundert ist die Feuerpolizei in verschiedenen Gemeinden gleichmäßig organisiert. Eigene, von der Gemeinde bestellte Feuerbeschauer besichtigten Küchen und Kamine und hielten Nachschau, ob nicht durch Dörren von Gespinsten am Stubenofen Feuersgefahr entstünde. Die Gemeinde drängte darauf, daß die alten, hölzernen „Kömiche" (Rauchfänge, Kamine) und in den Küchen (s. auch Abb. 27–31) die Balkendecken, welche durch den Funkenflug vom offenen Herd gefährdet waren, durch gemauerte Gewölbe ersetzt würden.

Bei der großen Bedeutung der Viehzucht war die Gemeinde sehr bemüht, die Einschleppung von Seuchen hintanzuhalten. Die Bewegungsfreiheit des einzelnen wurde durch Verbote beschränkt. Vieh aus verseuchten Gebieten in das Gemeindegebiet zu bringen oder Vieh durch verseuchte Orte zu treiben, war verboten.

In Martell mußte das Vieh, das aus einem verseuchten Ort kam, sofort wieder aus dem Tal getrieben und für den Eintrieb Buße gezahlt werden. Eigenes krankes Vieh mußte der Besitzer im Stall behalten, verendetes Vieh vergraben.

Natürlich war die Gemeinde in erhöhtem Maß bemüht, die Einschleppung ansteckender Krankheiten, welche die Gemeindegenossen selbst gefährdeten, von ihrem Gebiet abzuwehren. Bei den so häufig auftretenden ansteckenden Krankheiten, die man insgesamt als Pest bezeichnete, wurde das Gemeindegebiet mit einem den militärischen Feldwachen vergleichbaren Kranz von Seuchenwachen umgeben, welche die Zuwanderung aus verseuchten Gebieten verhindern sollten. Da und dort erinnern noch heute Pestsäulen an die Aufstellungsplätze dieser Wachen. Im Gaistal östlich von Ehrwald steht die 1634 erbaute „Pestkapelle". Ein Bild in dieser Kapelle stellt folgende Begebenheit dar: Die Leute von Ehrwald wollten damals, als die Pest gar arg wütete, einen Bittgang zum Heiligen Blut in Seefeld unternehmen. Bei diesem Kreuzgang hätten sie das Gebiet der Nachbargemeinde Leutasch durchziehen müssen. Die Leutascher verwehrten aber mit bewaffneter Hand den Durchzug, sodaß die Ehrwalder zur Umkehr gezwungen waren.

Am stärksten griff die Gemeinde wohl mit dem bereits erwähnten Ehebewilligungsrecht in das Einzelleben ein. So bestimmte die Gemeinde Haiming 1652: „Wann sich gleich ain Dorfkint, es sei Mann- oder Weibspersohn, firtershin mit den Gnaden Gotes zu verehelichen und alda im Dorf oder der Gemain Haimbingen mit Hauswesen niderzulassen begert, so solle ime nicht desto weniger obgelegen sein, erstens wegen seiner vorhabenden Verheiratung zuvor seine Eltern darumben zu begriessen, weiter sich sowol bei der Obrigkait als der Gemain und Nachperschaft alda zu Haimbingen anzumelden, ob es mit Hauswesen ins Dorf herein ziechen derfe oder nit, da es aber nit beschicht und dergestalt den Consens oder die Verwilligung nit einholt, so soll ain solliche Persohn alda in der Gemain Haimbingen zu hausen nit aufgenomben oder gedult, sondern ab und weiter geschaffen werden" (TW. II, S. 73, Z. 9 ff.).

Spielt schon hier das sittliche Element – „Begriessung der Eltern" – herein, so sind sittlich-erzieherische und wirtschaftliche Gesichtspunkte maßgebend im Vorgehen der Gemeinde gegen Arbeitsscheue. Die arbeitsamen Tiroler Bauern waren sehr gegen alle Arten von Faulpelzen eingenommen. Dieser Gesinnung verlieh die Gemeinde Stilfes im südlichen Wipptal in ihrer Dorfordnung von 1721 Ausdruck, wenn sie gebot, daß, „falls sich ein gebornes Stilfer Kint, es seie ledig oder verheirats Stants, nit wohl auffiehrete und auf das Feirn genzlichen begebete, dass einem solchen nirgents kein Herbrig verstattet, ja woll gar aus dem Dorf vertriben werden solle" (TW. IV, S. 416, Z. 25 ff.).

2. Die Gemeinde als Wirtschafts- und Kultgemeinschaft

DIE GEMEINDE ALS GESCHLOSSENER WIRTSCHAFTSKÖRPER. Der Genuß der „Gemain" sollte allen Genossen im Verhältnis zum Bedarf ihrer Betriebe zustehen. Ausschließen wollte die Gemeinde aber die Bereicherung einzelner durch den Verkauf von Gütern, die sie auf der Gemain gewonnen hatten. Eine solche Bereicherung lag besonders beim Holzverkauf aus den Gemeindewäldern nahe. Gewinnstreben einzelner auf Kosten der Allmende gefährdete die Nutzung durch die übrigen Gemeindegenossen. Ganz allgemein sind die Gemeinden bemüht, alle Erzeugnisse, welche mit Hilfe der Gemainnutzung hervorgebracht wurden, in erster Linie den Gemeindegenossen vorzubehalten.

Wie der einzelne Haushalt, so strebte auch die Gemeinde nach tunlichster Selbstversorgung innerhalb ihres Gebietes; sie war in wirtschaftlicher Hinsicht nach außen abgeschlossen. Dies wurde erleichtert durch den Umstand, daß viele Gemeindegebiete eine natürliche verkehrsgeographische Einheit bildeten, so zumal, wenn sie mit Tälern oder von Naturgrenzen umschlossenen Talteilen zusammenfielen. In Zeiten geringer Verkehrsstärke war in derart abgeschlossenen Gebieten das Streben nach weitgehendster Selbstversorgung innerhalb der Gemeinde besonders naheliegend. In verkehrsärmeren Landschaften – wie etwa in Fiss im obersten Inntal oder im osttirolischen Kals – versteht sich noch heute fast jeder Bauer auf den Betrieb eines Gewerbes; der eine ist Tischler, der andere Weber, ein dritter Maurer usw. Man hilft sich im Bedarfsfall gegenseitig aus und vergleicht sich ohne Geldzahlung.

Im Hochtal Villgraten versteht sich der eine Bauer auf die Herstellung von Schlitten, ein anderer ist ein Binder und stellt Wasserschaffe her, andere wieder machen Buttermödel, Stalltschokln (Holzschuhe), Wetzkumpfe und dergleichen mehr. Auch das Kunstgewerbe ist vertreten; es werden hübsche „Taflruhme" (Rahmen für Bildertafeln) angefertigt. Die Gemeindegenossen helfen sich dann durch einfachen Tausch je nach Bedarf gegenseitig aus.

Wirtschaftliche Abschließung gegen außen ist eine Erscheinung, die sich in älterer Zeit ganz allgemein bei den Gemeinden der verschiedenen deutschen Länder beobachten läßt. In Tirol wird unter anderem besonders die Ausfuhr von Holz, das in den gemainen Wäldern gewonnen worden war, verboten. Das ging unter Umständen so weit, daß von zwei Gemeinden, die eine zusammenhängende Siedlung bildeten, wie die untere und obere Marktgemeinde Imst, die erstere den Holzverkauf an die andere verbot: „Item es soll auch niemants kain Holz, es seien Scheutter, Zaunstecken oder Kien, aus dem untern Markt in den obern Markt verkauffen, bei der Peen vom Stamen sechs Kreizer" (TW. II, S. 156, Z. 1 ff. Ordnung des unteren Marktes, erste Hälfte 16. Jh.).

Auch Kalk, der mit Holz aus der Allmende gebrannt worden war, durfte nicht ausgeführt werden. Dasselbe galt für Heu und Streu, zumal, wenn sie aus der Allmende bezogen worden waren. Auf die Gemainweide im Tal wie auf die Alm darf kein fremdes Vieh aufgenommen werden, solange die Weide für das Vieh der Gemeinde benötigt wird. Die Gemeindegenossen sollen auch Erzeugnisse, die sie auf ihrem Sondergut gewonnen haben und nicht selbst benötigen, in erster Linie an Angehörige der eigenen Gemeinde veräußern. Die Ordnung der Gemeinde Sarnthein aus der zweiten Hälfte des 17. Jahrhunderts bestimmt, daß Getreide und Schmalz, welche zum Verkauf bestimmt sind, Gemeindegenossen, die dieser Nahrungsmittel bedürfen, überlassen werden sollen, und zwar zu einem billigeren Preis, als er am Markt zu Bozen üblich war. Tschars verbietet 1642 sogar die Ausfuhr von Dünger. Wenn sich nun auch eine völlige Abschließung und ein absolutes Ausfuhrverbot nicht durchführen ließen, so wollten die Gemeinden doch wenigstens die Deckung des dringendsten Bedarfes durch Beschränkung der Ausfuhr sichern.

Auch die Ausfuhr von Arbeitskräften wollte man im Interesse der eigenen Gemeinschaft hintanhalten. Verschiedene Gemeindeordnungen bestimmen nämlich, daß Arbeitsleute, die innerhalb der Gemeinde ansässig sind, sich nicht nach auswärts verdingen sollen, solange man in der Gemeinde ihrer Arbeit bedarf. Wenn sie gleichwohl in Zeiten dringender Arbeit auswärts ihrem Verdienst nachgehen, verlieren sie die ihnen zugestandene Gemainnutzung. Daß die Gemeinde auch in der Kreditbeschaffung für die einzelnen Gemeindegenossen ein gewisses Maß von Selbstversorgung und Einheit zeigt, ergab sich bereits aus den Ausführungen im 3. Abschnitt des III. Hauptstückes (S. 564).

Weil man die Gemeinde als geschlossenen Wirtschaftskörper betrachtete, sah man es ungern, wenn sich wohlhabende Gemeindeangehörige nach auswärts verehelichten und so zu befürchten war, daß bewegliches Vermögen aus der Gemeinde abwanderte. Damit hängt folgender Brauch zusammen: Wenn ein Mädchen aus einer Gemeinde in eine andere heiratet, so wird von den Burschen eine Klause (Wegsperre) gebaut, damit der „Brautkasten“ (das Brautgut) nicht fortgeführt werde. Bräutigam und Braut müssen dann durch ein Geschenk, anders ausgedrückt durch eine Exportabgabe, Freiheit für die Ausfuhr des Brautgutes erwirken.

Die Gemeinde als Kultgemeinschaft. Ein wirksames Band, das die Gemeindegenossen enger zusammenschloß und ihr Gefühl der Zusammengehörigkeit stützte, war der gemeinsame Gottesdienst oder Kult. Bereits in vorchristlicher Zeit bildete die germanische Gemeinde (wenigstens die Gerichtsgemeinde) zugleich auch einen Kultverband. Ein solcher blieb sie auch in christlicher Zeit, und sie ist sich ihrer kultischen Zusammengehörigkeit zum Teil bis heute bewußt geblieben. Viele der großen, alten Markgenossenschaften und Urgemeinden wurden zu Pfarreien; Urgemeinde und Urpfarre decken sich in ihren Grenzen. Weil die Gemeinde zugleich Kultverband war, verwenden alte Weistümer die Bezeichnung „Pfarre“ an Stelle von „Gemeinde“. So verbietet das Weistum von Partschins aus dem Jahre 1371 „das niemant in der Pfarr soll kain fremdes Vich innemen auf ir Gras“ (TW. IV, S. 24, Z. 19f.).

Die Pfarrkirchen bildeten und bilden heute noch die kultischen Mittelpunkte der Gemeinde, der Gottesdienst an Sonn- und Feiertagen vereinigte die ganze Gemeinde. Für Pfarrgemeinden, die ganz oder teilweise aus Einzelhöfen bestanden, oder dort, wo eine Pfarre Tal- und Berggemeinden zusammenfaßte, was früher weit häufiger der Fall war als heute, bedeutete die gemeinsame Pfarrkirche ein Mittel engeren Zusammenschlusses von Berg- und Talbauern, zwischen denen sonst starke wirtschaftliche und kulturelle Verschiedenheit bestand. Der Friedhof bei der Kirche stellt die Versammlung der verstorbenen Gemeindegenossen dar. Gemeinsames Gebet in der Kirche, gemeinsames Gedenken in den Seelengottesdiensten hielten das Gefühl enger Verbundenheit mit den Gemeindegenossen und den Verstorbenen lebendig. Bei den sogenannten Quatemberbitten, einer Aufforderung des Seelsorgers zum Gebet für verstorbene Gemeindegenossen, wie sie viermal im Jahr – zu den Quatemberzeiten – in der Kirche ergeht, werden viele Namen verstorbener Ortsbewohner verlesen, und so wird die Erinnerung an verstorbene Mitglieder der Sippe und die verwandtschaftliche Verbundenheit der einzelnen Sippen lebendig erhalten. „In der Kirche betet die Pfarrgemeinschaft, freut sich und trauert mitsammen und dort nimmt sie auch gemeinsam teil am Geschick der einzelnen Sippe bei deren Hochzeiten und Trauerfällen. Es ist wirklich wohltuender Zusammenhalt, wenn bei einem Todfall nahezu alle Familien einer Gemeinde einen Vertreter in die Kirche schicken" (Mang 402, S. 44).

Im Mittelalter versammelten sich in der Kirche die Gemeindegenossen zum „eehaft Tading" zwecks Erledigung von Rechts- und Wirtschaftsangelegenheiten. Von kirchlicher Seite sah man solche Verwendung der Kirche nicht gern. Noch 1603 mußte eine Brixner Synode verbieten, Gerichtsverhandlungen und andere weltliche Geschäfte in der Kirche vorzunehmen. Die Tiroler Landesregierung bezeichnete es zwar 1604 noch als alten Brauch, weltliche Befehle in der Kirche zu verkünden, sprach sich aber doch für eine Befolgung des von der Brixner Synode erlassenen Verbotes aus. Häufig diente der Platz vor der Kirche, der „Kirchplatz", namentlich in jüngerer Zeit als Ort für „eehaft Tading" und „Dorfrecht". Vor der Kirche in Sarnthein legt heute noch der „Gerichtsstein" Zeugnis ab von der alten Dingstatt.

Der sonntägliche Kirchgang hat auch im weltlichen Gemeindeleben seine Bedeutung und wird ihm nutzbar gemacht. Nach dem Gottesdienst blieben – und bleiben vielfach auch heute noch – die Männer auf dem Platz vor der Kirche beisammen; hier wurden von der Gemeindevorstehung amtliche Mitteilungen gemacht, Anordnungen der Gemeinde und der Behörden verlautbart. Nach dem Weistum von Partschins aus dem Jahre 1371 (TW. IV, S. 25, Z. 22 f.) sollen „Arbaiter (Taglöhner), die in der Pfarr zu Partschins gesessen sint … sich lassen sechen Suntags zu Kirchen; bedarf ir iemant mer in der Pfarr, dem sollen si umb seinen Lon arbaiten". Weil die Ansammlung vor der Kirchtüre gewissermaßen eine inoffizielle Gemeindeversammlung darstellte, konnte hier eine Lüge ebenso öffentlich widerlegt werden wie vor Gericht.

Die starke Religiosität des Bergbauern[29] war mit lebhaftem Verlangen nach Seelsorge verbunden. Sie tritt äußerlich im Streben der Urgemeinden nach Gründung von Pfarreien und Kirchen an den Tag. Gemeinden, die noch keine Kirche und keinen Priester haben, bringen bedeutende Opfer für den Bau einer Kirche und die Gründung einer Pfarrei. Ein Beispiel bietet die im 1. Bd., S. 100f. gebrachte Schilderung der Pfarrgründung in Tannheim (14. Jahrhundert). Außer der Zehentleistung der bäuerlichen Pfarrangehörigen werden von der Gemeinde und von einzelnen Stiftungen für Seelsorge und Gottesdienst gemacht. Wichtigkeit und Hoheit der Religion finden in der Ehrung des Gotteshauses ihren Ausdruck. Der Neubau der Seelsorgskirche wird wenigstens zum Teil durch Gemainwerk besorgt. Groß war der Eifer für den Bau neuer Kirchen oder die Umgestaltung alter in den Zeiten der katholischen Restauration im 17. Jahrhundert und in der Zeit wirtschaftlicher Blüte tirolischen Bauerntums im 18. Jahrhundert. Eine stattliche Zahl schöner Barockkirchen ist damals erstanden und mit prächtigen Werken heimischer Künstler, an denen das Land reich war, geziert worden. Man wird nur wenige deutsche Landschaften finden, die so reich an schönen Kirchen in Landgemeinden sind wie Tirol.

Wie auch keineswegs reiche Berggemeinden in jener Zeit für den Bau einer Kirche bedeutende Lasten auf sich nahmen, tritt z. B. beim Neubau der Pfarrkirche in Außervillgraten (1795) vor Augen. Die Gemeinde verpflichtete sich, 5445 Gulden durch Stellung von Baumaterial, Fuhren sowie durch Verköstigung der Handwerker und Taglöhner aufzubringen; der Rest mußte durch Sammlungen beschafft werden. Die Gemeinde zählte im Jahre 1837 917 Einwohner in 144 Häusern. Wir dürfen annehmen, daß sich die Häuserzahl von 1797 bis 1837 nicht wesentlich geändert hat; es würden also auf das Haus im Durchschnitt Naturalleistungen im Wert von annähernd 40 Gulden entfallen sein, was dem damaligen Preis einer Kuh entspricht.

Gemeinden, die schöne Kirchen besitzen, sind stolz auf sie. Über die Wertschätzung einer schönen Ortskirche wurde im Abschnitt „Bergbauer und Religion" berichtet. In feuerpolizeilichen Bestimmungen der Gemeinden wird gelegentlich der Kirche besonders gedacht; so will z. B. die Gemeinde Haiming in ihrer „Ordnung" von 1644 „die ganze Gemainschaft, firnemblich das wierdige Gotshaus" vor Brandschaden bewahren (TW. II, S. 71, Z. 44f.).

Entsprechend der hohen Bewertung der Seelsorge einerseits und ihren materiellen Leistungen für Kirche und Seelsorger andererseits haben sich die Gemeinden in ihren Weistümern und Dorfordnungen eingehend mit der Person des Seelsorgers, aber auch mit Fragen der Kirchenverwaltung, ja sogar mit rein kirchlichen Angelegenheiten und der religiös-sittlichen Lebensführung der Gemeindegenossen befaßt.[30]

---

[29] Über diese wurde in Abschnitt 2 im IV. Hauptstück „Bergbauer und Religion" berichtet.

[30] F. Grass verweist in seinem Buch über Pfarrei und Gemeinde (177, S. 47ff.) auf die „Christenrechte" der Bauern Norwegens, in welchen diese in ähnlicher Weise kirchliche Angelegenheiten regeln.

Für die Verwaltung des Kirchengutes wählt die Gemeinde eigene „Kirchpröpste", häufig zwei, für den Dienst in der Kirche einen Mesner, auf dessen Bestellung der Geistliche keinen Einfluß hat. Die Gemeinde legte auf gute Besetzung dieses Amtes hohen Wert und regelte seinen Dienst durch besondere Ordnungen, die zuweilen in das Dorfbuch eingeschaltet wurden. Sie legte ihm würdiges Benehmen in der Kirche und zumal bei seinen Obliegenheiten während des Gottesdienstes ans Herz. Er soll sich, wie die Gemeinde Latsch in ihrer Mesnerordnung (Dorfbuch von 1607) vorschreibt, in Summa in allem als wie ein „englischer Diener und nit wie ein Abgez [Götzenbild, „Ölgötz", noch heute gebräuchlich für einen steifen, ungeschickten Menschen] oder Wochentölpler erzeigen" (TW. III, S. 236, Z. 39).

Dem Mesner sind die kostbaren Kirchengeräte, Ornate, Meßgewänder und Kirchenzierden anvertraut, er muß sie instand halten und für den Gottesdienst zurecht richten. Besitzt er kein Vermögen, so muß er der Gemeinde einen verläßlichen Bürgen stellen, bestimmt das Dorfbuch von Tarsch aus dem 17. Jahrhundert. Außer dem Dienst für Kirche und Altar sowie seiner Mitwirkung bei Begräbnissen obliegen ihm eine Reihe von Dienstleistungen, auf deren genaue Besorgung im Sinn alten Herkommens die Gemeinde besonderen Wert legt. Das ist namentlich sein Dienst als Glöckner, den die Mesnerordnungen eingehend regeln. Er ist schuldig „nit allein den Todten, iedem nach seinem Stant und Beruef, gebirendermassen, auch so oft es vonnöthen, zeitlichen zum Wetter, auch allen Gottsdiensten und zu allen andern Zeiten, wie von alters herkomen, sundern auch, so oft es begert oder anbevolchen wirt, zu der Gmain- und Paurschafthaltung zu leuten, sowoll auch, wann es noth sein und durch den Dorfpürgen oder ainen ansechenlichen Nachper im Dorf begert wurde, zu firfallenden Feurs- oder Wassersnoth, davor aber Gott sein wöll, den Sturmb mit dem Gloggenstraich anzuschlagen, und daran gevärlichen Weis nicht verhindern noch vernachlässen. Doch aber solt er Mößmer den Gloggenstraich oder Sturmb one Bevelch der Dorfpürgen oder der firnembsten Nachpaurn nit thuen, es sei dann Sach, daß er Feur- oder Wassersnoth vor Augen seche" (TW. III, S. 294, Z. 6ff.).

Die Bauern hielten – und halten heute noch – viel auf ein schönes Geläut und gutes Läuten. Der Mesner hat „die Gloggen recht zu leiten, nit glangglen, als wann man Sturm schliege"[31] (TW. III, Latsch 1607, S. 236, Z. 38).

Das Glockenzeichen zu bestimmten Tagesstunden und die weithin sichtbare Kirchturmuhr mußten den Bauern die Taschenuhr ersetzen. Der Mesner hat zu sorgen, daß die Uhr fleißig gerichtet wird, das Uhrkammerle und Glockenhaus oder der Turm versperrt sind; diese Räume muß er vor den „bösen Buben" verwahren. So wie heute noch die Buben, die dem Mesner beim Glockenläuten helfen, manchen Unfug treiben, so war es auch seit alters. Der Mesner soll verhindern, daß die Buben

[31] Auch „glankln" = hin und her bewegen; in vorliegendem Fall ist ein nachlässiges Läuten gemeint, bei welchem der Glockenschwengel sich langsam hin und her bewegt und nur in größeren Pausen anschlägt wie beim Sturmläuten.

durch ihr Geschrei im Turm den Gottesdienst stören (TW. III, Latsch 1607, S. 236, Z. 24ff.).

Für einzelne seiner Amtshandlungen bezieht der Mesner bestimmte Gebühren, verschiedene Gemeinden widmeten die Nutzung bestimmter Güter ihrem Mesner, zuweilen stellten sie ihm auch ein eigenes Mesnerhaus zur Verfügung.

Entsprechende Anforderungen wurden auch an die Lebensführung des Geistlichen gestellt. Die Gemeinde fordert ein geziemendes, würdiges Benehmen von ihrem Priester.

Bereits 1393 hatte die Pfarrgemeinde Sarntal ausführlich festgelegt, „wie und was der Pfarrer tun und halten soll". Ausführlich wird das Verhältnis zwischen dem Pfarrer und seinen Hilfspriestern nach der materiellen Seite hin geregelt. Der Pfarrer soll keinen Hilfspriester entlassen ohne Zustimmung der „Besten" von Sarnthein. „Auch sollen der Pfarrer und seine Gesellen mitsammen aus einer Schüssel essen und Wein trinken; ... Auch soll der Pfarrer den Gesellen geben zweimal, wenn schon nicht dreimal, Brot und den obgenannten Wein." „Auch soll der Pfarrer keinen Menschen in den Bann tun, vor ein Mandat aus Trient gekommen ist" (nach einer nur annähernd dem Original angeglichenen Abschrift hrsg. im „Sammler", 546, Bd. 2, S. 63ff.).

Die Gemeinde- und Gerichtsordnung von Mölten (1581) bestimmt unter anderm, „wie sich ain Pfarrer zu Melten mit Verrichtung der Gottsdienst und andern halten solle". Sie verlangt vom Pfarrer, er solle keinen „welschen Priester aufnemben, sondern nur teitsche Priester". (Gemeint ist die Aufnahme von Hilfspriestern oder Cooperatoren.) Sie setzt ferner fest: „Es soll auch kein Priester im Wirtshaus ligen nach Ave-Maria Zeit" (TW. IV, S. 179, Z. 27 u. 39; S. 180, Z. 13).

Zunächst sind die Gemeinden bemüht, auf die Bestellung ihres Pfarrers maßgebenden Einfluß zu erlangen. Die Einsetzung in das Amt eines Seelsorgers war seit alters Sache des Bischofs, ebenso die Amtsenthebung. Aber aufgrund ihrer Beiträge für den Unterhalt ihres Seelsorgers, in verschiedenen Fällen aufgrund eines Patronatsrechtes, vermochte sich doch ein Einfluß der Gemeinde auf die Auswahl der Person des Pfarrers durchzusetzen. In der Zeit des Bauernkrieges, der Bauernrevolution von 1525, forderten die Tiroler Bauern gleich ihren Standesgenossen in anderen süd- und mitteldeutschen Ländern das Recht zur Wahl wie zur Absetzung ihrer Pfarrer. Diese Forderung vermochte sich zwar nicht durchzusetzen, doch konnten auch in der Folgezeit viele Gemeinden ihren Einfluß auf die Bestellung ihres Seelsorgers behaupten. Gemäß der hohen Wertschätzung des priesterlichen Amtes stellen die Gemeinden entsprechende Forderungen an Lebens- und Amtsführung ihrer Priester. Gerade die argen Mißstände, die unter der Geistlichkeit des 16. und beginnenden 17. Jahrhunderts auch in Tirol zutagetraten, haben in der bäuerlichen Bevölkerung Tirols viele zum Abfall vom katholischen Glauben geführt. Andreas von Spaur, Bischof von Brixen in den Jahren von 1601 bis 1613, konnte angesichts dieser Zustände mit Recht sagen „Omnis calamitas a clero" (all das bestehende Elend nimmt von der Geistlichkeit seinen Ausgang). Ganze Gemeinden wiesen solidarisch den Gewissensrat ihres tief gesunkenen Seelsorgers von der Hand und verweigerten ihm die Beichte (Hirn 228, I, S. 94).

Die Gemeinden treffen in ihren Ordnungen und Weistümern Bestimmungen über Amts- und Lebensführung ihres Pfarrers und seiner Hilfspriester. So wird z. B. in einem vom Landesfürsten 1581 bestätigten alten „Statuten- und Ordnungpiechl" der Gemeinde Mölten verfügt, „wie sich ain Pfarrer zu Melten mit Verrichtung der Gottsdienst und andern halten solle". Da heißt es unter anderem: „Item, ain Pfarrer solle Sonntag und alle unser Frauen Täg [Marienfesttage] und alle Zwölfpoten-Täg [Apostelfeste] haben ain frombs Ambt und nit umb Lohn ... und darnach umbgehen mit dem Weichprunnen ..." Nach der Gemeindeordnung von Aschau (1590) soll der Pfarrer „Reichen und Armen gleich gwertig sein", dafür seien sie ihm auch gleichermaßen zur Zehentleistung verpflichtet (TW. III, S. 373, Anm. 22). Die Gemeinde Latsch spricht in ihrem Dorfbuch von 1607 die Zuversicht aus, daß der Bischof von Chur „uns ... als dieser ansehnlichen und statlichen Pfarrmenig mit einen gelehrten, exemplarischen und wol qualifizierten Pfarrherrn" versehen werde, der „in Administrierung der heiligen Sacramente, Predigen, Gottesdienste und auf der Seelsorg fleissig sein Achtung habe" (TW. III, S. 234, Z. 37 ff.). Besonders ausführlich regelt die Gemeinde Kaltern in ihrem „Statut und Recht" von 1534 das Verhalten des Pfarrers und seine Beziehungen zur Gemeinde (TW. IV, S. 315 ff.).

Erregten die Mißstände, die in der Geistlichkeit zutage getreten waren, in den Gemeinden schweren Anstoß und verlangten die Gemeinden von ihren Priestern ein dem Amt entsprechendes würdiges Verhalten, so forderten sie andererseits auch von den Gemeindeangehörigen Ehrfurcht vor dem Priestertum. So heißt es im Dorfbuch der Gemeinde Latsch von 1607: „Wir wellen ... auch unsern lieben Herrn Pfarrherrn, iezigen und kinftigen, auch einer ganzen erwürdigen Klerisei und Priesterschaft alle gebührende Ehr und Reverenz, Gehorsame, schuldige Pflicht erweisen und leisten, daß er uns für seine Schäfler, mir ihn für unsern treuen Hirten und Seelsorger nach dem Willen Gottes erkennen, halten und aufnehmen" (TW. III, S. 235, Z. 41 ff.).

Zuweilen spielte der Pfarrer in der Gemeinde auch wirtschaftlich eine Rolle. Er hatte nach älteren Gemeindeordnungen „Pfar und Per" (Zuchtstier und Zuchteber) zu halten. Zumeist trieb er selbst zu seiner Versorgung Landwirtschaft und nahm dann auch an der Nutzung der Gemain teil. Die Güter der Pfarrpfründe und die der Kirche waren geschieden. Sie waren teils von der Gemeinde, teils von einzelnen, meist der Gemeinde entstammenden Personen gewidmet worden. Soweit der Pfarrer die Güter seiner Pfründe nicht selbst landwirtschaftlich nutzte, waren sie zu Erbleihe ausgetan. An den Arbeiten für die Gemeinde mußte der Pfarrer, falls er Landwirtschaft betrieb, teilnehmen, doch war auch Ablösung vorgesehen. Nach dem Weistum von Fließ (2. Hälfte 14. Jh.) soll der Pfarrer „genzlichen in unsern Rechten und Gemainschaft sein, als ain anderer Nachpauer" (TW. II, S. 218, Z. 26); eine Bevorzugung im Genuß der Gemain fand in der Regel nicht statt. Nimmt er an der Gemeindeversammlung teil, so wird ihm ein Ehrenplatz eingeräumt, ohne daß ihm verfassungsmäßig mehr Recht als anderen Gemeindegenossen zugestanden wäre. Seine Anwesenheit in einer Gemeindeversammlung wird gelegentlich ehrend erwähnt, so 1538 in der Gemeinde Kuens und 1631 in der Gemeinde Telfs.

In manchen Gemeinden oblag dem Pfarrer die Bewirtung der Obrigkeit, die zum Tading erschien, so nach der Ehehaft des Gerichtes Kufstein den Pfarrern an den Kirchen der drei Dingstätten (vgl. TW. I, S. 9, Z. 10 ff.). Ein gemütliches Verhältnis zwischen Pfarrer und Gemeinde erwähnt das Weistum von Tisens („Gemeindebrief" von 1364). Wie heute noch die Bergbauern in der Heiligen Nacht dem Ruf der Glocke folgen und zur mitternächtlichen Mette von ihren Höfen herabsteigen, so taten es auch die Bauern von Tisens vor sechs Jahrhunderten. Nachdem sie aber an der traulichen Feier der Mitternachtsmesse teilgenommen hatten, sollten sie nicht sofort in Kälte und Schnee hinausmüssen. Der Pfarrer sollte ihnen im Widum eine Stube heizen, damit „wer sein begert, das der sich in den Widen wärmet nach der Metten" (TW. IV, S. 167, Z. 37).

HILFSPRIESTER. Bei der großen Ausdehnung vieler alter Pfarren bedurfte der Pfarrer einer großen Anzahl von Hilfspriestern. Diese wurden in älterer Zeit vom Bischof ernannt, seit dem 12. Jahrhundert ist ihre Anstellung Sache des Pfarrers. In Tirol werden Hilfspriester urkundlich seit dem 13. Jahrhundert erwähnt; in lateinischen Urkunden wird der Hilfspriester „servus" (parochi), in deutschen (Pfarr-) „Geselle" genannt. Im Hinblick auf eine ausreichende seelsorgliche Betreuung zeigen die Gemeinden ein lebhaftes Interesse an der Bestellung solcher Gesellpriester. Zum Teil unterstützen sie die Schaffung solcher Priesterstellen durch Beitragsleistungen für den Unterhalt; häufig trugen einzelne Gemeindeangehörige durch Messenstiftungen zum Unterhalt des Hilfspriesters bei. So wurde z. B. in der Südtiroler Gemeinde Villanders im 14. Jahrhundert eine Menge von Messenstiftungen gemacht, welche dem Pfarrer den Unterhalt von Gesellpriestern ermöglichten. Dieser wurde seitens der Gemeinde in einem Vertrag von 1422 verpflichtet, drei Priester zu unterhalten, die „mit Predig, mit Peicht und andrer gaistlicher Ordnung ain Pfarr wol verwesen" (Atz-Schatz 20, Bd. 3, S. 223). Gelegentlich treffen die Gemeinden eingehende Weisungen, wie der Pfarrer seine Gesellpriester zu halten habe. So wird in einem Vertrag, den die Gemeinde Sarnthein 1393 mit ihrem Pfarrer abschloß, bestimmt, daß der Pfarrer keinen „Gesellen ernennen noch entlassen soll ohne Zustimmung der Gemeinde". Weiter heißt es im Vertrag: „Item darnach sol der Pfarrer und sein Gesellen mit einander ezzen auz ainer Schüzzel und ainz Weinz trinkchen … Item sol auch der Pfarrer den Gesellen all Tag geben zway Mal, wenn si nicht vastend … Item auch sol der Pfarrer sein Gesellen zwe gut Chamren machen und haben in dem rechten Widem, da er selb um wesenleich sitzet" (Atz-Schatz, a. a. O., Bd. 3, S. 8 ff.). Für die weiten Gänge, welche die Hilfspriester bei Ausübung der Seelsorge unternehmen mußten, wurden in verschiedenen Pfarren Pferde gehalten. So bestimmt auch der angeführte Vertrag: „Item auch sol der Pfarrer über Jar den Gesellen Phärt pehalten und sol im geben den Winter Heu, den Sumer Gras." Bei dem starken Mangel an tauglichen Priestern, wie er sich besonders im 16. Jahrhundert fühlbar machte, stellten die Pfarrer öfters herumstreichende italienische Mönche als Hilfspriester an. Dagegen verwehrten sich die deutschen Gemeinden.

Die Gemeinden sorgen für eine gute „christliche Ordnung" im öffentlichen Leben. Die Ehehaftsordnung von Telfs (1631) vertritt die Meinung, daß bei Aufrichtung solcher Ordnungen „zu vorderist die Ehr Gottes, auch der Seelen Hail befirdert" werden solle (TW. II, S. 4, Z. 8). Freilich sind es erst die ausführlichen Gemeindeordnungen und Dorfbücher der Zeit nach 1500, die sich eingehender mit religiösen Dingen befassen. Unter Einwirkung der katholischen Restauration und der regen inneren Mission mehrten sich im 17. und 18. Jahrhundert die einschlägigen Bestimmungen in den Gemeindeordnungen. Das Wirtschaftliche spielt auch in die Fürsorge für das religiös-sittliche Leben herein. Man erhofft von dessen Förderung, daß „der allmechtig, gietig Gott ... uns vor Gefärlichkaiten als Missratung der Fricht, Wassergüss und andere Strafen ganz vätterlichen auch gnedig verhüeten und bewaren welle" (TW. IV, Riffian, Dorfbuch von 1589, S. 73, Z. 4 ff.).

Damit sich die Gemeindeangehörigen würdig auf die Feier von Sonn- und Festtagen vorbereiten, befassen sich die Gemeindeordnungen eingehend mit der Regelung der Feierabende. Die Gemeinde Telfs erneuert 1631 eine ältere Regelung. Die Arbeitsruhe soll im Winter an den Samstagen und Vorabenden vor Festtagen um 3 Uhr, zur Erntezeit um 4 Uhr erfolgen. War in der Woche vor dem Samstag unsicheres Wetter, das die Erntearbeit hemmte, so soll nach eingeholter Bewilligung seitens des Pfarrers erst um 5 Uhr der Feierabend mit der großen Glocke eingeläutet werden (TW. II, S. 4 f.). Die Gemeinde dringt ferner auf fleißigen Kirchenbesuch an den Sonn- und Festtagen sowie auf Anhaltung der Kinder zu angemessenem Verhalten in der Kirche. Die Verehrung des Altarsakramentes findet ihren Ausdruck in Bestimmungen, wie sie die Gemeinde Kolsaß in ihrem Weistum aus der ersten Hälfte des 16. Jahrhunderts trifft: Die Landstraße, in die drei Holzriesen einmünden und die bis ins Dorf hinein der Holzbeförderung dient, muß allabendlich von lagerndem Holz frei gemacht werden, „das man mit dem h. hochwirdigisten Guet an dem Perg gehen und zu dem Schloß Rettenberg reiten mag, bei fünf Pfunt Perner" (TW. I, S. 180, Z. 2 f.). Die Rechtsprecher des Landgerichtes Rattenberg weisen um die Mitte des 16. Jahrhunderts als altes Recht: „Ob der Priester mit dem hochwirdigen Sacrament für gieng und ihr (Richter) am Rechte sitzt und den Stab in der Hant habt, so mügt ihr Herr Stat- und Lantrichter den Stab auß der Hant legen und dem hochwirdigen Sacrament Ehr erbieten, und so der Priester für kumbt, mügt ihr den Stab wider in die Hant nemen" (TW. I, S. 110, Anm.).

Fluchen und frevelhaftes Schwören stellen die Gemeindeordnungen unter Strafe und führen damit Bestimmungen der Landesordnung von 1532 durch. Die Gemeindeordnung von Telfs bestraft mit einer Buße von 30 Kreuzern das Schwören bei dem hl. hochwürdigen Sakrament, den Leiden oder Wunden Jesu Christi und dergleichen, wenn einer „Gott, unsern Schepfer, die hochgelobte Junkfrau Maria und lieben Heiligen entert verspottet“ (TW. II, S. 14, Z. 21). Auch gegen unerlaubte Spiele, Verschwendung und Winkeltänze wandten sich sittenpolizeiliche Vorschriften der Gemeinden.

Als religiöser Verband hat die Gemeinde zur Abwehr von Gefahr und Schaden – Lahnengefahr, Bedrohung durch Muren oder Hochwasser, Feuersnot – Gelöbnisse gemacht, etwa einen Kreuzgang oder die Einhaltung von Arbeitsruhe – Feierabend – am Vorabend bestimmter Tage gelobt. Solche Gelöbnisse banden nicht nur die derzeit lebenden Gemeindegenossen, sondern auch die künftigen Geschlechter. So wird die von der Gemeinde Welsberg zur Pestzeit von 1636 gelobte Wallfahrt nach St. Maria im Enneberg noch heute gemacht. Manche der Kreuzgänge, an denen die Gemeinden noch heute festhalten, hängen, wie bereits früher erwähnt wurde, mit alten sakralen Grenzbegehungen zusammen. Gelöbnisse machten die Gemeinden auch, bestimmte Andachten zu halten oder an bestimmten, kirchlich nicht zu feiern gebotenen Festtagen die Arbeit ruhen zu lassen, soweit dies bei der Natur der landwirtschaftlichen Arbeit möglich war.

Die religiösen Verpflichtungen, welche die Gemeinde als Kultgemeinschaft eingegangen ist, banden auch jeden der Gemeindegenossen. An den von der Gemeinde gelobten Prozessionen und Wallfahrten, den sogenannten Kreuzgängen, wenigstens durch Entsendung eines Familiengliedes teilzunehmen, war jede Familie verpflichtet. Wie beim Gemainwerk werden auch hier Vorschriften gemacht über die Beschaffenheit der zu entsendenden Personen. Das „Gemainspuech“ von Planail (1781) schreibt z. B. vor: „Es soll auch auf alle vier Kreizgäng von ainem ieden Haus ain gueter Poth, der das hochwürdige Sacrament empfangen, und nit Kinder geschicket werden“ (TW. III, S. 150, Z. 9 ff.).

Der einzelne Gemeindeangehörige, der sich solchen von der Gemeinde eingegangenen Verpflichtungen entzieht, verfällt der Strafe. Die Sagen erzählen von den Strafen, welche den Verächter des Feierabends an Seele wie an Leib und Gut treffen. Eigene Gemeindebeauftragte hatten über die Beachtung der verlobten Arbeitsruhe zu wachen; sie wurden im Vinschgau als „Feierabendsaltner“ oder kurzweg als Feierabner bezeichnet. Vorschriften, in der anschaulichen bäuerlichen Sprechweise der Weistümer vorgetragen, regeln genau die Einhaltung. So bestimmt die Gemeindeordnung von Matsch (1805): Wenn einem Gemeindegenossen erlaubt wird, an einem Feierabend zu backen, so muß er so früh einheizen, „dass der erste Rauch vergehe, eh dass die Sonn an die Wahl (Wassergraben) anscheind, alles bei der Paan [Pön = Strafe] 1 Pfund Perner“ (TW. III, S. 157, Z. 40).

Wenn heute die Einhaltung solcher von der Gemeinde gemachter Gelöbnisse nicht mehr unter Strafe steht, so fehlt es doch nicht an Tiroler Gemeinden, die auch in dieser Hinsicht an alter Überlieferung festhalten; wer sich hier solchen von den Vorfahren eingegangenen Verpflichtungen entzieht, etwa an einem gelobten Feierabend ohne Not arbeitet, setzt sich allgemeiner Verurteilung aus.

Gemeinde und Schule. In engster Verbindung mit der Fürsorge für Religion und Kirche standen die Bemühungen der Gemeinde um die Schule, welche vor allem der Erziehung der Kinder zu christlichen Gemeindegenossen dienen sollte. War im frühen Mittelalter der Unterricht ausschließlich Sache der Kirche gewesen, so haben doch im späteren Mittelalter nicht bloß die Städte das Schulwesen in ihre Fürsorgetätigkeit einbezogen, auch tirolische Landgemeinden versuchten, Einfluß auf die Schule zu gewinnen. Der religiöse Kampf des 16. Jahrhunderts legte dann beiden Religionsparteien eine höhere Bewertung des Erziehungswesens und der Schule nahe, da sie ja wichtige Mittel waren, auf die Jugend Einfluß zu gewinnen.

Eine allgemeine Regelung des tirolischen Schulwesens hat bereits Erzherzog Ferdinand II. im Jahre 1586 vorgenommen. Zu einer strammen Durchführung der Vorschriften im ganzen Land ist es freilich damals noch nicht gekommen. Schulen gab es in einzelnen bäuerlichen Gemeinden bereits lange vor 1586. Im 14. und 15. Jahrhundert werden Landschulen erwähnt in Kaltern (1321), in Wenns (1355), in Zams (1385), in Zirl (1401), in Schluderns (1404), in Mals (1456); auch in Schlanders, Lana, Tramin, Gries bei Bozen und Toblach gab es bereits im 14. und 15. Jahrhundert Schulen. Wenn bereits im 13. Jahrhundert für den Vinschgau und das Etschland der Brauch bezeugt ist, den Gregoritag (12. März) schulfrei zu halten, so müssen wohl bereits damals in diesen Landschaften Schulen in nicht ganz geringer Zahl vorhanden gewesen sein.

Die Wichtigkeit des Schulunterrichtes ist von den Tiroler Bergbauern schon frühzeitig erkannt worden. Die ältesten Schulen erscheinen freilich in den großen Dörfern im Tal, aber bereits im 16. Jahrhundert haben auch Bergbauern Schulen in der Nähe ihrer Kirchen. So wird 1577 im Dorf Serfaus (Seehöhe um 1400 Meter) ein Schulmeister genannt. Nach Eintragungen im Verfachbuch des Gerichtes Laudeck aus dem Jahre 1593 läßt sich sowohl in Serfaus wie in dem Talort unter Serfaus, in Prutz, ein Schulmeister nachweisen. Dekan Lorenz, der Verfasser wertvoller heimatkundlicher Abhandlungen über diese Gegend, konnte von 1622 an die geschlossene Reihe der Schulmeister bis in die Gegenwart feststellen. Auch das Dorf Mieming im Oberinntal auf der Hochfläche zwischen Telfs und Nassereith hatte bereits 1582 seinen Schulmeister.

Verschiedene Zeugnisse beweisen bereits im 16. Jahrhundert das Verständnis der Bauern für die Wichtigkeit der Schule. Wiederholt bringen die Verfachbücher seit der Mitte des 16. Jahrhunderts Eintragungen, nach welchen die „Gerhaben" (Vormünder) für den Schulbesuch ihrer Mündel Sorge tragen. So wird nach einer 1550 erfolgten Eintragung ins Gerichtsbuch von Steinach dem Bauern, bei welchem das Mündel aufgezogen wird, unter anderem von den Vormündern aufgetragen, „den Knaben auch in die Schuel zu geen lassen". Zur Pestzeit von 1635 traf ein Ehepaar im Gericht Laudeck Bestimmungen, was beim Tod des einen Ehegatten der überlebende Gatte zu erhalten und zu leisten habe. Da wird der Frau, falls sie ihren Mann überlebe, zur Pflicht gemacht, die Kinder „zu der Ehr und Forcht Gottes zu erziehen, auch das Lesen und Schreiben und andere ehrliche Sachen lernen zu lassen" (Lorenz, Schule in Laudeck, in: Tir. Anzeiger 1932, 12. März).

Ein Mann aus dem Dorf Prutz, der um die Mitte des 17. Jahrhunderts ausgewandert war und in der päpstlichen Garde zu Rom diente, gedachte in seinem Testament (1668) seiner Heimat. Er wandte der Kirche und den Armen verschiedene Gaben zu, ein Legat war dem Söhnlein eines armen Weibes zu Prutz für „Schulgeld und Kleidung" zugedacht. Mit Recht sagt Lorenz, der in seinen Untersuchungen das Testament anführt: „Dies Legat eines einfachen Prutzer Soldaten in Rom, der an die Schulausbildung eines armen Kindes in Prutz denkt, spricht Bände über Wertung der Schule vor beinahe 300 Jahren."

In Gemeinden, in welchen noch keine Schule bestand, haben Angehörige der Seelsorgegeistlichkeit Unterricht erteilt. Johann Christian Zangerl schreibt hierüber in seiner wertvollen, 1837 verfaßten Paznauner Chronik (Handschrift im Museum Ferdinandeum, FB 1661):

„Im Jahr 1658 hat Gallus Salner, Bauer zu Galthür, angefangen, die dortige Jugend im Lesen, Schreiben und Rechnen zu unterrichten, denn bis dahin waren die meresten Leute damit so unbekannt, daß man ihre Nämen samt denen schuldigen Steuern und andern gemeinen Abgaben auf Holzspäne verzeichnen mußte, gleich wie solches noch dermahlen mit der Milch in denen Alpen gebräuchig ist. Nach des obigen Salners Tod haben auch andere Inwohner zu Galthür privat Schulen gehalten, dahin Kinder von benachbarten Gemeinden geschickt worden. Dieser mangelhafte Zustand dauerte so lang, bis endlich solche Unterrichte an auswärtigen Orten aufgekommen und öffentliche Schulen entstanden [sind] ..."[32] „Die vermöglichen Bewohner haben jedoch ihre Kinder zu Ischgl und Galtür bey denen Herren Geistlichen im Lesen und Schreiben lehren lassen, dadurch es wenigstens einige gab, die zu gemeinen und gerichtlichen Diensten tauglich worden und diese Letzteren hatten sodann nicht nur ihre eigenen, sondern auch andere Kinder unterrichtet, nachdem der Gallus Salner gestorben ist."[33]

Josef Wiestner, einer jener Bauern des westlichen Tirol, die zeitweise als Gewerbetreibende im Ausland tätig waren, machte 1701 eine Stiftung zugunsten der Schule von Schnann (Stanzertal). In der Begründung seiner Stiftung bezeichnet er sich als einen, „der eine geraume Zeit her wehmütig hat verspüren müssen, wie schädlich die Unerfahrenheit im Schreiben und Lesen zum Hauswesen wie auch sonst bei Treibung einer Hantierung und dergleichen, hingegen wie nützlich die Erfahrenheit zuvorderst zum Seelenheil und des Leibes besserer Wohlfahrt ist". Er macht daher die Stiftung „in schuldiger Dankerstattung für die Zeit seines Lebens von der allerheiligsten Dreifaltigkeit empfangenen Guttaten, auch zur Seelen- und Leibeswohlfahrt der Jugend, damit letztere besser wie er selbst im Schreiben und Lesen unterrichtet werde" (Kraft 333, S. 253). In der Gemeinde Holzgau im Lech-

[32] Maschler 409, S. 116f.

[33] a. a. O., S. 80.

tal, aus der ebenfalls alljährlich viele Männer als Händler oder Handwerker ins Ausland wanderten, wurden seit der zweiten Hälfte des 18. Jahrhunderts wiederholt Schulstiftungen gemacht. Das Schulvermögen (Schulfonds) belief sich nach der Abrechnung von 1838/39 auf rund 15.000 Gulden, eine Summe, die damals etwa dem Wert von zwei schönen Bauerngütern gleichkam.

In Westtirol (Oberinntal und Vinschgau) war die Schulfreundlichkeit besonders ausgeprägt; hier wanderte alljährlich eine große Zahl der Einwohner ins Ausland, um dort während der Sommerzeit als gewerbliche Arbeiter dem Erwerb nachzugehen; es handelt sich hierbei, wie bereits (im 1. Bd., S. 384 ff.) dargelegt wurde, um Bauern. Ihre Betätigung im gewerblichen Betrieb und der Aufenthalt im Ausland lehrten sie den Wert der Schulbildung schätzen.

Westtirol ist andererseits ein Gebiet, in welchem die autonome Gemeindeverwaltung schon frühzeitig stärkere Ausbildung erfahren und größeren Umfang angenommen hatte. Hier bedurfte die Gemeinde schreibkundiger Gemeindegenossen zu guter Versehung der Gemeindeämter. Der Dorfvogt von Kauns, Sebastian Gutweniger, klagt 1627 über die Schwierigkeiten, mit denen ein Dorfvogt zu kämpfen hat, welcher nicht lesen und schreiben kann. Die Gemeindevorsteher waren an vielen Orten mit der Einhebung der Landessteuern betraut und mußten über die eingehobenen Beträge Rechnung ablegen. Ebenso mußten sie am Schluß ihres Amtsjahres der Gemeinde Rechenschaft geben.[34] In beiden Fällen war schwer ohne schriftliche Aufzeichnungen durchzukommen. Die Schwierigkeiten, die sich für einen des Schreibens unkundigen Vorsteher ergaben, waren so groß, daß ein solcher unter Umständen sein Amt „verlehnen" mußte, wie Gutweniger sich ausdrückte, d. h. einen Stellvertreter suchen mußte. Dieser war aber oft nur gegen gute Bezahlung zu haben. Gutweniger erzählt einen Fall, daß ein Dorfvogt, der nicht lesen und schreiben konnte, einen Stellvertreter suchte und bereit war, diesem die Gebühren, die dem Dorfvogt anfallen, zu überlassen und darüber hinaus noch 7 Mut (ein Mut = ungefähr 40–42 Liter) Korn zu geben; es gelang ihm aber anscheinend nicht, um diesen Preis einen Stellvertreter aufzutreiben.

Es gab in den Gemeinden außerdem noch eine Reihe anderer Ämter, deren Inhaber, wenn sie nicht schreiben und lesen konnten, schwer durchkamen. Die Gemeinde Riffian muß, als sie 1589 ihrem Dorfmeister und einem Ausschuß von vier Gemeindemännern den Auftrag gab, das „Dorfbuch" neu zu gestalten und seine Artikel „in ein Ordnung unter die Feder zu bringen", vorausgesetzt haben, daß sich die Beauftragten auf Lesen und Schreiben verstehen. Zu den Gemeindeämtern, die bei sorgfältiger Führung schriftliche Aufschreibungen nötig machten, gehörte das Amt des Bergmeisters, dem die gar nicht einfache Berechnung und Verteilung des Almnutzens oblag (vgl. Hauptstück XI). Die Gemeinde bestellte Kirchpröpste für die Verwaltung des Kirchenvermögens, betraute einen ihrer Gemeindegenossen

---

[34] Schriftliche Aufschreibungen des Dorfmeisters von Mutters über gemachte Ausgaben liegen aus der Zeit um 1600 vor; sie sind in einer gut leserlichen Schrift gemacht. Vgl. Sterner-Rainer 624, S. 43.

mit der Verwaltung der Stiftungen für Arme, setzte Baumeister für die Einhaltung der Bewässerungsanlagen und der Wasserverteilung sowie für den wichtigen Archenbau ein. All diese Beauftragten mußten der Gemeinde über Einnahmen und Ausgaben Rechnung ablegen.

Auf die Kenntnis der „Gemeindebriefe", der Urkunden über Gemeinderechte, wurde in älteren Zeiten mehr Wert gelegt als heute. Für die Männer, die an der Spitze der Gemeinde standen, war es wichtig, sich selbst von Fall zu Fall über wichtige Rechte der Gemeinde zu unterrichten. Dekan Lorenz (377) bringt aus dem Jahre 1588 einen wertvollen Beleg für dieses Interesse an den Urkunden. „Ein Tösner [Tösens, Oberinntal] geht in ein Haus in den Heimgart. Der Hausvater ist nicht anwesend. Er wartet und fragt, ob für die Langweile nicht ein „Brief" [Urkunde] oder etwas anderes da sei zum Lesen. Der Bub gibt ihm eine alte Urkunde. Der Tösner liest dieselbe und kann später bei der … Gerichtsverhandlung über den Inhalt Aufschluß geben. Das wird in einer Weise erzählt, daß man zur Meinung kommt, die Übung im Lesen sei schon damals etwas Gewöhnliches gewesen."

Weil die Gemeinden die Bedeutung der Schule für Religion, Gemainwesen und Einzelmenschen keineswegs verkannten, versuchten sie schon frühzeitig, E i n f l u ß auf die Schule zu gewinnen. So fordern die Pfarrleute von Kaltern 1429 aufgrund alten Herkommens: „… sol der Pfarrer haben zwen Schuler [Schulgehilfen] und einen Schulmaister und sol in die Kost geben." Auch in der Gerichts- und Gemeindeordnung von Mölten (1581) wird der Pfarrer zum Unterhalt des Lehrers verpflichtet. Auch dort, wo die Gemeinde bereits die Regelung des Schulwesens in ihre Hand nahm, hatte die Kirche noch einen erheblichen Teil der Schullasten zu tragen. So kaufte die Pfarre Landeck 1683 um 480 Gulden ein Haus für die Unterbringung der Schule sowie als Lehrerwohnung. Auch Auslagen für Schulbänke, Schultafeln, Ausbesserung der Schulstube bezahlte die Kirche. Aber in steigendem Maß betrachtete die Gemeinde Schulfürsorge und Schulaufsicht als ihre Sache. Bereits im 16. Jahrhundert begannen die Gemeinden mit der Errichtung von Schulen. Auch in den Siedlungen der Bergbauern entstanden bereits in dieser Zeit Schulen. Ein Beispiel hierfür führt Hirn (228, Bd. 1, S. 324) aus der Zeit von 1582 von den Bauern in Taufers (Seitental des Pustertales) an: „Nicht zufrieden mit dem einen Lehrer, welchen ihnen der Pfleger auf seinem Schlosse hielt, hatten sie noch einen zweiten bestellt, damit ein Teil der Kinder nicht einen allzu weiten Weg machen müßte. Der Richter aber hatte ihn aus dem Tale gewiesen mit der brutalen Bemerkung: ‚Die Bauern brauchen nit in allen Winkeln einen Schulmeister.' Klagend wandten sich dagegen die Untertanen an die Regierung, welche denn auch den Beschwerdeführenden Recht gab."

Das Dorfbuch der Gemeinde Latsch von 1607 enthält neben anderem auch eine „Schulmeisters Ordnung und Besoldung" (TW. III, S. 237 f.). Meines Wissens ist dies die älteste Schulordnung einer tirolischen Landgemeinde. Die Ordnung befaßt sich hauptsächlich mit dem Einkommen des Lehrers. Dieses setzt sich hier wie anderwärts aus dem Schulgeld zusammen, das die Kinder zu entrichten haben, ferner aus den Zulagen, welche Gemeinde und Kirche in Geld und Naturalien gewähren. Die Schulkinder hatten außer dem Schulgeld Holz und Licht zur Beheizung und Beleuchtung der Schulstube mitzubringen. Kirche oder Gemeinde sorgten für unentgeltliche Unterkunft des Lehrers. Das Einkommen des Lehrers aus der Schule war zu seinem Unterhalt gewöhnlich nicht ausreichend, sodaß er auf einen Nebenverdienst angewiesen war. Diesen fand er gewöhnlich als Kirchensänger, Organist, öfters auch als Mesner.

Bei den mangelhaften und unsicheren Einkommensverhältnissen, wie sie in älterer Zeit bestanden, ließ die Beschaffenheit der Lehrkräfte viel zu wünschen übrig. Die Lehrer scheinen anfangs wanderlustige Gesellen gewesen zu sein, die nicht lange an einem Ort blieben. Sie nahmen es wohl auch gelegentlich mit dem Unterricht nicht so genau, betrauten ältere Schüler mit ihrer Stellvertretung und nahmen während der Unterrichtszeit Zuflucht zu einem Trunk im Wirtshaus. Die Schulordnung von Latsch weist auf solche Mißstände hin. Die Gemeinden hielten aber die Versehung der Schule mit guten Lehrern für eine wichtige Angelegenheit. Deswegen bestimmt die Gemeindeordnung von Nasserein 1656, daß „ain ordentlicher, gueter, qualifizierter Schuelmaister bestelt“ werden solle (TW. II, S. 249, Z. 30). Durch Gewährung von Zulagen versuchten die Gemeinden, gute Lehrer festzuhalten. Da der Tadel allzeit beredter ist als das Lob, wird freilich mehr von schlechten Lehrern berichtet als von guten. Daß es aber an solchen auch nicht fehlte, zeigt ein Visitationsbericht von 1646; hier wird der Eifer des Lehrers in Prutz gelobt, der dann auch dreißig Jahre lang (1634–1664) an diesem Ort als Lehrer, Organist und Mesner tätig war.

In der Schulordnung Erzherzog Ferdinands II. von 1586 ist in Tirol zum erstenmal ein Anlauf zu einer allgemeinen Regelung des Schulwesens von seiten des Staates gemacht worden. Hiermit verband sich die Erkenntnis, daß der Staat auch seinerseits für den Unterhalt von Schule und Lehrer beizutragen habe. Die damalige Regierung Tirols erkannte, „daß ohne Hilf und Zutuung der weltlichen Obrigkeit“ ein Aufbau des Schulwesens im Sinn der neuen Ordnung nicht möglich sei. Sie verlangte, daß in den einzelnen Gerichten die Einwohner eine Schulsteuer entrichten sollten. Weil die Schule „vornehmlich ein geistliches Werk“ sei, solle auch die Kirche einen Beitrag für die Schule leisten (Hirn 228, Bd. 1, S. 333). Die Ansätze zu einer Regelung des Schulwesens durch den Staat fanden aber nicht eine nachdrückliche Fortsetzung. Zur Einhebung der Schulsteuer scheint es nicht gekommen zu sein. Der Unterhalt von Schule und Lehrer blieb bis zur theresianischen Schulreform in der Hauptsache der Gemeinde und Kirche sowie den Stiftungen überlassen, welche die schulfreundliche Bevölkerung machte. Diese Stiftungen erfuhren im 18. Jahrhundert eine Steigerung.

Der Schulbesuch beschränkte sich auf die Winterszeit. Noch 1802 vermochte die schulfreundliche Gemeinde Nasserein die Schulzeit nur auf 18 Wochen festzusetzen; der Unterricht begann um Martini (11. November). Die schwer arbeitenden Eltern glaubten, während der guten Jahreszeit auf die Mitarbeit der Kinder nicht verzichten zu können.

Schlecht stand es mit der Heranbildung von Lehrern. Einiges muß hierfür aber schon in der Zeit vor Maria Theresia geschehen sein. So werden 1734 Unterrichtskurse erwähnt, die zu Imst für die Heranbildung von Lehrern und Organisten veranstaltet wurden.

Ungeachtet ihrer großen Mängel erzielten die Landschulen doch recht beachtliche Erfolge. Dekan Lorenz bringt hierfür in seiner Abhandlung über Schule und Schulbildung im Gericht Laudeck wertvolle Belege: „Im Jahre 1679 verlobte die Gemeinde Prutz das Fest des hl. Antonius. Es wurde bestimmt, daß der Dorfvogt Hanns Gürtler von Haus zu Haus gehe und die Unterschrift eines jeden Hausbewohners entgegennehme. Wer nicht schreiben könne, habe die ‚Hausmarch' beizufügen. Unter 68 Parteien konnten 40 ihre eigenhändige Unterschrift geben. Unter den übrigen waren sicher auch solche, die nur schwerfällig schreiben konnten und sich deshalb mit der „Hausmarch" begnügten. Es konnten also damals über 58 Prozent geläufig schreiben und wir haben keinen Grund, alle übrigen als Analphabeten zu bezeichnen." Aus einem jüngeren, von Lorenz gebrachten Beleg (1721) geht hervor, daß alle 64 Hausbesitzer von Prutz gut schreiben konnten. Im Kataster der Gemeinde Zams aus der Zeit um 1790 konnte ich feststellen, daß die meisten Bauern die Eintragungen über ihren Grundbesitz mit eigenhändiger Unterschrift bestätigten, zum Teil in sehr guter Schrift. Die Einwohner von Zams waren damals zu etwa einem Drittel Bergbauern.

Unberechtigt ist der Vorwurf, daß in Tirol vor der theresianischen Reform überhaupt keine Schulen bestanden, die diesen Namen verdienen.[35] Von einer Verkennung der großen Bedeutung, welche der Schule zukommt, oder gar von einer Schulfeindlichkeit ist bei den Tiroler Bauern auch in älterer Zeit nichts zu verspüren. Im Gegenteil: sie wußten den Wert einer guten Schule sehr wohl zu schätzen und brachten auch Opfer hierfür!

Die theresianischen und josefinischen Schulreformen bauten auf dem Grundsatz auf, daß die Schule ein „Politicum", d. h. Staatssache sei. Durch entsprechende Maßnahmen der Verwaltung wurde eine eingehende Überwachung des Schulwesens durch den Staat eingeleitet; eine Schulkommission für die Grafschaft Tirol wurde eingesetzt und 1774 eine einheitliche Schulordnung für das ganze Land erlassen. Durch Gründung eines Schulfonds leistete der Staat einen – freilich nicht unerheblichen – finanziellen Beitrag zum Unterhalt von Schulen und Lehrern, deren Zahl eine bedeutende Vermehrung erfuhr. Eine gesetzliche Verpflichtung der Eltern, ihre Kinder in die Schule zu schicken, wurde eingeführt. Für eine einheitliche Ausbildung der Lehrer wurde gesorgt. Der staatliche Ausbau des tirolischen Schulwesens wurde in der Zeit Kaiser Josefs II., sodann durch Ausdehnung der für die deutschen Schulen in Österreich erlassenen Gesetze auf Tirol im

---

[35] Derartige Vorwürfe bei Egger 96, III, S. 77; Staffler 611, I. Teil, S. 525 f.

Jahre 1816 und durch das österreichische Reichsvolksschulgesetz von 1869 fortgesetzt. Wenn die theresianisch-josefinische Schulreform und das Gesetz von 1869 bei einem großen Teil der Bauernschaft Tirols keine gute Aufnahme fanden, so hat das nichts mit einer Schulfeindlichkeit bäuerlicher oder – wie es auch heißt – geistlicher Kreise zu tun. Die Gegnerschaft von Bauern und Geistlichen beruhte auf Befürchtungen, daß die Ideen der Aufklärung und eines der katholischen Religion abgeneigten Liberalismus auf das Schulwesen Einfluß gewinnen würden. Das mit Durchführung der Schulgesetze betraute, zum Teil landfremde Beamtentum war ja auch in der Tat zu einem namhaften Teil von diesen Ideen erfüllt. Die Landgemeinden – und gerade die bergbäuerlichen Gemeinden – hielten nach wie vor daran fest, daß die Schule die Kinder in erster Linie zu guten Christen erziehen solle. Das betont beispielsweise die Gemeindeordnung von Nasserein (1802) in ihrem 4. Artikel: „Wegen der Schule. Siehet die Gemeinde von selbst ein, wie viel daran liege, ihre Kinder im Lesen und Schreiben so wie vorzüglich in dem Seelenheil unterrichten zu laßen“ (TW. II, S. 274, Z. 17).

Das Mißtrauen gegen die neuen Schulgesetze hinderte die Gemeinden nicht, ihre Schulen zu fördern. Zu einer gedeihlichen Gestaltung des Schulwesens setzte die Gemeinde einen eigenen Bevollmächtigten ein; dieser hatte nicht nur das Verhalten des Lehrers und der Schuljugend zu überwachen, sondern auch jene Eltern der Gemeinde anzuzeigen, welche ihre Kinder nicht regelmäßig in die Schule schickten. Sie sollen bei erstmaligem Versäumnis mit 45 Kreuzern, bei Wiederholung mit 1 Gulden 30 Kreuzern gestraft werden. Armen Kindern werden Lehrbehelfe durch die Gemeinde unentgeltlich beigestellt. Für diesen Zweck sollen die für Schulversäumnis eingehobenen Strafgelder verwendet werden (nach den Gemeindeordnungen von Nasserein 1802 und Fließ 1801; TW. II, S. 274, Z. 26 ff. u. S. 225, Z. 41 ff.).

Gerade in Berggemeinden wie in den beiden vorhin angeführten ist der Eifer für die Schule sehr rege. Aus dem damals zu Salzburg gehörigen Windisch-Matrei (Matrei in Osttirol) und Defereggen berichtet 1805 der Pfleger Kienberger über große Mängel der Schulen; er hebt aber den „an sich sehr empfänglichen Willen der Eltern für die Bildung ihrer Kinder“ hervor; er ist einsichtig genug, die Schwierigkeiten, mit denen die Schule in diesen Berggemeinden zu kämpfen hatte, in „der Natur des Lokals“, d. h. in den namentlich zur Winterszeit für die Kinder sehr beschwerlichen Schulwegen und in der Armut der Eltern zu suchen, welche die Arbeitskraft der Kinder für die Wirtschaft benötigen.

Die Schwierigkeit des Schulbesuches ergab sich in vielen Berggemeinden aus der verstreuten Lage der einzelnen Höfe. Waren die Wege, welche die Höfe mit dem Schulort verbanden, weit und selbst im Sommer beschwerlich, so war ihre Begehung im Winter bei Vereisung, Schneewehen und drohenden Lawinen schon für Erwachsene gefährlich, und umso mehr für Kinder! Manche Berggemeinden griffen diesen Schwierigkeiten gegenüber zu dem heute etwas sonderbar erscheinenden Mittel, die Schule abwechselnd an verschiedenen Orten halten zu lassen. Die Gemeinde Nasserein bestimmt in ihrer Gemeindeordnung von 1656, daß im ersten Winter im Weiler Nasserein, im zweiten im Weiler Rafalt, im dritten im Weiler Bach der Unterricht statthaben sollte, damit man sich des „weiten Wegs desto weniger zu beschweern hat" (TW. II, S. 249, Z. 31 ff.); derart wollte man die Schwierigkeit des Schulbesuches gleichmäßig auf alle Teile der Gemeinde verteilen und den etwaigen elterlichen Einwänden gegen den Schulbesuch wirksamer entgegentreten.

Häufiger griffen die Gemeinden zum Ausweg, sogenannte Notschulen für entlegene Höfegruppen zu errichten, an denen Notlehrer mit allerdings beschränkter Ausbildung Unterricht erteilten. Im vorhin erwähnten Bericht von 1805 meldet der Pfleger seiner vorgesetzten Behörde, daß in seinem Gericht zwar viele Schulen bestünden, diese aber wenig leisteten; es handelt sich hier offenbar um solche Notschulen. Derartige Schulen haben sich für einzelne entlegene Weiler bis herauf in das 20. Jahrhundert erhalten; ich selbst begegnete bei meinen volkskundlichen Wanderungen noch derartigen Schulen. An manchen von ihnen wirkten Lehrer, die zwar nur eine behelfsmäßige Ausbildung zum Lehrberuf erfahren hatten, gleichwohl aber, dank eines angeborenen Lehrtalentes, gute Erfolge erzielten.

Anschaulich schildert Beda Weber in seinem vor 150 Jahren erschienenen „Land Tirol" (730) die Schwierigkeiten, welche sich in den Hochtälern für den Schulbesuch der Kinder ergeben, während er andererseits die Schulfreundlichkeit der Bergbauern hervorhebt: „Die meisten Duxer [Bewohner des Tales Tux, eines der Quelltäler des Zillertales] und Duxerinnen lesen und schreiben geläufig, besonders das jüngere Volk, das oft recht gute verständliche Briefe in reindeutscher Sprache schreibt. Die Schule wird wohl kaum irgendwo fleißiger besucht. Da nur eine einzige in ganz Dux zu Lanersbach besteht, so müssen viele Kinder anderthalb Stunden im Schnee, auf dem Eise dahinziehen, mit einem Säckchen mit Brot und Käse zur Mittagskost. Vor Tagesanbruch brechen sie auf, watend und schleifend auf gefährlichen Stegen, munteren Sinnes und herzinnig des Ganges erfreut und erst spät abends hungernd, frierend gelangen sie heim, und das alle Tage durch sechs volle Monate im sibirischen Klima, so genau und pünktlich, daß nicht eines der Schulpflichtigen fehlt" (3. Bd., S. 77). Ähnliches berichtet Weber aus dem Hochtal Ulten: „... die Schulen sind sehr gut besorgt und unterhalten. Von den einsamen Berghöfen, die oft über zwei Stunden von der Pfarrschule entfernt sind, fahren die Kinder auch im tiefsten Winter auf kleinen Schlitten nieder zum gemeinsamen Unterricht. Wohldenkende Glieder der Gemeinde, von der weisen Priesterschaft unterstützt, schießen Getreide und andere Lebensmittel zusammen, aus denen der Frühmesser von St. Pankraz unentgeltlich das Mittagsmahl für die Lernenden bereiten läßt, um den Besuch der Nachmittagsschule zu sichern. Ein eigenes Gefühl von Wehmut und Freude ergreift den Wanderer, wenn er um drei Uhr Nachmittag die Kinder aus der Schule heimziehen sieht. Mit mächtigen Stöcken bewaffnet, den Schlitten auf der Schulter, klettern sie rüstig und wohlgemuth die mit Eis und Schnee bedeckten Berge hinauf unter lautem Jubel und Gesang" (3. Bd., S. 456).

Über die Schwierigkeit des Schulbesuches in seiner ladinischen Bergheimat in Colle Santa Lucia (Buchenstein) berichtet Jakob Colleselli (Tir. Htbl, 23. Jg., 1948, S. 99): „Die Kinder haben meist weit in die Schule zu gehen; um 1/2 8 war die Schulmesse, und um 8 Uhr hat die Schule begonnen. Die Kinder hatten oft arg verschneite Wege zu durchwandern. Schuhe [Leder-] hatte kein Kind, alle Kinder hatten Holzknospen [pantoffelartige Holzschuhe], die nach rückwärts offen sind. Vor der Kirche mußten die Kinder die Schuhe ausziehen und in bloßen, meist nassen Strümpfen in die Kirche gehen. Es war zum Staunen, wie schnell jedes Kind nach der Messe vor der Kirche seine Knospen unter über 300 Stück wieder fand. Vor der Schulzimmertür mußten die Kinder die Knospen wiederausziehen und in bloßen Strümpfen in die Schule gehen. Bei dieser spartanischen Abhärtung waren Krankheitsfälle selten. Von 12 bis 13 Uhr war Mittagspause. Die Kinder, die in nächster Nähe wohnten, gingen heim zum Mittagessen, der größere Teil aber verbrachte die Pause in der Schule oder vor dem Schulhause und aß das Mitgebrachte; viele hatten jedoch nichts mit, denn nicht bei jedem Bauern reichte das Winterbrot den ganzen Winter durch. Da konnte man Bilder der Armut beobachten und Menschenstudien machen. Die Kinder der besser situierten Bauern hatten ein Stück Brot, ein Vinschgerlaibchen oder Kartoffel oder Saubohnen mit, gut die Hälfte jedoch hatte gar nichts. Die Schule dauerte nachmittags von ein bis drei Uhr, so daß viele Kinder erst gegen vier Uhr oder fünf Uhr nach Hause zum Mittagessen kamen. Solche Kinder wissen, was Hunger ist."

Hoch oben über der Talsohle des Ötztales liegen am felsendurchsetzten Steilhang die Höfe von Farst (vgl. 1. Bd., Abb. 36). Ein halsbrecherischer Steig ist der Schulweg hinab nach Umhausen. An den kurzen Wintertagen ist es dunkel, wenn die Kinder ihn morgens hinabwandern und wenn sie abends heimkehren. „Da kam auch einmal an einem stürmischen Wintertag ein Farster Bübl erst mitten im Vormittag zur Schule. Die Lehrerin war erstaunt, daß es überhaupt kam und fragte es bewundernd: „Sag mir, Peterle, wie kommst denn du heute zuwege?" „Die meahrigschte Weile am Ache!" bekannte das Bübl treuherzig und meinte dabei seinen ötztalerisch ohne „rs" auszusprechenden Rückteil (Plangg 499, S. 140).

Als im Jahre 1848 die Wogen einer bewegten Zeit auch in die Täler Tirols hereinschlugen, traten die Bauern zusammen, um ihr altes Recht auf Selbstbestimmung, das ihnen Absolutismus und Zentralismus zu nehmen versucht hatten, wieder an sich zu ziehen. Was die Tiroler Bauern damals erstrebten, war zeitgemäße, organische Weiterbildung der alten Landesordnung und -verfassung. Entsprechend dem bäuerlichen Interesse an der Schule befaßte man sich auch mit Fragen der Weiterbildung des Schulwesens. In einer Versammlung deutscher Bauern aus den Gerichten Lana, Kaltern und Neumarkt, die im Juni 1848 zusammentrat, wurde die Forderung aufgestellt, daß die Schulzeit länger als fünf Monate (jährlich) dauere oder – was besonders empfohlen wurde – die Schulpflicht bis zum 14. Jahre – dieses eingeschlossen – erstreckt werde. Es müsse mit mehr Strenge auf den Besuch der bereits bestehenden Feiertagsschule für die Weiterbildung der Schulentlassenen gedrungen werden. Die Bauern forderten aber auch im Interesse der religiösen Erziehung der Kinder die Wahrung des kirchlichen Einflusses auf die Schule (Wopfner 789, S. 129 f.).

Die Tiroler Landgemeinden haben bereits in älterer Zeit aus eigener Kraft für den Schulunterricht ihrer Kinder gesorgt. Gerade in jenen Landschaften des tirolischen Westens, in welchen bäuerliche Freiheit und Selbstverwaltung der Gemeinden auf ein hohes Alter zurückblicken, tritt das Verständnis für die Schule schon früh zutage. Hier sind auch schöne Erfolge schon durch die ältere Schule erzielt worden. Es wird in Deutschland namentlich bei der unfreien Bauernschaft des deutschen Ostens nicht viele Gemeinden gegeben haben, in denen, wie im tirolischen Prutz, bereits im 17. Jahrhundert 58 Prozent der bäuerlichen Hausbesitzer des Schreibens kundig waren.[36] Nach Ansicht der Bauern hatte auch in der Schule die Religion die erste Stelle einzunehmen. Ein allgemeiner Mangel des älteren Unterrichtes war die Beschränkung auf Lesen und Schreiben, während das Rechnen sehr zu kurz kam.

In den letzten Jahrzehnten haben die tirolischen Landgemeinden durch Land und Staat eine weitgehende Erleichterung ihrer Schullasten erfahren. So sehr den Landgemeinden bei ihrer schwierigen Finanzlage diese Erleichterung zu gönnen ist, so wäre es doch bedauerlich, wenn nunmehr das Interesse der Schule als einer der wichtigsten Gemeindeangelegenheiten eine Abschwächung erfahren und die enge Verbindung zwischen Gemeinde und Schule gelockert würde.

Wichtig für eine Gestaltung des Landesschulwesens ist zumal die enge Verbindung des Lehrers mit seiner Schulgemeinde. Im 19. Jahrhundert gab es, soviel ich feststellen konnte, in verschiedenen tirolischen Landgemeinden eine Art von Lehrerdynastien; Großvater, Vater und Sohn, nicht selten einer einheimischen Familie entstammend, waren nacheinander als Lehrer an der Schule der Gemeinde tätig. Lehrer, die derart mit ihrem Schulort verwachsen sind, vermögen wertvollste Arbeit im Sinn guter heimatlicher Überlieferung und für Wahrung heimattreuer Gesinnung bei der Jugend zu leisten. Sie besitzen die Voraussetzungen, den Unterricht den besonderen Verhältnissen der Heimatgemeinde anzupassen; sie sind zumal mit den wirtschaftlichen und kulturellen Bedürfnissen der Heimat vertraut und waren öfters auch selbst durch Grundbesitz wirtschaftlich mit ihr verbunden.

Heute liegt ein großer Schaden unseres Schulwesens darin, daß gerade in den entlegeneren Berggemeinden der L e h r e r w e c h s e l sehr stark ist. Aus leicht verständlichen Gründen streben die Lehrer Orte in günstiger Verkehrslage an, in denen sich für ihre Kinder Gelegenheit zum Besuch höherer Schulen bietet. Um es dem Lehrer möglich zu machen, in seiner Bergschule auszuharren, sollten ihm Staat oder Land, allenfalls auch die Gemeinden, Zulagen oder Stipendien für seine Kinder gewähren, damit diesen der Besuch höherer Schulen ermöglicht werde. Um eine bodenständige Lehrerschaft zu gewinnen, könnten die Gemeinden junge Männer aus der Gemeinde, die sich dem Schuldienst zuwenden wollen, Stipendien gewähren unter der Bedingung, daß sie dann später, wenn es die Gemeinde verlangt, in ihr den Schuldienst übernehmen.

ARMENPFLEGE. Seit dem 16. Jahrhundert wird auch eine Fürsorge der G e m e i n d e für die Armen nachweisbar. Im Mittelalter war es vor allem die K i r c h e , welche sich der Armen angenommen hatte. Immerhin ist wohl auch seitens der Gemeinde eine sittliche Verpflichtung gegenüber den Armen, die im Verband der Gemeinschaft lebten, anerkannt worden. Barmherzigkeit gegen Arme war in christlicher Zeit Pflicht jedes einzelnen; dies konnte aber auch auf das Verhalten der Gemeinschaft, die sich aus den einzelnen zusammensetzte, nicht ohne Rückwir-

[36] Über die Zustände im deutschen Landschulwesen vgl. E. Ermatinger, Deutsche Kultur im Zeitalter der Aufklärung (Potsdam 1935), S. 212f.

kung bleiben. Was zunächst Pflicht des einzelnen war, wurde auf dem Weg über die Sitte allmählich zum Recht, in unserem Fall zum Armenrecht der Gemeinde.

In Notzeiten, so bei Heimsuchung durch Krieg und Seuchen, ergab sich eine besondere Verpflichtung für die Gemeinde, helfend und ordnend in die Armenfürsorge der Kirche und der einzelnen einzugreifen.

Ein gewisses Aufsichtsrecht gegenüber der kirchlichen Armenpflege, soweit es sich um Armenstiftungen handelte, tritt schon im Mittelalter hervor, so beispielsweise in der Gemeinde Kaltern 1429 (TW. IV, S. 319, Z. 40). Gleichwohl blieb auch noch in der Neuzeit die Armenfürsorge weitgehend der Kirche und der privaten Wohltätigkeit überlassen. Bedeutende Beträge wurden der Armenfürsorge durch Stiftungen zugewendet. So belief sich das Vermögen der Armenstiftung in Landeck im Jahre 1680 auf fast 4000 Gulden, zu einer Zeit, als die Gemeinde etwa 700 Einwohner zählte und der Geldwert noch ein hoher war.

Die Art, wie man die Gaben an die Armen verteilte, zeigt zuweilen eine liebenswürdige, zarte Rücksichtnahme auf die Beteilten, so wenn die Spenden an den Vorabenden vor hohen Festen oder an anderen Tagen der Freude verteilt wurden. Die Spender wollten, daß sich an solchen Tagen auch die Armen freuen. Die Spenden waren nicht unbedeutend, so wurde (nach Lorenz, Alt-Landeck, Handschrift, 1678) in Landeck auf Weihnachten 102 Pfund (1 Pfund = 0,56 kg) Rindfleisch sowie Brot von 4 Mutt Korn (1 Mutt = ungefähr 40 Liter) verteilt. Sehr verbreitet war die Sitte, bei den Seelengottesdiensten und Jahrtagen Brot an die Armen zu spenden.[37]

Im 17. Jahrhundert ist die Armenfürsorge bereits allgemein als Gemeindesache anerkannt. Hatte die kirchliche Armenpflege den Bedürftigen im allgemeinen gegolten, ohne Rücksicht auf ihre Herkunft, so beschränkte sich die Gemeinde auf die Armen ihres Bereiches, während sie fremde Arme tunlichst fernzuhalten versuchte. Die Verabreichung der Armengaben seitens der Gemeinde mag nicht selten mit einer unfreundlichen, übellaunigen Form des Gebens verbunden gewesen sein, oder man verband doch mit der Gabe die deutlich erkennbare Erwartung entsprechender Dankbarkeit. Die Gemeinde Planail teilt nach ihrem Gemeindebuch von 1583 Brennholz zu, auf „daß sie der Gemainde in allen Sachen und Obligen desto williger seien" (TW. III, S. 145, Z. 17).

Andererseits ist doch auch bei den Armenspenden der Gemeinde zuweilen ein schöner Hauch christlicher Liebe zu verspüren, so wenn die Gemeinde Mals nach ihren „bäuerlichen Rechten" von 1538 ihre regelmäßigen Armenspenden nicht auf das Notwendige beschränkt, sondern die Armen mit dem „heiligen" (geweihten) Wein an Festtagen und dem Zelten (dem bekannten Tiroler Früchtebrot) um Weihnachten bedenkt, damit auch sie gleich den Wohlhabenden an den im Volksbrauch vorgesehenen festtäglichen Genüssen teilhaben (TW. III, S. 29, Z. 10).

Die Verpflegung erwerbsunfähiger Armer war gewöhnlich den einzelnen bäuer-

---

[37] Jos. Andreas Jungmann, Missarum solemnia 2 Bde., 5. Auflage, Wien 1962.

lichen Haushalten in bestimmter Reihenfolge überlassen. Da war dann freilich die Behandlung der Armen je nach Beschaffenheit der Hausmutter eine ungleichartige. Nach Beobachtungen aus der jüngeren Vergangenheit, in der ja in kleineren Orten diese Art der Armenversorgung noch bestand[38], möchte ich annehmen, daß ein Haus, das die Armen schlecht behandelte, an Ansehen in der Gemeinde einbüßte. Die Volkssage verurteilt Hartherzigkeit gegenüber den Armen auf das allerschärfste. Ein schöner alter Brauch, der heute noch an verschiedenen Orten ausgeübt wird, ist die Beiziehung der Armen zu den Mahlzeiten an hohen Festtagen (vgl. 1. Bd., S. 676f.).

Als Verband, dessen Angehörige, ob arm oder reich, sich wechselseitig verbunden fühlen, erweist sich manche Berggemeinde. In Tux wurden, wie Weber (Land Tirol 730, Bd. 3, S. 77) berichtet, arme Kinder nie dem Straßenbettel überlassen, sondern auf die Höfe der Wohlhabenden verteilt und dort bis zu den Jahren der Arbeitsfähigkeit verpflegt. In manchen Berggemeinden gab es überhaupt keine Almosen heischenden Armen. Wolkenstein berichtet in seiner Landeskunde von Gemeinde und Gericht Jenesien (auf der Hochfläche von Bozen), daß es hier keine Bettler gebe noch Leute, „die den Almusen nachgien" (754, S. 240). Von der großen Tal- und Gerichtsgemeinde Passeier schreibt Wolkenstein: „Sundlich [sonderlich] ist in disen Gericht zu loben, das sy ir arme Leyt kaine herauslassen oder ausser den Gericht gien und sy selbst erhalten tain und ernoren" (S. 236). Auch heute noch erfuhr ich von einem ähnlichen Fehlen von Armen, die der Gemeinde zur Last fallen. Natürlich hat es auch in den Orten, von denen Wolkenstein berichtet, Arme gegeben. Sie traten aber nicht vor die Öffentlichkeit. Geriet ein Mitglied einer Sippe in Armut, so betrachtete es die Familie als Ehrensache, es nicht der Gemeinde zur Last fallen zu lassen, sondern es selbst zu versorgen. Arbeitsleute, die erwerbsunfähig geworden waren, wurden bei den Bauern, bei denen sie gearbeitet hatten, versorgt. Derartige Versorgung der Armen durch Familie oder Arbeitgeber war – und ist bei guten Bauern auch heute noch – christliche Tiroler Sitte. Steht auch kein Gesetzesparagraph hinter ihr, so wird ihre Einhaltung doch durch die öffentliche Meinung mit Nachdruck gefordert; wer gegen diese Sitte handelt, hat mit der Mißbilligung seiner Umgebung zu rechnen, was sich im engen Verband der Gemeinde sehr unangenehm auswirken kann.

Gemainsinn und Sonderung (Individualismus). Das Band, mit dem die Gemeinde ihre Angehörigen umfaßte und zur Einheit zusammenschloß, war stark genug, ein lebendiges Gefühl der Zusammengehörigkeit unter den Gemeindegenossen zu erzeugen. Der alte Gemeindeverband gewährte dem einzelnen einen starken persönlichen Schutz und Rückhalt, der im Recht, mehr aber noch in der Sitte begründet war. Es galt der Grundsatz: Alle für einen, einer für alle. Für Lasten, welche der einzelne im Interesse der Gesamtheit übernommen hat, muß ihn die Gemeinde entschädigen. Dementsprechend bestimmte die Gemeindeordnung von

[38] Inzwischen ist diese Form der Armenversorgung nicht mehr üblich.

Bichlbach (1575), daß jedem Gemeindegenossen, der Leistungen für durchziehende Truppen oder Fuhrdienst für den Landesfürsten übernehmen mußte, Entschädigung seitens der Gemeinde zu gewähren war (TW. II, S. 136, Z. 24ff.). Die Gemeinde verlangt von dem einzelnen, in seinem Haus für Sicherheit gegen Brandschaden zu sorgen, der die ganze Gemeinde bedroht. So verpflichtet die Gemeinde Mieders (1729) die Hausbesitzer, die noch Küchen mit Holzwänden besitzen, gemauerte Küchen herzustellen; die Gemeinde sagt aber zu, zum Umbau Arbeitskräfte beizustellen (TW. I, S. 277, Z. 18ff.). Viel von Recht und Sitte in der Gemeinde gehen, wie bereits erwähnt wurde, auf alte Nachbarsitte zurück. Wechselseitige Unterstützung bei „Gottsgewalt", d. h. bei elementaren Unglücksfällen, wird durch die Sitte und durch das Recht gefordert; das gleiche gilt von der Abwehr gemainschädlicher Menschen. Eigennützige Handlungsweise zum Schaden der Mitgenossen, wie etwa das Abdingen von Dienstboten, wird ausdrücklich verboten.

Besonders große Bedeutung kam so wie anderwärts auch in Tirol der Bittarbeit zu, die Gemeindegenossen oder Nachbarn einander leisteten. Sie tritt unter anderem bei der Errichtung neuer Wohnstätten auf. In den Gemeinden Inner- und Außervillgraten helfen noch heute – ähnlich wie in manchen Teilen Deutschlands und im schweizerischen Wallis, im Berngebiet, im Prätigau usw. – beim Neubau eines Hauses oder bei größeren Umbauten alle Gemeindegenossen durch persönliche Arbeitsleistung und durch Beistellung von Lebensmitteln für die Arbeitenden. Man nennt das die „Haussteire" (Haussteuer), d. h. Beisteuer für den Hausbau.

Im engeren Kreis der Teilgemeinden oder Nachbarschaften ist es bei dringender Arbeit, welche die Kraft des einzelnen Haushaltes überschreitet, noch heute üblich, sich wechselseitig auszuhelfen. Als solche Arbeiten kommen namentlich die Errichtung von Holzwegen und der Wege für die winterliche Heulieferung sowie die Hilfe beim winterlichen Heuziehen in Betracht. Müßte die Nachbarhilfe durch entgeltliche Arbeitskräfte ersetzt werden, so könnte die Bewirtschaftung so manchen Berghofes nicht mehr fortgesetzt werden. Als engerer gesellschaftlicher Verband offenbart sich die Nachbarschaft noch in manchen Bräuchen und Sitten bei besonderen Anlässen wie Geburt, Hochzeit und Tod.

Vermeintliches oder wirkliches Unrecht, das einem Gemeindegenossen von einem Auswärtigen angetan wurde, berührte alle Genossen. Das bäuerliche Solidaritätsgefühl äußerte sich unter Umständen auch gegen Behörden, wenn ihr Vorgehen als widerrechtlich empfunden wurde. Als die Forstbehörden zu Ausgang des Mittelalters im Sinn der landesfürstlichen Waldordnungen die bäuerlichen Rechte an den gemainen Wäldern in mannigfacher Weise beschränkten und mit Strafen gegen die Verletzer des neuen Rechtes vorgehen wollten, gerieten sie mit der Gesamtheit der bäuerlichen Gemeindegenossen in Widerstreit. So berichtet 1513 der oberste Holzmeister in den drei Herrschaften Kufstein, Kitzbühel und Rattenberg, falls er Waldfrevler strafen wolle, „so komen vil ander mit inen und beruemen sich, was ainen angee, solle den andern auch angeen und wollen sich darnach kainswegs straffen lassen".

Auch in anderen Fällen trat das Gemeinschaftsgefühl an den Tag, wo Rechtsansprüche zu verteidigen waren, die das geltende formale Recht nicht anerkannte, die aber im Rechtsempfinden des Volkes lebendig waren. Erinnerung an ein uraltes Recht der Gemeinschaft, das ihr im Laufe der Zeit abhanden gekommen war, wird im Eintreten der Volksgesamtheit zugunsten der W i l d e r e r sichtbar. Im Bauernvolk wurzelte die Ansicht, daß Jagd und Fischfang jedem Ansässigen frei stünden, daß, wie der 19. Meraner Artikel von 1525 besagt, „alle fließende Wasser und Bächer, auch selb gewaxsen See und alles Wild auch Gefuegl menigklich zu genießen frei sein" solle (AT. 2, Bd. 3, S. 40). Den Bauern war mit Hilfe der Regalitätsansprüche der Gerichts- und Landesherren ihr altes Jagdrecht genommen worden; dabei ist es wohl auch nicht immer mit rechten Dingen hergegangen. Da mochte bei den Bauern die Erinnerung lebendig geblieben sein, daß im Grunde jedem Gemeindegenossen das Recht zur Jagd zustehe. Dazu kam, daß der Wildschaden, wie er den Bauern aus der übermäßigen Wildhegung seitens der Jagdherren erwuchs, begreiflicherweise allgemeine Empörung hervorrief.

Als 1665 die Innsbrucker Regierung die Verhaftung eines Wilderers anordnete und ein Aufgebot von Soldaten und Jägern ihn in Patsch zu nächtlicher Zeit verhaften wollte, trat ihnen sofort eine Menge bewaffneter Bauern entgegen und befreite ihren Gemeindegenossen.

Besonders auffällig äußerste sich dieses Gemeinschaftsgefühl im Jahre 1797 bei einem Vorfall in der Gemeinde Ehrwald. Einige Leute aus Ehrwald waren als Wildschützen zur Pirsch in bayerisches Gebiet gegangen; bei einem Zusammentreffen mit bayerischen Jägern und Soldaten wurden mehrere der Ehrwalder Wilderer verwundet und gefangen. Daraufhin rückten mehr als 100 Scharfschützen aus der Gemeinde Ehrwald auf bayerisches Gebiet und erzwangen die Freilassung der Gefangenen.

Das Gemeinschaftsgefühl war in manchen der alten Groß- oder Talgemeinden so stark, daß es mit dem Landesgefühl, dem Gefühl der Verbundenheit mit der höheren Einheit des Landes in Wettbewerb, ja zu ihm in einen gewissen Gegensatz trat. So hat die Großgemeinde des oberen tirolischen Lechtales zwar ihre Verpflichtung, am Aufgebot gegen einen Landesfeind teilzunehmen, anerkannt, aber den Vorbehalt daran geknüpft, daß „das Tal versorgt" werde. Ähnlich will die Talgemeinde Enneberg ihre Mannschaft nur dann zu Kriegsdienstleistungen außerhalb des Tales ziehen lassen, wenn das Tal nicht von den benachbarten Venedigern oder anderen Feinden aus der Nachbarschaft bedroht ist (1567). Eine Beschränkung der landesfürstlichen Rechte bedeutete es, wenn der Talgemeinde Passeier 1395 ihr altes Recht bestätigt wird, einen Talmann als Richter zu erhalten.

Das Gefühl besonderer Verbundenheit zwischen den Gemeindegenossen kommt, wie Mang (401, S. 42) ausführt, am Land noch heute unter anderem in der Form des Grußes zum Ausdruck. Einheimische grüßen sich auf der Straße und beim Eintritt in das Haus wie in die Gaststube anders als sie Fremde grüßen und trinken sich anders zu als Fremden. Gesundes Gemeinschaftsgefühl zeigt sich auch in einem gewissen Stolz auf die eigene Gemeinde. Selbstbewußtsein erfüllt die Leute von Kaltern ob ihrer schönen, fruchtbaren Heimat und äußert sich wohl auch im Umgang mit Angehörigen anderer Gemeinden. Diese nennen denn auch die Kalterer etwas spöttisch die „Herrgottskinder". Die Leute von Eppan sind stolz auf ihre Glocke, welche von allen Glocken im Lande den schönsten Klang haben soll. Die Kastelruther sollen den Stolz auf ihren stattlichen Kirchturm so weit treiben, daß sie jedem Fremden, der ihn lobt, eine Mahlzeit zahlen (Mang 402).

Betont man die Vorzüge der eigenen Gemeinde, so ist man umso scharfsinniger für wirkliche oder vermeintliche Schwächen der Nachbarn. In verschiedenen Spottreden und Ortsneckereien findet derartiges seinen Ausdruck. Wechselseitig geben sich die Nachbargemeinden Übernamen oder verspotten Schwächen der Nachbarn. So gehen besonders zwischen Gemeinden am Talboden und denen am Berg viele Spottreden hin und her. Die Leute drunten am „Land" spotten über die vermeintliche Einfalt der „Berger", die Bergbauern rühmen sich aber größerer Tüchtigkeit; sie geben den Leuten am „Land" den Spott mit Kraft zurück, so z. B. die Paznauner. Ein Paznauner ist einmal mit seinem kleinen Buben heraus ins Inntal gekommen. „Gleich beim ersten Ort sahen sie einen Schweinestall, aus dessen Futterloch zwei Ferkel die Köpfe herausstreckten. „Siehst Seppele", sagte da der Vater, „andere Gegend, andere Leut." Nach ihren Siedlungen nahe dem versumpften Talboden werden die Leute von Straß „Froschmagger" (von maggen = zerdrücken, also etwa Froschwürger), die Leute von Stumm „die Stummer Muggen" (Mücken) genannt; ebenfalls dem vorderen Zillertal gehören die Brucker „Elsentrifter" (Elsen = Traubenkirschenstrauch, prunus padus) sowie die Fügener „Ampellecker" an; diese sollen nämlich das Öl in der roten Glasampel des „Ewigen Lichtes" in ihrer Kirche für Wein gehalten und ausgetrunken haben usw.[39]

Bei der männlichen Jugend kam der Gegensatz zwischen den Nachbargemeinden seit alters in kräftigen Raufhändeln zum Austrag. In Uttenheim (Tauferer Tal) wurde noch 1919 am Kirchtag eine menschliche Figur nach Art einer Vogelscheuche auf eine Stange gebunden und auf einem freien Platz aufgestellt. Die Burschen der Nachbargemeinden kamen und versuchten, diese Figur, den „Kirchtagsmichl", zu stehlen. Natürlich kam es bei dieser Gelegenheit zu einer Rauferei, die sich sehen lassen konnte.

Solche Ortsneckereien, Spottreden und dergleichen müssen aber keineswegs eine unfriedfertige Gesinnung zwischen den Nachbargemeinden bedeuten. Im Gegenteil, in den Weistümern findet man Bestimmungen über gegenseitige Zuflucht, die man sich in Kriegszeiten gewährt, über wechselseitige Rücksicht in Sachen der gemainen Weide, über Zusammenarbeit in gemeinsamen Unternehmungen. Oft haben ja Nachbargemeinden dem Verband einer alten Großgemeinde angehört, und mannigfache aus dieser Gemeinschaft erwachsene Beziehungen

[39] Zahlreiche solche Übernamen und Spottreden vgl. Metzler 438, S. 161 ff. u. Mang 398, S. 424 ff.

bestanden auch noch in späterer Zeit fort. Die Volksmeinung, wie sie sich in den Sagen ausspricht, verurteilt Unfriedfertigkeit zwischen benachbarten Gemeinden. Nach Sagen des Brixentales werden die mit dem Untergang bestraft.

Das Gemeinschaftsurteil befaßt sich natürlich nicht nur mit Nachbargemeinden, sondern ausgiebig auch mit den eigenen Gemeindegenossen. Mang (Gemeinschaftsleben, S. 28) verweist darauf, wie das Brauchtum solcher Verurteilung dienstbar gemacht wird: „Noch an vielen Orten bestehen bei uns (in Deutsch-Südtirol) die Klöckler Bräuche an den drei letzten Sonntagen im Advent. Im Sarntal ziehen vermummte Burschen vor die Häuser, machen zuerst einen Heidenlärm und bevor sie den altüberlieferten Spruch der Klöcklbotschaft aufsagen, kritisieren sie die Schwächen der Hausleute. Und ganz ähnlich machen es die Klöckler in Gröden, die einen Schalksnarr mitführen."

Wenn am „Scheibensonntag", das ist der erste Sonntag in der Fastenzeit, bei den „Holepfannfeuern", die glühenden Scheiben geschleudert werden, dann gelten die ersten Scheiben und die sie begleitenden Sprüche den Dorfwichtigsten und den Herzallerliebsten; später werden aber auch Spottscheiben geschlagen mit Reimen, welche ärgerliche oder lächerliche Vorkommnisse des abgelaufenen Jahres behandeln.

Seit jeher sind die Umzüge am unsinnigen Donnerstag und in der Fasnacht die beliebtesten Gelegenheiten zu spaßhaften und ernst gemeinten „Gerichten" über die Gemeinschaft. In nicht wenigen Orten besorgen die Burschen eine Art von Sittenrichteramt in der Gemeinde. In Ulten werden Verfehlungen in längeren Spottschriften (Pasquillen), die an verschiedenen Orten zur Nachtzeit verlesen werden, gerügt.

Sehr empfindlich war man seit alters gegen jede wirkliche oder vermeintliche Schmälerung des Gemainlandes und der Gemainrechte. Selbst heute noch, wo immerhin die Bedeutung der Allmende gegenüber der älteren Zeit erheblich verringert ist, erregt jeder Eingriff in die bestehenden Rechte an der Gemain allgemeinen und lebhaftesten Unwillen. Begreiflicherweise wird eine Schädigung der Gemain durch eigene Genossen besonders übel aufgenommen. Es wurde bereits früher (1. Bd., Hauptst. III, Abschn. 1) darauf verwiesen, daß ein Vergehen am Gemaingut schärfer verurteilt wird als eine Verletzung privater Eigentumsrechte.

Besonders harte Strafen bedrohten den Schädiger des Gemeindegutes in alter Zeit. In der bereits erwähnten Urkunde von 1190 für die Gemeinden Keller und Bozen wird Niederbrennen eines Waldes noch mit Abhauen der Hand gebüßt. „Wer der wer, der ain Stabel [Almhütte] beraubet oder ainen gemainen Wald verprannt, von wem man das fur war inne wurd, der ist kumen umb funfzig Pfund, oder den Virst sol man im auf die Erd legen oder die Hand sol man im abschlachen und in den Schlitz [seines Kittelrockes] geben", bestimmen die Weistümer von Fließ und Zams aus dem 14. Jahrhundert (TW. II, S. 216, Z. 42 und S. 210, Z. 42).

Jeder Gemeindeangehörige ist verpflichtet, Schädigungen der Gemain, die er wahrnimmt, der Gemeindeobrigkeit mitzuteilen. In einem 1658 aufgerichteten „Artikelbrief" bestimmt die Gemeinde Moos: „Zum zwelften soll auch ein ieder Nachbar ... schuldig sein, auf ihr aller Theil und Gemein sein fleissiges Aufsehen und

Aufmörken zu haben, damit ihnen von iemande mit fremden Vieh oder in anderweg nit Eingriff beschehe, und welcher unter ihnen thäte sehen und befinden, das iemand Fremder oder Auswendiger ... ihnen in ihrer Gemeinschaft mit Weiden ihres Viehs oder mit Holzschlagen oder in anderweg Eingriff thäte, der soll es einem Hauptmann [Gemeindevorsteher] und denen Forstneren anzeigen und nit verhalten, damit man demselbigen kann zeitlichen fürkomen und kein Gewehr [Gewere, Tatsache des Besitzes] daraus erwachsen lasse ... Welcher es aber wurde übersehen und nit anzeigen, also verschweigen, und sich dasselbig thäte befinden, der soll, so oft es beschihet, um 5 Pfund Perner unnachlässlichen gestraft werden" (TW. IV, S. 465, Z. 43 ff.).

In jüngerer Zeit, seit dem 16. und 17. Jahrhundert, erfuhren genossenschaftlicher Gedanke und Gemeinschaftsgefühl eine Abschwächung und es trat ein Geist der Sonderung (Individualismus) stärker in Erscheinung. An Regungen des Sondergeistes fehlte es freilich auch in älterer Zeit nicht ganz. Findet er doch bereits in den 1427 aufgezeichneten Statuten des Münstertales seinen Ausdruck, wenn hier das Recht des einzelnen zu freier Verfügung über sein Sondergut mit besonderem Nachdruck betont wird. Hier wird festgesetzt, daß keine Gemeinschaft oder Bauerschaft den einzelnen behindern dürfe, weder durch Gesetz noch in anderer Weise, „daz ainer sein aigen Gut, es sie [sei] Korn, Hew oder Strow oder ander Haub, nit geben und verkoufen müge ... in der Paurschaft oder us der Paurschaft, wo ainer denn lust und wol gevallt ... ain ieklicher sol mit sein aigen Gut frei und ledig und ganz gewaltig sein und sein Willen darmit tun, geben und verkouffen im Land oder us dem Land, es sie in der Paurschaft oder us der Paurschaft, nach seinen Gewinn und Nutz, wie es im allerpest fügt und wol kumt, ân aller mengklichen Widerred, und wenn ain Gemainschaft ainen um ain söllichz zwingen oder nöten und ain zen darvon phenden wölt, der ist fünfzig Pfund verfallen" (TW. III, S. 358, 42 ff.).

Hier tritt deutlich der individualistische Eigentumsbegriff, das unbeschränkte Verfügungsrecht des Eigentümers, Sinn des römischen Rechtes, dem Gemeinschaftsrecht entgegen und bekämpft jene Schranken, welche die Gemeinschaft dem einzelnen Genossen in der Geltendmachung seines Eigentumsrechtes auferlegt. Die früher erwähnten Ausfuhrverbote, welche die Gemeinden zur Versorgung der Gesamtheit hatten ergehen lassen, erschienen der individualistischen Auffassung als unbillige Beschränkung des Eigentums der einzelnen Gemeindeangehörigen. Die Münstertaler Statuten gehen zwar letzten Endes auf Rechtsweisung im Landgericht zurück, die vorhin erwähnten Bestimmungen berufen sich aber auf ein gerichtliches Urteil, das die Rechte des Eigentümers im angegebenen Sinn feststellte. Das Urteil ging von einer höheren gerichtlichen Instanz aus, an die appelliert worden war. Eine solche Appellationsstelle war die Regierung des bischöflichen Landesherrn in Chur. Hier wurde nach Gesichtspunkten des individualistischen Amtsrechtes entschieden, und es ist eine Einwirkung des römischen Rechtes wahrscheinlich.[40]

---

[40] Vgl. Peter Liver, Abhandlungen zur schweizerischen und bündnerischen Rechtsgeschichte, Chur 1970.

Den Standpunkt des älteren Rechtes und damit die Beschränkung der Verfügungsfreiheit vertritt das Weistum der alemannischen Gemeinde Aschau im tirolischen Lechtal (1461). Hier ist der Gemeindegenosse in der Verfügung über sein Gut wesentlich beschränkter; will er es verkaufen, so muß er es, wie allgemein üblich, zuerst seinen Erben zum Kauf anbieten, sodann aber den Gemeindegenossen; diese sind berechtigt, es nach einem von drei Schätzleuten bemessenen Preis zu erwerben (TW. II, S. 102, Z. 30 ff.).

Über Abnahme des Gemaingefühles wird bereits im 16. Jahrhundert in den Weistümern geklagt. So bedauert das „Gmainsbuch" von Langtaufers 1588, daß „der Aigennuz so stark regiert" und daß mancher in der Gemeinde „die gemaine Ordnung vil lieber will helfen verprechen als aufpauen" (TW. II, S. 339, Z. 39 f. und S. 345, Z. 33). Das abnehmende Gemeinschaftsgefühl wurde nicht nur bei den einzelnen Gemeindegenossen sichtbar, sondern trat auch in der Haltung der Gemeinde selbst zutage. Es begann sich der Grundsatz durchzusetzen: „Alles, was nicht sämtliche Gemeindeberechtigte berührt, geht auch die Gemeinde nichts an, sondern nur diejenigen, denen daraus unmittelbar Nutzen oder Schaden entsteht" (Brandis 60, S. 188). Während z. B. früher die Hauptgräben oder -waale der Bewässerungsanlagen durchwegs von der Gemeinde besorgt worden waren, oblag nunmehr die Instandhaltung ausschließlich jenem Kreis von Gemeindegenossen, die Wasser aus diesen Waalen bezogen.

Gewiß hat es auch im Mittelalter in den Landgemeinden nicht an Leuten gefehlt, die Eigennutz über Gemainnutz stellten. Es muß aber doch auffallen, daß in den Weistümern erst seit dem 16. Jahrhundert mit zunehmendem Nachdruck der Gegensatz von Eigennutz und Gemainnutz betont wird. Die Notwendigkeit gemainnützigen Handelns muß doch wohl in älterer Zeit von der öffentlichen Meinung allgemein als etwas Selbstverständliches anerkannt worden sein, sodaß eine Verurteilung des Eigennutzes in den Weistümern nicht geboten erschien und Gründe für eine Bekämpfung nicht angeführt werden mußten. Mit dem Vordringen des Individualismus änderte sich dies. Die Förderung des Gemainnutzes, die vordem als eine selbstverständliche Pflicht eines jeden Gemeindegenossen gegolten hatte, bedurfte nunmehr einer besonderen Begründung. Aufklärung und Liberalismus versuchten sie durch den Hinweis auf ein wohl verstandenes Eigeninteresse zu geben. Weistümer, welche der Aufklärungszeit angehören, versuchen bereits, den Gegensatz von Eigennutz und Gemainnutz in diesem Sinn zu überbrücken. Das Weistum von Haid (1798) betont: „…in Gemainsachen muß man den eigenen Nutzen vergeßen und bloß auf den gemainen sehen", fügt aber gleich zur Begründung der Arbeit und Unkosten, die dem einzelnen aus der Förderung des Gemainnutzes erwachsen, hinzu, daß jedem im eigenen Interesse an dieser Förderung gelegen sein muß (TW. II, S. 347, Z. 23 f.). Hatte man in älteren Weistümern unvorsichtiges Umgehen mit dem Feuer als Vergehen gegen die Gemeinschaft betrachtet, so teilte man natürlich auch in jüngerer Zeit diese Ansicht; die Gemeindeordnung von Reschen (Vinschgau, 1794) hält es für angebracht, Vorsicht mit dem Feuer zu empfehlen, „als natürlicher Weise andurch ieder sich selbst vor Ellend und traurigen Folgn schützet" (TW. II, S. 323, Z. 2f.). Bereits seit dem 17. Jahrhundert hatten sich die Gegenströmungen gegen den Gemeinschaftsgedanken stärker durchzusetzen vermocht. Sie hatten aber immerhin auch jetzt noch mit einem zähen Widerstand der besseren, auf das Gemainwohl bedachten Gemeindegenossen zu kämpfen.

Eine Abnahme des Gemaingefühls offenbart sich unter anderem im Verhalten der Gemeindegenossen gegenüber Schädigungen des Gemeindegutes. Eine schwere Schädigung der Gemeindewälder stellten z. B. die früher anscheinend recht häufigen Waldbrände dar. Gleichwohl zeigte sich an der Wende vom 18. zum 19. Jahrhundert, daß die Gemeindegenossen in der Bekämpfung dieser Brände recht wenig Eifer an den Tag legten. Es mag der geringe Eifer bei der Bekämpfung des Waldbrandes freilich auch damit zusammenhängen, daß durch die ständigen Eingriffe der staatlichen Forstbehörden in die Waldwirtschaft der Gemeinde und durch die Geltendmachung der landesfürstlichen Allmendhoheit (des Allmendregals), namentlich der Ansprüche auf die gemainen Wälder, die Verbundenheit der Gemeinde mit dem Wald gelockert worden war.

Die Ausbildung des Sondergeistes steht aber auch in engem Zusammenhang mit der Wirtschaft auf dem bäuerlichen Sonderbesitz und der Auffassung vom Eigentum am Sondergut. In nachmittelalterlicher Zeit begannen sich in der Bewirtschaftung der Bauerngüter größere Unterschiede zu zeigen; neue Kulturen – so seit dem 16. Jahrhundert der Anbau des Maises und seit dem 18. Jahrhundert der Kartoffel oder Erdäpfel – breiteten sich aus. Im 18. Jahrhundert begann sich verschiedentlich der Fortschritt im landwirtschaftlichen Betrieb, wie ihn die Landwirtschaftslehre vertrat, tatsächlich durchzusetzen. Regsamere Bauern gingen mit den Neuerungen voran, andere wieder verschlossen sich mehr oder weniger lang dem Fortschritt.

Die Anhänger des Fortschrittes empfanden bald die Bindungen, wie sie die Gemeinde der Wirtschaft des einzelnen durch den Flurzwang (s. unten) auferlegte, als Hemmung ihres Fortschrittswillens. Neue Kulturen und Betriebsweisen, wie Kleebau und Aufhebung der Brache, ließen sich mit der alten, von der Gemeinde festgelegten Wirtschaftsordnung nicht vereinbaren. Das gleiche galt von dem zugunsten der Gemeinschaft bestehenden Weiderecht auf der Dorfflur.

Der Individualismus trat auch in dem Streben nach Freiheit in der Ausnützung des Eigentumsrechtes zutage. Das Recht, das dem Bauern an seinem Gut zustand, gab ihm, auch wenn es nicht Erbbaurecht, sondern Eigentum war, nicht jene im Wesen schrankenlose Herrschaft über seine Sache, wie sie das römische Recht dem Eigentümer einräumte. Das Sonderrecht des einzelnen an Grund und Boden war in mannigfacher Weise zugunsten der Gemeinschaft beschränkt, es war sozial gebunden.

Hingegen war gerade im 18. Jahrhundert die Agrarpolitik vom Gedanken erfüllt, Bauer und Bauerngut müßten tunlichst von allen Schranken, die eine freie

Wirtschaft hemmen, befreit werden. Befreiung des Bauern von persönlicher Unfreiheit und Mäßigung der auf dem Bauerngut ruhenden, dinglichen Lasten, mit einem Wort „Bauernbefreiung", wurden zum Schlagwort der Zeit.

Die neuen Lehren empfanden den Landbesitz der Gemeinden, die Gemain oder Allmende, und dessen Nutzung durch die Gemeinschaft als ein wesentliches Hindernis für die zweckmäßige Ausnützung von Grund und Boden. Sie gingen vom Grundsatz aus, daß der einzelne sein Land besser bewirtschafte als die Gemeinschaft ihre Gemain. Die Landwirtschaftslehre und, ihr folgend, die staatliche Agrarpolitik zielten daher auf Aufteilung der Gemain an die bisher zur Nutzung berechtigten Gemeindegenossen. „Gemainheitsteilung" wurde zum Schlagwort dieser Bestrebungen.

So erwuchs nun der Allmende zum alten Feinde, wie er ihr in der landesfürstlichen Allmendhoheit entgegengetreten war, ein neuer Feind in der staatlichen Agrarpolitik. Den Eingriffen in die Allmende, wie sie zumal im 15. und 16. Jahrhundert vorgenommen worden waren, lagen im besonderen Maß fiskale Erwägungen zugrunde; sie erfolgten, um die großen Einnahmen, welche die Bergwerke dem Fiskus einbrachten, zu sichern, und richteten sich vor allem gegen die Rechte der Gemeinden am gemainen Wald. Dieser Kampf war nach dem Niedergang der Bergwerke in der zweiten Hälfte des 16. Jahrhunderts etwas abgeflaut.

Bei den neuen Angriffen gegen die Allmende, wie sie zumal im 18. Jahrhundert auftraten, standen die volkswirtschaftlichen Gesichtspunkte in erster, die finanziellen doch mehr in zweiter Linie. Volkswirtschaftslehre, damals als Kameralistik bezeichnet, und Wirtschaftspolitik erstrebten tunlichste Vermehrung der Bevölkerung und – als notwendige Voraussetzung hierfür – Vermehrung der Unterhaltsmittel. Im VII. Hauptstück wird hierüber eingehender zu berichten sein. Zur Vermehrung der Nahrungsmittel und der gewerblichen Rohstoffe sollten Grund und Boden intensiver bewirtschaftet werden. Diesen Anforderungen widersprach nach Ansicht der Neuerer ganz besonders die bisherige Bewirtschaftung der Gemain. Volkswirtschaftslehre wie Wirtschaftspolitik wurden in diesem Zusammenhang Feinde des Gemainlandes und seines Fortbestandes in der bisherigen Form. Man gab sich der Zuversicht hin, daß der Bauer das durch die Aufteilung sein Eigentum gewordene Stück der Gemain intensiver bewirtschaften werde, als dies bei Gemainnutzung nach bisheriger Art der Fall war. Die Weideflächen sollten nach der Verteilung von den Beteilten in Wiesen und Äcker umgewandelt werden. Auch von der Aufteilung der gemainen Wälder erwartete man eine Verbesserung der Waldwirtschaft.

In Tirol hatte der Gedanke von den Vorteilen der Allmendteilung schon frühzeitig Wurzel gefaßt. Bereits 1653 hatte der von den Landständen erwählte Landesausschuß auf einer seiner Tagungen die Aufteilung von Gemainland zwecks Kultivierung empfohlen. Die tirolische Regierung betrieb seit den 60er Jahren des 18. Jahrhunderts die Aufteilung der gemainen Heimweiden mit besonderem Eifer.

Der Angriff, den früher der Landesfürst aufgrund seiner Allmendhoheit gegen die Gemain geführt hatte, war seitens der Bauern schwer empfunden worden und hatte größten Unwillen erregt. Der nunmehrige Angriff auf Flurzwang und Gemainweide auf der Flur sowie die in Aussicht gestellte Verteilung des gemainen Weidelandes und der gemainen Wälder fanden bei einem Teil der Bauern günstige Aufnahme, weil sie ihren eigenen Bestrebungen und Wünschen entgegenkamen. Bei diesen Bauern hatte das gemainwirtschaftliche Fühlen und Denken eine starke Minderung erfahren; der alte Sozialismus der bäuerlichen Gemeinde war durch den Individualismus zurückgedrängt worden.

Die Verteilung einzelner Stücke des Gemainlandes und deren Umwandlung in bäuerlichen Sonderbesitz kam schon seit alters immer wieder vor. Ein Großteil des Kulturbodens ist ja durch Absonderung aus der Gemain entstanden; solche „Einfänge" aus dem Gemainland kehren durch alle Jahrhunderte bis herauf in die jüngste Vergangenheit wieder. An die einstige Zugehörigkeit zur Gemain erinnert die Frühjahrs- und Herbstweide auf den so gewonnenen Wiesen und die Stoppelweide auf den Äckern, welche zugunsten der Gemeinschaft auf diesen Grundstücken bestand und zum Teil noch heute besteht. Während aber früher Bevölkerungszunahme und Landnot jeweils zwar den Übergang einzelner Teile von Gemainland in Sonderbesitz erzwungen hatten, die Masse des Gemainlandes aber unberührt blieb, wollte man seit dem 17. und 18. Jahrhundert die ganze Gemain – abgesehen von den Gemeindealmen – in Sonderbesitz umwandeln.

Wie sich der Kampf gegen Flurzwang und gemaine Flurweide vollzog und wie die Aufteilung des Weidelandes und der gemainen Wälder durchgeführt wurde, soll eingehender in den Hauptstücken VIII, X und XII geschildert werden. Hier sollen nur die Grundzüge jener Veränderungen erwähnt werden, welche am Gemeindeland eintraten. Bei der Verleihung von Gemeindeland durch die Gemeinde selbst blieb das Eigentum am verliehenen Gut zunächst bei der Gemeinde, geriet aber im Laufe der Zeit in Vergessenheit, sodaß bereits im 17. Jahrhundert die Beliehenen als Eigentümer erscheinen. Seit der schärferen Geltendmachung der landesfürstlichen Allmendhoheit blieb der Landesfürst Eigentümer des verliehenen Allmendlandes, und der Beliehene erhielt ein Erbbaurecht gegen Zinszahlung. Die bäuerlichen Individualisten in der Gemeinde legten besonderen Wert auf die Aufteilung des gemainen Waldes; sie hatten hierin in einzelnen Gemeinden bereits zu Ausgang des Mittelalters Erfolg. Freilich kam es bei den Waldteilungen nicht zu völliger Beseitigung der Gemeinderechte. Die Waldteile, welche den einzelnen Gemeindegenossen zugewiesen wurden, galten nach wie vor als Gemain, der Beteilte erhielt nur ein Nutzungsrecht, nämlich das Recht zur Holz- und Streunutzung in dem ihm zugewiesenen Teil. Immerhin war es dem Nutzungsberechtigten unter Umständen möglich, selbst oder durch andere, denen er das Recht zur Holznutzung überließ, den Wald ohne Rücksicht auf künftigen Bedarf seines Hofes zu nutzen, beziehungsweise nutzen zu lassen. Augenblicklichen Geldgewinnes willen kam es oft zu übermäßigen Schlägerungen. In Südtirol wurde der Wald in einigen Landschaften arg verwüstet, denn hier hatte schon früh das Holz in Zusammenhang mit dem Holzhandel in den Süden einen bedeutenden Geldwert erlangt. Muren, Bergbrüche, Lawinen und Hochwasser zeigten sich im 18. und 19. Jahrhundert in zunehmendem Maß als Folgen der Waldverwüstung. Die Waldvernichtung gedieh hier so weit, daß einzelne Gemeinden das Holz für Zäune, Weg- und Brückenbau von fern mit beschwerlichen Fuhren herbeischaffen mußten.[41]

Die Waldteilungen durften nach den landesfürstlichen Waldordnungen nur mit Zustimmung der Forstbehörde und unter deren Leitung durchgeführt werden. Es kam aber gelegentlich zu Teilungen, die von den Gemeinden eigenmächtig durchgeführt wurden. Die Handhabung der landesfürstlichen Allmendhoheit war eben in den einzelnen Landschaften verschieden streng. Nur dort, wo die gemainen Wälder für die Holzversorgung von Saline und Bergwerk in Betracht kamen oder allenfalls staatsfinanzielle Interessen an der Holzausfuhr hereinspielten, wahrte man die staatlichen Hoheitsrechte an den gemainen Wäldern schärfer.

All diese Minderungen des alten Gemeinderechtes bedeuteten einen Sieg des Individualismus und seiner Anhänger in der Gemeinde. Diese Eingriffe in die alten Gemeinderechte versuchte man durch den Hinweis zu rechtfertigen, daß durch sie die Landwirtschaft gehoben und der Bodenertrag erhöht werde. Diese Rechtfertigung ist nun keineswegs allgemein zutreffend. Am ehesten gilt sie noch, soweit es sich um die Beseitigung des Flurzwanges und die Beschränkung der Weiderechte handelt; auch die Aufteilung von Gemainland zum Zweck seiner Umwandlung in Wiesen und Äcker, also der Übergang von einer extensiven Nutzung zu intensiverer Wirtschaft, hat in vielen Fällen – freilich gewiß nicht in allen – Nutzen geschaffen. Die Aufteilung der gemainen Wälder brachte hingegen in sehr vielen Fällen nicht eine Verbesserung, sondern eine Verschlechterung der Waldwirtschaft, wie die Ausführungen des XII. Hauptstückes noch dartun sollen.

Sank durch die Aufteilung der Gemain und die Minderung der Nutzungen an ihr die Gemainnutzung zu wirtschaftlicher Bedeutungslosigkeit herab, so brachte das auch eine Schädigung des Gemainsinnes mit sich. Die Gemainwirtschaft bedeutete eine Beschränkung rücksichtsloser Selbstsucht und eine Erziehung zu Rücksicht auf die Gemeindegenossen und die Rechte der Gesamtheit. Strenge Strafbestimmungen gegen den Eigennutz einzelner Genossen wirkten in diesem Sinn. So wurde in der Gemeinde Mals (Vinschgau) im bäuerlichen Recht von 1538 festgesetzt, daß der, welcher im Bannwald ohne Erlaubnis der Gemeinde Holz schlägt, nicht nur einer erheblichen Geldbuße verfallen, sondern darüber hinaus zu keinem Gemeindeamt mehr fähig sein und für „meineidig gehalten" werden solle. In den Gemeinden des obersten tirolischen Inntales, die über ausgedehnte Gemeindeländereien verfügen, wird noch heute ein Dieb, der sich am Eigentum seiner Mitbürger vergreift, nicht so verachtet wie jener, der sich Gemeindegut, sei es durch Holz- oder Weidediebstahl oder durch das Versetzen von Marksteinen, aneignet.

Die Aufteilung begünstigt einseitig die Wohlhabenden unter den Gemeindege-

[41] Vgl. unten XII. Hauptstück.

nossen, zwar nicht der Absicht nach, wohl aber in der Auswirkung. Die ärmeren Gemeindegenossen waren häufig nicht in der Lage, den ihnen zugewiesenen Teil der Allmende in Kulturland umzuwandeln und auf diese Weise für sich nutzbar zu machen, sodaß sie ihn schließlich verkauften. Im X. Hauptstück wird noch darüber zu sprechen sein. Ärmere, denen bisher regelmäßig eine begrenzte Allmendnutzung gnadenweise gewährt war, verloren nach Verteilung des Allmendlandes ihre bisherige, für ihre kleine Viehhaltung unentbehrliche Nutzung der gemainen Weide. Sie klagten unter anderem, wie ein Bericht von 1744 mitteilt, daß ihnen die Holznutzung, die sie bisher in den gemainen Wäldern genossen hatten, nach deren Aufteilung an die vollberechtigten Gemeindegenossen entzogen wurde und ihnen nur mehr eine Holznutzung in entfernten, schwer zugänglichen Wäldern gestattet sei. Die Durchsetzung des Individualismus in der Gemeinde förderte so die Zersetzung der ländlichen Gesellschaft und verschärfte die Gegensätze zwischen Arm und Reich, die bisher auf dem Lande weniger hervorgetreten waren.

Immerhin fand der Individualismus bei jenem Teil der Gemeindegenossen Widerstand, dem an der Aufrechterhaltung der Gemeinderechte an der Gemain gelegen war und der den alten Gemainsinn gegenüber dem neuen Geist der Sonderung gewahrt wissen wollte. Dem Widerstand aus diesen Kreisen ist es zuzuschreiben, wenn in den verteilten Wäldern das Nutzungsrecht der Teilbesitzer auf Holz- und Streugewinnung beschränkt war und der verteilte Wald auch fernerhin als gemainer Wald betrachtet wurde. Vor allem wehrten sich die Anhänger des alten Gemeinschaftsgedankens dagegen, daß die Teilungen einseitig durch die Regierung angeordnet wurden, sie forderten Mitwirkung der Gemeinde in diesen Fragen.

In Tirol hat die Gemain diesen Angriff auf ihren Bestand zu überwinden vermocht, wie überhaupt in Süddeutschland die Allmenden im Wesen den Teilungssturm überstanden haben, während in Norddeutschland die Gemainteilungen vielfach die Allmenden verschwinden ließen. Dieser Unterschied zwischen dem Norden und dem Süden ist unschwer zu verstehen, wenn man bedenkt, daß in Norddeutschland der große Grundbesitz weit stärker vertreten ist als im Süden. Den großen Besitzern brachte die Aufteilung der Allmende viel mehr Vorteile als den Kleinbauern. Der Kleinbauer war oft nicht imstande, das ihm zugewiesene Stück Gemainland zu höherer Kultur zu bringen. Er hat es dann anderen Großgrundbesitzern veräußert, das Geld, das er dafür empfing, wurde meist rasch verbraucht, schließlich hatte er dann weder Geld noch Allmendnutzung; sein Kleinbetrieb war nach dem Verlust des Allmendrechtes nicht mehr aufrechtzuerhalten. Im Bereich des mittleren und kleineren bäuerlichen Besitzes fehlte auf Seite der Besitzer jener Antrieb zur Aufteilung der Allmende, der in den Ländern des großen Grundbesitzes wirksam war.

Die sozialpolitischen Nachteile der Gemainteilungen hat man im Verlauf des 19. Jahrhunderts, nachdem einmal die erste Begeisterung für wirtschaftliche Freiheit und wirtschaftspolitischen Individualismus geschwunden war, besser einzuschätzen begonnen. Heute ist man ziemlich allgemein von der Forderung der Gemainteilungen abgekommen und herrscht das Bestreben vor, den Gemeinden ihren Grundbesitz zu erhalten. In Süddeutschland, besonders aber in den westlichen deutschen Alpenländern, in Tirol und in der Schweiz blieben ausgedehnte Heimweiden und Wälder im Besitz der Gemeinden. Zum Teil wurden in den letzten Jahrzehnten in Tirol Gemeindewälder, Weiden und Almen in das Eigentum von Agrargemeinschaften übergeführt, um sie so den seit alters daran beteiligten bäuerlichen Nutzungsberechtigten ungeschmälert zu erhalten.

Die Abnahme des Gemaingefühls schädigte das ländliche Wirtschaftsleben in mannigfacher Hinsicht. So gerieten Anlagen, wie etwa jene für Bewässerung, welche mit so viel Mühe durch die Gemeinschaft errichtet und durch Jahrhunderte eingehalten worden waren, in Verfall, weil der Gemainsinn nicht mehr stark genug war, sie instand zu halten. Ebenso hatte die Almwirtschaft infolge schlechter Besorgung des Gemainwerkes, auf das sie angewiesen war, zu leiden. Hierüber wird noch in den Hauptstücken X und XI zu berichten sein.

Das Gemeinschaftsgefühl wirkte und wirkt heute noch stärker nach außen als nach innen. Nach außen fühlte man sich einig innerhalb der Gemeinde in der Abwehr fremder Leute wie fremder Art. Selbst der Angehörige einer Nachbargemeinde galt als Fremder. Als sich im Jahre 1603 Wolfgang Steinmöz aus Natters in der zehn Minuten entfernten Gemeinde Mutters durch das Oberstjägermeisteramt auf der Mutterer Gemain den Baugrund für ein Söllhaus ausstecken lassen wollte, erhob die Gemeinde Mutters mit allem Nachdruck Einspruch: Der Bewerber um den Baugrund sei „nit in iren sondern Natrer Obley von Jugend uferzogen und habe bishero alda sein häuslich Anwesen als in seiner Heimat gehabt“. Die Gemeinde Mutters würde üble Nachrede von den eigenen Gemeindegenossen erleiden, wenn sie einem Fremden ein solches Recht in ihrer Gemain zugestehen würde, wo doch die gleichen Wünsche der eigenen Gemeindegenossen wegen des beschränkten Gemainlandes nicht erfüllt werden könnten. Die Gemeinde Mutters müsse daher „Steinmöz in sein als Natrer Obley und sein V a t e r l a n d um ermelts sein Begeren“ verweisen (Sterner-Rainer 624, Bd. 9/10, S. 44).

Noch heute bestehen innerhalb der einzelnen Gemeinden fühlbare Gegensätze zwischen den Altansässigen und den später Zugewanderten. Eine Bäuerin z. B., die in eine Gemeinde hereinheiratet, gilt als „Fremde“; fragt man nach, wie lange sie schon im Dorf lebe, so kann man erfahren, daß sie vor vierzig Jahren zugezogen ist; gleichwohl ist sie noch immer die „Fremde“ geblieben.

Immerhin greift trotz des vordringenden Geistes der Sonderung auch heute noch die Gemeinde neben der Sippe auf mannigfache Weise bestimmend in das Leben des einzelnen ein; noch immer regeln es Gemeinde wie Sippe durch die Überlieferung älterer Lebensformen, Sitten und Gewohnheiten, noch immer gewähren beide dem einzelnen Mitglied auch namhaften Rückhalt; der einzelne, der sich mit ihnen in Widerspruch setzt, hat auch heute noch mit größeren Schwierigkeiten zu kämpfen als der Mensch der städtischen Zivilisation, der ohne ähnliche Bindungen seinen eigenen Weg gehen kann, womit freilich nicht gesagt sein soll, daß etwa seine innere Freiheit größer wäre als die des Bergbauern, im Gegenteil!

Träger eines stärkeren Gemeinschaftsgefühles waren und sind allerdings in erster Linie nur die bäuerlichen Gemeindegenossen; Sölleute und Inwohner wurden von diesen nicht als vollwertige Genossen angesehen und hatten auch ihrerseits nicht jenes Gefühl der Verbundenheit mit der Gemeinde wie die Bauern. Sölleuten und Inwohnern fehlte auch jene sachlich-wirtschaftliche Bindung an die Gemeinde, da ihnen Nutzungsrechte an der Gemain nur in geringem Ausmaß oder gar nicht zustanden; auch ihre Bodenständigkeit war geringer als jene der Bauern.

Sölleute und Inwohner waren auch gesellschaftlich (sozial) minder gewertet. Sie bildeten seit alters den sogenannten „Pofl", wie sie geringschätzig in amtlichen Schriften genannt werden, und stehen als solcher der „Ehrbarkeit", den Bauern, gegenüber. Der Gegensatz zwischen „Pofl" und „Ehrbarkeit" trat unter anderem während des Bauernaufstandes von 1525 zutage. Der Anschluß der Besitzlosen oder doch Ärmeren an die Aufstandsbewegung machte die Besitzenden ihr gegenüber zurückhaltender. Auf diesen Gegensatz bauend, stellte die Landesregierung den Bauern die Gefahren vor Augen, welche den Besitzenden seitens des „Pofls" bei Fortdauer des Aufstandes drohten. Die Regierung war sich dessen bewußt, daß der Hinweis auf radikale Umsturzbestrebungen der Besitzlosen bei den besitzenden Bauern Verständnis finden werde. Waren diese doch ohnehin geneigt, in den minder Bemittelten ein unstetes und unruhiges Element zu sehen, demgegenüber Mißtrauen angebracht sei.

Von außen her, nämlich durch den landesfürstlichen Staat, ist in jüngerer Zeit, wie noch gezeigt werden soll, einiges für die Besserstellung der Sölleute, namentlich was die Gemainnutzung betraf, getan worden. Auf gesellschaftlichem Gebiet blieb aber bis heute eine Art von Klassengegensatz zwischen Bauern und „Kleinhäuslern" oder Sölleuten bestehen. Man würde aber doch fehlgehen, wollte man in der Haltung der Bauern gegenüber den minderberechtigten Gemeindeinsassen nur Gegensätze, nur Selbstsucht und unsoziale Gesinnung der besitzenden Bauern erblicken. Das starke Gewicht, das die christliche Sittenlehre auf die Werke der Barmherzigkeit legte, und natürliches Wohlwollen legten doch Rücksichten auf wirtschaftlich Schwächere nahe. Ärmere und alte Tagwerker wurden von den Gemeindelasten befreit. In Perfuchs war das Pfandgeld bei widerrechtlicher Ziegenweide niedrig angesetzt, weil es zumeist nur Ärmere waren, die wegen unbefugter Ziegenweide gepfändet wurden. Die Gemeinde Mutters gestattet am Herbsttaiding 1712 den Sölleuten vier Ziegen, den Inwohnern zwei Ziegen auf die Gemainweide zu treiben, während Bauern, die mehr als eine Kuh besaßen, Ziegen überhaupt nicht auftreiben durften. Freilich wird auch im Verhalten gegenüber den Armen ein Unterschied zwischen „Ortsbefugten" und Fremden gemacht. Während sonst der Grundsatz gilt, daß jeder Gemeindegenosse nur so viel Vieh auf die Gemainweide treiben darf als er gewintert hat, macht die Dorfordnung von Nasserein (1656) „aus Mitleiden und nit aus Gerechtigkait" eine Ausnahme von dieser Beschränkung (TW. II, S. 250, Z. 28 f.). Dieselbe Dorfordnung macht den Armen „von gmains wegen, damit si [sich] dieselben desto leichter erhalten kinnen", das Zugeständnis, „nach iedes Notdurft ... Prend aufzuschlagen und außzureiten und sechs Jar innen zu haben, zu nutzen und zu gebrauchen, iedoch, daß nach Verfließung der sechs Jar dieselben wiederumben außgelassen, und da es denselben verer beliebt und vonneten heten, an andern dergleichen Orten Prend aufzuschlagen und zu reiten erlaubt sein“ soll (TW. II, S. 250, Z. 17ff.).

GEMEINDEBRAUCHTUM. Der Zug von Humor und Gemütlichkeit, der zum Wesen des Tiroler Bauern gehört, setzt sich auch im Leben seiner Gemeinde durch. Selbst bei wichtigen Verhandlungen fehlt es nicht an witzigen Worten. Ein Redner, der auch in ernster Sache gelegentlich etwas Humor hereinspielen läßt, kann leichter die Versammelten für seine Meinung gewinnen, als wenn er mit Sarkasmus und Spott seine Widersacher zu bekämpfen versucht. Wir haben schon gehört, wie sich die Gemeindeordnung von Taufers gegen jene wendet, die einen Redner mit „Spotten und Schandlächeln“ zu verwirren versuchen. In den Rechtsöffnungen oder Weistümern leuchtet da und dort der bäuerliche Humor auf, so in den bereits erwähnten Gemeindeordnungen von Buch, Stans und Schwaz, welche die Spaziergänge der Söldner-Hennen in lustiger Weise begrenzen.

Die Gemeinde vereinigte ihre Genossen nicht bloß zu gemeinsamer Arbeit und trockenen Versammlungen, sondern gelegentlich auch zu feucht-fröhlicher Geselligkeit. An bestimmten Tagen traten die Gemeindegenossen zu gemeinsamem Trunk zusammen, der aus den Strafgeldern, die der Gemeindekasse für kleinere Verfehlungen gegen die Gemeindeordnung zugeflossen waren, bestritten wurde. Diejenigen, welche die Buße bezahlt hatten, mochten sich damit trösten, daß sie sich am „Vertrinken“ der Bußen ausgiebig beteiligten.

Auch sonst fanden die Gemeindeleute unschwer Anlässe zu gemütlichem Beisammensein. In Kaltern bestand um 1600 – offenbar aufgrund alter Überlieferung – der Brauch, daß der Gerichtsherr am Ostermontag die ganze Gemeinde bewirten mußte. An 80 Tischen tafelten die wackeren Kalterer „Herrgottskinder“, verzehrten drei alte Zentner Schweinefleisch, 40 Kälber, 24 Kitzer und Brot von 40 Star Roggen; 1200 Eier wurden zur Zubereitung der Speisen benötigt. In Partschins war es der Pfarrer, der nicht bloß für die Seele seiner Pfarrkinder, sondern beim Ehehaft-Tading auch für ihr leibliches Wohl durch Verabreichung einer Mahlzeit Sorge tragen mußte; er konnte sich aber, wie bei der bischöflichen Visitation 1693 festgestellt wurde, mit einem Taler von dieser Verpflichtung loskaufen.

In der Gemeinde Taufers im Vinschgau fand wie in anderen Gemeinden in der großen Gemeindeversammlung die Verlesung des Dorfbuches statt. Dieses war in Taufers hübsch umfangreich, im kleinen Druck der Tiroler Weistümer nimmt es fast 30 Seiten ein. Nach einer so langen Vorlesung werden nicht bloß Studenten, sondern auch Bauern durstig. So war es denn üblich geworden, daß von Gemeinde wegen jedem Teilnehmer an der Versammlung ein „Drinkl“ (kleiner Trunk Weines) gegeben wurde. Das Trünklein war immerhin doch ausgiebiger als man nach seiner Bezeichnung annehmen möchte. Die Gemeinde stellte 15 Pazeiden (annähernd

100 Liter) zur Verfügung. Zur Zeit, da dieser Brauch erwähnt wird – 1713 – zählte sie etwa 700–800 Einwohner. Nehmen wir an, daß etwa 100 Männer an der Versammlung teilnahmen, so brauchte wohl keiner durstig heimzugehen.

Wenn der Pfarrer von Mals oder sein Kaplan in das Bergdorf Planail kamen, um die Beichte zu hören, war es üblich gewesen, daß Pfarrer und Beichtkinder eine Zehrung beim Wirt auf Gemeindekosten erhielten. Als man 1781 die Gemeindeordnung erneuerte, war es ungemütlicher geworden. Wollte sich ein Nachbar von der Beichte im Wirtshaus ein wenig erholen, so mußte er seine Zehrung selbst bezahlen, nur dem Geistlichen, der all die Sünden hatte schlucken müssen, wurde noch auf Gemeindekosten eine Zehrung verabreicht.

Die Regierung hat in der Aufklärungszeit derartige Bräuche abgeschafft. Der steifleinenen Verstandesmäßigkeit jener Zeit erschienen sie als unzweckmäßige Verschwendung des Gemeindegutes. Man übersah, daß der Mensch nun einmal nicht ausschließlich nach Zweckmäßigkeit handeln kann und daß den schwer arbeitenden Bergbauern ein kleines Gelage auf Gemeindekosten am Ende doch ohne Schädigung des Gemainwohles vergönnt werden konnte.

Zu gemeinsamem Gelage bot auch der Brauch des „Widumstürmens“ Gelegenheit. Er ist für mehrere Gemeinden nachweisbar und war zweifellos auch in anderen Gemeinden, über die keine Nachrichten vorliegen, üblich. In Innsbruck – 1511 – und in Eppan – 1518 – ist der Brauch am frühesten bezeugt. In Eppan zog die ganze Gemeinde samt den bäuerlichen Pflug- und Dienstmaiden am Aschermittwoch vor das Pfarrwidum und führte zum Schein einen Sturm auf dasselbe durch. Nach Einnahme des Widums erhielten die tapferen Stürmer vom Pfarrer Speise und Trank. Am Christi-Himmelfahrtstag zog wiederum die ganze Gemeinde unter dem Spiel der Schwegelpfeifen vor das Widum, wo der bedrängte Pfarrer als erster den Tanz eröffnete. Nach Vollendung des Tanzes mußte der Pfarrer wiederum seine Seelsorgskinder bewirten. In Stams ist ein Klostersturm, bei welchem die Gemeinden Stams und Silz das Kloster heimsuchten, im Rechnungsbuch des Abtes Pelagius vom Jahr 1538/39 erwähnt. Der Sturm fand hier wie in Eppan am Aschermittwoch statt. In Kolsaß, Matrei und Kastelruth ist der Widumsturm für das beginnende 17. Jahrhundert bezeugt, in Tramin ein ähnlicher Brauch für das Jahr 1681. Die Bräuche wurden wegen des erheblichen Unfuges, mit dem sie verbunden waren, und wegen der zum Teil recht erheblichen Kosten, die sie Pfarrern und Klöstern verursachten, beseitigt, zum Teil im Einvernehmen zwischen Pfarrer oder Kloster einerseits und Gemeinde andererseits.

Die Art, wie man in Eppan in beiderseitigem Einverständnis den Brauch abschaffte, soll hier erwähnt werden, weil sie ein Zeugnis für die Schulfreundlichkeit beider Teile darstellt. Für den Verzicht auf Widumsturm und Mahlzeiten verpflichtete sich der Pfarrer 1518 gegenüber der Gemeinde, einen gelehrten, tauglichen Schullehrer im Widum zu halten und ihn auf seine Kosten mit Speis, Trank und Bett wie die Gesellpriester zu versehen; dem Pfarrer sollte dessen Aufnahme und Entlassung zustehen; benimmt sich der Schullehrer ungebührlich, so haben

Adel und Gemeinde das Recht, beim Pfarrer um dessen Entlassung und Berufung eines besseren anzuhalten.[42] Weil bisher kein eigenes Schulhaus vorhanden war, verpflichtet sich der Pfarrer, den Grund für den Bau des Schulhauses zur Verfügung zu stellen; der Bau soll von der Kirche bezahlt werden, dafür soll das Schulhaus Eigentum der Kirche bleiben.

Welche Ursachen zur Entstehung des „Widumstürmens“ geführt haben, wage ich nicht zu entscheiden. Man könnte vielleicht daran denken, daß dieser Brauch mit den ernsthaft gemeinten Widumstürmen des Bauernkrieges von 1525 zusammenhänge; damals liefen die Bauern, wie es die Quellen ausdrückten, durch verschiedene Pfarrhäuser und Klöster und plünderten sie. Ein Zusammenhang mit den Vorgängen von 1525 ist jedoch ausgeschlossen, weil der Brauch ja bereits in der Zeit vor 1525 auftritt.

3. Landesfürst und Gemain in der Zeit nach 1400

Die tatsächlichen Ansprüche, die der Landesfürst in älterer Zeit aus seiner Allmendhoheit herleitete, waren so beschränkt, daß kein stärkerer Widerspruch der Gemeinden sichtbar wurde. Das wurde aber anders, als sich die volkswirtschaftliche Bedeutung eines wichtigen Allmendbestandteiles, des Waldes, änderte. Der Wald hatte in älterer Zeit in der Hauptsache nur der Bedarfsdeckung örtlicher Verbände, der Markgenossenschaften oder Wirtschaftsgemeinden gedient. Immerhin bestand im Süden Tirols schon in vordeutscher Zeit ein Handelsverkehr, der Holz auf der Etsch in das holzarme Italien ausführte. Dem bäuerlichen Holzverkauf an die Städter kam in der Frühzeit städtischen Wesens bei der geringen Bewohnerzahl der Tiroler Städte keine größere Bedeutung zu, zumal ja die Städte ihren Holzbedarf zum Teil aus Wäldern der Stadtgemeinden deckten. Dem Holz der Wälder kam in dieser älteren Zeit zumeist nur Gebrauchswert zu, während es einen Geldertrag, also einen Tauschwert nur ausnahmsweise lieferte. Hierin trat nun seit dem Hochmittelalter und vorzüglich seit dem 15. Jahrhundert ein wichtiger Umschwung ein.

In der zweiten Hälfte des 13. Jahrhunderts waren im technischen Betrieb der Haller Saline Änderungen vorgenommen worden, durch welche die Salzerzeugung vermehrt und im Zusammenhang damit die landesfürstlichen Einnahmen aus der Saline bedeutend erhöht wurden; der Ertrag der Saline trat in weiterer Folge unter den landesfürstlichen Einkünften an die erste Stelle.

Der starke Holzbedarf der Saline mochte wohl einige Zeit aus den gewiß noch zahlreichen, bisher ungenützten herrenlosen Wäldern gedeckt werden, über welche der Landesfürst aufgrund seines Hoheitsrechtes verfügen konnte. Solche einst herrenlose Wälder bildeten, wie man annehmen darf, einen Grundstock der Amtswälder, welche als Zubehör der Saline in späterer Zeit angeführt werden. Bald fand aber

[42] Nikolaus Grass, Das Widum- und Kloster-„stürmen“, in: Zeitschr. f. Rechtsgesch. Kan. Abt. 40 (1954), S. 159–200, Neudruck bei N. Grass, Ausgew. Aufsätze zum 80. Geburtstag, Hildesheim 1993, S. 339–380.

die Salinenverwaltung mit diesen Wäldern nicht mehr das Auslangen, und nun begann sie, unter Berufung auf die Allmendhoheit des Landesfürsten, auf die gemainen Wälder zu greifen. In diesem Zusammenhang betont das Holzmeisterstatut der Haller Saline aus der Mitte des 15. Jahrhunderts, „daß alle Weld und Päch in der Grafschaft ze Tyrol der Herrschaft sind" (Wopfner 760, S. 36). Dementsprechend wurden bereits in dieser Zeit die Wälder des Oberinntales ohne Rücksicht auf ihre bisherige Nutzung als landesherrliche Wälder behandelt. Um 1329 bezog die Saline bereits Holz aus weit entfernten Wäldern, so aus den Wäldern von Prutz im obersten tirolischen Inntal, im 15. Jahrhundert griff sie noch weiter inntalaufwärts auf die Wälder des Engadin, das damals noch der tirolischen Landeshoheit unterstand. Ebenso lieferten die Nebentäler des Inntals, wie Kaunertal, Pitztal, Silltal, bereits im Mittelalter Holz für den Salzsud. Auf dem Inn konnte das Holz mit verhältnismäßig geringen Kosten nach Hall gebracht werden.

Ganz außerordentlich wurde der Holzbedarf gesteigert durch das Aufblühen des Tiroler Bergbaues im 15. Jahrhundert und die damit verbundene Gründung von Hüttenwerken. Von der raschen Ausbreitung des Bergbaues gibt die große Zahl landesfürstlicher Schurfbewilligungen eine Vorstellung. Bereits unter Herzog Sigmund waren allein im Berggericht Gossensaß-Sterzing 3124 Schurfrechte verliehen worden. Ein förmliches Fieber, neue Gruben zu eröffnen, verbreitete sich damals im Land; bis hinauf zu den Fernern erstrecken sich die Schurfe. Über den großen Holzbedarf von Saline und Bergwerk soll im XII. Hauptstück bei Darstellung der Waldwirtschaft berichtet werden.

Durch den starken Holzverbrauch bei Saline und Bergwerk stieg der Verkehrswert des Holzes. Falls sich eine Beförderung des Holzes auf dem Wasserweg bewerkstelligen ließ, konnte es auch auf weitere Entfernung abgesetzt werden. Da im 14. und besonders im 15. Jahrhundert die Nachfrage nach Holz aus den angegebenen Gründen stark angestiegen war und auf den Bächen und Flüssen Holz durch Trift in Massen und verhältnismäßig billig befördert werden konnte, nahm die Beschränkung des Holzabsatzes auf den örtlichen Verbrauch, wie sie in älterer Zeit gegeben war, ein Ende. Das Holz gewann volkswirtschaftliche Bedeutung, zumal da der Bergwerksbetrieb nicht bloß eine große Zahl von Menschen beschäftigte, sondern darüber hinaus durch seine Erzeugnisse dazu beitrug, das schon im Mittelalter zutage tretende Passivum der tirolischen Handelsbilanz[43] auszugleichen.

Für die Handhabung der landesfürstlichen Hoheitsrechte an der Gemain, besonders an den gemainen Wäldern, wurden aber die großen Einnahmen, welche Saline und Bergwerk für die landesfürstlichen Finanzen abwarfen, von ausschlaggebender Bedeutung. Der Landesfürst erhob aufgrund seines Bergregals eine Abgabe vom geförderten Erz sowie vom gebrannten Silber; erstere wurde als „Fron", letztere als „Wechsel" bezeichnet. Im Jahre 1505 wurde allein der Silberwechsel auf 90.000 Gulden veranschlagt; bereits in der Zeit von 1426 bis 1478 waren die landesfürstli-

---

[43] S. unten, VII. Hauptstück.

chen Einnahmen aus dem Bergwerk von 7623 Gulden auf 79.440 Gulden gestiegen. Die Haller Saline warf im Durchschnitt der Jahre 1561–1563 einen Rohertrag von 120.620 Gulden und einen Reinertrag von 75.506 Gulden ab. Zur Blütezeit des tirolischen Bergbaues unter Ferdinand I. sollen die landesfürstlichen Bergwerksgefälle 250.000 Gulden im Jahr betragen haben. Mit Recht konnte um 1530 der tirolische Rebell Michael Gaismair im Hinblick auf diese finanzielle Bedeutung der Bergwerke Tirol als „Geldkasten" des Kaisers bezeichnen. In der zweiten Hälfte des 16. Jahrhunderts ging es mit den Einnahmen aus dem Bergwerk rasch abwärts. Ihr Bruttoertrag belief sich 1560–1564 pro Jahr auf 105.500 Gulden, 1581–1585 nur mehr auf 62.000 Gulden. Ein einzelnes Bergwerk wie der Kupferbergbau in Prettau zahlte an Steuern und Abgaben in der Zeit von 1562–1577 im Jahresdurchschnitt annähernd 4000 Gulden.

Die Bedeutung dieser Einnahmen vermag man erst richtig zu erfassen, wenn man sie mit den Einnahmen aus der außerordentlichen Steuer vergleicht, welche die tirolischen Stände zu dieser Zeit bewilligten. Sie hat während der Regierungszeit Maximilians I. im Jahresdurchschnitt 50.000 Gulden kaum überschritten, obwohl namentlich der Venezianerkrieg in der letzten Regierungszeit des Kaisers erhöhte Steuerforderungen an die Stände Tirols brachte.

Wollte sich der landesfürstliche Fiskus die großen Einnahmen aus dem Bergbau wahren, so mußte Sorge getragen werden, daß schlagbare Wälder in genügendem Ausmaß dem Bergwerks- und Hüttenbetrieb zur Verfügung stünden: „dann on Holz mag nicht Pergwerch sein", schrieb der Bergrichter von Klausen 1483 an Herzog Sigmund (Wopfner 760, S. 38). Da das Holz aus den unmittelbar dem Landesfürsten zugehörigen Amtswäldern für den Bedarf nicht ausreichte, griff der Landesfürst, gestützt auf seine Allmendhoheit, auf die gemainen Wälder. Eine starke Beschränkung der bäuerlichen Nutzungsrechte an den gemainen Wäldern trat nunmehr ein, um den Holzbedarf von Saline, Berg- und Hüttenwerken dauernd zu sichern.

Der Umschwung, der in der Bedeutung der Wälder für Volks- und Finanzwirtschaft im 15. Jahrhundert eintrat, hatte eine gründliche Änderung in der Geltendmachung des landesfürstlichen Allmendregals, namentlich der Forsthoheit, zur Folge. Aus ihr wurden nunmehr seitens der landesfürstlichen Regierung Folgerungen abgeleitet, welche die bäuerliche Nutzung an den gemainen Wäldern wesentlich einschränkten. Das Eigentum an der Allmende, wie es der Landesfürst nunmehr geltend machte, war nicht mehr Eigentum im Sinn des deutschen Rechtes, Eigentum, neben welchem noch ein anderes Eigentum, nämlich das der bäuerlichen Gemeinde, bestehen konnte, sondern war Eigentum im Sinn des römischen Rechtes. Das römische Eigentum aber gab dem Eigentümer ein dem Grundsatz nach ausschließliches Recht an der Sache; es erkannte eine Beschränkung des Herrschaftsrechtes nur soweit an, als diese auf Verleihung seitens des Eigentümers oder fallweise auf gesetzliche Bestimmungen zurückging.

Das Recht der Bauern an ihrer Allmende war nach römischer Rechtsauffassung „Recht an fremder Sache". Diese Auffassung schlug aber der Berechtigung der Bauern, wie sie geschichtlich entstanden war, ins Gesicht. War doch die Allmende seit unvordenklicher Zeit ihre Sache, an der sie ein unbedingtes Nutzungsrecht besaßen. Das Recht der Bauern an der Allmende als Recht an fremder Sache zu betrachten hieß, die Dinge auf den Kopf stellen. Diese Auffassung vom Wesen des bäuerlichen Rechtes und ihre Rechtskonstruktion war für die Folgezeit von erheblicher Bedeutung.

Daß der Landesfürst nunmehr tatsächlich das Eigentum an der Gemain und insbesonders an den gemainen Wäldern im Sinn des römischen Rechtes beanspruchte, kommt deutlich in einer Entscheidung des Bischofs von Trient, die dieser als Landesfürst bei der Entscheidung eines Allmendstreites zwischen mehreren Gemeinden traf, zum Ausdruck. Er stellte hierbei fest, daß das Eigentum und unmittelbare Herrschaftsrecht an den Allmenden der streitenden Gemeinden ihm und seinem Hochstift und nicht einer der genannten Parteien zustehe; diesen sei nur der Nutzgenuß an Weide und Wald und für Befriedigung anderer wirtschaftlicher Bedürfnisse zugestanden, damit sie dem Bischof und Hochstift Steuern und andere Leistungen entrichten könnten.[44]

Hier tritt zwar noch die alte Ansicht vor Augen, gemäß welcher die Allmendnutzung als Entgelt für die Steuern und andere Leistungen an den Landesfürsten betrachtet wird, doch ist der Eigentumsanspruch des Landesfürsten in einer Weise festgelegt, welche weitgehende Folgerungen aus diesem Anspruch zuläßt.

In ähnlicher Weise werden um diese Zeit auch in deutschen Urkunden die bäuerlichen Rechte an der Allmende nur als Rechte auf Nutznießung behandelt. Gelegentlich einer Verleihung von Allmendland durch den landesfürstlichen Pfleger (1502) wird der Zustimmung „der Gerichtsleut zu Altenburg als Nießer der Gemaind an den Enden" gedacht (Wopfner 760, S. 31).

Bereits um die Mitte des 15. Jahrhunderts betonte ein Gutachten in tirolischen Bergwerkssachen, daß „alle Gemain des Lantsfürsten seyn" (Worms 796, S. 122, Beil. Nr. 7, p. 24). In einer um 1478 ergangenen Weisung Herzog Sigmunds für einen Gesandten wird betont, daß die Wälder „unns aus der Oberkeit als Herrn und Landsfürsten zugehörn" (Wopfner 760, S. 28); dabei wird gar nicht mehr unterschieden zwischen gemainen Wäldern und Privatbesitz.[45]

Die Folgerungen, welche der Landesfürst nunmehr aus seiner Allmendhoheit zog, lassen deutlich erkennen, daß sich diese zu Eigentum im Sinn des römischen

---

44 „... eandem proprietatem et directum dominium ad nos et ecclesiam nostram et non ad aliquam dictarum partium spectare et pertinere, sed dumtaxar quoad usumfructum et gaudimentum eorundem in pasculo bustando et aliis commoditatibus ipsis hominibus fore concessum, ut collectas et alia onera et iura nobis et ecclesie nostre persolvant" (Wopfner 760, Beil. IX, S. 121).

45 In Tirol tritt die Geltendmachung des landesfürstlichen Hoheitsrechtes an den gemainen Wäldern bereits im 15. Jahrhundert in schärfster Form in Erscheinung. Es ist daher irrig, wenn Bücher, Entstehung der Volkswirtschaft, 28., S. 41 behauptet: „Seit dem Anfang des 16. Jahrhunderts beginnt sich die Forsthoheit des Staates auszubilden, zuerst in Württemberg 1514, dann in Frankreich 1518" usw.

Rechtes verdichtet hatte. Aus der ihrem Wesen nach unbeschränkten Herrschaft über eine Sache, wie sie der römische Eigentumsbegriff dem Eigentümer zusprach, leitete der Landesfürst ein Verfügungsrecht über die Allmende ab. Ein Teil der bisherigen gemainen Wälder ist der bäuerlichen Nutzung entzogen worden, in einem anderen Teil wurde die Nutzung auf den bäuerlichen Hausbedarf beschränkt und das Recht der Gemeinde zu einem bloßen Nutzungsrecht am landesfürstlichen Eigentum herabgedrückt. Öfters war der Teil der gemainen Wälder, welcher den Gemeindegenossen zur Nutzung verblieb, nicht leistungsfähig genug, deren Hausbedarf zu decken, sodaß ihnen fallweise eine Nutzung der dem Landesfürsten unmittelbar unterstehenden Wälder gestattet werden mußte. In weiterer Folge wurde die bloß fallweise Gewährung zu einem ständigen Nutzungsrecht, das als Dienstbarkeit auf dem landesfürstlichen Wald lastete. Der Landesfürst verfügte als Eigentümer über die Substanz der Allmende, indem er durch seinen Forstmeister oder die Organe der örtlichen Verwaltung Teile der Allmende zu Erbpacht verlieh oder indem er einzelne Nutzungen, z. B. Weiderechte, vergab. Er beanspruchte für sich die ausschließliche Nutzung der Hochjagd und machte das Recht auf Niederjagd, soweit es den Untertanen noch zugestanden wurde, von seiner Verleihung abhängig. Natürlich wollte er auch das Recht zu einseitiger Verfügung über die Allmende, wie es die Gemeinden in älterer Zeit beansprucht hatten, nicht länger dulden.

Die F o l g e n , welche sich aus der verschärften Geltendmachung der Allmendhoheit für die Bauern ergaben, waren sehr empfindlich. Teile der bisherigen gemainen Wälder wurden, wenn sie in der Nähe der Berg- und Hüttenwerke lagen, der bäuerlichen Nutzung ganz entzogen und zu Bergwerkswäldern gemacht, die ausschließlich der Versorgung der Berg- und Hüttenwerke zu dienen hatten. So hatte Erzherzog Sigismund als tirolischer Landesfürst über die Wälder am Kolsaßberg (an der linken Seite des Weertales, südlich von Kolsaß im Inntal) verfügt und einen Teil dem Schloß Rettenberg ober Kolsaß, einen zweiten der Gemeinde Kolsaß und den dritten Teil den Schmelzherren (Inhabern der Hüttenwerke) zugewiesen. Immer mehr Wälder wurden für das Bergwerk beansprucht, und die Nutzung der Gemain wurde eingeschränkt oder aufgehoben. Das Bestreben der Forstverwaltung lief darauf hinaus, den Holzverkauf aus den gemainen Wäldern um Schwaz zu verbieten und nur Holzlieferungen für das Bergwerk zu bestimmten Preissätzen zu gestatten. Der Landesfürst maßte sich das Recht an, einzelnen privilegierten Personen Wälder, welche nach Ansicht der Bauern zu ihrer Gemain gehörten, einseitig als sogenannte „Fürhölzer“ zu verleihen, d. h. als Wälder, an welchen der Beliehene vor („für“) anderen das Nutzungsrecht haben sollte.

Der Bauer, der von alters her in der Verfügung über die Gemain im Wesen nur durch Satzungen seiner Gemeinde beschränkt war, mußte sich jetzt eine unter Umständen weitgehende Minderung seiner Nutzungsrechte gefallen lassen. Rodung von Allmendland und Holzverkauf aus dem gemainen Wald waren auch in älterer Zeit meist an eine Bewilligung der Gemeinde gebunden, die aber in der

Regel nicht allzu schwer zu erreichen war. Die Satzungen der Gemeinde betreffs Nutzung der Allmende wurden nicht so streng gehandhabt wie landesfürstliche Waldordnungen. Das Holzfällen für den Eigenbedarf war – abgesehen vom Verbot hinsichtlich der Bannwälder – entweder ganz freigegeben oder wurde doch nur wenig überwacht; auch der Holzhandel einzelner Bauern hatte sich trotz der Einschränkung durch Gemeindesatzungen so kräftig entwickelt, daß beispielsweise ein Bauer um die Bewilligung zum Schlagen von 1500 Stämmen ansuchen konnte. Der Holzverkauf bildete in vielen Gemeinden so wie heute einen wesentlichen Behelf der bergbäuerlichen Wirtschaft, um das nötige Bargeld zu beschaffen, das aus dem landwirtschaftlichen Betrieb allein nicht zu gewinnen war.[46]

Die landesfürstlichen Waldordnungen, wie sie seit dem 15. Jahrhundert für größere und kleinere Teile Tirols erlassen wurden, verboten jede Rodung im Gemeindewald, wenn nicht eine forstamtliche Rodungsbewilligung eingeholt worden war; Zuwiderhandelnde unterlagen schwerer Strafe. Zur Dekkung des bäuerlichen Holzbedarfes wurde den Bauern nur ein Teil der bisherigen gemainen Wälder belassen und ihnen in diesen die Plätze zur Holznutzung „ausgezeigt". Holzverkauf war – wenigstens in den Wäldern, die für die Deckung des Holzbedarfes von Bergwerk und Saline in Betracht kamen – nur mit forstamtlicher Erlaubnis gestattet.

Die Beanspruchung der gemainen Wälder für Berg- und Hüttenwerke, wie sie im Interesse des landesfürstlichen Fiskus geltend gemacht wurde, geschah oft in rücksichtslosester Weise. Gewerbliche Unternehmen wie z. B. Sägewerke, die einen Teil des Holzertrages in Anspruch nahmen, wurden gelegentlich ohne weiteres beseitigt. Die Wälderbeschlagnahme für Berg- und Hüttenwerke war eine so starke, daß selbst in der waldreichen Umgebung des Achensees die Untertanen über mangelhafte Deckung ihres Holzbedarfes zu klagen hatten. Wenn der Holzverbrauch der Schmelzhütten im Wipptal bereits um die Mitte des 15. Jahrhunderts so groß war, daß sich am herzoglichen Hofhalt in Innsbruck Holzmangel fühlbar machte, läßt sich leicht vorstellen, welche Einschränkungen die Holznutzung der Untertanen in den Bergwerksbezirken erfuhr.[47]

In den Gemeinden Weer und Weerberg im Bereich des Schwazer Bergbaues gestattete die Forstbehörde den einzelnen bäuerlichen Haushalten nur eine jährliche Schlägerung von 12 Stämmen aus dem Gemeindewald. Die Schäbigkeit dieser Bewilligung tritt besonders deutlich hervor, wenn man sieht, daß etwa 100 Jahre später (1616) für den Holzbedarf des landesfürstlichen Hofes zu Innsbruck und die dortige Beamtenschaft, die Freiholz bezog, 270.000 Stämme im Wipptal geschlagen wurden. Die Gemeinde Gais nördlich Bruneck, deren Wälder für Holzlieferungen an Berg- oder Hüttenwerke nicht in Frage kamen, konnte in ihrer Dorfordnung von 1666 die jährliche Holzbewilligung für eine Vollhube mit 60 Stämmen, für eine

---

[46] Vgl. unten im XII. Hauptstück die Ausführungen über Holzhandel.
[47] Über Holzmangel vgl. ebd.

halbe Hube mit 45 und für ein Söllgut mit 20 bemessen. Das ehehaft Tading zu Weerberg setzte sich denn auch gegen die allzu niedrige Holzbemessung zur Wehr; es stellte fest, daß mit 12 Stämmen der Holzbedarf eines Haushaltes nicht gedeckt werden könne; die Gemeinde bewilligte aus eigener Machtvollkommenheit ihren Angehörigen je 20 Stämme für den Haushalt.

Der Verlust der Verfügungsfreiheit über ihre gemainen Wälder und die Unterdrückung ihres Holzhandels mußten die Bauern umsomehr erbittern, als die Inhaber von Schmelzhütten nun häufig ihrerseits mit dem Holz der Wälder, das ihnen für den Betrieb ihrer Werke verliehen worden war, Handel trieben. Wenn es nun vorkam, daß Besitzer von Hüttenwerken das ihnen zugewiesene Holz gar nicht für ihre Betriebe verwerteten, sondern im Wald verfaulen ließen, stieg der Unwille der Bauern.

Ein erhöhter Forstschutz, wie ihn die landesfürstliche Forstverwaltung besonders durch die Einschränkung der bäuerlichen Waldrodung bezweckte, war sicherlich gerechtfertigt; er mußte aber andererseits in vielen Fällen der bäuerlichen Wirtschaft schwere Hemmungen bereiten, die bei einer Handhabung, welche mehr auf landwirtschaftliche Bedürfnisse Rücksicht nahm, zu vermeiden gewesen wäre. Die bäuerliche Viehhaltung beruhte weit mehr noch als heute auf der Weidewirtschaft und beschränkte die Sommerstallfütterung auf das äußerste. Das galt ganz besonders für die Berghöfe. Die Weide aber war damals und ist heute noch in ausgedehntestem Maße Waldweide. Heim- wie Almweide waren auf Kosten des Waldes in weitgehender Weise ausgedehnt worden. Der landesfürstliche Forstschutz versuchte nun, der weiteren Ausdehnung der Weideflächen mit allem Nachdruck entgegenzutreten. So hatten die Silzer in der Zeit um 1515 die Forstbehörde ersucht, innerhalb ihres Waldes die Anlage einer Alm oder Voralm zu gestatten. Es war in dem vorgesehenen Waldteil, wie die Forstbehörde feststellt, ein Kahlschlag gemacht worden, auf welchem die Silzer Bauern, wie das vielfach üblich war, ihr Weidevieh auftreiben wollten. Die Forstbehörde empfahl der Regierung, das Ansuchen abzulehnen. Würde man dem Ansuchen der Silzer nachgeben und könnten diese ihr Vieh auftreiben, so würde dieses das nachwachsende junge Holz verbeißen und die Wiederbewaldung des Schlages verhindern. Der Eifer der landesfürstlichen Forstleute ging aber bereits zu Beginn des 16. Jahrhundert so weit, den Untertanen auch auf bereits bestehenden Weideflächen die Ausrottung des Waldanfluges, also das sogenannte Schwenden zu verbieten.

Nach Ansicht der Bauern bedeutete diese Art der Anwendung der landesfürstlichen Allmendhoheit einen Rechtsbruch, eine Verletzung des alten Herkommens, eine Störung des guten alten Rechtes; sie bedeutete eine Entziehung von Nutzungen, auf welche die bäuerliche Wirtschaft angewiesen war. Daß dem Landesfürsten ein ausschließliches Eigentumsrecht am Wald zustehen solle, widersprach ganz und gar der bäuerlichen Rechtsauffassung und dem ihr zugrunde liegenden deutschrechtlichen Gedanken von der Möglichkeit eines zweifachen Eigentums an ein und derselben Sache. Nach der bäuerlichen Auffassung hatten Bauern und Landesfürst

Eigentum am gemainen Wald, der Bauer besaß das Nutzeigentum, der Landesfürst ein Obereigentum. Ein ausschließliches Eigentum des Landesfürsten ist von den Bauern niemals anerkannt worden.

Gewiß konnte die Änderung, welche der Wald in seiner volkswirtschaftlichen Bedeutung erfahren hatte, nicht ohne Rückwirkung auf die tatsächliche Gestaltung der bäuerlichen Waldnutzungsrechte bleiben. Das Holz war zu einem Gut geworden, das nicht mehr bloß der Bedarfsdeckung örtlich beschränkter Kreise diente, sondern für das ganze Land und seine wirtschaftliche Wohlfahrt von großer Bedeutung war. Aber die Änderung der Nutzungsrechte durfte nicht einseitig durch den Landesfürsten, sondern nur im Einvernehmen zwischen Landesfürsten und Gemeinden vorgenommen werden. Der Landesfürst durfte nach der tirolischen Verfassung nicht einseitig das bestehende Recht ändern; mußte doch jeder Fürst von Tirol vor seinem Regierungsantritt das überlieferte Recht bestätigen, und diese Bestätigung bildete die Voraussetzung seiner Anerkennung.

Die Erregung, welche das einseitige Vorgehen der landesfürstlichen Regierung hervorrief, spiegelt sich in den bäuerlichen Beschwerden wider, welche uns aus dieser Zeit überliefert sind. So verweisen die Gemeinden („Nachbarschaften") zu Baumkirchen, Fritzens und Mils im Inntal (östlich Hall) in einer gegen die Minderung ihrer Waldrechte vorgebrachten Beschwerde aus der Zeit von 1511–1514 auf die Bestätigung des alten Herkommens durch den Landesfürsten: „... inen wär durch ir kays. Majestät in Einganng der Regierung ditz Lannds, auch durch weilennd Ertzhertzog Sigmund hochleblicher Gedächtnuss und annder Lanndsfurstn zugesagt, sy bey altem Herkomen, Nutz und Gewer beleiben zu lassen" (Wopfner 760, S. 149). Sie wenden sich dagegen, daß sie nach der jüngst aufgerichteten „Holzordnung" kein Holz zur Deckung des Hausbedarfes oder zum Verkauf ohne Zustimmung des Waldmeisters und seiner Forstknechte und Überreiter schlagen sollen. Sie sprechen die Hoffnung aus, daß der Kaiser als Landesfürst sie nicht so arg beschweren und belästigen lassen werde. Falls ein Bauer ein oder zwei Fuder Holz für seinen Hausbedarf schlagen wolle, könne er nicht dem Waldmeister oder seinen Unterbeamten, die vielleicht gar nicht daheim und mit anderen Geschäften beladen seien, nachlaufen, um sie mit großer Mühe und Versäumnis dringender Arbeit zur Beschau des betreffenden Waldes herbeizubringen; da käme dem Bauern das Holz teurer zu stehen, als er es verkaufen könne. Der Bauer müsse mit harter Arbeit Weib und Kind ernähren und dürfe nicht so hart beschwert werden. Sollte ihm der Holzverkauf dermaßen erschwert werden, so vermöge er nicht mehr, Steuern und Zins an Grund- und Vogteiherren zu bezahlen. Er sei auf den Verdienst aus dem Holzverkauf angewiesen, ein zusätzlicher Verdienst durch Arbeit im Pfannhaus zu Hall, am Salzberg oder einem anderen Bergwerk komme für den Bauern der genannten Gemeinden nicht in Betracht. Ohne einen zusätzlichen Verdienst sei er aber nicht in der Lage, auch nur das nötige Brot für sich und seine Familie zu kaufen.[48] Sollte

[48] Viele Bauern Tirols waren bereits in jener Zeit auf Getreidekauf angewiesen.

ihm der Holzverkauf verweigert werden, so könne er sich auf seinem Gute nicht mehr halten und er müßte die Heimat verlassen, zumal er auch auf seinem Gut viel durch Wildschaden zu leiden habe; dieser sei so groß, daß die Feldfrüchte vor dem Wild fast nicht mehr zu retten seien.

Die Bauern von Kolsaß und Kolsaßberg beschwerten sich 1526, daß man ihnen einen Teil ihres gemainen Waldes zugunsten der Haller Saline genommen habe. Es sei ihnen zwar für die Deckung ihres Holzbedarfes ein anderer Wald angezeigt worden, die Salinenverwaltung habe aber dann auch in diesem Wald Holz schlagen lassen, dieses Holz aber gar nicht in ihrem Betrieb verwendet, sondern an Bäcker und andere Handwerker verkauft (AT. III, S. 130, Z. 22–38).

In anderen Beschwerden, welche von Gemeinden des Oberinntals stammen und der Zeit um 1515 angehören, betonen die Bauern immer wieder, daß sie bisher ihre Wälder frei, d. h. ohne Bindung an Bewilligungen seitens des Landesfürsten, nutzen konnten und insbesondere im Holzverkauf unbehindert waren. Paul Egker aus Latzfons sagt als Zeuge aus, „er hab auf dy funf- oder sexchsunndzwainzige Iar inn Vildär [westlich Klausen] Holtz geschlagen und dasselb Holtz auf dem Dthünenpach [Tinne] heraus tribenn unnd denn von Clausenn ... verkaufft an menigklich Irrung und Eintrag. Weitter sey im guett wissennd, das yetz etbon inn vierzehen Tagen verschinen ettlich Nachperen zue im unnd andern, so auf dem Thynnenpach Holtz getriben, komen wären unnd inen gesagt, sy sollen kain Holtz mer treibenn, dan der Perckrichter hab ain Bevelch f. d. [fürstl. Durchl.] innen das Holtz verspotten. Im sey auch guett wissenndt, das er von den Altten ye unnd ye gehortt habe und selbs auch nye annders gesehenn, dan das man ee und dy Perkwerch inn Aufnemen komen, alle Iar Holtz aus denn Walderen, so ietz verpotten sein, geschlagen unnd er auch mermall mitsambt anderen das Holtz heraustribenn und denen von Clausen zue irer Notturfft zue kauffen geben haben" (Wopfner 760, S. 40, Anm.).

Mit Recht konnten die Bauern in ihren Beschwerden darauf verweisen, daß der Holzverkauf für sie eine w i r t s c h a f t l i c h e N o t w e n d i g k e i t sei und daß sie ohne ihn Steuern und Zinse nicht mehr entrichten könnten. So begründen die Leute aus dem Hochtal Sexten, einem Nebental des oberen Pustertales (an der Grenze gegen das Venezianische), ihre im Jahr 1525 vorgebrachte Beschwerde folgendermaßen: Weil „wir an wilden und groben Orten hausen und wonen, da dann die Frucht des Ertrichs selten geraten, so muessen wir aus Not unnser Narung mit herter und strennger Arbait gewynnen als in Welden mit dem Holtzwerch oder Muschln [Museln = große, zum Verkauf bestimmte Rundhölzer] schlahen und das verkauffen und alsdann werden wir durch die Herrschafft hoch gepuest und gestrafft" (AT. III, S. 168, Z. 24).

Den Ansprüchen der Bauern auf freien Holzverkauf traten die Forstbehörden mit der Forderung gegenüber, das Holzverkaufsrecht urkundlich zu erweisen. Dieser Forderung zu entsprechen war den Bauern begreiflicherweise unmöglich. Die Nutzungsrechte an den gemainen Wäldern bildeten ja seit alters einen Bestandteil der gesamten Nutzungsrechte an der Allmende, wie sie die Bauern seit jeher ohne besondere Verleihung besaßen und wie sie mit ihren Gütern verbunden waren. Der Verkauf war bisher in holzreichen Gemeinden dem einzelnen Genossen freigestanden, in holzärmeren aber nur an die Bewilligung der Gemeinde gebunden gewesen.

Die Bauern des Landgerichtes Sterzing erhoben Einspruch gegen die Waldordnung von 1516. Der gemaine Waldmeister, dem die Forstpolizei über die gemainen Wälder vom Landesfürsten zugewiesen war, hatte 1516 seitens der Regierung den Auftrag erhalten, die Gerichtsleute zusammenzurufen und sie zur Annahme einer neuen Waldordnung zu bewegen; die Bauern wollten aber davon nichts wissen. Sie hatten bisher nach dem überkommenen Brauch und nach alter Übung ihrer Gemeinde die Waldnutzung geregelt und über ihren Wald verfügt; sie glaubten, keiner neuen Ordnung zu bedürfen. Über die Verhandlungen mit den Bauern berichtet das vom Waldmeister geführte Waldbuch von 1516; die Verletzung der bestehenden Gemeinderechte durch die neue Ordnung wird klar ersichtlich.

Die Bauern hatten bisher aus dem Holzverkauf ein wichtiges, in vielen bäuerlichen Wirtschaften unentbehrliches Nebeneinkommen bezogen. Jetzt wurde ihnen nicht nur der Holzverkauf verboten, sondern in manchen Bergwerk und Saline vorbehaltenen Wäldern wurde den Bauern sogar die Holzarbeit entzogen und fremden Holzarbeitern übertragen. Demgegenüber wollten sich die Bauern das ausschließliche Recht auf die Holzarbeit sichern; die Regierung aber wollte ihnen ein solches Monopol der Holzarbeit nicht zugestehen, das vielleicht zu einer Steigerung der Holzpreise hätte führen können. Den Bergarbeitern ließ die Regierung Plätze zum Hausbau auf der Allmende zuweisen und befreite sie von Gemeindelasten. Zwischen den Bauern und den fremden Holzarbeitern ergaben sich in diesem Zusammenhang mancherlei Reibereien. Die Bauern versuchten, den Holzarbeitern den Kauf von Lebensmitteln zu erschweren und störten sie bei der Holzarbeit.

Mit der Ausdehnung der landesfürstlichen Verfügungen über die Allmende verstärkte und verschärfte sich der W i d e r s t a n d der Bauern gegen die Einschränkung ihrer Nutzungen. Bereits am Bozner Landtag von 1478 war gegen einseitige Verleihung von Allmendland durch landesfürstliche Beamte Beschwerde erhoben worden. Der zutage tretende Widerstand war so beträchtlich, daß Kaiser Maximilian I. als tirolischer Landesfürst in einer Waldordnung für das Inntal das Zugeständnis machte, Allmendland solle nur „mit Wissen und Willen einer Gemeind", in deren Gebiet das zu verleihende Grundstück liegt, verliehen werden.

Der Widerstand gegen die Handhabung der landesfürstlichen Allmendhoheit hielt sich jedoch keineswegs in den Schranken verfassungsmäßiger Formen. Bereits 1513 hatte der oberste Holzmeister in den drei Herrschaften Kufstein, Kitzbühel und Rattenberg berichtet, daß sich, falls er Waldfrevler strafen wolle, viele andere Bauern mit ihnen solidarisch erklärten und die Bestrafung verhindern wollten. Nach dem Tod des Kaisers wurden von den erbitterten Bauern landesfürstliche Bann- und Amtswälder niedergeschlagen, und man widersetzte sich der Waldordnung, welche der Kaiser errichtet hatte.

Zur Zeit des Bauernkrieges von 1525 versuchten die Bauern, das „alte Recht" gegenüber dem neuen Amtsrecht auch hinsichtlich der Allmende wieder in Geltung zu setzen. Nach dem römischen Recht, wie es von den „Doctores", den Vertretern des römischen Rechtes, in der Landesregierung geltend gemacht wurde, waren die Rechte der Bauern an ihren gemainen Wäldern Rechte an fremder Sache, d. h. Dienstbarkeiten, die auf dem Waldeigentum des Landesfürsten ruhten (s. oben 347 f.). Die Auffassung, daß diese Waldnutzungsrechte Rechte an fremder Sache seien, war dem bäuerlichen Rechtsempfinden ganz und gar unverständlich; sie entsprach aber den Formulierungen des römischen Rechtes. Die Vertreter des römischen Rechtes waren nicht umsonst bei den Bauern so verhaßt, daß am Meraner wie am Innsbrucker Landtag von 1525 die Forderung aufgestellt wurde, es müsse die Regierung zu Innsbruck „mit verstendigen, erlichen Lantleutn, so der Landspreuch Wissen tragen, als von Adl, Stettn und Gerichtn und nicht von aussern oder geistlichen Leutn noch Doctores besetzt werden" (AT. III, S. 38, Z. 15). Die Doktoren überschätzten das römische Recht, verkannten und mißachteten aber oft genug das heimische deutsche Recht, wie es in den Rechtsanschauungen der Bauern und in den bäuerlichen Weistümern zutage trat. Die Bauern aber standen voll und ganz auf dem Boden des ihnen von ihren Vätern überlieferten heimischen Rechtes. Ihnen war ihre seit alters geübte Nutzung an der Gemain nichts anderes als ein Recht an der eigenen Sache.

Im 19. Artikel des am Meraner Landtag verfaßten Reformprogrammes wurde jede Einziehung oder Verleihung von Allmende, wenn sie nicht mit Vorwissen der Gemeinde unternommen wurde, untersagt; wo sie ohne Zustimmung der Gemeinde unternommen worden war, sollte sie wirkungslos sein und die betreffenden Allmendteile wieder an die Gemeinde zurückfallen. Im besonderen wendet sich der Artikel noch gegen die Verleihung von „Fürhölzern" an einzelne Personen. Immerhin zeigt Artikel 45 der Meraner Artikel ein ziemliches Entgegenkommen gegenüber den landesfürstlichen Allmendansprüchen. Er setzt fest, daß „alle Perg- und Holzwälder allenthalben im Lant ainem jeden zu seiner Notturft Prenn- und Zimmerholz frey sey und das Perkwerch dannocht auch sein Behülzung gehaben mög". Ein Entgegenkommen gegenüber dem landesfürstlichen Standpunkt ist darin zu sehen, daß die Sicherstellung der bäuerlichen Allmendnutzung auf den Notbedarf an Bau- und Brennholz für die bäuerliche Hauswirtschaft beschränkt wird, wodurch das Recht zum freien Verkauf von Holz aus der Allmende stillschweigend ausgeschlossen wurde. Ausdrücklich wird diese Beschränkung der bäuerlichen Holznutzung in Zusammenhang gebracht mit der Holzversorgung des Bergwerkes. Die rücksichtsvolle Haltung gegenüber der landesfürstlichen Forstpolitik kann sehr wohl damit zusammenhängen, daß Michael Gaismair, einer der Führer der Aufstandsbewegung, auf die Fassung der Meraner Artikel Einfluß genommen haben dürfte. Gaismair war der Sohn eines Bergknappen; ihm lag eine Rücksichtnahme auf das Bergwerk und seine Holzversorgung umso näher, als ihm ja auch die große wirtschaftliche Bedeutung des Bergwerkes, bei dem so viele Menschen ihren Unterhalt verdienten, nicht verborgen bleiben konnte, und er auf seine Anhänger in Kreisen der Bergarbeiter Rücksicht nehmen mußte.

Die Landesordnung von 1532, welche in Zusammenarbeit von Landtag und Regierung entstanden war, bestimmte im 4. Titel des IV. Buches, daß vor Verleihung von Gemainland durch die Behörden die Gemeinde („Gemeinschaft" sagt die Landesordnung) gehört werde, „ob sie billich Einred oder Beschwärd" gegen die Verleihung vorzubringen habe. Obwohl an der Abfassung des Landesgesetzes auch die Abgeordneten des Bauernstandes teilgenommen hatten, ist es doch zu dieser wesentlichen Abschwächung des Rechtes der Gemeinden gekommen. Die Landesordnung gesteht zwar den Gemeinden ein Einspruchsrecht gegen die Verleihung von Gemeindegrund zu, aber die Wirksamkeit ihres Einspruches wurde an die Feststellung geknüpft, daß er „billich" sei. Die Entscheidung über die Frage der Billigkeit war stillschweigend der Regierung anheimgestellt.

Der Ausbau der landesfürstlichen Forsthoheit bedeutet, vom Rechtsstandpunkt der Gemeinden aus betrachtet, gewiß eine Entrechtung der Gemeinden. Der fiskale Gesichtspunkt trat zudem bei der Handhabung dieser Hoheitsrechte oft genug einseitig hervor. In ihrer volkswirtschaftlichen Auswirkung hat aber immerhin die staatliche Regelung der Allmendnutzung der Allgemeinheit einige Vorteile gebracht. In mancher Hinsicht vertrat die landesfürstliche Verwaltung in Allmendfragen weitherzigere Grundsätze als die autonome bäuerliche Gemeinde. Gerade im Streit zwischen den vollberechtigten Genossen und den minder berechtigten sowie den von der Gemainnutzung überhaupt ausgeschlossenen verfocht die Regierung den Standpunkt, daß auch den beiden letzteren Gruppen Anteil an der Gemainnutzung, wenn auch in beschränktem Ausmaß, zu gewähren sei. So wurde also immerhin in Fällen, wo eine Gemeinde versagte, das landesfürstliche Allmendrecht sozialpolitischen Zwecken dienstbar gemacht.

Die bäuerliche Gemeinde versuchte, die Vermehrung der Nutzungsberechtigten zu vermeiden und schloß sich zu diesem Zweck gegen die Aufnahme neuer Mitglieder ab. Die Regierung hingegen verlieh in der Zeit der aufblühenden Bergwerke den Bergarbeitern, die sich in den Landgemeinden niederließen, gewisse Allmendnutzungen; sie wies ihnen Grundstücke zum Bau einfacher Häuser (Söllhäuser) zu, gab ihnen Anteil an den Nutzungen von Wald und Weide und räumte ihnen gelegentlich sogar ein beschränktes Recht zu Fisch- und Vogelfang ein.

Wenn die Vornahme von Rodungen der landesfürstlichen Genehmigung unterworfen wurde, so ist dadurch einer zu weit gehenden Minderung des Waldbestandes entgegengearbeitet worden. Beim starken Landhunger der Bauern war kaum zu erwarten, daß die Gemeinde genügend Widerstand zu leisten vermochte, um dem Rodungsbegehren der Gemeindegenossen nötigenfalls entgegenzutreten, zumal ja im engen Kreis der Gemeinde und bei den persönlichen Bindungen, wie sie zwischen Gemeindeobrigkeiten und Gemeindegenossen bestanden, persönliche Rücksichten oft genug eine sachliche Entscheidung der Gemeindevorstehenden erschwerten.

Das staatliche Verbot des freien Holzhandels bedeutete, namentlich in Südtirol, auch bei mangelhafter Handhabung eine Beschränkung der Waldvernichtung. Das Recht freien Holzverkaufes würde hier ohnehin den wirtschaftlich Starken in der Gemeinde viel mehr zugute gekommen sein als den Schwächeren, die nicht über die nötigen Arbeitskräfte verfügten, um sich einen entsprechenden Anteil am Holzhandel zu sichern. Über die Verbesserung der tirolischen Forstwirtschaft wird im XII. Hauptstück noch eingehender zu berichten sein.

Außer an den gemainen Wäldern wurde die landesfürstliche Allmendhoheit noch besonders gegenüber dem Wasser-, Fischerei- und Jagdrecht der Gemeinden geltend gemacht. Das Verfügungsrecht des Landesfürsten über die Wasserkräfte auf der Gemain, das anfangs neben jenem der Gemeindegenossen und ohne Widerspruch gegen dasselbe auftrat, wurde nunmehr gleich anderen landesfürstlichen Rechten an der Gemain zu einem ausschließlichen umgebildet. Den Bauern, welche sich die Schmälerung ihrer gemainen Wasserrechte nicht gefallen lassen wollten, wurde bereits um die Mitte des 15. Jahrhunderts seitens der Regierung vor Augen gestellt, daß „alle Rünst [Rinnsale], Grünt und Fünd der Herrschaft [Landesherrschaft] zugehörn" (Gutachten von 1445, vgl. Wopfner 760, S. 64).

Die Errichtung von Mühlen, Mahl- wie Sägemühlen, wurde ebenso von landesfürstlicher Bewilligung abhängig gemacht. Die Handhabung dieses landesfürstlichen Mühlenregals oblag dem Forstmeister der Grafschaft Tirol. Bei der Verleihung von Wasserrechten durch den Landesfürsten wurde an eine Zustimmung der Gemeinde nur ausnahmsweise gedacht. In ähnlicher Weise machte sich das landesfürstliche Recht an den Gewässern auch bei ihrer Verwendung für Bewässerungsanlagen geltend. Bereits im 13. Jahrhundert trat neben dem der Gemeinde zukommenden Verfügungsrecht jenes des Landesfürsten hervor. Im 15. Jahrhundert hat sich aber bereits das landesfürstliche Recht jenes der Gemeinden unterworfen. Der Landesfürst beanspruchte nunmehr das Recht, selbst bereits bestehende Wassernutzungsrechte der Gemeindegenossen zu beschränken oder ganz aufzuheben. Die Leute im Gericht Heunfels – Sillian (Pustertal) beschwerten sich um das Jahr 1500, daß man ihnen auf Mühlen und Sägen „vor ettlicher Zeit Zins geschlagen" habe, was „von Alter nie herkomen ist" (TW. IV, S. 561, Z. 10f.).

Theoretisch ist auch ein landesfürstliches Fischereiregal an allen Gewässern geltend gemacht worden, doch vermochte sich dieser Anspruch auf ein ausschließliches Fischereirecht des Landesfürsten ebensowenig durchzusetzen wie jener auf ein allgemeines landesfürstliches Jagdrecht. Die Fischereiordnung Erzherzog Ferdinands vom 31. Jänner 1575 behauptet zwar im Sinn eines allgemeinen Fischereiregals, daß „alle See, Vischwasser, Päch und Giessen in diesem Lannd der fürstlichen Grafschaft Tirol irer fürstlichen Durchleuchtigkait als regierenden Herrn und Landesfürsten in Tirol zuegehorig" seien, sieht sich aber doch zur Einschränkung veranlaßt, ein ausschließliches landesfürstliches Fischereirecht nur an bestimmten, näher bezeichneten Gewässern geltend zu machen: „... so wellen doch ir f. D. dißmals allain hienach gemelte See, Päch, Fischwasser, Weyer und Teicht (die dan irer f. D. geliebste Vorfarn, regierende Grafen und Landsfürsten in Tyrol von alters her auch besetzt, gehayet unnd in Verbot gelegt) hiemit widerumben von newem in Verbot gelegt haben" (Wopfner 760, S. 61).

In den Landesordnungen von 1526 und 1532 war unter Nachwirkung des Aufstandes von 1525 das Zugeständnis gemacht worden, daß allen ansässigen und allen im Bergbau beschäftigten Personen mit bestimmten Geräten zu fischen erlaubt sein solle. Dieses Fischereirecht sollte jedoch nur auf den „großen, freie fließenden Wassern" und den „großen Wildseen" gestattet sein, während die Bäche der gemainen Nutzung entzogen blieben.

Besonders schwer wurden von den Bauern die Beschränkungen ihrer Jagdrechte empfunden. Der Tiroler Bauer war seit alters ein leidenschaftlicher Jäger. Noch 1796 konnte Rohrer in seiner Tiroler Volkskunde (531, S. 12) schreiben: „Der Tiroler wird in seinen Wäldern zum Jäger gebohren ... Schon der Knabe kennt keine süßere Bürde als eine mit Vögelschrott geladene Büchse am Rücken; ... Dieses dem Tiroler so natürliche körperliche Vergnügen [die Jagd] wird nicht selten in ganzen Kirchspielen, wie z. B. bey der Gemeinde Ehrwald zu einer Leidenschaft, bey welcher häusliche Ordnung, Ehre, ja selbst das Leben auf das Spiel gesetzt werden."[49]

Das alte Jagdrecht der Bauern auf ihrer Gemain ist bereits im Mittelalter in zunehmendem Maß eingeschränkt, ja in vielen Gemeinden gänzlich beseitigt worden. Der Landesfürst nahm zunächst das alte Recht des Königs in Anspruch, sich in bestimmten Bezirken die ausschließliche Nutzung der Jagd vorzubehalten. Bald aber ging er noch weiter und versuchte, das Recht zur hohen Jagd im ganzen Land ausschließlich für sich zu sichern. In Tirol wie in andern Ländern vertraten die Landesfürsten die Ansicht, daß die hohe Jagd, d. h. die Jagd auf Rot- und Schwarzwild, zu den Regalien gehöre, welche vom König auf den Landesfürsten übergegangen waren. Bereits in den Anfängen einer tirolischen Landeshoheit wird in Tirol das Jagdrecht als Zubehör der Landeshoheit vorausgesetzt.

Die Geltendmachung einer allgemeinen, über das ganze Land sich ausdehnenden Jagdhoheit wurde durch das landesfürstliche Allmendregal begünstigt, aufgrund dessen der Landesfürst das Jagdrecht auf jeder Gemain ausüben konnte. Hatte das Jagdrecht der Bauern anfangs noch neben jenem des Landesfürsten fortbestanden, so ist es in weiterer Folge immer mehr beschränkt worden. Die Jagd auf Rot- und Schwarzwild, Fasan und Federspiel (Falken) ist im 14. Jahrhundert den Bauern nur noch ausnahmsweise gestattet. Immerhin vermochte sich im Gebiet älterer und stärkerer Gemeindefreiheit im Westen Tirols, namentlich in den der Schweiz benachbarten Landschaften, das bäuerliche Jagdrecht besser zu behaupten als im Osten.

---

[49] Hiezu wären die bereits erwähnten Ausführungen von Schönherr, Der Zug der Scharfschützen von Ehrwald, Lermoos und Biberwier nach Bayern zur Befreiung von fünf Wildpretschützen 1797 (572, Bd. 2, S. 726ff.), zu vergleichen.

Ein landesfürstliches Jagdmandat von 1414 verbietet allen Untertanen, die nicht dem Adelsstand angehören oder „eigen Gejaid" besitzen, die Jagd auf Bären, Hirsche, Rehe, Gemsen, graue Hasen sowie Fasane und Rebhühner. In der zweiten Hälfte des 15. Jahrhunderts ist das Verbot bereits ausgedehnt auf Hermelin, Edelmarder, Murmenten (Murmeltier), Hasel- und Birkhühner, Auer- und Spielhahn; Eigenjagden wurden nur anerkannt, soweit sie auf königlicher oder landesherrlicher Verleihung beruhten. Auch den Ansprüchen der bäuerlichen Gemeindegenossen gegenüber vertrat der Landesherr die Ansicht, daß grundsätzlich nur die landesfürstliche Verleihung des Jagdrechtes einen ausreichenden Rechtstitel bilde. Solchen Anforderungen gegenüber war natürlich der Nachweis des bäuerlichen Jagdrechtes in den meisten Fällen unmöglich. Altes Herkommen und Festlegung des Jagdrechtes in den Weistümern wurde nicht als genügende Rechtsgrundlage anerkannt. Das Jagdrecht, welches nach den Weistümern den Bauern zusteht, ist zumeist nur mehr eine Form der Niederjagd, das sogenannte „Reisgejaid".

Unter der Regierung Maximilians I., des leidenschaftlichen Jägers, drohten die Reste der bäuerlichen Jagdgerechtsame zu verschwinden. In den ersten Jahren seiner Regierung hatte er zwar die bestehenden Rechte im allgemeinen anerkannt und sich nur das ausschließliche Jagdrecht in der Umgebung seiner Residenz Innsbruck vorbehalten, bald darauf aber wollte seine Jagdleidenschaft im Norden Tirols, wo er sich am häufigsten aufhielt, keine bäuerlichen Jagdgerechtsame fernerhin mehr dulden. Sogar die Jagd auf schädliche Tiere wurde dem Bauern untersagt. Die Vorstellungen der tirolischen Landstände sowie die U n r u h e n nach dem Tod des Kaisers und der Ausbruch der Revolution von 1525 bewogen die tirolische Regierung, den Untertanen einige, im Wesen allerdings nicht bedeutsame Zugeständnisse zu machen.

Die Landesordnung von 1532 erklärt die Jagd auf Rot- und Schwarzwild als allein dem Landesfürsten zustehend (IV. Buch, Tit. 11). Eine amtliche Erklärung (Reisgejaid-Deklaration von 1523) gestattete den Leuten des Gerichtes Landeck die Niederjagd sowie die Jagd auf Gemsen und schädliche Tiere, machte aber den Vorbehalt, daß der Gebrauch von Feuerwaffen verboten sein solle; diese Einschränkung ließ sich aber nicht aufrecht erhalten und geriet in Vergessenheit. Die Landesordnung von 1532 beschränkte sich hinsichtlich des „Reisgejaides" auf die Festlegung einer bestimmten Schonzeit für das Wild – von Ostern bis zum Fest des hl. Jakob (25. Juli) – ohne jedoch die Frage des bäuerlichen Jagdrechtes zu berühren (IV. Buch, Tit. 14).

Der tirolische Landesfürst Erzherzog Ferdinand II. (1564–1595) versuchte zu erreichen, daß wenigstens einige Meilen um Innsbruck Jagd und Vogelfang der Untertanen gänzlich eingestellt werde. Er fand aber mit solchen Bestrebungen in der Bevölkerung keine Gegenliebe. Verschiedene Gemeinden Westtirols, eines Gebietes alter Gemeindefreiheit, vermochten ihr Recht zur Gemsenjagd zu behaupten. Ferdinand II. wollte dann wenigstens erreichen, daß den Untertanen nur die Jagd mit der Armbrust, nicht aber der Gebrauch der Feuerwaffe erlaubt werde. Daraufhin legten verschiedene Gerichte wie Imst, Landeck, Laudeck, Erenberg, Kurtatsch und Tramin ihre Gerechtsame vor und protestierten gegen jede Beschränkung ihres guten Rechtes. Als der Erzherzog auf seinem Beschluß beharren wollte, „die freien Gebirg aufzuheben", legten sich die Statthalter und Räte der Landesregierung ins Mittel. Diese Männer, zumeist alten Tiroler Familien entstammend, waren für keinen Bruch der Rechte ihrer Landsleute zu haben; sie scheuten sich keineswegs, ihren Fürsten daran zu erinnern, daß er zu Beginn seiner Regierung den Landständen feierlich gelobt habe, das Landesrecht zu achten. Nach der im Lande herrschenden Meinung bildete ja gerade die Bestätigung des Landesrechtes die Voraussetzung für die Anerkennung der landesfürstlichen Herrschaft durch die Untertanen. Der Landesfürst mußte schließlich von seinem Versuch, die alten Jagdrechte zu beseitigen, abstehen (vgl. oben S. 301 ff.).

Die Bauern hielten an ihren Jagdrechten nicht bloß aus angeborener Lust zum Waidwerk fest, sondern auch zur Abwehr des schweren Schadens, welchen das übermäßig gehegte Wild ihren Feldern bereitete. Wer einmal beobachtet hat, mit welch harter Mühe gerade der Bergbauer seinen Feldern einen Ertrag abringen muß, begreift die Empörung des Bauern gegen rücksichtslose Wildhegung von Jagdherren. Unter einzelnen Fürsten, so unter Maximilian I., hatte eine unsinnige Wildhegung Platz gegriffen. Es kam damals so weit, daß, wie ein glaubwürdiger Bericht meldet, die Gemsen bei Zirl im Inntal bis zum Talboden herabkamen und dort die Felder verunstalteten. Dorffluren und besonders waldumschlossene Einzelhöfe wurden vom Wild schwer geschädigt.

Besondere Erbitterung rief die Behinderung der Jagd auf Raubtiere hervor. So führten beispielsweise die Bauern von Schmirn und Vals um 1504 Klage, daß ihnen Bären und Wölfe großen Schaden machten; zu Zeiten Herzog Sigmunds hätten sie (die Bauern) noch selbst Raubtiere jagen dürfen, was ihnen nunmehr verwehrt sei. Die Landesordnung von 1532 gestattet den Untertanen, Wölfe, Bären und Luchse, „so sy ungevärlich auf iren Gütern … gewar würden", zu erlegen, sie verbietet aber die Verfolgung über das Gut hinaus (IV. Buch, Tit. 15).

Dieselbe Landesordnung gestattet zwar den Untertanen, ihre Felder gegen das Wild durch Zäune zu schützen, doch mußten die Zäune von solcher Beschaffenheit sein, daß das Wild im Überspringen derselben nicht Schaden leide (IV. Buch, Tit. 12); sie sollten so hoch sein, daß das Wild „nit darüber noch daran springen" möge.

Zur Förderung des Wildstandes hätte die landesfürstliche Jagdverwaltung den Bauern am liebsten das Halten von Hunden verboten. Solche Versuche scheiterten allerdings am Einspruch des Landtages. Immerhin blieb nur mehr die Haltung kleiner Hunde gestattet, größeren Hunden mußten während bestimmter Zeiten Prügel vor die Vorderfüße gebunden werden. Am weitesten gedieh die Unverschämtheit der hohen Jäger unter Erzherzog Ferdinand II. Damals wurde verordnet, daß zwei Stunden um das landesfürstliche Residenzschloß Ambras den Haushunden der eine Vorderfuß abgeschlagen werde, damit sie den Hirschen nicht nachsetzen könnten.

Ist übertriebener Sport an sich geeignet, den Menschen unverschämt und verrückt zu machen, so gilt dies ganz besonders vom Jagdsport. Das zeigt sich unter anderem bei den Strafen, welche die fürstlichen Jagdherren gegenüber Jagdfrevlern festsetzten. Die Erlegung eines Hirsches sollte bereits nach einer Jagdordnung Herzog Friedrichs IV. von 1414 mit Beschlagnahme des Vermögens gebüßt werden. Selbst edle Fürsten wie Maximilian I., dem das Volk in der Sage von seiner wunderbaren Errettung aus der Martinswand ein schönes Denkmal der Liebe gesetzt hat, verloren bei ihrem Vorgehen gegen Wilderer allen Verstand.

Auf dem Ausschußlandtag, der 1518 zu Innsbruck tagte, wurde Kaiser Maximilian vorgeworfen, er habe sich vom Zorn hinreißen lassen, Wilderer mit dem Tod zu bestrafen. Sowohl er wie sein zweiter Nachfolger in der Landesregierung, Erzherzog Ferdinand II., wollten die Strafe des Augenausstechens für Wilderer einführen. Letzterer wurde jedoch vom tirolischen Regierungskollegium auf die üblen Folgen solcher Raserei aufmerksam gemacht; er mußte vom Kollegium die Zurechtweisung entgegennehmen, die beabsichtigte grausame Strafe sei nie im Lande gebräuchlich gewesen, und wo sie in früherer Zeit ausnahmsweise verhängt wurde, sei „groß Geschrei über solch tirannische Straf entstanden".

Trotz der angedrohten harten Strafen ließ sich das Wildern nicht unterdrücken. In einem Erlaß aus dem Jahre 1560 führt Kaiser Ferdinand I. als tirolischer Landesfürst Klage, daß das Wildern in solchem Umfang betrieben werde, daß selbst vor den Toren der Stadt Innsbruck dem Wild nachgestellt werde.

Die Bestrafung von Jagdfreveln unterstand in der Regel den ordentlichen Gerichten und war auf diese Weise fürstlicher Willkür entzogen. Die Landrichter, die unter dem Volk lebten und aus ihm hervorgegangen waren, hatten immerhin mehr Verständnis für bäuerliches Denken und Handeln als Jagdherren und Forstleute, die einseitig auf Wildhegung eingestellt waren. Von dieser Seite nahm man es freilich dem Landrichter von Sonnenburg übel, als er es in den 60er Jahren des 17. Jahrhunderts mit einem Strafverfahren gegen Wilderer gar nicht eilig hatte.

Im Zusammenhang mit ihrer Jagdhoheit machten die Landesfürsten das Recht geltend, die Untertanen zur Beihilfe bei großen Jagden aufzubieten. Sie sollten wenigstens die Wege für die hohe Jagdgesellschaft gangbar machen, Fuhrwerke und Mannschaft stellen, um Dinge, derer die Jäger bedurften, zu befördern. Die Bauern zeigten aber für dieses Geschäft geringen Eifer. Manche der landesfürstlichen Jägermeister gebärdeten sich freilich, gestützt auf ihre Vollmachten, als wahre Gewaltmenschen. Da waren aber doch die Fürsten gelegentlich klüger als ihre Diener. Als um 1610 der landesfürstliche Jägermeister die Bauern zur Jagdfron berief, weigerte sich der Pfleger von Rottenburg, die Bauern seines Gerichtes von der Arbeit weg zum Jagddienst zu schicken und den jägermeisterlichen Befehl weiterzugeben. Als dann der Jägermeister einen Prozeß gegen den Pfleger anstrebte, schlug der Landesfürst Erzherzog Maximilian der Deutschmeister den Prozeß nieder.

Als Kaiser Leopold I. 1667 zum Empfang der Erbhuldigung in Tirol weilte, sollte ein Jagen veranstaltet werden, an welchem der „landesfürstlichen Hoheit" viel lag. Die Dörfer des Inntales von Telfs bis Thaur wurden vom obersten Jägermeister zur Stellung von „Gejaidvölkern" aufgefordert. Der Obristjägermeister behauptete später, die aufgebotenen Leute wären bezahlt worden, und die beabsichtigte Jagd hätte „zu der Unterthanen selbsteigenen Nutzen" gereicht. Die Bauern teilten keineswegs die Meinung des hohen Herren über diesen Nutzen und hielten es für zuträglicher, die Arbeit in ihrer Wirtschaft zu besorgen. Aus den meisten aufgebotenen Gemeinden erschien kein einziger Bauer. In der Folge hörte man nichts mehr von ähnlichen Zumutungen an die Bauern.

Der Unwille, den das landesfürstliche Jagdregal und seine Auswirkungen bei den Bauern hervorriefen, machte sich bei verschiedenen Gelegenheiten gewaltsam Luft, besonders aber beim Tod des Landesfürsten. Bereits nach dem Tod Kaiser Maximilians I. ging bei den Bauern die Rede, „so ain Herr und Landesfürst sterb, so seyen alle Wiltpret, Visch, Vögl, auch alle gefangen Personen frey"; andere wollten wissen, „daß ir Majestät in irem Testament daz Wiltpret etlich Jar gefreyt", d. h. die Jagd freigegeben habe. Die Bauern erlegten dann auch damals massenhaft das Rot- und Schwarzwild. Ähnlich ging es nach dem Tod anderer Landesfürsten zu. In dem so wildreichen Achental wurde derart gehaust, daß es durch einige Zeit ein wildleeres Revier zu sein schien. Ähnlich ging es in Leutasch und Ehrwald zu. Mancher Bauer soll gegen 100 Stück Wild erlegt haben. Auch damals rechtfertigten die Bauern ihr Vorgehen mit der Begründung, daß nach dem Tod eines Landesfürsten die Jagd frei sei. Beim Tod des Erzherzogs Sigismund Franz wie bei jenem Kaiser Leopolds I. wiederholte sich das bäuerliche Vorgehen. Mit Recht sagt Albert Jäger in seiner „Geschichte der landständischen Verfassung Tirols" (Jäger 283, 1. Bd., S. 65): „Die ganze Erscheinung war ein später, aber mit furchtbarer Gewalt geführter Rückschlag gegen die … Verkümmerung und Vernichtung der ursprünglichen Freiheit und Rechte der Landgemeinden."

Beschwerden gegen die übermäßige Wildhegung waren auf den Landtagen bereits seit dem 15. Jahrhundert zu vernehmen, erzielten aber keine dauernde Abhilfe. Am Landtag zu Meran im Jahre 1525 forderten die Bauern in Artikel 19: „Item, das furon alle fliessennde Wasser und Bacher, auch selb gewaxsen See unnd alles Wildt, auch Gefuegl menigclich zu geniessen frey sein" (AT. 2, III, S. 40, Z. 16f.).

Noch heute ist der Bauer ein eifriger Jäger, der die Jagd aufgrund alten Rechtes oder – wo ihn das formelle Recht im Stich ließ – aufgrund vermeintlichen Rechtsanspruches ausübt.[50] In bäuerlichen Kreisen herrschte vielfach die Ansicht, daß die Jagd auf das freilebende Wild niemandem verwehrt werden könne. Nach der Volksmeinung gibt es gegen alte Volksrechte keine Ersitzung. „Hundert Jahre Unrecht schaffen keinen Tag Recht." Erinnerungen an das alte Jagdrecht der Gemeinden mögen da hereinspielen. Gute Kenner des Tiroler Volkes wie der wiederholt

---

50 Vom Treiben der bäuerlichen Wilderer berichtet anschaulich Adolf Pichler in seinen Erzählungen, so in „Allerlei Geschichten aus Tirol" (Pichler 494, 4. Bd., 1908, S. 80ff.). Ähnliche Schilderungen gibt L. v. Hörmann, in: Tiroler Volkstypen, S. 1ff.

genannte Rohrer waren der Ansicht, daß wegen dieser tief im Volk wurzelnden Anschauung der Richter, der sich mit Wilderern zu befassen habe, auf die Volksmeinung Rücksicht nehmen solle und bedenken möge, „daß es noch eine geraume Zeit anstehen mag, bis das Jagdrecht der Gutsherren[51] neben der politischen Sanction auch die moralische bey diesem Gebirgsvolk erhält" (Rohrer 531, S. 14 f.).[52]

In der Gegenwart gilt das Jagdrecht als ein mit dem Grundeigentum verbundenes Recht, das dem jeweiligen Grundbesitzer zusteht. Für die Ausübung des Jagdrechtes bildet jedoch nach dem kaiserlichen Patent vom 7. März 1849 ein geschlossener Grundbesitz von mindestens 115 Hektar (= 200 Joch) die Voraussetzung. Wo keine Eigenjagd dieser Art begründet ist, fällt das Jagdrecht der Gemeinde innerhalb ihrer Grenzen zu. Da es nun in Tirol nur wenige private Grundbesitzer gibt, die über Grundbesitz im angegebenen Umfang verfügen, so sind regelmäßig die Gemeinden im Besitz des Jagdrechtes, das ihnen auch in vielen Fällen auf ihrem ausgedehnten Besitz an Gemeindewäldern und Gemeindeweiden (namentlich Almen) zusteht. Die Gemeinden sind aber verpflichtet, das Jagdrecht zu verpachten.

In einigen tirolischen Gemeinden ist die Jagd von der Gemeinde an eine größere oder geringere Zahl ihrer Gemeindegenossen verpachtet worden. Städtische Jagdliebhaber ereifern sich wohl gegen solche Verpachtung, weil durch die bäuerlichen Jagdpächter dem Wildstand zu stark zugesetzt werde.

Demgegenüber mindert die Ausübung des Jagdrechtes durch bäuerliche Gemeindebürger die ärgerlichen Wildschäden, welche gemeindefremde Jagdpächter durch übermäßige Wildhegung erzeugen. Bei Ersatzforderungen verschanzen sich letztere gerne hinter dem leider allzu dichten Gehege von Vorschriften, welche die Festsetzung des Wildschadens regeln. Nicht wenige Bauern werden durch die Umständlichkeit dieses Verfahrens abgehalten, ihre Ersatzforderungen geltend zu machen. Ich spreche da auch aus eigener Erfahrung.

AMTSRECHT. Das Amtsrecht, wie es der Staat seit Ausgang des Mittelalters auch in Tirol ausgebildet hat, und das mittelalterliche Volksrecht, wie es im Rechtsbewußtsein der Bauern lebte, sind in der Frage vom Recht an der Gemain hart aufeinander gestoßen.

Das Amtsrecht dehnte den Eigentumsanspruch des Landesfürsten oder des Staates – Staatseigentum und landesfürstliches Eigentum wurden nicht auseinandergehalten – auf alle Wälder aus, auch auf jene, die sich im Privatbesitz befanden.[53] Die tatsächliche Geltendmachung des landesfürstlichen Rechtes deckte sich allerdings keineswegs mit dem Umfang des formellen Eigentumsanspruchs, wie

---

[51] richtiger „Jagdherren", da ein gutsherrliches Jagdrecht in Tirol Ausnahme war.

[52] Die Wilderer als Wilddiebe zu bezeichnen, ist auch heute nicht am Platz. Nach der üblichen Umschreibung des Begriffes „Diebstahl" ist dieser die widerrechtliche und heimliche Entziehung einer Sache aus fremdem Gewahrsam. Nun ist aber das Wild, wenn es nicht in einem Tiergarten gehalten wird, nicht im Gewahrsam des Jagdberechtigten.

[53] Über letztere berichtet Hauptstück XII im Abschnitt: Besitzrecht am Walde.

ihn das Amtsrecht erhob. Tatsächlich gestalteten sich die Dinge so: In einzelnen Landesteilen sind ausgedehnte Wälder als Staatseigentum in Anspruch genommen worden. Der größte Teil davon diente der ausschließlichen Verwertung für Saline sowie Berg- und Hüttenwerke. In einem Teil dieser Staatswälder waren nicht einzelne Waldgebiete dauernd für die Nutzung durch die Gemeinden ausgeschieden, sondern es bestanden nur Nutzungsrechte der Gemeinden oder auch einzelner Bauern; diese Rechte lasteten als Dienstbarkeiten (Servituten) auf dem Staatsgut. In anderen Fällen war der Gemeinde ein bestimmter Waldteil zur Deckung des Holzbedarfes der Gemeindegenossen ein- für allemal „ausgezeigt", d. h. zugewiesen und abgemarkt worden. Solch zugewiesener Wald stellte oft nur einen Teil des ursprünglich von der Gemeinde genutzten Waldes dar.

Besonders stark war die Beschränkung der bäuerlichen Waldrechte aus den bereits erwähnten Gründen im Inntal, in welchem außer der Haller Saline zahlreiche Berg- und Hüttenwerke gelegen waren. Im Oberinntal gehörten noch im 19. Jahrhundert fast alle guten Wälder dem Staate, sodaß in vielen Gemeinden um die Mitte des 19. Jahrhunderts Holzmangel herrschte. Im Unterinntal war zwar ebenfalls die Beanspruchung der Wälder durch Berg- und Hüttenwerke stark, aber der im Verhältnis zur Siedlungsdichte größere Waldreichtum ermöglichte immerhin noch eine ausreichende Versorgung der Bevölkerung.

In Südtirol hatte der Bergbau – abgesehen von dem Bergwerksbezirk Gossensaß-Sterzing – nie jene volkswirtschaftliche und finanziell-staatswirtschaftliche Bedeutung erlangt wie in Nordtirol. Der Staat erhob zwar nicht unbeträchtliche Abgaben von der Holzausfuhr nach Italien, doch standen diese Einnahmen in keinem Verhältnis zu jenen, welche dem Staat zur Blütezeit des Bergbaues aus den Bergwerken zuflossen. Damit hängt es zusammen, daß hier weniger Anlaß zu Klagen über die Beschränkung der bäuerlichen Waldrechte gegeben war. In Gemeinden, deren Wälder für die Holzversorgung von Berg- und Hüttenwerken nicht in Frage kamen, gab es ausgedehnte gemaine Wälder. Formell galt freilich auch für sie der landesfürstliche Eigentumsanspruch; auch sie unterstanden der staatlichen Forsthoheit und Forstverwaltung sowie den staatlichen Waldordnungen.

Am Umfang der bäuerlichen Waldnutzung ist hier jedoch weniger geändert worden als in Nordtirol.

Bereits in der zweiten Hälfte des 16. Jahrhunderts hatte der Bergsegen Tirols zu schwinden begonnen; zu Ausgang des 18. Jahrhunderts wurde in Schwaz nur mehr annähernd ein Fünftel der Silbermenge gewonnen, welche das Bergwerk um 1525 geliefert hatte. Nur die Haller Saline warf nach wie vor einen großen Ertrag ab. Für die Staatsfinanzen wurden die tirolischen Bergwerke allmählich mehr eine Last als ein Gewinn. Hatte das Aufblühen des Bergbaues zu einer Steigerung der landesfürstlichen Ansprüche an der Gemain, namentlich an den gemainen Wäldern geführt, so verloren nunmehr die Wälder für die landesfürstlichen Finanzen an Bedeutung. Dementsprechend milderten sich auch die Härten in der Beschränkung der bäuerlichen Nutzungsrechte. War beispielsweise zur Blütezeit der Bergwerke die

Holznutzung der Bauern in den Gemeinden Weer und Weerberg, wie oben dargetan wurde, in unerträglicher Weise beschränkt worden, so war bereits in der zweiten Hälfte des 16. Jahrhunderts den Bauern doch wieder soviel Holz zu schlagen erlaubt, daß sie an Holzverkauf denken konnten. Immerhin mußte auch jetzt noch dem Bergwerk ein Vorkaufsrecht an solchem Holz eingeräumt werden.

In einzelnen Landesteilen ging die Regierung daran, Wälder, deren Holz für Berg- und Hüttenwerke oder für die Saline nicht in Frage kam, unter Vorbehalt des Staatseigentums den Gemeinden zur Nutzung zuzuweisen. Zur Zeit der Regierung der Erzherzogin Claudia (1632–1646) war noch der Versuch gemacht worden, aus dem Obervinschgau Holz zur Saline nach Hall zu bringen. Diese Holzförderung kam jedoch viel zu teuer. Nunmehr wurden die Waldungen, deren Holz für die Saline bestimmt war, den Gerichten Schlanders und Glurns zur Nutzung überlassen.

In Wäldern, die für die Holzversorgung der Saline von Bedeutung oder in unmittelbarer Umgebung landesfürstlicher Berg- und Hüttenwerke gelegen waren, blieb die bäuerliche Nutzung nach wie vor beschränkt. So hat eine landesfürstliche Waldordnung von 1651 zwei Waldgebiete in Inner-Passeier ausschließlich dem Bergwerk am Schneeberg vorbehalten. Bestehende Waldnutzungsrechte (Einforstungsrechte) der angrenzenden Gemeinden wurden auf den Haus- und Gutsbedarf beschränkt; es wurde aber immerhin zugestanden, daß die bäuerlichen Inhaber dieser Nutzungsrechte ein Vorrecht haben sollten, wenn Arbeiten zur Holzlieferung für das Bergwerk zur Vergabe kamen.

Dementsprechend gab es in Landschaften, deren Wälder Holz für Saline oder Bergwerk liefern konnten, auch noch in jüngerer Zeit beträchtliche Staatswälder, die unter der unmittelbaren Verwaltung des Staates standen; in einem Teil dieser Staatswälder war die Holznutzung ausschließlich dem Staat oder bestimmten Berg- und Hüttenwerken überlassen. Daneben gab es aber eine große Zahl von gemainen Wäldern, an welchen der Staat nach wie vor ein Obereigentumsrecht beanspruchte.

Auf Seiten des bäuerlichen Volkes war die mittelalterliche Anschauung vom zweifachen Eigentum an der Gemain, dem Eigentum des Landesfürsten und jenem der Gemeinde, vielfach aus dem Rechtsbewußtsein verschwunden. Bei den Bauern hatte sich nunmehr die Meinung vom alleinigen Eigentum der Gemeinden an ihrer Gemain durchgesetzt. Nach dieser jüngeren Rechtsanschauung stand dem Landesfürsten beziehungsweise dem Staat nur ein Recht zur Aufsicht über die richtige Handhabung der Rechte an der Gemain im allgemeinen und der Waldwirtschaft im besonderen zu. Dem Staat ein Eigentum an ihren Allmenden zuzuerkennen, lag der Rechtsauffassung der Bauern in jüngerer Zeit durchaus ferne. Die Beschränkungen, welche die staatlichen Waldordnungen und die Forstbehörden den Gemeinden in der Nutzung ihrer Wälder auferlegten, wurden von den Bauern nicht als Ausfluß eines staatlichen Waldeigentums, sondern als forstpolizeiliche Maßnahme angesehen, die dem Waldschutz dienen sollten.

Die Juristen der tirolischen Kammerprokuratur, jener Behörde, welcher die Vertretung der landesfürstlichen Rechtsansprüche oblag, sowie die Forstbehörden hielten nach wie vor am landesfürstlichen Eigentum an den gemainen Wäldern fest. Zwischen den Ansprüchen des Amtsrechtes und dem Rechtsempfinden des bäuerlichen Volkes bestand ein Widerspruch, der bei verschiedenen Gelegenheiten zu Rechtsstreitigkeiten führte. Bei diesen standen die Landgerichte zumeist auf dem Standpunkt der Bauern, welche das Eigentum an ihren gemainen Wäldern wie an den in ihrer Sondernutzung stehenden Wäldern beanspruchten. Die Richter, die am Land unter dem Volk lebten, hielten sich an die Tatsache jahrhundertelanger Waldnutzung durch die Bauern. Wo solche erwiesen war, vertraten sie den Standpunkt, daß bäuerliches Eigentum vorliege.

Durch die landesfürstlichen Hoheitsrechte an der Allmende und ihre Handhabung ist die Autonomie der Gemeinde in Allmendangelegenheiten wesentlich beschränkt worden. Vergleicht man etwa die Bestimmungen, welche das alte Weistum von Rietz betreffend der Nutzung der gemainen Wälder trifft, mit der etwa 300 Jahre jüngeren Regelung der Waldnutzung durch die Gemeinde Inzing, die etwa drei Gehstunden von Rietz entfernt im Oberinntal gelegen ist, so wird der Unterschied zwischen den Rechten der Gemeinde vor und nach dem Ausbau der landesfürstlichen Forsthoheit klar ersichtlich. Im Weistum von Rietz, das vielleicht noch dem 13. Jahrhundert angehört, verfügt die Gemeinde frei über ihre Wälder, in der Inzinger Ordnung aus dem Jahre 1616 haben das erste Wort der Landesfürst und seine Forstverwaltung.

Den Gemeinden wurde durch die strengere Handhabung der landesfürstlichen Forsthoheit, wie sie seit dem 15. Jahrhundert Platz griff, jede einseitige Verfügung über die gemainen Wälder untersagt. Die Regelung der Waldnutzung stand den Gemeinden nur mehr innerhalb jener Schranken zu, welche von den landesfürstlichen Waldordnungen gezogen waren. Den Bauern fiel es nicht leicht, ihr autonomes Recht, wie es in den Weistümern vorlag, dem Amtsrecht unterzuordnen. Kennzeichnend hierfür ist, daß die Weistümer des 16. Jahrhunderts es durchwegs vermeiden, Bestimmungen der Waldordnungen anzuführen und so deren Autorität ausdrücklich anzuerkennen. Im 17. Jahrhundert ändert sich dies, und es tritt der volle Sieg des Amtsrechtes auch dadurch in Erscheinung, daß nunmehr ganze Auszüge aus den Waldordnungen in die Weistümer aufgenommen werden. Immerhin bemühen sich die Gemeinden auch jetzt noch, die alleinige Geltung des Amtsrechtes zu bestreiten. So bestimmt das Weistum der Gemeinde Wildermieming aus dem Ende des 17. Jahrhunderts, daß es bei einer Schlägerung in den Gemeindewäldern nicht genüge, daß die Bewilligung des Waldmeisters eingeholt werde, sondern daß auch die Bewilligung der Gemeinde erforderlich sei.

In der Bestellung jener ihrer Beamten, welchen die Obsorge für die Gemain übertragen war, erfuhr die Eigenmächtigkeit der Gemeinde keine Beschränkung. Wohl aber schuldeten jene ihrer Beamten, die als Dorfgeschworene, Forstner, Holzsaltner, Waldbürgen mit der Waldaufsicht betraut waren, nunmehr außer der Gemeindeobrigkeit auch den Organen der landesfürstlichen Forstverwaltung

Gehorsam. Der Gemeinde Telfs genügten die von ihr über Anordnung der Forstbehörden erwählten „Rieger“ (Rüger, welche vorfallende Forstfrevel zu rügen hatten) nicht, sondern sie bestellte darüber hinaus auf eigene Kosten noch einen „sonderbahren [besonderen] Aufsecher“ als Vertrauensmann der Gemeinde (Gemeindeordnung von 1631, TW. II, S. 8, Z. 29). Den Gemeinden stand es nach wie vor frei, in ihren Weistümern und Dorfordnungen Bestimmungen über die Nutzung der Allmende zu treffen, ältere Bestimmungen dieser Ordnungen blieben aufrecht; dies alles freilich nur unter der Voraussetzung, daß die Bestimmungen des autonomen Rechtes nicht in Widerspruch zum Amtsrecht traten. Tatsächlich sind die Weistümer des 16. bis 18. Jahrhunderts reich an Bestimmungen über die Wirtschaft auf der Allmende.

Die individualistische Auffassung von den Vorteilen des freien Eigentums und der Unzweckmäßigkeit staatlichen Eingreifens in das Wirtschaftsleben[54] begann seit Ausgang des 18. Jahrhunderts die Wirtschaftspolitik zu beeinflussen. In diesem Zusammenhang erfuhren auch die staatlichen Ansprüche auf das Eigentum an der Allmende und insbesondere an den gemeinsamen Wäldern eine Abschwächung. Dies tritt in einem Hofdekret vom 19. April 1790 zutage, das zunächst allerdings nur für die Wälder des Pustertales Geltung hatte.

Die sogenannten „provisorischen forstpolizeilichen Anordnungen“, die als Waldordnung für ganz Tirol 1839 erlassen wurden, kennen im Gegensatz zu den älteren Waldordnungen ein Eigentum der Gemeinde an ihren Wäldern. Daß auch in obersten Kreisen der Regierung die ältere Ansicht vom Staatseigentum an den gemainen Wäldern nicht mehr unbedingt aufrecht erhalten wurde, läßt ein Erlaß der allgemeinen Hofkammer vom 27. Juli 1838 an die Tiroler Kameralgefällen-Verwaltung erkennen; die Zentralbehörde vertritt nämlich hinsichtlich von gemainen Wäldern im Pustertal den Standpunkt, daß eine gesetzliche Vermutung der Art, daß diese landesfürstliches Eigentum seien, nicht bestehe (Falser 109, S. 17).

Die Vertreter der älteren Ansicht verteidigten aber bis herab in die Mitte des 19. Jahrhunderts ihren Standpunkt; zumal die Forst- und Finanzbehörden suchten, am staatlichen Eigentumsanspruch auf die gemainen Wälder festzuhalten. Der bekannte tirolische Topograph Johann Jakob Staffler, der als Landrichter damals sowohl in der Rechtssprechung wie in der politischen Verwaltung tätig war, spricht in seinem 1839 erschienenen Werk „Tirol und Vorarlberg“ dem Staat das Eigentum an den gemainen Wäldern zu, und zwar – wie er sich ausdrückt – das Obereigentum; die gemainen Wälder nennt er im Gegensatz zu den Waldungen, deren Holznutzung ausschließlich dem Staate zusteht und die von ihm als „unmittelbare“ Staatswaldungen bezeichnet werden, „mittelbare“ Staatswaldungen. An letzteren stehe dem Staat nur Obereigentum zu, das Staffler als unvollständiges Eigentum kennzeichnet, während dem Staat an den unmittelbaren Staatswäldern das vollständige Eigentum gehöre (Staffler 611, I. Teil, S. 262).

---

[54] Vgl. unten, XII. Hauptstück, Abschnitt: Besitzrechte am Wald.

Durch den Widerstreit der Meinungen, wie er sowohl zwischen einem Teil der Behörden und den Bauern als auch zwischen den Behörden untereinander bestand, ergab sich eine solche Verwirrung der Rechtslage, daß im Jahre 1847 zwischen Staat und Gemeinden Eigentumsprozesse betreffs mehr als 203.000 Hektar Waldes – rund ein Fünftel der Waldfläche Tirols – im Gang waren. Eine durchgreifende und allgemeine Entscheidung der Rechtsfragen über das Waldeigentum, namentlich das Eigentum an den gemainen Wäldern, war dringend geboten.

Diese Entscheidung trafen nun die beiden kaiserlichen Entschließungen vom 6. Februar und 6. November 1847 durch einen Verzicht auf das landesfürstliche oder staatliche Eigentum an den gemainen Wäldern. Dieser war nicht nur zur Entwirrung der Rechtslage notwendig, sondern lag auch vom staatsfinanziellen Standpunkt aus nahe, war dieses Eigentum doch derart mit Nutzungsrechten zugunsten der Gemeinden belastet, daß der Ertrag für den Staat gering war. In den beiden Patenten wurde zwar nochmals betont, daß alle Wälder Tirols mit wenigen Ausnahmen landesfürstliches, d. h. staatliches Eigentum seien; wer einen Eigentumsanspruch am Wald erhebe, müsse eine landesfürstliche Verleihung seines Rechtes nachweisen. In Berücksichtigung der gegebenen Tatsachen habe sich jedoch der Kaiser entschlossen, daß – von bestimmten Waldgebieten abgesehen – alle Wälder in das Eigentum jener Gemeinden übergehen sollen, deren Angehörige bisher in diesen Wäldern zur Deckung ihres Holzbedarfes eingeforstet waren. 206.000 Hektar Waldes, ungefähr zwei Drittel der Wälder, an denen damals noch ein staatliches Eigentumsrecht geltend gemacht wurde, kehrten damit allein in Nordtirol in das Eigentum der Gemeinden zurück. An jenen Wäldern, die im Staatseigentum verblieben, bestanden noch zahlreiche Rechte der Gemeindegenossen zur Holz-, Streu- und Weidenutzung. Über diese Rechte sollte im Vergleichswege eine Vereinbarung zwischen Staat und Gemeinden getroffen werden.

Auf die mit dem Eigentum an ihren gemainen Wäldern beschenkten Gemeinden machte die kaiserliche Freigiebigkeit wenig Eindruck. Den Bauern erschien es als Anmaßung, daß ihre gemainen Wälder bisher landesfürstliches Eigentum gewesen sein sollten. Der bäuerlichen Rechtsauffassung verliehen die Bauern in Vorderpasseier Ausdruck, wenn sie erklärten, ihnen sei von einem landesfürstlichen Forsthoheitsrecht an den gemainen Wäldern überhaupt nichts bekannt; diese seien aufgrund alten Rechtes ihr Eigentum, eine neuerliche Verleihung des Eigentums an diesen Wäldern sei daher unnötig. Das Innsbrucker Gubernium mußte sich nun anstrengen, die Undankbaren zu belehren, daß eine solche Weigerung, das kaiserliche Geschenk anzunehmen, durchaus unstatthaft sei. Schließlich brachte man denn auch die Gemeinden dazu, die Übernahmeurkunden zu unterfertigen. Damit war nun im Wesen der alte Zustand wieder hergestellt; das bäuerliche Recht am gemainen Wald trat wieder in Kraft, Nutzungsrecht und Eigentumsrecht standen wieder im alten Einklang.

Von der Waldzuweisung des Jahres 1847 blieben jene Wälder unberührt, welche bis dahin unmittelbar der staatlichen Verwaltung unterstanden waren, so jene Wälder im Ober- und Unterinntal sowie im Wipptal, deren Holz für die Haller Saline und einige Hüttenwerke in Betracht kam. Ausgedehnte Staatswälder wies nur mehr das Unterinntal auf, und zwar in den Bezirken von Schwaz, Rattenberg und Kufstein, in welchen der staatliche Waldbesitz noch um 1890 etwa 43 % des gesamten Waldbestandes umfaßte. Ein ausgedehnter Staatswald erstreckt sich hier nordwärts vom Inn zwischen Thiersee und Scharnitz bis zur tirolisch-bayerischen Landesgrenze. Es ist dies eines der größten und geschlossensten Waldgebiete, in welchem der Wald nur von Almen und einigen wenigen kleinen Siedlungen unterbrochen ist. Im Oberinn- und Lechtal standen um 1890 nur 14 % der Wälder, in Deutsch-Südtirol (mit Einschluß des heutigen Bezirkes Osttirol) nur 1 1/2 % der Wälder noch im Staatseigentum; darunter befanden sich die Forste in Paneveggio und Cadino im Fleimstal, sodann die Forste Kar und Latemar südöstlich von Bozen und die zum staatlichen Bergwerk am Schneeberg und zur ärarischen Schmelzhütte „Sulfenbruck“ (Ausgang des Villnößtales) gehörigen Wälder.

Mit der kaiserlichen Entschließung von 1847 war die Übergabe von Staatswald an die Gemeinden noch keineswegs abgeschlossen. Weitere Überweisungen brachte das Gesetz über die Regulierung und Ablösung der Servituten vom 25. Juli 1853 (Reichsgesetzblatt Nr. 130). Durch dieses Gesetz wurde die Ablösung oder Regulierung jener Dienstbarkeiten angeordnet, welche dem Berechtigten den Bezug von Holz und Streu oder die Ausübung der Weide auf fremdem Grund und Boden gewährten. Zahlreiche solche Rechte standen in Tirol ganzen Gemeinden oder einzelnen Bauern an jenen Wäldern zu, die nach 1847 noch im Staatsbesitz verblieben waren.

Der Staat beziehungsweise der Landesfürst hatte in vergangenen Jahrhunderten Wälder, deren Nutzung früher ausschließlich den Gemeinden zugestanden war, an sich gezogen und aufgrund der Allmendhoheit als staatliches oder landesfürstliches Eigentum erklärt. Da aber die Nutzung dieser Wälder für die bäuerliche Wirtschaft unentbehrlich war, konnte sie nicht ohne weiteres aufgehoben werden, sondern bestand in der Form verschiedener Dienstbarkeiten auf dem nunmehrigen Staatseigentum fort. Solange sich die alte extensive Form der Waldwirtschaft erhielt, wurden die Behinderungen, welche diese Dienstbarkeiten für die staatliche Waldwirtschaft bedeuteten, nicht als schwer empfunden. Das änderte sich aber, als die physiokratischen und liberalen Ideen von den wirtschaftlichen Vorteilen eines von allen dinglichen Lasten befreiten Eigentums auch in der staatlichen Forstverwaltung Fuß faßten. Jetzt setzten Bestrebungen ein, diese Dienstbarkeiten abzulösen. In der Tat verhinderten sie ja auch in vielen Fällen eine intensivere Forstwirtschaft. Außerdem hatten sie zu zahllosen Streitigkeiten und Prozessen zwischen dem Staat und den Berechtigten geführt.

Aus den Köpfen der Bauern war die Erinnerung an die alten Rechte der Gemeinden wie einzelner Bauern an ihr altes Waldeigentum keineswegs gänzlich entschwunden. So richtete die Besitzerin des Hofes Hinterkaiser (im Kaisertal, östlich Kufstein) 1869 an die tirolische Statthalterei das Ansuchen, es möchten ihre unmündigen Kinder im Besitz der alten Servitutsrechte geschützt werden. Der Staatsverwaltung wird im Gesuch vorgeworfen, daß sie im 16. und 17. Jahrhundert „zur Sicherung ihres Holzbedarfes für die Saline die ihr bequemst gelegenen Privatwaldungen am Kaiserberg einfach usurpiert habe, ohne andere Schadloshaltungen als der Zusicherung des für die Hausnotdurft und Almwirtschaft nötigen Holzbedarfes" (Sinwel 594, S. 20). Im Jahre 1847 (bei der früher erwähnten Waldzuweisung an die Gemeinden) hätte nach Ansicht der Gesuchstellerin der Wald an seine früheren Besitzer, die Inhaber des Hofes Hinterkaiser, zurückgegeben werden sollen. Dies sei aber nicht geschehen, die Staatsverwaltung habe vielmehr den Wald der Stadtgemeinde Kufstein übergeben.

Die Ablösung der Dienstbarkeiten erfolgte nunmehr in der Form, daß der Staat den Berechtigten Wald aus seinem Besitz zuwies, wogegen die Berechtigten auf ihre Holzbezüge und Weiderechte verzichteten. Die Durchführung der Ablösung setzte sich bis hinein in die achtziger Jahre fort. Die Ablösung ist aber nicht zu Ende geführt worden. Im Jahre 1895 waren noch mehr als 90 % der Staatswälder in Tirol und Vorarlberg mit Holzbezugs-, Streubezugs- und Weiderechten belastet; der Jahreswert dieser Dienstbarkeiten wurde auf rund 230.000 Gulden berechnet. Auch in der Folgezeit blieben die Staatswälder mit zahlreichen Dienstbarkeiten, namentlich mit Rechten zum Holzbezug und zur Weide, belastet. Immerhin wurden im Ober- und Unterinntal sowie in Passeier und in der Umgebung von Klausen und Sterzing Teile der bisherigen Staatswälder teils an Gemeinden, teils an einzelne Grundbesitzer übergeben. Die überwiesene Waldfläche war unverhältnismäßig kleiner als die durch das Gesetz von 1847 den Gemeinden zugeteilte. Von größerem Umfang waren diese Abtretungen im Kreis Unterinntal. Hier war seit alters der Umfang der gemainen Wälder verhältnismäßig geringer; wohl aber bestanden in jüngerer Zeit ausgedehnte Nutzungsrechte an den landesfürstlichen Wäldern. So ist es hier nicht zu größeren Zuweisungen von Waldteilen der belasteten Staatswälder an Gemeinden gekommen, sondern die Zuweisungen erfolgten an die berechtigten Bauern. Das bäuerliche Privateigentum ist hier bedeutender als in den meisten anderen tirolischen Landschaften; der private Waldbesitz umfaßt nämlich 46 % des gesamten Waldbestandes, während nur 11 % im Eigentum von Gemeinden stehen.

Mit den Waldzuweisungen aufgrund der Gesetze von 1847 und 1853 wurde altes, den Bauern angetanes Unrecht gutgemacht. War ihnen doch aufgrund des Allmendregals ein Teil ihrer Allmendwälder entzogen und an Berg- und Hüttenwerke verliehen worden, um deren großen Holzbedarf zu decken. Diese Beschlagnahme von bäuerlichem Waldbesitz bedeutete an sich ein Unrecht, als sie eine Übertreibung des landesfürstlichen Hoheitsrechtes darstellte. Man konnte allerdings zur teilweisen Rechtfertigung volkswirtschaftliche Notwendigkeiten anführen. Diese bestanden aber nur in älterer Zeit, denn bereits im 17. und 18. Jahrhundert hatten die Berg- und Hüttenwerke Tirols an volkswirtschaftlicher und staatsfinanzieller Bedeutung gewaltig eingebüßt. Der Holzverbrauch der Haller Saline war in neuerer Zeit durch Änderungen der Sudtechnik und Verwendung mineralischen Brennstoffes (Häringer Kohle) vermindert worden. Die Gründe, mit welchen die Wegnahme der Wälder wenigstens volkswirtschaftlich einigermaßen gerechtfertigt werden konnte, waren also weggefallen. Es war also nicht nur eine Forderung des Rechtes, sondern es war auch volkswirtschaftlich gerechtfertigt, wenn nunmehr der Wald seinen Eigentümern zurückgegeben wurde. Leider wurde es unterlassen, zugleich mit der Rückgabe des nunmehr staatlich anerkannten Gemeindeeigentums auch einen Wirtschaftsplan über die Nutzung der gemainen Wälder mit den Gemeinden zu vereinbaren. In den „Forstdirektiven" von 1839 war wohl eine Wirtschaftsplanung vorgesehen; die Waldzuweisung von 1847 hat aber für deren Durchführung durch die Gemeinden als die nunmehrigen Waldeigentümer nicht Sorge getragen.

Gemeinde und Gemain nach den Gesetzen des 19. Jahrhunderts. Die Gemeinden, welchen durch die kaiserliche Verordnung von 1847 die Wälder zugewiesen worden waren, stellten etwas wesentlich anderes dar als die alten Realgemeinden, die Jahrhunderte vorher das Eigentum an ihren Wäldern verloren hatten. Die Gemeinden hatten, was ihre Einwohner betraf, eine wesentliche Änderung erfahren. In vielen Landgemeinden hatten sich neben der bäuerlichen Bevölkerung Leute niedergelassen, die als Handwerker oder als Arbeiter in größeren industriellen Unternehmungen – z. B. in den Hüttenwerken – oder in den Bergwerken tätig waren und Landwirtschaft nur als Nebenberuf oder gar nicht betrieben. Da auch sie in mannigfacher Weise zu Leistungen für die Gemeinde herangezogen wurden, so etwa zu Arbeitsleistungen, so versuchten auch sie, Anteil an der Nutzung der Gemain zu erlangen oder wenigstens zu erreichen, daß die Gemain auch für die Gemeinde als solche und nicht bloß für die nutzungsberechtigten Bauern Leistungen übernehme.

Jener Teil der Gemeindeangehörigen, der nur über einen kleinen Grundbesitz verfügte, mit dem kein Nutzungsrecht an der Gemain verbunden war, hat häufig schon frühzeitig beschränkte Nutzungen an der Gemain genossen, teils als Recht, teils als Gnade (s. oben, S. 342 f.). Grundbesitzlose „Inwohner" haben nur gnadenweise Nutzungen an der Gemain erlangt. Die alte Gemeinde war ihrem rechtlichen Wesen nach eine Realgemeinde. Vollberechtigte Gemeindebürger oder Gemeindegenossen waren nur die Besitzer bestimmter Bauerngüter. Diese bäuerlichen Gemeindeangehörigen hatten aber in älterer Zeit auch in erster Linie die Gemeindelasten zu tragen.

Seit dem 18. Jahrhundert war die Verwaltungstätigkeit der Gemeinden mannigfaltiger geworden und hatte an Umfang zugenommen. Dementsprechend war auch der finanzielle Bedarf der Gemeinden gestiegen. Zu seiner Befriedigung wurden nun auch jene Gemeindeangehörigen herangezogen, die nur beschränkte oder keine Rechte zur Nutzung der Gemain hatten. Unter Hinweis auf ihre Leistungen für die Gemeinde versuchten sie nunmehr, auch ein größeres Ausmaß von Nutzungsrechten an der Allmende zu erlangen. Die Gemeindegesetze des 19. Jahrhunderts, angefangen vom Gemeindegesetz von 1819, kamen diesen Bestrebungen einigermaßen entgegen (s. unten, 380f.). Den größeren Einfluß auf die Gemeinde, welchen die neuen Gesetze, namentlich die provisorische Gemeindeordnung von 1849 ermöglichten, benützten die nicht-bäuerlichen Mitglieder der Gemeinde, um sich ein Beispruchsrecht in Sachen der Gemain zu sichern. In der Frage, ob das Gemeindegut, die Allmende, Eigentum der Gemeinde oder Eigentum der Gemeinschaft der nutzungsberechtigten Bauern (Realgemeinde) sein solle, traten sie für das Eigentum der politischen Gemeinde ein. Jene Angehörigen der Gemeinde, welche zwar Landwirtschaft betrieben, aber kein Gut besaßen, mit welchem ein Recht zur Nutzung der Gemain verbunden war, versuchten, Nutzungsrechte an der Allmende zu erlangen oder ihr beschränktes Nutzungsrecht zu erweitern. In Gemeinden, in welchen die Zahl der nicht-bäuerlichen Bevölkerung oder die Zahl der Minderberechtigten erheblich war, kam es zu heftigen Kämpfen um das Gemeindegut.

Die Gesetze hatten es leider unterlassen, eine klare Regelung hinsichtlich der Gemain zu treffen. Es fehlte eine klare Entscheidung in der Frage des Eigentums an der Allmende wie auch in der Frage der Nutzungsrechte. Was das Eigentum angeht, so wäre festzustellen gewesen: Sollte die Gemain oder Allmende Eigentum der alten Realgemeinde bleiben, jener Realgemeinde, die von den Besitzern der nutzungsberechtigten Güter gebildet wurde, oder sollte die Gemain Eigentum der politischen Gemeinde sein? Was die Nutzung der Gemain betrifft, bestimmten die Gesetze von 1849 wie jene der 60er Jahre, daß die bäuerlichen Nutzungsrechte unverändert bleiben sollen. Auch die Waldzuweisung von 1847 setzte fest, daß nach der Zuweisung des Waldeigentums an die Gemeinde die bisherigen Nutzungsrechte der Bauern keine Veränderung erleiden durften. Nach den Gemeindegesetzen sollte die bisherige Ausübung für das Ausmaß der Nutzungen entscheidend sein. Vor allem wäre es notwendig gewesen, in einem Gesetz Bestimmungen zu treffen, wie die bisherige, unangefochtene Ausübung der Nutzung festzustellen sei. Solche Bestimmungen unterblieben aber. Zahlreiche Streitigkeiten entstanden nun um diese Nutzungen. Eine Feststellung der bisher bestandenen Ausübung hätte unter anderem erkennen lassen, daß die Gemain auch bisher keineswegs ausschließlich dem privaten Vorteil der nutzungsberechtigten Bauern gedient hatte, sondern auch zur Bestreitung von Gemeindelasten herangezogen worden war.

Die Entscheidung über die Frage des Allmendeigentums ist in den einzelnen Gemeinden nicht in gleichem Sinn erfolgt; in vielen Gemeinden erscheint die politische Gemeinde als Eigentümerin, in anderen wieder ist das Allmendeigentum an Verbände der bisher nutzungsberechtigten Bauern übergegangen. Die Entwicklung hat zum Teil ähnliche Formen angenommen, wie sie bei den Allmenden von Schweizer Gemeinden begegnen. In der Schweiz ist häufig das Eigentum der alten Wirtschaftsgemeinde nicht der politischen Gemeinde überwiesen worden, sondern bei der alten Realgemeinde verblieben, die sich bis heute als „Bürgergemeinde" erhalten hat. Mitglieder dieser Bürgergemeinde sind die Inhaber jener Güter, die seit alters zur Nutzung der Allmende berechtigt waren. Bei uns wird die der Schweizer „Bürgergemeinde" entsprechende Realgemeinde der nutzungsberechtigten Höfe als „Interessentschaft" bezeichnet. Nach dem Gegenstand der Gemeinschaft wird von einer Waldinteressentschaft, einer Alminteressentschaft usw. gesprochen. Manche Interessentschaft ist nur eine Nutzungsgemeinschaft, während das Eigentum am Gemeinschaftsgut der politischen Gemeinde zugefallen ist.

Öfters waren sich die am Kampf um das Allmendeigentum Beteiligten gar nicht über die an ihm bestehenden Rechtsverhältnisse im klaren. Da konnte es dann dazu kommen, daß in nicht wenigen Gemeinden trotz der Vorherrschaft der Bauern das Eigentum an der Allmende oder Gemain für die politische Gemeinde in Anspruch genommen und ihr zugesprochen wurde. So hat sich jene Verschiedenheit ergeben, daß die Allmende in einem Teil der Gemeinden Eigentum der politischen Gemeinde, in anderen Gemeinden Eigentum einer agrarischen Gemeinschaft, einer Interessentschaft bzw. Agrargemeinschaft ist.

Wo die Allmende Eigentum der politischen Gemeinde wurde, ist dieses Eigentum mit dem Nutzungsanspruch jener Gemeindeangehörigen belastet, denen nach der bisherigen Ausübung die Nutzung zustand. Der so belastete Teil des Gemeindeeigentums wird als „Gemeindegut" vom „Gemeindevermögen" unterschieden, das in erster Linie der Bestreitung der Gemeindeauslagen dienen soll. Die Nutzungen der Berechtigten am „Gemeindegut" sind für deren Wirtschaftsführung lebenswichtig und dürfen keine Beschränkung erfahren. Damit soll aber keineswegs gesagt sein, daß dort, wo das Eigentum an der Allmende an eine agrarische Gemeinschaft übergegangen ist, dieses Eigentum nur dem privaten Nutzen der Verbandsmitglieder zu dienen habe. Im Gegenteil: Die Allmende wurde seit alters auch dem gemainen Nutzen dienstbar gemacht durch Leistungen für wirtschaftliche Zwecke, wie etwa Wegebau, Wasserleitung und dergleichen sowie für kulturelle Anstalten, wie Kirche und Schule. Auch die Einräumung von Nutzungen an arme Inwohner der Gemeinde wäre in diesem Zusammenhang zu erwähnen. Die neu konstituierten agrarischen Gemeinschaften durften sich solchen Leistungen für die politische Gemeinde nicht entziehen.

MINDERUNG DER GEMEINDEFREIHEIT. Der landesfürstliche Staat hatte in Tirol bereits seit seiner Entstehung im 13. Jahrhundert die Gemeinde für seine Verwaltungszwecke dienstbar zu machen versucht. Bei der geringen organisatorischen Kraft des mittelalterlichen Staates lag es ja nahe, die Gemeinde als eine bereits gegebene und ausgebaute Organisation für Aufgaben der Landesverwaltung zu verwenden, statt eigene Organisationen neu zu schaffen. Bereits im 13. Jahrhundert bediente sich der Staat der Gemeinde für die Eintreibung der Landessteuer (s. oben, S. 260), für das Aufgebot des Landvolkes im Kriegsfall und andere Aufgaben. Das bildete die Grundlage, auf welcher dann später das staatliche Interesse an der Gemeindeverwaltung und das Streben erwuchs, sie in größere Abhängigkeit von der Staatsverwaltung zu bringen.

Zu Ende des Mittelalters setzt auch in Tirol der Umbau des Staates alter Form zum neuzeitlichen Staat und seiner umfassenderen Regierungstätigkeit ein.

Der Staat ging zunächst einmal daran, seine Gewalt in einem räumlich geschlossenen Gebiet durchzusetzen; ein solches hatte dem mittelalterlichen Staatswesen gefehlt, sein Gebiet war vielmehr durchsetzt von fremden Enklaven (Einschlüssen), d. h. von Gebieten, in denen ein anderer Staat Hoheitsrechte ausübte. Ja, es kam vor, daß Leute in ein und derselben Gemeinde nebeneinander wohnten, jedoch verschiedenen staatlichen Gewalten unterstanden. Im Westen Tirols, im mittleren und oberen Vinschgau saßen auf grundherrlichen Gütern des Hochstiftes Chur in bedeutender Anzahl zwischen und neben den tirolischen Untertanen die sogenannten Gotteshausleute. Diese unterstanden nur hinsichtlich der hohen Gerichtsbarkeit dem Tiroler Landesfürsten, im übrigen aber dem Churer Bischof.

Der neuzeitliche Staat wollte seine Hoheitsrechte im ganzen Staatsgebiet – mit tunlichster Ausschließung fremder Gewalten – zu unbedingter Geltung bringen; alle jene Rechte, die man heute als öffentliche bezeichnet, sollten nur aufgrund staatlicher Verleihung ausgeübt werden dürfen. Während der Staat keine selbständige Gewalt neben sich dulden wollte, begann er andererseits, die eigene Regierungstätigkeit immer weiter auszudehnen; eine staatliche Vielregiererei setzte ein. Voraussetzung hierfür war die Schaffung einer bürokratischen Verwaltung. An die Stelle des mittelalterlichen, auf das Lehenswesen aufgebauten Staates trat nunmehr der Beamtenstaat. Alle Regierungsgewalt sollte in der Person des Landesfürsten konzentriert sein. Dementsprechend wurde die Staatsverwaltung zentralistisch organisiert. Aus dem landesfürstlichen Rat, der früher dem Landesfürsten zur Seite gestanden war, erwuchsen Zentralbehörden für die oberste Leitung des Rechtswesens, der politischen Verwaltung und der Finanzen.

Weil sich die durch den Landesfürsten verkörperte Staatsgewalt als die Quelle allen Rechtes im Staatsbereich ansah und keine unabhängigen Rechtskreise neben sich dulden wollte, stand sie der Selbstregierung der Gemeinden feindlich gegenüber; hatten diese doch ihre Verhältnisse bisher nach ihrem eigenen, von alters her überlieferten Recht geordnet. Gemeinde- und Dorfordnungen, welche bisher auf dem Weg der Rechtsweisung der Gemeindegenossen geschaffen worden waren, bedurften seit dem 17. Jahrhundert der Bestätigung durch die Landes- oder Gerichtsherrschaft. Auch im Mittelalter waren gelegentlich bäuerliche Rechtsordnungen, Dorfrechte und dergleichen durch den Landesfürsten bestätigt worden. Damals geschah dies über freiwilliges Ansuchen der Gemeinden, welche durch die landesfürstliche Bestätigung ihrem Recht höheres Ansehen und erhöhte Geltung verschaffen wollten (s. oben, S. 267 f.). Die Bestätigung bildete aber damals kein notwendiges Erfordernis für die Gültigkeit. Dies wurde sie erst in der Zeit des staatlichen Absolutismus. So bemerkt die Dorfordnung von Gais (1666): „Alles ehrbar getreulichen, anderst durchaus nit gemaint, abgeredt und beschlossen, als auf gnedig und gonstige Ratification, Guethaiss- und Besteifung löbl. o. ö. Camer und der Uttenhaimbischen und Tauferischen Gerichtsobrigkait" (TW. IV, S. 513, Z. 19). Es setzte sich die Auffassung durch, das Dorfrecht sei ein vom Landesfürsten verliehenes Recht. Im östlichen Unterinntal, einer Landschaft, in der schon seit alters die

Selbständigkeit der Gemeinde stärker eingeschränkt war, kam es gelegentlich sogar zur Erlassung der Dorfordnung durch die Gerichtsobrigkeit, so in Kundl im Jahre 1730.

Der bürokratische Apparat, wie ihn der neuzeitliche Staat aufbaute, zeichnet sich auch in Tirol durch die ihm eigene Fruchtbarkeit im Erlaß von Gesetzen und Verordnungen aus; diese traten zunächst in Wettbewerb mit dem Recht der bäuerlichen Gemeinden, im weiteren Verlauf aber versuchten sie, die bäuerliche Rechtsschöpfung, wie sie im „ehehaft Tading" oder in der Gemeindeversammlung geübt wurde, tunlichst einzuschränken oder zumindest von sich abhängig zu machen. Gegen dieses neue Recht, wie es bereits zu Ausgang des Mittelalters dem alten, bäuerlichen Gewohnheitsrecht Eintrag tat, wandte sich der bäuerliche Unwillen, wie er bereits in der Zeit vor 1525 in den Beschwerden über die Verdrängung des guten alten Rechtes durch das neue Recht sichtbar wurde.

Der Staat wollte die Gemeinde aus einer autonomen Körperschaft immer mehr zu einem unbedingt fügsamen Glied seiner Verwaltungsorganisation machen. Er beabsichtigte, sich ihrer zur Durchführung seiner Erlässe und Verordnungen mehr als bisher zu bedienen. Unterstes Organ der staatlichen Verwaltung war das Gericht, der Richter war bis herauf in die Mitte des 19. Jahrhunderts nicht nur mit der Gerichtsbarkeit, sondern auch mit Aufgaben der politischen Verwaltung betraut. Er stand aber mit den Bauern nicht in jener unmittelbaren Berührung wie Dorfmeister und Gemeinde. Wegen dieser Brauchbarkeit der Gemeinde für eine unmittelbare Einwirkung auf das Volk hatte bereits die Landesordnung von 1532 die Aufteilung der alten Großgemeinden in Teilgemeinden gefördert, damit sie in engerem Kreis Aufgaben, welche ihnen die Staatsverwaltung zuwies, umso besser erledigen konnte. Namentlich sollte die Aufteilung dort erfolgen, wo Gericht und Gemeinde noch in ihren Grenzen zusammenfielen (Tiroler Landesordnung, 9. Buch, Tit. 1).

Die Gemeindebeamten, vor allem die Gemeindevorsteher, wurden nunmehr von den Gerichtsobrigkeiten mit Verwaltungsaufgaben betraut, die sie nicht mehr in Vertretung der autonomen Gemeinde, sondern aufgrund eines Auftrages einer vorgesetzten Behörde zu besorgen hatten. Im Zusammenhang damit war es üblich, daß die von der Gemeinde gewählte Obrigkeit, vor allem der Vorsteher, von der Gerichtsobrigkeit „in Pflicht genommen wurde", also ihrer Bestätigung bedurfte.

Staat und Gerichtsherrschaft versuchten, die Gerichtsbarkeit der Gemeinde, wo ihr noch eine solche zustand, mehr und mehr einzuschränken oder ganz zu beseitigen. Ein jurisdiktionelles Recht der Gemeinde nach dem andern zogen die Landgerichte an sich. Die staatlichen Behörden gingen ferner daran, die Polizeigewalt der Gemeinde einzuengen und von sich abhängig zu machen. Hatte in älterer Zeit die Gemeinde eine weitgehende Gewerbepolizei geübt, so nahm in der Folge das Gericht die Gewerbepolizei als seine Sache in Anspruch. Schwer empfunden wurde von den Gemeinden, daß die Niederlassung nicht wie bisher von der Gemeinde frei bewilligt werden konnte, sondern an die Genehmigung durch die Gerichtsherrschaft gebunden wurde. Die Festsetzung der Einkaufsgelder sollte nicht mehr der Gemeinde allein zustehen, sondern bedurfte bereits in der zweiten Hälfte des 16. Jahrhunderts der Mitwirkung des Gerichtes.

Gegenüber der vordringenden Macht der Staatsbehörden fingen nunmehr die Gemeinden selbst an, sich der behördlichen Unterstützung zu versichern, um auf diese Weise ihren Anordnungen mit Hilfe der Staatsgewalt größeren Nachdruck zu verleihen. Die Gemeindebeamten, vor allem die Vorsteher, welche ihre Stellen ehrenamtlich versahen, andererseits aber durch ihren bäuerlichen Beruf stark in Anspruch genommen waren, vermochten den Aufgaben, vor welche sie seitens der Behörden gestellt wurden, nicht zu entsprechen. So waren sie schließlich froh, wenn die Staatsbehörde ihnen die Last der Geschäftsführung erleichterte, indem sie die Erledigung von Geschäften übernahm, welche bisher die Gemeinde besorgt hatte. Die Einschränkung der Selbstverwaltung, welche sich daraus ergab, wurde unter diesen Umständen von den Vertretern mancher Gemeinden als ein geringeres Übel gewertet.

Einzelnen Gruppen der Gemeindeangehörigen war das Eingreifen der Staatsbehörden und die Beschränkung der gemeindlichen Selbstverwaltung gar nicht unwillkommen. Da waren jene Bevölkerungsschichten, die von der Teilnahme an der Gemeindeverwaltung ausgeschlossen waren und gelegentlich mitansehen mußten, wie die Gemeindeverwaltung zu einseitig die Interessen der Bauern vertrat. Andere Angehörige der Gemeinde fühlten sich durch eine gewisse Vetternwirtschaft der wohlhabendsten und altansässigen Geschlechter zurückgesetzt und standen in Gegensatz zum herrschenden Regiment in der Gemeinde.

Diese und andere Mängel der Selbstregierung in Land, Gericht und Gemeinde konnten von der Regierung als Vorwand benützt werden, den staatlichen Absolutismus und Zentralismus den Gemeinden gegenüber in verstärktem Maß zur Geltung zu bringen. Beide, Zentralismus wie Absolutismus, beherrschten die Umgestaltung der Verwaltung, wie sie sich in Österreich in der Zeit Maria-Theresias und Josefs II. vollzog; diese Umgestaltung zielte auf straffere Zusammenfassung der Staatsgewalt und deren unbedingte Durchsetzung im ganzen Staatsbereich, namentlich auch gegenüber Körperschaften und Genossenschaften autonomen Rechtes. Der Staat ging nunmehr daran, auf die breite Masse des Volkes stärkeren Einfluß zu gewinnen. Bisher war ihm dies durch die Beschaffenheit der örtlichen Behörden erschwert gewesen. Diese standen in den meisten österreichischen Ländern in Abhängigkeit von den „Herrschaften", welche sich ihrer bedienten, um die „Untertänigkeit" der Landbevölkerung aufrecht zu erhalten. In Tirol gab es zwar keine Herrschaften dieser Art und keine bäuerliche Untertänigkeit, wohl aber war auch hier der Einfluß des Staates eingeschränkt durch die bereits erwähnten Rechte der Gerichtsgemeinde zur Selbstregierung und andererseits durch lehensrechtliche Verleihung oder Verpfändung der Gerichte an einzelne Gerichtsgemeinden und Adelsgeschlechter.

Um sich nun eine unmittelbare Einwirkung auf die breite Masse des Volkes zu ermöglichen, schuf die Regierung eine Mittelbehörde, welche in unmittelbare

Beziehungen zum Volk treten und andererseits die örtlichen Behörden überwachen sollte. Es war dies das Kreisamt, an dessen Spitze ein von der Regierung ernannter Beamter stand, der in Tirol im Anschluß an die alte Einteilung des Landes in Viertel den Titel „Viertelhauptmann" führte. Man schuf aber in Tirol 1754 sechs Kreisämter, sodaß bereits im Titel dieses Beamten die falsche Rechnung der Regierung zum Ausdruck kam, auf der ja schließlich das ganze absolutistisch-zentralistische Regierungssystem aufgebaut war.

Dem Kreisamt und vor allem seinem Vorstand war ein sehr ausgedehnter Wirkungskreis zugedacht. Hatten sich bisher die örtlichen Behörden in der Durchführung der Gesetze und Verordnungen der Regierung oft saumselig gezeigt und aufgrund ihrer genaueren Kenntnis des Volkes und der örtlichen Verhältnisse mancher Verordnung zentralistischen und absolutistischen Übereifers die Spitze abgebrochen, so sollten nunmehr die Kreisämter für die straffe Durchführung Sorge tragen.

Vor allem sollten sie der Überwachung und Führung einer guten Polizei dienen, wobei der Begriff „Polizei" in einem viel weiteren Sinn gebraucht wurde, als dies heute der Fall ist. Man verstand unter „Polizei" politische Verwaltung in weitestem Umfang. Dinge, um die sich der Staat früher nicht gekümmert hatte, wurden jetzt Gegenstand der amtlichen Fürsorge. Viele Geschäfte, die früher von den Gemeinden besorgt worden waren, unterzog das Kreisamt seiner Aufsicht und seiner Einwirkung oder übernahm sie gänzlich. Die Amtsführung der Gemeinden wie der Gerichte wurde der Überwachung der Kreisämter unterstellt.

Der aufgeklärte Absolutismus des 18. Jahrhunderts sah in der bisher den Gemeinden noch verbliebenen Selbständigkeit ein Hindernis für seine Bestrebungen. Er wies daher den Kreisämtern eine Art von Vormundschaftsführung über die Gemeinden zu. Das Volk sollte dazu erzogen werden, sich in allem und jedem der überlegenen Weisheit der Regierung und ihrer Amtsstellen zu fügen. Verständnis oder auch nur Duldsamkeit für das in langer Zeit organisch erwachsene Recht der bäuerlichen Gemeinde und für das bäuerliche Rechtsempfinden stand der Aufklärung durchaus fern. Kritik an der „guten" Regierung wurde auch dann, wenn sie berechtigt war, als verdammenswerte Anhänglichkeit an Veraltetes schärfstens verurteilt, Vertreter solcher Meinungen wurden als „Obskuranten" (Finsterlinge) hingestellt.

Gewiß brachte die Zeit der Aufklärung so manchen wertvollen Fortschritt und die Beseitigung so manchen alten Mißbrauches; aber auf der anderen Seite zerstörte die Unduldsamkeit und Überheblichkeit des aufgeklärten Regierungssystems viel von der alten Selbständigkeit und Selbsttätigkeit (Initiative) der Gemeinden. Die Untertanen gewöhnten sich mit der Zeit daran, alles Heil und alle Abhilfe ihrer Beschwerden von der Regierung zu erwarten. In den Gemeinden führte diese Regierungsweise zu verminderter Teilnahme des einzelnen an den Gemeindeangelegenheiten und zur Schwächung des Gemainsinnes, ohne daß etwa deswegen eine entsprechende Verstärkung des Staatsgefühles eingetreten wäre.

Der k. k. Appellationsgerichtsrat Ignaz Beidtel (1783–1865), der wohl in der

Lage war, das Urteil von Zeitgenossen der theresianischen Verwaltungsreform kennenzulernen, schreibt in seiner „Geschichte der österreichischen Staatsverwaltung 1740–1848"[55] (Band 1, S. 83f.), daß es bei vielen staatlichen Behörden als Hauptaufgabe betrachtet wurde, die Abhängigkeit der Gemeinden von der Regierung zu fördern. Viele landesherrliche Beamten hätten auch versucht, das Ansehen der Gemeindeverwaltungen in den Augen des Volkes herabzusetzen. „Bei den alten Communalverfassungen hatten viele Unregelmäßigkeiten stattgefunden, welche in früherer Zeit weniger besprochen worden waren. Jetzt gab man das Signal, davon zu reden. Da fand sich nun, daß man hier schlecht mit dem Gemeindevermögen gewirtschaftet, dort gewisse Familien begünstigt habe, daß unwissende Menschen oft den Vorzug vor geschickteren erhalten oder daß bei irgendeiner Gelegenheit die Gemeindebeamten mit Übermut aufgetreten wären. Viele hielten es nun für gut, wenn diesen Übelständen abgeholfen würde, und daß es geschehen könne, glaubten alle unerfahrenen Menschen, weil sie nicht bedachten, daß jede Organisation ihre Schattenseiten habe und man zufrieden sein müsse, wenn der Lichtseiten mehrere sind."

In jenen Ländern Österreichs, in welchen die bäuerliche Untertänigkeit bestand, haben die Kreisämter bei der Durchführung der Bauernbefreiung eine wichtige Rolle gespielt; in Tirol, wo das Untertänigkeitsverhältnis unbekannt war, fehlte der Boden für eine entsprechende Wirksamkeit. Die Einführung der Kreisämter widersprach hier dem Geist der Verfassung und insbesondere auch der tirolischen Gemeindefreiheit. Kenner der tirolischen Verhältnisse wie Ignaz von Hormayr hatten der Kaiserin von der Errichtung der Kreisämter in Tirol abgeraten. Die ständische Ausschußversammlung von 1755 richtete an die Kaiserin die Bitte, die Kreisämter aufzuheben, sie seien in Tirol nicht notwendig und seien verfassungswidrig, vermehrten die Instanzen und verzögerten die Sachen (Egger 96, III, S. 37). Die Wiener Regierung, allzusehr vom Gedanken der Gleichmacherei erfüllt, wollte aber Tirol keine Sonderstellung zugestehen.

Statt daß die deutschen Fürsten ihren Ländern eine Verfassung im Anschluß und in zeitgemäßer Fortbildung des alten Ständewesens gegeben hätten, suchten sie ihr und ihrer Länder Heil in einem volksfremden Regierungssystem. Freilich hatte die ständische Verfassung, die in den meisten Ländern zu einer Vertretung eines eng begrenzten Kreises von Privilegierten geworden war, ihre Wurzeln im Volk verloren. Aber so wie in England die alte ständische Verfassung in allmählicher Weiterbildung das Land vor schweren Erschütterungen bewahrte, sodaß es dort seit fast 300 Jahren zu keiner Revolution mehr gekommen ist, so wäre sicherlich Ähnliches auch in Deutschland möglich gewesen. In Tirol, das in seinem Landtag auch eine den drei übrigen Ständen gleichberechtigte Vertretung des Bauernstandes, der breiten Masse des damaligen Volkes, besaß, schätzte das Volk seine alte Verfassung als

[55] Über dieses Werk schreibt sein Herausgeber Alfons Huber in der Einleitung (S. VI), daß es auf eingehenden und selbständigen Studien seines Verfassers beruhe.

Gewähr seiner Freiheit; hier fehlte es auch nicht an Versuchen eines zeitgemäßen Ausbaues der Landesverfassung. Unter Kaiser Leopold II. wäre vielleicht einer Bewegung gegen Zentralismus und Absolutismus ein Erfolg vergönnt gewesen, aber der Kaiser starb bereits nach kurzer Regierung (1790–1792).

Immerhin vermochten die Gemeinden Tirols auch noch in der zweiten Hälfte des 18. Jahrhunderts manches von ihrer alten Selbstregierung zu behaupten, wenn auch im Widerspruch zum formalen Recht. Es trifft wohl auch für das 18. Jahrhundert zu, was der Freiherr von Spiegelfeld im Jahre 1848 von den Tiroler Gemeinden und der Beschränkung ihrer Autonomie schrieb: „In der Wesenheit erzweckte man daher auch mit dieser Überwachung [seitens der Behörden] nur wenig, indem am Ende die Gemeinden doch taten, was sie wollten" (Versuch zu einem Entwurf eines Gemeindegesetzes, S. V.). Die Freiheit, derer sich die tirolische Gemeinde auch noch im 18. Jahrhundert erfreute, tritt erst in das richtige Licht, wenn man die Unfreiheit von Bauern und Gemeinden in den östlichen deutschen Ländern Österreichs oder gar in Böhmen oder den Ländern des deutschen Nordostens zum Vergleich heranzieht. Die Geschäfte, welche in Tirol die bäuerliche Gemeinde im eigenen Wirkungskreis besorgte, wurden dort von der „Herrschaft" nach ihrem Ermessen erledigt. In der Steiermark z. B. beanspruchte die „Dorfherrschaft", welche einer der im Dorfe begüterten Grundherrschaften zustand, unter anderem die Feld- und Flurpolizei sowie die Verwaltung der Allmende. Tirol hatte die Wahrung seiner Gemeindefreiheit nicht zum wenigsten seiner alten Verfassung zu danken, welche der staatliche Absolutismus auch im 18. Jahrhundert nicht beiseite zu schieben vermochte. In den Zeiten der Franzosenkriege behandelte die österreichische Regierung des Kaisers Franz die tirolische Verfassung rücksichtsvoller, weil man des Tiroler Aufgebotes, des tirolischen Volksheeres, bedurfte und ein verständiger Mann an der Spitze der Landesverwaltung stand; es war dies der Graf Lehrbach, dessen das Spingeser Schlachtlied, das in dieser Zeit entstanden ist, in tirolischer Gemütlichkeit gedenkt: „Und Du Lehrbach, leb fein gsund, kugelrund!"

Die Eingliederung Tirols in den bayerischen Staat, wie sie nach dem Preßburger Frieden 1805 erfolgte, unterwarf Tirol jenem zentralistischen und absolutistischen Regierungssystem, das der Minister Montgelas nach französischem Muster in Bayern eingeführt hatte. Leichter hätte man von einem Stier Nachtigallengesang erwarten können als von Montgelas Verständnis für die tirolische Verfassung. Entgegen einem Versprechen, das der bayerische König den Tirolern gegeben hatte, wurde die tirolische Verfassung wie ein Fetzen Papier zerrissen. Zur Zeit, da ein im wahren Sinn großdeutscher Staatsmann, der Freiherr vom Stein, die Autonomie der Gemeinde verfocht, ging Montgelas daran, die unumschränkte Staatsgewalt auch den Gemeinden gegenüber zur Geltung zu bringen. Montgelas trieb „das Eigenrecht des Staates und die Konzentration aller politischen Kräfte bis zur völligen Ertötung der Selbstverwaltung. Die Gemeindeorgane wurden zu bloßen Werkzeugen der Regierung, der Wirkungskreis der Gemeinden wurde völlig eingeengt, die Staatsaufsicht war überspannt" (Doeberl 84, S. 463).

Die kurze Zeit der bayerischen Herrschaft (1805–1813) machte es zum Glück unmöglich, die neue Gemeindeordnung in Tirol wirksam in Gang zu bringen. Die Rückkehr der österreichischen Herrschaft führte aber nicht zur Wiederherstellung der alten Verfassung und der alten Gemeindeordnung; die österreichische Regierung des Kaisers Franz fühlte sich von jenem Geist des Absolutismus nur zu sehr angesprochen, der in der bayerischen Gemeindeordnung und in anderen bayerischen Neuerungen ähnlicher Richtung sichtbar geworden war. Nach der Rückkehr Tirols zu Österreich erwarteten und verlangten die Tiroler ihre alte Verfassung. Mehrere Gemeinden stellten noch im besonderen die Forderung nach Wiederherstellung der alten Gemeindeordnung auf, wie sie vor 1805 bestanden hatte; diese mochte ja immerhin gegenüber der Behandlung der Gemeinde in der bayerischen Zeit als etwas Begehrenswertes erscheinen.

Die österreichische Regierung wußte aber nichts Gescheiteres zu tun, als eine neue tirolische Gemeindeordnung auf jenen Grundlagen aufzubauen, wie sie in der bayerischen Zeit geschaffen worden waren. Das Gemeindegesetz vom 26. Oktober 1819 und Verordnungen aus den Jahren 1816, 1817 und 1821 unterstellten die Gemeinde der Aufsicht von Gericht und Kreisamt. Die Rechnungen der Gemeinde mußten dem Gericht vorgelegt werden, die Oberaufsicht über den Gemeindehaushalt wie in anderen Belangen übte das Kreisamt. Eine Besserung bedeutete die neue Gemeindeordnung in jenen tirolischen Bezirken, die in der Zeit von 1809 bis 1813 zu Illyrien und zum Königreich Italien gehört hatten. Sie beseitigte jene teure und unfruchtbare Gemeindeverwaltung mit ihren Sekretären und Kanzleibeamten, wie sie während der Fremdherrschaft bestanden hatte. Es ist nicht ohne Interesse zu beobachten, daß nach 1919 mit dem Einzug der italienischen Fremdherrschaft in Deutsch-Südtirol wieder eine ähnliche Gemeindeverwaltung ins Leben gerufen wurde, wie sie 1809 bis 1813 bestanden hatte. Wo früher tüchtige, von der Gemeinde gewählte Vorsteher ehrenamtlich die Gemeindegeschäfte besorgt hatten, hauste nun eine Anzahl italienischer Schreiber, welche über Betreiben italienischer Faschisten ernannt wurden.

Der stumpfsinnige Absolutismus Kaiser Franz' I. dankte dem Land Tirol seinen Heldenkampf von 1809 mit der Verfassung von 1816, einem wertlosen Machwerk. Hatte vor 1809 der Kaiser die Beseitigung der tirolischen Verfassung durch Bayern als hinreichende Rechtfertigung zur Erhebung gegen Bayern bezeichnet, so bedeutete die „Verfassung" von 1816 kaum einen geringeren Rechtsbruch als der von Bayern begangene. Aber auch unter dem Zwang der Verfassung von 1816 gaben die Tiroler den Kampf um die alten Rechte und um die Wiederherstellung der alten Verfassung nicht auf. Der Freiheitssinn der Tiroler blieb lebendig trotz des Druckes, den Absolutismus und Zentralismus ausübten.

Mit ihrer Beschränkung der gemeindlichen Selbstherrschaft entsprach die neue Gemeindeordnung durchaus dem Geist der Verfassung von 1816. Neu waren in der Gemeindeordnung die Bestimmungen über den Erwerb der Mitgliedschaft (des Bürgerrechtes) in der Gemeinde. Alle diejenigen wurden als Mitglieder einer Gemeinde erklärt, welche in einer Gemeinde Gründe, Häuser oder Grundzinse besaßen oder in Pacht hatten, ferner diejenigen, welche in einer Gemeinde ein Gewerbe oder überhaupt nur einen Erwerb ausübten. Nach dieser Bestimmung war also Handwerkern ohne Grundbesitz, aber auch rechtschaffenen Taglöhnern und Dienstboten der Erwerb der Gemeindebürgerschaft ermöglicht; das bedeutete einen notwendigen Fortschritt gegenüber dem älteren Recht, das nur den Grundbesitzer als vollberechtigten Gemeindebürger anerkennen wollte und die Gemeindeverwaltung ganz in die Hände der bäuerlichen Besitzer gelegt hatte. In der Gemeinde lebten außer den Bauern noch andere Leute, die mit den Bauern die Lasten für die Gemeinde trugen und zur Steuerleistung gleich den Grundbesitzern herangezogen wurden. Begreiflicherweise konnten auch diese Gemeindebewohner Einfluß auf die Gemeindeverwaltung beanspruchen; diesen konnten sie aber nur als Bürger der Gemeinde erlangen.

Das Gesetz von 1819 entzog, wie schon in anderem Zusammenhang bemerkt wurde, den Gemeinden das Recht, über die Zulässigkeit von Eheschließungen zu entscheiden. Die Ehebewilligung war nunmehr ausschließlich Sache der politischen Behörde. Beschränkungen waren nur vorgesehen gegenüber Leuten, die bereits der Armenversorgung zur Last fielen, Bettel betrieben oder ein arbeitsscheues, erwerbsloses Leben führten.

Der Landtag oder – wie er damals bezeichnet wurde – der „Kongreß" ist in den 30 Jahren vor 1848 immer wieder für größere Freiheit der Gemeinde gegenüber den politischen Behörden eingetreten.

Die Wiener Regierung hatte in den Zeiten des schärfsten Zentralismus und Absolutismus mit Vorliebe landfremde Männer an die Spitze des tirolischen Guberniums gestellt, die für das, was den Tirolern ihre alte Verfassung bedeutete, nicht das rechte Verständnis haben konnten. In den Ländern des Untertänigkeitsverhältnisses, aus denen sie kamen, bevormundeten die „Herrschaften" die Gemeinden; freie Gemeinden im Sinne der alten Tiroler Verfassung waren hier Ausnahmen. Immerhin war das Begehren nach einer Umgestaltung der bestehenden Gemeindeordnung, wie es am Kongreß ausgesprochen wurde, stark genug, auch das Gubernium, dessen Beamtenschaft ja noch zu einem namhaften Teil aus Tiroler Landsleuten bestand, zu beeinflussen.

In den 30er Jahren des 19. Jahrhunderts wurde im Gubernium ein umfangreicher Entwurf zu einer Tiroler Gemeindeordnung in 159 Paragraphen ausgearbeitet und den Ständen am 17. April 1835 zur Begutachtung übermittelt. Auch die Kreisämter waren um Gutachten angegangen worden. Der große Ausschußkongreß der Stände bat in einer Eingabe an den Kaiser am 13. Mai 1841 um die Sanktionierung des Entwurfes.[56] Diese ist jedoch nicht erfolgt. Der Entwurf trat für größere Selbständigkeit der Gemeinden sowie für die Überlassung des Gemeindevermögens an sie ein.

[56] Akten betreffs dieses Entwurfes liegen unter Nr. 14184/2077 (1841) im Tiroler Landesarchiv und unter Nr. 6556/1134 (1835) im Archiv der Tiroler Landschaft.

1841 war Graf Clemens Brandis, der Sprößling einer alten Tiroler Adelsfamilie, an die Spitze des Guberniums gestellt worden. Obwohl das Gubernium mit seinem Entwurf einer Gemeindeordnung in Wien wenig Glück gehabt hatte, machte es 1844 die Wiener Regierung neuerdings auf die Unhaltbarkeit des bestehenden Gemeinderechtes aufmerksam. Dieses mißfalle dem Volk wegen der vielen Beschränkungen der Gemeindefreiheit; es sei dringend geboten, den Wirkungskreis der Gemeinden und ihre Rechte zu erweitern. Kurz vor Ausbruch der Wiener Märzrevolution, am 19. Februar, berichtete das Gubernium neuerdings über die üble Stimmung in Tirol; durch „die kleinliche Bevormundung der Gemeinde werde allen redlichen und unabhängigen Gemeindemännern die Mitarbeit an den Gemeindeangelegenheiten verleidet" (Gschließer 182, S. 12).

In einer nach Erlaß der österreichischen Konstitution 1848 in Innsbruck erschienenen Schrift – „Versuch zu einem Entwurfe eines Gemeindegesetzes für Tirol und Vorarlberg" – sagt der anonyme Verfasser (ein Freiherr von Spiegelfeld): „Wenn je ein Land reif für die sogenannte Emanzipation der Gemeinden erscheint, so ist dies Tirol und Vorarlberg. Dort besteht kein hemmendes Unterthans-Verhältniß, keine Robot, keine Personal-Abhängigkeit, jeder Landmann ist auf seinem Hofe ‚ein König' und wenn auch darauf Real-Giebigkeiten haften, so ist ihr Besitz durchaus nicht einer bevorrechteten Klasse vorbehalten, sondern jeder kann sie erwerben. Auch biethet der kluge, besonnene und verständige Sinn der Bewohner eine hinlängliche Garantie, daß sie die ihnen freigegebene Verwaltung des Gemeindevermögens nur zum Nutzen der eigenen Gemeinde und zur Wahrung der Staatsinteressen anwenden werden. Die bisherige Bevormundung der Gemeinden, wonach ihnen nicht die freie Verfügung über die kleinsten Beträge ‚ohne höhere Genehmigung' zugestanden war, hat nur dazu gedient, um jedes Selbstdenken, jedes Selbstvertrauen im Keime zu ersticken, um jedem selbständigen Manne die Teilnahme an der Gemeindeverwaltung zu verleiden und ihn gegen die Gemeindeinteressen abzustumpfen. Jeder Theil sucht die Verantwortlichkeit für die Gebahrung mit dem Gemeindevermögen auf den andern zu schieben, die Gemeindevorstehung auf die politischen Behörden, diese auf die zensurierende oder das Rechtsgutachten gebende Behörde, und so hatte, da jeder Theil gedeckt erschien, niemand eine wahre Verantwortlichkeit für die größten Mißgriffe und selbst Malversationen in den Gemeinden ... Daß übrigens ein Hauptgrund der Vielschreiberei, eines Hauptgebrechens des gegenwärtigen Zeitalters, in dieser Überwachung des Gemeindewesens zu suchen ist, wird jedem, der sich damit nur einigermaßen zu befassen hatte, zur Genüge bekannt sein."

Spiegelfeld schildert die Fehler der Gemeindeverfassung als Fachmann, war er doch Sekretär beim Gubernium in Innsbruck. Im Sinn der alten Tiroler Verfassung spricht er sich in seinem Entwurf auch für die Beibehaltung der „Ehehafts-Thadigungen" in den Gemeinden aus, wenn diese sie verlangen (§ 19). Spiegelfeld tritt im § 26 seines Entwurfes für die Beibehaltung der autonomen Gerichtsgemeinde ein, wie sie die tirolische Verfassung seit alters kannte. Die Gemeinden des Gerichtsbezirkes sollen die 36 Mitglieder des Gerichtsausschusses wählen.

Die Forderung nach „freier Munizipalverfassung" (Gemeindeverfassung) gehörte allgemein in Österreich wie im ganzen damaligen Deutschland zum populärsten Bestandteil aller Flugschriften und Zeitungsartikel (Redlich 517, Bd. 1, S. 257f.). So war unter anderen auch der Freiherr Viktor Andrian von Weerburg, der einer Tiroler Familie entstammte, in seiner viel beachteten, 1843 im Hamburg erschienenen Schrift „Österreich und seine Zukunft" mit besonderem Nachdruck für den Gedanken der Gemeindefreiheit eingetreten. Seine Ausführungen sind beeinflußt vom Buch des Alexis von Tocqueville über die Demokratie in Nordamerika (zwei Bände, Paris 1835), das in den letzten Jahren vor der 48er Revolution in West- und Mitteleuropa großes Aufsehen erregt hatte.

Sehr beachtenswert ist die Art, wie die deutschen Bauern Tirols zur Frage der allgemeinen Landesverfassung und zur Frage der Gemeindeordnung Stellung nahmen. In einer Bauernversammlung der Gerichte Kaltern, Neumarkt und Lana im Juni 1848 wurde eine Reihe von Forderungen und politischen Grundsätzen aufgestellt. Kennzeichnend für die politischen Ziele der Bauern ist gleich die erste Forderung: „Das Land Tirol hatte seit uralten Zeiten her eine eigene selbständige Verfassung ... und jeder Fürst aus dem österreichischen Kaiserhause mußte bei Übernahme der Landesregierung die eigene Verfassung und die Freiheit des Landes Tirol beschwören; erst seit 33 Jahren beiläufig ist es wie eine eroberte Provinz des Kaiserstaates behandelt und regiert worden. In Ehrfurcht und Anhänglichkeit an den Kaiser muß diese selbständige Verfassung mit aller Selbständigkeit behauptet werden und Tirol muß die inneren Landesangelegenheiten, den inneren Haushalt des Landes selbst verwalten und ordnen." Der siebente Punkt des bäuerlichen Programms fordert die Selbständigkeit der Gemeinde in ihren inneren Gemeindeangelegenheiten.

Was die Bauern und die ganze konservative Mehrheit des Tiroler Volkes im Jahre 1848 forderte, war wesentlich verschieden von dem, was der österreichische und ebenso der gesamte deutsche Liberalismus damals erstrebte; dieser wollte eine neue deutsche Verfassung erfinden, wobei freilich der schöpferische Erfindungsgeist zu wünschen übrig ließ, dafür aber starke Anleihen bei fremden Verfassungen, vor allem jenen Englands und Frankreichs, gemacht wurden. Die Mehrheit der Tiroler und vor allem die Bauern Tirols wollten hingegen eine organische, zeitgemäße Weiterbildung der alten Tiroler Verfassung, die in ihren Grundzügen gewahrt bleiben sollte.

Die Selbstverwaltung der Gemeinde gehörte zu einer der wenigen Forderungen, in denen sich Konservative und Liberale in Österreich einig waren. Die Gewährung einer konstitutionellen Verfassung durch den Kaiser führte im weiteren Verlauf zum Erlaß des „provisorischen Gemeindegesetzes" vom 17. März 1849 (Reichsgesetzblatt Nr. 170). Dieses spricht den Grundsatz aus: „Die freie Gemeinde ist die Grundlage des freien Staates." Zwei Wirkungskreise waren für die Gemeinde vorgesehen; der eine – das Gesetz bezeichnet ihn als den „natürlichen" Wirkungskreis – umfaßt die Selbstverwaltung. Ihr wird alles zur Erledigung zugewiesen, was das Interesse der Gemeinde zunächst berührt und innerhalb ihrer Grenzen vollständig durchführbar ist. Der zweite Wirkungskreis schließt jene Geschäfte in sich, welche der Gemeinde vom Staat übertragen werden („übertragener" Wirkungskreis), wie Steuereinhebung, Rekrutierung, Fremdenpolizei, Aufsicht über Maß und Gewicht und dergleichen. Vertreten wird die Gemeinde durch einen gewählten Bürgermeister und einen Gemeindeausschuß. Auch die Bildung von Bezirksvertretungen war im neuen Verfassungsgesetz vorgesehen; damit wäre der Gerichtsausschuß, wie ihn bereits die alte Tiroler Landesverfassung kannte, für ganz Österreich eingeführt worden.

Die absolutistisch-zentralistische Reaktion der 50er Jahre hat dann all diese und andere Zugeständnisse, wie sie unter dem Druck der Revolution gemacht worden waren, wieder beseitigt. Erst durch das Reichs-Gemeindegesetz vom 5. März 1862 (Reichsgesetzblatt Nr. 18) wurden wieder ähnliche Grundlagen für die Selbstverwaltung der Gemeinden geschaffen, wie sie das Gesetz von 1849 vorgesehen hatte. Nach dem Gesetz von 1862 ist die Gemeinde eine Ortsgemeinde, sie stellt einen auf dem Gemeindegebiet beruhenden Personenverband dar. Die Gemeindevertretung geht aus freien Wahlen hervor. Das Wahlrecht ist aufgrund der Steuerleistung nach Wahlkörpern abgestuft. Grundbesitz bildet nicht mehr wie in der Zeit vor 1805 die Voraussetzung für Wahlrecht und Wählbarkeit.

Das Gesetz von 1862 war ein sogenanntes Rahmengesetz; es blieb den Landtagen der einzelnen Länder überlassen, durch Landesgesetz die näheren Bestimmungen innerhalb des Rahmens zu treffen, welchen das Reichsgesetz geschaffen hatte. In Tirol beschloß der Landtag das Gesetz über die Gemeindeordnung (9. Jänner 1866, Landesgesetzblatt Nr. 1), das dann in der Folge wiederholt abgeändert wurde. Nach dieser Gemeindeordnung stand den Gemeinden immerhin ein gewisses Maß von Selbstregierung zu.

4. Zusammenfassung und Ausblick

Die Gemeinde ist erwachsen aus dem Hilfs- und Anschlußbedürfnis des einzelnen. Im Gebirge ist dieses Bedürfnis in besonderem Maß vorhanden, weil hier der Mensch übermächtigen Naturgewalten gegenübersteht, denen er sich als einzelner nicht gewachsen fühlt. Er sucht Anschluß bei denen, die unter gleichen Verhältnissen in seiner Nachbarschaft leben. Ein Teil des Landes, das für die Nutzung verfügbar ist, kann in gemeinsamer Arbeit mit den Nachbarn leichter und vorteilhafter genutzt werden als durch den einzelnen. Das gemeinsam genutzte Land, „die Gemain", ist im Hochgebirge nach Umfang und wirtschaftlichem Wert viel bedeutsamer als in Ländern der Ebene. Der Bergbauer ist vor allem Viehzüchter, im Gegensatz zum Ackerbauern der Ebene. Der Bergbauer ist wegen der naturgegebenen Weidewirtschaft stärker mit der Gemeinde verbunden, welche über die Gemainweide verfügt. Der Gemeindeverband hat für den Viehzüchter viel größere Bedeutung als für den Ackerbauern.

Die Gemeinde ist aber von Anfang an nicht bloß ein Verband für Wirtschaftszwecke, sie ist nicht nur Wirtschaftsgemeinde, sondern dient auch der Verwaltung und der Rechtsprechung. Sie wird innerhalb größerer politischer Verbände zum untersten Glied der politischen Organisation. Gerade in Tirol erscheint sie schon verhältnismäßig früh mit Aufgaben der staatlichen Verwaltung betraut. Daß sie in dieser Stellung gleichwohl Freiheit und Selbstregierung in weitem Umfang durch die Jahrhunderte zu behaupten vermochte, ist für die Gestaltung tirolischer Landesfreiheit und Demokratie entscheidend gewesen. Die freie Gemeinde bildete in Tirol in der Tat schon seit alters eine Grundlage der Landesfreiheit, aber auch der persönlichen Freiheit. Für die geistige Haltung des Tiroler Bauern, für Gemeinschaftsgefühl und politische Schulung ist die Gemeindefreiheit ähnlich wie die persönliche Freiheit von größter Bedeutung geworden.

Den freien Tiroler Bauern war es gelungen, ihre Gemeinde von jener grund- und bannherrschaftlichen Abhängigkeit freizuhalten, wie sie in den östlichen österreichischen und in den meisten anderen deutschen Ländern bis zur Beseitigung des Untertänigkeitsverhältnisses durch die 48er Revolution oder doch bis an die Schwelle des 19. Jahrhunderts bestanden hatte.

Absolutismus und Zentralismus waren in den letzten Jahrhunderten in steigendem Maß bedacht gewesen, jede Art von Autonomie zu bekämpfen und so auch die Gemeinde zu einem fügsamen Organ der Staatsverwaltung, zu einer Gemeinde*behörde* herabzudrücken. Die Ausdehnung der staatlichen Regierungsgewalt im Bereich dessen, was man als „Polizei“ bezeichnete, drohte der Gemeindefreiheit ein Ende zu bereiten. Trotz all dem hat sich in Tirol auch in diesen Zeiten ein bedeutsamer Rest von Gemeindefreiheit zu behaupten vermocht.

Die Gemeinde bildete in Tirol die natürliche Grundlage für einen organischen Aufbau der Landesverwaltung und der Selbstregierung des Landes. Die Gemeinden eines Landgerichtes wählten den Gerichtsausschuß, der eine autonome Bezirksvertretung darstellte. Der Gerichtsausschuß wiederum wählte die Abgeordneten des Bezirkes für den Landtag, das oberste Glied in der Selbstverwaltung des Landes. So war in Tirol seit alters jener Aufbau der Gliederung des öffentlichen Lebens von unten herauf durchgeführt, wie er in der Enzyklika „Quadragesimo Anno“ Papst Pius' XI. als Forderung des Naturrechtes begründet wurde.

Die Verbindung des Bauern mit seiner Gemeinde ist weit lebhafter als die des großstädtischen Gemeindebürgers mit der Stadtgemeinde. Der Bauer lebt und wirkt in seiner Gemeinde; sie tritt ihm persönlich weit näher als dem Städter seine Stadtgemeinde. Der Bauer ist an der Führung der Gemeindegeschäfte weit unmittelbarer interessiert als der Städter.

Die Nutzungen an der Gemain sind für die bäuerliche Wirtschaft in vielen Landschaften ganz unentbehrlich, so vor allem die Nutzung von Gemainwald und Gemainweide. Der einzelne Bauer war und ist sich dessen wohl bewußt. Die Nutzung der Gemain muß man sich mit anderen teilen; Schädigung der Gemain trifft alle Genossen; wer sich einseitig Vorteile sichern will, ruft den Widerstand der

Gesamtheit hervor. In den Gemeindegenossen erwuchs das Gefühl, daß der Schaden des einen auch einen Schaden für den anderen bedeute. Die Nutzung der Gemain förderte so den bäuerlichen Gemainsinn und die Verurteilung jener Gemeindegenossen, die sich am Gemaingut vergingen. Die Fürsorge für letzteres lehrte, aus den engen Schranken eines Eigennutzes, der nur auf den eigenen Vorteil bedacht ist, hinauszutreten.

Die Gemeinde war in älterer Zeit – und ist bis zu einem gewissen Grad auch heute noch – der wichtigste Vermittler zwischen Staat und Bauern.

Im Gegensatz zur volkreichen Stadtgemeinde steht in der Landgemeinde der einzelne ihrer Inwohner in lebhafter persönlicher Verbindung mit seinen Gemeindegenossen; das alte Nachbarverhältnis ist auch heute noch wirksam. So stehen auch die Inhaber der Gemeindeämter in mannigfachen persönlichen Beziehungen zu den übrigen Gemeindeangehörigen. Persönliche Rücksichten spielen da mehr als in der Stadt in die Amtsführung herein; ihre Objektivität ist unter solchen Umständen erschwert. Das führte in der Vergangenheit und führt heute noch dazu, daß manche Bauern ihre Angelegenheiten lieber durch eine Staatsbehörde erledigt sehen als durch die Gemeinde. Daß die Einschränkung der gemeindlichen Selbstverwaltung noch größere und schwerere Mißstände im Gefolge hätte, wird dabei nicht bedacht. Die Zeiten, da die Gemeinden unter der Vormundschaft der Staatsbehörden standen, ließen dies feststellen; vor allem sollten aber wohl die Erfahrungen, die man mit der Beseitigung der Gemeindeautonomie durch italienische und nationalsozialistische Faschisten machte, deutlich genug gezeigt haben, welchen Wert die freie Gemeinde besitzt.

Den Männern, die in den bäuerlichen Gemeinden die Gemeindegeschäfte besorgen – oft unter großen Einbußen an Arbeitszeit, welche der eigene Hof so sehr benötigt – wird die Amtsführung oft erschwert und verleidet durch das Mißtrauen, das vielen unserer Bauern anhaftet. Man fürchtet, der Gemeindebeauftragte könne zuviel Vorteil aus der Amtsführung ziehen. Man zeiht den Amtsinhaber nicht einer unrechtmäßigen Handlung, glaubt aber, das Amt gewähre ihm unbilligen Vorteil. Eigene Beobachtung und Urteile bäuerlicher Freunde konnten dieses unbillige Mißtrauen feststellen.

Das Eindringen zahlreicher nicht-bäuerlicher Elemente in die Gemeinde zerstörte in vielen Fällen die alte Einheit des Gemeindevolkes. Das Band, welches die Angehörigen der heutigen politischen Gemeinde umschlingt, ist weit schwächer als jenes, das die Gemeindegenossen der alten Bauerngemeinde zusammenschloß. Die Verbundenheit des einzelnen mit der Gemeinde hat im Zusammenhang mit Änderungen der bäuerlichen Wirtschaft auch bei den bäuerlichen Gemeindebürgern abgenommen. Für diese besitzt heute in vielen Gemeinden die Nutzung der Gemain nicht mehr jene Bedeutung wie in den Zeiten extensiver Weidewirtschaft. Ganz allgemein hat aber ein gesteigerter Individualismus das alte Gemeinschaftsgefühl gemindert.

Der Parteigeist ist in überwiegend bäuerlichen Gemeinden geringer als in den

Städten. Das Gefühl bäuerlicher Zusammengehörigkeit ist in den Landgemeinden immerhin auch heute noch stärker als der Gegensatz der Parteimeinungen; der einzelne wird nicht so sehr nach seiner Parteizugehörigkeit als vielmehr nach seiner Persönlichkeit, seiner sittlichen Haltung und Charakterfestigkeit, nach dem Alter und Ansehen seiner Familie, nach seiner wirtschaftlichen Tüchtigkeit und wohl auch – oft nur zu sehr – nach seinen wirtschaftlichen Erfolgen und seinem Besitz beurteilt. Der gewandte Schwätzer vermag es in der Landgemeinde weniger leicht zu Ansehen zu bringen als in der Stadt. All das gilt in erster Linie für das altansässige Bauerntum; Sölleute, d. h. die Besitzer von Gütern nicht-bäuerlichen Ausmaßes, sowie grundbesitzlose Inwohner stellten seit alters einen beweglicheren, von außen her leichter beeinflußbaren Teil der Gemeindeangehörigen dar.

Der Bauer hat durch den Auf- und Ausbau seiner Gemeinde nicht bloß für sich und sein wirtschaftliches und kulturelles Leben, sondern auch für den Staat eine wichtige organisatorische Arbeit geleistet. Er hat in seiner Gemeinde ein wichtiges Glied der staatlichen Organisation geschaffen, das in Tirol bereits im Mittelalter dem Staat zur Handhabung der politischen, finanziellen und militärischen Verwaltung diente. Die Gemeinde bildete jenes Organ der Staatsverwaltung, durch welches diese unmittelbar auf die breite Masse des Volkes einzuwirken vermochte. Im Ausbau des Landes, in seiner Urbarmachung, haben Bauern und Gemeinde die Hauptarbeit geleistet, und zwar nicht bloß unter Führung der Grundherrschaft; dort, wo die Gemeinde seit alters ein großes Maß von Freiheit und Selbstregierung besaß, wie im Westen und Süden Tirols, hat sie selbsttätig den Ausbau des Landes durchgeführt.

1943 hat Theodor Mayer in einer wertvollen Abhandlung (Adel und Bauern im deutschen Staat des Mittelalters[57]) geschrieben: „Die Bauern aber haben – von Ausnahmen abgesehen – nur primäre Arbeit geleistet, sie sind aber weder im staatlichen Aufbau noch im Landesausbau durch organisatorische Leistung hervorgetreten; sie sind vielmehr Instrumente der Politik, sowohl der königlichen wie auch der adligen geworden.“ Für Tirol trifft dies sicherlich nicht zu; unser Land gehört zu den von Mayer vorgesehenen Ausnahmen. Ich möchte aber glauben, daß auch in nicht wenigen anderen deutschen Ländern der Bauer nicht jene passive Rolle im Aufbau der staatlichen Organisation und im Ausbau des Landes spielte, wie Theodor Mayer annimmt.

Wir stehen heute vor der Notwendigkeit eines Neubaues unserer Gemeindeverfassung. Der Tiroler Landtag hat bereits die Ausarbeitung eines neuen Gemeindegesetzes in Angriff genommen. Zur Zeit ist noch die reichsdeutsche Gemeindeordnung in Kraft, die von der nationalsozialistischen Regierung eingeführt wurde, aber nunmehr baldigst beseitigt werden muß.

Das Gemeindegesetz von 1935 wie jenes von 1928 sollen nicht wieder Geltung erlangen. Die Ordnung von 1935 kommt schon deswegen nicht in Betracht, weil

---

[57] Teil des von Mayer unter diesem Titel herausgegebenen Sammelwerkes (Leipzig 1943), S. 5.

sie von Gedanken des autoritären Systems durchsetzt ist. Gegenüber der Gemeindeordnung von 1928 weist sie immerhin brauchbare Verbesserungen auf.

„Es muß die gesamte Ordnung des Gemeindewesens wieder auf die natürliche Grundlage zurückgeführt werden. Es muß in den gesetzlichen Vorschriften wieder zum Durchbruch kommen, daß alles, was die Gemeinde innerhalb ihres räumlichen Wirkungskreises und ihrer finanziellen Leistungsfähigkeit selbst regeln und besorgen kann, auch in erster Linie von ihr selbst geregelt und besorgt werden soll, nicht nur das ‚Was', sondern auch das ‚Wie' muß der Gemeinde überlassen bleiben" (Hohenbruck 239).

Der Umbau muß im Sinn alter tirolischer Überlieferungen und unserer bodenständigen Demokratie sowie in organischer, den Zeitverhältnissen angepaßter Weiter- und Umbildung des Alten erfolgen. Der Grundsatz der Selbstregierung (Autonomie) muß aber auch innerhalb der Gemeinde auf ihre räumlich gesonderten Teile angewandt werden. Diesen wird ein gewisses Maß von Selbstverwaltung zuzugestehen sein; je nach Umständen werden ihnen auch Teile der Allmende (Wald, Heim- und Almweide) zu gesonderter Nutzung zuzuweisen sein. In vielen Gemeinden war dies schon seit alters üblich. Die Gemeindegebiete besitzen oft große Ausdehnung, die einzelnen Siedlungen, Dörfer und Weiler sind weit voneinander entfernt, die Verbindungswege steil und schlecht. Denken wir etwa an Gemeinden wie Fließ im Oberinntal. Fließ setzt sich aus einer Dorfsiedlung und verschiedenen Einzelhöfen und Weilern zusammen. Der Hauptort, das stattliche Dorf Fließ, liegt auf einer Hochebene, 200 m höher als die Talsohle, von den zugehörigen Weilern liegt Hochgallmig (14 Häuser und 72 Bewohner nach der Zählung von 1923) zwei Stunden vom Dorf Fließ entfernt auf der gegenüberliegenden Talseite, rund 400 Meter ober der Sohle des Inntales.[58] Der Weiler Piller ist 2 1/4 Stunden von Fließ entfernt in einem Nebental des Pitztales jenseits des Pillerjoches (um 1500 m) gelegen und zählt 36 Häuser mit 181 Bewohnern.[59] Ähnlich wie in Fließ liegen die Dinge in vielen anderen tirolischen Gemeinden; der natürlichen Sonderung muß sich die Gestaltung der Gemeindeverfassung anpassen. Dies geschah u. a. durch die Unterteilung ausgedehnter Gemeinden in Fraktionen mit einem Fraktionsvorsteher. Diese Fraktionseinteilung wurde (ebenso wie das Heimatrecht) auch 1938 beseitigt und nach 1945 nicht wiedereingeführt.

Aus der jüngsten Entwicklung des Tiroler Gemeinderechtes sei überblicksartig hervorgehoben: Die 1938 in Geltung gesetzte deutsche Reichsgemeindeordnung von 1935 wurde als nationalsozialistisches Werk mit Kundmachung vom 10. Juli 1945 außer Kraft gesetzt. Am gleichen Tag wurde das Gesetz über die vorläufige Neuordnung des Gemeinderechtes als Zwischenlösung erlassen. Die tirolische Gemeindeordnung von 1935 wollte man wegen ihrer Herkunft aus der Zeit des autoritären Ständestaates nicht wieder in Geltung setzen. Mit 1. August 1949 trat die neue Tiroler Gemeindeordnung in Kraft. Sie brachte als Neuerung die jährlich abzuhaltende Gemeindeversammlung. Damit wurde die Verpflichtung aufgestellt, wenigstens einmal im Jahr die Probleme der

[58] Die Notwendigkeit, an Hochgallmig gewisse Befugnisse der Gemeindeverwaltung zu selbständiger Entscheidung zu überlassen, illustrierte der Volkswitz: Hochgallmig habe wegen der weiten Entfernung vom Hauptort Fließ eine eigene Feuerspritze erhalten, der Schlüssel zum Spritzenmagazin sei aber beim Gemeindevorsteher, der seinen Wohnsitz in Fließ hatte, hinterlegt worden.

[59] Zur Zeit der nationalsozialistischen Verwaltung ist der Weiler Piller mit der Gemeinde Wenns im Pitztal vereinigt worden.

Gemeinde an die Gesamtheit der Gemeindebewohner in Form einer öffentlichen Besprechung heranzutragen.

Als neue Grundlage für das Organisationsrecht der Tiroler Gemeinden wurde die Tiroler Gemeindeordnung 1966 erlassen. „Damit ist die gesamte Gemeindeverwaltung von Gesetzen getragen, die das Aufblühen der in Tirol jahrhundertealten Selbstverwaltung in besonderem Maße fördern.[60] *Der Herausgeber.*

[60] Fritz Schumacher – Christine Cornet, Tiroler Gemeindeordnung 1966, Innsbruck 1970, S. XXI; Siegbert Morscher, Tirol, in: Das Verfassungsrecht der österr. Bundesländer, hrsg. von Heinz Schäfer, Wien 1991, S. 473 ff. N. Grass.

VI. Hauptstück

Vom Siechtum des Bergbauerntums

1. Die Siedlungsarbeit in früheren Jahrhunderten

Durch die Siedlungsarbeit der vergangenen Jahrhunderte ist die Heimat unseres Tiroler Bergbauerntums (im engeren Sinn) geschaffen worden.[1] Und darin dürfen wir den höchsten Wert dieser Arbeit erblicken. Die besten Eigenschaften des Tiroler Volkes, religiöser und volksverbundener Sinn, Charakterfestigkeit, Verständigkeit, Arbeitstüchtigkeit, zähe Ausdauer, Kraft, Mut, Liebe zu Freiheit, Selbständigkeit und zu einer freien Heimat sind gerade beim Bergbauerntum in besonders hohem Maße zur Ausbildung gelangt. Wir werden darauf noch an anderer Stelle zu sprechen kommen. Weil wir das Bergbauerntum so hoch einschätzen und als den edelsten Teil unseres Tiroler Volkes bewerten, ist es umso notwendiger, mit allem Nachdruck auf die schwere Gefahr hinzuweisen, von der es zur Zeit bedroht ist. In den letzten achtzig bis hundert Jahren[2] ist eine gefährliche Krankheit über das Bergbauerntum gekommen, ein schweres Siechtum, das ihm nicht plötzlich, sondern schleichend ans Leben geht. Wer sich in unseren Bergen und Hochtälern umsieht, der kann überall die Wirkungen dieser Krankheit feststellen. Allenthalben stoßen wir auf verlassene Güter, auf halb oder ganz verfallene Häuser oder auf Häuser, die früher ständig bewohnt waren, heute aber nur mehr während des Sommers bezogen sind; die Änderung bei den Häusern weist auf eine Änderung bei den Gütern hin: Die einst selbständigen Bauerngüter sind Zugüter geworden, das heißt, diese Güter bilden nicht mehr die Heimat und den Besitz einer Bauernfamilie, die hier selbständig wirtschaftet, sondern sie sind Bestandteile eines anderen Bauerngutes geworden, eines Hauptgutes, von dem aus sie bewirtschaftet werden.

Im ersten Hauptstück (1. Bd.) wurde S. 67 ff. erzählt, wie in alter Zeit Voralmen und Almen zu Bauerngütern gemacht wurden; heute werden wieder umgekehrt Bauerngüter zu Almen und Voralmen. In den letzten hundert Jahren hat diese Verödung von Bauerngütern oder der Siedlungsrückgang reißende Fortschritte gemacht. Ferdinand Ulmer (707, Bergbauernfrage, S. 78, 2. Aufl. 1958, S. 86) hat nachgewiesen, daß in der Zeit von 1855–1940 in 65 meist kleinen Berggemeinden

---

[1] Vgl. hierzu die Ausführungen im 1. Bd., II. Hauptstück, S. 222 ff.

[2] Dieses VI. Hauptstück dürfte großteils wohl in der nationalsozialistischen Zeit verfaßt worden sein, da S. 432 Anm. 19 eine „Bauernkammer Lienz" erwähnt wird, die in österr. Zeit „Bezirkslandwirtschaftskammer" heißt. Von Ulmers Bergbauernfrage (Schlern-Schriften 50. Bd.), Innsbruck 1942, wurde nur diese 1. Auflage, nicht mehr die 2. neubearbeitete Auflage von 1958 benützt, die Wopfner bei einer Neubearbeitung dieses Hauptstückes herangezogen hätte. Sie wurde erst vom Bearbeiter eingesetzt. N. Grass.

des westlichen Nordtirol und Vorarlbergs 1722 landwirtschaftliche Betriebe[3] aufgelassen wurden; das sind nicht weniger als 32,2 % aller in diesen Gemeinden noch heute bestehenden landwirtschaftlichen Betriebe. Die stärkste Einbuße erlitt das Bergdorf Fendels im Oberinntal mit 42,8 % seiner Betriebe.[4] Diese Abzehrung des Bergbauerntums tritt freilich nicht bloß in Tirol auf, sondern ebenso, ja noch ärger beim Bergbauerntum der Schweiz und der östlichen Alpenländer Österreichs. Wie stark der Rückgang auch in anderen Bergländern um sich greift, dafür nur ein Beispiel: In der Obersteiermark hat sich allein im mittleren Ennstal die Zahl der Bauernhöfe in der Zeit von 1860 bis 1920 von 1257 auf 958, also annähernd um ein Viertel vermindert.

Verödung und Umwandlung in Zugüter. Gewiß waren schon in älterer Zeit Kräfte am Werk, die zur Umwandlung von selbständigen Bauernwirtschaften in Zugüter führten. Von öd liegenden Gütern wird bereits in den ältesten Urkunden gesprochen. Beschwerden, wie sie zu Beginn des 14. Jahrhunderts von Bauern des Inntals vorgebracht wurden, erwähnen Verödungen größeren Ausmaßes. In einer Beschwerde aus dem Gericht Thaur aus dem Jahre 1312 wird behauptet: Wo ehedem 30 Feuerstätten (Haushalte) waren, da sind kaum noch zehn oder sechs. Die Leute von Grins im Stanzertal führten im selben Jahr Klage, daß 24 Wirtsleute (Inhaber selbständiger Bauerngüter) wegen unleugbarer Armut aus dem Lande gezogen seien. Nach Aussagen der Bauern wären übermäßiger Steuerdruck sowie Gewalttaten von Grund- und Gerichtsherren die Ursache gewesen, daß eine Reihe von Gütern von ihren Bauleuten verlassen wurden.

Die Tiroler Landesordnung von 1404 (Punkt 17) läßt erkennen, daß zur Zeit ihrer Entstehung eine größere Anzahl von Bauern über Zugüter verfügte. Der Baumann des Hofes Altweg (Villanders) besaß im 15. Jahrhundert außer diesem Hofe noch den Hof Niederkreuz in der Malgrei (Gemeindeteil) St. Gertrud als Zugut. Letzteres war ihm 1462 vom Brixner Domkapitel als dem Grundherrn verliehen worden „also, das der bemelt Hoff Altweg desbas [desto besser] mit Hew versorget sey". Nach ihrem Zweck, nämlich der Versorgung des Hauptgutes mit Gras oder Heu, werden solche Zugüter „Gras- oder Heuhöfe" genannt. Aus einigen Schwaighöfen im Zillertal, die um 1400 ständig bewohnte Bauerngüter waren, sind zu Beginn des 17. Jahrhunderts Zugüter in der Form von Voralmen (Asten) oder Almen geworden.[5] Marx Sittich von Wolkenstein berichtet um 1600, daß in den Bergsiedlungen von Oberfennberg und Graun (beide Ortschaften gehören zur

[3] Zu den landwirtschaftlichen Betrieben werden nicht nur die bäuerlichen gezählt, die einer Familie den Unterhalt zu liefern vermögen, sondern auch Zwergbetriebe, die „allein an Acker und Wiese eine Mindestfläche von wenigstens 0,2 Hektar besitzen" (Ulmer, a. a. O., S. 37).

[4] In den Tabellen der beiden Ulmerschen Arbeiten („Höhenflucht", „Bergbauernfrage") finden sich ausführliche Angaben über Verödung und Entvölkerung. In meiner Arbeit über Villgraten (Z. D. ÖAV, Jg. 1932, S. 276–277) sind die verödeten Betriebe dieses Hochtales auf der Karte des Tales eingezeichnet.

[5] Beispiele bei Stolz, Geschichtskunde des Zillertales, S. 30 ff.

Gemeinde Kurtatsch im Bozner Unterland) die meisten Höfe Zugüter der Bauern von Kurtatsch und Margreid seien.[6] Im Tal Vals waren zu Anfang des 19. Jahrhunderts die meisten Höfe Zugüter, und zwar im Besitz von Bauern aus der Gegend um Brixen, einige Valser Güter sind es noch heute. Der Bauer hat auf seinem Valser Zugut einen Bestandsmann; diesem werden Bergwiesen sowie Heimwiesen und Ackerland überlassen, sodaß er einiges Vieh, darunter 2–3 Stück Großvieh, halten kann; dafür muß er dem bäuerlichen Eigentümer bei der Arbeit auf den Wiesen und Äckern des Zugutes helfen, die sich dieser zum größten Teil vorbehalten hat und deren Ertrag ins Tal hinab zum Hauptgut geschafft wird. In ähnlicher Weise mögen wohl auch in älterer Zeit die Zugüter genutzt worden sein. Hauptzweck der Zugüter war immer und ist es heute noch, eine größere Menge an Viehfutter zu gewinnen und so zu einer stärkeren Viehhaltung zu gelangen, als sie auf dem Hauptgut möglich war. Bei vielen dieser Zugüter handelt es sich zweifelsohne um ehemals selbständige bäuerliche Betriebe.

An der Wende vom 15. zum 16. Jahrhundert hatte diese Umwandlung selbständiger Betriebe in Zugüter bereits eine für die Erhaltung des Bauernstandes gefährliche Ausdehnung angenommen, sodaß sich die Landesgesetzgebung veranlaßt sah, dagegen Stellung zu nehmen. In der tirolischen Landesordnung von 1532 verfügt der Landesfürst als Gesetzgeber: „Nachdem in disem unserm Land … vil Güter, in sunders in Gebirgen und Thälern [Hochtälern] ligen (darauf sich vil Personen wol neren und underhalten mügen), durch die vermüglichen Personen und Underthanen erkauft, außgeödet und zu Zugütern gebraucht werden und derhalben unbesetzt beleiben, daraus Uns als regierenden Herren und Landesfürsten an Unser fürstlichen Oberkait, dergleichen den Gerichtsherren an irer Ehehafft [an ihren Rechten] Mangel erscheint, darzu die Manschaft gemyndert wirdt, das Uns kains Wegs verrer zu gestatten leydenlich sein will: Demnach setzen und ordnen Wir, daß nyemand gestattet werden soll, die Gütter in disem Lannd obgeschribner Massen außzuöden oder zu Zugüttern zu machen noch zu gebrauchen, sunder söllen die Gerichtsoberkaiten allenthalben fleissig Aufsehen haben und mit Ernst darob halten, dass dieselben Güter besetzt und mit Innwonern versehen und inen von den Gruntherren darinn Hilf und Beystant und kain Verhinderung (bey schwärer Unser Straff) bewisen werde“ (V. Buch, 2. Titel, Bl. 55). Das Gesetz war in gemeinsamer Arbeit von Regierung und Volk entstanden. Im Landtag waren die Bauern gleich den übrigen Ständen vertreten. Das Gesetz zeigt eine in jener Zeit nicht gewöhnliche Einsicht und eine erfreuliche Erkenntnis von der Bedeutung des Bauernstandes; in einem Land, das bereits damals die allgemeine Wehrpflicht kannte, sah man in der Verödung von Bauerngütern mit Recht eine Minderung der Wehrhaftigkeit von Land und Volk; ließ doch die Abnahme der selbständigen Güter zumeist auch eine verringerte Volkszahl befürchten.

Die Ursache für die Umwandlung bisher selbständiger Bauerngüter in Zugüter

---

[6] Wolkenstein, Landesbeschreibung (754), S. 201 f.

war zur Zeit der Landesordnung das Streben der Käufer nach stärkerer Viehhaltung. Dieses Streben war aus gesteigerter Einträglichkeit der Viehzucht, also aus einer günstigen „Konjunktur" erwachsen. Gewöhnung an starken Fleischgenuß hatte zu großem Fleischverbrauch und dementsprechend zu günstigen Bedingungen für den Viehabsatz geführt. Über den großen Fleischverbrauch jener Zeit soll noch im IX. Hauptstück berichtet werden.

Zwecks gesteigerter Viehhaltung wurden zu Ausgang des Mittelalters nicht bloß von einzelnen „vermögenden" Personen Bergbauerngüter gekauft und zu Zugütern gemacht, sondern auch Gemeinden erwarben hochgelegene Höfe, um sie in Almen umzuwandeln. So kaufte die Gemeinde Schlanders im Jahre 1442 mehrere Höfe im Schlandrauntal, die Gemeinde Imst 1448 den Hof Maldon am Hahntennjoch; die Höfe wurden zu Gemeindealmen.

In österreichischen und deutschen Ländern hat zu Ausgang des Mittelalters – anders als in Tirol – ein Preisverfall für landwirtschaftliche Erzeugnisse, also eine Agrarkrise, zur Verödung vieler Bauerngüter und zur Entvölkerung geführt. Die Lage des Tiroler Bauern war zu dieser Zeit eine verhältnismäßig günstige. Noch zur Zeit des Bauernkrieges von 1525 erschienen in der Volkserinnerung die Regierungsjahre Herzog Sigmunds (1446–1490) als Zeit, in der es dem Tiroler Bauern wirtschaftlich gut ging. Von einer Minderung der Volkszahl ist in Tirol nichts zu bemerken; die zahlreichen Güterteilungen sprechen für Übervölkerung, aber sicherlich nicht für Entvölkerung. Zur Zeit, da sich die Tiroler Landesordnung gegen die Umwandlung von Bauerngütern in Zugüter wandte, mag wohl eine stattliche Zahl von Bauerngütern verödet sein, aber andererseits führten die zahlreichen Güterteilungen und wohl auch noch Neurodungen zur Entstehung neuer Güter in einer Anzahl, welche die durch Verödung entstandene Minderung der selbständigen Betriebe mehr als aufwog.

Soweit Entsiedlungen oder Verödungen schon in älterer Zeit auftraten, bieten zuweilen die Ortsnamen Hinweise auf eine einstige Dauersiedlung. Am Eingang des Hochtals Fallerschein (Seitental des Namloser Tales in den Lechtaler Alpen) führt eine waldumschlossene Wiese den Namen „in den Höf" (bei den Höfen). Hier sollen nach Angabe Ortskundiger vor Zeiten sechs Häuser gestanden haben, Spuren einstiger Dauersiedlung sind im Gelände erhalten.[7] Im Ventertal (Ötztal) findet sich in einer Höhe von 1950 Metern eine alte Hofgemarkung, die den Namen „beim Häuslan" führt.

Die bäuerliche Bevölkerung, die über ein gutes Beobachtungsvermögen für Erscheinungen in ihrer Heimat verfügt, hat auch Hinweise auf einstige, heute verödete Dauersiedlungen da und dort gesammelt und versucht, das Beobachtete zu erklären. So sind – oft auch im Zusammenhang mit alten Überlieferungen – Sagen über alte, heute verschwundene Siedlungen entstanden. Als Ursache der Verödung nennen die Sagen mit Vorliebe Katastrophen wie Bergsturz, Muren, Überflutung

---

[7] Vgl. Außerferner Buch (Schlern-Schriften 111. Bd.), Innsbruck 1955, S. 229.

oder Aussterben der Ansiedler durch Krieg oder Pest. In Kaisers, einer Ortschaft im Lechtal, wurde mir erzählt, daß in dem in der Nähe abzweigenden Almejurtal vor Zeiten ein Dorf gestanden sei, das vom Geröll überschüttet wurde; ein Hirte werde einst mit seinen Knospen (Holzschuhen) das Turmkreuz der Dorfkirche aus dem Boden treten. In Holzbruck bei Schlanders erzählten mir Einheimische folgendes: Von Holzbruck bis Laas dehnte sich vor Zeiten ein Ort aus, genannt Langdorf, die Etsch floß damals auf der anderen Talseite, die Gadriamure verschüttete aber Langdorf und drängte die Etsch gegen den Fuß des südseitigen Hanges, wo sie heute noch fließt. Erst nach der Verschüttung der alten Siedlung entstand das heutige Schlanders, das in der Tat auf einem gewaltigen Schuttkegel gelegen ist.

Besonders häufig bringt die Volksüberlieferung das Entstehen von Verödungen oder Wüstungen mit der Pest in Zusammenhang. In der Tat haben die großen Seuchen, wie sie in größtem Ausmaß besonders um die Mitte des 14. Jahrhunderts und in den Jahren zwischen 1634 und 1637 auftraten, nicht bloß die Volkszahl gewaltig gemindert, sondern auch zum Ödwerden vieler Güter geführt; darüber wurde bereits bei der Darstellung der Bevölkerungsgeschichte gesprochen (1. Bd., 2. Hauptstück, S. 234 f.). Die Erinnerungen an die Pestzeiten sind im Volk lebendig geblieben, wobei dann allerdings in der Volksüberlieferung die Ereignisse der verschiedenen Pestjahre wie ein einziges, einmaliges Geschehen behandelt wurden. Gewiß sind durch das Wüten der Pest ganze Familien ausgestorben und viele Höfe verödet. Die meisten Höfe sind aber, als die Volkszahl wieder anwuchs, wieder besetzt worden. Manche Höfe in besonders ungünstiger Lage mögen allerdings nach dem Aussterben der Besitzerfamilie für immer verödet sein.

In unseren Hochtälern sprechen viele Sagen und Volksüberlieferungen vom dauernden Untergang von Ortschaften durch Elementarereignisse wie Bergsturz, Vermurung, Hochwasser, Lawinen. Gewiß haben Katastrophen wie Krieg, Seuchen, Elementarereignisse da und dort zu dauerndem Aufgeben von Siedlungen geführt, im allgemeinen läßt sich beobachten, daß die Volksüberlieferung in ihren Erklärungsversuchen hier wie in anderen Fällen das Auffallende, Gewaltsame, Eindrucksvolle einseitig bevorzugt und zu Übertreibungen neigt.

Tatsächlich haben Katastrophen in viel geringerem Maß als gemeinhin angenommen wird das völlige Verschwinden von Siedlungen bewirkt. Gewiß sind zu Kriegszeiten viele Wohnstätten zerstört worden, zweifelsohne haben Elementarereignisse Siedlungen vernichtet, aber alle diese Ereignisse bewirkten meist nur eine v o r ü b e r g e h e n d e Verödung. Selbst Elementarereignisse vermögen die Anhänglichkeit des Menschen an die Stätte seiner Heimat nicht leicht zu überwinden; trotz aller Bedrohung erstehen zerstörte Siedlungen immer wieder von neuem an der gleichen Stelle. So konnten die Bewohner von Matrei in Osttirol, das wiederholt durch den gefährlichen Bretterwandbach die schwersten Zerstörungen erlitten hatte, auch nach einer großen Brandkatastrophe nicht bewogen werden, ihre Häuser an anderer, gesicherter Stelle wieder aufzubauen. Die stärkste Bedrohung durch Lawinengefahr vermag die Anhänglichkeit an das Heimatgut nicht zu überwinden; das Haus, das durch die Lawine zerstört wurde, wird wieder aufgebaut, vielleicht auf einem gesicherteren Platz innerhalb der Hofflur, oder man versucht, das Haus durch einen schanzenförmigen Schutzbau gegen den Angriff der „Lahnen“ zu sichern.

In einzelnen Fällen haben allerdings Zerstörungen durch Lawinen den endgültigen Untergang einer Siedlung herbeigeführt. 1817 zerstörte eine Lawine die drei Gleirschhöfe, die sich im inneren Sellrain in einer Höhenlage zwischen 1600 und 1700 Metern ausbreiteten. Mehrere der Bewohner wurden von der Lawine erdrückt. Zwei der zerstörten Höfe wurden in der unmittelbar folgenden Zeit von Bauern im tiefer gelegenen Sellrain erworben und als Zugüter verwendet. Der dritte Hof behauptete sich noch als selbständiger bäuerlicher Betrieb durch mehr als 100 Jahre hindurch, 1927 wurde auch er zum Zugut. Im innersten Teil des Hochtales Pfelders (Passeier) bestanden in einer Seehöhe um 1700 m bereits 1285 zwei Schwaighöfe zu Lazins; im Jahre 1885 führte ein Bergsturz die Verödung dieser Siedlung herbei; ihr Gelände gehört heute zur Alm Lazins.

Weit mehr als durch Katastrophen ist die Entsiedlung durch allmählich wirkende Ursachen wirtschaftlicher und sozialer Natur bedingt worden. Es soll nun versucht werden, einige dieser Ursachen mit besonderer Berücksichtigung unserer Alpenländer darzulegen.

2. Natürliche und wirtschaftliche Grenzen der Siedlung

Siedlung in extremer Höhenlage. Manche Niederlassungen haben schon bei ihrer Entstehung den Todeskeim in sich getragen, indem ein Gelände besiedelt wurde, das sich für eine bäuerliche Dauersiedlung und damit verbundene intensivere Wirtschaftsformen nicht eignete. Mangel an anderweitigen Erwerbsmöglichkeiten außerhalb der Landwirtschaft und extensiver, also große Flächen benötigender Betrieb erzeugten im Mittelalter einen starken Landhunger, zu dessen Befriedigung ausgedehnte Rodungen vorgenommen wurden. Dabei fehlte es aber oft genug an Kenntnis der Bodenbeschaffenheit und Einsicht in die Vorbedingungen dauernder Benützung des Bodens für eine intensivere Wirtschaft. Infolgedessen sind bäuerliche Siedlungen auch an solchen Örtlichkeiten angelegt worden, an welchen bäuerliche Wirtschaft auf die Dauer unmöglich war oder nur unter unverhältnismäßigen Kosten aufrechterhalten werden konnte. Bei der Waldrodung kam in Betracht, daß die von den Bäumen abfallenden und am Boden verfaulenden Nadeln und Blätter einen seiner chemischen Zusammensetzung nach stickstoffarmen Boden so weit zu bereichern vermochten, daß dieser nach durchgeführter Rodung über Jahre landwirtschaftlich verwendet werden konnte. Da aber die durch die landwirtschaftliche Verwertung des Bodens aufgezehrten Stickstoffvorräte nicht mehr auf natürlichem Wege ersetzt wurden und der künstliche Ersatz durch eine entsprechende Düngung gar nicht oder nur mangelhaft besorgt wurde, mußte der Boden nach einer bestimmten Zeitdauer ausgesogen sein. In vielen Fällen führte dies zum Untergang der Siedlung oder zumindest zur Aufhebung ihrer dauernden, d. h.

ganzjährigen Besiedlung, denn das zugehörige Land war höchstens noch als schlechtere Wiese oder nur als Weide verwendbar, wenn es nicht gar neuerlicher Bewaldung anheimfiel. Auf solche Wiedereroberung von gerodetem Land durch den Wald weisen gelegentlich die Ortsnamen hin. So führt eine Örtlichkeit am St. Leonhardsberg bei Brixen den Namen Hochackernberg und Ackerboden, obwohl sich hier schon lange kein Acker mehr befindet, sondern nur Wald.

ELEMENTAREREIGNISSE. In anderen Fällen hat der Landhunger vergangener Zeiten die Siedler auf Plätze getrieben, wo Lawinen, Murbrüche oder Hochwasser unwiderstehlich gegen eine dauernde Niederlassung des Menschen ankämpften. In manchen Fällen mögen diese Gefahren schon zur Zeit der Gründung der Siedlung bestanden haben und von den ersten Siedlern verkannt worden sein, in anderen Fällen sind die feindlichen Kräfte erst später wirksam geworden, nachdem ihnen der Mensch durch Waldzerstörung den Zugang zu seiner Niederlassung eröffnet hatte oder – unabhängig vom Menschen – eine Änderung der ursprünglichen Bedingungen erfolgt war. In vielen hochgelegenen Siedlungen, die von Anfang an nur mehr durch einen dünnen Waldgürtel vom waldlosen Hochgebirge getrennt waren, hat die Deckung des Bedarfes an Bau- und Brennholz zur Lichtung und damit zur Schwächung der Waldkrone des ohnehin schon schmalen Waldstreifens oberhalb der Siedlung geführt und dem Durchbrechen der Lawinen vorgearbeitet. So ist im inneren Pitztal und Kaunertal, wo bereits ein Teil der Höfe im Winter nicht mehr bewohnt wird, die Lawinengefahr durch Ausholzung der schützenden Wälder sehr vermehrt worden. Ähnliches ist in Pfelders (Passeier) der Fall. Die Walser, welche im 13. und 14. Jahrhundert auch in den Ostalpen verschiedene Hochtäler, so in Vorarlberg, im inneren Großen Walsertal, im Kleinen Walsertal, in Damüls, im obersten Lechtal sowie im innersten tirolischen Paznaun, die bisher als Almen gedient hatten, besiedelten, haben im Interesse ihres Wirtschaftsbetriebes, der einseitig auf Viehzucht eingestellt war, viel Wald in baumlose Grasflächen, in Wiesen und Almweiden verwandelt und damit selbst dazu beigetragen, ihre Siedlungen des Waldschutzes zu berauben und die Lawinengefahr zu vermehren. Die Walsersiedlungen zu Oberdamüls und zu Galtür (1. Bd., Abb. 19) liegen tief unter der klimatischen Grenze geschlossenen Waldwuchses, gleichwohl ist oberhalb der Wohnstätten kein geschlossener Waldbestand mehr. In Oberdamüls, und zwar in dem oberhalb der Kirche gelegenen innersten Tal, waren einst mehr als zwanzig Häuser während des ganzen Jahres bewohnt, heute ist dies nur noch bei etwa neun Häusern der Fall. Hochkrumbach, nahe der tirolisch-vorarlbergischen Grenze auf Vorarlberger Boden gelegen, war bis 1856 eine Kuratie und bis 1886 eine selbständige politische Gemeinde; im Jahre 1775 hatte der Ort rund 70 Einwohner gezählt. Heute ist nur noch der Gasthof wegen des Fremdenverkehrs und des winterlichen Sportbetriebes ganzjährig bewohnt und bewirtschaftet, alle Bauerngüter aber wurden zu Zugütern. Hochkrumbach liegt heute „ob Holz".

Die Waldzerstörung hat den kalten Winden den Zugang erleichtert und damit auch zur Verschlechterung des Klimas geführt; die bäuerliche Überlieferung in vielen unserer Hochtäler weiß von solcher Verschlechterung des Klimas zu erzählen. Nahe der klimatischen Höhengrenze des Waldes – in der Kampfzone zwischen Wald und waldfeindlichen Naturkräften – vermochte der einmal zerstörte Wald nicht mehr oder nur unter großen Schwierigkeiten wieder aufzukommen.

Die Zufuhr von Holz aus Wäldern unterhalb der Siedlung ist mit großer Arbeit und – bei mangelnden Arbeitskräften und hohem Preis derselben – mit allzu großen Kosten verbunden. Diese Schwierigkeit der Holzbeschaffung – die besonders vor der Motorisierung der landwirtschaftlichen Betriebe stark ins Gewicht fiel – trug nicht wenig dazu bei, die Standfestigkeit der Berghöfe an der oberen Siedlungsgrenze zu gefährden.

GÜTERTEILUNGEN. Die übermäßige Güterteilung schuf kleinbäuerliche Betriebe, die wegen ihrer geringen Leistungsfähigkeit in Not oder Krisenzeiten weniger lebensfähig waren. So wurden in der zweiten Hälfte des 18. Jahrhunderts im Zillertal, einem Gebiet starker Güterteilung, die Güter kleiner Bauern von Großbauern aufgekauft und als Zugüter bewirtschaftet.[8] In einer amtlichen Beurteilung dieses Vorganges wird der Untergang dieser kleinbäuerlichen Wirtschaften mit der damals herrschenden Teuerung in Zusammenhang gebracht. Die Kleinbauern, heißt es, könnten ihren Bedarf an lebensnotwendigen Dingen nur zum Teil in ihrer eigenen Wirtschaft erzeugen, den fehlenden Teil müßten sie kaufen, und zwar zufolge der herrschenden Teuerung zu hohem Preis. Die Großbauern hingegen seien in weitem Ausmaß Selbstversorger; die Teuerung vermöge sie daher nicht nur nicht zu schädigen, sondern bringe ihnen Vorteil; könnten sie doch unter diesen Umständen den Überschuß ihrer Wirtschaft um hohen Preis an den Mann bringen. Ihr wirtschaftlicher Wohlstand versetze sie in die Lage, die Notlage der Kleinbauern auszunützen, deren Güter aufzukaufen und diese in Zugüter umzuwandeln. Was hier über Vorkommnisse im Zillertal berichtet wurde, traf sicherlich auch für andere Teile Tirols und für andere Alpenländer zu. Die Verödungen nahmen solche Ausdehnung an, daß die Regierung Salzburgs, der damals auch Teile des heute zu Tirol gehörigen Zillertales unterstanden, die Schaffung von „Zulehen“ (Zugütern) in einer Verordnung vom 2. Jänner 1782 kurzweg verbot.

Gewiß ist schon in älterer Zeit aus verschiedenen Ursachen so mancher Hof verödet und zu einem Zugut geworden; es waren aber doch die Kräfte, welche auf eine Vermehrung der bäuerlichen Betriebe hinwirkten, stärker als die zerstörenden Kräfte, welche zur Auflassung von selbständigen Anwesen führten. Bis zum Beginn des 19. Jahrhunderts darf man – wenigstens für Tirol – eine im Wesen ständige Vermehrung der Betriebe annehmen. Erst in der zweiten Hälfte des 19. Jahrhunderts setzte ein wirkliches Siechtum der Bergbauernsiedlungen ein, das sich besonders seit den zwanziger Jahren dieses Jahrhunderts ausbreitete.

---

[8] Vgl. Stolz, Geschichtskunde des Zillertales (Schlern-Schriften 63. Bd.), Innsbruck 1949.

RÜCKGANG DER BETRIEBE IM LAUFE DES 19. JAHRHUNDERTS. Bei einer großen Zahl der bäuerlichen Betriebe, welche erst in jüngerer Zeit (seit Ausgang des 18. Jahrhunderts) ihre Selbständigkeit verloren, liegen die Ursachen für ihre mangelhafte Widerstandskraft in weit zurückliegender Zeit. Eine dieser Ursachen ist in der soeben erwähnten Übertreibung der Güterteilung zu suchen. Viele Kleingüter konnten ihren Inhabern nicht den vollständigen Lebensunterhalt gewähren; ihre Besitzer waren auf zusätzlichen Verdienst angewiesen. Wie sie sich diesen durch Hausgewerbe, Wanderhandel und gewerbliche Arbeit außer Landes beschafften, wurde bereits erzählt. Das Hausgewerbe wurde durch den Wettbewerb der Fabriken zerstört, die allgemeine Arbeitslosigkeit nach dem ersten Weltkrieg machte dem Wanderhandel und anderem Verdienst im Ausland ein Ende.

Auf zahlreichen kleinen Gütern hatte in älterer Zeit bei einer höchst dürftigen Lebensführung eine bäuerliche Familie leben können; in neuerer Zeit wollte aber begreiflicherweise auch der Bauer nicht mehr Habermus (Haferbrei) und Haberbrot essen, wenn er sah, wie die übrigen Stände üppiger zu leben begannen. Für höhere Ansprüche reichte aber der Ertrag des Gutes nicht mehr aus.

In jenen Landschaften, in welchen die Güterteilung besonders weit gegangen war, ist die Zahl der aufgelassenen Betriebe eine besonders hohe. In der Zeit von 1860 bis zur Jahrhundertwende ist ein Viertel aller bäuerlichen Kleinbetriebe Westtirols zugrunde gegangen. Die Untersuchungen, welche meine Schülerin G. Jandorek in Pfafflar und Namlos (286) durchführte, bieten anschauliche Beispiele hierfür.

Urhof	Zahl der bäuerlichen Betriebe		
	im Jahre 1775	im Jahre 1856	im Jahre 1942
Eggerhof	19	15	7
Windegg	7	7	3
Ackerhof	8	14	3
Ascherhof	11	13	2
Gröbenhof	8	7	–[a]
Namlos	29	27	16

[a] Die zum Gröbenhof gehörigen Güter wurden nach 1856 von Bauern aus Elmen im Lechtal aufgekauft und als Zugüter bewirtschaftet.

Die obenstehende Tabelle nennt mehrere Urhöfe, welche in der Zeit vom 15. bis zum Ende des 18. Jahrhunderts stark zersplittert wurden. Seit der Mitte des vorigen Jahrhunderts trat dann eine starke Zusammenlegung von Kleingütern und demzufolge eine starke Minderung der Zahl der bäuerlichen Betriebe ein.

Dort, wo die Güterteilung mit Hausteilung verbunden war, versuchte in den letzten Jahrzehnten häufig einer der Teilbesitzer, die übrigen Hausteile und mit ihnen auch die zugehörigen Güter zu erwerben. Das war beispielsweise im Hochtal

Schmirn der Fall und hat hier zu einer starken Minderung der Zahl der selbständigen Güter geführt. Ulmer (707, S. 113) zeigt, daß in 37 von ihm untersuchten Berggemeinden Westtirols im Jahre 1857 1357 realgeteilte Häuser vorhanden waren, von denen bis 1940 459, also 34 % aufgehört haben, Sitz einer selbständigen bäuerlichen Wirtschaft zu sein.

In den 65 Orten Westtirols und Vorarlbergs, die Ulmer nach aufgelassenen Betrieben durchforschte, konnte er 1722 solcher Betriebe feststellen. Dabei zeigte sich, daß überwiegend Klein- und Zwergbetriebe mit einem Besitz an Garten-, Acker- und Wiesenfläche von 0,2 bis 3 Hektar in der Zeit von 1857 bis 1940 ihre Selbständigkeit verloren. Bis zu einer durchschnittlichen Betriebsgröße von noch 1,5 ha steigt die Zahl der Betriebsauflassungen stark an. Für noch kleinere Betriebe gilt der Satz aber nicht, daß die Absterbenswahrscheinlichkeit mit der Betriebskleinheit zunimmt. Solche Betriebe, die selbst nur als Zusatzerwerb zu einem überwiegend gewerblichen Familieneinkommen dienen, vermögen sich leichter zu behaupten (vgl. Ulmer 707, S. 121 ff.).

Gelegentlich war es die Verminderung der Heimweide, welche Betriebsauflassungen zur Folge hatte. Wie schon im V. Hauptstück dargetan wurde, sind zumal in der zweiten Hälfte des 19. Jahrhunderts namhafte Teile der bisher der Heimweide dienenden Weidefläche zwecks Umwandlung in Wiesen und Äcker unter die Gemeindegenossen aufgeteilt worden. Der bisher in der Weidewirtschaft nur extensiv genützte Boden konnte nicht ohne bedeutenden Aufwand an Arbeit und Kapital in Acker- und Wiesenland umgewandelt werden. Ein Teil der bisherigen Nutzungsberechtigten vermochte aber die Meliorationsarbeiten aus Mangel an Kapital, Arbeitskraft oder nötiger Einsicht nicht durchzuführen; das zugewiesene Grundstück wurde verkauft, das empfangene Geld verbraucht. So kam es, daß kapitalkräftige und umsichtige Landwirte die Gemeinschaftsteile der Ärmeren und weniger Rührsamen an sich brachten. Eine Reihe kleinerer bäuerlicher Wirtschaften, mit denen vor der Aufteilung der „Gemain" ein unveräußerliches Weiderecht verbunden war, verlor auf diese Weise die wichtige Weidenutzung, ohne sich einen Ersatz für diese zu beschaffen. Ein Teil dieser Betriebe vermochte in der Folge seine Selbständigkeit nicht mehr zu behaupten und diente zur Vergrößerung anderer Betriebe.

Zuweilen waren es Streitigkeiten zwischen der Gemeinde, auf deren Boden eine neue Siedlung entstanden war, und den Ansiedlern, welche dazu beitrugen, die Standfestigkeit der Siedlung zu untergraben. Von solchen Streitigkeiten zwischen der Großgemeinde Stanzertal und der Siedlung von Kaisers, die auf einer der Großgemeinde gehörigen Alm im Tal Kaisers jenseits des Kammes der Lechtaler Alpen entstanden war, ist bereits oben (im 1. Bd., S. 68 f.) berichtet worden. Zu ähnlichen Streitigkeiten kam es auch zwischen der Siedlung Madau und der Gemeinde Zams (bei Landeck). Madau liegt jenseits des Kammes der Lechtaler Alpen im Tal Madau auf alten Almweiden von Zams und ist mit seiner Muttergemeinde durch einen beschwerlichen Almweg über die 2599 m hohe Seescharte verbunden. Madau wies

16. Köfels, Ötztal (1931)

17. Perfl, Außer-Villgraten, Zugut seit Anfang des 20. Jahrhunderts (1928)

18. Getreidesetzen auf steilen Feldern bei Gries am Sellrain

19. Seilpflug, Winklerberg, Außer-Villgraten

20. Heufuhre, Layen, Eisacktal (1924)

21. Graun, Vinschgau (1923)

22. Graun (1923)

23. Reschensee (1923)

um 1630 11 bäuerliche Besitzer auf. Die Madauer in ihrem abgelegenen Almtal scheinen sich wenig um die Rechte, welche der Gemeinde Zams im Tal Madau verblieben waren, gekümmert zu haben. So gab es 1653 und 1666 Streitigkeiten zwischen Madau und Zams wegen des Weiderechtes im Tal Madau. Vor dem Gericht Landeck wurde 1630 gegen die Nachbarschaft Madau wegen Errichtung neuer Häuser und Feuerstätten Klage geführt. Das Gericht ordnete den Abbruch der Gebäude an. Die Madauer scheinen sich aber um den Auftrag des Gerichtes nicht gekümmert zu haben. So kam es, daß schon im 17. Jahrhundert wegen dieser Streitigkeiten die Gemeinde Zams die Madauer gern vertrieben oder sonst weggebracht hätte. Diese Streitigkeiten mit der Gemeinde waren nun sicherlich nicht die einzige Ursache, welche zur Verödung von Madau führte; sie trugen aber dazu bei, den Madauern den Aufenthalt in ihrer rauhen, abgelegenen Heimat zu verleiden. Zu Beginn des 19. Jahrhunderts verließen die letzten Bewohner Madau, die Höfe wurden zu Zugütern.

LANDFLUCHT. Die Mehrzahl der Kräfte, welche auf die Zerstörung der bergbäuerlichen Betriebe hinarbeiten, gehen zwar in ihrer Entstehung auf ältere Zeit zurück, werden aber erst in der zweiten Hälfte des 19. Jahrhunderts vollauf wirksam. In letzterer Zeit tritt auch in Tirol die Landflucht stärker hervor. Wir verstehen darunter – mit Hainisch – die Flucht aus der Landwirtschaft in andere Berufe, eine Flucht, die häufig, aber keineswegs immer, mit einem Abströmen der Landbevölkerung in die Stadt oder in andere Verkehrs- und Industriesiedlungen verbunden ist. Verkehr und Industrie, die einen gewaltigen Aufschwung genommen hatten, vermochten weit mehr Menschen zu beschäftigen als vorher. Die Arbeit in den Fabriken oder bei der Bahn erschien vielen jungen Leuten vom Land viel leichter als die bäuerliche; die Entlohnung war – dem Geldertrag nach – höher, die persönliche Stellung des Arbeiters war bei oberflächlicher Betrachtung unabhängiger als am Lande. Den Dienstboten am Lande, die im Bauernhaus lebten, war eine Eheschließung, solange das Dienstverhältnis bestand, zumeist unmöglich. Beim Übertritt in Verkehrsunternehmungen oder in die Industrie stand der Verehelichung kein ähnliches Hindernis entgegen.

Dazu kam noch folgendes: Viele Landbezirke waren in früheren Zeiten – wie das bereits erzählt wurde – übervölkert; weil so viele Leute am Land lebten, die selbst zu wenig oder gar keinen Grundbesitz hatten, waren die Arbeitskräfte billig, die Arbeit wurde oft schlecht entlohnt. Durch die Abwanderung aus den Landbezirken schwand nun freilich der Druck der Übervölkerung, aber mit dem Abzug so vieler Arbeitskräfte wurde die Arbeit am Lande teurer, die Löhne stiegen. Der Betrieb jener Zweige der Landwirtschaft, die mehr Arbeit erfordern, wurde dadurch verteuert und erschwert. Das war besonders beim Getreidebau der Fall, der denn auch ganz allgemein eine Einschränkung erfuhr. Diese wurde noch verstärkt durch das Sinken der Getreidepreise, wie es seit Anfang der 70er Jahre des vorigen Jahrhunderts eintrat. Früher hatten viele Bergbauern z. B. im Pustertal und im Vinschgau Korn verkauft. Beim Oberleitner in Terenten (westl. Pustertal, 1210 m Meereshöhe) sollen wegen des ausgedehnten Ackerbaues, wie mir glaubwürdig erzählt wurde, an die zwanzig Dienstboten gearbeitet haben; bei meinen Wanderungen in dieser Gegend sah ich noch einen jener großen gemauerten „Troadkaschten" (Getreidespeicher) neben dem Hofe, in welchem früher der reiche Getreidevorrat gelagert wurde. Um die Mitte des vorigen Jahrhunderts wurde viel Getreide aus dem Hof verkauft, heute wird in der Hauptsache wohl nur mehr Getreide für den Hausbedarf angebaut. So wie hier war es auch auf vielen anderen Höfen.[9] Der Ausbau der Verkehrswege ermöglichte es, das billige auswärtige Getreide in alle Täler hineinzuführen.

Unter diesen Umständen wandte sich die bergbäuerliche Wirtschaft vom Ackerbau ab und der Viehzucht und Molkereiwirtschaft zu; war ja doch der Getreidebau ohnehin an vielen Orten auch durch die Ungunst der Witterung erschwert. Ein bäuerlicher Betrieb, der sich einseitig auf Viehzucht einstellt, muß aber über mehr Land verfügen als ein Gut mit stärkerem Ackerbau, soll eine Familie ausreichend ernährt werden. Zahlreiche kleine Güter vermochten nach Einschränkung des Getreidebaues ihren Besitzern nicht mehr den Lebensunterhalt zu bieten; viele dieser Güter verloren in der Folge ihre Selbständigkeit und wurden in Zugüter umgewandelt; andere wurden durch Ankauf eines Zugutes vergrößert; ihre Inhaber stellten sich mehr als bisher auf Milchwirtschaft und Aufzucht von Vieh ein.

Abwanderung der Arbeitskräfte. Vor den Zeiten der gewaltigen Steigerung von Industrie und Verkehr, wie sie sich seit der Mitte des 19. Jahrhunderts vollzog, war die Möglichkeit, die Bauernarbeit aufzugeben und sich in Verkehr oder Industrie den Unterhalt zu erwerben, viel geringer. So hatten viele Arbeitskräfte auch unter verhältnismäßig ungünstigeren Bedingungen am landwirtschaftlichen Beruf festgehalten, viele Betriebe konnten auch in ungünstiger Lage und bei geringem Ertrag ihre Selbständigkeit wahren und fortbestehen. Nunmehr, nach Eröffnung zahlreicher Erwerbsmöglichkeiten in Verkehr und Industrie, kam den Leuten droben am Berg das Mißverhältnis zwischen Arbeit und Ertrag, wie es auf nicht wenigen Gütern bestand, eindringlicher zum Bewußtsein.

Namentlich die Entstehung von Anlagen des Verkehrs oder des Gewerbes in Landgemeinden oder ihrer Nachbarschaft vermochte unter diesen Umständen bei dem beweglicheren Teil der Bevölkerung, vor allem bei jenem Teil, der weder über Grundbesitz verfügte noch Aussicht hatte, in Zukunft solchen zu erwerben, die Landflucht erheblich zu fördern. Die Errichtung von Anlagen, die dem Verkehr oder der Industrie dienten, konnte aber auch unmittelbar zur Vernichtung bäuerlicher Betriebe führen, indem ganze Bauerngüter oder wesentliche Teile derselben für solche Anlagen aufgekauft wurden. Andererseits vermochte freilich auch die Entstehung solcher Anlagen die Standfestigkeit kleinerer landwirtschaftlicher Betriebe zu erhöhen; die auf ihnen tätigen bäuerlichen Menschen, denen die Beschäftigung in

[9] Ausführlicher handelt hiervon das VIII. Hauptstück.

der Landwirtschaft nicht einen ausreichenden Lebensunterhalt ermöglichte, vermochten nunmehr in der Fabrik oder im Verkehrsunternehmen einen zusätzlichen Lebensunterhalt zu erwerben und sich so auf ihrem kleinen landwirtschaftlichen Betrieb zu behaupten.

KLIMA. Ungünstiges Klima, wie es die hohe Lage einer Siedlung mit sich bringt, schwächt deren Widerstandskraft; so werden z. B. vier in einem Zillertaler Urbar von 1607 als bewohnte Höfe angeführte Güter am Fügenberg im 18. Jahrhundert „wegen des wintrigen groben Orts nur zu Asten gebraucht" (Stolz 668, S. 31). Auf das Klima einer Örtlichkeit nehmen aber außer der Höhenlage noch andere Umstände, so ihre geographische Breite, ihre Lage zu Wind und Sonne und die durchschnittliche Massenerhebung des umliegenden Gebirges Einfluß. Die absolute Höhe eines Ortes, ausgedrückt in Metern seiner Erhebung über dem Meeresspiegel, ist demnach nicht allein entscheidend für die größere oder geringere Standfestigkeit seiner Siedlungen. Mit der absoluten Höhe steigert sich nicht in gleichem Maß auch die Stärke des Siedlungsrückganges. In einer bestimmten Landschaft, etwa einem Tale, sind es allerdings zumeist – gewiß nicht ausnahmslos – die Höfe im obersten Grenzgürtel der Siedlung, die vor anderen von der Verödung betroffen werden. In verschiedenen Landschaften liegt aber dieser Grenzgürtel in sehr verschiedener Meereshöhe. Die Höhengrenze der Siedlung wird aber nicht nur vom Klima bestimmt, sondern ist noch von verschiedenen anderen Umständen wie Bodenbeschaffenheit, Bodenform und Verkehrslage abhängig.

Unter dem Druck von Landhunger und Übervölkerung ist die Siedlung gelegentlich in Gelände vorgedrungen, in welchem die landwirtschaftliche Arbeit aufgrund von Klima, Bodenform und Bodenbeschaffenheit mit den größten Schwierigkeiten verbunden ist, wo etwa Steilheit der Hänge und geringe Fruchtbarkeit des Bodens die Arbeit erschweren oder rauhes Wetter im Frühjahr den Anbau behindert und frühzeitig fallender Schnee im Spätsommer der Ernte schadet (vgl. unten das VII. und VIII. Hauptstück und die in vorliegendem Abschnitt, S. 428 ff. angeführten Beispiele). So erklärt es sich, daß zur Gewinnung derselben Menge an Heu oder Getreide droben am Berg (s. Abb. 18–20) oft doppelt so viel Arbeit erforderlich ist wie drunten am Land. Bei der Teuerung der Arbeitskraft fällt solcher Mehraufwand an Arbeit besonders ins Gewicht. Daher sind manche Berghöfe auch in besonderem Maß von der Verödung bedroht.

VERKEHRSBEDINGUNGEN. Weit mehr als die hohe Lage hat die Ungunst der Verkehrslage die Entsiedlung gefördert. Im VII. Hauptstücke soll über die mit den Verkehrsschwierigkeiten zusammenhängenden Erschwerungen des bergbäuerlichen Lebens eingehender berichtet werden. Es ist zwar in den letzten 80 bis 90 Jahren vieles zur Besserung des Verkehrs in unseren Hochtälern getan worden. Besonders in den letzten Jahrzehnten wurde der Güterwegbau sehr erfolgreich vorangetrieben. Aber auch heute noch ist es mit der Verbindung einzelner Berghöfe mit der Talstraße oft schlecht bestellt. Weit entfernt ist so mancher Berghof von Kirche und Schule,

Gemeindeamt und Post, von Gericht und politischer Behörde. Bei Unfall und Krankheit kann der Arzt oft nicht rechtzeitig erscheinen. Die Nachteile der Abschließung vom Verkehr werden heute viel mehr empfunden als in früheren Zeiten. Die Bedürfnisse auch der bergbäuerlichen Wirtschaft, ja der ganzen Lebenshaltung des Bergbauern, sind heute weit mannigfaltiger geworden und können nicht mehr in solchem Ausmaß wie seit alters durch Selbstversorgung befriedigt werden. Um den ausgedehnteren Bedarf zu decken, ist man auf den Verkehr angewiesen. Die Verkehrsschwierigkeiten wirken sich besonders aus, soweit es sich um die Zufuhr von Massengütern wie Korn, Salz, Kunstdünger und Baustoffe wie Kalk und Zement oder von Arbeitsgeräten schwereren Gewichtes oder größeren Umfangs handelt. Der Abtransport von Holz aus dem Hofwald ist erschwert, was umsomehr ins Gewicht fällt, als viele Berghöfe über größeren Waldbesitz verfügen und der Holzverkauf neben dem Verkauf von Vieh die wichtigste Einnahme an Geld darstellt.

Die Abgeschlossenheit der Berghöfe vom Verkehr war seit alters in nicht wenigen Landschaften geringer als heute. Das klingt zunächst unglaubwürdig, erklärt sich aber aus der Verkehrsverteilung älterer Zeit. Heute konzentriert sich der Großteil des Verkehrs auf einige wenige Bahnlinien und auf die Hauptstraßen größeren Autoverkehrs; die Verkehrsintensität auf diesen Linien überragt bei weitem jene auf den übrigen, örtlichen Verkehrslinien. Im Mittelalter und auch noch in den beiden ersten Jahrhunderten der Neuzeit war dieser Unterschied zwischen Linien des lokalen Verkehrs und Hauptstraßen bei weitem nicht so ausgeprägt wie heute. Der Fernverkehr benützte damals neben den heute noch gebrauchten Linien auch eine große Zahl von Tal- und Jochwegen, die heute nur mehr einem örtlichen Verkehr dienen oder überhaupt nicht mehr verwendet werden.

Die Gegensätze von Verkehrsreichtum und Verkehrsarmut zwischen den einzelnen Landschaften waren damals geringer als in späteren Zeiten. Es hängt dies mit Wandlungen der Verkehrstechnik zusammen. Bis zum Ende des Mittelalters gab es beispielsweise in Tirol nur wenige fahrbare Straßen; selbst der Weg über den Brenner ist erst unter Herzog Sigmund zu einer – im damaligen Sinn – gut fahrbaren Straße ausgebaut worden. Auf den meisten Wegen mußten wenigstens stellenweise die Lasten auf Saumtieren befördert werden (1. Bd., Abb. 86). Auch die fahrbaren Straßen waren von solcher Beschaffenheit, daß nur Lasten, die im Verhältnis zu heutigen Wagenlasten als geringfügig bezeichnet werden dürfen, bewegt werden konnten. Der Unterschied einer Wagenlast gegenüber einer Saumlast war im Mittelalter viel geringer als heute. Bei dieser Beschaffenheit der Verkehrswege und der Transporttechnik konnten auch hochgelegene Pässe und Jöcher mit den Hauptverkehrslinien in Wettbewerb treten, wenn durch ihre Benützung nur eine Verkürzung des Weges oder sonstige Vorteile – z. B. Umgehung einer Zollstation – erreicht wurden. So diente das Pfitscherjoch (2248 m) ostwärts vom Brenner dem Fernverkehr, ebenso auch das Hörndl-, Hundskehl- und Heiliggeistjöchl, alle drei in den Zillertaler Alpen in einer Höhe von mehr als 2500 m. Der Saumweg über den Jaufen (2130 m) wurde lange Zeit für den Fernverkehr neben dem Talweg Bozen – Sterzing verwendet; erst der Ausbau der Brennerstraße durch den Kuntersweg nördlich von Bozen gab der Brennerstraße das entscheidende Übergewicht gegenüber dem Jaufenweg.[10]

Der Verkehr verteilte sich, wie schon angedeutet, gleichmäßiger über das ganze Land als in späteren Zeiten, in denen der Ausbau einzelner Hauptverkehrswege den Verkehr einseitig auf diese lenkte.[11]

Rococo-Titelvignette eines Reisepaßformulars des Gerichtes Passeier mit Darstellung der damaligen Hauptbeschäftigungszweige des Passeiertales, der Viehzucht und der Saumfrächterei. Nach dem Orig.-Kupferstich im Ferdinandeum zu Innsbruck (FB. 9588 Lage 16) gezeichnet von Marie Grass-Cornet.

Zufolge dieser vorhin geschilderten Umstände war die Verkehrslage mancher Hochgebirgssiedlung früher verhältnismäßig günstiger als heute. Viele Siedlungen liegen in abgelegenen Talwinkeln am Fuß von Jöchern, über die heute nur mehr der Hirt mit dem Almvieh oder ein einsamer Wanderer zieht; in früheren Zeiten aber schritten die Saumtiere mit schweren Lasten am Hof vorüber. Der Verkehr, der manches Hochtal einst durchzog, mag zuweilen älter sein als die hier bestehende Siedlung, ja diese geradezu verursacht haben. So mögen die Siedlungen im Ratschingstal oder im Maulsertal (beide bei Sterzing) mitbedingt sein durch die uralten Verkehrswege über den Jaufen beziehungsweise über das Valser Joch. Der Verkehr auf diesen Wegen hatte den Berghöfen, die an ihnen lagen, manche Vorteile und Einnahmen gebracht. Mit dem Rückgang dieses alten, wenn auch – nach heutigen Begriffen – beschränkten Verkehrs kam den Bewohnern solcher Hochgebirgstäler erst ihre Abgeschiedenheit zum Bewußtsein, und dies umsomehr, je lebhafter der Verkehr in den von den Hauptstraßen durchzogenen Gebieten wurde. Diese

---

[10] Vgl. Otto Stolz, Verkehrsgeschichte des Jaufen, in: Schlern-Schriften 12. Bd. (1927), S. 129–175.

[11] H. Wopfner, Wandlungen des Verkehrsnetzes in den Ostalpenländern (Nr. 787).

Abschließung wurde umso schwerer empfunden, je mehr auch das bäuerliche Wirtschaftsleben in die Kreise der Verkehrswirtschaft einbezogen und die Selbstversorgung aufgegeben wurden.

Viele unserer Berghöfe sind ihrer Beschaffenheit nach sogenannte Grenzbetriebe, d. h. sie befinden sich jeweils an der Grenze der Betriebsfähigkeit. Sie vermögen sich nur in einigermaßen günstigen Jahren und bei einer Marktlage zu behaupten, welche den Absatz der Erzeugnisse zu verhältnismäßig günstigen Preisen ermöglicht. Krisenzeiten erschüttern sofort die Wirtschaftslage vieler Bergbauern; dauert die Krise längere Zeit an, so vermag ein Teil der Bergbauern sich nicht mehr auf seinem Hofe zu behaupten; sein Abzug vom Hof bedeutet aber in vielen Fällen dessen Umwandlung zum Zugut.

AUSSTERBEN VON BERGBAUERNFAMILIEN. Brand, Zwangsversteigerung, Aussterben der Besitzerfamilien gaben zuweilen den unmittelbaren Anlaß zur Verödung eines Bergbauernhofes. Öfters kommt es vor, namentlich im westlichen Tirol, daß nach dem Tode eines Besitzers dessen Kinder das Gut gemeinsam übernehmen und bewirtschaften. Will einer der Söhne heiraten, so machen die anderen Schwierigkeiten, falls der Heiratslustige auf dem Gut bleiben will: „Du wirst uns doch nicht ein fremdes Weib hereinbringen!" So bleiben schließlich alle ledig, die Geschwister sterben eines nach dem anderen; sind die letzten gestorben, dann geht das Gut an entfernte Erben über. Ist es schwer zu bearbeiten und von geringem Ertrag, so will sich der gutsfremde Eigentümer nicht mit ihm befassen; es wird veräußert und dann unter Umständen zum Zugut.

Bergbauerngüter sind von überaus mannigfaltiger Beschaffenheit, worauf bei ihrer Bewirtschaftung wohl Bedacht zu nehmen ist. Wirtschaftet eine Familie durch viele Jahre auf einem solchen Gut, so vermag sie einen Stock wertvoller Erfahrungen für eine Wirtschaftsführung zu sammeln, die dem Gut angepaßt ist. Stirbt diese Besitzerfamilie aus, so gerät ein fremder Erwerber, der die besonderen Anforderungen dieser Gutswirtschaft nicht kennt, leicht in große Schwierigkeiten. Da kommt es dann oft vor, daß sich niemand findet, der sich auf dem Gut zu dessen selbständiger Bewirtschaftung niederlassen will. So wird dann ein solcher Hof von einem Käufer erworben, der ihn zu einem Zugut macht.

Aus den tiefer gelegenen Siedlungen zieht nicht so leicht jemand auf einen Berghof hinauf. Wer nicht von Jugend an mit der schweren Arbeit auf Berghöfen vertraut ist, findet sich in späteren Jahren nur schwer damit ab. Besonders sind es die Frauen, welche die Berghöfe meiden oder von ihnen wegstreben. Der junge Besitzer eines Berghofes hat oft seine liebe Not, ein Weib zu finden, das geneigt ist, mit ihm Arbeit und Einsamkeit des Berghofes zu teilen. Mir wurde ein Fall bekannt, daß ein Bergbauer ohne Frau, ohne Magd und ohne Knecht ganz allein auf seinem Hof wirtschaften mußte. Es hat niemand zu ihm auf seine Einöde hinauf wollen, nicht weil er etwa ein so unguter Mensch war, sondern weil er auf einem abgelegenen, schwer zu bearbeitenden Hof saß. Ulmer (705, S. 126f.) weist mit statistischen Ziffern die Höhenflucht der Frau nach. Im Lechtal z. B. traf es 1910 in dem Höhengürtel zwischen 800 und 1000 Metern auf 100 Personen männlichen Geschlechtes 97 weiblichen Geschlechtes, in Höhensiedlungen über 1400 Metern aber war das Verhältnis 100 zu 80; im Inntal ober Landeck war im Höhengürtel zwischen 800 und 1000 Metern das Verhältnis im gleichen Jahr 100 zu 94, in Höhenlagen über 1600 Metern 100 zu 76.

VOM SELBSTVERSORGER ZUM KÄUFER. In früheren Zeiten war der Bauer weit mehr als heute Selbstversorger. Das meiste, was er brauchte, stellte auch ein Bauer von nur mittlerem Besitz im eigenen Haushalt her. Etwa seit dem letzten Viertel des 19. Jahrhunderts wurde es üblich, viel mehr als früher zu kaufen; um mehr kaufen zu können, mußte man auch mehr verkaufen. Die Preise für das, was er verkaufte und für das, was er kaufte, konnte nicht der Bauer bestimmen, sondern sie wurden von den Händlern gemacht. So kam es dann, daß die Preise für die Erzeugnisse des Bauern nicht in gleicher Weise stiegen wie für jene, die er kaufen mußte oder wollte. Das bäuerliche Gut vermochte den Bedarf des Bauern nicht mehr zu decken, er kam in Schulden und war schließlich gezwungen, sein Gut zu verkaufen, wenn es ihm nicht durch Zwangsversteigerung genommen wurde. Namentlich in Zeiten landwirtschaftlicher Krisen hat sich das Abgehen von der alten Selbstversorgung bitter gerächt. So hat die landwirtschaftliche Krise der 30er Jahre mit ihrem Verfall der Preise für Vieh und Holz, die Haupterzeugnisse der bergbäuerlichen Wirtschaft, viele Bauern in Nord- wie in Südtirol um Haus und Hof gebracht. Durch geleistete Bürgschaften wurden zahlreiche andere Bauern mit ins Verderben hineingerissen. Viele der Güter, die auf diese Weise zum Verkauf kamen, sind von den Erwerbern zu Zugütern gemacht worden; andere Güter sind zerstückelt worden. Bei Zwangsversteigerung konnten auch geschlossene Höfe zerstückelt werden.

Viel trägt die zufolge von Land- und Höhenflucht zunehmende Teuerung der landwirtschaftlichen Arbeitskräfte zur Verödung der Berghöfe bei. Die Schwierigkeit, die nötigen Arbeitskräfte – vor allem Dienstboten – zu erschwinglichem Preis aufzutreiben, ist seit etwa dem letzten Drittel des vorigen Jahrhunderts für manche Bergbauern so groß geworden, daß sie ihnen die Wirtschaft verleidete und – freilich auch unter Mitwirkung anderer Ursachen – zum Verkauf ihres Hofes Anlaß gab. Solche Verkäufe bedeuten dann oft genug das Ende der Selbständigkeit des Hofes und seine Umwandlung zum Zugut. Die Beschäftigung familienfremder, entlohnter Arbeitskräfte fällt dem Bergbauern nicht nur deswegen schwer, weil die landwirtschaftliche Arbeitskraft ganz allgemein teurer geworden ist; es kommt noch anderes dazu: Der Bauer nimmt diese in der Regel für ein ganzes Jahr auf. Heute können nun die zur guten Jahreszeit nötigen Arbeitskräfte während des langen Bergwinters nur ungenügend beschäftigt werden.

Früher, als man noch einen ausgedehnteren Ackerbau betrieb und die Selbstversorgung mit Getreide erzielte, ja sogar Getreide für den Verkauf anbaute, hat man das Dreschen nach alter Art mit dem Drischel oder Flegel besorgt; der Drusch dauerte oft bis tief in den Advent hinein. Da hatten Familienangehörige wie Dienstboten reichlich zu tun, sollte sich die Arbeit nicht allzu lange hinausziehen. Dann gab es noch viele andere Winterarbeiten, die mit der alten Selbstversorgung zusammenhingen, heute aber abgekommen sind. So mußten Schindeln für die Dächer und Holznägel für das Aufhängen von Schindeln oder Dachbrettern sowie für die Festigung von Blockwänden geschnitzt werden. Im Winter wurde das notwendige Material für die Errichtung neuer und die Ausbesserung alter Zäune hergerichtet. Zaunspelten mußten aus einem entsprechenden Holzprügel herausgekloben, die Bänder und Ringe für die schönen Spelten und Ringzäune am Feuer geröstet („gebäht") werden. Im westlichen Tirol, wo das Haus mit dem Ständerwerkgiebel verbreitet ist, wurden die Ständer oft mit Schnitzwerk geziert. An den langen Winterabenden ließen die Frauen in der warmen Stube die Spinnräder schnurren, an denen der Flachs für die Hausweberei versponnen wurde. Auf vielen Berghöfen standen Webstühle, an welchen Leinwand und Loden gewoben wurde. Außer den schon genannten Holzarbeiten hatten die Männer das Spalten von Kienspänen für die Beleuchtung, das Bohren von Rohren und das Aushacken von Dachrinnen und von Holzrohren und Rinnen für die Wasserzufuhr in Zeiten, da die landwirtschaftliche Arbeit zurücktrat, zu besorgen. In manchen Häusern befaßten sie sich in solchen Zeiten auch mit der Herstellung von Binderarbeiten, man fertigte Schäffer, Fässer und andere Gefäße an. Den großen Bedarf an Holzschüsseln, in denen man im Haus und auf den Sennhütten die Milch aufrahmen ließ, hat man auf manchen Höfen ebenfalls im Haus gedeckt. Tische, Stühle, Bänke, einfache Truhen, ja gelegentlich auch die Vertäfelung der Stube, endlich die Holzbestandteile von Arbeitsgeräten hat man im Haus angefertigt. Außerdem sorgte eine in manchen Landschaften recht ausgedehnte Hausindustrie für eine zweckmäßige und einträgliche Beschäftigung der zu Gebote stehenden Arbeitskräfte, worüber ja bereits früher (1. Bd., II/5 und III/4) berichtet wurde.

Heute wird das Getreide zu einem Großteil durch Kauf beschafft; das selbst gewonnene Korn wird mit der Dreschmaschine ausgedroschen. Die Dächer werden mit Ziegeln gedeckt; an die Stelle der Holznägel treten die gekauften Eisennägel; an die Stelle von Spelten- und Schwartlingzäunen setzt man genagelte Zäune oder man leistet sich einen häßlichen Zaun aus Stacheldraht. Auch elektrisch geladene Drahtzäune sind verbreitet. Die Beleuchtung der Räume ist durch die Petroleumlampe und später durch das elektrische Licht verbessert worden. Die selbstgebohrten Holzrohre sind durch gekaufte, dauerhaftere Eisenrohre ersetzt worden. Das Spinnen und Weben besorgen nicht mehr die häuslichen Arbeitskräfte, sondern man kauft Wäsche und Kleidungsstoffe bei dem Krämer im Dorf oder beim Kaufmann. Jüngere Leute decken nicht selten ihren diesbezüglichen Bedarf in einem Kleiderhaus in der Stadt.

Dadurch wie durch mannigfachen anderen Verzicht auf die alte Selbstversorgung wird allerdings viel Arbeit im Haus erspart, aber findet die frei gewordene

Arbeitskraft nunmehr eine andere wirtschaftlich wertvolle Verwendung? Das, was früher mit der hauseigenen Arbeitskraft erzeugt wurde, muß jetzt um Bargeld, das am Berg heroben knapp ist, gekauft werden.

HILFSKRÄFTE UND VERSCHULDUNG. Die Schwierigkeiten des landwirtschaftlichen Betriebes, wie sie sich aus seinem Saisoncharakter ergeben, sind durch das Abgehen von der alten Selbstversorgung verschärft worden. Wegen der Entlegenheit seines Hofes und der Teuerung der Arbeitskraft kann der Bergbauer nicht leicht Taglöhner zur Besorgung der dringlichsten Arbeiten auf kürzere Zeit heranziehen. Es ist schon der Ausweg versucht worden, den Dienstboten nicht mehr für das ganze Jahr aufzunehmen, sondern ihm bei Eintritt der schlechten Jahreszeit zu kündigen. Dieser Ausweg ist wohl ein gefährlicher Irrweg, weil er zur Verschlechterung des Verhältnisses zwischen Bauern und Dienstboten führt.

Der bäuerliche Hilfsarbeiter, der Knecht, ist, sofern er im bäuerlichen Haushalt lebt, nicht in der Lage, eine Ehe zu schließen und einen eigenen Haushalt zu gründen. Die Möglichkeit, sich als Arbeiter in einem Verkehrs- oder Industrieunternehmen verheiraten zu können und im eigenen Haushalt zu leben, zieht viele vom Land ab, führt also zur Landflucht. In früherer Zeit gab es auf größeren Höfen verheiratete Arbeitskräfte; für sie wurde neben dem Bauernhaus ein kleineres Haus mit Wohn- und Wirtschaftsräumen errichtet. Es diente dem verheirateten Knecht als Wohnung für sich und seine Familie. Der Bauer überließ ihm etwas Acker- und Wiesland zur Nutzung, sodaß der Knecht ein bis zwei Stück Großvieh halten und seinen Bedarf an Getreide wenigstens teilweise in der eigenen Wirtschaft zu decken vermochte. Die Gegenleistung seitens des Knechtes bestand in seiner Arbeit am Bauernhof. Auch Frau und Kinder des Knechtes arbeiteten je nach Bedarf in der bäuerlichen Wirtschaft. Mit ihnen wuchsen hier wertvolle, mit den besonderen Verhältnissen des Hofes vertraute Arbeitskräfte heran. Es gab also hier in Tirol eine der westfälischen Heuerlingswirtschaft entsprechende Einrichtung, heute ist sie in Tirol leider selten geworden.

Bauerngüter in ebenem Gelände können die schwer zu beschaffende und teure menschliche Arbeitskraft wenigstens zum Teil durch Maschinenarbeit ersetzen. Das Gelände mancher Berghöfe erschwert die Verwendung solcher Maschinen wie Mähmaschinen, Heuwender und dergleichen oder läßt sie überhaupt nicht zu.

Unser Bergbauer führt den Kampf um das Gut seiner Väter mit großer Ausdauer und Kraft und verbunden mit vielen Opfern. Aber manche Wirtschaftsnöte sind von der Art, daß die Kraft des einzelnen sie unmöglich zu meistern vermag. In den letzten Jahrzehnten war der Ertrag vieler Güter, namentlich der hochgelegenen, so herabgedrückt, daß er nicht einmal so viel betrug, daß sämtlichen am Gute tätigen Arbeitskräften eine Entlohnung im ortsüblichen Ausmaß hätte ausbezahlt werden können. Solche Güter warfen also überhaupt keinen Reinertrag ab, wenn man unter Reinertrag eines Gutes seinen in Geld ausgedrückten Roh-(Brutto)ertrag abzüglich der Bearbeitungskosten, der Auslagen für Steuern, Erhaltung der Gebäude usw., versteht.

Hatten nun die Besitzer solcher Güter keine arbeitsfähigen Kinder, so mußten sie, wenn es sich um mittlere oder größere Höfe handelte, Dienstboten aufdingen, die natürlich nur um den ortsüblichen Lohn zu haben waren. Da nun die Bewirtschaftung des Hofes nicht so viel eintrug, allen beschäftigten Arbeitskräften einen solchen Lohn zuweisen zu können, sank das Einkommen des Bauern und seiner mitarbeitenden Frau unter den Betrag der ortsüblichen Entlohnung herab. Dieser Bauer konnte mit Recht sagen, daß der Knecht sicher besser stehe als er selbst. Mußten nun außerdem noch Schulden aufgenommen werden, so führten die Verzinsung und Abzahlung der Schuld zu weiterer Minderung des Einkommens, falls das entliehene Geld nicht für eine Verbesserung verwendet wurde, die den Gutsertrag steigerte. Nun war gerade dies am wenigsten der Fall, meistens wurden Schulden gemacht, um einem augenblicklichen Notstand abzuhelfen. Aber selbst wenn die Jahre gut waren und keine ungewöhnlichen Auslagen nötig wurden, sodaß bei Lebzeiten des Besitzers das Gut unverschuldet blieb, kam es doch nach dem Tod des Bauern zu einer schweren Belastung mit Schulden. Selbst dort, wo das Anerbenrecht herrscht, ist es Gepflogenheit, den weichenden Erbberechtigten Abfindungen zuzuwenden, die als Hypotheken auf dem Gute liegen bleiben. Bei dem früher geschilderten unzureichenden Gutsertrag bedeutete jede Verschuldung eine Überschuldung mit ihren schlimmen Folgen. Wie gerade die Verschuldung, die sich aus der Abfindung der Erben ergab, den Untergang eines bisher selbständigen Bauerngutes bewirkte, führt uns das folgende Beispiel vor Augen, das ich einer Arbeit Hoffmeisters (233, S. 62) entnehme.

Ein Bergbauerngut in einer Höhenlage von 1650 Metern, das in seinem Bestand ohnehin schon schwer gefährdet war, ist im Jahre 1917 im Erbgang übernommen worden; zehn Geschwister wurden mangels Bargeld dadurch abgefertigt, daß sie Hypothekarforderungen erhielten. Durch das Gesetz über die Aufwertung von Familienschulden wurden die Guthaben der zehn Geschwister auf insgesamt 3000 Schilling aufgewertet, während das ganze Gut ohne Fundus instructus damals (1928) höchstens um 2000 Schilling als Zugut zu einer Talwirtschaft anbringlich gewesen wäre. Als selbständiges Bauerngut würde es überhaupt keinen Käufer mehr finden. Die Geschwisterabfindung betrug also um ein Drittel mehr als der ganze damalige Verkehrswert!

Bedeutete jede Verschuldung beim geringen Ertrag der Bergbauerngüter eine schwere Gefahr für ihre Besitzer, so mußte die hohe Verzinsung, wie sie zeitweise üblich wurde, das Verhängnis beschleunigen. Kam es zu Zwangsversteigerungen, so haben die Erwerber solcher Güter sie häufig als Zugüter verwertet. Auch bei freihändigem Verkauf fanden sich oft keine Käufer, die bereit waren, auf das Gut aufzuziehen und seine selbständige Bewirtschaftung fortzusetzen.

3. Der Kreislauf der Verödung

Die Verödung des einen Hofes zieht öfters auch jene benachbarter Höfe nach sich. Die Verödung wirkt ja ähnlich wie die Lawine im Bannwald. Ist einmal in der Front der Höhensiedlung eine Lücke entstanden, so bröckeln die benachbarten Frontteile bald nach und die Verödung greift immer weiter um sich.

Sind einige von den Bergbauernhöfen verödet, so vermindert sich auch die Zahl der Arbeitskräfte, die für die notwendige Gemeinschaftsarbeit zur Einhaltung von Wegen und Brücken, zur Offenhaltung der Wege im Winter, zur Instandhaltung der Wasserleitungen und Bewässerungsanlagen sowie der Wasserschutzbauten usw. nötig sind. Die notwendige Arbeitsleistung bleibt aber in ihrer Gesamtheit gleich groß. Es muß also jetzt eine verminderte Zahl von Arbeitspflichtigen die gleiche Arbeitsmenge aufbringen wie früher, als noch mehr Bauern heroben auf der Höhe wirtschafteten.

Die Art der Landwirtschaft bringt es mit sich, daß der bäuerliche Betrieb zu bestimmten Zeiten besonders viel Arbeit benötigt; der einzelne Bergbauer ist in solchen Zeiten auf die Hilfe seiner Nachbarn angewiesen. Gegenseitige unentgeltliche Hilfeleistung, also Arbeitsleistung – „Wiederhilfe", ist eine Notwendigkeit der Bergbauernwirtschaft. Mit bezahlten Arbeitskräften allein kann nicht alle nötige Arbeit geschafft werden, sie würde viel zu teuer kommen. Verengt sich nun der Kreis der Nachbarn, die für die Hilfeleistung in Betracht kommen, immer mehr, so wird auch aus diesem Grunde die Wirtschaft für jene unter den Bergbauern, die noch auf ihren Höfen ausharren, immer schwieriger, sodaß sich schließlich auch sie zum Wegziehen entschließen.

Nicht selten kommt es dazu, daß die verödeten Güter überhaupt der Landwirtschaft verloren gehen. So haben in den östlichen österreichischen Alpenländern Jagdherren Bergbauerngüter erworben, aufgeforstet und zur Vergrößerung ihres Eigenjagdgebietes verwendet. Es ist viel darüber gesprochen und geschrieben worden, daß die Jagdlust zur Verödung der Berghöfe geführt habe. Dabei hat man aber Wirkung und Ursache verwechselt. Das Aufkaufen der Güter ist nicht die erste Ursache der Entsiedlung, sondern eine Folge der vorausgegangenen Minderung der bergbäuerlichen Standfestigkeit. In Tirol gehörte ein Erwerb von Bauernhöfen zwecks Erweiterung der Eigenjagd zu den sehr seltenen Ausnahmen, wohl aber haben kapitalkräftige, nichtbäuerliche Unternehmer Bergbauerngüter erworben und verödet, um auf diese Weise den zugehörigen namhaften Waldbestand zu erwerben. Sie haben dann nach Abholzung des Waldes die Güter wieder verkauft, die nun, waldlos geworden, nur mehr als Zugüter verwendbar waren. Einzelne besonders „großzügige" Unternehmer gingen sogar daran, ganze Gemeinden oder Gemeindeteile mit selbständigem Waldbesitz aufzukaufen, um auf diese Weise des Waldbesitzes habhaft zu werden; das war bei Gramais in einem Nebental des Lechtales und bei Köfels (s. Abb. 16) im Ötztal der Fall. Bei Gramais wußte die politische Behörde die Bauern dadurch vom Verkauf ihrer Güter abzubringen, indem sie den Bau eines fahrbaren Sträßchens durchsetzte und dadurch die wirtschaftlichen Schwierigkeiten der Bergbauern wenigstens zu einem Teil behob. In Köfels hat sich der wackere Tiroler Landesausschuß als wahrer Volksvertreter bewährt und den geschäftstüchtigen Holzhändlern einen Riegel vorgeschoben. Er gab ihnen zu verstehen, daß sie die mageren Äcker und Wiesen der Bauern von Köfels immerhin ankaufen mögen, aber die Wälder würden sie nicht bekommen. Der Landesausschuß, betraut mit der Aufsicht über die Gemeindegebarung und das Gemeindevermögen, verweigere seine Zustimmung zum Erwerb der Wälder, die ja Gemeindegut seien. Da aber den Holzhändlern am wenigsten daran lag, droben in Köfels Landwirtschaft zu treiben, und sie nur den Wald haben wollten, traten sie vom ganzen Geschäft mit den Leuten von Köfels zurück.

In jüngster Zeit treten immer häufiger Pläne zutage, für den Bau von Kraftwerken und der dazugehörigen Wasserspeicher Bauerngüter zwangsweise zu enteignen und auf diese Weise ganze Ortschaften zu vernichten. So sollten Längenfeld im Ötztal und Feuchten im Kaunertal unter dem Wasser von Stauseen versinken. Im obersten Vinschgau würden durch das geplante große Reschener Stauwerk nicht nur im engeren Reschener Gebiet zahlreiche Bauern um ihre altererbte Scholle gebracht, sondern es würde darüber hinaus den Bauern in einem weiten Gebiet des oberen Vinschgaus das ganz unentbehrliche Bewässerungswasser für ihre Güter entzogen und dadurch der Landwirtschaft größter Schaden zugefügt werden.

Man versucht, solche Vorhaben durch Hinweis auf den gemeinen Nutzen, dem sie dienen sollen, zu rechtfertigen. Es handelt sich nun jeweils darum, in gerechter Weise festzustellen, ob denn wirklich der gemeine Nutzen nur durch den Bau eines solchen Stauwerkes gefördert werden kann. Es besteht die Gefahr, daß die Stellen, welche über die Beantwortung dieser Frage entscheiden, einseitig der Beeinflussung durch Techniker ausgesetzt sind. Der Bauer selbst, der seine Heimat verlieren soll, vermag seinen Standpunkt und seine Gründe, die er zur Verteidigung seines Rechtes und seines heimatlichen Bodens vorzubringen hat, nicht immer mit gleichem Nachdruck zur Geltung zu bringen wie die Leute der Technik und des Kapitals, welche für ihre Absichten in Presse und Büchern eine wirksame Werbetätigkeit entfalten. Das eine ist sicher: Den bäuerlichen Besitzern müßte in solchen Fragen das entscheidende Wort zugestanden werden; die Voreltern der Bauern haben in hartem Kampf die Güter der Wildnis abgerungen, die folgenden Geschlechter haben sich bis herauf in die Gegenwart in ständiger harter Arbeit auf den Gütern behauptet. Da geht es nicht an, daß allenfalls bauern- und landfremde Leute einseitig darüber entscheiden, ob der gemeine Nutzen wirklich das Opfer der Heimat von den Bauern unbedingt fordert.

Ungeachtet aller Proteste wurde in den Jahren 1948–1950 das oben von Hermann Wopfner angesprochene Großkraftwerk des italienischen Industriekonzerns Montecatini errichtet, das den Graunersee (Mittersee) und den (alten) Reschensee (s. Abb. 23) zu einem gewaltigen Stausee mit einer Länge von 6,5 km und einer größten Breite von

1,5 km vereinigt und eine Oberfläche von 6,8 km² besitzt. Dabei wurden 525 Hektar nutzbarer Boden sowie 163 Häuser überflutet. Zahlreiche bäuerliche Familien (Kopfzahl fast 500) mußten abwandern, da es für die Fortführung der landwirtschaftlichen Betriebe an entsprechendem Ackerland und an Weidegründen fehlte. Den verbliebenen Bewohnern der Gegend wurden neue Wohnstätten in Reschen und in Neu-Graun angelegt. Von der Tragik, die sich hier abgespielt hat, und an die vielen alteingesessenen Bauernfamilien, die durch Verzicht auf die altangestammte Heimat große Opfer bringen mußten, erinnert heute nur noch der inmitten der gewaltigen Wasserfläche emporragende spätmittelalterliche Turm der Pfarrkirche des in den Fluten untergegangenen Dorfes von Altgraun (s. Abb. 21, 22). Der Herausgeber.[12]

Man wird den Schweizer Bauern kaum Mangel an Gemeinsinn vorwerfen dürfen, wenn sie gerade in jüngster Zeit in mehreren Fällen den Verkauf ihrer Güter für die Anlage eines Stauwerkes ablehnten und dadurch den Bau wichtiger Kraftwerke in der bisher geplanten Form verhinderten. Einer dieser Fälle sei hier angeführt: Für den Ausbau des großen Stausees Rheinwald sollten drei Dörfer, nämlich Splügen, Medels und Nufenen, geräumt und überflutet werden. Die Gemeinden setzten sich gegen diesen Plan mit aller Kraft zur Wehr. Die Regierung des Kantons Graubünden stellte vom Standpunkt demokratischer Freiheit und Rechtsauffassung aus fest, daß ihr die Rechtsgrundlagen fehlen, um die Gemeinden gegen ihren Willen zur Mitwirkung an dem Projekt anzuhalten. Nach dem Bekanntwerden der Entscheidung wurde in allen Gemeinden der Talschaft Rheinwald mit den Kirchenglocken geläutet und geflaggt. Öffentlichkeit und Behörden hatten in der Schweiz genügendes Verständnis für das Recht des bodenständigen Bauerntums, um einen offenen Widerspruch mit der bäuerlichen Rechtsauffassung zu vermeiden. Das Recht unserer Tiroler Gemeinden auf Freiheit und Selbstbestimmung ist nicht weniger alt als jenes der Schweizer Gemeinden. Die Tiroler Gemeinden sind berechtigt zu erwarten, daß unsere Regierung in ähnlichen Fällen eine ähnliche Haltung einnimmt wie die Regierung des Kantons Graubünden.

Oft wird es der technischen Kunst der Ingenieure möglich sein, die Wasserkraft auf anderem Wege – wenn auch vielleicht mit etwas größerem Geldaufwand – zu gewinnen als gerade durch Anlagen von Stauseen. Mit der Zerstörung so vieler Bauerngüter und der Entwurzelung so vieler bäuerlicher Familien könnten die neuen Kraftwerke leicht allzu teuer bezahlt sein. Der Fortschritt der Technik wird vielleicht in kurzer Zeit die Wege der Kraftgewinnung erweitern und Anlagen ermöglichen, bei welchen solche Verwüstung der Siedlung vermeidbar ist. Der Verlust an Volkskraft, der durch die Zerstörung der bäuerlichen Heimatgüter entsteht, ist aber meist unwiederbringlich.

[12] Vgl. Klaus Fischer, Der Obervinschgau, in: Jahrbuch des österr. Alpenvereins, Jg. 1965, S. 115 ff., bes. S. 131; ders., Agrargeographie des westlichen Südtirol (Der Vinschgau), Wien 1974; Josef Rampold, Vinschgau, 6. Aufl., Bozen 1991, S. 136 f. u. ö. Rainer Loose (Hrsg.), Der Vinschgau und seine Nachbarräume, Bozen 1993. N. Grass.

Die bisherigen Ausführungen haben sich vorwiegend auf Ursachen der Verödung bezogen, die mehr oder weniger im Wirtschaftsleben begründet sind. Es sind aber noch andere Ursachen anzuführen, die schwer ins Gewicht fallen, aber zum größeren Teil mit Änderungen in der seelischen Verfassung des Bergbauern zusammenhängen. Da wären zu nennen die Schwächung der alten Heimatliebe[13] sowie des alten Familien- und Gemeinsinnes.

Viele Bergbauern hielten seit alters auf ihren Höfen aus und bleiben z. T. heute noch auf ihnen trotz aller Schwierigkeiten, welche mit dem Leben und Schaffen auf einem Berghof verbunden sind. Es war und ist ihnen nicht verborgen, daß sie zur Gewinnung der gleichen Menge von Heu, Getreide, Milch und anderen Wirtschaftserzeugnissen mehr Arbeit aufwenden müssen als der Bauer drunten am Land. Zudem leiden Bergbauer und Bergbäuerin schwer unter dem Mangel an Arbeitskräften. Die Liebe zur Heimat, zum heimatlichen Gut ist es, die sie gleichwohl am Hofe festhält. Diese Liebe liegt jenseits aller Berechnung. Das Verbleiben am Hof ist nicht in erster Linie bestimmt durch Aussicht auf Gewinn, durch kalkulierte Überlegungen über größere oder geringere Produktivität ihrer Arbeit. In diesem Sinn ist der Ausspruch eines guten Kenners tirolischen Bergbauerntums richtig: Ein Bauer, der rechnet, ist schon kein richtiger Bauer mehr. Durch diesen Mangel an Berechnung zeichnet sich der Betrieb am Bergbauernhof vor einem Wirtschaftsbetrieb des Städters aus. Bei letzterem sind es wohl nur wenige Angehörige alter Familien, die einen Betrieb aufgrund alter Familienüberlieferung fortführen, auch ohne Aussicht auf größtmöglichen Gewinn.

Der Bergbauer guter alter Art ist mit allen Kräften seiner Seele und seines Leibes verwurzelt im Boden seiner Heimat. Ohne diese Verflechtung mit Heimat und Heimatgut würde die Verödung der Höhensiedlungen weit rascher vor sich gehen, als dies bisher der Fall war. Ein rascher Wechsel im Besitz und die Minderung der Bodenständigkeit sind geeignet, die enge Verknüpfung von Bergbauern und Berghof zu lockern und den Heimatsinn zu schwächen.

Dieser raschere Besitzwechsel hängt außer mit Ursachen wirtschaftlicher Natur auch mit einem geminderten Familiensinn und einer daraus erwachsenen geschwächten Anhänglichkeit an das Familiengut, das „Hoamatl", zusammen.[14] Das Bauerntum alter Art trennt sich nur schwer vom Hof, auf dem die Vorfahren durch viele Jahre lebten und arbeiteten. Ein Bauer fühlt sich für die Erhaltung des Familiengutes verantwortlich gegenüber den Vorfahren, von denen ihm das Gut überkam, wie gegenüber den Nachkommen aus der Sippe, denen er das Gut einst übergeben soll.

Heute betrachtet auch schon mancher Bergbauer sein Gut nur als persönliches Eigentum, seine Wirtschaft als Unternehmen, die ohne Verpflichtung gegen Vorfahren und Nachkommen nur nach den Grundsätzen der einträglichsten Verwertung von Arbeit und Kapital zu führen ist. Da scheint dann wohl die Rechnung auszu-

---

[13] Über diese vgl. auch die Ausführungen am Schluß des I. Hauptstückes, 1. Bd., S. 126–128.

[14] Vgl. hiezu den Schluß des I. Hauptstückes, 1. Bd., bes. S. 126–128.

weisen, daß mit soviel Arbeitsaufwand anderswo mehr Profit erzielt werden kann, und es mag dann angemessen erscheinen, den Hof zu verkaufen. Was macht's, wenn der Hof, auf dem die Vorfahren vielleicht durch viele Menschenalter standhielten, vom Käufer als Zugut gebraucht und öde wird. Nur keine Sentimentalitäten! Die Berechnung des Gutsertrages mag – in Geld ausgedrückt – richtig sein. Aber es sind dabei noch jene Werte unberücksichtigt geblieben, die sich nicht in Schilling und Groschen ansetzen lassen, und so ist dann schließlich doch die ganze Rechnung grundfalsch.

Der verminderte Familiensinn wirkt sich auch noch in anderer Hinsicht nachteilig aus. In Gegenden, die vom Verkehr weniger berührt sind und in denen gute bäuerliche Überlieferung gewahrt wird, war es seit alters – und ist es zum Teil auch heute noch – üblich, daß Geschwister und andere Verwandte des Hofinhabers am Hofe um einen Lohn dienten, der weit hinter dem ortsüblichen zurückblieb. Sie genossen zu Hause und in der Gemeinde als Sippen- und Standesgenossen des Bauern ein höheres soziales Ansehen als gewöhnliche Dienstboten. Die billige Verwandtenarbeit war für den Bestand mancher Höfe unerläßlich. Ein sehr tüchtiger und einsichtiger Bauer in Kals machte mich aufmerksam, daß mit normal entlohnten Arbeitskräften die Nutzung der Bergmähder seiner Heimat nicht aufrechterhalten werden könnte. Heumahd und das Einbringen des Heues sind mit so großem Arbeitsaufwand, mit so viel Mühen, ja Gefahren verbunden, daß bei normaler Entlohnung der Arbeit die gewonnene Menge Heu viel zu teuer käme. Die billige Arbeit der Verwandten der einzelnen Hofbesitzer mache die Nutzung zur Zeit noch möglich. Würden aber die Bergmähder nicht mehr genutzt, so müßte die Viehhaltung auf den einzelnen Gütern bedeutend verringert werden; die weitere Folge wäre, daß der bisher noch sehr ausgedehnte Ackerbau mangels Dünger nicht mehr aufrechterhalten werden könnte; auch die Heimwiesen würden zufolge schlechterer Düngung an Ertrag einbüßen. Die einzelnen Güter würden dann nicht mehr in ihrem bisherigen Umfang den Unterhalt einer Familie aufzubringen vermögen; nach Ansicht meines Gewährsmannes würde die Zahl der Bauernwirtschaften auf die Hälfte herabsinken.[15] Leider ist zu befürchten, daß jene Anhänglichkeit an die Heimat und jener starke Familiensinn, welche die Voraussetzungen des billigen Verwandtendienstes bilden, mehr und mehr abnehmen.

MINDERUNG DES GEMEINSINNS. Abnehmender Gemeinsinn[16] ist eine weitere Ursache, welche das Ausharren auf den Höhen erschwert. Man wägt engherzig ab, ob die Arbeit für Zwecke der Gemeinschaft nicht den anderen mehr zugute kommt als einem selbst. Früher verurteilten das Recht und, was vielleicht noch wirksamer war, die christliche Sitte die Verstöße gegen den Gemeinschaftsgedanken stärker als heute; die öffentliche Meinung sprach sich entschiedener gegen den aus, der einseitig den eigenen Vorteil suchte und für die Gemeinschaft nichts übrig hatte.

Zusammenhalt und Opfersinn erleichterten früher das Aushalten auf den

---

[15] Vgl. 1. Bd., S. 161 ff.

[16] Vgl. oben, V. Hauptstück, Abschnitt „Gemainsinn und Sonderung (Individualismus)".

Höhen. Die kleinen Nachbarschaften droben am steilen Hang und drinnen in den Winkeln der Hochtäler haben Staunenswertes zum Nutzen ihrer Gemeinschaft durch Gemeinwerk geleistet. Ihr Gemeinsinn sollte die Selbstsucht von heute beschämen. Gemeinsam arbeiteten sie an der Verbesserung von Weg und Steg sowie ihrer Heim- und Almweiden, gemeinsam versorgten sie durch den Bau von Trinkwasserleitungen und Wasserwaalen ihre Häuser und Wiesen mit dem nötigen Wasser. Backöfen und Grammelöfen wurden gemeinsam zu gemeinsamer Benützung errichtet. Im Gemeinwerk wurde aber auch Fürsorge getroffen für die Befriedigung geistiger Bedürfnisse. Ein Beispiel möge dies veranschaulichen.

An den Steilhängen des vorderen Spissertales liegen die Weiler Noggles (1418 m), zur Gemeinde Nauders gehörig, und Gstalda (1712 m), zur Gemeinde Spiss gehörig. Die beiden Weiler sind eine Stunde voneinander entfernt. Diese wenigen Bergbauern haben in den 30er Jahren des vorigen Jahrhunderts ein Kirchlein nebst Widum mit eigener Arbeit und durch Geldsammlung, die einer der Nachbarn durchführte, errichtet und auch für die Stiftung einer Expositur Sorge getragen. Im Stiftsbrief von 1843 heißt es: Da die Bewohner der Bauernhöfe von Noggles und Gstalda wegen weiter Entfernung, insbesondere aber zur Winterszeit wegen allzuviel Schnee und Lawinengefahr, und zur Sommerszeit wegen Stein- und Murbrüchen, erstere nach Nauders und letztere nach Spiss ohne große Lebensgefahr unmöglich kommen konnten, so ist im Jahre 1834 in ihnen der Wunsch rege geworden, eine eigene Seelsorgskirche mit Hilfe von Gutthätern zu erbauen (Tinkhauser-Rapp, 684, Bd. 5, S. 213f.). Im Widum wurde auch eine Schulstube eingerichtet, der Expositus, der die Seelsorge übernahm, versah das Amt des Lehrers. Als 1859 Kirche und Widum einem Brand zum Opfer fielen, haben die Bewohner der beiden Weiler die Baulichkeiten in zwei Jahren wiederhergestellt.

Heute ist der Gemeinsinn, der einst solche Leistungen vollbrachte, schwächer geworden. Wer solche Höhensiedlungen besucht, kann dies am Verfall von Wegen und Wasserwaalen beobachten. Oft ist freilich auch die Abnahme der Bewohnerzahl Ursache für den Verfall von Gemeinschaftsanlagen. Die wenigen Bauern, die heute noch auf den Höhen ausharren, vermögen nicht mehr die nötigen Arbeitskräfte zur Durchführung des Gemeinwerkes aufzubringen. Gstalda und Noggles wären heute kaum mehr zu Leistungen fähig wie den vorhin beschriebenen; die Zahl der Bewohner beider Weiler ist von 70 um 1840 auf 42 im Jahre 1923 herabgesunken.

In Gemeinden, welche Berg- und Talsiedlungen umfassen, schwächt der abnehmende Gemeinsinn die Zusammenarbeit der Leute am Berg und jener am „Land". Das hat üble Folgen für die Durchführung größeren Gemeinwerkes. Es führt zum Verfall wichtiger Anlagen, die – wie etwa jene für die Bewässerung – großen Arbeitsaufwand und viele Arbeitsschichten erfordern.

Arbeiten alle Grundbesitzer in der Gemeinde, deren Güter aus einem Waal bewässert werden, an seinem Bau und seiner Erhaltung mit, so ist der Arbeitsaufwand noch zu bestreiten. Wenn aber die Leute drunten in den tiefer liegenden, verkehrsnahen Gütern einen Nebenverdienst finden, der mehr Entgelt für ihre Arbeit bringt als die Wiesenwässerung, so wollen sie unter Umständen am Waal nicht mehr mitarbeiten; es kann dann zu einem Mehrheitsbeschluß kommen, daß der Waal und die Wiesenbewässerung als nicht genügend einträglich aufgelassen werden. Die Rechnung ist oft genug falsch, weil man einen vorübergehenden Nebenverdienst zu hoch bewertet hat gegenüber dem bleibenden Gewinn, der sich aus der Wiesenwässerung ergibt. Vor allem aber kommen die Bergbauern bei solchem Vorgang zu Schaden. Ihre Arbeitskraft allein reicht nicht mehr zur Einhaltung des Waales aus, der sein Wasser aus weiter Entfernung und über Steilhänge führt, welche von Lawinenstrichen und Murgängen durchfurcht sind. Sie müssen zusehen, wie der Waal, der mit so viel Mühe und Arbeit von den Vorfahren errichtet wurde, verfällt und sich der Ertrag ihrer Wiesen mindert. Sie kommen aber bei der Entlegenheit ihres Wohnsitzes auch nicht in die Lage, durch einen Nebenverdienst den Entgang zu ersetzen. In ergreifender Weise schilderte Ing. R. Schraffl in der Tiroler Bauernzeitung vom 10. Juli 1930, wie der Verfall eines Waales die Verödung schöner Höfe in Paznaun herbeiführte.

ZUSAMMENFASSUNG. Die bisherigen Ausführungen versuchten darzulegen, wie verschiedenartig die Ursachen sind, welche zu Land- und Höhenflucht geführt und das Siechtum unserer Bergbauernsiedlungen herbeigeführt haben. Am meisten gefährdet sind einerseits die kleinen Betriebe, deren Besitzer neben dem bäuerlichen Beruf einem zusätzlichen Verdienst nachgehen müssen, andererseits die großen Höfe, deren Besitzer auf mehrere familienfremde Arbeitskräfte angewiesen sind. Im Gebiet der Güterteilung und der kleinen Güter ist es der Ausfall des zum Unterhalt nötigen Nebenerwerbes, der die Standfestigkeit ihrer Besitzer erschüttert. Sodann ist es bei diesen Kleinbauern, die zeitweise als Händler oder gewerbliche Arbeiter in die Fremde wandern, überhaupt nur mehr ein Schritt, daß sie, wenn sich günstige Erwerbsgelegenheiten zeigen, den bisherigen Nebenberuf zum Hauptberuf machen und von ihrem Gut abziehen. Im Gebiet der Güterteilung ist es also letzten Endes die Übervölkerung, welche zu Höhen- und Landflucht geführt hat. Im Bereich der großen, geschlossenen Höfe mit ihrem Bedarf an Arbeitskräften ist es das Streben nach größerer Unabhängigkeit und wohl auch höherem Einkommen, das Knechte und Mägde zur Landflucht bewegt.

Die Ursachen, welche in den letzten hundert Jahren zum Verkauf so vieler Bergbauernhöfe und zu ihrer Umwandlung in Zugüter geführt haben, sind wesentlich andere als jene, welche die Bestimmungen der Landesordnung von 1532 gegen die Verödung von Bauernhöfen veranlaßten. Damals war eine starke Nachfrage nach Bergbauerngütern, hervorgerufen durch eine der Viehzucht günstige Konjunktur; diese Nachfrage war so stark, daß sie so zahlreiche Verödungen hervorrief, daß die Gesetzgebung eingreifen mußte. Die starke Nachfrage war also die primäre Ursache des Aufkaufens und der Verödung der Güter; es konnten dementsprechend Preise für die Güter geboten werden, die einen Anreiz zum Verkauf boten. Bei der Verödung, wie sie sich in den letzten hundert Jahren vollzog, war es nicht eine besonders starke Nachfrage nach Zugütern, welche zur Verödung führte, sondern ein starkes Angebot. Dieses ist aus dem Notstand der Bergbauern und wohl gelegentlich auch aus ihrer Abneigung, die schwierige Wirtschaft am Berghof weiterzuführen, erwachsen. War seit alters das Streben nach Erwerb von Zugütern die erste Ursache der Verödung, so war in der jüngsten Vergangenheit die Verödung so vieler Güter die Folge eines gesteigerten Angebotes und niedriger Ankaufspreise, wie sie sich aus der verringerten Standfestigkeit vieler Berghöfe ergaben.

Die Verödung so vieler Bauerngüter wirkte sich in einem Rückgang der bäuerlichen Bevölkerung jener Gemeinden aus, in welchen die Güter lagen (707, S. 139f.). Wenn trotz der Verödung landwirtschaftlicher Betriebe in manchen Gemeinden gleichwohl die Bewohnerzahl ansteigt, so geht dies auf Zuwanderung oder Vermehrung jener Ortsbewohner zurück, die sich in nichtbäuerlichen Berufen, etwa im Gewerbe oder im Fremdenverkehr, betätigen. Es ist also in diesen Gemeinden zwar nicht zu einer Entvölkerung, wohl aber zu einer – man verzeihe die unschönen Ausdrücke – „Entbäuerlichung" oder „Entagrarisierung" der Bevölkerung gekommen. Andererseits kann Entvölkerung einer Landgemeinde eintreten, ohne durch eine Verödung bäuerlicher Betriebe verursacht zu sein. So hat z. B. die Gemeinde Biberwier im Außerfern infolge des Rückganges und schließlich aufgrund gänzlicher Auflassung des Bergbaues in den Jahren von 1837 bis 1923 eine Verminderung ihrer Bewohnerzahl um 48 % erfahren.

Tabelle 1

Bevölkerungszuwachs (+) oder -verlust (–) der Höhenzonen Deutschtirols, berechnet in Prozenten der zu Beginn einer jeden Volkszählungsperiode Anwesenden.

Zone	1869 bis 1910	1869 bis 1880	1880 bis 1890	1890 bis 1900	1900 bis 1910
200– 300	+80	+14	+7	+18	+24
300– 400	+129	+15	+21	+24	+31
400– 500	+74	+19	+8	+14	+14
500– 600	+86	+12	+14	+19	+23
600– 700	+35	+6	+3	+5	+18
700– 800	+16	+2	+1	0	+13
800– 900	+12	+3	0	0	+10
900–1000	+2	–1	–3	–1	+7
1000–1100	+1	0	–4	+2	+3
1100–1200	0	–1	–1	–2	+5
1200–1300	0	+1	–4	–1	+4
1300–1400	–7	+1	–6	–4	+2
1400–1500	–8	–6	–3	–1	+2
1500–1600	–7	–3	–9	+1	+5
1600–1700	–12	–11	0	–1	0
1700–1800	–9	+6	–21	–3	+12
über 1800	–3	+3	–19	–2	+18

DIE HÖHENFLUCHT. Auf die Entvölkerung von Ortschaften nimmt ihre Höhenlage bestimmenden Einfluß. Man hat daher den Entvölkerungsvorgang auch als Höhenflucht bezeichnet. Freilich steigt der Bevölkerungsrückgang nicht gleichmäßig mit der Höhenlage an. Der Zusammenhang zwischen Höhenlage und Höhenflucht tritt in Tabelle 1, welche der grundlegenden Arbeit Ulmers über Höhenflucht (705, S. 65) entnommen ist, klar hervor.

Höhenflucht bedeutet nur in einem Teil der Fälle auch Landflucht; nur ein Teil der Abwandernden gibt zugleich mit dem Abzug von seinem Betrieb auch die landwirtschaftliche Berufstätigkeit auf. Bergbauern ziehen in das Tal hinab und erwerben dort ein Bauerngut, Angehörige bergbäuerlicher Familien verdingen sich als landwirtschaftliche Arbeitskräfte bei Talbauern. Auch wenn die Höhenflucht mit der Auflassung eines bisher selbständigen Betriebes verbunden ist, bedeutet das nicht immer Landflucht des bisherigen Betriebsinhabers. So verödeten z. B. Höfe im inneren Kaunertal; die abziehenden Besitzer aber erwarben Güter am Hang des Kaunertales, am Kaunerberg, und blieben hier als Bergbauern tätig. Viele Bergbauern wieder verfügen über Grundstücke drunten im Tal, da ist es dann „nur ein Schritt weiter, wenn der Bergbauer ganz in den Talort zieht" (Winz 746, S. 92).

Der Umfang der Abwanderung aus den Höhen ist ein ganz bedeutender. In ganz Deutschtirol hat die Bevölkerung in den Höhenlagen zwischen 1300 und 2100 Metern in der Zeit von 1869 bis 1910 um 2488 Personen, das entspricht 7,5 %, abgenommen, während die gesamte Bevölkerung Deutschtirols in der gleichen Zeit um 29 % zugenommen hat. In der Höhenlage zwischen 1000 und 2100 Metern hat die Volkszahl in der gleichen Zeit um 2,7 % abgenommen. In den Lagen unter 1000 Metern hat sich in derselben Zeit die Bevölkerung um 46 % vermehrt. In dem Höhengürtel zwischen 200 und 1000 Metern liegen die Städte Innsbruck, Bozen und Meran, die in diesem Zeitraum eine besonders hohe Zunahme ihrer Bewohnerzahl aufweisen, während der Höhengürtel über 1000 Meter überhaupt keine Städte aufweist. Die Siedlungen in diesem Höhengürtel sind fast durchwegs bäuerliche; die Abnahme der Bevölkerung bedeutet in erster Linie eine Minderung der landwirtschaftlich Tätigen.

Von den 259 Gemeinden Nordtirols wiesen 1923 136, also 52,5 %, einen Rückgang ihrer Bewohnerzahl gegenüber 1837 auf. Von den Gemeinden mit Bevölkerungsabnahme lagen nur 19 zwischen 600–800 Metern, nur 3 zwischen 500–600 Metern Seehöhe, alle übrigen aber weisen eine Meereshöhe von mehr als 800 Meter auf. Von den 221 Gemeinden Südtirols zählten 103, das sind 47 %, weniger Bewohner als 1837; nur 7 der entvölkerten Gemeinden lagen zwischen 600–800 Meter Meereshöhe, alle übrigen über 800 Meter. In Osttirol zeigen 35 von den 51 Gemeinden einen Bevölkerungsschwund; hier ist also der Prozentsatz der abnehmenden Gemeinden am größten: 68; 9 der Gemeinden mit Rückgang der Bewohnerzahl weisen eine Meereshöhe von 600–800 Metern auf, die übrigen 26 liegen über 800 Meter, 20 von diesen über 1000 Meter Meereshöhe. Die Gemeinden Deutschtirols mit abnehmender Bewohnerzahl sind fast ausnahmslos Landgemeinden; nur zwei von den abnehmenden Gemeinden sind Stadtgemeinden: Rattenberg, das 1923 701 Bewohner zählte, und Glurns im Obervinschgau mit 712 Einwohnern im Jahre 1921.

Die folgende Tabelle 2 (zusammengestellt nach Ulmer 705, Tab. 27, S. 101; Tab. 19, S. 58; Tab. 31, S. 108) läßt die Stärke der Abwanderung in einzelnen Tälern und Talschaften (Talteilen) und ihren Zusammenhang mit der Höhenlage erkennen. Die einzelnen Talgebiete stimmen nicht durchwegs mit der hydrographischen Einheit eines Tales, wie sie durch sein Hauptgewässer und dessen Zuflüsse gebildet wird, überein. Es werden gelegentlich Landschaften in ein Talgebiet einbezogen, deren Bewohner kulturell und wirtschaftlich mit dem Tal verbunden waren, so z. B. die Landschaft Außerfern mit dem Lechtal.

Deutlich tritt in der Zeitspanne von 1837 bis 1923 ein Gegensatz in der Stärke der Höhenflucht zwischen dem Osten und dem Westen Nordtirols in Erscheinung. Der Osten, als Ganzes betrachtet, zeigt eine bedeutende Bevölkerungszunahme. Von den drei Talgebieten des Ostens zeigt nur das Zillertal eine starke Minderung seiner Volkszahl. Der Osten ist ein Gebiet mit überwiegendem Anerbenrecht, der Westen ein solches alter Teilungssitte. Diese letztere hat hier im Westen seit alters – wie ja auch anderwärts – zu relativer Übervölkerung geführt. Nachdem sich aber seit der Mitte des 19. Jahrhunderts für die am Land angestaute Bevölkerung die Möglichkeit ergeben hatte, in Verkehr und Industrie ein Unterkommen zu finden und dieses Unterkommen zu einem Großteil nur außerhalb des Oberinntales, vor allem in der Landeshauptstadt möglich war, erfolgte zeitweise ein Abwandern der Bevölkerung. Wenn im Osten Nordtirols das Zillertal einen Rückgang seiner Bewohnerzahl aufweist, so hängt dieser auch hier mit einer relativen Übervölkerung einzelner Talteile zusammen. Das Zillertal wies in der ersten Hälfte des vorigen Jahrhunderts nach Angabe Beda Webers (730, Bd. 3, S. 532) eine größere Bevölkerungsdichte auf als die Nachbartäler. Auch im Zillertal hatte wie im Westen Tirols eine relative Übervölkerung, die wohl auch in Teilen des Tales mit der alten Sitte der Güterteilung zusammenhängen mag, viele Menschen gezwungen, einem zusätzlichen Verdienst durch Wanderhandel nachzugehen.

In den südlichen Landschaften Deutschtirols (im Verwaltungsbezirk Osttirol und in Südtirol) ist ein ähnlicher Gegensatz zwischen dem Osten und Westen wie in Nordtirol nicht so deutlich zu erkennen. Im äußersten Westen Südtirols allerdings, im obersten Vinschgau ober Schluderns, ist als Folge alter Güterteilung und daraus erwachsener Übervölkerung in den Jahren zwischen 1837 und 1921 eine Verminderung der Volkszahl von 13.223 auf 12.801, also um 3,2 % erfolgt. Während aber in Nordtirol-Ost in der Zeit von 1837 bis 1923 die Bevölkerung zugenommen hat, erfuhren im Süden Tirols die östlichen Landschaften, nämlich das Pustertal und der heutige Verwaltungsbezirk Osttirol, keine Erhöhung ihrer Volkszahl; das Pustertal zeigt eine Abnahme von 2 %, Osttirol, als Ganzes betrachtet, hat keine Änderung seiner Bewohnerzahl aufzuweisen. Hochtäler wie Villgraten, Kartitsch, oberstes Lesachtal, Defereggen, Virgen und Kals weisen ein ganz

Tabelle 2: Prozentuelle Bevölkerungszu- (+) und -abnahme (–) der Gebiete[1]

Gebiet	Lage der Siedlungen in Höhengürteln von Metern	1837 bis 1923 (1921)[2]	1837 bis 1869	1869 bis 1900	1900 bis 1923 (1921)[2]	1869 bis 1880	1880 bis 1890	1890 bis 1900	1900 bis 1910	1910 bis 1923 (1921)[2]
Lechtal	800–1600	–13	–6	–8	+1	–3	–4	–2	+5	–3
Stanzertal	800–1800	0	–11	+5	+7	+18	–13	+3	+2	+5
Paznaun	1000–1700	–27	–14	–10	–5	–4	–4	–3	+2	–6
Oberstes Inntal[3]	800–1900	–29	–12	–18	–1	–1	–12	–7	–3	+2
Pitztal	800–1800	–28	–10	–16	–4	–6	–5	–6	+3	–7
Ötztal	700–2100	–14	–13	–11	+11	0	–9	–3	+5	+6
Oberinntal[4]	500–1700	+9	–5	+1	+14	–2	+1	+1	+14	+1
Silltal und Stubaital	700–1700	+13	–2	+1	+15	0	–3	+4	+10	+4
Unterinntal[5]	400–1500	+50	0	+24	+21	+7	+7	+9	+17	+4
Zillertal	500–1700	–15	–10	–13	+9	–7	–5	–1	+3	+6
Brixental und Tal der Großache	500–1200	+22	+2	+5	+15	+2	0	+3	+11	+3
Osttirol	600–1700	0	–6	+2	+6	+3	–2	0	+8	–2
Pustertal[6]	700–1800	–2	–6	–2	+7	+1	–2	–2	+8	–1
Eisacktal	300–1700	+17	–1	+6	+12	+3	+1	+2	+8	+3
Etschtal[7]	200–1800	+36	+10	+10	+13	+3	+1	+6	+12	+1
Vinschgau	500–2000	+3	–2	–5	+11	–1	–3	–1	+8	+3
Nordtirol West[8]	500–2100	–4	–7	–5	+8	–1	–4	–1	+8	0
Nordtirol Ost[9]	400–1700	+31	–1	+13	+18	+3	+3	+6	+13	+4
Südtirol[10]	200–2000	+16	+1	+4	+11	+2	0	+2	+9	+2

[1] Näheres über die Einteilungsgrundsätze bei Ulmer 705, Seite 42 ff. – [2] Volkszählung in Südtirol – [3] Ober Landeck – [4] Von Landeck abwärts mit Einschluß des Tales Sellrain und der Gemeinden Kematen, Völs, Axams, Birgitz, Götzens, Natters, Mutters. – [5] Ohne Innsbruck, aber mit den heute zu Innsbruck gehörenden Gemeinden Vill und Igls. – [6] Tal der Rienz und oberstes Drautal bis Vierschach. – [7] Ohne Bozen und Meran. – [8] Bis Innsbruck, mit Einschluß des Gebietes Silltal. – [9] Ohne Innsbruck. – [10] Mit Bozen und Meran.

Tabelle 3: Prozentuelle Bevölkerungszu- und -abnahme einzelner Gemeinden[1]

Gemeinde	1837 bis 1923 (1921)[2]	1837 bis 1869	1869 bis 1900	1900 bis 1923 (1921)[2]	1869 bis 1880	1880 bis 1890	1890 bis 1900	1900 bis 1910 (1921)[2]	1910 bis 1923 (1921)[2]	Einwohner 1923	Meereshöhe m
Lechtal											
Biberwier	–48	–12	–22	–22	-10	–10	–4	–6	–17	372	987
Gramais	–47	–25	–18	–15	–1	–1	–16	–23	+10	64	1321
Pfafflar	–43	–16	–25	–9	–12	–1	–14	–6	–3	183	1357
Elmen	–39	–11	–13	–21	–6	–5	–3	+2	–23	245	978
Berwang	–37	–11	–13	–19	–3	–6	–4	–10	–10	655	1336
Heiterwang	–36	–16	–30	+10	–2	–19	–11	+8	+2	329	922
Bach	–33	–3	–26	–6	–7	–11	–11	–6	0	500	1066
Oberstes Inntal											
Kauns	–47	–20	–23	–14	–11	–10	–4	–8	–7	227	1054
Fiß	–37	–21	–10	–11	+5	–10	–5	–11	–17	337	1436
Fließ	–34	–10	–24	–3	–4	–12	–11	–7	+4	1346	1073
Fendels	–34	–11	–22	–5	+7	–12	–18	–2	–4	159	1356
Kaunerberg	–34	–7	–24	–8	–1	–18	–7	–6	–2	371	1333
Ötztal											
Ochsengarten	–34	–17	–12	–10	+8	–5	–14	–7	–2	86	1500
Unterinntal											
Galzein	–35	–22	–22	+6	–11	–1	–12	+1	+5	331	800
Zillertal											
Rohrberg	–40	–20	–20	–5	0	–9	–12	–10	+6	237	1000
Ramsberg	–37	–33	–5	–2	–2	–3	0	–3	+1	362	600

Gemeinde	1837 bis 1923 (1921)[2]	1837 bis 1869	1869 bis 1900	1900 bis 1923 (1921)[2]	1869 bis 1880	1880 bis 1890	1890 bis 1900	1900 bis 1910 (1921)[2]	1910 bis 1923 (1921)[2]	Einwohner 1923	Meereshöhe m
Osttirol											
St. Jakob	–49	–29	–8	–22	–2	–9	+3	–18	–5	765	1386
St. Veit	–36	–13	–26	–1	0	–15	–13	0	0	739	1495
Virgen	–35	–16	–10	–13	–2	–6	–2	–9	–5	1079	1191
Oberdrum	–33	–7	–17	–12	–10	–5	–4	–8	–5	264	870
Hollbruck	–33	0	–30	–5	–9	–8	–17	+12	–15	77	1360
Alkus	–33	–7	–24	–6	0	–16	–12	–11	+5	118	1276
Gadertal											
Campill	–33	–23	–10	–4	–2	0	–7	–2	–3	357	1398
Vinschgau											
Graun	–41	–28	–14	–5	–7	–6	–2	0	–4	588	1489
Sonnenberg	–41	–9	–13	–26	0	+1	–15	–13	–15	212	1569
Laatsch	–35	–21	–12	–6	+2	–12	–2	–1	–5	449	970

[1] Nach Ulmer 705, Tab. 2, S. 90 ff. – [2] Volkszählung in Südtirol.

besonders starkes Absinken ihrer Volkszahl auf; diese betrug 11.737 im Jahre 1837 und sank bis 1923 auf 8.203 herab, was eine Abnahme von 30,1 % bedeutet. Auch in diesen Hochtälern steht die Entvölkerung der Zeit von 1837–1923 mit alter Güterteilung, die vor diesem Zeitraum zu Übervölkerung geführt hatte, im Zusammenhang. Besonders weit war die Zersplitterung des Besitzes in Defereggen fortgeschritten; sie hatte hier, ähnlich wie im Westen Tirols, die männliche Bevölkerung gezwungen, einem zusätzlichen Verdienst nachzugehen, den sie im Wanderhandel fand.

Tabelle 3 zählt jene Gemeinden Deutschtirols auf, welche in der Zeit von 1837 bis 1923 (Südtirol 1921) eine Bevölkerungsabnahme von einem Drittel und mehr erlitten haben.

26 von den 542 Gemeinden Deutschtirols haben im angegebenen Zeitraum ein Drittel und mehr Bewohner verloren. Es ist das Gebiet alter Güterteilung, Westtirol und – zum Teil – der Verwaltungsbezirk Osttirol, in dem sich diese Gemeinden stärkster Entvölkerung finden. In Nordtirol-Ost ist es nur Rohrberg im Zillertal, das eine Bevölkerungsminderung von 40 % erfahren hat. Zwei von den drei Gemeinden Defereggens weisen einen Rückgang um mehr als 40 % auf, in St. Jakob beträgt der Rückgang 49 %; er hat hier sein höchstes Ausmaß erreicht.

Von den 26 Gemeinden der Tabelle liegen 19 über 1000 m Meereshöhe, eine einzige liegt unter 800 m. Es handelt sich durchwegs um Gemeinden mit überwiegend bäuerlicher Bevölkerung, nur in Biberwier hängt der starke Rückgang der Bevölkerung mit dem Siechtum und der schließlichen Auflassung des Bergwerksbetriebes zusammen. Die allermeisten der aufgezählten Gemeinden liegen abseits vom Verkehr in entlegenen Winkeln von Hochtälern oder auf Hochterrassen und Berghängen.

In manchen hochgelegenen Gemeinden Deutschtirols ist die Bewohnerzahl des Jahres 1900 auf den Bevölkerungsstand des beginnenden 17. Jahrhunderts herabgesunken. So weisen die fünf Gemeinden des Oberinntales, über deren Bewohnerzahl die Tabelle 3 berichtet, im Jahr 1615 2559 Bewohner auf, im Jahr 1900 2549; in den Gemeinden des oberen und mittleren Lechtales beträgt die Bewohnerzahl im Jahre 1615 2079, im Jahre 1900 1987.

Wenn auch Entvölkerung und Landflucht nicht regelmäßig zusammenfallen, so war doch mit der Entvölkerung in sehr vielen Gemeinden eine Abnahme der in der Landwirtschaft tätigen Personen verbunden. Tabelle 4 (nach Ulmer 705, Tab. 5, S. 8) bringt Angaben über die Verminderung der Zahl der in Land- und Forstwirtschaft Berufstätigen Deutschtirols.

Die Bevölkerungsabnahme in so vielen Landgemeinden, vor allem in den hochgelegenen, und damit zusammenhängend die zahlenmäßige Abnahme unseres Bergbauerntums ist unstreitig eine sehr bedenkliche Erscheinung. Immerhin läßt sich feststellen, daß in den ersten Jahrzehnten des gegenwärtigen Jahrhunderts im allgemeinen eine Verlangsamung dieses Bevölkerungsrückganges eingetreten ist. Dieser war in den beiden Zeitabschnitten von 1837 bis 1869 und von 1869 bis

Tabelle 4: Übersicht nach Berufsgruppen

Hauptberufsgruppen	1890	1900	1910	Prozent aller Berufstätigen			Zunahme + Abnahme - (in Prozenten)		
				1890	1900	1910	1890 bis 1900	1900 bis 1910	1890 bis 1910
Land- und Forstwirtschaft	200.585	187.408	177.504	65,5	60,0	51,2	–7	–5	–11
Industrie und Gewerbe	43.077	46.788	60.935	14,1	15,0	17,6	+9	+30	+41
Handel und Verkehr	20.185	27.821	40.960	6,7	8,9	11,8	+38	+47	+103
Öffentliche Dienste und freie Berufe	41.626	50.403	67.350	13,7	16,1	19,4	+21	+34	+62
Berufstätige insgesamt	305.473	312.420	346.749	100	100	100			

1900 weit stärker als in der Zeit von 1900 bis 1923. „Am schlimmsten war die Flucht von den Berghöfen in den zwei Jahrzehnten vor der Jahrhundertwende" (Ulmer 705, S. 320). Die Zeit von 1880 bis 1890 war eine Krisenzeit für die Landwirtschaft.

Die Zeit von 1900 bis zum ersten Weltkrieg brachte auch den Bauern infolge einer allgemein günstigen Wirtschaftslage bessere Absatzverhältnisse. Krieg und nachfolgende Inflation, soviel Verderben sie brachten, hatten wenigstens das eine Gute, daß sie zunächst die Landflucht hemmten. Vergleicht man die Entvölkerung der Gemeinden in der Zeit von 1900 bis 1923 mit jener von 1837 bis 1869, so zeigt sich, daß in dieser letztgenannten Zeitspanne mehr als fünfmal soviel Gemeinden Entvölkerung erlitten als zwischen 1900 bis 1923. Auch die allgemeine Wirtschaftskrise in der Zeit nach 1930 hemmte die Landflucht und staute das Abströmen der Landbevölkerung zurück, bis dann die künstlich hervorgerufene Blüte der Industrie nach der Vereinigung der österreichischen Länder mit dem Deutschen Reich Landflucht und Höhenflucht neuerdings ansteigen ließ. In den Gemeinden, in welchen die Mehrheit der Bevölkerung – von 67 bis 100 % – in der Land- und Forstwirtschaft tätig ist, hat die Bevölkerung in der Zeit von 1880 bis 1900 um 7 % und von 1900 bis 1923 um 2 % abgenommen, dagegen von 1923 bis 1939 um 6 % zugenommen. Der Umschwung zur Besserung zwischen den beiden Volkszählungsjahren 1923 und 1939 ist aber tatsächlich, wie Ulmer (706, S. 323) darlegt, noch in der Zeit vor dem März 1938 erfolgt. Nach 1938 tritt wieder die Wendung zum Schlechteren ein.

Insgesamt darf jedoch die Abnahme der Höhen- und Landflucht in der Zeit von 1900 bis 1938 nicht zu einer optimistischen Beurteilung der Bergbauernfrage führen. Die Umstände, welche die Besserung bewirkten, waren nicht von der Art, daß sie eine dauernde Festigung unseres Bergbauerntums erwarten lassen. Vorkehrungen zur Bekämpfung von Land- und Höhenflucht sind nach wie vor dringend erforderlich. Bevor jedoch dieser Gegenstand behandelt wird, empfiehlt es sich, die bisherigen Ausführungen über die Verödung unserer Bergbauernhöfe, über Höhen- und Landflucht, durch eine eingehende Beschreibung des Übels, wie es in einzelnen Landschaften vor Augen tritt, zu veranschaulichen. Für diesen Zweck wurden zwei Talschaften und eine Gemeinde, nämlich das Kaunertal und Villgraten sowie die Gemeinde Sonnenberg, am sonnseitigen Steilhang des Vinschgaues ober Schlanders, ausgewählt, die ich auf wiederholten Wanderungen eingehender kennenlernte.

Beispiele der Bevölkerungsentwicklung. Im Kaunertal ist der Bevölkerungsrückgang sowohl im inneren Tal wie an den Hangsiedlungen im äußeren Tal sehr stark. Das Familienbuch der Kaplanei Feuchten aus den Jahren 1817–1864 nennt auf den Höfen des inneren Tales, die heute bis auf den Hof Wolfkehr verödet sind, folgende Bewohnerzahl für das Jahr 1855:

Klamle	1
See	13
Rife	9
Platt	5
Herzogmahd	9
Kupp	8

Jagdhaus einst von 4 Parteien bewohnt, Kopfzahl 1855 unbekannt.

Im Jahre 1855 kamen noch 48 Personen aus den Höfen des Innertales zur Kirche nach Feuchten, in älterer Zeit sollen gar 70 Kirchenbesucher erschienen sein.

Besonders stark ist auch die Abnahme der selbständigen Bauerngüter in dem am steilen Hang gelegenen Gemeindegebiet von Kaunerberg. Mein Schüler Ruzersdorfer berichtete über die einzelnen „Riedlen" (Höfegruppen) aufgrund von Untersuchungen an Ort und Stelle folgendes: In Löchl bestehen zwei Bauerngüter seit längerer Zeit unverändert. Das nächste Riedl Falpaus ist sehr stark von der Entsiedlung ergriffen. 1856 bestanden hier noch sieben bäuerliche Anwesen, vor einigen Jahren nur noch drei, heute[17] ist die Zahl der Anwesen auf zwei herabgesunken. Vor drei Jahren ist der größte Besitzer mit seinen elf Kindern in die Steiermark abgewandert, seinen Hof wollte er verpachten, konnte aber zunächst keinen Pächter finden. In Gaiswies ist ebenfalls ein Anwesen eingegangen und zu einem Zugut geworden, das mit einem Gut in Kauns verbunden ist und von dort aus bewirtschaftet wird. In Schnadigen, auf einer breiten Hangleiste gelegen, bestanden bis 1885 sieben bäuerliche Anwesen, heute sind nur noch drei vorhanden. Mairhof umfaßte bis 1917 sechs Anwesen, heute bestehen noch fünf. Prantach wies bis 1870 13 Anwesen auf, von denen heute nur noch sieben ihre Selbständigkeit wahren. Ganz übel sieht es in Brauneben aus. 1856 gab es hier sieben bäuerliche Anwesen, 1880 noch fünf, 1907 vier; heute wahrt nur noch ein Hof seine Selbständigkeit. Die Wirtschaftsgebäude der anderen Anwesen werden zum Teil noch benützt, die Grundstücke der verschwundenen Anwesen wurden stark zerstückelt. In Lahng und Mühle bestanden einst je zwei Anwesen, heute ist nur noch je ein Anwesen vorhanden; früher lebten hier insgesamt vier Familien, heute sind nur mehr zwei ansässig. Im Riedel Ebne wohnten früher drei Familien, heute siedelt nur mehr eine Familie.

In Grünstein saßen vor 70 Jahren drei Familien, heute wird nur noch ein Anwesen selbständig bewirtschaftet. Ober- und Unterfalpetan zuoberst am Kaunerberg wiesen 1856 zwölf selbständige Wirtschaften auf, von denen heute nur noch acht die Selbständigkeit behaupten; Luixe, das 1923 noch von einer Familie besetzt war, ist seit 1933 verödet. Der Hof Aspig ist 1930 abgebrannt, heute ist er Zugut, auf dem nur das Wirtschaftsgebäude wieder aufgebaut wurde. In Grünig bestanden 1923 drei Anwesen, kürzlich wurde eines derselben vom Wirt zu Kaltenbrunn aufgekauft und zum Zugut gemacht. Die ganze Gemeinde Kaunerberg, eine rein bäu-

[17] Ruzersdorfers Erhebungen stammen aus den späten dreißiger Jahren.

erliche Siedlung, verlor in der Zeit von 1860 bis 1940 nicht weniger als 39,4 % ihrer landwirtschaftlichen Betriebe; die Einwohnerzahl sank von 563 im Jahre 1837 auf 371 im Jahre 1923, also um 34 %; die stärkste Abnahme vollzog sich im Jahrzehnt 1880–1890 mit 18 %. Die Zahl der Schulkinder hat in den letzten 25 Jahren (vor 1940) um fast 50 % abgenommen.

Die Verödung der Höfe im inneren Kaunertal ist vor allem auf Elementarereignisse zurückzuführen, nämlich auf Zerstörungen durch den Faggenbach und seine Nebenbäche, durch Lawinen und Muren. Nach Mitteilungen des Herrn Schulleiters Plankensteiner in Feuchten und des Hw. Herrn Dekans Lorenz (†) in Prutz, die sich in vorbildlicher Weise mit der Heimatkunde des Kaunertales befaßt haben, kommt vor allem die Entwaldung als Ursache an den Muren und Lawinen in Betracht. Besonders die Zerstörung der Waldkrone, d. h. der Wälder am obersten Teil der Steilhänge, wirkte verderblich. Schon seit alters wurden im Kaunertal größere Schlägerungen für die Haller Saline in den vom Landesfürsten aufgrund seines Forstregals beanspruchten Wäldern vorgenommen, doch hatten immerhin die Höfe im inneren Tal an den vom Landesfürsten beanspruchten Wäldern ihr Nutzungsrecht behauptet. Um die Mitte des 19. Jahrhunderts verloren die Höfe dieses Nutzungsrecht; die Wälder am linksseitigen Hang wurden der ausschließlichen Nutzung durch das Forstärar überwiesen. Das hatte zur Folge, daß nunmehr die Wälder auf der rechten Talseite von den Hofbesitzern teils aus Not, teils aus mangelnder Einsicht zu stark angegriffen wurden. Im Tal ist die Sage verbreitet, daß das Tal einst wieder siedlungsleer und zu einer Alm werde, was es ja einmal gewesen ist. Für das innere Tal ist die Prophezeiung bereits in weitem Maße erfüllt.

Weitere Ursachen für den Siedlungsrückgang im ganzen Tal sind nach den Mitteilungen Plankensteiners, Ruzersdorfers und meinen eigenen Beobachtungen die folgenden:

Die einzelnen Betriebe sind verhältnismäßig sehr klein; zur Zeit, da noch die meisten Bauern Selbstversorger waren und ihre Lebensführung noch anspruchsloser war, vermochten sie sich einigermaßen auf ihren Gütern zu behaupten. Bei vielen Gütern war dies freilich nur deswegen möglich, weil einzelne der erwachsenen männlichen Mitglieder der Familie einem zusätzlichen Verdienst nachgingen. Noch in der ersten Hälfte des vorigen Jahrhunderts zogen viele Männer aus dem Kaunertal als Bergknappen nach Frankreich oder Italien; sie verließen im Frühjahr die Heimat und kehrten im November mit ihren Ersparnissen heim. In den letzten Jahrzehnten ist dieser zusätzliche Verdienst, der zur Ergänzung des unzureichenden Ertrages der kleinen Güter unentbehrlich war, nicht mehr möglich.

Ruzersdorfer berichtet aufgrund von Angaben der Einheimischen, daß die Verödung auch als Folge der verminderten Erträge der Äcker anzusehen sei. Alte Leute wissen zu erzählen, daß auf dem gleichen Fleck Land früher der doppelte Ertrag erzielt worden sei. Zurückzuführen sei der Ertragsrückgang auf eine Verschlechterung der Witterung. Eine Abnahme des Ertrages aus gleicher Ursache wird auch betreffs des Ackerbaues im Innertal berichtet. Die Klimaverschlechterung sei durch eine große Waldzerstörung bewirkt worden. Die Gemeinde Prutz habe in den sechziger Jahren des vorigen Jahrhunderts im Innertal eine große Schlägerung durchgeführt, von welcher sich der Wald nicht mehr erholte; der Schutz gegen die kalten Luftströmungen vom großen Gletschergebiet des innersten Tales wurde dadurch abgeschwächt. Auch in anderen Hochtälern wurde mir wiederholt von Einheimischen die Waldvernichtung als Ursache einer merkbaren Klimaverschlechterung angegeben. Im inneren Kaunertal soll zufolge der Klimaverschlechterung das Getreide erheblich später abreifen als früher.

Auch der Ertrag der Wiesen am Kaunerberg nahm in den letzten Jahrzehnten ab. Die Ursache dafür liegt, wie Ruzersdorfer ausführt, im Verfall der alten Bewässerungsanlagen, der ja im ganzen Gebiet des tirolischen Oberinntales zu beobachten ist. Hier am sonnigen und trockenen Hang des Kaunerberges wirkt sich dies umso übler aus, als von den 165 ha Wiesen 70 ha der Bewässerung bedürfen. Die schwierige Instandsetzung der alten Wasserwaale durch Gemeinschaftsarbeit ist heute nach der starken Verminderung der Einwohnerzahl unmöglich geworden; einer Instandhaltung durch bezahlte Arbeit steht der Geldmangel entgegen.[18]

Die einzelnen Höfe und Weiler des Kaunerberges sind nur durch schlechte Karrenwege mit der Talstraße verbunden; die Ungunst der Verkehrslage hat sicherlich viel zur Verödung beigetragen.

Das Hochtal Villgraten schließt zwei Gemeinden, Außer- und Innervillgraten, in sich. Die Einwohnerzahl von Außervillgraten sank von 917 im Jahre 1837 auf 753 im Jahre 1923, jene von Innervillgraten in derselben Zeitspanne von 910 auf 705, nahm also in Außervillgraten um 18 %, in Innervillgraten um fast 23 % ab. Die Zahl der bäuerlichen Betriebe belief sich in Außervillgraten im Jahre 1781 auf annähernd 118, von denen 1930 noch annähernd 94 (–21 %) ihre Selbständigkeit behauptet hatten (s. Abb. 17); in Innervillgraten sank die Zahl der bäuerlichen Betriebe im selben Zeitabschnitt von 126 auf 103 (–18 %). Die Einödhöfe Inner- wie Außervillgratens liegen zumeist an steilen Hängen in einer Höhenlage von 1300 bis 1700 Metern. Auch hier gab es früher mehr Ackerbau als heute.

Wie im Kaunertal wird auch in Innervillgraten von den Berghofbauern eine Verschlechterung des Klimas mit einer Schwächung der schützenden Wälder in Zusammenhang gebracht. Immerhin ist auch heute noch ein verhältnismäßig starker Anbau von Getreide üblich. Die verödeten Güter liegen fast durchwegs am oberen Rand der Siedlung, manche in abgelegenen Talgräben, nicht wenige sind schwer

---

[18] Ab 1941 hat das Kulturbauamt Landeck eine Beregnungsanlage errichtet, die sich in diesem sonnenreichen Trockengebiet bewährt hat. Selbst bei den höchstgelegenen Höfen Oberfalpetan (1650 m ü. d. M.) wird Winterweizen mit besserem Erfolg und Ernteertrag als in der Ebene angebaut. Auch Winteräpfel reifen in Oberfalpetan noch gut ab. Vgl. Fritz Zelle, Die Bewässerungsanlage am Kauner Berg bei Prutz, in: Landecker Buch 1. Bd. (Schlern-Schriften 133. Bd.), Innsbruck 1956, S. 325–334. Vgl. auch Irmtraud Neunlinger, Von der künstlichen Bewässerung im Oberen Gericht, ebd. S. 315–323. N. Grass.

von Lawinen bedroht. Die Bearbeitung der Güter ist zumeist schwierig, die Zugangswege sind steil und schlecht; es wäre aber auch bei diesen verödeten Höfen durch die von vielen Bauern Villgratens selbst gebauten Seilwege eine wichtige Besserung der Verkehrsverhältnisse möglich. Viele der noch fortbestehenden Bauerngüter Villgratens weisen keine wesentlich bessere Lage auf als die öd gewordenen; manche der aufgelassenen Höfe liegen sogar auf günstigerem Gelände als die heute noch bestehenden Betriebe. So breitet sich beispielsweise der Mooshof im inneren Winkltal mit seinen Heimgütern über einen sanft geneigten Schuttkegel der Talsohle aus. Gleichwohl ist er bereits 1570 von seinem Baumann, Anton Moosmann, an einen Bauern draußen im Pustertal, an Ambros Untermair zu Panzendorf, um 785 Gulden verkauft worden. Dieser bewirtschaftete den Hof als Zugut, was er auch bis heute geblieben ist. Als Grund für den Verkauf des Gutes gab Moosmann an, daß „die teurn, spern [trockenen] misgeratnen Jar auff in khumen, dardurch er in Armudt geratten und ime nimmer getraw, sollichen Hof inenzuhaben". Wenn der Hof trotz seiner günstigen Beschaffenheit dauernd Zugut blieb, so fiel dabei ins Gewicht, daß er wegen der ausgedehnten Weiderechte, die mit ihm verbunden waren, für kapitalkräftigere Bauern einen besonderen Anreiz bot, ihn als Zugut für eine ausgedehntere Viehzucht zu verwenden. Zeitweise Bedrohung des Mooshofes durch Lawinen und Hochwasser mag die Preisgabe der Dauersiedlung gefördert haben; nach einer Angabe aus dem Ende des 18. Jahrhunderts war der Hof „an dreien Orten in Lan- und Wassergefahr".

Auch in dem Villgraten benachbarten Defereggen ist der Verlust an selbständigen Bauernwirtschaften sehr groß, in der Gemeinde Hopfgarten z. B. sind in manchen Gemeindeteilen (Fraktionen) in den letzten 80 Jahren 40 % der selbständigen Bauernwirtschaften verschwunden.[19]

Ein drittes Beispiel starker Verödung bietet die Gemeinde Sonnenberg nördlich Schlanders im Vinschgau. Von den 31 Höfen, die im Jahre 1837 hier gezählt wurden, sind bis heute nicht weniger als 13, also 42 %, verschwunden; dementsprechend ist in dieser rein landwirtschaftlichen Gemeinde die Bewohnerzahl von 362 im Jahre 1837 auf 212 im Jahre 1921, also um 41 %, zurückgegangen. Die einzelnen Höfe liegen auf einem steilen, von der Sonne ausgedörrten und von zahlreichen tiefen und steilen Gräben zerrissenen Hang. Im Winter rauschen und poltern die Lawinen herab. Die Dächer mancher Häuser sind in die Hangfläche eingebaut und setzen sie gewissermaßen fort, sodaß die abgehenden Lawinen über das Haus hinweg ihren Weg in die Tiefe nehmen können, ohne es schwerer zu beschädigen. Bei meinem Besuch auf Fora[20] erzählte mir eine der hier beheimateten Bäuerinnen, daß im Spätwinter und Frühjahr, wenn die gewaltigen Schneelasten auf den Höhen weich zu werden beginnen und das Abfahren von Lawinen zu befürchten ist, die Hausbewohner die Nächte in der Küche verbringen. Diese ist

[19] Mitteilung des Herrn P. Blassnig, Landwirtschafts- (Bauern-)kammer Lienz.
[20] Gemeinde St. Martin am Vorberg.

höhlenartig in den Hang eingetieft, sodaß selbst im Fall, daß die Lawine den Holzbau eindrückt, die Küchenhöhle unbeschädigt bleibt. Gelegentlich hätten Lawinen den Weg über das Dach genommen. Es habe freilich das ganze Haus unter dem Gewicht der abfahrenden Lawine „gewaggelt“ und die Leute hätten vor Schreck „gereart“, es sei aber kein größerer Schaden entstanden.

Die Siedlungen breiten sich in einer Höhenlage von 1300 bis 1700 Metern aus. Nur bei sorgfältiger Bewässerung nicht nur der Wiesen, sondern auch der Äcker ist ein Ertrag zu erzielen. Die Instandhaltung der Wasserwaale ist überaus mühsam und erfordert viel Arbeit. Wasser steht zudem in trockenen Jahren nicht in ausreichender Menge zur Verfügung. Die Verkehrslage ist außergewöhnlich übel. Mit den Siedlungen und Verkehrswegen der Talsohle besteht keine durchwegs fahrbare Verbindung. Steile Karrenwege, im Sommer häufig von Gußregen zerrissen und im Winter vereist, führen ins Tal hinab. Von Hof zu Hof gelangt man zumeist nur auf schmalen Steigen, von denen manche im Winter durch Vereisung oder Steinschlag geradezu lebensgefährlich werden. Auf diesen Wegen müssen die schweren Korn- und Heulasten eingetragen werden; fahren ist ausgeschlossen. Die Lebenshaltung dieser Bergbauern ist die denkbar einfachste; tagaus, tagein kommen die Knödel aus Schwarzplenten auf den Tisch, nur am Sonntag gibt es Knödel mit weißem Mehl. Eine Berechnung der Unterhaltskosten, die ich um 1910 gemeinsam mit dem damaligen Kuraten der benachbarten Gemeinde Vorberg anstellte, ergab 35 Kreuzer (etwa 70 Groschen um 1948) pro Kopf eines Erwachsenen.

Bereits vor anderthalb Jahrhunderten berichteten amtliche Quellen von den unglaublichen Schwierigkeiten der Lebens- und Wirtschaftsführung auf diesen Höfen. Nach dem Kataster von 1779 hat der Hof Falegg für die Bewässerung der Äcker nicht das nötige Wasser; er besitze nur einen kleinen Hausbrunnen, „welcher zu Zeiten für Leut und Vieh saumselig ist, es haben sich auch die Inhaber dieses Hofes zu trocknen Zeiten mit dem Bettelbrot bedienen müssen“. Der Hof habe überdies keine Wiesen in der Nähe, sondern müsse das Heu 1 1/2 Stunden auf dem „Ruggen“ von den Bergmähdern herabtragen. Auch vom Hof Rimpf macht der Kataster die Mitteilung, daß dieser „unabträgliche Hof“ zu den Äckern kein Wasser habe und daß die Wiesen „unter der Lansgefahr“ stehen. Vom Hofe Laggar erzählt der Kataster von 1779, er sei „sehr hoch, wild und trocken ohne einige Fleckl Wies“, er habe kein Wasser zum Wassern. „Der Hausbrunn ist durch Rohre stundenweit durch einen gefährlichen Berg zu führen“, er friere zur Winterszeit ab, sodaß man für Vieh und Leute das Wasser 1/4 Stunde auf dem Rücken herzutragen müsse.

Als ich bei meinen Wanderungen zum Hofe Zuckbüchl kam, dachte ich, da können die Leute einmal gewiß keine kleinen Kinder haben. Unmittelbar vor der Haustür fällt der Hang steil in die Tiefe; ich konnte mir nicht vorstellen, daß sich kleinere Kinder, wenn sie nicht ständig beaufsichtigt werden, frei herumtreiben können, ohne abzustürzen. Als ich ins Haus eintrat – es war gerade Mittagszeit –, fand ich rings um den Stubentisch eine stattliche Kinderschar von drei Jahren aufwärts versammelt; alle hatten trotz des Steilhanges noch ihre geraden Glieder. Die Beschreibung von 1779 stellt dem Hof ein schlechtes Zeugnis aus. Der Hof sei „mit lauter stickhlen (steilen) Äckern behaftet und ohne einige Fleckl Wies", er habe auch kein Wässerwasser, liege im Lahnstrich, seine Bergmähder seien weit entfernt. Der Weg nach Laggar wie Zuckbüchl ist nach derselben Angabe von der Lawine gefährdet, daß man nur „mit großer Gefahr die Geistlichkeit mit dem höchsten Gut zu einem Kranken bringen" könne.

Dem Hofe Mittereben sagt der Kataster nach, er sei „ein hocher wilder Hof", das Wasser zum Hausbrunnen müsse weit hergeleitet werden, die Viehtränke sei zur Winterszeit, wenn das Brunnenwasser abfriere, mit großen Gefahren verbunden, bei starken Regengüssen bestehe die Gefahr, daß große „Stickher (Grundstücke) hinweck rinnen". Der benachbarte Hof Patsch sei ein „sehr trockenes Gut mit kleinen Flecklen Wiesen und gar wenig Wasser zum Wassern und auch selbiges durch einen sehr weit entlegenen, höchst gefährlichen Berg zu führen", auch die Bearbeitung der zugehörigen Bergmähder sei gefährlich. Die Gefahr der Bergmahdarbeit besteht hier und anderwärts darin, daß auf den steilen und durch die Trockenheit hart und glatt gewordenen Wiesen die Absturzgefahr für den Arbeitenden, namentlich wenn er die schwere Heulast einträgt, groß ist. Bei meinem Besuch auf diesen Höfen konnte ich mich von der Richtigkeit der Katasterangaben überzeugen.

Die schwierige Wirtschaft und der geringe Ertrag der zuletzt genannten vier Höfe hat im Volksmund den Spruch entstehen lassen:

„Auf Zuckbüchl und Laggar ist der Schmalzkübel laar,
Auf Patsch und Mitterebn werd' er a nimmer lang heb'n."

Alle vorhin genannten Höfe sind im Verlauf des 20. Jahrhunderts verödet. Sie wurden von den drei am Talboden der Etsch gelegenen Gemeinden Kortsch, Schlanders und Vezzan aufgekauft. Der Kauf der Höfe hing mit den Bemühungen der Gemeinden, sich gegen Vermurung zu schützen, zusammen. Der Hang, auf dem die Höfe liegen, ist steil und brüchig; starke Regengüsse oder lange anhaltender Regen lösen am Hang Muren los, welche die Felder der drei Gemeinden am Talboden überschütten. Die Schafweide am Hang, zu welcher die Höfe berechtigt waren, trug zur Lockerung des Hanges bei; in die „Schafsteige", welche die Schafe bei ihrem Weidegang austraten, drang das Regenwasser ein, wodurch die Murenbildung begünstigt wurde. Die Gemeinden wollen durch Aufforstung an den kahlen oder nur von einzelnen mächtigen Lärchen bestandenen Steilhängen den Boden festigen und die Murenbildung erschweren. Die Verödung der Höfe war mit einer Auflassung des bisherigen, gar nicht unbedeutenden Ackerbaues verbunden. Allein auf dem Boden der drei von der Gemeinde Kortsch aufgekauften Höfe Rimpf, Falegg und Matatsch, auf denen acht bäuerliche Betriebe bestanden hatten, waren an die 2000 Star Roggen (1 Star = 30,6 Liter) gewonnen worden, und zwar Roggen von besserer Beschaffenheit als jener der Talgüter. Auf den Höfen wurden 70 Stück Rindvieh und einige Pferde gehalten.[21]

POLITISCHER UND WIRTSCHAFTLICHER WERT DER BERGBAUERN. Vor unseren Augen veröden mehr und mehr von unseren Tiroler Berghöfen. Jeder Hof, der zum Zugut wird, bedeutet eine Bergbauernfamilie weniger. Diese Abnahme unseres Bergbauerntums ist ein schwerer Schaden für Staat und Volk; bildet doch das Bergbauerntum geistig wie körperlich einen hohen Wert. Zunächst einmal bedeuten die vielen kinderreichen Bergbauernfamilien einen starken Kraftquell für den Volkskörper. Der Kampf mit den Naturgewalten des Hochgebirges bildet im Bergbauern wertvolle Eigenschaften wie körperliche und geistige Kraft, Mut, Ausdauer, tief religiösen Sinn aus; die Wirtschaft am Berg, die geschlossene Hauswirtschaft, fördert eine Vielseitigkeit in der Betätigung.

Im Hauptstück VII wird unter anderem namentlich der Bergbauer als geschickter und vielseitiger Techniker zu schildern sein. Gewiß, die Bedeutung unseres Bergbauerntums liegt in erster Linie auf bevölkerungspolitischem Gebiet. Trotzdem darf auch nicht übersehen werden, daß die Verödung von Bergbauerngütern eine wertvolle landwirtschaftliche Erzeugung vermindert. Ulmer (Bergbauernfrage, S. 135, Tab. 31) hat nachgewiesen, „daß zwischen der Zahl der Betriebsauflassungen und der Größe der Viehbestände eine sehr regelmäßige und ausgeprägte Korrelation besteht"; mit dem Aufkauf eines bisher selbständigen Betriebes vermag zwar der durch das Zugut vergrößerte Betrieb seinen Viehbestand zu erhöhen, die Viehhaltung auf dem vergrößerten Gut stellt aber doch in vielen Fällen nicht die Summe dessen dar, was früher auf dem aufkaufenden Gut und dem Zugut, als es noch selbständig war, gehalten wurde, sondern führt zu einer Verminderung des früher auf beiden Gütern insgesamt gehaltenen Viehes. Verminderte Intensität der Wirtschaft auf dem Zugut ist es, die zur Abnahme des Viehbestandes geführt hat. Die Umwandlung bäuerlicher Betriebe in Zugüter bedeutet zumeist den Übergang von intensiver zu extensiver Wirtschaft, mit anderen Worten, von sorgfältiger Bearbeitung zu vereinfachter, arbeitssparender.

Ist auf dem Berghof ein gar nicht unbedeutender Ackerbau betrieben worden, so wird nach der Umwandlung zum Zugut der Acker zur Wiese. In Gebieten stärkerer Verödung ist die Verminderung der Ackerfläche unter Umständen recht erheblich. Im Entsiedlungsgebiet des Pitztales hat sie in der Zeit von 1860 bis 1928 um 17,7 %, in der Gemeinde Kaunertal um 16,9 %, in der Berggemeinde Spiß gar

---

[21] Mitteilung eines Bauern zu Kortsch v. J. 1922.
Eine auf persönlicher Begehung beruhende Beschreibung von Vinschgauer Bergbauernhöfen gab der Wopfner-Schüler Dozent Dr. Hermann Holzmann im Südtiroler Reimmichl-Kalender 1965. Im gleichen Kalender schrieb Holzmann über „Berge und Bauern des oberen Eisacktales" (1962), über den „Lebenskampf Tiroler Bergbauern – Wasser- und Lawinenkatastrophen in alter und neuer Zeit" (1964), über „Passeirer Berghöfe" (1966) und „Rund um Aldein" (1967). Ausnahmsweise sei hier auf diese Aufsätze hingewiesen, da sie eine wertvolle Bestätigung und Ergänzung von Wopfners Ausführungen darstellen. N. Grass.

um 21,6 % abgenommen. Ganz allgemein führt die Auflassung bisher selbständiger Betriebe an der bisherigen Höhengrenze der Siedlung zu einem Absinken der Höhengrenze des Getreidebaues.

Bergwiesen, welche der Bergbauer von seinem Hof aus nutzte, bleiben nach dessen Umwandlung in ein Zugut z. T. ungenutzt. Oft dienen sie der Schaf- und Ziegenweide. Auf vielen Zugütern bleibt das Vieh während eines Teiles des Jahres. In diesem Fall verbleibt der während dieser Zeit anfallende Dünger auf dem Gut. Andere Zugüter werden bearbeitet und das gewonnene Futter wird zu Tal zum Hauptgut gebracht; das Zugut bleibt dann ohne entsprechende Düngung.

Die Verödung der Berghöfe bedeutet den Rückzug des Menschen aus einem Grenzgebiet der Dauersiedlung, in dem er bisher gegen die feindlichen Naturkräfte ankämpfte; der Kampf wird zwar nicht ganz aufgegeben, aber nur noch mit schwächerer Kraft fortgeführt. Die Auflassung landwirtschaftlicher Betriebe in solchen Grenzgebieten führte gelegentlich sogar zu völliger Preisgabe der Bearbeitung des Bodens. Im Interesse tunlichster Selbstversorgung des Staatsvolkes ist aber weitgehende Ausnützung aller ertragsfähigen Bodenflächen innerhalb des Staatsgebietes eine dringliche Forderung. Bei unserem ohnehin unzureichenden Nahrungsspielraum können wir es uns nicht leisten, ertragsfähigen Boden nicht oder nur schlecht auszunützen. Der hohen Arbeitsleistung des Bergbauern ist es zu verdanken, daß auch karge Böden noch einen verhältnismäßig hohen Ertrag liefern.

HOCHWERTIGE PRODUKTE. Die hauptsächlichen Erzeugnisse der Berghöfe im engeren Sinn sind von höherem Wert als die gleichartigen Erzeugnisse der Tiefenlagen.

Adolf Staffe, Professor an der Hochschule für Bodenkultur in Wien, hat in einer Abhandlung, die in der „milchwirtschaftlichen Zeitung" in Wien erschien (Folge 16 von 1942, S. 274f.), diese Höherwertigkeit von Erzeugnissen des Berghofes wissenschaftlich nachgewiesen. Zunächst kommen dabei Viehzucht und Milchwirtschaft in Betracht. Das Vieh des Bergbauern, das regelmäßig gealpt wird, ist höherwertig, die Alpung bedeutet einen Vorgang natürlicher Auslese, nur gesunde Tiere überdauern sie. Das gealpte Vieh ist widerstandsfähiger, kräftiger, fortpflanzungstüchtiger und leistungsfähiger als das Vieh der Tiefenlagen. Gealpte Tiere, in gute Futterverhältnisse gebracht, sind futterdankbarer als Tiere der Ebene. Die Vorzüge des gealpten Viehes sind schon früh erkannt worden und haben dem Tiroler Vieh wie dem anderer Gebirgsländer einen guten Absatz in den Nachbarländern verschafft. Bei den Berghöfen besitzt aber auch die Heimweide dank ihrer hohen Lage Eigenschaften der Alm.

Die Milch der auf den Hochweiden gealpten Tiere zeichnet sich durch hohen Fettgehalt aus, auch der Gehalt an Vitamin C und D ist größer; außerdem ist sie länger haltbar, ärmer an Bakterien und reicher an bakterientötenden Kräften. Butter und Käse sind bei entsprechender Bereitung wohlschmeckender (aromatischer) als Talerzeugnisse.

Aber auch die Erzeugnisse des bergbäuerlichen Ackerbaues haben ihre Vorzüge. Den bodenständigen, alten Getreidesorten der Höhenlagen kommt größere Widerstandsfähigkeit zu, sie eignen sich daher in höherem Maß als Saatgut und sind höherwertiger als jene der Tiefenlagen. Die Kartoffel des Hochgebirges ist reicher an Eiweiß. Besonderer Wert kommt dem Gebirgshonig zu; er besitzt gegenüber einer größeren Anzahl von Bakterien eine in besonderem Maß entwicklungshemmende (bakteriozide) Kraft.

Auch der Menge nach ist das, was die Bergbauernwirtschaft hervorbringt, für die Ernährung des Stadtvolkes immerhin von Bedeutung. Nach einer Feststellung aus dem Jahre 1938[22] betrug damals die von den landwirtschaftlichen Betrieben in Salzburg, Tirol und Vorarlberg[23] erzeugte Milchmenge 474 Millionen Kilogramm, von denen nur 45,1 Millionen für Viehmast und Aufzucht und 85,6 Millionen kg für den Selbstverbrauch der landwirtschaftlichen Bevölkerung Verwendung fanden. Die Käseerzeugung betrug 75.977 Doppelzentner Hartkäse, 4.371 Meterzentner Weichkäse und 2.466 Meterzentner Grau- und Sauerkäse.

4. Ausblick in die Zukunft – Lösungsvorschläge

Die Erkenntnis der Ursachen, welche die Verödung unserer bergbäuerlichen Siedlungen herbeigeführt haben, kann Hinweise geben auf die möglichen Gegenmaßnahmen. Die Kräfte, welche dem Bestand des Bergbauerntums entgegenwirken, sind zum Teil von der Art, daß viele unserer Bergbauern, allein auf die eigenen Mittel angewiesen, nicht auf die Dauer zu widerstehen vermögen. Die Erhaltung des Bergbauerntums liegt aber im Interesse von Gesamtvolk und Staat und muß daher durch sie gestützt werden. Die Frage des Fortbestandes der bergbäuerlichen Betriebe darf nicht einseitig nach Gesichtspunkten rechnerischer Rentabilität beurteilt werden. Eine Unterstützung des Bergbauerntums mit öffentlichen Mitteln steht keineswegs im Gegensatz zur öffentlichen Moral, sondern ist ein Gebot der Gerechtigkeit; sie bedeutet nicht einseitige Begünstigung eines Erwerbsstandes auf Kosten anderer Stände und findet ihre Rechtfertigung im Gemeinwohl. Schließlich muß auch gesagt werden, daß der Bergbauer von den allgemeinen Leistungen des Staates für öffentliche Wohlfahrt, Sicherheit und Förderung des kulturellen Lebens zufolge der Entlegenheit seiner Siedlungen weit weniger Nutzen ziehen kann als die Bewohner der verkehrsreichen, den Mittelpunkten der Verwaltung, des Wirtschafts- und Kulturlebens näher liegenden Siedlungen. Es ist daher nur billig, daß der Staat nunmehr dem Notstand des Bergbauerntums mit Aufwand besonderer Mittel zu Hilfe kommt.

---

22 Berichte und Informationen, Jg. 1946, Nr. 6, S. 13.

23 Im Salzburger Flachgau und im vorarlbergischen Gebiet um den Bodensee handelt es sich allerdings um landwirtschaftliche Betriebe, die nicht zu den bergbäuerlichen gezählt werden können; die ganz überwiegende Mehrzahl der Betriebe in den drei Ländern muß aber als bergbäuerlich im weiteren Sinn angesehen werden.

In der Schweiz, deren Bergbauerntum mit den gleichen Schwierigkeiten zu kämpfen hat wie der Bauer Tirols, ist von sehr sachverständiger Seite (vgl. Bernhard 47, S. 266f.) die Forderung aufgestellt worden, daß die Kosten für alle Arbeiten, welche wie Wildbachverbauungen, Lawinenschutzanlagen und Aufforstungen zum Schutz des bergbäuerlichen Kulturlandes dienen, aus Staatsmitteln bestritten werden. Die bergbäuerlichen Gemeinden vermögen bei der geringen Zahl ihrer Steuerträger und deren finanzieller Schwäche auch einen verhältnismäßig kleinen Beitrag zur Deckung der Kosten nicht aufzubringen. Es ist bei uns in dieser Hinsicht, namentlich was den Wasserbau betrifft, bereits einiges von Staat und Land getan worden, aber noch immer lastet mehr auf dem Bergbauern, als er leisten kann.

Da gerade die Ungunst der Verkehrslage Leben und Wirtschaft des Bergbauern so sehr erschweren, wäre der Besserung des Verkehrs besonderes Augenmerk zuzuwenden. Die Streulage der Siedlungen verteuert befriedigende Verkehrsanlagen. Da die bergbäuerliche Gemeinde die verhältnismäßig hohen Kosten nicht auf sich nehmen kann, müßten Staat und Land den größten Teil der Kosten tragen; der Beitrag der Gemeinde wie der einzelnen Hofbesitzer müßte sich hauptsächlich in Arbeitsleistungen vollziehen. Die einzelnen Höfe müßten durch schmälere Wege nach Art der ärarischen Forstwege, welche die Steilhänge nicht allzutief anschneiden, andererseits aber mäßige Steigungen aufweisen, mit dem Hauptweg verbunden werden.

Freilich darf eines nicht unbeachtet bleiben: Die Förderung des Verkehrs bedeutet keineswegs ein unbedingt wirksames Mittel zur Festigung des Bergbauerntums. In Schweizer Gemeinden hat, wie Bernhard 47/1, S. 275, berichtet, die Besserung des Verkehrs gelegentlich sogar zu gesteigerter Abwanderung geführt. Gleichwohl ist die Verkehrsförderung eine zeitbedingte Notwendigkeit, weil sie die Wirtschaft erleichtert und angenehmere Lebensbedingungen schafft. Dem heimattreuen Bergbauern wird das Standhalten auf dem Boden der Heimat erleichtert. Ebenso müßten Staat und Land die Errichtung von Drahtseilzügen durch Bauberatung wie durch Kostenbeiträge unterstützen. Einfache Drahtzüge haben die Bauern in verschiedenen Hochtälern, so in Villgraten und in Passeier, selbst hergestellt. Beim Bau neuer Anlagen könnten die Hofbesitzer durch Arbeit ihren Kostenbeitrag leisten. Für die Verbesserung des Nachrichtenverkehrs wäre durch Vermehrung der Fernsprechstellen zu sorgen.

Aus der Lage des Berghofes abseits vom Verkehr ergibt es sich, daß in dringlichen Fällen die ärztliche Hilfe für den Menschen wie für seine Haustiere oft zu spät kommt. Die Zahl der Ärzte müßte daher vermehrt werden und ihnen durch entsprechende Wartgelder die Möglichkeit gegeben werden, die Kosten der ärztlichen Hilfeleistung zu mindern.

Wo der Anschluß an größere elektrische Kraftwerke nicht möglich ist, wäre der Bau kleinerer Elektrizitätswerke der Gemeinden aus Staats- und Landesmitteln zu fördern. In manchen Hochtälern, so in Ulten, sah ich bei verschiedenen Höfegruppen kleine Elektrizitätswerke, welche die Hofbesitzer dank ihrer natürlichen Begabung für technische Arbeiten selbst gebaut und eingerichtet hatten. Durch Beiträge zum Ankauf der Maschinenbestandteile könnte die Errichtung solcher kleiner Werke in verschiedenen entlegenen Bergsiedlungen erleichtert werden.

Für Neu- oder Umbau von Wohn- und Wirtschaftsgebäuden wäre unentgeltliche Bauberatung zu gewähren. Wertvolles ist in dieser Hinsicht bereits in den letzten Jahren[24] geschehen. Der Bau von Wasserleitungen sowie von Be- und Entwässerungsanlagen wäre ebenfalls durch Beiträge aus Staats- und Landesmitteln zu erleichtern. Das gleiche gilt von der Verbesserung von Viehzucht und Almwirtschaft, für die auch tatsächlich in den letzten Jahrzehnten viel von Staat und Land getan wurde und durch verständnisvolle Arbeit des Bauerntums Erfolge erzielt wurden. Trotz der finanziellen Notlage von Staat und Land darf die Hilfeleistung aus öffentlichen Mitteln angesichts der Dringlichkeit der Sache nicht gemindert werden. Sehr wertvoll sind die in jüngster Zeit einsetzenden Arbeiten für die Hochzucht einheimischer, dem Klima der Höhenlagen angepaßter Getreidesorten.

Über die Notwendigkeit guter Schulbildung gerade für den Bergbauern ist man sich wohl allgemein einig. Notwendig ist es, den Berggemeinden die Schullast tunlichst zu erleichtern, wie sie sich aus dem Schulhausbau und der Sorge für eine angemessene Lehrerwohnung ergibt. Bei der weiten Ausdehnung des Gebietes mancher Gemeinden ergibt sich die Notwendigkeit, mehrere Schulgebäude zu erstellen. Über die besonderen Zulagen, die den Lehrern an Bergschulen zu gewähren wären, wird noch im Zusammenhang mit den Vorschlägen zur Pflege des Heimatsinnes zu sprechen sein.

Für zweckmäßige und im Rahmen des Möglichen intensive Gestaltung des bergbäuerlichen Wirtschaftsbetriebes ist eine wirtschaftliche Schulung erforderlich, die auf die Eigenart der Bergbauernwirtschaft in besonderem Maße Rücksicht nimmt. Die landwirtschaftlichen Schulen im österreichischen Teile Tirols sowie die veranstalteten Wanderkurse haben in dieser Hinsicht bereits wertvollste Arbeit geleistet. Ganz besonders erstrebenswert wäre wohl die Errichtung von Musterhöfen in verschiedenen Landesteilen, auf denen die für die betreffende Landschaft nötige Anpassung des Wirtschaftsbetriebes an die besonderen Forderungen, welche Boden und Klima des Berghofes stellen, praktisch vor Augen geführt würde.

Die materielle Stützung des Bergbauerntums darf freilich nicht die Form einer unmittelbaren Subventionierung des einzelnen Betriebes annehmen. Diese ist richtigem Bergbauerntum unerwünscht, weil sie leicht als Almosen empfunden wird. In diesem Zusammenhang sei auf eine Äußerung hingewiesen, welche durch die auch den bäuerlichen Familien gewährte Kinderhilfe zur Zeit der nationalsozialistischen Herrschaft hervorgerufen wurde: Ein Bergbauer in einem der Hochgebirgstäler Osttirols meinte: „Man soll uns für unser Vieh einen ordentlichen Preis zahlen, dann braucht's keine Kinderhilfe." Mit dieser Meinung ist

---

[24] und Jahrzehnten! N. Grass.

unser Bergbauer schon auf einem richtigen Weg zur Beantwortung der Bergbauernfrage. Die Gewährung eines gerechten Preises für die Erzeugnisse der Bergbauernwirtschaft muß bei der Stützung unseres Bergbauerntums entschieden im Vordergrund stehen. Die Gewährung eines höheren Preises ist, wie vorhin dargetan wurde, in jeder Hinsicht angemessen. In Reischles Schrift „Der volkswirtschaftliche Ausgleich zwischen Stadt und Land" wird der Gedanke vertreten, daß sich in normalen Zeiten eine kaufkräftige Verbraucherschaft für die infolge ihrer besseren Beschaffenheit teureren Erzeugnisse der Bergbauern finden werde. Wenn die Bezahlung von Fettprozenten bei der Milch und von Zuckerprozenten bei den Rüben durchsetzbar war, so würden sich auch Mittel und Wege finden, den durch besondere Beschaffenheit ausgezeichneten Erzeugnissen der Berghöfe einen gehobenen Preis zu sichern. Das Eingreifen des Staates zur Förderung einer solchen Preisgestaltung hätte nicht das Mißliche einer Subventionierung des Bergbauerntums an sich, sondern würde nur die Durchsetzung eines guten Rechtes bedeuten, das dem Bergbauern schon lange zusteht, ihm aber bisher nicht gewährt wurde.

Eine Festsetzung von Mindestpreisen für die Haupterzeugnisse der gesamten bäuerlichen Wirtschaft, vor allem für Vieh, Milch, Butter und Käse, ist unbedingt erforderlich, wenn man die bäuerliche Wirtschaft standfest machen will. Die bäuerliche Wirtschaft ist ihrem Wesen nach konservativ, der Bauer ist nicht in der Lage, sich auf die jeweiligen Schwankungen der Preise am Weltmarkt einzustellen; es muß ihm für den Inlandsmarkt, auf dem er ja vor allem seine Erzeugnisse absetzt, ein fester Mindestpreis zugebilligt werden.

Häufig – und mit Recht – wird die Förderung des Fremdenverkehres als eines der Mittel zur wirtschaftlichen Stützung des Bergbauerntums empfohlen. Gewiß kann der Fremdenverkehr dem Bauern bedeutende wirtschaftliche Vorteile bringen. Andererseits dürfen aber neben diesen Vorteilen die Nachteile nicht unbeachtet bleiben. Vorteile bringt der Fremdenverkehr vor allem dadurch, daß er dem Bauern einen günstigeren Absatz für seine Erzeugnisse verschafft. Um diesen Vorteil voll auszuwerten, ist weitgehendes Zusammenarbeiten der Unternehmungen des Fremdenverkehrs mit der bergbäuerlichen Bevölkerung anzustreben. Die Leitung der Gasthöfe soll sich darauf einstellen, die Erzeugung der umliegenden bäuerlichen Betriebe tunlichst zur Deckung ihres Bedarfes heranzuziehen. Das Bauerntum wird aber durch Erzeugung möglichst hochwertiger Güter den Gasthöfen entgegenkommen müssen.

Außer der Erleichterung des Absatzes der bäuerlichen Erzeugnisse bringt der Fremdenverkehr auch für einen Teil der Bauern einen zusätzlichen Verdienst. Angehörige der bäuerlichen Familien können als Bergführer oder Träger dazuverdienen, weibliche Arbeitskräfte können in den Gasthofbetrieben Gelegenheit zu Verdienst finden. So haben z. B. in der Gemeinde Pitztal im Jahre 1911 über 60 Männer durch den Fremdenverkehr eine Anstellung als Träger oder als Bergführer gefunden. Im Vinschgau und Burggrafenamt wandern viele Leute, die zu Hause keine loh-

nende Beschäftigung finden, zeitweise den Orten mit starkem Fremdenverkehr zu – so im Frühling und Herbst den Kuranstalten in Meran.

Die Wohnkultur unserer Tiroler Bauern ist häufig eine so hohe, daß die Häuser für einige Wochen des Jahres genügende Wohnräume von guter Beschaffenheit aufweisen, die zur Beherbergung von Fremden geeignet sind, sodaß hierdurch sowie durch Dienstleistung für die Beherbergten eine namhafte Einnahme erzielt werden kann.

Der Fremdenverkehr größeren Stiles kann zu einer Bevölkerungszunahme in Berggemeinden führen. Es handelt sich dabei freilich nicht um eine Zunahme der bäuerlichen Bevölkerung, sondern um nichtbäuerliche, im Fremdenverkehr tätige Personen oder um Handelsleute und Handwerker, die durch den Fremdenverkehr zur Zuwanderung veranlaßt wurden. All diese Zuwanderer stammen gewöhnlich nur zu einem Teil aus der Berggemeinde.

Zuweilen bewirkt der Fremdenverkehr aber auch eine Verminderung der selbständigen bäuerlichen Betriebe und eine Abnahme der bäuerlichen Bevölkerung. Manchem Besitzer eines Gasthofes erscheint es nämlich als vorteilhaft, bäuerliche Güter aufzukaufen, zusammenzulegen und durch einen Angestellten (Schaffer) betreiben zu lassen, um so einen Teil der Nahrungsmittel, welche der Gasthofbetrieb benötigt, selbst zu erzeugen.

Das Hausgewerbe könnte eine weitere Einnahmequelle für die Bergbauern bilden, der die Bauern besonders in Jahreszeiten, in denen der Bedarf an Arbeitskräften in der Landwirtschaft geringer ist, nachgehen könnten. In diesem Sinne sollte es nach Möglichkeit gefördert werden. Das Streben nach weitgehender Selbstversorgung hat den Bergbauern zu mannigfacher Betätigung auch auf dem Gebiet des Handwerkes erzogen. Damit war die Vorbedingung für die Ausbildung einer Hausindustrie geschaffen. Die Besitzer von Kleingütern, deren Ertrag zum Unterhalt des Besitzers nicht ausreichte, konnten sich durch hausindustrielle Betätigung die nötige Ergänzung erarbeiten.[25]

Die Einführung der Hausindustrie wird vor allem dort erleichtert, wo sich Reste hausgewerblicher Betätigung von älterer Zeit her erhalten haben. Bei uns in Tirol hat sich die in jüngster Zeit als „Heimatwerk" organisierte Hausindustrie bereits vortrefflich eingeführt; sie vermag einer größeren Zahl ländlicher Arbeitskräfte reichliche Aufträge zu verschaffen. Dank der an vielen Orten vorhandenen hausgewerblichen Überlieferungen darf man hoffen, daß in normalen Zeiten das Hausgewerbe neuerlich aufblüht. Bei einer Kundschaft besseren Geschmacks wird gutes Heimwerk mehr und mehr industriellen Massenerzeugnissen vorgezogen. Wichtig wäre, daß auch bei den Bauern selbst die hausgewerblichen Erzeugnisse der Fabriksware vorgezogen würden. Gerade in der Herstellung guter, haltbarer Leinwand, von Trachtenstoffen und deren Färbung mit heimischen Farbstoffen, sodann von Gegenständen der häuslichen Einrichtung und Schmuck heimischer Art könnte sich dem Heimwerk ein weites Feld der Betätigung eröffnen. Das Heimwerk

---

[25] Vgl. 1. Bd., Hauptstück II/3.

könnte nicht nur unser Bergbauerntum standfester machen, sondern auch heimatliche Volkskultur neu beleben und stärken.

Die ausgedehnten Staatswälder (Bundesforste) in manchen unserer Hochtäler könnten dem benachbarten Bergbauerntum vor allem im Winter lohnende Beschäftigung verschaffen. In früheren Zeiten, da viel ärarisches Holz, namentlich Holz für die Haller Saline, getriftet wurde, haben viele Bauern als Triftleute einen zusätzlichen Verdienst gewonnen.

ERHALTUNG UM JEDEN PREIS? Bei aller Wertschätzung des Bergbauerntums ist doch eine unbedingte Erhaltung der Bergbauernwirtschaften abzulehnen. Nicht jedes Zugut kann und soll wieder zum Bauernhof werden. Oft sind Veränderungen in der Gutsbeschaffenheit eingetreten, die das unmöglich machen. In anderen Fällen stünde der Aufwand, der zur Bearbeitung des wieder zur Dauersiedlung zu gestaltenden Zugutes nötig wäre, in keinem Verhältnis zum wirtschaftlichen Ertrag. In vielen Gemeinden Westtirols, so beispielsweise ganz besonders in jenen schon öfters erwähnten Nebentälern des Lechtales, sind durch übermäßige Güterteilung Kleingüter geschaffen worden, deren Besitzer sich nur durch Nebenverdienst den bescheidenen Lebensunterhalt beschaffen können. In solchen Fällen kann die Zusammenlegung verschiedener Kleingüter zu einem größeren bäuerlichen Betrieb wirtschaftlich und sozial notwendig werden; es wird dadurch eine Gesundung des Bauerntums solcher Gemeinden bewirkt. Es ist besser, eine Gemeinde weist eine geringere Zahl wirtschaftlich selbständiger Bauern auf, als eine große Zahl von Kleinbauern, deren Besitz zum Unterhalt einer Familie nicht ausreicht. Damit soll aber gewiß nicht gesagt sein, daß überhaupt nur bäuerliche Güter ein Recht auf Fortbestand haben. Eine bestimmte Anzahl von Kleingütern ist erwünscht, weil die überschüssige Arbeitskraft ihrer Besitzer zur Deckung des Arbeitsbedarfes auf den größeren Gütern verwertet werden kann.

Behauste Landarbeiter, die einen Teil ihres Unterhaltes aus dem eigenen Gut gewinnen können, stellen sicherlich eine erwünschte Lösung der ländlichen Arbeiterfrage dar. Manche Bergbauern mit größerem Besitz haben ja selbst, wie erwähnt, aus dem Bestand ihres eigenen Besitzes solche Kleingüter ausgeschieden und sie mit der Bedingung verpachtet, daß der Pächter dem Hofbauern bestimmte Arbeit leistet. Es wäre sicherlich erwägenswert, ob diese Einrichtung auf größeren Höfen nicht wiederum eingeführt werden könnte. Auf größeren Höfen, die mehr als einer Familie den Unterhalt zu bieten vermögen, wäre es vielleicht möglich, einem oder zwei der jüngeren Söhne Teile des Hofes zur Führung eines kleinbäuerlichen Betriebes zu übergeben. Der starke Familiensinn, der einst die jüngeren Geschwister des Anerben bewog, am Hof als niedrig entlohnte Mitarbeiter des Anerben zu verbleiben, wird heute immer seltener. Die Brüder des Hoferben wollen nicht mehr dauernd in unselbständiger Stellung und ehelos leben. Die Ausstattung eines „weichenden“ Bruders mit einem Stück des väterlichen Hofes könnte die Grundlage für die erstrebte Selbständigkeit geben, andererseits könnte er sich zur Dienstleistung auf

Die folgenden Abbildungen wurden größtenteils von Prof. Wopfner selbst auf seinen zahlreichen Wanderungen durch die Täler Tirols in den zwanziger und dreißiger Jahren aufgenommen.

Da die meisten der Höfe in der abgebildeten Weise nicht mehr existieren dürften, bilden diese Aufnahmen eine wichtige Quelle zum Höfebestand in den ersten Jahrzehnten unseres Jahrhunderts. Gerade deshalb entschloß man sich, diese hier zu veröffentlichen, auch wenn die von Prof. Wopfner in seiner Sammlung notierten Textlegenden nicht vor Ort einzeln überprüft werden konnten.
(Der Herausgeber)

STUBEN

24. Unter-Eder, Pens, Sarntal

25. Milchkasten beim Moosmair, St. Johann (1924)

26. Stube, Fiss

KÜCHEN

27. Herd in Oberkreichling, Westendorf, Brixental (1924)

28. Küche, Obergreiden, Schefflau, Brixental (1925)

29. „Offener" Herd im Mooshof, Villgraten (1928)

30. Schöserhäusl (Zuhaus), Gerlosberg, Zillertal (1924)

31. Hartberg, Zillertal

32. Pfunds

33. Dorfstraße mit „gschaffeltem Brunnen", Serfaus (1920)

34. Haus mit „Noatstall“, Fiss (1925)

35. Dorfgasse in Fiss (1925)

36. Einheitshaus am Nordrand von Fiss (1925)

PITZTAL

37. Plangeross (1921)

38. Weißwald (1920)

39. Wenner Sonnberg

40. Piller

WIPPTAL

41. Weiler Obern, Schmirn

42. Navis

43. Navis

44. Telfes (1923)

45. Stilfes (1921)

EISACKTAL

46. Kerschbaum (Zugut) bei Dreikirchen

47. Hof vor (Inner-)Lüsen

48. Schnagerer-Hof in Ober-Melaun, St. Andrä

49. Hof und Bildstöckl in St. Andrä (1922)

50. Balgeler in Felthurns (1924)

51. Johannser in Villanders

52. Gufl, Asten, Pens (oben)
53. Inner-Ebner, Reinswald (unten)

54. Sarnthein

VINSCHGAU

55. Nauders am Reschenpaß (1933)

56. Hof „Gollstoan“, Schluderns

57. Schnalstal (1923)

58. Talackerer, St. Georgen (1927) (oben)
59. Beikirchhaus, Meransen (1921) (unten)

60. Eder, Sexten

61. Oberlinden (1588), Steinhaus, Ahrntal (1924)

GADERTAL

62. Untermoi, Enneberg

63. Haus in Longiarü, Campill, Enneberg

dem Stammgut der Familie verpflichten; dieses würde in ihm eine wertvolle Arbeitskraft erlangen.

KULTURELLE KRISE. Die Festigung unseres Bergbauerntums ist aber mit Maßregeln wirtschaftlicher Natur allein nicht zu erreichen. Die Verödung der Berghöfe ist eine Teilerscheinung innerhalb der allgemeinen Landflucht und zum Teil wenigstens durch besondere Ursachen hervorgerufen. Landflucht wie Höhenflucht beruhen nicht nur auf wirtschaftlichen Ursachen, sondern sind mitbedingt durch Ursachen, die im Bereich des geistigen Lebens zu suchen sind. Die Erschütterung von Heimatliebe und Familiensinn sowie – ganz allgemein – eine verstärkte materialistische Lebensauffassung haben auch auf den Berghöfen die Bodenständigkeit des Bauern gelockert. Es gilt daher die Liebe zur Heimat und zum bäuerlichen Stand sowie die innere Verbundenheit mit dem Familiengut zu stärken. Die bäuerliche Jugend Tirols muß sich der Ehre und Freiheit, die dem Tiroler Bauernstand seit alters in besonderem Maße zukommen, wieder mehr bewußt werden, sodaß sie mit Stolz auf die Zugehörigkeit zum bäuerlichen Stand und mit einem edlen Selbstbewußtsein erfüllt werde. Gute alte bäuerliche Überlieferung muß der Jugend vor Augen gestellt werden, daß sie in ihr zu neuem Leben erwache. Es muß jener Heimatsinn aufs neue erstarken, der seit alters vielen unserer Bergbauern das Ausharren auf dem heimatlichen Gute trotz aller Beschwerden als selbstverständlich erscheinen ließ und dadurch erleichtert hat.

Für Erhaltung und Mehrung des Heimatsinnes können Lehrer und Seelsorger ungemein viel tun, und andererseits kann ihr Verhalten ihn schwer schädigen. Wenn in den entlegenen Berggemeinden Lehrer und Seelsorger nur kurze Zeit ausharren und mit allen Kräften möglichst bald der Vereinsamung zu entfliehen streben, so macht dies üblen Eindruck und schädigt auch die Interessen der weltlichen und religiösen Erziehung. Gerade die Kinder der Bergbauern bedürfen einer guten Schule; eine solche ist aber bei ständigem Lehrerwechsel undenkbar. Seit alters gab es in so mancher Berggemeinde eine Art von Lehrerdynastie. Großvater, Vater und Sohn machten der Reihe nach in derselben Gemeinde Dienst. Ihre Vertrautheit und enge Verbundenheit mit dem Schulort machten die Schule zu einer wahren Heimatschule, wenn man auch das Wort nicht so viel im Munde führte, wie dies heute der Fall ist. Man kann nicht erfolgreich lehren, was man nicht selbst glaubt. Und wenn man es doch tut, so kommt die Jugend mit ihrem feinen Gefühl für Wahrhaftigkeit bald dahinter. Wie soll die Schule droben am Berg eine Heimatschule sein, wenn der Lehrer es kaum erwarten kann, aus dieser seiner Schulheimat abberufen zu werden? Der Schaden des ständigen Lehrerwechsels ist unverkennbar. Da dies der Fall ist, müssen aber auch Schulbehörden und Finanzämter daraus die nötigen Folgerungen ziehen und es dem Lehrer möglich machen, auf seinem Posten ohne Schaden[26] für sich und seine Familie auszuharren.

[26] Einem Lehrer kann Schaden vor allem dadurch entstehen, daß der Aufwand für die Erziehung seiner Kinder in einer Berggemeinde größer ist als in einem verkehrsnahen Schulort.

Der Seelsorger verfügt in den Kirchenbüchern und anderen Bestandteilen seines Kirchenarchivs über einen Schatz, der sehr wohl für die Erhaltung und Mehrung des Heimatsinnes seiner Seelsorgskinder ausgewertet werden kann. Der Seelsorger, der sich bemüht, seiner Gemeinde innerlich näherzukommen, wird sich gerne mit ihrer Vergangenheit und der Geschichte ihrer Geschlechter vertraut machen. Die Kenntnis der Vergangenheit wird das Verständnis für die Gegenwart vertiefen. Gewiß wird er dann das Seine zur Stärkung des Heimatsinnes beitragen, wenn er die Schicksale, die Geschichte der Geschlechter, der Familien, der Gemeinde, des Tales genau kennt und den Leuten zwanglos gelegentlich davon erzählt (Lorenz 377).[27]

Einer bewußten Pflege der Volkskultur kommt im Kampf gegen die Landflucht besondere Bedeutung zu. Volkskultur bedeutet Lebensführung in guter heimatlicher Überlieferung. Sitte und Brauch sind mannigfach durch solche Überlieferung bestimmt und können dem Leben reicheren Inhalt geben. Die bäuerliche Jugend kann, wie ich aus eigener Erfahrung zu bezeugen vermag, für solche Volkskultur begeistert werden. Sie folgt mit Aufmerksamkeit einer Schilderung, die ihr anschaulich vor Augen führt, wie gutes tirolisches Bauerntum in vergangenen Zeiten sein Leben gestaltete. Da wäre unter anderem darauf hinzuweisen, wie der Tiroler Bauer seit alters in Haus und Familie lebte und wie er als freier Mann an der Führung der öffentlichen Angelegenheiten in Gemeinde, Gericht und Land teilnahm. In der Gemeinde wiesen Bauern selbst das Recht, das für die Gemeinde, ihr Verhältnis zu den Gemeindegenossen, zu Auswärtigen und zu höheren Verbänden der Landesverwaltung Geltung haben sollte. Es war dies das autonome Recht der bäuerlichen Weistümer, von denen bereits oben im IV. und V. Hauptstück gesprochen wurde. In den Gerichtsbezirken nahmen die Bauern Anteil an der Erledigung wichtiger öffentlicher Geschäfte. Durch seine Abgeordneten am Landtag wirkte der Bauer an Landesregierung und Landesgesetzgebung mit. So wurde der Blick des Bauern geweitet über die Angelegenheiten seiner engeren Heimat hinaus auf das weitere Gebiet seines Vaterlandes.

Hinweise auf das ehrenvolle Hervortreten des Bauernstandes in der tirolischen Landesgeschichte tragen dazu bei, das bäuerliche Standesbewußtsein zu fördern; dieses aber stärkt die Treue zum Bauernstand und ist geeignet, die Jungbauernschaft standfester in Heimat und bäuerlichem Beruf zu machen.

Der Jungbauer soll vertraut werden mit dem gediegenen Wesen echten Tiroler Bauerntums, wie es in der Vergangenheit bestand und wie es sich heute noch bei so

[27] Geistliche und Lehrer haben schon in älterer Zeit für die Heimat, ihre Erkenntnis und Wertschätzung in Wort und Schrift gearbeitet. In der Zeit nach dem ersten Weltkrieg setzte mit einer verstärkten Heimatbewegung auch eine besonders eifrige Arbeit von Geistlichen und Lehrern auf dem Gebiet der Heimatkunde ein. Gerade bei ihnen fand ich größtes Verständnis und wertvolle Mitarbeit bei meinen volkskundlichen Forschungen. Besonders erfreulich und fruchtbar gestaltete sich die Zusammenarbeit auf den sogenannten Lehrer- und Katechetenkonferenzen; bei der Lehrtätigkeit, die ich hier entfalten konnte, fand ich erfreulichstes Verständnis und empfing selbst reiche Anregung durch Mitteilungen meiner Zuhörer.

manchem Erbhofbauern findet, dessen Familie seit Jahrhunderten auf ihrem Erbhof ansässig ist. In solchen Familien hat sich wie in Familien alten Adels oder in altansässigen Bürgerfamilien eine Familienüberlieferung ausgebildet, welche die Lebensführung leitet und veredelt. Der Jungbauer kann aus der Kenntnis solcher Kultur von törichter Überschätzung und Nachahmung städtischen Wesens abgehalten werden.

In der bäuerlichen Jugend müssen durch Schule und Schrifttum das bäuerliche Selbstbewußtsein und der Gedanke der Selbsthilfe geweckt werden. Beispiele aus der Vergangenheit unseres Bauernstandes wie aus seiner Gegenwart müssen zur Veranschaulichung beitragen.[28] Mehr als bisher werden Kirche und Schule ihre Arbeit gegen die Landflucht auf die weibliche Jugend abstimmen müssen. Die Frau „ist die eigentliche Trägerin des Gedankens des Seßhaftbleibens oder der Abwanderung bei der Gebirgsbevölkerung. Wenn sie sich mit ihrem Los unzufrieden fühlt, dann ist es nicht mehr weit bis zum Entschluß zur Abwanderung. Umgekehrt kann ihr Einfluß auch unter schwersten Existenzverhältnissen Mann und Kinder zum Bleiben auf der Scholle veranlassen" (Bernhard 46, S. 283). Würde und Vorzüge des bäuerlichen Landlebens werden der weiblichen Jugend in entsprechender Weise vor Augen zu führen sein.

Altes, bodenständiges Bauerntum hat ein starkes Gefühl für die Bande des Blutes. Außer dem engeren Familienverband ist im tirolischen Bauerntum auch der weitere Familienverband, die Sippe der durch Blutsverwandtschaft Verbundenen, lebendig geblieben. Verschiedene Umstände waren der Erhaltung eines starken Sippengefühls günstig, so die starke Seßhaftigkeit vieler Familien, die durch lange Zeit in ein- und derselben Gemeinde blühten, ja zuweilen durch Jahrhunderte auf ein und demselben Gut ansässig blieben. Die Grabschriften am Dorffriedhof, die Gedächtnis- oder Seelengottesdienste und die Überlieferung unter den Lebenden hielten die Erinnerung an verwandtschaftliche Beziehungen aufrecht. In manchen Gegenden (z. B. im tirolischen Lechtal) war es noch vor kurzem üblich, den Seelengottesdienst mit der Verlesung des sogenannten Bittzettels einzuleiten, auf dem die bereits verschiedenen Eltern, Geschwister, Großeltern und Urgroßeltern des Verstorbenen, für deren Seelenheil der Gottesdienst gefeiert wurde, verzeichnet waren. In Zusammenkünften eines weiteren Kreises der Verwandten bei festlichen Gelegenheiten wurde gleichfalls das Sippengefühl lebendig erhalten. Daß mit der Abnahme des Familiensinnes auch die innere Bindung an Heimat und Heimatgut abnimmt, wurde bereits früher besprochen.

Zur Stärkung des Familiensinnes ist es nötig, daß in den einzelnen Familien heimatliche und Familienüberlieferung gepflegt werden. Wenn am Abend Nachbarn und Bekannte in der Stube eines Bauernhauses zusammenkommen, soll man ein

[28] Ich habe in verschiedenen Lehrgängen, welche für Tiroler Jungbauern veranstaltet wurden, meinen Hörern von der Ehre des Tiroler Bauernstandes und seiner alten Freiheit und deren Wert erzählt; es gehört zu den größten Freuden meiner langjährigen Lehrtätigkeit, das Verständnis für meine Ausführungen und ihre freudige Aufnahme bei meinen jungen Hörern beobachtet zu haben.

gutes, gemütliches Gespräch von Heimat und heimatlicher wie familienhafter Überlieferung pflegen.

Die Kirche ist ein Mittelpunkt bäuerlicher Volkskultur. Zunächst einmal tritt in den vielen schönen Dorfkirchen (s. IV. Hauptstück, S. 57), die gerade Tirol aufweist, hohe Kunst an den Bauern heran und wird ihm durch oftmalige Betrachtung vertraut. Dieses Kunstempfinden der Kirche erfüllt das Wesen des bäuerlichen Menschen weit inniger als die Kunst eines Museums den Durchschnitt der Stadtmenschen.

Die Kunst, wie sie in Kirche und gottesdienstlicher Liturgie dem Bauern nähertritt, verbindet sich aufs engste mit seinem religiösen Empfinden. Die Freude am bildnerischen Schaffen und die Begabung hierfür, die bei unserem Bergbauerntum eine starke Verbreitung aufweist, empfangen aus der engen Berührung mit der kirchlichen Kunst reiche Anregung. Am deutlichsten spricht sich dies in der bäuerlichen Krippenkunst aus (s. IV. Hauptstück, S. 59 f.). Es findet sich wohl kaum bei einem anderen Stand solch allgemeine künstlerische Schaffensfreude, wie sie sich bei den Bauern und ihrer Betätigung an Bau und Ausstattung der Krippe zeigt.

Mit diesen Darlegungen sind wir dabei angelangt, die Bedeutung der Religion für die Standfestigkeit unseres Bergbauerntums ins Licht zu stellen. Die Religion steht unter den Mitteln, der Höhen- und Landflucht entgegenzuwirken, wahrlich nicht an letzter Stelle. Auch anderwärts – so in Frankreich – ist angesichts der zunehmenden Landflucht die Wiederbelebung und Stärkung des religiösen Denkens und Lebens als ein wichtiges Mittel erkannt worden, die bäuerliche Familie ihrer Heimat zu erhalten. Nun steht es ja – Gott sei Dank – gewiß nicht so, daß unser Bergbauerntum nichts mehr auf seinen christkatholischen Glauben hält. Aber die Folgerungen, die aus dem religiösen Denken gezogen werden, ändern sich im Laufe der Zeiten in mancher Hinsicht. Früher sind wohl die Leiden und Mühen des Bergbauernlebens gelassener hingenommen worden. Aus der Religion wurde jene vertiefte Lebensauffassung gewonnen, die Leiden und mühsame Arbeit nicht bloß nach Gesichtspunkten wirtschaftlicher Rentabilität beurteilt.

Es gilt da, was Dekan Lorenz in seiner schönen Abhandlung über das Sterben der Höhensiedlungen niedergeschrieben hat: „Der Kern der sittlichen Werte ist das Meiden und Leiden nach dem Ausspruche eines alten Weltweisen; die Selbstverleugnung und das Kreuztragen, wie Christus noch viel schöner gesagt hat. Nur wer aus jahrelanger Erfahrung im Hochtal das Leben der Bergbauern kennt, weiß, wieviel sie entsagen müssen, wie stahlhart ihr Wille sein muß im Kampf um das Dasein. Dieser Kern der sittlichen Werte wird aber vom Borkenkäfer der neuzeitlichen Genußsucht, der sich immer mehr ausbreitet, nach und nach zerstört, und so darf es uns nicht wundern, daß auch wetterfeste Bäume des Hochwaldes, will sagen, manche Bergbauern von diesem Schädling angefallen werden. Dadurch sind aber die Höhensiedlungen in ihrem Kern bedroht."

Der Tiroler Bergbauer alten Schlages denkt: Auf diesen Platz heroben hat mich unser Herrgott gestellt, hier haben mein Vater, Ahn und Urahn in guten und schlimmen Jahren in Gottvertrauen ausgehalten, die Sach' muß meinen Kindern und Kindeskindern bleiben, wie sie auf mich gekommen ist.

Solcher Auffassung würde es wohl als Untreue erscheinen, als Untreue gegen Gott und als Untreue gegen das vergangene und gegen das kommende Geschlecht, leichthin – etwa bloß um höheren Gewinnes und bequemeren Lebens willen – von dieser Stelle abzuziehen.

Der richtige Tiroler Bergbauer fragt auch nicht bloß danach, „wieviel trägt mir mein Gut", sondern er schätzt sein Heimatgut als Grundlage von Freiheit und Selbständigkeit. Als ich vor Jahren zum obersten Hof eines Südtiroler Tales emporgestiegen und in die Stube eingetreten war, sprach mich der Bauer mit folgenden Worten an: „Jetzt sagt einmal, sind wir nicht Narren, die man erschlagen soll, daß wir da heroben in der Einöde uns plagen und schinden, statt daß wir verkaufen und dahin ziehen, wo wir's leichter haben." Ich sah wohl, daß dem Mann der Schalk um den Mund spielte. Oft schon war mir bei solchen Wanderungen begegnet, daß die Leute über ihr Haus und ihr Leben schimpften, es aber gar nicht so ernst meinten. Sie wollten oft nur wissen, was der Stadtherr auf solche Rede erwidert. So entgegnete ich denn gelassen, mir käme vor, daß es da heroben, wo man für sich allein lebt und wo man wirtschaften kann, wie es einem gefällt, gar nicht so übel sei. Zu Zeiten sei solche Freiheit schon einige Mühe wert. Das gab er denn auch, ernst werdend, gerne zu; kein Zweifel, wir waren in dieser Frage gleicher Meinung. Gewiß lacht der Bauer, wenn der empfindsame Städter bei schönem Wetter die herrliche Lage des Hofes mit vielen Worten und unter entzückten Seufzern preist. Wenn der Bergbauer über solche Sentimentalität lacht, so darf daraus keineswegs der Schluß gezogen werden, daß er für die idealen Werte seines Berghofes keinen Sinn hat.

Es ist in der Gegenwart ein gar nicht unwichtiges Problem ländlicher Sozialpolitik, wie dem Zug nach der Stadt durch Darbietung angemessener Erholungs- und Unterhaltungsmöglichkeiten am Lande entgegengewirkt werden könnte. Mit dem Jammern über wachsende Vergnügungssucht ist nichts getan. Durch Wiederbelebung bodenständigen Brauchtums wie bodenständiger Spiele könnte kulturell wertvoller Unterhaltungsstoff geboten werden. Die Wiederbelebung des Volksschauspieles würde der schauspielerischen Veranlagung der Menschen bayerischen Stammes sehr entsprechen. Universitätsprofessor Dr. Anton Dörrer, der verdiente Forscher auf dem Gebiet des Volksschauspieles, Professor Dr. Hermann Holzmann und andere Freunde alter Volkskultur sind bereits mit Erfolg an die Wiederbelebung des Volksschauspieles in den Landgemeinden herangetreten und haben mit ihren Bemühungen im Landvolk starken Anklang gefunden.

Eine tirolischem Wesen besonders entsprechende Form der Verwertung von Freizeit könnte die Ausübung der Jagd im Gemeindegebiet bieten. Ein Seelsorger, der im Schnalstal tätig war, erzählte mir, daß in diesem Hochtal die Möglichkeit der Jagdausübung ein großes Anziehungsmittel gewesen sei, um die Jungbauern von der Abwanderung in die Stadt abzuhalten. Bei der dem Tiroler Bauern angeborenen starken Jagdlust klingt dies gar nicht unwahrscheinlich. Freilich stellt die Verpachtung der Gemeindejagd an gemeindefremde, finanzkräftige Personen eine wichtige Einnahme für die meist finanziell notleidenden Gemeinden dar, eine Einnahme, die bei Überlassung der Jagd an Einheimische wohl gemindert würde.

Am Schluß dieser Vorschläge zur Bekämpfung der Land- und Höhenflucht seien die sehr beherzigenswerten Mahnungen angeführt, die ein Tiroler Bauer an die bäuerlichen Eltern und Haushaltungsvorstände gerichtet hat. Er weist auf die Fehler hin, die im bäuerlichen Haus bei der Erziehung der Kinder und im Verhalten gegen die Dienstleute begangen wurden und zeigt Wege, wie die Freude am bäuerlichen Beruf und die Liebe zum bäuerlichen Stand geweckt und gefestigt werden können:

„... wenn wir Bauern ehrlich sind, müssen wir eingestehen, daß ein großer Teil von Schuld an der Landflucht bei uns selber liegt. Wir können nicht erwarten, daß Leute aus der Stadt herauskommen und sich als Dienstboten um Bauernarbeit bewerben. Bauernarbeit will von Jugend auf gelernt sein und das ist nur den Bauernkindern möglich.

Da ist dann freilich erste Voraussetzung, daß wir unseren Bauernbuben und -gitschen die Liebe zur Bauernarbeit mit ins Leben geben. Wie wird es aber heutzutage gemacht? Schon bei der Namensgebung fängt es an. Unsere Bauernkinder dürfen nicht auf die ‚altbewährten' Namen Seppl, Hansl, Michl, Moidl, Kathl, Burgl getauft werden, nein, es muß ein Günther, Helmut oder Karlheinz, eine Ilse oder Marlene werden, damit das Kind ja von allem Anfang an weiß, daß es ‚etwas Besseres' werden soll. Die ersten Hosen des Stammhalters sind Schihosen und die älteste Gitsche bekommt ein spannelanges Kittele oder ‚Diarndl'. Wenn die Kinder dann älter und ‚gescheiter' werden, hören sie von nichts anderem, als daß der Bauer der geplagteste Mensch auf Gottes Erdboden sei, daß er sich Tag und Nacht abschinden könne, daß die Produkte seiner Händearbeit den miserabelsten Preis haben und so weiter – wir kennen ja unseren täglichen Jammer, unser Klagelied. Und wenn sich dann die Kinder allzubald selbständig zu machen beginnen, nicht etwa in ihrer Zukunftsexistenz, sondern in punkto Arbeit und Gewandung, dann paßt uns das zwar nimmer ganz, aber ‚sonst haben sie auch nichts als die Schinderei' – man gewährt es ihnen stillschweigend, bis eines schönen Tages der Vogel aus dem Neste fliegt, hinein in die Stadt, wo es großen Verdienst und häufiges Vergnügen gibt, wo ihm die gebratenen Tauben nur so ins Maul fliegen. Derweil jammert der alte Vater daheim, daß es so schwer ist, einen Dienstboten zu bekommen, der mit Liebe und Freude die Bauernarbeit tut und um ein vernünftiges Geld entlohnt werden kann. Wenn er mit der vorgeschriebenen Ablieferung Schwierigkeiten hat, entschuldigt er sich nicht selten mit den mangelnden Arbeitskräften und schimpft über Behörden und Ämter, daß sie ihm nicht die notwendigen Dienstboten ‚zutreiben'.

Und nun noch ein Wort, nur ein kurzes, zu einem zweiten Kapitel – die Behandlung der Dienstboten. Da hapert es bei uns Bauern schon auch a bißl! Ein Dienstbot' ist ein Mensch mit allen menschlichen Anlagen und Bedürfnissen – darüber sollt man kein Wort verlieren müssen. Und also hat er auch Herz und Gemüt.

Wenn er wie eine Maschine behandelt wird, keinen Familienanschluß hat, sich ‚geäußert' spürt und obendrein bei jeder Gelegenheit seinen ‚hohen Lohn' vorgerupft bekommt, dann darf man sich nicht wundern, dann fehlt halt das, wovon der wirksamste Antrieb kommt, die Bejahung der gegenwärtigen Lage, die Freude. Ein Bäuml, das es nicht einderwurzelt, reißt es bald um, und diese Art Bäumln trägts dann gern in die Stadt.

Schon aus dem Grund sollten wir's unseren Dienstboten heimisch machen, sie einbauen, nicht nur in den Arbeitsgang, nein, auch in die Familie. Es ist nicht wahr, daß sie's alle miteinander nicht wert sind. Es klingt so schön, wenn eine junge Magd sagt ‚unser Mutter' und ein Knechtl ‚der Vater hat g'sagt'. Und es hört sich wohl an, wenn die Bäuerin sagt: ‚Unser Dirn hat müssen auf ein paar Monat heimgehn; uns ist ganz derweillang!'

Alles das könnte ganz anders sein. Gerade die letzten Jahre haben gezeigt, daß der Bauer zu einem gesunden Standesbewußtsein berechtigt ist; hebt der Bauer die Hand vom Pflug, dann stehen in der Stadt die Räder still. Zuerst muß von irgendwoher Brot auf den Tisch kommen, dann kehrt sich erst alles andere an.

Lassen wir das doch unsere Kinder wissen. Zeigen wir ihnen nicht nur die Schattenseiten der gewiß harten Bauernarbeit. Es gibt doch so viel Schönes im Bauernleben! Oder ist es nicht eine Freude, den ganzen Werdegang des Brotes zu erleben, vom Körnlein, das der Bauer in die Furche wirft, bis zum Laib, den die Bäurin aus dem Ofen schutzt? Wie dankbar nimmt uns das liebe Vieh das Futter aus der Hand, wächst und gedeiht dabei. Die Natur ist aufrichtig und lohnt den Fleiß. Und wenn sie uns auch manchmal eine Posse spielt, ein Unwetter unserem Fleiß trotzt, dann ist das nur der Kampf, wie er eben überall in der Welt anzutreffen ist, ‚was nichts kostet, ist nichts wert', sagt der Spruch.

Und bei allen Sorgen und mancher Not und Dürftigkeit, vom Hungerleiden ist die Bauernfamilie außer in ganz ausgefallenen Zeiten doch beiläufig bewahrt geblieben, vorausgesetzt, daß die Landwirtschaft wie die Hauswirtschaft mit Umsicht und Fleiß geführt wird.

Und was bedeutet es nicht für einen unerschöpflichen Reichtum, immerdar mitten in unserer herrlichen Bergwelt zu leben, immer umgeben von den schönsten Bildern, die kein Maler malen kann, und von tausend unaufhörlichen Wundern! All das zu erschauen und zu erlauschen sollten wir unseren Kindern anlernen, dann wird ihnen so leicht nimmer anderswo wohler als daheim.

Wenn es aber geschieht, daß heranwachsende Bauernjugend ihren Stand so leichterdings wechselt oder gar sich seiner schämt und außerorts ihre Bauernherkunft verleugnet, dann liegen wohl meistens Erziehungsmängel vor. Vermeiden wir sie! Bringen wir es dahin, daß unsere Kinder schon gesunden Heimatstolz in sich haben! Damit wird sich aber dann auch das Ansehen des Bauernstandes heben, denn wer sollte Achtung vor ihm haben, wenn die Bauernkinder selber darüber in allen Tonarten schimpfen?"

(Zwei Mittel gegen die Landflucht, Osttiroler Bote 1948, Nr. 25.)

Wiederbesetzung verlassener Höfe. Da wir unser Bergbauerntum hoch bewerten, muß doch die Frage aufgeworfen werden, ob sich denn der Verlust, den es durch die Verödung vieler Höfe erlitten hat, nicht durch Wiederbesetzung der verödeten Betriebe beheben läßt. Ein guter Kenner des Bergbauerntums, der Schweizer Bernhard (Studien, S. 270), glaubt, auf die Frage mit einem Nein antworten zu müssen. Ich vermag mich diesem Verzicht auf die Wiederbesetzung verödeter Güter nicht anzuschließen. Allerdings, dort wo durch Elementarereignisse das vorhandene Kulturland wesentliche Einschränkungen erfuhr und eine Wiederinstandsetzung nur unter bedeutendem Kostenaufwand möglich ist, mag wohl die Wiederbesetzung an den Kosten scheitern. Wie ich mich aber auf meinen zahlreichen Wanderungen überzeugen konnte, sind doch auch Höfe öde geworden, die recht wohl nach Größe und Beschaffenheit wiederum zum Sitz einer bäuerlichen Familie werden und ihr den Unterhalt bieten könnten.

Vielleicht kommen noch Zeiten, in denen Landnot den Menschen wieder auf jene Höhen hinaufdrängt, so wie einst die Landnot des Hochmittelalters zur Besiedlung der Höhen zwang. Das wollen und können wir aber nicht abwarten. Für die Wiederbesetzung verödeter Berghöfe kämen in der Regel wohl nur bäuerliche Menschen in Betracht, die am Berg aufgewachsen sind; ich denke dabei in erster Linie an jüngere Söhne von Bergbauern oder an jüngere Männer, die im Dienste eines Bergbauern mit der Arbeit am Berg vertraut geworden sind. Mancher wackere Heimkehrer, der vor dem Krieg auf einem Berghof gearbeitet hat, wäre wohl gerne bereit, Bauer auf einem solchen Hof zu werden, wenn ihm nicht das Kapital zum Kauf fehlte. Nicht die Männer zur Wiederbesiedlung verödeter Höfe mangeln, sondern das Kapital zum Hofkauf fehlt. Den Männern, welche einen verlassenen Berghof wieder besiedeln wollen, müßte die Möglichkeit gegeben werden, ihn ohne Kapital zu erwerben. Das wäre möglich durch Umwandlung verödeter Höfe in Rentengüter.

Das Land Tirol müßte zwecks Schaffung von Rentengütern zu Zugütern gewordene Höfe, die zu selbständiger Bewirtschaftung geeignet und einer Familie von wenigstens fünf Köpfen den Unterhalt zu gewähren vermögen, erwerben und sie an Erwerbslustige, denen das Kapital zum Ankauf fehlt, übergeben. Statt zur Zahlung einer Kaufsumme würde der Erwerber zur Entrichtung einer jährlichen, in Geld festzusetzenden Rente verpflichtet, deren Höhe unveränderlich bleiben müßte. Der Erwerber würde Eigentümer des Rentengutes. Das Rentengut wäre nach Anerbenrecht vererbbar, es könnte verkauft werden; auf den Erben wie auf jeden anderen Erwerber ginge die Verpflichtung zur Entrichtung der Rente über, ebenso die Verpflichtung, die selbständige Bewirtschaftung des Gutes aufrecht zu erhalten. Das Rentengut könnte auch mit Schulden belastet werden, jedoch würde die Verpflichtung zur Rentenzahlung den Rang vor allen anderen Belastungen des Gutes behaupten. Ein Verkauf einzelner Teile des Rentengutes wie seine Zerstückelung wäre ausgeschlossen. Der Besitzer könnte die Rente durch einen Geldbetrag ablösen, der eine Kapitalisierung der Rente nach dem jeweils geltenden Hypothekarzinsfuß beinhaltet. So wäre z. B. bei einem Zinsfuß von 5 % die Rente mit dem Zwanzigfachen ihres Betrages ablösbar.

Zugleich mit der Schaffung der Rentengüter müßte durch Landesgesetz verboten werden, Höfe, welche einer Familie von wenigstens fünf Köpfen den Unterhalt zu bieten vermögen, in Zugüter umzuwandeln. Eine vom Landtag einzusetzende Rentengutkommission hätte zu entscheiden, ob ein von Umwandlung zum Zugut bedrohter Hof als Rentengut in Betracht kommt, und seine Umwandlung in ein Zugut zu untersagen.

Der bisherige Inhaber eines Berghofes, der sein Gut veräußern will und keinen Käufer findet, der den Hof als selbständigen Wirtschaftsbetrieb aufrecht erhalten will, wird in der Regel nicht gewillt und auch gar nicht in der Lage sein, statt einer Kaufsumme eine Rente zu verlangen. In solchem Fall müßte das Land den Hof erwerben und ihn als Rentengut weitergeben.

Die Rente, zu welcher das Land den Übernehmer des Rentengutes verpflichtet, kann nun freilich nicht so hoch angesetzt werden, daß sie eine normale Verzinsung des vom Lande aufgewendeten Kaufpreises darstellt. Die Differenz zwischen dem Kaufpreis und dem Betrag der kapitalisierten Rente würde das Land belasten. Wenn z. B. ein Gut vom Land um 20.000 Schilling gekauft würde und das Gut eine Rente von 500 S zu entrichten hätte, würde bei Annahme eines Zinsfußes von 5 % ein Passivum von 20.000–10.000 = 10.000 Schilling vom Land zu tragen sein; nur 10.000 von den vom Land auf den Gutskauf aufgewendeten 20.000 Schilling würden durch die Rente verzinst werden.

Da wären wir also glücklich wieder bei den Ansprüchen an die Landesfinanzen angelangt. Bei der hohen Bedeutung unseres Bergbauerntums wäre ein solcher Aufwand für seine Erhaltung gewiß gerechtfertigt.

Der Erwerber eines Rentengutes müßte allerdings einiges Kapital besitzen, um wenigstens das Notwendigste an Inventar für den Anfang seiner Wirtschaftsführung beschaffen zu können. Es darf wohl angenommen werden, daß die heutigen überhöhten Preise für das Inventar, namentlich für das Vieh, sich in absehbarer Zeit senken werden. Das Rentengut bietet den Vorteil, daß sein Erwerber das ihm zur Verfügung stehende Kapital ausschließlich zur Inventarbeschaffung verwenden kann und sich nicht mit Hypothekarschulden für den Gutskauf belasten muß. Inventarschulden, die regelmäßig hoch verzinst werden müssen, würden eine schwere Belastung des Gutsbetriebes bedeuten.

Wollte ein Besitzer sein Rentengut veräußern und fände er keinen Käufer, der auf das Gut ziehen und es als selbständigen Betrieb bewirtschaften möchte, so fiele das Rentengut an das Land zurück. Dieses wäre verpflichtet, Verbesserungen des Gutes, die der Besitzer durchgeführt hat, nach einer durch die Rentengutkommission vorgenommenen Schätzung zu ersetzen.

Einst hat der Druck der Übervölkerung die Menschen in die Höhengrenzgürtel der Siedlung hinaufgetrieben und sie gezwungen, hier möglichst viel vom Lande, das eben noch nutzbar zu machen war, zu bewirtschaften. Heute führt die Entvölkerung der Höhen zu extensiver Wirtschaft und Preisgabe bisher genutzten Bodens. Man hält dem entgegen, daß die Bewirtschaftung minderwertigen Bodens sich nicht mehr lohne. Ja, wenn wir die Sache nur vom Standpunkt der Privatwirtschaft betrachten, so mag das in manchen Fällen richtig sein. Aber all die Fragen, die mit möglichst sorgfältiger Ausnützung unseres Bodens und mit der Erhaltung und Mehrung der bäuerlichen Bevölkerung zusammenhängen, sind eben nicht ausschließlich vom Standpunkt der Privatwirtschaft zu beurteilen. Es handelt sich hier um Dinge, die von größter Bedeutung für die Erhaltung und Gesundheit des gesamten Volkskörpers sind.

Jetzt ist es noch möglich, mit Erfolg Sorge zu tragen, daß wenigstens der Rest des Bergbauerntums, der noch auf seinen Bergen ausharrt, jene Hilfe findet, die ihm weiteres Ausharren möglich macht. Ist einmal die Entvölkerung weiter fortgeschritten, so wird die Stützungsarbeit immer schwieriger, und immer schwerer wird es, was an völkischen[29] und wirtschaftlichen Werten verloren gegangen ist, wieder zu gewinnen. Wiederbesiedlung der Höhen kommt teurer und ist weit schwerer als Schutz der bestehenden Siedlung.

---

[29] Der verwendete Begriff „völkisch" läßt vermuten, daß dieses Hauptstück überwiegend in der nationalsozialistischen Zeit verfaßt wurde.

Anmerkungen zum IV., V. und VI. Hauptstück

Zitierweise: Im I. Hauptstück (1. Lieferung) befindet sich S. 13–45 ein Verzeichnis des vor 1951 erschienenen einschlägigen Schrifttums, das in der Folge abgekürzt mit Verfassernamen und beigefügter Nummer zitiert wird. Die Nummer weist auf den genauen Titel des angeführten Werkes hin.

Zufolge des langsamen Fortschreitens dieses Werkes wurde schon von Professor Wopfner umfangreiches weiteres Schrifttum benützt, das fortan mindestens bei Erstnennung bibliographisch genau zitiert, später meist abgekürzt angeführt wird. Von der Numerierung neu hinzugekommener Werke und Abhandlungen wurde abgesehen.

Ein Verzeichnis der öfters abgekürzt zitierten Werke könnte vielleicht der letzten Lieferung (dem XII. Hauptstück) beigegeben werden. Von Wopfner habe ich nie einen Hinweis erhalten, wie er sich die Fortführung seines Bergbauernbuches vorgestellt hat.

Nur fallweise konnten die im Manuskript gebotenen Belege durch den Verweis auf inzwischen neu erschienene Publikationen – ohne Anspruch auf Vollständigkeit – ergänzt werden.

Nikolaus Grass

Anmerkungen zum IV. Hauptstück
Volkstum und Kultur

I. Teil: Entstehung und Wesen des Tiroler Volkstums

Zu Seite

1. Bauer und Berg

7–26 Friedrich Stolz, Die Urbevölkerung Tirols. Ein Beitrag zur Palaeoethnologie Tirols, 2. Aufl., Innsbruck 1892 (wichtiger Ausgangspunkt, srzt. richtungweisend, aber heute überholt).

Richard Pittioni, Urgeschichte des österreichischen Raumes, Wien 1954. — Ders., Urgeschichtliches zum Volkstum der Räter, in: Festschrift Rich. Heuberger, Schlern-Schriften 206 (1959). — Ders., Zum Illyrer Problem, in: Innsbrucker Beiträge zur Kulturwissenschaft 13. Bd. (1967), S. 79–82. — Ders., Der Beginn der Geschichte Tirols, in: Veröff. d. Ferd. 31. Bd. (1951). — Emil Vetter, Die vorrömischen Felsinschriften von Steinberg in Nordtirol, in: Anzeiger der phil. hist. Klasse d. Österr. Akad. d. Wiss., 1957, Nr. 24, S. 384ff.

Osmund Menghin, Zur Historisierung der Urgeschichte Tirols, in: TH. 25 (1961), Innsbruck 1962, S. 5–39. — Walter Leitner, Urzeit, in: Fontana (Hrsg.), Geschichte des Landes Tirol 1. Bd., 2. Aufl. (1990), S. 4–130, Peter W. Haider, Antike u. frühestes Mittelalter, ebd. S. 133–290.

H. Kronasser, Zum Stand der Illyristik. Linguistique Balkanique 4 (1962), S. 5–23. — Ders., Illyrier und Illyricum, in: Die Sprache Bd. 11 (1965), S. 155–183; — Vladimir Georgiev, Illyrier, Veneter und Urslawen. Linguistique Balkanique 13/1 (1968), S. 5–13 (zu den Illyriern S. 5–8). — Fritz von Lochner-Hüttenbach, Illyrier und Illyrisch. Rückschau, Synthese und Ausblick, in: Das Altertum 16/4 (1970), S. 216–228 (besonders instruktiver Sammelbericht; wichtig wegen vollständiger Verarbeitung der entsprechenden Literatur).

Hermann Ölberg, Keltische Siedlung in Tirol, in: Festschrift Leonhard Franz, Innsbr. Beiträge zur Kulturwissenschaft 11. Bd., Innsbruck 1965, S. 313–342. — Ders., Methodisches zur Chronologie der prähistorischen Namenschichten in einem sprachlichen Rückzugsgebiet (am Beispiel Tirol), Proceedings of the 9. International Congress of Onomastic Sciences, London 1966. — Ingrid Metzger u. Paul Gleirscher (Hrsg.), Die Räter, Bozen 1992. — Hermann Vetters, Zur ältesten Geschichte der Ostalpenländer, in: Jahreshefte des österr. archäolog. Instituts 46 (1964), S. 79–89.

2. Urbevölkerung und Romanisierung

26–33 Karl v. Ettmayer, Die Grundlagen der Sprachenverteilung in Tirol, 9. Ergänzungsband zu Mittlg. d. Inst. für österr. Geschichtsforschung, 1913, S. 1ff. (z. T. überholt). — K. Finsterwalder, Exkurs über die Ortsnamen Kolsass, Weer, Pill, Beiträge z. gesch. Landeskunde Tirols, in: Festschr. Franz Huter, Schlern-Schriften 207 (1959), Neudruck in Finsterwalder, Tir. Ortsnamenkunde 1. Bd., S. 733–739. — Carlo Battisti, I nomi prediali in -anum nel Bolzanino, Archivio per l'Alto Adige 1953. — Dazu K. Finsterwalder, Die Sprachform der Praediennamen auf -anum und ihre Beweiskraft für die Siedlungsgeschichte, in: TH. 27/28, S. 212 ff. — Ders., Siedelungsepochen in der Ortsflur von Absam, in: Festschrift Franz Huter (Tiroler Wirtschaftsstudien 26. Bd.), Innsbruck 1969, Neudruck bei Finsterwalder, Tir. Ortsnamenkunde 1. Bd., S. 690–703. — Ders., Romanische Vulgärsprache in Rätien und Norikum von der römischen Kaiserzeit bis zur Karolingerepoche, Innsbrucker Beiträge zur Kulturwissenschaft 12. Bd. (Pivec-Festschrift), Innsbruck 1966.

P. Elmar Schneider, Romanische Entlehnungen in den Mundarten Tirols, Romanica Oenipontana II, Innsbruck 1953. — Franz Huter, Säben, Mittelpunkt christlicher Frühzeit in den Alpen, in: Jahrbuch des Südtiroler Kulturinstitutes 1. Bd. (1961), S. 244–259. — Rud. Egger, Ausgew. Schriften 2. Bd., Klagenfurt 1963, S. 69 ff. u. 218 ff. — Ders., Der Alpenraum im Zeitalter des Überganges von der Antike zum Mittelalter, im Sammelbd.: „Die Alpen in der europ. Gesch. des Mittelalters", Konstanz 1965, S. 23. — Anselm Sparber, Die Brixner Fürstbischöfe im Mittelalter, Bozen 1968, S. 18 ff. — Osmund Menghin, Von Pfaffenhofen nach Säben: Zur Kontinuität kirchlicher Strukturen in Tirol, in: Tiroler Wirtschaftsstudien 26/2 (1969), S. 263–278. — Cusanus-Gedächtnisschrift, S. 271 ff. — Sybille Moser (Hrsg.), Säben, bes. die Beitr. von Nothdurfter u. Gelmi, Bozen 1992.

3. Ausbreitung der Germanen in Tirol — Deutschwerdung Tirols

33–39 Vgl. den von Theodor Mayer hrsg. Sammelbd.: „Die Alpen in der europäischen Geschichte des Mittelalters" (Vorträge und Forschungen 10. Bd.), Konstanz 1965, darin Franz Huter, Wege der polit. Raumbildung im mittleren Alpenstück, S. 245–260 und Karl Finsterwalder, Das Werden des deutschen Sprachraumes in Tirol im Lichte der Namenforschung, S. 261–274, Reprint in K. Finsterwalder, Tiroler Ortsnamenkunde, Ges. Aufsätze, hrsg. von Hermann Ölberg und Nikolaus Grass, 1. Bd., Innsbruck 1990, S. 1–14. — E. Gamillscheg, Romania germanica II, Ostgoten, Langobarden etc. (Grundriß d. germ. Phil. 11/II), Tübingen 1935. — Ernst Schwarz, Herkunft der Baiern (Südostforschungen 12. Bd.), München 1953. — Ders. in: Forschungen und Fortschritte Bd. 28, 1954, S. 279. — Mitscha-Märheim, in: Mitteilg. d. anthropolog. Gesellsch. 80., Wien 1950, S. 213. — Bartholomäus Eberl, Die Bajuwaren. Feststellungen und Fragestellungen zur Frühgeschichte des Baiernvolkes, hrsg. v. Ingo Schaefer und Kurt Reindel (Veröff. d. Schwäb. Forschungsgem. bei der Komm. f. bayer. Landesch. Reihe 1, Bd. 11), Augsburg 1966. — Über Herkunft und Landnahme der Bajuwaren vgl. Kurt Reindel, Bayern im Mittelalter, München 1970, bes. S. 9–17 sowie Reindel, in: Spindler, Bayer. Geschichte 1. Bd., 3. Aufl.

Josef Schatz, Die tirolische Mundart, in: Zeitschr. d. Ferdinandeums III. F., 47. Heft (1903), S. 81 und 86. — Eberh. Kranzmayer, Die Mundart des Ötztales, in: Schlern-Schriften 229., darin bes. Kap. 1, Die alemannischen Einsickerungen in Westtirol, S. 77 ff. — Ders., Historische Lautgeographie des gesamtbairischen Dialektraumes mit gesondertem Mundartkartenwerk, hrsg. v. Österr. Akademie d. Wissenschaften in Wien, Böhlau, Wien 1958.

Otto Stolz, Die Ausbreitung des Deutschtums in Südtirol im Lichte der Urkunden I.–IV. Bd., München 1927–1934. — Ders., Geschichte des Landes Tirol 1. Bd., Innsbruck 1955, S. 422 ff. — Ders., Geschichtliche Folgerungen aus Orts- insbesondere Hofnamen im Bereiche Tirols, in: Zeitschr. f. Ortsnamenforschung 7. Jg. (1931), S. 56–75, S. 152–

159, direkte Erwähnungen von Romanen S. 63 belegt. — Karl Finsterwalder, Die hochmittelalterliche Siedlung in Südtirol im Spiegel der deutschen Umformung der Örtlichkeitsnamen. Mit ganzseitiger Karte, in: TH. 26 (1962), S. 77–112. — Ders., Geschichte der Namen — Geschichte der Sprachen im Obervinschgau, in: „Der obere Weg", Jahrbuch des Südtiroler Kulturinstitutes Bd. V, VI, VII, Bozen 1965/67, S. 222 ff. bes. S. 236 ff. Neudruck bei Finsterwalder, Tir. Ortsnamenkunde 3. Bd., S. 1043. — Egon Kühebacher über Volk und Sprache im obersten Inn- und Etschtal, ebd. S. 196–221. — Ders., Die Ortsnamen Südtirols und ihre Geschichte 1. Bd., Bozen 1991.

Franz Grass, Pfarrei und Gemeinde (1950), S. 23 ff. und 34 ff. — H. E. Feine, Kirche und Gemeindebildung, in dem von Theodor Mayer hrsg. Sammelwerk: „Die Anfänge der Landgemeinde und ihr Wesen" 1. Bd., Konstanz 1964, S. 71 ff., Wiederabdruck in dem von Fr. Merzbacher redigierten Sammelband von H. E. Feine: Reich und Kirche, Aalen 1966, S. 131–156. — Karl Finsterwalder, Die Besiedlung Tirols im Spiegel der Ortsnamen, in: Onoma 6. Bd., Löwen 1955/56, S. 41–63.

Franz Huter, Das Tal Schnals in den Ötztaler Alpen. Geschichte und Gegenwart, in: Südtirol in Wort und Bild VII, Augustheft 1963, S. 15–25. — Karl Werner, Die Almwirtschaft des Schnalstales unter Einbeziehung der Herdenwanderungen ins innerste Ötztal (Veröff. d. Univ. Innsbruck 20), Innsbruck 1969. — Otto Solz, Zur Geschichtskunde des Ötztales, in: Ötztaler Buch, Schlern-Schriften 229 (1968), bes. S. 226 ff.

4. Kulturaustausch

5. Ladiner

44–47 Die Ladiner der Dolomiten. Hektographierte Broschüre Quartformat von Karl Finsterwalder mit Faksimiledruck und ganzseitigen faltbaren Kartenbeilagen von O. v. Csikos und W. Schreiber, Schriftenreihe der Tiroler Landesregierung, Heft 7, 1948. — Franz Huter, Die Ladinerfrage, in: Südtirol. Eine Frage des europäischen Gewissens, Wien 1965, S. 55–67. — Ladinien. Land und Volk in den Dolomiten (Jahrbuch d. Südtiroler Kulturinstitutes III/IV), Bozen 1965/66/67. — Christoph Pan, Südtirol als volkliches Problem. Grundriß einer Südtiroler Ethno-Soziologie, Wien 1971.

II. Von der eigenwüchsigen Kultur des Tiroler Bauernstandes

1. Kulturelle Selbstversorgung

48 Geistigkeit: Allgemeines. Vgl. Arens 19. — J. Weigert, Untergang der Dorfkultur?, 2. Aufl., München 1930. — Ders., Religiöse Volkskunde, Freiburg i. Br. 1924. — Ders., Das Dorf entlang, 4. u. 5. Aufl., Freiburg i. Br. 1923. — L. Teufelsbauer, Die gestaltenden geistigen Mächte im Bauerntum. Teil von „Das Dorf in der Seelsorge", Innsbruck-Wien-München (1933), S. 60–72.
Denken und Reden: Vgl. Weigert, Dorfkultur, S. 93 f. — Arens 19, S. 123.
Behandlung der Tiere: Vgl. Arens 19, S. 131, 133. — Zingerle 817, S. 628–630. Über Reste urtümlicher Tierstrafen vgl. N. Grass, Rechtsgesch. d. Alpwirtschaft, S. 63 ff.

49 Religion und Leben: Vgl. A. Dörrer, in: Tir. Htbl. Jg. 1949, S. 148. — Franz Grass, Pfarrei und Gemeinde (1950). Über die ehedem bestandene ständige Jesuiten-Volksmission berichtet Hattler, Missionsbilder aus Tirol. Geschichte der ständigen tirolischen Mission von 1719–1784. Beitrag zur Gesch. der religiös-sittlichen Cultur des Landes, Innsbruck 1899.

Abfahrt: Vgl. H. Mang, Volksbrauch in Südtirol. „An der Etsch und im Gebirge" III. Bändchen, Brixen o. J., S. 8.

50 Konservativer Sinn, Heimatliebe: Vgl. Wopfner 786, S. 148 ff. und das hier S. 163 angeführte Schrifttum. — Staffler 611, II/1, S. 146 f.
Familie: Vgl. Arens 19, S. 137 ff.
Gräberbesuch: Vgl. Mang, Volksbrauch, a. a. O., S. 56. — R. Staffler, Totenbräuche in Südtirol, in: Der Schlern, 30. Jg. (1956), S. 414–423.

51 „Bitten": Vgl. Mang 402, 1948, S. 34 u. 44. — Wopfner 786, S. 159.
Begräbnis und Jahrtag: Vgl. Johannes Baur, Volksfrommes Brauchtum Südtirols, Schlern-Schriften 192 (1959), S. 64 ff.
Familientage: Vgl. Wopfner 687, S. 159.

52 Vaterhaus: Vgl. Wolfram, in: „Das Wüstenroter Eigenheim", Heft 1/2 von 1952, S. 16. — Steger, Ein Buch für das Tiroler Haus, Innsbruck 1923. — Martin Rudolph-Greiffenberg, Das Burggräfler Haus, Entwicklung und Erneuerung alpenländischer Baukultur a. d. E., Schlern-Schriften 203 (1960). — Ders., Die Neugestaltung von Haus und Hof in Südtirol, Bozen, Südtiroler Bauernbund 1960. — Franz Colleselli, Tiroler Bauernmöbel, 2. Aufl., Innsbruck 1968.
Väterliche Gewalt: Vgl. Arens 19, S. 156.

53 Stellung der Frau: Vgl. Arens 19, S. 151 f. — v. Hörmann 251, S. 302 f. — Über analoge Züge im Familienleben der Emmenthaler Bauern nach der Schilderung bei J. Gotthelf, vgl. Barthel 33, bes. S. 24 ff., 53 ff., 63 ff., 95 ff. — Hans Fehr, Die Rechtsstellung der Frau und Kinder in den Weistümern (1912).
„Maßhalten": Vgl. Arens 19, S. 272 f. und 349. — Barthel 33, S. 63 ff.

53 f. Sitte: Vgl. Weigert, Religiöse Volkskunde, S. 62. — Anni Müller-Schuler, Sitte und Brauch als bevölkerungsbiologische Faktoren, dargestellt am Beispiel Serfaus, in: Schlern-Schriften 237 (1964), S. 79–92.

54 f. Dienstboten: Vgl. unten VII. Hauptstück, Abschnitt 1. — O. Stolz, Gesch. d. landwirtschaftl. Dienstboten. Festschrift für K. Haff, hrsg. von K. Bußmann und Nikolaus Grass (Innsbruck 1950), S. 185–194. — Arens 19, S. 158. — TW. IV, Sachregister unter „Ehehalten", S. 1069 f. — F. Braumann, Vom ewigen Bauerntum, S. 51 und 100. — Tschurtschenthaler 700, S. 11 f. — L. Hörmann 251, S. 304 ff. — Joh. Grießmair, Knecht und Magd in Südtirol, dargestellt am Beispiel der bäuerlichen Dienstboten im Pustertal (Veröff. d. Univ. Innsbruck 30. Bd.), Innsbruck 1970. Für das Salzburger Gebirgsland s. die vortreffliche Schrift von Josef Walleitner, Der Knecht, Lebens- und Volkskunde eines Berufsstandes im Oberpinzgau, Salzburg 1947. — Ortmayr, Knecht, Wien 1992. — Analoge Züge in der Stellung der Dienstboten im schweiz. Emmenthal vgl. Barthel 33, S. 67 ff.

55 „Bittarbeit": Vgl. Mang 402, S. 36 f., 46 f.
Armenbeschenkung: Vgl. Mang 401, S. 67. — J. Baur, Quatember in Kirche und Volk, in: Der Schlern 26. Jg. (1952), S. 226 f. — Hanns Koren, Die Spende. Eine volkskundliche Studie über die Beziehung „Arme Seelen — arme Leute", Graz 1954. — Anton Dörrer, Brotspenden als Verlöbnis und Gemeinschaftsbrauch, in: Ztschr. d. Savigny-Stiftung für Rechtsgeschichte, Germ. Abt. 74. Bd. (1957), S. 266 ff. — Über alte Weinspenden vgl. Nikolaus Grass, Fragmente zur Geschichte der Tiroler Weinkultur, in: Tiroler Wirtschaftsstudien 17. Bd. (1963), bes. S. 148 ff. Neudruck im Sb.: „Alm und Wein", hrsg. von L. Carlen u. H. C. Faußner, Hildesheim 1990, S. 394 ff. — Georg Schreiber, Deut-

sche Weingeschichte (für die Drucklegung bearbeitet von Nik. Grass), Köln 1980, S. 210ff., 360ff. u. ö. — F. Haider, Tiroler Brauch im Jahreslauf (1968), S. 198f., S. 245f., 352f., 406, 417f. — A. Egger, Historische und technische Denkmäler von Brixen, in: Der Schlern 26. Jg. (1952), S. 218.

56 Arme, Stellung im Recht: Vgl. Arens 19, S. 81.
Volksbrauch: Vgl. Wopfner, Tirol (Alpenvereinswerk) 687, S. 179ff. und das hier S. 187 angeführte Schrifttum.

57f. Volkskunst: Vgl. Wopfner 687, S. 187ff. — H. Waschgler, Kurzer Führer durch die Kunstgeschichte von Südtirol, Bozen o. J., S. 38. — Ringler in 562, Band 77, S. 233ff. — Hans Hochenegg, Die Kirchen Tirols, Innsbruck 1935. — Eva Frodl-Kraft, Tiroler Barockkirchen (1955). — Erich Egg, Kunst in Tirol 1. Bd., Baukunst und Plastik, Innsbruck 1970, 2. Aufl., ebd. 1973, 2. Bd., Malerei und Kunsthandwerk, ebd. 1972. — H. Menardi, Schätze des Tiroler Volkskunstmuseums, 2 Bde., Innsbruck 1992.

59f. Krippen: Vgl. Josef Ringler, Tiroler Fastenkrippen in dem von Nikolaus Grass hrsg. Sammelband: „Ostern in Tirol" Schlern-Schriften 169 (1957), S. 123–148. — Ringler, Tiroler Krippen unserer Zeit, Innsbruck 1966. — Ders., Alte Tiroler Weihnachtskrippen, Innsbruck 1969. — Fr. Colleselli, Die Weihnachtskrippe in Tirol, in dem von Nikolaus Grass hrsg.: Sammelband „Weihnachtskrippen aus Österreich", Innsbruck 1966, S. 11–25. Eine Durchsicht des die abendländische Krippenkultur berücksichtigenden Meisterwerkes von Rudolf Berliner, Die Weihnachtskrippe, München 1955, zeigt die bedeutende Stellung, die der Tiroler Krippenkunst international zukommt. — E. Egg u. H. Menardi, Das Tiroler Krippenbuch, Innsbruck 1985.

60f. Tiroler Haus: Vgl. Kunibert Zimmeter, Die Kunst in Tirol (Sonderband 5 der „Kunst in Tirol"), Wien 1923. — Jos. Ringler, Das Tiroler Volkskunstmuseum, in: Schlern-Schriften 167 (1962), S. 67–95. — Franz Colleselli, Tiroler Bauernmöbel, 2. Aufl., Innsbruck 1968. — Joh. Deininger, Das Bauernhaus in Tirol und Vorarlberg, Wien o. J. — Torsten Gebhard, Alte Bauernhäuser, München 1977. — H. Stampfer (Hrsg.), Bauernhöfe in Südtirol. Bestandsaufnahme 1940–1943, Nr. I: Ritten, 2. Aufl., Bozen 1991; Bd. 2, Sarntal, Bozen 1993.

61 Inventare. Mitteilungen aus bäuerlich-bürgerlichen Inventaren geben: Vgl. Jülg, Inventare von Zell a. Z. (290). — Hermann Holzmann, 650 Jahre Familie Cammerlander, Schlern-Schriften 223 (1962). — Marie Grass-Cornet, Aus der Geschichte der Nordtiroler Bürgerkultur, Innsbruck 1970, S. 80, 310f. u. ö.

61f. Kunstgewerbe: Vgl. Kupferschmiede und Hafengießer. Über die eigenartige Organisation der im Kesslerhandwerk zusammengeschlossenen Kupferschmiede, Glocken- und Hafengießer und Pfannenschmiede Tirols berichtet Nikolaus Grass, Kesslergerichte in Tirol, in: Festschrift Hans Lentze (Forsch. z. Rechts- u. Kulturgesch. IV), Innsbruck 1969, S. 223–268. Für das Salzburger Stiftsland s. Nikolaus Grass, Das Kupferschmiedegericht im Erzstift Salzburg, in: Jahrbuch des Salzburger Museums 1969, S. 37–72. — Ders., Art. Kesslergerichte, in: Handwörterbuch z. dt. Rechtsgesch. 2. Bd., Sp. 708ff. — Josef Ringler, Schmiedeiserne Grabkreuze, Innsbruck 1931. — Ders., Tiroler Hafnerkunst (= Tir. Wirtschaftsstudien Bd. 22), Innsbruck 1965. — E. Egg u. W. Pfaundler u. M. Pizzinini, Von allerley Werkleuten und Gewerben, Innsbruck 1978.

62 Gaßlbrauch: Vgl. Ilka Peter, Gasslbrauch und Gasslspruch in Österreich, Wien 1953. — Erich-Beitl, Wörterbuch d. dt. Volkskunde, 3. Aufl., Stuttgart 1955, Art. Gasslbrauch,

S. 233 ff. — Anton Dörrer, Das ‚Gasslgehn' ging im ‚Fensterln' auf, in: Innsbrucker Beiträge zur Kulturwissenschaft 2. Bd. (1956).

62 ff. Heimgarten: Vgl. v. Hörmann 251, S. 389 ff. — A. Zoller, Das Gunngglhoß, in: Tir. Htbl. Jg. 1925, Heft 11, S. 13. Dies. Der Heimgarten und das „Hineinreden", in: Tir. Htbl. Bd. 4, Jg. 1926, S. 52 ff.

64 Almkirchtage: Vgl. L. v. Hörmann, Tiroler Volksleben, S. 138 f. — Anton Dörrer, Erl. Arbeit und Brauch, in: Schlern-Schriften 138 (1954), S. 95–135, bes. S. 107 f. — Nikolaus Grass, Alm und Wein, hrsg. von L. Carlen und H. C. Faußner, Hildesheim 1990. — Hans Fink, Verzaubertes Land, Volkskult und Ahnenbrauch in Südtirol (für Drucklegung bearbeitet von Hermann Holzmann), Innsbruck 1969, S. 265 f. — Konstantin Graf Thun, Älpler, Holzer, Klosterleut und Jäger, Innsbruck 1951.
Bäuerliches Volkslied: Vgl. Enzinger, a. a. O., S. 44 f. — Egger 97, S. 448.
Gesang auf den Höhen: Vgl. Moritz 454, S. 75 f.

64 f. Kampfspiele: Vgl. v. Hörmann 249. — Mang 402 (1948), S. 49. — Weiß 738, S. 186. — Ilka Peter, Das Ranggeln im Pinzgau, Salzburg 1981.

65 Örtlichkeiten der Kampfspiele: Vgl. v. Hörmann 249, S. 13. — Egarter, in: „Volksbote" 1948, Okt. 14. — Franz Hubmann, Gauderfest in Zell am Ziller, in: Große Österreich-Illustrierte, Wien, 20. Mai 1950, Nr. 20, S. 8 f. (mit 17 Abbildungen), zitiert nach Leopold Schmidt, Tierkämpfe, Hirtenspiele. Die Zusammenhänge des Zillertaler Gauderfestes, in: Tir. Htbl. 25. Bd., Jg. 1950, S. 134 ff., Wiederabdruck bei Leopold Schmidt, Volksglaube und Volksbrauch, Berlin 1966, S. 100–110, mit Anm. auf S. 333–335.
Kegelspiel: Vgl. Dörrer 91, S. 299. — Über Spiele in alter Zeit vgl. Nikolaus Grass, Cusanus und das Volkstum der Berge (1970), S. 80 und 91, Anm. 151.
„Watschelen": Vgl. v. Hörmann 251, S. 468.
Eisschießen: Vgl. Der Schlern (561), Jg. 1930, S. 7.
„Klobnen": Vgl. Der Schlern (561), Jg. 1947, S. 124, 218. — Weiß 738, S. 194.
Rodeln: Vgl. v. Hörmann 251, S. 467 f.
Schützenwesen: Vgl. Otto Stolz, Wehrverfassung und Schützenwesen in Tirol von den Anfängen bis 1918, hrsg. von Fr. Huter, Innsbruck 1960. — Hermann Holzmann, Geschichte der Steinacher Schützengesellschaft (1935); volkskundlich aufschlußreich die Erzählung von Hermann Holzmann, Der Schützenkönig, Rosenheim 1967. — Erich Egg und W. Pfaundler, Das große Tiroler Schützenbuch, Innsbruck 1976.
Wildern: Vgl. v. Hörmann, Tiroler Volkstypen (249), S. 1–10 und das von Jos. Walleitner hrsg. Sammelbändchen: Wildern im ehemaligen Erzstift Salzburg, Salzburg o. J. (1965). — Weitere Literatur bei Nikolaus Grass, Cusanus und das Volkstum der Berge, Innsbruck 1972, S. 96, Anm. 9 und S. 121 f.

2. Tiroler Bergbauer und Religion

Allgemeines Schrifttum: Vgl. J. P. Steffes, Katholische Volksreligiosität. Teil von: W. Peßler, Handbuch der Deutschen Volkskunde S. 237 ff. und das hier S. 253 angeführte Schrifttum. — Georg Schreiber, Deutsche Bauernfrömmigkeit in volkskundlicher Sicht. (Forschungen zur Volkskunde, hrsg. von G. Schreiber, Heft 29), Düsseldorf 1937. — M. Rumpf, Religiöse Volkskunde (II. Bd. von Rumpf, Das gemeine Volk), München 1933. — Jos. Weigert, Religiöse Volkskunde, 2./3. Aufl. (= Hirt und Herde, Beiträge zu zeitgemäßer Seelsorge, 11. Heft), Freiburg i. Br. 1925. — Fr. X. Buchner, Volk und Kult (= Forschungen zur Volkskunde, hrsg. v. G. Schreiber, 27. Heft), Düsseldorf 1936. — Johannes Vincke, Volkstum und Recht (ebd. 28. Heft), Düsseldorf 1937. — Adolf Waas, Der Mensch im deutschen Mittelalter, Graz-Köln 1964, S. 65–78. — Ludwig Andreas Veit, Volksfrommes Brauchtum und Kirche im deutschen Mittelalter, Freiburg i. Br. 1936. — Ders. u. L. Lenhart, Kirche und Volksfrömmigkeit im Zeitalter des Barock, Freiburg i. Br. 1956. — Volksreligion im hohen und späten Mittelalter, hrsg. von Peter Dinzelbacher und Dieter R. Bauer (Quellen und Forschungen aus dem Gebiet der Geschichte 13. Bd.), Paderborn 1990, 493 SS. — A. Coreth, Pietas Austriaca, Wien 1958, 2. Aufl., ebd. 1981. — Walter Hartinger, Religion und Brauch, Darmstadt 1992. — Dietz-Rüdiger Moser, Bräuche und Feste im christlichen Jahreslauf, Graz 1993. — Weiteres Schrifttum über religiöse Volkskunde bringt Klaus Beitl, Art. Volkskunde, religiöse, in: Lexikon für Theologie und Kirche, 2. Aufl., 10. Bd., Sp. 854–856. — Josef Schneiber, Kirche und Land, in dem von F. Klostermann, H. Kriegl, O. Mauer u. E. Weinzierl hrsg. zweibändigen Sammelwerk: „Kirche in Österreich 1918–1965", Wien 1966, 1. Bd. - Anselm Sparber, Kirchengeschichte Tirols im Grundriß dargestellt, Bozen 1957. — J. Gelmi, Kirchengeschichte Tirols, Innsbruck 1986. — Romuald Bauerreiss, Kirchengeschichte Bayerns 6 Bde. (1950–1966), 1. Bd., 2. Aufl. 1958. — Angelus Wielander, Ein Tiroler Christenspiegel des 14. Jh.s, phil. Diss. Freiburg/Schweiz, Buchdruckerei W. Weiss, Affoltern am Albis 1959. — Bischof Paulus Rusch, Kirche im Gebirge und anderswo, Innsbruck 1959.

Tirolisches Schrifttum: Wopfner, Tiroler Volkskunde (vgl. oben Nr. 786), Abschn. 4: Die Religion im Leben des Tiroler Volkes, Abschn. 5: Religiöse Kultstätten und Denkmäler. — J. Egger 97, S. 173 ff. — Josef Innerhofer, Die Kirche in Südtirol. Gestern und heute, Bozen 1982.

67 f. Religion und Alltag: Vgl. Arens 19, S. 12.

67 Dr. Guarinoni: Vgl. den Sammelband „Hippolytus Guarinonius (1571–1654). Zur 300. Wiederkehr seines Todestages", zusammengestellt v. Anton Dörrer, Franz Grass, G. Sauser und K. Schadelbauer, Schlern-Schriften 126 (1954). — Jürgen Bücking, Kultur und Gesellschaft in Tirol um 1600. Des Hippolytus Guarinonius „Grewel der Verwüstung Menschlichen Geschlechts" (1610) als kulturgeschichtliche Quelle des frühen 17. Jh.s (Histor. Studien, 401. Heft), Lübeck 1968. Bücking hat das einschlägige landesgeschichtliche Schrifttum leider nur unvollständig herangezogen. Vgl. auch die kritische Rezension von K. H. Hye, MIÖG 77. Bd. (1969), S. 490–492. — O. Dünser, Dr. H. Guarinoni als barocker Laienapostel, in: Veröff. Ferd. 60 (1980), S. 5–34. — Fr. Grass: in: Stadtbuch Hall in Tirol, Innsbruck 1981, S. 139–141.

69 Volksmissionen: Vgl. Hattler 209. — Nikolaus Grass, Österreichische Historiker-Biographien 1. Folge, Innsbruck 1957, S. 53 ff. — Hans Koren, Volksbrauch im Kirchenjahr, Salzburg 1934. — Notker Curti, Volksbrauch und Volksfrömmigkeit im kathol. Kirchenjahr (Volkstum der Schweiz 7. Bd.), Basel 1947. — Georg Schreiber, Die Wochentage im Erlebnis der Ostkirche und des christlichen Abendlandes, Köln 1959, dazu die Rez. von Nik. Grass, in: Ztschr. f. Rechtsgesch. 77. Bd. (1960), Kan. Abt. 46. Bd., S. 603–608. — Joh. Baur, Volksfrommes Brauchtum Südtirols, Schlern-Schriften 192 (1959). — Ders., Das Kirchenbuch des Kuraten Franz Anton Sinnacher für die Kirche von St. Magdalena in Gsies, Schlern-Schriften 240 (1965). — Ders., Beiträge zur Heimatkunde von Taisten, Innsbruck 1969, S. 293 ff.

70 f. Weistum und Religion: Vgl. Arens 19, S. 117 f. — Franz Grass, Pfarrei und Gemeinde im Spiegel der Weistümer Tirols, Innsbruck 1950, dazu die Rezensionen von Karl Haff (Hamburg), in: Ztschr. d. Savigny-Stiftung f. Rechtsgesch. Bd. 68 (1951), Kan. Abt. 37. Bd., S. 449 ff. u. Heinrich Felix Schmidt, in: Österr. Archiv für Kirchenrecht 2. Bd., Wien 1951, S. 140–144. — Franz Grass, Studien zur Sakralkultur und Kirchlichen Rechtshistorie Österreichs (= Forschungen zur Rechts- und Kulturgeschichte 2. Bd.),

Innsbruck 1967, dazu die Rezensionen von R. Wildhaber, in: Schweiz. Archiv für Volkskunde 65. Jg. (1969), S. 107. — Alfons M. Stickler, Präfekt der Vatikanischen Bibliothek (in Rom), in: Ztschr. Salesianum 32. Jg. (1970), S. 504 f. — Anton Dörrer, Volkskulturelle Auswirkungen des Trientner Konzils auf die Alpenländer, in dem von Georg Schreiber hrsg. Sammelwerk, „Das Weltkonzil von Trient. Sein Werden und Wirken" 2 Bde., Freiburg i. Br. 1951, 1. Bd., S. 427–446. — Anna Gräfin Coreth, Pietas Austriaca, Wien 1959, 2. Aufl., ebd. 1981.

71 f. Gott: Vgl. Arens 19, S. 104 f. — J. Weigert, Religiöse Volkskunde, S. 34 ff. — Weigert, Das Dorf entlang, 5. Aufl., Freiburg i. Br. 1923. Vieles von dem, was Weigert im allgemeinen von bäuerlicher Frömmigkeit sagt, trifft auch für den Tiroler Bergbauern zu.

72 Herz-Jesu-Verehrung: Vgl. A. Sparber, Zur Geschichte der Herz-Jesu-Verehrung in Tirol, in: Der Schlern (1946), S. 194 ff. — J. Fiedler u. H. Huber, in: Tirol, Erbe und Auftrag, Innsbruck-Wien 1959, S. 31 ff. und S. 54. — Anton Dörrer, Hochreligion und Volksglaube. Der Tiroler Herz-Jesu-Bund (1796–1946) volkskundlich gesehen. Im Sammelband: „Österr. Volkskultur" 1. Bd., Wien 1947, S. 70–100. — N. Mantl, Das Herz-Jesu-Bündnis des Landes Tirol, Tiroler Bauernkalender 1959, S. 66 ff. — Anselm Sparber, Kirchengeschichte Tirols, Innsbruck 1957. — Gelmi, Kirchengeschichte Tirols, Innsbruck 1986. — Anna v. Coreth, Voraussetzungen der Aufnahme der „neuen" Herz-Jesu-Verehrung in Österreich vor 1700, in: Ecclesia peregrinans, J. Lenzenweger zum 70. Geburtstag, Wien 1986, S. 223–237.

72 f. Marienverehrung: Vgl. Stephan Beissel S. J., Geschichte der Verehrung Marias während des Mittelalters. Ein Beitrag zur Religionswissenschaft und Kunstgeschichte, Freiburg i. Br. 1909. — Ders., Geschichte der Verehrung Marias im 16. und 17. Jh., Freiburg i. Br. 1910. — Ders., Wallfahrten zu Unserer Lieben Frau in Legende und Geschichte, Freiburg i. Br. 1913. — H. Schauerte, Art. Maria VI, Relig. Volkskunde, Lex. f. Theol. u. Kirche, 2. Aufl., VII. Bd. (1962), Sp. 32 f. — Lexikon der christl. Ikonographie, hrsg. von Braunfels, 8 Bde., Freiburg-Rom 1968–1976, bes. 3. Bd., Sp. 154 ff. — K. Matscher, Maria im Volkstum Südtirols, St. Kassian-Kalender 1957. — Ders., Der Burggräfler in Glaube und Sage, Bozen 1931. — Arens 19, S. 107.

72 Über Rosenkranz: Vgl. Der Schlern 32. Jg. (1958), S. 475. — A. Dörrer, Tiroler Umgangsspiele, Schlern-Schriften 160 (1957), Register S. 565: Rosenkranz, Rosenkranzbruderschaften, Rosenkranzspiele. — J. Hirn 230, I, S. 257.

73 Über Marienwallfahrten und Wallfahrtskirchen: Vgl. G. Gugitz, Österreichs Gnadenstätten III (1956). — A. Gaisböck, Über Wallfahrten und Wallfahrtsorte in Tirol, in: TH. 21 (1957), S. 7 ff. — Nikolaus Grass, Loreto im Bergland Tirol, in: Jahrbuch für Volkskunde 1979, S. 161–186. — H. Hochenegg, Die Kirchen Tirols, Innsbruck 1935. — Inge Dollinger, Tiroler Wallfahrtsbuch, Innsbruck 1982.
Über Ährenkleidmuttergottes: Vgl. K. v. Spiess, Maria im Ährenkleide, in: Veröffentlichungen d. Österr. Museums für Volkskunde Bd. 7, S. 56–75. — E. Richter, Zum Problem der Herkunft der Ährenkleidung: in: Deutsche Gaue Jg. 1956, S. 77 ff., Südtiroler Volksbote 1958, Nov. 20. — Leopold Schmidt, Eine „Ährenmadonna" in einem Südtiroler Gebetbuch, in: Der Schlern 39. Jg. (1959), S. 99–101, dazu Anton Dörrer, ebd. S. 242.

73 ff. Heiligenverehrung: Vgl. L. v. Hörmann, Wetterherren und Wetterfrauen in den Alpen, ZAV 38 (1907), S. 93 ff. — H. Fink, Die Kirchenpatrozinien Tirols, Passau 1928; dazu H. Mang, Kirchenpatrozinien, in: Der Schlern 11. Jg. (1930), S. 64–66. — Wopfner

786, S. 163 ff. — H. Mang, Unsere Kirchenpatrone, Brixen 1942. — H. Matscher, Der Burggräfler in Glaube und Sage, Bozen 1931. — Ders., Heilige im Südtiroler Volksleben, Brixen 1961. — M. Mayer 414, I. Heft, S. 158 und II. Heft, S. 127. — S. Sterner-Rainer, Zur Wahl der bäuerlichen Taufnamen in Tirol, in: TH. 1955, S. 157 ff. — A. Masser, Taufnamen in Südtirol, Heidelberg, Verlag Winter 1993. — G. Schreiber, Die Vierzehn Nothelfer in Volksfrömmigkeit und Sakralkultur, Schlern-Schriften 168 (1959).

Heiligenverehrung: Vgl. H. Mang, Unsere Weihnacht, Innsbruck 1927. — Karl Meisen, Nikolauskult und Nikolausbrauch im Abendlande, Düsseldorf 1931. — Richard Wolfram, Das Nikolausbrauchtum in Tirol. Bestand, Raumbilder, Zeitschichten, in: TH. 37 (1973–1974), S. 127–179. — Ders., Südtiroler Volksschauspiele und Spielbräuche, Wien 1987 (Akademie-Verlag). — Anton Dörrer, Geist und Kultur in Wattens, in: Schlern-Schriften 165 (1958), S. 327–389, bes. S. 380 ff. — Winfried Hofmann, Nikolausspiele im Ahrntal (Südtirol), in: Rhein. Jahrbuch f. Volkskunde 17./18. Jg. (1966/67), Bonn 1967, S. 94–131. — Karl Meisen, Sankt Martin im volkstümlichen Glauben und Brauch, ebd. 19. Jg. (1968), S. 42–91. — Fink, Verzaubertes Land (1969), S. 329 f. — Hans Hochenegg, St. Isidor und seine Verehrung in Tirol, in: Gesammelte Aufsätze zur Kulturgesch. Spaniens, hrsg. von Joh. Vincke, 20. Bd., Münster i. W. 1962, S. 214–224.

75 Brotspenden: Vgl. Anton Dörrer, Brotspenden als Verlöbnis und Gemeinschaftsbrauch, in: Ztschr. d. Savigny-Stiftung f. Rechtsgesch., Germ. Abt. 74. Bd. (1957), S. 266 ff. — Fr. Haider, Tiroler Brauch im Jahreslauf, Innsbruck 1968. — Ivo Beikircher, Das Pitschelesingen — ein alter Ahrntaler Volksbrauch, in: Der Schlern 45. Jg. (1971), S. 239–245. — H. Koren, Die Spende, Graz 1954.

75 f. Heiligenverehrung: Vgl. Hans Hochenegg, Die Verehrung des hl. Josef in Tirol, in: Heiligenverehrung in Nord- und Osttirol. Beiträge zur Religiösen Volkskunde, Schlern-Schriften 170 (1965), S. 29–43. — G. Kapfhammer, St. Leonhard zu Ehren, Rosenheim o. J.

77 f. Feier der Feste. Volksschauspiel: Vgl. Dörrer 90, S. 277 ff. — Anton Dörrer, Tiroler Fasnacht, Wien 1949; ferner Dörrers Abhandlungen über Tiroler Passionsspiele, in: „Die deutsche Literatur des Mittelalters. Verfasserlexikon“ III. Bd., Berlin 1943, Sp. 741 ff. (-835). — Dörrer, Tiroler Umgangsspiele, Schlern-Schriften 160 (1957). — Norbert Hölzl, Theatergeschichte des östlichen Tirol vom Mittelalter bis zur Gegenwart (= Bd. II/1 der Theatergeschichte Österreichs, hrsg. v. d. Österr. Akademie der Wissensch., Wien 1966); dazu Anton Dörrer, Das Volksschauspielgeschehen im nördlichen und südlichen Ostteil Tirols, in: Tir. Htbl. Jg. 1967, S. 40–59. — Norbert Hölzl, Alpenländische Barockdramen. Kampf- und Tendenzstücke der Tiroler Gegenreformation (= Maske und Kothurn, Beiheft 1), Wien 1970, Böhlau-Verlag. — Richard Wolfram, Südtiroler Volksschauspiele und Spielbräuche (Sitzungsber. der Österr. Akademie der Wissenschaften phil. hist. Klasse 480. Bd.) Wien 1987. — Hans Schuhladen, Die Nikolausspiele des Alpenraumes, Schlern-Schriften 271 (1984). — S. M. Prem, Gesch. der neuern deutschen Literatur in Tirol 1. Abt., Innsbruck 1922, bes. S. 19 ff. u. S. 74 ff. — M. Enzinger, Die deutsche Tiroler Literatur. Wien 1929, S. 42 ff. — Egger 97, S. 449 f., 460 f. — Leopold Schmidt, Das deutsche Volksschauspiel. Ein Handbuch, Berlin 1962.

78 Lans: Vgl. Dörrer 91, S. 298.

77 f. Religiöses Volksschauspiel: Vgl. Dörrer, Tiroler Kultur in und um Stift Wilten, in dem von Fr. Steinegger hrsg. Sammelband: „Das Stift Wilten“, Innsbruck 1958, S. 67–76. — Marie Grass-Cornet, Aus der Geschichte der Nordtiroler Bürgerkultur, Innsbruck 1970, S. 33 ff.

78 Feiertage und Feierabende: Vgl. v. Hörmann 251, S. 1 ff. — Arens 19, S. 108 f. — H. Matscher, s. oben bei „Heiligenverehrung". — Fr. Grass, Pfarrei und Gemeinde, S. 163 ff. — Tir. Htbl. Jg. 1925, S. 7. — Nik. Grass, Cusanus und das Volkstum der Berge, Innsbruck 1972, S. 33–38, über Kirchtage, ebd. S. 57 ff.
Über Strafen für Feierabend- und Feiertagsarbeit: Vgl. die Sagensammlungen von Alpenburg, Zingerle und Heyl. — N. Grass, Die Bauernfeiertage Tirols im Zeitalter des Josefinismus, in: TH. 20 (1956), S. 28 ff. (hier auch reiche Schrifttumshinweise).
Bauernfeiertage: Vgl. Nikolaus Grass, Die Bauernfeiertage Tirols im Zeitalter des Spätjosefinismus, in: TH. 20 (1956), Innsbruck 1957, S. 28–54.
Zahl der Feiertage: Vgl. Egger 97, S. 166. — Nik. Grass, Cusanus und das Volkstum der Berge, Innsbruck 1972, S. 33 ff.

78 f. Feiertagsverbot: Vgl. Sinnacher, Geschichte der Kirche Säben-Brixen IX, S. 176 ff. — Franz Grass, Pfarrei und Gemeinde, S. 106 und 166 ff.
Ostern, Weihnacht: Vgl. Anton Dörrer, Tiroler Fasnacht, Wien 1949. — Nikolaus Grass, Barock-Heiliggräber, in: Ostern in Tirol, Schlern-Schriften 169., S. 221–269. — A. Dörrer, Heiliggräber, Grabandachten, Karwochenspiele, ebd. S. 181–220. — Nikolaus Grass, Das Heilige Grab in Vergangenheit und Gegenwart unter besonderer Berücksichtigung Tirols, in: Der Krippenfreund 45. Jg. (1959), Nr. 163, S. 214–218. — Johannes Baur, Ostern in Südtirol vor 400 Jahren, in: Paschatis Solemnia, Studien zu Osterfeier und Osterfrömmigkeit (Jos. A. Jungmann-Festschrift), hrsg. v. Balthasar Fischer u. Joh. Wagner, Freiburg i. Br. 1959, S. 249–259. — Michael Forcher (Hrsg.), Heilige Gräber in Tirol, Innsbruck 1987. — H. Mang, Unsere Weihnacht (1927), S. 85 ff. — Leopold Schmidt, Die Weihnachtskrippe von Rinn in Tirol, Wien 1957. — Norbert Mantl, Die alte Oberinntaler Weihnachtskrippe, Schlern-Schriften 221 (1962). — F. Colleselli, Die Weihnachtskrippe in Tirol, in dem von Nikolaus Grass hrsg. Sammelband: „Weihnachtskrippen aus Österreich", Innsbruck 1966, S. 11–25. — J. Ringler, Alte Tiroler Weihnachtskrippen, Innsbruck 1969. — Ders., Tiroler Krippen unserer Zeit, Innsbruck 1966. — Maria Grass-Cornet, Krippenkultur in früstlichen Damenstiften Tirols, in: Festschrift Nikolaus Grass 2. Bd., Innsbruck 1975, S. 139–194. — Hermann Holzmann, Weihnacht am Bergbauernhof, hrsg. v. Alfred Gruber, Graz 1979. — Egg-Menardi, Das Tiroler Krippenbuch, Innsbruck 1985.

78 Totschlag: Vgl. T. W. I, S. 137, Z. 5; IV, S. 412, Z. 16; 446, Z. 28. — K. Springenschmid, Bauern in den Bergen, München 1936, S. 126 ff. — Richard Staffler, Humor im Etschland, Innsbruck 1938, bringt S. 261–277 „Etwas vom religiösen Humor".

79 Feiertagsgebote und -verbote: Vgl. Jos. Andr. Jungmann, Nicolaus Cusanus als Reformator des Gottesdienstes, in: Cusanus-Gedächnisschrift, hrsg. v. Nik. Grass, Innsbruck 1970, S. 23–31, bes. S. 28. — F. A. Sinnacher, Beyträge zur Geschichte der bischöflichen Kirche Säben und Brixen VI, S. 647. — Nikolaus Grass, Cusanus und das Volkstum der Berge, Innsbruck 1972.
Figurierte Prozessionen: Vgl. Dörrer, Umgangsspiele. — Fr. Grass, Stud. zur Sakralkultur, S. 145 f. (Isidoriprozession). — N. Mayerhofer, Bekleidete Prozessionsfiguren in Tirol, im Jahrbuch für Volkskunde 1985, S. 107–120.
Taufe: Vgl. Joh. Baur, Die Spendung der Taufe in der Brixner Diözese in der Zeit vor dem Tridentinum. Eine liturgie-kirchengeschichtliche und volkskundliche Studie, Schlern-Schriften 42 (1938). — Ders., Volksfrommes Brauchtum Südtirols, Schlern-Schriften 192 (1959), S. 8 ff. — Oskar Vasella, Über die Taufe totgeborener Kinder in der Schweiz, in: Ztschr. f. Schweizerische Kirchengeschichte 60. Jg., Freiburg (Schweiz), 1966, S. 1–

75, erwähnt auch tirolische Orte wie Trens (S. 29, 48 f., 64), Kaltenbrunn (S. 29, 50, 63), Münster im Unterinntal (S. 48), Waldrast und Tramin (S. 50). — Hans Kinzl, in: Schlern-Schriften 206 (1959), S. 76 und nach eigenen Feststellungen betr. Trens.

80 f. Sonntagsmesse, Versäumnis: Vgl. Zingerle 817, Nr. 695, 666, 647.

80 Rücksicht auf entfernt Wohnende: Vgl. Der Schlern Jg. 1924, S. 293; 1925, S. 31. — Tir. Htbl. Jg. 1925, S. 7.

81 f. Bittgänge, Umzüge, Wallfahrten: Vgl. J. Jung, Die romanischen Landschaften des römischen Reiches, Innsbruck 1884, S. 425 ff. — H. Mang, Von unsern Bittgängen und Umzügen, St. Kassian-Kalender 1942, S. 48 ff. — A. Gaisböck, Über Wallfahrten und Wallfahrtsorte in Tirol, TH. 1956, S. 18 ff. — Wopfner 786, S. 166 ff. — H. Mang, Gli ex-voto dell'Alto Adige. Communicazione tenuta al III Congresso Nazionale di Arti e Tradizioni Popolari, Trento 1934.

82 Wallfahrt: Vgl. Bernhard Koetting, Peregrinatio religiosa (Forschungen zur Volkskunde, ed. Georg Schreiber, 33.-35. Heft), Münster i. W. 1950. — Hermann Mang, Menschliche Uranlagen und ihre Entwicklung im Wallfahrtswesen, in: Der Schlern 15. Jg. (1934), S. 11–14. — Ders., Von unseren Umzügen und Umgängen, in: St. Kassian-Kalender, Brixen 1942, S. 41–77. — Irmgard Gierl, Bauernleben und Bauernwallfahrt in Altbayern. Eine kulturkundliche Studie auf Grund der Tuntenhausener Mirakelbücher (Beiträge zur altbayer. Kirchengesch. 21. Bd., 2. Heft), München 1960. Tuntenhausen wurde auch von vielen Tiroler Pilgern besucht. — Iso Müller, Die churrätische Wallfahrt im Mittelalter, Basel 1964. — Hochenegg, Heiligenverehrung, S. 16. — Karl Gruber und Hans Griessmair, Südtiroler Wallfahrten, Bozen 1989. — L. Carlen, Wallfahrt und Recht im Abendland, Freiburg/Schweiz 1987. — Leopold Schmidt, Wallfahrtsforschung und Volkskunde, in Schmidts Sammelband: „Volksglaube und Volksbrauch“, Berlin 1966, S. 154–168. — Nik. Grass, Cusanus und das Volkstum der Berge, Innsbruck 1972, S. 52 ff.

82 f. Über „Baum-, Feld- und Pflanzenkulte“ handelt Fink, Verzaubertes Land (1969), S. 45–84.

83 Votivbilder: Vgl. Treffliche Wiedergabe von Votivbildern bei W. v. Pfaundler, Sankt Romedius, ein Heiliger aus Tirol. Wien-München 1961. — Nikolaus Kogler, Votivbilder aus dem östlichen Nordtirol, Schlern-Schriften 242 (1966); dazu die Rez. von Lenz Kriss-Rettenbeck in: Bayerisches Jahrbuch für Volkskunde 1968, S. 174. — Nik. Grass, Ostern in Tirol, S. 93 ff. — Friedrich Haider, Tiroler Brauch im Jahreslauf, Innsbruck 1968, Abb. neben S. 177.

84 Weihen und Segnungen: Vgl. Rumpf 540, II, S. 285. — Wopfner 786, S. 164; — Beispiele bei Matscher, Burggräfler, a. a. O., S. 37 ff., 161, 171, 215 und an anderen Stellen. Wettersegen: Vgl. Nik. Grass, Cusanus und das Volkstum der Berge, S. 21–25. — Joh. Baur, Der Wettersegen, Texte und Anleitung, Brixen 1954.

85 Umfang der Pfarren: Vgl. Erläuterungen zum Historischen Atlas der österr. Alpenländer, hrsg. von der Österr. Akademie der Wissenschaften, II. Abt.: Die Kirchen- und Grafschaftskarte, 5. Teil: Tirol; Wien 1954. — Matthias Mayer, Entstehung und Alter der Pfarren und Kirchen im Tiroler Anteil des Erzbistums Salzburg (Der Tiroler Anteil des Erzbistums Salzburg, Ergänzungsheft), Innsbruck 1959, dazu die Rez. von Nik. Grass, in: Ztschr. f. Rechtsgesch. 77. Bd. (1960), Kan. Abt. 46. Bd., S. 653–655. — Anselm Sparber, Die im Mittelalter entstandenen Pfarreien, in: Sparbers Buch, Die Brixner Fürstbischöfe im Mittelalter, Bozen 1968, S. 174–200.

Pfarreien: Vgl. für den Vinschgau Iso Müller, Die rätischen Pfarreien des Frühmittelalters, in: Schweiz. Ztschr. f. Gesch. NF. 12. Bd. (1962), S. 449 ff. — Ders., Zur Entstehung der Churer Landdekanate im Hochmittelalter, ebd. 14. Bd. (1964), S. 185–217. — Ders., Zur Entstehung der Pfarreien des Vinschgaues, in: Der Schlern 35. Jg. (1961), S. 331–338. — Otto Stolz, Zur Geschichte der Archidiakonate in Tirol, in: Tir. Htbl. 23. Jg. (1948), S. 2–6.

Zustand einzelner Pfarreien im 16. Jh.: Hierüber berichten Joh. Chrysostomus Giner, Die religiöse Lage im Bistum Brixen unter Fürstbischof und Kardinal Christoph von Madruzzo 1542–1578, Brixen 1962. — Albert Forer, Die nachtridentinischen Kirchlichen Verhältnisse in der Diözese Brixen (1570–1613) im Spiegel der Visitationsprotokolle, Diss. Innsbruck 1970, Maschinschrift i. d. Univ.-Bibl. Innsbruck, ausführl. Rez. von Karl Wolfsgruber, in: Der Schlern 45. Jg. (1971), S. 263–265.

Gesellpriester: Vgl. Franz Grass, Pfarrei und Gemeinde im Spiegel der Weistümer Tirols (1950), S. 57–88. — A. Agreiter, Die Anstellung der Kooperatoren im Bistum Brixen, Brixen 1964, dazu die Rez. von Franz Grass, in: Ztschr. f. Rechtsgesch. 82. Bd. (1965), Kan. Abt. 51. Bd., S. 350 f. — Matthias Mayer, Der Tiroler Anteil des Erzbistums Salzburg, Going-Innsbruck 1936–1961 und 1. Ergänzungsband, ebd. 1959, dazu das ergänzende Werk von Matthias Mayer, Das Tiroler Unterland. Über diesen aus dem Bauernstand hervorgegangenen hochbegabten Tiroler Landpfarrer vgl. Nikolaus Grass, In memoriam Prof. DDDr. Matthias Mayer, Going-Innsbruck, in: Österr. Ztschr. für Volkskunde 72. Bd. (1969), S. 181 f. sowie Nikolaus Grass, In memoriam Prof. DDDr. Matthias Mayer, Going, in: Nachrichtenblatt der Universität Innsbruck, Studienjahr 1968–69 (= Veröff. der Universität Innsbruck 79. Bd.), Innsbruck 1973, S. 117–119.

Versehgang: Zu Geschichte und Ausgestaltung der Versehgänge vgl. Franz Grass, Studien zur Sakralkultur und Kirchlichen Rechtshistorie Österreichs, Innsbruck 1967, S. 1–66. — Anton Dörrer, Bozner Bürgerspiele 1. Bd., Leipzig 1941. — Ders., Tiroler Umgangsspiele, Schlern-Schriften 160 (1957). — Franz Grass, Sakralkultur, S. 67 ff., 142 ff. und 147 ff. Schilderung eines Versehganges zum 4 Gehstunden von der Seelsorge entfenten Eishof im Pfossental gibt Pfarrer Rudolf Baur, Die Kartause Allerengelberg im Schnalstal (1970), S. 90.

85 f. Versehpferdstiftungen: Vgl. Beispiele bei Nik. Grass, Alprechtsgesch., S. 99, Anm. 91. — Franz Grass, Pfarrei und Gemeinde (1950), S. 70 und bei Franz Grass, Studien zur Sakralkultur (1967), S. 32 ff.

Besuch der Kirche der Mutterpfarre seitens der Tochterpfarreien: Vgl. Beispiele u. a. bei Hans Lentze, Studia Wiltinensia, Studien zur Geschichte des Stiftes Wilten (Forsch. zur Rechts- und Kulturgesch., hrsg. v. Nik. Grass 1. Bd.), Innsbruck 1964.

86 Marterln: Vgl. Jos. Andreas Jungmann, Zum Wort „Marterle“, im Sammelband: „Volkskundliches aus Österreich und Südtirol“, hrsg. v. A. Dörrer und Leop. Schmidt (= Österr. Volkskultur 1. Bd.), Wien 1947, S. 107–111. — Josef Weingartner, Tiroler Bildstöcke, Wien 1949.

Höhenkreuze: Vgl. W. Eppacher, Berg- und Gipfelkreuze in Tirol, Schlern-Schriften 178 (1957).

Kreuze und sonstige Passionsmotive: Vgl. W. Eppacher, Berg- und Gipfelkreuze. — H. Matscher, Himmel am Wegrand, in: St. Kassian-Kalender 1956, S. 29–50. — Eine wertvolle Abhandlung über die verschiedenen Arten von Kreuzen, Kreuzkirchen, Kreuzwallfahrten, Wetterkreuze, Unglückskreuze, Pestkreuze usw. in Tirol bietet H. Mang, Das 1900jährige Jubiläum des Kreuzes, St. Kassian-Kalender für das Jahr 1933, Brixen 1932.

— Vgl. ferner G. Gugitz, Österreichs Gnadenstätten III., Tirol und Vorarlberg, Register S. 245 unter „Christus".

Über Passionsmotive: Vgl. den von Nik. Grass hrsg. Sammelband: „Ostern in Tirol", Schlern-Schriften 169 (1957). — Romuald Bauerreiss, Pie Jesu. Das Schmerzensmann-Bild und sein Einfluß auf die mittelalterliche Frömmigkeit, München 1931. — K. Gschwend, Die Depositio und Elevatio Crucis im Raum der alten Diözese Brixen, Bozen 1965, dazu die Rez. von J. A. Jungmann, in: Ztschr. f. kath. Theol. 88 (1966), S. 88–90. — Franz Grass, Studien zur Sakralkultur (1967), S. 156ff. u. ö. — Egon Kühebacher, Zur Geschichte der Verehrung des hl. Kreuzes von Innichen, in: Der Schlern 45. Jg. (1971), S. 199–208 mit Abb. — H. Mang, Die Verehrung des hl. Kreuzes seit 1900, ebd. 32. Jg. (1958), S. 168–188 mit 1 Abb.

Wetterkreuz: Vgl. H. O. Münsterer, Das Caravacakreuz und seine deutschen Nachbildungen, in: Bayer. Jahrbuch für Volkskunde 1951, S. 32–46.

Volksbrauch: Vgl. Hermann Mang, Volksbrauch in Südtirol (An der Etsch und im Gebirge, 3. Heft), Brixen o. J., um 1946, 2. Aufl., besorgt von H. Fink, ebd. o. J. (1964).

Unwetter: Vgl. L. v. Hörmann, Wetterherren und Wetterfrauen in den Alpen, in: ZÖAV 38 (1907), S. 93–114. — H. Fink, Verzaubertes Land, Volkskult und Ahnenbrauch in Südtirol, Innsbruck 1969, S. 333ff.

87 Heiliges Land: Vgl. A. Dörrer, Wie kam Tirol zur Bezeichnung „heiliges Land"?, in: Tir. Htbl. Jg. 1949, S. 146ff.

Kirchen und Kapellen: Vgl. OTir. Htbl. Jg. 1953, Nr. 11; Osttiroler Bote 1952, Nr. 23, S. 3. — Wopfner 786, S. 169f.

Kirche und Gemeinde: Vgl. Franz Grass, Pfarrei und Gemeinde, S. 31ff. u. ö. — Paul Rusch, Kirche im Gebirge und anderswo, Innsbruck 1959, S. 111ff. u. ö. — Erich Bodzenta, Industriedorf im Wohlstand (Wattens) (Schriften zur Pastoralsoziologie 2. Bd.), Mainz 1962, bes. S. 45f. und 78ff.

Ehrung des Gotteshauses: Vgl. Arens 19, S. 110f.

87f. Kirchen außerhalb der Siedlungen: Vgl. Wopfner 786, S. 166f., 175. — Grass, in: Schlern-Schriften 169 (1957), S. 8ff. — R. Mayer, Bergkirchen, Klagenfurt 1956. — Erich Egg, Ältester Kreuzweg Tirols in Toblach, Toblach 1988, 34 SS. - Adrian Egger, Kruzgefaßte Urgeschichte Südtirols (An der Etsch und im Gebirge 6. Bändchen), Brixen o. J. (um 1950), S. 58ff., bes. S. 62ff. — Ludwig Pauli, Die Alpen in Frühzeit und Mittelalter, München 1981, 2. Aufl.

88ff. Glocken: Vgl. Franz Grass, Pfarrei und Gemeinde, S. 107ff. — Haider, Tiroler Brauch, S. 178 und 253ff. — Sartori, Das Buch von deutschen Glocken, Berlin 1932. — H. Mang, Von unseren Glocken, in: St. Kassian-Kalender Brixen 1941, S. 37–60; Alter u. Bedeutung d. Kirchenglocken. — H. Matscher, Die Stimmen von oben, in: St. Kassian-Kalender 1955, S. 27–47. — Wopfner, Die Glocken im bäuerlichen Volksglauben Tirols, in: Schlern-Schriften 206 (1960), S. 121–125. — Weber 730, S. 546. — Chr. Caminada, Die Bündner Glocken, Zürich 1915. — R. v. Strele, Wetterläuten und Wetterschießen, in: ZAV Jg. 1898, S. 123–142. — L. v. Hörmann, in: ZAV Jg. 1907, S. 97. — Der Schlern Jg. 1921, S. 340; 1928, S. 513; 1929, S. 284; 1930, S. 212. — Tir. Htbl. Jg. 1924, Heft 4, S. 5 und 13; Heft 6, S. III; 1925, Heft 1, S. 15; 1926, S. 295, 249, 278, 310ff.; 1947, S. 162ff.; 1948, S. 143ff. — TW. IV, Sachregister unter „Glocke", „Glokkenstreich".

Weinglocke: Vgl. Georg Schreiber, Die Weinglocke in der deutschen Weinlandschaft, in: Archiv für Kulturgeschichte 43. Bd. (1961), S. 1–17. — Ders., Deutsche Weingeschichte.

Der Wein im Volksleben, Kult und Wirtschaft (für die Drucklegung bearbeitet von Nikolaus Grass), Köln 1980, S. 264 ff., dazu die Rezension von Paul Mikat, in: Zeitschrift für Rechtsgesch. 98. Bd. (1981), Kan. Abt. 67. Bd., S. 388–396. Die anläßlich der 150-Jahr-Feier der Befreiung Tirols 1809 anno 1959 gegossene Schützenglocke — die größte Glocke Nordtirols — wurde in festlichem Zuge von Schützen in ihren malerischen Uniformen von der Glockengießerei Graßmair in Wilten zur Jesuitenkirche in Innsbruck geführt. Abb. bei Posch-Kramer-Pfaundler, Bildwerk 1809–1959.

89 f. Wetterläuten: Vgl. Franz Grass, Pfarrei und Gemeinde, S. 100 u. 111 f. — Haider, Tiroler Brauch, S. 253 ff.

91 f. Glockensagen: Vgl. Heyl 225 und Zingerle 817.

92 Dämonen: Vgl. Handwörterbuch des deutschen Aberglaubens II unter „Dämonen". L. Petzoldt, Dämonenfurcht und Gottvertrauen, Darmstadt 1989.
Pütze: Vgl. Beispiele bei Zingerle 816, n. 52, 226–229, 1059.
Wilde Männer: Vgl. Beispiele bei Zingerle 816, n. 868. — A. Dörrer, Tiroler Fasnacht, Register S. 468, s. v. „Wilder Mann". — Richard Bernheimer, „Wild Men" in the Middle Ages, Cambridge 1952.
Salige: Vgl. Zingerle 816, n. 868, 175.
Perchten: Vgl. Beispiele bei Zingerle 816, n. 11 und 142 ff. — Hermann Mang, Unsere Weihnacht, Innsbruck 1927, S. 23 ff. — Haider, Tiroler Brauch, Innsbruck 1968, S. 439 u. 451 ff. — Hupfauf, in: Schlern-Schriften 176 (1957), S. 36.
Wichteln: Vgl. Beispiele bei Zingerle 816, n. 67, 766.

92 f. Teufel, Hexen: Vgl. Handwörterbuch des deutschen Aberglaubens; Wörterbuch der deutschen Volkskunde sowie Lexikon für Theologie und Kirche unter diesen Schlagworten. — Zingerle 816, S. 58 ff. — Matscher, Burggräfler S. 137 ff. — Sagensammlungen von Alpenburg, Zingerle, Heyl u. a. — Hans Hochenegg, Gebetsformeln gegen Zauberei, Pest und jähen Tod, in: Österr. Ztschr. f. Volkskunde 70. Bd. (NF 21. Bd.), Wien 1967, S. 196–202. — F. Byloff, Hexenglaube und Hexenverfolgung in den österr. Alpenländern (Quellen zur deutschen Volkskunde 6. Bd.), Berlin 1934. — S. Leutenbauer, Hexerei und Zaubereidelikt in der Literatur von 1450 bis 1550. Mit Hinweisen auf die Praxis im Herzogtum Bayern (Münchener Universitäts-Schriften, Jur. Fak. 3. Bd.), Berlin 1972, dazu die Rezension von Nikolaus Grass, in: Archiv für kath. Kirchenrecht 150. Bd. (1981), S. 311–313.

92 ff. Hexenprozesse: Vgl. H. Ammann, Der Innsbrucker Hexenprozeß von 1485, FZ 1890, S. 1–90. — Ludwig Rapp, Die Hexenprozesse und ihre Gegner in Tirol, 2. Aufl., Brixen 1891. Unter den Gegnern der Hexenverfolgung ragen außer Adam Tanner S. J. (1572–1632), der ein gebürtiger Innsbrucker war und als der einzige „wahrhaft große Theologe" der Gegenreformation gilt (Scheeben), noch dessen Zeitgenossen, den aus Arzl bei Innsbruck stammenden Jesuit Paul Laymann hervor, der Tanners Bedenken gegen die Hexenprozesse in seine „Theologia moralis" übernahm. Sowohl Laymann wie auch der entschiedenste Bekämpfer der Hexenprozesse, P. Friedrich Spee, stehen „ganz auf den Schultern Tanners" (B. Duhr, Gesch. der Jesuiten II/2, Freiburg i. Br. 1913, S. 524). Auch der Welschtiroler Girolamo Tartarotti und der Unterinntaler Don Ferdinand v. Sterzinger (1721–1786) traten als Gegner des Hexenwahnes auf. — Nikolaus Grass, Zur Stellung Tirols in der Rechtsgeschichte, in: Festschrift H. Baltl (1978), S. 256–269. Zur allg. Orientierung vgl. Friedrich Merzbacher, Art. Hexen und Hexenprozeß im Lexikon für Theologie und Kirche, 2. Aufl., 5. Bd. (1960), Sp. 316–319 und im Handwörterbuch zur

deutschen Rechtsgesch. 2. Bd., Sp. 145–148 sowie Handbuch der Kirchengesch., hrsg. v. Hubert Jedin 4. Bd., Freiburg i. Br. 1967, S. 678 f.

96 Tod und Totenglaube: Vgl. Staudacher, Ein Dichter im schwarzen Rock. Sterbebildverse und andere Gedichte (An der Etsch und im Gebirge 15. Heft).
Totenrasten: Vgl. Wopfner 786, S. 176. — Matscher, Burggräfler, S. 226 f.
Totenbretter: Vgl. Wopfner 786, S. 177 ff. — A. Tremmel - A. Anranter, Totenbretter in Tirol, in: Tir. Htbl. 1. Jg. (1926), S. 246 ff. und 346 und 2. Jg. (1927), S. 214 f. — Über Verbreitung der Totenbretter und das einschlägige Schrifttum vgl. J. Huber, Das Brauchtum der Totenbretter (Eigenverlag München 1956). Weitere Schrifttumsangaben in der Besprechung der Arbeit Hubers durch M. Kundegraber, in: Österr. Zeitschrift für Volkskunde Jg. 1957, S. 347 f. und bei A. Dörrer, Art. Totenbräuche IV. Religiöse Volkskunde, in: Lex. f. Theol. u. Kirche, 2. Aufl., 10. Bd. (1965), Sp. 266–269. — H. Fink, Verzaubertes Land. Volkskult und Ahnenbrauch in Südtirol, Innsbruck 1969, S. 246 ff. — W. Hartinger im Jahres- und Tagungsbericht der Görresges. 1981.
Zweites Gesicht: Vgl. K. Ilg, Die Walser in Vorarlberg, II. Teil, Schriften zur Vorarlberger Landeskunde Bd. 6, S. 73. — Ilg, Über das Verkünden und das Zweite Gesicht in den Alpenländern, in: Innsbrucker Beiträge zur Kulturwissenschaft 2. Bd. (1956). — Adolf Pichler, Gesammelte Werke Bd. 7, S. 102 ff. — Matscher, Burggräfler, S. 223 f. — Zingerle 816, S. 47 f. — Hubert Ungerer, Laurein 2. Teil, Schätze, Geister, Lorg und Zauberer; Anmelden, in: Der Schlern 35. Jg. (1961), S. 145 ff., über Anmelden S. 149 f. — Ders., Laurein am Nonsberg. Ein Dorfbuch (Etschlandbücher 6. Bd.), Bozen 1968, S. 236.

96 f. Arme Seelen: Vgl. Zingerle 816, S. 176 f. — Egger 97, S. 181 f. — v. Hörmann 251, S. 185 ff. — Matscher, Burggräfler, S. 227 ff. — E. Stary, in: Tir. Htbl. Jg. 1927, S. 79. — Lexikon für Theol. und Kirche III, Sp. 981. — H. Koren, Die Spende, Graz 1954, dazu Deutsches Jahrbuch für Volkskunde 2, Berlin 1956, S. 448 ff. — Ernst Burgstaller, Das Allerseelenbrot, Linz a. D. 1970.

97 Totenfeier: Vgl. Wopfner 786, S. 186 f.

97 ff. Friedhof: Vgl. Wopfner 786, S. 170 und das hier S. 178 f. angeführte Schrifttum. — Matscher, in: Der Schlern Jg. 1931, S. 418 ff. und Jg. 1932, S. 224 ff. — Weingartner, Kirche und Friedhof, in: Allg. Tiroler Anzeiger 1913, Nr. 53–57. — Josef Ringler, Schmiedeiserne Grabkreuze, Innsbruck 1931. — Mang u. Fink, Volksbrauch in Südtirol, S. 58 ff. — Baur, Volksfrommes Brauchtum Südtirols, S. 60 ff.

98 Blumenschmuck der Gräber: Vgl. W. Pfaff 493, S. 132 ff.

99 Schädelbemalung: Vgl. Gustav Sauser, Das Beinhaus von Galtür (1959), in dem von Nik. Grass hrsg. Sammelband: „Beiträge zur Kultur- und Kunstgeschichte Tirols“, Schlern-Schriften 167 (1962), S. 27–34. Im Paznaun ist, wie mir Prof. Dr. Alois Moritz (Nauders) mitteilt, die Bestattung in Reihengräbern üblich, die im Engadin verbreitet ist. Darüber Chr. Caminada, Die Bündner Friedhöfe, Zürich 1918, dazu die Rez. von Herm. Wopfner, in: TH. 8 (1927), S. 186 f.
Totenkapellen: Vgl. Wopfner 786, S. 172. — Handwörterbuch des deutschen Aberglaubens VIII, unter „Totenschädel“, — Lexikon für Theologie und Kirche, 2. Aufl., Art. „Beinhaus“ von H. Schauerte 2. Bd. (1958), Sp. 133 f. und Art. „Beinbrecher“ von Nik. Grass 2. Bd., Sp. 133.
Totenleuchten: Vgl. Franz Hula, Die Totenleuchten in Bayern und Österreich, Wien 1948. — Ders., Die Totenleuchten und Bildstöcke Österreichs. Ein Einblick in ihren

Ursprung, ihr Wesen und ihre stilistische Entwicklung, Wien 1948. — Ders., Mittelalterliche Kultmale. Die Totenleuchten Europas. Karner, Schalenstein und Friedhofsoculus, Wien 1970. — Jos. Weingartner, Tiroler Bildstöcke, Wien 1949. — Oswald Kofler, Wegkreuze, Bozen 1989.

99f. Grabschriften: Vgl. Beispiele L. v. Hörmann, Grabschriften und Marterln, Leipzig 1891 und 1898. — Der Sammler (546), II, S. 201 u. 234; III, S. 36.

3. Bauer und Recht

Allgemeines Schrifttum: Otto Brunner, Hermann Krause u. Hans Thieme, Der Historiker und die Geschichte von Verfassung und Recht, in: Histor. Ztschr. 209. Bd. (1969), S. 1 ff. — Ferdinand Kogler, Die Stellung Tirols in der deutschen Rechtsgeschichte bis ins 16. Jh., in: TH. 4 (1931), S. 3–20.

100 Recht der Familie: Vgl. Arens 19, S. 164. — Hermann Conrad, Deutsche Rechtsgeschichte 1. Bd., 2. Aufl., Karlsruhe 1962, S. 31 ff., 206 ff. u. 400 f. — Karl Haff, Familienrecht, 2. Aufl. (= Institutionen des Deutschen Privatrechts 2. Bd.), Stuttgart 1947. — Heinrich Mitteis, Deutsches Privatrecht, 5. Aufl., hrsg. v. Heinz Lieberich, München 1968. — Elisabeth Meyer-Marthaler, Untersuchungen zur Verfassungs- und Rechtsgeschichte der Grafschaft Vintschgau im Mittelalter, 70. Jahresbericht der Histor.-Antiquar. Gesellschaft von Graubünden Jg. 1940, S. 41–235 (Chur 1940) u. 72. Jahresbericht Jg. 1942, S. 95–223 (Chur 1942). Dazu die Rez. v. O. Stolz, in: Ztschr. für Rechtsgesch., Germ. Abt. 65. Bd. (1947), S. 418 ff. — Elisabeth Meyer-Marthaler, Rätien im frühen Mittelalter. Eine verfassungsgeschichtliche Studie (= Beiheft 7 der Ztschr. für Schweizerische Geschichte), Zürich 1948.

Stammesrechte: Vgl. Lex Baiwariorum, hrsg. von Ernst Schwind (Mon. Germ. hist., Abt. Leges V/2), 1926. — Lex Baiuvariorum, Lichtdruckwiedergabe der Ingolstädter Handschrift des Bayerischen Volksrechts mit Transkription, Textnoten, Übersetzung etc., hrsg. von Konrad Beyerle, München 1926. — Die Gesetze des Karolingerreiches 714–911: Alemannen und Bayern, hrsg. von K. A. Eckhardt (Germanenrechte 2. Bd.), Weimar 1934. — Die Gesetze der Langobarden, übertragen und bearbeitet von Franz Beyerle, Weimar 1947. — Weitere Lit. bei Conrad, Deutsche Rechtsgeschichte[2] I, S. 138 f. u. Amira-Eckhardt, Germanisches Recht 1. Bd., 4. Aufl., Berlin 1960, S. XIII f. u. bes. S. 58 ff.

100f. Rechtsbekenntnisse zum Stammesrecht (professiones iuris): Vgl. Heinrich Brunner, Deutsche Rechtsgeschichte 1. Bd., 2. Aufl., Leipzig 1906, S. 398 f. — O. Stolz, Ausbreitung 1. Bd., S. 51 ff. u. 2. Bd., Kap. 4, Reg. 106 a, S. 167. — H. v. Voltelini, in: AT. II, S. CVII ff. — Ders., Zur Geschichte des ehelichen Güterrechtes in Tirol, Sonderabdruck aus „Festgaben für Büdinger“, Innsbruck 1898, S. 1–34. — Ders., Hat Italien ein geschichtliches Anrecht auf die Brennergrenze?, in: TH. 2 (o. J.), S. 20. — Ders., Spuren des rätoromanischen Rechtes in Tirol, in: MIÖG Ergbd. 6 (1901), S. 147 ff. — Tir. UB., 1. Abt., 1. Bd. bearbeitet von Fr. Huter, Nr. 438. — Elisabeth Meyer-Marthaler, Römisches Recht in Rätien im frühen und hohen Mittelalter (Beihefte der Schweizerischen Ztschr. für Gesch. 13), Zürich 1968. — Clavadetscher, Rätien im Mittelalter, Sigmaringen 1994. — Nik. Grass, Zur Stellung Tirols in der Rechtsgeschichte, in: Festschrift H. Baltl (Forsch. zur Rechts- und Kulturgesch. 11. Bd.), Innsbruck 1978, S. 229–274 (auch selbständig erschienen). Weitere einschlägige Literatur bei Nik. Grass (Bibliographie zur Rechtsgeschichte von) Österreich (Bibliographische Einführung in die Rechtsgesch. und Rechtsethnologie D/4), Brüssel 1979.

101 Tading: Vgl. Wopfner 762, S. 158. — Stolz 630, S. 202f. — Stolz, Weistum und Grundherrschaft LV. 654, S. 161–179. — Jäger 283, Bd. I, S. 491 ff.

101 f. Weistümer, tirolische: Vgl. die trefflichen Ausführungen bei Arens 19, S. 4ff., 35 ff. — Stolz 667, S. 306f. — Über österr. Weistümer vgl. H. Wiessner, Sachinhalt und wirtschaftliche Bedeutung der Weistümer, Wien 1934, dazu Stolz 654, S. 161 ff. — H. Baltl, Die österreichischen Weistümer, in: MIÖG (448), Bd. 59, S. 365–410, Bd. 60, S. 38–78 u. die im Bd. 59, S. 366f., Anm. 1–9 angegebene Literatur. — Ausgabe der TW., s. Schrifftum Nr. 740, dazu kam 1966 ein 5., von Nikolaus Grass und Karl Finsterwalder herausgegebener Bd., der ergänzende Weistümer aus dem Unterinntal und der Innsbrukker Gegend bringt. Darin berichtet Nik. Grass S. XI–XXXIII über „ein halbes Jahrtausend Weistümerforschung in Tirol". — Eine handschriftl. Sammlung TW. liegt im Landesarchiv Innsbruck. Über die Ausdrücke „weisen" und „öffnen" vgl. Glossar der TW. IV, S. 898; I, S. 294, Z. 9, S. 295, Z. 4. — Eberhard Frh. v. Künßberg, Rechtliche Volkskunde, Halle a. S. 1936, S. 83 ff. — Ders., Rechtsgeschichte und Volkskunde, neu bearbeitet von P. Tzermias, Graz-Köln 1965 u. Karl v. Amira, Germanisches Recht 1. Bd., 4. Aufl., bearbeitet v. K. A. Eckhardt, Berlin 1960, § 19, S. 128 ff. — Hans Planitz, Deutsche Rechtsgeschichte, 3. Aufl., bearbeitet v. K. A. Eckhardt, Graz-Köln 1971, S. 147 f. — Karl Heinz Burmeister, Die Vorarlberger Landsbräuche und ihr Standort in der Weistumsforschung (Rechtshistor. Arbeiten, hrsg. v. K. S. Bader 5. Bd.), Zürich 1970. — H. Feigl, Von der mündlichen Rechtsweisung zur Aufzeichnung. Die Entstehung der Weistümer und verwandter Quellen, in: Vorträge und Forsch. XXIII. Bd., Sigmaringen 1977, S. 425–448. — Anton Dörrer, Tiroler Fasnacht, Wien 1949, dazu Hans Lentze, in: Ztschr. f. Rechtsgesch., Germ. Abt. 68. Bd. (1951), S. 551 ff. u. Nik. Grass, Anton Dörrer und die Rechtliche Volkskunde Tirols, in: Der Schlern 35. Jg. (1961), S. 14–15.

102 Recht der Genossenschaften: Vgl. Huppertz 266, S. 211. — Baltl a. a. O., I. Teil, S. 65 u. 74.

Altes Recht: Vgl. F. Kern, Recht und Verfassung im Ma. (Tübingen 1952), S. 11 ff. — J. Schmidt, Das göttliche Recht und seine Bedeutung im deutschen Bauernkrieg (1939), S. 4ff. — Otto Brunner, Land und Herrschaft, 6. Aufl., Darmstadt 1970, S. 133 ff. — F. Kolb, Das alte Bahrrecht. TH. 13/14 (1949/50), S. 8.

Ewigkeit des Rechtes: Vgl. Arens 19, S. 97.

Bestätigung alten Rechtes: Vgl. TW. IV, S. 417f. — Arens 19, S. 99. — Nikolaus Grass, Zur Kontinuität im bäuerlichen Rechte der Alpenländer, in: Ztschr. für Rechtsgesch. Germ. Abt. 66. Bd. (1948), S. 516–524. — A. v. Wretschko, Zur Geschichte der Tiroler Landesfreiheiten, in: Ottenthal-Festschrift, in: Schlern-Schriften 9 (1925), S. 309–334. — O. Stolz, Die Bestätigung der alten Tiroler Landesfreiheiten durch die Landesfürsten vom 14.-18. Jahrhundert, ebd. 52. Bd. (1947), S. 317–327. — Grass, Zur Stellung Tirols in der Rechtsgesch. (Festschr. Baltl), Innsbruck 1978, S. 234–239.

102 f. Änderungen alten Rechtes: Vgl. Kern a. a. O., S. 15 u. 40f.

103 Landfriede: Vgl. Brixner Urkundenbuch (65), Nr. 75, S. 80 ff.

103 f. Fehde und Absagen: Vgl. Otto Brunner, Land und Herrschaft, 1. Aufl., Baden bei Wien 1939, S. 28 ff. u. bes. S. 80, 6. Aufl., Darmstadt 1970 (= unveränderter Abdruck der 5. Aufl., Wien 1965), S. 19 ff. u. 80 ff. Zu Brunners Werk vgl. Otto Stolz, Land und Herrschaft, in: Ztschr. für bayer. Landesgesch. 14. Bd. (1943), S. 157–166. — Arens 19, S. 374 ff. — Karl Klaar, Wildschützen aus Tirol u. Vorarlberg 1507–1533, in: Forsch .u. Mitteil. z. Gesch. Tirols u. Vorarlbergs XIV. Bd. (1917), S. 153–161. — F. Kolb, Ehrge-

fühl, Fehde und Gerichtsfriede unter den Tiroler Bauern, in: TH. 12 (1948), S. 47–77. — H. Lentze, Eine bäuerliche Fehdeansage aus dem 15. Jh., in: Der Schlern 25. Jg. (1952), S. 127f. — Nikolaus Grass, Cusanus als Rechtshistoriker, Quellenkritiker und Jurist, Skizzen und Fragmente, in: Cusanus-Gedächtnisschrift, hrsg. von Nik. Grass (Forsch. z. Rechts- u. Kulturgesch. 3. Bd.), Innsbruck 1970, S. 181–183 u. S. 233, Anm. 2 der vorhergehenden Seite. — Hans Georg Wackernagel, Altes Volkstum der Schweiz. Gesammelte Aufsätze zur histor. Volkskunde (Schriften der Schweiz. Ges. f. Volkskunde 38. Bd.), 2. Aufl., Basel 1959, S. 158ff. u. 199; dazu die Rez. von Nikolaus Grass, in: Ztschr. für Rechtsgesch., Germ. Abt. 75. Bd. (1958), S. 482–488. — Hans Georg Wackernagel, Fehdewesen, Volksjustiz und staatlicher Zusammenhalt in der alten Eidgenossenschaft, in: Schweiz. Ztschr. f. Gesch. 15. Bd. (1965), S. 289–313. N. Grass, Cusanus und das Fehdewesen, in: Festschrift Gerhard Schnorr, Wien 1988, S. 771–804.

104 Über Absager: Vgl. Eberhard Schmidt, Die Maximilianischen Halsgerichtsordnungen für Tirol (1499) und Radolfzell (1506), Schloß Bleckede 1949, S. 24 und 107 sowie Wopfner, Lage Tirols, S. 174f.

Häufigkeit der Absagen: Vgl. TW. IV (Heunfels, Anf. 16. Jh.), S. 557, Z. 45. — Egger 96, II., S. 52 u. 63. — F. Hirn, Gesch. d. Tiroler Landtage 1518 bis 1525. Erläuterungen u. Ergänzungen zu Janssens Gesch. d. dt. Volkes, hrsg. v. L. Pastor Bd. 4, Heft 5 (1905), S. 35 u. 76, Anm. 5. — Wopfner 762, S. 174. — Eberhard Schmidt, Maximilianische Halsgerichtsordnungen, Schloß Bleckede 1949, S. 23ff. u. 191ff. — Ders., Einführung in die Gesch. d. deutschen Strafrechtspflege, 3. Aufl. (1965) u. Deutsches Rechtswörterbuch 1. Bd., Sp. 222ff. — Über Absager im Kanton Solothurn zu Beginn des 16. Jh.s s. Schweiz. Archiv f. Volkskunde 1955, S. 62f.

Zillertal und Rattenberg: Vgl. Österreich. Weist. (739) I, S. 320, Z. 10; TW. I, S. 112, Z. 22.

Verbote der Selbsthilfe: Vgl. Arens 19, S. 371f. u. die oben bei Fehde und Absagen angeführte Literatur.

Widerstandsrecht: Vgl. Kern a. a. O., S. 87ff. — Jäger 283, II/2, S. 28f. u. 273ff. — Cusanus-Gedächtnisschrift, S. 313ff. — Otto Brunner, Land u. Herrschaft, 6. Aufl. (1970), S. 140. — Karl Bosl, Aus den Anfängen der landständischen Bewegung und Verfassung. Der Vilshofener Vertrag von 1293 (Niederbayern), in: Wirtschaft, Geschichte und Wirtschaftsgeschichte (Festschrift Friedr. Lütge zum 65. Geburtstag), Stuttgart 1966, S. 8–27. — Cusanus-Gedächtnisschrift, hrsg. v. Nik. Grass, Innsbruck 1970, S. 313ff. — H. Conrad, Deutsche Rechtsgesch. 1. Bd. (1962), 2. Aufl., S. 18, 91, 213, 222f. u. 346.

105 Herzog Sigmund: Vgl. Jäger, Landständ. Verfassung (283), II/2, S. 70ff. — Stolz, Gesch. des Landes Tirol 1. Bd. (1955), S. 494f. — Friedrich Hegi, Die geächteten Räte des Herzogs Sigmund, Innsbruck 1910. — Hermann Wiesflecker, Kaiser Maximilian I. 1. Bd., Wien 1971. — W. Baum, Sigmund der Münzreiche, Bozen 1987. — Josef Riedmann, Mittelalter, in: Fontana (Hrsg.), Geschichte des Landes Tirol 1. Bd., 2. Aufl., Innsbruck 1990, S. 486ff.

Rechtsstellung des Bauerngutes: Vgl. Karl-Sigismund Kramer, Haus und Flur im bäuerlichen Recht (Bayer. Heimatforschung 2. Heft), München 1950, S. 9ff.

Hofmarken: Vgl. Werunsky, Österr. Reichsgesch., S. 788ff. — Stolz, Gesch. d. Hofmark Wilten (636). — Konrad Linder, Beiträge zur Geschichte der Klostergrundherrschaft Stams O. Cist., für die Drucklegung bearbeitet von Nik. Grass u. Franz Klein-Bruckschwaiger, Schlern-Schriften 146 (1959), bes. S. 132ff. (Hofmark Stams). — H. Krawarik, Zur Bezeichnung „Hofmark“ in Österreich, in: MIÖG 77. Bd. (1969), S. 128–140.

Sprache der Weistümer: Vgl. Arens 19, S. 42 ff., 87 ff.

106 Weistümer Laudeck und Fließ: Vgl. TW. II, S. 288, Z. 16 u. S. 214, Z. 23.

107 Öffnung grundherrlicher Rechte: Vgl. TW. I, S. 77, Z. 10 (Recht der Hintersassen des Hochstiftes Bamberg 1402).

Hofmarkrechte: Vgl. TW. I, S. 3 ff. u. S. 253 ff.; II, S. 73 ff. (Frauenchiemsee 2. Hälfte des 14. Jh.s). — TW. II, S. 59, Z. 1 (Stams 1528). — Vgl. Jäger, Landständ. Verfassg. (283), I, S. 505, 581 ff. — Dietmar Stutzer, Geschichte des Bauernstandes in Bayern, München 1988.

Meinhard II. als Gesetzgeber: Vgl. Hermann Wiesflecker, Meinhard der Zweite. Tirol, Kärnten u. ihre Nachbarländer am Ende des 13. Jh.s, Schlern-Schriften 124 (1955), S. 177 ff. u. 212 ff. — Bedenken gegenüber den von Wiesflecker hier vorgetragenen Auffassungen äußerte Otto Stolz, in: MIÖG 1956, S. 144. — Vgl. nunmehr Wiesflecker, Das Landrecht Meinhards II. von Tirol, in: Festschr. Franz Huter zum 70. Geburtstag (= Tir. Wirtschaftsstudien 26. Bd.), Innsbruck 1969, S. 455–465.

108 Gerichtsordnung für die Grafschaft Bozen: Vgl. Schwind-Dopsch, Ausgew. Urk., S. 146, dazu Stolz 652, I, S. 718 u. Nikolaus Grass, Aus der Geschichte der Landstände Tirols, in: Etudes presentées à la commission internationale pour l'histoire des assemblées d'états 24. Bd., Löwen-Paris 1961, S. 301, Neudruck in: N. Grass, Ausgewählte Aufsätze zum 80. Geburtstag, Hildesheim 1993, S. 449 ff.

Gemeindeordnung von Condino in Judikarien, veröffentlicht von Papaleoni, Contributi alla storia delle Giudicarie nel secolo XIII, in: Archivio Trentino VI/2 (1887), S. 145 ff., dazu Werunsky, Österr. Reichsgesch., S. 540. — Nikolaus Grass, Aus der Frühzeit der ländlichen Gemeinde in Deutschtirol, in: Die ländliche Gemeinde (Historikertagung in Bad Ragaz 1985), Bozen 1988, S. 121–138.

108 f. Landrecht: Vgl. O. Stolz, Land und Landesfürst in Bayern und Tirol, in: Ztschr. f. bayer. Landesgesch. 13. Bd. (1941/42), S. 203. — Ders., in: 667, S. 14 u. 117. — Arens 19, S. 10. — „Landrecht" der Hofmark Pillersee (TW. I, S. 90, Z. 1); des Zillertales (Österr. Weistümer I., S. 317, Z. 3). Über die Verwendung der Ausdrücke „Landrecht" und „Landesrecht" in den TW., vgl. das Glossar TW. IV, S. 1127 unter „Landrecht". Über das Zillertaler Landrecht vgl. Stolz, Zillertal (668), S. 77 ff. — Franz Huter, Das Tscharser Dorfbuch von 1432. Ein Beitrag zur Geschichte der Tiroler Dorfgemeinde, in: TH. 19 (1955), S. 91–103.

109 f. Rezeption der fremden Rechte: Vgl. Hermann Conrad, Deutsche Rechtsgesch. 2. Bd. (1966), S. 339 ff. — Claudius Frh. v. Schwerin, Grundzüge der deutschen Rechtsgeschichte, 4. Aufl., besorgt von H. Thieme, Berlin 1950, S. 252 ff. — Adolf Zycha, Deutsche Rechtsgeschichte der Neuzeit, 2., unveränderte Aufl., Marburg a. L. 1949, S. 165 ff. (berücksichtigt bes. die österreichischen Verhältnisse). — Heinrich Mitteis, Deutsche Rechtsgeschichte, 12. Aufl., bearbeitet von Heinz Lieberich, München 1971, § 40, S. 210 ff. — Helmut Coing, Epochen der Rechtsgeschichte in Deutschland, München 1967, S. 46 ff. — Gunter Wesener, Einflüsse und Geltung des römisch-gemeinen Rechts in den altösterr. Ländern in der Neuzeit, Wien 1989. — Hermann Baltl, Einflüsse des römischen Rechts in Österreich, im Sammelwerk: „Ius Romanum medii aevi" V/7–9, Mailand 1962, S. 1–72, S. 60 f. über „die Haltung der österr. Landstände gegenüber dem römischen Recht", S. 27 ff. über „die landesfürstlichen Behörden als Vermittler der Romanisierung des Rechts". — Zu Baltls Arbeit vgl. die Rez. von Friedr. Merzbacher, in: Histor. Jahrbuch 84. Bd. (1964), S. 197 f. — Winfried Trusen, Anfänge des gelehrten Rechts in

Deutschland. Ein Beitrag zur Geschichte der Frührezeption, Wiesbaden 1962. — Ders., Römisches und partikuläres Recht in der Rezeptionszeit, in: Festschrift H. Lange (1970), S. 97 ff. — P. Blickle, Landschaften im Alten Reich, München 1973, S. 56 f. — Roman Schnur (Hrsg.), Die Rolle der Juristen bei der Entstehung des modernen Staates, Berlin 1986.

109 Intensität der Rezeption: Vgl. Gunter Wesener, Der Einfluß von Bartolus de Sassoferrato in Österreich, in: Bartolo da Sassoferrato. Studi e documenti per il VI Centenario 2 Bde., Mailand 1962, 1. Bd., S. 89–106. In dieser Abhandlung weist Wesener auf den „starken Anteil der Tiroler“ unter den Studenten der deutschen Nation in Perugia (S. 95), dann auch in Bologna hin. Unter den Rechtshörern in Bologna finden wir 1516 Matthias Alber, 1545 tirol. Regimentsrat, 1551 tirol. Kanzler; 1514 Johannes Fintler, 1521 Regimentsrat zu Innsbruck; 1545 Johannes Fueger a Taufers, kaiserl. Rat u. Regent zu Innsbruck; 1504, 1506 u. 1508 Bernhard v. Cles, Bischof v. Trient, 1531 Statthalter der o. ö. u. v. ö. Lande; 1539, 1540, 1542 f. Christoph Klöckler, 1555–1579 Kanzler von Tirol; 1523 Wilhelm v. Wolkenstein, gest. 1577 als Landeshauptmann von Tirol. Dennoch war, worauf Gunter Wesener, Geschichte des Erbrechtes in Österreich seit der Rezeption (Forsch. zur neueren Privatrechtsgesch. 4. Bd.), Graz-Köln 1957, hinwies, die Intensität der Rezeption in Tirol am geringsten (was wohl mit der oben geschilderten Abneigung der Landstände gegen das fremde Recht zu erklären ist), dagegen in Niederösterreich und in der Steiermark am stärksten, während Oberösterreich eine Mittelstellung einnahm. — Bezüglich Kärnten vgl. H. Braumüller, Die Rezeption des Rechts und die Kärntner Landstände, in: Carinthia I, 153. Jg. (1963), S. 457 ff. — Franz Klein, Kampf der österr. Stände gegen das römische Recht während der Rezeptionszeit, in: Juristische Blätter 70. Bd., Wien 1948, S. 161 ff. — Weitere Lit. bei G. Wesenberg, Neuere deutsche Privatrechtsgeschichte, 3. Aufl., bearb. v. G. Wesener, Lahr/Schwarzwald 1976, S. 102 f. — Helmut Coing (Hrsg.), Handbuch der Quellen und Literatur der neueren europäischen Privatrechtsgeschichte Bd. 1 ff., München 1973 ff. — Für die Schweiz vgl. Ferd. Elsener, Die Einflüsse des römischen und kanonischen Rechts in der Schweiz, in: Histor. Jahrbuch 76. Bd. (1957), S. 133–147 sowie Guido Kisch, Bartolus und Basel, Basel 1960 sowie Louis Carlen, Rechtsgeschichte der Schweiz, 2. Aufl., Bern 1978, S. 14–21, 3. Aufl., ebd. 1988. — Franz Wieacker, Privatrechtsgeschichte der Neuzeit, 2. Aufl., Göttingen 1967, bes. S. 97 ff. — Elisabeth Meyer-Marthaler, Römisches Recht in Rätien im frühen und hohen Mittelalter, Zürich 1968. — Cusanus-Gedächtnisschrift, S. 212 ff. u. 224. — Willibald M. Plöchl, Das Kirchenrecht in der ältesten Studien- und Prüfungsordnung der Wiener Rechtsfakultät, in: Studia Gratiana 2. Bd., Bologna 1954, S. 565–581. — Ders., Geschichte des Kirchenrechts 2. Bd., 2. Aufl., Wien 1961/62, S. 64 u. 498 f.

109 f. Römisches und deutsches Recht: Vgl. Schwerin-Thieme, Deutsche Rechtsgeschichte, S. 252 ff. — Hans Fehr, Deutsche Rechtsgeschichte, 6. Aufl., Berlin 1962, § 49/3, S. 224 ff.

109 Nikolaus von Kues: Vgl. Joh. Bärmann, Cusanus und die Reichsreform, in: Mitt. u. Forschungsbeitr. der Cus.-Ges. 4. Bd. (1965), S. 74–103. — Hans Liermann, Nikolaus von Cues und das deutsche Recht, in: Cusanus-Gedächtnisschrift (1970), S. 211–224. — Nik. Grass, Cusanus als Rechtshistoriker, Quellenkritiker und Jurist, ebd. S. 101–210. — Anselm Sparber, Aus der Wirksamkeit des Kardinals Nikolaus von Kues als Fürstbischof von Brixen (1450–1464) im Sammelband: Nicolò Cusano agli inizi del mondo moderno, Sansoni, Florenz 1970, S. 523–535. — Nik. Grass, Cusanus und das Volkstum der Berge, Innsbruck 1972, dazu die Rez. von Joh. Bärmann, in: Zeitschrift für Rechtsgesch., Germ.

Abt. 92. Bd. (1975), S. 326ff. — Riedmann, Mittelalter, in: Gesch. des Landes Tirol 1. Bd., 2. Aufl., Bozen 1990, S. 489ff.
Über die Verhältnisse im bairischen Rechtsbereich, zu dem die drei unterinntalischen Gerichte Kitzbühel, Kufstein und Rattenberg lange gehörten: Vgl. Maria Theresia Wüstendörfer, Das baierische Strafrecht des 13. und 14. Jh.s (Münchener jur. Diss.), München 1942. — Heinz Lieberich, Die Anfänge der Polizeigesetzgebung des Herzogtums Baiern, in: Festschrift Max Spindler, München 1969, S. 307ff. und Hans Schlosser, Der spätmittelalterliche Zivilprozeß nach bayerischen Quellen, Köln-Wien 1971.

110ff. Doctores: Vgl. Wopfner 762, S. 185. — T. R. v. Sartori-Montecroce, Beiträge zur österr. Reichs- und Rechtsgeschichte I (1895). Über die Reception der fremden Rechte in Tirol, S. 7, dazu Nikolaus Grass, Francesco Schupfer und Tullius v. Sartori-Montecroce, in: Festschr. E. C. Hellbling, Salzburg-München 1971, S. 195–258.

110 Landesfürstl. Vorbehalt: Vgl. Wopfner 762, S. 155. — F. Hirn, Gesch. der Tirol. Landtage, a. a. O.

111 Lex Romana Curiensis. Edition: Vgl. Lex Romana Curiensis, hrsg. von Elisabeth Meyer-Marthaler (Die Rechtsquellen des Kantons Graubünden I, Bd. 1), 2. Aufl. (= Sammlung schweiz. Rechtsquellen 15), Aarau 1966. — Dies., Die Gesetze des Bischofs Remedius von Chur, in: Ztschr. f. Schweiz. Kirchengesch. 44. Bd. (1950), S. 81–110, 161–188. — Dies., Das Prozeßrecht der Lex Romana Curiensis, in: Schweiz. Ztschr. f. Gesch. 3. Bd. (1953), S. 1–59. — Dies., Rechtsquellen und Rechtsentwicklung im Gotteshausbund, in: Festschr. 600 Jahre Gotteshausbund, Chur 1967, S. 91–128. — Dies., Römisches Recht in Rätien im frühen und hohen Mittelalter, Zürich 1968. — H. v. Voltelini, Spuren des rätoroman. Rechtes in Tirol, in: MIÖG 6. Ergbd. (1901), S. 147ff. — Karl Chr. Moeser, Beiträge zur Gesch. der rätoroman. Urkunde in Tirol, in: Veröff. d. Ferd. 12. Bd. (1932), S. 267ff. — Stolz 667, S. 6f. — H. v. Fichtenau, Das Urkundenwesen in Österreich vom 8. bis zum frühen 13. Jh., in: MIÖG Ergbd. 23 (1971).

111f. Kampf um das alte Recht: Vgl. Wopfner 794, II. Teil, S. 481.

112 Kampf um die autonomen Rechte: Vgl. Huppertz 266, S. 221ff. — A. Waas, Die große Wandlung im deutschen Bauernkrieg (1939), S. 6ff. — Franz 129, S. 43, 67, 134ff., 255. — Günther Franz, Geschichte d. dt. Bauernstandes, 2. Aufl., Stuttgart 1976, S. 131ff. u. ö. — Adolf Waas, Die Bauern im Kampf um die Gerechtigkeit 1300–1525, München 1964. — H. Angermeier, Die Vorstellung des gemeinen Mannes von Staat und Reich im deutschen Bauernkrieg, Vierteljahrschr. f. Sozial- u. Wirtschaftsgesch. 53. Bd. (1966). — Blickle, Landschaften im Alten Reich, München 1973.
Vielregiererei: Vgl. G. v. Below, Die städtische Verwaltung des Mittelalters als Vorbild der späteren Territorialverwaltung, Histor. Ztschr. Bd. 75, S. 414ff. — Fritz Hartung, Deutsche Verfassungsgeschichte vom 15. Jh. bis zur Gegenwart, 8. Aufl., 1964.
Kirchmair: Vgl. G. Kirchmair, Denkwürdigkeiten seiner Zeit. 1519–1553, Fontes (126), I. Abt., S. 442.

112f. Gegnerschaft gegen doctores: Vgl. Wopfner, Lage Tirols (762), S. 186ff. — Franz 129, S. 42f. — G. Steinhausen, Deutsche Kulturgesch. I^4, S. 257f. — Friedrich Zoepfl, Deutsche Kulturgeschichte 2 Bde., 2. Aufl, Freiburg i. Br. 1931 u. 1937, bes. Bd. 2, S. 33, 60 u. 91ff.

113f. Oberinntal 1703: Vgl. Wopfner 794, II., S. 486. — Über Graubünden vgl. P. Liver, Vom Feudalismus zur Demokratie. Jahresbericht der histor.-antiquar. Ges. von Graubünden Bd. 59 (1929), Wiederabdruck bei Liver, Abhandlungen zur schweizerischen und bündnerischen Rechtsgesch., Chur 1970, S. 358 ff. — Ders., Verfassungsgeschichtl. Einleitungen zu den „Rechtsquellen des Kantons Graubünden, 1. Teil: Gotteshausbund 1. Bd. (Aarau 1980), S. 13–40 und 2. Bd. (1981), S. 13–73. Dazu N. Grass, Engadin und Tirol, in: Der Schlern 56. Jg. (1982), S. 196–208.

114 Landesordnung 1499 (1506): Vgl. J. Rapp, Statutenwesen a. a. O., II., S. 10 ff.; Text der Landesordnung S. 131–161. — Wopfner 762, S. 176 f. — Sartori a. a. O., S. 2 ff. — Jäger 283, II/2, S. 431. — Arens 19, S. 10. — Eberhard Schmidt, Die Maximilianischen Halsgerichtsordnungen, Schloß Bleckede 1949 (Neudruck mit vortrefflicher strafrechtsgesch. Würdigung).

114 f. Forderung einer Landesordnung: Vgl. Rapp a. a. O., II., S. 27. — Jäger 283, II/2, S. 507. — F. Hirn, Tiroler Landtage, a. a. O., S. 12, 51.

115 Vorbereitung der Landesordnung 1526: Vgl. Rapp, Statutenwesen, II., S. 27. — Jäger 283, II/2, S. 507. — F. Hirn, Landtage, a. a. O., S. 12, 51, 91, 99. — Sartori, Rezeption, S. 9 f.

116 f. Landesordnung 1526: Vgl. den Text bei Oberweis, Die Tiroler Landesordnung v. J. 1526. Österr. Vierteljahrschrift für Rechts- und Staatswissenschaft., hrsg. v. J. Haimerl Bd. 17 u. 18, S. 22 u. S. 174 ff., Wien 1866/1867, dazu Stolz, Geschichte Tirols 1. Bd., S. 521 f. u. Josef Macek, Der Tiroler Bauernkrieg, Berlin 1965, S. 279, Anm. 302. — Rapp, Statutenwesen, a. a. O., II., S. 32. — Egger 96, II., S. 108 f. — Sartori, Reception, a. a. O., S. 14 ff. — Arens 19, S. 10. — Wopfner 756, S. 141 ff. u. 150. — Stolz 667, S. 17 f.

117 Vorbereitung der Landesordnung 1532: Vgl. Rapp, Statutenwesen, a. a. O., II., S. 64. — Sartori, Reception, a. a. O., S. 21 f.
Landesordnung 1532: Vgl. Rapp, Statutenwesen, a. a. O., II., S. 65 ff. — Stolz, Gesch. Tirols 1. Bd., S. 527. — Egger 96, II., S. 138 f. — Sartori, Reception, a. a. O., S. 22 ff. — Arens 19, S. 11. — Stolz 667, S. 18, 203 f.
Volk und Landesordnung 1532: Vgl. Sartori, Reception, S. 26.
Landesordnung und röm. Recht: Vgl. Sartori, Reception, S. 28 ff., 33 f., 62 f.

117 f. Druck der Landesordnung: Vgl. Rapp, Statutenwesen, II., S. 65.

118 Geltungsdauer der Landesordnung: Vgl. Rapp, Statutenwesen, II., S. 116. Die Tiroler Landesordnung von 1532 wurde sogar bei Abfassung der Landesordnung der Grafschaft Henneberg zum Vorbild genommen (Schwerin-Thieme, Deutsche Rechtsgesch., 4. Aufl., 1950, S. 262). Desgleichen hatten die von Maximilian I. in den österr. Erblanden begonnenen und von seinem Enkel Ferdinand I. vollendeten Verwaltungsreformen im Reiche mancherorts Nachahmung gefunden, wie bes. der bayerische Rechtshistoriker Eduard Rosenthal, Die Behördenorganisation Kaiser Ferdinands I. Das Vorbild der Verwaltungsorganisation in den deutschen Territorien. Ein Beitrag zur Geschichte des Verwaltungsrechts, Wien 1887, eindrucksvoll darlegte. — Nik. Grass, Zur Stellung Tirols in der Rechtsgeschichte, in: Baltl-Festschrift (1978), S. 229–274, bes. S. 246 ff.
Landesordnung 1573: Vgl. Jos. Hirn 228, 1. Bd., S. 452 ff. — Sartori, Reception, S. 54 ff. — Stolz, Gesch. Tirols 1. Bd., S. 535.

119 Österr. Gesetzgebung: Vgl. Huber-Dopsch 264, S. 274 f., 317 f. — O. Stolz, Grundriß der österr. Verfassungs- und Verwaltungsgesch. (1951), S. 125. — Ders., 667, S. 20.
Reform der Landesordnung: Vgl. Sartori, Reception, a. a. O., S. 78 f.

119 f. Subsidiäre Geltung des röm. Rechtes: Vgl. Rapp, Statutenwesen, II., S. 96 u. 97. — Sartori, Reception, a. a. O., S. 17 u. 76.

120 Geschworene, deren Wahl: Vgl. Stolz 630, S. 228ff. — Wopfner 762, S. 160, 176ff. Bereits die Gesetze von 1481 und 1499 bestimmten Ernennung der Geschworenen durch den Richter. Die Gerichtsgemeinde Nauders begehrt 1525, daß sie bei dem alten Recht belassen werde, nach welchem ihr die Wahl des Richters wie der Geschworenen zusteht. Das alte Recht ist ihr 1531 vom Landesfürsten bestätigt worden. — Vgl. AT. III, S. 184, Z. 4 u. TW. II, S. 317, Z. 35 u. 40.

120f. Richterwahl: Vgl. Stolz 630, S. 231f.

121 Volk und Recht: Vgl. Arens 19, S. 411ff.

121f. Bäuerliche Rechtsprecher: Vgl. Wolkenstein 754, S. 64.

122 Bozner Landtag: Vgl. Rapp, Statutenwesen, II., S. 25. — Jäger 283, II/2, S. 454.

Schiedsgericht: Vgl. Beschwerde der Gerichte Thauer und Rettenberg 1525, AT. III, S. 73, § 6. — Wopfner 762, S. 173f. — TW. I (Rattenberg 1549), S. 106, Z. 8ff. — Arens 19, S. 410ff.

Mängel der Gerichtsverfassung: Vgl. Stolz 630, S. 252ff.

122f. Richterbesoldung: Vgl. Rapp, Statutenwesen, II., S. 61.

123 Erfordernis ordentlicher Rechtsstudien für Richter: Vgl. Rapp, Statutenwesen, II., S. 68, Anm. 60 u. Stolz, Landesbeschreibung I, S. 50ff.

Reformen: Vgl. E. C. Hellbling, Österr. Verfassungs- und Verwaltungsgeschichte, 2. Aufl., Wien 1974. — Reinhard Moos, Der Verbrechensbegriff in Österreich im 18. und 19. Jh. Sinn- und Strukturwandel (= Rechtsvergleich. Untersuch. z. ges. Strafrechtswiss. NF. 39. Bd.), Bonn 1968, 543 SS. — Hermann Baltl, Österreichische Rechtsgeschichte, 5. Aufl., Graz 1982. — Mario Laich, Zwei Jahrhunderte Justiz in Tirol und Vorarlberg, Innsbruck-Bozen 1990. — Für das moderne Agrarrecht sei verwiesen auf Eberhard Lang, Tiroler Agrarrecht 2 Bde., Wien 1989 und 1991.

4. Bauer und Politik

Allgemeines Schrifttum: Landesgeschichte: Vgl. Fontana (Hrsg.), Geschichte des Landes Tirol 4 Bde., Bozen 1985–1988; der 1. Bd. erschien 1990 in 2. Aufl. — Werner Köfler, Land — Landschaft — Landtag. Geschichte der Tiroler Landtage von den Anfängen bis zur Aufhebung der landständ. Verfassung 1808, Innsbruck 1985. — Richard Schober, Geschichte des Tiroler Landtages im 19. und 20. Jh., Innsbruck 1984.

123f. Landesverfassung: Vgl. Jäger 283, II/1–2. — Ders., Die alte ständische Verfassung Tirols, Innsbruck 1848. — Ferd. Kogler, Vorlesungen über die ideellen und historischen Grundlagen des österr. Staates, Innsbruck 1936, S. 44ff. — Otto Brunner, Land und Landstände in Österreich, im Sammelbd.: „Staat und Land“ (= Mitteil. d. Oberösterr. Landesarchivs 5. Bd.), Graz-Köln 1957, S. 61–73. — Ernst Klebel, Die histor. Individualitäten der österr. Länder, ebd. S. 74–85, bes. S. 81. — Nikolaus Grass, Aus der Geschichte der Landstände Tirols, in: Etudes presentées à la commission internationale pour l'histoire des assemblées d'états 24. Bd., Löwen-Paris 1961, S. 297–324. — Herm. Wiesflecker, Die Entwicklung der landständischen Verfassung in den österr. Ländern von den Anfängen bis auf Maximilian I., im Sammelbd.: „Die Entwicklung der Verfassung Österreichs vom Mittelalter bis zur Gegenwart“, Graz-Wien 1963, S. 9–23. — Franz Huter, Die Schichten der historischen Gesellschaft (Kirche, Adel, Bürger, Bauern, Arbeiter) in dem von Fr. Huter hrsg. Sammelbd.: „Südtirol, Eine Frage des europäischen Gewissens“, Wien 1965,

S. 133–147. — Vgl. ferner die in den unmittelbar folgenden Anmerkungen angeführten Arbeiten.

124f. Landstandschaft der Bauern: Vgl. Stolz 652, ferner 667, S. 316, 334ff. u. 631, S. 39ff. — Wopfner 762, S. 116ff.

Der deutsche Historiker Hellmuth Rössler († 1969), Über die Wirkungen von 1525, in: Wege und Forschungen der Agrargeschichte, Festschrift Günther Franz, Frankfurt a. M. 1967, S. 104–114, scheint doch S. 109 die Bedeutung der Landstandschaft der Bauern Tirols für das politische Schicksal des Landes sehr zu unterschätzen.

126 Landtag 1443: Vgl. Jäger 283, II/2., S. 29.

126f. „Landtag", „Landschaft": Vgl. Stolz 652, S. 109f., 112ff.

127 Ausschuß: Vgl. Stolz 652, II., S. 114 u. 131. — Jäger, Alte landständ. Verfassung, S. 27f.
Gerichte: Vgl. Stolz, Rechtsgesch. des Bauernstandes, S. 334.
Hofmarken: Vgl. Stolz 630, S. 250f.

127f. Wahl der Abgeordneten: Vgl. Wopfner 762, S. 118. — Stolz 652, II., S. 114ff.

128 Gleichberechtigung: Vgl. Berthold v. Zingerle, Der Gedanke der landständ. Freiheit in den Tiroler Landtagsverhandlungen 1740–1780. Diss. Maschinenschr. Innsbruck 1935, S. 151. — Vgl. auch Egger 96, III., S. 30.
Landtag 1720: Vgl. F. Hirn, in: FZ. 47 (1903), S. 124.

129 Landlibell 1511: Vgl. Abdruck bei Brandis 61, S. 411ff. — Tiroler Almanach 1802, S. 68ff. — Vgl. Jäger 283, II/2, S. 460ff.

129f. Landesfreiheiten: Vgl. O. Stolz, Die Bestätigung der alten Tiroler Landesfreiheiten, in: Schlern-Schriften 52 (1947), S. 317ff. — A. v. Wretschko, Zur Gesch. d. Tiroler Landesfreiheiten, in: Schlern-Schriften 9 (1925), S. 309ff. u. bes. S. 325. — Jäger 283, II/2, S. 451. — Nik. Grass, Zur Stellung Tirols in der Rechtsgeschichte, in: Festschrift Baltl, Innsbruck 1978 (Sonderausgabe Univ. Verlag Wagner, Innsbruck) über „Landesfreiheiten", S. 234–239.

Drucklegung der Landesfreiheiten: Vgl. F. Hirn, Gesch. der Tiroler Landtage 1518 bis 1525. Erläuterungen und Ergänzungen zu Janssens Gesch. d. deutschen Volkes., hrsg. v. L. Pastor IV/5, S. 51.

129 Sonnenburg: Vgl. AT. III, S. 32, Z. 4.

130 Meraner Art. 33: Vgl. AT. III, S. 42.
Richard Schober, Die Urkunden des Landschaftlichen Archivs zu Innsbruck (1342–1600) (Tiroler Geschichtsquellen Nr. 29), Innsbruck 1990.

130f. Begehren nach Recht der Tiroler: Vgl. H. Pirchegger, Gesch. d. Steiermark. II., S. 92 u. 321. — Stolz 642, S. 16. — Ders. 659, S. 31. — Hugelmann 265, S. 55.

131 „Schweizer werden": Vgl. LRAI, Abt. Pest-Archiv II., 381. — Wopfner 762, S. 116. — F. Hirn, Landtage, S. 26, 34 u. 74. — Stolz 652, II., S. 138f. — Über Dosser vgl. Ladurner, Bartlmä Dosser. 17, Band III, S. 261ff. — Der Schlern Jg. 1953, S. 239ff.

131f. 1335/36: Vgl. Stolz 652, S. 722ff. — Ders., Das staatliche Selbstbestimmungsrecht in der Gesch. Tirols, Innsbruck 1921, S. 5f.

132 Landesgefühl: Vgl. Arens 19, S. 10, 192f. u. 379. — Über Landesrecht der Grafsch. Tirol vgl. TW. IV, Glossarium, S. 883.

132 f. Bauernstand und erste Landesfürsten: Vgl. TW. II, S. 209, Z. 10 ff. (Zams); S. 124, Z. 20 ff. (Fließ); S. 286, Z. 20 ff. (Laudegg); IV, S. 98 ff. (Passeier); S. 247 ff. (Villanders); S. 184 f. (Flaas und Campidell). — Vgl. Stolz, Selbstbestimmungsrecht, a. a. O., S. 5.

134 Bäuerlicher Landsturm: Vgl. Jäger 283, II/1, S. 179 f. — O. Stolz, Wehrverfassung und Schützenwesen in Tirol, hrsg. v. Fr. Huter, Innsbruck 1960. Franz Huter, Der Eintritt Tirols in die Herrschaft zu Österreich, in: TH. 26 (1962), S. 13–36. — Nik. Grass, Der Wiener Dom, die Herrschaft zu Österreich und das Land Tirol, Innsbruck 1968. — Zu Rudolfs IV. Städtepolitik, vgl. Franz Huter, Herzog Rudolf der Stifter und die Tiroler Städte (Tiroler Wirtschaftsstudien 25. Bd.), Innsbruck 1971.

134 f. Appenzeller Krieg: Vgl. Gesch. der Schweiz von Nabholz, Muralt, Feller u. Dürr I. (1932), S. 220 ff. — Huber, Gesch. Österreichs II, S. 487. — Egger 96, I, S. 453 f. — Stolz 667, S. 120 f. — Hermann Walch, Der Appenzeller Krieg im Oberinntal 1406–1408, in: Landecker Buch 1. Bd., Schlern-Schriften 133 (1956), S. 139–150. — B. Bilgeri, Der Bund ob dem See, Vorarlberg im Appenzellerkrieg, Stuttgart 1968. — Über das geradezu dämonische Kriegsrecht der alten Eidgenossen, die keine „Gefangenen machten", sondern jeden „Gefangenen" gleich töteten vgl. H. G. Wackernagel, Altes Volkstum der Schweiz, 2. Aufl., Basel 1959, S. 7 ff. u. 117 ff. und Harold Steinacker, Staatswerdung und politische Willensbildung im Alpenraum und die Mittelstellung Tirols zwischen westlichen und östlichen Alpenländern, in: Schlern-Schriften 52 (1947), S. 271–316, Separatausgabe, in: Libelli 42. Heft, Darmstadt 1967, Wiss. Buchgesellschaft.

135 Krieg wider die Bauernschaft: Vgl. E. M. Fürst von Lichnowsky, Gesch. des Hauses Habsburg. Beilage: E. Birk, Verzeichnis der Urkunden zur Gesch. des Hauses Habsburg. Regest Nr. 1647. — Kampf Friedrichs gegen den Adel vgl. Huber, Gesch. Österreichs II, S. 492 ff. — Jäger 283, II/1, S. 253 ff., 320 ff., 357 ff. — Über das Streben des tirolischen Adelsbundes nach Reichsunmittelbarkeit vgl. A. Noggler, Der Wolkenstein-Hauensteinische Erbschaftsstreit FZ. 26 (1882), S. 145. — Stolz 667, S. 335.

136 Vormundschaft über Siegmund: Vgl. Jäger 283, II/2, S. 28 ff. Ref. Kaiser Siegmunds: Vgl. H. Werner, Die Reformation des Kaisers Sigmund, III. Ergänzungsheft des Archivs für Kulturgesch., hrsg. v. G. Steinhausen, Berlin 1908, S. IX. — Neuausgabe des Textes durch K. Beer, Die Ref. K. S.'s. Deutsche Reichstagsakten, Beiheft 34, Stuttgart 1933. Jetzt ist maßgebend die Ausgabe in den Mon. Germ., Staatsschriften des späteren Mittelalters 6. Bd., hrsg. von H. Koller (1964), dazu Gebhardt-Grundmann, Handbuch d. dt. Gesch. 1. Bd., Stuttgart 1970, S. 660 ff.

137 Landtag 1468: Vgl. Jäger 283, II/2, S. 226.
Landes-, nicht Ständevertreter: Vgl. Stolz 631, S. 47.

137 f. Bäuerliche Beschwerden: Vgl. H. W. Rosenthal, Die agrarischen Unruhen im Mittelalter im Spiegel bäuerlicher Manifeste und Artikel. Mainz 1931, Anhang 2: Vergleichende Geschichtstabellen für die Bauernbewegungen des 15. und 16. Jh.s — Franz 129, S. 7 ff. — Über Beschwerden der Tiroler Bauern vgl. Wopfner 762, S. 192 ff.

138 f. Landtag und Landesfürst: Vgl. Huber, Gesch. Österreichs III, S. 315 ff. — Jäger 283, II/2, S. 338 ff. — Wopfner 789, S. 9 f.

139 Volkstümlichkeit Siegmunds und Maximilians I.: Vgl. Wopfner 762, S. 103 f. — H. Wiesflecker, Kaiser Maximilian I. Seine Persönlichkeit und Politik, im Katalog: „Ausstellung Maximilian I.", Innsbruck o. J. (1969), 2. Teil, S. 1–32. — Ein fünfbändiges Werk über Maximilian I. veröffentlichte Professor Wiesflecker (Graz), Wien 1979–1986. — N.

Grass, „Königreiche" und „Abteien" der Jugend. Zum Knaben- und Burschenschaftsbrauchtum in Frankreich, in der Schweiz, in Deutschland und in Österreich, in: Festschr. Louis Carlen, Zürich 1989, S. 411–459, bes. S. 445 ff.
Absolutismus, Anfänge: Vgl. Wopfner 762, S. 119 ff.

140 Landlibell: Vgl. Texte in: „Tiroler Almanach" 1802, S. 68 ff. — J. A. Brandis, Gesch. der Landeshauptleute von Tirol (1850), S. 411 ff. — Stolz, Wehrverfassung.

140 ff. Zustand 1519–1525: Vgl. F. Hirn, Tiroler Landtage, a. a. O., S. 16 ff. — Franz 129, S. 70 ff. — Wopfner 762, S. 104 ff.

141 Anschluß an die Schweiz: Vgl. F. Hirn, Landtage, S. 26, 34, 74.
Landes-Ausschuß: Vgl. F. Hirn, Landtage, S. 21 f. — Jäger 283, II/1, S. 368 ff.
Landesregierung und Landtag: Vgl. F. Hirn, Tiroler Landtage, S. 16 ff.

142 Erbteilung zwischen Karl und Ferdinand: Vgl. Huber, Österreich. Geschichte III., S. 489 ff.

142 f. Ferdinand und Salamanca: Vgl. Mich. Mayr, Zur Biographie G. Salamanca's FZ. 38 (1894), S. 137 ff. und A. Stern, Salamanca, in: Histor. Ztschr. 131. Bd. (1925). — Huber, a. a. O., V., S. 493. — Franz 129, S. 254 ff. — Macek, Tiroler Bauernkrieg, Berlin 1965, S. 508 (Register). — Stolz, Gesch. Tirols 1. Bd., S. 519. — F. Tremel, Wirtschafts- und Sozialgesch. Österreichs, Wien 1969, S. 139 f. — Hugo Hantsch, Die Gesch. Österreichs 1. Bd., 5. Aufl., Graz 1969.

143 f. Landtag 1523: Vgl. F. Hirn, Landtage, S. 46 ff.

144 Generallandtag: Vgl. Michael Mayr, Der Generallandtag der österr. Erbländer zu Augsburg FZ. 38 (1894), S. 73.

144 f. Über Schrifttum und Quellen zur Geschichte des Tiroler Bauernkrieges von 1525: Vgl. die umfassende Zusammenstellung bei Franz 129, S. 254 ff., bes. S. 254, Anm. 1.

145 Graubünden, Rheingau: Vgl. F. Pieth, Bündner Geschichte, Chur 1945, S. 131 f., 138. — Adolf Waas, Die große Wendung im deutschen Bauernkrieg, in: Histor. Ztschr. 158. Bd. (1938), S. 457–491 u. 159. Bd. (1939), S. 22–53. — Ders., Die Bauern im Kampf um Gerechtigkeit 1300–1525, München 1964.

146 Bauern und Städter: Vgl. Wopfner 770, S. 179 ff.
Plünderungsverbote: Vgl. Wopfner 770, S. 181 ff.
Salamanca: Vgl. Marino Sanuto, Diarii 38 (Venedig 1894), S. 295, 307, 329.

146 f. Volksmeinung, Gerüchte: Vgl. Sanuto, Diarii 38, S. 368; 39 (1895), S. 16.

148 f. Kommissäre, deren Instruktion: Vgl. LRAI, Cod. 1874, Tirolische Empörung, fol. 68 ff.

148 Brixner Teillandtag: Vgl. Brixner Arch. Lade 39, Nr. 10 ad lit. H: Abschied der Versammlung zu Brixen. Das Archiv befand sich vor der Annexion Südtirols im Statthaltereiarchiv zu Innsbruck; jetzt im Diözesanarchiv Brixen.

148 f. Innsbrucker Teillandtag: Vgl. LRAI, Cod. 1874, fol. 61–63.

149 f. Ergebenheitserklärungen: Vgl. AT. III, S. 77, § 18; S. 79, Z. 6; S. 86, Z. 3.

150 Teillandtag des Pustertales: Vgl. AT. III, S. VIII, S. 114 f, S. 159.
Niederlage der süddeutschen Bauern: Vgl. Franz 129, S. 461.
Beteiligung am Meraner Landtag: Vgl. Schreiben des Erzherzogs vom 8. Juni, Cod. 1874, fol. 96. — L. Grandi, La guerra rustica nel 1525, Cles 1898, S. 48. — Abmahnungsschreiben des Erzherzogs, Cod. 1874, fol. 70 f.

Meraner Tagung: Vgl. AT. III, S. VIII ff. — Grandi, a. a. O. — Wopfner 756, S. 91 f. — Archival. Quellen — LRAI, Cod. 1874, fol. 69 ff.

150 ff. Meraner Artikel: Vgl. über Würdigung des Inhaltes W. Honold, Die Meraner Artikel, Tübingen 1936. — Franz 129, S. 264 f. — Wopfner 756, S. 92 f. — Steinegger Fritz u. Schober Richard (Hrsg.), Die durch den Landtag 1525 (12. Juni — 21. Juli) erledigten „Partikularbeschwerden" der Tiroler Bauern (Tir. Geschichtsquellen 3), Innsbruck 1976.

153 Göttliches Recht: Vgl. I. Schmidt, Das göttliche Recht a. a. O. — Honold, Meraner Artikel, S. 77, 80. — Franz 129, S. 175 f.

154 Rheingau, Markgräfler Land: Vgl. Waas, Die große Wendung. Histor. Ztschr. 58. Bd. (1938). — Franz 129, S. 222.

155 Landschaft: Vgl. Jäger 283, II/1, S. 396. Bedenken gegen die Auffassung Jägers bei Stolz 652, II., S. 109 f., Anm. 94.

157 Leibeigenschaft: Vgl. Waas, Große Wendung, Histor. Ztschr. 159. Bd. (1939), S. 36.

159 Beschwerdeschriften: Vgl. AT. III, S. 68–69, 3–32, 69–192.
Ilanzer Artikel: Vgl. F. Pieth, Bündner Geschichte (1945), S. 132. — O. Vasella, Die Entstehung der bündnerischen Bauernartikel, Ztschr. f. Schweizerische Gesch. 21 (1941), S. 71.

160 f. Über Gaismairs Aufenthalt und Tätigkeit im Bündnerland: Vgl. die wertvollen Abhandlungen O. Vasellas, 1. Ulrich Zwingli und Michael Gaismair; 2. Bauernkrieg und Reformation in Graubünden, Ztschr. f. Schweizerische Gesch. 24 (1944), S. 401 ff. u. 20 (1940), S. 53 ff. — Vasella, Art. Gaismair, in: Neue Deutsche Biographie 6. Bd. (1964), S. 40. — Tremel, Wirtschafts- und Sozialgesch. Österreichs (1969), S. 142 f. — G. Franz, Gesch. des deutschen Bauernstandes, Stuttgart 1970, S. 141 f. u. 144. Josef Macek, Der Tiroler Bauernkrieg und Michael Gaismair, Berlin 1965.

160 Gaismairs Landesordnung: Vgl. Ausgabe bei A. Hollaender, Michel Gaismairs Landesordnung 1526, Der Schlern 13. Jg. (1932), S. 378 ff. — Franz 129, S. 259 ff. — G. Franz, Quellen zur Gesch. des deutschen Bauernkrieges, 1963, S. 285 ff.

161 Gaismair und Meraner Artikel: Vgl. Honold, a. a. O., S. 94 ff.
Gaismairs Familie: Vgl. Franz 129, S. 261.
Gaismair im Pustertal: Vgl. Egger 96, II, S. 119.

161 f. Süddeutsche Bauernbeschwerden und Meraner Artikel: Vgl. Honold, a. a. O., S. 79 ff.

162 ff. Der große Innsbrucker Landtag: Vgl. Wopfner 756.

162 Zahl der Abgeordneten: Vgl. Wopfner 756, S. 96, Anm. 3 u. 789, S. 65.

162 f. Gaismair zu Innsbruck: Vgl. Wopfner 756, S. 96.

163 Bedeutung Tirols: Vgl. Rapp, Statutenwesen II, S. 64.
Gesandte auswärtiger Mächte: Vgl. Franz 129, S. 265.

163 f. Tirol während des Landtages: Vgl. Wopfner 756, S. 126, 140 f.

165 f. Schiedsgericht: Vgl. Wopfner 756, S. 104.

168 Amnestie: Vgl. Wopfner 756, S. 126.
Empörungsordnung: Vgl. Wopfner 756, S. 126 ff. u. 146. — Rapp, Statutenwesen II, S. 62 f.

169 Partikularbeschwerden: Vgl. AT. III, S. 8 ff. Text der seit 1519 vorgebrachten Beschwerden AT. III, S. 3–32, 69–192.

170 Bozner Landtag: Vgl. Wopfner 756, S. 121.

171 ff. Landesordnung 1526: Vgl. Wopfner 756, S. 141. — Rapp, Statutenwesen II, S. 33 ff.

173 Empörungsordnung: Vgl. Rapp, Statutenwesen II, S. 61 ff. — Wopfner 756, S. 146. Ordnung geistlichen Standes: Vgl. Rapp, Statutenwesen II, S. 63 f. — Egger 96, II, S. 138. — Wopfner 756, S. 147 f.

174 Verwahrung gegen grundherrliches Sonderrecht: Vgl. Wopfner 756, S. 110.

175 f. Dosser: Vgl. J. Ladurner, Bartlmä Dosser von Lüsen 17, Bd. 3, S. 261 ff. — Egger 96, II, S. 183. — Ed. Mair unter der Eggen, Balthasar Dosser, sein Verhör und sein Prozeß, in: Der Schlern Jg. 1953, S. 239 ff., bes. S. 243.

176 1699: Vgl. Egger 96, II, S. 473.
Ursachen des Aufruhres: Vgl. Egger 96, II, S. 461 ff.

177 f. Änderung im Charakter der Landsteuer: Vgl. v. Sartori 551, S. 95, 133, 174, 190; dazu Franz Frh. v. Myrbach, Zur Steuergeschichte Tirols, in: Finanz-Archiv 19. Jg., 2. Bd., Stuttgart 1902, S. 93–132 mit einem Anhang von Ferd. Kogler, Uebersicht über das Münzwesen Tirols bis zum Ausgang des Mittelalters, S. 133–135.

178 Ungeld: Vgl. v. Sartori 551, S. 168 u. 295.
Bürgerliche und bäuerliche Opposition: Vgl. v. Sartori 551, S. 164. — F. Hirn, Die Annahme der pragmatischen Sanktion durch die Stände Tirols FZ. Bd. 47 (1903), S. 124.

179 Wirtschafts- und sozialpolitische Anregungen: Vgl. Egger 96, II, S. 415, 519. — U. G. Schaaf, Die Tätigkeit und der Einfluß der Tiroler Landstände in der Regierungszeit Kaiser Karls VI. 1714–40, Innsbrucker Diss. 1953, S. 259 u. 269 (Maschinenschrift in der Univ. Bibliothek Innsbruck, Sign. 22685).

179 f. Versäumte Gelegenheiten: Vgl. Hirn 228, II, S. 68 f.

180 Aktivität: Vgl. v. Sartori 551, S. 302 f. — Schaaf, a. a. O., S. 31 ff. — R. Granichstaedten, Entstehung der Tirol. Landesverfassung (1922), S. 8.
Landschaftliche Verwaltung: Vgl. Schaaf, a. a. O., S. 32 ff. — F. v. Zimmeter, Die Fonde, Anstalten und Geschäfte der Tiroler Landschaft, Innsbruck 1894, S. 9. — J. Ladurner, in: Arch. T. II, S. 20. — A. Jäger, Die alte ständische Verfassung Tirols, Innsbruck 1848, S. 28. — Stolz, Verwaltungsgesch. Tirols, in Bearbeitung.

180 f. Landsleute und Gelehrte in der Regierung: Vgl. Hirn 228, I, S. 467.

180 Beispiele von Klagen über landfremdes Beamtentum: Vgl. Rapp, Statutenwesen II, S. 97 f. — F. Hirn, Landtage, a. a. O., S. 57. — Hirn 228, I, S. 467. — Ders., 230, II, S. 4. — A. Jäger, Tirol 1703, S. 399 u. 438.

181 Uneinigkeit der Stände: Vgl. Beispiel bei Hirn 228, II, S. 69 f.
Steuerpflicht von Prälaten und Adel in Tirol: Vgl. v. Sartori 551, S. 97 u. 163. — Stolz, in: DÖAV 687, S. 368.
Ungerechte Steuerumlegung: Vgl. v. Sartori 551, S. 27 u. 164. — Egger 96, II, S. 386, 403, 439, 473. — Über Do-minus vgl. Jäger, Tirol 1703, S. 431.
Steuer: Vgl. Wopfner 789, S. 45 ff.

182 Autonomie Tirols 1665–1740: Vgl. Egger 96, II, S. 462 u. 540.
Ausschuß an Stelle des Landtages: Vgl. v. Sartori 551, S. 171.
Gubernator: Vgl. H. Kramer, Herzog Karl V. von Lothringen und Königinwitwe Eleonore in Tirol, in: MIÖG. 62 (1954), S. 460–489.

182 ff. Das Jahr 1703: Vgl. A. Jäger, Tirol und der baierisch-französische Einfall 1703, Innsbruck 1844. — Egger 96, II, S. 480 ff. — Wopfner 789, S. 20 ff. — Oswald Redlich, Das Werden einer Großmacht, Österreich 1700–1740, Brünn 1942 (3. Aufl.), S. 18 ff. — Walter Sackl, Tirol im Rahmen des spanischen Erbfolgekrieges bis zur endgültigen Sicherung seiner Grenzen von 1701 bis 1706, Innsbrucker phil. Diss. (1953), Maschinschrift in der Univ. Bibl. Innsbruck. — Stolz, Gesch. des Landes Tirol 1. Bd., S. 554 ff. — M. Spindler, Handbuch der bayer. Gesch. 2. Bd. (1969), S. 446.

189 Pettnauer Tagung: Vgl. Jäger, a. a. O., S. 392.
Sterzinger Tagung: Vgl. Jäger, S. 399 f.

189 f. Forderungen der Oberinntaler: Vgl. Jäger, a. a. O., S. 391 f., 403. — Stolz 637, I., S. 670 f. — Wopfner 789, S. 40.

192 Anschluß an die Bünde: Vgl. Jäger, S. 392 f.
Rekursverbot: Vgl. Egger 96, II, S. 535.

192 f. Landtag 1720: Vgl. Hirn, Annahme der pragmat. Sanktion, a. a. O., S. 115–160. — M. Uhlirz, Handbuch der Gesch. Österreichs I, S. 272 ff. u. S. 275. — Schaaf, a. a. O., S. 10 ff. — Wopfner 789, S. 45 f. — Nikolaus Grass, Die Pragmatische Sanktion und Tirol, in: Der Donauraum, Zeitschrift des Forschungsinstitutes für den Donauraum 9. Jg. (1964), S. 15–17.

194 Gubernator: Vgl. H. Kramer, in: MIÖG 62 (1954), S. 461.

194 f. Maria Theresia und Josef II.: Vgl. Uhlirz, Handbuch II/1 (1930), S. 339 ff. — B. v. Zingerle, Der Gedanke der landständ. Freiheit in den Tiroler Landtagsverhandlungen 1740–1780, Diss. Innsbruck 1935. — Hugo Hantsch, Die Geschichte Österreichs 2. Bd. (1648–1918), 4. Aufl., Graz 1968, S. 137 ff. — Eine von Wopfners Urteil abweichende ungünstigere Beurteilung Maria Theresias gibt Ferdinand Maaß, Der Frühjosephinismus, Wien-München 1969, dazu die kritische Rez. von Max Braubach im Histor. Jahrbuch 90. Jg. (1970), S. 410 ff.

195 f. Sonderstellung Tirols: Vgl. die weitblickenden Ausführungen H. Steinacker's, Staatswerdung und politische Willensbildung im Alpenraum und Tirols Mittelstellung zwischen westlichen und östlichen Alpenländern, Schlern-Schriften 52 (1947), S. 271 ff. Separatausgabe, in: Libelli 42. Bändchen, Darmstadt 1967. — Wopfner 789, S. 12 ff. u. 786, S. 154 ff. — Nik. Grass, Zur Stellung Tirols in der Rechtsgeschichte, in: Festschrift Herm. Baltl, Innsbruck 1978, S. 229–274.

196 Verkehrspolitische Sonderstellung: Vgl. Wopfner 789, S. 61 f. — H. Kramer, in: Der Schlern 13. Jg. (1932), S. 95 ff. — Egger 96, III, S. 118. — F. Hirn 227, S. 608. — O. Stolz, in: Schlern-Schriften 108 (1953), S. 92 u. S. 169 f. — Herbert Hassinger, Der Verkehr über Brenner und Reschen vom Ende des 13. bis in die zweite Hälfte des 18. Jh.s, in: Tir. Wirtschaftsstudien 26. Bd. (1969), S. 137–194. — F. H. Hye, Zur Verkehrsgesch. d. Oberinntales, ebd. S. 195–215. — Stolz, Geschichtskunde des Zillertales (1949), S. 209 ff. — Kurt Brenner, Der Zillertaler Wanderhandel im 18. und 19. Jh., Innsbrucker staatswiss. Dissertation 1964 (Maschinschrift in der Univ. Bibl. Innsbruck).

198 f. Kongreß: Vgl. Zingerle, a. a. O., S. 26.

199 Einschränkung der Landesfreiheiten: Vgl. Egger 96, III, S. 29.

200 Toleranzpatent: Vgl. J. Hofer, Zur Geschichte des Toleranzpatentes Kaiser Josephs II., in: Tir. Histor. Jahrbuch der Görres-Gesellschaft 47 (1927), S. 503. — Ferdinand Kogler

und Franz Grass, Der Kampf der Stände Tirols um die Glaubenseinheit des Landes, in: Etudes presentées à la commission internationale pour l'histoire des assemblées d'états 24. Bd., Löwen-Paris 1961, S. 325–345.
Syndikus Egger: Vgl. Schaaf, a. a. O., S. 45 ff.

200 f. Vermögenssteuer, Denkschrift Egger's: Vgl. A. Jäger, Das Steuerbewilligungsrecht der Stände Tirols (Bozen 1870), S. 36 ff. — Zingerle, a. a. O., S. 68 ff. — Wopfner 789, S. 58.

201 f. Denkschrift 1749: Vgl. Egger 96, III, S. 85 f. — Stolz, in: Schlern-Schriften 52 (1947), S. 323. — Verzeichnis der wichtigsten von Syndikus Egger angeführten Landesfreiheiten bei Jäger, a. a. O., S. 45 ff.

202 Kreisämter: Vgl. Egger 96, III, S. 36 f. — Huber 264, S. 249. — Stolz, Grundriß der österreich. Verfassungs- u. Verwaltungsgesch. (1951), S. 161. — Fridolin Dörrer, Probleme rund um die theresianische Kreiseinteilung, in: Schlern-Schriften 207 (1959), S. 57–85. — Ders., Die Verwaltungs-Kreise in Tirol und Vorarlberg (1754–1860), in: Tir. Wirtschaftsstudien 26. Bd. (Franz Huter-Festschr.), Innsbruck 1969, S. 25–68, dort S. 27 Hinweis auf die „einzigartige Verfassung" Tirols, ebd. S. 44. — Das Gutachten des Regierungskanzlers Jos. Ign. Frh. v. Hormayr über die Errichtung von Kreisämtern in Tirol ist veröffentlicht bei (Josef Hörmann) Tirol unter der baierischen Regierung 1. Bd., Aarau 1816, S. 360–365.

203 f. Militärwesen: Vgl. Zingerle, a. a. O., S. 145 ff. — Egger 96, III, S. 24 ff.

204 Heister: Vgl. Egger 96, III, S. 31.

204 f. Bauernaufstand: Vgl. Egger 96, III, S. 61 ff. — A. Jäger, Der Auflauf im Burggrafenamt 1762, in: Neue Zeitschrift des Ferdinandeums VIII (1842), S. 1–53. — Über Widerhall der Meraner Bewegung in den Gerichten Lienz, Virgen und Kals vgl. Stolz 639, S. 179.

207 f. Widerstand gegen Regierungssystem: Vgl. Egger 96, III, S. 123 ff., bes. S. 127. — Wopfner 789, S. 63 f. — Über die Befürchtung einer Revolution vgl. unter anderm den Brief des Regens Purtscher-Chur an den Pfarrer von Meran vom 14. Sept. 1791 bei C. Stampfer, Chronik von Meran (1867), S. 89. — Otto Stolz, Meran und das Burggrafenamt im Rahmen der Tiroler Landesgeschichte, Schlern-Schriften 142 (1956).

209 f. Leopold II.: Vgl. Egger 96, III, S. 128 ff. — Stolz, Landesfreiheiten, in: Schlern-Schriften 52 (1947), S. 324. — Wopfner 789, S. 64.

210 Rede Lodrons: Vgl. R. v. Granichstaedten-Czerva, Die staatsrechtliche Stellung Tirols (1919), S. 39.
Konstitutionalismus Leopolds II.: Vgl. W. C. Langsam, Franz der Gute, Wien-München 1954, S. 9. — Adam Wandruszka, Leopold II. 2 Bde., Wien 1963 und 1965. Über die Agrarpolitik dieses Herrschers in Toskana vgl. Wandruszka, ebd. 2. Bd., S. 180 ff.

210 f. Vorschlag Senns 1801: Vgl. Stolz 631, S. 51. Hans Kramer, Landrichter Franz Michael Senn von Pfunds. Ein Bauernvertreter Tirols, in: TH. 19 (1955), S. 135–149.

211 Landesfreiheiten 1794: Vgl. Stolz, in: Schlern-Schriften 52 (1947), S. 324.

211 f. I. Koalitionskrieg: Vgl. Egger 96, III, S. 162 ff. — Wopfner 789, S. 67 ff.

212 Fürstbischof Lodron: Vgl. Anselm Sparber, Ein Brixner Fürstbischof in bewegter Zeit, in: Schlern-Schriften 150 (1956), S. 187–205. — Josef Gelmi, Die Brixner Bischöfe in der Geschichte Tirols, Bozen 1984.

212 f. Kongreß der Landstände in Bozen 30. Mai–3. Juni 1796: Vgl. Franz Kolb, Das Tiroler Volk in seinem Freiheitskampf 1796–1797, Innsbruck 1957, S. 99 ff.

213 Gelöbnis des Bozner Kongresses: Vgl. F. Hattler, Festschrift zur hundertjährigen Jubelfeier des Bundes Tirols mit dem göttlichen Herzen Jesu. 1796–1896, Innsbruck 1896. — Anselm Sparber, Zur Geschichte der Herz-Jesu-Verehrung in Tirol, in: Der Schlern 20. Jg. (1946), S. 197 ff. — Ant. Dörrer, Hochreligion und Volksglaube. Der Tiroler Herz-Jesu-Bund (1796–1946) volkskundlich gesehen, in: Volkskundliches aus Österreich und Südtirol (= Österr. Volkskultur 1. Bd.), Wien 1947, S. 70–100. — Franz Kolb, Das Tiroler Volk in seinem Freiheitskampf 1796–1797, S. 108 ff. — Gelmi, Kirchengeschichte Tirols, Innsbruck 1986.

214 Spingeser Schlachtlied: Vgl. K. Paulin, Die schönsten Gedichte in Tiroler Mundart (Innsbruck 1930), S. 216 u. 218.

214 f. Tirol 1805: Vgl. Hirn 229, S. 4.

215 Artikel 8: Vgl. Voltelini 722, S. 28 ff. — Ders., Die Klausel „Non autrement" des Pressburger Friedens. 448, Bd. 32 (1911), S. 113 ff.

215 f. Verfassung 1808: Vgl. Voltelini 722, S. 25 ff.
Lage der Bauern in Bayern: Vgl. Adolf Sandberger, Entwicklungsstufen der Leibeigenschaft in Altbayern, in: Ztschr. für bayer. Landesgesch. 25. Bd. (1962), S. 71–92. — Ders., Die Landwirtschaft, in: Spindlers Handbuch der bayer. Gesch. 2. Bd. (1969), S. 659 ff. u. Dieter Albrecht, ebd. S. 573 ff. sowie Karl Haff, Die Bauernbefreiung und der Stand des Bodenzinsrechts in Bayern, Leipzig 1910.

217 Napoleon u. Tirol, Verfassung: Vgl. Correspondence de Napoleon I. 20. Bd., Nr. 16.095 u. 16.118. — Voltelini 722, S. 302 ff. — Hirn 229, S. 699.
Unterhandlungen in Wien: Vgl. Hirn 229, S. 240 f. — Voltelini 722, S. 78.
Patent vom 8. April: Vgl. Voltelini 722, S. 78.

217 f. Kaiserin Ludovika: Vgl. Hirn 229, S. 262. — Voltelini 722, S. 42.

218 Hudelist: Vgl. Voltelini 722, S. 43.
Aufruf Erzherz. Johanns: Vgl. Voltelini 722, S. 65 f.

218 f. Währungsänderung: Vgl. Hirn 229, S. 29 ff. — Voltelini 722, S. 5. — Egger 96, III, S. 407 ff.

219 Stiftungsgelder: Vgl. Voltelini 722, S. 6.
Konskription: Vgl. Voltelini 722, S. 49 f. — Egger 96, III, 517 ff. — Hirn 229, S. 167 ff.

220 Bayerischer Agent: Vgl. Bericht des französ. Gesandten in München bei Voltelini 722, S. 379.
Bayern und Tirol: Vgl. Heinz Lieberich, Was bedeutete Tirol für Bayern in der Vergangenheit?, in: Archiv und Wissenschaft, Schriftenreihe der Archival. Zeitschrift Bd. 3, München 1961, S. 361–375.
Zuneigung zum Herrscherhaus: Vgl. Voltelini 722, S. 4 f.

221 Napoleon über Schweiz u. Tirol: Vgl. Hirn 229, S. 373. — Voltelini 722, S. 249.

222 Hormayr und Verfassung: Vgl. Voltelini 722, S. 165 f.
Landesregierung: Vgl. Hirn 229, S. 640. — Granichstaedten-Czerva R. v., Andreas Hofers alte Garde, Innsbruck o. J. (1932), S. 129 ff.

223 Gerichtsausschuß: Vgl. Hirn 229, S. 638 u. 639.

Senns Vorschläge: Vgl. über seine Beziehungen zu Hofer den Bericht des französ. Gesandten Otto vom 27. Aug. 1809 bei Voltelini 722, S. 376. Otto nennt Senn „un de ses (Hofers) prinsipaux conseillers“. Hirns Ansicht, daß Senn und Hofer sich nur flüchtig kannten (229, S. 495), dürfte demnach sowie nach dem Inhalt des Senn'schen Briefes an Hofer nicht richtig sein.

Hofers Regierungstätigkeit: Vgl. Hirn 229, S. 633 ff. — Voltelini 722, S. 235 ff. — Paulin, Andreas Hofer, S. 93 ff. — Kramer, Andreas Hofer, S. 56 ff. — Granichstaedten-Czerva, R. v., Andreas Hofers alte Garde, S. 25 ff.

224 Anschluß an Schweiz: Vgl. Hormayr berichtet in der Zeit von 1812/13 über „helvetisierende Tendenz“ in Tirol. Roschmann schreibt dem österreichischen Gesandten in München am 22. Dezember 1813 über laut gewordene „Äußerungen von einer Verbindung mit der Schweiz“ (Der Schlern Jg. 1954, S. 313).

224 f. Österreich. Politik 1813–15: Vgl. H. v. Srbik, Metternich I. Bd. (1925), bes. S. 144 ff. — H. Rössler, Österreichs Kampf um Deutschlands Befreiung. II. Bd. (1940), S. 125 ff.

225 Alpenbund: Vgl. Srbik, a. a. O., S. 150 ff. — Krones, Tirol 1812–16 (1890), S. 58 ff. — F. Hirn 227, S. 323 f. — Uhlirz, Handbuch der Gesch. Österreichs. II/1., S. 507 f. — A. Jäger, Tirols Rückkehr unter Österreich, Wien 1871, S. 30 ff. — Hans Kramer u. O. Gschliesser u. G. Mutschlechner, Erzherzog Johann und Tirol, Schlern-Schriften 201 (1959), bes. S. 48 ff.

226 Tirolische Mitwirkung an der Befreiung Südtirols: Vgl. Jäger, Tirols Rückkehr, S. 113. — Egger 96, III, S. 835 ff. — F. Hirn 227, S. 376 ff. — J. Baxa, Roschmann als Landeskommissär in Südtirol 1813/14. Der Schlern Jg. 1954, S. 199 ff.

Österreich und Tirol. Aufstandsbewegung 1813: Vgl. F. Hirn 227, S. 351 ff. — Krones, Tirol, S. 119 ff.

227 Adel u. Bauer in Graubünden: Vgl. P. Liver, Die Graubündner Kantonsverfassung des Jahres 1854, Chur 1954, S. 11 f.

227 f. Adelige in Hofers Landesregierung: Vgl. J. Hirn 229, S. 640. — v. Granichstaedten-Czerva, Hofers alte Garde (1932), S. 129 ff.

228 Adel und Bauer in Tirol: Vgl. F. Hirn 227, S. 578 ff. sieht den Bauern als den vom Adel Geschobenen an. — Franz Huter, Der Anteil der nichtbäuerlichen Stände Tirols an der Erhebung von 1809, 2. Der Anteil des Adels, in: TH. 24 (1960), S. 67–76. — Hans Hochenegg, Der Adel im Leben Tirols. Eine soziologische Studie (= Veröff. der Universität Innsbruck 70. Bd.), Innsbruck 1971.

228 f. Giovanelli: Vgl. Krones, Tirol, S. 166 ff. — J. Hirn 229, S. 202 ff. — R. v. Granichstaedten-Czerva, Bozner Kaufherren (Görlitz 1941), S. 50. — Ders., Hofers alte Garde, S. 129 ff. — Ders., Die bayerischen Landrichter in Tirol (1806–1814), Neustadt/Aisch 1962.

Jos. v. Giovanelli: Vgl. Anton Dörrer, Die „Tyroler Nation“ in Wien, in: Jahrbuch für Landeskunde von Niederösterreich und Wien, NF. 29. Bd., 1944–1948, S. 280–309.

229 Plattner und Grabmayr: Vgl. Egger 96, III, S. 856.

229 f. Erzherzog Johann und Tirol: Vgl. F. v. Krones, Tirol 1812–16 und Erzherzog Johann von Österreich. Innsbruck 1890. — H. Rößler, Österreichs Kampf um Deutschlands Befreiung I-II., Hamburg 1940, bes. S. 152–174.

230 Erzh. Johanns Aufenthalt in Tirol: Vgl. Egger 96, III, S. 345 ff. — Krones, Tirol, S. 23 f. — Rößler, a. a. O., I., S. 158 ff. — Kramer u. Gschließer u. Mutschlechner, Erzherzog Johann und Tirol, a. a. O., Über Erzherzog Johann und Johannes v. Müller vgl. Karl Schib, Johannes von Müller 1752–1809, Schaffhausen — Konstanz 1967, S. 52, 55, 222 f., 443 u. 458.
Erzherzog Johanns folkloristische Pläne: Vgl. Viktor v. Geramb, Erzherzog Johanns Bedeutung für die steirische Volkskunde, im Sammelbd.: „Das steiermärkische Landesmuseum Joanneum, Graz 1911, S. 37–66 u. Leopold Schmidt, Geschichte der österreichischen Volkskunde, Wien 1951, S. 189 (Register), s. v. Johann, Erzh.
Erzherz. Johann an Müller: Vgl F. Ilwof, Erzherzog Johann u. seine Beziehungen zu den Alpenländern, ZAV Jg. 1882, S. 7. — Erzherzog Johann von Österreich. Sein Wirken in seiner Zeit. Festschrift zur 200. Wiederkehr seines Geburtstages, hrsg. von Othmar Pickl (= Forsch. zur geschichtl. Landeskunde der Steiermark 33. Bd.), Graz 1982 mit Beiträgen u. a. über das Wirken des Erzherzogs für den Bauernstand, das Almwesen und die Volkskultur der Steiermark.
Begehren nach Statthalterschaft Erzherzog Johanns: Vgl. Egger 96, III, S. 848.

231 Wert der Verfassung und Bedeutung Tirols für Österreich: Vgl. Rößler, a. a. O., I., S. 159.
Kaiser Franz u. Metternich: Vgl. Srbik, Metternich I., bes. S. 423 ff., 442 ff.

231 f. Separatisten: Vgl. F. Hirn 227, S. 578.

232 Ugarte: Vgl. Krones, Tirol, S. 222.
Aufstandsrecht der Tiroler: Vgl. F. Hirn 227, S. 598.
Baldacci: Vgl. Krones, Tirol, S. 179, 193.
Verfassungsfreundliche Stimmen: Vgl. Egger 96, III, S. 853. — Jäger, Tirols Rückkehr, S. 162 ff.
Robert v. Benz-Albkron war 1837–1849 Gouverneur von Tirol: Vgl. Ant. Bundsmann, Die Landes-Chefs von Tirol u. Vorarlberg 1815–1913, Schlern-Schriften 117 (1954).

232 f. Tirolische Zwischenregierung: Vgl. F. Hirn 227, S. IX u. 528.

234 f. Roschmann: Vgl. Jäger, Tirols Rückkehr, S. 48 ff., 146 ff. — Krones, Tirol, S. 55 ff., 158 ff., 187 ff. — F. Hirn 227, S. 525 f., 558, 608 ff.

234 Roschmann u. Verfassung: Vgl. Jäger, Tirols Rückkehr, S. 49. — F. Hirn 227, S. 594 ff.

Anmerkungen zum V. Hauptstück
Von der „Gemain" und der Gemeinde

Die Ziffern nach den Verfassernamen beziehen sich auf das im I. Bd., 1. Lieferung auf S. 13 ff. angeführte Verzeichnis des Schrifttums.

Allgemeines über die bäuerliche Gemeinde: Vgl. Bader 26, S. 6 ff. — Ders. 21, S. 383 ff. — Ders. 22, S. 265 ff. — Ders. 23, S. 51 ff. — Becker 37, Bd. 1, S. 19 ff. — Dopsch 87 u. 88. — Ganahl 144. — Gierke 154, Bd. 1, S. 14 ff., 53 ff., 162 ff., 202 ff., 514 ff., 658 ff. — Fehrle 111, S. 1 ff. — Liver 370, S. 5 ff. — Ders. 371. — Maurer 411, 412, 413. — Steinbach-Becker 620, S. 17 ff. — Wießner 744. — Wopfner 763, S. 55 ff. — Stolz 664, S. 18 ff., 27 ff. — K. Bosl, Eine Geschichte der deutschen Landgemeinde, in: Zeitschr. f. Agrargesch. u. Agrarsoziologie Jg. 9 (1961), S. 129. Von allgemeiner Bedeutung für die Geschichte der Gemeinde ist auch I. Bog, Dorfgemeinde, Freiheit und Unfreiheit in Franken, Bd. III von „Quellen und Forschungen zur Agrargeschichte", hrsg. v. F. Lütge, G. Franz u. W. Abel, Stuttgart 1956.

Tirolisches: Vgl. F. Grass 177. — Brandis 60, S. 161–196. Inama 279, S. 68 ff. — Jäger 283, Bd. 1, S. 38 ff., 579 ff. — Mang 398, S. 42 ff. — Sartori-Montecroce 550, S. 70 ff. — Stolz 667, S. 29–39, 297–313. — Ders. 630, S. 188. — Ders. 652, S. 712 ff. — Ders. 637, Bd. 1 u. 2. — Ders. 654, S. 166 f. — Ders. 663, S. 194 ff. — Tille 683, S. 130 ff., 237 ff., 241 ff. — Eine Übersicht über „Die Entwicklung des Tiroler Gemeinderechtes" gibt A. Troppmair im 34. Jg. von „Merkblatt für die Gemeinden Tirols", Folge 10, S. 6–11. — Werunsky 741, S. 719–742. — Wopfner 760, S. 1 ff. — Ders. 786, S. 160 ff.

[Von nach Wopfners Tod († 1963) erschienenen Werken ist besonders hinzuweisen auf das von Theodor Mayer hrsg. Sammelwerk „Die Anfänge der Landgemeinde und ihr Wesen", 2 Bde. (Vorträge und Forschungen Bd. VII und VIII), Konstanz 1964, darin Franz Huter, Zur Frage der Gemeindebildung in Tirol, im 1. Bd., S. 223–235 sowie den Sammelband. Die ländliche Gemeinde — Il comune rurale (Historikertagung Bad Ragaz 1985) veröffentlicht bei Athesia Bozen 1988, darin u. a. Nik. Grass, Aus der Frühzeit der ländlichen Gemeinde in Deutschtirol, Athesia Bozen 1988, S. 121–138. Der Herausgeber].

Zu Seite

1. Die Gemain und ihr Zubehör

249 Gimaineda: Vgl. AT. I, S. 47, Nr. 121. — Werunsky 741, S. 719. — Wießner 744, S. 27.
Gemain, gemainlich: Vgl. TW. IV, Sachregister, S. 1092 unter „Gemeine". — Wopfner 760, S. 2 ff. — Stolz 664, S. 18. — Ders. 655, S. 463 ff.
Allgmain: Vgl. TW. II, S. 250, Z. 2. — Kluge 322, S. 11.
„Seiser Albm Zetl": Diese Almordnung hat K. Ausserer, Die Seiseralpe, in: Schlern-Schriften 38, S. 65 ff. veröffentlicht. Vgl. ferner N. Grass, Comaun Kastelrut. Zeitschr. der Savigny-Stiftung f. Rechtsgesch. Bd. 21, Germ. Abt., S. 353 ff.
pascuarum communio: Vgl. 587, S. 80, Nr. 37. — Wopfner 760, S. 6. — Stolz 664, S. 22. — Tiroler Urkundenbuch (688), I/1, S. 68, n. 97.

250 f. Zubehör der Allmende: Vgl. Wopfner 760, S. 8. — Stolz 664, S. 14 f. — TW. IV (Stein am Ritten, 18. Jh.), S. 237, Z. 2; S. 229, Z. 33; IV (Sterzing 1400), S. 435, Z. 1–3; IV (Kuens 1534), S. 64, Z. 43.
Etschauen: Vgl. Stolz 640, II., S. 57 f. u. S. 109 f. — TW. IV, S. 298 f.
Palus communitatis (Gemeinde-Streumoos): Vgl. Brandis 60, S. 163. — Wolkenstein 754, S. 200 ff.

250 Gemaine Äcker: Vgl. Sartori 550, S. 112 u. 73. — Montebello 452, S. 214.
Pertinenzformel: Vgl. Wopfner 763, S. 82 ff. — Ders. 760, S. 3 ff. — Stolz 664, S. 14.

252 f. Gemain — gemaine Weide: Vgl. Wopfner 760, S. 9.

252 Gemainweide u. Gemeinde: Vgl. Meyer 441, S. 25.

253 Gemeindegenossen: Vgl. Gierke 154, I, S. 61 ff.

255 Gemeinde u. Markgenossenschaft: Vgl. Steinbach 620, S. 34. — Stolz 664, S. 38 und 667, S. 300 f.
Communio: Vgl. Wopfner 760, S. 3 ff. u. bes. S. 5, Anm. 2. — Stolz 664, S. 18 ff. — Tirol. UB. I, S. 84, Nr. 188 (1142).

255 f. Nachbarschaft: Vgl. Steinbach 620, S. 20 ff. — Fehrle 111, S. 1 ff. — Wießner 744, S. 62 f. — Stolz 667, S. 303.

256 f. Flurverfassung: Vgl. Stolz 667, S. 25 ff. Weiteres Schrifttum über tirol. Flureinteilung S. 27, Anm. 42. — Wopfner, Geschichtl. Heimatkunde, in: TH. 7 (1926), S. 50 f. — Sterner-Rainer 624, Bd. 9/10, S. 3 ff. — Über Aufteilung eines neu gerodeten Flurstückes vgl. Wopfner, a. a. O. (217), N. F., Bd. 1 (1928), S. 76. — Stolz 667, S. 25 f.

256 regula, Ried: Vgl. Stolz 667, S. 25 f.

258 f. Flurzwang: Vgl. auch TW. IV (Sterzing, 15. Jh.), S. 434, Z. 20 ff. — Vgl. Stolz 667, S. 29.

258 „rechter Kreis“: Vgl. Stolz 646, S. 97 f.

260 ff. Gemeinde, deren Freiheit: Vgl. Jäger 283, I, S. 583 f. — Stolz 664, S. 16 f., 40 f. — Ders. 687, S. 370. — Miaskowski 443, S. 13. — Klebel 308, S. 62 f. — Ders. 310, S. 253.

260 Steuergemeinde u. politische Gemeinde: Vgl. Gierke 154, I, S. 71 f. — Becker 37, S. 51 ff. — Stolz 637, II/1, S. 41. — Ders., Landgemeinden, in: „Innsbrucker Nachrichten“ vom 10. Febr. 1945. — In meinen Ausführungen über die rechtliche Natur der Gemeinde habe ich mich der Auffassung Heuslers, 223, I, S. 262 ff. angeschlossen.
Fleims: Vgl. Sartori 550, S. 2 ff.
Urkunde 1165: Vgl. Stolz 664, S. 28; Text: Tirol. UB. I, S. 148, Nr. 305.
Urkunde 1190: Vgl. Tirol. UB. I, S. 255, Nr. 459.

261 Urkunde 1214: Codex Wangianus (Verzeichnis 76), Nr. 126. — Vgl. Jäger 283, I, S. 598. — Über den deutschen Charakter Tramins u. seiner Umgebung vgl. Stolz 640, II, S. 137 ff.

261 f. Dorfherrschaft: Vgl. Bader 28, S. 284 ff. — Schrifttum über Dorfherrschaft (Zwing und Bann), S. 283. — Rotholz: Vgl. TW. I, S. 163., Nr. 35. — Kecht 296, S. 40. — Bäuerliche Rechte, Bezeichnung: Vgl. TW. III (Burgeis 1575), S. 60, Z. 16; III (Schlinig 1532), S. 79, Z. 3 ff. — Vgl. ferner Stolz 664, S. 36. — Wopfner 760, S. 76, Anm. 1. — Heyl 224, S. 25; N. Grass, in: Die ländl. Gemeinde, Bozen 1988, S. 121 ff.

262 Vinschgau: Vgl. Tille 683, S. 72.

264 f. Altes Recht: Vgl. z. B. TW. II (Laudeck, 14. Jh.), S. 289, Z. 28. — Vgl. ferner Kern 300. — Franz 129, S. 6 ff. — Arens 19, S. 95 ff.

267 Stein a. R.: Vgl. TW. IV (18. Jh.), S. 225, Z. 18 ff.
Herrschaftsrechte: Vgl. Stolz 664, S. 36. — W. Laudeck, TW. II, S. 286 ff.

267 f. Bestätigung: Vgl. TW. IV (Partschins), S. 30, Z. 4; I (Brandenberg), S. 136. — Vgl. Stolz 664, S. 36.

268 Inhalt der Weistümer: Vgl. Stolz 664, S. 36 f. — Kecht 296, S. 24.

268 f. Recht der Weistümer: Vgl. TW. III (Burgeis), S. 60, Z. 18 f.; III (Planail), S. 139. — Vgl. Heyl 224, S. 44.

268 Sprache der Weistümer: Vgl. Heyl 224, S. 1 ff. und bes. Stolz 654, S. 166 f.

269 Unterinntal: Vgl. TW. I (Frauenchiemsee, 15. Jh.), S. 3 ff. — Angath, TW. I (Angath, 15. Jh.), S. 66.
Selbstverwaltung: Über die Gemeindefreiheit in Graubünden vgl. die Arbeiten Livers 368 und 371. Über Ampezzo und Fleims vgl. Huter 272 und Sartori 550.
Gerichtsgemeinde: Vgl. Stolz 663, S. 197. — Tille 683, S. 228 ff. — Staffler 612, S. 10. — Lorenz 374, S. 30 ff.
Gerichtsherrschaft der Gerichtsgemeinde: Vgl. Stolz 637, I, S. 41.

270 „Anleitung“: Vgl. Stolz 630, S. 279. — Tille 683, S. 179 f. — Brandis 60, S. 194. — Sartori 550, S. 109, 120.

271 f. Großgemeinden, deren Auflösung: Vgl. Werunsky 741, S. 57. — Lorenz 376, 3. Hauptstück. — Ders. 374, S. 30 ff. — Sartori 550, S. 70 ff. — Santifaller, in: Schlern-Schriften 36, S. 125.

274 f. Grenzbildung: Über den Zusammenhang von Grenze und wirtschaftlicher Nutzung vgl. die grundlegenden Ausführungen bei Stolz 630, S. 298 ff. — Wopfner 769, S. 20 ff. — Ders. 786, S. 211 f. — Kramer, in: Der Schlern, 14. Jg., S. 11. — Jäger 283, I, S. 49 ff. — Bader 26, S. 6 ff.

276 Grenzsagen: Vgl. Wopfner 769, S. 34 f.

277 f. Grenzzeichen: Vgl. Wopfner 769, S. 42 ff. — Ders. 786, S. 176 u. S. 212.

278 Grenze, deren Heiligkeit: Vgl. Wopfner 769, S. 45. — Heyl 224, S. 79.
Über Steinkreuz: Vgl. Stolz 637, I, S. 492, Anm. 8.

279 Antlaßritt: Vgl. Mayer 415, S. 8. — Sinwel 595, S. 2 und das hier angeführte Schrifttum. Über Umritt und Umrittbräuche im allgem. vgl. Schierghofer 556, S. 1–94. — Müller 457.
Grenzzeugen: Vgl. Wopfner, in: TH. 5/6, S. 45.
Grenzbegehung: Vgl. Jäger 283, I, S. 51.

279 f. Grenzzaun: Vgl. TW. I, S. 216, § 37.

280 Gemeindegebiet: Vgl. Stolz 630, S. 275 f.

281 Bezeichnungen der Gemeinde und der Gemeindeteile: Vgl. Stolz 630, S. 284 f. — Ders. 664, S. 34. — Egger 98, S. 219 ff. — Unterforcher, Aug., Wie man in Tirol in früherer Zeit die Theile der Gemeinde und die Gemeinden selbst benannte. FZ. 1897, S. 187 ff. — Marthaler 407, Bd. 70, S. 177. — TW. III, S. 358, Z. 36. — Werunsky 741, S. 720. — Weidebezirk und Teilgemeinde: In einer Urkunde von 1428, überliefert in einem Kopiar der Seminarbibliothek in Brixen, Manuskript Nr. 68, Blatt 382, wird für eine Teil-

gemeinde neben „Oblai“ die Bezeichnung „Hirtschaft“ gebraucht. Über „Pimwerch“ vgl. Staudacher, in: Der Schlern 15. Jg., S. 579.

281 ff. Hoheitsrechte an der Allmend: Vgl. Wopfner 760, S. 20 ff., 45 ff., 97. — Über Ausübung der Allmendhoheit durch das Stift Sonnenburg in seiner Hofmark Enneberg vgl. Kramer, in: Der Schlern 14. Jg., S. 110, 156 f. — Kecht 296, S. 38 ff.

283 Barcelona, Roussillon: Stelle angeführt nach P. Lacombe, L'appriation du sol. Paris 1912, S. 379. Vgl. dazu M. Bloch, Les caracteres originaux de l'histoire rurale francaise. Oslo 1931, S. 188.

284 Gimaineda: Vgl. AT. I, S. 47, Nr. 121.

284 f. Verleihung von Allmendrechten: Vgl. AT. I, S. 47, Nr. 121. — Neustifter UB. a. a. O., S. 90, Nr. 212. — Laudeck: Vgl. TW. II, S. 289, Z. 11.

284 Beschwerden, 1310 u. ff.: Vgl. Schlern-Schriften 44., S. 49 ff., 70 ff., 133. — Wopfner 760, S. 72.

285 Neubruch im Kaunertal: Nach Lorenz 376, fol. 42 f.
Fleims: Vgl. Sartori 550, S. 87 ff.

285 ff. Allmendnutzung, Größe: Vgl. TW. IV/1 (Gais), S. 511, Z. 1 ff. — TW. IV/1 (Tisens), S. 168, Z. 34. — Tille 683, S. 159.

285 f. Realrecht: Vgl. Tille 683, S. 159. — Marthaler 407, I, S. 179.

286 f. Aufnahme von Gemeindegenossen, Einkaufsgeld: Vgl. Tille 683, S. 64 f. — Marthaler 407, I, S. 178. — Lorenz 376, fol. 18. — Sartori 550, S. 92 u. 94. — TW. IV, Sachregister: Einkaufsgeld, S. 1076. — Wopfner 791, S. 220. — Wießner 744, S. 64, 146 u. 168.

287 Hausbau: Vgl. TW. III, S. 383 f. — Wopfner 791, S. 220.
Ehebewilligung: Vgl. Arens 19, S. 189. — Mang 402, S. 25. — Gsteu 183, S. 124. — Fr. Grass, Pfarrei und Gemeinde, S. 45.

287 f. Gemeinde und Ehe: Vgl. Arens 19, S. 146 ff.

288 f. Gemeinderecht u. Stand: Vgl. 688, I, S. 254 (1190). — Stolz 664, S. 28 f. — Chronik von Marienberg 159, S. 110. — Heyl 224, S. 7. — Lorenz 376, fol. 15. — Tille 683, S. 57 ff. — Werunsky 741, S. 723. — TW. IV (Naturns), S. 21, Z. 47. — Über die mancherorts vorgeschriebene Zustimmung des Waldmeisters zur Holzschlägerung: Vgl. TW. IV, S. 372, Z. 16 ff. (Lüsen).

289 f. Sonderbesitz u. Allmendnutzung: Vgl. v. Falser 109, S. 31 ff.

290 Gemeindegenossen, deren Bezeichnung: Vgl. TW. IV, Sachregister: „Gemeindeglied“, S. 1091.
Sölleute: Vgl. Werunsky 741, S. 723. — TW. IV, Sachregister: „Söldgut“, „Söldner“, S. 1154 f.
Weer: Vgl. Gaisböck 137, S. 92.

290 f. Ingeheusen: Vgl. Wopfner 762, S. 75. — TW. IV, Sachregister S. 1113.

291 Gemainnutzung durch Nicht-Berechtigte: Vgl. Brandis 60, S. 190.
Gemeinschaftsaufgaben und Allmende: Vgl. Sartori 550, S. 101 ff.

291 f. Tading: Vgl. Stolz 630, S. 202 ff. — Wopfner 762, S. 158. — Sterner-Rainer, in: TH. 7/8, S. 85 ff. — Tille 683, S. 173 ff. — Arens 19, S. 179, 272. — Werunsky 741, S. 723 f. — Stolz 636, S. 201 f. — Marthaler 407, S. 178. — Tille 683, S. 173 ff.

292 Verfachbücher: Vgl. Sterner-Rainer, in: TH. 7/8, S. 85. — Wopfner 758, S. 241 ff. — Moeser-Huter, Das älteste Tiroler Verfachbuch (Schlern-Schriften 283), Innsbruck 1990. Gemeindeversammlung in jüngerer Zeit: Vgl. Ferd. Hirn, Tirol 1809–1814, S. 164. — Staffler 611, I, S. 678. — Weber 731, S. 288.

292 f. Tading in Gegenwart: Vgl. Münchener Neueste Nachrichten von 1944 April. — Tiroler Landbote 1944, März 10. — Über Ehehaft Taiding im Brixental vgl. Weber 730, III, S. 50. — Im Zillertal gab es noch in meiner Jugendzeit ein Tading, das ähnlichen Zwekken diente wie jenes in Passeier.

293 Berufungszeit: Vgl. Stolz 630, S. 202 f. — Wopfner 762, S. 158.
Ladung: Vgl. TW. III, S. 167, Z. 24 f. — Heyl 224, S. 26 f. — Sartori 550, S. 133. — TW. III (Mals 1538), S. 28, Z. 2.
Tanzhaus, Spieltennen: Vgl. Dörrer 91, S. 296 ff.

294 Schranne, Gerichtsstein: Vgl. Menghin, Gerichtssteine, in: Der Schlern 6. Jg. (1925), S. 108 ff. — Wopfner, in: Der Schlern 6. Jg., S. 193 f. — Grimm, Rechtsaltertümer II, S. 424 f.

294 f. Dorfrecht usw.: Vgl. TW. III, S. 85, Z. 16; S. 102, Z. 18; S. 136, Z. 31; IV/1, S. 120, Z. 6.

294 Tisens: Vgl. Bozner Tagblatt 1944, Juli 13.
Latsch: Vgl. TW. III, S. 239, Z. 42 ff.

294 f. Versammlung, außerordentliche: Vgl. Tille 683, S. 136.

295 Dingpflicht: Vgl. Stolz 630, S. 202. — Wopfner 762, S. 158. — Werunsky 741, S. 723 f. — Tille 683, S. 174. — Mang 402, S. 22. — Heyl 224, S. 16. — Arens 19, S. 174.
Vertretung: Vgl. TW. I (Kolsass, 1. Hälfte 16. Jh.), S. 178, Z. 13; TW. I (Weerberg, 16. Jh.), S. 175, Z. 25; TW. I (Kufstein, 1. Hälfte 17. Jh.), S. 14, Z. 1.
Befreiung: Vgl. Arens 19, S. 174. — TW. I (Weerberg, 16. Jh.), S. 175, Z. 20 ff.; TW. I (Kolsass, 1. Hälfte 16. Jh.), S. 178, Z. 16.
Waffentragen: Vgl. Arens 19, S. 179. — Mang 402, S. 22.

295 f. Gemeindeversammlung, Geschäftsordnung: Vgl. Mang, in: St. Kassian-Kalender 1948, S. 49 f. — Sartori, Fleims, S. 132. — Heyl 224, S. 27.

296 Beschlußfassung: Vgl. Sartori 550, S. 103. — Jäger 283, S. 67.
Adel: Vgl. TW. IV/1 (Obermais 1683), S. 130, Z. 32; TW. III (Tschars 1642), S. 322, Z. 15; S. 323, Z. 1.

296 f. Stein a. R.: Vgl. Heyl 224, S. 15, 35 ff., 40 f., 45. — TW. IV/1 (Stein a. R., Anfang 16. Jh.), S. 213, Z. 9 ff.

297 Dorfmeister: Vgl. Werunsky 741, S. 725 f. — Stolz 637, II, S. 41. — Mang, in: St. Kassian-Kalender 1948, S. 51. — Stolz 664, S. 33. — Tille 683, S. 133 (Erwähnung eines Dorfmeisterhofes im 12. Jh.).
Dorfbürge: Vgl. TW. III (Latsch 1607), S. 238, Z. 36 f.
Dorfvogt: Vgl. Lorenz 376, fol. 105 ff.
Amtsdauer: Vgl. Tille 683, S. 131.

298 Stab erwähnt TW. IV/1 (Riffian 1589), S. 69, Z. 7. — Vgl. Sinwl, in: Tir. Htbl. 14. Jg., S. 137.

298 f. Einkommen: Vgl. Tille 683, S. 137 f.

299 Zwang zur Annahme: Vgl. Tille 683, S. 134. — Arens 19, S. 176.

Gemeindeausschuß: Vgl. Werunsky 741, S. 727. — Tille 683, S. 135, 170 ff. — Sartori 550, S. 123, 125. — Stolz 652, S. 712., TW. IV/1 (Obermais), S. 131, Z. 31 ff.
Gemeindebeamte: Vgl. Tille 683, S. 130 ff., 150 ff. — Werunsky 741, S. 728 ff. — TW. IV (Marling), S. 149, Z. 48. — Kecht 296, S. 81 f.

300 ff. Gemainnutzung: Vgl. Werunsky 741, S. 722.

300 f. Waldnutzung: Vgl. Kecht 296, S. 82 f.

301 f. Jagd u. Fischerei: Vgl. Jäger 283, I, S. 63 f. — Tille 683, S. 109 ff. — Lorenz 376, fol. 90 ff. — Stolz 655, S. 345 ff., 354 ff. — Ders. 637, I, S. 522. — Ders. 634, S. 175 f. — Wopfner 760, S. 48 ff., 60 ff. — Marthaler 407, I, S. 31.

302 „Federspiel“: Vgl. Stolz, in: Zt. „Alpenland“, Innsbruck 1923, März 17.
Laudeck: Vgl. Lorenz 376, fol. 81 und 89.

302 f. Wasserrecht: Vgl. Jäger 283, I, S. 46 f. — Stolz 655, S. 273 ff., 307 ff., 462 ff. — Wopfner 760, S. 40 ff., S. 60 ff. — Peterka 492, S. 3 ff.

303 Mühlen, Mahl- und Säge-: Vgl. Wopfner 793, S. 122 ff. — Ders. 760, S. 14, 62 f.
Wasserbau: Vgl. Stolz 655, S. 280 ff. — Lorenz 376, fol. 96 u. 99.

303 ff. Weg und Steg: Vgl. Stolz 627, S. 638 f. — Wopfner 762, S. 138. — Mang 402, S. 19.

304 Troie: Vgl. Schöpf 575, S. 754, 758, 761. — Lardschneider 361, S. 429.
Gasse: Vgl. TW. II (1624), S. 305, Z. 8.

304 f. Rodwesen: Vgl. Müller 458, S. 378 ff. (Müller spricht von Errichtung des Ballhauses durch die Rodleute, was aber nicht allgemein zutrifft.) — Stolz, Transportwesen, S. 219 ff. — Lorenz 376, fol. 103.

305 Finanzwesen: Vgl. Tille 683, S. 163. — Brandis 60, S. 192.
Vermögenserwerb: Vgl. Jäger 283, I, S. 598. — Tille 683, S. 121 f.

305 f. Gemainwerk: Vgl. Tille 683, S. 163 ff. — Mang 402, S. 18 ff. — Arens 19, S. 182 ff. — TW. III (Tarsch, 17. Jh.), S. 289, Z. 6 ff.

306 Strafbestimmungen: Vgl. TW. III, S. 59, Z. 35 ff. (die Ausgabe spricht von einem eingeschlagenen „Pfeil“, was offenkundig auf einen Irrtum des Schreibers oder des Herausgebers zurückgeht). — Tille 683, S. 184.
Eingriffe ins Einzelleben: Vgl. Arens 19, S. 181 ff., 183 f. — Tille 683, S. 185 ff.

306 f. Polizeiverordnungen: Vgl. Tille 683, S. 187 f. — TW. IV/2, Sachregister unter „Feuerbeschau“, „Feuerordnung“, „Feuerpolizei“, „Feuerwehrgerät“, „Kamin“, „Küche“, „Badstube“, „Brechelstube“, „Dörren“, „Ofen“.
Seuchenabwehr: Vgl. Tille 683, S. 189.

307 Pestkapelle: Vgl. Tinkhauser-Rapp 684, V, S. 462.

2. Die Gemeinde als Wirtschafts- und Kultgemeinschaft

308 Hausgewerbe: Vgl. Lang-Reitstätter 355, S. 77 ff.
Abschließung: Vgl. Tille 683, S. 157 ff. — Wopfner 786, S. 153. — Gierke 154, II, S. 244 ff. — Lamprecht, Deutsches Wirtschaftsleben, 1. Bd., S. 466. — Miaskowski 443, S. 88 f.

308 f. Ausfuhr von Heu, Streu, Kalk, Dünger: Vgl. TW. IV/1 (Partschins 1371), S. 24, Z. 24; TW. IV/1 (Riffian 1589), S. 77, Z. 9; IV/1 (Salern, Mitte 16. Jh.), S. 401, Z. 37; IV/1

(1315), S. 170, Z. 25; III, S. 323, Z. 5 usw. — Vgl. Tille 683, S. 89 ff. — Wopfner 760, S. 16 f., 145. — Werunsky 741, S. 722.
Sarnthein: Vgl. TW. IV/1, S. 270, Z. 1 ff.

309 Arbeitsausfuhr: Vgl. TW. IV/1 (Partschins 1371), S. 25, Z. 22; IV/1 (Algund 1648), S. 43, Z. 45 u. S. 44, Z. 9; IV/1 (Sarnthein, 2. Hälfte 17. Jh.), S. 279, Z. 25; IV/1 (Moos 1658), S. 465, Z. 13.
„Klause-machen": Vgl. Wopfner 786, S. 161.

309 ff. Kultgemeinschaft: Vgl. F. Grass 177, S. 30 ff., S. 155 ff. — Tinkhauser-Rapp 684, I, S. 69 f. — Tille 683, S. 166, 185 f., 187, 193 ff. — Arens 19, S. 109 ff., 120. — Mang 402, S. 16 ff. — Sartori 550, S. 124, 136. — Heyl 224, S. 60.

309 Urpfarre und Urgemeinde: Vgl. Stolz 630, S. 213 ff., 277. — Haff 200, S. 285 ff. — F. Grass 177, S. 34 f.

309 f. Gemeinde und Kirche: Vgl. Tinkhauser 684 (Gem. u. Kirche), S. 69. — F. Grass 177, S. 34 ff. — Mang, in: St. Kassian-Kalender 1948, S. 44 ff. — Arens 19, S. 104 ff. — Tille 683, S. 198 ff. und S. 205 ff.

311 Kirchenbau: Vgl. Tille 683, S. 207. — Arens 19, S. 110 f.

312 f. Mesner: Vgl. Tille 683, S. 209 f. u. Fr. Grass, Pfarrei und Gemeinde, S. 89 ff.

313 f. Unwürdige Geistliche: Vgl. Hirn 228, I, S. 94. — Ders., 230, I, S. 268 ff.

315 Geistliche in Gemeindeversammlung: Vgl. TW. IV/1 (Kuens 1534), S. 62, Z. 3; II (Telfs 1631), S. 4, Z. 25.

316 f. Fluchen u. Schwören: Vgl. Arens 19, S. 108, Anm. 4.
Heunfels: Vgl. TW. IV/2, S. 565, Z. 5 ff.

317 Grenzbegehung: Vgl. Maurer 412, II, S. 6 ff. — Ders. 411, S. 320 f.

318 ff. Gemeinde und Schule: Vgl. Egger, Gesch. Tirols, III, S. 78 ff. — Ders., Tiroler und Vorarlberger, S. 487 ff. — Noggler, Beiträge zur Gesch. d. Volksschule in Tirol (1882). — Stolz 648, S. 477 f. — Sterner-Rainer 624/2, S. 39–41. — Staffler 611, I, S. 520 ff.

318 f. Schulwesen einzelner Zeitabschnitte und Orte: Vgl. Sterner-Rainer 624/2, S. 42 f. — Lorenz 377. — Kraft 333, S. 253 ff. — Bader 25. — Stelzer 621, S. 68.

318 Gregoritag: Vgl. Geramb, in: Die Südmark, 1923, S. 68.

320 Riffian: Vgl. TW. IV/1, S. 68, Z. 7.

325 Weber 730, III, S. 77 und 456. — Hirn 228, I, S. 322 ff. — Ders. 230, I, S. 461 ff.

326 Schulzeit: Vgl. TW. II (Nasserein), S. 274, Z. 32. — Maister, in: OT. Hbler. 1925, S. 21 ff. und S. 71.

327 ff. Gemeinde u. Arme: Vgl. Arens 19, S. 285 ff. — Mang 402, S. 52.

329 Zusammengehörigkeit: Vgl. Arens 19, S. 171 ff. — Bücher 69, I, S. 288 ff.; II, S. 15 ff. — Brockmann-Jerosch 67, II, S. 36 f. — Schmidt 564, I, S. 44; II, S. 101, Anm. 212. — Wopfner 786, S. 160 u. 162. — Ders. 760, S. 109. — Lechner 364, S. 244 ff. — Schönherr 572, II, S. 726 ff.

330 Bittarbeit: Vgl. Arens 19, S. 172 f. — Wopfner 786, S. 162.
Gemeinde und Land: Vgl. TW. II (Lechtal), S. 107, Z. 18; IV/2 (Enneberg), S. 728, Z. 14; IV/1 (Passeier), S. 97, Z. 31. — Vgl. Arens 19, S. 192.

332 f. Nachbarspott: Vgl. Angerle, Villgrater Stücklein, in: Osttiroler Heimatblätter 1924, Heft 2 und 4.

332 Nachbarliche Wettkämpfe: Vgl. Wopfner, Volkskunde, S. 162, 183.

335 Langtaufers: Vgl. TW. II, S. 339, Z. 39; S. 345, Z. 33.

335 f. Individualismus: Vgl. Arens 19, S. 173 ff. u. S. 183. — Heyl 224, S. 60, 69–72, 78. — Hattler 209, S. 90.

336 Klagen über Holzmangel als Folge der Waldverwüstung: Vgl. TW. IV/1 (Stein, 18. Jh.), S. 228, Z. 37; S. 245, Z. 22 ff.

337 f. Über Gemainheitsteilung: Vgl. F. Grossmann 180, IV, S. 628 ff. — F. X. Wismüller 747, S. 181 f.

339 Gemeinde und Einzelmensch: Vgl. Wopfner, Volkskunde, S. 162.

341 Mutters-Natters: Vgl. Sterner-Rainer, in: TH. 9/10, S. 44.

342 Pofl: Vgl. Wopfner, Lage Tirols, S. 76.
Genossen minderen Rechtes: Vgl. Arens, Tiroler Volk, S. 168 u. 188.

342 f. Soziales Wohlwollen: Vgl. Arens, Tiroler Volk, S. 189 u. 284. — TW. II, S. 268, Z. 10. — Sterner-Rainer, in: TH. 7/8, S. 86. — Kecht, Waldeigentum, S. 72, 90, 102. — Mang, Gemeinschaftsleben, S. 25.

343 f. Vertrinken und Gelage: Vgl. TW. IV/2, Sachregister S. 1175 unter „vertrinken". — TW. III (Taufers), S. 107, Anm. 36; (Planail), S. 149, Z. 26.

343 Kaltern: Vgl. TW. IV/1, S. 297, Anm. — Mang 401, S. 62.

344 f. Widumstürmen: Vgl. Ladurner, in: Archiv f. Gesch. u. Altertumskunde Tirols 2., S. 368 ff. — Hörtnagl, Ynnsprugg, S. 29 ff. — Nik. Grass, Das Widum- und Kloster-„stürmen", in: Zeitschr. für Rechtsgesch. Kan. Abt. 40. Bd. (1954), S. 159–200, Wiederabdruck bei Grass, Ausgewählte Aufsätze zum 80. Geburtstag, Weidmann Verlag, Hildesheim 1993, S. 339–380.

344 Rechenbuch des Abtes Pelagius von Stams 1538/39, fol. 141, Archiv Stams. — Schönach, in: FZ. 47, S. 282 f. (Kolsaß). — Heyl, Sagen, S. 755 (Matrei, Kastelrut). — Inama, in: FZ. 48, S. 357 (Tramin). — Stolz, Ausbreitung des Deutschtums II, S. 138. — Sartori, Sitte und Brauch kennt den Brauch nicht; ebensowenig das Handwörterbuch des Deutschen Aberglaubens.

3. Landesfürst und Gemain in der Zeit nach 1400

345 f. Salinenstatut: Vgl. Wopfner, Almendregal, S. 36.

346 Bergwerk, Aufschwung: Vgl. Wolfskron, Erzbergbaue, S. 282.
Holz, Änderung seiner volkswirtsch. Bedeutung: Vgl. Bücher, Volkswirtsch. 2. Bd., S. 40 ff. — Wopfner, Almendregal, S. 36.

346 f. Bergwerk, Einnahmen: Vgl. Wopfner, Lage Tirols, S. 127 ff. — Hirn, Erzherzog Ferdinand II., Bd. 1, S. 545. — Meusburger, in: Der Schlern 7. Jg., S. 448. — Vasella, Zwingli und Gaismair, S. 410.

347 f. Allmendregal, Folgen seiner verschärften Geltendmachung: Vgl. Wopfner, Almendregal, S. 30 ff., 33 ff., 66 ff., 97 ff., S. 106, 145. — Worms, Schwazer Bergbau, S. 119, 121, 124. — Hirn, Maximilian 2. Bd., S. 75. — Gaisböck, Weer- u. Weerberg, S. 95 f. — TW. IV/1 (Gais), S. 511, Z. 4.

Oberinntal, Holzlieferung: Vgl. Wopfner, Almendregal, S. 36. — Stolz, Unter-Engadin, S. 109.

352f. Bäuerliche Beschwerden: Vgl. Wopfner, Almendregal, Beilagen XXIII-XXV, S. 148 ff. — AT. III, S. 212, Sachregister unter „Waldnutzungsrechte, Beschwerden über deren Beschränkung".

354f. Allmendregal, Widerstand gegen dasselbe: Vgl. Wopfner, Almendregal, S. 70, 109.

355f. Meraner Artikel: Vgl. AT. III, S. 40, 44, 64.

356 Allmendregal, Nutzen: Vgl. Wopfner, Almendregal, S. 94 ff., 107.

357 Wasserrecht: Vgl. Wopfner, Almendregal, S. 64 ff.

357f. Fischerei: Vgl. Wopfner, Almendregal, S. 60 ff.
Jagdrecht: Vgl. Werunsky 741, S. 995 ff. — Wopfner, Almendregal, S. 13, 48 ff. — Hirn, Erzherzog Ferdinand II., 2. Bd., S. 487 ff. — Ders., Erzherzog Maximilian 2. Bd., S. 79. — Lorenz, Oberes Gericht, S. 91, 93.

361 Wilderer, Bäuerlicher Widerstand: Vgl. Wopfner, Lage Tirols, S. 199 f. — Ders., Almendregal, S. 109, Anm. 4. — Hirn, Erzherzog Maximilian 1. Bd., S. 5 f. — Ruf, Achental, S. 78. — Lechner, in: Tir. Htbl. 4. Jg., S. 244 f. — Sterner-Rainer, in: TH. 9/10, S. 15. — Lorenz, Oberes Gericht, S. 91.

361f. Jagdfron: Vgl. Hirn, Erzherzog Maximilian 2. Bd., S. 81. — Sterner-Rainer, in: TH. 9/10, S. 15 f.

362 Landtag u. Jagd: Vgl. Jäger, Landständ. Verfassung II/2, S. 267, 451, 468. — Ruf, Achental, S. 52. — Hirn, Erzherzog Ferdinand II., 2. Bd., S. 488.

363f. Eigentum an der Gemain: Vgl. Falser, Wald und Weide, S. 16 ff. — Kecht, Waldeigentum, S. 54. — Wörz, Gesetze II/2, S. 87, § 48. — Heyl, Tädigungen, S. 70 f.
Teilung der Gemain: Vgl. das in den Anmerkungen zu den Hauptstücken VII und XII angegebene Schrifttum. — Egger, Geschichte Tirols II, S. 416.

366f. Forsthoheit u. Autonomie: Vgl. Wopfner, Almendregal, S. 73 f. — TW. II (Rietz), S. 50 ff.; (Inzing), S. 17 ff. — Kecht, Waldeigentum, S. 41 f., 86 ff. — Stolz, Osttirol, S. 208. — Kramer, Forstgeschichte von Osttirol, a. a. O., S. 17 ff. — Mayr, in: „Neue Tiroler Stimmen", 1904, August 11. u. 12.

368 ff. Waldzuweisung: Vgl. Falser, Wald u. Weide, S. 16 ff. — Schiff, Ablösung ... der Servituten, a. a. O., 1. Bd., S. 69. — Wopfner, Volkskunde, S. 298.

369f. Servitutenablösung: Vgl. Schiff, Agrarpolitik, S. 47 f., S. 163. — Mischler-Ulbrich, Staatswörterbuch 1. Bd., S. 69 ff.; 2. Bd., S. 141. — Sinwel, Kaisergebirge, a. a. O., S. 20.

372f. Interessentschaften: Vgl. Schiff, Agrarische Gemeinschaften, a. a. O., I, S. 74 ff. — Jordan, Teilwälder, a. a. O.

373 Gemeindegut: Vgl. Mischler-Ulbrich, Staatswörterbuch 2. Bd., S. 347 ff.

373 ff. Beschränkung der Autonomie: Vgl. Werunsky 741, S. 564, 730 f. — Tille, Wirtschaftsverfassung, S. 237 ff. — Arens, Tiroler Volk, S. 175 ff. — Hirn, Ferdinand II., 1. Bd., S. 534.

374 Gotteshausleute: Vgl. Wopfner, Lage Tirols, S. 114. — Jäger, Verhältnis Tirols zu Chur, S. 65 ff. — Stolz, Landesbeschreibung 2. Bd., S. 61 ff.
Behördliche Bestätigung: Vgl. TW. IV/1 (Gais 1666), S. 505, Z. 4; TW. II (Silz 1616), S. 48, Z. 29.

375 Kundl: Vgl. Juffinger, Kundl, S. 324.
Altes Recht: Vgl. Franz, Bauernkrieg, S. 7 ff.
Gemeinde als Organ der Staatsverwaltung: Vgl. Tille, Wirtschaftsverfassung, S. 189 ff. — Stolz, Gesch. d. Gerichte, S. 278 f.

375 f. Niederlassungsrecht: Vgl. TW. III (Schluderns, 17. Jh.), S. 58, Z. 35.
Einkaufsgelder: Vgl. TW. IV/1 (Altenburg 1570), S. 288, Z. 9; IV/1 (Lüsen 1577), S. 373, Z. 23; IV/1 (Gais 1666), S. 508, Z. 28.

376 Gemeinde und Behörde: Vgl. Arens, Tiroler Volk, S. 175 ff.

376 f. Kreisämter: Vgl. Beidtel, Staatsverwaltung 1. Bd., S. 30 ff., 81 ff. — Redlich, Österreich. Staats- u. Reichsproblem 1. Bd., S. 431 ff. — Huber-Dopsch, Österreich. Reichsgeschichte, S. 249. — Egger, Gesch. Tirols III, S. 36 ff.

379 Steiermark: Vgl. A. Mell, Grundriß, S. 495.

379 f. Bayerische Zeit: Vgl. Hirn, Tirol 1809–1814, S. 160.

380 f. Gemeindegesetze: Vgl. Provinzial — Gesetzsammlung von Tirol und Vorarlberg für d. J. 1819, 6. Bd., Innsbruck 1823, S. 755 ff. und 5. Bd. (1818), S. 353. — Staffler 611, I, S. 677. — Gsteu, Tiroler Landtag, in: TH. 8, S. 123 ff.

381 Landtag u. Gemeindeverfassung: Vgl. Gsteu, a. a. O., S. 122 ff.
Gubernium: Vgl. Gsteu, a. a. O., S. 124. — Gschließer, in: Schlern-Schriften 43., S. 12.

382 Gemeindefreiheit: Vgl. Redlich, Staats- u. Reichsproblem 1. Bd., S. 259.

383 Bauernversammlung: Vgl. Wopfner, Ehre u. Freiheit, S. 128.
Tiroler u. Verfassung: Vgl. Wopfner, Ehre u. Freiheit, S. 132 ff.

383 f. Gemeindegesetze 1849 u. 1862: Vgl. Mischler-Ulbrich, Österreich. Staatswörterbuch 2. Bd., 2. Aufl., S. 313 ff. — Hier fehlt ein Teil der Anmerkungen in Wopfners Maschinschrift (der Herausgeber).

384 Gemeindeordnung: Vgl. hierzu die sehr beachtenswerten Artikel Hohenbrucks, in: Tiroler Bauernzeitung 1946, Febr. 21. u. 28. (Die „Tiroler Gemeindeordnung 1966" bei Siegbert Morscher (Hrsg.). — Tirol in dem von H. Schäffer hrsg. Werk „Das Verfassungsrecht der österr. Bundesländer", Bd. Tirol, Wien 1991, S. 473–541. Der Herausgeber.)

Anmerkungen zum VI. Hauptstück
Vom Siechtum des Bergbauerntums

Zu Seite

1. Die Siedlungsarbeit in früheren Jahrhunderten

393 f. Entsiedlung. A) in den Alpenländern im allgem.: Bernhard, Koller, Caflisch 46/1. — Dopsch 86. — Günther 190. — Hainisch 201. — Oechslin 471. — B) in Tirol: Gamper 141. — Hoffmeister 233. — Klebelsberg 313 u. 314. — Lorenz 375. — Maister 394. — Plankensteiner 501. — Rutzersdorfer 543/1. — Spopolamento 606. — Stolz 644. — Ulmer 705, 706, 707. — Wopfner 764, 765, 779. C) Vorarlberg: Bauer 34. — Peter 490.

394 Beschwerden, bäuerliche: Vgl. Schlern-Schriften 512/2, 44 (1939), S. 60 u. 86.
Landesordnung 1404: Vgl. Wopfner 757, S. 208.

394 f. Heuhof: Vgl. Kopiar des Brixner Domkapitels. 15. Jh., Seminarbibliothek Brixen, Handschr. 69, Blatt 368 (Grashof Niederkreuz in Villanders). — Über Grashöfe und Zugüter in Oberfennberg und Graun vgl. Wolkenstein 754, S. 201. — Über Höfe in Welschnofen, die bereits im 16. Jh. als Zugüter erscheinen, vgl. Tarneller 678, S. 51 u. 64. — Über Vals vgl. Preu 507, S. 35.

396 Bauernhöfe — Almen: Vgl. Grass 176, S. 92.
Agrarkrise: Vgl. Abel 1, S. 78 ff. sowie S. 18 ff. u. S. 162 f.
Ortsnamen: Vgl. Wopfner 765. — Falkner 107, S. 16.

397 Pest u. Siedlungsrückgang: Über Pestsagen vgl. Zingerle 817, S. 570 ff. — Heyl 225, S. 145 f., 196 f., 600 f. — Hoffmann 232/1, S. 200. — Mang 399, S. 38–73. — Andree-Eysn 9, S. 19. — Sterner-Rainer 624, S. 44.
Elementarereignisse: Vgl. Ulmer 707, S. 26 u. 126. — Gaßner 147. — Über Lazins vgl. Stolz 644 u. Wopfner 765. — Lo Spopolamento 606, S. 4.

2. Natürliche und wirtschaftliche Grenzen der Siedlung

398 Fehlsiedlungen: Vgl. Jugoviz 289, S. 24.

399 Entwaldung: Vgl. Bauer 34, S. 65 f.

400 Preissteigerung und Vermehrung der Zugüter: Die hier gemachten Angaben beruhen auf Akten der Salzburger Regierung (Hofrat) u. tragen das Archivzeichen „Fügen Nr. 3, 1763". Ich habe leider in meinen Aufzeichnungen das Archiv nicht vermerkt, in welchem heute diese Akten liegen. — Hainisch 201, S. 23.

401 Hausgewerbe: Dessen Zerstörung führte in der Steiermark zur Landflucht. Vgl. Tremel 691/1, S. 31. — Abel 1, S. 7 ff., 18 f.
Kleinbetriebe — Untergang: Vgl. Ulmer 708, S. 111. — Ders. 707, S. 113 ff., 120 f. — Vgl. ferner Bernhard 46/1, S. 108.

402 f. Madau: Vgl. Kraft J., Die ehemalige Ansiedlung auf der Alm Madau (Gem. Zams), in: Tiroler Anzeiger 1920, Nr. 249, S. 9 f.

403 f. Rückgang des Ackerbaues: Vgl. Winz 746, S. 91.

405 Höhenlage: Vgl. Ulmer 707, S. 88 ff. — Ein Verzeichnis abgegangener hochgelegener Höfe im Burggrafenamt gibt Tarneller 677, S. 17, Anm. 2.

405 ff. Verkehrslage: Vgl. Wopfner 787, S. 155 f. — Bauer 34, S. 45 f., 57, 59, 65 usw. — Ulmer 707, S. 98 ff.

408 Grenzbetriebe: Vgl. Ulmer 707, S. 150.

409 f. Mangel an Arbeitskräften: Vgl. Wopfner 786, S. 153, 254 f. — Ulmer 706, S. 325 ff.

411 Ehelosigkeit der Knechte: Vgl. Ulmer 706, S. 332.

3. Der Kreislauf der Verödung

413 f. Nachbarnhilfe: Vgl. Weistümer 740, I (Weerberg 16. Jh.), S. 175, Z. 26–30. — Arens 19, S. 173.

417 ff. Gemeinsinn: Vgl. Arens 19, S. 152 f. — Lorenz 375, S. 21.

418 Noggles u. Gstalda: Vgl. Plangg 497, S. 166 ff.
Betriebe u. Bewohnerzahl: Vgl. Ulmer 707, S. 139 f.

421 ff. Höhenflucht u. Entvölkerung: Vgl. Ulmer 705, S. 40 u. 53.

421 Höhenflucht ohne Landflucht: Vgl. Winz 746, S. 92.
Bevölkerungsabnahme in Höhenlagen: Vgl. Ulmer 705, S. 90 ff.

422 Schwankungen der Höhenflucht: Vgl. Ulmer 706, S. 320 f.
Geminderte Entvölkerung: Vgl. Ulmer 705, S. 106.

428 ff. Kaunertal: Vgl. Plankensteiner 501, S. 332–339. — Lorenz 375, S. 13–26. — Rutzersdorfer 543/1, S. 152 ff.

431 f. Villgraten: Vgl. Wopfner, in: ZAV Jg. 1931, S. 249, 257 ff., 266 ff. u. Jg. 1932, S. 265 f., 270 f.

432 ff. Sonnenberg: Vgl. Staffler 613, S. 80 ff. — Gamper 141, S. 176 ff.

435 Grünbeck-Helbok, „Innsbrucker Nachrichten“ 1942 Dez. 31, Nr. 307.
Wirtschaftl. Folgen der Entsiedlung: Vgl. Ulmer 707, S. 129 ff., 147 ff.

436 Preiserhöhung: Vgl. Staffe 610, S. 275. — Frankfurter Zeitung, Nr. 517/18 u. 528/29 von 1943: „Höfe auf der Schattenseite“ und „Bergbauern sind nötig“.

436 f. Bergbäuerl. Produktion: Vgl. „Berichte und Informationen“ Heft 6, S. 12 f.; 14, S. 214 ff.

4. Ausblick in die Zukunft — Lösungsvorschläge

437 ff. Stützung des Bergbauerntums: Vorschläge für die Schweiz bei Bernhard 46/1, S. 265 ff.; für Tirol bei Ulmer 707, S. 149; für Südtirol Vorschläge bei Moser, Toma, Endrizzi, Videsott in: Lo Spopolamento (606), S. 51 f., 119 f., 163 f., 221 f.

440 f. Fremdenverkehr: Vgl. Bär 31, S. 448, Anm. 1. — Lo Spopolamento (606), S. 24.

441 f. Hausgewerbe: Vgl. Böhm 58/2, S. 80 ff.

442 f. Grundbesitz der Weichenden: Vgl. Gebert 149/3, Nr. 13.

446 f. Religion: Vgl. Lorenz 375, S. 16. — Bernhard 46/1, S. 30. — Hainisch 201, S. 31.

447 Volksschauspiel: Vgl. Sikora 591, S. 200 und 208. — Ders. 592, S. 185 ff.

Verzeichnis der Tabellen

Verzeichnis der Abbildungen und Bildnachweis

Bildnachweis

Alpiner Kunstverlag, Innsbruck (Abb. 1, 32), Silvrettaverlag, Schruns (2), Johann Rainer, Schnals (9), Tiroler Landesmuseum Ferdinandeum, Innsbruck (10), Tiroler Landesarchiv, Innsbruck (13), Haus-, Hof- und Staatsarchiv, Wien (14), Dr. Hausmann (19), Tiroler Volkskunstmuseum, Innsbruck (26), Mader (48).

Falls oben nicht angeführt, hat Hermann Wopfner die Abbildungen selbst auf seinen zahlreichen Wanderungen durch die Täler Tirols, vor allem in den zwanziger und dreißiger Jahren, aufgenommen. Soweit das Jahr der Aufnahme festgestellt werden konnte, wird dies in den Abbildungslegenden angeführt.

Da die meisten der Höfe in der abgebildeten Weise nicht mehr existieren dürften, bilden diese Aufnahmen eine wichtige Quelle zum Höfebestand in den ersten Jahrzehnten unseres Jahrhunderts. Gerade deshalb entschloß man sich, diese hier zu veröffentlichen, auch wenn die von Prof. Wopfner in seiner Sammlung notierten Textlegenden nicht vor Ort einzeln überprüft werden konnten.

(Der Herausgeber)

Hermann Wopfner

BERGBAUERNBUCH

1. Band

Siedlungs- und Bevölkerungsgeschichte

Neudruck 1995. XXV, 737 Seiten und 40 Bildtafeln mit 107 Abb.
ISBN 3-7030-0275-1, öS 780,–/DM 112,–

Hermann Wopfner

BERGBAUERNBUCH

3. Band

Wirtschaftliches Leben

VII. Hauptstück: Wirtschaftsführung und wirtschaftliches Denken des Bauern im Lauf der Jahrhunderte (Wirtschaftsgeschichtliche Übersicht)

Teil I. Von den wirtschaftlichen Leitlinien der Bergbauern

1. Geistige Regsamkeit des Tiroler Bergbauern – 2. Grundzüge der älteren bäuerlichen Wirtschaft – 3. Bäuerliche Arbeitskräfte (Dienstboten und Tagwerker) – 4. Bauer und Wirtschaftspolitik im 18. Jahrhundert – 5. Bauer und Landwirtschaft in der ersten Hälfte des 19. Jahrhunderts – 6. Bäuerliche Wirtschaftslage seit der Mitte des 19. Jahrhunderts – 7. Staatliche Wirtschaftslenkung (Agrarpolitik) und bäuerliches Denken in neuerer Zeit

Teil II. Von den besonderen Beschwerden der Bergbauernwirtschaft und des Bergbauernlebens in Vergangenheit und Gegenwart

1. Von der Gefährdung des Bergbauern durch Naturgewalten – 2. Wiedergewinnung vermurter Böden – 3. Von den besonderen Erschwernissen des täglichen Wirtschaftens am Berg

VIII. Hauptstück: Vom Ackerbau in alter und neuer Zeit

1. Die Früchte des Heimatbodens – 2. Ackerbaumethoden – 3. Der Ackerbau im Laufe der Geschichte – 4. Einrichtungen, Geräte und Methoden der Bearbeitung

IX. Hauptstück: Von Viehzucht und Milchwirtschaft in alter und neuer Zeit

1. Die Ursprünge und Entwicklung der Rinderzucht in Tirol – 2. Die Milchprodukte des Bergbauern und ihre Zubereitung – 3. Vom Viehhandel und der Fleischversorgung des Landes – 4. Die Geschichte der wichtigsten Nutztiere der bergbäuerlichen Wirtschaft

X. Hauptstück: Von Heimweide und Wiese

1. Von der Weide – 2. Heimwiesen – 3. Die Bergwiesen – 4. Bewässerung – 5. Vom Grasrupfen

XI. Hauptstück: Von der Almwirtschaft

1. Wesen und Bedeutung der Almwirtschaft – 2. Geschichte der Almwirtschaft – 3. Eigentumsstrukturen und Besitzrecht im Wandel der Zeiten – 4. Grundzüge der Bewirtschaftung – 5. Rechtliche Grundlagen und Ausstattung mit Arbeitskräften – 6. Lebensbedingungen, Überlieferung und Tradition

XII. Hauptstück: Wald und Bergbauer

1. Bedeutung des Waldes – 2. Von der äußeren Geschichte des Waldes – 3. Besitzrecht am Wald – 4. Waldwirtschaft – 5. Waldarbeit – 6. Zusammenfassung

Erscheint 1996.

Hermann Wopfner

Entstehung und Wesen des tirolischen Volkstums

Bäuerliche Siedlung und Wirtschaft

Tiroler Wirtschaftsstudien, 46. Folge

Neudruck aus dem Werk: Tirol. Land und Natur, Volk und Geschichte, Geistiges Leben, herausgegeben vom Hauptausschuß des Deutschen und Österreichischen Alpenvereins, Band 1, S. 139–304, München 1933.

Mit einem Vorwort von Adolf Leidlmair.

1994. XVIII, 172 Seiten, 22 Bildtafeln mit 79 Abb., Hln.
ISBN 3-7030-0265-4. öS 380,–/DM 54,–

Diese in zwei Beiträge gegliederte Volkskunde Tirols gehört zu den bedeutendsten Arbeiten des Tiroler Historikers und Volkskundlers Hermann Wopfner (1876–1963). Wopfners volkskundliche Studie gliedert sich in zwei Teile. Im ersten stehen die bevölkerungsgeschichtliche Herkunft und die Lebensweise der Menschen in Tirol im Mittelpunkt, der zweite ist der Besiedlung und der Bewirtschaftung des Landes gewidmet.

Einleitend geht der Verfasser auf die Besiedlung Tirols durch verschiedene Völkerschaften im Laufe der Jahrhunderte und auf das Aussehen, besondere Eigenschaften und Fertigkeiten der Menschen in den verschiedenen Tälern ein. Ausführlich kommen das religiöse und das weltliche Brauchtum sowie die Trachten zur Sprache. Ein eigener Abschnitt ist dem talweise recht unterschiedlichen Speiseplan sowie den bevorzugten Getränken und dem Werktags- und Festtagsessen gewidmet.

Die siedlungsgeschichtliche Entwicklung des Landes zeichnet Wopfner auf dem Boden der Orts- und Flurnamenforschung nach. Ein besonders eingehender Abschnitt ist der regional unterschiedlichen Entwicklung des Hausbaus und den differierenden Bezeichnungen für die einzelnen Räumlichkeiten in den Tiroler Bauernhäusern gewidmet. Große Unterschiede stellte Wopfner aufgrund des verschiedenen Erbrechtes auch in der Größe der bäuerlichen Besitzungen fest. Eigene Abschnitte widmete er dem Ackerbau, der Viehzucht und dem Obst- und Weinbau sowie den dafür notwendigen bäuerlichen Geräten. Er notierte aber auch, welches Gemüse in den verschiedenen Landesteilen angebaut wurde, welche Heilpflanzen bekannt waren und welche Blumen er in den Bauerngärten vorfand.

Wopfners volkskundliche Forschungen sind daher keineswegs nur für den Volkskundler und den Historiker, sondern für jeden heimatkundlich Interessierten ein bunter, lebendiger Einblick ins Volksleben zu Beginn unseres Jahrhunderts.

Schlern-Schriften

Die Schlern-Schriften erscheinen seit 1923. Insgesamt sind in dieser Reihe seither in loser Folge fast 300 Bände erschienen, die sich mit historischen, kunsthistorischen, volkskundlichen und geographischen Themen der Tiroler Geschichte befassen und dabei alle drei Landesteile und das Trentino berücksichtigen. Die Reihe wird von Marjan Cescutti und Josef Riedmann herausgegeben.

280 **Die Heidin. Alpbachtaler Sagenbuch.** Gesammelt und neu erzählt von Berta Margreiter
1986, 163 Seiten mit 12 Abbildungen, ISBN 3-7030-0177-1, öS 258,—/DM 37,—

281 **Brixen im Thale 788—1988.** Ein Heimatbuch. Hrsg. von Sebastian Posch
1988, 391 Seiten und 28 Tafeln mit 265 Abbildungen, davon 48 in Farbe, und 21 Tabellen, ISBN 3-7030-0200-X, öS 364,—/DM 54,—.

282 **Südtirol und der italienische Nationalismus.** Entstehung und Entwicklung einer europäischen Minderheitenfrage. Quellenmäßig dargestellt von Walter Freiberg, hrsg. von Josef Fontana. 2 Bände, ISBN 3-7030-0224-7 (Gesamtwerk), Sonderpreis bei Bezug beider Teile öS 1.240,—/DM 178,—
Teil 1: Darstellung. 2., verbesserte Auflage 1994, 445 Seiten mit 36 Abb., ISBN 3-7030-0262-X, öS 640,—/DM 92,—
Teil 2: Dokumente. 1990, 796 Seiten, ISBN 3-7030-0225-5, öS 840,—/DM 120,—

283 **Das älteste Tiroler Verfachbuch (Landgericht Meran 1468—1471).** Aus dem Nachlaß von Karl Moeser, hrsg. von Franz Huter
1990, 321 Seiten, ISBN 3-7030-0219-0, öS 480,—/DM 68,—

284 Karl Finsterwalder: **Tiroler Familiennamenkunde.** Sprach- und Kulturgeschichte von Personen-, Familien- und Hofnamen. Mit einem Namenlexikon. 1994 (Nachdruck der erw. 2. Auflage 1978), XXXVI, 567 Seiten, ISBN 3-7030-0218-2, öS 780,—/DM 112,—

Karl Finsterwalder: **Tiroler Ortsnamenkunde**
Gesammelte Aufsätze und Arbeiten. Hrsg. von Hermann M. Ölberg und Nikolaus Grass
3 Bände mit insgesamt ca. 1300 Seiten, ISBN 3-7030-0222-0 (Gesamtwerk)

285 **Band 1. Gesamttirol oder mehrere Landesteile betreffende Arbeiten**
1990, XXXVI, 448 S., 2 Kartenbeil. mit 5 Karten, ISBN 3-7030-0223-9, öS 780,—/DM 112,—

286 **Band 2. Einzelne Landesteile betreffende Arbeiten: Inntal und Zillertal**
1990, Seiten XII, 449—926, ISBN 3-7030-0229-8, öS 780,—/DM 112,—

287 **Band 3. Einzelne Landesteile betreffende Arbeiten: Südtirol und Außerfern. Register**
1995, S. XII, 927—1286, ISBN 3-7030-0279-4, öS 780,—/DM 54,—

288 Christian Fornwagner: **Geschichte der Herren von Freundsberg in Tirol.** Von ihren Anfängen im 12. Jahrhundert bis 1295. Mit einem Ausblick auf die Geschichte der Freundsberger bis zur Aufgabe ihres Stammsitzes 1467
1992. 243 Seiten, 10 Bildtafeln, ISBN 3-7030-0242-5, öS 380,—/DM 54,—

289 **Die Urkunden des Dekanatsarchives Neumarkt (Südtirol) 1297—1841**
Bearbeitet von Hannes Obermair. 1993, 240 Seiten, 16 Bildtafeln, ISBN 3-7030-0261-1, öS 380,—/DM 54,—

290 **Fastnachtspiel — Commedia dell'arte.** Gemeinsamkeiten — Gegensätze. Akten des 1. Symposiums der Sterzinger Osterspiele (31. 3.—3. 4. 1991). Hrsg. im Auftrag des Vigil-Raber-Kuratoriums Sterzing von Max Siller
1992, 190 Seiten, 16 Bildtafeln, ISBN 3-7030-0247-6, öS 480,—/DM 68,—

UNIVERSITÄTSVERLAG WAGNER · A-6010 INNSBRUCK · POSTFACH 165
TEL. 0512/587721 FAX 0512/582209

291 ERIKA KUSTATSCHER: **Die Staffler von Siffian. Eine Rittner Familie zwischen Bauerntum und Bürgerlichkeit (1334—1914)**
1992, 316 Seiten, 13 Farbtafeln, ISBN 3-7030-0251-4, öS 540,—/DM 78,—

292 **Jakob Philipp Fallmerayer.** Wissenschaftler, Politiker, Schriftsteller
10 Beiträge, hrsg. von EUGEN THURNHER. 1993, 209 Seiten, 1 Farbtafel, ISBN 3-7030-0258-1, öS 480,—/DM 68,—

293 **Osterspiele — Texte und Musik.** Akten des 2. Symposiums der Sterzinger Osterspiele (12.—16. 4. 1992). Hrsg. im Auftrag des Vigil-Raber-Kuratoriums Sterzing von MAX SILLER
1994, 240 Seiten, 4 Bildtaf., ISBN 3-7030-0263-8, öS 480,—/DM 68,—

294 LUDWIG TAVERNIER: **Der Dombezirk von Brixen im Mittelalter.** Bauhistorische Studien zur Gestalt, Funktion und Bedeutung
Erscheint 1995, ca. 240 Seiten und 120 Tafeln mit über 200 Abbildungen

295 **Das Elsaß und Tirol an der Wende vom Mittelalter zur Neuzeit**
Sieben Vorträge, hrsg. von Eugen Thurnher. 1994, 92 Seiten, ISBN 3-7030-0267-0, öS 340,—/DM 48,—

HERMANN WOPFNER: **Bergbauernbuch.** Von Arbeit und Leben des Tiroler Bergbauern. Hrsg. von NIKOLAUS GRASS. 3 Bände mit insgesamt ca. 1700 Seiten, ISBN 3-7030-0278-6

296 **Band 1: Siedlungs- und Bevölkerungsgeschichte.** I. Hauptstück: Wie der Tiroler Bauer seine Heimat gewonnen hat — II. Von Teilung der Güter und Übervölkerung — III. Von der Freiheit des Tiroler Bauern und ihren Grundlagen
Erscheint 1995 als Neudruck der 1951—1960 erschienenen ersten drei Lieferungen, 731 Seiten, 36 Bildtafeln, ISBN 3-7030-0275-1

297 **Band 2: Kultur, Gemeinwesen und Niedergang.** IV. Volkstum und bäuerliche Kultur — V. Von der „Gemain" und der Gemeinde — VI. Vom Siechtum des Bergbauerntums
Erscheint 1995, ca. 500 Seiten, 32 Bildtafeln, ISBN 3-7030-0276-X

298 **Band 3: Wirtschaftliches Leben.** VII. Wirtschaftsführung und wirtschaftliches Denken des Bauern im Laufe der Jahrhunderte (wirtschaftsgeschichtliche Übersicht) — VIII. Vom Ackerbau in alter und neuer Zeit — IX. Von Viehzucht und Milchwirtschaft in alter und neuer Zeit — X. Von Heimweide und Wiese — XI. Von der Almwirtschaft — XII. Wald und Bergbauer
Erscheint 1996, ca. 575 Seiten, 30 Bildtafeln

299 **Sagen und Brauchtum im Brixental.** Gesammelt von ANTON SCHIPFLINGER, herausgegeben von FRANZ TRAXLER. Erscheint 1995, 227 Seiten mit 21 Zeichnungen.

Neuauflagen:

119/120 JOSEF SCHATZ: **Wörterbuch der Tiroler Mundarten**
Für den Druck vorbereitet von KARL FINSTERWALDER. Neuauflage 1993. ISBN 3-7030-0252-2.
119 **Band I: A—L.** XXVI, 402 Seiten
120 **Band II: M—Z.** Seiten 403—751
Beide Teilbände zusammen öS 960,—/DM 137,—

124 HERMANN WIESFLECKER, **Meinhard der Zweite.** Tirol, Kärnten und ihre Nachbarländer am Ende des 13. Jahrhunderts. Unveränderter Nachdruck der Ausgabe von 1955. 1995, XX, 372 Seiten, 5 Bildtafeln, 1 Kartenbeilage, ISBN 3-7030-0287-5, öS 680,— / DM 98,—

UNIVERSITÄTSVERLAG WAGNER · A-6010 INNSBRUCK · POSTFACH 165
TEL. 0512 / 58 77 21 FAX 0512 / 58 22 09